《北京市金融年鉴》（2009）荣获由中国地方志指导小组办公室和中国地方志协会主办的全国地方志系统第二届年鉴评选专业年鉴系列二等奖。

# 北京市金融年鉴

# 2010

ALMANAC OF BEIJING FINANCE AND BANKING

《北京市金融年鉴》编辑部

（总第24卷）

责任编辑：赵天朗
责任校对：孙 蕊
责任印制：程 颖

**图书在版编目（CIP）数据**

北京市金融年鉴 2010（Beijingshi Jinrong Nianjian 2010）/《北京市金融年鉴》编辑部. —北京：中国金融出版社，2010.12
ISBN 978－7－5049－5743－6

Ⅰ. ①北… Ⅱ. ①北… Ⅲ. ①金融事业—北京市—2010—年鉴 Ⅳ. ①F832.71－54

中国版本图书馆 CIP 数据核字（2010）第 226698 号

出版发行 中国金融出版社
社址 北京市丰台区益泽路 2 号
市场开发部 (010)63266347，63805472，63439533（传真）
网 上 书 店 http：//www.chinafph.com
(010)63286832，63365686（传真）
读者服务部 (010)66070833，62568380
邮编 100071
经销 新华书店
印刷 天津银博印刷技术发展有限公司
尺寸 185 毫米×260 毫米
印张 47.5
插页 12
字数 987 千
版次 2010 年 月第 1 版
印次 2010 年 月第 1 次印刷
定价 80.00 元
ISBN 978－7－5049－5743－6/F.5303
如出现印装错误本社负责调换 联系电话 (010)63263947
（内部发行）

人民银行营业管理部举办“我和我的祖国——迎国庆‘爱国歌曲大家唱’歌咏联欢会”，庆祝中华人民共和国成立60周年。

10月1日晚，上海浦东发展银行北京分行24名员工在天安门广场参加国庆60周年联欢晚会。

太平财产保险公司北京分公司代表中国太平保险集团参加中国保监会举办的“青春与祖国同行”文艺联欢会。

中国建设银行北京市分行与北京铁路局举行企业年金基金管理合同签字仪式。

人民银行营业管理部与中关村科技园区管理委员会举行推进首都科技金融建设合作协议签字仪式。

中国邮政储蓄银行北京分行与北京市工商局、北京市私营个体经济协会共同签署《个体私营企业金融服务合作协议》，搭建全国首个个体私营企业融资平台。

浦发银行“商业账款融资及服务方案”启动暨与中国人民财产保险公司北京市分公司业务合作签约仪式在北京金融街威斯汀酒店举行。

中国民生银行总行营业部与顺义区政府签署百亿元战略合作框架协议。

兴业银行北京分行参加百荣投资控股集团有限公司28亿元经营性物业抵押银团贷款签约仪式。

3月28日，北京中关村科技创业金融服务集团有限公司、北京银行中关村海淀园支行、交通银行北京中关村园区支行、北京市中关村小额贷款股份有限公司4家金融机构落户海淀中关村西区并举行揭牌仪式。

6月30日，华夏银行中小企业信贷部北京分部、中关村信贷中心、通州信贷中心挂牌开业。

中国农业银行北京市分行成立农行系统首家留学出国金融服务中心。

2月12日，北京密云汇丰村镇银行有限责任公司开业。

9月10日，北京银行长沙分行开业。

中国邮政储蓄银行北京分行京郊最大的支农网点——密云果园西路支行开业。

中国人寿保险公司北京市分公司携手中国红十字基金会、北京外企服务集团联合发起“全球企业抗击癌症计划”。

太平洋人寿保险公司北京分公司与北京市禁毒志愿者教育总队签署战略合作协议，为禁毒志愿者提供意外险保障。

新华人寿保险公司北京分公司向在第三届中国城市化国际峰会上获奖的农民工代表赠送保险。

北京延庆村镇银行信贷人员深入贷款户养殖场进行实地调查。

中国邮政储蓄银行北京分行推出的小额贷款成为农户致富的“好帮手”。

中华联合财产保险公司房山支公司开展农险现场理赔。

中信建投证券有限责任公司为中国化学工程股份有限公司首次公开发行A股举办网上投资者交流会。

太平财产保险公司北京分公司联合华泰保险经纪公司共同举办北京市地铁十五号线工程保险与风险管理讲座。

中国平安人寿保险公司北京分公司开展“青春共建和谐社区行动　金融知识进社区”活动。

北京农村商业银行举办“国债进乡村”宣传活动。

中华联合财产保险公司北京分公司员工向保户宣传新修订的《保险法》。

中信银行总行营业部员工向群众宣讲金融理财知识。

中国银联北京分公司与石景山区人民政府共同主办首届“北京CRD刷卡节”。

北京银行推出高端信用卡——世界白金信用卡，此为国内首张世界卡。

中国邮政储蓄银行北京分行46台ATM正式亮相地铁四号线全部26个站点，为地铁乘客提供取款、转账、缴费、查询“一站式”金融服务。

华夏银行北京分行与中国妇女活动中心签署全面战略合作协议。

深圳发展银行北京分行举办“09盛夏 · 天玑财富论坛”。

上海浦东发展银行北京分行举办第二届“风采女性　快乐一生”沙龙活动。

中信银行总行营业部引进业内先进的远程视频报警系统。

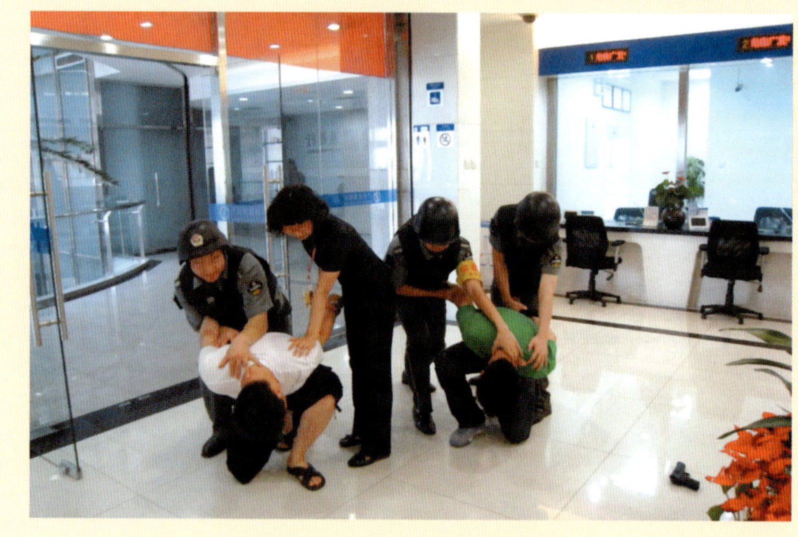

新中国成立六十周年前夕，广东发展银行北京分行开展防抢演练，提升安保水平。

杭州银行北京分行营业厅。

中国银行北京市分行为提高服务水平组织员工进行文明服务礼仪展示活动。

中国邮政储蓄银行北京分行率先搭建就业“绿色通道”，招聘近百名大学生“村官”到银行任职。

新华人寿保险公司北京分公司参加智慧总动员新华保险产品知识大赛。

广东发展银行北京分行通过提升柜员业务素质，有效地防范了金融风险。图为朝阳门支行柜员查没大额美元假币。

太平洋人寿保险公司北京分公司组织学习新《保险法》知识擂台赛。

北京农村商业银行进行员工资质考试。

客户向民生人寿保险公司北京分公司赠送锦旗。

太平洋财产保险公司北京分公司组织党员赴天津参观周恩来、邓颖超纪念馆。

中国民生银行总行营业部召开第一届职工代表大会。

中国平安人寿保险公司北京分公司开展中国平安小橘灯乡村小学图书馆活动。

新华人寿保险公司北京分公司向什邡学子捐赠保额500万元意外伤害保险。

“六一”前夕，太平人寿保险公司北京分公司组织员工慰问太阳村的孩子们。

兴业银行北京分行举办第六届职工运动会。

拔河比赛——中国民生银行总行营业部。

中国银行北京市分行举办“中银财富杯”桥牌联谊赛。

北京农村商业银行举办2009年新春联欢会。

大河之舞——渤海银行北京分行。

兴业银行北京分行举办“盛世中华 激扬兴业”歌咏比赛。

# 《北京市金融年鉴》编辑委员会

# 《北京市金融年鉴》编辑部

编辑部主任：宋晓卿

责 任 编 辑：宋晓卿

金融管理部门组稿编辑：（以姓氏笔画为序）

王振芳　尹文诚　刘　琳　李　红　李　薇
李长卿　肖　静　余　健　陈永波　杨兴安
张　盈　赵　强　项银涛　贾园春　赖石水

各金融机构组稿编辑：（以姓氏笔画为序）

丁雅霜　于　莲　马小营　马志雄　卫鹏鹏
户艺霏　卞艳艳　王　悦　王镜淳　田　泽
卢　萍　卢　婵　丛小虎　刘　佳　刘　慧
刘　娣　刘玉香　刘锦忠　孙　昊　孙　睿
孙大兴　孙艳霞　李　可　李　涌　李新明
任晓军　朱　勤　朱佳音　陈　盈　陈　巍
陈和言　陈冠西　陈悦喆　何　冰　杨世燕
宋尚鸿　周　喆　罗　然　林卉丽　林佳佳
洪秀玲　赵　攀　赵东平　赵子郡　胡　松
徐　丹　徐福军　袁　宁　耿　凯　曹迎春
崔　娜　程　序　董燕妍　雷宝福　熊守文

文 件 资 料：邓凯红　秦璐璐

# 编辑说明

一、《北京市金融年鉴》（以下简称《年鉴》），是北京市金融业行业年鉴，以金融业务为中心内容，综合反映北京市金融行业上一年度重要信息情况，逐年编辑，连续出版。《年鉴》在《北京市金融年鉴》编辑委员会领导下，由《北京市金融年鉴》编辑部组织编辑。

二、本卷《年鉴》为总第24卷，主要记述的是2009年北京市金融业的重大事件、重大活动及各系统各机构的新情况、新发展、新经验和面临的新问题。

三、本卷《年鉴》社会经济统计资料由北京市统计局提供，金融统计资料由中国人民银行营业管理部调查统计处、中国银行业监督管理委员会北京监管局、中国证券监督管理委员会北京监管局、中国保险监督管理委员会北京监管局提供。在使用中请注意统计口径的差别和适用范围。

四、本卷《年鉴》中各金融机构的排列顺序依照一般惯例，名次无高低之分。

五、本卷《年鉴》在编纂过程中得到北京市金融系统各单位的大力支持，参加编写的有金融机构60余个、学会与协会10余个、金融监管部门主要职能处室30余个，参与撰写的人员达200人以上。各位组稿编辑、编写人员为本书的出版付出了辛勤的劳动，各机构提供了大量的图片资料，中国人民银行营业管理部调查统计处汇总了大量统计资料。在此表示衷心的感谢。

六、由于编纂水平有限，书中难免有缺陷和疏漏之处，恳请广大读者批评指正。

《北京市金融年鉴》编辑部

2010年10月

# 目　录

## 一、形势综述



## 二、市场运行



## 三、发展与监管

## 四、服务与管理



## 五、机构业务综述

### 金融管理机构



### 金融机构

## 六、文件与规章

## 七、专题与调研



## 八、统计资料



### （一）北京市主要经济社会指标

**（二）金融业务综合统计**

## （三）金融机构业务统计

## 九、大事记



## 十、附　录

# 一、形势综述

# 关于北京市2009年国民经济和社会发展计划执行情况与2010年国民经济和社会发展计划草案的报告

——2010年1月25日在北京市第十三届人民代表大会第三次会议上

北京市发展和改革委员会

各位代表：

受市人民政府委托，现将北京市2009年国民经济和社会发展计划执行情况与2010年国民经济和社会发展计划草案的报告提请市第十三届人大第三次会议审议，并请市政协各位委员提出意见。

## 一、2009年国民经济和社会发展计划执行情况

2009年，全市上下坚决贯彻落实中央决策部署，积极应对国际金融危机影响，深入学习实践科学发展观，快节奏、高强度、创造性地开展工作，努力“调结构、上水平、保增长、保民生、保稳定”，扎实推进“人文北京、科技北京、绿色北京”建设，既圆满完成了年度计划确定的各项主要目标任务，又出色筹办了新中国成立60周年系列活动，在外部环境极其复杂严峻的条件下，实现了奥运会后的平稳发展。

### （一）经济实现平稳较快增长

综合调控意图全面实现。2009年是国际金融危机负面影响集中释放的一年，面对极其复杂严峻的局面，市委、市政府坚决贯彻中央宏观调控政策，及时采取了一揽子扩内需、保增长、保民生、保稳定的政策措施：着力推进“两年一万亿”投资促进计划，落实各项扩大消费政策；着力改善市场主体运营环境，帮扶企业渡过难关；着力发挥首都优势、用好首都资源，搭建综合服务平台；着力将应对危机与长远发展结合起来，发布六大产业调整振兴规划和重点区域加快发展意见；着力稳就业，提高社保水平。实践证明，这一系列政策组合拳是及时的、有效的。全年实现地区生产总值11 865.9亿元，比上年增长10.1%，人均地区生产总值10 070美元，地方财政收入增长10.3%，城乡居民收入分别实际增长9.7%和13.4%，城镇登记失业率控制在1.44%，居民消费价格指数下降1.5%。主要目标达到或超过年初预期。

扩大内需政策效果显著。把促进投资作为保增长的关键手段，发挥政府投资带动作用，建立绿色审批通道机制，加强目标责任制考核与市区联动，把握投资分布规律和调控节奏，加快投融资平台建设，实施大规模土地储备，加强拆迁管理，促进投资落地。全年完成固定资产投资4 858.4亿元，增长26.2%。其中绿色审批通道项目占投资总量的37.5%。千方百计扩大消费，积极实施小排量车减税、家电下乡、家电汽车以旧换新等政策，落

实促进房地产市场健康发展的30条意见，加大旅游促销力度，机动车销售增长30.8%，商品住宅销售增长82.3%，接待入境游客412.5万人次，国内游客1.6亿人次。全年实现社会消费品零售额5 309.9亿元，增长15.7%。投资和消费拉动的协调性进一步增强。

产业支撑比较稳固。服务业始终保持良好发展势头，对全市经济增长的稳定和拉动作用增强。全年服务业增长10.3%，占地区生产总值比重达到75.8%。金融、科技服务、信息服务等生产性服务业增加值增长9.8%。文化创意产业增加值增长11.2%，影视制作、动漫网游等行业收入增幅超过30%。全市工业增加值增长8.8%。现代制造业加快发展，成功实施德尔福、飞思卡尔、萨博等并购项目，启动了中航工业产业园、中科院产业园、京东方八代线等一批重大项目。都市型现代农业加快发展，新增设施农业4.3万亩，农业观光园和民俗旅游收入分别增长12.2%和15.1%。

（二）城市发展活力不断增强

自主创新迈出新步伐。中关村国家自主创新示范区获准成立，出台了建设示范区的若干意见，制定并实施了科技北京行动计划。股权激励、政府采购自主创新产品、间接费用列入科研预算等试点全面实施，202家单位申报开展股权激励试点，政府采购自主创新产品达到33.1亿元。实施信息基础设施提升等12项科技支撑工程，积极对接国家重大科技基础设施和重大科技专项，7家国家工程实验室落户建设。加强与中央单位合作，高水平推进昌平未来科技城建设。神州泰岳等11家中小企业通过创业板上市融资。成立工程技术创新、新能源等近30个产业技术联盟。全市技术交易和产权交易活跃，成交金额均超过1 200亿元。

新要素新业态集聚趋势向好。延伸奥运和国庆效应，成功举办意大利超级杯赛、中网公开赛等国际赛事，承办国际媒体峰会、第七届花博会、歌剧图兰朵等重大会展和演出活动，积极推动首都文化大发展大繁荣，城市影响力得到提升。高端要素进入势头不减，13家全球500强企业入驻CBD；25家金融企业入驻金融街；天竺综合保税区正式封关运作；亦庄“移动硅谷”正式启动。中国林权交易所和技术交易所挂牌成立。成功争取成为房地产信托投资基金、消费金融公司、省级投融资平台试点城市。获准设立新能源和环保、电子信息、生物医药和高技术服务业等4只创业投资基金，推动设立绿色、科技、文化创意产业投资基金，新注册股权投资基金公司30家。

区域统筹协调发展呈现新格局。首都功能核心区、城市功能拓展区对全市的支撑作用突出，城市基础设施和管理机制向发展新区延伸，新型绿色业态在生态涵养发展区落地。促进生态涵养区、丽泽金融商务区、城南地区等重点区域发展的政策意见和实施规划相继出台。推进区县结对子发展，首批认定海淀与密云、西城与门头沟、朝阳与延庆、顺义与平谷、东城与怀柔、北京经济技术开发区与房山等六个产业共建基地。海淀北坞村和朝阳大望京村城乡接合部改革试点取得阶段性成果。新农村建设全面推进，新开工建设1 700多个村庄的五项基础设施，实施污水处理工程286处（含管网工程），改造户厕23.6万座。

（三）基础设施承载和服务保障能力

得到提升

现代交通体系进一步完善。首都机场旅客吞吐量达到6 533.7万人次，洲际航空枢纽特征基本形成。京沪高铁和京石客运专线北京段加快建设，京沈、京张、京唐城际铁路积极推进。地铁4号线顺利开通，地铁6号线一期、8号线二期、9号线、14号线一期等11条线路加快建设，全市轨道交通在建里程达到280.2公里，通车里程达到228公里。京承三期和西六环路建成通车，高速公路通车总里程达到884公里。广渠路二期、蒲黄榆路、阜石路等城市快速路以及四惠、宋家庄综合交通枢纽开工建设。进一步优化公交线网结构，公交出行比例达到38.9%，比上年提高2.1个百分点。长安街改造和美化工程顺利完成。长周路、西旺路等一批新城主干路建成通车，国道111二期、国道101绕城段开工建设，新城交通条件不断改善。

资源能源供给能力进一步增强。大宁水库和南干渠等南水北调配套工程开工建设。清河二期、卢沟桥等再生水厂建设全面启动，延庆、门头沟等新城再生水厂建成并投入使用。市区和郊区污水处理率分别达到94%和51%，再生水利用率达到59%。11个新城集中供热工程全面实施，平谷滨河、延庆城东等10座集中供热中心建成。陕京二线增压工程、西六环南段天然气管线工程以及京平天然气主干线工程全部完成。新能源利用取得实效，制定出台“振兴发展新能源产业实施方案”、“加快太阳能开发利用促进产业发展”等政策意见，建成官厅风电厂二期及加密工程，新增地源热泵500万平方米。

节能减排力度进一步加大。制订《绿色北京行动计划（2010~2012）》，明确了构建绿色生产、绿色消费和生态环境三大体系、推进九项工程、建立十个机制的目标和任务。出台循环经济试点工作实施意见，完成54家政府机构用电、用热计量改造，在全市166家重点用能单位推广应用高效电机和节能变压器，在公共服务领域推广高效照明产品1 370万只，完成20万平方米住宅和250万平方米公建节能改造。“十一五”万元地区生产总值能耗目标提前一年实现。

生态惠民效果进一步显现。6处中心城休闲森林公园开工建设，新建、改建城市公园绿地20处，建成并免费开放郊野公园19个，第二道绿化隔离地区完成绿化2.2万亩。通州、密云、延庆等10个新城万亩滨河森林公园全面启动。北运河河道治理有序推进。京津风沙源、废弃矿山生态修复、湿地与自然保护区等重点生态工程加快推进。努力兑现奥运会后空气质量不滑坡承诺，严格落实第十五阶段控制大气污染措施，淘汰治理黄标车10.6万辆，全市二级和好于二级的天数的比重达到78.1%，比上年提高3.2个百分点。高安屯垃圾焚烧厂、阿苏卫综合处理厂等垃圾处理设施投入试运行，市区和郊区垃圾无害化处理率分别达到100%和87%。

（四）社会建设更加惠及民生

就业形势稳定，社会保障水平全面提高。密集实施一揽子稳定就业、提高社保的政策措施，效果显著。全市城镇登记失业率控制在1.44%，为2005年以来最低水平。发放稳定就业和社会保险补贴5.54亿元，惠及7.27万名待岗轮岗职工。降低失业、工伤、农民工大病医疗保险缴费费率，全年减轻企业和职工负担40.71亿元。城市低保标准由家庭月人均收入390元提高到410元，农村低保标准由年人均收入1 780元提高到2 040元。全面实施11项老年优待政策，实行居家养老补贴政策，鼓励社会力量兴办养老服务机构。取消医疗救助报销起付线，提高报销比例和大病住院救助报销额度。社保卡试点成功推进。

城乡就业和社保政策统筹取得突破。率先将促进城镇失业人员就业补贴政策向农村延伸，基本实现城乡劳动力就业补贴、社保待遇政策统一，帮助10.2万农村劳动力实现转移就业。率先实现城乡医疗保障制度全覆盖，新型农村合作医疗参合率提高到95.7%，报销封顶线提高到18万元。率先实现养老保障制度全覆盖和城乡居民养老保险标准统一，162万人参加了城乡居民养老保险，参保农民月平均养老金从原来的100元提高到400元。率先实现城乡低收入家庭认定标准统一，将医疗、教育、住房等专项救助政策覆盖到60多万低收入家庭。

公共服务水平不断提高。进一步落实完善“两免一补”政策。中小学校舍安全工程建设全面展开，完成200所小学标准化建设和300所农村中小学教师集体宿舍改造工程。累计在10个郊区县建立24所名校分校，提前实现“十一五”规划目标。公共卫生体系和社区卫生服务体系建设全面升级，10个区域医疗中心加快建设。启动突发公共卫生事件应急机制，积极有效做好甲型H1N1流感疫情防控。首图二期暨方志馆、宣武医院改扩建、奥运博物馆、人艺国际戏剧中心等重大项目顺利推进。北京卫视在全国率先实现高清播出。

民生工程效果显著。保障性安居工程稳步推进，全年新开工建设和收购政策性住房937.9万平方米，竣工229.5万平方米，配租配售政策性住房5.6万套，完成旧城房屋保护修缮2.45万户，全面启动门头沟采空区、丰台南苑镇和通州老城区三片棚户区改造工作，搬迁居民8 000余户，一次性解决6 500户农村优抚对象和困难家庭的住房问题。实施能源安居工程“3+3”计划，全面完成文保区平房小煤炉改造、179个小区老旧供热管网改造和10万户居民老楼通气工程，新建21处生物质集中供气工程和200座阳光浴室，在门头沟试点送气下乡，共惠及城乡居民40余万户。开展宣武、丰台、大兴、昌平16个小区的老旧电网改造试点工程。新建和改造350个社区办公用房和服务用房，启动182个乡镇文化体育活动中心标准化和202个行政村文化活动室建设，实现行政村文化室全覆盖。

（五）改革开放和区域合作取得新进展

重点领域改革稳步推进。市级和区县政府机构改革顺利完成。深化行政审批制度改革，建立了投资项目绿色审批通道机制；各部门取消审批事项24项，下放审批权限103项。大力推进市区两级融资平台建设，创新融资方式，降低融资成本；支持农投、农担、村镇银行等农村金融快速发展。研究制定《深化医药卫生体制改革的实施意见》及配套文件，启动公费医疗参加职工基本医疗保险改革试点，实施全民健康促进十年行动规划。分步推进价格改革，调整了水资源费和污水处理费，建立水价调整与低收入群体补贴联动机制；配合国家做好电价和油价调整，实现调整前后平稳过渡；实施水、电工商业同价，营造有利于服务业发展的环境。健全农村土地经营权流转机制，在22个乡镇先行开展集体林权制度改革试点，完成

346个乡镇农村集体经济产权制度改革，在海淀、通州、密云选择205个社区进行农村社区服务站建设试点。

对外开放与区域合作迈出新步伐。巩固延伸奥运和国庆效应，首都国际形象和影响力得到显著提升，与国际友好城市、全球500强企业的高层交往得到加强，与“长三角”、“珠三角”等沿海省市之间的学习、交流与合作得到全面深化。《关于鼓励跨国公司在京设立地区总部的若干规定和实施细则》发布实施，新认定跨国公司地区总部22家，累计58家。利用外资实现双增长，实际利用外资61.2亿美元，合同外资达到83.2亿美元。地区进出口总额降幅逐步收窄。支援什邡恢复重建取得阶段性成果。全面启动京冀生态水源保护林等合作项目。签署新一轮对口支援与合作框架协议，对口支援西藏拉萨、新疆和田地区力度不断加大。

总体上讲，2009年经济形势错综复杂，任务艰巨繁重。经过全市上下的艰苦努力，本市应对国际金融危机采取的各项政策措施取得了明显成效，实现了奥运会后全市经济增速不减、活力不降，成绩来之不易。这是市委、市政府坚决贯彻中央决策部署，科学决策，各区县、各部门形成合力、真抓实干的结果；是充分发挥集中力量办大事的体制优势，有效调动各种资源，群策群力谋划和推动发展的结果；是不断把握发展规律，丰富地方综合调控经验，统筹运用经济、社会、行政等各项政策手段，注重远近结合，注重处理好政府与企业、市场的关系，有针对性地加强综合调控的结果；是不断推进体制机制创新，转变政府职能和作风，提高服务效率、优化发展环境的结果。

但同时也要清醒地看到本市经济运行中不稳定、不平衡因素仍然存在，影响持续发展的潜在问题需要关注。一是经济自主增长动力仍然不强。经济恢复主要依靠政策驱动，民营经济和中小企业还不活跃；投资增长主要依靠基础设施和土地储备，产业投资和民间投资跟进不够；外需恢复比较缓慢，部分企业特别是中小企业经营还比较困难；经济发展方式向更多地依靠技术、管理和劳动者素质提升转变，还需要在思想认识、体制机制、实施路径上下更大工夫。二是财政资金平衡压力加大。一方面资金需求刚性增长，另一方面结构性减税和总分机构税收政策调整等造成财政增收放缓，财政资金收支矛盾增加。三是谋划和推动新发展的办法有待丰富，创新意识有待增强。在推进城市建设、园区升级、大项目落地上，在对接市场与项目的优秀运作和经营团队上，都需要从体制机制创新上加大力度。四是支撑城市发展的要素供给尚不均衡。供水、供热、垃圾处理等一些领域的瓶颈制约还比较突出，城市运行安全还面临较大压力，与城市化、国际化和现代化的要求还不相适应。此外，人口资源环境的矛盾还需要用发展的办法着力研究解决，城乡发展不平衡和城乡接合部地区发展问题还有待解决。

**二、2010年经济社会发展计划初步安排**

2010年是巩固应对危机影响成果、保持首都经济平稳较快发展的关键之年；是实施“十一五”规划的最后一年；是集中精力推进科学发展、全面推动“人文北京、科技北京、绿色北京”建设的行动之年；是扎实谋划“十二五”发展蓝图的重要之年。安排好全年经济社会发展计划至关重要。

（一）发展环境的分析判断

总体判断，2010年国内外经济形势有望继续向好，有利条件不断增多，但困难和挑战不容低估，完成全年任务仍需付出艰苦努力。

一方面，国内外宏观形势向好和本市经济蕴含的积极因素为实现新发展创造了条件。一是国际经济复苏预期增强，国内经济恢复加快，国家宏观调控政策比较稳定，一揽子政策效应还在释放并向高端产业领域延伸，有助于带动本市经济增长。二是奥运会和国庆活动的成功举办，极大地提升了城市形象，提高了城市知名度和吸引力，扩大了国际影响，有利于更好地集聚高端要素资源，从更宽视角、更高层次谋划和推动首都发展。同时，重大活动告一段落，有利于集中精力谋划和推进经济发展方式转变。三是奥运会后及时确定了“人文北京、科技北京、绿色北京”发展战略，并制订了具体行动计划，极大地统一了思想、凝聚了民心；与兄弟省市区的交流学习进一步加强，开阔了视野，极大地增强了全市上下加快发展的责任感和紧迫感，有利于抢抓机遇推动发展。四是在应对危机影响过程中，形成了行之有效的调控机制和经验，同时人均地区生产总值超过1万美元，首都发展进入了全面建设现代化国际大都市的新阶段，各方面的发展需求依然旺盛，土地和项目储备相对充足，城南、城乡接合部、重点产业功能区等重点区域发展势头向好，有利于带动和实现新的发展。五是中关村自主创新示范区建设全面起步，有助于进一步释放城市创新势能，发展一批有自主技术、有市场前景的企业和项目，提升产业竞争力。

另一方面，发展中还面临着诸多挑战需要积极应对。一是世界经济复苏基础并不稳固，发达国家失业率居高不下，私人消费依旧疲软，市场流动性大量增加，大宗商品和资产价格震荡走高，对国内和本市经济复苏产生不利影响。二是伴随国际金融危机产生及后续复苏过程，多层面竞争进一步加剧，世界范围内对经济科技制高点的竞争激烈，国内地区间、园区间对高端要素、高端产业、高端服务的争夺加剧，竞争压力加大。三是市场缺乏新的投资和消费热点，投资与消费相互支撑、相互促进的途径还需进一步挖掘，多层次的消费供给尚未形成，经济恢复自主增长受到制约。四是短期经济刺激政策的效应逐步递减，中长期政策效果显现需要过程，通胀预期和资产价格上涨，增加了宏观经济运行的不确定性。五是推动新一轮科学发展，解决诸多长期积累的矛盾，面临着更加深刻的利益格局调整，改革攻坚和政策协调难度加大。

（二）发展计划安排的总体思路

2010年经济社会发展计划安排的指导思想是：以科学发展观为指导，深入贯彻“人文北京、科技北京、绿色北京”战略，积极应对国际金融危机后续影响，进一步转方式、调结构、重创新、促统筹、惠民生；进一步解放思想，锐意改革，集中力量促进关键领域有序突破、重点发展；进一步把握新形势，适应新变化，高水平、高效率地落实人文、科技、绿色北京行动计划；全面完成“十一五”规划目标，为实现“十二五”高水平发展奠定基础。

在计划安排上要把握好六个方面：一是处理好稳增长与调结构的关系，更加注重在总量增长和效益提升中推动结构调整；二是处理好要素驱动与创新驱动的关系，更加注重自主创新和改革支撑；三是处理好自身发展与服务全国、走向世界的关系，更加注重以全球眼光推进自身发展；四是处理好当期与长远发展的关系，更加注重集中力量谋划解决好关系长远的重大问题。五是处理好投资与消费的关系，更加注重消费与投资的相互促进与协调。六是处理好城市建设与管理的关系，更加注重城市管理和服务水平的提升。

（三）2010年经济社会发展主要目标

按照统筹兼顾、规划衔接的原则，主要目标安排如下：

——地区生产总值增长9%；社会消费品零售额增长12%，全社会固定资产投资增长11%。

——城乡居民收入实际增长6%以上。

——居民消费价格指数控制在103%以内。

——城镇登记失业率控制在2.3%以内。

——地方财政收入增长9%。

——万元地区生产总值能耗和水耗均下降4%；化学需氧量和二氧化硫排放总量均下降2%。

——市区空气质量二级和好于二级天数的比重力争达到73%。

——城镇基本养老、基本医疗、失业保险覆盖率分别达到96%、95.6%、95.6%；农村养老保险覆盖率达到90%以上。

**三、实现2010年经济社会发展计划的主要措施**

（一）以促进内需为重点，保持经济平稳较快增长

着力优化投资结构，扩大消费需求，进一步增强内需特别是消费需求对经济增长的拉动作用。

保持投资适度增长。投资是现阶段实现经济平稳较快发展的重要保障。要继续落实好“两年一万亿”的投资任务，保持政府投资合理增长，引导带动社会投资。进一步优化投资环境，促进社会投资。继续深化审批制度改革，推进“绿通”变“普通”，提高服务效率。有针对性地出台本市促进民间投资政策，激发民间投资活力。推进国有股权战略调整，通过国有资本有序进退，一方面集中资源进入产业高端、支持重点产业发展，另一方面为民间资本发展营造公平竞争的环境。落实好促进中小企业发展的政策，充分发挥中小企业聚集民间资本主战场的作用。进一步保存量优增量，提高投资效益。完善投资调控机制，以重大区域和带动能力强的项目为重点，优先保障存量续建项目建设，谨慎安排增量项目。继续加大对产业支持的投入，带动产业相关投资1 200亿元。加强政府投资项目监管，规范审批决策程序，强化监督，做好稽查和检查工作，确保发挥预期效益。进一步创新融资模式，保障资金需求。坚持分类指导，稳步推进基础设施、社会事业和产业领域投融资改革，积极争取国家市政债试点。充实并用好市级重点融资平台，稳步推进区级融资平台试点发行企业债。鼓励中小企业发行集合债券、集合中票、集合信托和集合短融，扩大中小企业担保和再担保规模。支持民营企业结构化融资，推动并购贷款、并购债券和股权投资基金发展。在“1+3+N”框架下，发展和用好产业、创业和股权投资基金，吸引外资设立股权基金公司，探索建立创业投资风险补偿基金。进一步发挥土地调控作用，实现多储快供。延续土地储备成果，更加注重二级

开发的释放，带动社会投资跟进。继续投入1 000亿元用于土地储备，更加注重优化用途结构、空间结构，引导投资布局，控制开发成本，提高投资效益。着眼于未来对城市发展有重大带动作用的重点区域，超前谋划一批土地储备，为业态升级和高端要素入驻创造条件。进一步加大房地产市场结构调整力度，促进平稳健康发展。房地产市场健康发展对稳定投资、带动消费、惠及民生、承载业态至关重要。要大力改善住宅供给结构，加大政策性住房建设力度，创新政策性住房建管机制，广泛吸引社会资金参与政策性住房建设、收购和管理，全市住宅供地的50%以上用于建设中小户型的廉租房、经济适用房、限价商品房和公共租赁房13.4万套，全年竣工交用4.6万套。加强对开发项目的协调和调度，促开工、促入市，依法打击“囤地、囤房”行为，增加市场供给。推进房地产信托投资基金试点。着眼于产业功能的提升，促进综合性房地产开发。

巩固和扩大消费需求。合理引导住房和汽车消费。合理区分改善性和投机性住房需求，维护好合理的住房消费，抑制投资性和投机性购房；推进存量房交易所建设，搭建存量房交易平台，促进二手房消费。落实汽车下乡、以旧换新、黄标车淘汰等政策，发展汽车金融和汽车租赁，合理引导汽车消费。促进文化精神消费。充分挖掘首都文化历史资源，鼓励民营经济参与首都文化产业发展，引进高水平、高素质的制作和经营团队，推出高标准、大制作、有品牌的文化产品。多层次、高频次地扩大文化领域的国际交流，扩大首都文化影响力。鼓励国内外优秀文艺剧目来京演出，引入专业化文化演出管理机制，开放内部剧场，扩大院线连锁规模，繁荣文化演出市场。扩大特色消费和时尚消费。集中精力规划一批能够承载国际时尚和品牌入驻的重点区域，引进国内外知名商业品牌进入本市。积极鼓励社会资本参与特色街区升级改造和经营管理，打造特色消费集聚区。通过延长时间、拓展空间和丰富业态等手段，挖掘现有商业设施潜力和培育新城消费商业圈。大力培育和发展新型消费。发展壮大食糖、棉花、金属等大宗商品电子交易市场，力争形成千亿元交易规模。研究建设电子商务集中发展园区，促进电子商务发展和网上消费。支持消费金融公司试点。提升旅游商务消费。把旅游业的培育发展摆在更加重要的位置。继续延伸奥运会和国庆效应，高水平举办世界旅游及旅行年会和世界媒体聚焦北京等活动，鼓励本市旅游企业参与各类国际旅游展和推介活动，树立国际旅游品牌形象。扩大区域旅游合作，抓住上海世博会和广州亚运会举办机遇，开展京沪、京穗等城市间旅游互动与合作。大力推进同一首歌、印象长城等旅游项目建设，继续研究主题公园项目，鼓励民营经济深度介入旅游项目开发。

（二）以自主创新和提升产业素质为抓手，努力促进发展方式转变

实施助优助强战略，高起点推进自主创新，更加注重实体经济的培育，集中力量持续培育和打造战略型行业和企业，提升产业素质，推进结构调整，促进发展方式由主要依靠物质资源消耗向更多依靠管理和创新转变。

推动产业功能区转型升级。把提升重点产业功能区作为推动地区经济发展的重要抓手和载体。加强重点园区与世界范围内同质园区的战略合作，推动“姊妹园”和联盟建设，从管理、培训等多方面，提

升园区发展水平。理顺重点产业功能区和行政区域的管理体制，释放园区发展活力。统筹全市进京户籍资源，探索在全球范围招聘园区经营管理人才，充实提升产业园区管理团队，增强园区建设、招商和运营服务能力。集中精力抓好中关村、经济技术开发区和临空经济区建设，进一步推进金融街西扩和CBD东扩，努力促进高端文化体育要素向奥林匹克中心区集聚，积极打造东城国家中医药发展综合改革试验区。选择丽泽金融商务区、永定河水岸经济带、首钢搬迁调整区域等一批对长远发展有重大影响的重点区域和园区，高水平谋划，高层次推进，分阶段成片开发，培育经济发展的新增长极。

强力打造国家自主创新示范区。创新中关村管理体制。落实建设中关村国家自主创新示范区重大战略，抓紧出台中关村自主创新示范区发展规划，统筹谋划产业空间布局，推进园区建设管理体制改革，突破行政区划，下放市级权限，设立中关村发展集团，推动示范区建设大提速、大发展。深入推进股权激励、职务发明、知识产权质押贷款、间接费用列支等创新试点，进一步争取扩大中关村先行先试的领域和范围，将更多批次的企业纳入试点。进一步强化政府支持。整合政府产业投资，以5年不少于100亿元的规模，以股权投资、跟进投资等多种方式，加强对重大科技产业化项目和产业联盟的支持；继续扩大政府采购自主创新产品的领域和规模，全年完成采购总量40亿元。大力发展科技金融。逐步完善覆盖技术创新全过程的金融服务体系。与深交所建立市级战略合作关系，争取更多企业在创业板上市，并推动其规范运作，充分利用资本市场做优做强，努力形成“中关村”板块；大力支持境内外天使投资、创业投资、股权投资在示范区聚集和发展；高水平运作新能源和节能环保、电子信息、生物医药以及高技术服务业4只创业投资基金，扶持处于初创期、成长期的创新型企业发展。大幅提升研发实力。积极承接国家科技重大专项和基础设施，支持一批国家工程中心、工程实验室和企业技术中心建设，力争突破一批有重大影响的关键技术。以未来科技城为载体，集聚中央大型国有企业研发创新资源，建设若干支撑国家重大科技创新的研发机构。鼓励企业成为创新主体，支持企业提高研发投入，建立创业孵化机制，大力扶持有前景企业做大做强，在中关村培育和成长出一批十亿元、百亿元、千亿元级的创新型企业。

壮大总部经济和高端产业。总部经济和服务经济的竞争已逐步成为新阶段地区间竞争和结构调整的重点。着力提升总部企业对首都经济的贡献。整合全市资源，加大招商引资力度，在吸引跨国企业、中央企业总部的同时，更加关注民营企业总部入驻。支持总部企业将研发、结算、采购、营销等贡献率高、辐射力强的环节在京落地。深入贯彻落实鼓励跨国公司在京设立地区总部的意见，系统研究新税政策下支持总部经济发展的政策。着力加强要素市场建设。不断扩大产权交易所、技术交易所业务规模，推动石油交易所股东重组和中国林权交易所发展，支持中国文化产权交易所等要素市场落户本市，充分发挥国债登记结算公司作用，培育多层次的资本要素市场。着力促进文化创意产业大发展。充分发挥旅游业的综合带动作用，积极支持大型旅游企业和重点旅游项目。充分挖掘前门、南锣鼓巷等历史文化资源，大力支持老字号企业发展壮大，发展彰显古都特色的文化产业；推动中国动漫游戏城、国家演出中心等重大项目落地，鼓励参与奥运创意和策划的企业进军国际市场，鼓励民间资本进入文化产业，持续、大力度地培育品牌文化演艺活动。着力培育壮大优势产业。研究推行重点企业“一企一策”，培育百亿元的大型企业和一批“专、特、精、新”的小巨人企业。鼓励国有资本参与成果转化，推动资源特别是资本层面的重组，筛选推出一批重大创新成果，形成产业化对接方案，重点支持刻蚀机、注入机、化学汽相沉淀等IC高端装备和中低速磁悬浮、纯电动汽车等有自主知识产权、有市场前景的战略性新兴产业。加快推进新能源、信息网络、生命科学、新材料、环保等领域成果产业化，加快物联网、绿色印刷等新技术应用，培育下一轮优势产业。

（三）以适应特大型城市功能完善和发展新需求为重点，提升城市运行的系统性和安全性

在城市建设中，更加注重满足新阶段国际化的要求，更加注重基础设施复合功能的完善，更加注重节能减排和发展低碳经济，全面提升城市承载能力和服务品质。

全力构建现代化综合交通体系。加强交通主骨架建设。积极做好北京新机场前期各项服务保障工作，完善北京洲际航空枢纽功能。积极推进京张、京沈、京唐城际铁路开工建设，构建以北京为中心的城际高速铁路网。加快推进12条轨道交通线路建设，力争建成亦庄线、大兴线、15号线一期（顺义线）、昌平线、房山线5条线路，通车里程超过300公里。继续完善城市路网体系。完成蒲黄榆路、广渠路二期、阜石路二期、西外大街西延4条快速路，基本实现城市快速路网规划。加快研究和规划长安街西延工程，推进宋家庄、四惠、苹果园综合交通枢纽建设。加强新城之间以及新城、重点镇和城中心区之间的联络，全面启动42个重点镇的高速路联络线建设，加快浅山区路网建设，构建“新城高速直达、乡镇快速连接、山区纵横互连”的市域快速交通体系。注重路网微循环和交通系统之间的换乘效率。路网建设更加注重联络线和改善微循环，更加注重产业功能区和重点建设项目周边的路网配套。实施第七阶段疏堵工程，建立快速通勤系统。大力发展智能交通系统，实现交通管理智能化和精细化，努力缓解市区交通拥堵，构建和谐交通。

系统提升供给与排放处理能力。以水资源安全为核心，增强供水保障能力。从战略高度谋划水资源综合平衡，采取域外调水、本地挖潜等措施，应对水资源紧缺形势。加快建设南干渠、大宁调蓄水库等南水北调配套工程。推动第十水厂、郭公庄水厂建设，启动东干渠工程和东水西调扩能改造，形成安全灵活的供水体系。加快建设清河、北小河二期和卢沟桥再生水厂，同步建设配套管线，确保用三年时间集中力量将中心城区污水处理厂全部升级改造成为高品质再生水厂，提高再生水利用率。开发利用北运河水资源。加强能源系统建设。针对城市供热瓶颈，率先启动华能二期、草桥二期和东北燃气热电中心建设，推进北小营、西八里庄等大型燃煤锅炉房清洁能源改造，加快城市热力联通线、三河热电厂输热主干线等热网建设，提升供热保障水平。加快陕京四线前期工作，建成天然气陕京三线和六环天然气管线，形成完善的城市燃气输配主干网；建成怀密天然气主干线工程，实现怀柔、密

云与城区天然气管网的联通，抓紧研究延庆天然气联通问题。推进延庆县智能电网城市等示范工程建设，加快丽泽、首钢等区域供热、电力、燃气等设施建设，提升重点产业功能区的能源保障水平。提升市政管网安全性。重点启动城南地区、重点功能区供排水管网改造工程，改造供水管网 200 公里、排水管网 80 公里。完成 100 个小区 200 公里老旧供热管线改造，统筹推进老旧电力地下管网和老旧燃气、通信等管线消隐工程，逐步解决管网安全隐患。加快解决垃圾处理问题。按照减量化、增能力、调结构的思路，加大垃圾治理力度。加快建设 6 座垃圾资源化处理站，新建、改扩建的居住小区和社会单位全部实行生活垃圾和餐厨垃圾分类处理，生活垃圾分类达标率达到 20% 左右。启动梁家务等生活垃圾综合利用循环经济园区建设，加快建设平谷垃圾综合处理厂，扎实推进董村、南宫等项目进度，完成北神树填埋场扩容，提高垃圾处理能力。强化土地预留和规划控制，统筹解决处理设施选址难、建设难问题。

加快实施《绿色北京行动计划(2010~2012)》。把发展绿色经济、循环经济、建设低碳城市作为首都未来发展的战略方向，深入推进节能减排，积极开展低碳经济试点，形成绿色生产、绿色消费和生态环境体系。落实《绿色北京行动计划（2010~2012)》年度分解任务，尽快出台《北京市应对气候变化的实施方案》。大力推进清洁生产。鼓励企业建立健全从项目建设到产品开发设计、生产经营、销售服务的全过程绿色管理体系，加快首批重点污染源企业以及其他 210 家工业企业的清洁生产审核工作，试点推进服务业、农业、建筑业等行业清洁生产审核。淘汰退出劣势产业。调整制定本市限制发展的产业与技术目录，做好首钢在京冶炼和热轧项目关停和产业优化工作，加快淘汰年产能 20 万吨以下的小水泥企业。积极鼓励节能改造。进一步加大政府对节能改造的投入，增加对新能源利用环节的补贴，完成 30 家市级机关办公用房节能改造，推进供热系统节能技术改造 500 万平方米。推广高效照明产品 1 200 万只，在居民和公共服务领域基本实现绿色照明。完善节能减排考核体系，制定节能管理办法，开展能耗定额管理。进一步提升生态品质。弘扬生态文明理念，努力打造绿色政务，倡导绿色商务，营造绿色生活。继续实施和制定控制大气污染第十五和第十六阶段措施。基本建成密云、延庆、怀柔、平谷和门头沟等 11 个新城万亩滨河森林公园主体工程。启动南中轴森林公园和三海子郊野公园建设，积极推进第二道绿化隔离带，继续实施京津风沙源治理、矿山植被修复、重点湿地保护等工程，实施北运河、永定河和潮白河生态治理工程，完善城市生态功能。提升全民环保意识，大力推进绿色产品和服务供给，推广应用节水技术

（四）以激发城市空间活力为切入点，统筹区域协调发展

以促进城市四类功能区差异化发展为导向，进一步落实本市促进生态涵养发展区协调发展的政策意见，统筹推进重点新城、重点镇、新农村、城乡接合部和城南等区域发展，着力优化城市布局，增强城市活力。

着力推进重点新城大发展。把新城建设作为扩内需、调结构的持久动力。全面落实加快重点新城建设实施意见，探索组建高水平开发集团，引进国际知名设计团

队，突出重点，集中精力，高水平、高起点、分阶段谋划好通州等重点新城建设，发挥好示范带动作用。加强新城内部规划路网骨架、电力设施、集中供热、集中供水、高品质中水厂等市政基础设施建设，全面启动区域医疗中心和文体中心建设，超前实施新城绿化隔离带建设，提升新城承载能力。加大新城推介和招商引资引智力度，不断增强新城产业功能。

加快城市南部地区发展。优先解决制约城南发展的瓶颈问题，分阶段推进实施。大力度推进城南行动计划落实，加紧制订城南行动计划年度分解任务。加快建设7条轨道交通线，实现大兴线、房山线、亦庄线通车运营。建成蒲黄榆快速路，推进京台高速北京段、万寿路南延等南北通道建设，开工建设京石二高速、京良路等4条西南部通道，打通城南地区交通瓶颈。统筹实施一批公共服务项目和危改、能源安居工程，改善城南地区生活条件。按照“一轴一带多园区”发展格局，启动永定河水岸经济带的谋划和建设，推进丰台丽泽金融商务区、崇文龙潭湖体育产业园、宣武广安产业园、大兴生物医药基地、房山石化新材料产业基地等园区建设，提升产业发展水平。

进一步加快城乡一体化步伐。扎实推进城乡接合部地区发展。系统总结北坞村和大望京村试点经验，进一步加大镇村统筹、基础设施统筹、产业统筹和外来人口疏导力度，在更大范围内统筹各类要素资源。有计划、分步骤地做好城乡接合部50个重点村的改造整治工程，加快中心城内227个村的改造，严控违章建设，加大租赁房建设力度，积极推动城市社会管理和公共服务机制向这些地区延伸。进一步研究完善城乡接合部地区的集体产权制度改革、社会保障和居民就业政策，解决深层次矛盾和问题。集中力量发展重点镇。出台加快重点镇建设的政策意见，调整和优化42个重点镇空间和土地利用规划，保证产业发展用地，积极支持社会资本参与京郊乡村酒店、民俗旅游、沟域经济开发和旅游集散特色镇建设。实施30万亩现代农业基础设施和综合开发项目，新增4万亩设施农业，全面完成新农村五项基础设施和“三起来”工程，提升农村经济发展水平。

（五）以民生改善为根本，努力推进社会建设

加强社会政策的统筹研究，发挥社会政策的调节功能，促进经济社会统筹发展。

加大就业统筹力度，提高全民社保水平。建立定向、订单、定岗的技能培训制度，健全面向大学生、失业人员和农民工等重点群体的就业帮扶长效机制，实现城镇新增就业36万人。全面推进劳动合同制度，加强对企业调整劳动关系的监控和指导，完善农民工工资支付保障机制，构建和谐的就业市场。继续提高城镇职工基本养老保险、失业保险等相关保障待遇水平。全面实施社会保障卡工程，实现就医费用实时报销和医保服务管理升级。整合“新农合”、“一老一小”、无业居民大病医疗保险制度，实现城乡居民医疗保险政策统一；加快推进区县享受公费医疗人员纳入城镇基本医疗保险范围。出台农民工参加基本养老保险办法，完善优抚保障和社会救助制度。

提升基本公共服务便利化程度。加快推动一批教育、医疗、文化和体育设施建设。完成50%中小学校舍安全工程，全面实施公办幼儿园达标建设。通过政府购

买服务等方式，支持民办学校和幼儿园发展。积极推进名校办分校、学区化管理、学校联盟等多种办学形式，促进优质教育资源共享。加快沙河和良乡高教园区建设，推进儿童血液肿瘤中心、宣武医院改扩建、天坛医院迁建等项目建设。健全公共卫生服务体系，强化基层医疗卫生服务职能，继续扎实做好甲型 H1N1 流感防控。统筹加强社区用房规范化和基层文体设施建设，进一步扩大图书馆、博物馆向公众免费开放范围。

继续实施一批惠民工程。完成旧城文保区 2 万户居民住房修缮整治和 200 条胡同整治工程。抓好门头沟采空区、通州老城区、丰台南苑镇棚户区改造，推进昌平老城区、房山老城区等棚户区改造。继续实施能源安居工程，全部完成中心城区的老楼通气工程，推进绿色燃气、阳光浴室下乡，探索推进市区燃气同价。继续开展老旧小区电网改造惠民工程。新增抗震节能型新农宅 2 000 户，完成增温节能改造 2.2 万户。探索支持社会力量兴办养老机构试点，新增 1.5 万张养老床位。

（六）以改革开放为动力，释放新的发展活力

深入推进重点领域改革。进一步完善集中审批和“一站式”审批制度，落实“绿通”变“普通”，加快为企业、市民和社会各界服务的平台建设，全方位优化发展环境。制订和实施本市医改方案，进行市属公立医院法人治理结构改革试点，鼓励社会资本举办各类医疗机构。进一步理顺中关村、亦庄等重点产业园区与行政区的体制机制，释放园区发展活力。加快推进国有企业改革，促进国有企业战略重组和资本有序进退。着力完善资源环境价格形成机制，推进工商业同价、限制淘汰行业高价等政策，促进科学发展；完善价格调整与困难群体补贴挂钩等政策，建立价格调整项目方案储备和动态调整机制。积极推进农村土地经营权流转和农村集体经济产权、林权制度改革，大力发展村镇银行和小额贷款公司，建设农村金融综合改革试验区。

加快推进城市国际化步伐。抓住国家综合实力不断增强、国际地位不断提升的战略机遇，充分发挥国家首都的整体优势，以国际化视野谋划和推动世界城市建设。系统研究世界城市发展演进规律，谋划提升国际化水平、建设世界城市的具体路径。高标准提升国际交往的服务保障能力。以提升首都“四个服务”水平为核心，对接服务需求，提高服务标准，为国家重大国际政治外交活动提供服务保障。高水平推进国际交流与合作。大力吸引和培育能够掌控国际要素资源的总部企业、国际机构和单项组织，充分发挥国际友好城市和国际顾问的平台作用，积极鼓励华人华侨参与首都建设，吸引国际会议、论坛和会展在京举行，推进多层次、宽领域的合作与交流，扩大首都的国际影响力。高标准打造大型国际航空枢纽，充分发挥天竺综合保税区的政策优势，提升首都机场口岸的综合服务功能，加快国际高端要素聚集。高水准打造品牌文化活动和体育赛事。充分发掘特有的文化传统和民族特色，打造有国际影响力的文化演出活动，吸引国际演出团体和演艺界名人来京演出，增加有国际化内容的文化艺术活动和广播影视内容。继续有效利用奥运场馆设施，不断提升北京国际马拉松、中国网球公开赛、中国斯诺克公开赛等国际赛事以及北京国际音乐节、诺贝尔奖论坛等重大活动的影响力。高层次引进国际高端人

才。加强面向外籍人员服务的学校、医院、文化等设施和机构建设，完善服务体系，创造便捷、舒适的生活和工作环境，大力引进、留住、用好具有世界眼光和战略思维能力的高端人才。

不断深化对外开放和区域合作。抓住后金融危机时期国际产业和国际资本转移的有利时机，进一步加强对外经贸工作，积极总结经验，鼓励本市企业“走出去”，参与国际产业分工；促进引资与引智相结合，大力引进具有先进技术和管理的外资项目；密切关注国际市场需求变化，努力实现对外贸易恢复性增长。实施好国家《京津冀都市圈规划》，健全区域交通基础设施、能源供应和产业配套体系，在更大的空间谋划首都发展。鼓励中关村科技园区、临空经济区与天津滨海新区等周边区域开展全方位合作，打造京津塘产业带。高标准完成支援什邡灾后重建任务，扎实做好新形势下对口支援工作。

此外，继续加强城市应急管理，提高防控自然灾害能力，完善能源和生活必需品两条运行保障线，特别关注价格变动对运行保障的影响。加强敏感区域、敏感人群的安全维稳工作，营造安定祥和的社会氛围。加强重点行业领域的安全生产监管监察，有效防范和遏制重特大事故。同时，深入研究首都发展的新趋势、新特征、新需求，做好城市总体规划评估，打好“十二五”规划编制攻坚战，为首都持续发展奠定扎实基础。

各位代表：2010 年我们面临的任务艰巨而繁重。让我们在市委领导下，在市人大的监督与支持下，深入贯彻落实科学发展观，解放思想，迎难而上，深入推进人文北京、科技北京、绿色北京建设，为建设繁荣、文明、和谐、宜居的首善之区作出新的贡献。

# 北京市货币信贷政策执行情况

2009 年，北京市货币信贷运行总体保持健康平稳，促进首都经济企稳回升效果显著。截至 2009 年末，北京辖内金融机构（含外资，下同）本外币各项存款余额 56 960.1 亿元（占全国的 9.3%），比年初增加 12 174.9 亿元，同比增长 27.5%；本外币各项贷款余额 31 052.9 亿元（占全国的 7.3%），比年初增加 7 883 亿元，按可比口径计算，同比增长 35%。

2009 年，北京市辖内金融机构人民币各项存款大幅增加，外汇存款增速急剧回落；受融资派生和需求回暖因素影响，企业存款增长较快；居民投资、消费意愿显著增强，储蓄存款增长放缓；存款活期化渐显，实体经济活跃程度继续增强。截至 2009 年年末，北京辖内金融机构人民币各项存款余额 54 275.5 亿元，同比增长 28.9%，较上年末提高 9.8 个百分点；比年初增加 12 043 亿元，同比多增 5 330.3亿元。其中，人民币企业存款余额29 538.8亿元，同比增长 26.4%，比年初增加 6 393.4 亿元，同比多增 3 984.4 亿元；人民币企业存款中，活期存款余额所占比重为 47%，较上年末提高 1.7 个百分点。人民币储蓄存款余额14 672.1亿元，同比增长 22.7%；比年初增加 2 716.8亿元，同比少增 83 亿元；居民储蓄存款中，活期存款余额所占比重为 35%，较上年末提高 2.5 个百分点。外汇存款余额 393.2 亿美元，按可比口径计算同比增长 5.3%，较上年末回升 19.4 个百分点；比年初增加 19.7 亿美元，同比少增 34.8 亿美元。

2009 年，北京辖内金融机构贷款大幅增长，有力支持首都经济平稳较快增长；新增人民币贷款创出历史新高，贷款增速高位趋缓；票据融资增势由升转降，中长期贷款持续高位增长；信贷投向契合首都产业优势，促进经济企稳回升效果显著；各项信贷政策有效落实，金融支持经济薄弱环节力度增强；土地储备开发贷款大幅增长，二手房贷款需求旺盛；外汇贷款增长强劲，国际需求继续回暖。截至 2009 年年末，北京辖内金融机构人民币各项贷款余额25 421.8亿元，同比增长 27.2%，比年初增加5 277.5亿元，同比多增2 954.2亿元。其中人民币短期贷款余额为7 163亿元，同比增长 5.2%；比年初增加 289.7 亿元，同比少增 587.9 亿元。人民币中长期贷款余额为16 479亿元，同比增长 34.8%；比年初增加 4 163.6亿元，同比多增2 869亿元。票据融资余额1 667.8亿元，同比增长 84.3%；比年初增加 762.8 亿元，同比多增 533.2 亿元。外币各项贷款余额为 824.7 亿美元，同比增长 86.3%；比年初增加 382 亿美元，同比多增 219.1 亿美元。

2009 年，在中国人民银行总行适度宽松的货币政策及各项信贷政策的指导下，中国人民银行营业管理部结合北京市经济金融运行的内在规律，努力提高执行各项货币信贷政策的有效性，合理引导金融机构信贷投向，以此促进首都经济平稳健康发展。

## 一、创新工作手段，提高适度宽松货币政策执行效果

（一）加强窗口指导，贯彻落实适度宽松货币政策

为应对国际金融危机，有效落实适度宽松的货币政策，四次组织召开辖内银行经济金融形势分析例会暨季度窗口指导会，帮助各银行深入分析当前的宏观形势，坚决贯彻中央部署，坚定经济发展信心。

（二）结合首都实际出台适度宽松货币政策实施意见

3 月初，下发《关于贯彻适度宽松货币政策　促进首都经济又好又快发展的意见》（银管发〔2009〕48 号），指导各行积极应对经济金融形势变化，保持信贷规模合理增长，突出信贷投放重点，优化信贷投放结构，促进首都经济持续、健康、平稳发展。

（三）进一步加强适度宽松货币政策舆论宣传

印制近千册《2008 年中国区域金融运行报告—北京分报告》、《2009 年各季度北京市金融运行报告》，分送相关政府部门、辖内金融机构，在《北京日报》等媒体刊发季度形势分析新闻稿，宣传适度宽松货币政策积极成效，通过多种形式宣传解释货币信贷政策意图和积极效果，合理引导社会各界预期，增强对首都经济发展的信心。

（四）监测、跟踪、指导金融机构贯彻落实适度宽松货币政策情况

对多家金融机构落实中央“扩内需、促增长”政策措施和执行适度宽松货币政策情况进行调研指导；主动与北京市发改委联系，商取北京市 2009 年重点建设项目计划，并以此为基础向辖内银行印发《关于金融支持北京市 2009 年重点建设项目有关事宜的通知》，指导银行妥善做好重点建设项目金融服务工作。

（五）认真做好经济金融形势分析工作

按季选择 3 ~ 4 家商业银行、1 ~ 2 家中央企业集团（财务公司）调研经济金融形势，根据北京总部经济运行特点，建立总部企业景气问卷调查制度和政府融资平台贷款监测制度。加强与市发改委、市统计局等部门联系与沟通，在大量调研的基础上力争准确把握经济未来发展态势，为深入分析形势工作提供微观经济运行层面支持。结合北京经济金融运行特点，在深入调研分析的基础上，按月、按季撰写北京市金融形势分析报告，撰写形势分析政务信息，根据总行要求开展多方面的形势分析调研，为上级领导准确判断当前形势、解决实际问题提供信息支持。

## 二、有效落实各项信贷政策，持续加大对社会和谐发展的支持力度

（一）大力推进“信贷政策导向效果评估”工作制度化

继续开展信贷政策效果导向评估这一创新工作，在中小企业信贷政策和助学贷款政策评估工作的基础上，探索房地产信贷政策导向效果评估方案。根据中小企业信贷政策导向效果评估结果，就进一步改进中小企业信贷工作分别约见四家商业银行高层人员，表彰在“信贷政策导向效果评估”中获得优秀的银行，为商业银行间经验交流提供平台。

（二）顺利推出“4 +4”中小企业和“1 +2 +4”科技企业金融服务方案

推出《中小企业“4 +4”金融服务工作方案》在继续完善中小企业联系目

录、探索扩展“信贷快车”试点方案、推进中小企业信贷政策导向评估制度化和继续召开中小企业信贷工作推进会等四项工作基础上，借助北京市发改委中小企业网，创建“人民银行营业管理部中小企业金融信息服务专栏”，推出了信贷产品信息上网、金融服务信息上网、咨询联系信息上网和在线提交信贷申请四项新举措。推出《关于支持首都“科技金融”建设“1+2+4”工作方案》，进一步加强与中关村管委会、海淀区政府的沟通协作，从政策、培训、产品、机制四个方面共同推进首都科技金融建设。目前，既定的上网、培训、政策、产品等各项工作已基本完成。11月，将与中关村管委会、海淀区政府签署合作协议，商定在加强科技金融宣传、开展科技金融培训、组织科技金融调研、健全科技金融信用机制、制定科技金融相关政策五个方面与中关村管委会、海淀区政府进行深入、广泛合作。截至2009年12月末，北京辖内金融机构中小企业人民币贷款余额5 800.9亿元，比年初新增1 092.6亿元（不含票据）。其中，小企业人民币贷款余额为1 695.3亿元，比年初增加495.5亿元，占中小企业贷款新增额的45.4%。

（三）积极引导金融机构大力支持高新技术、文化创意产业发展

及时与北京银监局联合转发《中国人民银行　中国银行业监督管理委员会关于进一步加强信贷结构调整促进国民经济平稳较快发展的指导意见》（银发〔2009〕92号），跟踪各方反馈；大力支持中关村国家自主创新示范区核心区、首都科技金融综合改革试验区建设，赴海淀区政府调研，完成《关于支持海淀区建设中关村国家自主创新示范区核心区、首都科技金融综合改革试验区的工作建议》；9月，根据前期与中关村管委会、海淀区金融办交流情况，按照行业分布、规模分布、成长期分布、融资情况等结构特点邀请10家较为典型的高科技企业进行座谈；就高科技企业融资担保、集合债发行等情况对中关村科技担保有限公司进行深入调研，总结科技金融服务成效和创新方式，完成《首都科技金融服务调研报告》，出台《关于加强金融服务工作支持中关村国家级自主创新示范区建设的指导意见》。成立金融支持文化创意产业调研课题组，深入研究文化创业产业融资特点，探寻缓解其融资困难的有效路径，出台《关于金融支持首都文化创意产业发展的若干意见》，引导金融机构促进首都产业优化升级。为帮助北京科技型、文化创意型中小企业解决融资难题，5月18日联合市发改委、市科委、市文促中心、北京银监局召开中小企业信贷推进工作会，指导辖内银行从产品创新、组织创新、机制创新等角度发挥信贷资金支持作用，并协调相关政府部门为辖内中小企业信贷业务发展减少政策障碍；9月联合北京银监局召开“北京市金融支持科技型和文化创意企业工作会议”，总结金融支持特色产业发展的信贷模式和金融创新经验。截至2009年12月末，中资银行投向高新技术产业的人民币贷款同比增长21.1%，文化创意产业人民币贷款全年累计发放111亿元。

（四）继续加大对民生金融的支持力度

在深入调研的基础上，总结归纳当前北京市国家助学贷款工作中存在的问题，并致函市教委共商解决问题的对策建议。进一步加大金融对就业再就业工作的支持

力度，与市财政局、劳保局密切协作，4月、5月份完成《关于修订〈北京市失业人员从事微利项目小额担保贷款财政贴息管理办法〉的通知》、《北京市发挥劳动密集型小企业对促进失业人员就业辐射带动作用政府支持政策实施办法》和《北京市小额担保贷款担保基金管理实施办法》等相关配套政策的修订，并颁布实施。6月与市财政和市人力资源和社会保障局联合印发《北京市辖内银行开办小额担保贷款申办规程》，鼓励和引导在京商业银行积极开办小额担保贷款业务，为本市再就业工作做好金融服务。11月联合财政局、劳动局、妇联及北京银行、北京农村商业银行开展了《农村妇女申请小额担保贷款管理办法》研讨，促进小额信贷政策进一步落实。截至2009年12月末，全市小额担保贷款同比增长9.5%。持续加强首都农村金融工作，进一步加大金融对首都城乡经济社会发展一体化支持力度，5月与市农委、北京银监局联合召开“金融支持‘三农’及首都城乡经济社会一体化发展”座谈会，根据工作需要，多次实地调研金融机构远郊区县基层支行支持首都新农村建设情况，指导辖内银行进一步加大金融对城乡统筹发展、新农村建设支持力度。2009年全市中资银行涉农贷款新增124.2亿元，有力推动首都农村经济的发展，带动农民致富。

（五）切实推进房地产金融发展

继续大力推进辖内银行落实房地产金融政策，深入开展房地产市场及房地产信贷形势分析，推进房地产调控政策落实，监测调控政策效果。鼓励银行加大对首都保障性住房建设的信贷支持，推进及监测经济适用房开发贷款创新试点工作进展，截至2009年12月末，全市中资银行经济适用房开发贷款余额74.2亿元，同比增长93.3%，增速提高23.4个百分点；比年初增加35.8亿元，同比多增23.4亿元。与北京市建委、北京银监局联合印发《关于推荐使用房地产抵押估价报告示范文本的通知》；推进北京市建委等相关部门缩短房屋抵押登记时间及简化登记手续，切实防范信贷风险；调研租赁住房投融资状况，研究信贷支持租房体系建设；积极向总行请示商业银行申办公积金信贷业务相关事宜，促进房地产信贷稳健发展；对2008年新发放的住房贷款以及新出租住房分别进行抽样调查，深入了解住房贷款需求与风险状况，认真做好房地产市场及房地产金融形势分析工作，其中《2009年上半年北京市房地产市场供求情况及趋势分析》被中办、国办采用，并得到中央领导批示。

（六）积极引导信贷产品创新工作

在2007年《北京中小企业信贷创新产品汇编》的基础上，继续收集、扩充各行信贷创新产品，进一步修订《北京中小企业信贷创新产品汇编》，并通过北京中小企业网宣传和推广。着力推动知识产权质押贷款等金融产品创新，深入把握知识产权质押贷款在产品模式、制度和组织方面特点，推广知识产权信贷模式。

（七）不断促进金融生态环境建设

不断加强金融生态环境调研，完成《关于北京市政策性信用担保体系发展现状的分析和思考》调研报告，对完善政策性信用担保机构运作机制提出政策建议，该报告得到刘淇书记批示。5月，就市委、市政府《关于帮扶企业应对国际金融危机的若干意见》、《关于实施稳定就业扩大就业的六项措施》、《关于金融促进首都经济发展的意见》等文件精神落实情况调研多家银行，形成《关于促进和加快信贷资金“落地”的政策建议》，并以金融专报形式呈送市委、市政府领导，以供决策参考。对 2006～2008 年北京地区汽车金融服务状况进行了全面调研，为促进首都汽车金融业务健康快速发展建言献策。

**三、加强利率汇率监测分析工作，促进金融机构完善定价机制建设**

（一）加强利率监测、分析、管理

进一步加强辖内金融机构利率报表的日常监测，新增本、外币存款利率下浮情况的监测，建立包括存款利率下浮监测在内的利率沟通周报机制，下发《关于进一步完善北京辖内金融机构利率监测及备案管理工作的通知》，全年收集整理辖内金融机构利率报表约 11 300份，民间借贷调查问卷 400 份，向总行报送利率报表约 720 份，维护利率监测常用时间序列库 14 个，每月定期以《利率简报》形式向金融机构发布各类利率数据，按季完成《北京辖内金融机构利率政策实施情况的报告》，10 月起新增《货币市场利率走势分析月报》。加强对金融机构利率政策实施情况监督检查，进一步做好民族贸易和民族特需商品生产贷款优惠利率相关工作；配合北京市民委，参与审核北京新增 4 家享受民贸优惠利率贷款的企业情况，并联合上报国家民委和总行；全年为办理民贸优惠利率贷款的银行机构办理贴息 1 553 120元。加强对金融机构存贷款利息计算及计结息规则的辅导，分批次向 50 家中外资银行、41 家非银行金融机构传达总行有关会议精神，并发放《完善金融机构存贷款利息计算的辅导材料》。

（二）继续推进金融机构完善定价机制建设

进一步加大辖内金融机构尤其是北京农村商业银行利率定价机制建设指导，多次现场了解北京农村商业银行定价系统开发建设情况，督促其按照中国人民银行营业管理部 2008 年底下发的《北京农村商业银行利率定价指导意见》，加强利率定价支持系统和风险管理系统，完善内控机制建设，切实防范利率风险。继续加强对银行机构利率定价技术及方法研究，在深入调研基础上，完成《我国商业银行内部资金转移定价体系研究》，为总行决策提供信息参考。加大 Shibor 宣传，向中资法人银行、外资银行转发《中国人民银行关于 2009 年上海银行间同业拆放利率建设工作有关事宜的通知》，加强面向企业的 Shibor 宣传，印制 1 000 份关于 Shibor 相关内容的宣传彩页，针对辖内银行机构 Shibor 建设、宣传及产品创新情况开展全面调查，召开 Shibor 专题工作会议，推进辖内金融机构对 Shibor 的培育与应用。

（三）深入开展商业银行利率管理、宏观货币政策与利率工具运用等方面调查研究

针对日常监测、利率管理中的新情况、新问题开展调查研究，召开专题座谈会，完成《商业银行个人住房贷款利率下浮趋势值得关注》等调研报告。根据总行临时工作要求，深入调研，召集辖内部分商业银行讨论，完成《对人民币离岸业务利率定价机制建设的思考》。积极主动地加强对国家宏观经济形势和货币政策的研究，从全球视野对利率工具在货币政策中的运用进行比较研究，完成《全球主要经济体定量宽松货币政策与退出机制比较》等调研报告。积极参与人民银

行营业管理部2009年重点课题“利率规则在我国货币政策调控中的应用”，参与课题讨论并承担部分内容写作。

（四）继续加强汇率相关监测与分析工作

按月完成《汇率监测月报》，把握主要币种汇率走势，不断充实完善人民币汇率中间价、主要外币Libor走势等时间序列库。实地了解出口企业相关情况，按季度完成辖内企业汇率承受力报告并报送总行，完成《关于2005~2008年北京地区出口企业换汇成本的情况报告》等专题调查。加强与相关处室协作和信息交流，密切监测国际金融危机对北京市出口的影响，及时向总行反馈信息。

**四、进一步加强金融市场管理，深入开展金融市场热点分析**

（一）严格金融市场准入管理

根据《债券市场准入备案操作规程》和《进入同业拆借市场初审工作操作规程》，2009年，认真开展辖区金融机构进入银行间债券市场和同业拆借市场的备案和初审推荐工作，严格履行行政许可手续，辅导辖内两家法人银行开展增加拆借限额的申请工作，完成法国兴业银行（中国）有限公司进入同业拆借市场的初审推荐和批复工作，完成4家金融机构、30家非金融企业、93个企业年金基金项目和55个信托财产项目进入债券市场准入备案管理行政许可手续。

（二）加强金融市场异常交易核查与监管

密切关注黄金市场异常交易情况，规范辖区黄金市场交易秩序，协助总行金融市场司拟订债券异常交易核查方案及相关核查和处理的格式文本。开展异常交易核查和处理工作，规范债券市场交易行为，根据总行金融市场司工作部署，核查和处理17家金融机构40多笔债券异常交易，并于10月开展辖区非做市商金融机构债券异常交易核查，并将核查和处理情况及时上报总行，促进银行间债券市场交易行为进一步规范。

（三）密切关注辖区金融机构信息披露情况

根据《同业拆借管理办法》的要求，通过中国货币网密切关注非银行金融机构的信息披露情况。通过现场检查了解金融机构信息披露情况，督促其按照政策真实全面披露相关信息。

（四）继续开展金融市场业务现场检查

根据人民银行营业管理部综合执法工作部署，对辖内三家银行的金融市场业务进行现场综合检查，督促辖内金融机构加强内控制度建设提高风险管理水平；根据工作需要，对两家银行的记账式国债柜台交易业务和两家财务公司同业拆借业务进行专项检查。

（五）持续加大金融市场服务与宣传力度

5月召开辖内75家金融机构105人参加的金融市场业务培训班，邀请金融市场司、国家外汇管理局、上海总部、中国证监会等单位有关专家就政策法规、热点问题、市场运作机制、市场管理要求等内容进行讲解，帮助金融机构了解金融市场创新业务和监管政策要求。

（六）深入开展金融市场热点调研分析

结合金融市场热点和北京金融运行特点，对辖区银行企业年金托管业务、非银行金融机构货币市场大规模净融入资金用途、银行信贷资产理财产品风险、中小企业票据融资问题以及财务公司拆借业务等进行深入调研分析。

**五、认真做好货币政策工具管理工作，不断完善法人银行流动性监测制度**

（一）继续加强再贷款、再贴现管理，不断健全各项内控制度

认真开展内控安全管理专项检查，落实整改要求，严格按照操作规程办理相关业务。根据工作需要及时印发《中国人民银行营业管理部再贴现业务管理办法》、《中国人民银行营业管理部再贴现业务操作规程（试行）》，及时处理北京延庆村镇银行支农再贷款申请，相关手续齐全，档案资料完整。继续做好对农发行北京分行信贷收支情况和各资产管理公司北京办事处经营情况监测，按总行考核项目要求按时上报各项监测报告和再贷款、再贴现年度操作报告。

（二）认真做好存款准备金日常管理，完善银行流动性监测制度

加强存款准备金考核日常管理，分别约谈金融机构相关负责人，强调准备金管理政策严肃性，依法对欠缴存款准备金行为进行处罚。加强日常沟通和指导，宣传解释存款准备金政策，指导金融机构做好准备金缴存工作。完善银行流动性监测制度，持续监测地区法人银行流动性状况，主动约见在京外资法人银行负责人，了解外资法人银行流动性状况。积极配合有关部门开展“2·27”特大贷款诈骗案相关处理工作，及时制定北京农村商业银行备付预案，上报总行货币政策司批准，防范因案件可能引发的支付风险。

（三）密切关注农村商业银行改革进展，认真做好专项票据兑付申请工作

持续跟踪监测北京农村商业银行资产负债、信贷收支、经营财务变化情况，认真参加北京农商行工作会、董事会，密切关注该行动态，按照总行考核要求按时上报《北京市农村信用社改革试点实施进展情况专题报告》、《专项票据发行兑付考核表》、《2008 年北京市农村信用社改革专项中央银行票据置换不良资产处置情况的报告》和《2008 年北京农商行主要财务经营指标表》等系列监测报表。认真做好北京农商行专项票据兑付审核工作申请，及时启动专项票据兑付审核工作，制定工作流程和时间表，明确兑付考核标准，参加专项票据兑付现场检查，认真审核北京农村商业银行申请材料，及时完成《对北京农商行专项票据兑付审核情况的报告》并递交考评委员会，撰写各项会议纪要，确保专项票据兑付申请材料完整。按照总行要求汇总上报北京农村商业银行、村镇银行、小额贷款公司财税政策情况。

（项银涛）

# 北京市金融运行报告

中国人民银行营业管理部　货币政策分析小组

## 一、金融运行情况

2009 年，北京市金融机构认真贯彻落实国家各项宏观调控政策，金融业经受了国际金融危机的严峻考验，金融运行总体平稳，金融机构改革继续稳步推进，金融服务水平显著提高，金融生态环境建设

取得新成效。

（一）银行业稳健发展，货币信贷加快增长

2009年，北京市银行业认真贯彻执行适度宽松的货币政策，积极支持首都经济企稳回升，金融服务水平继续提高，金融支持新农村建设和民生改善的力度加大。

1. 银行类金融机构整体状况良好，金融服务水平全面提升。2009年，北京市银行类金融机构积极应对国际金融危机影响，注重防范风险，金融运行质量进一步改善，年末资产总额同比增长28.8%；利润同比增长6%，为近三年的最高水平；不良贷款率同比下降0.4个百分点；拨备覆盖率同比提高27.9个百分点，风险抵御能力进一步增强。北京市银行类金融机构总量达到3 480个，法人机构51个（见表1）。农村新型机构快速发展，1家村镇银行和18家小额贷款公司正式开业，政策性农业投资公司、农业担保公司相继成立，农村金融服务体系进一步健全。国内首批消费金融公司试点落地北京，金融服务体系更趋多元化。支付系统建设取得新进展，银行卡全年刷卡交易额突破5 000亿元，同比增长50%以上，市民持银联卡可在16家银行的1 400个网点缴纳公共事业费，切实解决居民缴费难的问题。

2. 金融机构存款增长较快，活期化趋势明显。2009年，北京市金融机构本外币存款余额增速同比提高9.1个百分点。人民币存款新增额超过1万亿元，创历史新高。上半年存款增长较快，下半年存款增幅放缓（见图1）。企业活期存款余额占比47%，同比提高1.7个百分点，显示实体经济活跃程度提高。据中国人民银行营业管理部第四季度工业企业景气监测显示，北京市工业企业已基本走出复苏初期的去库存时期，正处于景气上升期间，工业企业库存水平持续回升；第四季度企业家问卷调查显示，企业新增产能投资意愿有所回升，有15%的企业家认为固定资产投资增加，同比提高2.8个百分点；第四季度总部企业景气问卷调查显示，大型企业集团各项投资继续增加，固定资产、设备、土建工程投资“增加或持平”的总部企业占比分别为96.4%、89.3%和96.4%，比上季度分别提高13.8个、6.7个和13.8个百分点。受股市、房市交易活跃影响，居民储蓄存款增速同比回落7.9个百分点，活期储蓄存款余额占比35%，同比提高2.5个百分点。受企业外汇需求增加和人民币汇率升值预期增强影响，下半年外汇存款增速急剧回落，年末外汇存款增速较6月末回落22.5个百分点。

**表1　2009年北京市银行类金融机构情况表**

| 机构类别 | 营业网点 | | | 法人机构（个） |
|---|---|---|---|---|
| | 机构个数（个） | 从业人数（人） | 资产总额（亿元） | |
| 一、国有商业银行 | 1 514 | 46 027 | 40 270.8 | 0 |
| 二、政策性银行 | 17 | 617 | 8 774.8 | 0 |
| 三、股份制商业银行 | 450 | 18 790 | 16 205.6 | 0 |
| 四、城市商业银行 | 161 | 5 688 | 5 771.6 | 1 |
| 五、城市信用社 | — | — | — | — |
| 六、农村合作机构 | 694 | 7 975 | 2 846.5 | 1 |
| 七、财务公司 | 23 | 952 | 2 757.2 | 23 |
| 八、邮政储蓄银行 | 520 | 2 730 | 903.3 | 0 |
| 九、外资银行 | 81 | 6 069 | 2 724.4 | 6 |
| 十、农村新型机构 | 20 | — | 11.7 | 20 |
| 其中：村镇银行 | 2 | 51 | 3.5 | 2 |
| 小额贷款公司 | 18 | — | 8.2 | 18 |
| 合　计 | 3 480 | 88 848 | 80 265.9 | 51 |

注：营业网点不包括总部，农村合作机构含农村信用社、农村合作银行及农村商业银行等。农村新型机构包括村镇银行、贷款公司、农村资金互助社和小额贷款公司四类机构。

数据来源：中国人民银行营业管理部、北京银监局、北京市金融工作局。

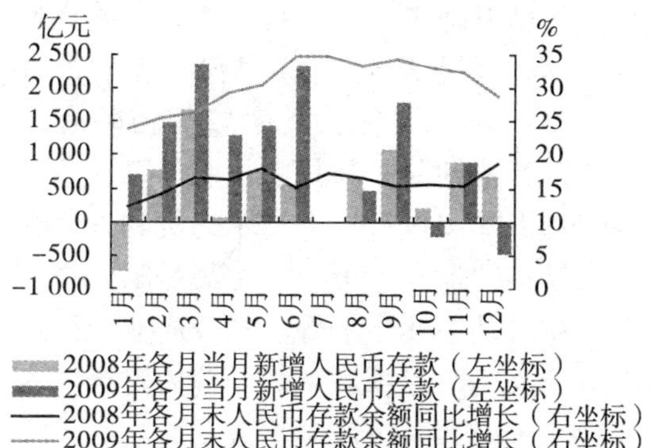


数据来源：中国人民银行营业管理部。

**图1 2009年北京市金融机构人民币存款增长变化趋势图**

3. 金融机构贷款快速增长，有力地支持了首都经济企稳回升。2009年，北京市金融机构本外币贷款余额增速同比提高18.3个百分点；人民币贷款保持较快增长，新增额创出历史新高，年内贷款增长前高后低，贷款增速高位趋缓（见图2、图3）。分期限结构看，中长期贷款增加较多，新增额占比同比提高30.5个百分点，主要投向基本建设、土地储备开发和个人住房消费；票据融资比年初增加762.8亿元，同比多增533.2亿元，呈现上半年大幅增加，下半年持续下降态势；短期贷款余额波动频繁，主要受总部企业临时性资金需求或大额还款因素影响。

金融机构继续优化信贷结构，积极支持首都经济发展方式转变和结构调整。信贷资金对重点领域、优势产业及经济社会薄弱环节的支持力度加大。全年贷款主要投向房地产业、租赁和商业服务业以及制造业，契合首都经济发展特点和优势。中国人民银行营业管理部积极创新工作机制，通过出台金融支持首都文化创意产业和中关村自主创新示范区建设的指导意见、与政府部门签署推进科技金融建设合作协议、推出“4+4”和“1+2+4”金融服务方案等措施，进一步优化中小企业信贷环境。全市金融机构积极支持民生改善，涉农贷款余额比年初增加124.2亿元，经济适用住房开发贷款余额同比增长93.3%，小额担保贷款余额同比增长9.5%，国家助学贷款余额达到13.3亿元。由于受“走出去”战略、国家政策性项目带动等因素影响，外汇贷款增长强劲，金融机构外汇贷款余额同比增长86.3%。在国际金融危机背景下，部分外贸企业资金周转困难，收款期限明显延长，进出口贸易融资需求增长强劲，金融机构全年进出口贸易融资同比多增54.4亿美元。

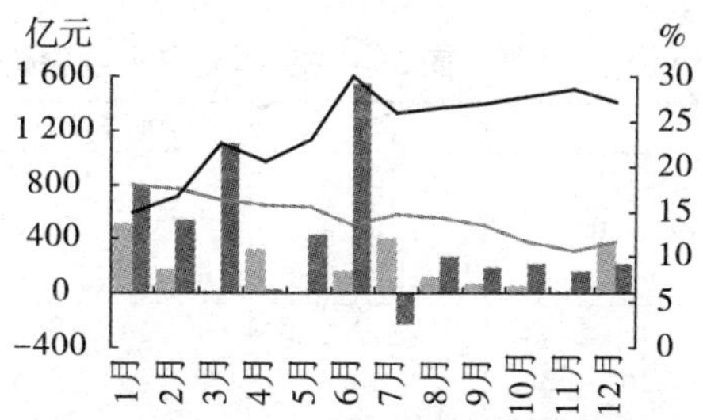


数据来源：中国人民银行营业管理部。

**图2 2009年北京市金融机构人民币贷款增长变化趋势图**

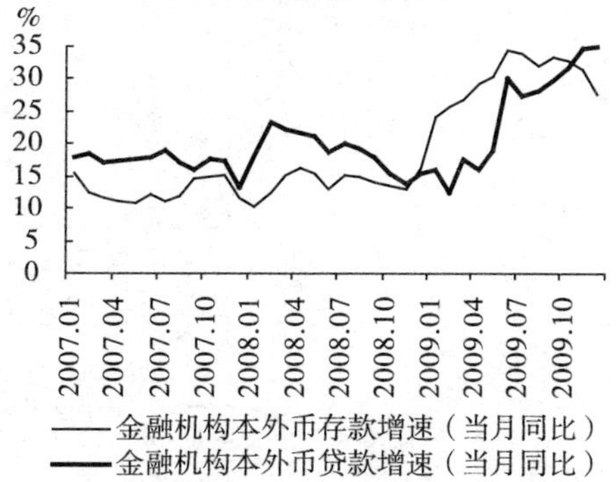


数据来源：中国人民银行营业管理部。

**图3 2007~2009年北京市金融机构本外币存、贷款增速变化趋势图**

4. 现金呈净投放态势。2009 年，北京市银行现金收支增长平稳，现金净投放主要受城乡居民消费支出增加、股市交易活跃等因素影响，储蓄存款项目由净收入现金转变为净支出现金（见表2）。

**表2　2009 年北京市金融机构现金收支情况表**

| | 年累计额（亿元） | 同比增速（%） |
|---|---|---|
| 现金收入 | 28 455.6 | 3.8 |
| 现金支出 | 28 490.5 | 3.8 |
| 现金净支出 | 34.9 | 11.0 |

数据来源：中国人民银行营业管理部。

5. 本外币存贷款利率整体比上年下降，金融机构利率定价能力稳步提高。2009 年，北京辖内金融机构贷款利率水平总体呈下降走势，执行下浮利率的贷款占比提高（见表3）。12 月份，除六个月至一年（含）期贷款利率较年初略有上升外，其他期限尤其是中长期贷款利率均较年初下降。执行浮动利率的贷款占比在上半年持续提高，下半年尤其是第四季度以后在波动中逐步下降。部分商业银行适度下调人民币存款利率。受境内资金供求变化和国际金融市场利率波动影响，美元存、贷款利率先抑后扬，整体利率水平低于上年（见图4）。北京辖内金融机构利率定价的精细化、差异化程度进一步提高，Shibor 在金融机构利率定价中运用的深度和广度均有所增强。

**表3　2009 年北京市金融机构各利率浮动区间贷款占比表**　　单位：%

| | | 合计 | 国有独资商业银行 | 股份制商业银行 | 区域性商业银行 | 城乡信用社 |
|---|---|---|---|---|---|---|
| 合计 | | 100.0 | 100.0 | 100.0 | 100.0 | 100.0 |
| [0.9~1.0) | | 65.4 | 85.5 | 60.1 | 51.7 | 18.2 |
| 1 | | 21.1 | 10.8 | 22.7 | 31.1 | 33.4 |
| 上浮水平 | 小计 | 13.5 | 3.7 | 17.2 | 17.2 | 48.4 |
| | (1.0~1.3) | 10.8 | 3.6 | 14.8 | 13.9 | 42.5 |
| | (1.3~1.5) | 1.9 | 0.1 | 1.5 | 3.2 | 5.3 |
| | (1.5~2.0) | 0.8 | 0.0 | 0.8 | 0.1 | 0.6 |
| | 2.0 以上 | 0.0 | 0.0 | 0.1 | 0.0 | 0.0 |

数据来源：中国人民银行营业管理部。

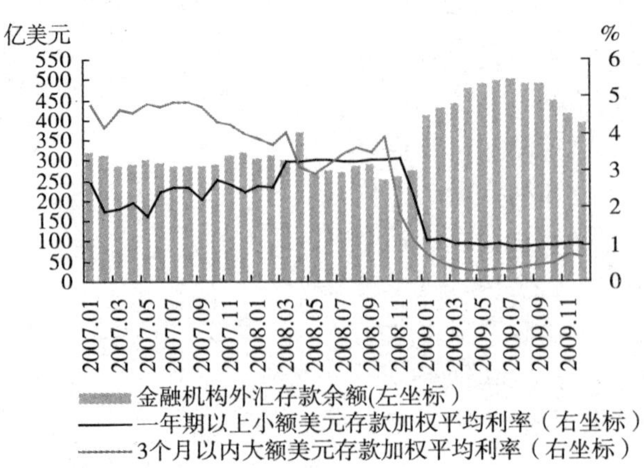


数据来源：中国人民银行营业管理部。

**图4　2007~2009 年北京市金融机构外币存款余额及外币存款利率变化趋势图**

民间借贷利率有所上升。第四季度，北京地区企业民间借贷监测样本加权平均利率为13.6584%，较第一季度上升585个基点；农户民间借贷监测样本加权平均利率为7.0570%，较第一季度上升134个基点。

6. 银行类金融机构改革继续深入推进。2009年，五家改制的国有商业银行分行加快转型，强化内部管理，不断提高市场竞争力，资产负债总额稳步扩大，全年利润总额同比增长20.1%，成为全市银行类金融机构利润的主要增长点。年末不良贷款余额和不良贷款率均比上年有所下降。

2009年是农业银行股份制改革后的第一年，农行北京分行各项业务经营指标明显提升，支持“三农”力度加大，改革成果显著。坚持以市场为导向、以客户为中心，进一步优化组织架构，全面梳理业务流程。按照业务板块实施专业化管理，明确各部门职能，为推进事业部制管理、打造流程银行进行有益的探索；提升分行本部经营层次，重点加强分行直接经营职能。

北京银行继续推进跨区域发展战略。2009年，新增外埠分支机构9家。年末，已在7个外埠省市设立分行。北京农村商业银行继续完善法人治理结构。董事会有效推动各项工作的开展，监事会积极开展非现场检查和巡视调研，强化监督检查力度。2009年，先后召开两次临时股东大会，通过了一系列重要议案及相关董事、高级管理人员的改选。继续强化内部管理，修改贷款审批流程，认真梳理规章制度及操作规程，加强风险防范。

为支持新农村建设，北京市继续放宽农村地区银行业金融机构准入政策。2009年，北京怀柔融兴村镇银行、北京大兴九银村镇银行、北京大兴华夏村镇银行已获开业批复。

（二）证券业稳步发展，市场成交量大幅回升

1. 证券业经营受股市影响显著，证券公司利润增长情况较好。2009年末，北京辖内法人证券公司17家，各地证券公司在京营业部206家，同比分别增加2家和23家。法人证券公司注册资本270.2亿元，同比增长3.8%；资产总额合计3 098.7亿元，同比增长63.1%。受证券市场活跃和IPO重启等因素影响，证券公司经营状况良好，全年实现净利润12.4亿元，同比增长22.6%。

2. 股票市场融资功能增强，证券市场交易活跃。2009年，北京地区企业A股市场筹资额1 508.2亿元，同比增长47.8%；年末上市公司达到126家（见表4），占全国A股上市公司的7.4%。上市公司中，央属公司占比50.8%，市属公司占比24.6%，民营公司占比23%，其他类别公司占比1.6%。上市公司总股本14 584.4亿股，占全国上市公司总股本的55.9%；市值128 026.81亿元，占全国上市公司总市值的44.2%。证券公司证券市场交易额同比增长65.1%。

**表4　2009年北京市证券业基本情况表**

| 项　　目 | 数量 |
|---|---|
| 总部设在辖内的证券公司数（家） | 17 |
| 总部设在辖内的基金公司数（家） | 11 |
| 总部设在辖内的期货公司数（家） | 19 |
| 年末国内上市公司数（家） | 126 |
| 当年国内股票（A股）筹资（亿元） | 1 508.2 |
| 当年发行H股筹资（亿元） | — |
| 当年国内债券筹资（亿元） | 7 236.0 |
| 其中：短期融资券筹资额（亿元） | 2 618.0 |

数据来源：北京证监局。

（三）保险业持续发展，积极服务首都经济社会建设和民生改善

1. 保险机构稳步发展，经营实力不断增强。2009 年末，保险公司分公司及在京营业的保险总公司共有 84 家，市场主体较多（见表 5）。除综合性保险公司外，政策性出口信用保险公司 1 家，专业车险公司 1 家，专业健康险公司 3 家，专业养老保险公司 4 家，政策性农业保险公司 3 家，专业中介机构 316 家，兼业代理机构5 855家，初步形成较为健全的市场体系。2009 年，北京地区保险公司资产总额2 087. 7亿元，比年初增加 366. 9 亿元，资产总额居全国第一位。

2. 保险业务快速发展，保障功能显著增强。2009 年，北京保险业保费收入同比增长 19. 1%，连续四年保持两位数增长。其中，财产险业务保费收入同比增长 22. 6%，人身险业务保费收入同比增长 18%。北京保险业营业支出同比增长 33. 7%。其中，产险公司赔付支出同比增长 25. 8%，寿险公司赔付支出显著回落。政策性农业保险作用日益突出，截至 2009 年末，北京市政策性农业保险三年累计为北京农业提供 168. 5 亿元的风险保障，参保农户达 45. 2 万户次，承保覆盖面已达全市主要农业资源的 40%。北京市政策性农业保险共开办 18 个险种，保险公司赔付金额 4. 9 亿元，受益农户 24. 7 万户次，有效补偿农户经济损失，充分发挥政策性农业保险对农业生产的保障作用。

（四）融资结构继续改善，金融市场健康发展

2009 年，北京金融市场交易活跃，各子市场继续保持良好发展势头。

**表 5　2009 年北京市保险业基本情况表**

| 项　　目 | 数量 |
|---|---|
| 总部设在辖内的保险公司数（家） | 13 |
| 其中：财产险经营主体（家） | 5 |
| 寿险经营主体（家） | 8 |
| 保险公司分支机构（家） | 670 |
| 其中：财产险公司分支机构（家） | 253 |
| 寿险公司分支机构（家） | 413 |
| 保费收入（中外资，亿元） | 697. 6 |
| 财产险保费收入（中外资，亿元） | 164. 4 |
| 人寿险保费收入（中外资，亿元） | 533. 2 |
| 各类赔款给付（中外资，亿元） | 253. 9 |
| 保险密度（元/人） | 4 044 |
| 保险深度（%） | 5. 9 |

数据来源：北京保监局。

1. 融资总量持续快速增长，中小企业直接融资取得新突破。2009 年，北京地区非金融企业融资总量同比增长 94%（见表 6），增速创 2001 年以来的最高水平。中小企业融资状况有所改善，北京 7 家企业首批成功发行 2. 65 亿元的中小企业集合票据；在中小企业板和创业板分别筹资 24. 6 亿元和 55. 1 亿元，中小企业融资渠道进一步拓宽。

**表 6　2001～2009 年北京市非金融机构融资结构表**

| 年份 | 融资量（亿元人民币） | 比重（%） | | |
|---|---|---|---|---|
| | | 贷款 | 债券（含可转债） | 股票 |
| 2001 | 1 476. 0 | 82. 1 | 4. 4 | 13. 5 |
| 2002 | 2 117. 4 | 84. 8 | 7. 8 | 7. 4 |
| 2003 | 2 843. 7 | 83. 5 | 7. 8 | 8. 7 |
| 2004 | 2 184. 4 | 88. 4 | 8. 5 | 3. 1 |
| 2005 | 3 174. 6 | 60. 3 | 39. 6 | 0. 1 |
| 2006 | 4 089. 1 | 69. 9 | 25. 8 | 4. 3 |
| 2007 | 6 200. 0 | 38. 8 | 17. 6 | 43. 6 |
| 2008 | 8 531. 0 | 38. 0 | 47. 5 | 14. 5 |
| 2009 | 16 553. 9 | 47. 6 | 43. 3 | 9. 1 |

注：贷款、债券融资量均以当年新增额口径计算。

数据来源：中国人民银行营业管理部、北京证监局、中国债券网。

2. 货币市场净融出资金大幅增长，利率从低位有所回升。2009 年，北京地区金融机构资金总体较为充裕，货币市场交易活跃，同业拆借和债券回购双向累计交易量83.4 万亿元，同比增长19.4%，占全国交易量的46.5%。通过货币市场累计净融出资金 27.73 万亿元，同比增长 69.5%。中资银行是主要的资金供给机构。国有商业银行在资金融出中的垄断地位更加突出，净融出资金量在中资银行中占比为71.3%；非银行金融机构和外资银行是主要的资金净融入机构。货币市场利率整体较上年下降，下半年，随着经济企稳回升，受新股密集发行和中央银行票据发行利率上行等因素影响，货币市场利率有所提高。

3. 票据市场走势变化明显。2009 年，北京市金融机构票据融资总体增长较快，但波动较大（见表 7）。上半年，特别是1 月、2 月份，辖内商业银行大力拓展票据业务，新增票据融资创出历史同期新高。下半年，在票据融资到期、金融机构加强票据融资业务管理、贷款结构调整、票据融资收益率降低等因素作用下，票据融资有所下降。票据市场利率先抑后扬（见表8），总体水平较上年下降。

**表 7　2009 年北京市金融机构票据业务量统计表**

单位：亿元

| 季度 | 银行承兑汇票承兑 | | 贴现 | | | |
|---|---|---|---|---|---|---|
| | | | 银行承兑汇票 | | 商业承兑汇票 | |
| | 余额 | 累计发生额 | 余额 | 累计发生额 | 余额 | 累计发生额 |
| 1 | 1 207.7 | 855.4 | 1 664.2 | 2 074.7 | 289.5 | 431.7 |
| 2 | 1 425.6 | 919.7 | 2 290.7 | 2 252.2 | 321.2 | 330.7 |
| 3 | 1 535.7 | 1 050.1 | 1 537.4 | 2 195.9 | 389.9 | 365.3 |
| 4 | 1 426.2 | 1 002.8 | 1 197.2 | 1 871.4 | 395.4 | 408.7 |

数据来源：中国人民银行营业管理部。

**表 8　2009 年北京市金融机构票据贴现、转贴现利率表**

单位:%

| 季度 | 贴现 | | 转贴现 | |
|---|---|---|---|---|
| | 银行承兑汇票 | 商业承兑汇票 | 票据买断 | 票据回购 |
| 1 | 1.7910 | 2.2048 | 1.3999 | 1.3074 |
| 2 | 1.7101 | 1.8011 | 1.3833 | 1.2675 |
| 3 | 2.4231 | 2.1801 | 1.9931 | 2.0812 |
| 4 | 2.6320 | 2.7436 | 2.0833 | 2.1678 |

数据来源：中国人民银行营业管理部。

4. 银行间外汇市场和黄金市场平稳发展。2009 年，人民币汇率保持基本稳定，外汇市场交易量平稳增长，市场主体进一步扩大，北京市银行外汇交易量同比增长 34.7%；黄金保值避险功能增强，黄金交易所会员全年买卖黄金1 665.3吨，与上年基本持平。

5. 金融创新步伐明显加快。商业银行利率互换衍生品交易活跃，股权和信用衍生品交易快速增长。辖内商业银行理财产品发行量稳步上升，信托贷款理财产品发行量大幅下降，代客境外理财产品明显萎缩；红酒、艺术品等成为集合资金信托投资热点，投资于国内股票市场和海外资本市场的集合资金信托明显减少。

（五）首都金融生态环境建设取得新进展

2009 年，北京市政府出台《关于金融促进首都经济发展的意见》，引导金融业加大支持力度，促进首都经济平稳较快发展；出台《加快推进北京丽泽金融商务区开发建设实施的工作意见》，推动新兴金融功能区建设。北京市加快建设金融业统一征信平台，推动首都社会信用体系示范区建设，环保、地税、司法等非银行信息被纳入征信系统，征信服务功能不断完善。北京个人本外币兑换特许业务试点取得显著成效。北京银行业严厉打击制贩假币、洗钱以及外汇违法违规行为，有力地维护了首都金融市场秩序。首都金融论坛、北京国际金融博览会和北京香港经济合作研讨洽谈会成功举办，金融交流与合作不断加强。面向社会开展银行卡、反洗钱、信用知识、反假货币、诚信兴商等系列宣传活动，加强金融知识宣传和普及，社会公众金融意识得到有效提高。

## 二、经济运行情况

2009 年，面对极其复杂的国内外形势，北京市认真贯彻中央宏观调控政策，及时采取一揽子扩内需、促增长、调结构、惠民生的政策措施，经济实现平稳较快发展。全年地区生产总值达到11 865.9 亿元，同比增长 10.1%，增速同比提高 1 个百分点（见图 5）。人均地区生产总值突破 1 万美元。居民消费价格同比下降1.5%。

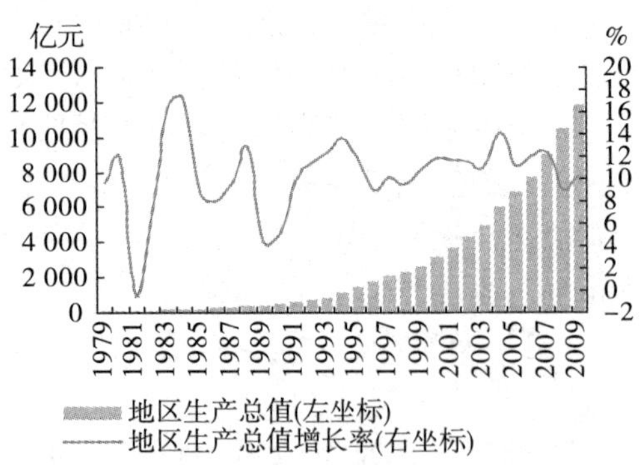


数据来源：北京市统计局。

**图 5　1979～2009 年北京市地区生产总值及其增长率变化趋势图**

### （一）扩大内需政策效果明显

2009 年年初，受国际金融危机和经济周期性调整影响，北京市积极采取保增长、扩内需的政策措施，全市经济呈现出第一季度见底，第二季度反弹，第三、第四季度稳步回升的运行态势。

1. 着力推进“两年一万亿”投资促进计划，投资保持快速增长。2009 年，北京市把促进投资作为保增长的关键手段，全社会固定资产投资增速同比增长 26.2%（见图 6）。投资季度波动明显，第一季度投资低位开局，第二、第三季度受土地一级开发等系列措施的推动，投资出现明显回升，第四季度投资高位趋稳。从投资结构看，基础设施投资同比增长 26%，重点投向交通建设领域；在土地储备一级开发推动下，从 6 月份开始，房地产开发投资增速由负转正并呈快速增长态势，房地产开发投资同比增长 22.5%。分产业看，第一产业投资同比增长 1 倍，第二产业投资同比增长 6.6%，第三产业投资同比增长 27.8%。企业去库存化使存货投资在资本形成总额的比重略有下降，地方投资增速高于中央投资，贷款仍是城镇固定资产投资资金来源的重要组成部分。

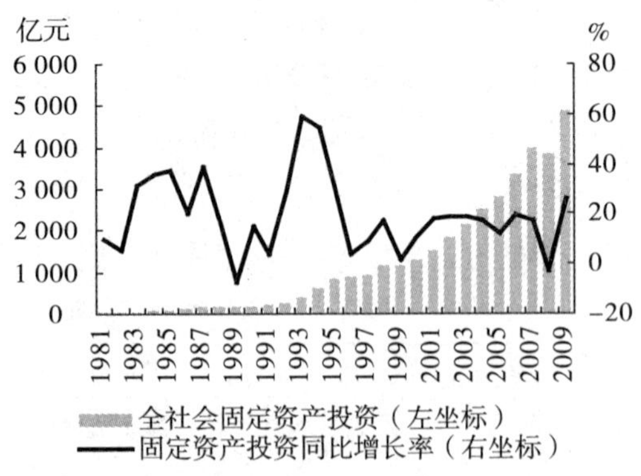


数据来源：北京市统计局。

**图 6　1981～2009 年北京市固定资产投资及其增长率变化趋势图**

2. 居民收入稳步增加，消费需求保持稳定增长。2009 年，北京市着力改善民生，实施一揽子稳定就业、提高社会保障水平的政策措施，不断加大社会保障力度，率先实现城乡医疗保健制度全覆盖，推动养老保障制度城乡一体化，出台居家养老、助残服务“九养政策”。在政策推动下，全市就业形势稳定，社会保障水平全面提高，城乡居民收入保持稳定增长，城镇居民人均可支配收入同比增长8.1%，农民人均纯收入同比增长11.5%。在小排量车减税、家电汽车下乡和以旧换新等扩大消费政策的作用下，城乡居民消费意愿增强，全市社会消费品零售额同比增长15.7%（见图7）。据国家统计局北京调查总队调查，农村居民对下乡家电及配套政策满意度较高，农民消费升级的趋势逐渐显现。汽车销售仍是拉动北京消费的主体，金银珠宝、餐饮和医疗保健品消费热度不减。

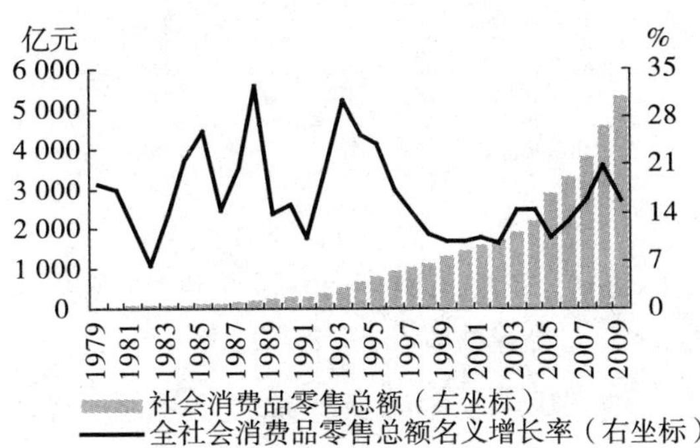


数据来源：北京市统计局。

**图7　1979～2009年北京市社会消费品零售总额及其增长率变化趋势图**

3. 进出口逐步摆脱低迷态势，“走出去”战略成效显著。2009年，北京地区进出口总额同比下降20.9%（见图8），其中出口下降15.9%，进口下降22.2%。面对国际市场需求萎缩的严峻形势，北京市增加外贸发展资金，支持企业稳定拓展国际市场，地区进出口总额降幅逐步收窄。从月度数据看，12月份出口同比增长6.4%，自2008年12月以来首次实现增长；进口在11月份止跌回升后增速达到61.1%。全市实际利用外资保持小幅增长（见图9），第三产业实际利用外资占比较高。“走出去”战略成效显著，全年境外投资中方实际投资额同比增长63.2%，对外承包工程、劳务合作和设计咨询营业额同比增长35.1%。

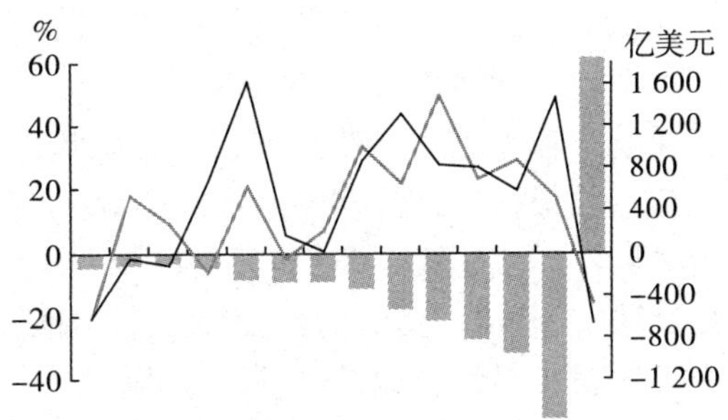


数据来源：北京市统计局。

**图8　1996～2009年北京市外贸进出口情况变化趋势图**

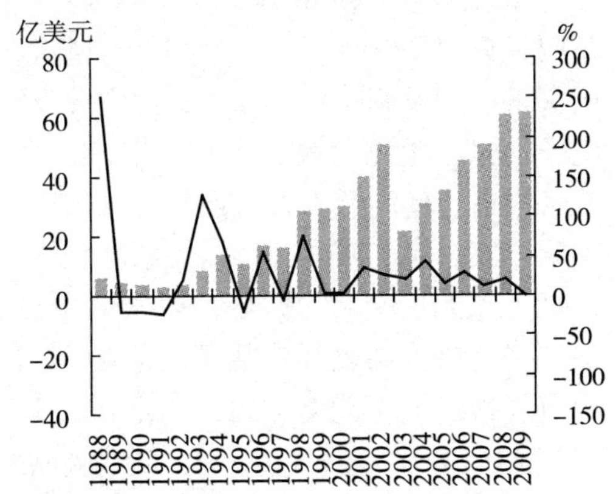


数据来源：北京市统计局。

**图9　1988～2009年北京市外商直接投资情况变化趋势图**

（二）产业结构继续调整和优化

2009年，北京市三次产业结构由上年的1∶23.6∶75.4变化为1∶23.2∶75.8。“三二一”的产业结构优化格局进一步巩固，服务业始终保持良好发展势头，对全市经济增长的稳定和拉动作用增强。

1. 新农村建设稳步推进，农业生产稳定增长。2009年，北京市积极推进农村各项改革，建立市和区县两级农地流转信息平台，开展集体林权制度改革试点；全面落实各项农业补贴政策，建立低收入农户增收帮扶机制；346个单位完成乡村集体经济产权制度改革；制定农民专业合作社法实施办法，新注册合作社1 270家；启动农村金融综合改革试验区建设，设立农业产业投资基金，建立农业再保险机制。农业生产形势较好，全市第一产业增加值同比增长4.6%，粮食播种面积与上年持平；都市型农业快速发展，全市设施农业实现收入同比增长20.4%，农业观光园和民俗旅游收入同比分别增长12.2%和15.1%。

2. 工业生产加快增长，企业经济效益明显好转。2009年，北京市认真落实国家重点产业调整振兴规划，制定并发布电子信息、生物医药、汽车、都市工业、装备制造、新能源六大重点产业调整振兴实施方案，制订并实施《科技北京行动计划》，推出66条帮扶企业政策措施，促进工业结构调整和工业生产企稳回升，全市规模以上工业增加值同比增长9.1%（见图10），增幅同比提高7.1个百分点。其中，高技术制造业、现代制造业增加值同比分别增长3.7%和11.1%，继续引领工业增长；交通运输设备制造业和医药制造业贡献突出，共拉动全市规模以上工业增长3.7个百分点；通信设备、计算机及其他电子设备制造业扭转了2008年下降的局面。全市工业运行质量稳步提高，规模以上工业企业利润总额同比增长25.3%，工业经济效益综合指数高位运行。北京市加快推进科技创新，整合首都创新资源，搭建生物医药、新材料等4个领域平台，积极推动石化新材料、数字电视、移动硅谷等产业基地建设。北京市第二次全国经济普查结果显示，全市规模以上工业企业创新能力稳步提高。

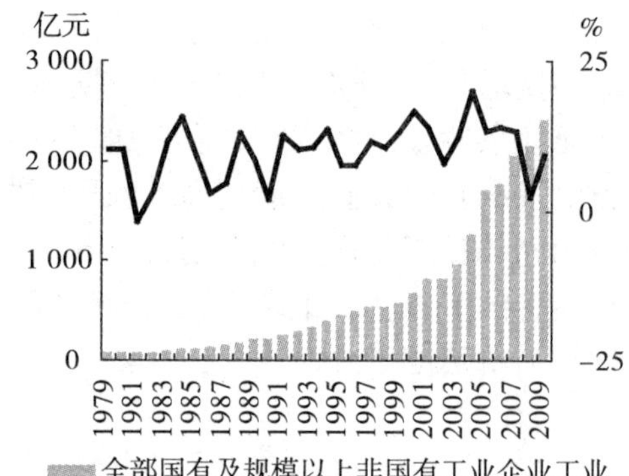


数据来源：北京市统计局。

**图10　1979～2009年北京市工业增加值及其增长率变化趋势图**

3. 服务业保持快速增长，服务经济主导的产业结构进一步巩固。2009年，北京市第三产业增加值同比增长10.3%，增幅同比提高2.2个百分点。生产性服务业和文化创意产业继续保持在服务业中的主导地位。全年生产性服务业增加值同比增长9.8%，占地区生产总值的比重为49.5%，同比提高1.3个百分点；文化创意产业增加值同比增长11.2%，增速高于全市地区生产总值1.1个百分点，在地区生产总值中的比重达12.6%。金融业保持快速发展，全年金融业增加值同比增长13.5%，对经济发展的支撑作用日趋巩固。

（三）各类价格指数平稳运行

1. 居民消费价格总体在低位运行。2009 年，北京市加大价格调控力度，通过财政补贴、价格综合协调机制等措施，保障市场供应和价格基本稳定，居民消费价格同比下降 1.5%（见图 11），跌幅高于全国平均水平。全年居民消费价格总体在低位徘徊，9 月份以后降幅逐月收窄，全年呈 V 字形运行态势。其中，低收入层居民消费价格下降 1%；食品价格上涨 2.4%，非食品价格下降 3.4%；消费品价格下降 0.3%，服务项目价格下降 5.2%；居住价格下降 10.2%。

2. 生产者价格指数有所回升。2009 年，工业品出厂价格同比下降 5.6%，单月跌幅在 7 月份达到最高点后，12 月份转为同比上涨 0.1%，为 2008 年 12 月以来首次上涨。原材料、燃料及动力购进价格同比下降 11.4%，单月跌幅在 7 月份达到最高点后，12 月份转为同比上涨 7.5%，为 2008 年 12 月以来首次上涨。农产品生产价格同比下降 1.7%。

3. 劳动力成本平稳增长。随着各项惠民措施的实施，北京市职工收入增加，社会保障覆盖面稳步扩大。2009 年，全市城镇单位在岗职工平均工资42 352元，同比增长 8%；参加城乡居民养老保险人数为 162 万人，参保率为 90%；参加基本养老、基本医疗、失业、工伤保险人数同比分别增加 69.6 万人、67.4 万人、61.4 万人和 80.5 万人；参加农村新型合作医疗的人数同比提高 2.8 个百分点；最低失业保险金和城市居民最低生活保障分别提高 60 元和 20 元。

（四）财政收入稳步增长，财政支出重点突出

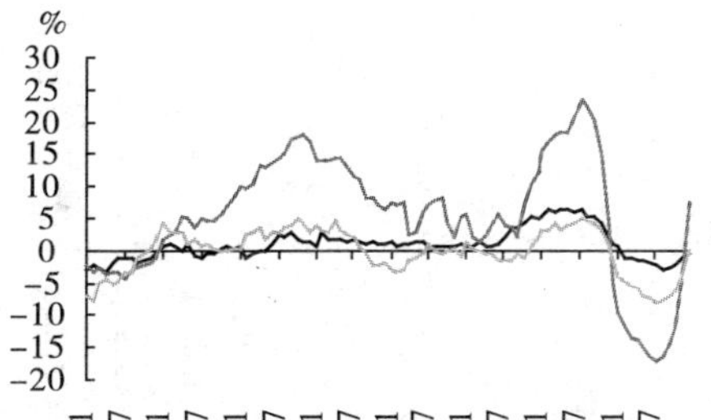


数据来源：北京市统计局。

**图 11　2002～2009 年北京市居民消费价格和生产者价格变化趋势图**

2009 年，北京市地方一般预算财政收入同比增长 10.3%（见图 12），增幅同比回落 12.8 个百分点；增值税、营业税和个人所得税同比分别增长 13.5%、15.5% 和 3.8%。积极的财政政策得到有效贯彻落实，地方财政支出同比增长 17.5%。财政支出重点投入基础设施、环境保护、社会保障、医疗卫生等领域。其中，用于城乡社区事务、交通运输、环境保护支出同比分别增长 72.8%、63.8% 和 52.1%。

（五）节能降耗目标顺利实现

2009 年，北京市围绕建设“人文北京、科技北京、绿色北京”，通过结构优化、技术进步、机制创新、项目推进等综合措施，完善节能减排的政策引导、评价考核、监督监测等机制，深化实施产业结构调整、固体废弃物处置、大气污染治理等工程，有效提高能源资源的利用效率和环境质量，万元 GDP 能耗、水耗和化学需氧量、二氧化硫排放量等节能减排目标全面实现。

2009 年，全市万元地区生产总值能

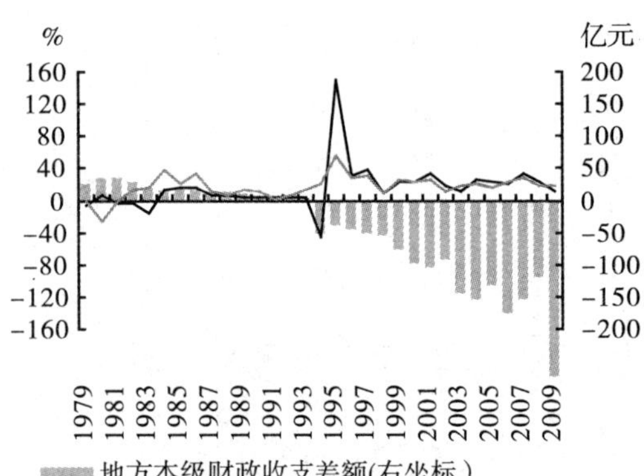


数据来源：北京市统计局。

**图12　1979～2009年北京市财政收支状况变化趋势图**

耗比上年下降7.4%。前三个季度万元地区生产总值能耗比上年同期下降5.71%。2005～2009年第三季度，全市万元地区生产总值能耗累计下降23.46%，提前一年实现《北京市国民经济和社会发展第十一个五年规划纲要》中万元地区生产总值能耗比“十五”期末下降20%的目标。市区空气质量达到二级和好于二级的天数比上年增加11天。全市城镇绿化覆盖率达到44.4%，污水处理率达到80%。

（六）主要行业发展势头良好

1. 房地产市场快速回升。2009年，北京房地产市场从3月份开始快速回升，房价高位上涨，成交量创出新高。北京市房地产信贷市场呈现积极变化，银行对土地开发和保障性住房建设的支持力度进一步加大，个人住房贷款增势良好。

（1）房地产开发资金保持快速增长，土地开发投资成为增长主动力。2009年，北京市房地产开发投资同比增长22.5%，增幅同比提高26.8个百分点。北京市房地产开发资金来源同比增长84.5%。其中，银行贷款、定金及预售款和自筹资金同比分别增长166.2%、80.3%和10.2%，利用外资同比下降23.3%。

（2）新建商品住宅供给状况改善，经济适用住房投资增加。2009年，北京市房地产开发企业完成土地购置面积同比下降31.7%；累计完成土地开发面积同比增长3.6%。随着房地产开发商投资积极性的提高，北京市商品住宅新开工面积同比下降11.8%，降幅逐月收窄；商品住宅竣工面积由年初的同比下降24.5%反转为全年同比增长15.3%。受加大经济适用住房土地开发力度的影响，2009年累计完成经济适用住房投资同比增长89.1%。

（3）房地产市场交易量增长迅猛，二手住宅交易占据主导。受多重因素影响，北京市购房刚性需求和改善型需求从3月份开始集中释放，房屋销售开始回升。2009年，北京市商品住宅销售16.5万套，销售面积1 880.5万平方米，同比分别增长80%和82.3%；二手房市场交易量大幅上升，全年二手住房成交套数相当于2006～2008年三年总成交量的1.1倍。2009年末，可供销售住宅面积和普通住宅空置面积同比分别下降35.3%和27.2%（见图13）。

（4）房屋销售价格快速上涨，租赁价格小幅震荡。2009年，随着房屋销量的持续回升，北京市土地交易价格同比上涨4%，其中第四季度环比涨幅最大。北京新建商品住宅成交均价同比上涨7.9%，二手住房成交均价同比上涨15.8%，房屋销售价格环比自3月份以来连续10个月上涨。一、二级市场房屋成交量的持续走高促使房屋租赁价格的提升，从第二季度开始，房屋租赁价格停止下降，第三季度环比上涨0.3%，受季节性租赁需求量降低的影响，第四季度租赁价格环比下降0.4%（见图14）。

（5）房地产贷款增速连续创新高，信贷支持自住型和改善型住房消费。2009年，房地产贷款增速不断刷新历史纪录，房地产贷款余额同比增长41.1%。在土地储备贷款大幅增长的带动下，北京市房地产开发贷款同比增长61.1%，增速自年初以来逐月提高。在加大对自住型和改善型住房消费信贷政策的支持下，个人住房贷款保持良好增长态势，余额同比增长25.5%，全年二手房贷款月度新增额均超过当月新建住房贷款新增额；公积金贷款大幅增长。全市金融机构房地产贷款不良率有所下降。

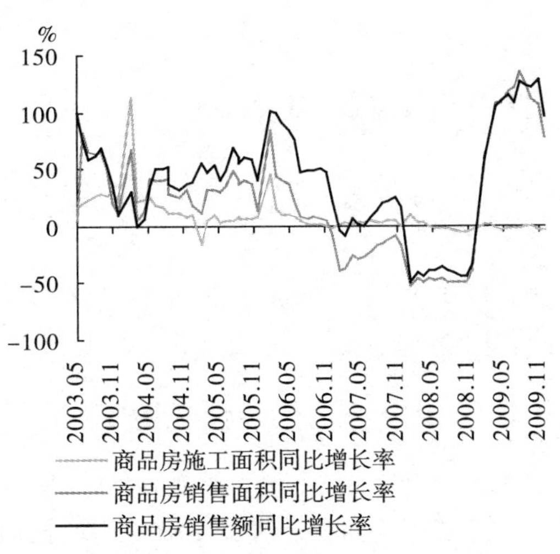


数据来源：北京市统计局。

**图13　2003～2009年北京市商品房施工和销售变化趋势图**

2. 文化创意产业的支柱地位更加突出。自市委、市政府提出大力发展文化创意产业以来，北京文化创意产业发展迅速，产业规模不断扩大。2009年，北京文化创意产业实现增加值1 497.7亿元。

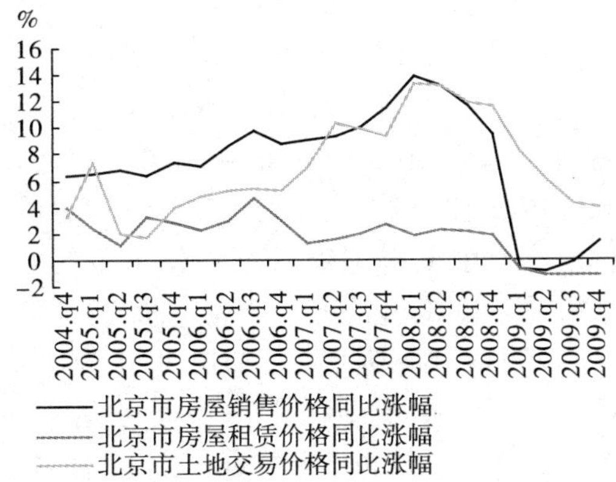


数据来源：北京市统计局。

**图14　2004～2009年北京市房屋销售价格指数变化趋势图**

目前，北京文化创意产业增加值已超过批发零售业、房地产业、商务服务业、交通运输业等行业，支柱产业的地位已经确立。近几年，北京文化创意产业的内部结构在不断优化，软件、网络及计算机服务、广告会展等新兴行业取得较快发展；盈利水平在逐年提高，吸纳就业的效果显著，职工报酬明显高于全市职工年平均工资，彰显出较强的发展潜力和良好的发展前景。

中国人民银行营业管理部积极引导金融机构加大对首都文化创意产业的金融支持力度，相继与北京银监局、宣武区政府等部门联合出台了《关于金融支持首都文化创意产业发展的指导意见》、《关于鼓励银行业金融机构在宣武区设立为文化创意企业服务的专营机构试点的意见》等措施，切实改善文化创意产业的融资环境。目前，全国首家金融服务文化创意产业专营机构已在北京成立。文化创意类信贷产品日益丰富，版权担保贷款、商标权与专利权质押贷款、“创意贷”等创新品种不断涌现，较好满足文化创意企业的融资需要。

3. 高新技术产业在北京经济社会发展的引擎作用更加突出。2009年，北京高新技术产业实现增加值2 420.4亿元，同比增长12.5%。自2009年3月国务院批复建设中关村国家自主创新示范区以来，北京市认真落实国务院批复精神和“科技北京”行动计划，加快机制体制创新，产学研协同创新的环境不断完善，示范区自主创新能力不断增强，中关村的技术交易额达到全国的四分之一以上。

北京市采取多种措施支持科技金融创新，逐步建立了多层次的投融资体系。2009年中关村新增上市公司23家，创历史新高；创业板中的“中关村板块”初步形成；积极组织实施国务院批准的新的中关村股份报价转让试点制度；设立了100亿元的北京股权投资发展基金；中国人民银行营业管理部、北京银监局等部门促进银行信贷支持科技企业发展。目前，北京市逐步形成了以银行信贷为主体，以天使投资、创业投资、股权投资、境内外上市、代办股份转让、企业债券等融资工具为支撑，以信用保险、融资担保、征信管理、技术产权交易、并购重组等为手段，以金融政策和地方政策支持为动力，覆盖技术创新全过程的金融服务体系，有力地推动了高新技术产业又好又快发展，实现了首都科技资源优势与金融资源优势的有效结合。2009年，金融机构高新技术产业贷款余额同比增长21.1%。

（鲁凤玲　项银涛　张丹）

# 北京市金融稳定报告（摘要）

中国人民银行营业管理部　金融稳定分析小组

2009年，北京市经济总量保持较快增长，工业生产发展加快，投资快速增长，企业效益逐步好转，为北京市金融平稳运行创造了良好的外部环境。量化评价结果显示，综合评价得分比上年上升5.96分，在2008年出现下降后恢复上升态势，整体处于稳定区域。具体来看，北京市银行业整体运行平稳，抵御风险能力进一步提高；证券市场活跃度提高，证券公司财务状况明显改善；保险业行业整体实力增强，政策性农保作用日益突出；金融市场交易活跃；支付、征信、反洗钱等金融基础设施建设取得新成效，地方政府对金融业发展的支持力度继续加大，金融业发展环境持续改善。同时，金融业的稳健运行也有力地促进了北京市经济的持续、健康发展。

## 一、区域经济运行与金融稳定

2009年，北京市全年经济运行呈现见底、复苏、回升态势，工业生产增长加快，经济发展质量继续提高，为北京市金融的平稳运行提供了良好的经济环境。

（一）经济发展态势良好，为北京市金融稳健运行提供了有利的外部环境

1. 全年经济运行呈现稳步回升态势

2009年，北京市地区生产总值达到11 865.9亿元，比上年增长10.1%，增幅比上年提高1个百分点。分阶段看，第一季度经济增长6.1%，前两个季度增长

7.8%，第一至第三季度增长9.5%，全年呈现出第一季度见底，第二季度复苏，第三、第四季度稳步回升的运行态势，整体经济逐步向好。按常住人口计算，人均GDP达到68 788元（按年均汇率折合10 070美元），首次突破10 000美元大关，比上年增长6.2%。全年地方财政收入2 026.8亿元，财政支出2 301.7亿元，分别比上年增长10.3%和17.5%。

2. 第三产业保持较快增长，工业生产发展加快

2009年，北京市三次产业结构由上年的1.0∶23.6∶75.4变化为1.0∶23.2∶75.8，第三产业占地区生产总值的比重持续上升。在增长率方面，三次产业分别比上年增长4.6%、9.7%和10.3%，虽然第三产业增长率仍然最高，但增幅较上年出现回落。都市型农业发展态势良好。第二产业增幅高于上年8.9个百分点，其中工业生产呈现逐步复苏，加快发展态势，汽车、医药制造业带动作用突出，全年汽车生产量达127.1万辆，较上年增长65.8%。第三产业保持较快增长对北京市经济平稳运行发挥了重要作用，其中重点科学研究、信息传输、计算机服务和软件业，金融业等重点行业增速高于第三产业平均水平。

3. 投资快速增长

2009年5月，北京市投资扭转了2008年8月以来的降势，止跌回升，且回升速度较快。全年完成全社会固定资产投资4 858.4亿元，比上年增长26.2%。其中完成房地产开发投资2 337.7亿元，比上年增长22.5%，占全社会固定资产投资的48.1%，仍为全年投资额最大的行业；完成基础设施投资1 462.0亿元，增长26%；国有内资经济完成投资2 316.8亿元，增长66.8%。

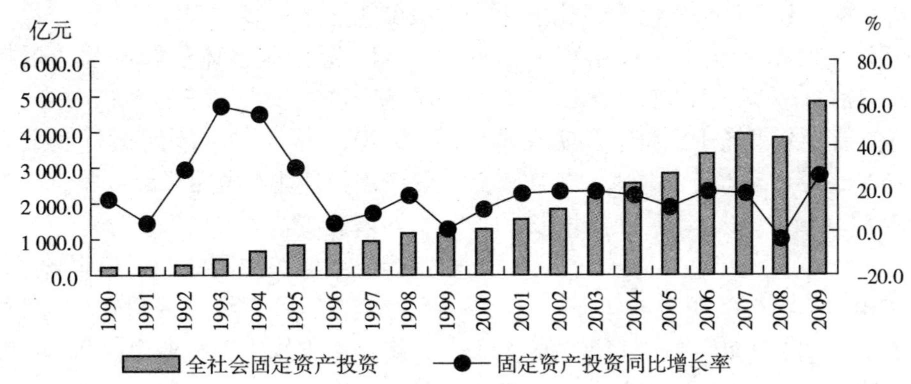


数据来源：北京市统计局。

**图1 1990～2009年北京市全社会固定资产投资情况图**

4. 企业效益逐步好转

2009年，规模以上工业企业利润在8月份止跌回升后，增幅逐步提高，全年实现利润697.7亿元，增长25.3%。其中国有及国有控股企业和交通运输设备制造业实现利润分别比上年增长38.6%和146.4%。服务业利润止跌回升，1～11月限额以上服务业企业实现利润5 045.0亿元，由1～8月的同比下降7.3%转为增长9.3%。

（二）区域经济运行中仍存在不利于金融稳定的因素

1. 经济自主增长动力和活力仍不足

在本轮经济调整过程中，由于国家出台一系列应对国际金融危机的政策涉及的重点发展领域或产业里，客观上造成国有经济受益较多，民营经济和中小企业相对受惠较少。受此影响，2009 年北京市国有内资投资增长 66.8%，非国有内资投资仅增长 2.8%；规模以上工业中的大型企业增加值增长 11.4%，中、小型企业分别增长 9% 和 5.3%。相对于国有经济和大型企业，民营经济与中小型企业主要依靠市场机制实现和调整自身发展，因此具有更强的内源性增长特征和增长效率，其回升缓慢将影响未来经济自主增长的动力与活力。

2. 消费品市场增幅出现回落

2009 年，北京市消费品市场在“小排量汽车购置税减半”等促进消费政策刺激下，保持了平稳较快增长。全年实现社会消费品零售额 5 309.9 亿元，比上年增长 15.7%，但增幅比上年回落 5.1 个百分点，增幅自 2005 年以来首次出现下降。在各类消费品市场中，汽车类实现零售额 1 167.6 亿元，比上年增长 27.1%，贡献率达 54.4%，是拉动零售额增长的首要动力。

3. 进出口下滑较为明显

2009 年，北京市进出口总值为 2 147.6亿美元，比上年下降 20.9%。其中，出口 483.6 亿美元，比上年下降 15.9%；进口 1 664.0 亿美元，比上年下降 22.2%，进出口双双出现下降；进出口逆差 1 180.4 亿美元，下降 24.8%。分季度看，第一季度至第四季度北京地区进出口总值增幅分别为 －35%、－32%、－23% 和 12%，虽然逐步回升，但形势仍不容乐观。

4. 高房价的负面效应可能显现

2009 年，北京市住宅销售快速增长，其中商品住宅销售面积为 1 880.5 万平方米，为上年的 1.8 倍，二手住宅市场也一改以前的低迷状态，交易量出现井喷行情。全年二手住宅成交套数相当于2006～2008 年三年总成交量的 1.1 倍。成交量的大幅增长也促进了房价的上涨，2009 年北京市新建商品住房成交均价14 424 元/平方米，上涨 7.9%，二手住宅成交均价 12 154 元/平方米，上涨 15.8%，房屋销售价格环比自 3 月份以来连续 10 个月上涨。在当前经济回升的基础还不稳固，就业形势严峻、收入预期不乐观的情况下，房价的增长已超出了普通居民家庭的承受能力，长期持续下去将会影响房地产市场健康发展并波及相关行业。

## 二、金融业与金融稳定

（一）银行业：整体运行平稳，风险抵御能力进一步增强

1. 银行业整体运行平稳，可持续发展基础进一步夯实

2009 年，北京地区银行业金融机构资产规模比上年增长 28.82%，比前三年平均增速提高 6.01 个百分点。北京地区银行业金融机构利润创近三年新高，进一步夯实银行业后续发展基础。流动性整体充裕，年末辖内银行业金融机构存贷比为 56.46%，较上年提高 2.03 个百分点，基本保持稳定。

（1）信贷支持经济增长力度加大，增速创历史新高

截至 2009 年末，北京地区银行业金融机构本外币各项贷款比上年增长 34.95%，增幅比上年提高 18.3 个百分点，创历史新高。其中，中长期贷款比上年增长 44.1%，占各项贷款新增额的

80.96%，呈现快速增长态势。

银行业金融机构本外币各项存款按可比口径计算较上年增长27.5%，增幅比上年提高9.1个百分点。其中，储蓄及企业定期存款增长19.59%；储蓄及企业活期存款增长31.1%，存款呈现活期化态势。

（2）不良贷款低位“双降”，风险抵御能力进一步提高

截至2009年末，北京地区银行业金融机构本外币不良贷款较上年减少2.18亿元；不良贷款率为1.07%，较上年下降0.37个百分点。不良贷款仍集中在房地产业、制造业、批发和零售业、个人贷款以及租赁和商务服务业，占不良贷款总额的77.61%，较2008年下降4.89个百分点，不良贷款行业集中度有所下降。

2009年，地区银行业金融机构贷款损失准备充足。地区银行业金融机构贷款损失准备充足率160.52%，比上年提高27.93个百分点；拨备覆盖率142.87%，比上年提高27.91个百分点。银行业金融机构风险抵御能力进一步提高主要得益于国有商业银行改革的继续深入，以及监管部门针对2009年贷款爆发式增长而采取的积极审慎的监管措施。

（3）利润持续增长，国有银行改革成效明显

2009年，北京地区银行业金融机构利润比上年增长5.96%，增幅较上年提高2.05个百分点，创近三年新高。其中国有商业银行实现利润338.65亿元，增长20.12%，比地区银行业金融机构利润平均增长率高14.16个百分点。

2009年，在存贷款利差逐步收窄的背景下，商业银行通过“以量补价”实现利息收入增长，同时大力拓展中间业务，业务结构进一步改善。2009年末，北京地区银行金融机构净利息收入率（含债券投资利息）为84.72%，较上年提高0.98个百分点；中间业务收入率为13.56%，较上年提高1.17个百分点。

（4）法人金融机构运行总体平稳，各项指标总体向好

北京市两家中资法人银行资产增长速度较高，北京银行和北京农村商业银行资产总额分别较上年同期增长27.49%和24.94%，外资法人银行资产总额有所下降。全年北京银行、北京农村商业银行和外资法人银行利润分别比上年增长1.32%、13.28%和7.6%。

法人银行各项资本充足指标、流动性指标均超过监管标准且基本稳定。北京银行资本充足率与流动性比例分别为14.29%和47.60%；北京农村商业银行资本充足率和流动性比例分别为11.05%和65.39%；外资法人银行资本充足率和流动性比率分别为32.61%和93.79%。

北京地区法人银行公司治理结构进一步完善。北京银行全面完善基础性制度，不断提升公司规范化运作水平，并于年内新增9家外埠分支机构；北京农村商业银行克服重大贷款诈骗案件的不利社会影响，进一步完善法人治理结构，加大风险防范力度。

（5）体制改革深入推进，市场主体更加丰富

2009年，北京辖内银行类金融机构体制改革继续深入推进，取得良好成效。北京市5家已改制国有商业银行分行加大转型力度，经营业绩良好。农业银行北京市分行股份制改革一年来，在发展方式和内控机制建设方面取得重大进展，各项经营指标大幅改善。国家开发银行自2008

年实行股份制改革以来已转型为中长期开发性金融机构。

2009 年末，北京地区各类银行业机构网点为3 588家，比年初增加 74 家。同时，2009 年也是近年来各类新型非银行法人金融机构在京设立数量最多的一年。北京地区首家消费金融公司、首家货币经纪公司以及第六家汽车金融公司获准筹建；六家大型企业集团新设或重组设立财务公司，是 5 年来大型企业集团财务公司在京获准筹建及开业最多的一年。

2. 银行业稳健运行过程中值得关注的潜在风险

（1）不良贷款显现周期延长

2009 年，辖内金融机构不良贷款实现低位双降，但仍存在一些值得关注的风险因素。一是个别银行不良贷款反弹明显；二是中长期贷款延长不良贷款显现周期。

（2）政府投融资平台贷款积聚系统性风险

2009 年末，地区银行业金融机构对政府投融资平台贷款比上年增长 104.96%。受融资模式、结构及投资项目所制，地方融资平台贷款存在一系列影响金融稳定的潜在风险。一是贷款风险较隐蔽；二是贷款风险补偿水平较低；三是异地政府投融资平台贷款贷后管理较为困难。

（3）贷款客户集中度风险进一步显现

2009 年，地区银行业金融机构贷款快速增长，同业对大客户的竞争更趋激烈，贷款客户集中度进一步提高。一是大额客户贷款余额增加；二是多头授信风险明显；三是关联企业授信增长。

（4）利差收窄及融资格局多元化对商业银行经营管理提出挑战

2009 年，辖内商业银行利率下浮类贷款占比达 71.08%，利差进一步收窄。同时，全年非金融企业累计发行短期融资券和中期票据同比增长 92.98%，对银行贷款形成直接替代。合理调整业务结构，拓展收入来源，确保利润可持续增长成为商业银行经营活动的重要课题。

（5）房地产信贷快速增长对银行业稳健经营影响巨大

2009 年末，北京市银行房地产贷款余额比上年增长 41.1%，成为全年贷款新增最多的行业。房地产信贷的快速增长存在以下潜在风险。一是房地产融资过度依赖银行贷款；二是房地产价格调整将影响银行信贷质量；三是外资流入房地产信贷市场风险需持续关注。

（6）中资法人银行流动性管理面临挑战

剔除北京农村商业银行受骗贷案件影响贷款投放减少而使流动性指标好转因素，中资法人银行各项流动性指标弱于上年。一旦进入加息周期，流动性负缺口将使商业银行利息收入减少。此外，如果中长期贷款继续快速增长，为满足资本充足率监管要求，商业银行将不得不提高拨备或补充资本金，必将进一步加剧流动性风险。

（二）证券业：市场活跃度提高，财务状况明显改善

1. 证券业发展加快，行业整体实力增强

（1）交易额全面回升，证券公司利润有所增长

2009 年末，北京市正常经营的法人证券公司 17 家，比上年增加 2 家；证券公司在京营业部 206 家，比上年增加 23

家。辖内法人证券公司注册资本和资产总额同比分别增长 3.84% 和 63.06%。扣除客户资产后资产总额和净资产分别比上年增长 43.91% 和 27.53%。证券公司证券市场交易额比上年增长 87.22%，其中股票基金交易额增长 121.69%。受证券市场行情活跃和恢复 IPO 影响，证券公司各项利润指标全面回升，全年营业收入同比增长 68.99%，净利润同比增长 122.58%。

（2）基金份额有所下降，基金净值大幅增长

2009 年末，北京市辖区法人基金管理公司 7 家，管理基金 70 只，其中封闭式基金 3 只，开放式基金 67 只。年末管理基金份额规模合计 4 035.45 亿份，同比下降 6.13%。基金管理公司 QDII 份额规模 266.35 亿份，年末资产净值 221.49 亿元。全年新发基金 12 只，比上年减少 3 只，但发行规模大幅增加。2009 年末，基金管理净值同比增长 28.28%。新发基金首次募集规模 758.63 亿份，同比增长 100.85%，年末新发基金净值 316.74 亿元。

（3）期货公司交易大幅增长，盈利能力有所提高

2009 年末，北京市共有期货经纪公司 19 家，期货营业部 57 家，营业部数量比上年增加 9 家。资产总额和净资产同比分别增长 104.67% 和 16.65%。受国际市场大宗商品行情影响，期货市场交易活跃性大幅提高，全年代理交易额同比增长 91.10%，年末保证金余额同比增长 131.48%。全年利润比上年大幅增长，盈利能力有所提高。

（4）上市公司总股本、市值名列全国第一，限售股解禁影响有限

北京市现有上市公司 126 家，总股本 14 584.39亿股，占全国上市公司总股本的 55.88%；市值128 026.81亿元。2009 年限售股解禁4 806.19亿股，占全国上市公司总市值的 44.15%，解禁股数占总股本的 1/3 左右。大央企股票解禁后一般不作大规模减持；民营类上市公司股票解禁后减持数量相对较小。2009 年北京地区上市公司限售流通股的解禁对证券市场影响有限。

随着证券市场的发展和基础制度的逐步完善，北京辖区上市公司已初步建立较为完善的治理结构；各公司在上市后，治理结构各个层面主要内控制度均有大幅度的调整和完善。辖区上市公司信息披露情况良好，披露质量逐年提高。

2. 证券业发展中依然有风险存在

（1）非法证券投资咨询活动频发

2009 年，证监会北京监管局收到该类事项投诉较前两年有较大幅度增长。在打击非法活动的同时，对投资者教育的工作力度需要进一步加大。

（2）个别上市公司因涉案或信息披露导致经营风险

一是个别上市公司因公司高层涉嫌经济犯罪，资产重组停滞，公司资金紧张，间接涉及农民工问题。二是个别公司年度报告公开披露的信息中存在虚假记载和重大遗漏受到监管部门行政处罚，面临小股东集中诉讼。上述问题若不能妥善解决，可能会引发影响社会稳定的事件。

（3）部分证券公司营业部和基金公司内控管理及业务操作系统的安全性有待进一步加强

部分证券营业部对经纪人管理尚未完全规范；个别基金公司出现了交易失误等问题。个别证券、基金等经营机构信息系

统故障、网上交易中断等情况偶有发生，由于及时解决问题，未造成投资者损失。

（4）期货市场潜在风险可能随着新业务的展开显现

期货市场部分新开业务即将开展，业务创新开展与如何监管规范的矛盾将会凸显出来。期货市场运行的内外部环境将日益复杂，市场稳定运行面临较大压力，需要及时跟进了解、关注，时刻保持监管敏感性。

（5）证券公司盈利模式尚不完善

2009 年，辖区法人证券公司收入结构略有改善，但仍较单一，抵抗系统风险的能力较弱。证券公司仍需开拓自身业务，使盈利模式实现多元化。

（三）保险业：行业整体实力增强，政策性农保作用日益突出

1. 市场体系健全，业务快速增长，实力不断增强

（1）机构清理显现成效，市场体系健全

2009 末，在京营业的保险总公司及北京地区保险分公司数量分别居全国第 1 位和第 2 位，竞争相对充分，初步形成较为健全的市场及营销体系。兼业代理机构的清理使代理机构总量减少，清理工作对提高市场主体质量，稳定市场秩序起到较好作用。

（2）业务快速增长，实力不断增强

2009 年，北京地区保费收入同比增长 19. 1%，其中财产险保费增长 22. 6%，人身险保费增长 18. 0%；北京地区保险公司资产总额较年初增加 21. 55%，资本实力增强；北京保险业积累的寿险和长期健康险责任准备金较年初增加 22. 37%；财产险保险金额比上年增长 14. 6%，人身险期末有效保险金额较年初增加 26. 74%，保障程度和覆盖面显著扩大。

（3）寿险结构调整成效显现，退保风险可控

2009 年，北京市寿险公司共保费收入同比增长 18. 1%。一是分红险占比显著提高。2009 年，分红险实现保费收入同比增长 68. 2%，在寿险业务的占比提高 18. 9 个百分点，占比回升到 2006 年末水平。投连险、万能险业务实现保费收入业务占比分别下降 9. 9 个和 8. 2 个百分点；二是缴费期较长的业务增长较快。2009 年，新单标准保费同比增长 15. 5%；三是退保情况稳定。2009 年，寿险公司支出退保金同比下降 0. 9%，退保率同比下降 0. 7 个百分点。除投连险退保率仍然居高外，其余险种退保率均有所下降。

（4）业务支出大幅增长，资金使用效率提升

2009 年，北京保险市场营业支出同比增长 33. 7%。特点：一是产险公司赔付支出较快增长，寿险公司赔付支出持续回落。二是产寿险费用性支出均同比增长。三是费用性指标优于上年，保单获取成本有所下降。

（5）政策性农业保险覆盖面广，作用日益突出

2009 年，北京地区已经开办了涵盖种植业、养殖业的 18 个险种。截至 2009 年末，北京市政策性农业保险三年累计为北京农业提供了 168. 5 亿元的风险保障，参保农户达 45. 2 万户次，承保覆盖面已达北京市主要农业资源的 40%。保险公司赔付金额 4. 9 亿元，受益农户 24. 7 万户次，有效补偿农户经济损失，充分发挥了政策性农业保险对农业生产的维稳作用。

2. 发展中仍有问题值得关注

（1）产险公司违规方式有转移趋势

2009 年，产险公司虽承保盈利，但以手续费和价格为主的市场竞争仍然激烈，发展方式仍需转变。一是虚列费用仍有发生，部分公司仍存在虚列费用套取费用的问题；二是车险综合赔付率居高不下；三是非车险批减比例、应收保费率指标偏高。

（2）寿险公司业务结构有待进一步调整

2009 年，北京地区各寿险公司逐步调整业务结构，开始明确结构调整的方向和目标，但仍存在对结构调整的科学性认识不到位，结构调整的有效性不强等诸多问题。一是片面发展分红险，普通险发展仍然乏力。二是公司简单地将趸交业务改为 3 年期交、3 年期交改为 5 年期交业务，长期期交业务发展动力不足。三是部分公司在调整业务结构中业务出现较大起落。

（3）涉保投诉案件有所增加

2009 年，涉及保险业的投诉数量有所增加，部分领域比较集中。一是车险骗赔案件逐渐暴露。二是新渠道销售误导问题逐渐增加。三是部分公司不适应法律环境变化引发新增投诉。

**三、金融市场运行与金融稳定**

2009 年，北京地区金融市场总体运行平稳。货币市场及债券市场保持活跃，资本市场恢复快速发展，为首都金融的稳健运行提供了良好的市场环境。

（一）金融市场交易活跃，呈现净融出资金结构

1. 货币市场交易规模较快增长，净融出资金规模扩大

2009 年，北京地区货币市场交易活跃，货币市场同业拆借交易和债券回购交易规模均保持了较快增长。北京地区同业拆借累计成交增长 45.5%，占全国交易量的 54.5%，交易规模创历史新高；债券回购累计成交增长 12.5%；占全国交易量的 44.28%。在适度宽松的货币政策影响下，2009 年，北京地区融资主体通过同业拆借和债券回购累计净融出资金增长 69.5%。中资银行是资金供给主力，国有商业银行在资金融出中的主导地位更加突出，占中资银行净融出资金的 71.3%，占比提高 20.14 个百分点。

2. 债券市场现券交易活跃，债券远期交易萎缩

2009 年，北京市银行间债券市场现券交易量小幅上升，交易活跃。银行间现券市场累计成交增长 11.35%，占全国交易量的 27.84%。其中，买入累计成交增长 13.25%；卖出累计成交增长 9.36%。净买入债券增长 88.5%。债券远期交易规模急剧下降。受国际金融危机影响，国内金融机构进行衍生品交易的意愿明显减弱。2009 年远期买卖累计成交1 692.03亿元，减少 61.44%。

3. 资本市场恢复快速发展，企业年金基金交易活跃

截至 2009 年末，北京地区法人证券公司客户交易结算资金余额比上年增长 91.01%。受同期市场交易额较大影响，地区法人证券公司证券市场交易额比上年增长 65.10%，其中股票、基金交易额比上年增长 121.69%。2009 年北京地区境内上市公司累计筹集资金比上年增长 47.84%。企业年金基金交易规模大幅增长，全年累计成交量是上年的近 7 倍。特别是第四季度交易量迅猛增长，占全年成交量的 91%。

4. 结售汇降幅较高，外汇市场短期

交易增长迅猛

2009年，北京地区银行结售汇总额占全国的18%，居全国第二位，其中结汇总额居全国第五位；售汇总额居全国第一位。受世界经济衰退及银行自身结售汇大幅下降因素影响，2009年北京地区银行结汇同比下降32%，售汇同比下降40%，二者分别比全国降幅高出10个和21个百分点。外汇市场总体运行平稳，掉期交易量快速增长，远期交易量与"货币对"交易量下降明显。外汇即期交易累计成交比上年增长25.19%，外汇掉期交易累计成交比上年增长106.29%，美元币种仍然是交易的主要货币，其中隔夜人民币对美元外汇掉期成交量占比较大，交易短期化趋势进一步增强。

5. 黄金市场价格持续走高，成交量小幅回落

2009年，黄金市场价格持续走高，上海黄金交易所实物金Au9995价格年末价格比上年末上涨30.44%。北京地区37家黄金交易所会员黄金买卖累计成交比上年下降0.97%。其中，黄金买入累计成交同比减少1.78%；卖出累计成交，基本与上年持平。

（二）金融市场运行中的风险值得关注

1. 金融创新对金融机构业务的影响应引起重视。2009年北京地区企业发行短期票据新的金融产品和金融工具不断出现，为金融机构提供了丰富的投资品种和避险工具，同时也为非金融企业开辟了新的融资方式。另外，金融创新产品尤其是债务融资工具的扩展对金融机构信贷业务发展产生了明显的替代作用。金融机构要密切关注金融创新的发展，变压力为动力，及时调整业务结构，大力发展中间业务，尽快实现经营机制的转变。

2. 企业年金进入银行间债券市场交易效率有待提高。2009年，北京市办理准入备案的企业年金共计101家，交易量也出现了大幅增长，但企业年金进入银行间债券市场交易效率还有待提高。一是开户流程有待进一步优化；二是进入银行间债券市场交易的年金规模较小。

3. 创业板、新股密集发行造成货币市场利率波动。2009年，随着我国证券市场恢复活跃，全年沪指涨幅高达79.98%，IPO重新启动，创业板也开始上市，新股密集发行造成货币市场利率出现波动。随着新股的陆续发行，对货币市场资金需求将大幅增加，下半年开始推动货币市场利率波动上行，货币市场利率风险开始显现。

4. 信托资产理财产品问题值得关注。2009年第四季度，受信贷调控政策影响，北京市信托类理财产品发行量大幅增加，当季比上年同期增长36.53%。信托类理财产品中的一些问题也值得关注，一是或对货币政策有效性产生冲击；二是相关信息披露不充分挑战监管政策要求；三是分类标准不统一使信贷资产理财产品收益面临较大不确定性。

## 四、金融基础设施与金融稳定

2009年，北京市金融基础设施建设继续稳步推进，现代化支付体系日臻完善，社会信用体系建设稳步推进，反洗钱力度加大，金融业发展环境不断改善，为确保北京金融体系的稳健运行起到了促进和支持作用。

（一）支付清算系统运行平稳，金融核心基础设施地位不断稳固和加强

2009年，大额支付系统处理业务2 937万笔，金额608万亿元，业务笔数

占全国总业务笔数的5.92%，在全国排名第五位；业务金额占全国总业务金额的37.81%，在全国排名第一位，凸显了北京总部经济及全国资金集散地和中心的特征；小额支付系统处理业务3 280万笔，金额2.7万亿元；北京市全国支票影像交换系统的系统行级参与者数量在年末达到33个；北京市各银行机构共提出业务20.98万笔，业务金额134.7亿元；提入业务96.67万笔，业务金额487.9亿元。2009年，北京市全国支票影像交换系统提出退票率为7.41%，提入退票率为6.03%，同比下降了3.89个百分点。

（二）征信系统建设继续完善，信用环境优化

首都社会信用体系国家示范区建设工作继续深入。2009年末，企业征信系统涵盖在京企事业单位10万余户；个人征信系统收录北京市个人信贷账户达1 216万个，信贷余额2 620亿元。“信贷快车”试点进一步扩大范围，企业覆盖率由85%提高到95%，试点银行由4家增加到9家。同时，会同中关村管委会与保监局、银监局共同推出了信保融资和贸易融资政策，为进一步缓解中小企业融资难开辟了新渠道。继续与市农委合作，农村信用体系建设继续推进，农户信用档案电子化建设进程加快。信用评级市场继续健康发展。2009年2月，中国人民银行营业管理部工作人员在受理贷款卡业务过程中发现疑点，协助公安机关当场抓获2名犯罪嫌疑人，并最终协助公安部门破获了一起涉案金额高达4.63亿元的特大贷款诈骗案，基础业务工作为维护金融安全作出了重要贡献。

（三）反洗钱监管工作机制进一步完善，监管成效初步显现

银行机构的非现场监测体系继续完善，非现场监测水平进一步提高。现场检查和处罚力度继续加大，检查覆盖面扩大到期货、信托等行业。2009年，北京市金融机构可疑交易分析和重点可疑交易分析质量有所提升。共有437家金融机构建立并报备了反洗钱内控制度，反洗钱内控基础不断夯实。可疑交易线索的分析和调查力度得到加强，在重大典型案件线索筛查、移送和破获上取得新突破。主动发现和移送6起涉嫌犯罪的可疑交易案线索。其中一起涉及某大型国有企业负责人涉嫌贪污贿赂案件已成功告破。3～4月，破获了一起涉案金额近260万元的远程电话诈骗案，反洗钱的维稳功能充分发挥。

（四）金融发展政策体系进一步完善，金融环境得到优化

市政府出台了《关于促进首都金融业发展的意见》，明确了首都金融业发展的指导思想和发展定位，并对金融发展环境、空间布局、人才聚集和市场体系建设等方面提出十项具体措施，金融发展政策体系进一步完善。严厉打击外汇违法违规行为，维护首都金融秩序，进一步净化了首都金融市场环境。

**五、总体评估和政策建议**

（一）总体评估和定量评价

2009年，北京地区经济平稳运行，银行业资产规模持续扩大，经营实力继续增强，证券业和保险业盈利能力明显提升，金融市场运行良好，融资结构更趋合理，金融基础设施持续完善。

中国人民银行营业管理部2009年金融稳定定量评估模型结果显示，北京市2009年金融稳定状况综合得分为86.1分，较2008年提高5.96分，表明金融体系运行较上年更为稳健。在选取的29项

指标中，共7项指标得到改善，15项指标保持稳定，7项指标相对恶化。其中，在15项金融指标中，2项指标改善，3项指标相对恶化，10项指标保持稳定；在13项经济指标中，5项指标改善，4项指标相对恶化，4项指标保持稳定；金融生态指标稳中稍有改善。

**表1 2009年北京市金融稳定评估指标变化情况**

| 一级分类 | 二级分类 | 指标数量 | 变化个数 | | |
|---|---|---|---|---|---|
| | | | 改善 | 稳定 | 恶化 |
| 金融运行指标 | 银行业指标 | 7 | 0 | 5 | 2 |
| | 证券业指标 | 3 | 1 | 1 | 1 |
| | 保险业指标 | 3 | 0 | 3 | 0 |
| | 金融市场运行指标 | 2 | 1 | 1 | 0 |
| | 金融运行指标合计 | 15 | 2 | 10 | 3 |
| 经济运行指标 | 区域经济运行指标 | 6 | 3 | 2 | 1 |
| | 企业部门指标 | 3 | 1 | 0 | 2 |
| | 房地产部门指标 | 3 | 1 | 1 | 1 |
| | 住户部门指标 | 1 | 0 | 1 | 0 |
| | 经济运行指标合计 | 13 | 5 | 4 | 4 |
| 金融生态指标 | 融资结构指标 | 1 | 0 | 1 | 0 |
| 合　计 | | 29 | 7 | 15 | 7 |

数据来源：中国人民银行营业管理部。

（二）政策建议

1. 配合“扩内需、保增长、调结构”战略，合理引导资金配置，确保北京地区经济金融协调发展

一是引导辖内金融机构加大对战略性重点产业的资金支持力度；二是持续向宏观经济薄弱环节的中小企业及农村地区提供资金支持；三是继续严格控制资金进入“两高一剩”行业，实现金融资源合理优化配置。

2. 严密监测金融机构综合经营动态，防止金融风险跨市场传播

一是应实时跟踪监测金融机构综合经营现象，及时发现风险点并予以化解；二是加强各金融管理部门间的沟通联系，建立金融安全信息沟通工作制度，及时全面掌控金融风险。

3. 督促金融机构调整业务结构并加强风险管理，实现金融业可持续发展

鼓励金融机构积极进行金融创新，主动调整业务结构，增强盈利能力；同时督促金融机构根据自身风险管理的实际能力，合理确定业务调整模式和进度，完善自身风险识别、评估和化解机制，实现金融行业整体可持续发展。

4. 引导辖内银行类金融机构信贷投放总量适度，节奏均衡

为化解信贷快速增长带来的潜在通货膨胀风险，金融管理部门可通过窗口指导方式有效地引导辖内银行类金融机构适度、均衡投放信贷，确保信贷资金平稳有效进入实体经济。

5. 拓展融资渠道，降低房地产业与银行业的风险关联程度

一是应敦促商业银行加强对存量房地产贷款的管理，同时利用价格手段控制新增贷款风险；二是创新融资方式，实现房地产业融资多渠道，有效分散风险，降低房地产业与银行业之间的风险关联程度。

（执笔人：林晓东　齐川　田娟　张耀丹　陈岩）

# 二、市场运行

# 金融市场

2009年，北京地区货币市场总体运行平稳。网上拆借成交量增长明显，短期拆借交易仍占主流；债券回购交易平稳增长，隔夜回购交易占比大幅上扬；现券成交量小幅上升；债券远期交易规模急剧下降；外汇远期交易大幅下滑，掉期交易快速增长；黄金市场成交量有所回落。金融机构整体流动性充裕，净融出资金规模增长近七成。

## 一、市场运行情况

2009年，受适度宽松的货币政策影响，在信贷规模大幅增长的情况下，金融市场资金仍较为充裕，同业拆借、债券回购和票据市场交易频繁，现券交易活跃。

（一）货币市场

1. 同业拆借市场

网上拆借成交量增长明显。北京地区金融机构[①]网上拆借累计成交21.1万亿元，同比增长45.5%，交易规模创历史新高，占全国交易量的54.5%。其中，拆入资金9.22万亿元，同比增长18.6%；拆出资金11.88万亿元，同比增长76.4%。全年网下拆借交易没有发生。

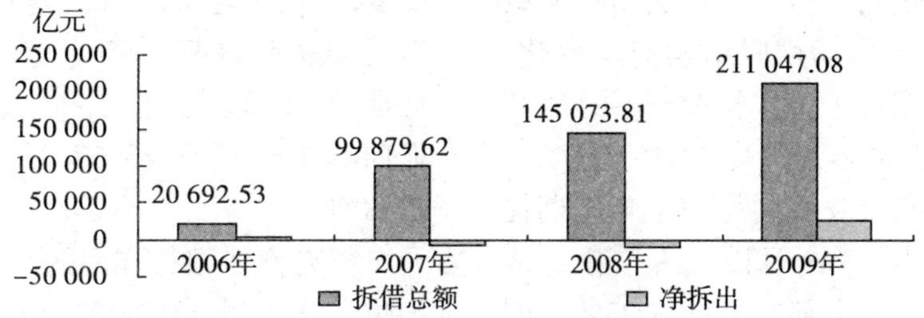


**图1　2006年至2009年北京地区网上拆借变动趋势图**

其他银行成为拆借市场的主力，全年累计拆借资金12.44万亿元，占全部成交量的近60%。国有商业银行、政策性银行、财务公司和外资银行拆借交易也比较活跃，全年累计拆借资金分别为5.24万亿元、1.47万亿元、1.47万亿元和4 129.8亿元。保险公司、保险资产管理公司、信托公司、金融租赁公司、金融资产管理公司、汽车金融公司等新加入同业拆借市场的六类非银行金融机构开展同业拆借交易的积极性有待提高，保险公司、保险资产管理公司、汽车金融公司、金融资产管理公司没有交易发生，信托公司、金融租赁公司成交量也相对不多，全年分别累计成交27.4亿元和14.65亿元。

资金流向由净拆入变为净拆出。自2007年以来，北京地区金融机构在拆借市场表现为净拆入资金，这种情况一直持

① 指在北京地区营业的所有金融市场成员，包括各政策性银行、国有商业银行总行及北京市分行、各股份制商业银行总行及在京营业机构、北京银行、北京农村商业银行、中国邮政储蓄银行、各外资银行在京营业机构，在京各证券公司、财务公司、基金管理公司、保险公司、信托投资公司、资产管理公司等。

续到2008年第三季度，2008年第四季度拆借资金流向由拆入转变为拆出，2009年全年都表现为净拆出资金，全年净拆出资金2.66万亿元。其他银行、国有商业银行和政策性银行是拆借市场最主要的资金供给机构，分别净拆出资金1.83万亿元、1.67万亿元和8 557.5亿元。财务公司、外资银行、证券公司是拆借市场主要的资金需求机构，分别净拆入资金1.42万亿元、2 124.7亿元和656.8亿元。

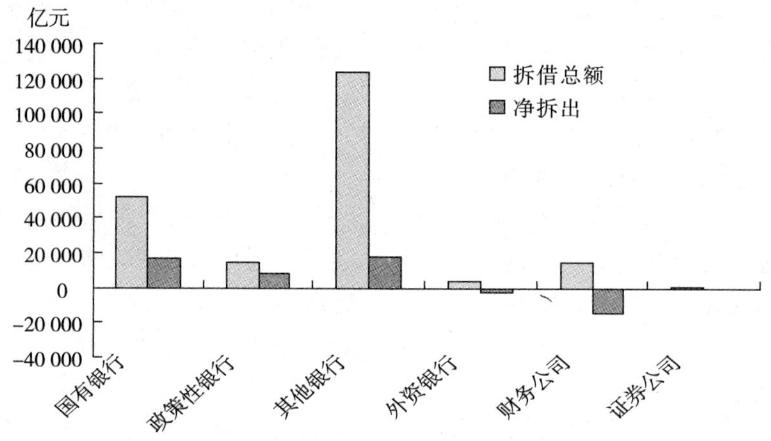


**图2　2009年北京地区网上拆借净融出资金分布**

短期交易仍占主流，长期交易有所减少。2009年拆借市场期限结构有所变化，短期交易占比明显上升，长期交易有所减少。7天以内拆借累计成交20.15万亿元，占全部交易的95.5%，占比较上年同期提高6.7个百分点。3个月以上拆借累计成交488.5亿元，占全部交易的0.23%，明显低于2008年0.83%的水平。

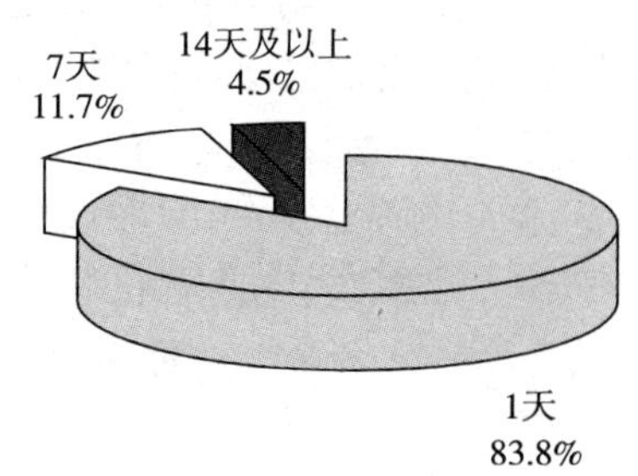


**图3　2009年北京地区网上拆借期限结构分布图**

2. 债券回购市场

债券回购交易平稳增长。全年累计成交62.26万亿元，同比增长12.5%；占全国交易量的44.28%。其中，正回购累计成交18.59万亿元，同比下降1.9%；逆回购累计成交43.67万亿元，同比增长20%。

国有商业银行在回购交易中处于主导地位，全年累计成交31.66万亿元，占全部交易的一半以上。其他银行和政策性银行回购交易量占比分别为25.01%和9.58%。证券公司、保险公司和基金管理公司回购交易占比均在4%以上。

净融出资金25.07万亿元，同比增长43.9%。国有商业银行是回购市场资金的主要供给方，净融出资金25.4万亿元；政策性银行与其他银行也是资金供给机构，分别净融出资金5.92万亿元和2.29万亿元。保险公司、证券公司、基金管理公司是回购市场重要的资金需求机构，分别净融入资金2.47万亿元、2.97万亿元和2.17万亿元。

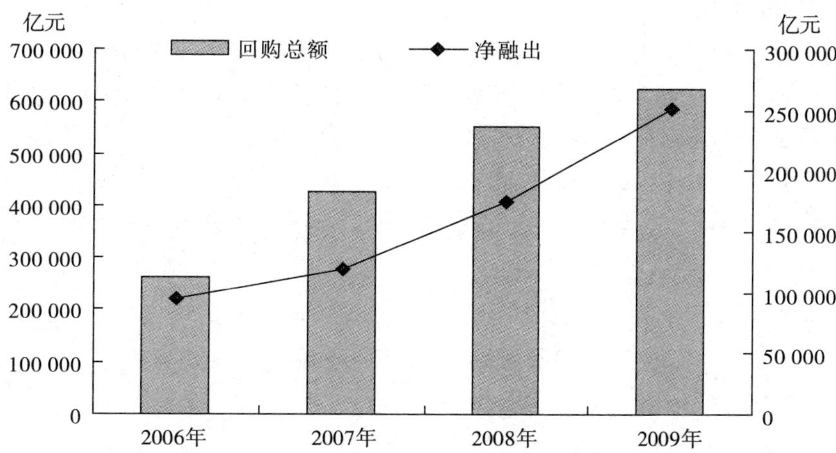


**图 4　2006 年至 2009 年北京地区债券回购交易变动趋势图**

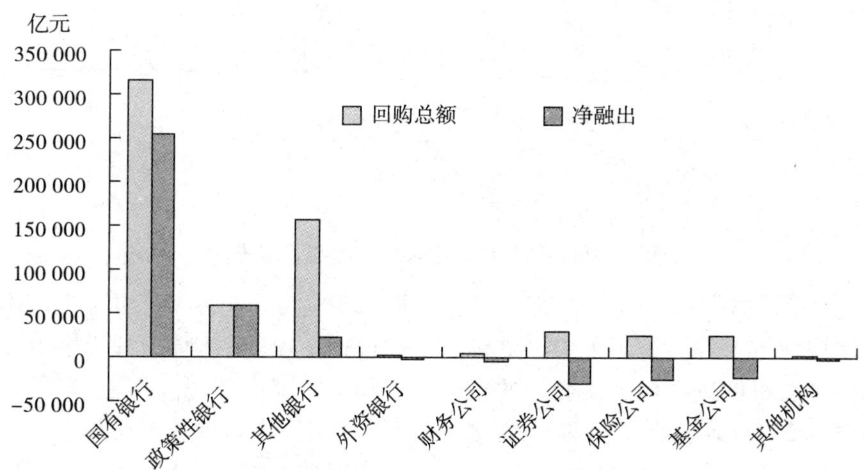


**图 5　2009 年北京地区债券回购净融出资金分布**

隔夜交易占比大幅上扬。隔夜回购累计成交 47.95 万亿元，占全部交易的 77.02%，占比较上年同期上升 16 个百分点。7 天、14 天和 14 天以上回购交易占比分别为 15.54%、5.36% 和 2.09%，占比均呈下降态势。

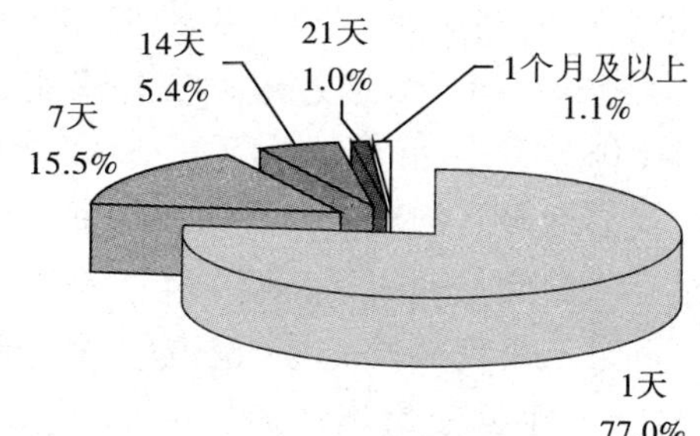


**图 6　2009 年北京地区债券回购期限结构分布图**

（二）现券交易市场

银行间市场现券交易量小幅上升。累计买卖债券 25.68 万亿元，同比增长 11.35%，占全国交易的 27.84%。其中，买入累计成交 13.38 万亿元，同比增长 13.25%；卖出累计成交 12.29 万亿元，同比增长 9.36%。净买入债券 1.09 万亿元，同比增长88.5%。

银行类金融机构和证券公司是债券市场的主要投资机构。国有商业银行由于资金充裕，债券交易需求旺盛，全年债券买卖累计成交11.06万亿元，同比增长24.2%，占全部交易的43.06%，净买入债券1.14万亿元，同比增长127.3%。政策性银行和其他银行债券交易也比较活跃，债券买卖累计成交均超过4万亿元。证券公司和外资银行债券买卖分别累计成交2.61万亿元和1.2万亿元。其他银行和非银行金融机构都表现为净卖出债券。

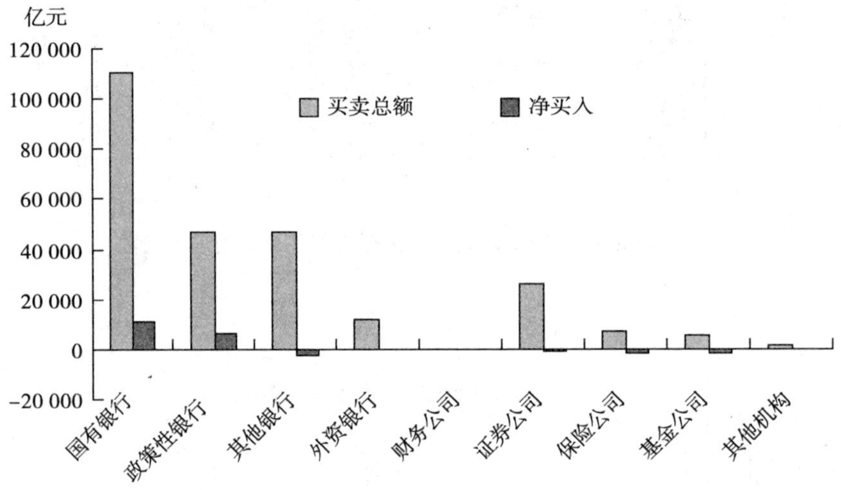


**图7 2009年北京地区各机构净买入现券图**

（三）债券远期市场

交易规模急剧下降。受国际金融危机影响，国内金融机构进行衍生品交易的意愿明显减弱。2009年远期买卖累计成交1 692.03亿元，同比减少61.44%。其中，远期卖出债券303.51亿元，同比减少88.08%；远期买入债券1 388.52亿元，同比减少24.64%。通过远期交易净买入债券1 085.01亿元。

交易期限延长至1年。第四季度，债券远期最长交易期限延长至1年，而第二季度和第三季度最长交易期限为2个月和3个月。1年期交易累计成交4.05亿元，占全部交易的0.24%。

参与机构数量不断减少。第四季度，北京地区参与远期交易的金融机构仅有4家，分别比第一季度、第二季度和第三季度减少2家、4家和1家。这四家金融机构包括1家股份制银行、2家国有商业银行和1家证券公司。

（四）银行间外汇市场

即期外汇交易稳步增长。即期外汇买卖累计成交2.81万亿美元，同比增长25.19%。其中，买入1.4万亿美元，同比增长22.28%；卖出1.41万亿美元，同比增长28.24%。

外汇远期交易明显下滑，掉期交易快速增长。外汇远期买卖累计成交折合90.63亿美元，同比减少41.78%；买入和卖出分别成交折合48.37亿美元和42.26亿美元，同比分别减少34.28%和48.5%。外汇掉期交易买卖累计成交折合6 873.3亿美元，同比增长106.29%；其中，买入累计成交折合3 550.88亿美元，同比增长 78.95%；卖出累计成交折合 3 322.42亿美元，同比增长 146.53%。

外币对交易迅速回落。八个外币对买卖累计成交折合 60.17 亿美元，同比减少 55.98%。交易最活跃的外币对为美元/港元、欧元/美元，分别成交折合 34.18 亿美元、17.99 亿美元，占比分别为 57%、30%。

（五）黄金市场

黄金市场成交量小幅回落。37 家黄金交易所会员黄金买卖累计成交 1 665.3 吨，同比下降 0.97%。其中，黄金买入累计成交 854.83 吨，同比减少 1.78%；卖出累计成交 810.47 吨，基本与上年持平；自营和代理分别累计成交 1 262.46 吨和 402.84 吨，同比分别减少 2.9% 和增加 5.6%。

**二、市场运行的主要特点**

一是净融出资金规模增长近七成。2009 年，在适度宽松货币政策影响下，北京地区金融市场资金充裕，金融机构通过同业拆借和债券回购累计净融出资金 27.73 万亿元，同比增长 69.5%。中资银行是资金供给主力。国有商业银行在资金融出中的垄断地位更加突出，全年累计净融出资金 27.07 万亿元，同比增长 146.77%；占中资银行净融出资金的 71.3%，同比提高 20.14 个百分点；其他银行净融出资金量也明显增长，政策性银行净融出资金量有所回落。

非银行金融机构是主要的资金融入方。证券公司净融入资金超过 3 万亿元；保险公司、基金管理公司净融入资金均在 2 万亿元以上；财务公司净融入资金量大幅增长；外资银行净融入资金量明显下降。

**表 1　2009 年北京地区货币市场资金流向表**　　单位：亿元，%

| | 融入 | 融出 | 净融出 | 同比增长 |
|---|---|---|---|---|
| 国有商业银行 | 49 162.058 | 319 878.51 | 270 716.45 | 146.77 |
| 政策性银行 | 3 320.8488 | 71 028.80 | 67 707.95 | -11.86 |
| 其他银行 | 119 394.25 | 160 678.37 | 41 284.12 | 47.77 |
| 外资银行 | 5 685.4759 | 1 046.95 | -4 638.53 | -58.97 |
| 财务公司 | 18 510.474 | 294.20 | -18 216.27 | -1 487.48 |
| 证券公司 | 30 621.432 | 198.87 | -30 422.56 | 273.53 |
| 保险公司 | 25 308.713 | 551.31 | -24 757.41 | 32.80 |
| 基金公司 | 23 514.255 | 1 788.93 | -21 725.33 | 76.90 |
| 其他机构 | 2 606.4013 | 48.63 | -2 557.77 | 45.84 |
| 总计 | 278 123.91 | 555 514.58 | 277 390.67 | 69.50 |

注：融入 = 同业拆入 + 质押式正回购 + 买断式正回购，融出 = 同业拆出 + 质押式逆回购 + 买断式逆回购，净融出 = 融出 - 融入，净融出栏里的负号表示净融入资金。

二是非法人投资产品交易活跃。企业年金基金交易规模大幅增长，全年累计成交 2.06 万亿元，接近去年成交量的 7 倍。特别是第四季度交易量迅猛增长，累计成交 1.87 万亿元，占全年成交量的 91%。基金管理公司和证券公司专项资产管理组合开始进入银行间债券市场交易，两者分别成交 1 857.93 亿元和 212.64 亿元。信托产品交易渐趋活跃，全年累计成交2.13万亿元，其中第四季度累计成交2.09万亿元，占全年成交量的98%。银行间债券市场成为非法人投资产品投资和融资的重要平台。

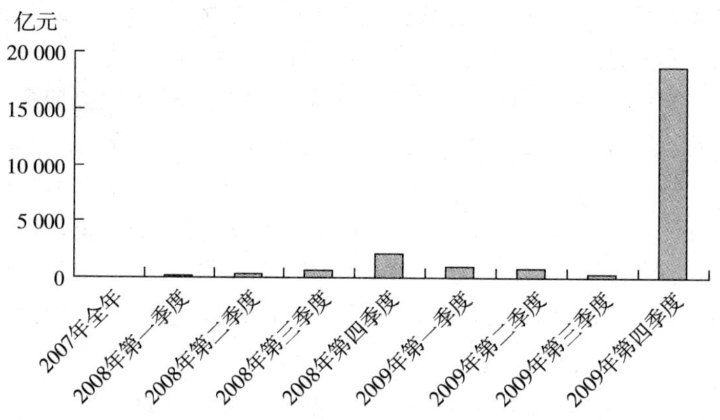


**图8　企业年金银行间债券市场交易图**

三是信用债券投资占比超过二成。从第四季度现券交易情况来看，辖区金融机构累计买卖短期融资券、中期票据、中小企业集合票据等信用债券1.65万亿元，占全部交易的25.27%。信用债券由于其高收益而受到投资者青睐。

四是非金融企业银行间债券市场融资规模大幅增长。非金融企业累计发行短期融资券和中期票据7 231亿元，同比增长92.98%；占全部发行量的62.81%，较上年同期上升1.14个百分点。其中，发行短期融资券2 618亿元，占全部发行量的56.76%；发行中期票据4 613亿元，占全部发行量的66.85%。11月23日，顺义区7家企业在银行间债券市场累计发行中小企业集合票据2.65亿元，中小企业又添融资新渠道。

**三、值得关注的问题**

（一）金融创新对金融机构业务的影响应引起重视

近年来，银行间债券市场金融创新不断推出，新的金融产品和金融工具不时出现，为金融机构提供了丰富的投资品种和避险工具，同时也为非金融企业开辟了新的融资方式。另外，金融创新产品尤其是债务融资工具的扩展对金融机构信贷业务发展产生了明显的替代作用。金融机构要密切关注金融创新的发展，变压力为动力，及时调整业务结构，大力发展中间业务，尽快实现经营机制的转变。

（二）宏观经济形势变化对债券投资的影响不容忽视

目前，我国宏观经济状况整体好转，通货膨胀预期不断增强。尽管如此，由于世界各国经济复苏程度不尽相同，我国经济发展仍面临诸多不确定性。金融机构应密切关注宏观经济形势变化，准确把握债券市场走势，及时调整债券投资规模和期限结构，提高债券投资收益。

（朱睿）

# 票据市场

2009 年，在执行适度宽松货币政策背景下，北京市金融机构票据融资增长较快，波动较大；票据市场利率先抑后扬，商业承兑汇票利率上升幅度略高于银行承兑汇票。

## 一、市场运行情况及特点

### （一）商业汇票签发量平稳增长

2009 年末，北京地区金融机构银行承兑汇票余额 1 426.2 亿元，同比增长 49.6%；全年累计签发银行承兑汇票 3 827.9亿元，同比增加 1 088.2 亿元。其中，国有商业银行、股份制商业银行和地方法人银行分别累计签发银行承兑汇票 603.2 亿元、2 708.4 亿元和 482.1 亿元。金融机构统计商业承兑汇票余额 21.1 亿元，全年累计签发商业承兑汇票 46.5 亿元。

**表 1　2009 年北京市金融机构票据业务量统计表**　　单位：亿元

| 季度 | 银行承兑汇票承兑 | | 贴现 | | | |
|---|---|---|---|---|---|---|
| | | | 银行承兑汇票 | | 商业承兑汇票 | |
| | 余额 | 累计发生额 | 余额 | 累计发生额 | 余额 | 累计发生额 |
| 1 | 1 207.7 | 855.4 | 1 664.2 | 2 074.7 | 289.5 | 431.7 |
| 2 | 1 425.6 | 919.7 | 2 290.7 | 2 252.2 | 321.2 | 330.7 |
| 3 | 1 535.7 | 1 050.1 | 1 537.4 | 2 195.9 | 389.9 | 365.3 |
| 4 | 1 426.2 | 1 002.8 | 1 197.2 | 1 871.4 | 395.4 | 408.7 |

数据来源：中国人民银行营业管理部：《票据承兑和贴现业务统计月报》（含中资全国性商业银行北京分行、北京地区性商业银行、财务公司）。

### （二）票据贴现规模大幅增加

自中央提出“全面保持经济增长”、货币政策转为“适度宽松”以来，金融机构合理扩大信贷规模，积极增强信贷对经济增长的支持力度。2009 年上半年，特别是 1 月、2 月份，辖内商业银行大力拓展票据业务，新增票据融资创出历史同期新高。下半年，在票据融资到期、金融机构加强票据融资业务管理、贷款结构调整、票据融资收益率降低等因素作用下，票据融资有所下降。从全年情况看，票据融资的资金“蓄水池”作用更加明显，持有或压缩票据资产成为商业银行调整信贷资产结构，应对调控的重要手段。

2009 年 6 月末，金融机构票据融资余额 2 459.0 亿元，同比增长 337.9%。1～6 月，新增票据融资 1 554.0 亿元，同比增加 1 667.8 亿元，占同期新增贷款的 15.5%。截至年末，金融机构票据融资余额 1 667.8 亿元，同比增长 84.3%，全年增加票据融资 762.8 亿元。金融机构票据融资余额占各项贷款的比重为 6.6%，比前三个季度分别下降 2.4、3.5 和 0.4 个百分点。

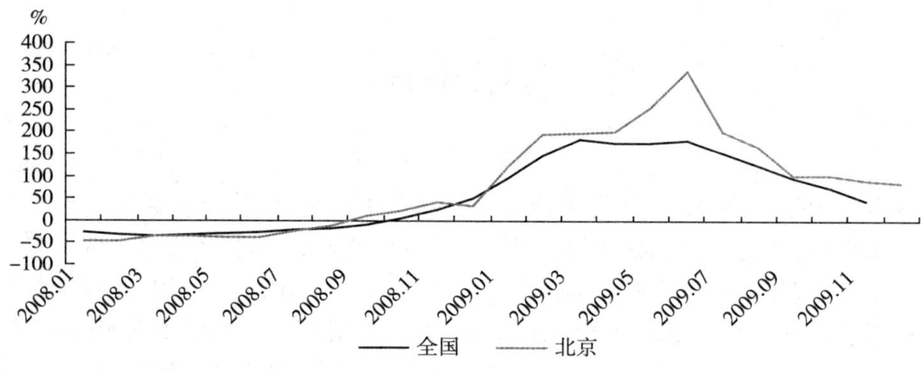


数据来源：中国人民银行营业管理部《北京市金融机构信贷收支统计月报》。

**图1　票据融资增长情况**

（三）票据置换中长期贷款现象明显

为保持全年新增贷款规模和争取更大收益，2009 年第三季度开始，商业银行普遍通过将到期票据融资规模置换中长期贷款的做法来调整信贷结构、提升收益率，票据贴现加速下降，中长期贷款增速提升。下半年，金融机构贷款增加 847.4 亿元，其中票据融资减少 791.2 亿元，中长期贷款增加 2 017.8 亿元，票据融资置换中长期贷款现象明显。

（四）票据融资波动受转贴现影响较大

金融机构银行承兑汇票直贴业务量基本稳定，转贴现（买断式转入）交易量变化较大。2009 年直贴月均发生额为 200 亿元左右，转贴现发生额最高为 820 亿元，最低为 223 亿元，月度间分布差别较大。

（五）票据市场贴现利率前低后高

与票据融资规模起伏相比，票据市场利率 2009 年总体走势平稳，上半年小幅回落，下半年稳中有升。Shibor 加点报价方式已为大部分市场成员采用，利率走势与 Shibor 的相关程度不断加强，变化趋势基本一致。第四季度，各期限票据贴现和转贴现利率均较第一季度小幅上升，商业承兑汇票利率上升幅度略高于银行承兑汇票。

**表2　2009 年北京市金融机构票据直贴、转贴现利率表**

单位:%

| 季度 | 贴　现 | | 转贴现 | |
|---|---|---|---|---|
| | 银行承兑汇票 | 商业承兑汇票 | 票据买断 | 票据回购 |
| 1 | 1.791 | 2.2048 | 1.3999 | 1.3074 |
| 2 | 1.7101 | 1.8011 | 1.3833 | 1.2675 |
| 3 | 2.4231 | 2.1801 | 1.9931 | 2.0812 |
| 4 | 2.632 | 2.7436 | 2.0833 | 2.1678 |

## 二、电子商业汇票系统运行情况

电子商业汇票系统从 2009 年 10 月 28 日上线以来，运行情况良好。截至年末，北京地区共有工商银行北京市分行、中信银行总行营业部、北京银行等 8 家商业银行开展电子商业汇票业务；签发电子商业汇票的企业有 15 家，占全部签发企业数的 8.2%。

根据电子商业汇票系统中的数据，2009 年末，按照出票人开户行统计，北京地区办理商业承兑汇票 15 笔，金额

1.2 亿元；办理银行承兑汇票 97 笔，金额 12.2 亿元。按照承兑人开户行或者承兑行统计，办理商业承兑汇票 16 笔，金额 1.2 亿元；办理银行承兑汇票 97 笔，金额 12.2 亿元。电子商业承兑汇票贴现 5 笔，加权平均利率 3.95%；买断式转贴现 8 笔，加权平均利率 2.36%。电子银行承兑汇票贴现 125 笔，加权平均利率 2.28%；买断式转贴现 27 笔，加权平均利率 2.13%。

2009 年末，电子商业汇票系统中登记办理纸质商业汇票业务承兑 3 524 笔，金额 121.7 亿元，贴现 1 258 笔，金额 66.4 亿元，转贴现贴入 1 124 笔，金额 65.8 亿元。

**三、存在的问题和相关政策建议**

（一）存在的问题

随着我国金融领域市场化进程的不断加快，票据市场建设取得了长足进步，但仍存在诸多不完善因素，表现为票据融资波动周期与宏观政策松紧程度趋于一致，加剧信贷总量的波动；票据市场功能方面，中小企业因风险大、规模小等原因在获得票据融资方面存在劣势，仍需改进；票据市场建设方面，票据“真实贸易背景”要求未被严格执行，金融机构资信状况不一降低汇票承兑效力，商业承兑汇票市场发展空间较小等因素在一定程度上影响了票据市场的进一步繁荣发展。

（二）政策建议

发展票据市场应当与拓展企业融资渠道、改善金融服务、完善货币政策传导机制的需要相适应，具体应做好以下几方面工作：

1. 在促进票据业务增长的同时，加强对票据信用风险的防范和控制。

2. 合理构建票据市场利率定价体系，保证市场利率在合理范围内波动，以市场化的运作手段创造平等竞争的环境。

3. 积极培育区域票据市场发展，大力推广商业承兑票据。

（吴逾峰）

# 证券市场

2009 年，中国证券市场率先止跌企稳，预示了我国经济积极向好的发展趋势。在经济回升、市场回暖的大环境下，北京各证券经营机构积极努力，一举扭转了 2008 年经营业绩大幅下挫的局面，创造了优于行业平均水平的经营佳绩。北京辖区证券公司整体资本实力进一步增强，盈利水平大幅提高；随着证券经营网点政策的放开，北京辖区证券营业部数量增加了 21 家，已达 206 家，另有 12 家正在筹建；《证券经纪人管理暂行规定》的实施，使得辖区证券经纪人队伍逐步规范化。

**一、北京辖区证券经营机构经营状况良好，手续费收入仍为证券经营机构的主要收入**

随着 2009 年证券市场的回暖，北京辖区证券公司净利润增长较为平稳，净利润增长变化情况与证券市场变化情况正相关。

如表 1 所示，2009 年 1 月和 7 月分别为证券市场（上证指数）全年最低点和最高点。如图 1 所示，北京辖区证券公司的净利润也在相同月份出现了最低点和最高点。

表1　2009年证券市场走势情况表（月收盘价）

| 月份 | 1月 | 2月 | 3月 | 4月 | 5月 | 6月 | 7月 | 8月 | 9月 | 10月 | 11月 | 12月 |
|---|---|---|---|---|---|---|---|---|---|---|---|---|
| 上证指数 | 1 990.66 | 2 082.85 | 2 373.21 | 2 477.57 | 2 632.93 | 2 959.36 | 3 412.06 | 2 667.04 | 2 779.43 | 2 995.85 | 3 195.3 | 3 277.14 |
| 深证成指 | 7 015.24 | 7 608.22 | 8 981.95 | 9 502.52 | 10 127.92 | 11 566.61 | 13 670.72 | 10 573.03 | 11 206.85 | 12 297.16 | 13 486.77 | 13 699.97 |

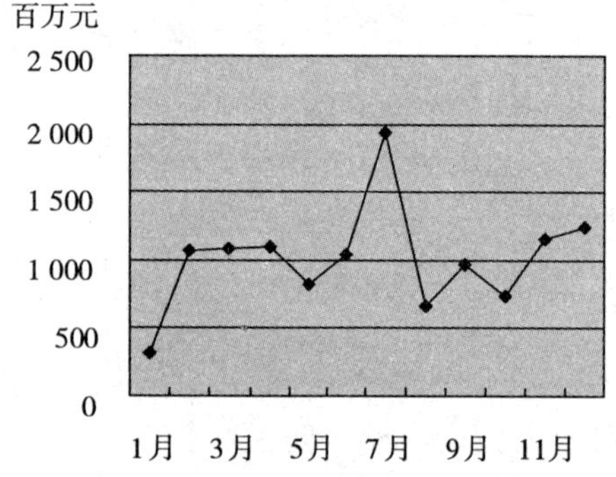


图1　辖区证券公司净利润情况图

2009年1月、10月由于交易日较少，辖区证券经营机构的手续费及佣金收入为全年最低。7月证券市场出现全年最高点及最大成交量，辖区证券经营机构的手续费及佣金收入也为全年最高。

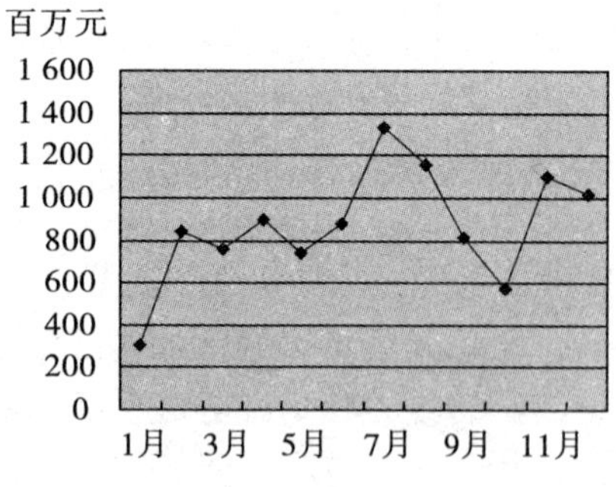


图2　辖区营业部手续费及佣金收入变化图

通过图4可见，手续费仍为辖区证券公司的主要收入来源，且证券市场行情越好，手续费在收入中的占比越高。

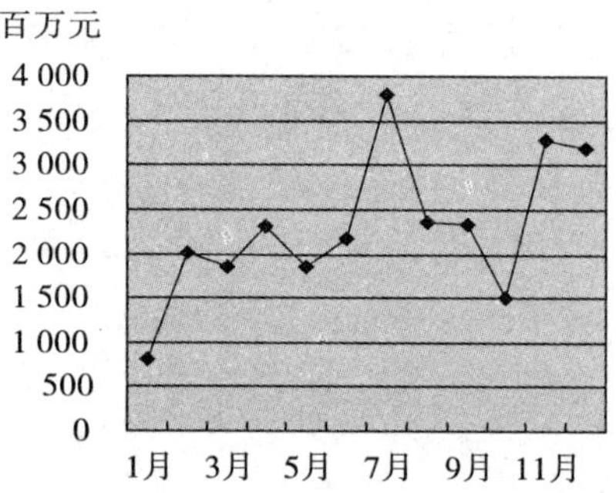


图3　辖区证券公司手续费收入变动图

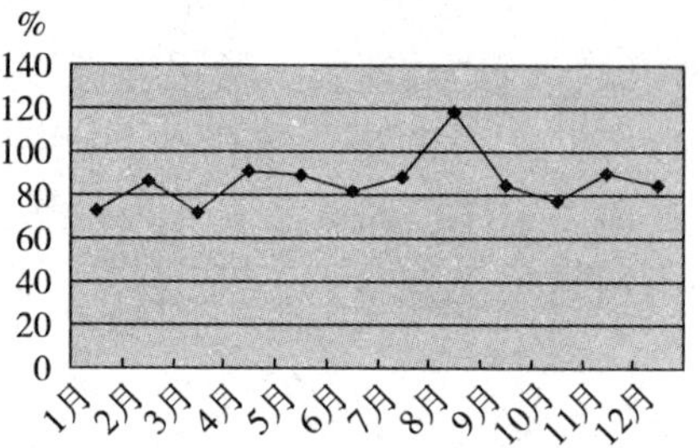


图4　辖区证券公司手续费收入占比变化图

## 二、辖区证券经营机构资金账户及保证金数量稳步增加

2009年虽然证券市场行情有起有落，但鉴于对市场预期看好，加上北京辖区证券经纪人队伍的扩大，北京辖区营业部资金账户数从年初的372万户增至年末的430万户，呈较快增长态势；与此同时，北京辖区营业部的客户保证金数额也从年初的795亿元，增至年末的1 350亿元。

表2　2009年辖区证券营业部资金账户数情况表　　单位：万户

| 1月 | 2月 | 3月 | 4月 | 5月 | 6月 | 7月 | 8月 | 9月 | 10月 | 11月 | 12月 |
|---|---|---|---|---|---|---|---|---|---|---|---|
| 372 | 376 | 381 | 381 | 390 | 393 | 401 | 409 | 411 | 409 | 406 | 430 |

表3　2009年辖区证券营业部代买卖证券款情况表　　单位：亿元

| 1月 | 2月 | 3月 | 4月 | 5月 | 6月 | 7月 | 8月 | 9月 | 10月 | 11月 | 12月 |
|---|---|---|---|---|---|---|---|---|---|---|---|
| 795 | 918 | 940 | 990 | 1 001 | 883 | 1 272 | 1 240 | 1 271 | 1 476 | 1 224 | 1 350 |

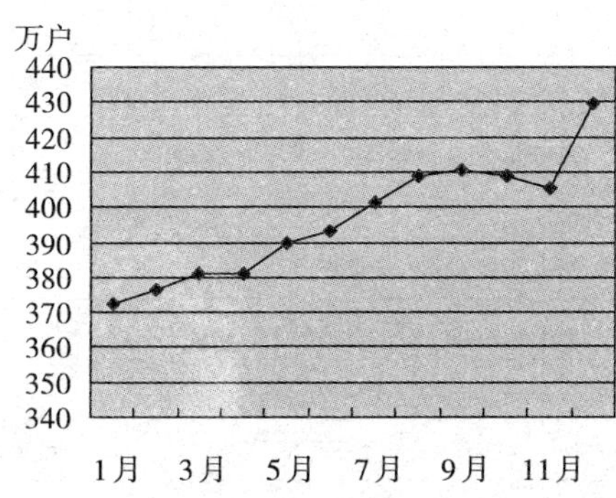


图5　辖区营业部资金账户数变化图

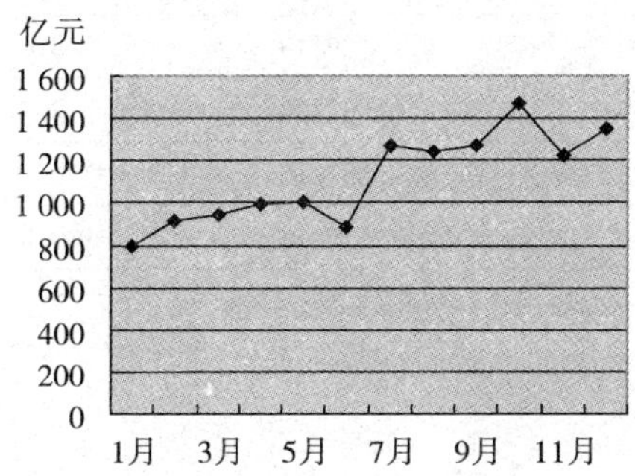


图6　辖区营业部代买卖证券款变化图

## 三、随着北京证券市场的良性运行，北京辖区证券营业部员工队伍也不断壮大

北京辖区证券营业部员工及营销人员数量平稳增长，其中随着辖区多家证券营业部被批准实施证券经纪人制度，辖区证券营业部营销人员在全员的占比也呈现平稳上升态势。由于营销人员不断增加，加大了辖区各证券营业部之间的竞争，辖区营业部平均佣金率水平全年呈下降趋势，但目前北京辖区的平均佣金率仍然高于全国平均水平。

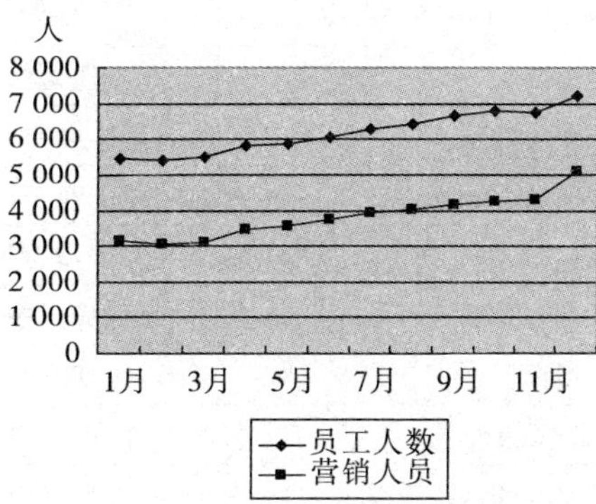


图7　辖区营业部员工人数变化图

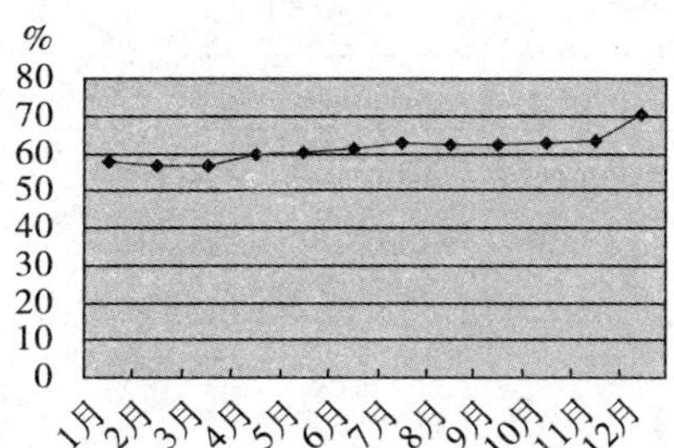


图8　辖区营业部营销人员占员工人数比例变化图

## 四、辖区证券营业部第三方存管上线客户分布情况相对集中

如表4显示，2009年北京辖区证券营业部第三方存管上线客户集中度较高，其中中国工商银行的第三方存管客户数量和资金余额分别占比为46.27%和42.63%；排名前三位的中国工商银行、

中国建设银行、招商银行共占有了74.32%和75.26%的第三方存管客户数量和资金余额。

**表4　辖区证券营业部2009年第三方存管上线客户资金分布情况表**

| 第三方存管上线的客户资金分布 | 期末客户数量（户） | 占比（%） | 年末资金余额（百万元） | 占比（%） |
|---|---|---|---|---|
| 中国工商银行 | 1 727 977 | 46.27 | 59 576.16 | 42.63 |
| 中国建设银行 | 684 258 | 18.32 | 26 325.95 | 18.84 |
| 中国农业银行 | 191 951 | 5.14 | 4 046.44 | 2.90 |
| 中国银行 | 147 671 | 3.95 | 5 359.19 | 3.83 |
| 交通银行 | 190 595 | 5.10 | 5 509.21 | 3.94 |
| 招商银行 | 363 099 | 9.72 | 19 282.65 | 13.80 |
| 上海浦东发展银行 | 21 277 | 0.57 | 612.51 | 0.44 |
| 中信银行 | 80 261 | 2.15 | 3 382.37 | 2.42 |
| 中国光大银行 | 46 581 | 1.25 | 1 725.17 | 1.23 |
| 中国民生银行 | 72 438 | 1.94 | 2 955.44 | 2.11 |
| 华夏银行 | 13 349 | 0.36 | 1 076.29 | 0.77 |
| 深圳发展银行 | 26 769 | 0.72 | 358.89 | 0.26 |
| 兴业银行 | 100 749 | 2.70 | 4 421.51 | 3.16 |
| 广东发展银行 | 8 539 | 0.23 | 390.14 | 0.28 |
| 上海银行 | 76 | 0.00 | 9.13 | 0.01 |
| 北京银行 | 58 579 | 1.57 | 4 067.24 | 2.91 |
| 其他银行 | 296 | 0.01 | 661.16 | 0.47 |
| 合计 | 3 734 465 | 100.00 | 139 759.48 | 100.00 |

（高慧）

# 期货市场

## 一、期货市场总体运行情况

2009年，全国期货市场经受住了国际金融危机对国内期货市场的强烈冲击，实现了较快发展的好局面。从全年总体情况看，期货市场在各方面仍然保持较快增长，各项指标均比上年有较大提高。2009年全国期货市场成交总额130万亿元、成交量21.57亿手，分别较2008年成交总额71.91万亿元、成交量13.64亿手增长了80.8%、36.8%，再创历史最高水平。整个期货行业结构逐步优化，实力有所提升。期货公司规范经营意识显著增强，风险控制能力进一步提高。

2009年期货市场在实现安全平稳运行的同时，实现了跨越式发展，呈现出较明显的特征：一是成交规模继续保持较大增幅，连续四年实现高增长。二是品种日益丰富，连续推出了早籼稻、螺纹钢、线材、PVC 期货 4 个大宗商品期货合约。三是国际关联度高。四是涨跌停板次数增多，市场仍保持安全稳定运行。

**二、北京地区期货经营机构总体情况**

2009 年，北京地区期货经营机构始终坚持贯彻落实科学发展观，紧紧围绕规范发展和风险防范两个主题，群策群力，积极工作，经受住了国际金融危机对国内期货市场的强烈冲击，各期货机构合规运作和风险控制水平继续提高，未发生风险事故，保持平稳运作，为国庆六十周年大庆成功召开、辖区期货市场稳定运行、期货公司安全经营和投资者正常交易作出了积极贡献。

（一）期货公司质量进一步提高

1. 期货机构数量增长较快。2009 年末，北京地区共有 19 家期货公司，56 家期货营业部，共有期货从业人员约 2 500 名。其中，17 家期货公司、54 家期货营业部正常经营。与 2008 年相比，北京地区期货机构数量增长较快，期货公司家数没有变化，而期货营业部家数增加了 8 家。

2. 期货公司资产状况进一步好转。北京地区的安信期货、北京中期、国都期货、中晟期货 4 家期货公司在 2009 年完成了增资扩股，共增资 1.24 亿元。2009 年末，北京地区 17 家正常经营的期货公司资产总额 188.1 亿元，较 2008 年增加 98.8 亿元，增长 110.6%。期货公司经调整净资本合计 18.49 亿元，较 2008 年增加 4.07 亿元，增长 28.2%。

（二）市场交易规模翻倍

2009 年，北京地区期货市场交易继续保持较快增长，全年成交额 15.02 万亿元（占全国的比重为 11.6%），较 2008 年增加 7.16 万亿元，增长 91.1%。代理交易量为 24 184 万手（占全国的比重为 11.2%），较 2008 年增加 9 850 万手，增长 68.7%。受益于交易的活跃，北京地区期货公司全年手续费收入 8.41 亿元，较 2008 年增加 3.14 亿元，增长 59.6%。

（三）客户资产和客户数量明显增加

2009 年末，北京地区 17 家公司客户保证金余额为 163.3 亿元，较 2008 年末增加 94 亿元，增长 135.6%。北京地区期货公司代理客户数量为 94 451 个，较 2008 年增加 38 955 个，增长 70.2%。

（四）公司盈利情况分析

2009 年，北京地区期货公司经纪业务利润 24 550 万元，较 2008 年增长 2.12 倍。经纪业务盈利的公司共 14 家。

（曾桂玲）

# 基金行业发展情况

2009 年，证券市场发展良好，基金行业基金资产规模达 2.68 万亿元，较 2008 年增长 38%。全年新成立基金 120 只，创下历史新高。基金市场整体呈现资金净流出状态，开放式基金资产份额比 2008 年底减少约 0.13 万亿份，其中新基金募集基金份额约 0.37 万亿份，开放式基金净赎回约 0.5 万亿份。

## 一、基本情况

北京共有11家基金管理公司，管理119只基金，从业人员超过2 000人，其中10%为投资管理人员，基金经理共113人。2009年，北京新发行开放式基金19只，开放式基金的总数增加到111只。辖区公司管理基金净值跃升至0.76万亿元，比2008年增长28%，其中封闭式基金净值0.04万亿元，开放式基金净值0.72万亿元。

## 二、主要特点

（一）市场主体运行比较平稳

2009年末，辖区有11家基金管理公司（因华夏基金管理公司与中信基金管理公司合并，较上年减少一家），占全国60家基金管理公司的18%。其中5家合资基金管理公司，占全国33家合资基金管理公司的15%。另外，北京辖区有51家基金管理公司分支机构，包括40家北京分公司和11家基金理财中心；28家基金代销机构，包括2家法人银行、17家商业银行北京分行、11家证券公司和1家证券投资咨询机构。

（二）基金数量持续增加，行业份额稳定

辖区基金管理公司管理基金119只（全国557只），比2006年增长了近一倍，行业占比21.4%；基金资产管理规模0.76万亿元，比2006年增长了2倍。辖区基金公司资产管理规模行业占比几年来一直稳定在28%左右，有3家公司资产管理规模在全国位居前十，华夏基金管理公司管理的公募基金资产管理规模约为行业的10%。

（三）业务拓展与产品创新齐头并进

业务范围上，除公募基金外，基金管理公司资产管理业务已扩展到社保基金、企业年金、QDII基金、专户管理和投资咨询等领域，基金专家理财的观念深入人心。辖区基金管理公司产品创新力度也不断加大，产品类型日益丰富，相继推出了创新封闭式基金、可分离交易股票型基金、量化基金，或针对特定投资标的等多种特色创新产品。

（四）积极开展对外开放

2009年末，北京辖区有5家合资基金管理公司；管理4只QDII基金，基金规模达到393.5亿元，占全国QDII基金总规模的53.5%。华夏和嘉实2家基金管理公司在香港设立了子公司，进一步提升了境外资产管理能力和水平。

（五）基金托管业务继续保持领先优势

2009年末，北京辖区共有10家托管银行，托管了473只基金，托管基金资产净值2.3万亿元，占全国14家托管银行托管基金资产净值的87%。其中，工商银行托管了148只基金，托管基金资产净值0.78万亿元，市场占比29%，名列第一；建设银行托管了143只基金，托管基金资产净值0.66万亿元、市场占比25%，名列第二。

（蔡云红）

# 保险市场

2009年，北京保险市场整体保持稳定增长态势，保险保障程度和覆盖面进一步扩大，行业发展质量较好，经营风险明显下降，在服务首都经济建设和民生改善等方面发挥了积极作用。

## 一、基本情况

市场体系较为健全。2009年末，北京地区共有保险分公司及直接经营业务的总公司84家，较上年底新增7家。其中，产险公司33家，寿险公司46家，政策性保险公司1家，再保险公司4家。84家公司中，外资公司29家，中资公司55家。保险专业中介机构316家，兼业代理机构5 855家，保险营销员约6.7万人。

业务稳步增长。2009年，北京保险业实现保费收入697.6亿元，同比增长19.1%。其中，财产险保费收入164.4亿元，同比增长22.6%；寿险保费收入466.1亿元，同比增长19.3%；健康险保费收入56.8亿元，同比增长10%；意外险保费收入10.3亿元，同比增长7.4%。资产总额2 087.7亿元，同比增加366.9亿元。保险深度和保险密度分别达到5.9%和4 044元，均居全国前列。

赔付支出平稳增长。2009年，北京保险业支付各项赔付196.0亿元，同比增长3.8%。产险公司赔付支出87.1亿元，同比增长25.8%，综合赔付率64.3%，同比提高1.8个百分点。寿险公司满期给付高峰平稳度过，赔付支出显著回落，全年赔付支出108.9亿元，同比下降9.0%，其中满期给付53.1亿元，同比下降32.1%。

## 二、主要特点

### （一）车险业务持续快速增长，市场秩序有所好转

2009年，产险公司车险业务收入109.6亿元，同比增长23%，连续第4年保持两位数增速，占产险公司业务的65.2%。其中，车损险保费收入36.7亿元，同比增长29.9%；交强险保费收入26.9亿元，同比增长6.4%。自2008年“见费出单”制度在京实施以来，车险应收保费得到有效管控，2009年末的车险应收保费为1亿元，较2007年末减少4.5亿元，通过虚挂应收保费进行贴费竞争的市场问题得到有效遏制。2009年，商业车险费率浮动方案正式出台，车险承保理赔数据更加真实，市场竞争更加公平有序。

### （二）非车险业务快速增长，服务首都经济发展

2009年，产险公司非车险业务收入54.8亿元，同比增长21.7%，占产险公司业务的34.8%，业务逐年提高。其中，企财险保费收入17.9亿元，同比增长70.8%；工程险保费收入5.7亿元，同比增长1.2倍；责任险保费收入6.2亿元，同比增长26.2%。政策性农险持续快速发展，实现保费收入3.4亿元，同比增长35.5%，共为20.9万农户提供了86.5亿元的保险保障，共支付各项赔款2.5亿元。目前，北京地区已率先建立政策性农业再保险机制，政策性农险覆盖面不断

扩大。

（三）寿险业务大幅增长，分红险和银邮渠道占比提升

2009 年，寿险公司实现保费收入 529.4 亿元，同比增长 18.1%。从险种看，分红险实现保费收入 303.1 亿元，同比增长 68.2%，占寿险业务的 65.0%，同比提高 18.9 个百分点，占比回升到 2006 年末水平。投连险、万能险业务分别实现保费收入 21.8 亿元和 108.1 亿元，同比分别下降 61.6% 和 11.7%，业务占比同比分别下降 9.9 个和 8.2 个百分点。从渠道看，银邮渠道实现保费收入 279 亿元，同比增长 22.8%，占寿险公司业务的 52.7%，同比提高 2 个百分点。个人营销渠道和公司直销渠道分别实现保费收入 174 亿元和 52.8 亿元，业务占比分别下降 1.7 个和 2 个百分点。

（四）寿险公司结构调整逐步推进，业务质量不断优化

2009 年，寿险新单期交保费 70.3 亿元，同比增长 15.8%；续期保费 116.8 亿元，同比增长 28.9%。寿险业务新单期交率为 20.1%，与上年基本持平。其中银行代理渠道新单期交率 9.5%，同比提高 3.5 个百分点。新单标准保费 104.6 亿元，同比增长 15.5%。其中，缴费期限为五年的标准保费 11.9 亿元，同比增长 211.2%，增幅较上年提高 74.3 个百分点；缴费期限为十年的标准保费 37.4 亿元，同比增长 7.6%，增幅较上年提高 7.2 个百分点。

**三、存在的主要风险和问题**

（一）新渠道销售误导问题显现

经过连续几年的综合治理，个人营销渠道误导问题有所减少，但新兴的银保和电话等渠道的误导问题逐步凸显。2009 年，北京保监局接办的银保渠道、电话销售渠道的寿险销售误导投诉分别占误导信访件的 52.2% 和 7.9%。在银保销售中，存在不谈保险谈储蓄、不讲保障讲理财，把长期保险说成短期、把期交产品讲成趸交，宣传高收益、隐瞒费用扣除等情况。在电话销售中，存在“存款送保险”、“储蓄送保障”、“银行持卡人专享活动”等误导，有的对犹豫期、分红不确定性、责任免除等涉及客户权益的内容不作介绍，损害了消费者利益和行业形象。

（二）部分公司内控管理薄弱

随着保险业务的快速发展，部分公司重业务、轻管理的问题更为突出。有的公司内控管理较为薄弱，存在内控制度生搬硬套，形同虚设，或执行不到位等问题，不能有效防范经营风险。个别产险中小公司只注重业务发展，疏于后台建设和服务管理，在理赔服务等后端环节暴露出较多问题，信访投诉量不断攀升。部分公司由于未严格执行内控制度，导致了职务侵占、挪用保费等司法案件，给公司造成一定损失。

（三）行业服务能力有待进一步提高

目前，北京地区产险公司承保业务仍然主要靠价格竞争，尚未形成以风险管理、服务、创新等为主的差异性竞争。部分公司缺乏专门的人才储备，风险识别、风险评估和防灾防损能力不足，不能有效发挥保险管理风险的作用。寿险公司的产品不能充分满足消费者需要，北京市场报备的各类产品几千种，但真正符合市场和消费者需求的险种却有限。行业销售能力很强，但管理能力、创新能力薄弱，保险产品在金融产品竞争中缺乏优势，服务经济社会发展的能力有待提高。

（王学梅）

# 三、发展与监管

# 银行业发展与监管

## ▲政策性银行

### 一、基本情况和重大变更事项

（一）基本情况

2009年末，中国农业发展银行北京市分行（以下简称农发行北京市分行）、国家开发银行北京市分行（以下简称国开行北京市分行）、中国进出口银行北京分行（以下简称进出口银行北京分行）、中国农业发展银行总行营业部（以下简称农发行总行营业部）、国家开发银行企业局（以下简称国开行企业局）等（以下简称5家银行）资产总额本外币合计8 774.82亿元，比上年增加2 706.01亿元，增长44.59%。其中各项贷款余额8 116.74亿元，比上年增加2 308.93亿元，增长39.76%。负债总额8 664.49亿元，比上年增加2 682.12亿元，增长44.83%。所有者权益110.32亿元，比上年增加23.89亿元，增长27.65%。2009年，辖内5家银行均实现盈利，累计实现利润101.05亿元，比上年增加28.18亿元，增长38.67%。不良贷款余额37.23亿元，比上年增加4.03亿元，增长12.15%；不良贷款率0.46%，比上年下降0.11个百分点。

2009年末，5家银行在京各设立1家分行级机构，农发行北京市分行下属13家支行（部），与上年持平。

（二）重大变更事项

1. 高级管理人员变动情况。（1）分行级高级管理人员变动情况。2009年3月24日，中国银行业监督管理委员会北京监管局（以下简称北京银监局）核准王敬东任国开行北京市分行行长。5月25日，核准张泽任农发行总行营业部总经理。7月8日核准吴少华任进出口银行北京分行行长，11月18日核准吕东燕任进出口银行北京分行副行长。5月，中国农业发展银行免去刘定华农发行北京市分行副行长职务。（2）支行级高级管理人员变动情况。2009年1月，北京银监局批准李廷民、李宏伟任农发行北京市分行房山区支行行长、顺义区支行副行长（主持工作）。

2. 组织结构变动情况。（1）2009年上半年，国开行北京市分行根据工作需要，设立客户五处，负责延庆、密云、平谷、怀柔4个郊区县和市属农业企业的项目开发、贷后管理。（2）11月，进出口银行北京分行增设公司业务四处和公司业务五处。公司业务四处负责河南省进出口信贷业务，公司业务五处负责山西省和内蒙古自治区进出口信贷业务。（3）2009年，农发行总行营业部增设外汇业务处，负责国际业务管理等工作；根据中国农业发展银行要求，农发行总行营业部内设机构更名，原有各部更名为处。

### 二、存在的问题和风险

（一）不良贷款大幅上升，风险管控能力亟须加强

2009年，个别银行不良贷款反弹明显，余额比年初增加185%，不良贷款率比年初上升0.45个百分点，反映出个别

银行在贷款管理上存在贷前调查不充分、贷后监控不到位等问题，贷款质量下滑趋势不容乐观，风险管控能力和清收力度需进一步加强。

（二）个别贷款管理不到位，审慎合规意识有待加强

现场检查发现部分银行贷款“三查”管理合规意识和风险防范意识较为薄弱，在贷款“三查”、资本金到位、资金支付、贷款担保管理、基础档案管理等方面均不同程度地存在问题，未能真正将风险防范工作落到实处。

（三）政府融资平台贷款存在信用风险

2009年，部分银行发放政府融资平台贷款，贷款投向公共基础设施建设，个别银行贷款余额占全部余额近30%。平台公司自身资产负债率较高，大多无直接还款来源，法人治理不完善、操作程序不够规范；部分贷款为政府变相担保，担保法律效力低；部分项目资本金不到位，且贷款承贷主体与资金使用主体分离，贷款资金流向难以监控。

（四）贷款集中度过高，风险积聚在少数行业和客户

部分银行贷款主要在公共设施管理业、交通运输业、采矿业、制造业、房地产业五大行业，贷款期限多为中长期，贷款受政策影响的程度较大；十大客户集中度偏高，贷款集中于少数几个大客户的特征仍十分明显。

（五）计算机信息系统管理功能不完善

部分银行计算机信息系统建设相对落后，各类信息系统的数据兼容性较差，不能实现各系统之间数据整合、共享；系统不具备统一授信管理功能，不能反映集团客户和关联方动态信息，无法有效识别集团客户授信情况、关联交易情况，不利于信贷资产风险管控；部分数据统计仍依靠手工操作，使数据的及时性和准确性受到影响。

**三、监管工作情况**

（一）开展案件风险“百日大排查”工作，提升案件防控水平

在案件风险“百日大排查”活动中，派出抽查小组对5家银行进行抽查，并多次对各行业务进行督导。对各行自查实施阶段、总结报告阶段和整改落实阶段工作完成的实效性和深入性分别进行等级评估和操作风险评级。约见各行主要负责人，就案件风险“百日大排查”活动评估情况进行通报，并针对各自存在的问题逐一提出监管意见，排查工作取得了较好的效果。

（二）开展“促监管政策进基层行”活动，促进基层人员素质提高

按照北京银监局“促监管政策进基层行”活动的部署，前往各行以及基层支行开展专题宣讲活动。宣讲人员分别以中国银行业监督管理委员会（以下简称银监会）监管政策、涉农贷款和小企业贷款政策、商业银行授信政策等为主题，结合基层行特点对主要风险和案件情况进行讲解。

（三）组织多项现场检查，督促银行依法合规经营

2009年开展现场检查5项，包括对中国进出口银行及北京分行新增贷款、对外担保业务以及外币债券投资、外币衍生金融产品交易等业务进行现场检查，对国开行北京市分行和国开行企业局新增信贷投放、新增信贷资产质量风险状况进行现场检查，对农发行北京市分行大额不良贷

款情况进行现场检查。除对中国进出口银行未结束现场外，其余4项检查投入工作量740人天。

（四）采取多种监管手段，全面加强风险管理

一是分析5家银行基本经营情况、主要风险点，提出监管要求，上报2008年监管报告并对各行进行年度监管通报。定期开展跟踪监测，完成月度、季度经营情况和不良贷款分析报告。二是通过约见会谈、走访、调研等方式多角度提示政府融资平台贷款风险，要求银行完善风险防范具体措施。三是对违规土地储备贷款及时叫停并限期整改，要求银行严格遵循相关法规。四是对银行上报的各类请示进行专题研究，提出明确监管要求，加大风险提示力度。五是对现场检查发现问题的整改和相关监管意见落实情况进行督促和指导，发挥窗口指导作用。六是根据个别银行不良贷款增速过快趋势，及时采取多项措施。七是根据银监会要求，开展多项快速调查，及时掌握重点业务风险状况，完成快速核查报告并上报。

（五）紧密围绕热点、难点问题开展调查研究，不断增强敏感意识

一是对银行信贷支持投融资平台公司情况进行摸底分析，完成调研报告《对某行信贷支持融资平台公司的风险分析和建议》。二是对某行中小企业和涉农贷款模式进行深入分析，研究其存在的问题和发展优势，完成调研报告《中小企业、涉农贷款模式及监管建议》。三是对某行进口信贷业务存在用贷款作保证金、用贷款支付到期信用证付款等现象进行深入调查，完成调研报告《进口信贷业务隐含风险不容忽视》。

（郭雅）

## ▲大型商业银行——工、农、中、建、交五家银行

### 一、基本情况和重大变更事项

（一）基本情况

2009年末，中国工商银行、中国农业银行、中国银行、中国建设银行和交通银行五家大型商业银行北京市分行（以下简称5家银行）资产总额4.03万亿元，比上年增长29.16%。其中，各项贷款余额1.14万亿元，比上年增长31.22%。负债总额4万亿元，比上年增长29.71%。其中，各项存款余额3.35万亿元，比上年增长27.67%。全年累计实现净利润338.65亿元，比上年增长20.12%。

2009年末，5家银行共有机构网点1 626家（含分行），比上年增加16家。其中，支行1 034家，比上年增加190家；分理处242家，比上年减少47家；储蓄所345家，比上年减少127家。5家银行共有纳入监管范围的高级管理人员166人，比上年减少1人。5家银行在岗员工49 567人。其中，工行18 759人，农行7 787人，中行8 226人，建行11 098人，交行3 697人。

（二）重大变更事项

2009年5家银行分行级主要高级管理人员有以下变化：中国农业银行北京市分行行长由郭浩达变更为易映森，中国银行北京市分行行长由董建岳变更为张金良。

### 二、存在的问题和风险

（一）不良贷款反弹压力不容忽视

一是5家银行不良贷款已经处于较低水平，进一步压降的困难较大。截至年末，5家银行不良贷款总额159.27亿元，不良贷款比例为1.39%，已大大低于国

际先进银行3%的参考标准。二是部分银行不良贷款已呈现上升趋势，其中某行不良贷款余额比年初增加，某行13亿元房地产贷款因展期下调评级。三是预期贷款风险加大，2009年5家银行贷款比上年增长31.22%，创近年新高；贷款投向集中，中长期贷款占比高，风险的长期性和隐蔽性较大。

（二）地方平台公司贷款管控风险较大

2009年末，辖内中资银行地方平台公司贷款余额4 155.77亿元，5家银行占比为30.25%。平台公司贷款中，中长期贷款约占九成，最长期限达31.5年，60%以上的贷款投向用于公路、铁路、轨道交通和各级土地整理储备中心，项目回收期普遍较长，蕴涵一定的风险。一是存在第一还款来源不确定风险。地方平台公司贷款项目期限长，综合影响因素多，一旦经营出现变化，后续资金难以保证。二是存在第二还款来源合规性风险。《中华人民共和国担保法》明确规定严禁政府为平台公司向社会公众集资等直接或变相提供财政担保。三是存在异地平台公司贷款管控风险。

（三）房地产行业贷款潜在风险突出

2009年末，5家银行房地产业贷款余额1 838.56亿元，同比增长46.96%；不良贷款余额47.12亿元，占5家银行全部不良贷款的29.58%。风险主要集中在以下三个方面：一是土地储备贷款风险不容忽视。土地储备贷款自身存在的还款来源不确定、还款能力不稳定、抵押担保难实现等风险，加上房地产市场运行不可预测性较大，贷款风险研判和管控难度较大。二是房地产开发过度依赖银行贷款。市统计局数据显示，2009年辖内房地产开发项目资金来源中，来自银行贷款的增长最为突出，同比增长166.2%，而来自开发商自有资金的比例同期下降4.6%；现场检查也发现个别银行对资本金不到位的项目发放贷款。三是信贷资金流向监控缺位，合规风险依然存在。尽管已明确要求资金封闭管理、专款专用，但现场检查发现个别银行房地产开发贷款中仍然存在贷款被挪用的现象。

**三、监管工作情况**

（一）积极引导5家银行贯彻落实“有保有压”宏观调控政策

2009年，北京银监局通过及时转发银监会相关文件、召开情况通报会、约见谈话、走访等方式，要求5家银行坚持“有保有压”方针，坚守风险底线，做好信贷管理工作。督促5家银行针对北京加工业少、大客户集中、总部经济特点突出，对如何有效贯彻执行“有保有压、区别对待”的信贷政策进行深入研究，并通过提供相关案例，介绍好的经验和做法。同时，要求5家银行在发展中注意调整信贷结构、优化信贷投向、掌握信贷节奏，鼓励其在服务中小企业、县域经济、新农村建设和“三农”方面进行有益的试点与探索。

（二）根据银监会统一部署及5家银行业务风险状况，有计划、有重点地开展现场检查

一是开展对新发放贷款及相关贷款潜在风险的现场检查。二是对二手房贷款业务开展现场检查，着重对权证（包括他项权证）进行核查，重点关注一证多用、非本人权证及虚假权证等问题。三是对个人消费贷款转入证券交易账户开展专项调查，发现部分银行由于个人消费贷款制度建设不完善、对贷后资金流向监控手段单

一等原因，导致贷款进入证券交易账户。四是对5家银行进行全面案件风险排查。五是对部分银行进行信用中介风险专项检查、理财业务专项检查和表外业务专项检查等。

（三）根据宏观经济变化不确定因素较多的特点，突出重点风险领域，加强对5家银行非现场数据分析和情况掌握

一是对5家银行2008年经营和风险情况进行全面分析评价，撰写监管报告和监管通报，并在此基础上召开监管情况通报会，通报发现的问题和监管意见及下一年监管工作安排。二是进一步梳理5家银行非现场报表，使非现场报表更具针对性和实用性。三是规范非现场监管流程，进一步强化主监管员对5家银行整体情况的分析、评价，以及对单项风险（要素）的监测分析和跟踪，注重前瞻性。四是加大深入基层支行调研和走访力度，及时掌握5家银行的发展动态和风险状况。五是继续狠抓不良资产"双降"工作，防止不良贷款"反弹"，按月度、季度、年度做好不良贷款持续监控工作，将大额不良贷款监测分析作为日常非现场监管工作的重要内容。

（四）督促5家银行密切配合、积极组织参加"促监管政策进基层行"活动

2009年6月，北京银监局组织发起了"促监管政策进基层行"活动。活动期间，5家银行积极组织基层员工参加宣讲，提供场地、人员和设备，配合北京银监局圆满完成"促监管政策进基层行"活动阶段性目标。

（五）督促5家银行深化案件专项治理，积极参加案件风险"百日大排查"活动

通过对5家银行案件风险排查情况进行实地督导，采取"访问式检查"、"现场座谈会"、"飞行式突击检查"等方式督促5家银行的基层网点推进案件风险排查工作，并提出了监管要求。同时，结合5家银行业务经营特点，将汽车经销商贷款、二手房贷款等业务作为重点对象进行排查。

（李明明）

## ▲中小型商业银行

### 一、基本情况和重大变更事项

（一）基本情况

2009年末，中信银行总行营业部、中国民生银行总行营业部、中国光大银行北京分行、华夏银行北京分行、招商银行北京分行、上海浦东发展银行北京分行、广东发展银行北京分行、兴业银行北京分行、深圳发展银行北京分行、渤海银行北京分行、浙商银行北京分行11家中小商业银行在京营业机构（以下简称11家银行）本外币资产总额16 205.55亿元，比上年增加3 103.69亿元，增长23.69%；其中贷款7 127.80亿元，比上年增加1 857.92亿元，增长35.26%。负债总额16 066.62亿元，比上年增加3 145.90亿元，增长24.35%；其中存款13 345.90亿元，比上年增加3 026.77亿元，增长29.33%。全年累计实现税前利润100.42亿元，同比减少51.07亿元，下降33.71%。

2009年末，11家银行在京营业机构351家，比上年增加35家。其中，分行11家，比上年增加1家；支行340家，比上年增加34家。在职人员14 474人，其中高管人员363名。

（二）重大变更事项

浙商银行北京分行经北京银监局批准

开业。

冀光恒任上海浦东发展银行北京分行行长（同时兼任总行副行长）；符盛丰任华夏银行北京分行行长，原行长韩运福调任华夏银行天津分行行长；陈锦光任兴业银行北京分行党委书记，原党委书记兼行长蒋云明调任兴业银行总行副行长。

**二、存在的问题和风险**

（一）地方平台公司贷款、房地产贷款、贷款集中度、个人消费信贷等方面存在潜在风险，系统及服务等方面存在不足

2009年，北京辖内银行业金融机构运行中的突出风险主要表现在地方平台公司贷款、房地产贷款、贷款集中度、个人消费信贷和不良贷款反弹压力较大等方面，中小商业银行同样面临此类风险。同时，缺乏具有比较优势的核心产品和服务，信息科技系统功能较为落后，网点、自助机具投入尚显不足，品牌知名度有所欠缺，部分银行合规意识还有待提高，操作风险依然存在，声誉风险有所上升，对银行的发展和监管提出考验。

（二）部分银行资产质量出现下滑，清收处置难度较大

2009年，部分银行不良贷款出现一定幅度的冒升。受经济危机等一系列因素影响，三兴加腾系企业、北泰汽车、众义达商贸集团等部分企业贷款陆续转为不良，使部分银行资产质量出现下滑。各行年内新增不良贷款的形成原因较为复杂，部分贷款涉及多家商业银行及其他企业的债权债务纠纷，部分贷款企业生产经营已处于停滞状态，个别企业涉及刑事诉讼，使清收处置工作的难度进一步加大。

（三）中长期贷款增长较快，金额较大，预期贷款风险加大

2009年，中小商业银行中长期贷款余额和占比较年初大幅增加，贷款投向集中，风险的长期性和隐蔽性较大。部分银行贷款较集中投放于土地储备中心、政府融资平台等。中长期贷款的快速增长，虽然有利于提高资产收益的整体水平和稳定性，但同时也使风险敞口的存续期延长，进一步加大了风险管控工作难度。

（四）贷前调查、贷时审批及贷后管理环节存在疏漏

现场检查中发现，个别银行存在部分贷款的贷前调查和贷时审批环节未能严格落实《商业银行授信工作尽职指引》的有关要求，对部分企业的贷前调查结果存在内容更新不及时或反映问题不实的情况，而在贷时审批环节中对于部分业务存在的国别风险、企业之间的关联关系以及企业真实的贷款用途等方面的情况未能给予充分考虑；个别银行贷后管理不够严谨，存在信贷资金被挪用风险。

（五）制度执行力不足，合规经营意识有待增强

一是个别银行政府融资平台贷款发放中存在违规行为，存在以打捆贷款形式审批和发放部分政府融资平台项目贷款的问题。二是3家银行土地储备贷款中存在违规行为，未落实有效担保或抵押手续即先行发放土地储备贷款。三是个别银行存在擅自放松二套房政策发放个人按揭贷款行为。四是个别银行部分个人贷款违反规定下浮利率或首付款比例，受到行政处罚。

（六）操作风险管理有待进一步加强

现场检查发现，部分银行对银行承兑汇票业务贸易背景审核不严，存在较大漏洞；贸易融资业务管理存在缺陷等诸多问题；个别银行的分支机构在重要空白凭证、印鉴卡片的管理方面存在一些薄弱环节；对账工作也尚未能彻底实现分行统

一、集中管理；尚未实现分支机构现金统一管理等。特别是个别银行对支行管控不力，管理较为混乱，业务流程存在重大漏洞且未及时发现，导致案件发生。

**三、监管工作情况**

（一）督促银行严格执行国家宏观调控政策，积极引导银行认真落实“有保有压”信贷政策

积极采取多种方式加以监督和引导。在年初通报会上，对各中小银行明确提出要保增长与防风险相结合的监管要求，鼓励各行在控制风险的前提下，积极发展国家重点支持项目的信贷业务；在日常监管工作中，通过非现场分析、约见会谈、现场走访等方式持续监测各行对“有保有压”政策的落实情况与执行效果，及时发现部分银行违规行为及风险苗头，及时采取监管措施，督促银行积极整改，切实落实国家宏观调控政策和监管法规。

（二）紧密围绕三个“立足点”，现场督导各行“案件风险百日大排查”工作的深入开展

在排查督导阶段，采取有力措施切实提高督导的针对性和有效性。一是针对二手房高风险业务制定了《风险排查要点》，下发全辖进行自查。二是根据各银行2008年度监管风险评估结果以及各行内部案件风险排查工作开展情况，立足各行基层网点赴现场进行案件排查督导。三是对票据业务、个人住房贷款、柜台业务、理财业务等重点业务的排查工作进行了抽查，并要求各行依据要点内容进行全方位风险排查。在整改总结阶段，督促各行坚决落实整改，保证风险排查效果。案件风险排查活动取得较好成效，银行整体业务操作的规范性得以进一步提高。

（三）广泛开展“促监管政策进基层行”，帮助银行加强合规建设

一是积极选派监管经验丰富的主查员和主监管员利用工作及业余时间赴各区县对银行基层员工进行政策宣讲。二是积极组织辖内银行选派业务骨干进行培训，及时认真做好基层员工再培训工作。

（四）全方位、多角度，严谨务实地开展非现场监管工作

一是加大了风险监测与预警力度，督促银行严防资产质量出现大幅波动。二是及时认真查处违规问题。三是深入进行监管分析，组织召开监管情况通报会。四是细化分类标准，不断提高风险评估工作水平。五是重视后续监管工作，紧密跟踪重点风险和突出问题处理进程。六是加强对公众关注问题的监管和引导，密切监测社会舆情，督促银行管理好自身声誉风险。

（五）高质高效承接多项现场检查任务，努力提升现场检查能力

圆满完成多项检查任务。全年实施现场检查8项，涉及分行级机构11家，共派出检查人员59人次，通过检查发现主要问题51个，提出监管意见31条。检查内容包括：对部分银行落实“区别对待、有保有压”国家宏观调控政策及贷款“三查”情况、五级分类情况、房地产信贷业务、个人消费贷款、贸易融资业务等。

（六）敏锐捕捉焦点问题，深入实地，进一步将调查研究工作做深做细，为监管决策服务

紧紧围绕焦点问题以及北京银监局和银监会下发的近期重点调研课题积极进行调查研究，通过下发问卷、现场走访甚至业务抽查的方式，认真分析汇总辖内中小银行的相关情况，揭示问题和风险隐患，为监管决策服务。一是密切关注房地产市

场异动。二是密切关注“有保有压”信贷政策执行情况。三是密切关注银行与担保公司合作的风险。四是持续关注新增贷款质量，特别对具有打捆贷款特征、地方融资平台类贷款进行重点监测。

（七）积极践行联动监管，充分发挥监管合力

按照银监会的监管思路，在监管工作开展过程中重视发挥联动监管效力，通过与银监会的上下联动以及与属地监管局的横向联动，全方位地形成监管合力，提高监管工作有效性。与银监会二部和6家属地监管局建立监管联动，定期沟通辖内银行的最新情况及监管工作，取得了显著成效。

（徐英晓）

## ▲城市商业银行（一）——北京银行

### 一、基本经营情况

（一）基本情况

2009年末，北京银行本外币资产总额5 337.62亿元，比上年增加1 150.79亿元，增长27.49%。其中各项贷款余额2 734.09亿元，比上年增加816.60亿元，增长42.59%。负债总额4 961.90亿元，比上年增加1 113.27亿元，增长28.93%。其中本外币存款余额4 559.23亿元，比上年增加1 305.61亿元，增长40.13%。实现营业收入118.49亿元，比上年减少5.75亿元，下降4.63%；利润总额55.93亿元，比上年增加0.73亿元，增长1.32%。

2009年末，北京银行在京共有150家支行和1家村镇银行；天津设有1家分行和6家支行，上海设有1家分行和4家支行，西安设有1家分行和1家支行、深圳设有1家分行和1家支行、杭州设有1家分行和1家支行、长沙设有1家分行，在香港设立代表办事处1家；共有签约员工5 681人。

（二）业务发展概况

1. 统筹区域发展，优化经营网络。2009年，北京银行长沙分行开业，南京分行获批筹建。北京地区加速覆盖郊区市场，郊区网点已有20家，占北京地区网点总数的13%。

2. 支持新农村建设，服务城乡协调发展。2009年，北京银行落实各项支持新农村建设举措，与密云县政府签订《新农村“五项基础设施”建设合作协议》，推出“5+5行动计划”。

3. 支持新兴产业，服务中小企业。2009年，北京银行成立了科技型中小企业特色支行中关村海淀园支行，发放的节能减排融资项目贷款同比增长240%，荣获“绿色金融创新大奖”。支持文化创意产业发展，全面涉及影视制作、动漫网游等九大类文化创意领域，与一大批优质文化创意企业及产业基地开展战略合作。

4. 加快金融创新，体现品牌特色。2009年，北京银行全年共评审新产品33项，29项新产品获批立项开发，23项新产品实现对外销售。

5. 打造社区银行品牌，加快零售业务发展。截至年末，北京银行已经在京城建立48家特色鲜明的精品支行。这些新型网点重点服务于周边社区内的居民和中小企业，为居民提供方便快捷的专业化金融服务，支持社区经济和中小企业的发展。

### 二、存在的问题和风险

（一）信用风险现状

北京银行信用风险控制在一个较为良

好的水平，整体信用风险状况处于中低水平。截至年末，北京银行不良贷款余额27.96亿元，比上年同期下降1.91亿元；不良贷款比率1.02%，比上年同期下降0.54个百分点。

（二）流动性风险现状

北京银行流动性风险整体状况处于中低水平，各主要流动性风险监管指标较上年呈从紧，虽未出现流动性紧缺风险，但是流动性风险管理机制和能力尚待进一步提高，特别是急需提升在复杂多变的外部市场环境下对流动性风险的管理与决策能力。

（三）市场风险现状

北京银行整体市场风险状况处于中等水平，与上年末相比，略显上升趋势，市场风险管理水平仍处于中低水平。北京银行的市场风险上升主要体现在承受的利率风险、外币风险敞口均较上年有所上升。

（四）操作风险现状

北京银行操作风险管理状况较上年有了较大程度的提高，但是仍然在制度建设、执行过程中存在一定的薄弱环节。北京银行通过自查和北京银监局的督导，已将排查出的问题逐一整改，扫除潜在的风险隐患。

（五）声誉风险现状

自上市以来，北京银行在搭建信息服务平台以及妥善处理信息危机方面做了大量工作，对于紧急突发事件，能够迅速、妥善地加以处理，避免造成不良报道而产生声誉风险，北京银行信息披露机制建设日趋规范和成熟。

**三、监管工作情况**

（一）全面梳理北京银行2009年经营情况和主要风险

北京银监局结合2009年国内外经济金融环境的显著变化，针对北京银行跨区域布局加快、业务发展速度加快、衍生类业务发展快等特点，采取多种有效监管方式方法，重点开展了公司治理结构、组织架构改革、风险管控水平等是否与机构扩张、业务规模、业务品种、发展速度相适应的深度跟踪监管分析。在年度监管报告和监管意见书中指出北京银行存在的主要风险与问题，并提出相应监管意见。

（二）对北京银行组织架构改革进行跟踪

北京银监局对北京银行构建三级组织架构进行持续监管和跟踪分析。要求北京银行做好改革的稳步推进和持续评估工作，为下一步对4个区域管理部的深度跟踪以及异地分行组织架构的对比分析积累实践经验和依据。

（三）对北京银行综合化经营情况进行调查

北京银监局对北京银行综合化经营的战略规划、组织运作模式、人员管理、资本充足率管理及并表管理等情况进行了调查。根据调查结果，查找需要重点关注的方面，进行监管提示，要求北京银行加强综合化经营战略研究，制定切实可行的资本补充规划，完善资本管理与并表管理，加快培养综合化经营人才。

（四）开展三方会谈，加强与外部监管联动

2009年6月，北京银监局、普华永道会计师事务所、北京银行举行2008年度外部审计三方会谈，强调了外部会计审计是银行外部监管的重要组成部分，对外部监管方提出了详尽的要求和建议；通过介绍审计中发现的主要问题与风险，加强了对北京银行的深入了解，有利于进一步改进和完善内控机制建设。

（五）加强对北京银行贯彻国家宏观调控政策的检查跟踪工作

一是紧跟国家宏观调控重点，发挥监管联动和监管合力，与异地银监局密切协同，完成落实“区别对待、有保有压”国家宏观调控政策情况现场检查。二是跟踪北京银行政府背景项目贷款和项目搭桥贷款投放情况。三是跟踪重点关注行业贷款。四是跟踪“国九条”重点工作开展情况。

（六）深入推进案件风险排查及整改工作

根据案件发生新特点和案件防控新态势，在银监会统一部署和领导下，将案件风险排查工作推向深入，积极督促北京银行对案件风险排查中发现的问题进行有效整改。

（七）发挥非现场监管的导向作用

一是监管总结工作，撰写了北京银行2008年度监管报告、北京银行2008年度监管意见书；收集监管信息，及时编制和修订北京银行机构概览。二是开展监管评级。三是制订监管计划。四是日常监管分析，包括撰写非现场指标的月度分析、完成信贷指标的季度分析以及上半年经营情况分析，完成对北京银行审核工作等。

（八）强化现场检查针对性和准确性

2009年，北京银监局对北京银行进行了多次现场检查。对重大检查项目，强化现场检查的针对性和准确性，在对担保机构担保贷款的现场检查中，对北京银行与各担保机构签订的合作协议进行了全面梳理，对制度建设、业务架构以及担保机构的后期管理提出了有针对性的监管意见。对众义达系企业重大突发事件进行应急处置，组织对北京银行众义达系企业贷款进行检查，督促北京银行对授信过程中发现的问题进行整改，积极进行清收等。

（郭郦）

## ▲城市商业银行（二）

### 一、基本情况和重大变更事项

（一）基本情况

2009年末，天津银行北京分行、杭州银行北京分行、大连银行北京分行、南京银行北京分行和盛京银行北京分行5家城市商业银行（以下简称5家城商行）本外币资产总额433.97亿元，其中各项贷款余额186.22亿元；负债总额427.36亿元，其中各项存款余额386.83亿元，税前利润2.00亿元。

南京银行北京分行2009年3月开业，盛京银行北京分行2009年6月开业。

2009年末，天津银行北京分行共有员工106人，7个管理部门，3家支行；杭州银行北京分行共有员工156人，5个管理部门，1家支行；大连银行北京分行共有员工104人，9个职能部门，7个业务团队及1个营业室；南京银行北京分行共有员工76人，5个管理部门，8个业务部门及1个营业部；盛京银行北京分行共有员工63人，7个管理部门和1个营业部。

（二）重大变更事项

杭州银行北京分行在朝阳区建立了第一家支行——北京安贞支行；大连银行北京分行由陈金良担任行长；天津银行北京分行经历了两次高管变动，由王宏担任行长；盛京银行北京分行由吴刚担任行长。

（三）业务开展情况

1. 逐步适应北京市场，业务品种不断丰富。2009年，5家城商行开辟多渠道营销途径，积极发展各项业务。天津银行北京分行开办了信用证业务及个人网上银行业务；大连银行北京分行开展了个人经营性车辆按揭贷款业务，并参与了第一笔银团贷款；南京银行北京分行开办了第一笔理财业务、个人经营性贷款业务、个人住房和汽车按揭贷款业务。

2. 逐步发挥出中小企业金融服务特色与优势。作为中小型商业银行，5 家城商行逐步适应北京市场，发展稳定后，逐渐发挥出中小企业金融服务领域的特色与优势，为业务发展找到了新的突破口和业绩亮点。杭州银行北京分行建立了专营小企业业务的小企业服务中心和专管小企业业务的小企业业务部，同时建立了小企业业务的激励约束机制。

**二、存在的问题与风险**

（一）部分银行信贷资产质量风险不容忽视。按照“五级分类”口径，部分银行 2009 年新发放贷款中关注类贷款数额上升明显，且存在集中增长的态势，其中多笔关注类贷款为授信申请人经营情况、财务情况较差所致，信贷资产质量风险不容忽视。

（二）部分银行存贷款集中度较高，业务稳定性和持续性不强。部分银行存贷款业务发展迅猛，但是对单一客户的依赖程度过高、集中度过高，尤其是大集团、大客户的单一存贷款量占比过高，对银行业务波动影响较大。

（三）部分银行内控及合规管理仍需加强。由于经营时间尚短，部分银行在内控及合规管理方面仍存在薄弱环节。在“案件风险百日大排查”中，部分银行暴露出在账户管理、大额资金进出监控、票据业务合规性等内控管理工作方面存在一定的操作风险和合规问题，这些内控管理中的薄弱环节是滋生案件风险的重要隐患所在。

（四）专业人才队伍建设应进一步加强。作为北京地区的异地城市商业银行，部分银行支撑和满足机构、业务快速发展的专业人才队伍建设显得捉襟见肘，具体表现在不相容岗位兼岗、在岗人员无资质、相关岗位人员配置不足，不但影响了业务的持续快速发展，而且留下了各类风险隐患。

**三、监管工作情况**

（一）走访 5 家城商行，提出全年监管意见。对新开业的分行，进行风险提示，提出相关监管要求。

（二）对部分银行组织架构及管理模式进行调研，了解其总行对风险的管控能力及对分行经营发展的引导与支持力度。对于新任高管和新开业支行的经营发展加强引导与支持，督导该行加强内控管理、风险管控机制建设以及人才培养。

（三）督导 5 家城商行加强中小企业金融机构建设，在各行逐步适应北京市场，稳定发展的基础上，鼓励各行发挥总行的优势和特色，大力推进在北京发展中小企业金融服务工作。

（四）督导开展“案件风险百日大排查”活动及后续监管。对 5 家城商行提出加强案件防控意识、建立信息沟通机制等要求，同时要求各行在“案件风险排查回头看”工作中对存在风险隐患的业务和环节重点关注，并督促其采取积极有效的措施尽快进行整改，从机制和制度建设上消除风险隐患。

（李忱）

## ▲农村商业银行——北京农村商业银行

**一、基本情况及重大变更事项**

（一）基本情况

2009 年末，北京农村商业银行（以

下简称北京农商行）资产总额2 846.5亿元，较上年增加568.24亿元，增长24.94%。其中贷款余额1 221亿元，较上年增加43.1亿元，增长3.66%。负债总额2 768.45亿元，较上年增加565.89亿元，增长25.69%。其中各项存款余额2 616.89亿元，较上年增加553.66亿元，增长26.83%。所有者权益共计78.04亿元，同比增加2.34亿元，增长3.09%。

（二）重大变更事项

1. 机构发展情况。2009年末，北京农商行机构总数694家，其中总行1家，支行205家，分理处488家。在册职工7 974人，较上年增加173人。经过人员结构优化调整，本科以上学历人员占比34.78%。

2. 主要人事变更情况。2009年，北京农商行经过换届选举，产生了第二届董事会和监事会。新一届高级经营管理层共有6人，其中行长1人、副行长3人、行长助理1人，首席营运官1人。

（三）经营发展及其特点

1. 法人治理结构进一步完善。2009年，北京农商行完成董事会、监事会、高级经营管理层换届工作，组成了新一届领导班子。吸取以往工作经验教训，大力整改公司治理方面存在的问题，为公司治理体系的规范化做出了一定努力。

2. 信贷结构有所改善。2009年，北京农商行加大了对新农村建设领域和优质信贷客户的营销拓展，客户结构及信贷品种结构得到一定优化。

3. 负债规模不断扩大，储蓄存款实现新突破。2009年末，北京农商行实现本外币各项存款2 616.89亿元，人民币存款余额在辖内同业位列第7位，在辖内中小股份制银行中位列第2位，储蓄存款余额在辖内中小股份制银行中位列第1位。

4. 内控体系进一步完善。通过积极开展案件风险大排查和全面风险管理体系建设，内控制度体系有所完善，管理机制有所强化。

5. 专项中央银行票据成功兑付，发展后劲增强 。2009年12月3日，北京农商行票据兑付申请通过中国人民银行和银监会审查验收，25亿元兑付资金到账。

**二、存在的问题和风险**

（一）贷款业务增长缓慢，可持续发展的核心竞争力不足。2009年，北京农商行贷款业务仅增长3.66%，与其他银行贷款快速增长形成鲜明对比。涉农业务有待做精、做深、做强、做出特色，同时在激励机制、营销手段、产品创新、金融服务等方面与同业有一定的差距，业务发展的核心竞争力亟待提高。

（二）内部控制及风险管控能力依然薄弱。虽然经过2009年的换届、组织架构调整，北京农商行对内部控制进行了大力改进和完善，但是，在全面风险管理体系建设方面还存在诸多不足和问题，风险防控能力仍然较差。

（三）人力资源配置及效率仍待提高。改制以来，北京农商行员工总量在增加，但是年龄结构、学历结构、职称结构亟待优化，管理人员适用性不强、专业人才缺乏和管理梯队断层现象并存。

（四）不良贷款持续“双降”压力较大，信用风险形势依然严峻，新增贷款质量、客户大额贷款行业风险仍需要密切关注。

（五）资产的流动性和盈利性需要进一步统筹兼顾，资金的统一管理和营运能力仍待提高，市场风险管理仍需加强。

## 三、监管工作情况

（一）多措并举，督促北京农商行做好董事会、监事会换届工作。2009年，北京银监局积极督促北京农商行做好换届工作。一是就经营管理、内部控制及发展战略等问题多次与北京农商行高管人员进行约见会谈，提出换届期间内控不能松懈、经营不能停滞、各项工作保持稳定等要求。二是从依法合规的角度指导北京农商行拟订了换届工作方案，确保在时机成熟时方案能够顺利通过。三是就换届事宜向银监会合作部进行了汇报沟通，与市政府有关部门进行了报告和协调，推进了换届工作的进展。

（二）督促北京农商行切实开展“案件风险百日大排查”工作。一是建立案件治理工作联系机制，确保案件防控治理工作的各项要求落实到位。二是督促北京农商行按照“案件风险百日大排查”工作活动方案的要求，做好实施工作。三是对北京农商行基层机构的案件排查工作开展“访问式”检查，大力推进案件风险排查工作的有效实施。四是对北京农商行“案件风险百日大排查”工作开展评估，并及时反馈评估结果，提出工作改进意见。

（三）认真做好非现场监测，充分发挥非现场监管的风险提示作用。一是撰写各类非现场监测报告并按时上报银监会合作部。二是召开北京农商行2008年度监管意见通报会，向该行通报2008年度经营管理中存在的问题并对2009年工作进行了安排。三是按要求开展2008年度监管评级及2009年度监管预评级。四是在北京农商行董事会、监事会换届完成、组织架构调整之际，向该行下发改革发展的指导意见，就未来3到5年北京农商行长远发展战略及经营管理等方面提出了指导性意见。五是根据银监会要求，及时下达各项监管要求。六是完成银监会布置的临时性工作，开展快速调查30余项，并及时向银监会有关部门上报了调查报告。

（四）根据银监会统一工作要求开展有针对性的现场检查。一是对北京农商行开展信用风险状况的现场检查。通过检查了解房地产行业贷款受危机影响的程度，督促该行及时制定相应的资产保全措施并监督其执行。二是对北京农商行开展表外业务及理财产品风险状况的现场检查。摸清了该行表外业务及购买理财产品的合规性及风险状况，增强了对其表外业务及投资理财产品行为的监督管理。三是结合对北京农商行专项中央银行票据兑付条件的现场检查，对该行的经营管理现状进行全面摸底。四是开展对企业授信情况的联合检查。五是对北京农商行资金违规流入股市、住房按揭贷款及房地产开发贷款业务进行抽查。六是与中国证券监督管理委员会北京监管局组成联合检查组，对北京农商行基金代销业务进行现场检查。

（五）以高度责任心对待人民来信举报问题，做好相关核查工作。2009年，北京银监局共接到有关北京农商行的人民来信32件，针对举报问题组织现场核查十余次。针对举报问题多的现状，北京银监局采取多种措施及时处理。一是就人民来信反映的问题多次约见北京农商行相关负责人进行监管会谈。二是将部分举报反映的问题结合现场检查进行查处。三是赴朝阳、通州、昌平、延庆等支行就人民来信举报的问题赴现场进行核查，并约见相关举报人进行沟通反馈。四是向银监会上报《北京银监局2006～2009年农商处人民来信核查情况报告》及相关统计表。

（六）继续做好日常案件防控工作。一是参加2009年全国农村合作金融机构案件专项治理工作（电视电话）会议，并认真贯彻会议精神。二是根据银监会工作要求，对北京农商行案件专项治理工作落实情况进行现场抽查，并向银监会合作部上报《关于对北京农村商业银行案件专项治理工作抽查情况的报告》及《关于对北京农村商业银行案件专项治理工作情况和“回头看”深度排查活动的抽查报告》。三是定期报告案件治理工作情况。按时向银监会合作部上报《关于北京农村商业银行2006~2008年案件专项治理工作的总结评估报告》，按月及时上报案件信息统计表。

（七）按步骤完成“促监管政策进基层行”活动。一是高质量完成集中宣讲。从房地产信贷业务政策、涉农业务政策、操作风险等多方面，给北京农商行基层网点员工进行了集中宣讲，取得了良好效果。二是对“三农”业务政策进行专题宣讲，进一步有力地推动了金融支农工作的开展。三是组织北京农商行完成政策水平测试。据统计，北京农商行参考人数达到全行总人数的5%，其中高管人员占参考人数的35%，考试平均分为80分。

（蒋蓉辉）

## ▲村镇银行（一）——北京延庆村镇银行

### 一、基本情况及重大变更事项

（一）基本情况

2009年末，北京延庆村镇银行（以下简称延庆村镇银行）资产总额14 998.39万元，较上年增加11 974.93万元。其中，各项贷款余额7 237万元，全部为2009年新增。负债总额12 243.96万元，较上年增加11 777.04万元。其中，对公存款余额8 348.20万元，全部为2009年新增；储蓄存款余额3 428.84万元，较上年增加3 318.32万元。所有者权益共计2 754.43万元，较上年减少158.42万元。

（二）重大变更事项

1. 机构发展情况。截至年末，延庆村镇银行设有一个对外营业网点；在册员工21人，其中高管人员3人，现有人员文化程度在本科以上的占比为42%。

2. 主要人事变更情况。2009年，延庆村镇银行高级经营管理层保持稳定，没有发生人员变动。

（三）经营发展及其特点

2009年是延庆村镇银行的开局之年，在IT系统开发建设滞后、业务人员数量相对不足以及农业贷款成本高、风险大等诸多不利条件下，延庆村镇银行的各项工作基本保持了平稳推进。

1. 经营规模稳步扩大。2009年，延庆村镇银行将发展存款业务作为立行之本，通过制定考核办法实施全员营销，充分调动了员工的吸存积极性，使负债总额每季度递增。与此同时，延庆村镇银行发挥自身决策链条短的优势，缩短了贷款审批时间，大力发放个人类和中小企业贷款，积极参与当地的新农村建设，使资产规模保持了逐步上升态势。

2. 盈利能力逐步提升。随着资产业务的开展，延庆村镇银行的季度营业收入额得到逐渐提升，每个季度的亏损额度也在逐步递减，虽然2009年末尚未实现盈利，但第四季度延庆村镇银行的净利润已经由负变正。

3. 信贷支持“三农”作用逐渐发挥。截至年末，延庆村镇银行的涉农贷款余额为7 237万元，占贷款余额的100%。其中农户贷款余额4 298万元，占贷款余额的59.38%。延庆村镇银行的信贷投放遍及延庆县15个乡镇，主要面向种植业、养殖业、农产品加工、民俗旅游、生态农业、新农村建设等领域，在一定程度上缓解了当地农户或农村经济组织贷款难、成本高等问题。

**二、存在的问题和风险**

（一）业务拓展难度较大。延庆村镇银行作为新型农村金融机构，运营时间短，网点单一、业务种类有限、社会认知度低，吸收存款难度较大。

（二）员工素质尚不能满足业务发展需要。由于延庆村镇银行的客户群体主要是"三农"客户，往往难以提供诸如财务报表、权属凭证、书面文件等有效信息，识别其风险状况更多地需要借助业务人员的经验，而延庆村镇银行新员工所占比重较大，业务知识及经验欠缺，现有人员素质尚不能完全满足业务发展的需要。

（三）管理层培训有待加强。延庆村镇银行管理层人员大多仅有支行工作经历，欠缺法人机构管理经验，对资本约束、资产负债比例管理等法人银行管理理念不了解或不熟悉，在日常工作中常感觉压力较大。

（四）信息科技力量较为薄弱。延庆村镇银行现有科技信息系统较为落后，支付结算渠道不畅，既没有通过"直连"方式也没有通过"间连"方式加入人民银行的支付结算系统，资金清算和服务效率较低，征信系统查询受限，上述因素制约了延庆村镇银行各项业务的发展。

**三、监管工作情况**

（一）及时建立了监管工作制度，规范开展监管工作。延庆村镇银行开业之后，北京银监局及时向其下发了《关于建立有关非现场监测制度的通知》，要求该行按期向监管部门报告董事会、监事会工作情况、经营工作情况、非现场监测报表等，并对具体工作报告的撰写要求和报表填报等事项进行了专门辅导，提高了该行报送数据和报告的质量，规范了监管工作。

（二）认真传达有关政策精神和工作要求。先后转发了《中国银监会办公厅关于认真做好今年春耕备耕金融支持工作的通知》、《中国银监会办公厅关于加强农村中小金融机构金库尾箱管理的通知》、《中国银监会办公厅关于农村中小金融机构借冒名贷款风险提示的通知》、《中国银监会合作部关于转发财政部新型农村金融机构定向费用补贴资金管理暂行办法的通知》等有关文件，要求延庆村镇银行加强管理，严防风险，积极做好支农金融服务。

（三）督促开展"案件风险百日大排查"。2009年5月，北京银监局根据"案件风险百日大排查"工作实施方案，组织延庆村镇银行开展了案件风险大排查工作。通过此项工作，减少了案件风险隐患，增强了该行员工的合规经营理念和案件风险防范意识。

（四）深入调研，加强监管指导。多次与延庆村镇银行有关人员进行监管会谈，就加强内部管理、强化人员培训、防范业务风险、做好支农服务等方面提出了监管要求，并督促该行落实。此外，还先后数次对延庆村镇银行进行了现场走访和调研，及时了解该行的经营状况，并对出现的问题和风险隐患进行分析和提示，对该行今后的经营发展、风险防范等方面提出了监管要求。

（蒋蓉辉）

## ▲村镇银行（二）——北京密云汇丰村镇银行

### 一、基本情况及重大变更事项

（一）基本情况

2009 年末，北京密云汇丰村镇银行（以下简称密云汇丰村镇银行）资产总额 20 176.39 万元，较上年增加 14 793.48 万元，增长 274.13%。其中各项贷款余额 1 895 万元，全部为当年新增。负债总额15 723.67万元，较上年增加15 283.60 万元。其中各项存款余额15 521.48万元，全部为当年新增。所有者权益共计 4 452.72万元，较上年减少 500.12 万元，下降 10.10%。

（二）重大变更事项

1. 机构发展情况。2009 年末，密云汇丰村镇银行设有一个营业网点；在册员工 30 人，其中高管人员 4 人，业务人员 26 人。现有人员文化程度在本科以上的占比为 76%。

2. 主要人事变更情况

2009 年 9 月，密云汇丰村镇银行原行长胡中一离职，马健强代理行长；12 月，杨平获得高管任职资格，经核准后开始正式履行副行长职责。

（三）经营发展及其特点

1. 存款规模稳步扩大，贷款业务发展缓慢。2009 年，密云汇丰村镇银行的存款保持了每季度递增的态势，贷款业务一直发展缓慢。2009 年末的存放同业余额高达 17 796.45 万元，贷款却仅有1 895 万元。

2. 盈利能力尚未体现。由于资产业务发展缓慢，密云汇丰村镇银行的营业收入相对于其支出增加缓慢，2010 年度面对的经营压力将会较大。

3. 信贷支持“三农”作用发挥有限。截至年末，密云汇丰村镇银行涉农贷款余额 1 895 万元，全部投向县域中小企业，未发放农户贷款。

4. 市场调研和产品研发逐步推进。2009 年，密云汇丰村镇银行对当地市场进行了调研和分析，将客户群细分为四类，即农村居民、村镇居民、农村微小企业和农业中小企业。计划在下一阶段陆续推出“贷得乐”小额无抵押贷款、“公司+农户”贷款等产品，并计划为一些农村的基础设施项目提供融资服务。

### 二、存在的问题和风险

（一）社会认同度有待提升。尽管“汇丰”品牌在世界上有一定知名度，但由于进入密云地区时间较短，当地企业和居民对密云汇丰村镇银行的认知还需要有一个过程，加之农村居民接受金融服务的观念仍较为传统，不愿意走入陌生银行，该行的管理经营优势在短期内还难以得到有效体现。

（二）结算渠道不畅。目前，密云汇丰村镇银行还没有加入人民银行的支付结算系统，只能通过汇丰银行（中国）有限公司北京分行间接加入支付系统，资金清算和服务效率较低，对该行支付结算和业务拓展影响较大。

（三）员工培训亟待加强。密云汇丰村镇银行的员工大部分为应届高校毕业生，知识水平较高，素质好，但缺少银行实践经验。在实际操作中，新员工对各类风险的防范意识比较薄弱，亟待通过培训来增强他们的业务风险防范技能。

（四）管理体系尚未理顺，信贷支农作用没有充分显现。由于发起行对密云汇丰村镇银行的管理方式更接近于分支机构管理，该行在贷款审批、制度办法制定上缺乏权限，贷款审批发放环节没有体现出一家法人机构应有的高效，导致2009年信贷业务发展较为缓慢，支农服务功能没有充分发挥。

**三、监管工作情况**

（一）及时建立了监管工作制度，规范开展监管工作。密云汇丰村镇银行开业之后，北京银监局及时向其下发了《关于建立有关非现场监测制度的通知》，要求该行按期向监管部门报告董事会、监事会工作情况和经营情况、非现场监测报表等，并对具体工作报告的撰写要求和报表填报等事项进行了专门辅导，提高了该行报送数据和报告的质量，规范了监管工作。

（二）按期上报非现场报告、报表。按照银监会工作要求，如期上报了《经营和风险分析报告》；督促密云汇丰村镇银行及时、准确填报各类非现场监测分析报表；先后对该行支付清算、机构人员、业务运营等多个方面的情况进行详细调研，并将调研报告及时上报银监会合作部。

（三）认真传达有关政策精神和工作要求。先后转发了《中国银监会办公厅关于认真做好今年春耕备耕金融支持工作的通知》、《中国银监会办公厅关于加强农村中小金融机构金库尾箱管理的通知》、《中国银监会办公厅关于农村中小金融机构借冒名贷款风险提示的通知》、《中国银监会合作部关于转发财政部新型农村金融机构定向费用补贴资金管理暂行办法的通知》等有关文件，要求密云汇丰村镇银行加强管理，严防风险，积极做好支农金融服务。

（四）督促开展了“案件风险百日大排查”。2009年5月，北京银监局根据“案件风险百日大排查”工作实施方案，组织密云汇丰村镇银行开展了案件风险的大排查工作。通过此项工作，减少了案件风险隐患，增强了该行员工的合规经营理念和案件风险防范意识。

（五）深入调研，加强监管指导。多次与密云汇丰村镇银行有关人员进行监管会谈，就加强内部管理、强化人员培训、防范业务风险、做好支农服务等方面提出了监管要求，并督促该行落实。此外，还先后数次对密云汇丰村镇银行进行了现场走访和调研，及时了解该行的经营状况，并对出现的问题和风险隐患进行分析和提示，对该行今后的经营发展、风险防范等方面提出了监管要求。

（蒋蓉辉）

## ▲邮政储蓄银行——中国邮政储蓄银行北京分行

**一、基本情况和重大变更事项**

（一）基本情况

2009年末，中国邮政储蓄银行北京分行（以下简称邮储银行北京分行）储蓄存款余额714.93亿元，比上年增加112.17亿元，增长18.61%。个人贷款余额21.84亿元，不良贷款余额合计0.04亿元，全部为当年新增小额不良贷款，不良贷款率0.08%。全年总收入5.46亿元，总支出5.05亿元，利润0.41亿元。

2009年末，邮储银行北京分行所属支行及代理网点520个，比上年增加2个（均为二级一类支行），增长0.39%。其中，一级支行15个，二级支行257个，邮政代理网点248个。在职员工2 730人，其中分行机关管理人员220人，比上年末增加37人，增长20.22%。

（二）重大变更事项

1. 主要人事变动情况。2009 年 8 月，总审计师潘虹退休。

2. 分行部室调整情况。一是 2009 年上半年，将个人业务一部和个人业务二部合并，成立个人金融业务部。二是成立授信管理部，负责授信监督及管理工作。

3. 网点迁址审批情况。2009 年，19 家网点申请迁址，其中，7 家网点已获得开业审批并正式对外营业。

4. 新业务开办情况。一是开办了全款交易按揭贷款业务、票据转贴现业务。二是“95580”电话银行正式运行，客户可通过电话银行缴纳北京移动、联通、电信话费和自来水公司水费；信用卡业务试点工作全面启动。

**二、监管工作情况**

（一）加强政策指导，督促拓展邮储资金支持“三农”的广度和深度

按照“有保有控、区别对待”的原则，引导邮储银行北京分行稳步拓宽邮政储蓄支农业务范围，加强对涉农贷款的支持力度，进一步促进邮储资金返回农村。2009 年末，邮储银行北京分行向农村地区发放贷款余额 10.17 亿元，较上年末净增 8.56 亿元，增长 532%。此外，认真落实国家宏观调控政策，及时提出政策建议和风险预警，督促邮储银行北京分行稳步开展城乡居民的零售金融服务和社区银行服务。

（二）坚持审慎监管原则，注重非现场监管的敏感性和时效性

一是强化合规意识，有重点、分层次地进行风险提示。2009 年，北京银监局共对邮储银行北京分行约见会谈进行风险提示 7 次。如约见邮储银行北京分行信贷业务部相关负责人就二套房贷情况进行风险提示，重申房贷监管规定，督促邮储银行北京分行开展个人住房贷款业务自查。二是为深入了解邮储银行北京分行二类网点的管理、经营情况，采取听取汇报、走访等方式对二类网点情况进行调研，梳理归纳出 4 类问题，并针对问题提出 6 条监管意见，为规范邮储银行北京分行二类网点管理，探索二类网点改革模式起到了积极的作用。三是保持监管敏锐度，及时叫停不合规业务，防止风险扩散。北京银监局在监管中敏锐发现邮储银行北京分行新开办的无交易转按揭业务存在“加按揭”问题，立即叫停该业务并进行专项核查，核查发现问题 14 个，有针对性地提出进一步强化内部控制等 6 条监管意见。

（三）秉承风险监管理念，组织全面现场检查

为全面了解邮储银行北京分行内部控制及风险管理状况，促进其健全和完善内部控制体系，北京银监局于 2009 年 6 月至 8 月对邮储银行北京分行及所辖 3 家支行进行了现场检查。检查发现 5 个方面 47 个问题，有针对性地提出 13 条监管意见。

（四）紧扣金融风险防范主题，深入开展案件防控工作

一是根据银监会监管四部专题工作会议精神，通报全国邮政储蓄银行案件数量额、特点及发案原因等，明确提出 6 条监管意见。二是按照统一部署开展“案件风险百日大排查”。采取局领导带队实地督导、现场抽查、等级评估、通报评估结果、明确监管意见等层层递进的方式，促使邮储银行北京分行切实加强案件风险防范工作。三是根据银监会监管四部要求，结合邮储银行北京分行案件治理工作特点，制定《2009 ~ 2011 年案件防控治理工作规划》。

（五）立足人员素质建设，开展“促监管政策进基层行”活动

为进一步提高邮储银行北京分行从业人员素质、增强其合规经营意识，北京银监局按照“促监管政策进基层行”活动的整体部署，赴邮储银行北京分行基层开展专题宣讲活动。宣讲人员详细讲解了银监会监管政策、涉农贷款和小企业贷款政策、商业银行授信政策等。另外，结合邮储银行北京分行特点对主要风险和案件情况进行讲解。

（苏秋桂）

## ▲外资银行

### 一、基本情况

（一）外资法人银行业务发展情况

1. 机构网点、业务范围不断增加。2009 年末，北京辖内共有外资法人银行 6 家。6 家法人银行共在华设立分行 31 家、支行 21 家，比上年分别增加 5 家。有 4 家法人银行已获准开办对中国境内公民人民币业务，比上年增加 1 家。

2. 资产、贷款业务规模下降，但存款业务保持较快增长。2009 年末，北京辖内外资法人银行总资产 852.19 亿元、各项贷款 437.43 亿元、各项存款 401.8 亿元，比上年分别下降 0.63%、3.08% 和上升 65.46%。人民币各项存款和各项贷款余额分别为 315.53 亿元和 288.33 亿元，占本外币各项存款和各项贷款的比例分别为 78.53% 和 65.91%，比上年分别上升 4.59 百分点个和下降 3.56 个百分点。

3. 盈利水平下降，资产质量保持良好。2009 年，北京辖内外资法人银行共实现税前利润 1.46 亿元，不良贷款比例 0.45%。

（二）外资银行分行业务发展情况

1. 继续加大网点布局力度，业务范围不断扩大。2009 年末，北京有外资银行分行 36 家、支行 39 家，分别比上年增加 1 家和 7 家。同时，辖内各分行也积极扩大业务经营范围。截至年末，已有 10 家分行获准开办对中国境内公民人民币业务；28 家分行可开办除境内居民外的人民币业务，比上年增加 1 家。

2. 资产、存款增速放缓，但贷款业务保持较快增长。2009 年末，在京外资银行分行总资产 2 003.58 亿元，比上年增长 7.9%；各项贷款余额 931.47 亿元，比上年增长 8.65%；各项存款余额 1 266.76亿元，比上年增长 27.12%。在京外资银行分行存款余额占负债总额的比重达 66.66%，比上年提高 9.95 个百分点，成为重要的资金来源。

3. 整体盈利水平下降，但不良贷款有所减少。2009 年，在京外资银行分行共实现税前利润 10.79 亿元，同比下降 20.31%。截至年末，在京外资银行分行不良贷款率为 0.61%，比上年下降 0.18 个百分点。

### 二、存在的风险和问题

（一）银团贷款风险比较突出

2009 年，辖内外资银行不良贷款中银团贷款占比较高，不良贷款行际分布较为集中。

（二）理财业务风险相对突出

2008 年下半年以来辖内外资银行理财产品普遍出现浮亏，使有关银行在市场快速发展时期特别是存款增长过程中积聚的理财业务管理问题集中暴露，客户投诉等事件接连发生。

（三）流动性风险压力依然存在

由于吸存能力较弱、存贷比较高、存

贷款集中于少数客户、依赖银行间市场短期资金来源、缺少高流动性储备等问题，辖内外资银行仍面临流动性风险的压力。

三、监管工作措施

（一）积极应对国际金融危机带来的挑战

积极贯彻落实国家各项宏观调控政策。组织辖内外资银行对住房按揭贷款、房地产企业融资等进行了风险排查。加强对辖内外资银行贷款质量迁徙情况的日常监测。及时了解辖内外资银行不良贷款增加的原因，督促各行充足计提拨备，及时采取资产保全和催收措施。

加强对外资银行的流动性风险监测。定期监测辖内重点机构的流动性状况。密切关注辖内外资银行母行（总行）的经营状况和母国经济金融形势。督促辖内外资银行完善流动性风险管理体系，提高流动性风险管理水平。

（二）推动辖内法人银行完善公司治理

通过走访、座谈、调研等多种形式，及时了解各外资法人银行董事会、管理层及其下属专业委员会履职情况、经营管理状况，对其经营中存在的风险和问题进行提示，对监管政策和要求进行宣讲和解答。要求辖内各外资法人银行认真落实各项监管要求，进一步完善公司治理机制，加强流动性风险管理，制定科学、可行的资本管理规划等。

（三）提高外资银行案件防控能力

结合外资银行出现的问题进行有针对性的风险提示，提出具体监管要求，增强外资银行对案件防控工作重要性的认识。组织辖内外资银行开展案件风险排查工作，对发现的问题进行及时整改。要求辖内外资银行不断健全内控制度，完善日常管理，加强内部检查机制建设，完善安全保卫体系建设。

（徐菲）

## ▲金融资产管理公司

一、基本情况及重大变更事项

（一）基本情况

2009年末，中国华融资产管理公司北京办事处（以下简称华融北京办事处）、中国长城资产管理公司北京办事处（以下简称长城北京办事处）、中国东方资产管理公司北京办事处（以下简称东方北京办事处）、中国信达资产管理公司北京办事处（以下简称信达北京办事处）四家资产管理公司办事处（以下简称四家办事处）总资产余额209.59亿元，同比减少52.86亿元，其中商业化业务资产余额44.89亿元，同比减少50.39亿元。商业化业务利润6.56亿元，同比增加10.34亿元。商业化收购资产累计处置413.73亿元，占收购资产总额的57.45%；处置回现169.75亿元，阶段性现金回收率41.03%。剩余可供处置资产账面价值（签署协议债权本金加表内利息）共计476.68亿元。

（二）重大变更事项

1. 高级管理人员变更情况。2009年2月6日，中国华融资产管理公司免去王克悦华融北京办事处总经理职务，任命苏锡河为华融北京办事处总经理。11月30日，免去刘世宏华融北京办事处副总经理职务。

2009年2月13日，中国长城资产管理公司免去谭运才长城北京办事处总经理职务，任命赵振江为长城北京办事处党委副书记，全面主持工作。

2009年4月2日，中国信达资产管

理公司免去左凤高信达北京办事处主任职务，由李德燃主持信达北京办事处工作。

2. 内部机构变更情况。

（1）华融北京办事处内部机构进行了调整，内设部门由六个调整为七个，增加了风险内控部。

（2）信达北京办事处业务三部撤销，合并到业务一部；合并后的业务一部负责股权及实物资产的管理与处置、业务开发。

**二、业务发展概况**

（一）业务特点

1. 商业化收购资产处置进度明显加快。2009 年，四家办事处当年处置商业化收购资产 78.96 亿元，同比增长 132.98%。

2. 委托代理业务处于停滞状态。2009 年，受内外部处置资源减少因素影响，四家办事处全年无新增委托代理处置资产，且无处置操作。现有存量资产共计 35.11 亿元。

3. 政策性债转股呈逐步退出态势。自 1999 年以来，四家办事处对 39 户企业实施政策性债转股，转股金额 171.57 亿元。2009 年末，累计分红 1.97 亿元；退出 9 户企业股权，退出金额 54.88 亿元。

4. 运营费用有所上升。2009 年，四家办事处人员及管理费用共计 7 744.95 万元，同比增加 28%。2009 年 3 月最高人民法院规定，资产管理公司诉讼费不再享受原政策性资产处置五折优惠的政策，从而增加了处置成本。此外，受经济波动、投资氛围减弱等因素影响，资产处置周期有所延长，导致资产管理公司偿还央行再贷款利息压力增大。

（二）经营发展状况

1. 积极转型，开拓商业化资产收购业务。在待处置资源面临枯竭的情况下，四家办事处积极开拓商业化收购领域。2009 年信达北京办事处商业化收购中国信达资产管理公司资产证券化信托资产项目“建元 2008－1”资产包、东方北京办事处含共有债权的资产包。东方北京办事处商业化收购中国银行内蒙古分行资产包。华融、长城北京办事处积极与辖内机构协商，寻求业务合作机会，尚无新增商业化收购资产。

2. 协同各自总公司及业务平台联动开展业务。华融北京办事处依托总公司业务平台，积极开展与中国华融资产管理公司信托、融资租赁业务平台以及中国华融资产管理公司子公司融德公司的业务合作。信达北京办事处与中国信达资产管理公司联动处置资产证券化信托资产包，形成总公司发售开发产品，办事处终端处置的合作模式。东方北京办事处继续处置中国东方资产管理公司分层信托计划资产包，协助审核中国东方资产管理公司子公司东信联合公司的项目。长城北京办事处利用中国长城资产管理公司的子公司新疆长城租赁公司业务平台，通过提供代理租赁服务，获取代理手续费收入。

3. 加大大额重点项目处置工作力度。信达北京办事处加大对庄胜房地产、北京海洋馆等 13 个重点项目的处置力度。其中国家储备局处置项目取得回收债权本金 100%，一次性回收现金 28.14 亿元的良好业绩。东方北京办事处领导亲任兴发集团项目组组长、副组长，走访项目相关单位，取得了突破性进展。

4. 业务开拓思路逐步形成，业务创新取得进展。华融北京办事处采用创新手段，通过股权融资信托计划运作北京玉泉新城信托投资项目，同时也取得了财务顾问收益。长城北京办事处将以不良资产处置为主业，积极利用中国长城租赁公司和长生人寿保险两个业务平台，大力开展代理业务，实现业务多元化，增加利润增长点。东方北京办事处把业务触角延伸到企业服务，与中国建筑材料集团公司加深业务合作。信达北京办事处明确建立优质资源的储备计划。

**三、监管工作情况**

（一）把握商业化业务动态，加大现场检查力度

根据银监会要求，对信达北京办事处投资、委托代理业务及持有金融企业股权管理情况等进行了现场检查。累计投入36个工作日，288人次。共检查商业性股权业务5户，委托代理业务3户及4个资产包，涉及金额150.18亿元。

（二）深入落实案件防范要求，组织推动“案件风险　百日大排查”工作

对四家办事处开展了“案件风险　百日大排查”活动，成立排查小组落实具体排查工作，按时上报工作简报；排查覆盖率均达到了100%，排查业务3 300笔，涉及金额564.08亿元。

（三）坚持审慎监管原则，高效完成非现场工作

一是认真进行非现场监测，在全面分析四家办事处2008年度经营情况的基础上，向银监会上报2008年度监管报告。二是针对四家办事处经营中存在的问题和风险隐患，逐一提出监管意见。三是严肃核查人民来信。四是有效地发挥了窗口指导作用，督促和指导检查问题的整改，定期走访提示风险等。

（四）紧密围绕难点问题开展调查研究

一是针对处置关键环节的调研，完成《法制环境不健全造成金融资产管理公司债权诉讼追偿困难的典型案例》的调研报告。二是协助银监会监管四部撰写《金融资产管理公司非现场指标监管报表》讨论稿文件。三是召开第四届辖内资产管理公司业务研讨会，强化业务沟通与合作，取得了良好的效果。

（王跃）

## ▲财务公司

**一、业务概况及特点**

（一）总体经营情况良好

2009年末，辖内财务公司资产总额2 757.19亿元，比上年增加578.01亿元，增长26.52%。其中各项贷款1 315.67亿元，比上年增加389.87亿元，增长42.11%。负债总额2 401.07亿元，比上年增加488.75亿元，增长25.56%。其中各项存款2 114.45亿元，比上年增加380.7亿元，增长21.96%。所有者权益356.12亿元，比上年增加89.26亿元，增长33.45%。其中，实收资本260.75亿元，比上年增加65.65亿元。实现利润39.18亿元，比上年减少5.68亿元，下降12.66%。

（二）贴现业务发展缓慢，贷款多投向电力行业

2009年末，辖内财务公司各项贷款余额1 315.57亿元；贴现29.57亿元，占各项贷款的2.25%，比上年减少4.92亿元，下降14.25%。从贷款行业分布上看，2009年新增贷款投放于电力行业的余额占全部新增贷款额的近七成。从贷款投放总量看，排名前五位的行业是电力燃气业、制造业、批发和零售业、交通运输业和建筑业，五大行业贷款余额分别占北京辖内财务公司全部贷款的47.17%、

26.28%、6.46%、5.5%和5.12%。

（三）投资规模下降，投资收益减少，利息净收入增加

2009年末，辖内财务公司投资总额135.54亿元，比上年减少42.5亿元，下降23.87%。投资收益14.95亿元，比上年减少10.75亿元，下降41.76%，投资收益在净利润中的比重为36.28%，比上年下降19.29%。与此相反，在利差收窄的背景下，多数财务公司通过“以量补价”实现了利息净收入的大幅增加，2009年末利息净收入51.18亿元，在净利润中的比重为124.19%，比上年提高了38.13个百分点，有效地弥补了由于投资收益下降导致的净利润的减少，改变了近两年来财务公司主要依靠投资获取利润的盈利结构。

（四）存款平稳增长，资金集中度普遍提升

2009年末，辖内财务公司各项存款2 114.45亿元，占负债总额的88.06%，比上年增加380.7亿元，增长21.96%。从资金集中度看，多数财务公司资金集中度有不同程度的提高，资金集中度最高的为90%，最低的为15%。

（五）表外业务增长迅猛

2009年末，辖内财务公司表外业务总计1 708.96亿元，比上年增加970.13亿元，增长131.31%。其中，委托贷款1 218.78亿元，占表外业务的71.32%；委托投资34.43亿元，占表外业务的2.01%；其他455.75亿元，占表外业务的26.67%，分别比上年增长113.08%、119.23%和201.51%。

**二、主要问题和风险**

（一）信贷规模大幅增长，信用风险隐患加大

2009年末，辖内财务公司不良资产余额3.18亿元，不良贷款余额1.15亿元，分别比上年减少1.06亿元、1.03亿元；不良资产率0.13%，不良贷款率0.09%，分别比上年下降0.11%和0.15%。尽管多项指标表明辖内财务公司资产质量保持良好水平，随着贷款的大幅增加，未来的信用风险隐患随之加大，不良贷款的走势不容乐观。

（二）投资成为财务公司的主要风险之一

2009年末，辖内财务公司投资余额135.54亿元，比上年减少42.5亿元，下降23.87%。其中，股票43.34亿元，比上年增长238.14%；债券31.05亿元，比上年下降67.87%；其他61.14亿元，比上年下降10.84%。从投资规模看，辖内财务公司总体投资规模下降，作为高风险的股票类投资出现增长态势，投资业务管理水平面临较大考验，投资正在成为财务公司面临的主要风险之一。

（三）全面风险管理能力仍需提高

一是部分公司的治理机制不完善，法人独立性有所欠缺，董事会履职不够全面，经营层管理程序尚待完善，授权体系仍需健全，监事会监督作用发挥有限。二是内控管理不健全，部分财务公司制度建设滞后或执行力不强，信贷管理较粗放。三是合规管理起步较晚，合规意识还有待增强。四是部分财务公司信息系统还难以适应金融企业内部控制和风险管理的要求。

（四）流动性风险日益显现

财务公司资金来源主要是集团公司的成员单位存款，存款短期性、活期化的特征越来越明显，而资金运用以中长期贷款为主，资产、负债结构在期限上的不匹配，使财务公司面临较高流动性风险。

（五）资金运用渠道单一，中间业务

发展缓慢

辖内财务公司资产业务大多由存放同业、贷款两大板块构成。多数财务公司业务品种较为单一，经营上对某一项业务的依赖性较强。中间业务发展缓慢，创新动力不足直接影响到财务公司对集团及成员单位的服务水平，制约了财务公司业务的进一步发展。

**三、监管工作情况**

（一）加强内部管理，夯实基础

一是下发文件规范报送工作制度，补充相关数据资料，解决法人机构监管信息资料较缺乏的现状。二是重新梳理各财务公司高管人员、业务范围变动的历史沿革情况。三是完善主监管员列席财务公司“三会”制度，将机构的董事会、股东会相关信息纳入风险评价体系。

（二）落实年度检查计划，开展专项现场检查

根据年初制订的年度现场检查工作计划，先后对4家财务公司的内控制度或投资业务等进行专项现场检查，将现场检查发现的问题及时进行通报，下发《现场检查意见书》，提出有关整改意见。

（三）助推财务公司发债业务平稳发展

2009年，审批通过了三家财务公司发行金融债的申请。审查内容包括公司治理结构、风险管理水平、专业从业人员，以及资本充足率、资本利润率等定量指标。截至年末，三家公司已成功发行了总额为73亿元的财务公司金融债。增加了财务公司的业务范围，拓宽了融资渠道，有助于改善三家公司目前资产负债期限错配的状况，同时也为其他财务公司发行金融债券工作奠定了良好的基础。

（四）关注经济和政策变化，对热点问题进行调研

一是实时关注辖内财务公司整体经营状况，对委托贷款增长过快情况和票据业务快速增长及风险点，进行了快速调查，准确查出问题成因，深入揭示潜在风险。二是紧跟热点问题，完成了《关于财务公司在同业市场中现状的调研报告》、《关于企业集团财务公司与集团财务部相互关系的调研报告》、《财务公司票据业务开展情况》等多篇调研报告。

（支建新）

## ▲信托、汽车金融及金融租赁公司

2009年末，北京银监局共监管3家信托公司、5家汽车金融公司和1家金融租赁公司。

**一、基本情况**

2009年末，辖内信托公司、汽车金融公司和金融租赁公司资产总额（本外币合计，其中包含信托公司信托资产834.68亿元）合计1 200.94亿元，较上年增加223.57亿元，增长22.87%；负债合计228.58亿元，较上年增加69.88亿元，增长44.03%；所有者权益（不含信托权益）合计137.69亿元，较上年增加5.91亿元，增长4.48%；信托权益合计834.09亿元，较上年增加148.62亿元，增长21.68%。

（一）信托公司

2009年末，辖内3家信托公司资产合计891.95亿元，较上年增加151.24亿元，增长20.42%。其中，固有业务资产总计57.27亿元，较上年增加3.46亿元，增长6.42%；信托资产合计834.68亿元，较上年增加147.79亿元，增长21.52%。固有业务负债合计5.33亿元，较上年增加1.75亿元，增长48.87%。

所有者权益合计51.94亿元，较上年增加1.71亿元，增长3.4%。

2009年末，辖内3家信托公司存续管理的信托项目共计1 185个。其中，集合资金信托计划共计50个，单独管理资金信托项目共计216个，管理财产信托项目919个。全年3家信托公司共计清算交付（不包含部分到期的信托项目）267个信托项目，累计给付信托本金856.02亿元，累计分配信托收益25.65亿元。

2009年，辖内信托公司受托管理的信托资产规模在上半年有所下降，下半年随着市场环境变化逐步回升，银信合作类业务规模增幅显著，成为推动下半年信托规模增长的主要因素。

（二）汽车金融公司

2009年末，辖内5家汽车金融公司资产合计227.01亿元，较上年增加39.25亿元，增长20.91%；负债合计188.63亿元，较上年增加36.29亿元，增长23.82%；所有者权益合计38.38亿元，较上年增加2.96亿元，增长8.37%。

2009年，辖内汽车金融公司资产负债规模增长较为平稳，融资渠道以向金融机构借款为主。

（三）金融租赁公司

辖内1家金融租赁公司为建信金融租赁股份有限公司，成立于2007年12月28日，由中国建设银行股份有限公司与美国银行合资设立。

2009年末，建信金融租赁股份有限公司资产总额81.98亿元，负债总额34.61亿元，所有者权益47.37亿元。

**二、金融产品创新和金融服务**

2009年，北京银监局指导辖内非银行金融机构贯彻落实“区别对待、有保有压”的科学发展原则，顺应国家宏观调控政策方向，加快新产品研发，积极适应市场变化。推动辖内信托公司探索基础设施信托、能源信托，尝试中小企业信托产品，支持信托公司利用信托平台优势，配合市政府开展廉租房、经济适用房等民生项目建设，加大对首都经济增长的支持力度。

**三、存在的主要问题和风险**

（一）信托公司

1. 风险及合规管控能力亟须加强。业务规模的迅速扩张以及业务品种的多样化对信托公司风险及合规管控能力构成较大压力。

2. 自主管理能力仍需提升。2009年末，辖内3家信托公司银信合作类项目规模占全部实收信托的68.53%，虽然较年初有所下降，但仍反映出公司在改善信托业务结构、增强自主创新能力方面投入不足。

（二）汽车金融公司

1. 信用风险整体呈上升趋势，风险管控能力有待提高。

2. 异地业务风险管控压力较大。2009年末，辖内汽车金融公司异地贷款余额176.7亿元，较上年增长28.92%，异地贷款业务占比88.11%。异地业务存在风险控制环节多、所处市场环境各不相同和人员流动性强等特点，风险管控特别是操作风险管控压力较大。

**四、监管工作情况**

（一）引导信托公司、汽车金融公司等非银行金融机构贯彻落实国家宏观调控政策，积极支持首都经济发展。

（二）加强监管引领，注重提高公司治理有效性。督促辖内非银行金融机构持续加强对外部发展环境的研判，紧密结合当前经济形势，制定完善公司3年中期业务发展战略规划。

（三）提高非银行金融机构非现场风险监管的有效性。一是制定辖内信托公司、汽车金融公司、金融租赁公司中期监管规划，加强监管能力建设。二是按照强化“合规、风险控制及信息披露”的原则，全年针对辖内信托公司房地产信托业务、组合型信托产品、关联交易报告及披露、信托产品证券投资账户管理等进行多次风险提示。三是加强对信托项目兑付风险的持续监测，督促信托公司切实防范相关行业风险及集中度风险。四是开展辖内汽车金融公司流动性状况快速调查、辖内汽车金融公司操作风险管控专项调研。五是召开辖内汽车金融公司异地业务风险提示会，要求公司高度重视异地业务操作风险管控。

（四）结合机构特点落实“促监管政策进基层”。为推动各公司基层业务人员加强对现行监管法规的熟悉了解，提高合规意识，组织开展了辖内信托公司、汽车金融公司、金融租赁公司基层工作人员监管法规测试。

（钟文迪）

# 证券期货业发展与监管

## ▲证券公司

### 一、基本情况和重大变更事项

（一）基本情况

2009年，北京辖区证券经营机构的规范运作水平显著提高，财务状况总体稳健，风险控制能力逐步增强，经受住了市场深幅调整的考验。

一是资产规模大幅增加，盈利水平显著提高，风险控制指标全面达标。2009年末，北京辖区17家证券公司资产总额3 098亿元，净资产513亿元，净资本450亿元，分别是上年的1.8倍、1.5倍、1.4倍，资本实力明显增强，净资本及各项风险控制指标全面达标。从经营成果上看，辖区证券公司在2009年全部实现盈利，净利润122亿元，比上年增长126%；平均净资产收益率达到23.69%，比行业平均值高出4个百分点，资本使用效率优于行业平均水平。

2009年末，北京辖区已开业的证券营业部增至206家，另有12家新设或异地迁京营业部正在筹建。205家正式开业的证券营业部年末总资产1 480亿元，全年净利润62亿元，分别比上年增长了68%和74%。205家营业部中，191家盈利，14家亏损（其中8家是当年开业的营业部，全年亏损的只有6家），32家证券营业部营业收入过亿元，14家证券营业部净利润在亿元以上。

二是客户群体日益壮大，各项业务全面开展。北京辖区17家证券公司客户数1 001.93万户，占全国的11.8%；股票基金交易量15.8万亿元，是上年的2.2倍，占全国的14.33%；主承销规模4 200亿元，较上年增长了近1倍；资产管理规模326亿元，较上年增长了47%；自营证券市值422亿元，较上年增长了32%。

北京辖区206家营业部资金账户开户数430万户，股票基金交易量9.6万亿元，占全国的8.5%；指定与托管市值2万亿元，代理销售金融产品340亿元。从全国情况看，北京辖区营业部2009年部均总资产、部均营业收入双双位列36个辖区之首，其中，部均总资产这一指标高出行业平均水平4倍。

三是积极拓宽业务模式，创新发展初见成效。2009年，北京辖区证券公司共有保荐代表人207名，营销人员9 454人；8家公司获批开展定向资产管理业务（其中5家在2009年获得资格），受托资产规模215亿元；4家公司推出11只集合理财产品（其中5只在2009年设立），核准金额745亿元，管理份额91.84亿元；1家公司获准开展QDII业务试点，3家公司获准进行直接投资业务试点，4家公司获批IB业务资格，1家公司参与融资融券业务全网测试，6家公司获准新设18家证券营业部，其中本地新设7家，外地新设11家。

（二）重大变更事项

1. 机构重大变动情况

1月6日，宏源证券原哈密天山北路证券营业部迁入北京市，并筹建金融大街证券营业部。

1月14日，齐鲁证券原山东临沂莒南证券营业部迁入北京市，并筹建金融大街证券营业部。

1月16日，银河证券原湖北武汉证券营业部迁入北京市朝阳区建国路126号瑞赛大厦1层、3层，更名为银河证券北京东环南路证券营业部。

2月16日，宏源证券北京裕民东路营业部迁至北京市朝阳区东四环中路56号远洋国际中心A座25层，更名为宏源证券北京东四环中路证券营业部。

3月2日，平安证券原深圳振华路证券营业部迁入北京市西城区金融大街23号平安大厦10层，更名为平安证券北京金融大街证券营业部。

3月4日，国都证券北京新中街证券营业部迁至北京市东城区工体北路北京工人体育馆南区二层，更名为国都证券北京工体北路证券营业部。

3月5日，湘财证券北京惠新东街证券服务部规范为证券营业部，名称为湘财证券北京惠新东街证券营业部。

3月26日，渤海证券原天津大港证券营业部迁入北京市，并筹建广顺北大街证券营业部。

4月2日，日信证券北京北四环西路营业部迁至北京市西城区新街口北大街3号星街坊购物中心6层603－606室，更名为日信证券北京新街口北大街证券营业部。

4月13日，国盛证券北京知春路证券营业部迁至北京市西城区德胜门大街83号德胜门国际中心B座3层，更名为国盛证券北京德胜门外大街证券营业部。

4月21日，武汉证券北京广安门南街证券营业部翻牌为广发证券北京广安门南街证券营业部。

4月22日，信达证券原上海浦东南路证券营业部迁入北京市，并筹建北京北辰东路证券营业部。

5月4日，东兴证券原福州北环东路证券营业部迁入北京市，并筹建北京大望路证券营业部。

5月15日，华安证券原合肥安庆路证券营业部迁入北京市，并筹建东三环中路证券营业部。

6月1日，国都证券有限责任公司迁

入北京市，地址为北京市东城区东直门南大街3号国华投资大厦。

国泰君安证券北京德外大街证券营业部通州证券服务部规范为证券营业部，名称为国泰君安证券北京通州新华西街证券营业部。

6月3日，长江证券北京万泉河路证券营业部迁至北京市海淀区长春桥路11号亿城中心A座901室，更名为长江证券北京万柳东路证券营业部。

6月8日，国泰君安证券北京知春路证券营业部怀柔证券服务部规范为证券营业部，名称为国泰君安证券北京怀柔府前街证券营业部。

6月12日，西南证券北京昌平证券服务部规范为证券营业部，名称为西南证券北京昌平政府街证券营业部。

6月18日，国泰君安证券北京德外大街证券营业部迁至北京市西城区德外大街新风街2号天成科技大厦A座，更名为国泰君安证券北京德外大街证券营业部。

7月7日，首创证券北辰东路营业部迁至北京市朝阳区北辰东路8号汇园公寓Q座1层、2层。

7月14日，爱建证券朝阳门内大街证券营业部开业，地址为北京市东城区朝阳门内大街298号6层。

渤海证券北京大兴证券服务部规范为证券营业部，名称为渤海证券北京大兴黄村证券营业部。

7月27日，国联证券北京宣武门东大街证券营业部迁至北京市海淀区首体南路9号主语国际4号楼1202室，更名为国联证券北京首体南路证券营业部。

7月28日，财富证券北京知春路证券营业部迁至北京市海淀区中关村东路18号财智国际大厦A座2楼，更名为财富证券北京中关村东路证券营业部。

8月11日，信泰证券北京苏州街证券营业部迁至北京市海淀区苏州街29号维亚大厦5层507－509室及518－520室。

8月13日，广发证券北京广安门南街证券营业部迁至北京市宣武区广内大街316号京粮大厦6层，更名为广发证券北京广安门内大街证券营业部。

8月18日，中银国际证券北京宣武门外大街证券营业部迁至北京市宣武区宣外大街甲一号环球财讯中心E座3层，更名为中银国际证券北京宣外大街证券营业部。

信泰证券北京苏州街证券营业部正式翻牌为华泰证券北京苏州街证券营业部。

9月2日，国都证券北京阜外大街证券营业部迁至北京市西城区阜外大街43号。

9月10日，海通证券原齐齐哈尔克山证券营业部迁入北京市，并筹建平谷证券营业部。

9月17日，银河证券北京月坛证券营业部迁至北京市西城区丰汇园21号楼，更名为银河证券北京金融街证券营业部。

9月21日，瑞信方正证券迁至北京市西城区金融大街甲9号金融街中心南楼15层。

9月28日，齐鲁证券北京金融大街证券营业部成立，地址为北京市金融街5号新盛大厦南塔A座1层02、03单元。

10月19日，光大证券北京樱花西街证券营业部迁至北京市朝阳区小营路25号房地置业大厦1层、7层，更名为光大证券北京小营路证券营业部。

10月20日，宏源证券原哈密证券营

业部迁入北京市，地址为北京市西城区太平桥大街19号，更名为宏源证券北京金融大街证券营业部。

渤海证券望京广顺北大街证券营业部开业，地址为北京市朝阳区广顺北大街33号福码大厦一单元。

海通证券北京分公司开业，地址为北京市海淀区中关村南大街甲56号方圆大厦。

10月26日，新时代证券有限责任公司迁至北京市西城区金融大街1号A座8层。

10月27日，日信证券北京分公司开业，地址为北京市西城区闹市口大街1号长安兴融中心西楼11层。

10月29日，德邦证券北京分公司开业，地址为北京市朝阳北路237号复星国际中心。

11月2日，中国建银投资证券北京分公司开业，地址为北京市西城区闹市口大街1号长安兴融中心2号楼7－8层。

海通证券北京柳芳北里证券营业部迁至北京市东城区工体北路66号瑞士公寓A3层，更名为海通证券北京工人体育场北路证券营业部。

信达证券北京北辰东路证券营业部正式开业。

11月5日，安信证券北京分公司开业，地址为北京市西城区金融街新盛大厦B座18层、19层。

11月11日，东吴证券北京分公司开业，地址为北京市西城区金融大街19号富凯大厦1003室。

11月13日，东海证券北京慧忠里证券营业部迁至北京市海淀区西三环北路89号国际财经中心D座9层，更名为东海证券北京西三环北路证券营业部。

银河证券北京百万庄证券营业部迁至北京市东城区朝阳门北大街5号第五广场1层、6层，更名为银河证券北京朝阳门北大街证券营业部。

11月17日，华安证券北京东三环中路证券营业部成立，地址为朝阳区东三环中路24号乐成中心B座10层。

11月18日，联合证券北京西三环北路证券营业部、联合证券北京东三环东路证券营业部、联合证券北京中关村南大街证券营业部正式翻牌为华泰证券北京西三环北路证券营业部、华泰证券北京东三环东路证券营业部、华泰证券北京中关村南大街证券营业部。

11月23日，宏源证券北京承销保荐分公司开业，地址为北京市西城区太平桥大街19号恒奥中心。

11月25日，华龙证券北京分公司开业，地址为北京市西城区金融大街33号通泰大厦33号B座603室。

申银万国证券北京分公司开业，地址为北京市朝阳区劲松9区909楼。

广发证券北京分公司开业，地址为北京市西城区月坛北街2号月坛大厦18层。

11月30日，中银国际证券北京分公司开业，地址为北京市西城区金融大街28号银泰中心2号楼12层。

12月3日，西部证券北京新街口外大街证券营业部迁至北京市西城区德胜门外大街乙10号太福大厦4层，更名为西部证券北京德胜门外大街证券营业部。

12月9日，国海证券北京分公司开业，地址为北京市海淀区西直门外大街168号腾达大厦1509室。

12月14日，宏源证券北京资产管理分公司开业，地址为北京市西城区太平桥大街19号恒奥中心。

12月17日，华创证券北京复兴门外大街证券营业部迁至海淀区复兴路21号海育大厦6－8层，更名为华创证券北京新兴桥证券营业部。

12月22日，长城证券北京分公司开业，地址为北京市西城区西直门外大街112号阳光大厦9－10层。

国信证券北京分公司开业，地址为北京市西城区平安里西大街28号光大国际中心1号楼5层东侧。

12月23日，中信证券北京房山证券服务部规范为证券营业部，名称为中信证券北京南三环东路证券营业部，并迁至北京市丰台区四方景园二区配套商业2－3层。

12月30日，信达证券股份有限公司迁至北京市西城区闹市口大街9号院1号楼信达金融中心。

12月31日，国都证券北京安苑里证券营业部迁至北京市西城区北三环中路23号燕莎盛世大厦，更名为国都证券北京北三环中路证券营业部。

2. 主要人事变更情况

1月14日，鲈晓锋任中信建投证券有限责任公司独立董事。

4月10日，马化祥任新时代证券有限责任公司独立董事。

4月27日，罗玉成、吕本富、梅建平任中德证券有限责任公司独立董事。

4月29日，曾杨任东兴证券股份有限公司监事会主席。

5月15日，胡长生任银河证券股份有限公司代总裁。

6月18日，刘福春任高盛高华证券有限责任公司独立董事。

6月19日，武彪任新时代证券有限责任公司独立董事。

9月17日，胡关金任银河证券股份有限公司总裁。

9月23日，罗凌任民生证券有限责任公司总裁。

12月9日，陈有安任银河证券股份有限公司董事长。

**二、存在的问题和风险**

（一）风险监控系统仍待完善，风险抵御能力尚需增强

北京辖区绝大部分证券公司的风险管理工作仍停留在简单的净资本及风控指标监控层面，有些公司存在风险管理指标体系不健全、敏感性分析及压力测试机制不成熟等情况，少数公司的风险管理信息系统整合及升级进程略显缓慢，大部分公司的风险管理工具和手段还有待改进。

（二）“信息隔离墙”制度有待进一步完善，利益冲突防范机制须增强实施的有效性

随着业务种类增多和证券产品日趋复杂，2009年以来，北京辖区大部分公司都在着手进行“信息隔离墙”制度建设。但是，由于缺乏实践经验，相关制度设计的实用性和可操作性有待进一步提高。

（三）创新发展步伐还需加快，核心竞争力尚需培育

目前，北京辖区大多数公司还停留在传统的经营模式阶段，没有从粗放式经营转向精细化管理上来，业务方向不明确，经营特色不明显，比较优势不突出，人才的培养和储备跟不上，同质化竞争的格局未根本改观，核心竞争力尚未形成。

**三、监管工作情况**

（一）顺利完成辖区维稳工作，维护首都证券市场安全稳定运行

2009年是新中国60华诞，维稳工作责任重大。中国证券监督管理委员会北京监管局（以下简称北京证监局）把维护

首都证券市场的稳定作为全年的工作重点，建立了“横向到边、纵向到底”的维稳体系，全力做好信息系统安全应急演练，深入排查化解风险隐患，妥善处理百余件信访投诉，安全处置了几起因营业部迁址、信息系统故障等造成的突发性事件。全年北京辖区未出现恶性、群体性上访事件，证券市场运行平稳。

（二）加强创业板开通工作的指导和检查，确保创业板上市交易顺利进行

为确保辖区创业板开通工作平稳有序进行，北京证监局先后两次下发紧急通知，要求辖区证券机构制定合理预案，以防开通时人数剧增出现拥堵、聚众事件；对辖区部分机构的创业板开通工作进行了现场检查，对于个体性问题及时督促纠正，对于普遍性问题从政策层面予以指导，并以监管信息动态的形式下发辖区机构，以引起关注。在北京证监局检查指导和证券机构的共同努力下，辖区创业板整体开通量稳步上升，秩序良好。

（三）抓好基础性制度建设，提升证券公司风险管理和合规管理能力

为督促辖区证券公司加强净资本及风控体系建设，北京证监局下发了《敏感性分析和压力测试机制建设指导性意见》，并于2009年底组织了专项现场检查，指导、督促辖区证券公司进一步完善动态监控系统的相关功能和流程，有效提升了各公司的风险管理能力。

按照中国证券监督管理委员会（以下简称证监会）的统一部署，北京证监局于2009年7月至8月间对辖区证券公司进行了合规专项检查，对于检查发现的问题逐家反馈、逐家指导、逐家跟踪落实。北京证监局还组织开展了“合规管理结对互助工程”，以进一步加强各公司间的交流和切磋。目前，辖区证券公司已全面建立了合规管理体系，合规文化初步形成，合规内在动力不断加强，合规运作水平得以提升。

（四）严格把关，审慎推进经纪人制度

北京证监局坚持“成熟一家，推出一家”的原则，在各公司作好充分准备、风险可控的前提下进行现场核查。2009年完成了对中信建投证券、银河证券等7家本地证券公司及联合证券等8家异地证券公司在京营业部的经纪人制度核查工作。同时，利用北京证监局开发的证券经营机构营销人员管理系统，对营销人员进行注册登记管理，将相关人员的违规行为记入“黑名单”，起到了较好的管理、监督和警示作用。

（五）督促公司落实各项监管要求，推动辖区证券经营机构规范经营

北京证监局大力督促辖区证券公司尽早解决“参一控一”问题。目前，除1家尚未明确整改方案外，其余8家均提交了切实可行的整改方案。辖区证券经营机构的规范工作在2009年稳步推进，全面解决：辖区14家证券服务部全部规范为营业部，28家经营性分支机构得到了规范，32家非经营性分支机构进行了重新报备。

（六）采取多种形式，加强对证券机构的督促指导

北京证监局于2009年初创办了《北京证监局机构监管信息动态》，至今已发布了11期。通过主动发布机构监管信息动态和工作信息，适时召开辖区经纪业务座谈会等，及时向辖区证券机构通报好的经验做法和典型案例，起到了较好的指

导、提示和警示作用。

（七）大力开展现场检查，严肃查处违规行为

2009年，北京证监局加强现场检查力度，通过现场检查、协同配合检查及结合投诉线索进行检查等方式，发现个别证券机构存在违规代客理财、非现场开户、限制转销户、违规投资咨询、不正当竞争等行为。北京证监局果断采取监管措施，严厉查处，有效地防范了违法违规行为在辖区的升级和蔓延。

（八）通过分类评审，提升合规运作水平

北京证监局认真组织和落实辖区证券公司分类评审工作，及时督促指导辖区证券公司做好自评工作，并主动征询有关派出机构意见，顺利完成了2009年辖区证券公司分类评审工作。北京证监局还召开了座谈会，将评审结果及评审中反映出的问题向辖区公司通报和反馈，要求公司对于自身存在的问题要整改完善，对于其他公司存在的问题要引以为戒，采取有力措施，切实提升公司合规运作水平。

（高慧）

## ▲证券投资咨询公司

### 一、基本情况

2009年末，北京辖区共有证券投资咨询机构18家，异地公司在京分公司2家，其中1家分公司为2009年新设机构。辖区证券投资咨询机构盈利模式单一，基本以从事财务顾问或销售软件等方式开展投资咨询业务，盈利情况不容乐观，亏损面较大，行业发展前景不明朗。

### 二、主要问题与风险

（一）证券投资咨询公司盈利模式须进一步拓展。目前，北京辖区绝大部分证券投资咨询机构的业务以财务顾问为主，盈利模式单一，生存环境较差，且财务顾问业务不能真正体现证券投资咨询机构的行业特点。

（二）证券投资分析软件的销售蕴涵较大风险。2009年，北京证监局收到数十起关于证券投资分析软件的投诉。投诉主要内容为软件销售方收取高额软件费用、销售人员口头承诺高回报、投资者实际并未按预期情况盈利甚至亏损，证券投资分析软件的销售模式亟须规范。

（三）非法证券投资咨询活动不容忽视。随着证券市场回暖，社会上一些不法分子利用网络和电话进行非法证券咨询和非法委托理财等活动，严重影响了证券投资咨询行业的健康发展。对非法证券投资咨询活动的打击，需要各监管部门之间的通力合作，需要合法证券投资咨询机构的正面宣传，更需要广大证券投资者擦亮双眼，明辨真伪，不要被不法分子高回报的幌子蒙蔽，不给犯罪分子可乘之机。

### 三、监管工作情况

2009年，辖区证券投资咨询机构监管工作以年度检查和打击非法证券投资咨询活动为主。

（一）顺利完成辖区18家证券投资咨询机构和1家分支机构的2008年度检查工作。2009年4月，北京证监局对辖区18家证券投资咨询机构和1家分支机构实施了现场检查，出具了年度检查意见，对1家咨询机构提出整改意见。9月，对1家咨询机构下发整改意见函，并在整改结束后进行了验收，出具了验收报告。

（二）严厉打击非法证券活动。为了维护首都证券市场稳定和健康发展，北京证监局积极探索新手段、努力开拓新思路，通过借助相关媒体、依靠地方政府等

手段，采取宣传、教育相结合的措施，有力地打击了非法证券活动的嚣张气焰。在北京证监局的配合下，2009 年 5 月，北京市公安局抓获了冒用中金公司名义开展非法证券活动的犯罪团伙成员，在社会上引起了强烈的反响；12 月，北京证监局大力开展了“防范非法证券咨询宣传月活动”，借助北京电视台等多家媒体、依托证券营业部等证券经营机构对防范非法证券活动进行了广泛宣传。目前，在市政府、市公、检、法及辖区证券机构的大力支持和严厉打击下，北京辖区的非法证券活动得到了有效遏制，维护了首都金融安全和社会稳定的良好局面。

（高慧）

## ▲基金管理公司

### 一、基本情况和重大变更情况

2009 年末，北京辖区共有 11 家基金管理公司，从业人数超过 2 000 人。截至年末，北京 11 家基金管理公司共管理基金 119 只，基金份额合计 6 701.86 亿份，资产净值合计 7 617.02 亿元。其中，开放式基金 111 只，基金份额合计 6 358.57 亿份，资产净值合计 7 235.62 亿元；封闭式基金 8 只，基金份额合计 343.29 亿份，净值合计 381.40 亿元。

### 二、主要问题和风险

（一）公司股权及治理存在缺陷。部分公司股权结构不稳定，公司治理不规范，或者股东缺乏长期投资理念、公司独立性不强等，对公司发展形成较大制约，并影响到保护基金份额持有人利益原则贯彻落实。

（二）投资管理流程化和执行有效性有待提高。公司投资、研究和交易业务管理流程不到位，研究支持力度不足；投研部门职责和岗位责任划分不明确，制度执行存在欠缺。重视权益类投资管理，忽视固定收益类投资管理。风险管理滞后，无法有效实施风险控制。

（三）行业人员流动性大，行为不规范，尚未形成科学合理的考核体系。公司缺乏长期激励约束机制，尚未建立有效的利益冲突防范机制；行业人才流动性大，绩效考核体系不科学等。

（四）片面追求规模，基金宣传和销售时有违规。基金宣传推介材料和促销活动合规意识不强，代销机构专业化服务程度不高。

（五）信息系统缺乏标准，管理水平差异较大。信息系统建设属于业务驱动型发展模式，缺乏中长期规划，与业务发展不协调、不匹配等。

（六）监察稽核地位不高，未能充分发挥作用。公司重视程度不够，监察稽核地位不高，发挥的作用有限。

### 三、监管工作情况

2009 年，北京证监局牢牢抓住基金投资和基金销售这两个核心业务环节开展现场检查，不断深化非现场监管，加大处罚力度，努力探索创新，注重业务调研，基金监管取得明显成效。

（一）切实落实维稳工作，创造和谐稳定发展环境

北京证监局高度重视维稳工作，采取多种措施落实维稳工作部署。一是召开维稳工作会议，充分动员。二是加强新闻媒体监控，快速反应。三是联合检查安全保卫，多方协调。四是组织信息系统应急演练，强化应急。五是稳妥处理信访投诉，做好预案。北京证监局维稳工作开展扎实有效，为首都资本市场稳定和国庆六十周年创造了和谐氛围。

（二）紧扣基金投资和销售两个核心环节，积极开展各类检查工作

1. 试行基金年报审计跟进监管，强化基金管理公司内部控制管理。一是下发通知明确工作要求，确定高风险领域，提示会计师事务所重点关注。二是审阅审计计划，与会计师沟通审计重点和难点，跟踪审计进度。三是制定底稿，现场跟进，严格“过程控制”。

2. 加强投资管理业务检查，规范投资业务流程。北京证监局积极联合其他证监局，对辖区 2 家公司投资管理业务环节进行了现场检查，进一步促进辖区基金管理公司完善内部控制和规范运作。

3. 开展投研人员回访检查，重在落实利益冲突防范。在上年检查的基础上，完成了 4 家基金管理公司投资管理人员管理情况的回访检查工作，并重点关注公司利益冲突防范的落实情况。

4. 实时监控货币市场基金，提升基金投资的风险管理水平。利用系统化技术手段加强货币市场基金投资运作的监管工作，对 4 家公司货币市场基金投资运作情况进行了专项检查。在此基础上，梳理了货币市场基金投资相关问题，督促公司进一步规范投资运作，加强辖区公司货币基金的风险控制工作。

5. 深化基金销售业务检查，提升基金销售行为合规性。在梳理历年检查情况基础上，北京证监局进一步深化基金销售业务检查工作，完成了对 5 家证券公司和 8 家银行基金销售业务的现场检查。从而巩固了以往检查成果，提高了新机构的基金销售业务合规水平，并进一步提升了协调监管水准。

6. 审慎核查基金销售资格申请，严格抓好资格准入门槛。一是深化联动检查机制，加强监管协同效应。二是修订检查流程，针对新标准和新要求及时调整原有检查计划，改进检查反馈环节。三是具体问题具体分析，力争全面真实了解情况。四是寓服务于监管之中，提醒公司注重吸收经验教训，合规开展业务。

7. 重点抽查基金分红情况，完善公司内部管理。根据监管规程，重点抽查了辖区部分基金的分红情况，检查了基金管理公司、托管行和会计师事务所的履职情况，并提出了完善信息披露制度和流程等方面的监管建议。

2009 年，北京证监局组织开展各类检查 10 大类、46 家次，以专项检查为主，抓住核心环节，提高检查针对性，在督促基金管理公司和代销机构落实法规，规范投资和销售、提升内部控制管理和促进公司发展等方面发挥了显著作用。

（三）深入做好非现场监管工作，加大责任追究力度，督促机构合规运作

一是关注公司治理，加强重点公司监管。二是审阅基金定期报告、持续关注信息披露情况。三是加强基金销售行为监管和基金宣传推介材料备案审核工作，对在基金销售环节存在违规行为的 3 家机构及时采取监管措施。四是明确监察稽核要求，引导公司提高内部合规管理水平。五是加强人员监管，做好基金经理任免谈话工作，及时掌握公司人员变动情况。

2009 年，北京证监局累计下发提示函 20 余次；对 2 家基金管理公司采取了行政监管措施；对高管和基金经理共 4 人次采取了行政监管措施；对 8 次负面新闻报道追踪监管等。

（四）加强调查研究，创新监管方式，不断完善监管工作规程

随着市场发展和监管环境变化，北京

证监局在基金监管中不断探索创新。一是试行基金管理公司分类监管，重点公司重点监管。二是针对创新业务和监管热点问题开展调研工作。三是针对各项监管职责，制定相应的监管工作流程，逐步完善监管工作规程体系。

（蔡云红）

## ▲期货公司

### 一、基本情况

（一）机构情况

2009 年末，北京地区共有 19 家期货公司，57 家期货营业部，11 家境外持证企业。

（二）业务发展情况

2009 年，全国期货市场经受住了国际金融危机对国内期货市场的强烈冲击，取得了平稳运行、较快发展的良好局面。整个期货行业结构逐步优化，实力有所提升。期货公司规范经营意识显著增强，风险控制能力进一步提高。全年国内期货交易量 21.57 亿手，交易额 130 万亿元，同比分别增长 36.8% 和 80.8%。国内期货市场近四年连续实现了高增长。

1. 北京辖区期货市场规模快速扩大。北京地区期货公司的客户保证金 163.3 亿元，较上年增长 135.6%；客户数量 9.45 万户，较上年增长 70.2%。代理交易额 15.02 万亿元，较上年增长 91.1%，市场份额占全国的 11.6%；代理交易量 24 184 万手，较上年增长 68.7%，市场份额占全国的 11.2%。

辖区期货公司效益继续明显改善。辖区期货公司总资产 188.1 亿元，净资本 18.49 亿元，较上年分别增长 110.6% 和 28.2%。全行业实现手续费收入 8.41 亿元，较上年增长 59.6%；经纪业务盈利 2.46 亿元，较上年增长 2.12 倍。

2. 北京辖区营业部数量由 2008 年末的 48 家增加至 2009 年末的 57 家，营业部在数量增长的情况下，经营状况进一步好转。2009 年末吸收客户保证金 35.75 亿元，代理交易额累计 3.12 万亿元，手续费收入 2.36 亿元，利润总额 5 431.67 万元。

### 二、存在的问题

2009 年，在我国经济率先企稳和快速复苏的大好形势下，我国期货市场也取得了突破性的发展，连续上市 4 个大宗商品期货合约，不断增强期货市场服务于国民经济和现货产业的功能，实体经济领域对风险管理需求的不断提高，使期货市场成交量出现稳步增长的良好发展局面，全年期货市场成交规模再创新高。尽管辖区期货机构合规运作水平进一步提高，但各家公司仍要加强人才队伍建设、信息系统建设，进一步完善公司治理和内部控制制度建设，提高公司核心竞争力。同时，资本市场运行的内外部环境日益复杂，市场稳定运行面临较大压力，信息安全和信访隐患依然突出，非法期货活动、网站仿冒等屡禁不止，期货市场维稳工作任务仍然繁重。

### 三、监管工作情况

2009 年，期货市场进入了快速发展的时期，监管工作也面临新的特点。一是期货市场受金融危机影响，市场波动加剧，但仍保持平稳较快增长，同时上市四个新品种、品种创新增多，辖区 5 家公司风险处置进入攻坚阶段，风险防范和处置任务重。二是迎接国庆 60 周年，确保首都市场平稳运行成为工作的重中之重。三是 2009 年新颁布期货公司技术管理指引、分类监管、信息公示和期货市场统一开户制度，新制度多、落实任务重。北京证监局本着“抓早、抓小、抓细”的精神，围绕做强期货产业和提升期货市场服务功能，提出辖区期货业要以创新发展为目标，以继续强化规范管理和提升风险管理能力为着眼点，以制度完善、人员管理、核心竞争力建设为着力点的监管思路，全面、有效地开展了北京辖区期货机构的监管工作，在促进机构规范运作、夯实发展基础、防范化解风险等方面都取得了显著成效。

（一）保持对市场风险跟踪，有效防范和处置风险，全力维护首都市场稳定运行

1. 持续做好非现场监管，把握市场风险，保护投资者权益。2009 年，北京辖区市场客户保证金、数量和交易额的大幅增加，与期货市场波动加剧形成了鲜明的对比，风险防范的任务进一步增大。北京证监局进一步提高非现场监管的有效性。一是继续落实动态监管制度，对风险做到早发现、早处置。二是下发风险提示函，关注系统性风险。三是及时核查监控中心预警，加强客户保证金管理。四是采取有效措施，继续深化公司净资本监管。五是认真审核公司年度报告，深入分析辖区公司财务和经营情况。六是加强营业部非现场监管，及时把握营业部风险。

2. 稳妥处置问题公司，做好信访投诉工作，积极化解风险。一是积极稳妥落实证监会期货部清理 4 家停业公司指示，已基本完成 4 家公司清理工作。经多方协调，方圆期货已完成清退交易所席位费，清理工作已全部完成。百福期货已完成股权变更，净资本和人员已符合持续监管要求，恢复正常营业。京都期货已完成股权变更事项，已配备董事、监事和经理层，完善公司治理结构，公司已迁入新营业场所，交易设施已调试完成，已达到正常经营标准，近期准备恢复营业。已启动天星期货整合注销工作。二是对于净资本不符合要求的天汇公司，平稳关闭。三是认真处理信访投诉，并对变相期货、非法开展境外期货业务等进行认真研究。

3. 排查风险，落实责任，切实做好安全维稳工作。一是制定《期货维稳工作安排》，系统规划维稳工作。二是精心安排，全面开展维稳风险排查和化解工作，梳理期货公司和营业部风险，责任落实到人。三是签订维稳责任书，使辖区市场维稳工作切实做到责任到人，不留死角。四是大力开展维稳安保现场检查督导工作。五是及早部署国庆维稳工作。9 月初，起草《关于做好国庆维稳工作的通知》，召开辖区总经理和营业部经理会议，提出相关要求；完善预案加强维稳制度建设和信息报送工作。六是紧急下发《证券期货行业应急预案证券期货业网络与信息安全事件应急预案（2009 版）》，开展辖区期货公司应急演练。七是及时处理安全维稳事件，确保辖区机构平稳运行。

（二）深入检查整改，落实基础制度，促进机构规范运作

1. 加大现场检查力度，认真督促整改，提升规范运作水平。

2. 开展公司治理专项监管，强化高管管理，提高公司治理水平。

3. 加强交流和培训，提高首席风险官履职能力，促进公司建立内部规范运作机制。

4. 加强期货公司信息技术建设，提高辖区公司信息技术水平。

5. 坚持开放理念和严格管理的原则，

做好营业部监管。一是认真制定营业部发展规划，修订审批工作流程，严把准入关。二是完善营业部监管工作指引，组织培训，明确监管要求。三是开展辖区营业部自查和检查，按照新要求规范现有营业部。四是关注营业部负责人变动，加强对营业部负责人的监管。

6. 做好分类监管试点和测试工作，提升公司管理水平。此次分类结果，辖区3家公司取得A类好成绩，占全国1/6，辖区平均分远远高于全国水平。

7. 组织辖区期货公司做好重要信息系统安全等级保护定级备案工作，夯实辖区公司信息系统安全保障的基础。

8. 组织期货公司认真落实信息公示制度，提高辖区市场的透明度。督促辖区机构认真贯彻落实2009年11月16日开始实施的期货公司信息公示制度，将此工作纳入北京证监局日常监管，组织力量进行核查。

（三）开展调研，加强检查，防范运作风险

北京辖区12家持证企业，2009年获外汇额度近20亿美元，交易品种涉及金属、能源、农产品等20余个期货和期权品种。以风险防范为核心开展监管，从交易风险、套保合理性、风险控制流程及运作机制四个方面，促进企业提高自身风险防控能力。一是认真做好非现场监管和现场检查，切实掌握企业的风险情况。二是切实做好长假风险防范。三是认真开展调查研究，掌握企业实际情况。四是召开境外期货业务持证企业套期保值业务座谈会。

（四）坚持依法行政，增强服务意识，做好行政许可工作

一是加强行政许可事项和办事指南公示，规范审批工作，提高监管效率。二是做好行政许可审核信息前置公开，进一步提高政务信息透明度。

（五）充分发挥北京期货商会的功能作用，推动行业自律发展

指导北京期货商会举办“金融危机给中国期货市场带来创新发展的极佳机会——第四届中国（北京）期货暨衍生品市场论坛”和“期货与衍生品市场：创新发展的时代——2009第三届期货高管年会”，探讨期货市场发展，在业内引起了广泛影响。北京期货商会还开展了“期货文化大讲堂”从业人员系列培训，举办5期期货沙龙，开展投资者教育工作；组织了从业人员年检试点、投资者教育工作的检查，促进了辖区机构规范经营和健康发展。

（曾桂玲）

# 保险业发展与监管

## ▲财产保险公司

### 一、基本情况

2009年末，北京市财产保险公司分支机构249家。其中，分公司30家，支公司101家，营业部38家，营销服务部80家。全年新增分公司5家，支公司4家，营业部2家，撤销营销服务部8家。

2009年，北京市财产保险公司累计实现保费收入168.2亿元，同比增长

22.1%，占北京市总保费收入的24.1%，同比提高0.6个百分点；累计支付赔款87.1亿元，同比增长25.8%；承保利润总额1.6亿元，承保利润率1.4%；资产总计135.2亿元，同比增加1.7亿元。

**二、发展特点和存在问题**

（一）保险保障程度和覆盖面进一步扩大

2009年，北京市财产保险业累计签单635.8万件，同比增长22.1%，财产险保险金额56.9万亿元，同比增长14.6%。其中机动车险累计签单470.9万件，同比增长19.6%。

（二）车险非车险业务均衡发展

受汽车消费市场活跃，汽车销量快速增长影响，车险保费收入109.6亿元，同比增长23.0%。非车险保费收入54.8亿元，同比增长21.7%；扣除出口信用保险数据，同比增长35.0%。其中企财险保费收入17.9亿元，同比增长70.8%；责任险保费收入6.2亿元，同比增长26.2%；工程险保费收入5.7亿元，同比增长1.2倍；农业险保费收入3.4亿元，同比增长35.5%。

（三）经营风险明显下降

一是车险应收保费风险有效降低。自产险公司车险业务实施“见费出单”以来，车险应收保费率大幅下降，2009年末为0.9%。二是现金流量充足。2009年，产险公司经营活动产生的现金流量净额为13.1亿元，同比增长52.8%，21家公司现金净流量为正，较上年增加5家。每百元保费对应的现金流入为109.3元，同比增加36.9元。

（四）保险功能进一步发挥

2009年，北京财产保险业累计赔付支出87.1亿元，同比增长25.8%。一是政策性农业保险为20.9万农户（次）提供了86.5亿元的风险保障，累计赔款支出2.5亿元，受益农户超过13万户（次）。政策性农业保险制度的实施，使农民的风险意识、市场意识和互助意识有了明显提升。二是保险公司代收代缴车船税，发挥了保险业的社会管理职能，较好地履行了代收代缴车船税的法定义务。三是进一步完善交通事故快速处理办法，并配合北京市交通限行措施实施减免交强险保费，有效缓解首都交通拥堵。

（五）车险服务水平有所提高

自车险理赔质量测评公布制度和车险理赔记录网上公开查询制度实施以来，行业理赔服务意识增强，车险理赔服务水平和质量得到明显提高。2009年各保险公司车险理赔测评显示，与2008年同期相比，在经营车险的23家保险公司北京分公司中，15家公司缩短了结案时间，17家公司结案率有所提高。行业车险平均结案时间为29.7天，同比缩短4.3天；车险结案率84.6%，同比提高2.8个百分点。

尽管2009年北京财产保险市场整体呈现较好的发展态势，但仍然存在一些问题：一是市场秩序有待进一步规范，虚列费用仍为主要违规手段。二是产品创新能力不足，保险产品无法满足社会和人民群众实际需求。三是信访投诉反映车险理赔难问题仍未根本解决。

**三、监管工作情况**

2009年，中国保险监督管理委员会北京监管局（以下简称北京保监局）深入贯彻落实科学发展观，按照“防风险、调结构、稳增长”的要求，始终坚持加强市场行为监管，防范化解风险，促进市场平稳、健康发展。

（一）创新完善监管制度，研究建立规范车险的长效机制

一是研究实施商业车险费率浮动制度。按照“简化系数、挂钩风险、系统控制”的原则，制定实施商业车险费率浮动方案，从制度上解决承保环节的恶性价格竞争行为和理赔环节的“跑冒滴漏”现象，提高承保理赔数据真实性；建立行业车型代码和新车购置价数据库，统一行业标准，规范车险承保行为；由北京车险信息平台根据车辆的理赔次数和金额，统一计算商业车险浮动系数，保证制度得到有效落实，并强化了数据分析和预警功能。该方案已于2010年1月1日起实施。

二是建立车险理赔测评指标定期公布制度。2009年2月起，定期由行业协会向社会公布北京产险公司车险结案率和结案周期。该制度的建立量化了保险公司车险理赔服务水平，引导各公司由低层次的价格竞争转向较高层次的服务竞争。

三是建立车险理赔记录网上查询制度。2009年1月，车险理赔记录网上查询正式上线运行，向被保险人提供车辆理赔案件信息，不仅使消费者能够及时了解投保车辆的理赔记录，而且可以有效防止不法机构或个人利用社会车辆制造虚假赔案。

（二）加大违法违规行为查处力度，有效规范市场秩序

一是根据中国保险监督管理委员会（以下简称保监会）70号文件和相关要求，根据保险公司的自查自纠工作评估分析情况，选择重点监管对象，开展现场检查工作。2009年，北京保监局先后对8家（次）产险公司的业务经营情况开展了现场检查工作。针对检查发现的违法违规问题，对公司及相关责任人给予相应处罚，同时对涉及职务侵占等违法犯罪行为及时移送公安部门处理。在查处过程中，采取了产险中介统计联合查处模式，强调了对高管人员责任追究，突出了源头治理，取得了良好效果。二是规范短意险市场秩序。制定中介渠道短意险业务规范，明确电脑出单、系统联网、实时查询等经营标准。监督各保险公司按要求停止撕票式短意险业务。加强消费者教育，适时向社会发布警惕航意险假保单、假机构等风险提示。三是组织开展保险业打击“三假”专项工作。配合公安部门查处“申邦”、“恒亚迪”等假机构、假保单案件。

（三）积极协调有关部门，推动重点领域业务发展

一是政策性农业保险工作取得新成效。2009年，北京保监局会同市农委率先在全国建立政策性农业再保险制度，运用市场化手段转移政府承担的部分巨灾超赔风险，确保北京市政策性农业保险的可持续发展。颁布实施《北京市政策性农业保险理赔服务规程》，规范公司理赔服务流程，提高理赔时效。及时修订统颁条款，新增樱桃、大枣种植条款，扩大了险种覆盖面。二是督促保险公司认真开展代收代缴车船税工作。北京保监局利用车险信息平台，实现与地税部门的数据交换，对保险公司代收代缴工作进行技术管理控制，实现“见费、见税出单”。三是进一步完善机动车交通事故快速处理机制。北京保监局会同市交管局总结经验，推出建立“直接向无责方支付赔款的委托授权机制”、“对事故双方当事人自行协商认定为同等责任的交通事故次年续保交强险保费不浮动”两项保险业新措施，充分发挥保险参与首都道路交通管理作用。四是参与研究中关村信用保险及贸易融资试

点工作，协调促进科技保险发展，推动政府部门通过保险方式落实国家对企业的帮扶政策，支持中关村国家自主创新示范区建设。五是积极参与安全生产责任保险研究推动工作。配合市安监局，在充分吸收上海、长沙等地区安全生产责任保险试点成功经验的基础上，结合北京市安全生产需要，共同研究推动安全生产责任保险试点工作，提高首都安全生产管理水平。

（赵晓洋）

## ▲人身保险公司

### 一、基本情况

2009 年，北京人身险市场实现保费收入 529.4 亿元，同比增长 18.1%，规模位列全国第三。其中，中资公司实现保费收入 432.5 亿元，市场份额 81.7%；外资公司实现保费收入 96.9 亿元，市场份额 18.3%。

全年共发生赔付支出和退保金 201.7 亿元，同比下降 5.4%。

2009 年末，辖内寿险公司 47 家，营销员 63 581 人，同比增长 2.2%。

### 二、发展特点

（一）银保业务企稳回升，个人代理渠道增长稳定

2009 年，银保渠道业务逐渐回稳。第四季度银保渠道的增速为 131.7%，较第一季度大幅度提升了 134.8 个百分点。全年银保渠道共实现保费收入 278.9 亿元，同比增长 22.8%；银保渠道保费收入占总保费收入的 52.7%，较上年提高 2.0 个百分点，高于全国 5 个百分点。受整体经济形势回暖影响，个人代理渠道持续稳定增长，全年共实现保费收入 174.0 亿元，同比增长 12.3%，保持了自 2005 年 4 月以来的持续增长态势；个人代理渠道保费收入占总保费收入的 32.9%，同比下降 1.7 个百分点。公司直销渠道业务持续低迷，当年实现保费收入 52.8 亿元，同比下降 1.7%，连续 15 个月同比负增长。

（二）分红险业务增长较快，占据市场主导地位

2009 年，分红险实现保费收入 303.1 亿元，同比增长 68.2%。受资本市场变化影响，辖区内大部分寿险公司将分红险作为 2009 年业务发展的重点，分红险业务占当年寿险公司业务的 65.0%，同比提高 24.8 个百分点。投连险、万能险业务发展放缓，2009 年分别实现保费收入 21.8 亿元和 108.1 亿元，同比分别下降 61.6% 和 11.7%，业务占比同比分别下降 9.9 个和 8.2 个百分点。

（三）保费增速逐步提高，结构调整初见成效

2009 年，随着整体金融环境的回暖和消费者保险意识的提升，北京人身险业务保费收入增幅逐月递增，由 1 月份的 -26.1% 升至 12 月份的 18.1%。业务结构调整成效明显，全年寿险新单期交保费 70.3 亿元，同比增长 15.8%；新单期交率 20.1%，与上年基本持平。其中，银行代理渠道新单期交率 9.5%，同比提高 3.5 个百分点。新单标准保费 104.6 亿元，同比增长 15.5%。其中，缴费期限为五年的标准保费 11.9 亿元，同比增长 211.2%，增幅较上年提高 74.3 个百分点；缴费期限为十年的标准保费 37.4 亿元，同比增长 7.6%，增幅较上年提高 7.2 个百分点。

（四）赔付支出同比下降，退保情况趋于稳定

2009 年共发生赔付支出 109.0 亿元，

同比下降9.0个百分点。寿险公司退保情况趋于稳定。全年共发生退保金92.8亿元，同比下降0.9%；退保率4.1%，同比下降0.7个百分点。从各险种看，除投连险退保率处于19.2%的高位以外，其余险种退保率同比均有所下降。

**三、监管工作情况**

2009年，北京保监局以贯彻落实科学发展观为统领，积极应对国际金融危机的影响，着力防范市场风险和保护消费者利益，通过不断完善和规范各项监管制度来推进北京人身险市场的平稳健康发展。

（一）加强保险风险防范，保障市场稳定运行

面对金融危机的严峻挑战，北京人身险监管积极采取多项措施防范风险。

一是加强非现场风险监测，对风险及时预警和提示。强化定期市场运行分析，加强寿险公司监管指标异常情况反馈。明确保险公司退保、给付、现金流等方面的风险监测和报告要求，及时掌握风险动态。组织行业开展全国第二次经济普查工作，全面摸清行业发展底数。

二是加强内部控制监管。针对个别保险公司发生的数起营销员和员工涉嫌非法集资、职务侵占等案件，北京保监局在与公安机关和金融监管等部门沟通协调的基础上督促有关公司妥善处置，维护了社会稳定。此外，北京保监局从公司内部控制的角度上深入分析案件发生原因，进一步明确保险公司内部控制监管思路，指导保险公司开展风险自查。

三是切实履行保监局分类监管和偿付能力监管职责。及时向保监会报送辖内保险公司的违法违规、信访投诉和内部控制建设等情况，执行保监会对保险公司确定的分类监管和偿付能力监管措施，确保上下联动、行动一致。

（二）加强监管制度建设，营造公平竞争环境

1. 综合治理短意险市场。以经营主体、销售渠道、消费者为抓手，三管齐下、综合治理短意险市场。一是进一步明确行业短意险经营标准。北京保监局在总结前两年航意险市场规范基础上，制定出台中介渠道短意险业务规范办法，一方面将财务业务管理、信息系统控制和消费者保单查询等经营规则要求扩展至全部短意险业务；另一方面监督各保险公司按要求停止撕票式短意险业务，切实提升短意险整体经营管控水平。二是加强行业外部合作，指导行业协会与中国航空运输协会华北代表处联合制定《关于规范航空运输销售代理人代理保险业务的通知》，规范销售代理人行为。三是注重消费者教育，适时向社会发布购买短意险消费风险提示公告，提醒辨识承保机构、保单真伪。

2. 完善寿险销售误导治理体系。在前期建立起产品说明会、网络宣传、电话营销、投保提示、新单回访等覆盖销售全过程的监管制度框架下，制定实施投连险销售适用制度，确保保险产品与投保人风险承受能力相匹配，并督促公司制定有针对性的应对措施。同时，进一步加强保险营销员管理，一方面推行营销员挂牌展业制度，发挥社会监督作用；另一方面全面推进从业人员继续教育，提高营销员法律意识和综合素质。截至年末，辖内共有6.2万名营销员参加了网络继续教育。

（三）加强市场行为监管，营造良好市场氛围

加大对违法违规行为查处力度。一是深入开展经营数据真实性综合性检查。组织辖内47家保险公司对2008年经营数据

开展自查，并对自查情况全面评估，选取3家保险公司实施现场检查。二是开展短意险、银保业务、治理销售误导等专项检查。三是指导行业协会开展自律检查，对17家银行139个销售网点开展销售误导暗访调查，跟进查处有关违法违规问题，进一步发挥行业协会自律规范作用。

（四）加强重点领域推动，提升行业服务能力

2009年，北京市各级政府部门更加重视并支持保险工作，出台了一系列政策措施，为行业发展提供了良好的外部环境。北京保监局按照保监会党委“想全局、干本行，干好本行、服务全局”的要求，重点推动与首都经济社会发展全局密切相关的保险领域发展，取得了明显成效。2009年，北京保监局大力推动养老和健康保险发展。密切跟踪北京市医疗体制改革进展，加强与市发改委等部门沟通协调，积极推动将商业健康保险纳入《北京市深化医药卫生体制改革实施方案》，为市民提供便捷的保险服务。

（邢露）

## ▲保险中介机构

### 一、基本情况

2009年，北京保险中介市场继续保持平稳较快发展，市场信心增强，专业化经营逐步体现，市场秩序得到进一步好转。

（一）专业中介市场发展平稳，专业化经营思路逐步显现

一是主体数量增长平稳。2009年末，北京共有保险专业中介法人机构316家，其中代理公司144家，经纪公司138家，公估公司34家。全年新设保险专业中介法人机构51家，退出18家。机构总体数量增长平稳，市场准入和退出呈现进退有序态势。二是业务规模持续增长。2009年，北京经代渠道实现保费收入145.1亿元，同比增长5.5%。在京保险专业中介机构共实现经营收入23.2亿元，同比增长23.4%。三是市场专业化经营思路逐步体现。有的专业代理机构研发了能够自助投保的销售终端和车险远程视频定损系统，增强代理车险业务的竞争力和服务水平；有的经纪机构专注于细分市场，引进汽车延长保修保险，填补国内保险市场空白。在促进农险方面，有的经纪机构作为政府的风险管理顾问，为农险发生巨灾风险安排超额再保险方案。

（二）保险兼业代理机构数量有所减少，业务稳步增长

2009年末，北京共有保险兼业代理机构5 855家，同比减少177家。2009年，在京保险兼业代理机构共实现保费收入393亿元，同比增长24.2%，占北京市总保费收入的56.3%，较上年同期占比上升2.3个百分点。

（三）保险营销员队伍保持稳定，人员素质不断提升

2009年末，北京共有保险营销员66 698人，同比下降4.5%。北京地区代理人资格考试考点继续增加，场次安排更加合理，全年考试报名参考近11万人。同时，继续教育工作全面铺开，全年共有约7万人参加北京保险行业协会组织的网络教育培训。随着营销队伍资格管理和培训工作的进一步强化，从业人员素质不断提升。

### 二、监管工作情况

（一）加大监管力度，切实履行中介监管职责

一是采取检查与处罚并重原则，整治

市场不规范行为。北京保监局对北京大润保险经纪有限责任公司非法集资案件进行严厉查处，吊销其许可证，并移送司法机关处理，在打击中介机构违法违规行为、维护市场环境方面发挥了积极作用。二是进一步加强市场准入和重大变更事项的管理。通过高管人员以考代训、投资人风险提示和出资确认等手段，将监管关口前移，防范风险。结合三类保险专业中介机构监管新规的实施，从严审批行政许可项目。三是坚持保险中介机构定期清理制度。定期对许可证有效期届满未申请换发、连续6个月未开展业务以及经营不善主动解散的保险中介机构进行清理并公告注销，同时通过现场检查、监管谈话等监管手段引导部分非正常经营的机构主动退出市场。

（二）转变监管思路，从保险公司中介业务检查和规范入手治理规范市场

一是北京保监局作为保险公司中介业务专业检查的三个试点地区之一，按照保监会的统一部署，对辖内一家产险公司支公司进行了“解剖麻雀式”的全面的现场检查。检查工作历时一个半月，基本摸清了保险公司中介业务的基本情况和存在的突出问题，为《保险公司中介业务违法违规行为处罚办法》的制定实施发挥了积极作用。二是积极开展保险公司现场检查工作，做到产、寿险公司与保险中介机构同查同处，并将3家虚开统一发票的保险兼业代理机构通报税务部门处理。

（三）加强从业人员管理，全面提高队伍素质和依法合规经营意识

一是落实中介从业人员继续教育。结合保监会下发的《保险中介从业人员继续教育暂行办法》和《关于加强保险中介从业人员继续教育管理工作的通知》要求，北京保监局在广泛征求保险公司、保险中介机构、行业协会的基础上，制定了符合北京市场实际的继续教育实施细则。二是推进保险营销员挂牌展业。指导北京保险行业协会制定《北京保险营销员展业证管理暂行办法》，自2009年4月1日起，北京地区各保险公司所属保险营销员实施挂牌展业制度。三是开展农村营销员资格考试。根据辖内保险公司申请，通过北京保险行业协会电子化考试中心为郊区县保险营销员举办农村营销员资格考试。

（四）强化数据统计，提升非现场监管能力

一是积极开展经济普查工作。按照保监会统一安排，开展北京地区2008年度保险专业中介机构经济普查工作。北京保监局克服任务重、时间紧等困难，将近9 000项普查数据与保险中介机构2008年审计报告数据进行逐一核对，确保了数据的准确性，按时保质完成了普查工作。二是继续强化外部审计工作。2009年，北京保监局继续通过北京保险中介行业协会审查会计师事务所资质，要求公司在审计报告中披露保证金缴存和责任险投保、监管费缴纳、保险中介服务统一发票使用等情况，大大提升审计报告的规范性和可用性，为监管工作扎实基础。

（五）妥善处理信访事项，维护市场稳定

2009年，北京保监局共处理涉及保险中介的各项信访投诉96件。北京保监局逐一对信访案件进行认真调查，及时处理市场违法违规行为，为保护被保险人和投保人利益、维护市场稳定发挥了积极作用。

（曾知）

# 四、服务与管理

# 货币金银管理

2009年，中国人民银行营业管理部（以下简称人行营业管理部）认真贯彻全国货币金银工作会议精神，加大残损人民币复点销毁、人民币流通管理工作力度，加强内部管理，积极做好反假货币工作，大力提升现金服务水平，确保北京地区现金供应，确保货币金银各项工作安全有序，圆满完成了人民币发行和货币管理的各项工作任务。

**发行基金调拨** 2009年，北京市人民币发行基金投放、回笼呈现双增长，发行基金投放同比增长2.61%，发行基金回笼同比增长1.98%，净投放发行基金51.09亿元，为新中国成立以来首次出现连续两年净投放的情况。人行营业管理部加强对现金的预测与监控，提高现金供应的计划性，科学调拨人民币发行基金，有效应对挑战，保证北京地区现金供应的充足合理，支持了首都经济的企稳回升；密切关注各发行保管库库存及投放情况，合理安排发行基金调拨，保证发行保管库库存充足、券别合理，确保了新中国成立60周年庆祝活动、旺季期间的现金供应。在做好日常服务的同时，还实施了定向现金供应，通过商业银行向地铁运营公司供应了1元硬币5 300余万枚，保障了地铁售票系统的正常运行。

**纪念币发行** 2009年11月26日，人民银行发行“2009年贺岁”、“‘和’字书法”和“环境保护”普通流通纪念币各1枚，北京市工、农、中、建、交5家商业银行的508个营业网点向社会公开兑换发行。为做好此次纪念币发行工作，人行营业管理部采取积极措施，确保发行现场秩序。一是通过召开会议和下发通知等，对纪念币发行工作进行周密部署。二是增加发行兑换网点，比奥运钞发行时增加了216个发行网点。三是认真制定并落实各级应急预案，建立应急机制应对突发情况，发行前后密切监测媒体、网络动态。四是要求商业银行各级负责人深入到各发行网点现场指挥，第一时间处理突发事件。五是要求各发行网点取得公安部门的支持，配足保卫力量，重点发行网点由警力值守，确保现场秩序。六是派出工作人员到50余个重点兑换网点现场检查督导兑换工作。

**残损人民币销毁** 加强对复点销毁工作的安全管理，开展自查和检查活动，保证了规章制度的贯彻落实。加大对小面额券别的复点力度，实施复点抽查、再抽查，确保复点工作的质量。2009年残损人民币销毁计划由年度管理改为季度管理后，积极适应新的管理方式，加强对残损币回笼情况的分析预测，加强调拨部门与销毁部门之间的协调，努力提高销毁工作的计划性，保证复点销毁工作安全有序运行，全年复点并销毁残损人民币186.39亿元，圆满完成了总行下达的销毁任务。

**现金服务推动日活动** 积极贯彻人民银行总行关于创新人民币流通管理工作方式的要求，结合北京地区实际情况，本着提高商业银行服务意识，加大小面额人民币和残损人民币回收力度，方便百姓获取现金服务的目的，组织工商银行、交通银行、招商银行、中信银行、北京银行和北京农村商业银行开展了现金服务推动日活动。参加活动的银行提前张贴公告，办理预约，准备好现钞，为社区居民、企事业单位、个体商户办理残损币兑换和券别调剂业务，宣传现金服务知识。工商银行到幼儿园，为儿童办理零币兑换业务，回收积存在存钱罐中的硬币；中信银行帮助小面额钞币需求双方之间建立横向联系。据统计，参加活动的30个商业银行网点共为群众办理券别调剂211.7万元，办理残币兑换29.3万元。

**人民币管理** 2009年，人行营业管理部召开了北京市人民币管理暨发行库管理工作会议，总结了2008年工作，特别是奥运现金服务工作的成绩，向商业银行部署了2009年工作任务。开展对商业银行人民币收付业务检查，督促商业银行做好人民币现钞服务工作。依法做好使用人民币图样、经营流通人民币和装帧流通人民币三项行政许可的相关工作，对北京市钱币经营企业进行了检查。继续开展2005年版第五套人民币质量检测工作，按照人民银行总行的要求采集样本，对样本情况进行登记、汇总，并将样本及样本汇总情况送往深圳进行机器测试、汇总。按季度对复点中发现的商业银行上缴钱捆中差错、质量等情况进行通报，督促各商业银行加大对出纳工作的管理，提高上缴发行库钱捆的质量。按照人民银行总行的要求，对北京印钞厂生产的部分产品进行了质量抽检。采取现场检查和接待群众来电来访等多种方式，对中资银行进行了人民币收付业务及反假货币工作考核。北京农村商业银行、中信银行总行营业部、招商银行北京分行、北京银行、中国工商银行北京市分行、中国建设银行北京市分行、深圳发展银行北京分行、中国民生银行总行营业部8家银行被授予“2009年度北京市金融机构人民币管理优秀单位”。

**反假货币工作** 2009年，人行营业管理部发挥北京市反假货币联席会议办公室的桥梁作用，积极协调联席会议成员单位开展反假货币工作，积极配合公安部门开展“09行动”，进一步开展反假货币知识宣传和培训，积极完成反假货币各项工作，规范北京市金融机构的反假货币工作。全年共收缴假人民币38.3万张，收缴、没收假币面额合计同比下降3.2%。

充分发挥反假货币联席会议办公室职能优势，组织协调各成员单位共同打击假币犯罪。6月11日，组织召开北京市反假货币工作联席会议第三次会议。市委宣传、市高级人民法院、检察院、公安局、工商局、金融工作局、海关等14家联席会议成员单位主管领导出席了会议。会议传达学习了中央和国务院领导的批示精神，回顾和总结了2006~2008年北京市反假货币工作的开展情况，通报了市公安部门打击假币犯罪“09行动”的工作进展情况，对下一阶段反假货币工作作出了具体部署。

积极配合公安部门开展“09行动”，加大对制贩假币犯罪分子的打击力度。一是与公安部门多次沟通座谈，就北京市假币收缴、案发特点、线索追查及银行与公安部门协调配合方式方法等进行座谈研讨。二是三次召开不同层次银行现金出纳部门会议，就配合公安部门开展“09行动”进行具体布置，提出明确要求。三是指定专人，对各行上报收缴假币数据报表进行细致分类，统计分析并及时通报公安部门。四是积极为公安部门鉴定假币。全年为公安机关鉴定假币 661 起，134 506张，953.2 万元。

积极开展反假货币宣传和培训。5 月份，组织各家银行开展了 2009 年北京市反假货币宣传月活动。把宣传重点放在大型商贸中心、大型集散市场、城乡接合部等假币“高发案”地区。宣传月期间，各家银行共设立反假货币宣传咨询点 300 余个，免费发放《第五套人民币防伪知识宣传册》近 100 万册，覆盖范围遍及全市 18 个区县。积极联系北京电视台，在《五道午间茶》、《首都经济报道》、《晚间新闻报道》等节目中录制了多期脍炙人口的反假货币专题访谈，向广大观众揭示各种假币的制作手段，讲解人民币防伪特征，并在节目播出的同时利用滚动字幕公布假币犯罪举报电话，发动群众自觉抵制假币、主动送缴假币、踊跃举报假币犯罪线索，共同参与“09 行动”。举办反假货币培训班，邀请货币印制防伪专家讲解人民币和外币反假知识以及反假货币工作的形势和动态，并组织学员们参观了北京印钞厂。

积极完成反假货币各项工作。一是积极应对炒作 HD90 假币现象，根据人民银行总行精神及时撰写新闻通稿，澄清假币真相，介绍反假货币工作情况。二是积极配合人民银行总行对北京地区各银行配备的各种类型的验钞机、清分机、ATM、存取款一体机等进行了 5 次现场检测。三是按照人民银行总行要求，认真组织假币非法流通状况调查。四是对全市商业银行反假货币工作进行检查，进一步规范商业银行做好反假货币工作。

**发行库管理** 2009 年，人行营业管理部进一步规范发行库管理，确保发行保管库安全运行。一是加大查库力度，确保发行库安全。全年共检查各保管库 42 次，检查北京分库 13 次。综合执法检查期间，对工商银行代理的 13 家发行基金保管库进行了全面检查。二是强化安全管理，规范操作程序。全年举办了两期发行保管库管理人员培训班，详细讲解了发行保管库管库员和发行会计具体业务操作流程，剖析了发行保管库管理及历次检查中发现的问题，讲解了货币发行业务会计核算规范化竞赛要求。全面开展岗位练兵活动，采取对照检查，集中培训、现场检查等多种方式，提高管库员自觉执行制度的意识。组织辖内发行保管库管理人员，到天宁寺发行保管库和北京印钞厂进行现场观摩及经验交流活动。做好应急预案的完善和演练，提高处置突发事件的能力。三是稳妥调整发行基金保管库布局。经过调研论证和与工商银行北京市分行沟通，安全顺利撤并了工商银行代理的密云、平谷 2 家发行基金保管库。四是认真开展 2009 年度发行基金保管库达标升级考核工作。2010 年 1 月 13 日至 3 月 19 日，人行营业管理部组成达标升级联合考核小组，对辖内 15 个发行保管库进行全面检查，评出天宁寺、复兴门、古城和建国门发行保管库为二级库，海淀、朝阳、顺义和崇文发行保管库为三级库，昌平、房山、通州、怀柔、延庆、宣武和丰台发行保管库为达标库。

**金银管理** 加强对黄金制品进出口业务的管理。年初对北京工艺艺嘉贸易有限责任公司、中国轻工业品进出口总公司、中国珠宝首饰进出口公司、中工美进出口有限责任公司等企业 2008 年度黄金饰品进出口情况进行了年审核销；对松下控制装置有限公司、威讯联合半导体（北京）有限公司和中电智能卡有限责任公司在2008年度氰化亚金钾、丝进口报关及使用情况进行核查。全年共审核并签开黄金饰品进出口准许证1 055笔。进口黄金饰品80 681件，金重513 959克；出口黄金饰品3 683件，金重15 573克。企业进口金丝8.5公斤，进口氰化亚金钾42公斤，进口黄金检测样品6件，60.28克。完成中国人民银行货币金银信息系统金银管理子系统初始化工作，并根据库存实物明细单准确输入信息，为系统按时上线打好基础。

（杨兴安）

# 国家金库业务

2009年，国家金库北京市分库以构建具有首都特色现代化国库为根本目标，以国库信息化建设为依托，围绕核心工作，统筹规划，探索创新，国库风险防范、管理能力和公共服务水平不断提升，为今后工作的开展打下了坚实的基础。

**一、深入开展国库信息化建设，国库现代化水平得到提升**

一是国库会计数据集中系统（TCBS）成功上线，国库业务自动化水平进一步提高。为确保系统顺利切换和平稳运行，中国人民银行营业管理部（以下简称人行营业管理部）成立了的TCBS系统上线试运行领导小组，制订了周密的试运行工作方案，明确了各相关处室的职责；加强与财政、税务部门沟通，协调系统上线相关工作，积极争取各有关部门的配合和支持。根据总行统一部署，在不停止国库收支业务的情况下，2009年8月1日实现了TCBS顺利上线。上线以来，系统运行稳定，业务处理及时准确。

二是财税库银横向联网推广取得新成效，税收电子缴库比率大幅提高。积极发挥国库北京市分库作为横向联网牵头部门的作用，加强与财税部门的协调，进一步加大横向联网推广力度，着力扩大国税横向联网电子缴税覆盖范围，提高纳税人签约率，电子缴税推广工作取得突出进展。截至年末，与市国税局签订了电子缴税协议的纳税人从年初的1.69万户增加到了28.23万户，占税务登记户数的67.01%；成功办理各类税收电子缴库业务482.16万笔，缴库金额2 218.30亿元，扣缴款总成功率97.21%，电子缴库业务笔数和金额分别比上年同期增长了35.41%和59.00%。全辖电子缴税比率已接近80%，电子缴税方式在税收收入缴库中的核心地位已基本建立，横向联网主体推广任务已基本完成。

**二、大力加强国库监管工作，国库风险防范和管理能力不断提高**

一是对工商银行北京市分行、华夏银行北京分行、韩国友利银行2009年度的代理支库业务、国库经收业务、代理国债发行兑付业务进行现场检查。针对三家银行的违规问题出具事实确认书7份，提出整改建议8条。二是全面实施对代理支库达标升级考核管理并取得突出成效。依据《北京市商业银行代理国库支库达标升级考核办法》，对辖内20家代理支库进行了全面检查，根据非现场监管及现场检查结果，完成各代理支库的达标升级考核及等级评定工作。评定二级库 3 家，三级库 7 家，达标库 2 家，8 家支库被责令限期整改。针对现场检查发现的问题，对工商银行北京市分行高级管理人员进行审慎谈话，提出整改意见和要求。被纳入限期整改的 8 家代理支库通过完善制度、强化培训、上岗考试、业务检查等，已全部达标，各代理支库业务差错率较上年大幅下降。

**三、养老金发放试点工作稳步开展，积极发挥国库服务民生的作用**

认真贯彻落实"金融国九条"，继续做好国库直接发放养老金试点工作。截至年末，纳入试点的参保人数由试点初期的 678 人增加到 733 人，2 192.9 万元养老金按时发放到位。在稳步开展试点的同时，积极落实《关于金融促进首都经济发展的意见》（京政发〔2009〕7 号）有关精神，会同人力资源和社会保障局和市财政局研究国库直接发放养老金试点推广有关工作，初步拟订了试点推广方案，为进一步扩大试点作好准备。

**四、做好国库会计核算工作，发挥对本辖区预算收支执行的促进作用**

加强与财政、税务等部门的协调配合，认真落实积极的财政政策，积极应对本年度减收增支压力，配合财政部门将 56 亿元北京市地方债发行款顺利缴库，配合相关部门做好预算收支执行工作。与财政部门建立财政收入数据每日反馈制度，为市政府及时、准确掌握地方预算收入进度提供支持。2009 年，北京市分库共组织预算收入入库 6 984.21 亿元，同比增长 20.70%。其中，中央级预算收入 4 057.43 亿元，同比增长 19.92%；地方级预算收入 2 926.78 亿元，同比增长 21.79%。办理省级财政支出 1 918.55 亿元，同比增长 11.68%。全年为市级财政计息 13 993.61 万元，区县级财政计息 12 252.05万元。

**五、认真落实积极的财政政策，组织完成本辖区国债发售任务**

针对 2009 年度国债发行规模大幅增加，以及当前首都国债需求实际情况，加强对国债发行工作的组织和宣传工作。开展了国债宣传月活动，重点针对农村国债市场特点，组织"国债下乡"专项活动以及农村国债市场调研。全年组织北京市国债承、分销机构共发售五期凭证式国债，金额 279.26 亿元；八期储蓄国债（电子式），金额 154.46 亿元，实际发行量占全国发行计划的 14.8%，发行量及占比均居全国首位。各期国债发行首日会同市财政局对银行网点进行现场检查，及时监测国债发行进度，向总行上报发行数据及信息。

**六、加强国库数据分析和信息反馈工作，稳步提升国库调研分析水平**

根据北京市经济金融、财税形势及国家有关部门宏观调控和管理的需要，加大统计分析和国库信息反馈工作力度。改进统计分析方法，建立预算收入每日监测、旬度分析、月度报告制度，开发了国库现金管理分析系统，建立了国库现金流分析预测报告制度，提高了国库统计分析的深度和质量。开展了《关于银行业税负情况的调研》、《地方政府融资性债务的调研》等特色信息反馈和重点调研。全年共有 74 篇信息调研采用，8 篇信息调研获奖。其中人民银行总行办公厅采用 2 篇；人民银行总行国库局采用 16 篇；市委市政府采用 5 篇；人民银行营业管理部采用 45 篇；外部刊物采用 6 篇。

（陈永波）

# 支付结算清算管理

2009 年，在国际金融危机蔓延的复杂形势下，北京市支付体系继续保持运行连续性和稳定性，提供了有力的支付清算与结算服务支持，保障了社会资金的高效流动，为北京市扭转经济增速下滑的不利局面，促进首都乃至全国经济的总体性复苏作出了贡献。

## 一、合力推动，支付系统运行效率进一步提升

### （一）支付系统业务快速增长，支持经济发展

2009 年，北京市支付系统运行效率明显提升，业务量持续增长，经济运行大动脉作用进一步发挥。全年大额实时支付系统处理业务 2 937.43 万笔，金额 607.99 万亿元，比上年分别增长 15.21% 和 30.98%；业务金额全国占比 37.81%，居全国首位，资金净流入 1.27 万亿元，为全国最大资金净流入地，凸显北京总部经济特征及全国资金集散地地位。小额批量支付系统处理业务 3 626.46 万笔，金额 2.75 万亿元，比上年分别增长 67.12% 和 46.81%。全国支票影像交换系统共处理业务 117.57 万笔，金额 622.08 亿元，提出提入退票率大幅下降。各银行机构行内支付系统业务继续较快增长，全年共处理业务 1.96 亿笔，比上年增长 17.93%，清算资金 32.47 万亿元。银行卡跨行支付系统业务持续较快增长，全年共处理业务 3.64 亿笔，金额 5 301.9 亿元，比上年分别增长 27.27% 和 54.79%。北京同城票据清分系统稳定运行，全年共处理票据 3 498 万笔，金额 5.97 万亿元。

### （二）支付清算基础设施日趋完善，功能日渐优化

积极落实人民银行总行的统一部署，圆满完成电子商业汇票系统试点上线、中央银行会计核算电子对账系统建设工作。北京银行、华夏银行、中信银行、中国民生银行、中国建设银行、中国光大银行、中电投财务公司、五矿集团财务公司、农信银资金清算中心九家法人机构第一批接入北京城市处理中心（CCPC）于 2009 年 10 月 28 日上线运行。系统运行首日，中国电力投资集团公司签出、招商银行北京分行营业部承兑的一笔金额为 1 000 万元的电子商业汇票成为我国第一张电子商业汇票。截至年末，通过电子商业汇票系统办理承兑 113 笔，金额 13.42 亿元；贴现 140 笔，金额 11.35 亿元；转贴现 37 笔，金额 4 亿元；纸质商业汇票业务登记 10 610笔，金额 426.79 亿元。

### （三）同城票据清算系统运行效率明显提高

圆满完成北京市同城票据交换信息管理平台建设和同城票据清分系统更新改造工作。同城票据交换信息管理平台 2009 年 6 月 12 日起上线运行，实现了北京市退票业务处理的电子化。截至年末，共处理退票业务 613 485 笔。同城票据清分系统更新改造成功，充分体现自主创新能力，实现了应用系统、系统软件与清分硬件的高效匹配，充分释放出清分机处理能

力，提高了票据清分效率。

（四）鼓励和推行票据业务集中处理模式

支持、鼓励辖内商业银行向票据业务集中处理模式发展，以期在区域内获得票据业务处理的规模效应。截至年末，北京市共有中国工商银行北京市分行、中国银行北京市分行、中国建设银行北京市分行、交通银行北京市分行、上海浦东发展银行北京分行、中国光大银行北京分行、中信银行股份有限公司总行营业部、招商银行北京分行、中国民生银行总行营业部、北京银行十家商业银行根据扁平化管理的理念成立了同城票据集中处理中心，实现了票据的集中提回、集中审验、集中退票，显著提高了票据交换工作效率，有效地防范了票据交换风险。

（五）强化措施净化支票使用环境

规范空头支票管理，做好空头支票行政处罚工作，支票违规行为进一步减少。2009 年，北京市各银行机构客户签发空头支票 5 503 笔，涉及金额 2 759.51 万元，比上年分别下降 67.45% 和 64.51%；签发与预留印鉴不符支票 1 209 笔，涉及金额 345.83 万元，比上年分别下降 42.26% 和 40.10%。对于各银行机构举报的签发空头支票行为，共下发空头支票行政处罚意见告知书 6 707 笔，处罚金额 3 075.68 万元；实际处罚缴库 3 195 笔，缴库金额 1 129.42 万元，比上年分别下降 60.47% 和 59.10%。

（六）支付清算系统应急管理和风险处置能力显著增强

围绕新中国成立 60 周年演练和庆典活动等重点时期信息系统风险防范要求，组织各银行机构开展了支付清算系统风险评估和应急演练，推动支付系统各参与者进一步加强支付系统运行管理，扎实推进支付清算系统风险防范和应急处置能力的提高，确保了北京市同城票据交换的连续性，保证了社会资金的及时抵用。组织完成了北京城市处理中心备份系统建设工作。

（七）小额批量支付系统业务推广工作进展顺利

促进各银行机构不断加大小额批量支付系统定期借记业务推广力度，有效提高小额批量支付系统的业务量和运行效率。2009 年，通过小额支付系统共发起定期借记业务 127.98 万笔，金额 82.15 亿元，比上年分别增长 48.90% 和 79.13%；发起定期借记业务回执 108.36 万笔、金额 71.85 亿元，比上年分别增长 50.01% 和 88.46%。小额支付系统服务民生、便民利民功能继续发挥。

**二、不断创新，非现金支付服务利民生促发展作用进一步增强**

（一）非现金支付工具应用不断推广

各类非现金支付工具的推广、应用与创新较好地满足了社会各界的支付需求，保证和促进了社会资金的流动。2009 年，北京市各银行机构使用非现金支付工具办理业务 11.87 亿笔，金额 147.89 万亿元，比上年分别增长 20.79% 和 7.09%。网上支付、电话支付和移动支付等电子支付业务蓬勃发展，交易量不断攀升。全年电子支付交易笔数 3.25 亿笔，交易金额 56.13 万亿元，比上年分别增长 73.58% 和 19.92%。

（二）银行卡刺激消费、扩大内需、促进经济增长的作用充分发挥

2009 年，在人民银行总行和北京市政府的领导下，继续巩固奥运成果，优化银行卡支付环境，打击银行卡犯罪，联合

宣传营销，促进了银行卡刷卡消费快速增长。截至年末，累计发展银行卡特约商户16.14万户，同比增长21.54%；累计安装POS机具24.80万台，同比增长24.71%；累计安装ATM1.20万台，同比增长13.97%；全市银行卡累计发卡1.12亿张，同比增长7.75%。其中，贷记卡累计发卡2 551.84万张，同比增长33.91%。剔除房地产及批发交易后，全年POS刷卡消费金额2 754.18亿元，同比增长29.42%。银行卡渗透率达到51.87%。银行卡已成为北京居民个人使用最频繁的支付工具、商业银行中间业务的重要载体和个人金融业务综合平台，其作用和影响已深入到经济生活的各个领域。

**三、扎实推动，银行结算账户管理服务水平进一步提高**

（一）创新工作方式提供优质银行结算账户服务

强化考核机制，创新工作方式，深化账户实名制建设，扎实推动辖内银行结算账户管理，服务水平不断提高。截至年末，北京市人民币单位银行结算账户累计98.7万户，同比增加9.6万户，增长10.8%；个人银行结算账户累计1.31亿户，同比增加964.82万户，增长7.97%。

（二）银行结算账户申报差错率显著下降

2009年，共受理各银行机构银行结算账户申报27.29万笔，比上年增加1.85万笔，增长7.3%。为加强人民币银行结算账户管理，保护存款人合法权益，提高工作效率和服务质量，加强对各银行机构核准类银行结算账户的行政许可申请业务的考核力度。2009年平均退单率为13.47%，退单率从年初的19.91%下降到年末的7.94%，圆满完成了年度实现退单率10%的工作目标。

（三）存量账户清理核实工作按期完成

周密组织，妥善制订实施工作方案，在各银行机构的共同努力下，按期完成了全市536 163个存量账户“实名制”清理核实工作，确保了96%以上企事业单位以真实主体身份从事经济活动，对构建诚实互信关系，遏制金融诈骗、偷逃骗税、洗钱等违法犯罪活动，降低银行机构经营风险，维护正常的经济金融秩序、保障市场经济健康发展具有重要意义。

（四）联网核查取得显著社会效应

截至年末，全市共有3 703个银行机构网点接入联网核查系统，通过联网核查公民身份信息系统共办理核查业务5 043.10万笔，同比增加2 576.5万笔，增长104.5%。联网核查系统对不法分子开立假名账户产生了极大的威慑和预防作用。

**四、稳步推进，农村地区支付环境进一步改善**

农村支付环境的改善对于落实“三农”政策、提高农村金融服务水平具有十分重要的作用。2009年，采取多种方式，组织开展了10个远郊区县支付服务环境调研工作，初步了解掌握了农村地区支付环境现状和服务需求。制定印发《北京市农村地区支付服务环境改善工作方案》，对2009～2012年的工作进行安排部署，建立工作联系机制，推动各项工作开展。组织开展多种形式的支付系统宣传活动，提高了农村居民对非现金支付的认知度。深化农村支付环境建设，深入农信银资金清算中心调研，指导督促其改善全国农村支付环境建设，不断提高服务水平和质量。为进一步做好农村金融服务，辖内26家银行机构、中国银联北京分公司以及涉农支付服务机构积极开展农村金融服务试点工作，为全面开展首都农村支付环境建设积累了经验。

（尹文诚）

# 征信系统建设与征信管理

**一、积极推动北京市社会信用体系建设，努力优化首都信用环境**

一是以建立金融业统一征信平台为契机，积极推动首都社会信用体系国家示范区建设。根据社会信用体系建设部际联席会议工作安排，人民银行征信中心拟订了《金融业统一征信平台建设规划》。按照规划要求，中国人民银行营业管理部（以下简称人行营业管理部）以建设金融业统一征信平台为契机，与市政府信用建设相关部门进行磋商、协调，先后多次召开专题会议研究确定首都社会信用体系建设的工作思路和重点，并结合北京实际，提出了“首都社会信用体系国家示范区建设”的战略构想，以金融专报《加快建立金融业统一征信平台　推动首都社会信用体系国家示范区建设》向市政府进行了专题汇报。与北京市经济和信息化委员会、北京市金融工作局就信用建设组织管理体系、专项资金设立、信息共享交换等问题进行深入研究，形成了《首都社会信用体系国家示范区建设方案》并上报市政府。方案中提出了“建设一个平台、构建两个机制、做到三个示范、实现四个服务”的工作目标，提出了11项重点任务，21条工作措施，涉及完善统筹协调机制，加快信息共享交换，推进区域、重点行业、中小企业以及农村信用体系建设等方面。

二是认真贯彻“2008～2010年北京市社会信用体系建设重点任务”各项要求。作为社会信用体系建设主要参与部门，人行营业管理部与北京市经济和信息化委员会紧密合作，积极推动北京市社会信用体系建设，承办《2009年市政府折子工程》中相关信用建设任务。参与拟订《2009年北京市社会信用体系建设重点任务》及相关工作计划和措施，牵头落实其中7项重点任务。为探索信用建设的新模式，与海淀区人民政府合作推进首都科技金融综合改革实验区建设，积极开展区县信用体系建设试点。

三是多举措推动“信贷快车”再上台阶，充分体现信用建设缓解中小企业融资难的示范作用。人行营业管理部与中关村管委会、北京银监局等单位共同召开“信贷快车”试点联席会议，总结两年来的工作成果和经验，制定银行工作指引，修订财政补贴和奖励标准，研究发布了进一步扩大试点范围的政策，企业覆盖率由85%提高到95%，试点银行由4家增加到9家。截至年末，各试点银行已累计为100家企业提供133笔信用贷款授信，实际发放15.02亿元，已安全还款4.3亿元，无一违信行为。同时，会同中关村管委会与北京保监局、北京银监局共同推出了信保融资和贸易融资政策，为进一步缓解中小企业融资难开辟了新渠道。

四是继续推进农村信用体系建设，加快农户信用档案电子化建设进程。人行营业管理部与市农委合作开展农村信用体系建设工作，指导北京农村商业银行完善信贷业务系统开发中的农户信用档案电子化方案，协调征信中心为该行开通个人征信系统测试环境；将中国邮政储蓄银行北京分行、北京延庆村镇银行、北京密云汇丰村镇银行纳入人民银行总行农村信用体系建设情况季度报告范围。北京市农户信用档案初步建立，截至年末，信用户评定面约16万户，其中50%被评为信用户。

**二、采取多项举措加强管理，切实履行征信管理职能，促进征信市场规范发展**

一是在基础业务工作中为维护金融安全作出重要贡献。2009年2月末，人行营业管理部工作人员在贷款卡常规业务办理过程中保持高度警觉，敏锐发现业务疑点，举报了一起私刻印章、冒用企业名义申办贷款卡的案件，协助公安机关当场抓获2名犯罪嫌疑人；利用征信系统为公安部门提供及时、全面的相关信息，为“2·27”案件（涉案金额高达4.63亿元的特大贷款诈骗案）的发现、侦破和及时挽回经济损失作出重要贡献。同时，积极稳妥并及时处理了此案涉及的196位自然人被冒用个人信用信息的删除工作，有效地化解了可能产生的风险。人行营业管理部在“2·27”案件中的突出贡献得到了人民银行总行、北京市政府的高度肯定，被人民银行总行授予“维护金融安全先进集体”称号。

二是加强征信系统基础性建设，认真做好征信服务工作。截至年末，企业征信系统收集了1 565万户企事业单位的信用信息，其中在京企事业单位10万余户；个人征信系统收录了6.5亿人的信用信息，其中个人信贷账户1 216万个。全年，北京市征信分中心为个人查询信用报告32 951份，为司法部门提供个人信用报告查询4 942份，合计同比增长265%；受理消费者异议申请558人次；办理贷款卡业务30 057笔，累计办卡104 502张；接受电话和现场咨询49 555人次，日均咨询量约200人次；采集中小企业信用信息13 187户，已累计为34 582户中小企业建立信用档案。

三是严格细致检查，切实提升金融机构征信业务规范化水平。对工商银行北京市分行等3家银行的征信工作进行了综合检查；组织辖内16家金融机构和4家信用卡中心开展个人征信异议处理自查工作，对超期案例较多的6家银行和信用卡中心实施了现场检查；针对部分银行在企业和个人征信系统制度建设、查询授权、用户管理、数据报送、安全管理等方面存在的问题提出了处理意见，督促其认真整改，对商业银行规范业务操作制度，提高合规经营意识发挥了积极作用。

四是机构监管与需求拓展并举，多角度推动信用评级市场健康发展。对辖内13家信用评级机构开展全面的现场检查，有效规范和促进了信用评级市场业务主体的发展；制定了《北京市信用担保机构信用评级业务主干指标体系》，公开招标审定6家评级机构参与信用评级工作，组织商业银行对信用担保机构信用评级报告进行评审，促进评级机构提高信用评级报告质量；组织第二次中关村信用评级业务人员资格考试，建立了实质意义上的园区信用评级从业人员的准入制度。截至年末，北京专门从事信用评级的中介机构共

13 家，专业评级人员近 800 人，包括 4 家全国性评级机构、2 家中外合资评级机构，其中 3 家机构具备银行间债券市场信用评级业务资格，8 家机构具备中关村科技园区企业信用评级业务资格，6 家机构具备北京市信用担保机构信用评级业务资格；全年共完成信用评级业务 1 586 笔，实现营业收入 34 408. 39 万元，其中评级收入 23 975. 87 万元；实现利润10 635. 05 万元。机构和从业人员数量、评级收入、利润均居全国首位。

**三、大力开展征信宣传，有效提升征信的社会认知度**

积极开展信用记录关爱日和征信知识宣传周活动，全市 44 家银行、2 910 家营业网点参与宣传，发送宣传短信近 238 万条，张贴宣传海报 5 000 张，发放宣传折页 45 000 份，15 个网络宣传专栏下载量达到 4 万余次；相继开展 11 场“信用北京行”户外宣传活动，为参与活动的公众现场查询信用报告，接待咨询近2 000 人次，接受中央电视台、中央人民广播电台、人民网等主流媒体采访 7 次，“信用北京行”宣传品牌进一步树立。同时，加强多方交流合作，努力提高《北京征信》的办刊质量，全年发送 8 500 册，进一步提升学术水平，为交流工作经验、反映业务实践、探讨征信理论提供了良好的平台。

（赵强）

# 金融信息化建设

2009 年，中国人民银行营业管理部（以下简称人行营业管理部）以科学发展观为指导，落实人行营业管理部“十一五”科技发展规划要求，紧扣科技支撑业务和管理发展主题，推动整合、优化系统和基础设施建设，强化管理与风险控制，全面提升人行营业管理部科技工作水平，为首都信息化建设开创了一个全新的局面。

**一、高度重视、上下齐心、全力以赴，圆满完成国庆期间金融业网络和信息系统安全保障工作**

2009 年是中华人民共和国成立 60 周年，国庆期间金融业网络和信息系统安全保障工作尤为重要。人行营业管理部高度重视，统筹安排、周密部署，积极组织辖内地方性商业银行以及人行营业管理部各重要业务处室，全面开展信息安全自查和重要业务系统应急演练工作，严格执行重要时期值班制度，圆满完成国庆期间的信息安全保障工作。人行营业管理部及辖内商业银行国庆期间未发生重大安全事件，实现零事件报送目标，确保了北京市金融业信息网络安全。

**二、落实人民银行总行统一部署，保质保量完成业务系统推广任务**

2009 年，人行营业管理部根据人民银行总行的统一部署，精心准备、密切配合，搭建生产运行环境，开展系统联调测试，组织接口技术验收，安排系统上线应急准备，陆续完成了多个业务系统的推广上线工作。

电子商业汇票系统于 10 月 28 日正式上线，所有辖内上线机构业务开展顺利，系统运行正常稳定。该系统的投入运行为促进全国统一票据市场的形成，有效提升票据的支付结算效率，降低资金的操作成本，加快金融机构的资金融通起到了重要促进作用。

中央银行会计核算电子对账系统于5月27日顺利上线运行。该系统的投入使用大大提高了人民银行与开户单位对账的实效性与可靠性，充分利用了中央银行现有的网络资源，实现账务数据共享，为开户单位提供优质的数据信息服务，以适应金融机构对准备金头寸、再贷款等账户余额的查询统计需求，改变了传统落后的手工对账方式，做到了防范风险，保障资金安全，实现了账户核对处理的自动化。

督察管理系统于11月上旬正式上线运行，运行情况良好，在推动决策落实、促进政令畅通、提高行政效率等方面发挥了巨大的作用。

**三、高度负责、力求实效，认真完成2009年辖内商业银行网上银行信息安全现场检查工作**

按照《中国人民银行办公厅关于开展2009年全国商业银行网上银行信息安全现场检查的通知》（银办发〔2009〕115号）要求，人行营业管理部制定了《网上银行信息安全现场检查工作方案》，组成了检查组，分两个阶段完成了对辖内商业银行的网上银行信息安全现场检查工作，并督促商业银行整改。

**四、积极组织、稳步推动，确保银行卡工作有效开展**

2009年，人行营业管理部针对北京市各发卡机构在2008年联网通用检测中发现的问题，要求各机构进行整改。在提出具体整改意见的同时，对整改情况进行了现场检查确认，确保了2008年北京市银行卡联网通用检测成果，推动了北京市银行卡产业稳步前进。

（李薇）

# 金融法制建设

## ▲中国人民银行营业管理部法制工作

2009年，中国人民银行营业管理部（以下简称人行营业管理部）以科学发展观为指导，深入推进依法行政工作，金融法制工作成绩显著。

**一、科学发展指导依法行政，依法行政服务金融稳定**

2009年，人行营业管理部充分行使法律法规赋予的金融服务和监督管理职能，严格执法，积极探索综合执法等有效方式，严肃查处和切实纠正各种违法违规行为。全年共实施行政处罚30件（含北京外汇管理部作出的行政处罚，不含空头支票专项行政处罚）。实施空头支票专项处罚4 618笔。为提高空头支票行政处罚案件缴款率，维护国家利益，人行营业管理部于10月分两批就空头支票处罚未执行案件向西城区人民法院申请强制执行。12月中旬，除2个案件因被执行人已注销等原因暂未执行完毕外，其余案件均得到执行，收回执行案款。2009年人行营业管理部共受理行政许可申请189 404笔

（不含北京外汇管理部），准予行政许可189 396笔，不予行政许可0笔，提出初审意见8笔。

**二、认真履行依法行政职责，努力做好金融法律服务**

2009年，人行营业管理部严格依照《规范性文件制定程序规定》的要求，对业务处室制定的规范性文件进行审核，共审核规范性文件或其他文件20余份。人行营业管理部法律事务部门以法律建议、参加谈判、尽职调查等方式参与多项专项工作，努力做好法律协助工作，全年接待金融机构、律师、个人来函、来电、来访近百人次。认真做好全国法院清理执行积案的协助查询工作，2008年12月中旬至2009年6月底，共收到并审核来自北京、上海、辽宁、河南、江苏、广东等11个省市各级法院的查询申请64份，涉案金额9.2亿元。在“北京市清理执行积案活动”总结表彰中，人行营业管理部和法律事务处被评为先进集体，刘卓恒、张海峰、张国华、梁紫燕被评为先进个人。

**三、深入开展金融法制调研，为立法和决策服务**

2009年，人行营业管理部积极参与金融立法调研工作，参与了《中国人民银行执法检查程序规定（征求意见稿）》的修订工作，参与了人民银行总行“人民银行协助有权机关查询的法律问题研究”和“文化产业证券化研究”两个课题的调研活动，完成了《人行营业管理部依法行政工作的理论与实践探索》、《对金融机构反洗钱违规行为直接责任人问责的行政立法研究》、《北京市空头支票行政处罚工作改革途径探析》、《人民银行工程建设领域应注意的法律问题》等调研报告，及时反映辖区工作的难点问题，为上级机关决策提供了具有参考价值的工作建议。

**四、推动金融法制培训，开展多样化金融普法教育活动**

人行营业管理部积极开展《行政复议法》施行十周年系列宣纪念传活动，编写印制了《行政复议法知识宣传手册》，在人行营业管理部的支付结算处和征信管理处、北京外汇管理的营业窗口及辖内主要金融机构网点发放万余份。在内部办公电子化平台开通了“金融法制宣传”网页，网页包含金融法规、工作动态、法律审核、普法研究、以案说法、行政许可统计表报送、法律法规数据库等13个功能模块，实现了金融法制宣传、法律事务审核、法律咨询服务的电子化运转。在各辖区金融机构的大力配合下，组织开展了“反假货币宣传月”、“信用北京行”、“金融知识进社区”等系列宣传活动，有效地提升了社会公众的金融法制意识。

（李红）

## ▲银行业监管法制建设

2009年，中国银行业监督管理委员会北京监管局（以下简称北京银监局）按照“工作有创新、管理求规范、监管显实效”的要求，扎实开展银行业政策法规各项工作。积极配合中国银行业监督管理委员会（以下简称银监会）完善银行业法制建设，加强对辖内银行业金融机构法律工作的指导和服务，努力营造健康稳定的金融环境，不断提升工作的持续性和有效性。

**一、积极配合银监会和市政府立法调研和法规评价工作，及时反馈法律法规执行中遇到的问题**

（一）加强学习，深入研究，推进监

管法律研究和立法建议工作

根据银监会部署，对《银监会法律工作规定》、《银监会行政处罚办法》等10余部法规文件开展了法规评价和立法建议工作。组织专人，深入研究法规文件的实施情况及工作中遇到的问题。在剖析问题的基础上，提出合理、可行的立法建议，全年向银监会反馈立法建议10余件。

（二）落实银监会各项专题调研部署，深入开展立法调研工作

根据银监会的要求，针对行政处罚、法规评价等专题开展调研工作。精心设计调研方案，通过设计下发调查问卷及表格、座谈讨论、流程分析等形式，结合工作实际，合理推进调研，科学严谨地得出调研结论，全年完成此类专题调研10余件。

（三）配合市政府及其有关部门做好地方性法规文件的起草工作

通过参与有关联席会议、提出工作建议等形式，对北京市有关法规文件、会议制度积极反馈意见。完善与有关部门的信息沟通等工作机制，积极为首都地方性法规文件的起草工作提出建议。

**二、扎实履行监管法律服务职能，为监管人员和辖内银行业金融机构提供指导和服务**

（一）编撰《银行业监管法规手册（2008年度）》，促进辖内银行业金融机构依法合规经营

全面收集整理上年度银监会及相关部门发布的银行业监管法规，编撰《银行业监管法规手册（2008年度）》，手册共收录银行业监管法规113项。为辖内银行业金融机构依法经营提供参考，有效提高了监管透明度。

（二）跟踪银行业法律工作状况，指导辖内银行业金融机构法律工作有序开展

对辖内商业银行法律工作情况开展专题调查，了解其法律部门的主要职能及设置模式、法律工作开展情况和难点。在此基础上，下发工作通报，对进一步完善辖内银行业金融机构的法律工作提出有针对性的监管建议，指导其法律工作科学有效开展。

（三）适时开展“促监管政策下基层行”专题活动，引导银行业金融机构切实学习掌握各项银行业监管政策法规

为加强一线员工风险控制意识，北京银监局和北京银行业协会联合组织了“促监管政策下基层行”活动，向辖内银行业金融机构宣传监管政策、普及相关知识。一是编写《银行监管政策宣传手册》。通过问答的形式对近期银监会和北京银监局下发的重要监管政策文件核心内容进行了梳理筛选，并罗列了重要监管政策法律法规文件目录。二是编撰《银行监管政策与法规汇编》。收录了2003年至2009年共计5大类136项重要的银行监管政策与部门规章、规范性文件。三是编写《监管政策案例汇编》，内容涉及储蓄存款类、承兑汇票类、信贷类、理财产品类、小企业融资类、其他六大部分，深入浅出地解析了银行监管政策及各项规定。四是由青年骨干组成宣讲团，深入基层支行宣讲银行监管政策及各项规定。五是组织辖内银行基层支行参加监管知识考试。

（四）积极协调推进银行业金融机构清理积案工作

按照银监会工作部署，协调配合司法机关开展清理执行积案工作。及时了解银行业金融机构在上述工作中的困难和呼声，总结有共性的问题，向北京市高院反映，推进工作稳步开展。

**三、加强与有关单位在防范和打击金融犯罪方面的协调合作，营造良好社会氛围，维护首都金融稳定**

（一）配合市政府做好非法集资认定处置工作，维护首都金融和社会秩序

北京银监局作为北京市打击非法集资和非法证券工作协调小组办公室成员单位，继续积极发挥工作职能，配合市政府做好处置非法集资各项工作。在案件性质认定、政策和法律研究、工作人员培训、宣传教育等方面，加强与北京市打击非法集资工作协调小组的工作沟通和配合，推进工作机制有序运行。

（二）落实中央和北京市社会综合治理各项工作

作为成员单位，参与北京市打击网络淫秽色情专项行动和制售贩卖假冒伪劣药品专项工作，督促辖内银行业金融机构积极配合上述工作开展。

（三）采取多种措施，着力防控利用电信诈骗等犯罪案件

针对北京地区利用电信等新型作案手段诈骗客户银行资金案件，迅速组织辖内银行机构开展案件风险防范工作。从制度建设、系统完善、人员培训等方面，指导辖内银行机构采取切实有效的防控对策，并利用多种途径对社会公众进行宣传和警示，有效地遏制了此类案件的多发态势，维护人民群众利益和社会稳定。

（于潇）

## ▲证券业监管法制建设

2009年，中国证券监督管理委员会北京监管局（以下简称北京证监局）紧密围绕各项证券期货监管任务，进一步夯实法制工作基础，强化依法监管理念，完善监管制度措施，确保北京辖区证券期货经营机构、上市公司、基金管理公司依法经营、规范运作，为维护首都和证券市场的稳定提供了法制保障。

**一、积极参与国务院法制办、中国证监会、北京市人民政府的立、改法工作，立足监管实际，为全局性的法律制度建设建言献策**

北京证监局高度重视立法环节的研究工作，2009年共参与了20余部法律性文件的制定和修改，根据中国证券监督管理委员会（以下简称证监会）安排，对包括《中华人民共和国评估法（草案）》、《中华人民共和国保守国家秘密法（修订草案）》、《关于公司法若干问题的意见（三）》等积极提出完善建议。2009年初，经过认真研究，对市金融工作局的“三定”规定草案提出修改意见并反馈。

**二、设立法制工作处，系统梳理监管业务规范，摸索建立法律意见会签制度，完善依法监管的制度保障，为监管工作提供专业支持**

2009年初，北京证监局新设法制工作处，并着手完成一系列基础性法制工作。收集局内各处室业务相关规章及规范性文件，汇编形成北京证监局依法监管数据库，供业务处室日常查阅使用。起草制定《北京证监局证券期货市场监督管理措施工作规程》和《北京证监局监督管理措施格式文书索引》，统一了日常监管中可以采取的行政监管措施的种类，规范了监管文书格式，明确了日常监管措施实施程序，使行政监管措施的实行向有法可依迈进了一大步。积极摸索建立法律意见会签制度，在各类疑难复杂事项的监管执法过程中，北京证监局法制处与各业务处紧密合作，认真研究案件事实，准确提供法律咨询意见，帮助各业务处妥善采取监

管措施，为北京证监局行政行为的合法性、规范性把关。

**三、广泛开展监管课题调研，注重案例分析和业务创新，不断提高监管业务水平**

2009 年，北京证监局多次参加证监会系统相关业务课题调研，内容涉及短线交易认定及监管职责、创业板发行审核制度研究、基金托管人法律规制、证券投资咨询的执法监管、非法证券活动性质认定等课题，均形成专门调研报告。此外，持续关注辖区内有重大影响的证券期货类案件的侦查、起诉、审理进展，对已定性或有阶段性进展的案件形成案例分析，及时总结监管经验，为证券期货一线监管工作提供参考。

**四、结合监管要求，有针对性地开展普法培训活动，编辑普法专刊，搭建普法宣传平台**

2009 年，北京证监局按照辖区监管责任制的分工要求，以会谈、授课等多种形式组织辖区上市公司、证券公司、基金管理公司、期货公司、证券投资咨询公司的董事、监事和高级管理人员进行培训，强化合规经营意识，传递监管信息。12 月，面向辖区机构开展"12·4"普法宣传证券期货法律知识竞赛活动。定期编发《法制工作通讯》，开辟了"新法规解读"、"案例分析"、"执法经验交流"、"执法探讨"等栏目。通过分析评论证券期货典型性案例、讲解最新立法，搭建法律知识的学习和研究平台，从而发挥信息沟通和普法宣传教育的作用。

**五、充分发挥稽查执法力量，打击各类证券违法违规行为**

2009 年，北京证监局累计办理证监会交办立案案件 5 起，办理证监会和本局非正式调查案件 22 起，办理协查案件 20 起。在案件调查过程中，加强与业务处室沟通合作，及时通报阶段性稽查结果，使得业务处室在日常监管中即可利用稽查工作成果，督促公司改正问题，化解风险，发挥了稽查和业务处室的行政执法威慑力。

针对非法证券活动名目不断翻新、手法更加多样的现状，北京证监局本着及时发现、及时定性、果断有效打击的原则，联合公安、检察部门，加大执法力度，对投资咨询、委托理财等形式的非法证券活动予以严厉打击。2009 年 4 月，配合公安部门破获了一起冒充中国国际金融公司进行证券投资诈骗的案件，并借助媒体对类似诈骗案件进行深度宣传，引起社会广泛关注。北京证监局注重开展投资者教育活动。12 月，开展了为期一个月的"防范非法证券投资咨询风险教育宣传月"活动，采取多种方式对当前活动较猖獗的非法证券投资咨询行为特征和方式进行揭露性宣传，提示广大投资者警惕非法咨询陷阱。此项活动由北京当地 4 家报纸同时报道，20 多家网站相继转载，收到良好的警示教育效果。2009 年，北京地区各级法院相继对 11 起非法证券活动进行了宣判，有效遏制了非法证券活动的蔓延，净化了市场环境，维护了投资者合法权益，为首都市场的健康稳定发展作出了贡献。

（傅冬霞）

## ▲保险业监管法制建设

2009 年，中国保险监督管理委员会北京监管局（以下简称北京保监局）深入贯彻落实科学发展观，切实加强和改进监管，着力防范市场风险，加强保险消费者利益保护，以制度建设为核心，开拓创新、狠抓落实，扎实推进各项工作依法有序开展，有力地促进了北京保险市场平稳健康发展。

**一、贯彻落实新《保险法》，扎实提高依法监管能力**

一是认真开展学习宣传工作。制订学习宣传工作方案，在全行业分类别、分层次开展新《保险法》学习培训活动，举办培训班和座谈研讨会，分别组织保险公司高级管理人员和监管干部学习新《保险法》。督促保险行业协会和各保险公司开展新《保险法》普及宣传活动，在社会上形成广泛影响。二是抓紧修订各类监管制度。根据新《保险法》和中国保险监督管理委员会新修订的规章制度要求，做好规范性文件废改立工作，全年共梳理规范性文件242件。加强内部法律事务规则和流程制定，完善自身行政行为，拟定听证、行政复议、行政处罚裁量指引等监管工作规则。三是加强保险产品、销售、理赔等关键环节监管，指导督促保险公司依法完善调整内部流程和经营规则，切实维护保险消费者利益。四是认真贯彻实施《政府信息公开条例》，研究制定实施规程、公开指南和公开目录等配套制度，组织开展信息公开工作培训，及时公开行政许可、行政处罚等监管信息。

**二、加大市场行为监管力度，营造公平有序法制环境**

一是持续深化车险制度改革。根据商业车险费率监管的实际，持续推进费率改革工作，在维护投保人利益的前提下，确定“简化系数、挂钩风险、系统控制”的费率改革原则，指导保险行业协会制定出台商业车险费率浮动方案，实现车险价格和车辆风险相匹配。推进机动车辆信息数据标准化工作，建立了行业统一的车型和价格数据库，进一步加强北京车险信息平台功能建设，为实施商业车险费率浮动提供技术保障。二是综合治理短意险市场。制定出台中介渠道短意险业务规范办法，进一步明确短意险经营标准。指导保险行业协会与中国航空运输协会华北代表处联合发布《关于规范航空运输销售代理人代理保险业务的通知》，规范代理人销售航意险保单的行为。注重消费者教育，适时向社会发布购买短意险消费风险提示公告。三是认真开展保险业打击“三假”专项工作。制订工作实施方案，积极营造打击保险犯罪行为的执法环境。配合公安部门查处“申邦”、“恒亚迪”等假机构、假保单案件，处理大润经纪公司涉嫌非法集资等问题。查实某农险公司编造虚假保险事故，骗取政策性农业保险赔款的行为。四是加大违法违规行为查处力度。深入开展经营数据真实性自查和抽查，对各保险公司中介业务、农业保险、短意险、银保业务等重点实施专项检查。全年对40家机构实施了现场检查，共处罚违法违规机构14家次，处理相关责任人15人，并向社会公开披露。指导保险行业协会开展自律检查，对17家银行139个销售网点开展销售误导暗访调查，跟进查处有关违法违规问题。

**三、加强相关制度建设，保护保险消费者合法权益**

一是规范寿险销售行为。制定实施投连险销售适用制度，确保保险产品与投保人财务承受能力相匹配，建立了基本覆盖寿险销售全过程的监管制度框架。推行营销员挂牌展业制度，发挥消费者监督作用。全面推进营销员网上继续教育，促进营销员素质提高。二是提升车险理赔服务水平。推行车险理赔时效测评指标披露制度和理赔记录网上查询制度，以制度规范理赔行为，促进保险公司改善理赔服务。进一步完善交通事故快速处理机制，提高理赔时效。1～11月，北京车险平均结案周期缩短至26.2天、结案率提升至81.4%。理赔记录网上查询人次超过69万人。三是不断加强信访投诉处理。以信访反映的突出问题为突破口，从源头治理和规范市场行为，全年依法处理各类信访投诉事项2 063件。加强国庆等重大活动期间信访安保工作，妥善处理群访缠诉事件，维护首都社会安全稳定。四是加强行业合同纠纷调解机制建设，不断提高纠纷调解水平，全年调解案件466件，调解成功率达到93.6%，形成了保险行业协会、监管部门和司法机关多层次的合同纠纷处理机制，为保险消费者维权提供多渠道的帮助。

**四、增强与司法部门沟通合作，促进行业依法合规发展**

一是从积极应对重大法律事务入手，加强与司法部门的沟通交流。在行政诉讼中，主动向法院介绍保险监管部门的职责和主要工作开展情况，配合法院全面掌握案件真实情况。在案件审结后，主动与法院进行联系，通过专门的研讨座谈会，对案件进行深入细致的全面剖析，听取主审法官的意见和建议，及时梳理，认真总结，完善监管制度，进一步提高监管人员的执法能力。二是以合同纠纷调解为平台，深化与司法部门的合作。北京保险合同纠纷调解委员会已与东城、西城、朝阳、石景山和丰台5家人民法院建立了联合调解机制。全年共调处56件案件，同时联合召开了多种形式的讨论会，共同组织了十多次调研活动，转送了多份建议函。

（唐西华）

# 反洗钱工作

2009年，中国人民银行营业管理部（以下简称人行营业管理部）以科学发展观为指导，着力完善反洗钱监管工作机制，不断加强可疑交易线索分析和调查力度，进一步深化反洗钱合作机制，积极开展反洗钱宣传培训，反洗钱各项工作取得新成果。

**一、进一步完善反洗钱监管工作机制，反洗钱监管取得明显成效**

（一）继续完善非现场监测体系，进一步提高非现场监测水平

2009年，人行营业管理部继续贯彻非现场监管与现场检查相结合的工作思路，调整完善了银行机构的非现场评价指标体系，提高了对银行机构洗钱风险评价的准确性。加大对非现场报表数据的分析力度，研判金融机构的反洗钱工作状态及存在的问题，为实施有效监管提供依据。将审核金融机构报备反洗钱内部控制制度的完整性和可操作性、统计分析报告、工作计划、工作总结、工作信息、重大可疑交易专报和协助行政调查等纳入非现场监测范围，进一步扩大非现场监测信息的来源，提高非现场监测的科学性。

（二）加大现场检查和处罚力度，检查覆盖面扩大到期货、信托等行业

2009 年，人行营业管理部共对北京辖内 14 家金融机构实施了现场检查，检查机构数量比上年增长 40%，检查范围首次覆盖到期货、信托等行业。共查阅反洗钱内部控制制度 91 项，交易记录 258 万余条，客户身份信息记录 150 余万条；发现反洗钱内部控制制度存在的问题 40 个，违反客户尽职调查规定的客户信息 130 余万条，违反客户身份资料保存规定的客户身份资料 21 万份，金融机构漏报可疑交易 18 起，错报可疑交易 1 363 笔。对 2008 年度检查和调查发现的严重违反反洗钱有关规定的 4 家金融机构实施了行政处罚，罚款合计 145 万元。

（三）综合采取多种手段，对金融机构进行风险提示与指导

一是采取约见谈话、下发监管质询等监管措施，对金融机构进行风险提示。对 21 家不按时报送反洗钱非现场监管信息的金融机构进行了书面质询，约见了 7 家金融机构高管和反洗钱部门负责人谈话，进行风险提示，并提出整改要求。

二是分别组织召开了银行、证券期货和保险业金融机构反洗钱联系会议，通报了反洗钱非现场监测和现场检查发现的问题，要求各金融机构对照问题进行自查自纠。

三是组织座谈会，促进行业交流，加强工作指导。组织召开了“新设及筹建银行反洗钱工作座谈会”和“资产管理公司反洗钱工作座谈会”，对上述机构的反洗钱工作进行了指导；建立了定期工作联系制度，安排了 15 家金融机构交流反洗钱工作经验；以反洗钱工作简报为平台，传导政策、交流经验、推进工作。

（四）可疑交易报告质量逐步改进，金融机构反洗钱工作水平不断提高

2009 年，北京市金融机构共报送可疑交易 323.80 万份，比上年度减少 61.26 万份，下降 15.91%；报送重点可疑交易 66 份，比上年度增加 21 份，增长 46.67%。报送工作总结 69 份、工作计划 521 份、工作信息 212 份，共有 437 家金融机构建立并报备了反洗钱内部控制制度，反洗钱内部控制基础不断夯实。

**二、不断加强可疑交易线索分析和调查力度，持续提升反洗钱打击犯罪的有效性**

（一）加强对涉嫌犯罪线索的调查与分析力度，发现和协助破获多起重大案件

2009 年，人行营业管理部加强了可疑交易线索分析和调查力度，在重大典型案件线索筛查、移送和破获上取得了新突破。全年共对 25 起线索开展调查 76 次。指导报送机构加强了线索信息的综合判断和深入分析，提高了重点可疑交易专报质量。建立了重点可疑专报线索和反洗钱调查季度分析制度，定期统计线索类型，分析典型特征，挖掘并共享其中的监管信息点，推动分析和调查水平的提高。主动发现和移送 6 起涉嫌犯罪的可疑交易案线索，涉及金额 31 408.43 万元。其中一起涉及某大型国有企业负责人涉嫌贪污贿赂案件已成功告破。3～4 月，人行营业管理部与北京警方密切合作，协助破获了一起涉案金额近 260 万元的远程电话诈骗案。

（二）积极开展“护航 2009”专项行动，协助反恐部门开展行政调查

认真落实“护航 2009”反恐融资各项要求，为国庆 60 周年保驾护航。制订了反恐融资专项行动工作方案，组织召开辖内银行机构工作会议进行专项部署，要求银行机构建立健全反恐融资内部控制制

度，开辟反恐融资可疑交易线索快速处理的“绿色通道”，指定专人负责反恐融资工作，建立定期报告制度。行动期间，大力协助反恐部门开展涉恐账户资金的调查工作，重新启动了反恐融资快速反应工作机制，充分发挥反洗钱调查高效、快捷、保密性强等优势，专项行动取得了明显成效。

**三、继续深化反洗钱合作机制，反洗钱协调合作能力不断增强**

一是与公检法等执法司法部门签署了反洗钱合作备忘录。4月9日，人行营业管理部联合市公安局、市国家安全局、北京海关、市检察院、市高级法院签署了反洗钱合作备忘录，进一步拓宽了洗钱案件侦办的合作范围，加强了线索发现、移送、协查、侦查、起诉和审判等工作联系，提高了打击洗钱及相关犯罪的效率。

二是组织召开了“一行三局”反洗钱联络员会议，在加强反洗钱工作联系与沟通、共同开展反洗钱培训等方面达成高度共识，在召开会议、相互抄送文件、通报机构设立和变更信息等方面将进一步加强合作，共同制定反洗钱内部控制指引，深入推进金融机构反洗钱工作，反洗钱监管合作有了新的进展和具体内容。

三是召开了人行营业管理部反洗钱工作领导小组会议，反洗钱处、法律事务处、支付结算处、货币金银处、征信管理处、外汇检查处等相关处室参加了会议，重点研究了成员部门协作中信息查询等相关问题，反洗钱内部监管合力进一步巩固。

**四、积极开展多种反洗钱宣传培训，着力提升金融机构反洗钱业务水平**

一是举办反洗钱实务培训，提高金融机构反洗钱骨干人员的业务技能。5月19日至22日，分别举办了北京市银行业、证券期货和保险业两期反洗钱实务培训班，辖内金融机构383名反洗钱专、兼职人员参加了培训。

二是以反洗钱工作简报为阵地，为金融机构搭建了交流平台。全年编发简报7期，共选编动态信息24篇、经验交流材料21篇、调研信息8篇以及工作会议材料和领导讲话18篇。发放反洗钱宣传手册总计3万册，为金融机构提供了权威性强、内容丰富的宣传资料。

（李长卿）

# 五、机构业务综述

## 金融管理机构

# 中国人民银行营业管理部

2009年，中国人民银行营业管理部（以下简称人行营业管理部）全面落实科学发展观，紧密围绕党中央、国务院“保增长、调结构、促改革、惠民生”的指导方针，按照人民银行工作会议部署，紧贴北京经济金融发展实际，求真务实，开拓创新，各项工作取得了新成绩。

**一、认真贯彻落实各项金融调控政策，有力支持首都经济企稳回升**

2009年，人行营业管理部紧紧围绕保持经济平稳较快发展这一中心工作，认真贯彻适度宽松的货币政策，把握好政策的重点、力度和节奏，积极引导金融机构加大信贷投放，优化信贷结构，正确处理好金融支持与风险防范的关系，有力地促进了首都经济的平稳较快发展。

深入分析经济金融运行态势，为有效传导和执行货币信贷政策提供有力支撑。建立了信贷收支快报、政府投融资平台风险监测、总部企业景气问卷调查等监测统计制度；完善了涉农贷款、贷款分行业统计制度，扩大了房地产专项统计范围。高质量完成了辖内金融机构第二次经济普查数据生成、上报工作和区域金融运行报告统稿工作。密切关注经济金融领域的热点问题和苗头性倾向，加强对微观经济主体运行情况的分析。

进一步发挥信贷政策的导向作用，督促金融机构大力支持经济结构的优化调整。出台了《关于金融支持首都文化创意产业发展的指导意见》和《加强首都科技金融服务工作　支持中关村自主创新示范区建设指导意见》，与海淀区政府和中关村管委会签署推进首都“科技金融”建设合作协议，制定了人行营业管理部支持首都“科技金融”建设“1+2+4”工作方案，金融对符合首都城市定位和发展方向的产业支持力度进一步加大。召开了中小企业信贷推进会，推出“4+4”中小企业金融服务方案，探索扩大中关村“信贷快车”试点，中小企业的信贷环境进一步优化。与市政府相关部门联合出台《北京市小额担保贷款担保基金管理办法》等配套政策，启动经济适用房开发贷款创新试点，经济社会薄弱环节和民生领域的金融服务明显改善。

加强对货币政策工具和金融市场的管理。严格金融市场准入管理，加强对金融市场异常交易状况的核查处理，推动了金融市场业务有序开展。规范再贴现业务操作规程，密切监测市场利率、汇率变动情况，对金融机构利率政策实施情况进行监督检查，辖内金融机构定价机制建设更趋完善。

总体来看，适度宽松的货币政策在北京得到较好的落实，首都金融运行平稳，金融对重点项目、优势产业及经济社会薄弱环节的支持力度进一步加大。全年房地产业，制造业，租赁和商务服务业，水利、环境和公共设施管理业，交通运输、仓储和邮政业以及公共管理和社会组织等行业新增贷款3 575.2亿元，占新增贷款

（不含票据）的八成以上。截至年末，中小企业贷款比年初新增1 092.6亿元，高新技术产业贷款余额同比增长21.1%，小额担保贷款余额同比增长9.5%，文化创意产业贷款全年累计发放111亿元。

**二、努力防范和化解金融风险，维护首都金融安全与稳定**

2009年，人行营业管理部密切关注辖内金融机构改革动态，及时掌握金融机构流动性状况，妥善处理金融案件，努力维护中央银行资金安全，确保首都金融安全与稳定。

密切关注辖内金融机构改革动态，加强金融风险监测分析。开展了涉外企业对外贸易和境外投资受国际金融危机影响损失情况监测试点，对金融风险的监测分析效果进一步提升；完成了《2009年北京市金融稳定报告》。北京农村商业银行24.2亿元专项中央银行票据成功兑付，北京农村信用社改革取得重要成果。开展村镇银行等新型农村金融机构和小额贷款公司试点工作，截至年末，北京已有5家村镇银行和21家小额贷款公司获批、开业。

积极做好辖内被处置金融机构的清理工作。根据人民银行总行要求，积极推进融资中心及自办经济实体清理收尾工作，圆满解决了物业纠纷案。聘请会计师事务所对融资中心进行审计评估，协调收回账外现金资产97.2万元。中创公司清算的收尾工作稳步开展，中兴信托破产清算的移交工作顺利完成。

稳步推进综合执法检查工作。圆满完成2008年综合执法检查后续工作，进一步完善检查的组织方式和工作机制，对中国工商银行北京市分行、华夏银行北京分行及友利银行三家银行开展了检查，共出具事实确认书92份，有效促进了被检查银行的合规经营，确保了各项政策在辖内得到有效贯彻。

开展严厉打击各类金融违法犯罪活动，维护首都金融安全。2009年2月，依托人民银行业务系统，协助公安部门快速破获北京农村商业银行“2·27”特大贷款诈骗案，涉案金额高达4.63亿元，为国家挽回了巨额资金损失，荣获人民银行总行“维护金融安全先进集体”称号。与公安部门联合开展打击银行卡违法犯罪专项行动，共缴获各类伪造、冒用信用卡1 400余张。协助公安部门成功破获了1起北京自新中国成立以来最大假币案、2起涉嫌贪污贿赂案、1起远程电话诈骗案和盈富汇网络炒汇案，有效地净化了首都金融市场环境。

**三、加快金融服务现代化步伐，金融服务水平全面提升**

2009年，人行营业管理部坚持以人为本，着力巩固奥运成果，依托科技创新，不断拓展金融基础设施的服务功能。

支付系统服务功能不断完善。完成北京市同城票据清分系统更新改造工作，电子商业汇票系统、同城票据交换信息管理系统一期顺利上线运行。全年大小额支付系统共处理业务6 563.9万笔，金额611万亿元；全国支票影像交换系统处理业务117.6万笔，金额622亿元；同城票据清分系统共清分票据3 497.6万笔，金额5.97万亿元。银行卡市场继续保持快速发展势头，全年刷卡交易额突破5 000亿元，同比增长50%以上。大力推动“三通工程”，切实解决居民公用事业缴费难问题。

国库服务功能不断拓宽，经理水平稳步提升。国库会计数据集中系统（TCBS）

成功上线。财税库银横向联网推广取得新成效，国税的电子缴税比率超过70%，横向联网系统全年共处理电子缴库业务482万笔，增长35%，全辖电子缴税比率达80%，居全国前列。国库直接发放养老金试点工作稳步推进，目前已有733名参保人员通过国库系统按时领到养老金。

货币发行管理进一步加强。积极应对HD90假币事件，对各银行配备的验钞机、ATM等进行现场检测；开展了“反假货币宣传月”等系列宣传活动，协助破获了北京自新中国成立以来最大假币案，查获假币600余万元。

反洗钱监管及服务水平有了新提高。与执法、司法机构签署了反洗钱合作备忘录，建立了金融机构定期联席会议制度，召开了“一行三局”反洗钱联络员会议，协助警方破获2起涉嫌贪污贿赂案、1起远程电话诈骗案，反洗钱合作机制效果进一步彰显。

征信体系建设进一步完善。加强与海淀区政府的合作，开展区县信用体系建设试点工作，与中关村管委会联合推动银科企合作，有效缓解了园区中小企业贷款难问题。与市经委就“加快建立金融业统一征信平台，推动首都社会信用体系国家示范区建设”达成共识；对信贷市场和银行间债券市场信用评级工作开展现场检查，征信市场管理进一步规范。将地税、环保信息纳入征信系统，非银行信用信息采集范围不断扩大。深入开展“信用北京行”、“信用记录关爱日”等宣传活动，进一步提升公众信用意识。

（肖静）

# 国家外汇管理局北京外汇管理部

2009年，国家外汇管理局北京外汇管理部（以下简称北京外汇管理部）全年工作紧紧围绕“保增长、促服务、防风险”三个重点，紧贴北京实际，全面贯彻国家外汇管理局的各项工作部署，取得了较好成绩。2009年，北京地区结售汇总额3 146亿美元，居全国第二位（比广东仅少92亿美元），同比下降37%。其中，结汇1 081亿美元，居全国第五位，同比下降32%；售汇2 066亿美元，居全国第一位，同比下降40%。

## 一、保增长

2009年，北京外汇管理部以促进贸易投资便利化为出发点和落脚点，采取多项措施优化服务，满足企业贸易融资需求，提高企业和金融机构外汇资金使用效率，最大限度地降低因外汇管理给经济主体带来的额外成本，为首都外向型经济平稳健康发展提供了有力支持。

### （一）便利措施增强企业抵御风险能力

作为北京市帮扶企业应对国际金融危机工作组成员单位，北京外汇管理部深入了解北京地区进出口现状，听取企业诉求，积极和相关部门沟通帮助企业解决实际问题，先后推出多项帮扶政策措施，如将一般企业预收货款与延期付款的比例由原来的10%放宽到25%；规定单笔金额等值5万美元（含）以下的预收货款、延期付款和预付货款不再纳入额度管理；贸易项下延期付款可付汇额度由原来的年度累计发生额管理调整为余额管理；进一步简化贸易信贷登记手续；来料加工收汇比例统一由20%调整到30%；简化经营性租赁售（付）汇业务审核流程等。这些措施保障了北京地区大多数企业及时办理收付汇，及时释放贸易信贷额度，大大地提高了企业的资金调拨灵活度，从而提高其对危机影响的适应力和抵抗力。

（二）政策倾斜满足企业资金需求

一是有针对性地调整辖内金融机构短期外债指标，引导金融机构发挥信用中介作用，支持地方经济发展。全年，北京外汇管理部为辖内30家金融机构下达短期外债指标共计99.67亿美元，短期外债指标调增幅度平均在10%以上。同时确保新增短期外债指标全部用于支持辖内企业进出口贸易融资，切实促进实体经济和对外贸易的健康发展。二是规范境外上市募集资金及社保基金结汇行为，保障企业资金安全。全年，共办理境外上市外汇登记5笔、境外上市募集资金及社保基金结汇共37笔49亿美元、购付汇8笔14亿美元。

（三）改革管理提高大型企业资金使用效率

一是继续简化跨国公司服务贸易售付汇业务管理，完成对4批184家跨国公司的审核工作，使企业外汇头寸管理更加灵活，资金使用效率大大提高。二是积极支持辖内符合条件的企业集团以财务公司为平台，开展外汇资金集中管理和即期结售汇业务。全年，北京地区共8家财务公司申请开办此项业务，7家已得到批复，其外汇资金使用效率大大提高。

（四）融资性担保大力支持企业“走出去”

全年，北京外汇管理部核定融资性对外担保年度额437亿美元，同比增长32%；完成境外投资登记373笔，中方投资总额222亿美元，同比增长147%。

**二、促服务**

北京外汇管理部以“务实、便民、高效”为工作目标，采取多种措施优化服务，提升管理水平，多次收到来自企业的感谢信，树立了良好的公众形象。

（一）切实转变工作理念，服务要务实

2009年，北京外汇管理部在深入调研的基础上，多次召开专项工作会议，推动出口收汇核销手续简化工作。此项改革最终得到国家外汇管理局批准，从而使辖内6 000家出口企业每年减少往返北京外汇管理部约4.8万次，减少纸质核销业务60多万笔，降低了企业运行成本，提高了核销工作效率。

（二）不断丰富工作途径，服务要便民

一是认真梳理各项业务操作流程，在规范履责的前提下，进一步简化各项业务流程，并在服务大厅公示，使办事过程一目了然，政务审核公开透明。二是借助电话咨询、网页更新做好政策宣传解释工作。全年共接听电话业务咨询130 777个，接听率96%，投诉率仅为0.01%，公众满意度大大提高。三是继续每周一天派专人赴北京海关联合办公，为北京地区外贸企业开展业务提供咨询和服务。四是认真接待公检法部门工作人员，全年共配合完成42项案件调查和取证工作。

（三）依托技术创新，服务要高效

2009年，北京外汇管理部本着“向

科技要效率”的原则，积极发挥主观能动性，自主开发了贸易信贷系统预付货款注销辅助程序，实现了内网企业申报数据和外网海关数据的自动批量提取和比对，以及初审和复核的自动化处理，提高了审核效率，缩短了返还企业预付货款可付汇额度的时间，受到企业好评。

**三、防风险**

在国际金融危机的复杂背景下，北京外汇管理部一方面进一步夯实统计基础，加强对国际收支形势的研判，完善国际收支统计分析和预警监测体系；另一方面继续抓好跨境资金监测，加强贸易收结汇与贸易活动真实性、一致性审核；同时辅以强有力的检查手段，打击各种外汇违法违规行为，有效防范潜在风险。

（一）继续做好基础统计工作，不断提高分析研究水平

一是积极做好北京地区外汇金宏系统试点和验收。克服了北京地区外汇指定银行总行多、接口杂、任务重的困难，分三批实现银行全部上线。二是认真做好贸易信贷调查、中资金融机构境外资产负债专项统计、国际收支申报和结售汇统计基础性工作，不断提升数据准确性。三是建立外汇形势综合分析小组与行业研究小组，打破处室、科室界限，整合各部门数据和人才资源，成立6个专项研究小组，分别对汇率、重点行业、外汇市场进行跟踪调查。四是建立信息点定点调查制度。选择工商银行朝阳支行、中国银行宣武支行等10家银行基层网点作为定点调研单位，建立快速便捷的直接调查渠道，随时把握资金流动苗头性现象。五是继续加强与商务、海关等部门的数据共享，使信息交流机制向长期化、深层次拓展。2009年，北京外汇管理部研究成果丰硕，有81篇信息被人民银行总行、国家外汇管理局采用，采用率由2008年的25%提高到32%，连续5年得到A类评价。

（二）进一步加强对跨境资金流动的监测

一是充分运用外商直接投资、境外投资、外债统计监测、贸易信贷、外汇账户等信息管理系统信息，全面监测跨境资金流动，密切关注大额可疑交易。二是通过联网核查继续加强贸易收结汇与贸易活动真实性、一致性审核，保证贸易资金进出合规性。三是清理服务贸易资金流动管理的漏洞，就规范和完善公益性捐赠外汇收支管理办法进行调研，改进和加强审核；对个人购汇的真实性用途进行调研，摸清管理漏洞。四是加强对国有企业境外商品期货套期保值项下资金跨境流动的监测。

（三）深入开展各项检查工作

一是制定了《北京外汇管理部外汇案件集体审议工作制度（暂行）》，实现了依法行政与执法风险控制的有机结合。全年共组织召开案审会6次，对24起案件的违规行为定性和处罚进行了集体审议。其中查处案件14件，收缴罚没款151万元，收缴率100%。二是积极推进各项专项检查工作，全年开展了外商投资企业、外汇指定银行外汇业务合规性、证券投资外汇业务等6项专项检查，涉及金融机构及分支机构117家，证券公司及分支机构7家，企业266家。

（王振芳）

# 中国银行业监督管理委员会北京监管局

2009年，中国银行业监督管理委员会北京监管局（以下简称北京银监局）以科学发展观统领全局，以风险管控为重要抓手，以全面提高监管工作有效性为主线，扎实推进各项监管工作有序开展，各项监管工作取得新突破，首都银行业保持健康、平稳和可持续发展。

**一、强化监管政策引领，有力推动首都经济社会发展**

为督促辖内银行业金融机构贯彻落实国家宏观调控政策，促进首都经济又好又快地发展，北京银监局及时出台了关于促进辖内银行业金融机构支持首都经济发展、支持首都农村经济发展和支持中关村国家自主创新示范区建设“三项指导意见”，引导辖内银行业金融机构加大对重点项目、重点产业、重点区域的信贷支持，确保信贷资金流向实体经济和国计民生重要项目。

继续鼓励辖内银行业金融机构加大对中小企业的信贷支持力度。督促和指导银行从经营模式、机制建设、发展规划等方面建立和完善中小企业专营机构建设；适度调整监管政策，提高服务中小企业特别是科技型企业的风险容忍度；支持中关村国家自主创新示范区建设，改进市场准入审批流程，开通“绿色通道”审批，大力支持银行在示范区内优先试行创新业务和增设专营机构。

推动农村金融工作深入开展，加大涉农金融支持力度。调整市场准入政策，对商业银行在郊区设立分支机构实行快速优先审批；推动新型农村金融机构试点工作，批准大兴九银等三家村镇银行筹建，批准怀柔融兴村镇银行开业；组织召开“三农”工作经验交流会和“三农”业务政策宣讲会，促进辖内银行深入了解“三农”政策。

**二、主抓重点领域风险，着力提升风险防控水平，风险防控工作成效显著**

重点关注政府融资平台公司贷款风险，按照中国银行业监督管理委员会（以下简称银监会）要求，积极开展调研，摸清风险底数，及时向市政府报告和沟通，转达监管要求，积极与市发展改革委、市财政局等部门保持密切联系，开展平台公司贷款数据的核实工作。

强化对房地产贷款的风险防控工作。一是按照“讲方法、提要求、防风险”的工作思路，要求辖内银行业金融机构严格执行相关政策，杜绝以政府有关部门承诺函作为担保和在“宽限期”内补办手续的方式发放土地储备贷款。二是组织辖内银行业金融机构开展按揭贷款风险排查和自查自纠工作，确保监管政策落到实处。三是坚决执行“二套房贷”政策，提示各机构警惕投资性需求贷款风险，对违反“二套房贷”政策的机构暂停了二套房贷款业务。四是向辖内银行业金融机构提出了应关注的“二套房贷”七大风险环节。

保持案件防控的高压态势，深入开展了“案件风险 百日大排查”工作。北京银监局领导带队赴辖内银行业金融机构进行现场督导和突击式飞行检查 58 次，各监管处室开展现场督导、“访问式检查”超过 200 次。辖内银行业金融机构共排查业务笔数近 400 万笔，排查业务金额约 739 亿元，发现问题 2 931 个。

加强贷款投向和贷后资金流向的监督检查力度。一是开展票据专项检查和调研工作，要求辖内银行业金融机构进一步加强票据业务贸易背景真实性的审查。二是重点防范信贷资金流入股市等高波动性和高投机性领域，对辖内银行业金融机构个人消费贷款转入证券交易账户情况进行了抽查，并对问题较为严重的部分支行采取暂停个人消费贷款的监管措施。三是要求辖内银行业金融机构完善业务流程，改进管理模式，提高对贷款专款专用的监控能力，切实加强贷后管理。

**三、以法人监管为核心，不断督促辖内法人机构完善公司治理水平**

一是高度关注民生银行、华夏银行两家属地监管法人机构资本充足情况，引导其建立资本约束理念。针对民生银行第二季度贷款过快增长导致资本充足率大幅下降逼近监管警戒线的问题，要求其严格控制风险资产以及贷款的增长，同时认真落实银监会对民生银行机构和业务准入的限制性监管措施；支持民生银行 H 股上市和华夏银行发行次级债。

二是促进北京银行进一步提升董事会的战略规划职能；积极跟踪北京银行组织架构改革，要求北京银行做好改革的稳步推进和持续评估工作；关注北京银行综合化经营情况，要求其加强综合化经营战略研究，制定切实可行的资本补充规划，完善资本管理与并表管理，加快培养综合化经营人才。

三是督导北京农村商业银行加强董事会建设，结合“2·27 案件”，要求其从公司治理入手分析案件发生的深层次原因，全面加强董事会在发展战略、风险管理等方面的推动作用。指导北京农村商业银行拟订换届工作方案，加强与市政府的沟通，为北京农村商业银行争取市政府对高级管理人员队伍选配工作的支持和指导；指导北京农村商业银行进一步改进经营发展、风险控制、资本管理等方面工作。

四是关注辖内外资法人机构母行的经营发展状况，随时防范母行风险向国内子行的传递；积极围绕完善公司治理、提高独立风险管理能力、落实过渡期监管要求等重点，切实做好外资法人监管，督促机构落实宽限期各项监管指标及系统建设监管要求，有效控制风险水平。

五是指导辖内信托公司、汽车金融公司、金融租赁公司 3 类非银行金融机构完成 3 年中期业务发展战略规划，有力提升公司治理有效性和董事履职能力。

六是落实《企业集团财务公司风险评价和分类监管指引》的各项要求，对辖内财务公司进行风险评价，进一步推动辖内财务公司加强内控管理、完善公司治理机制，提高全面风险管理能力。

**四、坚持持续性和灵活性并重，不断提升监管的预见性、针对性和有效性**

建立监管引领和督导工作机制。充分运用重点监管工作牵头协调机制，统筹监管方案，统一监管行动，妥善处理监管协调事务；建立调研和工作项目招领机制，整合监管调研资源；充分发挥团队集成和工作联动的作用，提高监管工作效率和水平。

创新机制，提升非现场监管和现场检查工作水平。非现场监管方面，紧密结合宏观经济形势变化，坚持机构单体风险与系统性风险研判相结合，更加注重加强预警、动态分析，加强窗口指导和风险提示。现场检查方面，深入推进计算机技术的运用，并进一步将延伸检查权运用于现场检查，提高了现场检查结论的科学性和合理性。

深入推进“促监管政策进基层行”活动。结合银监会团委“送金融知识下乡”活动要求，在辖内开展了“促监管政策进基层行”活动。活动覆盖辖内18个区县，组织5 000余名银行基层网点的负责人进行了培训，印发了《银行监管政策宣传手册》及《银行案件典型案例汇编》，督促各机构建立长效的再培训工作机制。同时，为进一步强化跟踪督导及成效检验，组织辖内30家中资银行的2 700名基层员工进行了监管政策水平集中测试，取得明显成效。

紧扣热点、难点问题深入开展调查研究。集中优势力量，重点对新增贷款的特点及房地产贷款问题、政府融资平台贷款、“有保有压”信贷政策执行情况、担保机制建设、票据业务风险等热点问题深入开展了调查研究，充分运用调研成果督导引领监管工作。为科学、合理、有效地配置监管资源，就如何进一步完善北京银监局监管组织架构、优化人力资源配置开展了深入研究，努力强化监管专业化建设，最大限度地发挥现有监管资源效能。

（赖石水）

# 中国证券监督管理委员会北京监管局

2009年以来，面对国际金融危机对中国经济和资本市场的冲击，中国证券监督管理委员会北京监管局（以下简称北京证监局）以科学发展观为指导，正确认识证券期货市场在经济改革和发展全局中的地位和作用，深刻理解我国资本市场的特殊性和普遍性，以求准确地把握资本市场不同阶段的工作任务和重点，从而确定工作重心和工作方法，促进日常监管工作能更多地为投资者利益和市场规范发展服务，不断提高监管实效，夯实发展基础，有力地维护投资者的合法权益，保证辖区证券期货市场健康、稳定运行。

**一、强化监管，努力提升上市公司质量**

努力推进上市公司健康发展，坚持找准突破口，追求监管创新与监管效果。经过股权分置改革、清欠解保、公司治理等专项活动，北京辖区上市公司业绩稳定增长，发展趋势良好。年内，共对26家上市公司进行了现场检查，对发现的问题采取了相应的监管措施。开展内控管理调研和推进上市公司治理工作，对辖区上市公司逐家排查公司治理问题，督促公司在限定的期限内完成整改工作。加强审计及评估业务监管工作，充分发挥中介机构的社会监督作用，上市公司财务信息质量明显提高。继续加强上市公司董事、监事培训工作，对辖区800余名董事、监事进行了信息披露、内控制度、会计、法律等内容培训。开展监管协作，加强与市政府、中国证券监督管理委员会（以下简称证监会）各部门、证券交易所沟通，有序推进上市公司监管工作。

**二、落实工作部署，开拓证券、基金公司监管新局面**

积极推动证券公司深化合规制度建设，增强风险预判和管理能力，稳妥实施经纪人制度，推进客户分类和适当性管理，加强投资者教育力度，扩大资产管理和直接投资的能力，切实提高证券经营机构核心竞争力。加强对辖区证券机构创业板开通工作的指导和督促，保障创业板平稳运行。根据基金经营环境、法律法规的变化以及日常监管经验，强化基金管理公司监管，提高行业规范运作水平。做好基金年报审计跟进工作，发挥中介机构作用，对重点问题和重点事项实施现场审计督察。紧紧抓住基金投资和基金销售两个核心业务环节，开展各类检查。深入做好非现场监管工作，加大责任追究力度，全力督促证券、基金公司合规化运作。通过探索，北京证监局在日常监管中形成了部分监管制度和流程，构建了基本完整基金监管档案；负面行业案例，及时予以通报，典型性问题，充分提示到位；聘请行业专家，交流传授经验；开展督察长联席会议，加强自律监管；协调多个部门，强化监管合力；监管与服务并重，促进和谐发展；多方收集信息，反应迅速，初步形成多角度、全方位、立体式基金监管体系，开拓了辖区证券、基金经营机构监管工作的新局面。

**三、夯实发展基础，推进期货市场创新发展**

2009 年，期货市场进入了快速发展的时期。北京证监局提出以抓期货公司合规经营、提升风险控制能力，推动市场创新和提升服务能力为目标，配合分类监管、中介机构定位和投资者适当性制度建设的任务，集中力量开展打基础、上台阶、保稳定、促发展的工作，推动辖区期货公司向高端发展，充分发挥期货市场对国民经济的服务功能。通过分类监管、全面落实首席风险官制度、行业内研讨和培训等工作，推动了期货公司治理，提升了管理水平。加强境外持证企业监管，积极推动期货市场统一开户制度、股指期货投资者适当性制度建设和期货公司信息披露制度建设等工作，深化期货公司、从业人员和期货投资者信用制度，加强期货公司信息与交易系统建设，整体提升辖区期货市场和行业水平。

**四、扎实开展维稳工作，保证辖区市场平稳运行**

2009 年是维稳安全年，面对全球金融危机的严峻挑战，北京证监局认真贯彻证监会维稳工作会议精神，完善维稳工作机制，落实国庆维稳工作。制定维稳工作目标，分解维稳工作任务，逐级落实，责任到人，建立了横向到边、纵向到底的立体化维稳工作网络。多次召开维稳工作会议，明确维稳工作要求，督促辖区证券、基金、期货、上市公司等经营机构做好维稳工作。同时以北京市金融工作局正在制定完善北京地区金融应急机制为契机，完善前期已建立的应急工作机制，与北京市金融工作局加强日常信息交换，联合处理金融突发事件，做到主要领导要靠近前线，进行指挥，果断处置，把事情解决在萌芽状态，以避免事态扩大造成损失，有效地完成了关键时期的维稳任务，维护了辖区市场的安全稳定运行。

（贾园春）

# 中国保险监督管理委员会北京监管局

2009年，中国保险监督管理委员会北京监管局（以下简称北京保监局）深入贯彻落实科学发展观，按照中国保险监督管理委员会（以下简称保监会）确定的“防风险、调结构、稳增长”的总体要求，积极应对国际金融危机，防范化解风险，加强和改进监管，推进保险业平稳健康发展。

**一、积极应对金融危机，维护市场平稳运行**

面对金融危机的严峻挑战，北京保监局高度重视风险防范工作，采取多项措施，取得了较好的成效。一是加强非现场预警和监测，密切关注退保、给付、现金流变化等情况，加强对重点公司处置风险的个案指导；制定突发事件应急预案和应急处置责任追究办法，完善了风险防范处置机制。二是督促保险公司制定有针对性的应对措施，防止出现新型产品大规模非正常退保等风险。三是加强与公安等部门和金融监管部门的沟通协调，督促有关公司妥善处置非正常退保事件和个别营销员涉嫌诈骗、公司员工涉嫌职务侵占等违法事件，维护了社会稳定。

**二、加强市场行为监管，营造公平有序的竞争环境**

2009年，北京保监局按照规范市场秩序三年目标，继续加强监管制度建设，加大规范重点领域工作力度，市场秩序明显好转。一是根据北京车险市场发展的实际，推进车险管理制度改革。在维护投保人利益的前提下，按照“简化系数、挂钩风险、系统控制”的原则，制定出台了商业车险费率浮动方案，提高承保理赔数据真实性；建立行业车型和价格数据库，规范车险承保行为；进一步加强车险信息平台建设，强化数据分析和预警功能。二是规范短意险市场秩序。制定中介渠道短意险业务规范，明确电脑出单、系统联网、实时查询等经营标准。监督各保险公司按要求停止撕票式短意险业务。加强消费者教育，适时向社会发布警惕航意险假保单、假机构等风险提示。三是组织开展保险业打击“三假”专项工作。配合公安部门查处“申邦”、“恒亚迪”等假机构、假保单案件。处理大润保险经纪公司非法集资等违法问题。四是加大违法违规行为查处力度。组织保险公司开展数据真实性自查，根据自查情况对6家产寿险公司实施现场检查。对车险、农业保险、短意险、银保业务等重点领域实施专项检查。根据保监会安排，开展保险公司中介业务专项检查，严肃查处保险公司和中介机构的违法违规行为。加强中介市场监管，清退17家经营不正常的专业中介法人机构。全年共对50家次保险机构实施了现场检查，处罚违法违规保险机构14家次，处理相关责任人15人。

**三、治理销售误导和理赔难，切实保护保险消费者合法权益**

2009年，北京保监局进一步加大了治理销售误导和理赔难的工作力度。一是规范寿险销售行为。制定实施投连险销售适用制度，要求售前评估投保人风险承受能力，将投连产品卖给合适的投保人。加强银保业务监管，对宣传资料合规性、销售人员管理等情况进行现场调查。全面推进从业人员继续教育，提高营销员法律意识和综合素质，截至年末，有6.2万名营销员参加了网络继续教育。继续推进落实营销员挂牌展业制度，发挥社会监督作用。二是加强理赔监管。向社会披露车险理赔时效测评情况，建立车险理赔记录网上查询制度，进一步完善交通事故快速处理机制，促进保险公司提高理赔服务水平。2009 年，北京车险平均结案周期 29.7 天，同比缩短 12.6%，结案率 84.6%，同比提高了2.8个百分点，理赔记录网上查询超过70万人次。三是妥善处置矛盾纠纷。全年处理2 063件信访投诉事项。指导行业协会加强合同纠纷调解工作，累计调解案件466件，调解成功率达93.6%。

**四、加强政策沟通协调，积极发挥保险作用**

北京保监局始终立足首都经济社会发展全局，积极推动保险业服务大局。一是完善政策性农业保险制度。在全国率先建立了政策性农业再保险机制，初步形成“多方参与、风险共担”的农业风险防控体系；继续增加承保险种，扩大农险覆盖面；制定理赔服务规程，提高服务水平；配合首都农业发展政策，调整保障范围，支持发展都市型现代农业。全年，政策性农业保险为20.9万农户提供了86.5亿元的风险保障，累计赔款支出2.5亿元，受益农户超过13万户。政策性农业保险制度的实施，使农民的风险意识、市场意识和互助意识有了明显提升。二是支持中关村国家自主创新示范区建设。参与研究中关村信用保险及贸易融资试点工作，协调促进科技保险发展，推动政府部门通过保险方式落实国家对企业的帮扶政策。积极争取支持中关村地区商业团体补充养老保险的发展政策。三是加强与市发展改革委等部门沟通协调，积极推动将商业保险纳入《北京市深化医药卫生体制改革实施方案》，为市民提供便捷的保险服务。

**五、认真学习落实新修订的《保险法》，着力推进依法监管**

新修订的《保险法》的颁布实施为加快推进保险业改革发展奠定了坚实的法制基础。北京保监局高度重视，认真组织开展学习贯彻活动。一是深入组织开展多层次的培训、研讨和普及宣传活动，形成了广泛的社会影响。二是根据新修订的《保险法》和保监会有关规章制度，及时做好规范性文件的废、改、立工作。三是督促保险公司按照新修订的《保险法》调整完善业务流程和管理制度，确保公司的运营符合法律法规要求。

（王学梅）

## 北京市金融工作局

2009 年 3 月，北京市金融工作局正式成立。在市委、市政府的正确领导下，北京市金融工作局深入贯彻落实科学发展观，积极应对国际金融危机影响，在促进首都金融业发展、引导金融业服务首都经济社会发展等方面做了大量工作，首都金融发展环境进一步优化，金融服务水平持续提升，金融组织体系日益完善，为首都“保增长、调结构、惠民生”提供了有力的金融支持，具有国际影响力的金融中心城市的建设取得了新进展。

**一、科技金融体系建设取得新突破**

中关村国家自主创新示范区获得国务院批复，科技金融创新在北京先行先试。目前已有北京银行、交通银行、工商银行等6家银行在中关村成立服务科技型中小企业的信贷专营机构，另有农业银行、招商银行等6家银行签署了入驻协议。各金融机构积极开展信用贷款、知识产权质押贷款、股权质押贷款等120多种产品创新。注册资本3亿元的中关村小额贷款公司成立，注册资本12亿元的中关村科技创业金融服务集团有限公司重组设立。

**二、农村金融体系不断完善**

延庆村镇银行和密云汇丰村镇银行已经开业，怀柔融兴、大兴九银、大兴华夏、昌平兆丰4家村镇银行获批筹建。中国邮政储蓄银行设立全市首家“三农”信贷专营机构。目前，全市已设立21家小额贷款公司，覆盖12个区县。乐平农村资金互助社筹建工作稳步推进。政策性农业保险承保范围已达18大类主要农业品种，覆盖全市30%的农业资源；在全国首先建立农业再保险机制。2009年，北京市农业投资公司注资5亿元成立北京市农业担保公司，累计为涉农组织提供贷款担保近4亿元；北京农业产业投资基金设立。大兴农村金融综合改革试验区建设深入开展，作为全国首个区县级农村金融服务改革创新区，大兴区制定了《关于推进农村金融综合改革的意见》，筹建6家新型农村金融机构，注册成立区级农业投资公司和农业担保公司，充分发挥先行先试作用。

**三、民生金融体系不断丰富**

着力搭建服务社会民生的金融体系，积极扩大消费信贷，推动信用销售健康发展。积极发挥汽车金融公司作用，保持汽车消费规模。不断改善消费金融环境，网上银行、电子银行、银行卡等新兴业务不断拓展，大力推进“一卡通、一网通、一费通”工程，已有通信费、电费等30余项便民缴费及购票业务正式上线运行。

**四、加大金融帮扶企业力度**

认真落实《北京市帮扶企业应对国际金融危机的若干措施》，建立政银企沟通协调机制，积极协调在京银行向中芯国际提供6亿美元银团贷款，向京东方发放4亿元搭桥贷款，解决重点企业融资困难。加大对中小企业融资的支持力度，在京银行设立中小企业信贷专营机构18家。中小企业信用再担保公司与中关村科技担保有限公司等10家担保公司，正式签订了总额达299亿元的再担保合同。

**五、金融要素市场有序发展**

2009年，本市有4类交易所挂牌开业，其中两家为全国性要素市场。中国技术交易所8月13日挂牌成立，已会聚技术项目25 000余项，挂牌境内外技术转让项目300余项；中国林业产权交易所11月23日挂牌成立，将促进林地规范流转，并打造成为国际化的林权交易平台。2009年北京产权交易所产权交易成交项目3 805项，成交额1 296亿元，增长37.38%，成为全国最大的产权交易市场。北京环境交易所成功挂牌交易近50个各类碳减排量项目，并完成国内首个自愿碳减排标准的开发设计工作。北京石油交易所股权调整工作有序进行。中关村代办股份转让系统参与试点企业已达93家，其中已挂牌61家，有两家企业成功转板至中小板和创业板上市。

**六、金融功能区规划建设稳步推进**

金融街总部聚集效应明显，欧洲碳联盟交易所等11家金融企业入驻。北京商务中心区国际化特征日益突出，渣打银行、日本瑞穗银行等多家国际金融机构签约落户，东扩方案已获市政府专题会议通过。中关村西区成为首都科技金融综合改革试验区。东二环金融商务区聚集一批央企金融机构，着力打造低碳金融产业功能区。丽泽金融商务区规划建设全面启动，融资、招商等工作进展顺利。首都金融后台服务体系日渐形成，“四后台”加快发展建设，一批中央金融管理部门及国内大型金融机构的后台项目陆续入驻，签约项目已达19个，中国人寿研发中心一期已经开工。

**七、金融改革创新多点突破**

成功争取全国房地产信托投资基金、消费金融公司、省级投融资平台试点城市，其中消费金融公司已经获批筹建。全国首期中小企业集合票据——“北京市顺义区中小企业集合票据”成功发行，融资2.65亿元。中国保监会批复泰康资产管理公司在京发起设立“泰康—养老社区股权投资计划”。全国首家文化创意产业金融服务专营机构在北京挂牌。

**八、金融风险管理和处置工作得到加强**

北京市金融工作局会同市统计、财税和“一部三局”等部门建立数据沟通渠道和分析会商机制，合力开展金融运行监测及形势分析。市与区县金融工作部门建立了按季度金融风险排查制度。研究制定北京市金融突发事件应急预案，与金融管理部门初步建立应对金融突发事件信息沟通与处置的衔接机制。京华信托投资公司基本完成行政清算，金融风险处置工作平稳推进。

**九、金融发展环境持续优化**

强化服务意识，简化审批程序，提高行政效率。积极落实国家及北京市支持金融业发展的各项财税优惠政策。加大资源整合力度，建立健全服务机制。组建北京市服务中央单位和驻京部队综合服务平台，为中央投资重大建设项目落地北京提供服务。为全市金融机构办理房屋抵押登记超过10万笔。建立金融后台发展建设联席会议制度，协调解决重点项目引进、建设及运行过程中的重点、难点问题。

**十、金融人才资源开发管理取得进展**

开展“北京市金融人才队伍现状及金融人才开发机制建设”研究。积极落实金融企业高管人员奖励政策兑现工作，为金融机构落实公积金政策，发挥了很好的导向作用。加强建设农村金融人才队伍，充分发挥大学生“村官”队伍在农村金融改革中的作用。组织开展现代金融体系建设赴美国培训班。

**十一、金融区域合作和对外开放日益深化**

成功举办第七届北京国际金融论坛、第五届北京国际金融博览会、第二届全球PE北京论坛、金融后台建设论坛、京港金融服务合作论坛、京台金融服务合作论坛、诺贝尔经济学奖获得者金融论坛等一系列大型活动，有力提升国际话语权、国际影响力和聚集力。开展京津冀豫蒙金融合作，推进区域金融合作。举办2009年全国金融办工作研讨会。积极安排高层领导会见金融界人士，出席国际金融活动；加强同国际金融机构联系，切实推进金融领域的务实合作。

（张盈）

## 金融机构

# 国家开发银行股份有限公司北京市分行

2009年，国家开发银行股份有限公司北京市分行（以下简称国开行北京市分行）认真贯彻国家宏观调控和信贷政策，以科学发展观为指导，立足首都经济社会发展实际，紧密围绕城市建设、产业发展、节能减排、生态环保、改善民生和促进社会和谐等重点领域开展工作。截至年末，贷款余额1 746.40亿元，比上年增长36.8%；发放人民币贷款646.44亿元，外币贷款51.45亿美元；不良贷款率0.68%，实现利润22.66亿元。

截至年末，国开行北京市分行内设处室17个，在职员工176人。

**践行科学发展观** 国开行北京市分行突出实践特色，扎实开展深入学习实践科学发展观活动，坚持规划先行，坚持以开发性金融实践服务首都经济社会发展，紧密围绕党中央、国务院出台的“保增长、扩内需、调结构”的系列政策，配合市委、市政府“保增长、保民生、保稳定”各项任务落实，按照总行统一部署，优先安排、有保有压，全力保障重大项目建设，在继续加强传统“两基一支”业务领域发展的同时，国际合作、基层业务全面推进。加快项目开发评审和贷款发放进度，圆满完成总行下达的各项任务。

**发挥扩大内需的拉动作用** 认真贯彻中央经济工作会议精神和总行年度工作会议要求，加大对“三农”、节能减排、保障性住房、卫生文教等的投资，推进企业兼并重组、加快自主创新和产业升级、扶持中小企业、推动城乡一体化建设等，发挥在优势领域的重要作用，同时积极拓展新领域。在产业整合方面，发放国内首笔并购贷款中信国安收购白银项目贷款16.32亿元，三元收购三鹿资产项目贷款4.5亿元。

**支持北京市重大项目建设** 通过协调存量项目贷款发放进度等措施，保证重点热点领域项目资金链不断。完成了首钢综合授信、北京丽泽金融商务区、三元集团收购三鹿资产、北京市土地整理储备中心、北汽福田新能源汽车项目等重大项目评审。累计发放首钢总公司、首钢京唐钢，门头沟、通州棚户区改造等重大项目贷款390亿元。按照总行的统一部署，全力支持北京基础设施、基础产业、支柱产业、高新科技产业等“6+1”领域重点项目建设，推动产业化和科技创新等优势产业发展。

**支持首都经济结构调整** 支持北京高端产业发展，与首钢总公司签署了500亿元综合授信框架协议，发放贷款70亿元；向北汽福田新能源汽车项目发放贷款4亿元；积极促成京东方五代线和中芯国际集成电路到期贷款期限重组，帮助其应对金融危机带来的影响；向八代线项目出具110亿元意向性承诺函，向中芯国际增资扩产项目出具6亿美元意向承诺；支持中国移动多媒体广播电视公司自主研发，发放贷款8亿元；支持大兴生物医药产业基地项目建设发放贷款4.6亿元。

**加强业务创新** 支持首都城乡经济社会一体化进程，创新体制机制，推动农村金融改革创新和基层金融发展，加大对社会民生领域支持力度。研究推进农户小额贷款；推出了项目贷款与法人贷款相结合的方式；初步确定对500万元以下项目建立风险补偿机制和互助联保机制后发放信用贷款的模式；尝试解决农户贷款担保难、中小企业贷款难问题；与担保公司合作对涉农企业、中小企业、农民专业合作社、农户符合贷款条件的项目与担保公司按1:9的比例提供担保。分别为北京河南寨下屯种植专业合作社、千盛绿阳农产品有限公司、百年栗园生态农业有限公司、华都峪口禽业有限责任公司、南口农场、昌平草莓合作社、大兴信采公司、金维畜牧公司等一批政府关心的中小企业和涉农贷款项目提供贷款。全年发放农户小额贷款2 085万元；发放中小企业贷款13.46亿元。

**不良资产化解取得积极成效** 动态收集贷款项目上下游产业链市场变化动态信息，及早动手，做好化解预案，对于存量项目，多途径、多方法实现不良化解。通过成立专项小组化解不良贷款，成功化解雅迪力特航空化学制品有限公司不良贷款；全部回收住房和城乡建设部、交通部及北京市规委技术援助贷款2 250万元；及时对天香园项目成功实现诉前财产保全，控制了保证人部分核心资产；对良乡高教园区项目资产进行了拆分，提出了分步化解方案；与北京市合作，密切跟踪文教基地项目，制订了应对方案，成功回收2009年到期应收本息7 300万元，为下一步化解打下了基础；回收冰凌花项目逾期本金1 000万元；京西旅游项目经法院诉讼，在门头沟区政府的协调帮助下达成和解，已归还贷款本金4 000万元。

（杨世燕）

# 中国农业发展银行北京市分行

2009年，中国农业发展银行北京市分行（以下简称农发行北京市分行）紧紧围绕“担当首都新农村建设金融服务生力军”的战略发展目标，抢抓发展机遇，加强内部管理，狠抓风险防控，各项工作在前几年高位稳健运行的基础上，实现了发展提高。截至年末，资产余额604.87亿元，比上年增加495.21亿元。支农贷款余额143.3亿元，比上年增加23.8亿元，创历史新高。其中，政策性贷款余额97.3亿元，比上年增加23.8亿元，增长32.38%；商业性贷款余额45.9亿元，比上年增加14.4亿元，创2006年开展商业性贷款以来的新高。各项存款余额占同期总负债的4.99%。全年实现利润3.48亿元，人均利润同比下降11.48万元，资产利润率3.02%，同比提高1.75个百分点。

截至年末，农发行北京市分行共辖13个支行（部），覆盖了北京市城8区和10个远郊区县的整个范围，在岗员工352人。

**政策性信贷业务** 坚持围绕基本职能和农村建设需求延伸拓展支农功能，推动业务强劲增长。确保政策性粮油贷款的足额供应，有力地支持了粮食部门轮换粮油和夏秋两季收购的资金需求，有效地落实了惠农政策，确保不出现局部农民卖粮难问题。圆满完成粮食清仓查库工作，银企账账、账实完全相符，为确保首都粮油库存充足、物价稳定作出了积极贡献。

**商业性信贷业务** 以“五项基础设施”建设为重点，大力拓展农村基础设施贷款和县域城镇建设贷款，全年累计发放商业性短期贷款52.25亿元和商业性中长期贷款14.95亿元。通过发放农村基础设施贷款，使1 100余个乡村基础设施和30余万农村人口的生活质量得到明显改善；全年累计发放产业化龙头企业贷款15.63亿元，提供了10.8万个农村就业岗位，带动了25.74万户农户增收。

**中间业务** 积极开展同业存款、票据交易、代理汇兑，加大中间业务创收力度，全年人均中间业务收入7 600元，同比增加2 149元。

**国际结算业务** 累计实现国际业务量5 339万美元，国际业务收入76万元，提前3个月超额25%完成总行下达的任务。

**信贷资产质量** 信贷资产结构持续优化，商业性贷款由原来单一粮油流动资金贷款品种，扩展到目前的涉足农业领域的多品种的流动资金和固定资产贷款品种，贷款结构不断优化。

**不良贷款清收** 强化管理，严控和化解风险，资产质量进一步提升。自2006年以来全部涉农贷款连续4年无新增不良。

**电子化建设** 筹备建立了审计电子档案，创新审计管理模式，做好各项应用维护、系统升级和技术支持，开展了信息系统应急演练，多次举办技术培训，确保网络及信息系统安全稳定运行。

**人力资源管理** 干部队伍建设不断深入，开展了资深业务岗位、副高级业务岗位、机关正副处长等一系列竞聘工作，组织进行了部分支行行长的公开选拔上岗。全年提拔使用干部39人，对60名干部职工岗位进行了调整，使干部队伍的结构更加合理，领导班子的凝聚力和战斗力进一步增强。

**企业文化建设** 举办了“至诚金农发”第二届职工文艺会演、实施了“至诚金农发”星火成才计划，举办了“我的工作与‘八零’标准”演讲比赛、财会业务技能选拔赛、礼仪比赛，开展了“迎国庆文明服务月”活动，组建了篮球队、合唱队等。通过开展形式多样的活动，丰富了家园文化的内涵，推动了企业文化向纵深发展。

（林佳佳）

## 中国进出口银行北京分行

2009年，中国进出口银行北京分行（以下简称进出口银行北京分行）坚持以科学发展观为指导，认真贯彻中央“保增长、扩内需、调结构”的一揽子举措和计划，认真落实总行工作会议精神，积极应对复杂多变的经济金融形势，抢抓机遇，加快市场开拓，强化风险管理，优化内部组织架构，各项业务均得到快速发展。截至年末，各类贷款余额比上年增长46%。其中，人民币贷款增幅31.52%，外币贷款增幅132%，超额完成了总行下达的美元贷款新增计划。荣获“首都精神文明标兵”称号，并连续三年荣获“首都精神文明单位”称号。

截至年末，进出口银行北京分行内设处室10个，在职员工58人。

**贯彻国家宏观调控政策** 在国家促进结构调整的宏观经济政策指引下，在总行工作会议精神的总体框架下，进出口银行北京分行抓住国际经济结构调整的有利时机，积极落实国家“区别对待、有保有压”的政策，支持先进技术、装备和零部件进口，支持重要能源、资源和原材料进口，支持节能减排、环境保护、循环经济项目，严格限制或不支持“两高一剩”和国家限制类项目，主动加大对一般机电产品和高新技术产品，特别是拥有自主知识产权、自主品牌和核心技术产品，以及大型设备等产业链条长、带动效应大的产品出口的支持力度。

**建立政银企“三位一体”合作模式** 面对国际金融危机和辖区外向型企业进出口额大幅下滑的情况，进出口银行北京分行深入所辖“三省两市一区”开展调研，了解地区发展规划和面临的困难，制定了“一省一策”的发展战略，逐步加大与地方政府和企业的深层次合作，形成了政银企“三位一体”的合作模式。通过建立区域信贷政策，加大信贷投放力度，为政府和企业“雪中送炭”，帮助其渡过难关。针对所辖地区服务外包企业流动资金严重缺乏的情况，大力支持服务外包产业，为试点项目成功发放流动资金贷款，被列入“推动北京市服务外包金融服务”的两大阶段性成果之一。为帮助企业尽快实现产业升级，增强市场竞争力，在全行系统内首次成功开展银团贷款业务，部分项目受到中国银行业协会嘉奖。

**优化信贷结构** 根据进出口银行向国际经济合作银行转型的战略要求，调整贷款行业结构，不断降低行业集中度风险。通过运用出口买方信贷、出口企业固定资产投资贷款、出口基地建设贷款、旅游文化国际化贷款、租赁贷款等，增加市场开发的潜力和后劲，提高信贷产品的市场竞争力。

**支持企业“走出去”** 针对所辖地区“走出去”项目较多、金额较大的特点，进出口银行北京分行加大了对境外投资贷款和对外承包工程贷款的开发力度。全力打造境外投资贷款、对外承包工程贷款、保函等多位一体的“走出去”融资业务体系，提升企业的国际竞争能力，境外矿产、能源的收购不断增加，国内过剩产能的境外转移得以实现。

**加强内控管理** 2009年，进出口银行北京分行把内控工作重点确定为“一个中心，三个基本点”，即以建立全面风险管理体系为中心，以内控制度建设、风险防控工作前移和强化事后监督检查为基本点。大力推进内控制度建设，使“制度为先，制度管人”成为管理工作的核心思想理念，全年共开展14次专项检查和2次大范围的全面检查。通过加强事后检查监督，及时发现问题，查找风险隐患，及时采取有效措施化解风险，在一定程度上深化了以检查促规范、以检查促发展的长效内控管理机制。此外，年内举办了首届“全面风险管理会议”，对风险管理意识的进一步提高起到了关键性作用。

**优化机构设置** 进出口银行北京分行

根据发展需要，增设了两个公司业务处，使组织机构更加合理，分工更加明确。按照流程银行的模式改造前台、中台、后台分开的信用风险管理体系。通过优化放款审核岗等关键岗位的设置，细化岗位职责，减少贷款发放和支付环节的风险，进一步保障贷款资金流向的安全性和合规性。

（赵子郡）

## 中国工商银行股份有限公司北京市分行

2009年，中国工商银行股份有限公司北京市分行（以下简称工商银行北京市分行）面对国际金融危机带来的外部严峻形势，认真贯彻国家宏观调控政策、金融监管要求和总行决策部署，全力抓住“危中之机”，积极拓展市场，调整经营结构，加快改革创新，改进金融服务，各项业务保持健康平稳较快的发展势头，取得良好的经营业绩，继续保持北京地区同业和系统内“领军者”地位。截至年末，本外币资产1.8万亿元，同比增加3 348.4亿元，增长22.88%。实现拨备前利润211.2亿元，拨备后利润208.1亿元，分别增长22.6%和19.8%，继续保持系统内和同业第一，成为全国首家利润超过200亿元的一级分行。本外币存款余额17 452亿元，同比增加3 258亿元，增长23%。其中，对公存款、同业存款、储蓄存款余额及增量均居系统内首位。本外币贷款余额3 197亿元，同比增加672亿元，增长26.6%。中间业务收入45.32亿元，同比增加8.9亿元，增长24.4%。

截至年末，工商银行北京市分行下设36家二级分行，558家营业网点（含自助银行35家），在岗正式员工13 353人。

**公司金融业务** 工商银行北京市分行严格贯彻国家宏观调控政策，合理把控信贷投放总量和进度，大力拓展集团总部和北京本地两个信贷市场，跟进和支持铁路、公路、机场等国家4万亿元投资重点项目和行业龙头骨干企业，积极满足北京市重点基础产业和大型项目的资金需求，全年新增AA－级（含）以上客户173户，总量达到450户；AA－级以上客户贷款余额1 971亿元，占全部公司贷款余额的78.23%，同比提高2.45个百分点。适应国家产业政策和北京产业发展方向，深入推进信贷结构调整，着力加大对小企业、新兴现代服务业领域的信贷支持力度，全年新增小企业客户250户，总量达到467户，投放小企业贷款47亿元，净增22亿元；新兴现代服务业贷款新增51亿元，余额达到132亿元。认真贯彻“有保有压”的信贷要求，坚持“绿色信贷”政策，实施“环保一票否决制”，严控“两高一剩”和低水平重复建设项目的贷款投放，全年退出潜在风险贷款66亿元。大力实施信贷扩户计划，深入开展链式营销，围绕核心客户资金链、产业链和项目链，将集团上下游企业、下属子公司纳入重点营销对象，全年新增有贷客户275户，总量达到1 032户，进一步夯实了信贷业务可持续发展的基础。

**机构金融业务** 工商银行北京市分行

进一步完善机构存款营销管理机制，推进机构存款业务平稳快速增长，实施分层营销服务机制，以军队、财政、社保、公积金等核心系统客户为直销重点，加大高层走访力度，实施专职客户经理负责制，推进公务卡、理财、电子银行等优势产品的捆绑营销，着力提升优质客户服务层次，稳定重点机构客户的贡献度。完善大额资金动态监测和对公存款定期分析通报制度，研究重点客户资金变动规律，有针对性地提出解决方案，确保关键时点存款规模的稳定。巩固与券商、保险、财务公司等同业客户的合作关系，提升银信、银银、银期合作层次，促进同业存款稳定增长。全年机构存款（含同业）增加2 062亿元，同比多增1 682亿元，存量和增量同业排名第一，对公存款（含同业和保证金）增长均衡度达到65.03%。深入挖掘潜在客户资源，加大新开户营销及考核力度，进一步提高新增客户存款贡献度，全年新增对公客户39 737户，存款余额361亿元，占全部新增对公存款的13.72%。

**个人金融业务** 工商银行北京市分行全面实施从“大个金”向“强个金”转变的经营发展战略，个人金融业务继续保持在同业和系统内的领先水平。实施优质客户发展战略，坚持公私联动，以公带私，积极向优质机构、公司客户和政府机关批量拓展个人目标客户，实现优质客户数量和资源规模的快速增长。截至年末，全行财富账户和理财金账户客户分别新增2.22万户和25.7万户，总量分别达到7.53万户和83万户；金融资产5万元以上的中高端客户资产6 175.5亿元，在全部客户资产中占比91.44%，同比提高19.95个百分点。实施“抓源头、扩高端”的揽储策略，强化客户结构优化对储蓄存款的支撑作用，大力推进代发工资、第三方存管等业务，促进储蓄存款批量化增长，全年人民币储蓄存款新增713亿元，增量和存量均同业排名第一。强化主动负债管理，加大高成本负债转化力度，深化储蓄存款与基金、保险、国债、个人理财四项理财类产品的“1＋4”捆绑考核，全年实现四项理财类产品销售1 846.15亿元，同业排名第一。大力发展个人信贷业务，全年个人贷款增加72亿元，余额493.58亿元，累放额、余额和增量在四大行排名第一。

**中间业务** 工商银行北京市分行积极抢抓市场机遇，加快中间业务创新发展。加强与货币、资本等市场相连接的理财产品的研发推广，深入挖掘信用卡消费市场潜力，大力提升电子银行业务价值贡献度，巩固投资银行、人民币结算、代客资金交易等业务核心地位，积极拓展资产托管和企业年金业务市场。全年实现中间业务收入45.32亿元，同比增加8.9亿元，增长24.4%。销售对公理财1 760亿元，同比增加1 056亿元，增长150%。新增信用卡162.67万张，保有量455.72万张；实现直接消费额249亿元，内外卡收单交易额749亿元，分别增长67%和57%，继续保持同业首位。实现电子银行交易额40万亿元，同比增加11万亿元，增长37%，个人和企业网银客户总量分别为496万户和10.73万户，同业排名第一。新增现金管理客户5 120户，新增企业年金客户77户。资产托管规模3 455亿元，同比增加1 264亿元，增长57.7%。

**内控和风险管理** 面对复杂严峻的经济金融形势，工商银行北京市分行坚持业务发展与风险防范统筹兼顾、有机统一，持续强化全面风险和内控管理。建立“全面监测、突出重点、分层管理、逐级报告”的信贷风险监测预警机制，严把贷款准入关，持续加强贷后管理，严肃查处违规操作行为。开展新增贷款、政府融资平台贷款、涉房类贷款、表外业务、票据业务合规检查，确保全行资产质量稳定，风险整体可控。全行不良贷款率降至0.75%，连续十年实现不良贷款余额及不良率双下降。全力防范操作风险，规范账务核算行为，加强业务权限管理，不断丰富风险技防手段，堵塞风险漏洞。加强风险管理，对信用、市场、操作、法律、商誉风险实行综合控制，积极开展突发事件应急演练，加强信息科技系统检查，坚持实施内控“一把手”工程，扎实推进反洗钱工作，有效杜绝各类案件事故的发生。

**服务改善** 工商银行北京市分行围绕“服务品质提升年”的各项工作部署，深入开展“为工行添彩、为国庆献礼”服务大提升活动，全方位改进金融服务，提升整体工作水平。加大服务渠道建设和优化力度，全年新建网点（含迁建）59家，撤并18家，升格70家，对外营业网点达558家（含自助银行35家）；新增自动柜员机331台，总量达到2 340台；电子银行离柜业务占比45%。高端客户服务能力不断增强，出台高端网点运营管理办法和考核办法，组建个人直销团队和理财专家团队，举办个人客户经理“金牌理财训练营”培训，提高客户经理综合服务水平。全年新建财富管理中心15家、贵宾理财中心57家，贵宾理财中心层级以上网点达到265家；新增客户经理747人，总量达到3 009人。提高服务管理标准化和规范化水平，理顺服务工作机制，强化服务产品供给，优化服务工作流程，开展服务技能培训，加强服务外部监督，持续开展服务第三方测评，加大客户投诉管理，形成分工协作、齐抓共管的大服务格局，全行服务满意度测评总体保持在优良级水平。

**改革创新** 工商银行北京市分行持续推进改革创新，不断激发经营发展活力和市场竞争力。深化机构管理机制，实施区域发展战略及“百强网点”提升工程，提升经营机构效率和竞争力，截至年末，全行利润过亿元的网点达到56家，同比增加11家。深入推进流程银行建设，优化个人金融和对公业务流程，全面启动监督体系、远程授权、业务集中三项改革，以及报表、法律、对公结算账户审批等集中管理改革，实现风险集中控制，人力资源效率大幅提升。加大产品服务创新力度，完善业务创新管理机制，加强产品服务创新的统筹性、针对性和有效性，研发推出“一贷通”、“房屋抵押贷款”、“自由行”、“同名贷”、“易房贷”等个人贷款新产品，推出满足大型优质客户的个性化银行卡收单产品，研发歌华有线电视银行缴费、企业网银缴纳水费、企业网银查询支票密码等网银新功能，增强电子渠道分销能力。

**队伍建设** 工商银行北京市分行加强队伍建设，为改革发展提供智力支持和人才保障。全年提聘高管53人，储备后备干部259人。实施全员培训工程及中年员工职业技能振兴计划，通过针对性教育培训提高员工队伍素质，全年累计开展各类培训833项，人均培训11天，其中转岗中年员工培训覆盖率100%。持续开展企业文化建设，不断丰富文化建设载体和内容，结合纪念新中国成立60周年、中国共产党成立 88 周年，举办“创先争优”活动，积极营造以人为本、团结进取、和谐稳定的经营发展氛围。

（李世昭）

# 中国农业银行股份有限公司北京市分行

2009 年，中国农业银行股份有限公司北京市分行（以下简称农业银行北京市分行）面对复杂多变的内外部环境，认真贯彻落实国家扩大内需的有关政策，始终坚持“一个中心、两个提高”的基本方针，创新金融服务，强化风险管理，加快有效发展，圆满完成了全年各项工作任务，主要业务呈现出平稳、健康、较快的发展态势。截至年末，本外币总资产 3 818.38亿元，比上年增加 1 487.5 亿元，增长 63.82%。实现全口径拨备前利润 42.78 亿元，同比增长 2.2 亿元，实现全口径拨备后利润 33.5 亿元。本外币各项存款余额 3 498.7 亿元，比上年增加 1 348.67亿元，增长 62.73%。其中，人民币各项存款余额 3 397.42 亿元，比上年增加 1 315.28 亿元，增长 63.17%。本外币各项贷款余额 1 418.15 亿元，比上年增加 403.62 亿元，增长 39.78%。其中，人民币各项贷款余额 1 282 亿元，比上年增加 276.9 亿元，增长 27.55%。

截至年末，农业银行北京市分行共有营业机构 325 个，其中分行营业部营业室 1 个，处级支行营业部 21 个，二级支行 89 个，分理处 153 个，储蓄所 61 个；在岗员工 7 787 人，其中，合同制员工5 813 人，派遣制员工 1 974 人。

**公司金融业务** 农业银行北京市分行认真贯彻落实国家“扩内需、保增长、促销费”的宏观政策，加快信贷有效投放，积极服务首都经济发展。全年累计投放贷款 1 796.65 亿元，前十大客户贷款投放金额占总投放金额的 57.24%。新增贷款主要集中在房地产业，采矿业，信息传输、计算机服务和软件业，电力、燃气及水的生产和供应业，租赁和商务服务业五大行业，五大行业新增贷款占全部新增贷款的 90.83%。调整优化信贷客户结构，AA 级及以上法人客户贷款比上年增加 426.91 亿元。加强银政合作，与通州、顺义、丰台、门头沟、大兴等区县政府签署银政合作协议，累计意向性授信额度 695 亿元，与市投资促进局，海淀、石景山、房山、延庆等区县政府达成合作意向。大力支持优质中小企业发展，中小企业贷款全年累计投放 326.7 亿元，余额 305 亿元。以服务新农村建设为核心，积极落实与市农委签署的新农村“五项基础设施”合作协议，涉农贷款全年累计投放 26 亿元，余额 31 亿元，新农村“五项基础设施”建设贷款投放 6 亿元。严格控制对产能过剩行业的信贷投放，继续加大不良资产清收力度，主动退出潜在风险客户，不良贷款余额和占比实现“双降”。

**个人金融业务** 农业银行北京市分行积极推进以网点转型为重点的经营战略转型，以客户为中心，不断完善中高端客户服务体系，在服务导入、流程再造、营销队伍建设等方面迈出新步伐，完成了 104

个网点的精品化改造，100 个网点的标杆服务导入，网点整体环境明显改善，客户服务水平明显提升。全年本外币储蓄存款比上年增加 269.66 亿元，增长 29.13%，同比多增 51.54 亿元。其中人民币储蓄存款比上年增加 268.54 亿元，同比多增 49.8 亿元，增量创历史新高。扩大个人高价值客户群体，持续提高优质客户占比，全年新拓展个人高价值客户 14.69 万户。加快个人信贷业务发展，截至年末，个人贷款余额 146.25 亿元，比上年增加 20.16 亿元。其中个人住房贷款余额 139.96 亿元，比上年增加 18.03 亿元，扭转了个人贷款业务负增长局面。进一步完善个人业务产品线，销售本利丰理财产品 132.09 亿元，销售额是上年的 4.84 倍；代销开放式基金 32.34 亿元，比上年增加 17.31 亿元；代销国债 35.03 亿元；推广农业银行自有品牌“传世之宝”实物黄金买卖业务，并在 9 月份推出“建国六十周年纪念金条”，全年销售实物黄金 182.33 公斤。

**中间业务**　农业银行北京市分行坚持传统中间业务与新型中间业务并举，推动中间业务持续发展。全年实现中间业务收入 9.45 亿元，同比增加 0.79 亿元，增长 9.08%；代理保费收入 30.71 亿元，同比增长 26.33%；代理财政授权支付、非税收入收缴业务 19.87 万笔，金额 231.72 亿元；第三方存管在线客户 21.25 万户；开办企业年金业务 31 户，到账规模 3.81 亿元；现金管理交易金额 57 181 亿元，同比增长 244%；发展票据承销、信托理财、财务顾问等投资银行业务，投资银行业务收入同比增长 113%。

**银行卡和国际业务**　农业银行北京市分行以信用卡发卡与银行卡收单业务为重点，细分客户群体，实施差异化经营。截至年末，银行卡总发卡量为 768 万张，因清理睡眠卡，总发卡量同比减少 27.5 万张；银行卡消费额 382.58 亿元，同比增长 112.13%；实现银行卡业务收入 3.21 亿元，同比增长 3.21%；新增特约商户 1 393家，特约商户总量达到 8 566 家。积极发展联名卡业务，推出金穗喜羊羊与灰太狼联名卡、金穗蓝色港湾联名卡和金穗汽车 C 卡等新产品；积极推广军人保障卡和军队单位公务卡业务，累计发卡 6 207张和 933 张。不断丰富银行卡产品功能，积极推广贷记卡分期付款、无磁无密收单业务；强化对外宣传，提升金穗卡品牌形象，首次以国内金融行业的形象赞助车手周勇出征 2009 年达喀尔拉力赛。顺应经济金融形势变化，主动调整产品营销导向，大力发展贸易融资、“付汇宝”等业务，国际业务实现平稳发展。截至年末，国际结算量、贸易融资、代客理财同比分别增长 27.02%、53.74% 和 112.67%，结售汇业务同比下降 14.34%。

**电子化建设**　农业银行北京市分行加快电子银行业务发展，引导柜台业务向电子渠道分流。全年新增电子银行个人注册客户 151.32 万户，企业注册客户 1.04 万户，支付通商户 20 415 户，电子渠道交易量占全部交易量的比重由上年的 56.68% 上升到 59.53%。加大电子渠道整合创新力度，完善客户服务中心功能，实现了总行版电话银行和坐席系统的上线；自行设计研发企业外币结汇、汇出汇款等功能，支付通渠道新增缴费、惠农卡、网银来账显示等功能；实现了消息服务签约和电话银行签约的批量开通；优化整合网点柜面业务流程，开发了网上银行落地业务自动处理系统；加大自助设备投放力度，全年投放存取款一体机 381 台，取款机 123 台，自助缴费机 121 台；完成了自助设备监控管理系统改造，提高了自助设备监控管理系统的准确性、可操作性和界面的可视性，自助设备正常运行率达 99%。

**内控及管理** 农业银行北京市分行强化风险管控机制建设，明确各部门职责，推行信贷审批体制改革，强化授信执行管理，加强风险经理、会计监管员、授信审查员三支队伍建设，完成信贷资产十二级分类系统的测试、推广、应用工作，实现了分类体系由五级分类向十二级分类的转换。注重资产监测和风险排查，大力推进基础管理达标工作，全行的基础管理水平不断提高。组建集中对账中心和会计后督中心，启动后台作业中心建设，提升操作风险的集中管控能力。强化业务部门的尽职监督管理，组织开展案件风险集中“百日大排查”活动，加大案件专项治理力度，全年实现安全稳定运营。

（任晓军）

# 中国银行股份有限公司北京市分行

2009 年，中国银行股份有限公司北京市分行（以下简称中国银行北京市分行），积极应对国际金融危机带来的复杂外部环境，扩规模、调结构、做品牌、防风险，努力维系客户群体、创新产品品种、拓展业务渠道、提高服务水平，取得了经营发展、内控管理和金融服务工作的良好业绩。截至年末，本外币总资产 6 810.22亿元，比上年增加 2 755.26 亿元，增长 67.95%。本外币存款合计5 339.18亿元，比上年增加 1 563.02 亿元，增长 41.39%。其中，人民币存款4 488.75 亿元，比上年增加 1 220.21 亿元，增长 37.33%。本外币贷款合计2 084.77亿元，比上年增加 814.02 亿元，增长 64.06%。其中，人民币贷款 1 638.22 亿元，比上年增加 479.45 亿元，增长 41.38%。全年实现税后利润 43.13 亿元，比上年增加 1.96 亿元，增长 4.76%。

截至年末，中国银行北京市分行设分行 1 家、管辖/直属支行 31 家、经营型支行 220 家，营业机构总数 252 家；全行人员总数 8 293 人，其中正式在编人员5 983 人。

**公司业务** 根据国家扩大内需的宏观政策，重点向能源、石化、航空、铁路、冶金、汽车制造行业提供信贷支持，积极参与首都城铁工程、土地储备、房地产开发融资项目，扶持地方中小企业生产经营，向中关村高新科技产业园区提供授信和金融服务，推动了资产业务的发展。截至年末，公司贷款余额 1 112.26 亿元，比上年增加 318.32 亿元；与大企业集团、地方政府、经济开发区、金融商务区签订银企、银政战略合作协议十余项，授信总金额 1 600 亿元。努力巩固中石油集团等原有存款大户的业务关系，利用首都总部经济优势对重点行政事业单位、大企业集团财务公司开展存款营销工作，争取多家单位来行开立账户，存款规模迅速扩大。

截至年末，本外币公司存款余额分别为2 775.7亿元和18.31亿美元，分别比上年增加921.77亿元和3.22亿美元。此外，通过拓展财务顾问费、托管服务费等业务品种，实现中间业务收入24 816万元。

**个人金融业务** 加大营销力度，在原有楼宇按揭信贷业务的基础上，积极拓展二手房、商业用房、个人投资经营贷款等新业务品种，与丰台、海淀地区链家地产公司签订合作协议，努力扩大消费信贷营销渠道，扩充客户群体，资产业务取得较好业绩。截至年末，消费信贷余额384.16亿元，比上年增加62.05亿元。多层次推进存款、理财营销工作，为VIP贵宾客户提供全方位、个性化服务，推出“日积月累”、“中银创富”、“自动滚续——七日有约”等项理财产品，有效稳定和扩大了客户群体，VIP客户数量比上年增长42.53%，确保了储蓄存款规模的稳定增长。截至年末，本外币储蓄存款分别为1 227.31亿元和39.82亿美元，分别比上年增加175亿元和6.4亿美元；代销基金103.6亿元，发行国债13期共31.84亿元，发行借记卡862 520张，实现中间业务收益36 336万元。

**国际结算业务** 2009年，中国银行北京市分行国际贸易结算额204.03亿美元，结售汇交易额240.95亿美元，分别比上年下降23.41%和14.96%。国际结算部门面对严峻形势，另辟新径，对产品、业务模式进行多方面创新，开辟国际、国内两个市场、两条业务渠道：对外，积极拓展进口跟单、押汇、汇利达业务，开发跟单海外代付、担保项下福费廷和各类融信达新产品；对内，为重点客户叙做国内信用证组合、供应链融资、租赁保理等项新业务，全年累计实现中间业务收入41 149万元和综合利润47 257万元，分别比上年增长16.78%和33.20%。在总体业务量下降的情况下创造了业务收入和收益不降反升的良好业绩。通过叙做结算业务沉淀客户保证金存款80亿元，带动了负债、资金和中间业务共同发展。全年共开立本外币保函613笔和2 455笔，承保金额分别为35.75亿元和16.35亿美元，保函总笔数和承保总金额分别比上年增长29.67%和186%。

**银行卡业务** 充分发挥银行卡直销中心和基层营业网点的各自优势，开展发卡营销工作，合作推出国家大剧院联名卡、富力广场联名卡、饭统网美食联名卡等新产品，重点向大企业、武警部队、财政预算单位推介公务卡，向VIP客户推介白金卡。全年增发中银贷记卡76.4万张、国际卡1万张、白金卡1.18万张，新增公务卡单位客户239户，发卡2 587张。狠抓收单业务，重点营销中石油、链家地产、大中电器等客户的收单项目，优化百货、酒店、餐饮等行业商户和交易客户结构，通过直邮、网站、短信平台拓展邮购收单分期付款业务，增加业务收益。全年完成借记卡、贷记卡直销额346.55亿元，比上年增长83.11%；完成银行卡收单额600.55亿元，实现中间业务净收益2.51亿元，比上年增长33.14%；新增特约商户7 862家。

**资金业务** 2009年，中国银行北京市分行完成票据贴现交易量（包括直贴和转贴）383.96亿元，比上年增长109.8%；完成外汇交易量44.68亿美元、黄金交易量100.46亿元人民币，累计代理发行客户公司中短期票据、债券330亿元。

**金融机构业务** 积极与同业银行、保险、证券、期货公司开展合作，开发集合产品代销、贷款类信托、股权类信托、交易性资金托管等多款产品，全年共与28家中资银行、34家外资银行、25家保险公司、71家证券公司和3家基金公司、6家信托公司建立了业务关系，负债业务获突出业绩。截至年末，本外币金融机构存款余额分别为510.99亿元和213.66亿美元，分别比上年增加295.48亿元和180.97亿美元，增长137.1%和553.59%。

**风险管理工作** 为在全辖逐步形成“适中风险、适度盈利、平稳增长”的经营模式，风险管理部门全面梳理授信制度，规范资产业务操作；通过调查研究提出资产投放、授信客户风险评估报告，为授信业务战略决策提供可靠依据；对优质项目和客户实行差异化审批流程，缩短业务营销到授信审批的时间，提前介入优质大项目实行尽责审查，与业务部门共订授信方案，在风险可控的前提下提高审批效率；牵头相关部门组织开展信贷投放“回头看”工作，排查风险隐患。法律、稽核部门完成了全辖网点的内控达标检查、验收工作，提高了基层网点的内控管理水平。全年累计计提呆账准备金11.15亿元，累计清收不良资产3.92亿元，资产不良率从2008年末的1.3%下降到2009年末的1%，资产整体质量进一步提高。

**电子网络化建设** 完成中银自助通系统、EDC回单系统、网银BOCNET3.0版平台、同城票据退票系统、信用卡审批系统、档案中心库房管理系统、银行卡管理直销系统、速汇金系统、全员营销系统等项目的开发、改造和版本升级工作，实现了长城准贷记卡系统整合上收，完成全辖办公室自动化（OA）系统推广工作；积极开发网上银行信息资源，拓展网银客户群体，企业网银和个人网银客户覆盖率分别达22%和24%。全年新设ATM 36台、存取款一体机76台，全辖共设ATM 559台、存取款一体机334台、依附式自助银行124家、高校区银亭3家、离行式自助银行3家。

**网点建设、业务整合、文明服务达标工作** 年内，新建营业机构3家、迁址22家，全辖252家营业机构全部升格为支行级（或支行级以上）单位；新建理财中心15家，总数达45家；在100家营业机构设置开放式柜台，全面引进人性化服务新模式；正式设立中小企业贷款中心和5家营销分中心，为首都地方企业提供便捷服务；完成了现金统一配送机制，全行整体业务功能进一步提升。为早日实现“创建首都服务一流银行”的总体目标，全行逐级签订服务达标责任书；组织业务一线员工开展服务礼仪培训；在全辖实施基层机构服务达标考核验收工作；建立文明优质规范服务示范单位和金牌柜员制度，年内共评选出首批文明优质规范服务先进单位7家和金牌柜员36名。

（陈和言）

## 中国建设银行股份有限公司北京市分行

2009年，中国建设银行股份有限公司北京市分行（以下简称建设银行北京市分行）认真贯彻落实科学发展观，积极应对复杂多变的经济金融形势，围绕

“推进战略规划，加快业务发展”中心工作，各项工作都取得了良好进展。截至年末，本外币总资产 6 905.63 亿元，比上年增加 748.49 亿元，增长 12.16%。本外币存款余额 6 068.64 亿元，比上年增加 743.94 亿元，增长 13.97%。其中，人民币存款余额 5 985.64 亿元，比上年增加 731.7 亿元，增长 13.93%。本外币贷款余额 2 723.3 亿元，比上年增加 317.59 亿元，增长 13.2%。其中，人民币贷款余额 2 570.83 亿元，比上年增加 335.95 亿元，增长 15.03%。全年实现账面利润 79.42 亿元。

截至年末，建设银行北京市分行设分行 1 家、综合性支行 24 家、直管支行 50 家、升格支行 113 家、分理处 3 家、储蓄所 189 个，在职员工 11 098 人。

（张兵）

**公司业务** 对公业务转型改革打破部门界限，开展了“早谋划、早储备、早发展”营销竞赛活动，以抓好旺季营销为重点，全力支持地方经济和中小企业发展。截至年末，本外币对公存款余额 4 703.48亿元，比上年增加 293.95 亿元；本外币对公贷款余额 2 277.20 亿元，比上年增加 262.58 亿元；实现中间业务净收入 11.78 亿元。运用按月余额控制、价格调整和优先满足重点客户需求等多种调控方式对贴现业务实行总量调控和结构调整，全年累计发放贴现贷款 442.26 亿元，实现贴现利息收入 3.40 亿元，年末余额及新增均列建行系统内第一位。票据贴现业务连续 8 年保持无假票、无不良、无案件、无资金损失率的安全运营纪录，成为最优质的信贷资产之一。

（何冰）

**个人金融业务** 加强业务产品管理，深化零售网点转型，大力组织市场营销，以个人存款为基础，强化投资理财产品销售，促进客户金融资产优化配置，实现个人金融业务快速发展。截至年末，个人存款余额突破 2 000 亿元，本外币个人存款时点余额为 2 103.61 亿元，比上年增加 422.98 亿元，增长 25.2%。361 家标准网点和 5 家非标准网点完成零售网点一代转型，推广率达到 98%。推出国内第一只以艺术品收益权质押的理财产品、各类信托计划、一对多等一系列产品，在全国范围内为个人高端客户搭建了一个全方位的优先优惠服务网络。截至年末，个人高端客户数量达到 5 944 名，管理客户金融资产超过 254 亿元。

（何冰）

**国际业务** 以“重点突破求发展，逆境创新促增长”为目标，紧盯北京地区进出口 500 强、海外工程承包 225 强以及国家出口信贷资金支持项目客户，深入开展“百强企业攻坚战”，开拓新兴市场和领域，外汇业务客户群体日益壮大，外汇业务发展能力进一步提升。截至年末，外汇全口径存款余额 19.04 亿美元，各项外汇贷款余额 22.33 亿美元；国际结算量首次突破 400 亿美元，同比增长 46.18%；外汇中间业务收入 3.03 亿元，实现账面利润 389 万美元。

（郑万隆）

**住房金融与个人信贷业务** 贯彻国家宏观调控政策，快速调整信贷结构，以一手房贷款业务为发展重点，调整个人商业用房贷款、个人消费贷款的投放节奏，有保有压地开展贷款投放工作。截至年末，个人类贷款余额 446.09 亿元，同比增加 55.01 亿元。支持北京市委托性住房金融业务，积极服务北京市经济适用住房和

"两限房"保障性住房项目，为公积金中心及中低收入人群提供优质的金融服务，率先推出北京市住房公积金管理中心二手房个人住房组合贷款业务，采取楼盘现场咨询、上门服务、三个工作日放款等服务措施。截至年末，委托性住房存款余额224.78亿元；公积金个人住房贷款余额295.56亿元，同比增长123.48亿元；公积金贷款累计发放167.70亿元，公积金个人住房贷款发放额继续保持地区同业首位。

（王飞）

**银行卡业务** 加快产品创新力度，推出多张特色信用卡，有效增加客户数量。发行国内首张家居主题信用卡——"金隅家居龙卡"，配合总行推出"冠军足球卡"、"中国艺术家龙卡"及"个性化卡"等产品，丰富了龙卡产品种类。截至年末，贷记卡新增客户176 108户，发卡总量在地区同业排名第三位，信用卡账户活动率47.42%；信用卡实现消费额156.85亿元，在地区同业排名第二位；累计发展特约商户14 631家，在地区同业排名第二位；MIS直联商户42家，同业排名第一位。

（麻静芳）

**电子银行业务** 推出企业网银预置证书业务，将企业网银客户签约缩短到当天申请、当时签约、次日使用，流程得到极大优化；推出短信通签约数据集中加载业务。通过开展一系列整合营销活动，有效扩大了电子银行业务的覆盖面和渠道分销能力。截至年末，电子银行客户数达594万户，交易量为12 293万笔，同比增长48.29%，交易额78 277亿元。

（吴海勇）

**内控及风险管理** 全面落实"突出风险控制，提高资产质量"和"突出结构调整，加快战略转型"工作要求，提高信贷效率，做好支持服务；坚持风险底线，不良贷款大幅下降、贷后管理取得突破、精细化管理程度不断提升，资产质量不仅经受住了严峻考验，而且实现了持续"双降"。加强退出政策的执行管理力度，着力提升新发放贷款质量，信贷结构调整和客户结构优化取得显著进展，经济资本占用水平稳步降低，资本回报能力进一步提高。加强会计基础管理，实施"总会计"管理体制改革，管理质量和效率进一步提升。加强惩治和预防腐败体系建设，发挥基层机构总会计、风险主管和纪检监察特派员的监督作用，案件风险防范能力得到加强。

（田烽）

**内部管理** 积极推进各项改革，认真抓好战略规划，完成了城区经营网点扁平化改革，增设39家直管支行，建立起"两级经营，一级管理"的经营架构；进一步深化专业专注化改革，对公、对私条线团队化营销体系得到建立和完善，整体服务效率和专业化营销能力得到进一步提高。全年实现对74家支行的直接经营，并对城区158个零售网点实行了集中管理。全面实施本部组织机构改革，设立八大委员会，初步建立起管理清晰、运行高效的经营管理体制。组织开展1 000余人次的职业成长情况调研，稳步推进职业生涯发展规划项目，建立了4个后备人才库，为长期发展提供充足的人才储备。推进员工满意度项目。推行压力管理，通过优化柜面流程、实行储蓄网点轮休制等措施，减轻一线员工压力。成功举办了第八届职工运动会，创建了39个分行级先进"职工小家"，建立了青年风采论坛机制，开展“蓝色主人翁”精神学习讨论等活动。开展ISO 9000质量管理体系建设，在银行管理中引入质量管理的理念，对各项银行业务操作实施规范化、标准化的流程管理，通过英标管理体系认证（北京）有限公司的认证审核。建设银行北京市分行在基础管理、合规经营、防范风险方面迈上了一个新的台阶。

（何冰）

# 交通银行股份有限公司北京市分行

2009年，交通银行股份有限公司北京市分行（以下简称交通银行北京市分行）深入学习实践科学发展观，抓住市场机遇，合理配置资源，加快结构调整，提升组织效率，业务规模不断扩大，市场影响力明显增强。截至年末，本外币资产总规模4 854.74亿元，较上年增加815.57亿元，增长20.19%。本外币各项存款余额3 809.26亿元，较上年增加1 060.63亿元，增长38.59%。其中，人民币各项存款3 494.19亿元，较上年增加984.23亿元，增长39.21%。本外币各项贷款2 000.50亿元，较上年增加510.02亿元，增长34.22%。其中，人民币各项贷款1 908.28亿元，较上年增加498.35亿元，增长35.35%。实现本外币经营利润（财务口径）43.35亿元，较上年减少13.78亿元，下降24.12%。实现本外币拨备后利润（财务口径）44.66亿元，较上年减少11.77亿元，下降20.86%。按照财务会计与管理会计加权口径计算，实现本外币经营利润52.30亿元，实现本外币拨备后利润53.61亿元。人均本外币经营利润148万元、拨备后利润151.24万元。实现本外币中间业务收入22.68亿元，较上年增加2.10亿元，增长10.26%。

截至年末，交通银行北京市分行机构网点总量达104家，其中分行营业部1家、支行103家，共有员工4 123名，平均年龄31岁。

**公司金融业务** 交通银行北京市分行坚持“助客户渡难关，与企业共成长”的工作思路，落实“区别对待、有保有压、共渡难关、综合开发”的信贷策略，以一揽子金融服务方案、创新产品等为突破口，提高优质客户综合贡献度，实现客户开拓与业务规模的快速提升。以蕴通账户为核心，整合企业网银和银企通产品；积极营销客户结算资金，深化与集团客户的业务合作，有效提升现金管理品牌影响力；建立“以市场为导向，以客户为中心”的多元化营销模式，以综合服务推动客户全面合作，全方位、多角度挖掘市场资源和客户潜力。2009年，成为亚太地区IPO融资总额前三甲中国建筑、中国中冶、中船重工的募集资金存管行，共营销募集资金394.6亿元，占A股市场IPO融资总额近20%；先后主承销21期中票、6期短券和5期财务公司金融债，主承销发行金额2 238.14亿元。深入挖潜客户资源，重点加强与优质客户的全方位合作，业务发展呈现良好态势。截至年末，人民币对公存款2 908.71亿元，较上年增加825.02亿元，增长39.59%。

**个人金融业务** 交通银行北京市分行进一步提高产品研发能力和整体营销意识，整合个人金融板块组织构架，创新特色金融产品，完善客户管理体系，丰富渠道交易功能，建立优质高效服务机制。以理财、保险、黄金等业务为抓手，通过对不同层次客户的分层次、差异化服务，重点加强私人银行、沃德财富（个人高端客户）、交银理财（个人中端客户）客户开发力度，提高个人金融客户交叉销售率；积极开展公私联动，将公积金、企业年金、代发工资客户作为个人金融业务发展的核心客户，形成“以公促私、批量开发、握紧客户、持续营销”的发展局面，取得事半功倍的良好效果；深入挖掘个人出国、留学、移民服务市场，丰富“留学通”系列产品，为客户提供集人民币理财、外币理财、“外汇宝”、本外币结算于一体的“一揽子”服务；加强渠道建设，丰富网上银行、电话银行和自助设备功能，为个人客户提供全面、及时、便捷的金融服务。截至年末，人民币储蓄存款余额585.48亿元，较上年增加159.21亿元，增长37.35%；个人贷款余额219.04亿元，较上年增加89.67亿元，增长69.31%。

**国际业务** 交通银行北京市分行积极应对金融危机影响，加强与外资银行、境外机构的业务联动，不断优化业务结构，扩大业务规模；设计本外币联动的综合服务方案，进行多项产品整合营销，满足优质客户多样化需求；依托企业贸易链条，向贸易链的上、下游企业延伸拓展，将境内外客户和内、外贸易有机结合；关注“走出去”企业业务需求，提供综合服务方案，通过外商投资企业发展非居民海外业务；在国际结算市场大幅下滑的情况下，推动内保外贷、外保内贷共同发展。全年累计完成国际结算业务量540.51亿美元、贸易结算量325.31亿美元、非贸易结算量215.2亿美元。其中，国际结算量在北京地区五大行中占比15.56%，较上年提高6.28个百分点。

**基础管理** 交通银行北京市分行进一步夯实基础性管理工作，认真做好网点建设、产品创新、服务优化、信息管理、员工培训等工作。全年新建网点5家、迁址网点3家、改造网点5家，建沃德财富中心10家。完善收单系统及POS机具功能，实现内外卡收单收入3.43亿元，同比增长80.53%。新建42家离行式自助网点，全行离行式网点总数达到659家，共有自助机具1 192台。制订全年创新工作计划，初步形成“工作有目标、开展有计划、日常有督促、事后有反馈、评价有奖励”的工作流程，成立服务办公室，从业务技能培训、实地检查辅导、合理配置资源等方面入手，进一步完善服务细节，制定和梳理客户服务、业务操作和应急事件处理流程，建立畅通、高效的信息传递渠道，在服务意识、服务形象、服务手段、服务效率、服务品质5个方面切实提升全行服务形象。致力于培养专家型人才，打造专业化团队，开展课程设置规范、内容各有侧重的分类培训，全年共举办各类培训班187期，人均培训58学时，培养AFP425名、CFP49名。

**风险管理** 交通银行北京市分行高度重视风险管理工作，不断完善规章制度体系，加强内控建设。制定《北京市分行全面风险管理办法》和信用、市场、操作风险管理实施细则，搭建全面风险管理框架，建设全面风险管理体系；通过完善、细化各项业务管理规定和操作流程，结合北京银监局“百日大排查”、“促监管政策进基层行”等活动，着力加强内控建设。建立“安全、高效、优质”的会计结算营运体系，推进“会计工作示范行”创建活动，提升网点整体会计工作水平；组织票据业务、代发工资、第三方存管、保管箱等专项检查，深入开展案件防控专项治理和员工异常行为排查，加大风险防范力度。综合运用严格期限管理、适当缩短授信期限、提高利率上浮幅度等多种减持手段，提升贷后管理水平，进一步加强减持类客户管理，加快减持清退进度。

**电子化建设** 交通银行北京市分行运用科技手段，推进电子化建设，促进业务发展、流程优化。建立中间业务平台、数据分析平台等五大特色开发平台，为业务发展提供系统支持；开发支付通“T+0”实时支付系统，实现缴费功能渠道全覆盖，并向个人客户推出网银结售汇新渠道；开发黑名单过滤筛查软件，进行柜面外汇业务办理“三机合一”改造，在简化手工操作的同时有效防控业务风险；完成核心账务系统前端整合工作，优化商业承兑汇票贴现、挂销账处理、成品卡下发等流程，配合业务发展需要进行业务凭证整合，切实提升工作效率。

**企业文化建设** 交通银行北京市分行以“责任文化”为核心，推进“勇于创新、敢于负责、乐于接受监督”的企业文化，营造积极进取、珍惜感恩、健康向上的企业氛围，规范员工行为，激发团队活力，增强企业凝聚力。充分发挥工会、团组织的联系纽带作用，组织“讲责任树形象，创佳绩迎国庆”提升服务质量竞赛、“金点子”征集、手机银行俱乐部等活动，引导员工集中智慧解决业务发展、客户服务、内部管理中的实际问题。开展“创建学习型组织”活动，培养“本专业精、相关专业通”的综合型人才，激发员工工作潜力和学习热情。参与“慈善情——百家企业献爱心”活动，为西城慈善协会筹集善款43.48万元，充分展现交通银行员工社会责任感。

（徐丹）

# 招商银行股份有限公司北京分行

2009年，面对金融危机带来的影响和挑战，招商银行股份有限公司北京分行（以下简称招商银行北京分行）深入贯彻总行“正视风险，把握机遇，提升管理，科学发展”的指导思想，坚持走内涵集约式发展道路。截至年末，总资产2 501.5亿元，比上年增加540.8亿元，增幅为28%。本外币自营存款余额2 130.6亿元，比上年增加413.7亿元，增幅为24%。其中，人民币自营存款余额1 949.0亿元，比上年增加471.8亿元，增幅为32%。本外币自营贷款余额929.4亿元，比上年增加178.9亿元，增幅为24%；按“五级分类”口径不良贷款率仅为0.19%，比上年末下降0.02个百分点，不良资产拨备覆盖率达821.7%。全年实现利润36.3亿元，人均创利达150万元，网均创利达7 500万元。

截至年末，招商银行北京分行共设有营业机构48家，其中年内新建成开业5家，员工2 619人，比上年净增加248人。

**经营战略调整** 尽管受国际金融危机的影响，面临严重困难，招商银行北京分行在做大做强基础业务、保证规模效益稳步增长的同时，继续坚定不移地推进经营战略调整，实现了业务结构、资产结构、收入结构不断优化，各项业务全面协调健康发展的局面。一是中间业务收入逆势提升，再创历史新高，实现全口径中间业务收入13.9亿元，比上年增加0.3亿元，中间业务净收入占比达23.2%，比上年提高了1.6个百分点；二是零售业务方面，实现了储蓄、零售中间业务、财富管理、新客户拓展、信用卡等各项指标的全面协调增长，特别是储蓄存款比上年末大幅增加150.7亿元；三是个人资产业务快速发展，余额比上年末增加93.0亿元，增量始终在招商银行系统内名列前茅；四是中小企业业务加速发展。

**批发银行业务** 招商银行北京分行以负债业务、特色业务和新兴产品为重点，不断强化批发业务综合竞争力。大、中、小型客户开发全面开花，被北京银监局授予“中小企业金融服务工作先进单位”，被人民银行营业管理部授予“中小企业信贷组织创新奖”。公司业务方面，招商银行北京分行凭借特色产品与一些大客户展开了合作、加强了绑定，当年新增14家重要客户企业年金业务，成功营销中国电信、中国联通、中国国电、兵器工业等多家中央企业和市属企业债券承销业务，销售公司理财产品突破1 000亿元；国际业务方面，尽管受全球金融危机严重影响，单证、结售汇、贸易融资、对外担保、离岸等各项国际业务持续健康发展，市场份额稳步提升，实现国际对公中间业务收入1.8亿元，比上年增加1 101万元，全口径离在岸国际结算总量218亿美元，同比增加11亿美元；同业业务方面，针对资本市场波动，紧扣理财市场需求设计销售信贷资产类理财产品221亿元。

**零售银行业务** 招商银行北京分行管理客户总资产这一核心指标加速增长，2009年末余额2 503.5亿元，比上年大幅增加597.7亿元，增幅31%，为各项零售业务持续发展奠定了基础。客户群细分经营成效显著，中、高端客户群增长列招商银行系统第一，金葵花持卡客户12万户，比上年增加2.6万户；金卡客户33万户，比上年增加8.3万户；信用卡新户发卡12.6万张，代发客户净增5万户，第三方存管新增4.7万户，规模与质量实现双增长。随着特色产品的营销及财富管理品牌的提升，全年累计销售各类理财产品336只、金额476亿元。

**内部管理与队伍建设** 招商银行北京分行继续坚持贷款均衡投放，积极促进结构调整，特别是在国家出台“扩内需，保增长”的政策后，在有效防范风险的前提下，进一步加强重点行业与客户业务推动，同时积极推进风险管理体制改革，进一步完善了中小企业、个人贷款业务和集团授信管理办法及流程，更好地平衡质量、效率、市场之间的关系。进一步完善内控体系，不断强化全员对合规理念文化的认同教育。强化支持保障体系建设，IT部门根据业务需要和客户个性化需求，完成了自助缴费、联名卡、票据影像系统、储蓄业务量查询等20余项系统开发任务。

根据业务发展需要，在继续充实队伍的同时，进一步优化队伍结构，加强管理力量，提高营销人员占比，促进各个序列的科学配置。继续致力于创办学习型组织，共举办各类培训近300期、2万人次，覆盖了批发、零售、营业、任职干部、新员工等各个条线。强化绩效考核，坚持“区分”原则，进一步加强了岗位轮换和干部交流力度。

**机构发展** 2009年，招商银行北京分行新设京广桥、玉泉路、朝阳公园、北辰大厦、建国门5家支行，6家离行式自助银行，另有22处离行式自助设备、两家老支行喜迁新址，“网点创赢”工程全面深入开展。大力发展网上银行等电子服务渠道，年内累计新增网上企业银行客户2 626户，对公柜台交易笔数替代率达45%，金额替代率达44%。新增个人银行专业版客户近22万户、快易理财客户18万户，零售业务非柜面渠道交易替代率高达86%，有效地缓解了柜台服务压力，节约了窗口和人力资源。

（田泽）

# 上海浦东发展银行股份有限公司北京分行

2009年，上海浦东发展银行股份有限公司北京分行（以下简称浦发银行北京分行）面对复杂多变的外部环境和行内多项重大变革，坚持以科学发展观为统领，主动适应外部形势变化，通过整合机构、提升管理、推进营销，全行经营状况有所改善，管理工作稳步推进，主要业务指标基本完成。截至年末，资产总额1 188亿元，比上年减少15.5亿元，减幅1.29%。本外币一般存款921.6亿元，比上年增加76.13亿元，增幅9 %。本外币贷款余额469.5亿元，比上年增加75.2亿元，增幅19.06%。实现账面利润8.46亿元，比上年减少3.67亿元，减幅30%。

截至年末，浦发银行北京分行共设支行33家（含营业部），其中年内新建并开业3家，扩租2家，改造4家；在岗员工1 203人。

**公司银行业务** 浦发银行北京分行信贷结构调整初见成效。截至年末，对公存款余额796.85亿元，同比增加48亿元；资产托管规模11.39亿元，同比增加9.64亿元；完成国际结算量46亿美元，同比增长49.93%。对公优质客户贷款余额占比有所提升，小企业贷款和个人贷款余额占比增加，负债结构进一步优化。在产品创新方面，先后开展了离岸浮动质押在岸贷款、汇出汇款融资业务（T/T融资）、进口代收融资业务、集团票据池业务，完成首笔中期票据主承销业务，取得市发展改革委政府引导基金第一、第二批共四只子基金的托管资格，推动股权质押型理财产品销售，发行信托贷款型理财产品15.4亿元。与市商委合作推出了“账款天天结”业务，办理了银行投保国内贸易信用险项下的保理业务。与保险公司开展贸易信用险、履约保证险项下的合作，拓宽了与中小企业合作的渠道。

**个人银行业务** 浦发银行北京分行个人银行业务健康快速发展。截至年末，储蓄存款124.7亿元，比上年增加28.1亿元，增幅29.12%，占比由2008年的11.43%提高到13.54%。个人贷款72.5亿元，比上年增加23.8亿元，增幅48.83%，占比由2008年的12.36%提高到15.45%。在市场推广方面，组织开展了"'国学·风水'浦发银行北京分行贵宾客户新春答谢会"、"喜迎春天　优质客户招募计划"、"最爱中国红系列"等13期大型市场活动，举行了"轻松理财炫卡"发卡仪式，在北京启动了"浦发卓信健康之旅全国巡讲"活动，在第五届北京国际金融博览会上主推的"最爱中国红大型系列客户促销活动"受到了媒体的广泛关注。通过加强对代发业务的管理，带动了贵宾客户的增长，全年累计新增白金卡4 894张。

**6S质量管理**　浦发银行北京分行通过加强对制度规定的体系化、标准化，管理机制的标准化，持续深化6S质量管理，构建科学、有效的运营管理机制。年内制定印发了《浦发北京分行运营操作风险管理手册》、《浦发北京分行运营业务操作规程2.0测试工作实施方案》、《存量账户身份核实工作方案》、《集中作业操作规程》、《授权管理手册》、《自助设备运行管理手册》、《联网核查公民身份信息系统突发事件应急预案》等多项制度规定，通过"制订方案—执行方案—跟踪检查—总结改进"的标准化管理机制，推进了全行6S管理工作的发展。

**机制建设**　浦发银行北京分行加强机制建设，完成组织架构整合。制定了《浦发北京分行财务审查委员会工作规程》，明确了管理职责、权限和审议程序，建立了大宗成本开支的决策机制，优化了中后台支持保障系统，简化了部分标准化抵押和低风险业务的审查程序。

**风险管理**　浦发银行北京分行开展了新增贷款、涉房类贷款、表外业务、票据等业务自查，严控政策性风险和系统性风险。试行风险经理制，完善风险考核机制，实现了对各业务部门和各营销单位的全方位风险考核，促进了风险管理水平的进一步提升。组织对重点业务案件风险排查与检查，针对发现的问题及时整改，消除风险隐患。持续开展反洗钱工作，加强案件专项治理，建立应对各级监管意见的响应机制，全年保持案件发生率为零。

**队伍建设**　浦发银行北京分行深入开展学习科学发展观活动，加强政治思想工作。加强对支行行长培训，重视新入行员工素质教育，对13位部室、支行的主要负责人进行了轮岗，并将部分青年员工从机关充实到支行，人员配置结构得到一定改善。

（刘娣）

# 广东发展银行股份有限公司北京分行

2009年，广东发展银行股份有限公司北京分行（以下简称广发银行北京分行）按照总行"做大做强"的市场战略，以合规细化管理为中心抓好内控，严格控制各类信用风险和操作风险；搞好各项内部改革，提高内部运转效率和增强内部活力；大力推进负债营销，保持优质资产和负债的均衡增长；拓展中间业务市场，保持全行中间业务收入的快速增长；加快网点筹建速度，扩大广东发展银行在京影响力；进一步加强团队建设，提升干部的竞争力，企业的市场竞争力和市场形象明显提高。截至年末，总资产813.07亿元，比上年增加189.63亿元，增长30.42%。本外币存款761.54亿元，比上年增加290.02亿元，增长61.50%。其中，人民币存款737.33亿元，比上年增加278.60亿元，增长60.73%。本外币各项贷款501.98亿元，比上年增加195.43亿元，增长63.75%。其中，人民币贷款480.79亿元，比上年增加174.24亿元，增长56.84%。实现利润6.67亿元，比上年减少1.45亿元。

截至年末，广发银行北京分行共设29家支行，在岗人数1 046人，其中正式在编877人。

**贷款业务** 广发银行北京分行主动分析宏观经济走势和政策变化特征，明确信贷市场定位，积极把握市场机遇，有效平衡地推进业务发展和风险管理。实施业务流程创新，提高风险管理效率，克服了实体经济增长乏力、优质贷款竞争激烈等不利因素的影响，在大型国有企业、优质中小企业和个人贷款等领域不断实现新的突破，推动了优质贷款业务的持续投放和较快增长。兼顾系统性风险管理和个体风险管理，优化调整信贷资产结构；强化公司类贷款及个人贷款资金的流向控制，防范贷款挪用风险；有效组织风险资产清收，资产质量持续改善，达到北京银行同业优良水平。

**个人银行业务** 广发银行北京分行个人业务获得了全面发展，储蓄、个人贷款等业务发展取得历史最好水平。截至年末，储蓄余额60.48亿元，储蓄日均达50.62亿元，日均余额较2008年增长60%，与北京同业相比，储蓄业务增长速度为56.72%，在北京市股份制商业银行中名列前茅。个人贷款余额45.69亿元，比上年增加18.74亿元，增长69.54%。

年内，面向北京市场推出集完善的金融功能与创新的消费管理功能于一身的借记卡新品种——OURS广发卡。以独特的消费管理理念填补了北京借记卡市场上相关领域的空白，以完备的金融功能、人性化的服务和不断增加打折商户迅速赢得了消费者的青睐。

**国际业务** 广发银行北京分行重点推进本外币贸易融资项目开发、方案设计以及后续跟踪，充分利用总行贸易融资绿色通道优势，提高项目审批速度和通过率。加强对重点行业的研究，出台重点行业营销方案和大宗商品风险预警制度，通过贸易链条的延伸，积累优质客户群。全年国际结算量为54.51亿美元，结售汇量为30.52亿美元，外汇中间业务收入6 561万元人民币。

**信用卡业务** 广发银行北京分行严格把控信用卡业务风险，推出密集型、个性化的各类促销活动，信用卡业务规模与效益均衡发展，实现了扩大发卡量、提升消费额、增加业务收入的目的。推出“广发信用卡还款地图”，为持卡人还款带来便利，赢得了客户高度的认同，成为北京地区金融行业的一道风景。全年新增发卡量15.37万张，累计消费额100亿元；信用卡收入4亿元，实现中间业务收入19亿元，实现利润2.8亿元。

**票据业务** 2009年，广发银行北京分行票据业务大幅增长，完成票据直贴71.53亿元，比上年增长233%；票据业务账面利差收入4 313万元，实现了收入翻番。

**集约化管理** 广发银行北京分行进一步细化成本管理，费用实行条线化管理和集中管理，使各部门共同关注成本，树立成本意识。营运费用、固定资产等实行集中管理、统一支付，集中招标统一采购。充分利用资源，提高使用效率，形成更为优化的管理模式，投入—产出比更加合理，成本得到有效的控制。

**风险防范** 广发银行北京分行围绕总、分行内控、合规建设的工作重心，深化推进“四大机制”的贯彻落实，组织协调相关部门及辖属机构开展反洗钱工作，认真贯彻执行相关法律法规，着力加大宣传与培训力度，不断完善现有工作机制与业务流程，合规工作不断向纵深发展。

**优质服务** 广发银行北京分行以奥运金融服务工作为基点，建立服务长效机制，加大规范化服务的执行力度，从培育员工的职业化服务习惯入手，倡导二线对一线、一线对客户的优质服务文化，大力推进首问负责制，不断提升服务管理水平。成立规范化服务品牌管理委员会，做到组织领导机制充分到位，服务指挥不断向一线窗口前移；建立客户服务评价系统，提高柜台服务人员的服务意识，加强对各网点柜台服务的监督和管理；制定下发《营业网点文明规范服务日常工作指引》、《营业网点服务管理规范》等文件，指导规范化服务落实；出色完成国庆安保任务，没有一起因网点停业而引发客户服务投诉案件；苦练基本功，参加总行学习“实践科学发展观知识技能竞赛”，荣获团体第一名；增加自助设备和服务网点，全方位地提升金融服务质量。

**队伍建设** 广发银行北京分行进一步加强队伍建设，着力打造具有高度凝聚力和战斗力的员工队伍。通过制定《招聘管理实施细则》，拓宽人才引进渠道，规范招聘流程，吸引了更多高素质人才的加盟，为业务创新和管理升级注入了活力。随着《2009 年支行综合考核分配办法》、《员工个人年度考核办法》和《员工推荐交流管理办法》等配套制度的出台，绩效考核的专业化、制度化水平不断提高，有效地调动了各岗位员工的工作积极性，个人及团队的业绩水平实现了快速发展。在对不同类别员工进行培训需求分析的基础上，联合国内知名高校，聘请知名学者和业界资深人士，举办高质量的培训；通过拓展训练，提高了员工的团结协作精神。积极组织或参与开展各类公益活动，在提高员工荣誉感的同时，也在社会上树立了充满活力和朝气蓬勃的企业形象。

（陈悦喆）

# 兴业银行股份有限公司北京分行

2009 年，兴业银行股份有限公司北京分行（以下简称兴业银行北京分行）坚持以科学发展观为指导，深入贯彻落实国家宏观经济政策和金融监管要求，准确把握经济调整、政策变化过程中出现的市场机会，按照“听党的话，跟政府走，按商业银行规律办事”的基本思路，以“打进主战场，做主流业务”为主要着力点，开拓进取，稳健经营，各项业务继续实现快速、协调、健康发展。截至年末，本外币资产余额1 660.36亿元，比上年增加438.26亿元，增长35.86%；本外币一般性存款余额980.54亿元，比上年增加314.86亿元，增长47.3%；本外币同业存放款297.26亿元，比上年增加3.38亿元，增长1.15%；本外币各项贷款余额492.06亿元，比上年增加168.59亿元，增长52.12%。全年实现税前利润18.6亿元，比上年增加0.42亿元；人均利润212.57万元。不良贷款率为0.15%，资产质量继续保持良好水平。

截至年末，兴业银行北京分行共有31家经营机构，正式编制职工876人。

**同业业务** 兴业银行北京分行积极应对国际金融危机冲击和利差大幅缩窄的不利局面，贯彻“以市场为导向、以客户为中心”的经营策略，坚持专业营销和真诚服务，持续推进业务创新和结构调整，大力拓展和培育同业核心客户群，开源节流，努力降低同业负债成本，进一步拓宽资金运用渠道，着力发展同业中间业务，同业业务客户对象不断增加、业务领域不断扩大、合作手段不断丰富，同业业务整体保持良好发展态势。全年与商业银行、证券公司、基金公司、保险公司、信托公司、企业集团财务公司、金融租赁公司、期货公司等100多家同业客户建立了各类业务合作关系，在同业存放、资金支付结算、同业拆借、信贷资产转让、债券回购、票据贴现和转贴现、债券投资交易、债券结算代理、信托计划资金代理收付、资产托管、银财直联、银银平台等业务合作中，实现了双赢的发展目标。截至年末，人民币同业存款余额近300亿元，规模在北京地区商业银行中位居前列。

**公司业务** 兴业银行北京分行以培育核心客户、优化业务结构、增强业务持续竞争力为目标，通过改进客户服务模式及营销管理手段，逐步优化客户结构。实施客户分层管理，建立差异化的营销服务体系，培育和拓展核心客户，进一步巩固和扩大基础客户群体，推进核心业务发展。积极推广新产品，继续推广节能减排贷款和现金管理业务，有效发挥银行业金融机构在社会资源配置中的枢纽作用和间接影响力。推进中小企业融资业务，积极拓展优质中小企业客户。积极营销机构第三方存管客户，调整客户结构和业务结构，储备客户资源。加强业务营销团队建设，不断壮大客户经理队伍，探索建立分支行一体的、专业化的行业营销团队。完善公司业务管理制度，加强市场调研，加强行内信息共享与交流，提高公司业务政策分析和市场应对能力。定期编制《公司业务发展导向简报》等内部信息材料，修订《兴业银行北京分行客户经理客户考核管理暂行办法》等规章制度。截至年末，人民币对公存款余额792亿元，比上年增加260亿元，增长49%。

**投资银行业务** 兴业银行北京分行根据市场需要，及时调整业务重点，明确以财富管理、财务顾问、债券承销为三大业务主线，积极探索创新产品的业务发展模式。截至年末，累计创设、发行信托理财产品规模197.63亿元；完成短期融资券主承销发行1家，主承销规模17.5亿元；完成短期融资券和中期票据分销7家，分销规模18.8亿元。

**个人金融业务** 2009年末，兴业银行北京分行储蓄余额121.1亿元，比上年增加41.12亿元，增长51.42%。其中，人民币储蓄余额117.92亿元，外币储蓄余额 4 690 万美元。储蓄日均 94.48 亿元，比上年增加 41 亿元，增长 76.65%。其中，人民币储蓄日均91.47 亿元，外币储蓄日均 4 478 万美元。个人贷款余额 82.46 亿元，比上年增加 16.38 亿元，增长 24.78%；全年累计发放个人贷款 36.36 亿元，累计收回个人贷款 19.98 亿元。个人不良贷款余额366 万元，不良率 0.04%，比上年减少 462 万元，降低 0.09 个百分点。全年累计销售综合理财产品 184.96 亿元，贵金属业务交易量 154.39 亿元。累计发展个人 VIP 客户 3.65 万户。

**银行卡业务** 兴业银行北京分行强化理财卡和通达卡的贵宾服务功能营销，携手北京主流大型商场，联合开展信用卡刷卡消费促销活动，银行卡业务不断发展。全年累计发行兴业借记卡 91.94 万张，累计交易额 688.3 亿元，其中消费交易额 20.76 亿元。卡内存款 78.07 亿元，卡均存款 8 488 元。通达卡发卡量突破 12 万张，比年初将近翻了一番。累计发行信用卡 31.69 万张，比上年增加 5.52 万张，其中，发行白金信用卡 1 540 张。

**国际业务** 兴业银行北京分行坚持主动发展业务，进一步扩大和夯实外汇业务基础、加强全面管理的工作方针，采取考核政策、费用配置、业务培训和跟踪扶持等措施，促进全行整体外汇客户群体的进一步扩大，国际业务继续保持稳步增长。成功开办短期出口信用保险融资业务，丰富外汇业务品种。全年累计办理结售汇业务 16.79 亿美元，比上年增长 9.53%。

**信贷管理** 兴业银行北京分行积极配合国家宏观调控政策措施，认真贯彻各项监管要求，信用业务办理始终坚持以质量为中心，严把风险关，从源头上保证信用风险的有效控制。根据国家政策和经营环境实行“有进有退”，实现投向和业务结构的不断优化。全年累计发放人民币短期贷款（含票据贴现）262.63 亿元，中长期贷款 293.62 亿元，开立银行承兑汇票 46.61 亿元，人民币保函 0.89 亿元，信用证 2.49 亿美元，外汇保函 21.23 万美元。截至年末，表内信用资产 492.06 亿元人民币，比上年增加 168.59 亿元，增长 52.12%。其中，公司贷款 404.65 亿元，个人贷款 82.46 亿元，票据贴现 4.59 亿元，贸易融资 0.36 亿元。表外信用资产 20.62 亿元人民币，比上年减少 5.57 亿元，下降 21.74%。其中银行承兑汇票 13.81 亿元，信用证 0.88 亿美元，人民币保函 0.83 亿元，外币保函 21.41 万美元。

**风险控制** 兴业银行北京分行以完善全面风险管理体系为目标，认真贯彻“从严治行”的管理理念，积极应对国际金融危机和国内经济波动带来的风险管理压力，进一步加强对经营中各类风险的管理和控制，不断健全风险管理的长效机制。增强经营机构的风险观念，特别加强对高风险行业、领域和客户的及时风险提示，避免介入经营环境明显恶化，发展前景不明朗以及政策限制的行业和客户，有效规避不利外部环境带来的经营风险。通过细化经营机构资产质量考核，强化转授权管理，完善“双线”贷后检查，开展业务办理每日监控，加大制度执行的监督检查力度等措施，加强和细化了日常风险控制。制定风险管理督导制度，启动全面合规风险管理体系建设项目，建立合规经理队伍，促进经营机构全面落实风险管理和内部控制的各项要求，及时发现和解决风险管理工作中存在的问题，尽早采取措施消除风险隐患。继续加强业务培训与指导，大力培育风险文化，提高业务人员专业水平，强化了与风险管理制度相配套的内在约束。继续将案件防范作为一项重要工作常抓不懈，有效杜绝了各类金融案件的发生。不断完善的风险管理体系，严格有效的风险控制措施，确保了全行整体信用业务在宏观调控中的持续健康发展，继续保持了较高的整体资产质量。

**电子化建设** 2009 年，兴业银行北京分行完成了辖内 29 家支行 SDH 网络传输改造，为 23 家支行建立起数据传输带宽为 10M 的第 2 套独立光纤网络。强化互联网管理，统一互联网出口，为 31 家支行部署推广桌面安全系统。开发并上线自来水实时缴费系统、风险管理自动化报表系统，新增特种转账贷方凭证打印、网上银行回单的单笔和批量打印、印鉴卡片自动打印功能，搭建起分行业务导航页面等。截至年末，企业网银存量客户 3 518 户，网银交易笔数占比 19.38%，个人网银存量客户 215 778 户，网银交易笔数占比 24.82%。电话银行存量客户 347 628 户，手机银行存量客户 101 519 户，实现电子银行中间业务收入 1 548.66 万元。在线运营的 ATM 209 台，实现 ATM 跨行手续费收入约 512.75 万元。发展兴业通特约商户存量达 2 747 户。

**企业文化建设** 兴业银行北京分行坚持以人为本，成功举办“2009 年分行员工新春联欢会”、“分行第六届职工运动会”、“庆祝新中国成立 60 周年暨北京分行第五届歌咏比赛”、“首都兴业杯职工高尔夫比赛”、“国庆 60 周年征文比赛”、“国庆 60 周年升旗活动”、“分行十周年庆典晚会” 等重大活动，组织开展企业文化座谈会和员工座谈会，深入了解员工的工作生活情况和思想状态。开展新员工入行培训活动和员工体检活动，深入推进和谐企业建设。继续做好行刊《首都兴业》编辑工作。

（综合部）

## 深圳发展银行股份有限公司北京分行

2009 年，深圳发展银行股份有限公司北京分行（以下简称深发展北京分行）根据“保安全、防风险、抓质量、创效益”的工作方针和“树形象、造影响、立品牌、抓服务”的工作思路，克服重重困难，顶住了宏观经济形势的不利影响，团结一心、奋力开拓，业务规模迅速壮大，内部管理和服务水平大幅提高，“只想和你深发展”的宣传口号深入人心，整体品牌和形象得到了进一步提升。截至年末，总资产 700.63 亿元，比上年增加 105.19 亿元，增长 17.67%。本外币各项存款余额 595.94 亿元，比上年增加 144.26 亿元，增长 31.94%。其中，人民币各项存款余额 571.58 亿元，比上年增加 140.61 亿元，增长 32.63%。本外币贷款余额（不含贴现）381.94 亿元，比上年增加 86.73 亿元，增长 29.38%。其中，人民币贷款余额 356.95 亿元，比上年增加 68.79 亿元，增长 23.87%。实现净利润（税后利润）2.14 亿元，比上年减少 0.66 亿元，下降 23.62%。

截至年末，深发展北京分行下辖24个营业网点，在岗职工859人，平均年龄27.8岁，具有大专以上学历的员工占92.9%。

**公司业务** 深发展北京分行坚持“存款立行”的经营原则，全面营销存款，以成本控制为核心，有序调整存款结构，努力实现可持续发展。截至年末，对公存款余额549.11亿元，比上年增加126.13亿元，增长29.82%，为分行成立以来增幅最大的一年。通过有组织地储备贷款项目，合理配置资源，实现对公贷款净增71.78亿元，其中当年新增客户累计发放贷款占比31.99%。国际业务逆市增长，全年国际结算量96.43亿美元，同比增长97%。

**零售业务** 2009年，深发展北京分行零售存款规模和效益均衡增长，存款规模比上年增长63.21%，存款成本下降27.57%。零售贷款通过不断调整，由过去以二手房、抵押贷款业务为主转变为以一手房、二手房、抵押贷款共同支撑起个贷业务的格局，逐步提高了抵押贷款这类高收益业务品种的比例。理财产品销售规模和收入规模双突破，代理类业务成为亮点，全年理财中间业务收入1 075万元，比上年增加800万元，增长291%。建立分层客户维护体系，对第三方存管代发工资、联名卡业务、代收付业务等批量增加零售有效客户的项目，加大激励和考核力度，多手段维护与营销，进一步拓展了客户。

**同业业务** 2009年，深发展北京分行同业资产和负债规模稳步增长，全年同业业务净收入1.41亿元，平均同业加权风险资产收益4.59%，在规模扩张的同时，有效控制了同业资产风险。投资银行业务逐步打开新局面，债务融资工具承销业务获得历史性突破，陆续发行了4个项目，参团承销业务比上年大幅度增加，财务顾问业务实现中间业务收入得到了大幅提升。

**风险管理** 2009年，深发展北京分行进行了全面的流程自查与梳理，进一步理清各环节风险点，完善风险防控制度体系，健全风险管理措施，努力打造全流程信贷风险管理平台。一方面对审批、放款、贷后、货押监管等环节进行自查，重新制定操作细则，明确执行要求，在日常工作中根据实际情况不断调整和丰富具体执行措施，提高了风险控制水平；另一方面注重各环节间的协调、衔接、配合，通过联动措施实现自审批至贷后的全封闭循环运转，使风险控制各部门成为首尾相连、因果相辅的有机整体，从实质上有效管理公司信贷风险，逐步建立起360度的全方位风险封闭管理体系。

**运营改革** 2009年，深发展北京分行调整了运营管理架构，细化岗位职责，推进运营改革。3月，成立集中作业部，全面建设运营垂直管理体系，打造高效的集中运营平台，并通过运营改革流程再造及新系统上线，优化运营业务操作系统，进一步实现业务处理、运营监控等行为的集中化和自动化，降低操作风险，提升客户体验。在支行网点启动“让运营服务走出去”工作，通过树立服务先进典型提高服务质量，提升服务知名度，将实地检查与非现场运营监控相结合，防范日常运营风险，确保服务提升和风险管理并重。

**宣传及服务** 深发展北京分行开展对公合作、零售活动、产品发布及宣传推广等活动，尤其是“天玑财富”名车试驾、财富论坛、高尔夫畅打、红酒品鉴、投资沙龙、年终回馈大型文艺演出等活动，展示了深发展北京分行良好的品牌形象，“只想和你深发展”的宣传口号逐渐深入人心。借助国庆60周年的契机，组织开展了“迎国庆讲文明树新风”系列活动，涵盖营业厅服务提升、投诉处理及时响应、金融服务进社区、手拉手结对帮扶、窗口文明服务、“迎国庆、作贡献、满意服务在金融”劳动竞赛六个方面，取得了突出效果，进一步提升了深发展北京分行的整体服务水平，树立了良好的企业形象，获得京城各界的广泛好评。

**网点及队伍建设** 2009年，深发展北京分行开阳桥支行、亚奥支行两家网点开业，网点建设进一步深化。开展职业生涯发展活动，鼓励员工在工作之余加强学习和提高。开展优才计划，建立核心人才库和关键人才库，2009年的人员流失率进一步降低至3.5%，是近几年的最低水平。进一步加强员工培训，通过有针对性地开展“成长计划”、“腾飞计划”和“苹果树沙龙”等活动，细分培训对象，突出培训效果，全面提升员工技能。

（郭佳永）

# 中信银行股份有限公司总行营业部

2009年，中信银行股份有限公司总行营业部（以下简称中信总行营业部）提出“以效益为核心、优化增长方式、强化风险控制、健康平稳发展”的工作方针，初步实现经营理念从“规模导向”向“效益导向”转变，促进了效益、规模、质量的协调发展。截至年末，本外币资产总额2 983亿元，比上年增加597.67亿元，增长25%。本外币存款（含金融机构存款）折计人民币2 911亿元，比上年增加617.33亿元，增长27%。其中，人民币存款余额2 613亿元，比上年增加666.95亿元，增长29%。本外币贷款折计人民币1 502亿元（含贴现），比上年增加566.54亿元，增长61%。其中，人民币贷款1 403亿元（含贴现），比上年增加531.83亿元，增长61%。实现账面利润27.17亿元，比上年减少11.96亿元，下降31%。不良贷款余额3.12亿元，不良率仅为0.21%，同比下降0.1%，达到历年最低水平，优于北京地区中资银行1.12%、股份制银行0.43%的平均水平。

截至年末，中信总行营业部下设1个营业结算部，39家支行，员工1 644人。

**公司银行业务** 2009年，中信总行营业部公司业务不断涌现新亮点。企业年金托管规模增量超过5亿元，在北京市属企业年金市场份额跃居第一，新增客户占比超过80%；托管全国文化演艺行业第一家转制单位北京演艺集团年金，支持首都文化创意产业；荣获北京市“2009年度中小企业信贷机制创新奖”，成为获此殊荣的三家银行之一。

资产业务方面，把握住宏观经济政策调控的契机，战略客户营销不断取得新突破，实现了资产业务跨越式发展。截至年末，人民币公司一般性贷款余额993亿元，比上年增加283.4亿元，增长40%。负债业务方面，严控负债成本、优化负债结构，截至年末，本外币公司一般性存款余额2 126.2亿元，比上年增加422.3亿元，增长24.8%；同业负债方面，开辟了"以资产运用带动同业负债"的新模式，初步搭建起北京辖内银行同业渠道，实现金融机构本外币存款日均余额236亿元人民币。

投资银行业务方面，以银团及项目融资、外币贷款、债券承销三类产品为重点，以产品创新、渠道创新、服务创新为手段，实现了扩规模、调结构、保增长的目标。截至年末，投资银行信贷资产余额186亿元，比上年增加98亿元，增长111.4%；投资银行业务实现利润4.51亿元，比上年增加0.75亿元，增长20.11%。

票据业务方面，实现了规模和效益同步增长。截至年末，实现票据直贴业务331亿元，比上年增加19亿元，增长6%；全年票据直贴、转贴（买断）业务规模达2 025亿元，比上年增加1 131亿元，增长126.5%，占北京地区市场份额近19%，高居市场榜首。

**零售银行业务** 2009年，中信总行营业部调整了零售主线的组织架构，实行了前台、后台分开的业务运营模式，组建了一手房和二手房的专业团队，优化了零售资产业务流程，初步形成负债业务从资产业务渠道中延伸、获益的局面。

零售资产业务方面，将一手房按揭贷款业务纳入房地产金融部，实现了开发贷款和按揭业务的有效衔接和联动；推出直客式二手房按揭业务专属网站——无忧购房网，二手房按揭业务市场占有率快速提升。截至年末，一手房按揭贷款71.9亿元，增量在北京同业排名第一，二手房及其他个人贷款共79.1亿元。其中，二手房按揭贷款77.1亿元，比上年增加73.35亿元，增长1 956%，累放量市场占比达14.48%，在北京股份制商业银行中排名第一。

零售负债方面，形成了以理财、基金、保险、国债为外延的全方位财富管理体系，全年本外币储蓄日均余额227.9亿元，比上年增加101.5亿元，增长80.3%；管理资产余额375.5亿元，比上年增加88.1亿元，增长30.7%。

继续保持出国金融品牌优势，成功开发了以色列、希腊使馆代传递和代缴费业务。截至年末，代理使馆业务实现手续费收入607.1万元，同比增长26.7%。不断优化用卡环境和保障自助机具稳定运行，根据中国银联借记卡跨行交易成功率统计数据显示，中信总行营业部银行卡跨行交易成功率排名北京市第一。中标地铁4号线ATM布设项目，首次跨入地铁ATM运营领域。

**国际业务** 中信总行营业部在北京市场外贸进出口额大幅下降的情况下，继续巩固市场份额，保持了稳健发展的态势。截至年末，完成国际业务收付汇量454亿美元；贸易项下结算份额连续六年位居北京市场第一位，市场份额达20%。

**中间业务** 中信总行营业部加强中间业务平台建设，在计划考核、产品引导、激励机制、统计分析和信息系统建设等方面加大工作力度，推动了中间业务快速发展。截至年末，实现中间业务收入7.33亿元，在股份制商业银行中排名第一，同比增加0.48亿元，增长7%，在利润总量中的占比提高至25%。其中，实现资金产品利润1.2亿元，外汇交易量继续保持北京地区银行同业第一名。

**风险控制和内部管理** 中信总行营业部通过实施全过程贷后监控，全年收回12户20.6亿元风险贷款；提高贷后管理技术手段，在同业中创新建立了资金流向监控系统，得到监管部门好评；建立资金用途事前、事中、事后三道监控机制，有效地防止了信贷资金违规进入股市和房市；零售信贷不良率为0.22%，保持了在同业中的先进水平。充实清算品牌“畅汇宝”，创新推出了集团客户海外账户服务、新西兰元原币收付汇和澳元票据托收3项产品，连续5年获得花旗银行评出的“清算直通率”奖。截至年末，清算总额62.6万亿元人民币，日均清算规模达2 514亿元人民币。法律保全工作全年回收金额3.76亿元，其中不良贷款本金回收1.99亿元。

**网点和机构建设** 中信总行营业部继续按照“有利于发展零售业务”的思路，进一步推进二级支行建设，先后完成了出国中心、福码、观湖三家新网点的建设和阜成门支行的搬迁工作。同时还进一步规范并改进了网点形象建设工作，统一设计和制作标准，增强网点的宣传营销平台作用。

（陈盈）

## 中国光大银行股份有限公司北京分行

2009年，中国光大银行股份有限公司北京分行（以下简称光大银行北京分行）面对国际金融危机和国内经济金融形势复杂多变的局面，积极开拓市场，深化结构调整，严格内控管理，提高服务水平，实现了持续、快速、健康发展，为光大银行改革与发展作出了新的贡献。截至年末，资产总额2 000.2亿元，比上年增加302.6亿元，增长18%。一般存款时点余额1 576.7亿元，比上年增加254.7亿元，增长19%。其中，储蓄存款时点余额159.8亿元，比上年增加27.2亿元，增长20%。一般存款日均余额1 596.9亿元，比上年增加276.9亿元，增长21%。其中，储蓄存款日均余额150.7亿元，比上年增加25.21亿元，增长20%。一般贷款余额758.4亿元，比上年增加201.7亿元，增长36%。实现中间业务净收入4.79亿元，比上年增加0.77亿元，增长22.5%；实现资本收费前利润22.36亿元，资本收费后利润17.44亿元。

截至年末，光大银行北京分行设有1家营业部、45家支行，员工1 927人。

**公司银行业务** 坚持“存款立行”的基本发展思路，借助光大金融控股集团合力，整合资源，分层营销，稳定并增加了一批战略客户，不断巩固核心客户基础，实现增存300余亿元。贷款方面，新增贷款主要投向公共管理、电力、通信、交通运输等行业，重点支持政府主导、事关经济发展和国计民生的基础项目，支持兼具社会效益和经济效益的重点项目。加大业务结构调整力度，累计发放贸易融资536.2亿元；中小企业金融业务发展迅速，成立中小企业部，新增特定中小企业授信客户348户，较年初增加67户，搭建中小企业融资平台 17 个，支持了中小企业快速发展。

**零售银行业务** 加快零售业务发展速度，将扩大零售业务规模和提高网点销售能力作为工作重点，通过营销模式整合、渠道拓展、内部挖潜等手段，不断扩大零售基础客户群和资产负债规模。通过批量营销代发业务、开展二手房交易资金托管、大力推动出国金融、发展私人银行等特色业务和服务，扩大了基础客户群，丰富了收入渠道，推动了储蓄存款快速增长，业务结构得到进一步优化。充分发挥信用卡直销团队作用，拓展发卡渠道，不断丰富银行卡品种，通过发放社区维修资金卡和公务卡，增加了有效用卡客户数量。

**中间业务** 中间业务增长迅速。短债、中期票据业务继续领跑同业，企业年金业务市场占比达到 15%。在中间业务规模扩大的同时，中间业务收入已成为利润的重要增长点，收入结构继续改善。

**风险管理及合规建设** 面对复杂多变的内外部经济环境，光大银行北京分行实施积极主动的风险管理策略，着力培育和打造风险合规文化，以“控风险、降不良、促发展”为核心，坚持“合规优先、风险优先、效益优先”的原则，全面夯实业务基础，深化风险管理体系建设。积极探索风险控制与业务发展的有效契合点，加强授信后管理，不良资产持续“双降”，对公贷款实现零不良。按照总行和北京银监局部署要求，深入开展案件风险排查工作，排查时间跨度 9 个月，排查各类业务 26.9 万笔，涉及金额 1 375 亿元。2009 年，光大银行北京分行被北京银监局评定为 B + 级银行，即风险管理最好的分行之一。

**服务管理** 根据总行统一部署，开展了“阳光服务年”活动。通过该项活动，全行牢固树立了“后台为前台服务，分行为支行服务，领导为群众服务，全行为客户服务”的理念，建立健全了客户服务体系，全面提升了服务品质和服务价值。在“阳光服务年”工作综合评比中名列前茅，分行营业部被评选为“中国银行业百佳服务示范单位”。

**企业文化建设** 光大银行北京分行始终坚持“业务是叶、管理是枝、体制是干、文化是根，而宏观形势、社会条件是土壤”的工作思路，重视企业文化建设，讲求“立法”、“树德”、“重情”，为可持续发展提供原动力。以“立法”为基础，倡导合规文化建设，要求干部员工牢固树立遵章守纪、稳健经营的思想，做到“言有所依，行有所准”；以“树德”为核心，提倡讲真话、干实事、树正气、促团结，营造和谐向上的企业环境；以“重情”为源泉，要求干部有困难冲在前面，有收获与大家分享，心系员工，使广大员工心有所属，形成一致向上的合力。

（陈冠西）

## 中国民生银行股份有限公司总行营业部

2009 年，是中国民生银行股份有限公司总行营业部（以下简称民生总行营业部）贯彻《三年发展规划》的开局年和深化公司金融改革的攻坚期。民生总行营业部积极应对国际金融危机冲击和国内经济周期性调整带来的不利影响，始终以科学发展观统领全局，始终坚持发展为第一要务，在业务增长、机制优化、风险把控、团队建设等方面取得了一些新成绩，较好地实现了各项经营目标。截至年末，本外币总资产余额 3 050.66 亿元，比上年增加 810.12 亿元，增长 36.16%。各项存款余额 2 578.25 亿元，比上年增加 574.83 亿元，增长 28.69%。其中，人民币存款余额 2 514.04 亿元，比上年增加 603.64 亿元，增长 31.60%。各项贷款余额 1 253.52 亿元，比上年增加 245.24 亿元，增长 24.32%。不良贷款余额（五级分类法）3.17 亿元，比上年减少 2.17 亿元；不良贷款率 0.25%，比上年下降 0.3 个百分点。全年实现税前利润 14.11 亿元。

截至年末，民生总行营业部下设支行 46 家（含营业部），在岗员工 1 685 人。

**经营管理决策** 面对复杂多变的国内外宏观经济金融形势以及市场竞争带来的严峻挑战，民生总行营业部抢抓机遇、加快调整、深化改革、促进发展。一是制定并实施积极的业务政策，出台二线服务支持一线业务发展的指导意见，在全辖范围内形成“全员拓展业务，全员推动业务，全员服务业务”的良好氛围。二是坚决果断地优化授信政策，搭建资产业务支持平台，策划了“百日竞赛”等专项业务推动活动以及“幸福民生 礼享生活”、“贵宾有礼”、“四节同庆”等零售促销活动，推动资产业务在逆势中实现较好发展。三是积极响应国家支持中小企业融资的号召，全面加强中小、小微金融业务发展，推出了易捷贷、组合贷、循环贷、动产贷、订单贷、中小企业 e 管家等中小企业金融产品以及以“商贷通”为品牌的中小企业主、个体工商户融资服务，担保方式灵活，审批简捷高效。四是加快业务结构调整，不断提升中间业务占比，大力推动发债融资、公司理财、资产托管、企业年金等重点业务，中间业务净收入比上年增长 19%。五是持续加强管理支持体系优化，管理支持能力提升，根据业务发展需要进行架构重组、机制完善、流程优化，不断为改革发展提供配套支持。

**公司银行业务** 民生总行营业部进一步深化公司金融改革。组织开展细分市场专项调研，制订了公司业务三年发展规划，为今后一段时期内有效开发市场、有序推广业务提供了明确指引。整合各类资源，优化资源配置，与总行事业部签署协同营销协议，针对同一市场，在专业化分工的基础上，通过交叉销售和综合服务实现资源使用效率最大化；搭建统一的资产业务支持平台，为一线经营机构拓展公司类资产业务提供专业化技术支持与服务。优化中后台服务流程，完善大客户授信管理模式，开辟“绿色审批”通道；实施“承兑 + 贴现”大集中业务操作，有效缩短业务办理时间，打造票据业务“一日成”品牌。不断丰富公司业务产品线，推出“赢·家·计划”定制服务，为重点客户提供综合金融解决方案，强化公司业务产品渗透能力。积极参与市政基础设施建设等民生工程，努力为首都经济发展作出积极贡献，银政合作、银企合作均有新突破。与顺义区政府、昌平区政府签署战略合作框架协议，与中国企业 500 强单位中国中材集团公司签署战略合作框架协议，成功中标“北京市轨道交通建设工程 2009 年度贷款银行招标项目”06 标段。截至年末，对公存款余额2 228.68亿元，比上年增加494.35亿元，增长28.50%；对公贷款余额992.48亿元，比上年增加192.5亿元，增长24.06%；对公中间业务收入2.55亿元，比上年增加0.96亿元，增长60.38%。

**零售银行业务** 民生总行营业部围绕“以客户为中心，以市场为导向，以产品为依托，以渠道为平台，逐步提升零售银行业务北京地区市场认知度”的发展思路，推动实施零售银行“一二三”战略，即固化提升一套标准（SOP流程），建立营销规范和服务规范两个规范，强化财富管理、产品创新、渠道运营三大功能。建立统一的市场营销平台，针对重点业务，整体策划、立体推广、系统营销。积极丰富零售产品线，推出基金超市、黄金T+D业务、贵金属延期交易业务。与18家出境机构签署合作协议，搭建包括留学贷款、出境保函、结售汇、外汇买卖在内的全方位出国金融服务平台。贵宾服务不断加强，提供包括理财、基金、保险等产品在内的一揽子综合金融服务，为高端客户制订个性化私人银行金融解决方案。贯彻总行“商户进支行、商户进柜台”的方针，大力推广以“商贷通”为品牌的个人经营性贷款，支持客户3 500余户。截至年末，储蓄余额349.6亿元，比上年增加80亿元，增长29.67%；个人贷款余额261.05亿元，比上年增加52.74亿元，增长25.32%；零售金融资产余额449.7亿元，比上年增加104.9亿元，增长30.5%；理财产品销售118.2亿元，比上年增加21.5亿元，增长22.2%。

**风险管理与不良清收** 民生总行营业部不断加强全员风险意识教育，培育全行风险管理文化，主动接受监管，合规审慎经营，风险控制前移，法律服务前置，有效地提升风险识别与把控的技术手段，注重风险管理机制建设与流程优化，不断加强信贷全流程精细化管理，积极构建全面风险管理体系。成立“三法一指引”课题组，在总行相关实施细则的指导下，研究制定分行层面的实施细则，严格执行“三法一指引”的各项要求。开展常规检查、联合检查、专项检查，强化现场辅导，将检查与辅导有机结合，提高合规管理对各项实际工作的指导作用。加强分支联动、部门联动，使反洗钱工作落到实处。不良清收工作系统分析、对症下药、一案一策、稳步推进，节约了大量诉讼费用，多笔老大难贷款清收取得实质性突破，当年累计收回不良贷款（含部分收回）103笔，收回贷款本息合计10.05亿万元，为不良实现“双降”打下坚实基础。

**探索业务特色** 民生总行营业部立足首都经济特点、产业结构特点、北京18个区县区域特点，结合自身发展实际，尝试开发特色业务。立足北京总部经济特点，对战略客户实行名单制管理，开设专项审批通道，保证产品交付效率。加强银政合作，积极开拓政府融资平台市场，出台《2009年北京市重点建设项目推动方案》，重点支持市政基础设施建设等民生工程。立足北京高科技民营企业发展迅速的特点，与昌平区政府达成中小企业融资合作意向，有重点地开拓优质成长型中小企业客户。成功主办“后危机时代”的战略思考——银行业与中小企业高峰论坛，受到社会各界广泛关注。立足北京全国文化中心的特点，积极开发文化创意产业，通过“商贷通”业务为国内优秀电视剧导演集体授信，开辟了个人经营性贷款业务新领域，创新了国内影视文化产业融资新模式。

**企业文化建设** 民生总行营业部始终遵循“开动脑筋办银行，规规矩矩办银行，扎扎实实办银行”的办行宗旨，坚持物质文明和精神文明建设“两手抓”的经营方针，取得了良好效果。2009年12月，中国银监会授予民生总行营业部2008~2009年度银监会系统“文明单位”荣誉称号。

加快推动组织机制建设。以“服务业务发展”为指导方针，团结动员广大员工，推动和谐民生建设。召开首届“职工代表大会暨工会会员代表大会”，选举产生了新一届工会主席、工会委员、经审委员和女工委员，讨论议定了工会委员会各项工作制度，陆续组织基层工会选举，建立健全各级工会组织和工作机制。成功开通工会网站，成为展示企业文化的新窗口、员工建言献策的新平台。

企业文化活动内涵丰富。以“幸福民生、快乐工作、健康生活”为主题，组织实施了丰富多彩的文化活动以及员工关怀计划。3月，“快乐三八·幸福民生”联欢会华彩亮相，为女员工祝贺节日；4月，组织了分行成立以来参赛人数最多、规模最大的一届运动会，也是自公司金融改革以来举行的首次运动会；5月，“青春飞扬·魅力民生”“五四”青年节主题联欢会快乐绽放，庆祝五四运动90周年；6月，给员工孩子送去“六一”关怀；“八一”建军节组织退转军人座谈会；重阳节组织“九九重阳享受健康”活动。此外，民生总行营业部还组建了摄影队、舞蹈队、合唱队，丰富员工业余文化生活；帮助员工解决子女入学问题，组织为困难员工家庭送温暖等活动。

（户艺霏）

# 华夏银行股份有限公司北京分行

2009年，华夏银行股份有限公司北京分行（以下简称华夏银行北京分行）全面落实科学发展观，不断克服各种困难和挑战，一手抓发展、一手抓稳定，以改革创新促发展，以加快发展求稳定，各项工作稳步前进，业务经营取得良好成效。截至年底，华夏银行北京分行本外币资产余额1 299.78亿元，比上年增加31.74亿元，增长2.50%。本外币存款余额1 081.67亿元，比上年增加97.98亿元，增长9.96%。其中，人民币存款余额1 063.15亿元，比上年增加139.12亿元，增长15.06%。本外币贷款余额597.97亿元，比上年增加42.51亿元，增长7.65%。其中，人民币贷款余额577.97亿元，比上年增加36.65亿元，增长6.57%。全年实现中间业务收入2.1亿元，比上年增加1 960万元，增长10.32%；实现利润10.97亿元，比上年减少2.66亿元，下降19.52%。

截至年末，华夏银行北京分行下辖43家支行、7个营销部，正式员工1 390人。

**公司金融业务** 华夏银行北京分行围绕“调结构、控风险、创效益、促发展”的核心工作目标，实现了公司业务平稳、快速发展。一是根据总行营销机制建设的要求，对营销流程、组织架构、产品研发与推广等进行了全面梳理，公司业务营销机制得到优化；进一步调整和完善公司业务管理及营销人员的管理和考核制度；成立市场规划中心，全面负责营销组织推动、重点客户开发及市场信息调研整理工作。二是完善公司客户营销平台建设，积极融入首都主流经济。先后与中国节能投资公司、中国五矿集团等集团公司签署了银企合作协议，加强与各级政府单位的合作力度，对与分行有授信业务合作的集团客户、授信合作企业以及优质储备客户进行审慎筛选，将符合条件的优质客户纳入授信业务绿色通道。三是加强存款营销组织，确保存款规模稳定增长；克服不利经济环境因素影响，稳步扩大信贷资产规模；提高金融产品盈利能力，推动公司中间业务收入稳定增长；以“新增不良资产五项指标”为主线，对“重点关注、潜在风险”客户进行实地贷后检查，提高贷后检查质量。

**个人金融业务** 华夏银行北京分行个人业务紧紧围绕客户开发这一主线，以综合理财和小额信贷为重点，完善考核机制和工作机制，努力搭建与政府组织、民间组织、企事业单位间的合作平台，大力拓展网点阵地、自助银行、同业机构、外协单位四个营销渠道，实现了零售业务的又好又快发展。一是通过开展“春耕华夏”和“双百”营销竞赛活动，积极推动公私联动和网点达标工作，狠抓拆迁补偿资金、期权分配等特殊储源的营销，圆满完成了2009年储蓄任务。二是通过开展“安居乐业易生活，‘贷’来精彩人生”主题营销，与浙江商会、天雅市场、我爱我家等民间组织、大型商品市场、二手房中介机构搭建合作平台，开展集中营销，促进批量贷款业务的进一步发展。三是与中关村科技担保公司等建立合作关系，初步建立了“管理规范营销，营销促进管理”双轨并行的小企业信贷管理模式。四是大力开展“VIP150”活动，形成了以贵宾俱乐部为主，以金融机构、商会团体、大型市场、医疗机构等一批渠道机构为辅的客户开发与服务平台。五是理财产品、保险、基金、卡消费、POS机收单等各项中间业务全面发展。财富管理中心发挥产品设计优势，推出了富有竞争力的6期理财产品，成功营销托管了八款集合资金信托计划。截至年末，自助设备布放总量为432台，累计开发商户8 060户，安装POS机终端8 878台。

**国际业务** 2009年是国际金融危机对中国外贸进出口冲击最大的一年，华夏银行北京分行克服困难，实现了优于全国和北京地区外贸形势发展的国际业务增长速度。一是加强重点产品营销，推动经营单位整体盈利水平的提高。全年国际业务收入7 130万元，同比增加1 662万元，增长30%。二是积极介入北京地区主流行业和主流客户，进一步夯实客户基础，改善客户结构。截至年末，贸易融资授信客户99户，贸易融资授信总额19.5亿美元，同比增加6.3亿美元，增长48%。

**金融服务** 华夏银行北京分行以落实三年服务规划为契机，全面推进“服务兴行”战略，组织制定了《〈华夏银行北京分行2008～2010年金融服务规划〉实施方案》，成立了金融服务领导小组，出台了金融服务检查与评价制度；建立日常检查小组，采取网点自查、日常巡查、专业检查与神秘客户暗访等相结合的方式，通过“按日检查、按周例会、按月通报、按季考核”，切实加强对金融服务工作的检查监督，加大考核评价与责任追究的力度。制定金融服务协办制度，对检查中发现的问题及时反馈给各专业部室，快速协调加以解决。加强对一线员工的专业化培训，提高全员综合素质和服务技能。建立大堂经理队伍，简化业务操作流程，提高服务效率；完善特色增值服务平台，不断推出新的服务项目，增加服务价值，打造特色服务品牌。针对重点项目和大型客户，通过建立专门团队，提供一揽子综合服务方案，着力提升服务的专业化水平，有效地引导和发掘客户深层次金融服务需求。

**合规运行与内部管理** 华夏银行北京分行通过征集建议、强化审查、梳理整合等措施，将原有的252项制度简化成83项；通过召开督改联席会议、防止差错重犯会议、公布整改进度排名等多种措施，加强问题整改，全年监管检查分行层面问题整改率达到100%；按季度对经营单位合规风险状况进行评价，逐步将外在的合规约束转化为内在的管理需求，提高合规运营的自觉性；建立“合规问题库”、“合规制度库”、“合规试题库”，从技术手段上强化合规基础管理；签署全员“合规风险管理责任书”，使“合规人人有责”的理念深入人心；及时发送“合规风险提示书”、“合规风险建议书”和编写典型案例分析，有效提示合规风险，充分发挥合规预警功能。在“促监管政策进基层行”活动中，华夏银行北京分行测试平均成绩在北京地区27家商业银行分行中排名第一。

搭建操作风险管理组织架构，收集操作风险损失数据，初步落实操作风险关键指标监测，首次进行了操作风险管理预评级。强化会计管理，定期召开风险分析会，有效增强会计人员的风险防范意识；建立值班经理制度，加大节假日期间风险防范力度；制定会计业务流程简化措施35项，切实为会计人员减负增效；启动款箱集中寄库试点工作，实现了重要空白凭证和一般凭证的集中配送；成立账户审批中心集中审核账户的开立及变更，成立大额来账作业中心将大额来账业务进行了集中上收。尝试实行强制休假、集中事后监督和兼职总会计等制度，进一步强化风险控制力和会计制度执行力，提升会计工作的效率和质量。认真开展案件风险“百日大排查”活动，以案件易发业务、易发岗位、易发环节为重点，进行100%全覆盖式风险排查，确保排查不留死角，顺利实现全年“零案件”目标。

**队伍建设** 华夏银行北京分行不断深化用人机制改革，优化人力资源配置，完善人才库信息，为发掘选拔人才提供第一手资料。认真抓好领导干部业绩考核、营销人员动态考核和营业人员业务量达标考核。不断引进有资源、懂业务、会管理的人才，有力地补充了一线营销队伍。把好人员任用关，建立支行长储备库，开展营业经理、对公信贷专职审批人和个贷专职审批人竞聘，使一些业务过硬、信贷经验丰富的基层员工脱颖而出，努力营造出人尽其才、才尽其用的用人环境。

（办公室）

# 北京银行股份有限公司

2009年，北京银行股份有限公司（以下简称北京银行）积极应对国际金融危机的严峻挑战，始终坚持稳健、创新、和谐发展，全力打造特色银行、标杆银行、受人尊敬的银行，实现了品牌化经营、区域化布局、综合化发展的新突破，在建设一流现代商业银行道路上迈出崭新步伐。截至年末，北京银行资产总额5 334.69亿元，比上年增加1 164.48亿元，增长27.92%；存款总额4 469.39亿元，比上年增加1 310.99亿元，增长41.51%；贷款总额2 734.81亿元，比上年增加804.07亿元，增长41.65%，均创成立以来最高增幅。实现利润总额71.62亿元，比上年增加2.17亿元，增长3.13%；实现净利润56.34亿元，比上年增加2.17亿元，增长4%。实现手续费及佣金净收入6.50亿元，比上年增加1.61亿元，增长32.96%。

在英国《银行家》杂志2009年最新公布的全球1 000家大银行排名中，北京银行一级资本在全球1 000家大银行中排名第158位，竞争力在亚洲银行业排名第13位，盈利水平在中国上市公司中排名第22位，品牌价值在中国银行业中排名第9位，荣获“中国上市公司百强企业”、“中国社会责任优秀企业”、“中国最佳城市商业零售银行”、“全国文明单位”等多项殊荣，北京银行股票已进入沪深300指数，成为北京市第一家市值超过千亿元的上市公司，跻身国际中型商业银行之列。

截至年末，北京银行共有170家网点，其中在京网点150家、异地分行网点20家。

**公司银行业务** 面对日益严峻的经济形势，北京银行积极贯彻国家宏观经济政策，及时确立了“抢机遇、防风险、调结构、创业绩”的工作方针，推出了“扩内需、保增长”六项举措，信贷投向进一步向重点基础设施、民生保障工程、优质中小企业、文化创意产业、节能减排项目和新农村建设等方面倾斜，以实际行动全力支持经济平稳较快发展。截至年末，北京银行公司客户存款总额3 725亿元，比上年增加1 108亿元，增长42.3%。本外币公司贷款总额2 475亿元，比上年增加720亿元，增幅41.0%。其中，中小企业人民币贷款总额897亿元，比上年增加352亿元，增长65%。全年实现公司中间业务收入4.4亿元，比上年增加1.8亿元，增长69.2%。累计发放文化创意企业贷款600笔、80亿元，“创意贷”文化创意产品审批通过26亿元，占据北京市90%以上市场份额。向14个区县政府提供授信1 000多亿元；为市发展改革委198个重点项目放贷100多亿元。在业务创新方面，推出全能管家多银行资金管理系统，发放首笔并购贷款和牵头银团贷款。

**零售银行业务** 北京银行积极贯彻国家“扩内需、保增长”的战略决策，以服务民生、保障民需为重点，加大对居民金融需求的支持力度，零售业务战略转型持续推进，呈现出良好的发展态势。截至年末，储蓄存款余额744亿元，比上年增加203亿元，增长37.5%；个人贷款余额259亿元，比上年增加84亿元，增长47.8%；零售中间业务收入2.2亿元，银行卡、理财、保险和基金代销业务成为支撑零售中间业务发展的四大支柱。客户结构持续改善，新增VIP客户1.5万户，新增郁金香客户2.6万户；新增信用卡客户14.7万户，客户数达到25万户；新增个人专业版网银客户4.3万户，客户数达到9.2万户。在业务创新方面，推出个人授信业务——“循环金库”，推出住房公积金贷款业务，并开发工会互助卡、京卡富民卡、生源地助学贷款、农户贷款等新产品。

**金融市场业务** 北京银行加快业务创新步伐，实施深度客户营销，努力实现金融市场业务跨越式发展。国际业务实现较快发展，完成国际结算规模108.52亿美元，非息收入合计19 882万元，其中，中间业务手续费收入7 911万元、国际结算手续费收入2 504万元；北京银行持有的债券资产余额1 242亿元，比上年增加221亿元，增长21.7%；成功开发并上线代理客户黄金交易（T+D）业务，并与北京产权交易中心签订黄金交易代理业务战略合作协议，提升黄金交易市场品牌。

**中间业务** 北京银行加快实现经营转型，大力推进中间业务的发展，提升中间业务收入占比，投行业务、理财、银行卡、保险和基金代销业务成为支撑中间业务发展的重要支柱。全年实现投行业务收入7 055万元，同比增长113%；承销短期融资券和中期票据21期，承销总金额229亿元，同比增长149%。本外币理财销售222亿元，实现收入6 544万元。保险业务销售7.39亿元，实现销售收入3 019万元。银行卡业务首次突破亿元大关，达到1.2亿元，同比增长37.6%。与35家基金管理公司合作，代销基金产品356只，实现基金代销手续费收入1 030万元。托管资产规模145亿元，实现托管业务手续费收入577万元。截至年末，实现手续费及佣金净收入6.5亿元，同比增加1.6亿元，增长32.9%。

**信息科技业务** 北京银行正式启动新型核心系统建设项目、数据仓库建设项目和网银渠道升级工程三大科技发展攻关工程，稳步推进账户逻辑化项目、现金管理项目、灾备中心建设等一批重大项目，进一步加强电子银行建设，企业网银与个人网银业务体系日趋完善。建立健全信息风险管理和信息安全保障体系，完善信息科技智力结构，确保业务发展与科技建设形成良性互动。

**风险管理体系日趋完善** 面对复杂多变的外部经营环境，北京银行依托全新的风险管理理念，不断强化风险防范意识，构建风险管理长效机制，确保稳健经营。继续加大拨备覆盖力度，增强风险抵御能力。全面启动反洗钱检查工作和案件风险“百日大排查”活动，开展计算机安全大检查，形成案件防控高压态势，提升全行内控管理水平。深化垂直风险管理体系建设，全面构建风险防范和案件治理长效机制。

**区域化布局加速推进** 北京银行加快推进跨区域经营布局，分行网络进一步延伸到长沙和南京，异地分行资产总额占全行总资产的12.85%，比上年提升了3.49个百分点。

**综合化发展取得新突破** 北京银行继续推进综合化经营战略，目前业务范围涵盖银行、保险、消费金融等多个领域，初步形成综合金融服务平台。积极推进金融租赁、基金等业务，传统银行业务和新兴业务相互促进，综合经营发展前景更为广阔。作为获准进入保险行业的四家银行中的唯一一家中小银行，北京银行成功获批入股首创安泰人寿保险公司，综合化经营迈出实质性步伐。作为全国组建消费金融公司的首批试点单位，北京银行筹划独资设立首家消费金融公司——北银消费金融有限公司，成为开创新型消费金融理念进程中的领跑者，有利于北京市消费金融业务实现较快增长和可持续健康发展。

（马志雄）

# 渤海银行股份有限公司北京分行

2009年，渤海银行股份有限公司北京分行（以下简称渤海银行北京分行）积极应对国际国内经济环境的严峻挑战，深入贯彻落实科学发展观，认真执行总行各项战略部署，紧紧围绕“实现全行负债业务跨越式发展，资产业务健康快速发展，中间业务倍增发展”的工作目标，加大业务营销力度，加强机构和队伍建设，强化内控和风险管理，各项业务快速稳健发展，盈利能力显著提高。截至年末，本外币总资产193.03亿元，比上年增加98.44亿元，增长104.1%；本外币存款合计188.49亿元，比上年增加96.61亿元，增长105.15%；本外币贷款110.51亿元，比上年增加55.13亿元，增长99.55%。实现净利润1.84亿元。

截至年末，渤海银行北京分行共设支行（含分行营业部）6家，其中年内新建开业4家，正式员工261人。

**公司金融业务** 渤海银行北京分行在“增总量、调结构、降成本”上狠下工夫，努力扩大业务和客户规模，提高综合收益率。负债业务方面，一手抓存量客户的维护与挖潜，一手抓新客户的开发与拓展，对客户群体进行分类管理，把“开门红”、“攀高峰”等全员阶段性劳动竞赛活动与个性化、创新性营销相结合，公私联动，成功地营销了一批优质客户，核心客户群基本形成，存款规模稳步增长。截至年末，批发银行存款170.45亿元，比上年增加83.59亿元，增长96.24%；客户数为2 169户，比上年增加1 021户，增长89%。资产业务方面，全力营销优质客户，积极扩大信贷规模、及时调整信贷结构。围绕特色业务大力推进创新发展，通过参与或组建银团贷款有力克服了对单一客户授信额度的限制；通过经销商融资、经营性物业抵押贷款业务，扩大了服务半径，提高了综合收益；通过中小企业部，对中小企业业务实施专业化管理；经销商融资业务在汽车制造业具有一定的规模和品牌优势，带来了可观的经济效益；与市工商业联合会签订了合作协议。全年国际结算量1.47亿美元，累计票据贴现92.35亿元，实现中间业务收入2 367万元。

**个人金融业务** 渤海银行北京分行积极应对市场变化，通过开展“扬帆行动”主题竞赛、“爱行用卡”、网银百分百、好益贷促销、社区营销、新产品新闻发布会等活动，积极拉动业务规模增长。积极从市场中寻求突破，发挥主观能动性，自主开发产品，陆续推出了个人监管账户业务、出境旅游保证金业务、出国留学保证金业务等中间业务以及“摩登时贷”个人信用贷款、“渤乐贷”、工程车贷款、“渤业通”系列“业主经营贷款”和“个人小额担保贷款”等针对特定客户群体的个人贷款创新产品，赢得了良好的市场反响。推出了集银行金融服务与汽车服务于一身的借记卡——渤乐车管家卡，实现了银行、汽车经销商和客户的三方共赢。与12家商户签署合作协议，完成财付通、易宝支付、上海环讯等商户支付平台的测试上线工作。针对高端客户的浩瀚“吴桥杂技文化之旅”、浩瀚“手牵手”系列爱心活动、浩瀚“欢乐谷魔术节”献礼、浩瀚“国庆答谢专场”等活动，建立了对重点客户及潜在目标客户进行分层服务和营销的模式，达到了稳定和提升客户存款、树立渤海银行品牌形象的目的。截至年末，储蓄存款18.03亿元，比上年增加12.93亿元，增长253%，个人贷款13.68亿元，比上年增加11.09亿元，增长428%；零售有效客户41 054户，比上年增加24 751户，增长152%。借记卡发卡46 638张，比上年增加30 153张，增长183%；网上银行开户16 239户，比上年增加10 448户，增长180%。

**内控与风险管理** 渤海银行北京分行坚持合规经营，加强全方位风险管理。每季度按照《合规工作指引》要求组织自查，并对自查中违规事项补救措施的落实情况进行跟踪监督。针对监管部门出台的新法律、法规，结合分行实际，及时整理并发布《合规风险提示》。根据总行和监管部门的要求，先后开展了专项风险排查活动、案件风险“百日大排查”等工作，及时做到防范风险、解决问题。牢固树立“安全就是效益”的观念，根据金融单位安全防范要求，在工作中逐步完善各项规章制度、应急预案，建立起了一级抓一级、一级对一级负责的安全责任制，全年无安全事故。加强贷后管理，建立间隔期常规检查、专项检查和突发事件检查等贷后检查制度，有效控制业务经营风险。2009年，渤海银行北京分行批发银行贷款不良率为零。

**队伍建设** 渤海银行北京分行新开设了商务中心区、亚运村、朝阳门和万柳4家支行。开业一年的网点存款规模均在15亿元以上，网均储蓄存款达3亿元。根据业务需要，继续做好人才引进和结构优化工作，全年新招收正式员工94人，结构向高层次、高素质的稀缺型人才倾斜。深入开展员工培训工作，全年共开设各类培训课程183班，培训总人次为3 275人次，基本满足了各岗位人员的业务成长和业务发展需要。推进科学合理考核机制，对各种产品和服务实行定价，通过积分制建立起了员工转岗、定级和部门评比、奖励制度，打通了晋升通道，在全行形成了你追我赶、奋勇争先的工作局面。

（曹迎春）

## 天津银行股份有限公司北京分行

2009年，天津银行股份有限公司北京分行（以下简称天津银行北京分行）

大力推动从经营管理型向市场营销型激励机制的转变，积极拓展北京市场各类资源，适时把握市场机会，在业务发展上取得了长足的进步。截至年末，本外币各项资产合计 132.36 亿元，比年初增加 73.99 亿元，增长 126.76%；本外币各项存款 130.49 亿元，比年初增加 73.68 亿元，增长 129.7%，本外币各项贷款 35.55 亿元，比年初增加 8.93 亿元，增长 33.55%；不良贷款率保持为零。

截至年末，天津银行北京分行共设支行（含分行营业部）4 家，支行筹备组 1 家；全行共有员工 114 人，其中正式员工 106 人，派遣制员工 8 人。

**公司业务** 积极开拓北京市场，全力拓宽公司业务渠道。分行新领导班子到位后，迅速梳理了已有公司客户的资产负债类别，加强核心客户营销，坚持“抓大不放小”，成功拓展了一批优秀的公司客户；与此同时，利用新的业务品种带动发展了一批中小型客户。开发了不同类型的新业务品种，如经营性物业抵押贷款、银团贷款、信贷资产转让、工程机械按揭贷款等。140 家客户于第四季度新开了结算账户，存款客户资源日益壮大，新的存款增长点不断增加。

**个人业务** 天津银行北京分行针对个人金融业务渠道缺乏的现状，多层面、多角度地开拓个人金融业务渠道，逐步与多家知名个人贷款专业机构建立合作关系，搭建了移动短信业务推广平台，申请了个人金融业务咨询热线，筹建百度搜索引擎的关键字搜索平台。截至年末，共拓展零售客户 2 448 户，本外币各项储蓄存款余额 18 642 万元，累计发放个人贷款 4 442 万元，银行卡发卡 862 张。

**内控建设与风险管理** 一是加大制度梳理与建设力度。制定了《十五级分类实施细则》，建立和完善了《授信业务交接管理办法》、《授信业务责任追究实施细则》、《涉信资产风险分类实施细则》等一系列规章制度。二是重点加强了对业务流程的梳理。优化个人贷款审批、出账流程，提高了贷款审批效率和市场竞争力。全面梳理授信业务档案交接流程，明确各个业务环节中档案交接和相关要求，确保档案的完整性和连续性。三是继续开展“创建零案件银行活动”，制订了《案件风险百日大排查工作实施方案》，对全行各项业务进行风险排查，严防任何形式的违法违规案件，增强了员工的合规意识和风险防范意识。

**激励机制** 天津银行北京分行对现有人员实行三个条线考核和管理，即管理人员序列、客户经理序列、会计结算人员序列。引入 1 000 分制，以定量和定性相结合的考核方式，制定并执行《天津银行北京分行管理部门综合考评办法（试行）》、《天津银行北京分行营业室人员综合考评办法（试行）》、《天津银行北京分行管理人员综合考评办法（试行）》，将员工晋升、奖金与考核结果紧密结合起来，取得较好效果，真正做到员工成长与全行发展同进退。

**企业文化建设** 天津银行北京分行努力以团结、拼搏、敬业、创新的行风吸引和凝聚更多的精英力量，培养股份制银行应有的竞争文化，形成唯才是举、优胜劣汰、公平竞争的用人环境。建立健全民主推荐、民主测评、组织考察、党委研究等用人程序，突出业绩考核，鼓励员工自我推荐，竞争上岗，给更多想干事、能干事、干成事、不出事的人才提供更大的发展平台。

（孙睿）

# 杭州银行股份有限公司北京分行

2009年，杭州银行股份有限公司北京分行（以下简称杭州银行北京分行）妥善应对复杂的国内外经济形势，秉承“诚信、创新、效率、尊重、责任”的核心价值观，不断开拓创新、积极进取，立足北京市场，认真研究北京地区经济特点与金融服务需求，找准定位、细分市场、积极探索，重点推进小企业业务，与同业形成差异化竞争，着力打造经营特色，实现又好又快发展。截至年末，本外币资产108.62亿元，比上年增加78.45亿元，增长260.03%。本外币存款余额106.28亿元，比上年增加77亿元，增长262.98%。其中，人民币存款余额106.19亿元，比上年增加76.92亿元，增长262.79%。本外币贷款余额47.86亿元，比上年增加28.11亿元，增长142.33%。其中，人民币贷款余额47.49亿元，比上年增加27.74亿元，增长140.45%。实现利润（税后利润）8 320万元，比上年增加1.135亿元。

截至年末，杭州银行北京分行有人员156人，其中客户经理已经发展到80余人，已经成立一家营业部、一家支行和8个公司业务发展部，朝阳支行、顺义支行、中关村支行正在筹建。

**公司业务** 杭州银行北京分行深化实施“星火计划”，加大城乡接合部营销；推广“卓越计划”，发展专业化经营，发掘潜在客户与优质客户，积极发展一批忠诚优质的中型企业客户。突破传统观念，积极探索业务的突破点和增长点，推广模式营销，赢得了客户的信任与依赖。截至年末，公司存款余额95.13亿元；累计发放公司贷款112.03亿元，公司贷款余额44.43亿元。

**小企业业务** 杭州银行北京分行按照中国银监会服务中小企业六项机制的要求，建立了小企业服务中心和小企业业务部，专职、专心投入小企业金融服务；建立小企业业务的激励约束机制，实行基价利率加“存抵贷”利率浮动的营销定价机制，执行小企业授信业务管理办法的“限时服务”要求，从受理客户申请开始，小企业业务在行内的处理流程在7个工作日内完成；推出了为专业市场个体工商户服务的“租金贷”，为神州数码经销商服务的“神州贷”，为建材市场连锁经营商户服务的“居然贷”，为超市供应商小企业服务的“超前贷”，为小企业服务的“积分存、存抵贷”等产品；建设小企业业务专业队伍管理和培训培养机制，对小企业业务专职客户经理，实行“三人小组”组织模式。截至年末，小企业贷款余额比年初增长了684.85%。

**国际业务** 杭州银行北京分行以完善服务功能为重点，加强合规管理与基础建设，积极开发贸易融资和结售汇业务，大力推广融资产品，不断夯实客户基础，提高营销水平。先后开办了进口开证、进口押汇、打包贷款、出口押汇、保函、国际汇兑等多项业务，形成了以中小型客户为主体、以大客户为补充的结算客户群体，初步建立起了国际结算服务体系。

**企业文化建设** 杭州银行北京分行大力弘扬“诚信、创新、效率、尊重、责任”的核心价值理念，鼓励认真做事、踏实工作，反对浮躁、浮夸，以责任感、事业心激励全行员工立足本职岗位，积极创业，不断提高个人职业修养，营造健康和谐的企业氛围。坚持用科学发展观武装头脑，指导工作实践。坚持“客户第一、效率为先”的核心理念，上至行级领导，下至每一位员工，都以打造高效、务实、便捷的专业服务品质为己任，积极转变工作作风。牢固树立责任意识、服务意识、效率意识、诚信意识，为客户提供优质高效的服务。

（孙昊）

# 北京农村商业银行股份有限公司

2009年，北京农村商业银行股份有限公司（以下简称北京农商行）深入开展学习实践科学发展观活动，坚持按规矩办事的治行理念，科学谋划，迎难而上，大力推进业务经营、内部改革、机制建设、风险排查和案件处置，经受住了严峻考验，开创了工作的全新局面。截至年末，资产总额2 846亿元，负债总额2 768亿元，分别较年初增长24.9%、25.7%。实现经营利润25.68亿元。16项风险监管核心指标中有13项达到监管标准。其中，资本充足率11.05%，贷款损失准备充足率120%，资本利润率11.3%。2009年12月3日，北京农商行专项央行票据兑付申请通过中国人民银行和中国银监会审查验收，中国人民银行总行委托中央国债登记结算公司正式将25亿元资金划入北京农商行账户。

截至年末，北京农商行从业人员7 974人，直管支行29家，机构网点694家。

**贷款业务** 北京农商行按照“发展一批、巩固一批、调整一批、退出一批”的原则，着力优化贷款结构和客户结构，加大对优质信贷市场的营销和拓展。加强总支行联动营销，编制完成《对公重点营销客户名录》，先后与昌平、平谷、密云、石景山、丰台、延庆等区县座谈银政合作，与丽泽金融商务区、北京大学、国家开发银行等签署战略合作协议，与京能、京粮、首农、首发等多家大型企业集团开展战略合作，有效地拓展了业务领域与客户范围。截至年末，各项贷款余额1 221亿元；涉农贷款余额337亿元，占全市涉农贷款总额的41.2%；农户贷款余额38亿元，占全市农户贷款总额的91.4%，在支持首都新农村建设中发挥着重要作用。

**负债业务** 2009年末，北京农商行实现本外币各项存款2 616.9亿元，较上年增加554亿元，在北京同业位列第7位，在北京股份制银行中位列第2位。其中，人民币对公存款余额1 527.8亿元，较上年增加377亿元，在北京同业位列第9位，在北京股份制银行中位列第4位；储蓄存款余额1 089亿元，较上年增加176.6亿元，存量和增量在北京同业中均位居第5位，余额在北京股份制银行中位列第1名。

**中间业务** 2009年，北京农商行实现中间业务收入3.1亿元，较上年增加5 263万元，增长20.4%。其中，个人代理业务收入8 654.88万元，较上年增加2 160.72万元。新增银行卡129.04万张，累计实现直接消费额117.71亿元，内外卡收单交易418.63亿元，实现收入6 391.45万元，同比增长33.42%；累计完成国际结算和贸易融资量2.66亿美元，同比增长83%。

**金融市场业务** 2009年末，北京农商行金融市场业务经营规模1 413.4亿元，较上年增加582.7亿元，增长70.2%，实现经营利润7.99亿元。同时，不断强化政策、市场的研究与预判，及时捕捉市场商机，价差收入大幅增长，全年实现价差收入3.62亿元。

**电子银行业务** 2009年，北京农商行共发展个人电子银行客户37 895户，其中个人网银客户25 935户，个人电话银行客户9 097户，指纹银行客户85户，自助商务银行客户2 778户；共发展企业电子银行客户32 519户，其中，企业网银客户27 019户，企业电话银行客户5 500户。电子银行交易4 758.20万笔，其中，网上银行交易2 952.61万笔，电话银行交易1 429.59万笔，自助终端交易364.80万笔，自助商务银行交易11.20万笔。电子银行交易金额共计9 111.40亿元，其中，网上银行交易8 833.38亿元，电话银行交易1.27亿元，自助终端交易227.21亿元，自助商务银行交易49.54亿元。

**风险内控管理** 北京农商行按照“授权管理、明确职责”的原则，初步搭建起覆盖“信用风险、市场风险、操作风险、运行风险、政策风险、产品风险”的全面风险管理体系框架。调整优化授信审批权限，建立贷款审批分中心，优化授信审批模式；规范中介机构准入和运行管理，对全行信贷风险进行摸底调查，强化授信后风险管理，有效提升信用风险防控水平。加强市场风险监测，定期对资金债券及外汇业务的市场风险进行监测和分析；优化流动性风险管理机制，强化全行资金头寸日监测。加强操作风险管理，开展3次大规模的全行范围业务合规检查及5次专项检查，有效防控操作风险。启动“会计基础工作合规建设工程”，推行会计主管委派制，强化会计事后监督，加大财务和会计业务检查力度。

**内部综合改革** 北京农商行遵循商业银行运行规律，着力构建“一级法人、二元结构、三级管理”的运行体制，提升全行经营管理效能。一是将总行部门由28个精简为25个，调整优化董事会、监事会和经营层下设专业委员会，规范了一级法人治理结构。二是适应区县行政及经济管理特点，将6家直属支行降格并入管辖支行，并相应调整管辖支行部门设置，为建立科学高效的一级法人体制作出有益探索。三是按照“党管干部、管人才、抓班子、带队伍”的要求，设立党委办公室、党委组织部、纪检监察部和党群部，加强了总行党委职能部门建设。调整管辖支行党委设置，赋予二级党委相应的管理职能。四是以着力解决提高待遇、返岗工作和经济补偿三大诉求为目标，修订完善《员工内部退养管理办法》；针对全行薪酬标准、岗位责任不匹配以及不同用工性质员工间的收入差异问题，修订完善《行员管理和薪酬管理办法》。

**信息科技建设** 北京农商行强化信息

系统基础设施建设，完成灾难备份一期工程建设，完成涉及380家网点、680台自助设备的安放规范化整改，加强数据中心安防，做好核心系统等重要系统运维管理及优化，保证信息科技系统的稳定运行。大力推进信息化项目建设，全年共建立大、中、小型项目256个，实现24个新项目的上线，积极推进信贷管理系统、资金债券投资管理系统等新产品的开发工作，持续推进系统升级改造工作，为全行经营发展提供更加有力的科技支撑。

（卫鹏鹏）

## 北京延庆村镇银行股份有限公司

2009年是北京延庆村镇银行股份有限公司（以下简称延庆村镇银行）各项业务的开局之年。延庆村镇银行深入践行科学发展观，牢牢把握金融支农方向，进一步提高思想认识，积极转变经营理念，抢抓机遇、严控风险、加快科学发展，实现了开局之年创佳绩的经营目标。截至年末，资产余额15 070.76万元，存款余额11 777万元，各项贷款余额7 237万元，不良贷款率为零。当年实现净利润-158.42万元。

截至年末，延庆村镇银行网点1个（营业部），在职员工21人。

**农金贷款业务** 农金类贷款的投放紧跟延庆县政府主导产业，围绕新农村建设、农业建设和基础设施建设等项目，向各类农民专业合作社、农业产业化龙头企业，从事新能源、生态环保以及其他生产经营项目、具备良好发展前景的优质中小企业提供信贷支持，形成了“农民专业合作组织（龙头企业）+农户”的农业产业化经营格局。截至年末，共发放13笔农金贷款，余额1 448万元。

延庆村镇银行针对本行规模小，单笔单户贷款额度不能满足部分客户资金需求的问题，积极与其他银行机构合作办理银团贷款，成功营销了县域新农村五项基础设施建设项目和新能源技术研究项目的联合贷款。与农业担保公司达成合作协议，担保平台的确立，将使今后的信贷支农覆盖面更加广泛。

**农户贷款业务** 延庆村镇银行根据县域农户、个体工商户等个人生产经营融资需求旺盛，额度较小的特点，大力拓展个人抵押贷款，在满足县域农户、个体工商户的生产经营以及消费资金需求的同时，较大幅度扩大了贷款规模，分散了贷款风险。截至年末，共发放个人贷款175笔，余额5 789万元，其中农户贷款124笔，4 298万元，占个人贷款的74%。农户贷款主要为种植业、养殖业、农产品收购、农产品加工、承揽新农村建设工程、农家院经营等。

**金融支农** 延庆村镇银行坚持“立足延庆，服务‘三农’，服务中小企业，服务百姓”的市场定位，全部可用资金均用于满足县域内的经济发展需要。积极面向“三农”和中小企业等拓展业务，积极推进涉农贷款业务，多层次满足县域多元化融资需求，全年已发放的各类贷款覆盖了延庆县的15个乡镇，贷款主要用于新农村基础设施建设、养殖业、种植业、农产品加工业、生态农业、民俗旅游、承揽新农村建设工程、个人生产经营、居民个人消费等，带动了相关产业岗位，惠及延庆县万余农户，为“三农”和县域经济建设提供了有力的支持。

**风险管理** 延庆村镇银行始终坚持审慎经营的原则，不断完善内控制度，规范业务流程，从根源上严防信贷风险。将信贷资产质量情况与客户经理的绩效考核挂钩，通过激励约束机制增强员工的风险防范意识。成立贷款审查委员会、个贷审查小组，对每笔贷款业务逐笔把关，层层审核，确保信贷资产质量，严防出现不良贷款。

（丁雅霜）

# 北京密云汇丰村镇银行有限责任公司

北京密云汇丰村镇银行有限责任公司（以下简称密云汇丰村镇银行）位于北京市密云县，注册资本5 000万元，为香港上海汇丰银行有限公司的全资子公司。2008年12月30日，获得北京银监局核发的开业批复及金融许可证，2009年2月正式开业，主要从事存款、贷款、结算等业务。密云汇丰村镇银行致力于服务“三农”，为密云地区的客户群体提供全方位的产品和服务；秉承汇丰审慎稳健的经营理念，建立先进的村镇银行体系和企业文化；完善业务流程和技术规范，满足客户可持续发展的需求；与所在地区分享汇丰全球网点优势，帮助客户更加成功地发展；为提高农村金融服务，推动农村经济可持续发展而努力。截至年末，各项资产总额20 206.83万元。实现了业务的平稳健康发展。按“五级分类”口径计算，不良贷款率为零。

截至年末，密云汇丰村镇银行在职员工30人。

**存贷款业务** 密云汇丰村镇银行按照村镇银行面向“三农”的经营定位，立足密云，大力开展存贷款业务。截至年末，各项存款余额15 521.48万元，各项贷款余额1 895万元。贷款投向主要针对包括从事农副产品加工、家禽养殖及蔬菜大棚项目在内的小企业客户。

**制度建设** 作为新建银行，密云汇丰村镇银行按照“制度先行”、“内控先行”的原则，在充分借鉴汇丰全球经验的基础上，结合村镇银行及所处县域经济环境，建立健全各项规章制度和操作流程，严格人员管理和风险控制，逐步建立具有汇丰特色的、先进的合规文化，全面支持业务的健康发展。

**金融产品创新** 密云汇丰村镇银行除了为客户提供传统的存款、贷款服务外，还提供多种特色产品和服务，并在信贷模式上进行创新和探索。

1. 中小企业贷款：通过为中小企业提供资金，帮助其突破资金瓶颈、扩大生产规模，使农业企业覆盖到更多的农户，让农户进入产业链中，帮助其改善生活。同时也可以使企业有机会采用新技术和开发新产品。

2. 合作社联保贷款：以农业专业合作社为平台，以社员联保和合作社担保的方式向县域内农户发放贷款，支持农业和农村经济的发展。

3. “公司 + 农户”贷款服务：在农业公司的推荐和担保下，密云汇丰村镇银行为农户/中间商在生产经营过程中提供流动资金贷款。

4. 循环透支，又快又省：密云汇丰村镇银行提供法人账户透支业务，在核定账户透支额度的基础上，在规定的期限内，允许企业客户在账户存款不足以支付款项时，在核定的透支额度内向银行透支，以满足企业客户正常结算需要的一种临时性信贷便利。

5. 商铺抵押贷款：客户以自有商铺作为抵押物，向密云汇丰村镇银行申请相应额度的贷款，用于解决资金周转的需要。

6. 委托贷款：客户提供资金，由密云汇丰村镇银行根据客户确定的贷款对象、用途、金额等代为发放、监督使用并协助收回贷款。

（马小营）

# 中国邮政储蓄银行有限责任公司北京分行

2009 年，是中国邮政储蓄银行有限责任公司北京分行（以下简称邮储银行北京分行）加快推进向全功能商业银行转型的开局之年。邮储银行北京分行始终坚持以科学发展观为统领，实施差异化发展战略，提出“根植邮政，立足城市，面向农村”的发展战略，确立了服务社区、服务“三农”、服务中小企业的发展定位，团结拼搏，锐意进取，努力打造成为一家有特色的零售商业银行。截至年末，资产总额达 903.25 亿元，其中贷款余额 44.48 亿元；负债总额 902.84 亿元，其中存款总额 798.22 亿元。实现业务收入 14.1 亿元，同比增长 15%，实现利润 4 147.79 万元。

截至年末，邮储银行北京分行所属支行及代理网点共 520 家，其中一级支行（区县局支行）15 个、二级支行（网点支行）257 个、邮政代理网点 248 个。员工总计 2 730 人。

## 一、主要业务

**零售负债业务** 全年新增储蓄余额 110 亿元，年增幅 18.25%，连续两年净增规模突破百亿元大关，储蓄总余额 714 亿元；活期储蓄存款余额占比 42.62%，比上年提高 1.67 个百分点。

**综合理财业务** 全年共销售本外币理财产品 40.2 亿元，基金 6.2 亿元，国债 7.3 亿元，代收保费 16.6 亿元；购买综合理财产品的客户数量达 13.3 万户，同比增长 2.8 万户，增幅 26.7%；新增 VIP 客户 3.33 万户，总量达到 14.65 万户。理财类金融产品销售规模扩大的同时，产品结构、客户结构进一步优化。

**中间业务** 全年累计发行绿卡借记卡 159.29 万张，绿卡借记卡结存户数 824.37 万户，同比增长 20.04%，结存金额 202.22 亿元。累计发行信用卡 1.43 万张，交易笔数 25.8 万笔，交易金额 8 400 万元；共发展“商易通”客户 922 户，累计布放 POS 机具 2 404 台。代收付业务种类不断拓展，新开发代收取暖费等业务，实现代收公用事业费“一站式”服务，全年累计办理业务 714.63 万笔，累计交易金额 5.37 亿元。

**零售信贷业务** 紧紧围绕“规范起步，审慎经营，积极营销，稳健发展”的经营方针，努力探索信贷产品创新和经营模式创新。加强与农委、私个协、工商联等机构合作，抓源头、抓行业，积极开发新产品，加快信贷营业部建设。截至年末，已建成信贷营业部 71 家，有力地促进了信贷业务的发展。累计发放个人零售贷款 1.16 万笔，25.4 亿元，贷款结余 21.6 亿元，全国排名实现升位晋级。

**批发类资产业务** 批发业务营销注重“创新”，并取得了初步的效果，主要推进的项目有 110 国道改造、内蒙古 30 万千瓦风力发电特许权项目、年产 36 万吨醋酸工程二期技术改造项目、房山区“五项基础设施建设”、门头沟节能房改造项目、大连港流动资金贷款、顺鑫农业、包头—固阳高速路等，实现了邮储资金返还地方，为首都经济发展作出了积极的贡献。同时，加强同业联系，开展直接银团和间接银团贷款业务，与中信银行合作开展了华润雪花啤酒 2 亿元的直接银团贷款，与滨海农商行、杭州商行合作开展 2 笔合计 10.9 亿元的间接银团贷款。截至年末，批发类信贷余额 122 亿元。

**公司业务** 注重发挥覆盖城乡的网络优势，以及对公、储蓄、汇兑系统互联的渠道优势，以资金归集类业务为突破口，以项目营销和方案营销为手段，拉动公司业务快速增长。截至年末，公司存款 84.6 亿元，年净增 69 亿元，全国排名实现大幅度升位晋级。

**票据业务** 2009 年 6 月 30 日成立票据中心，半年时间，共办理票据转贴现交易 108 批，交易总量 865 亿元，实现利息收入 2.05 亿元，利息净收入 3 904 万元；与建设银行、中信银行、兴业银行、民生银行等 38 家客户建立了合作关系，与 80 余家客户保持正常性业务联系。

## 二、风控管理

2009 年，邮储银行北京分行进一步树立全面风险管理理念，合力构建信用风险、市场风险、操作风险、合规风险、道德风险管理体系，不断提高风险管理水平。健全了风险管理委员会议事程序，促进了决策职能有效履行；各业务条线明确了风险合规主管人员，加强日常沟通，促进了前台、中台、后台的协调联动；组建基层网点风险信息联络员队伍，促进了“风险窗口”建设。

**“合规管理年”活动** 全年开展了小额贷款、机构合规、反洗钱三项评价；进一步完善内控制度，全年初步梳理覆盖各业务条线的规章制度 307 项，补充修订业务流程 58 项，发布风险提示 27 个，对有效防控风险起到了良好的促进作用；积极组织参加北京银监局“促监管政策进基层行”活动，强化相关政策法规的学习，提高了基层管理者合规知识水平，推动了学习活动走向持续化、常态化。

**审计监督和案件防控** 深入推进审计稽查违规积分管理，加大了对同质同类问题违规积分处罚力度；以落实总行内控评价活动为契机，对支行内控管理以及公司、信贷等新业务进行了全面自查，并将评价结果纳入绩效考核，督促各支行进一步提高风险识别和管控能力。开展了案件风险“百日大排查”及“回头看”活动、重大节日期间资金安全检查、年终决算、基层机构内控评价及同级部门内控评价整改复查等活动，有层次、有重点地排查了内部控制存在的风险薄弱点，有效跟踪监督了整改落实情况，巩固排查结果，得到了监管部门的充分肯定。

## 三、能力建设

**网点及自助服务渠道建设** 继续加大网点建设改造力度，改善营业场地环境条件，全年新建及迁址网点18个，改造网点9个。不断拓宽自助服务渠道，全年新建自助银行14个，布放ATM 191台，年末ATM总数达715台，增幅36%。其中，在新开通的地铁4号线布放46台ATM，展示了邮储银行的形象，取得了良好的经济效益和社会效益。着力为邮储银行北京分行高端客户提供个人自助金融服务，加大商易通、POS机布放力度，全年累计布放商易通922部、POS机2 404台，全面拓宽客户服务渠道。

**金融信息化建设** 完成了统一版本金融应用系统2.0版本改造、代理保险大集中等重大统版项目上线工作。完成储蓄网点终端数据安全传输加密工程，实现了520个网点3 000多台终端设备数据加密传输，为金融信息系统安全运行提供了保障。完成IC卡售电处理系统、北京邮储中间业务手续费结算系统、一老一小医保代扣业务系统等六个生产项目的研发工作，促进了新业务的快速发展。加强科技设备投入和管理，全年共新增、更新生产、办公设备近6 000台套。

**示范网点建设** 推广“大堂制胜”、每日例会、制订行动计划、客户信息收集、销售进度跟踪、运用中小企业销售包等措施。截至年末，规范化的网点销售管理模型已经在30个网点得到复制，服务水平显著提高。

**“金融服务年”活动** 2009年，邮储银行北京分行开展“金融服务年”活动。每季度推出服务主题，分阶段、有重点地抓好服务落实工作，贯彻“以客户为中心”的服务理念，有效提升窗口服务水平。建立了分行、一级支行、二级支行三级服务管理架构，制定了营业网点设施及物品定置管理规范，强化定置管理，营造优质、规范的服务环境，展现了统一、专业的银行形象。

**营销体系架构** 组建了由个人金融理财经理、公司客户经理、信贷员及各级产品经理组成的营销队伍。全年新增信贷员197人，总数达315人，公司客户经理68人，理财经理105人。截至年末，全行专职营销人员539人，占全行员工的19.7%，同比增长141.70%。

## 四、管理工作

**六大集中创新管理** 着眼于建设流程银行，全面推行“扁平化”管理，相继推出“六大集中”管理模式，即人力资源集中管理、财务集中管理、资金集中管理、公司账户集中管理、审贷集中管理和事后监督及档案管理大集中。

**拓宽人才引进渠道** 2009年，邮储银行北京分行率先搭建就业“绿色通道”，招聘近百名大学生“村官”到银行任职，成为全市首个招聘合同期满大学生“村官”且招用人数最多的企业。招收的大学生“村官”充实到各郊区县支行，为农户经营生产提供信贷支持。适时启动帮扶大学生“村官”自主创业信贷工程，有效缓解京郊农户、农村微小企业“贷款难”问题。经过半年多的锻炼，北京市首批96名大学生“村官”圆满“卸任”成功“转岗”。

## 五、服务“三农”、服务中小企业

**送贷下乡服务“三农”** 2009年11月邮储银行北京分行启动“送贷下乡”活动，共组建40个营销宣传小组，由400位信贷员为农户提供足不出户的贷款服务。全年在京郊设立小额信贷营业部42家，相当于42个村镇银行，累计发放小额贷款8 223笔，5.87亿元。为倾力支持首都基础设施建设，通过项目贷款、银团贷款等方式回流北京地方的资金已超过300亿元，其中有34.2亿元用于支持北京市基础设施及城市环境综合治理工程。上半年，为响应市政府号召，积极参与京郊农村街坊路改造、垃圾处理等“新农村五项基础设施”建设，不断加大信贷资金支持力度。

**搭建全国首个个体私营企业融资平台** 2009年11月24日，与市工商局、市私营个体经济协会签署个体私营企业金融服务合作协议，搭建了全国首个个体私营企业融资平台。今后两年内，邮储银行北京分行将提供300亿元的额度，向全市个体私营企业提供贷款，解决融资难问题，支持私营企业和个体工商户的发展。截至年末，经市私营个体协会推荐，已为8 380户个体和私营企业发放贷款14.15亿元，使一批私营和个体企业走出融资困境。

（洪秀玲）

# 中国华融资产管理公司北京办事处

2009年，中国华融资产管理公司北京办事处（以下简称华融资产北京办事处）紧扣商业化转型、拓展商业化业务的主要工作任务，合理规划、科学发展、狠抓落实，在做稳、做实、做新上下工夫，在困难中谋求发展，在转型中经受锻炼，积极推进“稳健、创新、和谐、发展”的企业文化建设，各项工作取得较好成绩。全年实现业务收入10 113万元，完成公司下达营业收入必保任务的127%，力争任务的111%。其中，自营业务4 857万元；财务顾问业务181万元；代理平台公司业务3 975万元，其中，代理租赁业务661万元，信托业务2 186万元，融德投资业务600万元，证券业务528万元；利息收入43万元；原债权资产转化收入1 057万元（上述项目均未剔除子公司实付金额的营业税）。

**不良资产管理** 2009年，华融资产北京办事处不良资产管理业务主要是对已收购项目做好管理和处置工作。一是2008年工商银行抵债资产芳群公寓项目。通过资产推介会与中介机构、投资者进行交流、沟通，采用招标、拍卖方式处置该笔抵债资产，实现拍卖成交9 000万元。二是北京农村商业银行项目。多次与北京农村商业银行就委托资产处置项目的进度进行沟通、交流，对委托处置的资产特别是实物资产进行了全面的走访，调查资产的真实情况。同时将资产分类推荐，寻找与北京农村商业银行新的合作契机。最终成功收回收购本金20 000万元，实现商业化收益2 036万元，实现商业化净收益862.02万元。三是“海南华银”政策性处置项目。为较好、尽快地完成政策性损失类债权资产海南华银国际信托投资公司的资产处置工作，华融资产北京办事处历时4年，通过不懈努力，于2009年2月全面实现并收回质押优先受偿权款9 684万元，并于年内收回第二次分配款891万元。四是“海德酒店”资产房地产过户项目。与中国信达资产管理公司共同委托，由新疆当地中介机构全风险代理海德酒店房地产过户事项。五是唐山地区资产处置工作。始终坚持打包处置与单户处置相结合，积极寻找和创造处置机会，全年累计回现1 160万元。

**股权资产管理** 一是在规定时间内召开了债转股企业的2009年年度“三会”，共召开72次会议，审议了112个议题。二是完成燕东公司股权转让工作，启动了对北京昊煜工贸有限公司股权资产股权处置工作。三是配合公司总部开展股权资产定价试点工作，对所有债转股企业进行了股权资产的重新估值定价。四是完成了首钢新钢公司股权资产处置的立项工作，并根据公司总部批示成立了项目组，与首钢公司联系下一步审计、评估工作。

**商业化业务拓展** 为实现各项业务的顺利开展，华融资产北京办事处发挥自身专业特点，依托公司业务平台，努力开拓商业化业务市场。全年共实施商业化项目26个，实现收入9 013万元，占全部收入10 113万元的89%。其中，当年成功开发商业化项目13个，投放资金规模25.56亿元，实现收入3 543万元；以前年度项目正在实施的13个，实现收入5 470万元（其中已完结项目4个，实现收入5 201万元）。此外，已签订协议未投放项目1个，涉及资金规模5 000万元。

**基础管理工作** 一是强化财务管理，提升管控能力。完成了商业化业务建账工作和公司总部布置的对2007年至2008年财务管理进行自查的相关工作，对公司总部下达的开展清理检查“小金库”的工作进行认真落实。二是打造健康风险文化，提高风险管理水平。实行双线轮职审查制度，提高了项目风险审查的专业化水平和效率；开展“健康风险文化主题活动”，组织全员深入学习风险管理知识，提高风险管理意识和水平；开展案件风险百日大排查活动，对重要岗位进行了交叉检查，全面覆盖、不留死角，收到了良好的效果。三是法律事务工作扎实有效开展。诉讼管理工作方面，全年执行案件7件（不含唐山承继案件），涉及债务人5户，涉及债权本金16 953.45万元；新诉案件3起，涉诉标的额5 999.462万元；审理终结8起，终结案件1起，实现回收现金10 316.04万元；被诉案件1起。非诉讼法律服务工作方面，起草、审查、复核法律协议或文件近108份、法律尽职调查报告52份（建设银行资产包法律尽职调查意见），起草项目授权书5份；为中煤旭阳投资、芳群公寓处置等重点项目提供法律服务，设计交易结构，参加相关谈判，起草、修改审查合同等法律文件。

**廉政建设与风险管理** 深入开展“讲党性、重品行、作表率”活动，深化党风廉政建设责任制，进一步完善廉政监督制约机制，不断加强纪检监察工作力度。加强合规文化教育建设，充分发挥业务拓展部门、风险防范部门和综合保障部门的合力作用，加强资源共享和资源整合，脚踏实地地做好风险分析、风险防范和风险排查工作。开展了“制度执行力学习教育周”活动，引导全体员工正确理解、严格执行各项制度，强化合规意识。进一步完善廉洁自律责任制，强化风险防范意识，加强考核力度。规范公务接待工作和内部公务活动标准，有效控制公务接待费用和内部公务活动开支。发挥信访核查工作在防范道德风险中的预警作用，进一步落实信访件处理程序，规范加强信访档案的管理工作，完善了信访工作的实际操作程序。

**企业文化建设** 按照开展“学习型组织、知识型员工”争创活动的要求，制订培训工作计划及科目明细；组织全员参加公司总部的历次培训，积极开展自主培训，举办知识讲座，提高员工整体素质。围绕庆祝新中国成立60周年和公司成立十周年，开展健康向上、群众喜闻乐见的文体活动，先后组织参加公司举办的“歌唱祖国、赞美华融”红歌会、公司第一届职工运动会、庆祝新中国成立60周年摄影比赛、庆祝新中国成立60周年我与华融同成长征文活动，利用业余时间自行策划、安排了参观学习、羽毛球比赛、扑克牌比赛等活动，积极支持员工的网球、羽毛球、游泳等兴趣小组日常活动，丰富了员工文体生活，进一步完善了“走廊文化”建设。为构建“稳健、创新、和谐、发展”的企业文化，提升发展软实力，营造浓郁的企业文化氛围，丰富员工业余生活，真正发挥企业文化“春风化雨，润物无声”的作用。

（袁宁）

# 中国长城资产管理公司北京办事处

2009年，中国长城资产管理公司北京办事处（以下简称长城资产北京办事处）深入贯彻落实科学发展观，紧紧围绕市场和盈利两个重点，加快商业化和政策性资产精细运作和有效处置，着力拓展新业务，通过抓学习、打基础、抓管理、促经营，各项工作取得较好成绩。截至年末，现金回收2.62亿元，其中，农业银行政策性资产回收现金8 100万元，光大银行商业化资产包回收现金1.69亿元，非自用固定资产租赁收入588万元，中间业务收入378万元。实现盈利2 301万元，其中，商业化账面利润830万元，政策性代理收入1 363万元，金融租赁收入37万元。

**加快资产精细运作** 年内，长城资产北京办事处抽调4名处级干部、10名员工充实到一线，增加前台项目经理力量；要求相关部门完成资产信息的补录工作；开展对光大资产持续尽职调查工作的后评价，加强对该项目实施情况的监控，采取全方位利用中介机构营销、市场公开询价营销等处置方式，深入挖掘资产价值。加大营销力度，对重点回收现金项目，组织召开了3次项目推介会，多角度、全方位地宣传项目的相关情况，拓展了营销空间，为处置资产提升了价值；组织了13场拍卖会，利用中介机构进行市场询价，对已拍卖的项目抓紧进行后期交接，积极配合竞买人快速有效做好过户工作。全年共发布各类及报纸公告63个，其中，网络处置公告20个、网络营销公告22个、报纸营销公告8个、报纸处置公告13个。

针对剩余政策性不良资产处置时间长、处置过程较为艰难的特点，长城资产北京办事处重新调整处置思路，把剩余政策性不良资产当做核心资产来运作，对剩余政策性不良资产再次进行摸底和估值，加大实地调查力度，抓住资产亮点，多方开展合作，剩余政策性不良资产项目处置取得重大突破。10年处置未果的农垦项目，在长城资产北京办事处的积极努力下，农垦集团公司改制方案得以实施，进行债务重组，长城资产北京办事处收回现金2 394万元，财务顾问收入206万元，清算资金回收率14.59%，本金回收率16.99%。

**加大市场拓展力度** 面对资产日渐枯竭的局面，长城资产北京办事处积极在市场上寻求不良资产包业务。确定相关部门抽出专门人员开展资产包收购业务，先后3次进场尽职调查，提出资产包收购方案和报价，立项上报总公司。抓住农业银行北京市分行股改剥离167亿元不良资产的商机，积极推进与该行在不良资产处置领域的合作，力争达成合作意愿，为农业银行北京市分行提供战略合作、业务互补、委托代理等方面的服务。针对北京市场的特殊性，长城资产北京办事处组织人员对开展中间业务进行调研，把金融租赁业务与北京市政府新能源产业政策、措施结合起来，先后走访多个工业开发区企业，与政府、企业洽谈，探讨银企合作。此外，在代理委托、财务顾问、资产托管、保险业务等方面也开展了积极的探索。

**强化内部管理** 为加快资产处置，长城资产北京办事处将资产评估审核工作前移，主动为前台服务。一经立项，项目审核部门立即进入程序加快评估流程，缩短审核时间和招标时间，推进资产处置工作。全年共接受评估立项27个，完成评估项目24个。深入学习ISO 9001体系文件，领会掌握规范操作。编制《北京办事处ISO 9001体系文件及相关法律法规试题汇编》，共1 000余题，发至每个员工。加强反腐倡廉教育，做到警钟长鸣。与北京市人民检察院第二分院建立起长期检企共建关系。利用其教育基地，开展反腐倡廉教育活动；组织全体员工参观北京市东城区看守所，开展警示教育活动。进一步加强资产项目档案管理和后评价工作，开展了包括档案的利用、查阅、调阅和档案库房管理在内的专项检查；在资产处置后评价工作中，对重点评价资产项目进行全过程、全方位的跟踪考察。加大员工培训力度，参加总公司组织的投融资、证券等培训，并自行开展了金融租赁、新会计准则和新保险业务等系列培训；邀请公司系统内两届十佳项目经理讲授在资产经营处置方面的先进做法和经验，组织全体员工参加保险代理人资格考试，为长城资产北京办事处搭建保险平台做准备。

**案件风险大排查** 按照北京银监局案件风险“百日大排查”的要求，长城资产北京办事处成立了“案件风险百日大排查”工作领导小组，制订了实施方案，确定了六大处高发业务、高发岗位、高发环节的排查重点。通过3个多月的排查工作，未发现任何案件。

（宋尚鸿）

# 中国东方资产管理公司北京办事处

2009年，中国东方资产管理公司北京办事处（以下简称东方资产北京办事处）认真贯彻落实公司年初会议精神，坚定信心、开拓进取、创新求变，大力推进各项工作。截至年末，各类不良资产合计收现近4.9亿元，超额完成全年任务。

**债权资产处置** 2009年，东方资产北京办事处债权资产处置批量打包呈现多元化，成交方式上既有协议转让，又有挂牌交易，买受人中既有同业机构，又有投资公司，为全面完成公司下达的收现任务打下了坚实的基础。

为推动重大项目处置进程，东方资产管理公司在全辖确定20个疑难项目进行会诊，东方资产北京办事处两个项目名列其中。这两个项目背景复杂，本金近10亿元。东方资产北京办事处成立了以总经理为组长的疑难项目工作小组，多次召开总经理办公会、业务研讨会、相关部门座谈会，对项目进行集体会诊；多次走访上海缆信有限公司、广州军区和中国联通、中国移动、中国电信三大运营商总部，终于对项目形成了较清晰的处置步骤。另一疑难项目法人涉诉、关系社会稳定，单户处置方案推动艰难，在北京银监局的指导和协调下，东方资产北京办事处与同业机构密切合作，妥善完成了对项目的处置。

在建设银行可疑类资产处置之初，东方资产北京办事处即制定了《北京办事处可疑类资产经营策略》，明确了内蒙古地区资产处置整体思路；随着处置的深入，已按既定方针基本完成了处置工作。继续深入挖掘剩余资产潜在价值，经过不懈努力，内蒙古地区剩余的建设银行可疑类不良资产全部协议转让给内蒙古自治区国资委下属公司，实现跨区域保平微利的态势。

**商业化业务** 东方资产北京办事处坚决贯彻公司商业化转型战略，适应北京区位特点、资产结构特点，把业务开拓重点放在不良资产的商业化收购上，要求业务部门在政策合规、买方尽职调查、利润测算、风险治理、交割环节等方面严格把控。在中国银行内蒙古分行资产包业务合作上，及时对资产包的资产质量、形成背景、处置思路进行了较充分的调研，对收购后的处置做了充分的论证，最终顺利成交并在短期内妥善处置，第三次取得不良资产商业化收购的成功。

**内部管理** 东方资产北京办事处积极围绕经营处置目标和商业化转型的中心任务，把管理作为处置收现的有效保障。为了营造积极进取的工作氛围，总经理室要求各部门狠抓纪律，整顿作风。针对个别员工存在的重业务、轻管理的思想苗头，指出重任当前，加强内控、防范风险的意识丝毫不能放松。完善对实物资产的管理，健全办理抵债物入库手续，加强保管、核查工作。对因轮岗发生的工作交接，不仅要严格履行质量管理体系程序，确保形式合规，更要以高度的责任心，完成项目实质性的交接，规避因人员调整造成管理质量下降的情况。出台了对审计整改不到位追究有关人员责任并进行经济处罚的有关措施，使广大员工进一步提高内控意识，自觉执行各项制度。

**风险控制** 根据北京银监局对案件风险实施“百日大排查”的要求，东方资产北京办事处成立了专项领导小组，制订了《北京办事处案件风险百日大排查工作实施方案》，召开了动员大会，党委书记与各部门负责人签署了案件防控责任状，并把排查重点安排在委托业务、债权管理、抵债资产、中介选聘等环节上，要求各部门、各岗位要将案件防控工作纳入日常风险管理之中，构建案件查访的长效机制；强化内控执行力，加强监督检查；以部门负责人为第一责任人，严格实行案件问责。通过一系列扎实细致的工作，使风险防范工作迈上了一个新台阶。

（孙艳霞）

# 中国信达资产管理公司北京办事处

2009年，中国信达资产管理公司北京办事处（以下简称信达资产北京办事处）坚持以客户为中心，以市场为导向，以完成公司下达的现金回收和利润计划任务为目标，在确保规范经营和加强风险防范的前提下，加快资产处置，加大收现力度，加速市场开拓，较好地完成了全年各项工作，在公司年末综合经营考评中重返A类，并获得第一名的优异成绩。截至年末，全口径收现已超过60亿元，创造东方资产北京办事处成立十年来的最好水平，也是全公司十年来当年现金回收量最高纪录；商业化回现120亿元，成为全公司商业化收现首个过百亿元的办事处；现金回收总量超过180亿元，在全公司名列第二位，按人均计算，则居全公司第一位。

2009年，信达资产北京办事处商业化业务回收现金46.9亿元。其中，中国银行现金回收15.5亿元，工商银行现金回收26.5万元，交通银行现金回收724万元。其他商业化收购资产回收现金4.9亿元。政策性股权资产处置现金回收13.379亿元。实现商业化收购不良资产本金25亿元；无负债业务收入300万元；商业化业务利润实现会计利润5.55亿元，当年利润计划完成率242%。

截至年末，信达资产北京办事处正式员工39人。

**债权处置** 13个重点项目取得重大突破，为2009年收现任务的完成打下了坚实的基础。国储局项目债权本金100%收回，当年一次回收现金28.139亿元。北大青鸟、新恒基项目处置完毕，当年回收现金4.36亿元，总体本金回收率80.14%。庄胜和首创轮胎项目已批复正常履约，当年回收现金5.8亿元，总体本金回收率100%。碧溪、金马长城、新疆海德、海洋馆和川东化工5个项目进入执行阶段并取得实质性进展。北大未名、嘉裕系列项目谈判进入最后阶段。隆福和恒利通项目已经完成评估和尽职调查。

疑难项目取得重大进展，为信达资产北京办事处的可持续发展积蓄了较强的后劲。与北京市二商集团最终达成债转股形式的债权处置方案获总部批准，双方的债务重组协议、债转股协议已签订，由优质资产组建的新的有限责任公司已成立，信达资产北京办事处股权出资等相关手续已经完成。按照协议，未来几年内信达资产北京办事处将陆续实现分红和股权退出3亿元以上的收入。通产集团项目以股抵债方案取得实质性进展，最终确定了“附赎回条件的以股抵债方案”并于9月9日签订了偿债协议，4 800万股广东发展银行的股权已经收归信达资产北京办事处名下，未来三年内将陆续实现分红和股权退出3亿元以上的收入。

一批中小项目有效推进。北京长城工程总公司等3户项目与六建集团签订以债抵债协议，共回收现金2.4亿元，本金回收率达62.3%。中国汽车工业进出口总公司债务重组实施完毕，8 300万元的协议款项已全部收回。就北京市八仙房地产开发有限责任公司项目与债务人达成诉讼和解协议，2009年分两次共计回收2 600万元，该项目本金累计回收率达108%。

为扩大招商面，吸引更多的投资者，信达资产北京办事处于9月中旬成功举办了由36家投资机构、50余人参与的“中国信达资产管理公司北京办事处2009年资产项目推介会”。本次推介会共推出项目29个，其中资产包8个，单个项目21个，涉及债权总额约37亿元。推介活动有效地调动了一些债务人和部分区县政府主动沟通解决债务问题的积极性，对促进资产处置工作起到了积极作用。

**股权项目管理**　股权项目管理有效，切实维护了信达资产北京办事处的合法权益。2009年5月，按照总部要求，对紫竹药业进行政策性股权处置终结工作，1.6亿股的应得处置回收金额2.3亿元；全年紫竹药业公司分两次向公司支付分红5 757万元。8月底，收到东方石化的第二期付款13.379亿元，至此收到全部27.95亿元股权转让价款。配合燕山石化完成股权过户手续及处置终结认定工作。北京水泥厂获得财政返还债转股企业所得税1 076.88万元。

**资产收购**　及时出台《北京办事处市场业务与转型发展指导意见》，积极寻找商业化收购机会、拓展中间业务市场空间，取得了实质性的成效，全年实现收购不良资产本金25亿元。其中，“建元2008－1”重整资产证券化信托资产包15亿元，东方资产北京办事处资产包10亿元，当年即有现金回收2 900万元。

**内部管理**　一是重新整合人力和资产资源，确保现金回收任务落到实处。二是完善绩效分配办法，建立有效的奖励约束机制，最大限度地调动全体员工特别是一线员工的工作积极性。三是明确工作策略和重心，分层次、有计划地推进项目处置，促进了全年处置任务和现金回收任务的圆满完成。全年共有48个方案上会审核，新进入诉讼程序的案件61个，涉及的债权总额13.2亿元；非诉调查涉及项目160余个。ISO工作顺利通过公司内审、IT顺利通过2009年度信息安全与管理（ISO 20001/ISO 27000）体系审核。

（卞艳艳）

# 北京国际信托有限公司

2009年，北京国际信托有限公司（以下简称北京信托）在经济危机风暴持续影响、金融市场复杂多变的客观形势下，以深入开展学习实践科学发展观活动为动力，坚持稳健经营方针，审慎开展信托核心业务，取得了较好的业绩。全年实现收入5.95亿元，完成年度计划的101.81%；实现净利润3.47亿元，完成年度计划的100.49%，完成了公司董事会批准的年度计划指标。截至年末，资产规模25.64亿元，负债总额2.51亿元，所有者权益合计23.13亿元，分别是上年的115.22%、267.28%和108.37%。不良资产率为零。

**信托业务** 2009年末，北京信托受托管理的存续信托财产总规模534.94亿元，全年新增信托财产规模578.35亿元，清算结束信托规模665.12亿元，清算项目加权平均收益率5.19%；向信托财产受益人累计分配收益25亿元，为投资者创造了较高的收益。

**业务合作** 发挥信托平台作用，推动与银行、信托公司、政府之间多方位合作与共赢。对接银行理财资金，支持政府基础设施项目建设，促进拉动内需，圆满完成京东方八代线项目信托融资30亿元和京投公司10亿元融资，发挥了金融中介兼受托人及主动管理人的重要角色和作用。与华宝信托、中诚信托、金谷信托等信托公司合作，推出了泉源一号集合信托计划、人福科技股票收益权集合信托计划等系列信托产品。与北京中小企业信用再担保公司合作推出系列北京中小企业发展信托计划，发行规模4 100万元，作为信托贷款发放给企业，成为北京地区首批面向中小企业提供融资服务的信托公司。

**业务创新** 2009年，北京信托在基金化、系列化信托产品方面取得突破性进展。5月18日第一只具有半开放性的准基金模式的“北京信托——稳健系列房地产集合资金信托计划”正式成立，一期共募集资金人民币9.6亿元，已投资王府井酒店、天津滨海湖等若干项目。该信托计划的成立，为信托财产实现组合投资，向半流动性、流动性方向发展做出了有益的尝试，并为下一步探索REITS业务奠定了基础。与此同时，还陆续推出了多个系列化信托产品，如“财富”、“创赢”、“天鸿”等。在新能源基金、环保基金等产业基金设立方面做出积极探索，节能环保行业开发信托产品实现了零的突破，成功推出了“低碳财富”系列化低碳经济领域信托产品。其中低碳财富碳资源开发一号信托产品为国内信托行业首只涉足碳资源开发领域的信托产品，在探寻以信托方式支持中国低碳经济财富方面做出了有益的尝试。

**公司治理** 进一步完善公司法人治理结构，确保股东会、董事会、监事会及各专业委员会充分发挥职能，在风险管控、高管层监督考核问责、防范受托人利益冲突等方面提高合规管理的有效性。各专业委员会履行职责，定期向董事会报告工作，对经营层的考核、问责制度化并成为例行规则。年内，董事会审议通过了北京信托2009～2011年三年发展战略规划、企业年金实施方案、公司房地产业务项目风险政策与制度、公司迁址、增资扩股等涉及公司发展的若干重大议案。

**风险管理** 从防范业务风险角度出发，加强了合规自律和风险防控措施，优化业务运行流程，对信托业务审批系统流程进行了完善调试，提高了业务流程流转的效率。搭建了由风险管理部门、项目预审会、业务决策与风险控制委员会和信托委员会四级合规管理组织体系。在经营管理层面增设了“研发创新执行委员会”、“合规与风险执行委员会”等4个非常设机构，增设了“首席合规风控官”，强化了风险否决的机制。同时，积极履行金融机构的反洗钱义务，制定了《客户洗钱风险等级划分管理暂行办法》等一系列制度流程，并在信息系统建设中增加了客户洗钱风险评级模块，形成了相对完整的反洗钱内控体系。

**信息化工作** 2009年，北京信托信息化建设取得重要进展。在全部更新计算机终端设备的基础上，完成了主要业务审批系统软件的试运行、网络安全系统配置升级、公司网站改版、证券交易系统改造等。同时，在系统硬件配置、维护、测试、安全技术保障等方面也得到加强，建立的数据远程灾备系统正式启动。建立了内部“金融信息共享平台”、“信托业务创新成果（模式）交流共享平台”等5个信息共享平台，解决了内部信息流通不畅、共享不足的问题。开通了信托业务系统远程登录，为实现重要岗位移动办公提供了直接业务支持。

（朱佳音）

# 中国银联股份有限公司北京分公司

2009年，中国银联股份有限公司北京分公司（以下简称北京银联）继续加大受理市场规范力度，建立长效规范机制；扩大受理市场规模，优化受理市场结构；组织开展联合刷卡营销活动；推动公共事业缴费“三通”工程便民售电服务和燃气缴费业务上线运行；确保系统安全稳定运行；加强银行卡风险防范工作，为各成员机构创造和谐共赢、规范有序的银行卡产业发展环境。

截至年末，北京银联有市场部、业务部、技术部和办公室4个部门，在岗职工39名。

业务种类：（1）银行卡跨行交易转接和资金清算服务；（2）ATM和网上跨行转账业务；（3）便民售电、燃气费、电话费、手机费等公共支付服务；（4）银联卡跨境使用服务；（5）POS机和ATM的外卡统一接口服务；（6）互联网支付、固话支付、手机支付等创新业务；（7）部分商户网上支付；（8）银联标准卡特惠商户服务及持卡人服务；（9）农民工银行卡特色服务。

截至年末，北京地区联网商户161 410户，比上年增长21.54%；POS机具247 958台，比上年增长24.75%；ATM 12 009台，比上年增长13.96%，在经历奥运年高速增长后仍然保持了较快的发展速度。

**一、深入推进银行卡受理市场规范工作，建立长效规范机制**

北京银联按照遏制、改善、建立长效机制的思路，从维护银行卡同业利益的角度出发，组织召开专题规范研讨会十余次，听取不同意见和建议，适时修改完善规范办法。在北京市银行卡市场协调委员会2009年第一次季度例会上，22家与会成员单位全票通过了《北京市银行卡受理市场规范工作章程》，建立起受理市场规范长效机制，使遏制不规范竞争、完善银行卡定价机制等工作规范化和长期化。积极配合成员机构开展自查自纠，通过系统排查和现场走访等方式，对重点和疑似商户进行了逐一的核查，督促成员机构整改，切实维护了银行卡产业和谐、有序、健康的发展环境。

**二、组织推动银行卡联合宣传促销活动，促消费保增长**

“激情刷卡消费　享受时尚生活——2009年北京市银行卡联合宣传促销活动”是在全球金融危机背景下，北京市为扩内需、促消费、保增长而采取的一项重大举措。该活动由北京银联首先提议，经过积极争取和协调，最终取得人民银行营业管理部、北京市商务委员会以及在京23家中资商业银行的赞同和支持，采取“统一策划、统一主题、共同投入”的方式，于2009年6～12月联合开展。活动期间，共抽出一等奖427个，二等奖2 142个，三等奖36 391个，总计38 960个奖项；POS机跨行刷卡成功交易1.46亿笔，比上年同期增加3 481万笔，增长31.29%；POS机跨行刷卡交易金额2 504.19亿元，比上年同期增加1 169.52亿元，增长87.63%。

**三、加大受理市场建设力度，保持受理市场稳定增长**

一是联合成员机构加大行业商户拓展力度。北京银联协调专业化服务公司联合北京农村商业银行开展京郊旅游、农家乐银行卡受理市场拓展，新增布放终端2 000台；联合浦东发展银行开展物流配送行业拓展；联合华夏银行开展专业批发市场电话支付终端应用；依托创新业务拓展电力行业POS机应用，为北京电力公司网点安装POS机终端近100台。

二是开展专项活动促进受理市场拓展。北京银联与各成员机构共同组织开展“银商携手、和谐支付”——2008年度北京“刷卡无障碍”优秀示范商户、街区、景区评选活动，全市收单机构受理市场发展评选活动，与专业化服务公司开展受理商户拓展竞赛活动，共同推进受理市场建设。全年新增联网特约商户3.23万户，新增联网POS机终端5.11万台。

**四、加大银联标准卡的推广发行力度，联合成员银行开展个性化营销**

一是与商业银行开展发卡合作。北京银联一方面通过开展个性化的发卡营销活动，积极扩大中国银行卡自主品牌——银联标准卡发卡份额，提高银联标准卡发卡量；另一方面研究开拓新的卡产品，联合商业银行挖掘并推出了北京CRD卡、饭统卡、富丽广场卡、SoGo金卡、国家大剧院等九款银联标准信用卡新产品。

为满足中国人民日益增长的境外商务、旅游、学习的用卡需要，以及把境内商业银行的服务通过银联网络延伸到境外，中国银联积极展开国际受理网络建设。截至年末，银联卡可以在中国香港、中国澳门、新加坡、马来西亚、泰国、菲律宾、越南、柬埔寨、韩国、澳大利亚、新西兰、哈萨克斯坦、印度尼西亚、蒙古、法国、德国、比利时、卢森堡、土耳其、俄罗斯、瑞士、奥地利、丹麦、列支敦士登、日本、美国、荷兰、意大利、埃及、南非等47个国家和地区已开通的POS机刷卡消费，可在境外近71个国家和地区的ATM取款。

二是积极开展银联标准卡用卡促销活动。北京银联根据不同时间、不同对象连续开展了“刷银联标准卡、做快乐旅行家”主题营销活动、“刷起来、购精彩”银联标准卡春意更盎然营销活动、ATM跨行转账取款促销等27项银联标准卡主题营销活动，提高了银联标准卡活卡率，促进了交易量增长。

截至年末，北京地区银联标准借记卡发卡机构24家，银联标准信用卡发卡机构19家。全年北京地区发行银联标准卡1 408.97万张。其中，银联标准借记卡1 184.38万张、银联标准信用卡224.59万张。累计发行银联标准卡5 509.36万张。其中，银联标准借记卡4 858.33万张、银联标准信用卡651.03万张。

**五、加大公共事业缴费“三通”工程建设力度，推动创新业务的开发和推广**

一是“三通”工程建设取得阶段性成果。2008年奥运会后，北京银联加大“三通”工程推进力度，经过艰难的沟通协调和紧张的开发测试，“三通”工程中具有标志性意义的便民售电业务和燃气缴费业务已分别于2009年10月26日和12月16日开通运行。截至年末，累计实现30项业务接入银联网络，累计开通银行16家，开通自助缴费银行网点近1 400个，约占银行总网点数的40%，基本实现“三通”工程中期建设目标；布放自助缴费终端6 603台，布放电话支付终端3万台；发生公共支付交易639.12万笔，交易金额15.63亿元，同比分别增长40%和46%。

二是积极推进互联网支付、手机支付、电话支付等创新业务的应用。采取业务培训、推介等方式，完成北京银行、北京农村商业银行互联网业务合作协议签署工作；联合光大银行、广东发展银行、浦东发展银行等10多家商业银行开展银联网上信用卡还款业务宣传，同时借助北京市电子商务协会，实现了当当网、翠微大厦等优质商户接入银联互联网平台，全年交易量3.2亿元；与北京万事一拨通公司合作开展手机支付业务合作；研究制定电话支付终端应用实施方案及业务操作管理办法。

**六、积极开展联合品牌宣传活动，扩大品牌影响力**

北京银联携手农业银行北京市分行开展了达喀尔汽车拉力赛品牌宣传，双方共同支持的389号长城赛车，载着银联及农业银行的品牌标识纵贯阿根廷、智利两国，全程逾9 000公里，历时17天，观众总量达到22亿人次，有效地提升了各自品牌的国际知名度和影响力。与石景山区政府共同主办了首届“全北京向西看——北京CRD刷卡节”，活动历时22天。活动期间，银联标准卡作为唯一指定用卡，在石景山区著名商户内刷卡消费满99元即可参加抽奖活动；并在西长安街部分沿线、石景山区商业区重点道路两侧及万达广场周边挂置了524面活动宣传道旗及480面CRD卡宣传道旗，宣传道旗上都印制着醒目的联网通用标识；搜狐网站首页右下角带有醒目联网通用标识的宣传图标持续出现22天，展现了北京市银行卡产业的良好形象。

**七、提高银行卡风险防范能力**

一是基本完成收单责任主体分拆工作。截至年底，北京地区各成员银行与北京银联商务公司、北京数字王府井公司签订了落实直联商户收单责任主体协议，全部完成传统业务收单责任主体落实工作。

二是加强与北京银联商务公司、北京数字王府井公司的沟通与配合，积极推进POS机“一机一密”改造工作。启动第三方收单机构登记认证工作，做好直联专业化服务公司以及其他和银联有业务关系的第三方服务机构的登记注册。

三是继续做好向成员机构提示风险预警的工作。全年共处理商户风险监控系统产生的案例21 045笔，发出风险事件协办函9 980份，由各成员机构配合对嫌疑商户进行排查，共处理协查回复9 779个，确认风险嫌疑商户255个，已作相应处理。

（李涌）

# 中信建投证券有限责任公司

2009年，中信建投证券有限责任公司（以下简称中信建投证券）坚持稳健经营、积极进取的工作方针，紧紧围绕年度经营目标，扎实推进各项工作，取得重大成效。全年实现经营收入60.82亿元，实现净利润26.17亿元 。截至年末，总资产超过660亿元，净资产超过73亿元。

中信建投证券总部位于北京，在全国设有120家营业部，拥有中信建投期货经纪有限公司、中信建投资本管理有限公司2家全资子公司，员工总数2 987人。

**股票承销及财务顾问业务** 中信建投证券的股票承销及财务顾问业务，致力于为国内各类企业的改制、并购重组及权益类融资活动提供从方案设计到发行定价与承销的全过程专业化服务。

2009年，中信建投证券完成中国化学工程股份有限公司等5单IPO项目；完成北京三元食品股份有限公司等4单股权再融资项目；完成泛海建设集团股份有限公司等5单公司债券主承销项目。其中，中国国旅作为中信建投证券完成的首家中央企业IPO项目，成为当年上市首日市场表现最佳的中央企业；华谊兄弟作为目前国内唯一一家全内容上市的传媒娱乐企业，在首批28家创业板企业中创造出机构认购家数第一、网上网下申购资金量第一、动态发行市盈率第一、首日开盘涨幅第一等多个市场第一。

2009年，中信建投证券股票主承销项目筹资162.88亿元，主承销金额和家数分别位居同业第4名和第7名，其中IPO项目的主承销金额和家数分别位居同业第3名和第4名，公司债主承销家数位居同业第3名。四年来，中信建投证券共完成30单股票和公司债券主承销项目及48单财务顾问项目，筹资503.82亿元。

**债券承销业务** 中信建投证券的债券承销业务，致力于为债券融资企业提供从方案设计、债券定价、组织发行到债券销售的全过程专业化优质服务。

2009年，中信建投证券把握债券市场快速发展的有利时机，完成国家电网公司等13单企业债券主承销项目；完成大连银行股份有限公司等2单次级债券主承销项目。其中，大连中小企业债是中国银监会叫停商业银行为企业债券提供担保后第一只获批发行的中小企业集合债券，是拓宽中小企业融资渠道的有益尝试；龙湖地产债作为首只非上市民营房地产企业债券，对支持民营企业发展具有积极意义。

2009年，中信建投证券债券承销业务的优势地位继续得到巩固。公司债券主承销项目筹资601.05亿元，其中企业债券主承销家数、金额分别位居同业第4名和第6名。四年来，中信建投证券共完成31单企业债券主承销项目，主承销金额921.05亿元。

**经纪业务** 中信建投证券的经纪业务秉持“服务创造价值，诚信赢得客户”的经营理念，提供包括沪深A股、B股、基金、债券、代办股份转让、权证、报价转让等在内的市场所有投资品种的经纪代理服务和股指期货等金融产品的中间介绍服务以及其他增值产品的组合服务。

2009年，中信建投证券经纪业务市场份额继续提升，共完成交易38 276.71亿元。其中，股票基金交易36 563.20亿元，位居同业第9名，市场占比3.35%，增幅在全国前十位券商中列第2名；完成债券交易215.75亿元，位居同业第2名；经纪业务收入位居同业第7名。

**债券销售交易业务** 中信建投证券的债券销售交易业务，可向客户提供国债、央行票据、政策性金融债、中期票据、企业债、短期融资券、资产支持证券、次级债、可转换公司债、公司债等固定收益类产品及衍生产品的销售、交易服务，开展银行间市场和交易所市场的债券现券和回购交易，进行一定规模的债券等固定收益产品自营投资。

2009年，中信建投证券债券销售交易业务继续取得较好业绩。全年完成现券交易7 745.73亿元，完成总交易10 141.59亿元，均位居同业第2名；完成国债承销77.14亿元；完成各类金融债承销258.45亿元；完成34单企业债券、公司债券、次级债券销售工作，销售规模335.19亿元。

中信建投证券债券销售交易团队具备专业的研究能力与敏锐的市场洞察力和判断力，多角度、多层次开拓销售市场。四年来，中信建投证券累计完成现券交易13 227.74亿元，累计完成债券交易17 551.56亿元；累计承销国债334.13亿元，承销各类金融债660.45亿元。并于2009年取得上海证券交易所固定收益平台一级交易商资格，为业务发展开辟了更广阔的道路。

**证券投资业务** 中信建投证券的证券投资业务，负责公司权益类证券和金融衍生品的投资，在严格控制风险的前提下，为公司获取良好投资回报。

2009年，中信建投证券的证券投资业务引入全新的资产管理系统，实现了证券投资业务的分账户管理和投资行为的事前风险管理功能。在严格控制风险的前提下，准确判断市场走势，灵活调整投资策略，不断完善业务流程，及时把握市场机会，全年投资业绩明显好于沪深300指数与可比的开放式股票型基金平均净值增长率。同时，证券投资业务还充分发挥个股精选能力，积极参与市场中的非公开发行等业务，取得较好回报。

**资产管理业务** 中信建投证券的资产管理业务，负责为客户提供集合资产管理、定向资产管理、投资顾问等专业化资产管理服务，通过满足不同风险偏好客户的不同需要，达到客户资产保值增值的目的。

2009 年是中信建投证券资产管理业务开局之年。11 月 26 日，中信建投证券首只集合资产管理计划——“中信建投精彩理财灵活配置集合资产管理计划”获得中国证监会核准，并于 2010 年 1 月 20 日发行成功正式成立，成立规模 10.36 亿份。

**研究业务** 2009 年中信建投证券的研究业务，以“引领专业投资、研究创造价值”为服务理念，研究领域覆盖宏观经济、行业分析、上市公司、金融工程和投资策略等。研究产品在保持《早间快递》、《分析师短信》、《资本市场周报》等传统资讯产品的同时，增加《每周观点集锦》、《每周行业评级》等新资讯产品，形成了有中信建投证券特色的研究成果展示平台。

2009 年，中信建投证券分析师在《证券市场周刊》举办的“2009 年度远见杯中国宏观经济季度预测优胜奖”评选中荣获第 2 名，在“卖方分析师金手指奖评选”中有 4 人次获奖；在今日投资财经资讯公司主办的“中国最佳证券分析师”评选活动中有 7 人次获奖。

（朱勤）

# 华融证券股份有限公司

2009 年，华融证券股份有限公司（以下简称华融证券）坚持“一手抓基础建设、一手抓经营发展”的经营方针，在加强内部控制、完善管理创新、推进基础工作的同时，积极拓展业务领域，加大渠道开发和市场营销力度，不断创新产品服务，深化激励约束机制，加强成本管理，加快人才队伍建设，实现了公司跨越式发展。全年实现营业收入 73 082 万元，同比增长 81.43%；实现利润总额 41 385 万元，同比增长 144.00%；净利润31 802 万元，同比增长 122.17%。实现每股收益 0.211 元。截至年末，总资产661 717 万元，总负债 461 116 万元，净资产 200 601万元，净资本 213 410 万元。

截至年末，华融证券下设 29 家营业部，共有员工 474 人。

**经纪业务** 2009 年，华融证券的经纪业务范围进一步扩大，取得了证券投资基金销售业务资格，获准实施了证券经纪人制度；进一步优化了营业网点的布局，在业内率先完成了所有证券服务部规范为营业部的工作；不断丰富经纪业务营销手段，大力拓展营销渠道，经营业绩持续大幅增长。全年经纪业务完成 A 股交易额 2 699亿元，市场份额在上年的基础上提高 24%，市场占有率增幅名列同业前茅；实现各项代理买卖证券业务手续费及佣金净收入 42 499 万元，占营业收入总额的 58%。

**投资银行业务** 2009 年，华融证券狠抓投资银行业务能力和服务水平的提高，着力实现业务的均衡发展。积极申请并获批了企业债发行主承销商资格，进一步完善了业务资质，以继续实施“大客户”战略为突破口，不断加强投资银行业务能力建设，积极为客户提供高水平的投资银行服务，在服务方式和服务质量方面取得了长足进步，实现了多项突破。完成了第一单IPO项目——北车联席主承销项目，完成了第一单公司债券主承销项目——吴江经济开发区发展总公司企业债券联合主承销项目，完成了第一单牌照类财务顾问项目——凤凰集团重组耀华玻璃财务顾问项目。全年实现投资银行业务收入9 582万元，增幅居行业前列，为投资银行业务的长远发展奠定了坚实基础。其中，实现财务顾问收入7 433万元，实现保荐收入200万元，股票承销收入1 800万元，债券承销收入149万元。

**自营业务** 2009年，华融证券在取得开展证券自营业务资格后，克服了运作时间短、股票投资入市时点差、债市行情弱等困难，科学研判证券市场走势，确立了较为合理的证券投资策略，建立了包括债券、基金、股票在内的科学有效的证券投资组合，并根据市场变化的阶段性特征，积极调整投资规模和组合结构，实现了在风险可控的情况下投资收益的最大化，全年实现投资收益（含公允价值变动收益）11 838万元。

**资产管理业务** 2009年，华融证券在正式取得资产管理业务资格后，便以定向资产管理业务为突破口，实现了资产管理业务的良好起步。依托强大的研发实力，根据管理资产的类别与特征，制定了科学的资产管理策略；以委托人利益为依归，密切跟踪市场变化，动态有效管理受托资产，力求实现受托资产收益最大化，体现了较高的专业水准和服务水平，取得了良好的业绩。全年受托管理资产规模总计70亿元，实现资产管理业务收入6 140万元。

（胡松）

# 中国国际金融有限公司

中国国际金融有限公司（以下简称中金公司）成立于1995年8月，是由国内外著名金融机构和公司基于战略合作关系共同投资组建的中国第一家中外合资投资银行，注册资本1.25亿美元。中金公司总部位于北京，在香港、北京、上海、深圳、广州、杭州、南京设有分支机构，在美国、英国、新加坡设有子公司。截至年底，境内外员工总数1 664人。

**投资银行业务** 2009年中金公司IPO承销规模达到128亿美元，同比增长288%，全球排名第一。其中，包括规模最大的A股IPO中国建筑和规模最大的H股IPO民生银行。中金公司承销的国药股份H股IPO荣获Finance Asia“最佳股权交易”和IFR Asia的“最佳IPO”两项大奖。同时，中金公司在债务融资和收购兼并方面也再创佳绩，全年债券承销规模为1 905亿元人民币，在国内证券公司中排名首位；完成了攀钢钢钒重大资产重组、东航并购上航等20个重要的收购兼并项目。

**证券经纪业务** 中金公司国内机构经纪业务继续保持市场领先地位，香港经纪业务市场份额显著提升。国内个人客户经纪业务取得重大进展，广州、杭州和南京三家新设营业部顺利开业，另有五家营业部也已通过中国证监会审批，正式展开筹建工作。

**资产管理业务** 随着中金公司产品线的进一步丰富，业绩分成型单账户业务和企业年金业务的进一步发展，资产规模取得显著增长，截至年末，资产管理规模约270亿元人民币，较上年增长65%。

（杨悦）

# 中国银河证券股份有限公司北京代表处（原中国银河证券股份有限公司北京管理部，2009年5月更名）

2009年，中国银河股份有限公司北京代表处（以下简称银河证券北京代表处）牢牢把握资本市场发展机遇，开拓创新，率领所辖12家营业部在各项业务上取得了长足发展，全年实现营业部收入8.89亿元，实现税前利润6.16亿元，超额完成全年经营目标。

**证券经纪业务** 2009年末，银河证券北京代表处客户数量38.85万户，客户总资产8 849.86亿元。全年完成股票基金债券交易量7 165.4亿元，北京地区市场占有率6.83%；开放式基金销售74.4亿元，其中，基金申购42.7亿元，基金认购为31.7亿元。日均保有量39.5亿元。

**股指期货IB业务** 2009年，银河证券北京地区期货IB业务在上一年基础上有了长足的发展，12家营业部（包含新设立的2家营业部）顺利通过了期货IB资格验收，具备了开展期货IB业务的资格。截至年末，累计开户864户，同比增长77%；客户总资产5 748.54万元。在监管机构首批的股指期货IB业务验收中北京地区2家营业部均通过验收。

**融资融券业务** 银河证券北京代表处根据公司总部关于融资融券业务的具体要求安排各营业部选出指定的融资融券业务介绍人参加统一的业务密集培训；组织地区营业部全体员工学习融资融券业务规则及流程，参加公司总部统一的后续职业培训考试，合格率100%。

**客户经理团队建设** 银河证券北京地区通过多渠道的公开招聘，以市场化的机制和政策，吸引优秀人才加盟。根据地区整体形势制订切实可行的培训计划，开展多方面、多形式的内部培训以提高客户经理的业务素质。建立并完善了客户经理的业务考核和绩效管理制度，坚持统一政策、健全管理，重视培训、平稳过渡，审慎合规发展的基本原则，加大力度进行客户经理团队的培养和管理。

**合规管理** 2009年，银河证券北京代表处在辖区内每家营业部设立合规监督岗，配合公司总部直属的合规专员审核和监督相关工作，建立健全了各项风险管理制度和管理流程，取得了显著的成就。

（赵攀）

# 华夏基金管理有限公司

2009 年，华夏基金管理有限公司（以下简称华夏基金）稳健经营、规范运作，以雄厚的综合实力保持了基金行业的领先地位。截至年末，管理资产规模超过 3 000 亿元，基金份额持有人户数超过 1 300万户，累计为投资人分红逾 428 亿元，是境内管理基金资产规模最大的基金管理公司。

**公募基金** 2009 年末，华夏基金旗下共有 23 只开放式基金，2 只封闭式基金，从低风险、低收益的货币市场基金到高风险、高收益的股票基金，可以满足各类风险偏好投资者的需求，是境内管理基金数目最多、品种最全的基金管理公司之一。

据银河证券基金研究中心数据显示，截至年末，华夏大盘精选混合、华夏红利混合、华夏收入股票、华夏兴华封闭式等基金成立以来累计净值增长率均超过 500%，其中华夏大盘精选混合基金和华夏兴华封闭式基金成立以来累计净值增长率分别达到了1 070. 11% 和1 199. 44%。

在晨星开放式基金业绩排行榜中，华夏基金旗下参与 3 年期评价的 11 只主动型开放式基金中，华夏优势增长股票、华夏收入股票、华夏大盘精选混合、华夏红利混合、华夏回报混合、华夏回报二号混合 6 只基金获得五星级评价，华夏成长混合、华夏经典混合、华夏债券、中信稳定双利债券 4 只基金获得四星级评价。

**机构业务** 为机构客户提供专业的投资理财服务是华夏基金长期的战略重点。华夏基金主要在全国社保基金、企业年金基金、特定资产管理以及投资咨询等方面开展业务。

1. 全国社保基金。2002 年，华夏基金成为全国社保基金首批正式投资管理人。华夏基金经过九年多的管理实践，已形成了“力争安全、适度收益”的投资理念和流程，完善了风控制度和体系，建立了专业、敬业的服务团队，凭借优良的业绩表现和严格的风险控制，华夏基金赢得了委托方的认可，获得了多次追加委托。

2. 企业年金。2005 年，华夏基金成为企业年金基金首批投资管理人。2009 年末，华夏基金已被 130 多家优秀的大中型年金客户确定为投资管理人，签约规模超过 220 亿元，其中已有超过 80 个组合投入运作，运作规模超过 180 亿元。客户覆盖金融保险、冶金钢铁、电力能源、机械制造、交通运输、公用事业、信息技术、烟草等多种行业，分布在北京、天津、上海、广东、河北、山西、内蒙古、吉林、辽宁、黑龙江、江苏、浙江、安徽、福建、江西、山东、河南、湖北、湖南、广西、四川、云南、陕西、甘肃、新疆等地。

3. 特定资产管理。特定资产管理业务是华夏基金重点发展的业务之一，华夏基金配备了产品设计、投资研究、客户服务、后台支持等方面的专业团队，为特定客户提供个性化投资管理方案及服务；推出了专门针对特定资产管理业务的系列投资产品，覆盖不同的投资范围、策略、品种，可根据客户的投资需求进行不同的风险收益配比。

4. 投资咨询。华夏基金以专业的投资研究为基础，向多家企业、基金会、银行理财产品及信托计划提供投资咨询服务，成为近百家机构及个人客户信赖的投资理财服务机构。截至年末，特定资产管理及投资咨询业务委托规模近200亿元。此外，华夏基金还为境外机构提供投资顾问服务。

**客户服务** 为了给投资者提供优质的理财服务，华夏基金建立了超过百人的客户服务团队，构建了较为完善的客户服务体系，率先在业内通过CCCS（客户联络中心标准体系）五星级认证。

华夏基金以优质的服务获得了投资者的广泛认可，并获得了专业机构评选的一系列权威奖项：

1. 2009年4月，华夏基金荣获中国信息化推进联盟客户关系管理专业委员会（CCCS）评选的“2009年最佳呼叫中心”奖。

2. 2009年6月，华夏基金荣获中国服务贸易协会、中国信息协会评选的“中国最佳客户服务”奖和“中国最佳客户服务管理团队”奖。

**投资者教育** 为引导投资者树立正确的基金投资理念，增进与投资者之间的交流，华夏基金继续加强投资者教育与服务工作，举办各类巡回报告会，在各大媒体开设投资者教育专栏，向投资者免费发放基金理财书籍，参展北京、上海等地金融博览会，提供理财咨询服务。

**社会责任** 华夏基金积极致力于社会公益事业。开设中学生社会实践课程，在青少年中开展财商教育。参与顺义区社会福利慈善协会主办的助学项目，帮助城乡低保家庭和其他特殊困难家庭的学生就学。由华夏基金员工发起成立的“华夏人慈善基金会”，以“促进人的发展与环境和谐”为宗旨，开展公益事业、践行社会责任，向宁夏回族自治区同心县“生态移民项目”捐赠40万元，用于移民新村特色种植、养殖技术、节水灌溉等劳动技能培训。

**社会荣誉** 2009年，华夏基金凭借规范的经营管理及良好的品牌声誉，荣获多家机构评选的多个奖项：

1. 2009年3月，在《上海证券报》主办的“第六届中国金基金奖”颁奖典礼中，华夏基金获得此次评选唯一的“金基金公司TOP大奖”。

2. 2009年10月，在新浪网主办的评选中，华夏基金荣获“2009年度最佳基金公司”奖。

3. 2009年11月，在《第一财经日报》主办的“2009第一财经金融价值榜”评选中，华夏基金荣获年度金融机构（大奖）“年度基金公司”奖。

4. 2009年12月，在《金融时报》和中国社科院金融研究所主办的“2009中国金融机构金牌榜”评选中，华夏基金荣获“年度最佳基金管理公司”称号。

（董燕妍）

# 工银瑞信基金管理有限公司

工银瑞信基金管理有限公司（以下简称工银瑞信）是在《商业银行设立基金管理公司试点管理办法》颁布后，第一家由商业银行直接发起设立并控股的合资基金管理公司，股东分别为中国工商银行股份有限公司（持股比例55%）、瑞士信贷（持股比例25%）、中国远洋运输（集团）总公司（持股比例20%），2005年6月在北京成立，注册资本2亿元人民币。截至年末，总资产8.36亿元人民币，净资产6.75亿元人民币，管理的共同基金资产规模约627亿元人民币，年度实现净利润1.76亿元人民币。员工人数为165人，投资研究与市场营销人员占比超过68%，其中基金经理平均从业年限10年。

**共同基金业务** 2009年，工银瑞信发行了工银瑞信沪深300指数证券投资基金、上证中央企业50交易型开放式指数证券投资基金。在成立后4年多的时间内构建了包括股票型、配置型、债券型、货币型、QDII、指数型和交易型开放式指数基金（ETF）等较完善的基金产品系列，是行业内构建共同基金产品线最快的基金公司之一。截至年末，工银瑞信共管理11只共同基金——工银瑞信核心价值股票型基金、工银瑞信货币市场基金、工银瑞信精选平衡混合型基金、工银瑞信稳健成长股票型基金、工银瑞信增强收益债券基金、工银瑞信红利股票型基金、工银瑞信中国机会全球配置股票型基金、工银瑞信信用添利债券型基金、工银瑞信大盘蓝筹股票型基金、工银瑞信沪深300指数证券投资基金、上证中央企业50交易型开放式指数证券投资基金。

**企业年金和专户理财业务** 2009年，工银瑞信获得了多家客户的企业年金投资管理人合同，市场份额和行业影响力快速提升。在专户理财业务方面，截至年末，工银瑞信的资产管理规模超过200亿元人民币。

**社会声誉** 工银瑞信依靠较高的综合实力，获得《理财周报》2009年度“最受尊敬基金公司”、“最佳风险控制基金公司”和“最佳品牌建设基金公司”，第七届和讯网财经风云榜“2009年度最佳电子商务基金公司”等荣誉。工银瑞信管理的上证中央企业50交易型开放式指数证券投资基金荣获搜狐网“2009年度最有影响力基金新产品奖”，工银瑞信大盘蓝筹股票型基金荣获《证券日报》“2009年度开放式基金金算盘奖”。总经理郭特华被和讯网授予“2009年度最佳掌门人”称号。

（李可）

# 建信基金管理有限责任公司

建信基金管理有限责任公司（以下简称建信基金）于2005年9月正式成立，注册资本2亿元人民币，由中国建设银行股份有限公司、美国信安金融集团、中国华电集团共同发起设立，持股比例分别为65%、25%及10%，是国内首批由商业银行发起设立的基金管理公司，总部位于北京，在深圳、成都、上海和北京设有分公司。建信基金具有特定客户资产管理业务资格和合格境内机构投资者（QDII）资格；旗下拥有5只股票型基金、1只混合型基金、2只债券型基金和1只货币市场基金，构建了比较完善的基金产品线，并为多家机构提供专户理财和投资咨询服务。截至年末，公募基金资产管理规模437亿元。

**市场营销** 2009年，建信基金发行了2只公募基金：建信收益增强债券型基金和建信沪深300指数基金，发行规模分别达80亿元和53亿元；首批5只特定多个客户资产管理计划发行规模近12亿元，取得了良好的发行成绩。截至年末，建信基金旗下共管理9只公募基金，分别为建信恒久价值股票型基金、建信货币市场基金、建信优选成长股票型基金、建信优化配置混合型基金、建信优势动力股票型基金、建信稳定增利债券型基金、建信核心精选股票型基金、建信收益增强债券型基金及建信沪深300指数基金。

**客户服务** 2009年，建信基金推出在线客户服务、基金经理面对面、手机彩信报、电子对账单等服务，提升了服务品质；开通网上直销系统，为客户交易提供便利；举办“建信财富之旅”系列儿童财商教育讲座、建信·观察家宏观经济高峰论坛等，倡导投资者科学理财、健康理财。

**社会公益** 建信基金高度重视履行企业社会责任，积极参与社会公益事业。与新疆财经大学合作，捐资60万元设立奖助学金，奖励资助优秀的贫困学子；先后在北京大学、吉林大学、长春理工大学、华南理工大学、新疆财经大学五所高校开展公益助学活动，累计捐助金额达338万元，资助学生超过500人。携手中国绿化基金会开展绿色公益活动，倡导投资者定制电子对账单，并捐资11余万元用于绿化环保事业，植树2万多棵、造林130余亩。

（市场推广部）

# 泰达宏利基金管理有限公司（原泰达荷银基金管理有限公司，2010年3月更名）

泰达宏利基金管理有限公司（以下简称泰达宏利），成立于2002年6月，是中国首批合资基金管理公司之一，注册资本1.8亿元人民币，中方股东为泰达控股旗下的北方国际信托股份有限公司，持股比例51%；外方股东为宏利金融旗下的宏利资产管理（香港）有限公司，持股比例49%。截至年末，资产管理规模302.46亿元。

**公募产品** 截至年末，泰达宏利旗下共管理12只开放型基金。其中，7只股票型基金（泰达宏利成长股票、泰达宏利周期股票、泰达宏利稳定股票、泰达宏利精选股票、泰达宏利首选企业股票、泰达宏利市值优选股票、泰达宏利红利先锋股票），3只混合型基金（泰达宏利风险预算混合、泰达宏利效率优选混合（LOF）、泰达宏利品质生活混合），1只债券型基金（泰达宏利集利债券）和1只货币市场基金（泰达宏利货币）。

泰达宏利旗下基金凭借持续稳定的业绩回报，屡次荣获晨星（Morning Star）等权威基金评级机构的专业肯定，旗下泰达宏利成长股票基金分别在2004年、2008年年度股票型基金排名第一，成为业内唯一曾经两度摘取总回报率桂冠的基金。

**专户服务** 专户理财是指基金管理公司可以向特定客户募集资金或者接受特定客户财产委托担任资产管理人，由商业银行担任资产托管人，为资产委托人的利益，运用委托财产进行证券投资。泰达宏利根据专户业务的性质特别推出了“i－STAR”计划，集投资（investment）、明星服务（Service）、量身定制的产品（Tailor－made product）、资源高效整合（Alignment）和价值回报（Return）于一身，在与客户充分沟通的基础上，为客户量身打造精准高附加值专户理财服务。

**风险管理** 2009年6月，泰达宏利通过了由国际知名会计师事务所出具的SAS 70认证，成为国内第三家通过此项认证的基金管理公司。

**社会责任** 泰达宏利致力于社会公益事业和慈善事业。2007年，组织了仁者基金、共建绿色家园、校企合作、金融科研项目资助、泰达宏利专项奖学金、投资者教育等公益活动。2008年，南方雪灾时捐款10万元，汶川地震后迅速启动“持有人关爱A计划”，是第一家进入距离震中只有20公里的绵阳安县的基金公司。2009年，泰达宏利重返灾区，为四川绵阳安县茶坪乡小学的老师们购买了40套办公桌椅，发出“献出一本书，传递你的爱——泰达宏利发起为四川小朋友捐赠爱心图书的倡议”，同时结合定期定额开户活动，募集捐书公益款。活动得到了社会各界的积极参与和响应，收到善款3万多元和上万本图书。

（耿凯）

# 宏源期货有限公司

2009年，宏源期货有限公司（以下简称宏源期货）以市场为导向，以利润为中心，调动公司资源和力量，加大市场开拓力度，提升市场竞争力，业务规模快速扩张。全年实现收入5 507万元，比上年增长147.62%；客户成交金额8 148亿元，比上年增长413.42%；实现利润681万元，比上年增长1 099.05%。

截至年末，宏源期货员工总数为146人，其中，本科以上学历人员占67%。

**营业网点** 坚持网点建设为载体、业务团队建设为核心，依托营业网点，建设有效的业务团队，形成真正的市场营销和服务能力。2009年7月，杭州营业部正式开业，网点数量增至7个，分别为北京海淀北一街营业部、上海康定路营业部、乌鲁木齐营业部、杭州营业部、南宁营业部、郑州营业部和大连营业部；与全资股东宏源证券的营业网点互补，形成覆盖全国的营销网络。

**IB业务** 积极与股东宏源证券相关部门沟通和协调，进一步完善期货IB业务管理的各项制度，优化业务流程，理顺利益分配机制，启动期货IB业务，开展交叉营销。协助证券营业部向各地监管部门申请IB业务资格验收，为期货IB业务的发展做好准备。依托宏源证券营业部的合法载体，在南京和武汉试点IB业务区域服务中心，拓展业务。

**信息系统建设** 宏源期货按照期货行业信息技术的新标准，进一步完善了信息技术管理制度和流程，完成新机房建设和搬迁，顺利通过中国期货业协会信息技术检查，达到信息系统二类标准，获得了上海期货交易所100万元的奖励。满足客户多样化需求，上线金仕达多账户、上海期货交易所快期系统、易盛交易系统和澎博闪电手等个性化交易系统。改版公司网站并顺利上线，新网站内容丰富，成为展示公司形象的重要窗口。

**风险管理** 宏源期货进一步完善和健全了风险管理制度和流程，强调集中管理、授权分责、层层把关，建立了严密的风险控制体系。强化全员风险意识，强调全员、全程、全面的风险管理原则，对重点岗位和重点环节，明确风险管理责任和目标，及时排查风险漏洞，消除风险隐患。加强对客户的风险教育，建立客户信用档案，根据客户的不同情况实行差异化的风险管理，及时发现和处理风险隐患，提升应对复杂市场局面的风险管理能力。加强对营业部合规经营的管理和督导，与营业部负责人签订经营目标责任书和任职承诺书，明确风险管理与合规经营责任；加强开户管理、空白合同管理，营销业务管理，重申营销规范，强化责任、监督和考核，完善总部与营业部之间的协调反馈和监督控制系统，确保营业部在合规经营、有效控制风险的前提下开展业务。加强行情研究，掌握风险控制的主动权，面对市场的剧烈波动，妥善处理风险管理和业务发展的关系，实现全年零风险事故和风险损失。

**团队建设** 宏源期货将人才战略作为打造核心竞争力的关键内容，结合期货公司业务经营的特点，以人才队伍建设作为发展的基础和保障，坚持以人为本、人尽其才的人才战略，实行市场化人才机制，吸引优秀的研究人才、市场人才和管理人才加盟。强调薪酬分配和岗位调配的业绩导向，注重实绩，完善人才考核和激励机制，形成支持公司可持续发展的专业化人才队伍。

**品牌建设** 宏源期货加强与媒体、行业协会的合作，通过各种宣传平台，向投资者展示品牌形象，扩大在行业内的影响力和知名度。2009年获评搜狐金融理财网络盛典“最具成长潜力期货公司”；大连商品交易所成交排名38名，荣获2009年“最具成长性会员”和“市场服务奖”。上海期货交易所成交排名44名，荣获“交易优胜奖”和“市场进步奖”。

（丛小虎）

## 中粮期货经纪有限公司

2009年，中粮期货经纪有限公司（以下简称中粮期货）经纪业务进一步发展，各项经营数据表现良好，其中客户盈利表现尤为突出。全年成交2 195.51万手，比上年增长9.48%；成交金额11 736.20亿元，比上年增长22.44%；客户保证金规模43.08亿元，比上年增长97.6%。

中粮期货实行董事会下的总经理负责制，下设交易部、清算部、风险控制部、信息部、财务部、发展部、合规稽核部、IT部、市场部、机构与资产管理部等部门。中粮期货总部位于北京，在上海、大连、郑州、北京、深圳、杭州、南宁等地分设营业部。截至年末，在职员工180人。

**经纪业务** 中粮期货经纪业务包括商品期货经纪，金融期货经纪。可代理大豆、豆粕、玉米、小麦、豆油、菜子油、棕榈油、糖、棉花、铜、铝、天然橡胶、燃料油、黄金、股指等国内期货品种的交易和清算业务。同时向各类投资机构、保值商、投机商、个人投资者提供相关的培训及信息咨询服务。

**社会声誉** 中粮期货荣获大连商品交易所2009年度优秀会员金奖、产业拓展最佳会员奖；上海期货交易所2009年度服务企业优胜奖、交易优胜奖；郑州商品交易所2009年度市场优胜奖、白糖品种优胜奖、棉花品种优胜奖、菜子油品种优胜奖、企业服务奖第一名；和讯网评选的2009年度第七届财经风云榜最具影响力期货公司；搜狐金融理财网络盛典“2009年中国期货业最佳战略定位奖”和“2009年中国期货业农产品行业最佳研发团队奖”。

（李雅婷）

## 北京首创期货有限责任公司

北京首创期货有限责任公司（以下简称首创期货）成立于1996年1月，是从事商品期货经纪、金融期货经纪的大型专业期货公司，注册资金1亿元人民币。首创期货总部位于北京，下设北京、上海、大连、郑州、哈尔滨、昆明、济南、沈阳、厦门、天津、长沙、包头和重庆13家营业部，现有员工206名。

**业务资格** 首创期货拥有金融期货经纪业务资格、金融期货交易结算业务资格，并首批获得股指期货开户业务资格；是上海期货交易所、大连商品交易所、郑州商品交易所、中国金融期货交易所的会员单位，是中国期货业协会会员、北京期货商会理事单位；是北京地区首家开通银期转账的期货公司，在建设银行、农业银行、交通银行、工商银行和中国银行开通了全国集中式银期转账业务。

**系统建设** 2009年，首创期货在金仕达期货交易结算系统V6P8的基础上又部署了一套恒生期货交易结算系统06版，在客户部署了易盛系统、文华一键通、澎博闪电手等个性化交易平台，为客户提供富远、澎博、文华等多套行情分析系统，股指仿真系统、期货模拟系统，恒生股指期货套利系统。

**股指期货** 积极备战股指期货，以专业研发服务于股指期货投资，首创期货研发中心在2006年7月专门成立了金融工程组，形成了涵盖宏观研究、策略研究以及金融工程研究的金融期货研发框架。针对机构投资者完成了套利、套保与资产配置等方面的系统性、专业性、实战性的研究，发布了股脂期货投资系列专题报告，并积极参与中国金融期货交易所的相关课题研究。2007年8月，首创期货研发中心被中金所吸纳为其“金融衍生品创新小组”成员。首创期货率先引进股指期货套利交易平台，并利用此平台的便捷开放式接口，嵌入多种算法模型，以实现在现货组合构建、基差预测、算法交易控制冲击成本等多环节上的功能优化，完美打造了“首创期货股指期现套利交易系统”，为大资金参与股指期货投资提供了一个有效的投资工具！

（综合管理部）

# 国都期货有限公司
# （原中诚期货经纪有限责任公司，2009年7月更名）

2009年，国都期货有限公司（以下简称国都期货）确立了以商品期货经纪业务的增长保证公司持续经营，同时锻炼队伍，全面提升业务能力的工作方针，通过引入人员、重构团队、完善考核、深化服务、加强合作等方式，注重发挥期货市场功能、期货新品种上市及交易所相关政策的把握、区域以及IB等营销渠道的构建，商品期货经纪业务规模快速扩大，经营业绩同步提升，市场竞争能力稳步增强。

截至年末，国都期货在大连、郑州、上海各设有1家营业部。

**内控及风险管理** 国都期货根据《公司法》、《期货交易管理条例》、《期货公司管理办法》、《期货公司董事、监事和高级管理人员任职资格管理办法》以及《公司章程》的规定，建立了经纪业务、客户保证金安全存管等制度，规范操作流程；完善和优化业务隔离制度，为网络隔离、集中交易系统建设、信息系统和数据系统操作权限设立、交易系统操作授权体系建立等方面提供技术支持；严控交易风险，提前研判市场走势和交易变化，对风险客户持仓和资金状况进行分析分类，制定风险控制预案，严格果断执行；全年合规经营、风险管理状况良好，内控制度不断完善并得以切实执行，以净资本为首的风险监管指标持续符合监管要求，自有资金审慎稳健运作，信息系统安全稳定运行，信息技术管理通过二类评审，全年未出现穿仓、透支、大额错单等风险事件。

**内部审计工作** 2009年，伴随首席风险官制度的建立和对期货公司进行分类监管制度安排的实施，国都期货董事会通过完善首席风险官制度，加强自身建设，提升公司合规运作水平。董事会指导首席风险官和稽核审查部，以中国内部审计准则为指导，以期货相关法律法规制度为依据，采取现场审计与非现场审计相结合的方式，在上年对后台职能部门全面审计的基础上，扩大内部审计范围，增加对业务部门审计事项，形成了规范的部门审计报告，对问题事项出具了审计意见，要求相关部门定期整改，并对整改事项完成情况进行跟踪。

## 中国人民财产保险股份有限公司北京市分公司

2009年，中国人民财产保险股份有限公司北京市分公司（以下简称人保财险北京市分公司）在竞争日益激烈的市场环境中，贯彻“促发展、保效益、防风险”的工作主基调，实现了业务快速持续的发展。全年实现保费收入58.48亿元，市场份额为38.89%（来自保险行业协会数据），保费收入同比增加10.78亿元，增长23.42%；承担风险责任（承保业务的保险金额和责任限额之和）7.53万亿元，同比增长18.03%；累计处理已决赔案113.03万件，支付赔款32.78亿元，已决赔付率为56.07%。

截至年末，人保财险北京市分公司下设21家支公司、9家中心营业部、7家营销服务部及其他下属机构，拥有1 300多家合作中介机构和2 300多名员工。

提供包括机动车辆保险、企业财产保险、家庭财产保险、农业保险、船舶货运保险、责任信用保险、意外健康保险、能源保险、航空航天保险等人民币及外币业务，以及上述业务相关的再保险业务。

**机动车辆保险业务** 2009年，人保财险北京市分公司累计承保机动车139.42万辆，同比增长29.35%；保费收入441 107万元，同比增长30.48%；市场份额为40.40%（来自保险行业协会数据）。其中，累计承保交强险131.50万笔，实现保费10.41亿元，市场份额39.98%。全年处理车险已决赔案110.20万件，已决赔款金额约26.99亿元，已决赔付率61.18%，同比下降5.90个百分点。

**非车险业务** 2009年，人保财险北京市分公司非车险业务实现保费收入14.37亿元，市场份额34.89%（来自保险行业协会数据）。其中，财产险保费收入5.55亿元，货运险保费收入2.58亿元，责任信用保费收入1.64亿元，意外险保费收入6 777万元，农业险保费收入22 694万元。

（李奕）

# 中国平安财产保险股份有限公司北京分公司

2009年，中国平安财产保险股份有限公司北京分公司（以下简称平安产险北京分公司）以稳健夯实根基，以创新推动发展，以创业者的豪迈气魄迎接挑战，以现代经营者的宽阔视野洞悉市场，凭借中外融合及双剑合璧的先进管理理念，追求卓越永不止步的韧性，创造出了属于自己的奇迹。全年实现保费收入25.72亿元。其中，车险保费收入17.41亿元，同比增长38.22%；财产险保费收入7.54亿元，同比增长23.76%；意健险保费收入0.77亿元。承保利润总额1.53亿元。

截至年末，在职员工887人，其中前线员工528人，后线员工359人。

**团体中心** 一是在中心、机构、团队三个层面制订了全年营销行动方案，通过年中和年底的检视以及定期的团队走访，强化营销行动方案的跟踪落实。二是重新修订基本法；组织团体中心团队主管培训，成立平安产险北京分公司明星俱乐部，组织各种明星激励活动，推动业务的发展。三是举办综合金融精英培训班，邀请各产品方以及公司外有实力的讲师授课，切实培养了一批具备综合金融销售技能的业务人员。成立综合金融专家俱乐部，吸引有学习能力、客户资源的业务员成为长期会员，让综合金融理念在时间上得以延续。

**个人中心** 一是为了持续稳固与各车行之间的合作，研发了“定量派工系统二期”项目。二是制订行动方案，提升整体业务续保率。三是严格控制车行渠道人力编制，实现有效增员。截至年末，车行渠道正式员工169名，试用员工7名，外包员工16名，人力编制控制在年初计划的195名之内。

**运营中心** 一是积极响应总公司大力提倡向客户提供转账支付服务的号召，协助财务减少现金流；强化客户服务管理，理赔服务和时效服务取得较好成绩，在总公司推出的“万元以下，材料齐全、三天内赔付”服务承诺活动中排名第一，在全系统客服节承诺服务技能时效比拼中获得一等奖。

二是配合产险运营改革要求，从部门架构、服务方式、沟通渠道等多方面进行了有针对性的调整，推广运行新流程，严格内控管理，落实专项培训，服务一线，提升客户满意度。以“拉法基”地震案件等重大赔案的妥善处理体现了平安人“专业、价值”的精神风貌，赢得了客户、经纪人对平安的尊重和认可。

三是根据平安产险北京分公司架构调整的情况制订内勤集中方案，成立团个集中出单中心。为保证各项运营指标的提升，重新制定了坐席考核标准。随着调度集中项目的上线，与总公司相关部门积极沟通，优化调度集中系统，最大限度地保证了电话中心的运行。

**资源支持中心** 一是根据分渠道预算的要求，完成渠道差异化销售费用预算安排；按月进行预算执行情况分析及考核。根据新保险法出台，调整财产险条款、更换保险单据。二是开展绩效“号角行动”，组织策划绩效大讲堂、绩效晨会、问责进行时、自选项等一系列活动，使得平安绩效理念进一步深入人心，帮助直线经理在实际中更好地进行绩效管理。三是改进报表跟踪制度，从内容上完善了日报、周报、月度经营快报等，确保公司各相关部门及时了解业务完成情况。四是根据业务部门的个性化需求，开发了绩效测评系统、信息发布系统、周计划小结系统等，提高了工作效率，增强了管理水平。五是组织公司庆典、保费过半等特别晨会以及平安夜等大型活动；组织“你的平安，我的承诺”征文和北京保险业“迎国庆爱国歌曲大家唱”文艺会演活动，分别荣获最佳组织奖。

**重大承保与赔付** 承保 CONOCO - PHILLIPS CHINA INC 石油开发勘探险，总保额 141.3 亿元；承保 CHINA NATIONAL OFFSHORE OIL CORPORATION（CNOOC）石油开发勘探险，总保额 138.7 亿元；首次参与承保北京市轨道交通 6 号线、15 号线建筑工程一切险的共保，保额达 60.2 亿元。就拉法基瑞安水泥有限公司在汶川地震及后续系列余震中遭受的损失，在保单保障范围内赔付人民币 7.2 亿元，是中国平安成立 21 年来的单笔最大赔案；与拉法基瑞安水泥有限公司签署了到 2013 年的一揽子保险协议。赔付中外运股份有限公司物流责任保险人民币 251 万元。

（罗然）

# 华泰财产保险股份有限公司北京分公司

2009 年，华泰财产保险股份有限公司北京分公司（以下简称华泰财险北京分公司）在经济危机导致恶化的金融环境下，在行业竞争加剧、政策环境不断调整，给保险业带来压力重重的情况下，坚决贯彻总公司确定的质量效益型发展方针，认真分析市场环境，积极调整业务结构，提升自身管理能力，组织开展客户服务活动并制定相应销售激励政策，保持了持续良好的经营效益。全年实现保费收入 85 504.46 万元，同比增长 1.45%。其中，车险实现累计保费收入 43 571.07 万元；非车险实现累计保费收入 41 933.39 万元，其中，火险实现累计保费收入 21 457.92万元，货运险实现累计保费收入9 887.84万元，责任险实现累计保费收入9 712.24万元，同比增长 10.4%；其他险种实现累计保费收入 9.60 万元。累计实现净利润 10 448.24 万元。

截至年末，华泰财险北京分公司共有九个支公司，在编员工 386 人。

**车险业务** 2009 年初，华泰财险北京分公司车险保费规模萎缩，赔付率上升，出现了车险经营亏损。面对压力，华泰财险北京分公司及时调整经营方式，利用各项管控措施和承保政策筛选优质客户、优质渠道，通过采取停止高风险业务、提高车均保费、加大转入业务的筛选力度，加强渠道风险管控，加强对渠道赔付率考核，实施新版渠道分级管理标准等一系列精细化的管理措施，车险各项业绩指标逐渐改善，亏损状况也在年中时得到了抑制和扭转。

**非车险业务** 2009年，华泰财险北京分公司采取积极审慎的发展策略，不以追求保费规模为主要目标，注重保持业务持续、平稳、健康地发展。坚决清退亏损业务，高度重视续保业务、招投标业务及质优业务；积极跟进市场，加快产品创新，建立新的业务增长点。创新销售模式，推行水险网上出单；加强中介渠道建设，增加合作机会。增强非车险销售团队的专业化能力，指派专门核保人管理各业务部门，举办系列培训，增加业务员的非车险销售技能和专业水平。

**规范中介业务管理** 华泰财险北京分公司认真学习宣传《保险公司中介业务违法违规行为处罚办法》，组织开展自查自纠，重新制定《北京分公司中介业务管理办法及实施细则（讨论稿）》，严格审核中介机构资质，实施代理人与业务员一对一管理，对所有中介合同（协议）、中介机构资质证明文件，以及业务系统的中介机构信息进行了统一的梳理和规范。

**贯彻落实打击“三假”工作** 华泰财险北京分公司成立了打击“三假”自查小组，制定了自查《工作方案》，就分支机构合法性、兼业代理资质、单证管理、印章合同管理、理赔查勘等方面逐条逐项开展了严格、全面的自查工作。针对车险出现的“假赔案”，提出完善车险理赔各项管理制度和打假长效机制的意见及建议。

**服务体系建设** 华泰财险北京分公司加强理赔服务体系建设，注重理赔队伍的管理和人员素质的提高，特别是理赔人员的实务操作技能的提升。采取定损小组会议、定损组长会议、核损人会议、重案人员会议及前台人员会议等，集中收集员工在实际操作过程中出现的问题，及时、快速地进行处理。按照总公司的管理要求，确立统一的客户信访投诉处理模式，通过“客户投诉处理流程”、“客户举报处理流程”、“投诉和举报处理责任人的报备”三项措施保证了客户投诉信访工作得到标准、有效、及时地处理，促进了客户满意度的提升，维护了公司的形象。

（于莲）

# 中国太平洋财产保险股份有限公司北京分公司

2009年，中国太平洋财产保险股份有限公司北京分公司（以下简称太平洋产险北京分公司）面对全球金融危机带来的复杂形势和经济下滑带来的严重冲击，深入学习实践科学发展观，大力调整业务结构，加快转变发展方式，进一步提升管理与服务水平，全面提升核心竞争力，各项工作取得了快速的发展。全年实现保费收入22.1亿元，完成年度预算的111.53%，比上年增长22.75%；累计赔款支出10.89亿元，简单赔付率为49.23%。

截至年末，太平洋产险北京分公司共有8家支公司，764名员工。

**机动车辆保险业务** 太平洋产险北京分公司把转变车险业务发展方式，大力发展附加险、商业三者险、交强险作为全年车险业务发展的指导思想。通过组织业务竞赛、加大销售力度、调整核保政策、改进销售管理方式、加强考核引导等具体措施，充分发掘车险效益险种销售的积极性；充分利用内部资源和社会资源，通过提供差别化的服务，吸引不同层次、不同车型的客户，培养太平洋车险的忠诚客户；通过加大对渠道业务和客户的宣传指导力度，扩大了效益险种在整体车险中的占比；通过认真打造太平洋车险品牌，实现了以车险渠道为主的战略向以车险品牌为主的战略转移。全年机动车辆保险保费收入17.53亿元，比上年增长24.97%。

**非车险业务** 太平洋产险北京分公司把发展非车险的重点放在业务结构调整上，大力发展常规家财险、货运险、人意险、责任险等核心业务。抓住国家扩大内需对保险业带来的发展机遇，通过改善承保政策、加大费用奖励政策、加强分险种考核政策、加强专业团队培训、加强业管部内部建设、借助车险业务渠道开展非车险核心业务销售等有效措施，提高了核心业务在整体非车险业务中的占比。同时，对核心业务实行分险种、分渠道、分客户的精细化和差异化的管理，确保核心业务的增速快于整体业务的增速。加强与经纪公司、银行等专业渠道的合作，拓宽非车险业务的展业范围，实现了非车险业务持续、快速、健康地增长。对企业财产险、工程险等规模较大的非车险业务，拓展了一批新的业务，开发了一批新产品，为今后更快的发展储备了后劲。全年非车险保费收入共计4.59亿元，比上年增加14.98%。

**全面提升管理水平** 太平洋产险北京分公司把认真提升管理水平、全面降低经营管理成本作为应对全球金融危机的主要措施。一是做好经营成本的控制工作。认真落实中国保监会开展的“打三假”工作，加大核损力度，提高现场查勘率；进一步完善理赔制度，优化定损理赔流程，使定损理赔的各个环节达到标准化、规范化的要求，最大限度地控制跑、冒、滴、漏。深入开展车险精细化管理活动，从承保险种、使用性质、渠道来源、车型车价等多个角度对车险业务进行细分，动态调整业务政策。二是做好管理成本的控制工作。严格执行各项费用开支管理规定，对固定资产和维护运营的固定开支费用加强动态监控。开展厉行节约活动，在全体员工中进一步树立起勤俭节约、勤俭办事的意识，反对奢侈浪费、大手大脚的作风。三是坚持规范经营，提高抵御风险的能力。认真落实总公司标准操作流程手册和岗位合规手册的要求，建立健全合规风险关键指标，建立合规风险监测体系，把合规风险的控制关口前移，动态监测和评估合规风险，加强非车险应收保费管理，防范信用风险。

**客户服务** 一是服务观念创新。通过宣传教育，使全体员工从传统的“营销产品”转变到“营销客户”的理念上来；从注重“营销保单”转变到注重“经营客户的心”上来。二是服务方式创新。从过去的一般性服务方式，逐步转变到符合客户个性需求的“定制化”服务上来。同时，全面提升规范化服务，客户服务督导考核小组从员工着装、服务礼仪、服务标准等细节着手，加强检查督导，根据检查结果和客户投诉情况进行评比和通报。

（刘锦忠）

# 太平财产保险有限公司北京分公司（原太平保险有限公司北京分公司，2009年9月更名）

2009年，太平财产保险有限公司北京分公司（以下简称太平财险北京分公司）秉承“诚信、专业、价值”的核心价值观，在“效益、合规、专业、执行”工作方针的指导下，坚持“用心经营、诚信服务”的经营理念，按照总公司的统一部署完成了营销体制改革，调整了业务结构，改善了业务品质，提升了服务质量，为建立“持续盈利”的商业模式迈出了关键的第一步。全年实现保费收入16 068.79万元，同比增长19.10%。其中，车险保费收入7 695.57万元；非车险保费收入8 373.22万元。

**车险业务** 太平财险北京分公司以营销体制改革为契机，调整并优化车险业务品质，提高车险服务质量。在总公司集中运营管控下，通过采取车险核保、核赔集中的模式，实现了集中与分散、两核管控和业务支持的有效结合，为进一步优化车险理赔服务流程、提高运营支持服务水平、加强风险管控打下了良好的基础。车险运营部门随时关注出险频次和赔付率动态，对续保优惠率实行浮动机制并与渠道部门保持密切沟通，依据业绩状况分渠道、分险种制定差异化的费用投入政策，鼓励优质业务发展，限制劣质业务。按照总公司统一部署实施车险降赔付率攻坚战，通过加强现场查勘、加强对赔付率较高险种和车型的管控、集中核损权限、关闭远程定损点等措施，对加强事故风险查勘、降低车险赔付率起到了非常重要的作用，车险整体赔付率得到了明显改善，赔付率由2008年的65%下降到53.9%，在北京财险市场中，平均结案周期排名由2008年的第23位提升至第6位。

**非车险业务** 太平财险北京分公司非车险业务以重大项目为突破口，在地铁项目承保方面填补了公司的空白。参与了地铁8号线二期工程和昌平线工程的共保，共保份额为20%；作为首席承保人，承保了北京地铁15号线工程保险；承保了山东海洋核电一期工程。作为保险人在北京医疗责任保险保障方面，发挥了积极促进作用。配合市卫生局委托北京医学教育协会医疗纠纷协调中心专家组，对辖区内的医疗机构进行了风险防范再教育，请专家亲自到纠纷发生频率较高的医疗机构进行现场指导，使医疗机构的医疗纠纷有了大幅度的下降，帮助医疗机构建立了风险防范机制。

**合规经营** 太平财险北京分公司在“不发展没有出路，不规范发展更没有出路”的指引下，进一步强化全员合规经营意识，严格按照保监会70号文件、北京保监局《实施细则》的刚性要求和总公司《合规经营红线管理指标》的要求执行，明确了责任部门职能和责任人的职责。通过《保险公司中介业务违法行为处罚办法》和陈文辉主席助理在保险业贯彻落实《保险公司中介业务违法行为处罚办法》工作会议上讲话精神的学习和宣导，明确和规范了中介代理机构的经营行为。通过开展打击“三假”活动、中介机构自查自纠工作、反洗钱自查自纠工作、财务数据真实性自查自纠等工作，为太平财险北京分公司依法合规经营、防范风险奠定了坚实的基础。

**企业文化建设** 太平财险北京分公司以“诚信、专业、价值”核心价值观为指导思想，深入开展了核心价值观大讨论，使各级员工充分认识到“打造太平百年老店”是肩负的责任和义务，是自身价值的充分体现。在职场内建立企业文化墙，使员工及时了解行业、公司的发展和经营、管理动态。举办以“点燃激情·辉煌北分”为主题的部门凝聚力活动，丰富了员工的业余文化生活，增进了员工在工作、生活方面的交流，增强了公司的凝聚力。开展“规范服务、提升品质、改进作风、提高效率”的活动，成立了工作小组，制订了活动方案，实施了检测和评比；规范了服务标准和行为，提升了整体服务品质，改进了后援岗位的工作作风，提高了办事效率和工作节奏。参加中国保监会和北京保险行业协会组织的新中国成立60周年文艺会演活动，获得了北京保险行业协会颁发的优秀组织奖和优秀表演奖。

（刘佳）

# 中华联合财产保险股份有限公司北京分公司

2009年，中华联合财产保险股份有限公司北京分公司（以下简称中华财险北京分公司）以提升业务质量、改善险种结构、降低经营成本、实现扭亏增效为目标，以集中管理、完善内控、规范经营、提高执行力为手段，真抓实干，扎扎实实地做好各项管理工作，实现了“保稳定、调结构、防风险、出效益”的经营结果。全年实现保费收入6.15亿元，市场份额4.09%（来自北京保险行业协会数据），保费收入同比增加0.14亿元，增长2.28%；承担风险责任（承保业务的保险金额）1 988.95亿元；累计处理赔案总量19.94万件，支付赔款4.25亿元；总资产3.04亿元，实现净利润1 073.29万元。

截至年末，中华财险北京分公司下设12家支公司、2个营销服务部，与280多家中介机构建立合作关系，拥有正式员工470人，服务网络覆盖全市18个区县。

**机动车辆保险业务** 中华财险北京分公司大力调整险种结构，不断提高车险业务质量，制定出台了严格的车险核保政策，并将车险核保实施集中管理；推出车险业务“瘦身”计划，鼓励拓展优质业务，剔除高风险客户，车险承保质量有了明显改善，商业车险保费充足率不断提升。全年累计承保机动车27.79万辆，车险业务保费收入4.85亿元，市场份额4.44%，同比下降3.57%。其中，商业险保费收入3.44亿元，同比增长1.48%；交强险保费收入1.41亿元，同比下降14.01%，保费占比22.94%。

**非车险业务** 中华财险北京分公司坚持全面落实“调整结构、扭亏增效”的指导精神，大力推动非车险业务发展，积极扩大农险业务规模，不断拓宽业务合作渠道，以增量置换存量，取得了显著成效。全年非车险业务实现保费收入1.30亿元，同比增长32.13%，规模占比21.17%，同比上升4.79个百分点；特别是农业险实现了保费规模和承保区域的双增长，实现保费收入5 781.28万元，同比增长88.12%。

**基础管理工作** 中华财险北京分公司不断完善内控建设，强化基础管理，规范市场行为，提高合规经营意识。一是完善财务、业务的集中管理，进一步规范财务、业务操作标准和流程，防范和化解经营风险。二是提升统计分析质量，强化精算意识，发挥预警效能。三是加强审计工作，加强对大额赔案的事前审核检查力度。全年共对千笔大额赔案进行审计，出具“重大案件审核建议书”20件，监督相关业务机构更改、纠正差错50余件。四是提升两核人员素质，树立两核权威，发挥两核人员经营卫士的作用。

**理赔服务管理** 中华财险北京分公司采取“一个强化、两个明确、四降一提高”的措施，加大对重要环节、重点岗位的管控力度，集中管理诉讼案件和人伤案件，加强疑难案件和重大案件的调查力度，不断提高服务质量，取得显著成效。一是根据北京保险行业统计的车险理赔质量测评结果，2009年，中华财险北京分公司“三率”指标保持行业前列，全年结案率90.1%，列北京市27家财险公司第五名；结案周期22.78天，列第十一名；投诉率0.1‰，列第七名。二是自9月1日起，在全系统范围内展开了打击车险虚假赔案的专项治理活动，积极维护北京保险市场秩序，保护保险消费者的合法权益。三是开展了客户满意度调查回访活动，及时发现问题和不足，不断完善客户服务工作。四是依托“飞信”业务平台开展多项信息服务。为配合新《保险法》正式实施，向保户发送节日祝福短信共计5.7万条。

**企业文化** 2009年对于中华财险北京分公司来说是个特殊的年份，面对总公司高层主要领导的调整和中国保监会派驻加强内控工作组的进入，受到业内外社会舆论的重压。中华财险北京分公司以“一个稳定、二个深化、三个加强”为指导，做好干部员工队伍的稳定工作，深化薪酬机制和用人制度的改革，加强业务培训，提升员工业务技能，加强团队凝聚力，为公司顺利转型奠定基础。积极组织开展各种文化活动，组织开展了“践行无悔誓言，续写北京精神”为主题的六周年司庆诗歌朗诵活动；积极参与北京保险行业协会组织的“迎国庆爱国歌曲大家唱文艺会演活动”，获得“优秀表演奖”及“优秀组织奖”；参加北京金融工委组织的金融行业乒乓球比赛，取得了不错的成绩。

（刘慧）

## 永安财产保险股份有限公司北京分公司

2009年，永安财产保险股份有限公司北京分公司（以下简称永安北京分公司）紧紧围绕“一保二控三强”的经营管理目标，加强成本管理、大力拓展市场、强化风险防范，为公司新一轮发展打下了基础。全年实现保费收入 13 873.48 万元。其中，车险保费收入 13 141.34 万元，保费占比 94.72%；财产险保费收入 434.42 万元，保费占比 3.13%；人身险保费收入 297.72 万元，保费占比 2.15%。

**以效益为中心，实行成本核算** 一是严把三大成本控制关口，严格控制各项费用支出，规范业务费用台账，通过办公职场、人力资源结构和部门设置调整等方式实现了固定费用的大幅削减。二是费用管理核算到三大险种，核算到各业务单位，核算到各业务渠道，为各层级政策制定和执行提供依据。三是深化理赔服务，强化理赔成本管理，确保数据真实准确。

**风险防范** 永安北京分公司按照客户服务标准化、工作流程网络化、岗位职责制度化、合规稽核重点化、安全保密长效化的“五化”原则，不断深化合规经营工作和反洗钱工作，开展了财务、业务数据真实性检查、内控制度检查和打击“三假”工作自查等，制定了《北京分公司客户风险等级划分及其处置办法》、《规范分公司大额交易和可疑交易报告流程》等制度。继续落实问责制，完善各级管理人员的岗位职责，加强考核与追究责任，保证公司核心指标和管理指标的实现。重视安全工作，对职场进行全面检查并购置和更换了部分消防设备，签订了《安全责任书》，责任到人，确保全年无安全责任事故发生。

（王镜淳）

# 华安财产保险股份有限公司北京分公司

2009 年，华安财产保险股份有限公司北京分公司（以下简称华安保险北京分公司）始终坚持以科学发展观为指导，以“科学发展保险业务，着力降低经营成本，强化经营目标考核、全面提升盈利能力”为年度工作总方针，以“打造华安特有品牌服务”为目标，秉承责任、专业、奋进的经营理念，积极拓展业务，合规经营，不断强化管理，提升客服质量，在严峻的宏观环境、激烈的市场竞争中稳步向前发展。全年累计实现保费收入 7 438万元，其中机动车辆保险 6 955 万元，非车险 483 万元。

截至年末，华安保险北京分公司下设 5 家支公司、17 家营销服务部。

**公司业务** 华安保险北京分公司遵循以提升盈利能力为导向的指导原则，统筹规划全年经营目标，分阶段制订不同经营方案，适时调整经营策略，针对全年各阶段经营重点，有效开展业务竞赛，不断拓展新的业务渠道，实现全年保费收入 7 438万元，较上年同期有了大幅度增长。成功续保了中国民生银行股份有限公司公务车辆机动车保险业务，参与了天津地铁 2 号线、3 号线建工一切险、兰渝铁路 LYS－3 标段建工一切险的共保合作项目，为公司均衡发展业务、优化业务结构夯实了根基。

**客服工作** 华安保险北京分公司努力打造服务品牌，加强客户服务团队建设，制定《客户服务部正负激励方案》，调动客服人员工作积极性，更好地满足客户各项需求，使客服工作走上了一个新台阶。为加快查勘理赔流程，华安保险北京分公司新增了4家定损网点。为方便远郊区县客户理赔查勘便利，在营销服务部加设小案件理赔查勘权，使客户服务真正深入到社区，使华安的客户切实感受到“处处有华安，时时都保险”。全年共处理赔案6 372件，其中赔款10万元以上重大赔案11件，赔款总额638.05万元。

**培训创新** 华安保险北京分公司为打造专业的团队组织，扩大员工培训受众面、规范培训管理工作，借助科技手段搭建了华安网络学院，成功实施“大培训”计划，实现了公司有组织的或员工自助式的在线学习，既扩大了学习的受众面，满足员工可自主、可反复、可选择的课程学习需求，又为公司“节约资源”作出了贡献。截至年末，华安保险北京分公司通过网络学院组织培训项目20个，培训1 132人次，课时2 764小时。

**内部管理** 华安保险北京分公司加强内部管理，树立规范经营、效益经营的理念，对承保、理赔、IT、单证、公司印章、档案等管理进行重新梳理，加强制度的执行与监督，提高了风险防范能力和持续发展能力。完善晨会制度、考勤制度、员工出入管理制度等，提升了员工的整体素质，锻造出了有较强战斗力的员工队伍，保证了各项经营目标、管理措施的落实和执行，为公司的健康发展奠定了良好的基础。

（王海月）

# 天安保险股份有限公司北京分公司

2009年，天安保险股份有限公司北京分公司（以下简称天安保险北京分公司）积极开拓市场，以“做强”战略为核心，围绕“合规、效益、创新”的发展主题，努力提升服务水平和业务质量，夯实各项管理基础，合规经营，维护客户的根本利益，保证了公司快速而又健康的发展。全年累计实现保费收入7 931.33万元，同比增长95.58%。其中，车险保费收入5 446.03万元，占比68.83%；非车险保费收入2 465.87万元，占比31.17%。

截至年末，天安保险北京分公司本部下设行政人事部、销售管理部、计划财务部、客户服务部、企划部、内控部，6个职能部门，3个业务团队。外设9个基层机构，其中1个支公司、8个营销服务部，共有员工152人。

**理赔服务** 天安保险北京分公司不断完善内控制度和理赔流程，对容易出现虚假问题的重点环节进行实时监控，加大现场检查力度，建立切实有效的“防假”、“打假”体系。全年累计处理车险虚假赔案101个（包括非保险责任案件），为公司避免损失158.83万元。

加强理赔队伍建设，严格遵守纪律，细心接报案，及时查勘定损准确理算。加快案件处理速度，在坚持主动、迅速、准确、合理的原则下，保证案件处理的简化、便捷、快速。加强对合作修理厂的考核，保障定损、维修等服务质量。全年共处理案件 18 011 件，已决赔款 2 769.66 万元。

**合规管理** 2009 年，天安保险北京分公司组织开展了合规专项审计工作，并且按照监管部门和总公司的要求，完成了财务业务数据真实性的检查，各部门针对自身在经营管理和工作流程等方面存在的问题进行了整改。开展了打击“三假”工作，成立了打击“三假”专项行动小组，制定了《天安保险公司北京分公司打击“三假”工作方案》，对单证、印章、赔案等管理情况进行了检查。为防范和规避中介业务经营风险，完善中介业务管理，组织开展了中介业务检查工作。

**企业文化建设** 天安保险北京分公司本着“艰苦创业，奋力拼搏”的企业精神，以建设和谐公司为主线大力开展了精神文明建设工作，通过举办台球比赛、登山比赛、观看爱国影片等活动提高广大员工的生活质量，丰富员工的业余生活，体现了企业文化的内涵，加强了员工之间的团结互助，增强了公司的凝聚力。

（雷宝福）

## 中国大地财产保险股份有限公司北京分公司

2009 年，中国大地财产保险股份有限公司北京分公司（以下简称大地保险北京分公司）在总公司的正确领导下，在全体员工的共同努力下，顽强拼搏、共克时艰，以调整转型为抓手，始终坚持有效益发展不动摇，在经营业绩、业务推进、管理创新、队伍建设、服务意识、合规经营等方面均取得一定成绩。全年累计实现保险业务收入 1.99 亿元，比上年增长 19.05%，完成全年计划的 105.44%；实现利润 816 万元，精算自留满期赔付率 60.36%，是大地系统内唯一一家连续六年盈利的分公司。

截至年末，大地保险北京分公司下设综合管理部、计划财务部、车险部/销售管理部、非车险部、人身险部、客户服务部 6 个职能部门，下辖 1 个营销服务部、6 个内设业务部。员工 138 人，其中，劳动合同员工 86 人，劳务派遣员工 52 人。

**车险业务** 一是充分维护现有渠道资源，挖掘现有渠道潜力，提高渠道产能。二是积极拓宽业务发展思路，探索个人营销、电话营销、集团私家车统保等新的销售模式。三是在北京地区中介业务较为发达的市场背景下，制定合理政策，通过差异化的费用手段，鼓励业务员加大与 4S 店、集团客户的合作力度。四是通过定期或不定期的业务分析实现核保政策的过程化管控，通过引入规则引擎系统，核保政策的精细化、公司车险政策的执行性得到明显的提高。全年车险保险业务收入 10 023万元，比上年增长 5.64%，业务占比为 50%。

**非车险业务** 一是借助中再集团良好的再保渠道和总公司增资之后承保能力提升的良好契机，积极参与国家重点大型商业风险项目保险的招标工作，成功承保多项在国内具有较大影响的大型投资项目。

二是加强总对总合作下的总对分、分对分的合作力度，积极参与开展业务合作，不断拓展非车险发展空间。三是依托首都地缘优势，加强对集团招投标业务、分入业务以及与其他公司共保业务的拓展力度，成功承保多项国家大型企业商业保险项目。四是与一些实力较强的经纪公司建立了广泛的业务联系，实行“借力发力、借船出海”的策略，拓宽了公司业务渠道，提高了公司综合产能。全年非车险保险业务收入 4 906 万元，比上年增长 73%，业务占比为 25%。

**人身险业务** 一是健康险业务在巩固现有渠道和原有客户的基础上，加大了结构调整力度，有选择地发展效益好的项目和险种。其中传统健康险的封顶型业务大幅增长，赔付率逐步下降；积极关注新保险产品的开发进程，适时拓宽中端健康险的渠道及客户开发；继续发挥公司技术优势，加大与重点渠道的合作力度，直销业务渠道取得突破，客户数量明显增加，使“大地保险”这一品牌在高端健康险客户领域中具备了一定的影响力。二是意外险业务发展成效喜人，特别是渠道建设上取得了显著成效，与千万级保费规模的重要渠道签署长期合作协议，为意外险业务持续快速发展奠定了坚实基础。全年人身险业务实现保费收入 5 007 万元，比上年增长 13.20%，业务占比 25%。

**业务管理** 一是实施严格的、有针对性的核保管控。针对主营业务不同的中介机构（如修理厂、4S 店、车友俱乐部等），根据其业务质量，制定合理的核保政策，进一步激发机构产能。二是进行差异化、系统化的理赔管控。细分渠道，进行差异化授权，依据其保费贡献度、2009 年保单赔付率和历年制赔付率三项指标对各渠道进行分类，重新梳理渠道权限，对赔付率居高不下或缺乏诚意制造虚假赔案的渠道，逐步降低查勘权限，直至全部收回；建立案件检查长效机制，充分发挥专职检查人的作用，提高渠道案件检查覆盖率；开展打击“三假”活动取得实质性成效，截至年末，大地保险北京分公司共破获虚假赔案 53 笔，挽回经济损失 168 万元。三是采取明细化、过程化的应收保费管控。制定了《北京分公司应收保费管理办法》，确定了应收保费的每月应收率指标，加强了应收保费的过程化管控；将应收保费责任落实到人，计财部定期制作应收保费分析，下发至相关业务员手中，敦促其关注应收保费；严格按照应收保费考核办法对每个业务人员进行考核，绩效挂钩。截至年末，剔除分期付费因素，2008 年单、2009 年单应收率基本为零。

**合规经营** 一是认真贯彻落实中国保监会 70 号文件精神，把合规作为公司经营的硬性要求，使业务、财务数据的真实性进一步提高。在历次大检查工作中，大地保险北京分公司均无违规现象出现，在业内及监管部门中赢得了良好的口碑。二是随着新《保险法》的颁布实施，大力开展新《保险法》的普及宣传，积极培育“守法、自律、规范、诚信”的合规文化，大力倡导学法、懂法、守法、用法，全面提高了大地保险北京分公司依法合规经营管理水平。三是进一步完善内控制度，建立健全应收保费管理、资金管理、单证管理、核保核赔管理、反洗钱等方面的内控制度，做到有法可依、有章可循，使风险管控能力得到了有效加强。

**服务水平** 一是不断推动内涵式服务建设，促进普通服务到差异化服务的转变，积极创新服务举措，努力向客户提供价值增值服务，逐步建立起具有鲜明特色的、独一无二的内涵式服务体系。二是大力开展“零投诉”为目标的活动，把服务力建设当做公司品牌建设的核心加以落实，有效投诉率进一步下降，员工的主动服务意识不断增强，服务态度及服务水平有了很大的提升。三是使“大服务”的理念深入人心，宣导“机关为基层、管理为业务、全员为客户”的服务理念。

**队伍建设** 一是全年共组织各类培训30余次，涉及新员工企业文化培训、各职能岗位技能培训、各险种理论与实务培训等，逐步提高了员工的适岗能力，培养了新人，为各项工作的开展打下了深厚的基础。二是改革中层干部管理机制，率先在系统内实行干部竞聘上岗，为员工搭建了一个公平、公正、公开的竞争平台。三是进一步建立规范化的用工体系，再次进行岗位梳理，重新核定岗位和编制，明确岗位责任；建立健全《非销售人员考核办法》、《销售人员考核办法》，绩效发放与考核结果挂钩，提高了员工的责任意识和工作积极性。

（赵东平）

# 中国人寿保险股份有限公司北京市分公司

2009年，中国人寿保险股份有限公司北京市分公司（以下简称中国人寿北京市分公司）在国际金融危机冲击、市场竞争加剧的复杂环境下，坚持以科学发展观为统领，认真贯彻落实集团公司、股份公司的决策部署，沉着应对，积极进取，战胜了各种困难和挑战，实现了平稳健康发展。全年实现寿险保费收入80.2亿元（含集团业务），同比增长11.7%；年金业务新增中标客户28家，基金总规模47.05亿元（含集团业务）。已为151万名北京市民提供了个人寿险保障，为11 000家大中型企业提供了员工人身意外、企业养老、医疗保障等团体寿险服务。全年处理各种赔付、给付近67万件次，金额超过23亿元。

**个险渠道** 实现首年标准保费2.24亿元，完成总公司下达计划指标的128.6%；实现5～9年期首年期交保费2.17亿元，完成总公司下达计划指标的120.5%；实现10年期及以上首年期交保费2.53亿元，完成总公司下达计划指标的104.8%。

**团险渠道** 实现短期意外险1.09亿元，完成总公司下达计划指标的101.7%；实现短期健康险3.18亿元，完成总公司下达计划指标的124.8%。

**银保渠道** 实现长期险首年标准保费0.64亿元，完成总公司下达计划指标的102.8%；实现首年期交保费3.44亿元，完成总公司下达计划指标的195.5%；实现趸交保费38.22亿元，完成总公司下达计划指标的101.6%。

**队伍建设** 在加大销售老团队改造、挖潜的同时，中国人寿北京市分公司坚持积极创新，努力培育新兴销售队伍。截至年末，高绩效种子团队328人、电销团队315人、营销二级部团队291人、银行保险理财团队618人、收展团队1 374人。这些销售人员人均年龄29岁左右，全部为专科以上学历（其中直属部95%以上为本科以上学历）。

**品牌建设** 中国人寿北京市分公司西区客户服务部在中国质量万里行柜面暗访活动中取得第一名，被评为A类单位诚信品牌企业。昌平客服在中国质量万里行2009年城乡地区服务质量明察暗访名列榜首。中国人寿北京市分公司还先后被《北青报》、《新京报》、《21世纪经济报道》等媒体评选为“金牌金融企业”、“北京保险业十强”。

（徐福军）

# 中国平安人寿保险股份有限公司北京分公司

2009年，中国平安人寿保险股份有限公司北京分公司（以下简称平安人寿北京分公司）以“为北京市民及平安客户送去保险保障和理财规划”为己任，深入贯彻落实科学发展观，着力提升各项管理和服务水平，推动各项业务快速健康发展，内部管理不断加强，业务结构进一步优化，经营指标再创新高。全年实现规模保费收入115.69亿元，同比增长30.99%，成为首都目前唯一实现年度保费过百亿元的寿险分公司。个人险实现规模保费收入77.83亿元，同比增长21.21%，市场份额44.14%①；其中新单规模保费23.80亿元，同比增长57.92%，市场占比43.56%，均位居北京市场首位。团险规模保费收入4.63亿元，同比下降28.71%②。银保实现规模保费收入33.22亿元，同比增长88.71%。

截至年末，平安人寿北京分公司共设有33个营销服务部，在职内勤员工761名，临时返聘人员5名，银行专管员214名，续期收费员84名，个人代理人17 956名。

**个人营销业务** 平安人寿北京分公司个人营销业务渠道不断完善培训体系、强化日常管理，提升队伍的整体素质。开展了“开门红“、“四五连动”、“七八连动”、“收获金秋”业务竞赛活动，策划举办了“金牛接福喜迎春、平安福到万事顺”、“魅力女人、相约三月”、“用心守护、承诺到家”、“快乐暑期、玩转惊喜”、“记忆中国、幸福承诺”、“金虎迎春交福运、选美北京庆福年”、“虎旺财年、畅响新春”等多项主顾开拓活动，上线了“金领电子投保单上传自动核保”项目，成立E行销导师团队，积极推广电子投保书的使用。

**银行代理业务** 在资本市场竞争激烈的环境下，平安人寿北京分公司银行代理业务继续“做大做强”。坚持稳定的万能产品销售策略，持续深化与工商银行、中国银行、建设银行、交通银行、邮政储蓄银行、农村商业银行等渠道合作，开拓汇丰银行、中信银行、招商银行等新渠道。开展新人入司培训、新人衔接培训、新人

① 此段数据均根据中国保监会公布的官方数据测算。

② 自2009年7月1日起，平安寿险账套下原团险产品全部转移至平安养老金公司，故团险系列无在售产品，保费收入为原团险产品的部分续期保费收入，新单保费收入已全部转移至平安养老金公司。

晋升培训、新人腾飞培训等系列培训项目，建立“银保学苑”及“导师培训体系”，为业务发展、储备人才、提升客户经理的专业化程度和综合素质奠定了良好的基础。全年实现总保费33.22亿元，同比增长88.71%，提前四个半月完成21.25亿元的保费任务。

**宣传落实新《保险法》** 为贯彻落实新《保险法》，确保经营管理依法合规，平安人寿北京分公司开展了一系列学习新《保险法》的活动。组织学习征文，邀请中国保监会法规部领导解读新《保险法》；进一步规范业务实际操作流程，修改相关流程、单证、条款，重点突出保护投保人、被保险人的利益；下发新《保险法》宣传手册，参加中国保险学会和《中国保险报》联合举办的“学习新保险法知识竞赛”活动等。

**客户服务** 平安人寿北京分公司继续倡导P－STAR五星级服务理念，全心全意为客户提供主动（P）、简单（S）、及时（T）、方便（A）、有效（R）的五星级服务，开展保单E服务、窗口服务、签约一账通定点紧急援助医院等多项服务，促进客户满意度的不断提升。

2009年5月至8月，平安人寿北京分公司开展了为期三个月的“你的快乐　我的承诺”客户服务节活动。活动主要包括：5月16日，客服节开幕式暨大型游园活动，1 600余名客户及家人参加；放映社区电影60场，观众达约35 000人；举办少儿知识竞赛，38 000余名选手参赛；与北京电视台《快乐起飞》栏目合作举办少儿才艺大赛，播出四期《快乐起飞——平安特辑》；在通州青少年职业体验馆举办客服节闭幕式暨夏令营活动。

2009年，平安人寿北京分公司先后举办了“玩转疯狂　亲子同乐”开门红亲子活动、“健康中国　平安中国”大型健康讲座、“祖国的华诞　平安的祝愿”系列活动及“平安亲情绽放水世界”年底大回馈活动，21 000多名VIP客户参加了活动。平安人寿北京分公司为8 000余名VIP铂金及钻石客户赠送了生日礼物，为380多名VIP客户提供了住院探视服务。

2009年是平安对客户的承诺之年。在“你的平安，我的承诺”年度口号指引下，平安人寿北京分公司践行“信守合约，为您寻找理赔的理由”与“30日未结案，给付超期利息”的服务与理赔承诺。

截至年末，平安人寿北京分公司拥有客户340余万名，保单470多万件。全年累计办理理赔51 888件，为客户提供预约上门服务38 783次，完成95511首问受理件81 043件；理赔及死伤医疗给付金额4.98亿元，同比增加11%；年金及满期给付17.81亿元。

**社会公益** 在新中国成立六十周年之际，平安人寿北京分公司作为保险业的唯一代表队，参加了首都群众国庆60周年联欢晚会活动；组织开展了“迎六十大庆劳动竞赛”活动，参加北京市保险行业协会举办的“迎国庆爱国歌曲大家唱”文艺会演和北京市金融工委组织的“迎国庆祖国在我心中”征文活动；在西城区金融街街道组织的向地震灾区捐款活动中，平安人寿北京分公司员工个人捐款16 420元；在房山区浦洼乡平安希望小学启动中国平安“小桔灯乡村小学图书馆计划”，组织“2009年平安北分钻石爱心希望行”慰问活动。

（崔娜）

# 中国太平洋人寿保险股份有限公司北京分公司

2009年，中国太平洋人寿保险股份有限公司北京分公司（以下简称太平洋人寿北京分公司）坚持可持续价值增长，加大力度调整业务结构，确保核心业务高速增长，经营品质大幅提升。全年实现保费收入32.24亿元。其中，个人营销业务实现新保保费收入2.27亿元，同比增长23.37%；银邮业务实现保费收入20.46亿元，其中期缴保费收入3.34亿元，同比增长142.03%；团体业务实现保费收入1.9亿元，其中意外险保费收入0.58亿元，同比增长3.57%；续期业务实现保费收入7.61亿元，同比增长31.43%。

截至年末，太平洋人寿北京分公司下辖7个支公司、3个营销服务部，在职内勤员工272名，个人代理人3 264名，银行保险系列外勤员工328名、团体业务系列外勤员工65名。

**个人营销业务** 太平洋人寿北京分公司个人营销业务渠道以新《保险法》宣导为核心，实施人才增募新突破；以技能培训为支持，推动业绩增长；积极调整产品结构，以传统保障型产品为销售重点，为消费者提供具备充分保障功能的保险产品。全年个人营销业务实现新保保费收入2.27亿元，同比增长23.37%。

**银邮业务** 太平洋人寿北京分公司银邮业务进一步优化银邮业务产品结构，加大期缴产品营销力度，十年期、五年期产品保费收入占比显著提高。全年银邮业务实现保费收入20.46亿元，其中期缴保费3.34亿元，同比增长142.03%。

**团体业务** 面对激烈的市场竞争，太平洋人寿北京分公司团体业务渠道强化基础活动管理，加强法人客户积累及质量甄选，在奠定团险业务基础平台的同时提升了团险承保质量，实现了规模和效益的均衡发展。通过建立专业的中介销售队伍，利用公司品牌效应，开拓中介渠道，全面发展中介业务。全年团体业务渠道实现保费收入1.9亿元，其中意外险保费收入0.58亿元，同比增长3.57%。

**客户服务** 太平洋人寿北京分公司着力加强柜面服务标准化建设，在中国质量万里行促进会的明察暗访中，柜面服务质量被评价为最高级别A类，并得到了“唯一一家能够做到以人为本的公司”的特别评语。开展“服务无止境，创优我争先”为主题的营运明星团队和服务明星、技术能手评比活动，通过PDCA训练、技能比武、微笑之星评选等丰富多彩的形式提升营运队伍的服务技能。

**企业文化** 太平洋人寿北京分公司加强企业文化核心要素的宣导，建立统一的企业核心价值观，努力践行“做一家负责任的保险公司”的职业使命。不断提升“三全服务”理念，通过全脑思维培训、商务礼仪与有效沟通培训、寿险意义与功用培训、管理要义培训及拓展训练等，努力培养一支责任心强、专业素质高的干部队伍和能够适应市场激烈竞争、敢打硬仗的员工、代理人队伍。

**品牌建设** 太平洋人寿北京分公司通过国际金融展、行业研讨会、各类媒体等宣传平台，传播公司利好消息，树立公司品牌形象，增强公司美誉度。在《新京报》举办的“第二届金保单”评选活动中蝉联“年度综合实力十强”，获得“最受信赖保险公司”奖项。在《中国保险报》与《北京娱乐信报》联合举办的“首届首都保险业服务创新大赛”中荣获“2009 年最具市场信赖的保险公司”称号。

（王悦）

# 泰康人寿保险股份有限公司北京分公司

2009 年，泰康人寿保险股份有限公司北京分公司（以下简称泰康人寿北京分公司）坚持“稳健经营、开拓创新”的经营理念，深耕寿险，伴随着中国经济改革及开放程度的深化而不断前进。全年共实现总规模保费收入 57.22 亿元，同比增长 25.88%。其中，个险保费收入 9.52 亿元，同比增长 24.05%，其中新契约保费 3.64 亿元，同比增长 29.03%；团险保费收入 9.00 亿元，同比增长 1.79%；银保保费收入 38.70 亿元，同比增长 33.72%。

截至年末，泰康人寿北京分公司下设 17 个支公司，22 个营销服务部，在职内勤员工 357 人，营销持证业务员 4 373 人，电话销售 329 人，团险 107 人，银保 339 人。

**个险营销业务** 泰康人寿北京分公司坚持有效的组织发展，优化队伍结构，提高管理水平，以管理促发展。通过不断完善培训体系、提升讲师技能、强化日常管理与品质管理，帮助业务人员提高业务素质、实现目标达成。全年个险价值标保突破 1.7 亿元，2008 年、2009 年分别实现 78% 和 40% 的增长。同时成功实现产品转型，传统险展现了强大生命力，业务员绩效和收入也得到大幅提升，实动月人均产能 2.57 万元规模保费。

**团体业务** 泰康人寿北京分公司在团险业务上加强制度建设，调整组织架构，建立各层级协调沟通机制，发挥各级管理职能，提升服务一线效率；做好后援支持工作，及时发现和解决问题，助力前线业务拓展。全年实现员福规模保费 9 亿元，年金签约规模保费 14 亿元。

**银行保险业务** 泰康人寿北京分公司银行保险实现全年规模保费 38.70 亿元，再创历史新高；期交业务历史性突破 1.3 亿元。渠道建设和组织发展稳步加强，年末网点数量 856 个，较年初增加 135 个，成功开拓北京银行、深圳发展银行、中信银行、华夏银行等新渠道；风险管控、品质管理卓有成效，平稳渡过了金融危机下的投连险风波。

**快速理赔** 泰康人寿北京分公司长期开辟绿色通道，实行快速理赔机制，实施小额理赔当场给付服务举措，尽最大的努力让客户真正感受到“理赔不难，服务无忧”，保证出险客户及时得到赔付。2009 年 9 月 17 日，泰康人寿北京分公司运营中心理赔科柜面简易案件处理岗快速审结了首例甲型 H1N1 流感赔案，仅用十分钟便完成了整个案件从受理到给付赔款的全部过程。

**客户服务** 泰康人寿北京分公司始终致力于为广大客户提供专业化、高品质的人寿保险服务，倡导青春、健康、时尚、幸福美满的现代生活观、现代消费观和家庭价值观，举办了三八节健康大讲堂系列讲座、六一少儿爱牙护齿、第四届全国少儿书画大赛等丰富多彩的活动。“汶川大地震”一周年之际，向业务员和客户发放《地震救助服务手册》，从地震常识、自救与互救、震灾预防、应急措施等方面，介绍了地震中的各种常见情况及处理办法，体现了高度的社会企业责任感。

**社会公益** 泰康人寿北京分公司秉承“服务公众，回馈社会”的宗旨，在房山区窦店中学建立“泰康图书室”，捐赠千余册学习书籍。在2009年秋季北京国际长走活动中，独家为所有参与者无偿提供保险服务。

（林卉丽）

# 新华人寿保险股份有限公司北京分公司

2009年，新华人寿保险股份有限公司北京分公司（以下简称新华人寿北京分公司）以“锁定价值成长，挑战市场地位，稳健合规经营，推动管理创新，在强势发展中提升核心竞争优势”的工作指导思想，把“价值”、“合规”、“提升”作为公司寻求未来长期良性发展和突破性胜利的切入点，审慎把握内外形势，积极应对机遇挑战，团结拼搏，敬业奋斗，圆满完成了年初制定的经营目标，实现了规模和效益的持续稳定增长。全年实现保费收入67.01亿元，同比增长18.2%。其中，团体业务保费收入3.26亿元，银行代理业务保费收入29.23亿元，个人营销业务规模保费收入33.4亿元（其中新契约保费5.9亿元，续期保费27.5亿元），医疗险业务保费收入9 742万元，电话销售业务保费收入1 554万元。

截至年末，新华人寿北京分公司下设10个支公司，10个营销服务部；员工总数13 611人，其中在职人数1 761人，聘用离退休人员17人，保险代理人11 833人。

**个人营销业务** 新华人寿北京分公司个人营销业务坚持“夯实管理，创新模式，发展价值，突破规模”的总体工作思路，围绕业务销售各个阶段制定了详尽的推动策略，不断掀起作业高潮：以项目管理推动基础管理和标准化团队建设，开展荣誉体系建设、健康架构体系建设、作业机构差勤管理等重点项目，引导绩优文化，提升作业能力，夯实基础管理；探索创新型组织发展模式——“黄埔计划”，与专业增员公司合作，引入市场先进理念和成功方法，累计新上岗近6 000人，组织发展成效显著；在郊县机构开展“腾飞计划”，引进行业内外中高端营销管理人才，进一步充实队伍；继续完善以新人培育体系、主任绩优培训、产品巡讲团为主要内容的培训体系建设，以“健康团队”为培养目标，不断提升队伍核心能力，助推销售工作。

**团体业务** 新华人寿北京分公司团体

业务认真贯彻“发展有价值短险业务”的指导方针，推出了具有标杆作用的“千百十”项目，以队伍建设、基础管理、客户积累、机构拓展为工作重点，深挖客户资源，大力发展短险业务，进一步调整业务结构。探索团体业务下沉郊县机构，进一步贴近当地市场，扩大作业覆盖面，提升队伍规模和作业水平。通过扎实有效的经营，新华人寿北京分公司团体业务在激烈的市场竞争中脱颖而出，业务规模发展迅速，业务结构调整有效，市场份额稳步提升。

**银行代理业务** 新华人寿北京分公司银行代理业务坚持“突破期缴，规模并重”的发展思路，加大渠道开拓力度，加强业务结构调整，着力推进队伍建设和机构铺设两个重点项目，取得显著成效。先后与工商银行、农业银行、建设银行、交通银行达成合作协议，进驻其优质网点；加强郊县网点的渠道拓展，不断扩大服务覆盖面，进一步满足城乡居民的保险需求。通过完善的甄选、培训和督导机制，对银行代理业务从业人员进行规范管理和技能培训，加强合规管理，有效降低销售误导，为客户提供诚信可靠的理财服务。

**医疗险业务** 新华人寿北京分公司医疗险业务以业务转型、队伍建设、基础管理、后援提升为切入点开展工作。全年，业务转型深入开展，业务结构不断优化，业务品质持续改善，其中效益较高的非企补业务占比 20%，达到历史最好水平。进一步加强队伍建设，逐步形成老中青三级梯队，以晨夕会经营、差勤管理和活动率追踪加强基础管理，实施差异化、分层级培训，打造精兵团队。

**客户服务** 新华人寿北京分公司借助标准化基础服务平台，通过创新服务手段，依托专业化服务队伍，为客户提供了热情、专业、快捷的客户服务。积极推进柜面建设，全年新开设崇文、东城、昌平等六家客服中心，努力打造优质服务品牌与高效、标准、统一的综合服务平台；进一步加强电话回访管理，建设专业回访平台，规范回访作业，补充回访人力，持续提升坐席作业能力；启动忠诚客户服务项目，以服务公开化、流程标准化推动客户服务向差异化、个性化方向发展，签约慈铭体检为公司忠诚客户提供健康管理服务；开展以客户信息检视活动和“祖国在我心中，和谐健康人生”的客户摄影大赛活动为主体的客户服务节，以丰富的服务内容和健全的服务手段赢得了客户的好评。

**风险管控** 新华人寿北京分公司始终把加强风险管控和合规管理放在“第一要事”的地位，以专业风险控制部门为依托，业务渠道和后援部门齐抓共管，使合规经营深入人心，有效防范经营风险，从根本上保证了广大客户的权益。建立健全涵盖财务管控、作业流程、单证管理等在内的风险控制制度，深入开展合规教育，在营销和银代渠道举办了“诚信为本，杜绝误导”的专项合规培训，以专项大会、专题讲座、晨会广播等多种形式大力开展学习贯彻新《保险法》活动，增强了员工的法律意识。深入开展反洗钱、财务与业务数据真实性大检查、监管规定落实情况大检查、有价单证管理检查、中介业务检查等自查自纠活动，配合新《保险法》实施进行了旧单证的回收清理工作，逐一排查风险点，对发现问题迅速整改，及时排除了风险隐患。

（周喆）

# 太平人寿保险有限公司北京分公司

2009年，太平人寿保险有限公司北京分公司（以下简称太平人寿北京分公司）秉承“用心经营，诚信服务”的理念，以专业化经营体系建设为核心，坚持合规经营，维护广大客户利益，业务规模快速增长，业务品质持续提升。全年实现总保费收入15.74亿元。其中，个人业务保费收入3.41亿元，团体业务保费收入0.79亿元，银行代理业务保费收入11.54亿元。

**个人业务** 太平人寿北京分公司个人业务始终坚持以传统型保险为销售重点，以为客户提供合适的保障为己任，注重业务品质，主动规范代理人的展业行为，大力倡导合规经营理念，全年个人业务实现新契约规模保费1.34亿元，在太平人寿系统内名列前茅；2009年累计个险13个月保费继续率87.7%，累计个险25个月保费继续率92.7%。

**团体业务** 太平人寿北京分公司团体业务遵循“快速、便捷、可信赖”的服务理念，贯彻执行总公司各项战略方针、政策，完善、规范了协议审核、岗位基本操作、跨部门交叉作业等流程，建立了差错管理及跟踪办法、客户过程管理制度、死差测算系统的追踪体系，出台了由第三方代为识别的管理规定、发票追踪管理规定、预收保费管控办法、团险业务合议评估制度等，死差、赔付率等重要指标得到有效控制，在太平人寿系统内达到优秀。凭借客户服务上的优势成功承保了施耐德、塞纳德系列、奥的斯、苏司兰等大型企业客户，服务质量得到客户的高度认同；成功理赔一起重大工程塌方事故案件，理赔人员第一时间启动理赔流程，快速处理，顺利结案，亲自向受难家庭送上理赔款，表示了慰问。

**银行代理业务** 太平人寿北京分公司银行代理业务坚持趸期缴均衡发展和专业化建设，渠道合作模式不断创新，集培训训练、实战演练、荣誉激励、管理追踪为一体的专业化训练项目（PSM－1/PSM－2）不断深入。坚守品质决定未来的信念，创新提出“健康保单”、“完整保单”等概念，制定、完善品质管理办法，坚持将品质管理贯穿业务发展的全过程。全年银行代理业务累计实现总保费11.54亿元，其中趸缴保费8.24亿元，期缴保费3.3亿元，继2007年、2008年后连续三年突破10亿元保费平台；2009年银行代理业务期缴13个月保费继续率92.97%、25个月保费继续率95.98%，两项指标均超越太平人寿精算假设。

**多元行销** 太平人寿北京分公司多元行销系列秉承“不断创新、拓宽领域、增强功能、优化结构”的理念，认真贯彻“防风险、调结构、稳增长”的方针，对多元行销系列整体架构进行了重组，团队增至93人，在巩固原有工商银行合作项目的基础上开发了自建项目，丰富了业务形式，提升了综合经营能力。全年多元行销系列保费收入持续上升，月度保费收入突破百万元平台，创历史新高，为业务持续发展奠定了良好基础。

**客户服务** 太平人寿北京分公司始终致力于通过差异化的创新服务不断提升核心竞争力，努力做到“人无我有，人有我优”，为客户提供规范、高效、快捷、便利的专业服务。建立了客户陪检、探视慰问、生日问候、短信提醒等制度，为客户提供个性化的贴心服务；确保绿色通道制度，确保特殊案件快速处理；两核服务制度为代理人及客户主动提供专业的咨询指导。启动以“牵手太平，同享辉煌”为主题的客户服务节，历时3个月。举办了子女教育、家庭理财、心理辅导、健康养生等系列专题讲座；推出了《四季太平》客服报，及时传递公司最新理财资讯和发展动态；特别是7月份隆重推出的“迎国庆六十周年暨太平品牌创立八十周年有奖知识竞猜”活动，得到了广大客户的积极参与，10月份举办的一年一度客户“金秋电影招待会”为客服节画上了圆满句号。

**社会公益** 太平人寿北京分公司组织全体内勤员工赴房山大石窝镇参加了中华环境保护基金会开展的“绿色助学公益植树”活动，员工们种下150棵爱心树，并为贫困失学儿童捐款6 000元；组织慰问顺义“太阳村儿童救助中心”的孩子们；为海淀区打工子弟学校绿园小学建立了“太平人寿爱心图书室”，捐赠图书5 000多册；“母亲节”期间，组织青年团员来到北京市第一福利院，为那里的老人们送上衷心的祝福。

**企业荣誉** 2009年，太平人寿北京分公司以优质的客户服务、负责任的企业形象，赢得了社会大众及新闻媒体的广泛关注。在北京市总工会金融工作委员会组织的《共和国在我心中》征文活动中荣获优秀组织奖，成为北京寿险公司唯一获此殊荣的公司。在《新京报》联合新浪网等众多媒体发起的“金保单”评选活动中，被评为“2009年度综合实力十强”和“2009年度公益事业贡献奖”。

（孙大兴）

# 民生人寿保险股份有限公司北京分公司

2009年，民生人寿保险股份有限公司北京分公司（以下简称民生人寿北京分公司）全面贯彻落实科学发展观，加强基础管理，完善内控建设，坚持以期交业务为核心，重点发展个险业务，积极发展银保业务，努力提升公司内涵价值，实现了业务的持续健康发展。全年实现保费收入17 484.18万元。其中，个人业务8 855.31万元，同比增长8.25%；银邮业务7 264.95万元，其中新单期交保费3 042.25万元，同比增长502%；中介业务464.70万元，同比增长14.06%；团险业务899.22万元。全年共承保保单13 740件，受理保全55 778件，理赔结案4 534件。

截至年末，民生人寿北京分公司下辖9个营销服务部，在职内勤员工103人，个人代理人786人，银邮客户经理40人，团险、中介客户经理5人，续收外勤10人。

**个人业务** 民生人寿北京分公司积极探索个人业务发展模式的转型，从提高增员选才标准入手，严格考核，优化队伍架构；完善新人育成体系建设，提高队伍留存率；加强活动量管理，提升绩优人员产能；强化品质管理，提升继续率水平，实现了个人业务规模与效益、速度与品质的协调发展。截至年末，个人代理人786人，持证率100%；个人业务新单保费2 725.62万元，其中期交保费1 803.79万元；续期保费6 129.69万元；全年举办各级培训454期，累计培训6 898人次。

**银邮业务** 民生人寿北京分公司银邮渠道大力发展期交业务，适度发展趸交业务，初步形成了具有特色的银邮业务发展模式。全年期交业务规模大幅提升，由第一季度月均164.2万元提升到第四季度月均342.3万元；业务结构不断优化，截至年末，新单业务期交、趸交占比为1.18：1。队伍建设取得突破，通过培养高素质的“白板”客户经理，打造了一支高学历、高素质、高产能、高绩效的年轻业务团队，队伍规模也由年初的20余人发展至年末的40人；渠道合作逐步深化，与工商银行、民生银行、北京银行、邮政储蓄银行建立了更为稳固的合作关系，并积极开拓与股份制中小银行的合作。

**团险业务** 民生人寿北京分公司团险业务以合规经营为前提，按照中国保监会《人身意外伤害保险业务经营标准》等监管要求，停止了撕票式短意险业务及手工出单或脱机打印的意外险产品，险种结构以出国人员意外险和航意险为主，实现了电脑联网、实时出单。

**中介业务** 民生人寿北京分公司与北京明亚保险经纪有限公司、北京诚联保险代理有限公司、北京众合四海保险代理有限公司、北京碧升保险代理有限公司等中介代理机构建立了合作关系，全年中介渠道实现新单保费133.66万元，续期保费331.04万元，整体增长14.06%，中介13个月保费继续率84.91%，25个月保费继续率72.81%。

**内控建设** 2009年是民生人寿内控合规年，民生人寿北京分公司围绕“内控合规　人人有责”，开展了内控知识培训、知识问答、主题征文等活动，全员内控合规意识显著增强。加强内控建设与基础管理的紧密结合，初步形成了内控制度自查自纠机制；采用案例管理的方式分析问题，完善制度。通过组织晨会学习、知识竞赛、开辟内网专栏等，开展新《保险法》学习活动；调整业务流程，确保新《保险法》顺利实施。

**客户服务** 民生人寿北京分公司进一步完善“规范化、标准化、专业化、精细化”的客户服务体系，启用全新的客服大厅，实行“一柜通”服务，统一服务标准和服务流程，升级客户服务系统，为客户提供及时、便捷、周到的服务。继续实施非常“6+1”快速理赔机制，加强理赔服务，全年赔付案件4 534件，涉及金额689.77万元，平均结案时间3.35天，十日结案率99.10%。启动第四届客户服务嘉年华活动，以“健康永驻　关爱永恒”为主题，进行客户大回访、VIP客户体检等，受到客户好评。

**企业文化建设** 民生人寿北京分公司高度重视企业文化建设。通过晨会经营宣传健康的企业文化；通过举办“我心目中的民生”主题演讲活动，增强了员工对公司的认同感；通过“民生人寿使命”征集活动，强化员工的责任意识和主人翁意识；通过开展丰富多彩的文体活动，增强团队凝聚力。2009年民生人寿北京分公司被北京保监局推荐参与“首都精神文明创建工作先进单位”评选活动；被《新京报》评选为“金保单”2009 年北京保险行业最具成长潜力保险企业。

（卢婵）

# 大公国际资信评估有限公司

2009 年，大公国际资信评估有限公司（以下简称大公公司）紧紧抓住后金融危机时代民族评级机构参与国际信用评级体系重建的历史性机遇，实现了从中国信用评级标准到国家信用标准体系的建立，实现了经营结构的债券和非债券评级，信息和咨询服务的专业化、产业化发展，实现了传统评级机构向高新技术企业的转型。

**业务综述** 2009 年，大公公司业务服务呈现规模化、专业化、产业化发展。一是业务收入再创历史新高。全年实际业务收入 8 970 万元，比上年增长 31.9%。债券、非债券评级，以及软件系统开发和管理咨询类等业务均创出历史最好水平；注册资本由 3 100 万元增加至 5 000 万元人民币。二是业务规模保持稳定增长。全年共完成各种信用评级 2 200 项。其中，债务工具类评级 200 余项，非债项类评级近 2 000 项，软件系统开发和咨询业务量都有较快增长。三是业务种类实现多样化。全年开展评级等业务品种 20 多种，创新性地开发了许多具有特色的业务项目。如与内蒙古和山西长治城市商业银行合作开发内外相结合的评级业务模式；亚洲开发银行“中国城市商业银行研究”项目；北京地区独家开展小额贷款股东信用评价项目。

截至年末，大公公司拥有员工 500 余人。其中，分析师 300 余人，硕士、博士人员占比 90%，博士后研究人员近 50 名。分支机构 30 余家，覆盖全国市场；基本形成了债券评级、非债券评级、风险管理咨询、软件开发等业务规模化、专业化、产业化发展的格局，为可持续发展奠定了基础。

**科研管理与技术进步** 大公公司针对金融危机后信用全球化的需要，以信用风险的特殊性研究为基础，打破了国际评级机构对国家信用评级的垄断，先后推出新型国家信用评级方法、评级标准和数十个国际的信用指数和等级，实现了中国在此领域“零”的突破。健全、完善了中国债券和借款企业信用评级方法，制定了大公行业信用评级方法，与大公新型国家信用评级方法、评级标准相辅相成，基本形成了新型的信用评级技术框架体系。

**创新信用评级技术与产品研究** 2009 年，大公公司共推出 60 多项研发成果，其中地方投融资平台信用评级、小额贷款股东信用评价、商业银行内部评级系统、长城资产公司金融不良资产估值技术模型等研究项目，极大地推进了债券市场发展，填补了国内在该领域的空白，产生了巨大的社会效益和市场效益。

**运用信息技术推动科研发展** 大公公司结合信用技术和产品发展的需要，建立了信息技术研究与开发队伍，先后完成了大公信用评级信息管理系统软件、风险管理信息系统等 7 项自主创新的专业软件，实现了评级技术、评级管理、数据管理的信息化，被北京市认定为高新技术企业。

**人才体系建设再创新成就** 大公公司为提升科研水平，加强博士后科研工作站建设，形成了近50名博士后的研发创新队伍。全年有四人四项研究课题获中国博士后管委会一等和二等博士后基金资助，有15名博士后人员担任公司处经理、部门技术总监和总经理。与天津财经大学合作创建的大公信用管理学院首批研究生毕业，首批高考新生入学，首批教材编写启动，构建了信用评级和管理的学士、硕士和博士教育体系。

**国际化发展迈出新步伐** 2009年，大公公司出席博鳌亚洲论坛年会，提出了构建新型国际信用评级体系的倡议，让中国首次把握了国际信用体系重建的话语权，在论坛内外和国际社会引起强烈反响和广泛关注。国家信用评级方法、评级标准的创建，打破了美国评级机构在这一领域的垄断格局，为人民币国际化、中国企业海外投融资发展奠定了基础。在首尔举办第三届中日韩信用评级论坛；两次代表中国信用评级机构出席亚洲信用评级协会在马尼拉举办的关于推进区域评级市场最佳行为对话会议和亚洲信用评级协会年会，全面推进亚洲信用评级体系建设，得到了亚洲同行的高度认可。持续开展的中国和全球性信用风险特殊性研究受到了国际机构的高度关注和认可。受亚洲开发银行委托开展“中国城市商业银行研究”，为其在中国开展银行业投资业务提供服务。

**重要活动与成果**

2009年，在钓鱼台国宾馆倡办的“金融危机后信用评级作用与地位论坛”引发了社会对中国信用思想的重新认识，直接推动中国信用体系建设的议题成为“两会”热点。

2009年，在博鳌亚洲论坛发出的“构建新型国际信用评级体系”倡议，让中国首次把握了国际信用体系重建的话语权。

2009年，发布了《大公国家信用评级方法》，完成了《大公国家信用评级标准》和数十个国家信用评级报告。

2009年，被推选为中国信息协会信用专委会会长单位，受国家有关部委委托担纲《中国社会信用体系建设规划》的研究与制定。

2009年，经市科委、市财政局、市国税局、市地税局专家评审，被认定为高新技术企业；荣获市委、市政府颁发的中关村20周年突出贡献企业奖；被《求是》杂志社授予“2009中国全面小康特别贡献企业”。

# 北京资信评级有限公司

2009年是北京资信评级有限公司（以下简称北京资信）平稳发展的一年。面对国际金融危机给国内经济形势带来的不利影响，北京资信通过内部挖潜、外部开拓，促进了市场拓展和业务种类的增加；通过完善内部管理、激励机制，极大地提升了员工的工作热情，也为北京资信储备了人才和技术。在全体员工的不懈努力下，北京资信主营业务收入与上年基本持平，经营利润较上年增长70.65%。

**中关村科技园区信用体系建设** 2009年，北京资信共为229家中关村科技园区企业提供了信用评级报告，是为中关村"一区十一园"内企业提供信用评级服务较多的公司。3月，在市委、市政府及国家科委联合组织召开的"建设中关村国家自主创新示范区动员大会"上，北京资信因信用报告数量和质量连年第一，获得了中关村科技园区管委会颁发的"中关村20年创新和发展突出贡献奖"。北京资信还为14家信用担保机构提供了信用评级报告，是北京市具备担保机构评级资质的服务机构中市场份额占有量较大的一家。

为配合中关村科技园区进一步加快信用体系建设，北京资信积极参与中关村管委会和信用促进会开展的宣传活动和培训活动，提高了企业信用意识和信用管理水平。承担并完成了由中关村科技园区管委会发起，与中国人民大学信用研究院、北京大学中国信用研究中心共同开展的《中关村科技园区企业信用体系现状及发展预测蓝皮书》课题研究。

**信用信息的采集和数据挖掘** 北京资信在开展信用评级业务过程中，注意信息的采集和数据的挖掘，充分利用所掌握的信息，使其为其他方面的业务发挥增值作用；并在数据的安全和保密方面制定了完善的规章制度，避免了泄密事件的发生，保障了数据的安全性和合法性。

**企业信用管理咨询** 为了引导中关村科技园区高新技术企业加强内部信用管理、提高信用管理水平，从根本上建立和完善市场交易主体的信用管理和风险控制机制，增强企业整体素质和综合竞争力，优化园区企业信用环境，中关村管委会发起，并责成中关村企业信用促进会具体组织实施了"中关村科技园区企业内部信用管理咨询"试点工作。北京资信作为试点机构，参加了该试点工作，为北京天元网络技术股份有限公司提供"一对一"式的企业内部信用管理咨询，为开展企业信用管理咨询业务积累了经验、奠定了基础。

**人才培养和技术储备** 北京资信一贯重视员工业务水平的培训和提高，通过管理机制，有效激励员工自学和主动参加各类培训。2009年，北京资信所有的业务人员都通过了人民银行组织的"信用评级从业资格考试"，取得该从业资格。

（钱锋）

注：本文"中关村园区企业信用评级业务"的相关统计数据来自中关村信用促进会；"北京市担保机构评级业务"的相关统计数据来自北京市担保业协会。

# 六、文件与规章

## 北京市人民政府

# 北京市人民政府关于金融促进首都经济发展的意见

京政发〔2009〕7号

各区、县人民政府，市政府各委、办、局，各市属机构：

为贯彻落实《国务院办公厅关于当前金融促进经济发展的若干意见》（国办发〔2008〕126号）和《中共北京市委北京市人民政府关于促进首都金融业发展的意见》（京发〔2008〕8号），积极做好保增长、保民生、保稳定工作，加大金融支持力度，促进首都经济平稳较快发展，提出如下意见：

**一、保持货币信贷稳定增长，为首都经济增长和产业结构优化升级提供信贷支持**

（一）保持本市货币信贷规模稳定增长。金融管理部门要指导银行机构认真贯彻适度宽松的货币政策，力争当年人民币贷款新增额不低于上年水平，各银行机构中小企业贷款新增额增长幅度应不低于同期贷款新增额增长幅度。银行机构要不断创新信贷产品、拓宽信贷领域，加快贷款审批，加大不良资产核销力度，增加信贷投放，保证信贷规模与经济增长相适应。

（二）鼓励和引导各银行机构加大对首都经济的信贷支持力度。建立政府部门、金融管理部门、金融机构、企业之间的沟通交流机制，搭建银企定期信息交流和融资对接平台，推动重点项目与银行信贷资金的直接对接。进一步加大信贷对产业结构调整的支持力度，充分发挥规划、产业政策和政府资金的引导作用，鼓励银行机构加大对本市重点产业、重点基础设施、重点开发区域发展建设和政策性住房开发建设的信贷支持力度。

（三）支持银行机构加快在京建立信贷专营机构。金融管理部门要加强督促指导，积极支持银行机构在京设立独立核算的服务中小企业、高技术企业和“三农”的信贷专营机构。信贷专营机构要建立和完善风险定价、信贷审批、违约信息通报、损失拨备等风险管理机制，设立合理的风险容忍度，建立专业化金融人才队伍。

（四）加大对有潜力企业的信贷支持。鼓励银行机构在风险可控前提下，对基本面和信用状况较好、产品有市场竞争力但暂时出现经营或财务困难的企业给予贷款重组和贷款利率优惠等支持。市金融工作局要协调有关银行制订综合融资方案，加大对重点企业的信贷支持。

**二、不断完善市场功能，构建要素市场体系**

（五）加快推进要素市场建设。进一步发挥北京产权交易所产权交易平台作用，大力发展创新类产权交易业务。推动石油交易所、环境交易所、林权交易所完善治理结构，整合交易资源，加快平台建设。推进中国技术交易所建设，形成技术产权挂牌竞价、交易、结算的规范服务体系，建成全国技术交易中心，为技术产权提供高效交易平台。加快成立北京粮食交易中心。推动建立存量房、煤炭、艺术品、版权等专业化交易平台。鼓励保险公司、再保险公司、保险资产管理公司等各类保险机构在京发展，推动区域性保险中心市场和再保险市场建设。

（六）大力发展债券市场。发挥首都优势、总部优势和金融资源聚集优势，大力发展金融工具场外发行和交易市场。支持中央国债登记结算有限责任公司进一步发挥作为全国最大国债、企业债场外发行和交易平台的作用，创新登记结算品种，开展信托产品登记业务。支持中国证券登记结算有限责任公司发展，推动其实现非上市公众公司股份集中登记。支持中国银行间市场交易商协会发展银行间债券市场。巩固和提升北京作为全国债券发行和交易中心市场的地位。

（七）大力发展中关村代办股份转让系统。支持国家有关部门推进中关村代办股份转让系统制度创新，增加挂牌企业数量，扩大流通股份规模，提供更加便捷的交易结算服务，加强挂牌企业监管，改善投资者结构。大力支持在中关村代办股份转让系统基础上建立统一监管下的全国性场外交易市场。

（八）推动期货市场稳步发展。探索农产品期货服务“三农”的运作模式，吸引、培育和发展专业化的期货市场机构投资者，提升农产品期货市场服务水平，支持期货市场做优做强，提升期货市场服务首都经济的能力。探索以商品中远期交易、期货交易促进产业发展的新途径。引导企业科学进行期货市场套期保值，提升防范和应对国际市场风险的能力。

**三、开展金融创新，为企业发展提供融资支持**

（九）推动企业充分利用债权融资和股权出资。在高科技、节能减排、文化创意等领域积极推动中小企业集合债券发行工作。积极推动本市企业发行企业债券、公司债券、短期融资券和中期票据。支持投资人以其持有的股权作为出资，在本市投资兴建符合首都产业发展方向的企业，促进投资增长，优化产业结构。

（十）大力推进企业上市工作。建立促进企业上市联动工作机制，加大对企业上市的支持力度，重点解决企业上市过程中的瓶颈问题，促进企业上市融资。加强对拟上市企业的储备、改制、辅导和培训工作，培育上市企业后备资源，大力推动企业进入主板、中小企业板公开发行股票融资，抓住建立创业板市场机遇，推进一批自主创新型、成长型中小企业在创业板市场融资。积极促进非上市股份公司在中关村代办股份转让系统融资和转让股份。支持有条件的本市企业利用资本市场开展兼并重组。

（十一）充分发挥国有资本投融资平台的作用。提升北京国有资本经营管理中心的影响力和控制力，有计划、分步骤地将竞争性领域符合条件的国有资产划转注入，扩大融资规模，降低融资成本，确保国有资产保值增值；通过股权运作，推动国有企业改革重组，促进产业升级，实现国有资本有序进退；建立产业投资基金，借助发行债务融资工具和上市等市场化融资方式，推动国有企业改革发展。

（十二）拓宽房地产企业融资渠道。支持在京设立房地产信托投资基金。通过设立股权投资基金、信托计划及在银行间市场发行债务融资工具等方式拓宽融资渠道，支持房地产市场健康发展。积极采取措施，继续加快房地产抵押办理手续。大力推进“收益权质押加专项账户监管”的经济适用住房开发贷款模式试点，加快政策性住房开发建设和棚户区改造。开展房地产项目收益债券试点工作，逐步将试点扩大到本市其他重点行业。

（十三）支持保险资金投资本市基础设施建设等领域。支持保险公司以股权、债权等方式投资本市新城建设、交通、通信、能源等基础设施项目和农村基础设施项目。支持保险公司投资本市能源、资源等领域的国有大型企业。

（十四）积极开展并购贷款业务，对本市企业在境内外实施并购重组和扩大经营规模给予信贷支持。支持银行机构对本市企业发放并购贷款；通过银团贷款等方式支持符合条件的在京企业集团、大中型企业发展和重点项目建设；加大对优势连锁企业和流通企业开设分支机构和扩大经营规模的信贷支持。创新信贷支持模式，在高技术产业、研发服务业、文化创意、服务外包、物流、出版等领域采取质押、抵押等多种担保形式，加大对有发展潜力、符合条件的企业和项目的信贷支持力度。

（十五）加快股权投资基金业发展。继续实施促进股权投资基金业发展的政策措施，积极支持股权投资机构在京发展，吸引更多社会资本投资。设立北京市股权投资引导基金，支持股权投资基金在京设立和发展。鼓励有条件的区县设立区县创业投资引导基金和创业投资基金公司，引导社会资本通过创业投资方式推动当地企业发展，培育当地上市企业资源和主导产业。鼓励国有资本依法参与设立股权投资基金。发挥北京市股权投资基金协会行业自律与推动行业发展的作用。支持全国股权投资基金协会在京设立和开展工作。

（十六）创新信用风险管理工具。进一步发展信贷资产重组转让市场，并在银行间债券市场试点发展以中小企业贷款、涉农贷款、重点建设项目贷款为标的资产的信用风险管理工具，积极探索发展贷款转让、贷款保险，试点贷款资产证券化业务，适度分散信贷风险。

（十七）加快建设完善科技金融体系。以推进金融与科技结合为核心，进一步建设完善科技信贷体系、科技保险体系、科技担保体系、科技创投体系、科技金融组织体系、科技上市公司培育体系。支持建设中关村国家自主创新示范区。扩大科技企业信用贷款试点范围，大力发展知识产权质押贷款。增加科技保险险种，扩大保险覆盖面，发展科技再保险，加大科技保险政策支持力度。完善科技企业担保风险分担机制，支持信用再担保机构扩大科技企业再担保规模。加大创业投资引导基金支持科技企业发展的力度。积极推进科技金融创新，在中关村科技园区和北京经济技术开发区设立专门支持中小科技企业发展的小额贷款公司，建立中关村科技创业金融服务集团公司，推进支持科技型企业发展的银行机构试点工作，支持在京金融机构和大型企业设立金融租赁公司，开展面向科技企业的设备租赁服务。引导和支持科技企业通过发行各类债券、境内外股票市场公开发行股票进行融资。在海淀区设立科技金融综合改革试验区，全面推进适应科技产业发展和投融资特点的金融工具和服务创新。

（十八）实施金融支持企业“走出去”战略。支持金融机构开发促进企业对外贸易、对外投资和对外经济合作的金融产品。推动金融机构利用远期、掉期等汇率避险工具，锁定汇率风险，满足企业保值避险需求。扩大出口信用保险承保规模，提升保险保障能力。支持开展集团财务公司外汇资金集中管理和结售汇业务，便利企业资金运作，降低结售汇成本。缩短企业出口退税时间，加快企业资金周转。借助中国进出口银行业务优势，为中小企业出口融资提供综合金融服务，缓解出口型中小企业融资难问题。

**四、加强和改善金融服务，进一步提升金融服务社会民生的水平**

（十九）大力发展消费金融。鼓励金融机构积极开展消费信贷业务，不断推出消费信贷新产品，加快办理流程，繁荣消费市场。进一步改善银行卡用卡环境，推动刷卡消费。支持银行机构为本市居民首次购买普通自住房和改善型普通自住房提供信贷支持，加大对房屋租赁市场的金融支持。支持汽车消费信贷业务发展，拓宽汽车金融公司融资渠道。鼓励银行机构创新农村分期付款等消费信贷品种，大力支持“家电下乡”工程，发展农村消费信贷市场。不断扩大旅游会展、助学、文化、体育、数码产品的消费信贷规模，促进城乡消费繁荣发展。

（二十）加大对就业增长的信贷支持力度。通过担保、贴息等方式调动金融机构支持劳动密集型小企业吸纳失业人员的积极性。发挥贴息政策作用，扩大小额担保贷款规模，增加参与银行机构数量，加大对城镇失业人员、未就业大学毕业生、农村转移劳动力、复员（转业、退役）军人和就业困难群体自谋职业、自主创业的信贷支持力度。积极支持在京金融机构开展农村青年创业小额贷款业务。

（二十一）积极发挥保险风险管理优势和保障民生功能。发展个人和团体养老以及健康保险业务，鼓励和支持有条件企业通过商业保险建立多层次养老和健康保障计划。研究对养老保险投保人给予延迟纳税等优惠。支持在京设立专业养老保险公司。支持保险机构投资医疗机构和养老机构。推动建立社会保障和商业保险的信息共享机制。提高保险业参与新型农村合作医疗水平，发展适合农民需求的健康保险和意外伤害保险。探索在部分行业开展强制火灾公众责任保险试点，研究逐步将市属高等院校纳入校方责任保险制度体系，推动在公众聚集场所建立公众责任保险制度，营造安全稳定的社会环境。

（二十二）大力推进“一卡通、一网通、一费通”工程。市有关部门、银联公司、银行机构和相关公用事业单位要加大推进力度，切实解决居民公用事业费缴费难问题，提高金融利民惠民水平。推广高速公路电子收费系统。积极支持通过国库系统实现社会保险待遇社会化发放试点工作，提高社会保险待遇发放效率，方便居民生活。

**五、建设和完善首都农村金融体系，切实增强金融强农惠农能力**

（二十三）加快完善农村金融体系。着力改善农村金融发展环境，大力推动农村金融体制机制和产品创新。建立金融支农联合工作机制，进一步整合金融支农资源，在农业信贷体系、农业保险体系、农业投资体系、农业担保体系、农村信用体系和涉农上市公司培育体系等方面不断创新金融支农模式。进一步完善政策性农业保险制度，加快建立农业再保险机制和巨灾风险分散机制，稳步扩大政策性农业保险覆盖面。鼓励银行、保险等金融机构与担保公司、小额贷款公司等合作开发符合郊区特点的农村信贷保险、担保联动金融产品。

（二十四）加大对农村金融的政策支持力度。建立对涉农贷款定向费用补贴机制，对银行机构新增涉农贷款给予财政奖励。区县域内银行机构新吸收存款应主要用于当地发放贷款。对涉农企业上市给予政策支持。探索建立农村信用体系建设奖励机制。建立财政有限补偿涉农担保代偿损失机制。支持各区县建立财政有限补偿涉农担保代偿损失专项资金，对涉农担保机构当年涉农担保代偿损失率在8%以下、涉农担保机构风险准备金不足抵补的担保代偿损失，由市及区县财政给予补助。

（二十五）扩大村镇银行、农村资金互助社等新型农村金融机构和小额贷款公司试点。积极推动村镇银行的设立和发展。加快设立小额贷款公司，加强规范引导与培训工作。通过政策引导和资金补助鼓励新型农村金融机构和小额贷款公司将资金投向“三农”领域。推进农村资金互助社试点工作，鼓励有条件的农民专业合作社开展信用合作试点。

（二十六）建立农业投融资平台体系。健全政策性农业投资公司运行机制，组建专业化农业担保公司和农业产业投资基金。支持市农业投资公司与有条件的区县合作建立区县级农业投资公司、专业化农业担保公司和农业产业投资基金，充分发挥市及区县财政资金的杠杆作用，打造农业投融资平台体系，引导更多信贷资金和社会资金投向“三农”领域。

（二十七）大力推进大兴农村金融综合改革试验区建设。充分发挥大兴农村金融综合改革试验区先行先试作用，创新金融支农工具与服务，研究制定系统金融配套支持政策。建立核心承载区，吸引各类金融机构、投资机构及金融中介服务机构进驻，形成多元化农村金融机构、多层次农村金融产品和多样化农村金融服务的聚集区，以组合金融方式探索建立金融支农、强农、惠农新模式。

（二十八）不断扩大农村有效担保物范围。鼓励和支持涉农金融机构依法开展权属清晰、风险可控的大型农用生产设备、林权、四荒地使用权等抵押贷款和应收账款、仓单、可转让股权、专利权、商标专用权等权利质押贷款。

**六、强化金融风险管理，切实维护金融安全稳定**

（二十九）建立完善政府部门与金融管理部门之间的沟通协调和应急处置机制。加强政府部门、金融管理部门之间的沟通协调，定期通报宏观经济、金融发展形势和金融稳定情况，研究金融发展跨部门事项，监测金融风险，发挥金融对社会风险的预警作用。成立金融专项应急指挥机构，加快研究制定金融突发事件应急预案，协同处置金融风险。加强区域金融风险防控合作，建立多边协商合作机制。

（三十）加强对金融中介服务机构的指导和管理。强化对融资担保、融资租赁、典当机构和信用评级机构的监督管理和协调服务，提升融资服务支持能力。建立金融中介服务机构沟通联系机制，发挥金融中介行业协会作用，加强行业自律，规范行业行为，促进金融中介服务机构规范发展。

（三十一）加大对金融违法犯罪活动的防范和打击力度，维护首都金融安全稳定。金融管理部门要加强对金融机构风险管理和内控制度建设的督促检查，各金融机构要严格执行金融法律法规和制度规则，完善内部制度，加强对员工的职业操守教育，强化内部风险防控意识。整治非法金融活动，清理不规范的投融资广告，加大对非法集资和非法证券经营活动的防范和打击力度。广泛开展公众教育，普及金融知识，加强正面宣传引导，提高消费者金融风险防范意识。

二〇〇九年三月二十一日

## 中国人民银行营业管理部

# 中国人民银行营业管理部关于贯彻适度宽松货币政策促进首都经济又好又快发展的意见

银管发〔2009〕48 号

辖内各银行：

当前，国际金融危机持续蔓延，世界经济增长明显减速，对我国经济的负面影响日益加深，对首都经济社会发展的冲击不断显现。为贯彻适度宽松的货币政策，落实《国务院办公厅关于当前金融促进经济发展的若干意见》（国办发〔2008〕126 号）、《中共北京市委　北京市人民政府关于贯彻落实党中央国务院扩大内需促进经济增长政策措施的意见》（京发〔2008〕24 号）和北京市金融工作会议精神，积极应对经济形势变化，现就加大金融对经济发展的支持力度、促进首都经济又好又快发展提出如下意见：

**一、统一思想认识，认真贯彻落实中央部署和市委、市政府要求**

各银行要充分认识到当前世界经济和金融危机的复杂形势，全面理解和准确把握中央精神，进一步把思想和行动统一到中央对经济形势的分析判断上来，统一到中央的决策和部署上来，统一到贯彻落实科学发展观的要求上来，落实中央确定的方针政策和各项部署，进一步坚定保持经济平稳较快发展的信心，积极应对各种挑战。要结合首都长远发展，把当前扩大内需、保持经济平稳较快增长的各项措施，作为奥运之后建设“人文北京、科技北京、绿色北京”的新机遇，加大金融对基础设施、优势产业、生态环境、民生改善、城乡一体化等工程建设的支持力度，努力推动首都经济又好又快发展。

**二、保持信贷总量较快增长，加大金融对经济发展的支持力度**

（一）合理扩大信贷规模。各银行要充分把握首都金融业发展所面临的机遇和有利条件，积极贯彻执行适度宽松的货币政策，切实加大信贷投放，促进货币信贷稳定增长，力争 2009 年全市新增人民币贷款不低于 2008 年。为此，各银行要积极筹措资金，加大贷款营销力度，有效增加信贷投放。

（二）提高贷款落实到位率。各银行要切实抓好重点信贷项目的组织实施，加快审贷进度，完善相关配套金融服务，积极通过多层次、多形式的银企洽谈活动推进银企对接。我营业管理部将会同市发展改革委等部门，向各银行推荐重点融资项目。对于大型项目融资，鼓励各银行使用银团贷款方式。

（三）畅通货币政策传导机制。密切货币政策与监管政策、财税政策间的协调配合，加强银政、银企、银保多方协作，继续大力推进金融生态环境建设，为银行合理扩大信贷规模创造积极条件。我营业管理部将进一步加大“窗口指导”工作力度，分析形势，通报情况，查找问题，剖析原因，制定措施，督促落实。

**三、突出信贷投放重点，合理满足各级政府投资项目的信贷资金需求**

（四）支持公共交通投资。根据规划，北京市轨道交通建设将以每两年建成100公里、每年至少通车1条线路的进度向前推进，到2010年累计实现投资900亿元，实现通车里程300公里。对2009年新开工的地铁15号线、房山线、昌平线、西郊线4条线路和续建的4号线、8号线、大兴线等9条线路，各银行要积极安排配套贷款，对京台高速北京段、京承高速三期、京包高速等高速公路建设和城市路网、公交枢纽建设，也要提供优质高效的信贷服务。

（五）配合大型项目建设。对首都第二机场、北京东站、天然气陕京三线等符合国家扩大内需政策要求，投资见效快、带动作用强、产业链条长的基础设施和产业项目，各银行要密切关注其进展情况，及时给予信贷资金支持。大力支持金融街、CBD、丽泽商务区等首都重大功能区拓展建设。

（六）推动节能环保项目建设。各银行要积极跟进北京市大力推动的四大城市热电中心、电力城网改造、节能减排工程、南水北调工程市内配套设施、中心城区污水处理厂升级改造、垃圾处理设施建设等一批增强首都资源能源保障能力、优化生态环境的重点项目。各银行要积极利用世界银行及其他国际金融组织资金，推进首都节能环保项目建设。

（七）促进产业优化升级。进一步加大金融对服务经济、知识经济、循环经济和总部经济的支持力度，推动康明斯发动机、汽车研究总院、三一重工、燕化扩能改造等重大产业升级项目建设，支持落户北京的子午工程、航空遥感系统、蛋白质科学研究设施等6项重大科技基础设施建设。

**四、优化信贷投放结构，体现区别对待、有保有压的信贷原则**

（八）突出首都经济特色。各银行要根据首都服务业发达的区域特点，深入领会并大力贯彻国家和北京市关于支持服务业发展的政策精神，结合信息技术、商务服务、教育卫生、文化创意等现代服务业发展实际，大力创新信贷产品，不断完善金融服务。加快完善科技信贷体系，支持首都科技金融综合改革试验区建设。

（九）落实国家产业政策。积极支持符合国家产业政策的行业加快发展，有效落实国务院出台的汽车、钢铁等行业振兴规划。大力发展“绿色信贷”，将企业信用报告中节能环保信息作为审办信贷业务的重要依据。对限制类行业中生产技术先进、产品适销对路、经济效益较好的企业，也要给予支持，“不死退、不退死”，避免按产业和行业实行“一刀切”。

（十）服务企业并购重组。各银行要积极推动北京市过剩产能向域外、境外转移，合规开办企业并购贷款业务。鼓励各银行创新发展针对产业转移和企业并购的信贷产品、审贷模式和多种抵押担保方式。

（十一）稳定外贸出口增长。中国进出口银行北京分行要充分利用政策性银行优势，支持高新技术产品（含软件）、成套设备和一般机电产品出口，支持经营效益好、管理水平高、就业容量大的劳动密集型外向企业发展，支持有比较优势的国内企业“走出去”。各银行要积极开办人民币出口买方信贷业务。

（十二）帮扶企业渡过难关。各银行要加强对企业的跟踪监测，及时了解企业生产经营动态，真实把握企业财务状况。对产品有销路、生产有利润、发展有前景的企业，要增加贷款支持；对暂时出现经营或财务困难，但符合产业政策导向、有信用并且能按时偿付利息的企业，要稳定贷款存量，不收回或压缩贷款，适度调整贷款期限，减轻企业短期还款压力。

**五、促进消费信贷发展，有效落实各项扩大内需的政策措施**

（十三）维护房地产市场稳定。各银行要加大对廉租房、经济适用房、普通商品房以及旧城改造建设的信贷支持力度。在风险可控的前提下，适当增加对房地产开发企业的信贷支持。积极支持住房租赁市场发展。依据有关政策，对贷款购买首套住房和改善型住房的居民，实行相应的优惠措施。

（十四）丰富消费信贷产品。各银行要根据不同消费阶层特点，开发出多样化的消费信贷产品，在继续发展住房、汽车等主导消费信贷产品的同时，努力拓展旅游、婚庆、非义务教育、耐用消费品和信用卡等领域的消费信贷业务。大力配合北京市“家电下乡”政策，积极扩大农村消费信贷市场。

**六、加快民生金融发展，继续加大金融对经济薄弱环节的支持力度**

（十五）加快城乡统筹发展。各银行要认真落实《中共中央关于推进农村改革发展若干重大问题的决定》、《中共中央　国务院关于2009年促进农业稳定发展农民持续增收的若干意见》（中发〔2009〕1号）和《中共北京市委关于率先形成城乡经济社会发展一体化新格局的意见》（京发〔2008〕30号）精神，着力缩小城乡金融服务差距，支持新城和郊区乡镇基础教育、医疗中心、文化设施和农村基础设施建设，加大对观光休闲农业、生态农业、设施农业等现代农业项目的支持力度，发展“公司＋农户”、“公司＋中介组织＋农户”等促进农业产业化经营的信贷模式，积极探索农村多种形式担保的信贷产品。

（十六）便利中小企业融资。鼓励各银行设立专门的中小企业信贷部门，建立差别化的中小企业信贷审批机制、风险定价机制、激励约束机制，开发适应中小企业融资需求的金融产品。积极利用政府搭建的中小企业担保和再担保平台，探索开展中小企业信用贷款试点。我营业管理部将继续开展信贷政策导向效果评估工作，引导各银行充分发挥信贷政策的结构调整作用，促进首都经济协调可持续发展。

（十七）做好就业创业服务。各小额担保贷款经办银行要在保证资金安全的前提下尽量简化贷款手续，缩短审批时间，对信用记录好、贷款使用效率高的借款人，在贷款利率、额度和期限方面予以适当优惠。鼓励各银行向劳动密集型小企业发放贴息贷款。

（十八）推进助学贷款发展。各银行

要积极履行社会责任，大力推动助学贷款等民生金融、弱势金融业务发展，提升本行社会形象。2009 年我营业管理部将进一步加强个人征信管理、完善助学贷款政策，为各银行发展此项业务创造有利条件，同时把助学贷款纳入信贷政策导向效果评估工作范畴，引导银行加快完善助学金融服务。

二〇〇九年三月九日

## 中国银行业监督管理委员会北京监管局

# 北京银监局关于促进辖内银行业金融机构支持首都经济发展的指导意见

京银监发〔2009〕68 号

各政策性银行北京市分行及总行营业部、国家开发银行企业局、各国有商业银行北京市分行、辖内各股份制商业银行、各城市商业银行北京分行、北京银行、北京农村商业银行、辖内各村镇银行、中国邮政储蓄银行北京分行、辖内各外资银行，各金融资产管理公司北京办事处，辖内各信托公司、各企业集团财务公司、金融租赁公司、各汽车金融公司，中国工商银行牡丹卡中心、中国工商银行票据营业部北京分部、中国工商银行私人银行部北京分部、中国银行银行卡中心、中国民生银行信用卡中心：

为贯彻落实《国务院办公厅关于当前金融促进经济发展的若干意见》（国办发〔2008〕126 号）、《中国银监会关于当前调整部分信贷监管政策促进经济稳健发展的通知》（银监发〔2009〕3 号）和《北京市人民政府关于金融促进首都经济发展的意见》（京政发〔2009〕7 号），现就促进辖内银行业金融机构配合政府部门做好保增长、调结构、促民生工作，积极支持首都经济发展，提出如下指导意见：

**一、积极支持符合政策的本地重点项目建设。**鼓励辖内银行业金融机构积极支持信息、汽车、装备制造、生物医药、新能源、都市工业六类本地重点振兴产业发展。优先为本地交通、民生保障、生态环境、现代产业、能源资源、商业公建等重点项目建设提供配套资金，继续支持中央新增投资在本地落户项目和国家重大科技专项建设。与政府有关部门和项目单位加强联动，在银政合作、银企合作中健全机制、落实项目、严格程序，根据重点项目建设进度及时安排信贷审查和配套资金拨付等工作，在风险可控前提下允许对符合条件的非生产性项目在一定额度内发放搭桥贷款。鼓励银行灵活运用出口信贷等多种融资方式和汇率避险工具，支持本地重点企业跨境发展，促进产业升级。

**二、大力支持科技服务、文化创意等现代服务业发展。**引导辖内银行业金融机构充分认识到现代服务业对首都经济发展的“助推器”和“稳定器”作用，确保全年对本地现代服务业的贷款继续保持增长态势。鼓励辖内银行业金融机构结合企业所处行业、发展阶段、融资需求等情况创新产品和服务方式，重点支持本地科技服务、文化创意、信息服务、商业服务、公共服务、服务贸易、教育培训和旅游会展等现代服务业发展。加大对金融街、商务中心区、经济技术开发区、临空经济区等本地高端产业功能区和现代服务业重点区域建设的支持力度，及时提供配套金融服务，为首都现代服务业发展营造良好的投融资环境。

**三、积极支持中关村国家自主创新示范区建设。**推动辖内银行业金融机构深化科技金融改革创新，支持中关村国家自主创新示范区建设，支持中关村海淀园加快建设国家自主创新示范区核心区，支持海淀区推进科技金融综合改革试验区试点。鼓励银行在示范区内设立专门为科技型中小企业服务的机构，扩大信用贷款试点，建立和完善适合科技型企业特点的、专家参与的风险评估、授信尽职和奖惩制度。对示范区内开展的科技金融服务实行差别化监管，提高科技型中小企业贷款风险容忍度。积极支持示范区内高科技骨干企业、重大科技项目建设和自主创新能力强、成长迅速的其他科技型企业的合理信贷需求；积极支持科技成果转化项目和产学研用创新体系建设。鼓励银行加强与中关村科技金融服务集团、创业投资机构、专利商标事务所等机构的协作，改善科技企业融资难状况，促进创新要素聚集和发挥示范区辐射效应。

**四、继续支持总部经济和本地企业集团平稳健康发展。**鼓励辖内银行业金融机构对大型企业集团符合产业政策和信贷条件的合理资金需求及时给予信贷支持，促进企业总部继续对首都经济发展提供有效支持。鼓励银行通过发放并购贷款支持本地优势连锁企业和流通企业扩大经营规模；支持本市骨干企业在境内外实施并购重组，促进企业技术进步、产业结构调整和资源优化配置。鼓励在合规和风险可控基础上开展银信合作；支持辖内符合条件的信托公司开展固有资产投资业务、投资银行业务和资产支持信托业务，满足企业发展多元化融资需要。鼓励银行对经营基本面良好但暂时出现财务困难的企业实施贷款重组。支持符合条件的中外资银行业金融机构在京设立法人机构、分支机构和营运中心，依照审批权限适当放宽中小商业银行新设机构的区域限制和资本金限制，支持条件成熟的本市大型企业集团设立财务公司，推进在京设立金融租赁公司和货币经纪公司，进一步巩固和发挥首都银行业在全国的决策管理中心地位，为首都总部经济和本地企业发展提供优质的金融服务。

**五、积极促进中小企业融资需求得到有效解决。**鼓励辖内银行业金融机构在推动中小企业服务中实现思想认识到位、组织保障到位、机制建设到位、服务质量到位、技术培训到位。鼓励银行在中小企业集中地区设立专门从事中小企业服务的支行和专营机构，同等条件下优先支持在中小企业专业化特色服务方面成效突出的银行开办新业务和新增营业机构。鼓励银行借助政府信贷风险补偿措施、担保和再担保体系建设等扶持手段进一步加大对本地中小企业的信贷投入。推动银行深化小企业服务“六项机制”建设，建立小企业信贷业务尽职免责制度，适当提高风险容忍度。鼓励创新中小企业融资产品和服务方式，继续推广无形资产质押贷款等新业务，探索运用银信合作平台缓解中小企业“融资难”问题。确保本市全年中小企业贷款增幅高于同期贷款增幅。

**六、进一步支持本地就业工程和民生工程建设。**鼓励辖内银行业金融机构切实履行社会责任，积极促进本地就业增长。积极支持本地在吸纳就业和提升劳动者职业技能等方面贡献较大且享受政府就业财税补贴的劳动密集型企业发展，增强企业良性发展和吸纳就业能力。积极利用担保、贴息等扶持政策，增加对本地高校毕业生、零就业家庭、城镇失业和就业困难人员、返乡农民工、农村转移劳动力、农村青年、复转军人等重点人群的小额贷款和自主创业配套贷款的规模，提供多渠道就业金融服务。鼓励辖内银行业金融机构在发展中改善人员结构，积极通过吸收高校毕业生补充新员工，做好稳定就业和吸纳就业工作。

**七、进一步支持城乡居民合理的消费信贷需求。**支持辖内银行业金融机构积极开展住房、汽车、家电、教育、医疗、旅游、租房等消费信贷业务。引导银行重点支持本地符合贷款条件的保障性住房建设项目，继续推进经济适用房开发贷款试点，进一步提高对自住型和改善型普通住房贷款的审批效率。支持银行及时安排对家电下乡生产和销售企业的贷款及农民补贴资金拨付等金融服务。创新供应链融资产品，激活本地流通市场，扩大信用销售规模。鼓励增强银行卡功能，不断提高用卡安全性，积极拓展银行卡商户消费和网上消费市场。争取在本市开展消费金融公司试点，推动大型汽车集团在京设立汽车金融公司，支持本地符合条件的汽车金融公司发行金融债券和开展汽车贷款证券化。

**八、继续加强对“三农”的信贷支持和金融服务。**鼓励辖内银行业金融机构加大对本地农村基础设施建设、农业新型经济发展等城乡一体化建设方面的信贷投入，巩固农业基础地位。支持银行在农村地区新增网点和设立“三农”信贷服务机构，开发适应“三农”需要的新产品，建立独立的涉农业务核算、流程、考核和风险定价机制。支持大兴区建设农村金融综合改革试验区。进一步在延庆、密云等九个区县扩大村镇银行和农村资金互助社试点，力争三年内新设10家左右新型农村金融机构。鼓励银行借助农村投融资体系建设和涉农贷款定向补贴等扶持政策，加强与本地各级政府的联动，扩大涉农贷款规模，提高涉农贷款比例。扩大农村有效担保物范围，尝试开展集体土地使用权抵押、林权质押贷款等新业务。

**九、进一步引导经济结构调整和加强风险防范。**引导辖内银行业金融机构坚持“有保有压”方针，加大对符合政策和条件的本地重点项目、重点产业、重点区域的信贷支持，确保信贷资金流向实体经济和国计民生重要项目。在信贷投放中防范因“贷长”、“贷大”、“贷集中”和存贷期限错配而产生新的系统性风险，在促进首都社会经济发展中确保银行业稳健运行。鼓励采取银团贷款、信贷资产买卖等方式，探索运用信用风险管理工具及资产证券化业务，合理分散集团客户风险和贷款集中度风险，严防项目贷款借新还旧和发放打捆贷款、无本贷款。引导辖内银行业金融机构加强信贷资金贷后监测，谨防挪用资金进入股市和房市。对于不符合国家产业政策规定和市场准入标准、达不到国家环评和排放要求、不能满足信贷审批主要条件的项目，要严格限制新增贷款。

二〇〇九年五月十九日

## 中国人民银行营业管理部
## 中国银行业监督管理委员会北京监管局

# 中国人民银行营业管理部 中国银行业监督管理委员会北京监管局 关于印发《关于金融支持首都文化创意产业发展的指导意见》的通知

银管发〔2009〕144号

辖内各银行：

为有效支持首都文化创意产业发展，促进产业结构升级，中国人民银行营业管理部、中国银行业监督管理委员会北京监管局联合制定了《关于金融支持首都文化创意产业发展的指导意见》。现印发给你们，请认真领会文件精神并遵照执行。

附件：关于金融支持首都文化创意产业发展的指导意见

二〇〇九年七月三日

# 关于金融支持首都文化创意产业发展的指导意见

为贯彻《中国人民银行 中国银行业监督管理委员会 中国证券监督管理委员会 中国保险监督管理委员会关于金融支持服务业加快发展的若干意见》（银发〔2008〕90号）和《北京市政府关于金融促进首都经济发展的意见》（京政发〔2009〕7号）的文件精神，促进首都产业结构优化升级，落实《北京市促进文化创意产业发展的若干政策》（京办发〔2006〕30号印发）的相关要求，加大金融对文化创意产业的支持力度，提出如下意见：

**一、充分认识文化创意产业发展的重要意义，进一步做好金融服务工作**

（一）充分认识文化创意产业在促进经济发展和优化产业结构中的积极作用。

随着信息技术、传播技术和自动化技术的广泛应用，文化创意产业快速发展起来，呈现出高智能化、高附加值、高就业率和低耗能、低排放的特点。党中央、国务院要求大力发展文化产业，实施重大文化产业项目带动战略，加快文化产业基地和区域性特色文化产业群建设，培育文化产业骨干企业和战略投资者，以实现国民经济平稳较快发展。发展文化创意产业，也是首都促进产业结构优化升级、提高自主创新能力的内在要求，是贯彻落实科学发展观、全面建设小康社会的迫切需求，是推动经济平稳较快发展、增强国际竞争力的战略任务。

（二）充分认识首都文化创意产业的发展优势，进一步做好金融服务工作。近年来，北京市全面贯彻党中央、国务院的重大决策，加快提升文化创意产业的发展层次，努力实现首都经济平稳较快发展。首都文化创意资源正逐步转化为产业发展优势，初步形成了以软件、网络及计算机服务，新闻出版，设计服务和广播、电视、电影四大行业为主体，文化艺术、旅游休闲娱乐、广告会展、艺术品交易等行业快速增长的发展态势，在全国文化创意产业中形成了相对优势。各银行应充分认识做好文化创意产业金融服务工作的重要意义，贯彻国家和北京市产业政策，落实“有保有压”的货币信贷政策，大力推进文化创意产业发展，促进首都产业结构升级和经济发展方式转变。

**二、发挥金融对文化创意产业的促进作用，推进首都经济结构优化调整**

（三）加强对符合产业政策导向企业的信贷支持和金融服务。各银行对在中关村科技园区和文化创意产业集聚区的文化创意企业，要采取多种方式，不断加大信贷支持力度，改进金融服务。已经设立北京市级或国家级企业技术中心、国家工程技术中心或国家工程研究中心的文化创意单位，以及被相关部门认定的重点文化创意企业，如申请贷款，各银行要简化审贷手续给予重点支持。对为文化创意产业提供技术转让、技术开发、技术咨询和技术服务的高等院校、科研机构等企事业单位，要给予必要的信贷支持。支持文化创意企业实施“走出去”战略，鼓励各银行扩大人民币出口买方信贷业务，灵活运用票据贴现、押汇贷款、对外担保等方式，培育一批具有自主知识产权、自主品牌和高附加值的文化创意企业。

（四）积极支持北京市文化创意产业集聚区建设。各银行要加强对北京市及各区县文化创意产业集聚区建设的信贷支持，增进规模效益。对文化创意产业集聚区内的环境整治、基础设施和服务平台等公共设施工程建设，在符合信贷原则的情况下，信贷资金给予优先支持；承担本行业共性技术研发、市场推广等公共服务平台建设的重点文化创意企业申请贷款的，可以给予适当的信贷优惠；政府部门在文化创意产业集聚区安排专项资金予以支持的基础设施建设，各银行可适当增加信贷支持额度。

（五）扶持有潜力、有前景的中小文化创意企业发展。各银行要加大面向中小文化创意企业的金融产品创新力度，促进中小企业规范发展，增加对符合信贷条件的中小企业的资金支持。对有潜力、有前景的软件、网络及计算机服务，设计服务，文化艺术，休闲娱乐等行业的中小企业，可通过业主个人负连带责任、收益权质押等方式，加大信贷扶持力度。对在新闻出版，广播、电视、电影，旅游广告会展，艺术品交易等行业中有特色、有品牌的中小企业，各银行可以开展知识产权、版权、收益权等质押贷款业务，予以扶持。

（六）配合财政资金促进文化创意产品的研发和营销。凡是文化创意产业发展专项资金支持的项目，项目资本金达到政策要求的，配套信贷资金要加快“落地”支持。政府重点支持的文化创意产品、服务和项目，需要信贷资金支持的，按信贷原则给予支持。各银行要积极支持文化创意企业实施收购国际营销渠道和传媒等战略性境外投资项目，市各级政府提供配套资金或贴息补助的，可按相关政策给予适当的信贷优惠。有效益、有还贷能力的自主创新产品或服务出口所需的流动资金贷款，要适当优先安排。对于涉及文化创意产业发展全局性、可持续性的重大项目，经相关政府部门认定的，各银行要加大信贷支持力度。

**三、培育首都金融业的核心竞争力，建立适合北京产业特点的信贷机制**

（七）逐步建立文化创意产业的信贷业务拓展和评估机制。各银行应充分发挥在京营业机构人才、信息和管理等方面的优势，深入研究文化创意产业发展的特点，努力打造适合自身特点的核心竞争力。各银行要加大文化创意产业营销力度，组建专家服务团队，积极开展信贷产品创新，在风险可控的前提下简化授信审批流程，努力探索并逐步建立起一套文化创意产业信贷业务拓展和评估机制。

（八）探索建立有利于文化创意产业发展的信贷服务模式。各银行应抓紧研究和制定促进文化创意产业发展的配套实施方案和具体政策措施，坚持以市场需求为导向，完善信贷业务管理模式，逐步建立有利于文化创意企业发展的信贷服务模式。优化审贷业务流程，采取电子及网络服务渠道，增加审贷过程中工作透明度和及时性。整合营业网点，鼓励在文化创意产业集聚区设立营业机构，为企业办理金融业务提供便利。规范信贷审批和办理规程，完善面向文化创意企业服务机制，提高文化创意企业办理贷款的工作效率和服务层次。实施品牌战略，探索建立适合自身特点的、具有首都产业特色的信贷产品，提高金融综合服务能力。

（九）建立有利于文化创意产业发展的业务考评体系。根据文化创意产业信贷业务的特点与现状，各银行要逐步建立适合文化创意产业发展的评价体系、考核机制和培训机制，为文化创意产业信贷业务发展创造良好的导向机制。科学制定有利于文化创业发展的信贷考核指标，加大营销和拓展文化创意产业信贷业务的奖励力度，健全发展文化创意产业信贷业务的激励机制。改进和完善考评办法，综合考虑文化创意产业信贷业务的规模比重、行业结构、信贷产品和盈利状况等，建立有利于文化创意产业信贷发展的考评机制。及时培训文化创意产业信贷业务从业人员，增强对文化创意产业的认识，提高服务水平。强化业务监督和工作检查，落实工作责任，切实加强文化创意企业的金融服务工作。

（十）加强文化创意产业贷款利率定价机制建设。各银行应制定切合北京实际的利率定价办法，在基准利率的基础上，实行灵活的差别化定价策略。对于一般的文化创意项目，可按照利率市场化原则，根据风险预期进行差别定价；对于国家、北京市重点支持文化创意产业项目，根据经济利益与社会责任相结合原则，可以依照中国人民银行公布的贷款基准利率和浮动范围给予适当优惠。

**四、深入调研文化创意产业的信贷需求，积极稳妥推出多层次信贷创新产品**

（十一）推广知识产权质押贷款。各银行可根据信贷原则，在符合相关政策要求的前提下，针对文化创意产业特点，研发设计适合的信贷产品。对于拥有商标权、专利权、版权等核心知识产权的文化创意企业，通过与资产评估公司和律师事务所合作评估，以知识产权质押发放贷款给予重点支持，并可根据借款企业实际情况，采取多种还款方式。

（十二）规范应收账款或收益权融资。各银行应加快开发面向文化创意企业的多元化、多层次的信贷产品。加强和规范应收账款融资管理，推进应收账款融资业务顺利开展。逐步扩大收益权质押贷款范围，对未来收益现金流稳定的文化创意企业，根据现金流情况可采取等额本金、等额本息等还款方式，支持企业发展。探索开展对文化创意企业发放并购贷款，加大对优势文化创意企业兼并重组的信贷支持。

（十三）加强“财政+信贷”产品创新。各银行应加强与相关政府部门的合作，充分利用财政资金对文化创意产业的扶持政策，创新“财政+信贷”产品。及时了解北京市文化创意产业中小企业贷款风险补偿的相关政策，积极研发与风险补偿机制相结合的信贷产品，以加大对中小企业的支持力度。配合财政贴息和税收优惠政策，推出适合文化创意产业特点的信贷产品，为企业享受财税优惠政策提供服务。

（十四）研发运用信贷、债券、基金、保险等综合性金融产品。各银行可积极探索与非银行金融机构的合作，综合利用多种金融业务和金融产品，推出信贷、债券、基金、保险等多种工具相融合的金融产品，做好文化创意企业从初创期到成熟期各发展阶段的融资方式衔接。对于初创期企业，可以根据风险基金、产业基金等的扶持情况，研发与基金互补的信贷产品，在风险可控的情况下给予支持。对于成长期企业，可以推出与担保、保险等相融合的信贷产品，支持企业的发展壮大。对于成熟期企业，要适应其融资方式的多元化发展，创新金融服务工具，为企业提供一揽子金融服务。

（十五）积极支持文化创意产品的消费增长。积极开展消费信贷业务，不断推出消费信贷新产品。增加消费信贷品种，扩大旅游会展、文化艺术、新闻出版、广播、电视、电影等综合消费信贷规模。加强网上银行建设，推进软件、网络及计算机服务，设计服务和休闲娱乐等行业的网银支付水平。改善银行卡用卡环境，推动文化艺术、旅游广告、艺术品交易等行业的刷卡消费，大力促进文化创意市场的繁荣发展。

（十六）平衡促发展和防风险的关系。各银行应坚持市场化经营原则，认真分析和研究首都文化创意产业的发展特点和趋势，规范与改进信贷业务流程，建立健全风险监测系统，不断提高抵御风险的综合能力，维护首都金融业的健康稳定和可持续发展。

## 中国人民银行营业管理部
## 国家外汇管理局北京外汇管理部

# 中国人民银行营业管理部 国家外汇管理局北京外汇管理部 关于印发《关于加强首都科技金融服务工作 支持中关村国家自主创新示范区建设的指导意见》的通知

银管发〔2009〕221 号

辖内各银行：

为进一步支持中关村国家自主创新示范区、国家自主创新示范区核心区建设，切实改善和加强科技金融服务工作，中国人民银行营业管理部、国家外汇管理局北京外汇管理部共同制定了《关于加强首都科技金融服务工作 支持中关村国家自主创新示范区建设的指导意见》。现印发给你们，请认真领会文件精神并遵照执行。

附件：关于加强首都科技金融服务工作 支持中关村国家自主创新示范区建设的指导意见

二〇〇九年十一月十七日

# 关于加强首都科技金融服务工作 支持中关村国家自主创新示范区建设的指导意见

为落实《国务院关于同意支持中关村科技园区建设国家自主创新示范区的批复》（国函〔2009〕28 号）、《中国人民银行 中国银行业监督管理委员会关于进一步加强信贷结构调整促进国民经济平稳较快发展的指导意见》（银发〔2009〕92 号）和《中共北京市委、北京市人民政府关于建设中关村国家自主创新示范区的若干意见》（京发〔2009〕11 号）的文件精神，为进一步支持国家自主创新示范区、国家自主创新示范区核心区建设，切实改善和加强科技金融服务工作，大力推进组织、机制和产品创新，提出如下意见：

**一、实现金融资源与科技资源的有机结合，增强科技金融服务功能**

（一）促进高科技产业信贷投放稳定增长。2009 年 3 月，国务院批准中关村科技园区建设国家自主创新示范区，中关村科技园区开展深化科技金融改革创新试点，在深化科技金融改革创新方面可先行先试。各银行要积极利用示范区的“先行先试”政策，大力开展科技金融创新试点，充分把握示范区内新政策、新组织、新产品的推出时机，大力探索为科技企业服务的新模式、新机制、新业务和新产品，不断加大对科技产业的信贷支持力度，不断改进和创新金融服务。人民银行营业管理部将继续推进“信贷政策导向效果评估工作”并定期开展表彰，支持各银行在产品、机制和组织体制上创新，推进高科技产业信贷投放的稳定增长。

（二）加强对自主创新项目的信贷支持。加大对国家级工程技术研究中心、重点实验室、国家高技术示范工程、国家重大科技产业化项目、科技成果转化项目等重点建设项目的信贷投入，促进自主创新产业化。加强对电子信息、生物医药、航空航天、新材料、清洁能源、现代农业、先进制造等重点领域的金融支持，扶持符合发展方向的高新企业。重点关注中关村科技园区的产业技术创新战略联盟等新型产业组织，对民营科技企业参与国家科技重大专项、科技基础设施建设及有关科技计划项目，及时给予信贷支持。对支持自主创新贴现票据申请再贴现的，人民银行营业管理部将予以优先办理。

（三）改善高新技术产业的征信服务。人民银行营业管理部已与中关村管委会签订信用建设“战略合作协议”，园区企业信用信息实现了与人民银行的信息共享。人民银行营业管理部将继续与工商、海关、海淀区等相关单位和部门加强沟通合作，将各部门掌握的科技企业信用信息纳入人民银行企业信用信息基础数据库，加强园区企业信用档案建设，为科技信贷提供良好的征信服务。

（四）改进高科技企业的外汇收支管理。积极培育外汇市场，在现有的外汇远期、掉期等汇率风险管理工具的基础上，大力推动人民币汇率避险产品的发展。积极简化高科技企业的外汇收支审核手续，支持高科技企业的贸易及投资活动，促进贸易投资便利化。加强对高科技园区企业管理人员的培训，加强外汇管理法规的宣传，改进宣传方式，使园区外汇业务管理工作更趋高效、规范。

**二、契合高科技企业融资特点，着力推进金融产品创新**

（五）扩展“信贷快车”试点工作。为满足科技企业的信贷需求，人民银行营业管理部与中关村管委会、北京银监局联合推出了“中关村科技园区中小企业信用贷款试点方案”（简称“信贷快车”），在探索“财政＋金融”支持科技产业发展方面取得了一定经验，契合了高科技企业财务状况和资产特点。各银行要争取加入试点银行，积极推动企业信用评级内外部评级结果的有机结合和有效使用，进一步扩大“信贷快车”试点工作的受惠面，逐步向其他科技企业和其他园区企业扩展。

（六）创新权利资产质押信贷产品。在风险可控的前提下，各银行可针对科技企业的个性化融资特点，探索建立适合自身特点的、具有首都产业特色的信贷产品，提高金融综合服务能力。逐步扩大权利质押贷款范围，开展融资租赁、应收账款质押、知识产权质押、股权质押、代办股权质押等产品创新。针对科技企业资金需求急、成长快等特点，创新综合授信产品，为企业提供灵活的授信期限和还款方式。

（七）推出并购重组信贷产品。并购是企业进行产业结构转型的重要手段，是拓展营销渠道、整合上下游资源的重要方式。各银行要积极探索高科技企业并购重组融资新方式，重点支持并购方与目标企业之间具有较高产业相关度或战略性的并购活动，以达到研发能力、关键技术与工艺、商标、特许权、供应或分销网络等战略性资源整合，从而形成具有规模经济和范围经济的高科技产业集群。

（八）加强“信贷+财政”产品创新。各银行应加强与相关政府部门的合作，充分利用财政资金对高科技企业的扶持政策，创新“财政+信贷”产品。及时了解北京市及各部门贷款风险补偿的相关政策，积极研发与风险补偿机制相结合的信贷产品。配合财政贴息和税收优惠政策，推出适合科技型中小企业特点的信贷产品，为企业享受财税优惠政策提供便利服务。

（九）研发以企业信用等级为基础的信用联结融资产品。各银行可积极探索与非银行金融机构的合作，参考对企业内外部信用评级结果，实现多种金融业务和金融产品的高效对接，推出信贷、债券、保险、股权投资等多种工具相融合的金融产品。研发“风险投资或私人股权投资+信贷”的融资产品，实现从初创期到成熟期融资方式的衔接。科技担保公司全额担保或信用保险公司保险的贷款申请，可加快优化贷款审批程序，提高审批时效。对已发行短期融资券和中期票据的高科技企业申请贷款的，可参考其内外部信用评级给予信贷支持。研发适合上市高科技企业的信贷品种，有效降低融资成本，支持其做大做强。

**三、培育首都金融业的核心竞争力，大力推动信贷机制创新**

（十）完善有利于高科技产业发展的审批机制。各银行要规范信贷审批和办理规程，提高审贷过程中的透明度和时效性，便于高科技企业合理安排融资决策。继续优化审贷业务流程，采取电子及网络服务渠道，提高贷款办理的工作效率和服务层次。可根据高科技企业融资需求成长特点，考虑对科技型中小企业集聚区域的专营机构或服务中心适度下移审批重心，提高审批权限。

（十一）探索建立有利于高科技产业发展的考核机制。各银行要根据高科技产业信贷业务发展的现状与特点，科学制定信贷考核指标，改进和完善考评办法。综合考虑高科技产业信贷业务的成长情况、规模比重、行业结构、盈利状况等，建立有利于高科技产业信贷发展的考评机制。对科技型中小企业集聚区域的金融服务专营机构要实行单独考核，健全授信尽职机制，做到尽职者免责，失职者问责，进一步完善对科技型中小企业不良贷款的责任追究制度。

（十二）强化有利于高科技产业发展的激励机制。各银行要健全发展高科技产业信贷业务的内部激励机制，合理增加人力资本投资，加大高科技产业信贷业务发展的奖励力度，提高员工营销和拓展科技型中小企业客户的积极性。要探索设立科技型中小企业贷款专项奖励基金，鼓励员工主动挖掘和发展科技型中小企业客户、主动适应客户需求特点改进金融服务。

（十三）建设有利于高科技产业发展的利率定价机制。各银行应制定切合北京实际的利率定价办法，在基准利率的基础上，实行灵活的差别化定价策略。对于一般的高科技项目，可按照利率市场化原则，根据风险预期进行差别定价；对于国家、北京市重点支持的高科技项目，根据经济利益与社会责任相结合原则，可以按照中国人民银行公布的贷款基准利率和浮动范围给予适当优惠。

（十四）切实改善信贷风险防控机制。各银行应坚持市场化经营原则，认真分析和研究首都高科技产业的发展特点和趋势，结合企业所属行业、发展阶段、核心技术、自主创新能力等情况，建立健全风险监测系统，研究开发风险管理工具，不断提高抵御风险的综合能力，维护首都科技金融的健康稳定和可持续发展。

**四、深化科技金融改革创新试点，切实加强金融组织建设**

（十五）支持在示范区设立科技金融专营机构。人民银行营业管理部、北京银监局与北京市金融工作局、中关村管委会、海淀区政府等相关部门充分利用自主创新示范区的先行先试政策，支持在示范区建立科技支行、服务中心、小额贷款公司等专营机构，完善科技金融服务体系。各银行可根据本行的经营定位，整合优势资源，考虑设立科技金融服务专营机构，增强科技金融服务和业务经营的专业性，积累专营机构运营经验。鼓励各银行率先在示范区核心区设立专门为科技型中小企业服务的分支机构，为科技型中小企业获取金融支持提供便利。

（十六）借助优惠政策拓展品牌优势。海淀区政府对在海淀区内设立的专门为科技型中小企业提供金融服务的专营机构提供专项资金支持，包括购（建、租）房补贴、信用类贷款损失一般准备的补贴以及业务拓展补助。各银行要及时掌握并充分运用政府优惠政策，深入拓展网点优势和人员优势，建立符合本行经营特点的科技金融品牌。

（十七）打造专业化的经营管理团队。各银行要把事业心、专业知识、经验和潜力作为选拔人员的主要标准，通过专题培训，推行岗位资格认定和持证上岗制度，提升业务人员对科技型中小企业的营销能力和风险控制能力，促进信贷人员深入了解高科技企业经营方式、管理特点、商业模式、盈利模式等，打造专业化团队，提高金融服务的质量和水平。

**中国银行业监督管理委员会北京监管局**

# 北京银监局关于促进辖内银行业金融机构大力支持首都农村经济发展的指导意见

京银监发〔2009〕69号

各政策性银行北京市分行及总行营业部、国家开发银行企业局、各国有商业银行北京市分行、辖内各股份制商业银行、各城市商业银行北京分行、北京银行、北京农村商业银行、辖内各村镇银行、中国邮政储蓄银行北京分行、辖内各外资银行，各金融资产管理公司北京办事处，辖内各信托公司、各企业集团财务公司、金融租赁公司、各汽车金融公司，中国工商银行牡丹卡中心、中国工商银行票据营业部北京分部、中国工商银行私人银行部北京分部、中国银行银行卡中心、中国民生银行信用卡中心：

为贯彻落实《中共中央　国务院关于2009年促进农业稳定发展农民持续增收的若干意见》（中发〔2009〕1号）、《中国银监会关于当前调整部分信贷监管政策促进经济稳健发展的通知》（银监发〔2009〕3号）和《北京市人民政府关于金融促进首都经济发展的意见》（京政发〔2009〕7号），现就促进辖内银行业金融机构提高农村金融服务水平，积极支持本市新农村建设，促进城乡一体化发展，提出如下意见：

**一、进一步提高对巩固农业基础地位的认识。**引导辖内银行业金融机构高度重视“三农”金融服务，深刻理解和认识党中央、国务院对农村经济发展工作的政策要求，认真贯彻落实《中共北京市委关于率先形成城乡经济社会发展一体化新格局的意见》，适应首都农村经济发展需要，不断深化涉农业务的组织和机制改革，在防范风险基础上大力支持“三农”发展。立足于巩固农业的基础地位，积极支持发展都市型现代农业和农村产业增长方式调整，为加快城乡接合部和生态涵养区发展、推进村镇新农村建设提供全面的金融服务，推动首都农村社会经济又好又快发展。

**二、加大对农村基础设施建设和改造的支持力度。**鼓励辖内银行业金融机构进一步加大对农村地区基础设施和公共服务体系建设的信贷支持，为城乡一体化发展创造条件。积极增加对农产品种植养殖业和农田水利基础设施建设、农产品仓储流动设施建设改造、农产品加工业和“菜篮子”工程所需设施农业的信贷投入。适时对区县农村地区公共服务体系建设、农村路网水网体系和公交系统建设、村庄基础设施建设、清洁环境工程建设等提供配套信贷资金。为推进农村电力、通讯、广播电视系统升级和村村通邮等提供便利的金融服务。探索为农村医疗卫生体系建设和中小学校舍建设提供有效的金融支持方式。鼓励信托公司开发支持农村教育等涉农公共事业的公益信托产品。

**三、大力支持农村新型经济和特色经济快速发展。**鼓励辖内银行业金融机构重点支持各区县发展子种农业、循环农业、休闲农业、科技农业等现代农业新型业态，为农业科技和社会化服务体系建设及时提供金融服务。大力支持本市产业转型地区发展农业替代产业，以规模化、特色化为重点支持沟域经济和农村旅游产业发展，支持培育浅山区低碳高端产业，促进生态涵养发展区协调发展和生态环境建设。研究探索首都农村新型经济和特色经济的金融服务新方式，支持农村实体经济快速发展，创造农村金融业务增长点。

**四、鼓励在农村地区增设银行网点和提供延伸服务。**鼓励辖内银行在远郊区县增设营业网点和开展延伸服务，我局将对在县、乡（含）以下行政区域内新增网点开通审批“绿色通道”。所在乡、村只有一家银行机构、因各种原因确需撤并或迁离的，必须采取有效措施保证迁出地农民的基本金融服务。选择若干具有支农业务特长的中小商业银行，在本市农村地区设立涉农金融业务专营服务机构。继延庆县和密云县后，争取在大兴、房山、平谷、门头沟、昌平、怀柔、通州等区县扩大村镇银行和农村资金互助社试点。鼓励银行在农村地区开展延伸服务、流动服务、提供离行式多功能ATM服务和商户

POS 机具服务，力争在 2010 年底实现本市农村地区金融服务全覆盖。

**五、支持银行发挥自身优势增强“三农”服务功能。**支持辖内银行结合自身实际尽快提高涉农金融服务水平，引导农业发展银行全面落实政策性金融惠农政策，引导开发银行抓住商业化转型机遇增加中长期涉农信贷投入，引导农业银行借助事业部改革加快恢复“三农”服务职能，引导农村商业银行进一步发挥支农主力军作用，引导邮政储蓄银行向特色零售银行转型和促进资金回流农村，引导辖内银行在涉农业务核算、流程、考核、风险定价、人员培训等方面建立独立的机制。支持辖内银行在土地承包经营权、集体建设用地使用权、农业技术产权等涉农产权交易流动平台建设、集体经济产权和林权制度改革进程中，扩大农村有效担保物范围，创新贷款担保新方式，尝试开展集体土地使用权抵押贷款和林权质押贷款等业务。

**六、加快推出适合农民需要的新业务和新产品。**支持辖内银行创新产品，为农村地区各类消费者提供差异化金融服务。对具备一定风险承受能力和生产经营能力的农户，以预期收入为还款来源，可提供农产品定单贷款、现金流贷款等保证贷款和信用贷款，满足其周期性资金需要。对还款能力较弱的农户，可采用抵押和联保贷款等方式满足其生产经营所需小额融资需求。对理财意识和风险承受力较弱的农民，可提供收益适当和增值稳定的低风险理财产品。以政府社会救助体系建设为契机，加强对各区县低收入农户、农村转移劳动力、返乡农民工、失业失地农民、农村青年等重点人群的金融服务。对资源保护地农村贫困人口、妇女、大龄人员等弱势群体提供适当的转移就业和小额创业贷款。鼓励银行为农民及时领取政府补贴提供便利的金融服务。

**七、充分满足农村消费者的合理消费信贷需求。**鼓励辖内银行业金融机构积极开办符合农民需要的汽车、家电、培训、医疗、旅游等消费信贷业务。在推广家电下乡、汽车下乡中，各银行应对承担生产和销售任务的企业给予必要的信贷支持，应主动加强与乡镇政府和区县财政部门的协调配合，做好农户购买家电补贴资金申报与拨付工作。鼓励汽车金融公司积极为农民购车提供信贷支持。继续拓展银行卡功能，为农民日常理财、对外支付、小额贷款提供多样化的载体。不断扩展各类金融自助机具的功能，为农民消费提供发票打印、跨行转账、缴费、充值、购物、咨询等增值服务。

**八、与政府部门联动加快改善农村融资环境。**鼓励辖内银行业金融机构加强与各级政府投融资担保机构的合作。以农村融资性担保体系建设为前提，合理授信和科学选择贷款对象，有效完善农村信贷政策补偿机制。借助各级政府的农业投融资平台和财税补贴等优惠政策，建立合作多赢的银政合作新模式。与各区县政府配合深入推进“三信”工程，健全农村信用体系，扩大支农小额信用贷款规模。对政府支持且符合政策条件的涉农企业股份制改革和发展提供必要的融资支持。鼓励辖内银行业金融机构以多种方式支持大兴区农村金融综合改革试验区建设，推进农村金融综合配套改革试点。

**九、积极防范涉农金融服务领域的各类风险。**辖内银行业金融机构在支持“三农”发展中要强化风险管理，信贷投放应符合国家和市政府确定的农村经济和农业产业政策要求，逐步完善涉农业务违约信息披露制度，加强银保合作，防范涉农业务风险。各银行对涉农小企业贷款、农户贷款等涉农贷款应实行有区别的信贷管理和考核政策，建立涉农信贷业务尽职免责制度，适当提高涉农信贷业务风险容忍度。鼓励辖内银行继续在农村地区深入开展金融知识公众教育，在新产品销售中公正揭示风险，维护农村地区金融消费者合法权益。鼓励辖内银行引导农民提高对非法集资和其他非法金融活动的风险识别能力。

二〇〇九年五月十九日

# 北京银监局关于促进辖内银行业金融机构大力支持中关村国家自主创新示范区建设的指导意见

京银监发〔2009〕70号

各政策性银行北京市分行及总行营业部、国家开发银行企业局、各国有商业银行北京市分行、辖内各股份制商业银行、各城市商业银行北京分行、北京银行、北京农村商业银行、辖内各村镇银行、中国邮政储蓄银行北京分行、辖内各外资银行，各金融资产管理公司北京办事处，辖内各信托公司、各企业集团财务公司、金融租赁公司、各汽车金融公司，中国工商银行牡丹卡中心、中国工商银行票据营业部北京分部、中国工商银行私人银行部北京分部、中国银行银行卡中心、中国民生银行信用卡中心：

为贯彻落实《国务院关于同意支持中关村科技园区建设国家自主创新示范区的批复》（国函〔2009〕28号）、《中国人民银行　中国银监会关于进一步加强信贷结构调整促进国民经济平稳较快发展的指导意见》（银发〔2009〕2号）和《北京市人民政府关于同意加快建设中关村国家自主创新示范区核心区的批复》（京政函〔2009〕24号），现就促进辖内银行业金融机构以科学发展观为指导，积极支持中关村国家自主创新示范区（以下简称“示范区”）建设，提出如下意见：

**一、积极支持中关村国家自主创新示范区建设。**支持辖内银行业金融机构在示范区内开展科技金融创新试点，运用多种金融工具支持示范区建设，积极支持中关村海淀园建设国家自主创新示范区核心区，支持海淀区推进科技金融综合改革试验区试点。鼓励银行借助财政贴息等补偿手段，增加对示范区内企业、高校、科研院所共建产学研用创新体系的信贷支持，促进创业孵化、成果转化和产业发展。把握建设新技术交易中心等要素市场的机遇，探索科技创新与金融创新有效结合。加强与专利商标事务所等中介机构的合作，对各类中介机构增强科技金融服务功能提供支持。对辖内银行业金融机构因示范区建设的业务需要拟试行的新模式、新流程、新业务和新产品，在风险可控前提下，允许在示范区内优先试行。

**二、积极支持高科技骨干企业重大科技项目建设。**引导辖内银行业金融机构积极支持示范区内国家级工程技术研究中心、重点实验室、高新技术产业群、国家高技术示范工程、国家重大科技产业化项目的建设，推动自主创新成果产业化。加强对示范区内电子信息、生物医药、航空航天、新材料、清洁能源、现代农业、先进制造、节能减排等领域高科技骨干企业和重点项目的信贷支持。支持示范区内高科技企业参与国际技术合作与跨国经营。支持示范区内利用政府采购政策，通过首购、订购、实施首台（套）重大技术装备试验和示范项目，推广应用自主创新产品的参与企业和项目的合理资金需要。在风险可控前提下，允许银行对符合条件的非生产性重大科技项目在一定额度内发放搭桥贷款。

**三、进一步增加对科技型中小企业的信贷投入。**引导辖内银行业金融机构加快建立适合科技型中小企业特点、专家参与的中小企业服务风险评估、授信尽职和奖惩制度，提高风险容忍度。鼓励银行充分借助政府风险补偿基金和融资担保机制，支持新型产业组织和民营科技企业参与国家重大科技专项、科技基础设施建设以及科技计划项目；鼓励对基本面总体较好但暂时出现经营或财务困难的科技型中小企业给予多元化融资支持和实施贷款重组。创新服务模式和业务流程，提高贷款审批效率，积极支持高层次人才创新基地、留学人员创业园和孵化器建设，从创业场地、资金、仪器条件使用等方面为年轻科技人才创业提供资金支持。支持利用信托融资平台扩大科技型中小企业集合发行信托计划规模。鼓励金融租赁公司开展面向科技企业的服务。加快改善示范区内科技型中小企业融资状况，力争全年科技型中小企业贷款增幅高于同期各类贷款总体增幅。

**四、积极支持示范区科技金融服务体系建设。**鼓励辖内银行业金融机构在示范区内设立专门为科技型中小企业服务的支行、信贷中心、专营机构、事业部等信贷服务机构。支持银行业金融机构在示范区内设立电子银行、支付结算、系统研发、金融后台服务等运营中心和业务管理中心。支持示范区内对建设运营中心所需的土地开发、基础设施建设、配套服务设施的资金需求。积极参与示范区信用信息平台建设、科技金融人才积聚平台建设和科技金融中介服务平台建设工作，为各服务平台基础设施建设和购置提供资金支持。我局将对银行业金融机构在示范区内开展科技金融业务实行差别化的监管，对支持科技型中小企业成效突出的银行提出在示范区内试行创新业务、增设分支机构和其他信贷服务机构的，开辟市场准入“绿色通道”。鼓励北京银行等地方法人银行对示范区内科技创新的合理需要增加信贷投入。

**五、积极支持科技金融新产品的创新和研发。**引导辖内银行业金融机构结合企业融资需求和风险点，不断创新融资产品和服务方式，继续扩大示范区信用贷款试点规模。支持银行同具有丰富专业管理经验的创业投资企业合作，在风险可控前提下，适时为科技企业提供阶段性融资服务，探索对高科技创业投资企业跨境资金运作监管的新方式。鼓励银行借鉴管好“产品、押品、人品”的良好经验扩大信贷业务规模；增加以注册商标专用权、专利权、著作权等为质押对象的知识产权质押贷款新品种；推广开展以自主品牌、经营权、可转让股权等为抵质押对象的贷款业务。为符合条件的企业开展对高新技术领域企业的并购提供融资支持；探索科技型中小企业并购融资新方式，促进兼并重组。鼓励将示范区内科技金融创新业务向全市推广。

**六、积极防范科技金融业务领域内的金融风险**。引导辖内银行业金融机构在大力支持示范区建设和深化科技金融改革创新的同时，积极防范科技金融业务风险。对于重大科技项目，应在作好信贷审查的前提下及时按进度安排信贷资金拨付等工作；对于科技型中小企业，应结合企业所处行业、发展阶段、所拥有核心技术等情况审慎进行风险评估；应充分借鉴科技专家的意见，重点支持基本面良好、自主创新能力强、成长迅速的科技型企业。对于尚处于创业初期、适合创业投资或股权投资机构进入的企业的融资需求，银行业金融机构应研究分析收益与风险的不对称性，严格按照审慎性原则给予授信，加强贷后管理。鼓励银行探索开发以科技型中小企业贷款为标的资产的信用风险管理工具，有效分散信贷风险。

二〇〇九年五月十九日

## 中国证券监督管理委员会北京监管局

# 关于印发《关于落实期货公司首席风险官制度的指导意见》的通知

京证期货发〔2009〕13 号

北京地区各期货公司：

首席风险官制度建立是我国期货监管工作的一项重大制度创新。期货公司设立首席风险官，充分发挥首席风险官的职能作用，对于公司全面提高合规运作水平和强化风险防控能力，有效提升期货公司核心竞争力，保护投资者利益，推动期货市场健康稳定发展等具有十分重要的现实意义。为此，我局经认真研究，根据中国证监会颁布的《期货公司首席风险官管理规定（试行）》（以下简称“试行规定”），制定了《关于落实期货公司首席风险官制度的指导意见》（以下简称“本意见”）。

北京辖区期货公司董事会及经营班子要认真学习和落实好中国证监会颁布的试行规定，并参照本意见制定各公司的首席风险官工作制度，修改公司章程，并于章程修改 5 日内将修改稿报我局备案。我局将在 10 个工作日内对章程修改稿提出意见。我局无异议的，公司应当及时召开股东会审议。

首席风险官任职后，应当参照本意见，按照试行规定及时制定本公司首席风险官工作制度，认真履行职责。

特此通知。

附件：《关于落实期货公司首席风险官制度的指导意见》

二〇〇九年二月四日

# 关于落实期货公司首席风险官制度的指导意见

为了使首席风险官有效履行职责，完善期货公司合规运作的长效机制，提高北京辖区期货公司的依法合规运作水平，强化公司内部风险管理，保护投资者的合法权益，根据《期货公司董事、监事和高级管理人员任职资格管理办法》和《期货公司首席风险官管理规定（试行）》（以下简称规定），制定本指导意见。

**一、总则**

1. 首席风险官是负责对期货公司经营管理行为的合法合规性和风险管理状况进行监督检查的期货公司高级管理人员。首席风险官的工作应当覆盖公司各个部门、分支机构和全体工作人员的所有业务领域。

首席风险官向期货公司董事会负责，并应按照法规的授权，充分利用其职能，配合和督促公司经理层做好合规经营。

2. 首席风险官应当熟知并严格遵守各项法律法规、中国证券监督管理委员会（以下简称中国证监会）的规定和公司章程，忠于职守，恪守诚信，勤勉尽责。

3. 期货公司应当建立并完善相关制度，为首席风险官独立、有效地履行职责提供必要的条件。

4. 期货公司应当结合公司的实际情况，对照试行规定和本指导意见的有关要求修改章程并制定首席风险官工作制度。

公司章程应当对首席风险官的任期、职责范围、权利义务、工作报告的程序和方式等进行明确规定。

期货公司制定的首席风险官工作制度应当经董事会审议通过后实施。

**二、首席风险官的任职条件及任免规定**

5. 首席风险官应当在任职前取得中国证监会核准的任职资格。期货公司不得任用未取得任职资格的人员担任首席风险官。

6. 期货公司选聘首席风险官，应当将其是否熟悉期货法律法规、是否诚信守法、是否具备胜任能力以及是否符合规定的任职条件作为主要判断标准。应当具备下列条件：

（1）从事期货业务3年以上经验，并担任期货公司交易、结算、风险管理或者合规负责人职务不少于2年；

（2）或者具有从事期货业务1年以上经验，并具有在证券公司等金融机构从事风险管理、合规业务3年以上经验；

（3）具有期货从业人员资格；具有大学本科以上学历或者取得学士以上学位；

（4）通过中国证监会认可的资质测试。

7. 期货公司应当根据公司章程的规定依法提名并聘任首席风险官。期货公司设有独立董事的，还应当经全体独立董事同意。

8. 期货公司任用首席风险官，应当自作出决定之日起5个工作日内，向北京证监局报告，并提交下列材料：

（1）任职决定文件；

（2）相关会议的决议；

（3）相关人员的任职资格核准文件；

（4）高级管理人员职责范围的说明；

（5）中国证监会规定的其他材料。

9. 期货公司在报送任职资格申请材料的同时，应当将制定的首席风险官工作制度报北京证监局备案。北京证监局对该项制度无异议的，公司报董事会讨论通过。

10. 首席风险官与期货公司的董事长、总经理之间不得存在近亲属关系。

11. 期货公司应当在章程和首席风险官工作制度中明确首席风险官病假、休假或短期空缺规定。首席风险官病假、休假，应当向总经理报告；超过3个工作日的，还需向董事长报告；超过10个工作日的，应当事先向北京证监局报告。在此期间，首席风险官应当与公司保持必要联系，作好处理重大事件的准备。

12. 期货公司应当确保首席风险官职责履行的连续性。公司章程和首席风险官工作制度应当制定切实可行的任免衔接规定：首席风险官任期届满，应当至少提前1个月开始选任程序；首席风险官提出辞职的，应当提前30日向期货公司董事会提出申请；期货公司董事会拟免除首席风险官职务的，应当提前通知本人并确定替代人选。

13. 首席风险官不能履行职责或缺位时，公司应当在不迟于10个工作日内指定代行首席风险官职责的人选，该人选应当是取得任职资格的公司经理层人员。代行首席风险官职责的人员享有首席风险官的全部权力和责任，只能分管合规部门，代行职责的时间不得超过6个月。

14. 首席风险官任期届满未连选连任、提出离职、被免除职务的，公司及当事人应当在10个工作日内向北京证监局进行书面报告。

首席风险官离职的，期货公司应当将离职原因、履行职责情况及替代人选的基本情况书面报告北京证监局。

期货公司拟免除首席风险官职务的，应当在作出决定前10个工作日将免职理由及其履行职责情况向北京证监局报告，并提交下列材料：

（1）免职决定文件；

（2）相关会议的决议；

（3）中国证监会规定的其他材料。

**三、首席风险官的工作职责**

15. 首席风险官应当具有良好的职业操守和专业素养，及时发现并报告公司在经营管理行为的合法合规性和风险管理方面存在的问题或者隐患，及时督促整改、协调公司有关部门予以解决。

16. 首席风险官应配合公司总经理，督促公司有关部门全面深入做好各项监管法规的贯彻落实工作。

17. 首席风险官应当对期货公司经营管理中可能发生的违规事项和可能存在的风险隐患进行质询和调查，并重点检查期货公司是否依据法律、行政法规及有关规定，建立健全和有效执行以下制度：

i. 公司客户保证金安全存管制度；

ii. 公司风险监管指标管理制度；

iii. 公司治理和内部控制制度；

iv. 公司经纪业务规则、结算业务规则、客户风险管理制度和信息安全制度；

v. 公司员工近亲属持仓报告制度；

vi. 其他对客户资产安全、交易安全等期货公司持续稳健经营有重要影响的制度。

18. 对于依法委托其他机构从事中间介绍业务的，除上述制度外，首席风险官还应当监督检查以下事项：

（1）是否存在非法委托或者超范围委托等情形；

（2）在通知客户追加保证金、客户出入金、与中间介绍机构风险隔离等关键业务环节，期货公司是否有效控制风险；

（3）是否与中间介绍机构建立了介绍业务的对接规则，在办理开户、行情和交易系统的安装维护、客户投诉的接待处理等方面，与中间介绍机构的职责协作程序是否明确且符合规定。

19. 对于取得实行会员分级结算制度交易所的全面结算业务资格的，除上述制度外，首席风险官还应当监督检查以下事项：

（1）是否建立与全面结算业务相适应的结算业务制度和与业务发展相适应的风险管理制度，并有效执行；

（2）是否公平对待本公司客户的权益和受托结算的其他期货公司及其客户的权益，是否存在滥用结算权利侵害受托结算的其他期货公司及其客户的利益的情况。

20. 首席风险官应当对公司管理制度、重大决策、新产品和新业务方案等进行合规审查，并出具书面的合规审查意见；为高级管理人员、各部门和分支机构提供合规咨询，组织合规培训，处理涉及公司和工作人员违法违规行为的投诉和举报。

21. 首席风险官开展合规检查工作，应制订检查计划、明确检查范围、规范报告程序。首席风险官每季度至少对本规定第 17 条的 i 至 iii 项内容进行检查，其他检查内容应结合公司实际情况确定，全年至少检查一次。

22. 首席风险官要及时分析、汇总检查中发现的问题，及时与公司管理层及相关部门沟通，形成书面检查报告和提出整改要求，对公司整改情况要进行验收。

23. 首席风险官对于侵害客户和期货公司合法权益的指令或者授意应当予以拒绝；必要时，应当及时向公司董事会和北京证监局报告。

24. 首席风险官履行职责应当保持充分的独立性，作出独立、审慎、及时的判断，主动回避与本人有利害冲突的事项，并应当保守期货公司的商业秘密和客户信息。

25. 首席风险官对公司的全部业务享有充分的知情权和调查权，根据履行职责的需要其职权包括但不限于：

（1）参加或者列席与其履职相关的会议；

（2）调阅期货公司的相关文件、档案和资料；

（3）要求公司有关人员对有关事项作出说明；

（4）与期货公司有关人员、为期货公司提供审计、法律等中介服务的机构的有关人员进行谈话；

（5）了解期货公司业务执行情况；

（6）负责监督执行本公司各部门合规工作配合和报告制度；

（7）对未履行合规工作配合和报告制度的相关部门负责人，首席风险官有罢免提议权及向监管部门报告权；

（8）对于监管部门下发的所有通知、文件等，公司向监管部门报送的所有文件、报表等，首席风险官有知情权。

公司风险监控系统应当作好相应的权限设置，首席风险官有权查询公司风险监控系统。

26. 首席风险官开展工作应当制作并保留工作底稿和工作记录，完善相关文件资料的记录、收发、签收制度，真实、充分地反映公司重大事项和首席风险官的履行职责情况。

27. 首席风险官应当将出具的合规审查意见、提供的合规咨询意见、签署的公司文件、合规检查工作底稿等与履行职责有关的文件、资料存档备查，并对履行职责的情况作出记录。工作底稿和工作记录应当至少保存 20 年。

**四、首席风险官履行职责的必要保障**

28. 期货公司应当设立合规审查部门，该部门承担公司合规审查职能和稽核职能。合规审查部门应当由首席风险官直接管理，对首席风险官负责，不得承担合规审查和稽核以外的职能。但是，期货公司可以根据需要，安排合规审查部门承担不与该部门职能冲突的公司法律事务职能。

29. 期货公司应当充分考虑自身业务规模的大小、业务种类的多少和营业部的数量等情况，为合规审查部门配备足够的、具备与履行合规管理职责相适应的专业知识和技能的合规管理人员，以保证该部门能够充分行使职权。取得结算业务资格或营业部数量在五家以上的期货公司，合规审查部门的专职人员人数除首席风险官本人外不少于三人。

首席风险官对合规审查部门工作人员的任免享有发言权。首席风险官认为必要时，可以提请董事会以公司名义聘请外部专业机构或人员协助其工作。

30. 期货公司应当为首席风险官及合规审查部门提供充足的经费保障。首席风险官认为经费保障不足的，可以将经费保障议题提交董事会讨论，以保证顺利履行职责。

期货公司应当行之有效地确保公平对待首席风险官及其分管的工作人员，首席风险官和合规审查部门工作人员的工资福利待遇、工作条件等应当不低于同级别人员的平均水平。

31. 期货公司应当在首席风险官工作制度中规定公司其他部门与合规审查部门的有效的配合机制，应当明确配合部门，至少包括：分支机构管理部门，交易结算部门，风险控制部门，财务部门，客服部门，IB 衔接部门等；规定相应的配合方式，包括：信息及材料报送，接受调查等。

32. 期货公司相关部门应当主动、定期向首席风险官报送涉及合规情况的重大信息。公司对知情不报或者隐匿合规问题或重大风险隐患的部门或人员，应当及时追究相应的责任。有必要的，监管部门将下发监管措施，追究相关人员的责任。

33. 期货公司的股东、董事和高级管理人员不得违反规定的职责和程序，越过董事会直接向首席风险官下达指令或者干涉其工作。公司的董事、监事、高级管理人员和各部门、分支机构应当支持和配合首席风险官的工作，不得以任何理由限制、阻挠首席风险官履行职责。

首席风险官因正当履行职责而被解聘的，北京证监局可以依法对期货公司及相关责任人员采取监管谈话、出具警示函、责令更换等监管措施；情节严重的，认定其为不适当人选。

34. 期货公司应当根据实际情况，明确首席风险官发现的问题的纠正渠道，建立合理有效的工作机制。

**五、首席风险官的报告义务**

35. 首席风险官发现期货公司有下列违法违规行为或者存在重大风险隐患的，应当立即向北京证监局报告，并向公司总经理、董事会和监事会报告：

（1）涉嫌占用、挪用客户保证金等侵害客户权益的；

（2）期货公司资产被抽逃、占用、挪用、查封、冻结或者用于担保的；

（3）期货公司净资本无法持续达到监管标准的；

（4）期货公司发生重大诉讼或者仲裁，可能造成重大风险的；

（5）股东干预期货公司正常经营的；

（6）中国证监会规定的其他情形。

对上述情形，期货公司应当按照北京证监局的整改意见进行整改。首席风险官应当配合抓好内部整改，并将整改情况书面向北京证监局报告。

36. 首席风险官发现期货公司经营管理行为在合法合规性、风险管理等方面存在除本规定第 35 条所列违法违规行为和重大风险隐患之外的其他问题的，应当及时向总经理或者相关负责人提出书面整改意见。

总经理或者相关负责人对存在问题不整改或者整改未达到要求的，首席风险官应当在 5 个工作日内向期货公司董事长、董事会常设的风险管理委员会或者监事会报告，未设监事会的期货公司，可报告监事；公司多次或长期未能完成整改的，首席风险官应当向北京证监局报告。有关行为违反行业规范和自律规则的，还应当向北京期货商会等有关自律组织报告。

37. 对于北京证监局要求核查的公司有关问题，首席风险官应当按照要求认真进行核查，并及时将核查结果书面报告北京证监局。

38. 首席风险官应当在每季度结束之日起 10 个工作日内向北京证监局提交季度工作报告。内容包括但不限于：本季度检查的重点内容、检查方式、存在的主要问题和整改情况等。

每年 1 月 20 日前向北京证监局提交上一年度全面工作报告，内容包括但不限于：公司合规经营、风险管理状况和内部控制状况，以及首席风险官的履行职责情况及自我评价，包括首席风险官所作的尽职调查、提出的整改意见以及期货公司整改效果等内容。

期货公司董事长、总经理和独立董事应当对本条规定的报告签署确认意见，保证报告的内容真实、准确、完整；对报告内容持有异议的，应当注明自己的意见和理由。

**六、首席风险官的履职考核和责任追究**

39. 期货公司董事会应当建立和完善首席风险官履职考核和责任追究制度。董事会对首席风险官的考核，应当以公司的合规运作情况为主要标准。首席风险官的薪酬由董事会决定，考核结果应当作为董事会确定首席风险官的薪酬及其他激励方式的依据。首席风险官认为考核结果明显有失公允的，可以向北京证监局申诉。

40. 期货公司应当将合规管理的有效性和执业行为的合规性纳入公司的绩效考核范围，明确首席风险官、合规审查部门人员及有配合责任的部门相关人员的责任，确保首席风险官工作顺利开展。

41. 期货公司董事会应每半年向监管部门提交一次对公司合规工作有效性进行全面评价的报告，评价报告应当随季报、年报报送北京证监局。

42. 首席风险官不得有下列行为：

（1）擅离职守，无故不履行职责或者授权他人代为履行职责；在期货公司兼任除合规审查部门负责人以外的其他职务，或者从事可能影响其独立履行职责的活动；

（2）对期货公司经营管理中存在的违法违规行为或者重大风险隐患知情不报、拖延报告或者作虚假报告；

（3）利用职务之便谋取私利；

（4）滥用职权，干预期货公司正常经营；

（5）向与履职无关的第三方泄露期货公司秘密或者客户信息，损害期货公司或者客户的合法权益；

（6）其他损害客户和期货公司合法权益的行为。

43. 首席风险官不履行职责或者有禁止性行为的，北京证监局对首席风险官采取监管谈话、出具警示函、责令更换等监管措施；情节严重的，认定其为不适当人选。自被中国证监会及其派出机构认定为不适当人选之日起2年内，任何期货公司不得任用该人员担任董事、监事和高级管理人员。

44. 期货公司发生严重违规或者出现重大风险，首席风险官未及时履行试行规定所要求的报告义务的，应当依法承担相应的责任。

45. 期货公司股东、董事和经理层限制、阻挠首席风险官正常开展工作的，首席风险官可以根据具体情况向总经理通报，或者依次向董事会、北京证监局报告。北京证监局将依法进行调查和严肃处理。

46. 为全面细致地履行职责，首席风险官要熟悉和精通各层次的监管法规和监管部门的各项工作要求。北京证监局将以适当方式定期对首席风险官的法规掌握情况进行检查考核。

对于期货公司的违法违规行为，首席风险官或合规审查部门已经按照规定履行制止和报告职责的，免除责任。

# 关于进一步加强辖区基金公司维稳工作的通知

京证基金发〔2009〕3号

辖区各基金公司：

近年来，我国资本市场发展很快，但运行环境日益复杂，市场稳定运行面临着较大压力，为切实落实首都资本市场维稳工作任务，维护正常市场秩序，根据全国证券期货监管系统维稳工作座谈会精神及相关文件要求，现将维稳工作有关要求通知如下：

**一、总体要求**

在2008年维稳成效基础上，各公司要牢固树立维稳思想，时刻保持政治意识、大局意识与和谐意识，切实增强敏感性，提高责任感和使命感，落实维稳责任制，建立维稳长效工作机制。具体如下：

1. 加强领导，严密组织。各公司要从思想上高度重视，深刻认识维稳工作重大意义。要成立维稳工作领导小组，由各公司“一把手”亲自抓、负总责，关键环节分级负责，形成事事有人管、人人有责任、层层有把关的组织领导体系。

2. 分解任务，明确责任。各公司应实施维稳工作责任制，对于信息安全、舆论监控、信访处置和安全保卫等重点工作，要明确任务、落实措施、强化责任，做到各负其责，各尽其职。

3. 主动防范，有效处置。各公司要深入排查风险隐患，完善应急预案，加强应急演练，确保突发事件能及时有效应对。同时，各公司应加强与相关单位沟通交流，完善应急处理协调机制。对于不稳定因素和苗头性、倾向性问题，“抓早、抓小”，防患于未然，确保安全稳定运营。

**二、做好信息系统安全工作**

当前，部分公司 IT 治理不健全、不完善，信息系统建设还不能完全满足安全稳定发展的需要。各公司要落实信息安全责任制，将信息安全工作分解到岗、责任到人，重点做好以下工作：

1. 各公司要对信息技术和网络系统定期进行自查，包括但不限于门户网站及网上交易系统、交易业务系统、备份措施、安全监控与管理和应急保障等方面，并建立健全自我查漏、自我补漏、自我监控、自我保护的长效机制。要加强网络设施安全检查；加强对互联网站的监控和维护；加强对投资交易、注册登记、清算估值、基金销售等关键业务系统的日常维护、监测和安全管理；加强信息系统的运营保障，对供电设备、通信设备、安保设备、机房设备和防火防盗设备进行全面检查和检修，认真排查风险点。

2. 各公司应注重网上交易安全。一是加强网上交易投资者身份认证的手段；二是增强网上交易的安全防护能力；三是加强对投资者的安全信息提示；四是加强监控，及时发现非法交易行为。

3. 各公司应加强风险监测、预警和防控，完善信息系统应急预案，切实增强应急预案可行性和操作性，并定期演练。

**三、加强舆论引导和打击非法基金活动工作**

当前，基金行业信息披露程度高、涉及范围广，是舆论媒体关注焦点，社会影响较大。部分公司尚未形成有效的应对机制，舆论压力较大。为进一步做好舆论引导和监控，各公司应落实以下工作：

1. 切实关注舆论媒体内容。主动与广电、报刊、网络等媒体建立沟通联络机制，尝试建立新闻发言人制度，负责新闻发布、释疑、宣传等工作。建立舆论媒体监控制度，及时掌握舆论动态。对于负面新闻报道，及时澄清不实信息，建立公共危机紧急处理制度。对媒体关注的各类热点问题要保持高度敏感，提前做出应对预案，尽早、尽快妥善处理。

2. 严格管理员工对外发表言论。各公司应完善员工对外发表言论内部管理流程，加强员工对外发表言论管理，坚持做好正面引导工作。

3. 各公司要密切关注非法机构冒用基金公司名义开展非法证券活动情况。发现公司名称被冒用的情形，应积极主动开展维权行动，及时向公安机关报案，并通过媒体予以澄清，提醒投资者防范欺诈风险。

**四、做好信访工作**

目前，部分公司对信访敏感性不强，

对重大信访处理和报告不及时。各公司要按照“思想不松，力度不减”的要求，继续做好以下工作：

1. 加强投资者教育工作。各公司应利用协会网站、公司网站和媒体等，加大信息公示力度，并根据基金销售适用性原则，做好风险揭示工作。同时，应完善投资者教育工作长效机制。

2. 做好客户服务工作。各公司要按照约定及时准确向投资者提供服务，及时做好客户服务网站的维护和内容更新，并切实做好客户服务中心的管理，充实客户服务人员，提高业务素质，改善服务态度，认真做好与投资者的沟通。

3. 加强信访信息监测预警。各公司要加强信息预警，密切关注信访热点问题的网络舆情。加强投资者关系管理，发现群体性上访等动向，要及时分析、报告和处置。

4. 建立健全客户投诉处理机制。各公司应组织开展矛盾纠纷的排查和化解，掌握并分析各种不稳定因素，力争将风险隐患消除在萌芽状态，努力从源头上预防和减少客户投诉的发生。要完善客户投诉的处理程序，作好客户投诉处理记录，指定专人负责投诉事项，并依法、及时、妥善处理。

**五、做好安全保卫工作**

目前，部分公司安全保卫工作在人员队伍、处置机制、安全标准及安保设施方面存在一定问题。因此，各公司应重点做好以下工作：

1. 加强安保队伍建设。各公司要抓紧健全安保机构，进一步充实安保力量。加强治安防范、反恐防恐、网络防控和维护稳定等专业培训。

2. 完善安全保卫制度，增强预案的可操作性。各公司应定期进行实战演练，做到人防、物防、技防等措施到位。

3. 健全安保联动机制。各公司应进一步完善值班制度，指定应急联系人，并开展重点要害部位和场所安全防范自查工作，消除安全隐患。

各公司应将维稳要求切实传达到公司每一位员工，让每一位员工树立维稳意识，贯彻到实际行动中；要逐条落实，明确时间表，措施要到位，责任要到人，并加大内部检查监督力度。请各公司认真贯彻落实，届时我局将对维稳措施落实情况进行检查。对于落实维稳工作不力的公司，我局将采取相应监管措施，并严肃追究公司和相关人员责任。

特此通知。

附件：北京辖区基金公司维护资本市场安全稳定运行责任书（略）

二〇〇九年五月八日

## 中国保险监督管理委员会北京监管局

# 关于规范中介渠道短期意外伤害保险业务的通知

京保监发〔2009〕58号

各保险公司北京分公司，各在京直接经营业务保险公司总公司，各专业保险中介机构：

为促进短期人身意外伤害保险市场的健康发展，切实维护消费者合法权益，结合北京保险市场实际情况，现就加强中介渠道短期意外伤害保险业务管理规范要求如下：

**一、规范范围**

中介渠道短意险，是指各保险公司通过在保险中介机构设置出单点或委托保险中介机构代理销售的保险期限为一年期（含）以下的出国人员意外伤害保险、旅游意外险等人身意外险业务。保险责任主要为因遭受意外伤害或突发急病引发紧急救援的医疗保险亦属本规范范围。

**二、规范要求**

（一）确保财务、业务记录真实。各公司应严格按照会计准则标准确认短意险保费收入和费用支出，确保业务、财务资料与系统信息真实、准确、完整地反映业务性质、业务往来关系以及保险合同内容等经营事项。严禁各公司通过中介机构，虚拟团体，以团险名义承保个人短意险业务。

（二）实现电脑联网、实时管理。各公司应参照航意险业务规范标准，加强短意险信息系统建设与风险管控，实现电脑联网、系统出单、实时管理，确保短意险保单原始信息及时、完整、准确地进入公司核心系统。禁止以手工填写、单机打印等非系统联网方式出单。

（三）提供保单查询服务。各公司应在短意险保单上明确提示消费者进行保单查询，并提供统一客服电话或公司官方网站等查询渠道，确保消费者能够验证保单信息与状态。

各公司经营随汽车票、火车票、公园门票一起出售的公路旅客意外伤害保险、铁路旅客意外伤害保险、旅游景点旅客意外伤害保险，均应严格执行中国保监会《关于停止以撕票方式经营短期意外伤害保险的通知》（保监发〔2009〕7号）要求；对于短期内集中销售的学平险、建工险等短意险业务，原则上允许各公司在投保人签署投保单后的30日内，将包括被保险人信息在内的保单原始信息录入核心业务系统并提供查询服务。

（四）加强单证管理。各公司应建立健全短意险单证管理手工台账，并通过单证管理系统实时监控单证的印制、领取、使用、留存和核销等情况，做到单证账账相符、账实相符。严禁公司授权保险中介机构或其他单位、个人印制带有保险公司名称、徽标或印章的具有保险凭证性质的单证。

（五）加强对合作中介机构的管控。严禁各公司与无保险中介资格或未签署委托授权协议的机构合作，禁止以其他机构代开的保险中介服务统一发票作为手续费支付凭证。

**三、其他要求**

本通知自 2009 年 5 月 1 日起执行。各公司应按照本通知要求，制定本公司短意险业务规范方案，明确规范工作任务及完成期限，并于 2009 年 4 月 1 日前报送我局。我局将定期通报各公司短意险经营及规范情况。

执行中如遇问题，请及时与我局联系。

特此通知。

联系人：李攀、臧萌

联系电话：66286632、66286516

二〇〇九年三月六日

# 关于印发《北京保险业加强保险消费者教育工作实施方案》的通知

京保监发〔2009〕107 号

各保险公司北京分公司、各在京直接经营业务保险公司总公司、各在京保险中介机构，北京保险行业协会、北京保险中介行业协会：

为加强保险消费者教育工作，切实保护保险消费者权益，北京保监局制定了《北京保险业加强保险消费者教育工作实施方案》。现印发给你们，请各单位结合实际，认真贯彻落实。

特此通知。

二〇〇九年四月十三日

# 北京保险业加强保险消费者教育工作实施方案

为着力保护好广大保险消费者最关心、最直接、最现实的利益，根据中国保监会《加强保险消费者教育工作方案》，结合北京实际，制定本方案。

**一、工作目标**

保险消费者教育工作的主要目标是：普及保险知识，倡导理性的消费观念，提高公众风险意识、保险消费能力以及维护自身权益的能力，形成保险监管部门、行业社团组织、保险经营者与社会公众等多方参与、制度健全、权责明确、形式多样、广泛普及的保险消费者教育工作机制，促进行业诚信经营，切实有效地保护广大保险消费者的根本利益。

## 二、主要任务

做好保险消费者教育工作需要依靠社会各界的力量，保险监管部门、保险行业组织、保险机构应发挥各自作用，形成工作合力。

北京保监局：负责组织北京保险行业开展消费者教育工作。贯彻落实中国保监会关于消费者教育工作的统一部署，制定、修改和完善辖区内保险消费者教育工作的相关规章制度、工作指引，确定阶段性工作重点，具体组织、协调、督导、检查消费者教育工作，将消费者教育纳入日常监管工作之中。

北京保险行业协会、北京保险学会，北京保险中介行业协会：协调开展消费者教育工作，推动保险知识普及。发挥协调、引导作用，组织会员单位配合北京保监局开展保险消费者教育工作。协助北京保监局开展有关消费者教育的调研、宣传材料的编写、教育活动的组织与督导等。完善保险合同纠纷调解机制，切实维护保险消费者权益。与新闻媒体广泛开展合作，通过多种形式开展保险消费者教育宣传。组织开展学术研讨，探索通过学术论坛等方式开展保险消费教育研究和宣传工作。

保险机构：结合自身实际，积极主动参与消费者教育工作。按照北京保监局统一部署，遵循长期性、实用性、有效性原则，结合自身特点做好保险消费者教育工作，履行好风险提示和消费者教育的责任义务。各保险机构要指定或设立相应部门负责各保险机构经营范围的保险消费者教育工作，制定消费者教育工作的中长期规划、年度计划和相应工作方案，把消费者教育有机融入客户服务体系和自律管理体系的各个环节。

## 三、具体安排

保险消费者教育工作应以消费者教育制度建设为基础，以金融保险知识教育、风险教育和保险消费知识教育为主要内容，以有效的监督检查为保障，力争在三年内形成“制度健全、多方参与、权责明确、执行有力”的保险消费者教育工作体系，每年确定工作内容，通过制定方案加以实施。2009 年以制订计划、健全制度、全面组织实施消费者教育为主，2010 年以进一步巩固和加强消费者教育工作为主，2011 年以完善消费者教育机制和开展专项检查评估为主。2009 年的主要工作任务是：

（一）建立完善保护消费者利益的各项规章制度，抓好贯彻落实

1. 制定《北京保险业加强保险消费者教育工作实施方案》，进一步建立和完善相关制度，督导检查相关制度的落实情况。负责单位：北京保监局

2. 严格实施车险理赔质量测评指标公布制度，发挥公众舆论监督作用，促进消费者理性消费，提高保险公司理赔服务水平，提升行业形象。负责单位：北京保险行业协会

3. 认真贯彻落实各项财产保险和人身保险投保提示制度，明确提示消费者注意投保理赔过程中应注意的风险，增强保险消费者的风险意识和维权意识。负责单位：各保险机构

4. 认真贯彻落实监管部门关于客户回访工作的各项要求，切实做好客户回访工作，对保险消费者进行必要的风险提示及风险教育，保护消费者切身利益。负责单位：各保险机构

5. 制定保险消费者教育工作年度计划和相应工作制度，建设消费者教育园

地，广泛开展消费者教育工作。负责单位：各保险机构

（二）加强宣传工作，提高保险消费者风险防范和维权意识

1. 与主要新闻媒体开展广泛合作，通过报刊专栏、网站专题等形式开展保险消费者教育宣传。负责单位：北京保监局、北京保险行业协会

2. 开展以新《保险法》为主题的保险法制宣传教育工作。通过对新《保险法》中增加的有关保护保险消费者权益内容的宣传，提高广大消费者的法律意识。负责单位：北京保监局、北京保险行业协会

3. 组织编写1～2本保险消费知识宣传手册并广泛发放。负责单位：北京保险行业协会

（三）深入开展保险进行业、进社区、进学校、进农村活动，宣传普及保险知识

1. 联合北京市饮食行业协会、北京市旅游行业协会，举办2场关于公众责任险、旅游责任险的专题讲座，组织部分保险公司进行现场讲解，接受咨询。负责单位：北京保险行业协会、部分保险机构

2. 联合北京市消费者协会，举办1～2场社区宣传活动，每次组织8～10家保险公司进社区，开展公益宣传。负责单位：北京保险行业协会、部分保险机构

3. 联合北京市农村工作委员会开展保险进农村公益宣传活动，举办专场涉农保险宣传。负责单位：北京保监局、北京保险行业协会、部分保险机构

4. 进一步加强与北京市中小学校的联系，以风险知识教育为主题，以教师、保险公司专业人士进行辅导为主要形式普及保险知识。负责单位：北京保险行业协会、部分保险机构

**四、工作要求**

（一）高度重视，加强领导。各单位要确定专人负责保险消费者教育工作，把保险消费者教育工作纳入本单位重点工作计划，明确责任，周密安排，精心组织。

（二）认真部署，注重实效。各单位要根据本方案，尽快制定保险消费者教育工作具体实施方案，明确工作任务、时间安排，确保工作稳步实施，取得实效。

（三）着眼长远，确保长效。各单位要切实总结保险消费者教育工作开展过程中好的经验做法，创新保险服务方法，提高保险服务水平，建立保险消费者教育的长效机制。

**附：**

## 2009年文件与规章目录选编

### 中国人民银行营业管理部

1. 关于规范已购公有住房、经济适用住房和限价商品住房上市出售补缴土地价款等有关问题的通知

银管发〔2009〕25号

2. 关于印发《中国人民银行营业管理部再贴现业务管理办法》的通知

银管发〔2009〕30号

3. 关于信用担保机构信用评级工作若干问题的通知

银管发〔2009〕34号

4. 关于2009年北京市证券期货业和保险业金融机构反洗钱工作要点的通知

银管发〔2009〕42号

5. 关于2009年北京市银行业金融机构反洗钱工作要点的通知

银管发〔2009〕43号

6. 中国人民银行营业管理部关于贯彻适度宽松货币政策 促进首都经济又好又快发展的意见

银管发〔2009〕48 号

7. 关于金融支持北京市 2009 年重点建设项目有关事宜的通知

银管发〔2009〕60 号

8. 关于印发《2009 年社会保险基金专项治理实施方案》的通知

银管发〔2009〕84 号

9. 关于修订《北京市失业人员从事微利项目小额担保贷款财政贴息管理办法》的通知

银管发〔2009〕94 号

10. 关于个人机动车车船税收入入库有关问题的通知

银管发〔2009〕99 号

11. 关于加强人民币收付业务管理工作的通知

银管发〔2009〕106 号

12. 关于推荐使用房地产抵押估价报告示范文本的通知

银管发〔2009〕108 号

13. 关于印发《北京市同城票据交换退票业务处理办法》的通知

银管发〔2009〕112 号

14. 关于进一步完善北京辖内金融机构利率监测及备案管理工作的通知

银管发〔2009〕121 号

15. 关于调整国有商业银行股份制改革有关情况报送范围及指标的通知

银管发〔2009〕125 号

16. 关于印发《北京市小额担保贷款担保基金管理实施办法》的通知

银管发〔2009〕138 号

17. 关于印发《北京市辖内银行开办小额担保贷款业务申办规程》的通知

银管发〔2009〕139 号

18. 中国人民银行营业管理部　中国银行业监督管理委员会北京监管局关于印发《关于金融支持文化创意产业发展的指导意见》的通知

银管发〔2009〕144 号

19. 关于下发《2009 年北京市商业银行网上银行信息安全现场检查方案》的通知

银管发〔2009〕145 号

20. 关于正确处理联网核查公民身份信息工作社会公众投诉问题的通知

银管发〔2009〕156 号

21. 关于变更商业银行在发行基金保管库办理现金存取款业务的通知

银管发〔2009〕168 号

22. 关于贯彻落实相关银行卡管理文件工作的通知

银管发〔2009〕172 号

23. 关于印发《北京市中央银行会计核算电子对账系统管理实施细则（试行)》的通知

银管发〔2009〕186 号

24. 关于印发北京市农村地区支付服务环境改善工作方案的通知

银管发〔2009〕200 号

25. 关于印发《关于促进银行业金融机构在中关村国家自主创新示范区核心区设立为科技企业服务的专营机构的指导意见》的通知

银管发〔2009〕211 号

26. 关于印发北京市残疾人就业保障金退款申请审批办法的通知

银管发〔2009〕214 号

27. 关于做好今冬明春旺季现金供应工作的通知

银管发〔2009〕220 号

28. 中国人民银行营业管理部国家外汇管理局北京外汇管理部关于印发《关于加强首都科技金融服务工作支持中关村国家自主创新示范区建设的指导意见》的通知

银管发〔2009〕221号

29. 关于推广使用《商业汇票转贴现（回购）标准合同文本》及相关事宜的通知

银管发〔2009〕222号

30. 关于建立小额贷款公司利率专项监测的通知

银管发〔2009〕227号

31. 关于建立北京市政银企沟通交流机制的通知

银管发〔2009〕231号

32. 关于鼓励银行金融机构在大兴农村金融综合改革试验区设立为"三农"服务的信贷专营机构的指导意见

银管发〔2009〕246号

33. 关于鼓励银行业金融机构在宣武区设立为文化创意企业服务的专营机构试点的意见

银管发〔2009〕248号

## 中国银行业监督管理委员会北京监管局

1. 北京银监局关于辖内大型银行实施房贷新政有关情况的报告

京银监字〔2009〕2号　1月12日

2. 北京银监局关于防范个人理财业务风险　促进创新业务健康发展的通知

京银监发〔2009〕2号　1月14日

3. 北京银监局关于进一步加强二手房抵押贷款管理防范有证无房贷款诈骗风险的通知

京银监通〔2009〕10号　2月2日

4. 北京银监局关于建立辖内中资商业银行监管统计数据共享机制的通知

京银监通〔2009〕11号　2月9日

5. 北京银监局关于报送2009～2011年新型农村金融机构试点发展规划的补充报告

京银监字〔2009〕74号　4月7日

6. 北京银监局关于促进辖内银行业金融机构支持首都经济发展的指导意见

京银监发〔2009〕68号　5月19日

7. 北京银监局关于促进辖内银行业金融机构大力支持首都农村经济发展的指导意见

京银监发〔2009〕69号　5月19日

8. 北京银监局关于促进辖内银行业金融机构大力支持中关村国家自主创新示范区建设的指导意见

京银监发〔2009〕70号　5月19日

9. 北京银监局关于北京地区二手房贷款市场调查情况的报告

京银监字〔2009〕135号　6月26日

10. 北京银监局转发中国银监会关于进一步加强按揭贷款风险管理文件的通知

京银监通〔2009〕62号　7月3日

11. 北京银监局关于报送北京地区商业银行理财业务调研报告的报告

京银监字〔2009〕143号　7月10日

12. 北京银监局关于2009年以来辖内银行土地储备贷款发放情况及风险状况跟踪监测情况的报告

京银监字〔2009〕168号　8月12日

13. 北京银监局关于进一步规范存量房贷款业务的通知

京银监通〔2009〕84号　8月26日

14. 北京银监局转发中国银监会关于促进银行业金融机构进一步加强案件防控工作文件的通知

京银监通〔2009〕90号　9月4日

15. 北京银监局关于引领辖内银行业金融机构支持中关村国家自主创新示范区建设情况的报告

京银监字〔2009〕182号　9月9日

16. 北京银监局转发中国银监会关于完善商业银行资本补充机制文件的通知

京银监通〔2009〕110号　11月24日

17. 北京银监局关于进一步贯彻落实国家宏观调控政策、加强风险管理的通知

京银监通〔2009〕115号　12月11日

18. 北京银监局转发中国银监会关于规范信贷资产转让及信贷资产类理财业务有关事项文件的通知

京银监通〔2009〕123号　12月28日

19. 北京银监局关于持续督导辖内银行业金融机构深入贯彻执行“三个办法一个指引”情况的报告

京银监字〔2009〕238号　12月31日

## 中国证券监督管理委员会<br>北京监管局

**证券类**

1. 关于转发证监会《关于平安证券远程开户业务试点有关事项的复函》强化现场开户要求的通知

京证机构发〔2009〕90号

2. 关于进一步做好北京辖区信访工作有关事项的通知

京证机构发〔2009〕104号

3. 关于认真落实《证券营业部信息技术指引》的通知

京证机构发〔2009〕138号

4. 关于转发证监会关于内地证券公司在香港设立、收购、参股证券经营机构和业务监管有关问题的通知的通知

京证机构发〔2009〕157号

**期货类**

关于印发《关于落实期货公司首席风险官制度的指导意见》的通知

京证期货发〔2009〕13号

**基金类**

1. 关于做好辖区基金及基金公司2008年年报审计和内控核查工作的通知

京证机构发〔2009〕4号

2. 关于外国证券类机构驻京代表处做好2008年度工作报告报送工作的通知

京证机构发〔2009〕7号

3. 关于加强监察稽核计划制订和执行工作的通知

京证机构发〔2009〕12号

4. 关于防范假冒公司网站名义进行诈骗活动的紧急通知

京证机构发〔2009〕13号

5. 关于进一步加强辖区基金公司维稳工作的通知

京证机构发〔2009〕3号

6. 关于进一步做好北京辖区基金公司重要信息系统等级保护定级备案工作的通知

京证基金发〔2009〕7号

7. 关于对北京地区基金销售机构开展检查通知

京证基金发〔2009〕12号

8. 关于进一步落实第32次基金联席会会议精神的通知

京证基金发〔2009〕18号

## 中国保险监督管理委员会北京监管局

1. 关于落实中国保监会人身保险收付费风险管理要求的通知

京保监发〔2009〕4号 1月21日

2. 关于印发《中国保险监督管理委员会北京监管局移送涉嫌犯罪案件工作内部操作流程》的通知

京保监发〔2009〕31号 2月11日

3. 关于加强风险管理防范重大事故的紧急通知

京保监发〔2009〕32号 2月12日

4. 关于转发中国保监会停止以撕票方式经营短期意外伤害保险的通知

京保监发〔2009〕39号 2月18日

5. 关于推进“平安北京”建设、加强社会治安综合治理工作的通知

京保监发〔2009〕43号 2月20日

6. 转发中国保监会关于进一步加强投资连结保险销售管理的通知

京保监发〔2009〕44号 2月20日

7. 关于规范中介渠道短期意外伤害保险业务的通知

京保监发〔2009〕58号 3月6日

8. 关于开展部分监管规定落实情况自查自纠工作的通知

京保监发〔2009〕59号 3月6日

9. 关于印发《北京市政策性农业保险理赔服务规程（试行）》的通知

京保监发〔2009〕60号 3月6日

10. 关于印发《北京保险业加强保险消费者教育工作实施方案》的通知

京保监发〔2009〕107号 4月13日

11. 关于认真学习贯彻新《保险法》的通知

京保监发〔2009〕114号 4月16日

12. 关于处置非法经营短意险业务有关问题的通知

京保监发〔2009〕120号 4月27日

13. 关于保险兼业代理机构许可证换发有关问题的通知

京保监发〔2009〕139号 5月11日

14. 关于印发《北京保监局学习贯彻〈保险监管人员行为准则〉具体措施》的通知

京保监发〔2009〕166号 6月1日

15. 转发中国保监会关于推进投保提示工作的通知

京保监发〔2009〕235号 7月14日

16. 关于印发《北京地区加强保险中介从业人员继续教育管理工作实施细则》的通知

京保监发〔2009〕241号 7月17日

17. 转发中国保监会关于进一步加强结构调整转变发展方式促进寿险业平稳健康发展的通知

京保监发〔2009〕321号 8月25日

18. 关于贯彻落实《保险业打击“三假”工作方案》有关问题的通知

京保监发〔2009〕323号 8月26日

19. 关于印发《北京保险业新〈保险

法〉宣传活动方案》的通知

京保监发〔2009〕386 号　9 月 28 日

20. 关于转发中国保监会人身意外伤害保险业务经营标准的通知

京保监发〔2009〕405 号　10 月 15 日

21. 关于开展保险公司中介业务自查自纠工作的通知

京保监发〔2009〕485 号　12 月 9 日

22. 北京保监局关于进一步加强外国保险机构驻京代表机构管理工作的通知

京保监发〔2009〕486 号　12 月 9 日

23. 关于建立北京地区养老保险公司企业年金业务统计制度的通知

京保监发〔2009〕491 号　12 月 14 日

# 七、专题与调研

# 北京循环经济发展以及金融支持研究

中国人民银行营业管理部办公室

在自然资源日渐稀缺的今天，发展循环经济已成为国际社会的共识。本文分析了北京发展循环经济的现状，金融支持循环经济发展的不足及面临的困难，借鉴国际经验，提出加大金融支持力度，促进北京循环经济加快发展的对策建议。

## 一、北京市循环经济发展的现状

### （一）北京市循环经济发展初显成效

作为国家发展循环经济的首批试点城市，北京市在2005年开始发展循环经济。经过几年的发展，北京的循环经济发展机制基本形成，在节能减排、废旧物资回收利用、可再生能源利用、绿色生产等方面取得了一定成效。万元GDP能耗已从2005年的0.8吨标准煤下降到2008年的0.66吨标准煤；万元GDP水耗从2005年的50.1立方米下降到2008年的36.6立方米；主要污染物二氧化硫排放总量从2005年的19.1万吨减少到2008年的12.32万吨，削减35.5%；化学需氧量从2005年的11.6万吨减少到2008年的10.13万吨，削减12.7%。废旧物资回收利用初具规模，北京市城八区垃圾无害化处理率从2005年的95.1%增加到2008年的99%，郊区从46.6%增加到85%；城八区污水处理率从2005年的70%增加到2008年的93%。可再生能源使用比例不断提高，目前，北京市太阳能光伏发电示范项目规模已累计达到1.6兆瓦；在运行的大中型沼气工程53座，生物质集中气化工程61座，热泵采暖面积达到1 400万平方米。预计到2010年，北京市可再生能源开发利用总量将达到260万吨标准煤，比2005年翻两番，在能源消费总量中所占比重达到4%。

### （二）支持北京市循环经济发展的法律法规日臻完善

2005年，北京市发布实施了“加快发展循环经济、建设节约型城市规划纲要和2005年行动计划”。2006年初，北京市出台了《发展循环经济、推进节约型社会建设2005～2010年规划及实施方案》，提出了首都循环经济发展的中短期目标。同年，北京市公布《北京市“十一五”时期循环经济发展规划》，提出了“十一五”期间循环经济发展的各项具体目标。2009年2月，北京市印发了《北京市循环经济试点工作实施意见》，将在区县（城镇）、园区和企业3个层面选择循环经济试点单位，并对试点单位给予政策、资金、税收、土地申请、政府采购等多方面支持。

## 二、金融支持北京市循环经济的现状和存在的问题

### （一）金融支持北京市循环经济的现状

一是财政和金融相结合，激励企业发展循环经济。为了鼓励企业发展循环经

济，北京市财政累计投入100多亿元，对符合条件的资源利用企业两年减免税收，并对退出“高污染、高耗能、高耗水”的企业，给予资金奖励。此外，北京市对24家循环经济试点单位给予资金优惠。试点单位经审核可优先安排申请国债资金补助，并可享受贷款贴息的优惠。

二是积极推进绿色信贷，构建“银企双赢”模式。“绿色信贷”是将生态因素纳入信贷决策体系，通过关注环保、生态等具有长远效益的产业，以未来良好的环境效益和社会效益支持银行信贷业务的长远发展。2008年，人民银行营业管理部、市发展改革委、市环保局、银监会北京银监局4个部门联合发布了《关于加强“绿色信贷”建设支持首都节能减排工作的意见》，积极引导北京市银行类金融机构支持节能减排工作。辖内金融机构借助自身和外部优势拓展“绿色信贷”业务。国有商业银行借助与大型客户的关系优势，侧重于高耗能行业中的节能减排项目支持。股份制商业银行利用灵活的经营优势更多支持环保科技企业的融资需求。

三是开发推广碳金融，开创金融支持循环经济的新局面。2009年8月初，国内第一单自愿碳减排交易在北京环交所达成，天平汽车保险公司出资27.7万元人民币，成功购买奥运会期间北京绿色出行活动产生的8 026吨碳减排指标，购买资金将优先捐赠上海世博会“绿色出行”项目。

（二）存在的问题

一是融资渠道比较单一，融资较难。目前，北京市循环经济发展主要依赖于银行的信贷投放，开发性金融还没有对循环经济基础项目长期建设过程的商业信贷形成有力补充。现有的三个政策性银行与循环经济项目之间没有直接联系，大部分循环经济项目和企业很难从政策性银行获得贷款支持。此外，由于发行条件的限制，循环经济企业难以通过发行股票或者债券的方式融资。而且，与循环经济相关的风险投资、项目融资和专项投资基金尚未建立，极大地影响了循环经济发展的资金供给。

二是金融创新不足，相关的金融产品和服务滞后。金融机构仍以支持传统经济模式的金融产品和服务方式服务于循环经济，新产品设计不足，没有专门针对循环经济风险的金融产品，如绿色抵押、排放物（二氧化硫、一氧化氮）减少信用、温室气体排放减少信用、生态基金、巨灾风险证券化、天然气衍生品等，环境金融产品比较缺乏。

三是专业的中介机构匮乏，制约循环经济的发展。循环经济技术研发需要大量资金，同时也存在较高风险，尤其是循环经济的产业化面临很多的不确定性，如技术风险、市场风险和自然风险等。因此，如何准确地评估这些风险，需要专业的中介机构。目前，循环经济在国内处于发展阶段，担保、信用评级等中介机构缺乏相关的知识和经验，不能为循环经济的投资提供风险担保和专业评估，制约了循环经济的发展。

四是财政资金支持循环经济力度尚显不足。循环经济项目大多具有建设周期长、资金需求量大、社会效益明显的特点。目前，环保、税务等部门多采用费用返还、所得税抵扣、增值税免征等方式，对企业发展循环经济项目给予支持，但相对于循环经济项目的高投入来讲，财政支持的力度并不是很大。而且，目前财政支持的方式比较单一，仅限于财政补贴，没有通过发行政府债券或者成立专项基金，引导社会资金进入循环经济领域。同时，对金融部门支持循环经济发展缺乏相应的补偿政策，影响了金融部门支持循环经济发展的积极性。

## 三、国外金融支持循环经济的经验借鉴

（一）政府财政直接支持，积极发挥财政杠杆作用

在日本，政府专门制定了相应的财政预算支持循环经济发展。2003 年相关的财政预算为35.1 亿日元，2004 年为24.7 亿日元。这部分资金主要以政府补助金的形式，对创造型的技术研究开发、废弃物再资源化工设备生产、引进先导型合理利用能源设备、推进循环型社会结构实用化等方面提供补助。在美国，联邦政府为解决环保产业的资金短缺问题专门建立了“超级基金”。比如，在污水处理方面，建立了“清洁水州立滚动基金”，从 1987 年到 2001 年，共向 1 万个清洁水项目提供了 343 亿美元的低息贷款。为了扩大基金量，在 50 个设立该滚动基金的州中，有 34 个州还通过发行“平衡债券”，用滚动基金中的 1 美元作担保发行 2 美元的债券，使滚动基金的可使用资金增加了 44 亿美元。

（二）充分利用信贷市场，发挥信贷资金服务循环经济的主导作用

在日本，政策投资银行、冲绳振兴开发金融公库、中小企业金融公库、国民生活金融公库对引进 3R（再循环、再利用、减排放）技术设备的企业提供低利率融资。从事 3R 研究开发、设备投资、工艺改造等活动的企业，可以根据不同情况享受政策贷款利率。另外，非营利性的金融机构也对设置资源回收系统的企业提供中长期优惠利率贷款。在欧盟，对节能设备投资和技术开发项目给予贴息贷款和技术开发项目给予贴息贷款或免（低）息贷款以及为贷款提供担保，是各国在推动循环经济中的通行做法。例如，德国对风电项目和光伏项目已经实施低利率贷款，利率从 2.5% ~5.1% 不等；法国环境与能源控制署和中小企业开发银行于 2000 年 11 月成立了节能担保基金，专门对中小企业在节能方面的投资提供贷款担保。

（三）成立专业性金融机构，为循环经济提供全方位金融支持

在波兰，为支持环保产业的发展，专门成立了波兰环保银行。该银行通过开展环保领域内的一系列业务活动来支持环境保护，主要包括为经济实体、地方自治政府部门和自然人经营的环保项目提供贷款；对从事环保事业的公司进行投资；对有关实体提供环保方面的法律、经济及技术咨询；开展国际合作，为波兰环保项目吸纳外国资金；为基金组织及环保组织提供资金服务；为旨在提高社会环保意识的事业提供赞助；参加环保活动的组织等。波兰环保银行提供的优惠贷款，利率比其他银行低，而且贷款优惠范围根据贷款单位以及国家环保项目投资政策的情况而定。在日本，专门成立了碳金融公司，帮助日本企业到海外市场购买减排信用。

（四）积极推进金融创新，降低金融支持风险

在美国，针对循环经济的金融创新主要有资产证券化，如排污权（排放减少信用）允许以有价证券的方式在银行存储，并且排污权存储的信用可以出售或转移给其他工厂；巨灾债券（巨灾风险证券化），为巨灾保险风险向资本市场转移

的一条有效途径，消除了政府直接承受环境污染等巨灾赔偿资金的负担；天气衍生品，对天气不确定给天气敏感行业，如石油和能源业带来的风险进行控制。

## 四、政策建议

### （一）制定支持北京市循环经济发展的产业金融政策

建议有关部门尽快制定针对循环经济的金融支持政策。政府部门应建立专门针对循环经济的产业投资基金，通过直接补贴、财政贴息、直接奖励等方式，支持循环经济企业。同时，加大政策性金融支持力度，在直接补贴企业的基础上，应对商业银行设立产业风险补偿基金，提高银行的风险覆盖能力，激励银行在循环经济融资业务方面的产品创新和业务推动。金融管理部门应充分发挥信贷指导作用，要求商业银行在发放贷款时，将资源循环利用、污染物排放等指标纳入贷款评估体系。

### （二）充分发挥商业银行支持循环经济的主力军作用

目前，在间接融资为主导的模式下，银行信贷是循环经济企业融资的主要来源。商业银行应进一步提高信贷环保意识，在信贷审核和决策过程中为循环经济企业客户提供简化审批程序、延长信贷期限、降低贷款利率等优惠政策。灵活信贷方式，对技术改造项目潜力大而资金不足的企业，采取先信用后抵押，对产品有效益、有信用、有还款能力的企业，适当降低贷款门槛等。同时，积极借鉴国外经验，加大金融创新力度，设计开发针对循环经济的信贷产品或衍生产品。

### （三）加大政策性银行对循环经济的支持力度

加强政策性银行与地方商业银行合作，在严格甄选项目的基础上，可以通过由政策性银行直接向商业银行贷款，或者通过制定和实施政策性优惠贷款、对商业银行进行政策性担保等措施，将资金引向技术可行和有市场前景的循环经济的项目上。另一方面，政策性银行还可以扩大业务范围支持循环经济。比如，农业发展银行可根据自身业务的调整适当增加和扩大支持农业循环经济建设及农村循环经济发展的业务，恢复农业发展银行经济开发等专项贷款业务。

### （四）以创业板市场推出为契机，鼓励北京市循环经济企业在创业板市场上市融资

北京市大多数循环经济企业处在初始期或成长期，还没有达到主板市场的上市要求。现在创业板市场的推出为中小循环经济企业提供了有效的融资场所，同时也为风险投资创造了便利的退出机制，便于风险投资的变现、增值。应利用这一契机，鼓励北京市符合条件的循环经济企业在创业板市场上市融资，同时，加强适应于创业板市场的中小循环经济企业的项目筛选和储备，为面向创业板市场融资作好积极准备。

## 参考文献

1. 游贤盛：《广东省循环经济投融资机制的研究》，暨南大学硕士学位论文，2008 年 5 月。

2. 温美旺、杨春鹏：《国外环保产业融资机制对我国的启示》，中国论文下载中心，2009 年 5 月 23 日。

3. 陈柳钦：《发展循环经济的金融支持政策研究》，浙江投资网，2008 年 5 月 16 日。

4. 王卉彤：《北京市促进循环经济发

展的财政金融政策研究》，载《宏观经济管理》，2007 年第 6 期。

5. 韩玉民：《加大金融支持力度 促进青海经济由“资源性”向“循环型”转型》，载《青海金融》，2008 年第 10 期。

6. 史可山：《闽北地区循环经济发展和金融支持政策分析》，载《银行家》，2008 年第 8 期。

7. 郭文才、薛绯：《论金融支持与我国循环经济的发展》，载《科学管理研究》，2008 年第 2 期。

8. 刘薇：《北京发展循环经济的政策与机制》，载《商场现代化》，2006 年第 10 期。

9. 安毅：《循环经济：构筑北京经济发展新模式》，载《首都经济杂志》，2003 年第 4 期。

10. 《解读北京发展循环经济之路》，载《科技潮》，2004 年第 12 期。

11. 丁玲华：《发展循环经济的金融支持研究》，载《科技和产业》，2007 年第 8 期。

12. 庞任平：《建立发展循环经济的金融支持体系》，载《金融理论与实践》，2006 年第 6 期。

（课题组成员：赵晓英　王秋香
施玲华　陆强华）

# 北京市房地产市场供求情况及趋势分析

中国人民银行营业管理部货币信贷管理处

2009 年以来，人民银行营业管理部持续关注住房供给及交易形势，结合对宏观经济形势分析，形成两方面判断：一方面，经过一年时间的验证，由于城镇化、建设小康社会过程中自住、外埠、理财等购房需求大量存在，住房价格下调空间有限。另一方面，租金长期处于徘徊状态，迟延的购房需求经过当前的快速释放，将会逐步成熟与理性，房价难以持续快速向上突破。从住房供给及居民收入形势看，长期内北京房价将维持总体上涨格局，且不断分化，但应防止供求错位。

## 一、近期北京住宅市场的需求特点

2009 年以来，在迟延需求不断释放的情况下，外埠需求、投资需求、拆迁需求等迅速恢复。总体判断，目前预防性理财需求骤然放大，但大规模贷款投机需求并未涌现。

一是迟延购房需求释放。近三年新建房平均销售面积约在 1 900 万平方米，受市场低迷影响，2008 年部分潜在购房人选择观望市场走势，新建房成交面积为 1 031万平方米，可以估算全年迟延需求接近 850 万平方米。2009 年以来，房价有所松动，这部分购房需求开始释放。2009 年前两个季度，北京市商品住宅销售面积分别同比增长 110. 7% 和 299. 6% 。同时，二手房交易套数持续超过新建住房。1 ~ 6 月，二手房交易套数 10. 1 万套，已超过上年全年的交易量，并首次双双超过新建住宅交易面积和交易套数。在迟延需求的带动下，其他购房需求能够快速跟进。

二是外地人购房占比回升。据北京市建委统计，2003～2005 年北京市新建商品住宅外省市居民购房占比在 25%～30%之间，2006 年达到 33.2%，2007 年提高到 35%，2008 年回落到 27.6%。2009 年上半年，北京市新建住宅预售交易中，外地人购房面积占 31.3%，比上年提高 3.7 个百分点。新建住宅现房交易中外地人购房面积占 30.2%，比上年提高 9.4 个百分点。二手房外地人转移登记面积占 29.8%，比上年提高 0.7 个百分点。外埠购房需求有所回升，且更加趋向购买现房。

三是预防性保值购房骤然放大。购房贷款优惠政策效应逐步显现，由于 $M_2$ 持续高速增长，进入 5 月份通胀预期愈演愈烈，房地产市场形势逐渐从延迟需求释放转变成保值购房骤然放大。上半年，购买 90 平方米（含）以下住房贷款累计发放额同比增长超过 80%。购买 150 平方米（含）以上大户型住房贷款累计发放额同比增长超过 70%。贷款购房面积呈现两极分化状态，表明一方面房价提高促使购房人倾向于小户型住房，集约居住比例不断提高；另一方面富裕家庭购买大户型住房主要缘于流动性充沛情况下的理财需求。

四是拆迁购房将大幅增加。由于奥运因素及宏观调控影响，2005 年以来北京市危旧房拆迁规模大幅下降，2006 年、2007 年实际动迁居民分别比 2005 年下降 73.4%和 83.2%，2008 年计划拆迁不足 1 万户。奥运会后拆迁量逐步加大，2009～2010 年每年计划拆迁 200 万平方米，释放拆迁性购房需求约 300 万～400 万平方米。2009 年各区县上报计划拆迁 13.8 万户，上半年累计完成 2 万户，按户均 90 平方米计算，购房约 180 万平方米，预计下半年购房仍将大幅增加。

五是大规模贷款投资购房尚未涌现。一方面，北京市购房贷款增长与住宅旺销形成鲜明反差。6 月末，北京市中资金融机构商业性购房贷款2 719.7亿元，同比增长 3.8%，增速下降 7.6 个百分点。分月看，新增贷款逐步放大，投资购房趋势正在形成中。另一方面，贷款购买第二套住房的套数占比较上年同期有所提高，但是贷款总金额占比较上年有所下降。贷款购买三套以上住房的套数和金额的占比较上年同期均有所下降。购买二套住房主要目的在于改善居住条件，而购买第三套住房的占比较低并有所下降，大规模贷款投资购房行为尚未出现。

**二、北京市住宅新增供给分析**

与北京房价和交易量快速拉升不同，北京市住宅开发投资和住宅新开工面积持续负增长，住宅市场出现危机中普遍的“去库存化”的现象。从未来形势看，北京市住宅长期供给不容乐观，土地短缺将成为制约因素。但近期北京市土地开发推进力度加大，供给形势有所好转。

一是住宅投资增速和份额均呈下降态势。1～6 月，累计完成住宅开发投资同比下降 15.4%。从 2007 年开始住宅开发投资增速总体呈现下降趋势，2009 年下降幅度进一步扩大。住房开发投资占房地产开发投资的 36.8%，比上年同期下降 12.5 个百分点，比第一季度扩大近 4 个百分点。

二是新建住宅供给缺口较大。1～5 月，商品住宅批准预售面积为比住宅销售面积少 288.9 万平方米，销售预售比为 1.82，创出历史新高。一方面，新建商品住宅供给紧缺。1～6月，北京市住宅新开工面积同比下降46.0%，商品住宅新开工面积占全部房地产新开工面积的56.0%，比上年同期下降15个百分点。另一方面，尽管北京市大力推进保障性住房建设，但新增供给形势依然不容乐观。1～6月，经济适用住房累计完成投资25.6亿元，同比增长55.9%，新开工面积64.1万平方米，同比下降32.8%。

三是住宅库存正在不断消化。截至5月底，可供销售住宅套数119 368套，比年初减少28 959套。至6月28日，北京市可供销售商品房住宅两年来首次低于2008年同期。按5月份销售形势计算，当前库存住宅面积不到9个月的销售时间，其中还包括近500万平方米的空置面积。

四是长期新增供给形势严峻。土地供给下降幅度较大，在北京市大力推动下形势有所好转。2005～2008年，北京市完成土地开发面积分别为314.2公顷、840.5公顷、248.7公顷和351.5公顷，2009年1～6月完成土地开发面积同比下降12.0%。由于住房开发周期约在2年左右，按容积率2倍计算，即使全部土地形成房屋，2009～2010年新增房屋供给不足1 000万平方米，长期土地供应依然短缺形成。

### 三、对北京市房价走势判断

经过一年时间的验证，由于城镇化、建设小康社会过程中自住、外埠、理财等购房需求大量存在，住房价格下调空间有限。由于住房供给明显不足，特别是下半年及2010年上半年新增供给难以及时产生，从供求看北京房价大幅上涨的可能性较大。综合考虑投资收益、支付能力、通胀预期及宏观形势，北京房价能够维持总体上涨，但上涨空间有限，并将出现品质分化、区域分化和居住形式分化，但应防止出现“蛛网循环”造成供求错位。

一是投资收益限制房价上涨空间。根据市建委不完全统计，2008年北京城八区平均租金约为45元/月·平方米，住房销售价格以13 000元/平方米计算，住房投资收益率为4.15%，与长期住房贷款优惠利率持平，比长期存款利率高0.55个百分点。如果利率水平不发生变动，即使收益率与存款利率拉平，当前房价上涨空间以15%为限。

二是土地可能出现阶段性放量。对土地供给不足及增强房地产市场的调控能力，2009年北京市提出1 000亿元的开发投资计划。截至6月末，辖内土地储备贷款830.3亿元，比年初增加767.4亿元，信贷资金支持快速到位。可以预见，下半年土地开发将进一步加快，在土地供给长期不足的情况下，2010年可能出现阶段性放量，有利于平抑房价，但应防止陷入阶段性的“蛛网循环”。

三是收入分配差距促使房价分化。近年来居民收入持续提高，支付能力也随之增强，对房价上涨形成一定支撑。同时，收入差距也会促使房价分化，自住需求会相对理性地在租赁与购房之间选择，投资需求会在投资收益与机会成本之间取舍，租金、利率等会限制普通住房价格上涨，但对高档房价格的影响较小。作为奢侈消费，高收入家庭会选择品质高端、环境宜居、条件舒适、可替代性小的高档住宅、别墅等居住，中低收入家庭会根据支付能力或租或购等形式居住，会进一步产生品质分化、区域分化及居住形式分化。

四是国际经济形势不明朗加大房价波动。当前，国际金融危机冲击全球经济，国家投资4万亿元拉动经济，上半年信贷投放突破7万亿元，流动性进一步充裕，收入增长预期乃至通胀预期日益强烈，成为房价“V”型反弹重要原因。同时，大型国有企业集团介入土地市场，地价出现快速上扬，成为房价的支撑力量。但是危机仍在发展，世界经济形势并不明朗，我国实体经济能否持续好转，仍需进一步观察。房价与经济形势息息相关，决定其走势仍有波动。

**四、相关政策建议**

一是平稳土地供给，破解土地难题。完善土地储备制度，逐步放开土地开发市场，有效增加土地供给。推进土地征用与拆迁市场化，合理规划“城中村”改造和危旧房拆迁，平稳土地供给。将农民宅基地纳入统一的土地储备管理体系，消除土地使用权属差异，进一步扩大土地的有效供给。

二是健全住房市场及保障体系，推进二手房市场和租赁房市场建设。统一已购公房、房改房和商品住房权属，盘活存量住房，加大住房二级市场供给。引导社会资金建立长期规范的住房租赁公司，建设和收购部分住房用于长期租赁。建立廉租房、公共租赁住房、市场化租赁、商品房市场“四位一体”住房体系。

三是改善房地产宏观调控，发挥市场基础性作用。完善失业保障、养老保险、医疗教育等基础设施建设，增强北京市人口的正常流动，发挥房地产市场的“过滤”效应，为宏观调控营造良好的宏观环境。界定保障范围，建立保障退出机制，有效发挥保障的可持续性。正确引导舆论导向，避免误导住房消费需求，稳定市场预期。平衡与改善住房供给，切实防止房地产市场陷入“蛛网循环”造成供求错位。

四是完善金融支持，防范房地产信贷风险。金融机构应继续支持房地产开发企业合理的融资需求，加大对中低价位、中小套型住房建设的信贷支持力度。并对有实力有信誉的房地产开发企业，提供综合授信服务，为兼并重组提供融资支持和相关金融服务。房地产项目资本金比例下调后，对于易产生泡沫、极具易变性的住房建设项目的资本金要求，金融机构应根据防范风险的理念慎重对待，认真评估项目，在提供信贷支持和服务的同时切实防范相关风险。

（执笔：李海辉　童怡华）

# 当前首都农村金融发展现状、主要问题及政策建议

中国人民银行营业管理部货币信贷管理处

首都金融机构主动适应首都新农村建设的新形势和新要求，加强机制和产品创新，多层次、竞争有序的首都金融支农新局面正逐步形成。截至2009年9月末，北京市中资银行涉农贷款余额761.6亿元，比年初增加68.8亿元，有力推动了

北京农村经济的发展，带动农民致富，前9个月20%相对低收入农户人均现金收入同比增长20.4%。

## 一、当前首都农村金融发展的现状

### （一）竞争有序的金融支农新局面正在形成

截至2009年9月末，北京从事涉农业务的银行有24家（不含村镇银行）。传统涉农银行结合网点现状，加强市场细分，采取不同营销和审批手段，加大金融支持力度；国家开发银行、中国农业发展银行等政策性金融领域在农村五项基础设施建设、农用物资和农副产品流通领域不断拓展；商业性金融关注城市企业涉农贷款；中国邮政储蓄银行对北京农村商业银行传统优势—小额农户小额贷款业务形成挑战。

### （二）准确定位的金融组织体系继续完善

为落实党中央和北京市政府农村工作部署，沟通并满足金融服务需求，国家开发银行北京市分行成立以分行行长牵头的“支持北京新农村建设工作领导小组”。中国农业银行北京市分行按照既定改革方案，不断推进“三农”板块事业部制改革。北京银行结合郊区金融需求现状，增设“郊区管理部”，并在10个远郊区县新设网点20余家。北京农村商业银行在原有“三农”组织架构基础上，在密云、延庆、怀柔、平谷、门头沟5家支行增设“三农”业务部，完成重点区域支农组织体系布局。

### （三）满足多样化需求的信贷创新产品不断丰富

北京农村商业银行、国家开发银行、北京银行相继与10个远郊区县确立战略合作关系，与市农委、科委、妇联、计生部门、残联合作，推出多项贴息、担保贷款，包括“农家女小额贴息信贷”、“计划生育户创业致富贷款”、“助残贷款”等多个信贷创新产品。北京农村商业银行相继推出“伞式信用共同体”、“银商市场通”等信贷新产品，不断推进“凤凰乡村游，体验新农村”活动；截至2009年9月末，共发展凤凰乡村游特约商户2 500余家，近20亿元城市资金流向农户。中国邮政储蓄银行北京分行与北京市建委合作共同设计研发“绿卡暖心卡”，协助相关部门实时监督农民工薪金发放情况，在怀柔和延庆开发“新型农村合作医疗卡”，协助相关部门有效解决农民医保报销难题。

## 二、当前首都农村金融发展面临的主要问题

### （一）农村信用环境成为制约农村金融发展的“环境短板”

近年来，农村“三信工程”（信用镇、信用村和信用户）建设初见成效，也促进了金融机构发展农村金融业务的积极性。但总体来看，农村信用环境仍然存在欠缺，成为制约农村金融发展的“环境短板”。一是部分乡镇干部金融基础知识欠缺。部分乡镇干部认为金融支农就是金融机构发放贷款，对贷款的发放需要到期偿还作为前提认识不足，特别是在农村基础设施建设领域，乡镇干部描绘的发展蓝图里没有金融机构所希望了解的盈利模式或贷款到期还款安排计划，一定程度上降低了金融机构的兴趣。二是信用环境建设主体相对单一，缺少全社会的共同参与。目前，从事“三信工程”建设的主体主要是北京农村商业银行。北京农村商业银行对已评出的信用户、信用村和信用镇进行阶段性信用评价和动态管理，取得

积极成效。但与此同时，这项工作需要北京农村商业银行大量人力和物力投入，增加银行营运成本。值得关注的是，在北京农村商业银行推进“三信工程”建设过程中，其他金融机构就有可能存在“搭便车”问题。理论上，政府和农民都是农村信用环境建设的受惠者，但政府、农户在信用环境建设过程中的义务常常被忽视。三是部分农户对贷款存在认识误差。近几年国家惠农政策力度加大，支农资金规模增加，农民实实在在受惠，但也导致部分农户存在认识误差，存在“依赖政府、吃政策饭、吃政府饭”的想法，认为不管是财政的钱还是银行的钱，都是国家的钱，还款意识较差，造成银行农户不良贷款率高企。以北京农村商业银行某支行为例，2009 年 9 月末，该行农户贷款余额 4 136.8 万元，不良贷款余额为 940.7 万元，不良率高达 22.7%。

（二）政府支农的风险代偿机制运行受阻

由于农村金融存在较为严重的信息不对称，政府出具保证金担保可以对贷款项目进行有效的信用增级，提高金融机构贷款积极性。但在实际运行过程中，区以下政府财力有限，一旦贷款项目出现不良，金融机构难以按照事先约定有效执行政府出具的保证金。截至 2009 年 9 月末，北京农村商业银行某支行支持“银农”、“银政”合作项目 7 个，投入资金3 146.1 万元，政府也出具保证金担保，但借款企业发展未达到当初预期水平，部分企业已处于关停并转状态。如按照保证金约定，政府应在贷款出现风险后及时代偿，但受种种因素影响，政府支农的风险代偿机制运行受阻。

（三）惠农资金多个源头与农户贷款担保机制欠缺之间的矛盾日益激烈

政府惠农资金存在多个源头，涉及多个具体机构，如妇联、计生委、残联、农委等，多采用直接发放或贴息的方式进行。虽然单一机构惠农资金有限，但全部惠农资金加总数量较为可观。由于惠农的资金多与具体事物相联系，如大棚建设、计划生育等，无法为农户贷款进行有效担保，难以起到撬动农户贷款的作用。现实中，农民所拥有的财产，如土地、房屋等，为集体所有性质，难以成为金融机构所普遍接受的抵押物。此外，农户没有反担保物，商业性担保机构为农民提供担保的积极性不高，且涉农企业效益低、担保成本高，致使有资金需求的农户因找不到有效担保而无法获得金融机构的贷款支持。

（四）传统涉农银行在优质贷款项目上的优势正在丧失，影响到支农积极性

在优质涉农贷款项目上，商业性金融与政策性金融积极参与竞争，传统涉农金融机构的业务优势正丧失，也在一定程度上影响涉农金融机构支持新农村发展的积极性。据北京农村商业银行反映，对于优质大型的涉农贷款项目，四大国有商业银行、国家开发银行、中国农业发展银行、北京银行在内的多家银行机构都积极参与竞争，部分商业性金融在利率和贷款条件上给予优惠，对北京农村商业银行的业务形成较强的冲击。

**三、政策建议**

一是加强金融知识普及，增强信用意识。一方面要加强对基层政府干部的金融知识普及，灌输金融常识，增强信用意识。另一方面，也要加大对农户的金融知识普及和信用教育，采取灵活生动的形式切实增强普通农户的信用意识。

二是强化全社会共同参与建设农村信用环境的机制。在金融机构方面，需要逐步消除“三信工程”由北京农村商业银行进行评估带来的“搭便车”问题，其他涉及农户贷款的金融机构应和北京农村商业银行一道参与“三信工程”建设。在政府方面，应将农村信用环境建设纳入政府干部绩效考核，发挥政府在农村信用环境建设的主导作用。在农户方面，需要提倡“诚信光荣，失信可耻”的精神，加强对失信农户的社会道德约束。

三是建立统一的支农风险代偿机制。由市政府统一建立有效的风险代偿机制，有效解决区县银政合作中的风险代偿难以执行问题。

四是建立农户贷款专门担保机构。政府可从惠农资金中提取一部分资金建立农户贷款担保基金，收取较低的担保费率，专门从事农户贷款的担保。担保基金盈余留做下年使用，不足部分由财政弥补。

五是在优质涉农项目上对传统涉农金融机构上应有政策倾斜。传统涉农金融机构与“三农”有天然联系，是金融支农的主力军，在鼓励这些机构支持农村经济发展和农民致富的同时，也需要在政策上扶持这些金融机构的良性发展，政府主导的优质涉农贷款项目应对传统涉农金融机构有一定程度倾斜。

（课题组成员：雷晓阳　项银涛　吴逾峰　魏海滨　执笔：项银涛）

# 北京地区个人本外币兑换特许试点情况调研

中国人民银行营业管理部国际收支处

2008 年 8 月 19 日，北京通济隆丰盛科技有限公司（以下简称通济隆公司）经国家外汇管理局批准成为第一家在北京开展个人本外币兑换特许业务的试点企业。在半年多的试点过程中，试点工作进展顺利，试点效果初步显现，为下一步试点范围的扩大起到了较好的示范作用。

## 一、试点业务开展情况

通济隆公司获得我管理部的批复后，迅速开展试点的各项转换工作，向北京市商务局、工商局申请办理了相关变更登记手续，并与中国银行北京市分行签署了合作协议，于 2008 年 9 月 28 日正式开始以个人本外币兑换特许企业的身份对外办理个人本外币兑换业务。与之前作为中国银行的签约外币代兑机构相比，通济隆公司在汇率定价、资金平盘等方面具有更多的自主性。以下是通济隆公司试点以后的业务数据情况，将这些数据与试点前该公司作为银行签约外币代兑机构的业务情况对比后，可以发现试点后公司业务兑换量和收益都呈现不同程度的提高。

从兑换业务量来看，增长迅猛。2008 年 9 月 28 日至 2009 年 4 月 10 日，通济隆公司共办理兑换业务 49 568 笔，金额合计 1 744 万美元。其中，办理境内个人兑入 6 353 笔，金额 357 万美元，同比分别增长 30% 和 54%；境外个人兑入

36 374笔，金额1 207万美元，同比分别增长30%和34%；境内个人购汇1 890笔，金额89万美元，同比均增长100%；境外个人兑回4 951笔，金额91万美元，同比均增长100%①。日平均兑换额为8.94万美元，单笔兑换额平均为351.84美元。

从兑换结构看，500美元以下的兑换量最大，兑换笔数占全部兑换笔数的80.88%，500～1 000美元的兑换笔数占13.48%，1 000美元以上的兑换笔数占5.64%。仅有64笔达到公司设定的最高兑换金额5 000美元。

从客户群体看，主要以境外人士为主，兑换金额、笔数的占比分别为74.42%和83.37%。而境外个人兑换以兑入为主，兑入笔数和金额分别占境外个人兑换量的88.02%和92.99%。

从收益状况看，盈利能力较外币代兑机构明显增加。2008年9月28日至2009年4月10日，公司实现收益563.10万元人民币，同比增长208%。其中手续费收入256.48万元，价差收入306.62万元。

从挂牌汇价波幅来看，该公司美元挂牌汇率的浮动幅度为人民银行交易中间价的3.62%～3.74%，接近4%的最高限额；非美元主要货币的浮动幅度在4%～7%。

从布点情况看，通济隆公司已在客流量大、外币兑换需求旺盛的首都机场T2、T3航站楼设立兑换服务点。目前，为进一步扩大业务规模，该公司已筹划在红桥市场等地区选取新的营业地点。

**二、政策执行效果**

（一）扩大了市场服务主体，活跃了外币兑换市场

本外币兑换特许业务试点政策的出台，解决了个人本外币兑换业务服务缺欠的问题，在现有外汇管理政策框架内，增加了银行之外的市场服务主体，有效提高了北京地区兑换服务的效率和整体水平。

（二）引进服务竞争机制，提高了企业的积极性

从目前的状况看，外币代兑机构在资金清算方式、兑换币种等方面还受限于银行，收益受到影响，积极性有限。而与一般外币代兑机构相比，试点企业在兑换币种、交易汇率、开户、平盘等方面享有自主权，加大了企业的获利空间，极大地提高了企业的积极性。目前，由于通济隆公司仅在机场地区设置了营业网点，随着公司逐步在市内增设网点，一旦形成规模效应后，其业务优势将会更加凸显。

（三）监管到位，试点工作平稳进行

《个人本外币兑换特许业务管理试点办法》要求试点企业按照现行个人结售汇管理规定、逐笔登录“个人结售汇管理信息系统”办理外币兑换业务，各项业务监管比较严格，对特许业务能够实施有效的监管，试点期间没有出现不法分子利用特许兑换业务进行大量外币现钞结汇的情况。

**三、试点工作中存在的主要问题**

（一）缺乏配套的政策法规

由于个人本外币兑换特许业务尚处试点起步阶段，与相关管理部门的政策衔接不畅，导致企业在办理工商登记变更等环节面临无章可循的局面，直接影响试点企业开展业务。同时，《个人本外币兑换特许业务管理试点办法》中有关企业外汇备付金的管理等规定不够明确，备付金账

① 兑回增幅均为100%是因为该公司于2008年5月21日起方开始办理双向兑换业务。

户限额的核定缺乏具体的依据和统一的标准，操作性不强。

（二）兑换手续不够灵活便捷

按照试点办法的规定，试点企业必须逐笔通过“个人结售汇管理信息系统”进行业务处理，导致业务处理时间由原来的每笔2分钟增加至7分钟，延长了客户排队等候的时间。

（三）对外汇黑市的遏制作用有限

尽管与代兑机构相比，特许企业经营兑换的灵活性、盈利性有了很大的提高，但由于受相关管理政策的约束以及经营成本等多方面影响，其在市内的网点并未铺开。同时，其在定价、手续费、服务等无法与外汇黑市相比，加上外汇黑市服务对象的特殊性，使得特许企业对外汇黑市有一定的冲击，但遏制作用有限。

**四、相关建议**

（一）总结积累试点经验，稳步推进个人本外币兑换特许业务的开展

针对试点中出现的问题，进一步完善相关管理制度，加强与试点企业及各相关部门联系沟通，建立与市政府、商务局、工商局等部门的协调机制，继续支持试点企业在市内拓展业务，为下一步扩大试点范围打下坚实的基础。同时，为最大限度地提高兑换效率，建议完善相关管理办法，对500美元以下的小额兑换业务不纳入个人结售汇管理信息系统，以更加突出个人本外币特许业务灵活、快捷、便利的优势。

（二）加强引导，培育适合开展个人本外币兑换特许业务的企业

目前，首都机场地区除通济隆公司以外，还有北京艾西益商务服务有限公司和北京恒生联合投资有限公司两家主营货币兑换业务的公司，与银行签约办理外币代兑业务。这两家公司也是我管理部首批申请进行特许业务试点的企业，开办外币代兑业务均在一年以上，承担了机场地区非银行类兑换机构70%的兑换量，运行情况良好。但是由于代兑机构在牌价制定和管理方面的局限性，使其经营规模和效益受到较大制约，影响了企业的积极性。试点工作开展以来，这两家企业仍积极申请，非常迫切能够获准开展个人本外币兑换特许业务。因此，我们希望能够尽快推广试点经验，进一步扩大试点企业范围，提高企业积极性，努力构建公平、合理的竞争市场，促进货币兑换业的良好发展。同时在政策上给予一定的倾斜，使之灵活性得到充分发挥，将更多的货币兑换行为纳入有效监管范围。

（三）加强宣传，扩大本外币兑换特许业务的社会认知度

通过各种形式的宣传渠道，使更多的来华外宾特别是境内居民了解特许企业的兑换服务功能，充分认识到通过特许企业等正规途径办理兑换具有安全保障和方便快捷的特性，引导更多的人通过合法途径办理兑换，提高社会公众的认知度。同时，加大对外汇黑市的打击力度，警示黑市兑换的风险，增强大家的守法意识，抑制黑市需求，从根源上遏制黑市的生长。

（课题组成员：王宝庆　景洁）

# 北京市担保业发展现状、问题及建议

中国人民银行营业管理部金融稳定处

## 一、北京市担保业发展的现状及特点

### （一）北京市担保业基本情况

据统计，截至2009年末，在京注册的担保机构有300多家，实际从事担保业务的近100家，其中政策性担保机构有22家，94家担保协会会员参与协会定期统计。截至2009年底，94家会员担保机构（以下简称会员担保机构）资产总额为354.19亿元，负债总额为86.15亿元，注册资金为253.05亿元，担保总额为1 599.09亿元，累计发生代偿22.69亿元，累计代偿率为1.04%，累计发生代偿损失4.13亿元，累计代偿损失率为1.89‰。

### （二）北京市担保业发展主要特点

1. 中小企业担保是企业担保业务的重要组成部分。截至2009年底，会员担保机构为16 732户企业提供担保服务，担保总额达1 599.09亿元。

在39 971笔企业担保中，担保额800万元以下的交易达15 931笔，占总交易笔数的92.54%。从企业担保金额看，在全年1 599.09亿元担保总额中，中小企业贷款担保额535.98亿元。2009年新增担保额886.26亿元中，新增中小企业贷款担保额281.72亿元。

北京市担保业以中小企业为服务对象的特征明显。

2. 担保业务多元化趋势明显，业务创新较快。在2009年新增担保额886.26亿元中，比上年增长26.69%。其中，企业贷款担保额（含个人贷款）338.52亿元，与上年持平；新增个人贷款担保额121.20亿元，较上年增长120.32%；新增工程类担保额125.62亿元，较上年增长25.82%，其他融资性担保额262.16亿元，比上年增长46.59%。

担保机构业务多元化趋势明显。在新增担保额中，贷款担保比重首次降到40%以下，为38.2%。工程类担保、金融产品担保、贸易担保和诉讼担保等新兴担保品种增速较快。

3. 风险准备充足，代偿率处于较低水平。截至2009年，会员担保机构累计提取准备金24.80亿元，其中2009年提取准备金6.44亿元。累计代偿872笔，代偿金额22.69亿元，累计代偿率1.04%，其中2009年代偿116笔，代偿金额3.39亿元。累计代偿损失4.13亿元，累计代偿损失率1.89‰，其中2009年代偿损失10 567万元。据担保协会统计，代偿率有所上升，代偿损失率略有下降，“两率”均保持在较低水平。

4. 整体财务状况较好，但投资资产占比高。截至2009年底，会员担保机构资产总额354.19亿元，其中，流动资产248.29亿元，长期投资55.12亿元，固定资产14.68亿元；负债总额86.15亿元，其中流动负债69.85亿元，长期负债10.64亿元。

2009年，会员担保机构实现收入30.18亿元，其中，保费收入17.3亿元，利息收入5.77亿元，投资收益3.72亿元，其他收入1.51亿元，实现税后利润4.07亿元。共计纳税1.36亿元。

从财务指标看，2009年，会员担保机构平均资产负债率为24.30%，其中政策性担保机构为40.20%，商业性担保机构为21.20%，商业性担保机构明显低于政策性担保机构，平均资产负债率均处于较低水平；平均流动比率为3.56倍，其中商业性担保机构略低于政策性担保机构，两类机构均保持较高的流动性；平均资产投资比例为35.9%，两类机构相当，商业性担保机构略高。但从投资收益比重看，投资收益占全部收入的比重为12.40%。与资产投资比重相比，投资回报率较低。

**二、北京担保业存在的问题和面临的风险**

（一）整体行业发展亟待进一步规范

目前，虽然《融资性担保公司管理暂行办法》出台后，对融资性担保机构设立了准入门槛，但对于其他业务机构没有明确准入门槛。另外，由于担保行业长期以来监管主体缺位，造成担保行业鱼龙混杂，有的机构根本不从事担保业务，而是从事民间借贷、高利贷甚至配合骗贷等非法业务，行业管理亟待规范。

（二）部分担保机构杠杆率较高，存在代偿率上升风险

目前，个人阶段性担保贷款余额占担保机构实收资本的比例较高。据担保协会介绍，在个人贷款阶段性担保业务中，有3家担保机构担保贷款余额均超过各自实收资本10倍，其中1家担保机构在该行的担保贷款余额某些时点达到其实收资本的14.31倍。虽过桥担保风险相对较低，但担保贷款仍存在风险隐患。

北京市担保机构已初步形成各自的行业领域分工并具有稳定的客户群，但部分担保机构担保客户集中度较高，风险集中，在行业客户群企业盈利能力减弱、还贷能力下降的情况下，担保机构的集中性代偿风险增加。

（三）担保机构对外投资占比高，资金闲置状况突出

据统计，2009年，会员担保机构各类投资127.02亿元，资产投资比例为35.90%，占注册资本的50.2%，其中除固定收益类外的投资比重占到注册资本的45.03%。这与《融资性担保公司管理办法》中20%的要求相差甚远。另外，从投资收益比重看，投资收益占全部收入的比重为12.37%。在金融危机环境下，大规模投资所带来的风险值得关注。

这些情况表明，担保机构资金闲置状况突出，担保业务饱和状况明显。

（四）担保机构资金被集团公司集中管理带来的风险值得关注

部分集团化担保机构，将集团资金集中管理，而对集团资金运用缺乏监管，如集团公司资金运用出现风险，将波及担保机构本身，危及公司生存。北京中科智担保有限公司是中科智担保集团公司的全资子公司，主要从事中小企业的融资性担保业务。2008年，中科智集团公司涉嫌违规股票投资造成亏损而出现危机，波及北京中科智担保公司，属于典型的集团公司风险传播。2009年初，由于金融危机的影响以及中科智集团涉嫌违规股票投资巨额亏损，北京中科智担保业务量下降、客户和员工流失情况严重，面临生存危机。

（五）业务合作对象过度集中，缺乏

统一合作规范

虽然2009年贷款担保在担保总额中的比重首次低于50%，下降至38%，但仍在担保额中占据绝对的主力。绝大多数担保机构的贷款担保都是主要担保品种，其业务拓展和维持在相当大程度上依靠银行。如北京中科智担保有限公司主要合作银行为北京银行，当深圳中科智担保集团出现危机后，北京银行拒绝继续与其开展业务合作，致使其业务迅速陷入困境。这种与单一银行高度捆绑式的发展对担保机构自身的发展存在较大风险。

另外，有些担保机构贷款担保单笔、单户数额过大，有的甚至超过了净资产的50%。

由于缺乏权威评级，银行对担保机构缺乏统一的合作考核标准。目前各银行参照《中小企业融资担保机构风险管理暂行办法》（财政部2001年制定）制定了对企业融资的担保机构准入和管理办法，依次来选择担保机构、确认担保贷款。但对于提供个人贷款阶段性担保的担保机构，则缺乏统一的风险管理标准和要求，行际差距较大。

**三、政策建议**

（一）明确行业整体监管主体，加强行业监管

担保机构发展中存在的上述问题，主要原因是长期以来缺乏监管造成的监管真空，处于谁都管、谁都不全管阶段。《融资性担保公司管理暂行办法》虽然明确了融资性担保机构监管主体，但担保行业整体仍缺乏明确的监管主体，造成行业缺乏整体规划和明确的功能定位，导致担保行业无序竞争。

我们认为，应就行业整体明确监管主体，对各类担保机构制定行业发展规划，促进行业健康发展。

（二）尽快制定担保行业规范，建立风险监测指标体系

担保业属于高风险行业，担保对象违约风险和担保机构自身经营风险都有可能传播至银行业，甚至影响系统性金融稳定。因此，担保业应建立类似金融监管的行业监管制度。一是尽快制定行业监管法规，规范担保机构市场准入和高管从业人员资格审查制度，二是严格业务操作指引，建立担保业风险监管指标体系，加强担保业务日常监管。

（三）加强征信管理，防范金融风险

一是将担保机构为个人贷款担保业务信息纳入个人信用信息基础数据库。目前，担保机构为企业贷款的担保信息已纳入企业信用信息基础数据库，而对应的担保机构为个人贷款作担保时，个人信用信息基础数据库只采集了个人贷款信息，担保信息缺失。由于信息不完整，不仅影响了商业银行的风险判断，同时也遗漏了担保机构一块非常重要的业务信息。

二是整合企业和个人征信信息，建立担保机构风险监控系统。建议对企业和个人信用信息基础数据库中的担保机构业务信息加以整合，建立担保机构风险监控系统，对担保机构业务开展情况，如业务量、担保质量、资本金放大倍数、大额业务、大客户、行业集中度等进行监控。将担保机构信息纳入征信系统后，可全面监控担保机构的不良记录，有助于银行降低风险。

（四）加强信用评级，促进优胜劣汰

国家发展和改革委员会2004年开始指定评级公司对担保机构进行信用评级，但评级工作开展情况并不理想。信用评级报告未能反映报告主要使用人（银行等）

的关切面，未得到银行的认可。我们认为，实行“政府指导，市场化运作”的评级模式有助于推动现阶段担保机构评级工作。通过信用评级，有利于建立行业标准，实现优胜劣汰，促进行业整体发展。

（五）建立和完善担保业风险分担机制，促进可持续发展

一是建立以政府财政资金为主、社会资金为辅的资本补偿机制。借鉴西方发达国家经验，建立中小企业信用担保机构的资本金补充和代偿补偿机制，建立以政府、担保企业共同出资建立的担保风险基金；二是实行税收优惠普惠。在所得税、营业税方面给予优惠和减免，提高担保机构税前提取未到期责任准备金比例，鼓励担保机构足额提取“两金”。增强担保机构抗风险能力，取消所有制性质歧视；三是进一步推广反担保或再担保制度。确定的反担保人资格、扩大反担保标的物范围。推动再担保工作，提高担保机构风险能力。

（六）加强业务培训，壮大担保从业人员队伍

据调查，除个别规模较大的担保机构人员队伍相对完善外，大部分中小担保机构均存在人员缺失严重问题，有的担保机构没有专业人员，全部是政府部门工作人员，造成担保机构不具备独立承担担保责任能力。这种状况与担保机构审核贷款担保、防范识别风险、严格后期管理等要求相差甚远。建议监管部门、行业协会加大培训力度，建立后续教育计划。

（课题组成员：董洪福　刘文权　张萍，执笔：刘文权）

# 中小企业信贷融资现状及政策建议

中国人民银行营业管理部经常项目管理处

受国际金融市场急剧动荡和国际经济增长趋缓的影响，我国企业利润和财政收入增速下降，资本市场持续波动和低迷。对此，温家宝总理在国务院常务会议上曾提出，要增加对中小企业贷款，保持进出口稳定增长。为进一步做好中小企业信贷融资工作，2008 年底，我管理部对辖内 16 家商业银行和 40 家中小企业进行了深入细致的调查，结果显示：中小企业贷款需求依然旺盛，但银行供给明显不足，国际贸易融资产品为进出口企业融通资金的作用依然有限。要切实解决中小企业信贷融资难问题，政府应立足于服务，并给予银行和企业一定的财政支持，银行应“有保有压”，而中小企业应从自身出发，提高自身竞争力及融资能力。

## 一、中小企业银行融资现状及特征

（一）从变化趋势来看，中小企业人民币贷款增长乏力，外汇贷款出现下滑，不良率虽有所下降，但仍高于银行平均水平

2008 年底，辖内 16 家银行对中小企业人民币贷款的余额为 2 626 亿元，仅占银行人民币贷款总额的 22%，较上年底增长 2%。中小企业不良率较上年底下降 7 个百分点至 4%，但仍高于同期银行业人民币贷款总体不良率（2%）。

2008年底，辖内银行对中小企业外汇贷款余额为11亿美元，占银行外汇贷款总额的10%，较上年底减少7%。中小企业不良率为2.1%，高于同期银行业外汇贷款总体不良率（0.5%）约1.6个百分点。

**表1　辖内16家银行中小企业贷款情况***

| 贷款币种 | 贷款余额 | 较上年底增长 | 不良率 | 较上年底增减 |
|---|---|---|---|---|
| 人民币（亿元） | 12 120 | 24.0% | 2.2% | -2.0% |
| 其中：中小企业 | 2 626 | 2.2% | 4.0% | -7.0% |
| 外汇（亿美元） | 105 | -1.4% | 0.5% | -0.2% |
| 其中：中小企业 | 11 | -6.8% | 2.1% | -0.4% |

*：本表数据含中国银行股份有限公司北京市分行、中国工商银行北京分行、中国建设银行北京分行、中国农业银行北京分行、中国进出口银行北京分行、交通银行北京分行、中信银行总行营业部、招商银行北京分行、深圳发展银行北京分行、兴业银行北京分行、北京银行、北京农村商业银行、汇丰银行（中国）有限公司北京分行、东亚银行（中国）有限公司北京分行、花旗银行（中国）有限公司北京分行、三菱东京日联银行（中国）有限公司北京分行共16家银行。

（二）从发放主体来看，以中小型银行为主，其中地方性商业银行在人民币贷款方面发挥着重要作用，中行、工行、建行三大国有银行中小企业信贷比例较低

截至2008年底，对中小企业发放人民币贷款余额最大的5家银行贷款总额在16家银行中占八成，前两家都是地方性商业银行，有4家都是中小银行。中行、建行、工行三大国有银行中小企业信贷比例均很低。外资银行对中小企业人民币贷款规模普遍较小。

**表2　辖内中小企业贷款发放前五名银行名单**

| 银行排名 | 人民币贷款 | （余额　　占比） | 外汇贷款 | （余额　　占比） |
|---|---|---|---|---|
| 1 | 北京农村商业银行 | （650亿元　55%） | 交行北分 | （2.7亿美元　23%） |
| 2 | 北京银行 | （545亿元　33%） | 工行北分 | （1.8亿美元　14%） |
| 3 | 交行北分 | （376亿元　31%） | 中信营业部 | （1.2亿美元　9%） |
| 4 | 农行北分 | （333亿元　33%） | 东亚北分 | （1.1亿美元　18%） |
| 5 | 中信营业部 | （185亿元　26%） | 汇丰北分 | （0.9亿美元　64%） |

截至2008年底，对中小企业外汇贷款余额最大5家银行贷款发放总额在16家银行中占七成。除汇丰银行北京分行、深发行北京分行的中小企业外汇贷款占比超过三成之外，其他银行中小企业外汇贷款占比普遍较低，特别是中行北分和招行北分占比仅分别为5%和1%。

（三）从贷款结构来看，以短期为主，主要投向批发和零售业、制造业等行业

辖内银行业对中小企业人民币贷款以一年以内的短期流动资金贷款为主，占比多在60%～90%。辖内银行对中小企业外汇贷款也集中在一年期内，其中国际贸易融资业务一般在三个月以内。中小企业贷款主要投向制造业、房地产业、批发和零售业、租赁和商务服务业、交通运输和仓储业、信息传输、计算机服务和软件业等行业。

（四）从贷款成本来看，中小企业本

外币贷款成本普遍高于大型企业

鉴于中小企业存在自身经营不稳定和抗风险能力差的特点，银行对中小企业制定的贷款利率普遍高于大型企业。人民币贷款方面，各家银行对中小企业人民币贷款一般以基准利率为起点，进行一定幅度的上浮（而对大型企业则在基准利率基础上给予一定幅度的下浮或执行基准利率）。以北京农村商业银行为例，该行中小企业贷款中利率上浮 10～30% 的占 70%，30%～40% 的占 20%，40%～50% 的占 10%，而对大型企业的贷款利率在 -10%～10% 之间浮动。又如建行北京分行对中小型企业的贷款利率高出大型企业贷款利率 10%～20%。外汇贷款方面，中小企业外汇贷款利率加点明显多于大型企业，国际贸易融资中小企业的利率一般比大型企业要高出 50 基点以上。

（五）从新增贷款发放情况来看，大部分银行已将新增贷款部分投向中小企业

为支持中小企业发展，2008 年 8 月央行对全国性商业银行信贷规模调增 5%，对地方性商业银行调增 10%。调查显示，大部分银行已将总行新拨的贷款部分用于中小企业信贷。如北京银行也已明确要将新增 30 亿元信贷额度中的绝大部分定向投放于小企业；北京农村商业银行已将新增 25 亿元信贷额度中的 52% 即 13 亿元投向小企业。11 月份国家进一步取消商业银行信贷规模控制，银行贷款条件有所放宽，但大企业贷款条件放宽程度相对中小企业更大。

**二、中小企业信贷融资存在的问题**

（一）从银行信贷供求来看，企业需求旺盛但银行供给不足

尽管国家和地方已出台了多项旨在推动中小企业融资的政策，企业信贷融资困难依旧严峻。据统计，全国 4 200 多万家中小企业中，只有 10% 获得过银行贷款。在国际经济形势增速放缓、国内宏观调控结构调整等因素的影响下，相当一部分中小企业面临资金链断裂等困难，2008 年上半年约 6.7 万家中小企业倒闭，其中包括 1 万多家中小型纺织企业。而 2008 年 9 月底的北京外汇管理部的调查也进一步证实了中小企业的融资难问题：40 家接受调查的中小企业中，仅有 13 家（占 33%）获得银行人民币贷款，1 家（占 2%）获得外汇贷款，6 家（占 15%）获得进出口贸易融资。

以下从宏观、中观、微观三个层面分析其原因：

1. 从宏观层面来看，我国信用体系和担保制度尚待进一步完善。据统计，北京等地平均有 76% 的小企业没有与任何担保机构建立信用担保体系；在获得信用担保的小企业中，担保贷款余额仅占全部贷款余额的 6%，担保机构对小企业的信贷基本上没有发挥实质性的作用。究其原因，主要有以下三方面：一是担保公司对申请担保企业的门槛依然很高，且审查偏严，许多无法获得银行贷款的中小企业同样无法获得担保公司的担保。二是获得银行认可的担保公司较少。三是再担保体制尚待完善，担保机构的经营风险难以有效分散和化解，制约了信用担保业务的进一步发展。

2. 从银行层面来看，为中小企业发放信贷的积极性不高。一是银行难以克服“歧视”心理。由于中小企业财务及管理状况缺乏透明度、存在诸多不确定因素，给银行信用评审造成一定困难。同时中小企业贷款“小而频”的特点也增加了银行单笔信贷管理的成本。二是大多数金融

机构放贷只看重担保及抵押的方式，且抵押率低（例如机器设备为50%，动产为20%～30%等），企业可获得的贷款额度少。三是部分银行业务人员业务对政策及信贷产品不了解，也会误导了中小企业融资计划。

3. 从企业自身来看，自身信用状况欠佳、人员素质不高也影响了企业信贷资金的可得性。一方面，中小企业内部管理欠规范、信用状况欠佳、缺乏可用于担保抵押的财产。另一方面，由于中小企业的人员素质普遍较低，对国家的相关政策及贸易融资产品不了解。调查发现，许多企业仍将银行信贷产品局限于传统意义的抵押贷款，在向银行申请贷款受阻后，很多企业不再向银行提交贷款申请。而事实上，除可用不动产作抵押获得贷款外，企业还可以用动产及应收账款等作抵押获得贷款。

（二）部分银行不良率明显高于平均水平

调查显示，辖内16家银行对中小企业发放的人民币贷款不良率虽较上年度明显降低，但仍高于同期银行业人民币贷款总体水平。

（三）国际贸易融资品种少，对中小企业支持力度有限

目前来看，北京地区国际贸易融资业务主要呈现以下三个特点：一是中小企业贸易融资规模很小。截至2008年底，北京地区进出口贸易融资余额为26亿美元，仅占地区外汇贷款总额的6%，较年初减少16亿美元。中小企业贸易融资占比更小，如北京银行中小企业贸易融资占贸易融资总额的比重仅为8%，工行北分为2%，交行北分仅为0.02%。二是以进口融资为主。三是银行推出及企业采用的贸易融资品种都较少。目前除中信银行、交通银行、深圳发展银行等少数银行国际贸易融资产品较丰富之外，大部分银行国际贸易融资产品仅限于进出口押汇等传统的融资产品。受银行融资产品及业务人员素质有限的限制，企业特别是中小企业采用的贸易融资产品更加集中，主要集中在进出口押汇、信保融资等产品，国际保理等国际常用融资产品使用率低。

## 三、改进中小企业信贷融资的政策建议

中小企业融资难问题在各国不同程度的存在，为此许多国家采取了完善中小企业法律体系、设立专门的政府部门和政策性金融机构、建立和健全对中小企业融资的信用担保体系、鼓励小企业到资本市场直接融资等多项措施。一些国家还成立了小企业投资公司和民间风险投资公司加强对高新技术小企业的培育（详见表3）。

银行是中小企业融资的重要外援，针对中小企业银行信贷存在的困难，并借鉴国外中小企业信贷支持成功经验提出以下几点建议：

（一）政府应立足于服务，并给予一定的财政支持

1. 完善中小企业法律、法规体系。例如可效仿美国要求各类金融机构必须为所在社区的小企业提供融资。

2. 建立和健全信用体系。建议协调工商、税务、质检、司法、海关等单位共同建立统一的中小企业征信平台；外汇局可定期对银行公布进出口核销优秀企业名单，为银行提供相关评定信息；建立失信惩戒机制，对信用记录良好的企业给予优惠和便利，对信用记录不好的企业给予严格限制。

3. 构建规范的中小企业信用担保体

系。在担保物范围、担保手续办理、抵质押权行使等方面制定配套的法律法规；建立以政府为主体、不以盈利为目的的风险补偿基金，对中小企业或担保共同体提供风险损失补偿制度；利用北京众多商贸、批发市场聚集的特征，可组织市场内的中小企业联合组建互助性的担保共同体，根据自愿原则，按规定缴纳一定的会费，以获得数倍于入会费的担保额度，这将有利于减低金融机构在提供金融服务时的信息不对称和道德风险的问题，并提高民营企业获得贷款的可能性。

4. 建立专门的政府部门和政策性金融机构。加强各类中小企业商会的服务职能，帮助中小企业银行贷款和财政拨款；建立服务于中小企业的政策性银行，向有发展潜力特别是科技含量高、符合国家产业政策的中小企业提供低息贷款；大力发展村镇银行、小额贷款公司、农村资金互助社等新型金融机构，使民间借贷合法化。

5. 鼓励银行成为支持中小企业融资的重要渠道。国家可以适当降低其所得税率，以减轻税负；设立专项鼓励基金，激励金融机构在中小企业融资业务方面的产品创新和信贷支持；对以较低利率为中小企业贷款的银行给予一定的财政补贴；根据银行中小企业贷款占比情况，制定有差别的存款准备金率；对于贷款调增的银行，应实行贷款比例控制，例如规定60%的新增贷款用于支持中小企业。

**表3　部分国家中小企业信贷政策支持比较**

| 国家 | 美国 | 日本 | 德国 | 意大利 |
|---|---|---|---|---|
| 设立专门的政府部门和政策性金融机构 | 小企业局：对中小企业提供担保贷款 | 成立小企业金融机构（由政府直接控制和出资） | 多家小企业银行：专门向缺乏资金但有市场和前途的小企业提供低息融资以及技术咨询等售后服务（政府提供低息资金给这些金融机构） | 设立中小企业商会等中介机构：帮助中小企业申请银行贷款和财政拨款 |
| 建立和健全对小企业融资的信用担保体系 | 建立社区性担保体系、区域性专业担保体系、全国性小企业信用担保体系这一多层次的小企业融资信用担保体系 | 设立中小企业信用保证协会、信用保险公库及52家民间信用担保公司 | | |
| 鼓励创业投资和风险资本对高新技术小企业的培育 | 成立小企业投资公司和民间风险投资公司 | | | |
| 鼓励小企业到资本市场直接融资 | 纳斯达克市场 | 二板市场 | | |

6. 加强宣传和沟通。可以通过建立中小企业网站、刊物等方式，扩大对国家政策、银行信贷产品的宣传范围；通过行业协会定期组织辖内中小企业和银行进行座谈的方式，向企业传导信贷知识及最新信贷产品，提高企业的知情度。

（二）银行应在中小企业信贷政策上“有保有压”

1. 在风险可控的基础上大力发展中小企业信贷。“保”是指银行应研究制定符合中小企业业务发展规律的激励约束机制，将客户经理、风险岗位人员的经营业绩与个人收入直接挂钩，增强其服务中小企业的积极性。“压”是指银行提高对中小企业信贷风险意识和控制能力。如加强贷前、贷中、贷后中小企业监控，完善中小企业信用评级评价体系等。

2. 加强产品创新及组合。根据中小企业的生命周期，制定与每个成长阶段相适应的融资产品；加强对中小企业信贷产品和非信贷产品的组合营销，大力发展中间业务；响应北京市政府大力发展信息产业及文化创意产业的号召，发展专利权和版权担保贷款；尽管北京非制造业产业集群区域供应链融资产品效果不如在珠三角等地区显著，但北京地区拥有许多大型商贸市场，可以缩短供应链的长度，发展批发、零售业之间的应收账款等信贷融资产品。

3. 加强国际贸易融资产品的创新。有数据显示，目前国内企业的海外应收账款余额已经超过1 000 亿美元，企业应收账款总量占企业总资产的30%左右，远高于发达国家20%的水平，应收账款是中小企业最大压力，因此应积极推行保理、出口信用保险业务等应收账款产品，根据中小企业“少、频、快”的特征推出“池融资”业务，将信用证、付款交单、承诺交单及赊销等收款方式纳入“应收账款池”，形成具有相对稳定的应收账款余额“池”并转让给银行，获得银行融资。又如将打包贷款从仅限于信用证业务推广至托收和出口发票融资等。

（三）企业应加强内控，重视与银行的沟通

1. 中小企业加强内控，提高自身竞争力。

2. 加强与银行的联系，积极利用贸易融资产品规避汇率风险及财务风险。

（执笔人：孔祥群　侯晓霞）

# 2009 年北京辖内银行衍生品和理财业务分析报告

中国人民银行营业管理部货币信贷管理处

2009 年，人民银行营业管理部继续开展对辖内银行衍生品和理财业务监测工作。从全年情况看，中外资银行衍生品业务发展趋缓，同比下降三成；主要是由外汇和商品类衍生品交易大幅下降所致。个人理财产品业务规模稳步增长。其中债券及货币市场工具类理财产品占比超过五成，而信托类理财产品发行规模明显下降。具体分析如下：

## 一、衍生品业务开展基本情况及主要特征

2009 年，北京辖内共有 7 家中资银行和 17 家外资银行参与了衍生品交易，截至 2009 年末，中外资银行金融衍生品余额为 4 496.5 亿元，同比下降 30.1%。

**表 1　2009 年末北京辖内银行金融衍生品余额**　　单位：亿元

| 产品类别 | 利率产品 | 外汇及黄金产品 | 商品及其他产品 | 股权相关产品 | 信用产品 | 总计 |
|---|---|---|---|---|---|---|
| 期权 | 77.4 | 33.9 | 2.6 | 2.8 | 2.6 | 119.3 |
| 远期 | 0.0 | 1 118.2 | 0.0 | 0.0 | 0.0 | 1 118.2 |
| 互换 | 2 704.1 | 500.5 | 1.1 | 43.1 | 10.2 | 3 259.0 |
| 合计 | 2 781.5 | 1 652.5 | 3.7 | 45.9 | 12.8 | 4 496.5 |

注：包括银行的结构性理财产品中的衍生交易部分。

### （一）利率衍生品占主导

2009 年，在适度宽松货币政策背景下，存贷款利率始终处于较低水平，为规避利率风险，金融机构及其客户的利率衍生品需求明显上升，利率衍生品余额占比大幅上扬。截至 12 月末，利率衍生品余额为 2 781.5 亿元，与去年同期相比略有增加。在全部衍生品中占比达 61.86%，较去年同期上升 18.75 个百分点。外汇类衍生品交易也比较频繁，期末余额在全部衍生品中占比 36.75%。商品、股权、信用衍生品规模过小，发展不足。

### （二）互换类衍生品交易活跃

2009 年末，辖内银行互换类衍生品余额 3 259 亿元，占全部衍生品的 72.48%。其中，利率互换类产品规模最大，期末余额 2 704.1 亿元，在全部互换类产品中占比 83%。在低利率环境下，银行为了满足客户规避利率风险的需求，为中长期贷款客户推出了内含利率互换的混合型结构性贷款产品，该产品受到了客户的认同，导致利率互换交易量大幅增加。如某银行 4 月份推出了该产品，当季度末利率互换名义本金增长了近 10 倍。外汇、股权、商品、信用类互换产品也有交易，但规模较小。远期衍生品余额 1 118.2亿元，占全部交易的 24.87%，全部是外汇远期交易。期权交易规模相对较小，各类期权交易都有发生。

### （三）外汇和商品类衍生品规模大幅下降，股权和信用类衍生品增势较猛

外汇和商品类衍生品年末余额分别为 1 652.5 亿元和 3.7 亿元，同比分别下降 54.5% 和 75.5%。股权和信用类衍生品虽然总体规模较小，但增势较猛。年末余额分别为 45.9 亿元和 12.8 亿元，分别是去年同期的 7.1 倍和 1.6 倍。2009 年，资本市场整体行情未出现好转，股权投资面临较大风险。各国经济复苏程度不尽相同，信用风险仍不容忽视。在此背景下，为规避股票市场风险和信用风险，银行股权和信用类衍生品交易量大幅增长。

### （四）外币衍生品规模萎缩，人民币衍生品成主力

全球性金融危机打击了国内银行在国际金融市场开展外币衍生品交易的热情，以外币为交易标的或以外币标价、外币兑外币的外币衍生类产品尤其是复杂的结构性衍生产品成交量急剧下降。截至年末，辖内银行外币衍生品余额为 1 339.8 亿元，同比下降 37.52%；在全部衍生品中占比为 29.8%，较去年同期回落 3.37 个

百分点。人民币衍生品期末余额为3 156.7亿元，是同期外币衍生品规模的2.35倍。

（五）外资银行衍生品规模占八成，但占比出现下降

在金融危机中深受衍生品危害的外资银行对衍生品态度发生明显转变，持有衍生品规模不断下降。截至年末，外资银行衍生品余额3 597.5亿元，比去年同期减少2 182.7亿元，降幅为37.8%。占全部衍生品的80%，占比较去年同期下降9.81个百分点。

（六）外资银行衍生品种类比较丰富，中资银行衍生品种类则较为单一

外资银行由于开展衍生品交易的时间较长，衍生品业务较为成熟，种类也相对丰富，利率、汇率、商品、股权、信用类衍生品均有交易。从合约种类来看，远期、期权、互换都有发生。中资银行衍生品种类则比较单一，主要是利率汇率类；信用类衍生品虽然有交易，但规模过小；商品和股权类衍生品均无交易；合约种类主要是远期和互换，没有开展期权交易。

（七）持有衍生品的目的是投机获利，为规避自有资产/负债风险持有的衍生品规模过少

截至年末，辖内银行为交易目的或规避交易账户风险而持有的衍生品余额为4 375.1亿元，占全部衍生品的97.3%；为规避自有资产/负债的风险而持有的衍生品规模仅有121.4亿元，在全部衍生品中仅占2.7%。衍生品交易的投机目的较强。

**二、个人理财业务开展基本情况及主要特征**

2009年，北京辖内银行个人理财产品发行规模稳步增长，辖内12家外资银行、18家中资银行发行了理财产品。30家银行全年共发行理财产品3 418.41亿元，同比增长26.96%。截至年末，理财产品余额为1 429.52亿元，同比增长36.18%。其中，中资银行余额1 291.77亿元，外资银行余额137.75亿元（见图1）。

（一）债券及货币市场工具类理财产品占比超过五成

受金融危机影响，居民避险意识明显增强，理财态度趋于稳健，收益稳定、风险较低的国债、央行票据、金融债、中期票据、短期融资券等债券及货币市场工具类理财产品受到投资者青睐。辖内银行全年共发行此类理财产品1 717.35亿元，同比增长119.37%；占全部理财产品发行规模的50.24%，占比较去年同期上升21.16个百分点（见图2）。

（二）信托类理财产品发行规模明显下降

全年累计发行信托类理财产品1 017.67亿元，同比下降25.44%；占全部发行量的29.77%，占比较去年同期下降20.93个百分点。分季度来看，前三个季度发行量均低于去年同期各季度，第四季度发行量大幅增加，分别比第一、第二、第三个季度增加22.69%、59.9%和59.59%，比去年同期增长36.53%。前三个季度，受适度宽松货币政策影响，银行贷款积极性高涨，通过理财产品转移信贷资产的积极性不高。第四季度以来，为防范贷款规模过快增长的潜在风险，以及受监管指标约束，银行放贷意愿明显减弱，多通过发行信托理财产品转移信贷资产，维系与客户关系（见表2）。

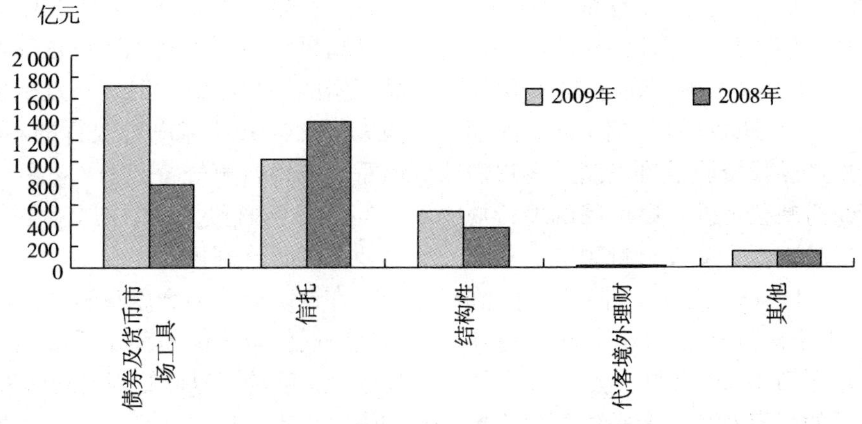


**图 1　2009 年辖内银行理财产品发行情况**

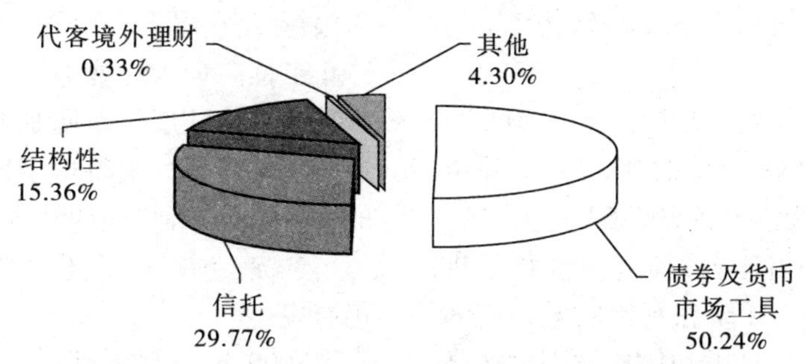


**图 2　2009 年辖内银行发行的各类理财产品占比情况**

**表 2　2009 年北京辖内银行理财产品季度发行情况**　　单位：亿元

| | 第一季度 | | 第二季度 | | 第三季度 | | 第四季度 | |
|---|---|---|---|---|---|---|---|---|
| | 2009 年 | 2008 年 | 2009 年 | 2008 年 | 2009 年 | 2008 年 | 2009 年 | 2008 年 |
| 债券及货币市场工具 | 247.74 | 67.05 | 247.38 | 215.24 | 224.63 | 264.78 | 997.60 | 235.80 |
| 信托 | 270.44 | 392.19 | 207.51 | 320.10 | 207.91 | 409.64 | 331.81 | 243.03 |
| 结构性 | 68.53 | 106.70 | 119.96 | 92.73 | 127.91 | 86.52 | 208.83 | 85.32 |
| 代客境外理财 | 1.11 | 3.69 | 2.69 | 6.37 | 3.34 | 6.20 | 4.03 | 0.42 |
| 其他 | 41.51 | 35.89 | 10.94 | 29.49 | 43.42 | 36.57 | 51.12 | 54.72 |
| 总计 | 629.34 | 605.52 | 588.48 | 663.94 | 607.21 | 803.70 | 1 593.38 | 619.29 |

（三）结构性理财产品呈恢复增长态势

随着国际金融危机的蔓延，挂钩利率、汇率、信用、股票、商品、基金等标的，具有衍生品交易性质的结构性理财产品发行趋缓。自 2008 年第二季度开始，发行规模呈下降趋势，一直延续到 2009 年第一季度。2009 年第二季度这种趋势开始逆转，第二、第三和第四季度发行量逐季上升。全年累计发行结构性理财产品 525.22 亿元，同比增长 41.46%；占全部发行量的 15.36%，占比较去年同期上升

1.57个百分点。在结构性理财产品中，股票、汇率、信用是主要挂钩标的。

（四）代客境外理财产品大幅回落

2009年，境外金融市场仍处于低迷状态，金融产品投资收益难以满足客户需求，银行纷纷减少境外理财产品的发行规模，导致境外理财产品发行量锐减。全年累计发行11.18亿元，同比下降32.96%；占全部发行量的0.33%，占比较去年同期下降0.29个百分点。代客境外理财产品的投资对象主要是债券、股票及股票基金、结构性票据。

（五）中资银行是发行理财产品的主力

中资银行全年发行理财产品3 209.77亿元，占全部理财产品的93.9%；外资银行全年发行理财产品208.64亿元，在全部理财产品中占比6.1%。从发行的理财产品类型来看，中资银行以收益稳定的债券及货币市场工具类和信托类理财产品为主，而外资银行则以发行结构性理财产品和代客境外理财产品为主。

（六）理财产品收益状况整体较好

2009年，我国经济形势趋向好转，企业经营状况改善，金融市场平稳运行，以债券、信贷资产为标的的理财产品收益率较好。债券及货币市场类理财产品的收益率在1.6%至3.7%之间，信托贷款类理财产品的收益率相对较高，在2.2%至7%之间。有些外资银行的代客境外理财产品的收益率甚至高达55%。

**三、衍生品业务和理财业务开展中存在的问题**

（一）衍生品业务开展中的声誉风险日益突出

声誉风险在次贷危机后日益突出，该风险主要发生在衍生品的销售环节。有些银行在销售衍生品时，夸大其收益性而掩盖其高风险性，不利于客户正确判断衍生品真实的风险收益状况。一旦衍生品出现损失，就会引发客户对银行的不满情绪，严重影响银行声誉。

（二）银行过度关注风险不利于衍生品业务的正常开展

在这次全球性金融危机中，欧美国家过度发展的衍生品扮演了重要角色。危机发生后，欧美国家监管当局纷纷采取措施，加强对衍生品监管。金融危机也挫伤了银行开展衍生品业务的积极性，防范风险成为银行经营主题。在此背景下，银行基本停止了推广衍生品业务，严格控制新的衍生品交易的开展。即便是客户主动要求开展衍生品交易，银行也予以拒绝。对风险的过度防范不利于衍生品业务的正常发展。

（三）理财产品零收益和负收益现象仍有发生

2009年，北京辖内银行个人理财产品收益整体明显好转。但是，由于受海外市场整体低迷的影响，部分银行挂钩海外基金和指数的理财产品以及代客境外理财产品仍有零收益甚至负收益出现，有的理财产品的收益低至-45%。零收益和负收益会打击投资者购买理财产品的积极性，不利于银行理财业务的发展。

（四）理财产品同质性导致银行理财业务运营成本与收益之间的矛盾日益突出

目前，银行个人理财产品设计理念不够成熟，缺乏技术含量。虽然产品种类繁多，但是投资范围狭窄，运作渠道雷同，受众对象相近。为巩固中高端客户、减少客户流失，银行不得已在收益率上做文章，从而挤压自身利润。价格战导致银行理财业务运营成本与收益之间的矛盾日益突出，影响理财业务持续健康发展。

### 四、相关建议

为推动衍生品业务和理财业务的健康发展，特提出以下建议：

一是加强对银行衍生品和理财产品销售环节的管理及投资者权益的保障。银行在衍生品和理财产品设计、风险评估和销售过程中，都要制定严谨合理的管理办法。要充分考虑客户方利益，认真对待客户对衍生品和理财产品交易提出的投诉和咨询，设置专门的部门予以应对和落实，以维护银行的良好声誉。

二是银行应正确处理好衍生品和理财业务发展与风险控制的关系。在业务发展上不能因噎废食，在控制风险的基础上适度发展业务，为客户提供投资和避险工具，同时增加银行中间业务收入，改善收入结构。

三是监管部门和商业银行应继续共同推进投资者教育工作。一方面加强对商业银行衍生品和理财业务的监管和指导，促进合规销售；另一方面通过相关部门、公共媒体和专业机构，加大产品宣传力度，加强投资者教育，提高投资者衍生品和理财产品知识水平和风险防范意识，培养起理性、成熟的金融消费者群体，为两类业务健康发展奠定良好的公众客户基础。

四是大力推动金融产品创新。建议加快金融市场建设步伐，推动金融产品创新，丰富金融市场投资品种，拓展衍生品和理财产品投资渠道，为衍生品和理财产品提供多样化的投资方式。

五是加快商业银行专业队伍培养。提高商业银行衍生品和理财产品研发能力，提高产品的技术含量，满足客户多元化的投资需求。

六是加强便利衍生品和理财产品交易的基础建设。包括相应的规章制度建设，以及便捷的支付清算服务等，为我国银行开展相关交易提供制度和技术保障。

（执笔：朱睿）

## 政监合力完善县域金融　加快推进首都城乡经济社会发展一体化

### ——基于怀柔区、密云县等县域金融支持“三农”“中小企业”服务情况的调研报告

中国银行业监督管理委员会北京监管局

为贯彻党中央、国务院《关于2009年促进农业稳定发展农民持续增收的若干意见》精神，积极落实北京市人民政府《关于金融促进首都经济发展的意见》要求，了解北京银监局近期发布的促进辖内银行业金融机构支持北京地区经济金融发展的“三项指导意见”① 的推进情况及初步效果，在北京银监局楼文龙局长的亲自

① 《北京银监局关于促进辖内银行业金融机构大力支持首都经济发展的指导意见》、《北京银监局关于促进辖内银行业金融机构大力支持中关村国家自主创新示范区建设的指导意见》和《北京银监局关于促进辖内银行业金融机构大力支持首都农村经济发展的指导意见》。

带领下，我们选取怀柔区、密云县、延庆县等县域[①]为样本，专门就当前银行业金融机构支持北京“三农”“农村中小企业”服务情况进行了调研。

**一、当前北京县域农村发展特点及金融支持情况**

（一）当前北京县域农村发展特点及城市化水平分析

“十一五”前三年，北京市经济保持快速发展，GDP年均增长11.7%，其中第一、第二、第三产业分别增长1.3%、8.4%和13.2%。根据经济普查数据对历史数据进行调整的结果，北京市三次产业结构由2005年的1.4∶29.4∶69.2变化为2008年的1.1∶25.7∶73.2。

与我国其他地区相比，北京城乡地区呈现四个特点：

一是经济地理结构较复杂。北京的地势是西北高、东南低。西部是太行山余脉的西山，北部是燕山山脉的军都山，两山在南口关沟相交，形成一个向东南展开的半圆形大山弯；东南是永定河、潮白河等河流冲积而成的、缓缓向渤海倾斜的平原。北京全市土地面积16 807.8平方公里。其中平原面积6 390.8平方公里，占38%。山区面积10 417.5平方公里，占62%。同其他地区相比，北京地区虽然绝对地理面积不大，但农村地区地理结构相对复杂，主要表现为山区与丘陵并存，山区与平原并存、丘陵与平原并存等多种地貌结构的交叉，西北部以山区为主的县域中存在小面积的平原，东南部以平原为主的县域中又存在部分山地。这种复杂的经济地理结构决定了北京地区在新农村建设中不能“一刀切”，只能按照“一县（区）一策、一乡（镇）一业、一村一品”的发展策略，根据县域经济的特点制定科学的发展规划。

二是城乡过渡带较短。从金元建都开始，北京的城市形态一直以都市的形式发展。在有城墙的年代，城乡之间仅一墙之隔，基本没有城市过渡带。新中国成立后随着城墙的拆除，北京又逐渐形成了无实体形式的环线城市发展经济圈，环内环外差别迥异，和“长三角”、“珠三角”地区城市发散式发展模式相比，北京近郊县、镇基本没有经济实力强的产业集群，城市发展的城乡过渡带较短。

三是市区产业辐射较弱。随着首钢、焦化厂等一批生产型工业企业的外迁，北京的市区产业主要以房地产、服务业等第三产业为主，同我国其他工业城市相比，目前北京市区产业具有吸收劳动力能力较低、与其他产业关联性较小、产品和技术难以向远郊县扩散的特点。同时，为北京其他优势产业提供配套服务的产业群主要集中于城区，利益外溢性的受益群体以城区为主，因此，市区产业对远郊区辐射效果能力较弱，以城带乡、以城促乡的局面难以形成。

四是城市化程度较高。2008年，北京第二、第三产业经济增长贡献率均达到95%以上，2006～2009年7月农业劳动力实现转移就业34.81万人。目前发达国家第三产业GDP的比重及就业人数一般

---

① 关于北京农村县域的定义：县域是一个客观上存在、又是抽象的人们观念上的以县（区）级行政区划为单位的空间概念。新兴古典经济学认为县域是一种县级经济组织，这种组织是市场选择而非人为安排的结果，它是随城市的形成而出现的。我们本次研究的农村县域是农业产业占一定比例的县（区）级经济组织，具体到北京市就是指城市发展新区（通州区、顺义区、昌平区、大兴区、房山区五个郊区）和生态涵养发展区（门头沟区、平谷区、怀柔区、密云县、延庆县五个区县）。

在70%以上，数据表明，北京市产业结构已接近发达国家或地区的水平。近年来北京市区面积不断扩大，中心城区的外延式扩展的趋势不断加强，在郊区人口城市化、土地利用城市化、生活方式城市化与经济结构城市化等方面有很大提高。目前北京地区的产业发展水平为“城市反哺农村，第二、第三产业反哺农业”提供了可能。

同时，北京县域农村在建设新农村过程中，正在实现三个转变：

一是农业正在从生产型传统农业向都市型现代农业转变。农业从单一生产功能向生态功能和生活功能拓展，设施农业、加工农业、子种农业、观光农业等都市农业特色突出；农业的开放度提高，形成城乡互动、产业融合的现代农业雏形；农业的经营方式从过去以单一集体经济为主体转变为以农民为主体，农民的市场化、组织化程度明显提高，农业的产业化经营、规模化生产和区域化布局的生产经营格局基本形成，标准化基地建设进程加快，农业正在向健康可持续方向发展。2008年，北京市第一产业宏观增加值112.8亿元，比上年增长1.1%。在农业总量增加的同时，结构调整效益显现，全市农业观光园达1 332个，比上年增长2.3%，观光旅游收入13.58亿元，比上年增长3.3%；民俗旅游户13 708个，接待人数1 205.6万人次，比上年增长3.3%。“十一五”期间，北京地区农业科技进步对经济增长贡献率超过60%。

二是农民正在从单一专项型向多元综合型农民转变。“十一五”期间，北京市农民人均纯收入中68.4%以上来源于非农产业。2008年农民人均工资性收入6 354元，比2005年增长33.1%。以怀柔区为例，2007年该区农民家庭经营收入平均为2 744.2元，第一产业收入为1 287.3元，第二产业收入46.4元，第三产业收入为1 410.5元，第二、第三产业收入共占家庭经营收入的53.1%。

三是农村正在从城乡二元分割向城乡有机融合转变。农村城镇化进程加快，经济和社会事业都取得了长足的发展，2002年，北京市率先在全国建立并实行了农村最低生活保障制度，2008年有8.07万名农民享受到农村最低生活保障，2008年已有272.5万名农民参加了农村新型合作医疗，参合率达到92.9%。城乡二元结构虽未打破，但是城乡统筹发展的协调机制已经建立，政府对农村的公共投入力度大大增强，农村教育、卫生、文化等社会事业和基础设施资金投入与支持力度明显加大。

经过北京地区城市化水平诺瑟姆（Ray. M. Northam）模型测试，目前，北京地区城市化水平为78%左右，已经达到发达国家城市化水平，进入城市化发展的成熟期。而通过对北京城市化进程S型曲线数学模型的计算，结果表明同欧美发达国家相比，北京地区城市化起步较早、速度较快。

（二）北京农村地区县域银行业支持新农村发展的金融现状

中央作出建设社会主义新农村和促进农业稳定发展农民持续增收这一重大决策后，北京银监局新一届党委主要领导高度重视对首都农民、农业和农村经济发展的金融支持，按照北京市人民政府《关于金融促进首都经济发展的意见》要求，专门出台了《关于促进辖内银行业金融机构大力支持首都农村经济发展的指导意见》，积极引导和督促辖内银行业金融机构加大对“三农”的资金投入。北京辖内各银行业金融机构结合自身的业务特点，切实采取有效措施，进一步加大了对北京新农村建设的支持力度，取得了明显成效。截至2009年第二季度末，北京县域银行业金融机构的贷款余额为1 676.18亿元，比年初增加398.84亿元，增长率高达23.79%。

**二、北京金融业在支持县域新农村建设中存在的问题**

尽管县域农村呈现出良好发展态势，但总体上发展还很不充分，和市区经济相比，多数区县还是农业弱县、工业小县、财政穷县。银行业对县域新农村的支持受到体制、政策及自身等多方面因素的制约。

（一）县域农村金融资源配置存在一定的功能性障碍，形成了农村金融的供给型抑制，当前主要表现为“五不”

一是商业银行“不足”。由于国有商业银行在商业化改革中出于成本、收益和防范风险等多方面的考虑，不断撤并农村网点和上收信贷管理权限，使基层机构沦为只存不贷或少贷的“吸储机器”。股东权益最大化的目标使股份制商业银行不愿意将资金投入到期限长、见效慢的农业项目，以及放贷成本较高、风险较高的普通农户和农村中小企业。商业银行的“不足”，引发了农村金融资源的“漏出”直接导致了农业信贷资金投入的逐年减弱。以中国银行为例，十一五”期间该行北京地区县域支行贷款余额分别为159.33亿元、145.8亿元、134.74亿元，呈下降趋势；而上存市区分行资金分别为124.02亿元、150.02亿元、255.83亿元，呈明显上升趋势。

二是政策性银行“不够”。中国农业发展银行是在北京地区县域内有营业网点的唯一的农业政策性银行，虽然银监会在2004年就批准其可以开展农业产业化龙头企业、粮油加工企业、储备化肥等多项商业化信贷业务，但目前北京地区县域内的农发行各分支机构基本没有开展商业性支农信贷业务，此次调研的农发行怀柔支行仍然只发放粮棉油收购、调销、储备贷款，没有发放一笔商业性农业贷款。造成这种状况的原因是：一方面由于农发行贷款品种单一、业务量较小，而工作人员工资收入与业务量和盈利水平并不挂钩，从而没有拓展业务的原动力，主观上“不想够”；另一方面由于农发行长期只发放粮棉油收购、调销、储备等政策性贷款，没有开展商业性贷款的管理经验，加上其工作人员的流动性相对较小，使其客观上“不能够”。

三是合作金融“不专”。北京农商行由于其经营规模较小、经营风险较大、不良资产占比较高，存在体制困境约束和结算手段落后、电子化程度低等技术因素制约，虽然积极支持新农村建设，但以一农支“三农”，心有余而力不足，难以支撑“三农”经济发展的信贷资金需求。近年来，该行积极增加城区网点，发展中心有向城市中心区转移的趋势，和以前比已显得不再专注于“三农”。“十一五”期间该行县域支行贷款余额在该行北京地区的占比分别为47.90%、43.73%、37.76%，而上存资金却不断加大分别为193.13亿元、206.13亿元、311.79亿元。

四是邮政储蓄“不能”。北京邮政储蓄银行成立前“不能干”，20年来邮政储蓄只能吸收存款、不能发放贷款，虽然2006年3月银监会下发的《关于加强邮政储蓄机构小额质押贷款业务试点管理的意见》：允许邮储机构逐步开展仅限于"定期存单质押"的小额质押贷款试点业务。但北京县域地区邮政储蓄机构仍然不能办理贷款业务。2007 年北京邮政储蓄银行成立后"不能办"，北京邮政储蓄银行成立后虽然能够发放贷款，但由于缺少有经验的信贷管理人才从而导致其实际上无法贷款，以中国邮政储蓄银行北京地区县域机构为例，截至 2009 年 6 月末，吸收存款 257.05 亿元，发放贷款却只有 3.18 亿元。

五是农业保险"不便"。由于农业生产受自然灾害影响损失较大，农业保险的风险高，仅其灾害平均损失率就是其他险种费率的十几倍、几十倍，这就导致农业保险要求的费率也相应较高。而农业生产的低收益和农民的低收入使得农民参保的费率必须是低费率，这就产生了农业保险在完全商业化运作中不可调和的矛盾。而依据专业分析，商业保险最低安全赔付率为 70%，而北京农业保险的平均赔付率约为 140%，最高时超过 250%，这是任何以商业经营为目的的公司都难以承受的。商业保险公司只能收缩承保面和减少险种数，这就造成了北京农业商业化保险几乎处于停顿状态的局面。

（二）北京农村县域信贷环境不够完善，造成了金融机构的"畏入"

一是交易成本持续高位。农村居民居住分散、人口密度低，因此农村信贷无论是贷前调查还是贷后管理及催收，工作量都很大。尤其是北京的山区区县，交通条件往往成为限制信贷发放的主要障碍之一。同时，由于农户贷款额度较小，而家庭储蓄又很少，一个信贷人员往往需要管理几百户甚至上千户农民贷款户，才能维持自身的收益水平，金融机构在付出比城市贷款户多得多的工作量和成本的情况下，获得的综合收益却少很多，甚至面临长期亏损的局面。农村小额信贷费时、费事、费人、费车，成本太高，不符合商业化经营目标，信贷人员和金融机构的积极性不高。2008 年，北京农村商业银行县域机构贷款中，平均每个信贷人员管理 55 户，人均管理贷款金额 5 799.30 万元，而城区信贷人员人均管理金额为 19 497.12万元，是山区信贷人员的 3.37 倍。2008 年该行山区信贷人员人均综合收益 423.83 万元左右，而城区信贷人员人均综合收益为 1 036.88 万元，是山区信贷人员的 2.45 倍。

二是贷款要件严重缺失。1999 年国家金融体制改革后，明确规定农村宅基地证和集体房产证不得作为抵押物向银行进行贷款，这使得农民进行二次创业和升级换代遇到了金融难题。尽管近年来部分地区已经将农民手中的宅基地使用证和集体房产证换成国有土地房地产权证从而可以进行抵押贷款，但从北京情况看，农民手中的房屋、宅基地等还是无法用于银行抵押贷款，造成普通农户无物可抵押的局面。另一方面，各金融机构实施贷款追究责任制，为避免出现新的不良贷款，对无抵押的贷款申请银行选择拒绝放贷也是理所当然。据统计，2008 年北京市县域金融机构共发放农户贷款 35.28 亿元，其中抵押贷款仅有 9.79 亿元，抵押贷款比率不足 30%。

三是金融风险不易分散。农村金融市场发展起步晚，成熟度较低，分散风险的机制不健全，阻碍了农村信贷资金的增长。尤其是保险和担保市场的滞后发展，已经严重影响了农业发展和农民生活水平的提高。一方面由于农业的特殊性，农业保险存在高风险、高成本、费率厘定难、保险责任确定难、定损理赔难等问题，致使农村保险市场发展缓慢。另一方面，由于农户可抵押物少，贷款数额少，致使担保机构经营风险和成本都较高，农村担保机构的发展大都带有政策性色彩。风险分散机制的缺失使农村金融风险几乎都由银行来承担，造成收益和风险的不匹配，抑制了农村信贷的积极性。

四是信用信息双线失灵。由于交通不便、贷款户数多，导致农户贷款中金融机构对贷款农户信息不对称，“逆向选择”和“道德风险”问题普遍存在，加上农村信用体系建设非常不完善，农民信用意识较差，大大增加了金融机构的信用风险。而金融机构对农户贷款大都执行“不归还原有贷款，不能发放新贷款”的政策，部分农户的失信导致了农户贷款整体的停滞不前。此次调查显示，“十一五”期间怀柔区内政策性银行及工行、农行、中行、建行四大国有银行分支机构均未发放一笔农户贷款。

五是农业收入极不稳定。农业生产首先要受到自然条件的限制，气候等自然因素对农产品的生长有着决定性的作用，“看天吃饭”使得农业生产和农民收入有很大的不确定性。同时，农产品还要面临变化莫测的市场需求的影响，“丰产不丰收”的情况也时有发生，农产品市场价格的波动进一步加剧了农业收入的不稳定性。农业生产这种面对自然条件和市场变化“双重”风险的特征，在削弱农民收入稳定性的同时相应增加了融资风险，严重影响农业贷款投入的增加。怀柔区上半年，牧业产值实现 30 770.9 万元，同比下降 4.5%。其中畜牧饲养实现产值 7 122.2万元，比去年同期的 7 341.6 万元下降了 3%。第一，部分农产品价格走低。上半年生猪收购价已由去年每头 1 500 元左右降到今年每头 1 200 元左右，影响生产者的积极性，上半年生猪出栏虽有所上升，但产值却下降。第二，肉鸡生产，该区虽有 1 300 万只的生产能力，但由于受订单限制，上半年已经出现出栏下降的趋势，全年畜牧业生产形势非常严峻。由于畜牧业特别是肉鸡生产在该区农业中占有较大比重，因此对农业生产造成的负面影响不可小视。

（三）县域地区资金流单向运动，导致了农村资本“失血”

一是县域资金部分外流。基层商业银行贷款收缩而存款大量增长，造成大部分资金上存且上存量逐年增加，致使基层银行成为抽走县域资金的重要渠道。据统计，2006～2008 年怀柔区银行业机构上存市行资金分别为 110 亿元、129.6 亿元、234.3 亿元，以年均 62.15 亿元的速度递增。

二是信贷投放增长有逐年下降趋势。据统计，近年来县域银行机构贷款增量呈逐年下降趋势，部分银行对县域地区的信贷投放不增反降，无论是信贷增量、市场份额，还是贷款质量均呈逐年下降之势。如中国农业银行北京分行 2006～2008 年，县域银行机构的贷款增量分别是 -20 亿元、6.6 亿元、-63 亿元，三年内增量减少了 76.4 亿元。而与此趋势相反，县域银行机构贷款质量与平均水平差距逐年扩大，2006～2008 年，中国农业银行北京分行城区行不良贷款比例分别为 12.8%、13.9%、5.2%；山区不良贷款比例却分别高达 22%、26.2%、7.8%。

**三、原因分析**

受历史因素影响，长期存在的制度、

环境、政策方面的问题是造成当前北京农村地区县域经济发展及信贷支持中存在诸多问题的三大原因。

一是制度安排有待完善。这是形成我国农村金融供给型抑制的根本原因。首先，从产业制度分析看，长期以来，我国一直实行的是农业为工业提供积累的经济发展模式，在这种制度安排下，工农业产品价格“剪刀差”长期存在。20 世纪 90 年代后，土地要素的“剪刀差”逐渐取代了工农产品的“剪刀差”，各级政府以低价格征用农村土地后，再以高价转卖给开发商，以此积累工业化和城市化资金，农民无法获得差价收益。其次，从金融制度方面看，由国家垄断的以国有银行为主体的正规金融体系形成的是以“城市”和“工业”为导向的资金供给，即通过市场准入等政策限制其他各种金融形式进入，通过贷款人资格限定、贷款投向约束以及信贷配给等手段为城市和工业发展动员和筹集资金，这种产业制度安排与金融供给体系，导致了农村地区的金融需求长期在很大程度上无法得到满足。党的十七大提出了“统筹城乡发展，建立以工促农、以城带乡长效机制，形成城乡经济社会发展一体化新格局”的发展思路，才使制度安排方面有了根本性的改变。

二是信用环境有待改进。这是形成我国农村金融供给型抑制的重要原因。首先，我国农村信用法制建设严重滞后，相关法律法规不够完善和健全，对农村金融生态环境造成了不利影响。我国农村特有的传统人情关系在一定程度上造成了“有法不依、执法不严”的现象相当普遍，执法效率低下、司法执行难、执行周期长的问题十分突出。其次，我国农村征信系统建设不完善，社会信用服务的市场化程度较低，中介服务极不规范，提供虚假资信证明甚至协同贷款欺诈的现象经常发生，严重破坏了农村金融的信用环境。再次，农村普遍存在的行政力量介入和干预农村金融的行为，影响了农村金融机构正常业务的开展。行政力量介入农村金融有的是间接的，采取打招呼贷款、提供政府担保等方式，有的是直接强行与金融机构发生借贷关系，占用大量贷款资金进行财政性运作，使得原本有限的农村资金创造出现断层，不利于农村金融业的正常发展。最后，缺乏有效的失信惩罚机制，对逃废债务人无强有力的威慑手段，导致金融债权得不到有效保护，必然损害债权人的合法权益，挫伤农村金融机构信贷投入的积极性。

三是政策引导有待加强。这是形成我国农村金融供给型抑制的直接原因。中国农村经济发展的相对滞后以及特殊的小农经济模式孕育了一个孱弱的缺乏活力的农村金融市场，小农经济对资金需求的细小化，以及小农经济本身所蕴涵的风险性与现代金融机构经营目标所追求的资金运营规模化和安全性之间存在巨大差异，农业贷款的天然高风险性，分散、小额和季节性强，缺乏资产和抵押品，以及信息搜集难，交易成本高等原因，导致一般金融机构不愿涉足农村信贷市场，造成了农村中金融网点的收缩和金融业务的萎缩。由于追求资产安全性和收益性的经营性金融机构不会背离市场机制主动改变投资流向，农村经济投资主体不可能扭转其在资源竞争中的劣势，经济转型中的政府又不能够完全利用行政权力支配农村金融资源促进其工业化进程，政府、金融机构和农村经济体三方理性博弈中政府的能动性最强，中国农村金融市场的改变只能依赖政府重新定位其在农村金融市场的预期目标，充分发挥政府的主导作用，而我国目前的政策引导的力度和方向都有待加强，所以，缺乏政策引导是形成我国农村金融供给型抑制的直接原因。

**四、政策建议**

（一）相关部门加强沟通协作，共同完善金融制度环境

解决“三农”问题，政府要发挥主导地位，发挥引领、组织、指导的作用；金融监管机构要起到推动作用，要添油加料、添砖加瓦；银行要进行支持和帮助。中小企业融资真正的主体是企业法人自己，不是银行；北京作为首都，搞好中小企业融资有很强的政治性，北京中小企业的发展不仅仅是企业自身的问题，还是北京经济、社会稳定的问题。

当前，金融监管机构、政府各职能部门要加强协作，减少政策分歧，使产业政策、监管政策和信贷政策有效协调，同时加大政策宣传力度，正确引导农村经济发展。地方政府要在坚决贯彻国家宏观调控政策的前提下，按照“一县（区）一策、一乡（镇）一业、一村一品”的发展策略，根据本地经济的特点制定科学的发展规划。根据产业市场化的“配第定律”要求，加快产业结构调整步伐，延伸产业链，实现优势互补，加大对中小企业和“三农”的政策和财政支持力度，促进农村经济的良性发展。

（二）大力推进“三信工程”建设，培育良好信用环境

推进“三信工程”建设是培育良好的信用环境和降低信贷资金风险的基础性工作。金融监管机构、公安、工商、税务、银行等部门应多方联动，大力整治社会信用环境，完善银行信贷登记咨询系统和加快个人征信建设，建立信息共享机制，坚决打击逃废银行债务行为。进一步扩大信用户的评定面，扩展农户贷款平台，为金融支持农村经济发展创造有利条件。

（三）构建农村金融服务体系，有效发挥金融支持合力

按照“功能完善、分工合理、产权明晰、监管有力”的思路，在有效防范风险的前提下，充分发挥政策性银行、商业银行以及农村合作金融机构的合力，积极引导其他金融机构增加支农投入，适当鼓励支农融资方式的创新，逐步完善金融支农的配套制度建设，努力实现四个“不断”，即确保支农力度不断加大，支农质量不断提高，支农功能不断完善，支农效果不断显现。

1. 坚持政策性金融对县域经济的政策促进作用

根据国外经验，要做好中小企业融资和农村融资，除了要建立信用担保体系外，还必须建立政策扶持体系，实践证明政策性金融是打破资本流动“斯密顺序”的最有效方式。根据我国的实际情况，可以从两方面入手。一是强化农业发展银行的政策性功能，农发行在确保政策性农业及农副产品收购的同时，增加对农业综合开发、农业基本建设、龙头农业产品加工企业的资金投入。二是考虑成立农业中小企业政策性金融机构，主要解决农村中小企业在创业过程中对中长期贷款的需求，对需要扶持的中小企业发放免息、贴息和低息贷款。

2. 发挥国有商业银行对县域经济的方向引导作用

国有银行机构要继续推进改革，改进信贷管理体制和改善金融服务。在防范风

险的前提下，采取切实有效措施，增加对农村中小企业和“三农”的信贷投放，支持农村经济发展。设立专门为农村中小企业服务的营销部门，研究、制定、督促和落实支持农村中小企业发展的相关政策措施。改进现有信用评级体系及信贷准入标准，建立符合农村中小企业的信用评级和授信制度，及时满足有信用、效益好、能增加就业的农村中小企业合理的资金需求。创新金融服务，开拓新业务，开发适合农村中小企业融资、结算等需求的金融工具。完善贷款营销约束与激励机制，鼓励基层行和信贷人员积极开展信贷营销，简化贷款审批手续，科学合理地制定信贷人员发放、收回贷款的综合考核办法。

3. 明确邮政储蓄银行对县域经济的新生力军作用

相关部门应出台政策建立邮政储蓄返回农村的资金运行机制，充分发挥邮政储蓄银行对县域经济的新生力军作用，可要求邮政储蓄资金以区县为单位，按照一定的比例回流当地，在其自身管理贷款能力不足的情况下，可按照统一规定的利率，定向拆借给农商行，由农商行按市场化原则使用邮政储蓄资金。在当前农商行存贷比低、流动性压力较大的情况下，可考虑采取财政贴息的方式由农发行使用该部分资金加大对农村基础设施建设的信贷投入，支持“三网”、“三水”、“三气”建设，以及其他的依照商业性原则无法解决的新农村建设项目，这样一方面可以实现农村资金回流，另一方面也可以缓解邮储新增资金的运用压力。对于分段前存入人行的邮储资金可以通过购买农发行金融债的形式，逐步替代农发行资金来源中的人行再贷款部分，从而实现邮储资金市场化，完成基础货币回笼，增强货币政策的传导性。

4. 突出农村金融机构对县域经济的信贷主力作用

农商行要按照社会主义新农村建设的要求强化支农服务，将商业化经营与服务“三农”有机结合起来，要在继续做好农户小额信用贷款、农户联保贷款的同时，用新思路、新机制和新做法搞好、搞活中小企业的融资工作。同时，适应农村经济发展变化的要求，适时创新服务手段和业务品种，以农信银资金清算中心为依托，大力发展结算、信用卡以及理财服务等以手续费为重点的中间业务。此外，为了更好地支持新农村建设，当前还需要抓紧研究和做好与政策性银行的业务合作、试办发行支农专项债券业务以及注重运用好社（银）团贷款方式，以解决农村不同层次特别是农村中小企业客户的金融需求。

5. 引导民间金融对支持首都新农村建设的补充作用

民间金融是广大经济主体为满足融资需求，自发开展和形成，游离于政府金融监管之外的非官方资金融通活动和组织，是经济制度和金融制度不均衡发展的必然产物。与“官办”金融相比，民间金融有着明显的地缘性和分散性特征，在农村，主要包括农村合作基金会、民间借贷、私人钱庄、民间集资和小额信贷等多种形式。当前应全面认识民间金融存在的客观性，对遵循市场需求的民间金融形式，要正确引导，不断规范民间借贷行为，使民间金融“阳光化”，这无疑是对金融改革方式的一个有益探索，为今后的改革提供一个新的思路。如果措施得力，引导得法，民间金融的有序、合规发展，对于缓解农村金融资源供需上的矛盾，缩小城乡之间在金融资源占有上的差距，推动首都农村地区经济社会发展，将会起到积极作用。

6. 增强金融管理部门对县域金融机构的引领作用

对县域农村金融机构网点的撤并，监管部门要主动介入，严格市场退出原则，立足于县域农村金融机构的总体分步情况，对调整、撤并机构网点进行统筹规划。对主要为农村中小企业服务的地方性银行机构和政策性银行机构，要实行宽松的市场准入和扶持政策。进一步在延庆、密云等十个县域扩大村镇银行和农村资金互助社试点，力争三年内新设10家左右新型农村金融机构，实现县域农村的全覆盖。

（四）建立县域信贷损失的分担和补偿机制

一是要尝试创办以财政为主导的县域信贷风险基金，对金融机构投放于县域中小企业和“三农”的贷款损失按一定比例予以补偿。二是加强农业保险的制度建设，扩大农业政策性保险的试点范围，鼓励商业性保险机构开展农业保险业务。探索成立专门的政策性农业保险公司，也可以由现有的商业保险公司代办政策性业务，或者自办农业保险，财政直接对农民部分保费予以补贴。

（五）对县域金融服务给予优惠政策扶持

一是降低县域金融机构对中小企业和“三农”贷款的营业税税率，减免该项收入的所得税。二是比照法国邮政储蓄独家经营的A种储蓄产品的模式，研究制定对我国县域小额存款给予减免利息税的政策；扩大中央和地方财政对县域借款人贷款贴息的范围、幅度。三是要加大县域金融机构的拨备力度，提高税前拨备比例。

（六）通过加快金融创新改善县域金融服务

一是尝试实行集体土地使用权抵押、动产抵押、仓单质押、林权质押、企业联保等多种办法，解决农户和中小企业贷款担保难的问题。二是建立和完善县域经济中介服务体系，建立以信用登记、征集、评估发布为主要内容的中小企业信用管理体系。三是探索设立服务县域的社区金融机构，通过吸引社会资本和外资兴办直接为“三农”服务的县域金融机构；规范和引导农村小额贷款组织，创建小额贷款组织管理机制。

（执笔人：张胜保）

# 北京地区民间资本入股融资类机构情况调研报告

中国银行业监督管理委员会北京监管局

近日，北京银监局对北京地区民间资本入股融资类机构以及民间融资总体情况进行了调研。调研发现，纳入政府监管的民间融资对于缓解中小企业“融资难”和为部分企业和个人开拓多元投资渠道具有积极影响，但大部分民间融资尚未纳入有效管理，潜藏着较大风险。对此，北京银监局提出四点对策建议。

## 一、北京地区民间资本入股融资类机构概况

目前北京地区民间资本入股的融资类机构主要包括村镇银行、小额贷款公司、担保公司以及冠以典当行、投资公司、咨询公司等名称的其他融资类机构。北京银监局经过调查，掌握了村镇银行、小额贷款公司和在北京市信用担保业协会注册登记、正常运营的担保公司概况，但对于其他融资类机构的情况则无从掌握。

### （一）民间资本入股村镇银行概况

目前北京地区已开业的村镇银行有两家：北京延庆村镇银行和北京密云汇丰村镇银行；已批复筹建的村镇银行也有两家：大兴九银村镇银行和怀柔融兴村镇银行。上述4家村镇银行股本合计[①] 2.8亿元，股东合计24个。其中4家村镇银行的主发起人为北京银行、汇丰银行、九江银行和哈尔滨银行，另有4家国企股东，8家股东的股本合计2.4883亿元。民营企业及自然人股东16个，股本合计3 117万元，民间资本在村镇银行出资占比11.13%。

截至2009年11月末，北京已开业的两家村镇银行贷款余额合计8 826万元。贷款投向主要为县政府支持的基础设施建设项目、县域涉农龙头企业（规模属于中小企业）、农村专业合作社和种植、养殖农户。

### （二）民间资本入股小额贷款公司概况

根据北京市金融工作局提供的数据，目前北京市已批准设立小额贷款公司21家，股本合计19.85亿元。其中民营企业及自然人股东95个，股本合计13.475亿元，民间资本在小额贷款公司出资占比67.88%。

截至2009年11月末，北京市已开业的8家小额贷款公司累计贷款额4.92亿元，累计贷款笔数476笔。以北京市首家小额贷款公司——北京兴宏小额贷款公司为例，其于2009年3月18日开业，注册资金5 000万元；开业后仅一个月时间已累计放贷80笔、6 481万元，累计回收贷款21笔、1 816万元，时常处于“无钱可贷”的状态；截至11月末累计放款1.45亿元，其中涉农贷款占比72.6%。

### （三）北京地区担保公司概况

根据北京市信用担保业协会提供的数据，2009年上半年，北京市在担保协会注册登记、正常运营的担保公司有76家，注册资金222.76亿元，较上年同期增加41.62亿元；2009年上半年担保总额1 148.65亿元，其中上半年新增担保额410.51亿元，较上年同期增长37.04%。

另据向银行了解，北京市担保公司总量为近400家，其中市政府出资的有3家（北京首创投资担保公司、北京中关村科技担保公司和北京中小企业信用再担保公司）；区县政府出资的近40家；民营担保公司近350家。

## 二、包括民间资本入股融资类机构在内的民间融资的积极影响与存在问题

### （一）纳入政府监管的民间融资具有积极影响

从民间资金出资方式划分，民间融资渠道可分为两种：民间资本入股融资类机构，民间资金直接或经由中介放贷。作为

---

① 12月中旬北京银监局批复同意北京延庆村镇银行定向募股7 000万元，因此其完成定向募股后的股本为1亿元。由于其定向募股后各股东新的持股比例尚不明确，为便于接下来对民间资本入股村镇银行的情况进行统计，因此“股本合计”中北京延庆村镇银行的股本按其原有注册资本3 000万元计算。

银行存贷中介渠道的补充，民间融资渠道可满足银行信贷无法涵盖的部分企业或个人客户的融资需求，也可满足部分民间资金追求高收益的需求。因此，在政府主管部门实施有效监管的背景下，民间融资在缓解中小企业“融资难”和为部分企业和个人开拓多元投资渠道方面产生了积极影响，是银行信贷的有益补充。银监会推动设立并实施有效监管的村镇银行、资金互助社、贷款公司等新型农村金融机构，以及地方政府部门实施了有效监管的小额贷款公司等机构，对于满足部分民间资本入股融资类机构的需求和使部分民间融资行为规范化具有重要作用。

（二）当前大部分民间融资存在的主要问题是缺乏政府监管及监测

当前实际情况是政府主管部门难以对大多数民间融资行为实施有效监管甚至是基本的监测。目前北京地区的各类融资类机构中，村镇银行由北京银监局审批和监管；小额贷款公司由北京市金融工作局审批和监测；对于担保公司，北京市信用担保业协会对在协会注册登记的担保公司进行资格管理和监测；而对于其余担保公司，以及冠以典当行、投资公司、咨询公司等名称的其他融资类机构，尚无政府主管部门进行监管和监测。

（三）缺乏监管的地下民间融资潜藏重大风险

一是减弱宏观调控政策实施效果。资本天生的逐利性，使游离于正规金融体系外的民间资金容易流向高利甚至暴利的领域，其中很多是国家宏观调控重点领域，如“两高一资”行业以及高档房地产业等。这将减弱宏观调控政策实施效果，甚至可能与宏观调控政策背道而驰。

二是易产生非法集资行为。典当行、投资公司、咨询公司等充当贷款中介的其他融资类机构应当采取“一对一”借贷方式，但在缺乏监管的背景下，如果某些机构出于谋利目的而采取“多对一”或“多对多”模式，则构成了非法集资。

三是高息使部分借款人背上沉重的债务包袱。对于村镇银行、小额贷款公司等正规融资类机构以及依托熟人关系等较正常的民间融资而言，其贷款利率位于合理区间内。但对于某些纯粹以谋利为目的的中介机构甚至地下钱庄而言，其利率可能高出同期银行贷款利率数倍甚至十倍、百倍，呈现高利贷特征，借款人稍有不慎便易陷入利滚利的恶性循环。

四是部分民间融资的地下经济特征易产生社会问题。对于地下钱庄等具有地下经济特征的民间融资，当借贷双方产生纠纷或借方拖欠债务时，一般很少诉诸法律，而多采用法律以外甚至“涉黑”的手段解决，不利于社会稳定。

五是存在“劣币驱逐良币”风险隐患。目前村镇银行、小额贷款公司等正规融资类机构在资金来源、资金使用、利率设定、审批标准、担保条件等方面都遵循较严格的规定，而游离于正规体系之外的融资类机构可能以十分宽松灵活的条件吸引甚至欺骗借款人，抢占客户资源。造成正规机构正常业务发展受到影响，合规守法的机会成本大大上升。

六是风险易传导至银行机构。首先，部分民间融资“暴利化”以及催收力度大，易削弱借款人偿还银行贷款能力。其次，部分民间融资透明度差、关系错综复杂、信息不对称，影响银行贷前调查的有效性。最后，由于部分借款人为解燃眉之急，可能不惜成本、不问渠道筹集资金，一些机构受高利润引诱，可能以各种手段套取银行资金，转手用于民间放贷，会对银行资金安全造成严重威胁。如果有银行内部员工牵涉其中，还会引发操作风险。

**三、对策建议**

一是尽快出台民间融资管理法律法规。建议以人民银行为主，多部门参与，尽快出台民间融资管理法律法规，为正常民间融资的健康发展搭建合法平台，为加强监管提供有效依据，并严厉打击高利贷、地下钱庄、非法集资、套取银行资金等行为。

二是加大对各类融资机构的管理力度，促进融资机构的规范化。进一步加强对担保融资机构的联合监管，在北京依托北京市信用担保业协会，逐步将所有担保公司纳入资格管理和监测，并加大监管力度。明确对冠以典当行、投资公司、咨询公司等名称的其他融资类机构的主管部门管理职责，逐步将其纳入资格管理、监测以及监管。

三是建立民间融资监测信息共享机制。各类融资机构的主管部门可依托该机制，实现对民间融资情况的及时信息共享和总体情况掌握，从而为国家加强宏观监测、出台调控政策提供参考。

四是加强对薄弱领域的金融服务，缓解“贷款难”问题。通过政策引领、准入导向，以及与政府部门联动提供财税补贴、风险补偿、风险处置、担保、保险等支持，推动银行增加中小企业和涉农信贷投放，新设服务中小企业和农村地区的支行和信贷专营机构；按照规划积极推进设立新型农村金融机构，增强现有新型农村金融机构的服务能力。

（执笔：李航）

# 北京市政策性农业保险制度建设的实践与思考

中国保险监督管理委员会北京监管局

**一、北京市农业保险发展环境分析**

（一）北京市农业生产环境

目前，北京市耕地面积 23.2 万公顷①，农村人口 547.4 万人，第一产业从业人员 62 万人，以粮食、蔬菜、果树、畜产品等为主的农业总产值 303.9 亿元，其中种植业产值 148.6 亿元，养殖业产值 150.3 亿元。北京市农业生产面临的自然灾害主要有暴雨、大风、冰雹、干旱、雪灾及冻灾。据统计，近十年间，京郊农业受自然灾害、畜情疫病等影响，平均每年经济损失约 6.5 亿元。

（二）北京市农业保险发展的政策环境

为落实中央一号文件精神，加大对农业的支持保护力度，北京市地方各级政府对农业保险制度的建立给予高度重视。早在 2004 年，北京市就提出了“加快建立政策性农业保险制度，选择部分产品和部分地区率先试点”，2005 年市委、市政府

① 数据源自《北京统计年鉴（2009）》。

再次提出了“扩大农业政策性保险的试点范围，鼓励商业性保险机构开展农业保险业务”，并列入了市政府“折子工程”，2006年，北京市“十一五”规划纲要报告中明确提出“建立现代农业保险制度”。北京市近几年的政府工作报告均对政策性农业保险提出明确发展要求。这为北京市政策性农业保险制度的建立提供了重要的政策依据。

（三）北京市农业保险发展的经济环境

1. 都市型现代农业的发展对农业保险的有效需求较强。“十一五”期间，北京市全面拓展农业的“生产、生态、生活和示范”功能，定位于发展“生态、安全、优质、集约、高效”的都市型现代农业，具有农业科技含量高、农业经济效益高、农业产业化程度高、农业管理企业化程度高“四高”特点，相对于传统农业而言具有更强的风险分散潜在需求。“百村千户”保险意愿调查也表明，郊区农民希望通过农业保险防范和降低农业自然灾害风险的需求和愿望非常强烈。

2. 雄厚的经济基础为农业保险制度的建立提供了财力保障。近年来北京市经济发展水平保持较快稳定增长态势，人均GDP已经超过10 000美元，地方一般预算财政收入2 026. 8亿元，北京市具备了“工业反哺农业，城市带动农村”的能力。随着农村经济的快速发展，京郊农民收入也达到了一个较高水平，2009年农民人均纯收入达到11 986元。农民收入的较快增长也有利于对农业保险的潜在需求进一步转化为有效需求。

3. 现代化的农业设施和防损技术降低了农业保险经营风险。在防损技术方面，北京享有得天独厚的优势，如农业、气象、畜牧、防疫等专业领域均拥有雄厚的技术力量，处于全国领先水平。尤其是人工影响天气和设置雨量检测自动报警装置等技术的应用，为防范农业自然风险发挥了积极作用。此外，近年来以日光温室和大棚为主的设施农业作为北京市农业的优势产业，得到重点发展和扶持。目前，北京市设施农业占地面积增长至近30万亩，约占耕地总面积的10%。设施农业的迅速发展有力地提升了北京农业抵御自然灾害的能力，从而降低了农业保险的经营风险。

4. 种养两业清晰的产业布局有利于风险区划。“十一五”期间，北京市着力调整优化农业产业结构与布局，对农业总体空间布局和区域发展方向都作出了准确明晰的规定。对种植业按照粮食和经济作物、蔬菜、瓜果、花卉等大类划分出了各自的重点生产区域；对养殖业也明确了奶牛产业区、肉牛产业区、养猪产业区、养羊产业区、家禽产业区五个重点品种的布局。这种清晰的产业布局，符合保险的大数法则，为农业保险的分区域、分险种风险管理创造了有利条件。

## 二、北京模式的主要做法及特点

北京市结合都市型现代农业特点及农业保险发展的优势，充分发挥政府的主导作用，同时兼顾发挥市场配置资源的基础作用，切实保障制度参与主体各方的利益，按照“政府推动、政策支持、市场运作、农民自愿”的运作方式，明确了政府、农民和保险公司三方之间的责任，主要在以下五方面进行了探索与实践。

（一）多层次的风险分散机制。为提高政策性农业保险的风险保障能力，确保可持续发展，北京市在全国率先搭建了由农民、保险公司、再保险公司和巨灾风险准备金四个层次的“多方参与、风险共担、多层分散”的农业风险分散制度，确保政策性农业保险可持续发展。一是赔付率160%以下的风险，由经办保险公司承担损失补偿责任，由政策性农业保险合同予以保障。二是赔付率超过160%的风险，实行保险公司赔付封顶，政府承担剩余赔付责任，并以两种方式进行分散。其中赔付率160%～300%的巨灾风险，通过政府直接购买再保险的方式转移风险，由政府与再保险公司签订再保险协议予以保障；赔付率300%以上的农业巨灾风险，由政府每年按照上年农业增加值的1‰提取巨灾风险准备金保障。

（二）多形式的财政支持方式。相比全国其他开展试点的省市，北京地方财政给予政策性农业保险的支持力度较大，且补贴资金不封顶。市财政补贴农民保费50%，各区县财政累加补贴20%～30%不等，最高补贴比例累计达80%。同时，根据北京自然灾害频发于春夏两季的特点，建立财政补贴资金预拨机制，缓解保险公司短期内集中支付赔款的压力。此外，北京模式还创新了财政补贴资金的使用方式：一是财政给予经营政策性农险的保险公司保费收入10%的经营管理费用补贴。二是市财政按照上年农业增加值的1‰，提取农业巨灾风险准备金。三是市财政直接拨付资金购买农业再保险。

（三）市场化的经营管理模式。北京模式不同于其他省市“共保”或“联保”的模式，在制度设计时，采取了“政府主导下的商业运作”模式。政府充分尊重商业保险公司的经营自主权，不介入农业保险的具体经营，仅在超赔风险发生后，承担超赔责任，避免出现违背商业原则的运作。商业保险公司的职责就是市场化经营，按照“单独立账、单独核算”的原则管理政策性农业保险保费收入，承担赔付率160%以下的农业风险损失补偿责任。此外，在应对巨灾风险方面，北京模式创新农业再保险运作机制，打破以往政府委托经办保险公司购买的模式，采取政府直接出资购买再保险的市场化运作方式，从而简化了操作流程，降低了运营成本。

（四）系统化的组织管理机构。北京市专门成立了由主管副市长任组长，市农委、财政局、保监局等各有关部门参加的政策性农业保险工作协调小组，并下设常设机构——协调小组办公室，负责开展农业保险的调查研究、编制规划、确定险种及费率、提出年度预算、进行再保险安排、组织政策宣传、统计分析等日常工作。北京市不仅设立了市级专门协调机构，而且在全市开展政策性农业保险工作的13个区县也相应设立了协调管理机构，以保证上下联动，充分发挥基层政府在该项工作中的主导作用。另外，各区县还因地制宜，进一步完善了政策性农业保险工作服务网络及人才队伍建设，如密云成立具体负责政策性农业保险工作的农民专业合作社服务中心保险部；大兴在全区14个乡镇设立了农村保险工作服务站；房山在各乡镇建立了协保员队伍；昌平成立了由相关农业技术专家组成的核灾定损小组等，进一步拓宽了政策性农业保险的承保渠道，有效地延伸了农险服务链。

（五）强有力的制度保障措施。北京市制定并出台了一系列政策，确保政策性农业保险工作各个环节有效运转。一是在基本制度设计方面，市政府办公厅制定下发了《关于建立北京市政策性农业保险制度的方案（试行）》，明确了运作模式、组织机构、职责分工、支持政策等基本内容。二是在资金扶持方面，建立了《北京市政策性农业保险补贴资金管理暂行办法》，落实了资金来源及预算安排，明确了资金使用范围、标准、拨付程序等内容。三是在激励机制方面，建立了针对区县政府的考核制度，鼓励基层政府切实发挥政府引导监督作用，并协助保险公司做好宣传和防灾减损工作；四是在监督及约束机制方面，除了确定保监局负责专业监管外，还建立了政策性农业保险外部审计制度，工作协调小组办公室负责聘请会计师事务所，各级财政依据审计后的业务规模拨付相关补贴资金。五是在经营行为规范方面，制定并实行了《北京市政策性农业保险理赔服务规程》，规范了理赔业务操作，明确了理赔时限，建立了理赔服务机制。六是在信息采集方面，建立了统计信息上报制度，及时掌握农险业务发展动态，为科学决策提供数据支持。

**三、“北京模式”的实践效果**

北京市政策性农业保险经过近三年的运作，覆盖面稳步扩大，风险保障作用逐步凸显，支农惠农效应日趋明显，实现了政府、保险公司和农民的多方共赢。三年来，累计参保农户45.2万户次，受益农户24.7万户次，赔付金额4.92亿元，为北京都市型现代农业提供了168.5亿元的风险保障。

（一）覆盖面稳步扩大，不断满足都市型现代农业的风险保障需求。2008年，北京市政策性农业保险为北京农业提供了63.3亿元的风险保障，保费收入2.5亿元，参保农户达16.4万户次。2009年初，为进一步满足首都特色农产品发展需求，新增了樱桃和大枣种植保险，开办险种增加到18个。2009年，北京市政策性农业保险提供了89.44亿元的风险保障，同比增长35.9%，实现保费收入3.45亿元，同比增长35.6%；参保农户24.26万户次，同比增长45.3%，农业保险的覆盖率已稳步扩大至近40%，提前完成北京市“十一五”农业保险发展规划目标。

（二）风险保障作用凸显，确保都市型现代农业稳步发展。北京市政策性农业保险在帮助农户抵御自然灾害、恢复生产等方面发挥了积极作用。在2008年发生的各种自然灾害中，种植业有24.5万亩粮食、11.4万亩瓜果蔬菜受灾，得到赔付11 916万元；养殖业有4.98万头生猪、种猪、奶牛和153.6万只家禽等出险，得到赔付7 192万元，尤其是在2008年6月23日北京大兴、房山区特大雹灾发生后，一次性赔付受灾农户3 700万元，创北京市政策性农业保险制度建立以来单笔单次赔款最高纪录。2009年11月上旬，三场强降雪使京郊温室大棚等设施农业严重受损，保险赔款近1 000万元，为首都设施农业灾后的重建及修复工作提供了有力的资金补给。2009年，北京政策性农业保险的风险保障作用进一步显现，全年赔付支出2.66亿元，受益农户15.53万户次，为构建社会主义新农村发挥了重要作用。

（三）农民的风险意识得到培育，投保主动性增强。在开展政策性农业保险初期，农户对于保险的功能作用不甚了解，甚至存在一定的偏见。有关部门结合农村文化特点，通过印制农业保险宣传画、《防避气象灾害手册》等宣传资料、组织保险公司及时召开理赔兑现会、利用“首都之窗”网站开展政策宣传等多种形式教育广大农民，使之切身感受到政策的实惠。经过典型事例宣传教育工作，京郊农民传统的风险观念有了明显转变，逐步打消对保险的疑虑和偏见，去除了侥幸心理，认可了政策性农业保险的风险保障作用，学会了利用保险来防范农业风险，投保的主动性明显增强。从2009年末的统计数据来看，参保农户达24.26万户次，同比增长45.3%，增长率高于同期保费收入增长率9.7个百分点。

（四）财政支农资金合理安排，使用效率得到提高。2009年，北京市政策性农业保险农户自缴保费8 567.1万元，保险公司为农民提供了89.44亿元的风险保障，相当于农民拿1元钱就可获得105元的风险保障，充分发挥了财政资金杠杆作用。北京市各级政府将以往直接发放灾害救济的部分款项，通过发放政策性农业保险各种补贴资金方式，将惠农资金支付给受灾农户，不仅科学合理地安排支农资金的使用；而且通过保险公司及时查灾定损等理赔服务，提高了灾后救济工作效率，节省了行政资源。

（五）农户信用等级优化，农村金融环境得到改善。农业保险不仅可以为农业生产提供风险保障，稳定农民收入，同时，还间接起到提高农户还贷能力、优化信用环境的作用。为此，北京模式将政策性农业保险与农村小额贷款有机结合，在部分区县对参加政策性农业保险的农户给予贷款优先、利率优惠、额度提高的优惠贷款政策，缓解了农户、专业合作组织和农业企业贷款担保难、抵押难等问题，提高了农业经营主体资金融通能力，有效促进了金融资金投入都市型现代农业建设。据北京农村商业银行统计显示，2008年，该行在政策性农业保险支持下农户贷款余额47.33亿元，同比增长14个百分点。

## 四、“北京模式”的启示

从“北京模式”的实践来看，政府的财政支持、助推措施、再保险安排、经营主体选择等方面具有自身特色，对于其他地区开展政策性农业保险工作具有一定借鉴意义。

（一）政府的物质与非物质支持同样重要。由于农业保险的高费率与农民的低购买力形成矛盾，导致农民和保险公司找不到结合点，农业保险缺乏纯商业运作条件。在市场失灵的情况下，政府支持和引导就显得尤为必要。“北京模式”的实践表明，政府资金大力支持和政策直接推动是农业保险顺利开展的决定因素。实践中，“北京模式”不仅在物质资金支持上发挥政府的主导作用，更重要的是政府在农业保险制度建设、政策推动与宣传、再保险制度建立和农民风险意识培育等方面也给予政策支持等非物质扶助，同样发挥了主导作用。这些非物质扶助不仅确保了物质投入的有效性，同时为政策性农业保险工作持续广泛地开展起到了有力的保障作用。

（二）政策性农业保险和其他农业政策相互促进，共同服务新农村建设。政策性农业保险不仅是政府支持保护农业体系的重要手段，而且可以与农业产业化、农业规模化、农村金融等政策相结合，共同推动农村经济的发展。一是政策性农业保险的承保及核保工作，促进了农业产业结构调整与升级，提高了农业发展的集约化水平。比如，“北京模式”结合北京农业产业规划，在2009年取消了竹木大棚和土木结构日光温室条款，取而代之为钢架结构大棚和砖钢结构日光温室条款，以鼓励发展高标准的设施农业；通过取消奶牛保险散养费率档次，引导养殖业规模化、集约化发展。二是将政策性农业保险置于综合配套的金融服务保障措施中，提升了农村金融的服务能力。在部分区县试点建立农村小额贷款与农业保险结合的银保互动机制，促进北京农村金融环境的改善，扩大了贷款的供给。政策性农业保险和其他惠农政策有效结合相互作用，实现了政策“1 +1 >2”的效应。

（三）政府直接购买再保险是分散农业巨灾风险的有效方式。“北京模式”由于严格划分了政府与保险公司的风险承担界限，明确了政府为巨灾风险的承担者，在全国率先实行政府直接购买再保险的风险转移模式。与其他省市政府委托保险公司间接购买再保险的运作模式相比，“北京模式”具备以下优势：一是提高了再保险议价能力，政府将全部政策性农业保险业务作为整体统一向再保险公司询价，可以获得更优惠的再保险费率，即在同等再保险保费支出的情况下，能享有更高的保障，提高了财政资金的使用效率。二是操作简便易行，避免了委托保险公司间接购买的中间环节，在资金拨付上更符合财政资金支出的有关规定。三是政府以确定的财政资金支出，转移了政府承担的不确定的巨灾风险超赔责任，有效提高了政府的农业巨灾应对能力；四是政府直接介入再保险，可以进一步加大对农业生产风险的监督和管理，有效降低了道德风险，有利于形成原保险与再保险的良好互动与良性循环。

（四）保持经营主体适度竞争，确保运营高效。政府的资金补贴在很大程度上调动了农业保险供给主体的积极性，使本来萎缩的农业保险市场又重新焕发了竞争活力。“北京模式”为充分发挥市场机制对资源配置的基础作用、保持农业保险市场运营效率，在选择经营主体时，放弃了其他省市委托一家代办或多家共保的模式，而是择优选取中国人保、中华联合和安华农业三家保险公司同时参与经营，各自独立核算，保持市场适度竞争，使服务水平不断提高，经营管理方式不断创新。既提高了农业保险运营效率，又为农民提供了多样化的选择。避免了共保模式及独家经营模式下，保险公司吃“大锅饭”，缺少竞争机制，造成运营低效的弊端。

**五、“北京模式”进一步发展的设想**

经过近三年的发展，“北京模式”较好地完成了预定的发展目标，初步搭建了政策性农业保险的制度框架。但是，发展过程中的问题是不可避免的，还需要进一步规范运作、理顺机制、创新经营、完善体系，使政策性农业保险成为一项长效惠农政策。

（一）制定统一的业务标准，引导政策性农业保险规范发展。由于政策性农业保险面向广大农民的切身利益，社会关注度高，影响面大，因此，对其业务经营标准要求相对更高。北京市针对发展中遇到的问题，将从以下几个方面予以规范。

一是在承保方面，要进一步细化保险公司承保操作流程及标准，增强可操作性。重点规范保险公司委托村委会、经济合作组织、专业协会等间接开展的承保业务，要求单证及资金往来均应做到追溯到户，有据可查。同时，督促保险公司结合农村实际，采取书面告知、短信提示、电话查询等方式履行保险人的告知义务。

二是在理赔方面，要监督保险公司严格执行理赔时限要求，进一步完善理赔服务机制，提升理赔服务水平；要细化现场查勘标准，规范理赔档案管理，确保理赔案件的真实性。要引入农业保险理赔信息披露制度，提高理赔信息透明度，防范通过编造保险事故或扩大损失来骗取保险赔款。

三是在信息化建设方面，制定保险公司经营政策性农业保险的信息系统管理标准，将承保理赔业务流程与信息系统有机结合，提高对各业务操作环节的控制水平，减少人为操控的风险因素，实现政策性农业保险业务全流程信息化管理。

（二）创新经营管理技术，改进查勘定损方式。由于农业保险承保标的具有数量多且分布广的特点，因此传统的保险经营与管理技术无法有效满足承保和理赔服务的要求，往往会出现承保收费难、查勘定损难，迫切需要经营管理技术的创新发展。从国外农业保险发展经验来看，指数保险可以有效解决上述难题。根据农业生产面临的风险所关联的指标种类不同，指数保险可以分为农产品价格指数保险、农产品产量指数保险、农产品气象指数保险等。

指数保险的主要优势在于：保险公司摆脱了逐村逐户查勘定损，降低了经营成本；赔付依据脱离了农作物实际损失状况，替代为与损失或收入具有相关性的各类指数，有效规避了道德风险及逆选择；合约中事先约定的指数公开透明，便于农户理解和推广。北京市因农业经济规模总量较小，农业信息资料积累齐全，农业科技水平较高，具备开展各类指数保险的优势条件。目前，已启动蜜蜂气象指数保险研究，有望在年内推出首项指数保险。

（三）引入农险中介人制度，完善农业保险市场体系。从美国农业保险发展历程看，农作物保险主要通过代理人来销售。北京市保险中介市场处于全国前列，共有保险专业中介法人机构300余家，分支机构100余家，从业人员1万多人。随着商业保险市场竞争日趋激烈，部分保险中介人已经开始转向政策性农业保险市场谋求发展空间。在2009年市政府选择再保险人的工作中，保险经纪人发挥了积极的作用。

将来，可借鉴国际经验，进一步发挥保险中介的作用，完善政策性农业保险的服务网络和人才队伍。初步设想可将现有村委会、农业合作组织、专业协会中政策性农业保险业务的经办人发展成为政策性农业保险代理人，既解决了农业保险展业难、收费难的问题，又调动了基层经办人的积极性。

（四）加强职能部门间的协作，构建齐抓共管的监管体系。由于政策性农业保险涉及农业、气象、畜牧、财税、保险等多个领域，相比一般商业保险的监督管理，政策性农业保险的监管更加复杂，需要开展跨学科研究和跨部门合作。因此，调动相关政府职能部门参与政策性农业保险的积极性，开展联合监管显得尤为必要。

在承保方面，引入防疫部门共同加强对保险公司承保业务的监督。如防疫部门在开展防疫工作的同时，协助保险公司开展承保验标工作，督促农户落实养殖牲畜的耳标配戴制度，以便准确识别承保标的，杜绝虚假投保，套取补贴的行为。

在查勘及防灾减损方面，引入气象、畜牧、防疫、农技推广部门参与管理，充分发挥其专业技术力量，提供强有力的技术保障。为调动职能部门的积极性，应给予相关配套政策，允许气象、畜牧、防疫等提供技术保障的部门收取合理的费用。

（五）创新农业保险与涉农贷款的合作机制，充分发挥政策性农业保险的惠农作用。政策性农业保险作为农村金融的重要组成部分，与农业信贷、农业投资、农业担保、农村信用等共同构成农村金融体系。加强农业保险与其他金融产品的有机结合，是加强和改进农村金融服务的重要途径。“北京模式”将尝试在以下三方面进行创新。

一是建立农业保险与农业贷款评级挂钩的联动机制。北京市将在总结个别区县试点经验的基础上，进一步发挥政策性农业保险对农村小额贷款的助推作用，积极引导银行机构将借款人政策性农业保险投保情况作为贷款评级的重要参考因素，对于参保情况良好的，给予优惠的贷款限额、利率及期限等。

二是探索开展政策支持的农业贷款保证保险试点工作。贷款保证保险是指借款人不能按合同约定期限偿还贷款所致贷款银行的经济损失为保险标的的保证保险。北京市可紧密结合都市型现代农业建设，对于农户申请贷款用于农业设施、农业观光示范园、特色农产品种植、农业科技推广等政策扶持的农业生产项目时，尝试以投保政策性农业贷款保证保险的形式解决农民贷款抵押难、担保难的问题，从而引导银行机构运用保险机制转移信贷风险，加大对都市型农业的资金投入。

三是改进政策性农业保险资金结算方式。目前，政策性农业保险业务的保费收取与赔款支付仍以现金为主要交易方式。但是，现金交易在为农户提供便利的同时，无法保证资金的安全性和及时性。为此，将从保护农民利益的角度出发，研究实施“一卡通”的便农措施，将政策性农业保险资金结算与其他惠农政策的资金结算进行整合，集“一卡通”融涉农贷款和涉农保险功能于一体，条件成熟时，可进一步与农户的粮食直补、环保补贴、山林补贴等各种补贴资金结算进行整合，既方便农户获取贷款，领取各类政策性补贴，又方便保险公司收取保费，及时发放赔款资金，有效防范虚假承保及截留赔款风险。

## 参考文献

1. 邢鹂、赵乐、吕开宇. 北京市农业生产风险和保险区划研究［M］. 中国农业出版社，2008 年 5 月.

2. 庹国柱、朱俊生. 农业保险新一轮试点面临的问题［J］. 中国金融，2005 年第 6 期.

3. 黄英君. 中国农业保险发展机制研究：经验借鉴与框架设计［M］. 中国金融出版社，2009 年 8 月.

4. 中国赴美农业保险考察团. 美国农业保险考察报告［J］. 中国农村经济，2002 年第 1 期.

（作者：刘春广　刘跃林）

**附：**

# 2009 年专题与调研目录选编

## 中国人民银行营业管理部<br>2009 年优秀调研成果

**一等奖：**

1. 北京市房地产市场供求情况及趋势分析（货币信贷管理处）

2. 浅析《中国船舶工业调整和振兴规划》实施面临的问题及建议（经常项目管理处）

3. 政府土地储备机构投融资规模大幅增长下的结构性问题研究（调查统计处）

**二等奖：**

1. 北京市政策性信用担保体系发展现状、存在问题和政策建议（货币信贷管理处）

2. 关于发展首都生态农业及金融支持的调查报告（货币信贷管理处）

3. 金融危机对我国风电产业的影响及对策（调查统计处）

4. 金融危机先行指标国际比较及启示（金融研究处）

5. 我国消费者价格指数长记忆性研究（金融研究处）

6. 经济增长、产业扩张与金融支持的效率（金融研究处）

7. 对北京建设人民币国际清算中心的思考（外汇检查处）

8. 投资需求快速回升下的北京市房地产市场存在的问题及建议（调查统计处）

9. 后金融危机时期我国如何控制和防范通货膨胀（金融研究处）

10. 关于完善大中小型企业贷款专项统计制度的建议（调查统计处）

11. 中外资新增市场主体外汇业务经营对比分析（外汇检查处）

12. 北京地区个人本外币兑换特许试点情况调研报告（国际收支处）

13. 目前银行面临的外汇业务经营难点和对策（外汇综合业务处）

14. 对银行可疑交易报告数量虚高问题的分析（反洗钱处）

15. 汽车行业“走出去”制约因素分析（经常项目管理处）

16. 当前首都农村金融发展现状、主要问题及政策建议（货币信贷管理处）

17. 信贷投放与现金投放关系研究（货币金银处）

18. 基于SVN的版本控制策略研究与比较（清算中心）

19. FATF洗钱风险评估战略及其对我国的启示（反洗钱处）

20. 关于金融危机下的应对机制和企业文化建设的思考（宣传群工部）

**三等奖：**

1. 对贸易信贷政策实施效果及支持中小企业发展作用的分析（资本项目管理处）

2. 对建立国内外币现钞清算市场的探讨（国际收支处）

3. 从组织行为角度研究行政机关的职责分工和组织架构（人事处）

4. 2008年北京市假人民币收缴情况的调研分析（货币金银处）

5. 北京地区银行业地方级税收收入变动及原因探析（国库处）

6. 中小企业信贷融资现状及政策建议（经常项目管理处）

7. 对完善对外投资监管方式的研究与思考（资本项目管理处）

8. 美国信用评级监管体系改革对我国的启示（征信管理处）

9. 混业经营背景下我国的金融监管模式选择（法律事务处）

10. 北京市担保业发展现状、问题及建议（金融稳定处）

11. 北京循环经济发展以及金融支持研究（办公室）

12. 北京市支付系统前置机维人员技术培训调研报告（清算中心）

13. 公允价值会计在我国上市银行的应用分析（会计财务处）

14. 资本充足率与商业银行发展（金融稳定处）

15. 关于完善我国国际服务贸易统计

体系的思考和建议（国际收支处）

16. 中资企业借用国际商业贷款研究（资本项目管理处）

17. 地方政府融资性债务问题研究（国库处）

18. 商业银行非现金支付工具的应用趋势与创新模式研究（支付结算处）

19. 对金融机构反洗钱违规行为直接责任人问责的行政立法研究（反洗钱处）

20. 通过网银（U盾）实现个人信用报告互联网查询的可行性研究（征信管理处）

21. 北京市同城票据交换运行管理模式变革探析（支付结算处）

22. 国际收支统计与国民账户统计体系关系初步研究及政策建议（国际收支处）

23. 现阶段人民银行内部审计转型与发展研究（内审处）

24. 中、美信用卡收入结构差异分析及建议（支付结算处）

25. 金融机构企业社会责任调查（金融稳定处）

26. 人行营业管理部依法行政工作的理论与实践探索（法律事务处）

27. 信息技术在商业银行事后监督工作中的应用及对人民银行的启示（事后监督中心）

28. 关于进一步完善贷款卡业务管理的思考（征信管理处）

29. 优化内控环境的几点思考（内审处）

30. 赴南京分行进行行风建设标准化管理调研情况报告（纪检监察办公室）

31. 关于进一步加强新时期离退休干部党支部建设的思考（离退休干部处）

32. 关于公开招标和邀请招标适用情形的探讨（会计财务处）

33. 以科学发展观为指导努力推进基层央行领导班子建设和干部人才队伍建设（人事处）

# 八、统计资料

# 北京市2009年国民经济和社会发展统计公报

北京市统计局　国家统计局北京调查总队

2010年2月2日

2009年，受国际金融危机的严重冲击和经济周期性调整的影响，北京经济社会发展遭遇严重困难。面对严峻复杂的形势，全市人民在党中央、国务院和市委、市政府的坚强领导下，认真贯彻落实各项宏观调控政策，以科学发展观为指导，以“保增长、保民生、保稳定”为重心，积极采取“调结构、扩内需”等一系列应对措施，全市经济运行呈现见底、复苏、回升态势，社会发展和谐稳定。

## 一、综合

**经济增长**　初步核算，全年实现地区生产总值11 865.9亿元，比上年增长10.1%，增速比上年提高1个百分点。其中，第一产业增加值118.3亿元，增长4.6%；第二产业增加值2 743.1亿元，增长9.7%；第三产业增加值9 004.5亿元，增长10.3%。

按常住人口计算，全市人均地区生产总值达到68 788元（按年平均汇率折合10 070美元），比上年增长6.2%。三次产业结构由上年的1:23.6:75.4变化为1:23.2:75.8（见表1和图1）。

**税收**　全市完成国税、地税税收（费）收入6 337.5亿元，比上年增长16.4%。其中，地税税收（费）收入1 771.9亿元，比上年增长12.3%。

**财政**　全市完成地方财政收入（一般预算）2 026.8亿元，比上年增长10.3%，增幅比上年回落12.8个百分点。其中，实现增值税、营业税和个人所得税179.7亿元、752.6亿元和177.8亿元，分别增长13.5%、15.5%和3.8%；实现企业所得税430.4亿元，下降13.5%。地方财政支出（一般预算，含中央追加支出）2 301.7亿元，增长17.5%，增幅比上年回落1.3个百分点。其中，用于城乡社区事务、交通运输、环境保护支出分别增长72.8%、63.8%和52.1%。

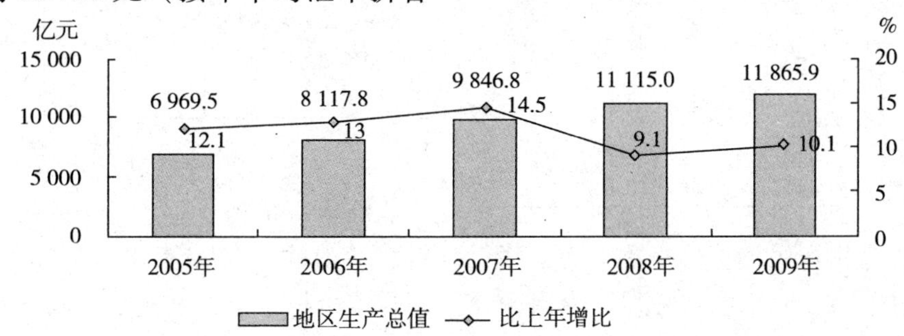


注：2005～2008年地区生产总值及增速数据已根据第二次经济普查和第二次农业普查结果进行修订。

**图1　2005～2009年地区生产总值及增长速度**

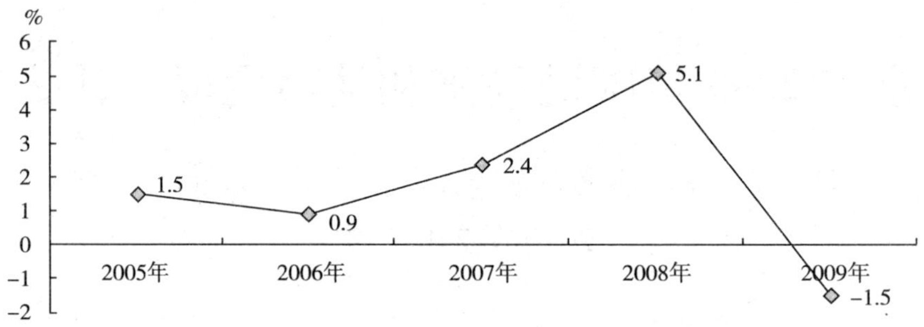


图2　2005～2009 年居民消费价格涨跌幅度

表1　2009 年地区生产总值

单位：亿元、%

| 指　　标 | 2009 年 | 比上年增长 |
|---|---|---|
| 地区生产总值 | 11 865.9 | 10.1 |
| 第一产业 | 118.3 | 4.6 |
| 第二产业 | 2 743.1 | 9.7 |
| 工业 | 2 191 | 8.8 |
| 建筑业 | 552.1 | 13.9 |
| 第三产业 | 9 004.5 | 10.3 |
| 交通运输、仓储和邮政业 | 468.5 | 持平 |
| 信息传输、计算机服务和软件业 | 1 107.5 | 14.5 |
| 批发和零售业 | 1 570.9 | 12.5 |
| 住宿和餐饮业 | 275.5 | 2.3 |
| 金融业 | 1 720.9 | 13.5 |
| 房地产业 | 895.4 | 6.9 |
| 租赁和商务服务业 | 816.2 | 11.5 |
| 科学研究、技术服务和地质勘察业 | 793.7 | 16.4 |
| 水利、环境和公共设施管理业 | 55.5 | −2.6 |
| 居民服务和其他服务业 | 82.7 | 15.4 |
| 教育 | 405.8 | 4.6 |
| 卫生、社会保障和社会福利业 | 192.2 | 6.1 |
| 文化、体育和娱乐业 | 251.1 | 6.1 |
| 公共管理和社会组织 | 368.6 | 3.4 |

**价格**　全市居民消费价格比上年下降 1.5%。其中，低收入层居民消费价格下降1%；食品价格上涨 2.4%，非食品价格下降 3.4%；消费品价格下降 0.3%，服务项目价格下降5.2%。全市商品零售价格下降 2.2%（见表2，图 2）。

表2　居民消费价格涨跌幅度

单位：%

| 指　　标 | 2009 年 | 其中：低收入层 | 2008 年 | 其中：低收入层 |
|---|---|---|---|---|
| 居民消费价格总水平 | −1.5 | −1 | 5.1 | 8.9 |
| 食　品 | 2.4 | 0.9 | 16.1 | 20.2 |
| 其中：粮食 | 5.6 | 9.9 | 8.9 | 9.5 |
| 肉禽及其制品 | −4.8 | −8.1 | 25.1 | 28.4 |
| 油脂 | −16.1 | −18.6 | 21.3 | 30.6 |
| 烟酒及用品 | 2.2 | 3.5 | 6 | 8.8 |
| 衣　着 | −1.6 | −1.3 | −0.9 | 1.9 |
| 家庭设备用品及维修服务 | 0.3 | 1.6 | 4.4 | 5.4 |
| 医疗保健和个人用品 | −0.1 | 0.2 | 2 | 1.7 |
| 交通和通信 | −4.1 | −3 | −2.4 | 1 |
| 娱乐教育文化用品及服务 | −2.4 | 1.9 | −2 | −0.3 |
| 居　住 | −10.2 | −12.5 | 3 | 1.8 |

农产品生产价格比上年下降 1.7%。工业品出厂价格下降 5.6%；原材料、燃料、动力购进价格下降 11.4%。固定资产投资价格下降 2.9%。土地交易价格上涨 4%。

12 月，房屋销售价格延续了下半年以来的快速上涨态势，比上年同月上涨

9.2%。其中新建商品住宅价格上涨13.9%，二手住宅价格上涨2.9%。

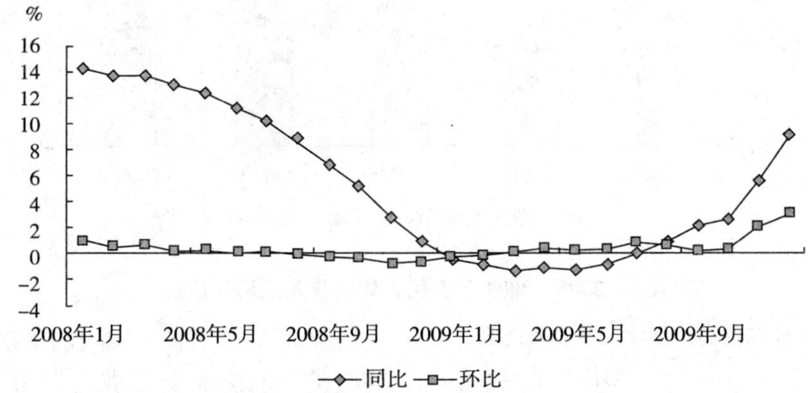


**图3　2008～2009年房屋销售价格月度同比及环比涨跌幅度**

**就业**　全市城镇新增就业42.44万人，比上年增加0.47万人。年末全市城镇实有登记失业人员8.16万人，比上年末减少2.17万人。城镇登记失业率为1.44%，比上年末下降0.38个百分点。

## 二、人口、人民生活和社会保障

**人口**　年末全市常住人口1 755万人，比上年末增加60万人。其中，外来人口509.2万人，占常住人口的比重为29%。常住人口中，城镇人口1 491.8万人，占常住人口的85%。全市常住人口出生率8.06‰，死亡率4.56‰，自然增长率3.5‰。全市常住人口密度为1 069人/平方公里，每平方公里比上年末增加36人。年末全市户籍人口1 245.8万人，比上年末增加15.9万人。

**人民生活**　全年城镇居民人均可支配收入达到26 738元，比上年增长8.1%（名义增速）。农村居民人均纯收入11 986元，比上年增长11.5%（名义增速）。城镇、农村居民恩格尔系数分别为33.2%和32.4%，比上年下降0.6个和1.9个百分点。城乡居民居住水平继续提高。城镇居民人均住宅建筑面积28.81平方米，增加0.09平方米，人均住宅使用面积21.61平方米，增加0.05平方米；农村居民人均住房面积39.42平方米，增加0.02平方米。

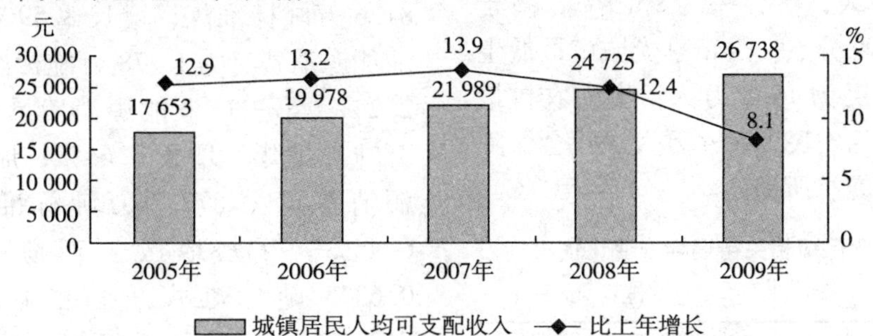


**图4　2005～2009年城镇居民人均可支配收入及增长速度**

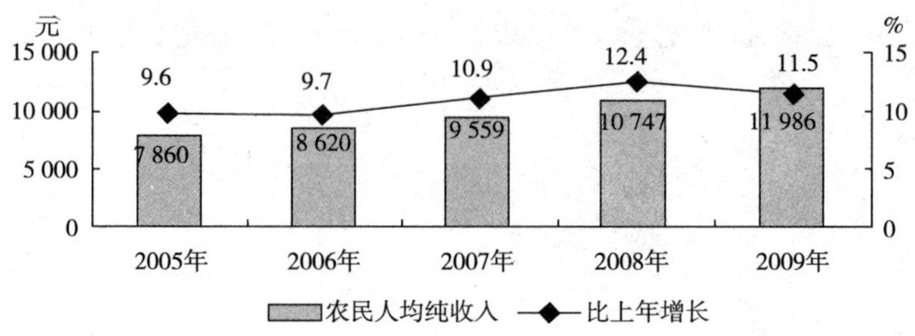


**图5 2005～2009年农民人均纯收入及增长速度**

**表3 2009年20%高、低收入户收入情况**

单位：元、%

| 指标 | 城镇居民 | | 农村居民 | |
|---|---|---|---|---|
| | 人均可支配收入 | 比上年增长 | 人均纯收入 | 比上年增长 |
| 全市 | 26 738 | 8.1 | 11 986 | 11.5 |
| 20%高收入户 | 50 816 | 7.9 | 23 739 | 9.8 |
| 20%低收入户 | 11 729 | 9.8 | 4 951 | 11.1 |

**社会保障** 年末全市参加城乡居民养老保险人数为162万人。其中城镇居民参保人数9万人；农村居民参保人数为153万人，参保率为90%。参加基本养老、基本医疗、失业、工伤保险人数分别为827.7万人、938.4万人、675.7万人和747.1万人，比上年末净增69.6万人、67.4万人、61.4万人和80.5万人。参加农村新型合作医疗的人数达到275万人，净增2.5万人，参合率为95.7%，高于上年2.8个百分点。全市享受城市最低生活保障的居民为14.8万人，享受农村最低生活保障的农民为8.4万人。社会保障相关待遇标准有所提高。

**表4 社会保障相关待遇标准变化情况**

单位：元/月

| 指标 | 2009年 | 2008年 |
|---|---|---|
| 失业保险金最低标准 | 562 | 502 |
| 城市居民最低生活保障标准 | 410 | 390 |
| 职工最低工资标准 | 800 | 800 |
| 基本养老金平均增加水平 | 200 | 200 |

年末全市各类收养性社会福利单位388家，床位5.2万张，收养各类人员2.5万人。城镇建立各种社区服务设施1 925个，其中社区服务中心176个。

**三、水资源、能源、环境与安全生产**

**水资源** 全年水资源总量20亿立方米，比上年下降41.5%。全市总用水量35.8亿立方米，比上年增长2%。其中，生活用水15.3亿立方米，增长4.1%；工业用水5.2亿立方米，农业用水12亿立方米，均与上年持平。全市万元地区生产总值水耗为33.06立方米，比上年下降7.4%。全市完成节水技改措施254项，其中工业节水技改措施28项。

**能源** 1～3季度，全市能源消费量为4 829万吨标准煤，比上年同期增长3.29%。其中，第一产业能源消费量为81.6万吨标准煤，增长8.59%；第二产业能源消费量为1 778万吨标准煤，下降2.2%；第三产业能源消费量为2 097.2万吨标准煤，增长6.64%；居民生活能源消费量为872.2万吨标准煤，增长6.98%。万元地区生产总值能耗为0.6345吨标准煤，比上年同期下降5.71%。2005～2009年第三季度，全市万元地区生产总值能耗累计下降23.46%，提前1年达到《北京市国民经济和社会发展第十一个五年规划纲要》

中万元地区生产总值能耗比“十五”期末下降20%的目标。

**环境** 全市污水处理率为80%，其中城八区污水处理率达到94%，分别比上年提高1.1个和1个百分点。全市生活垃圾无害化处理率为95.8%，其中城八区生活垃圾无害化处理率达到100%。市区空气质量达到二级和好于二级的天数为285天，比上年增加11天，占全年总天数的78.1%，比上年提高3.2个百分点。

全市城镇绿化覆盖率达到44.4%，比上年提高0.9个百分点。城镇人均公园绿地面积14.5平方米，比上年增加0.9平方米。林木绿化率达到52.6%，比上年提高0.5个百分点。

**安全生产** 全年共发生道路交通、生产安全、火灾、铁路交通、农业机械死亡事故1 049起，死亡1 157人。与上年相比，事故减少11起，死亡人数减少22人，分别下降1%和1.9%。亿元地区生产总值生产安全事故死亡率为0.10；道路交通每万辆车死亡人数为2.44人；工矿商贸从业人员每10万人死亡人数为1.34人；煤矿每百万吨死亡人数为0.499人。

**四、城市建设和新农村建设**

**道路建设** 年末全市公路里程20 670公里；其中，高速公路里程884公里，比上年末增加107公里。年末城市道路里程6 206公里。

**公共交通** 年末全市公共交通运营线路701条，比上年末增加22条；其中轨道交通运营线路9条，增加1条。公共交通运营线路长度18 498公里，比上年末增长2.4%；其中轨道交通线路长度228公里，增长14%。公共交通运营车辆2.4万辆，比上年末增长2.2%；其中轨道交通运营车辆2 014辆，增长17.5%。全年公共交通客运总量65.9亿人次，比上年增长11.2%；其中轨道交通14.2亿人次，增长16.9%。

**公用事业** 全年自来水销售量9.1亿立方米，比上年增长12.3%。其中，生产运营用水1.3亿立方米，增长8.3%；居民家庭用水4.5亿立方米，增长15.4%。

全年北京地区用电量达到739.1亿千瓦时，比上年增长7.2%。其中生产用电610.4亿千瓦时，增长6.4%；城乡居民生活用电128.8亿千瓦时，增长10.7%。

全年液化石油气供应总量32.2万吨，比上年下降0.9%；天然气供应总量64.5亿立方米，增长15.6%。年末共有燃气家庭用户602.6万户，比上年末增长2%；其中天然气家庭用户407.1万户，增长3.7%。全市燃气管线达到10 970公里，比上年末增长1.6%。全市集中供热面积4.3亿平方米，比上年增长1.8%。

**新农村建设** 全市1 700余个村庄实施了“五项基础设施”建设，其中完成街坊路硬化3 243万平方米，污水处理工程（含管网工程）286处，改造户厕23.6万座，新建公厕3 085座。全市农村更换户用节能灯505.5万只，安装太阳能路灯2.26万盏；建设太阳能公共浴室171处、大中型秸秆气化和沼气集中供气系统33处、户用沼气池2 282户。建设粪污治理工程168处。

**五、农业、工业和建筑业**

**农业** 全年实现农业（第一产业）增加值118.3亿元，比上年增长4.6%。粮食播种面积22.6万公顷，与上年持平；粮食产量124.8万吨，比上年下降0.5%。

**表5 2009年主要农副产品产量**

| 指 标 | 单位 | 产量 | 比上年增长(%) |
|---|---|---|---|
| 粮 食 | 万吨 | 124.8 | -0.5 |
| 蔬 菜 | 万吨 | 317.1 | -1.3 |
| 肉 类 | 万吨 | 47.2 | 4.6 |
| 出栏生猪 | 万头 | 314 | 7.3 |
| 出栏家禽 | 万只 | 12 355 | 3.1 |
| 禽 蛋 | 万吨 | 15.4 | 1 |
| 水产品 | 万吨 | 5.8 | -4.3 |
| 牛 奶 | 万吨 | 67.4 | 1.5 |
| 干鲜果品 | 万吨 | 90.3 | 0.6 |

全市实际经营的农业观光园为1 294个，比上年减少38个；观光园总收入15.2亿元，比上年增长12.2%，其中采摘收入3.4亿元，增长11%。民俗旅游接待户14 132户，比上年增加424户；民俗旅游总收入6.1亿元，增长15.1%。种业收入12.8亿元，比上年增长17.4%。已利用设施农业占地面积18 762.1公顷，比上年增长10%；实现收入33.9亿元，增长20.4%。

**工业** 全年实现工业增加值2 191亿元，比上年增长8.8%，增幅比上年提高8.6个百分点。其中，规模以上工业企业增加值增长9.1%。在规模以上工业中，高技术制造业、现代制造业增加值分别增长3.7%和11.1%。实现规模以上工业销售产值10 699.2亿元，比上年增长3.2%。其中内销产值9 190.8亿元，增长7.1%；出口交货值1 508.5亿元，下降15.2%。产品销售率为99.04%。

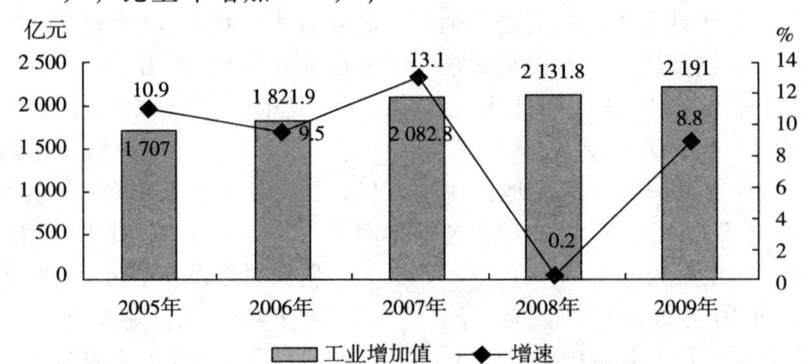


注：2005～2008年全市工业增加值及增速数据已根据第二次经济普查结果进行修订。

**图6 2005～2009年工业增加值增长速度**

**表6 2009年规模以上工业企业增加值增长速度**

| 指 标 | 比上年增长(%) |
|---|---|
| 工业增加值 | 9.1 |
| 轻工业 | 6.2 |
| 重工业 | 9.8 |
| 在工业增加值中： | |
| 其中：国有及国有控股企业 | 11.1 |
| 其中：电力、热力的生产和供应业 | 8.5 |
| 通信设备、计算机及其他电子设备制造业 | 0.1 |
| 交通运输设备制造业 | 33.9 |

续表

| 指 标 | 比上年增长(%) |
|---|---|
| 黑色金属冶炼及压延加工业 | 5.5 |
| 医药制造业 | 17.4 |
| 专用设备制造业 | 6 |
| 化学原料及化学制品制造业 | 2.4 |
| 通用设备制造业 | 0.5 |
| 石油加工、炼焦及核燃料加工业 | 5.6 |

表7 2009年规模以上工业企业主要产品产量

| 产品名称 | 单 位 | 2008年 | 比上年增长(%) |
|---|---|---|---|
| 钢材 | 万吨 | 769.6 | 17.2 |
| 发电量 | 亿千瓦时 | 242.5 | -0.7 |
| 原油加工量 | 万吨 | 1 161.3 | 4.6 |
| 乙烯 | 万吨 | 84.1 | -1.5 |
| 水泥 | 万吨 | 1 077.4 | 21.9 |
| 商品混凝土 | 万立方米 | 2 821.3 | 31 |
| 汽车 | 万辆 | 127.1 | 65.8 |
| 其中：轿车 | 万辆 | 53.8 | 90 |
| 彩色显像管 | 万支 | 154.3 | -76.3 |
| 显示器 | 万台 | 655.6 | 36.1 |
| 微型计算机设备 | 万台 | 842.7 | 22.5 |
| 程控交换机 | 万线 | 1 508.8 | -6.1 |
| 移动通信手持机（手机） | 万台 | 21 355.3 | 3 |
| 饮料酒 | 万千升 | 181.1 | 3.9 |
| 其中：啤酒 | 万千升 | 161.4 | 4.3 |
| 乳制品 | 万吨 | 52.2 | 15.2 |

全年规模以上工业企业实现利润697.7亿元，比上年增长25.3%。其中，国有及国有控股企业实现利润353.3亿元，增长38.6%。电力、热力的生产和供应业实现利润155.6亿元，下降14.1%；交通运输设备制造业实现利润101.9亿元，增长1倍；通信设备、计算机及其他电子设备制造业实现利润52.6亿元，下降27%；医药制造业实现利润46.6亿元，增长46.4%。上缴税金630.2亿元，增长30.1%。

**建筑业** 全市具有资质等级的总承包和专业承包建筑业企业完成建筑业总产值4 059.8亿元，比上年增长32.4%；人均劳产率为24.9万元，增长13.2%；本年新签合同额5 636.4亿元，增长54.2%。

**六、新产业**

文化创意产业实现增加值1 497.7亿元，比上年增长11.2%；占地区生产总值的比重为12.6%，比上年提高0.5个百分点。高技术产业实现增加值916.7亿元，增长7.6%；占地区生产总值的比重为7.7%，与上年持平。生产性服务业实现增加值5 878.9亿元，增长9.8%；占地区生产总值的比重为49.5%，比上年提高1.3个百分点。

**七、固定资产投资与房地产开发**

**固定资产投资** 全年完成全社会固定资产投资4 858.4亿元，比上年增长26.2%。其中，基础设施投资1 462亿元，增长26%，主要投向交通运输和公共服务业，交通运输投资698.6亿元，增长15.6%，公共服务业投资434.5亿元，增长49%。

**分登记注册类型看** 国有内资单位完成投资2 316.8亿元，比上年增长66.8%；非国有内资单位完成投资2 096.4亿元，增长2.8%；外商及港澳台完成投资445.2亿元，增长5.9%。

**分产业看** 第一产业投资57.4亿元，增长1倍；第二产业投资411.4亿元，增长6.6%，其中工业投资406.2亿元，增长6.7%；第三产业投资4 389.5亿元，增长27.8%。

**分城乡看** 城镇投资完成4 378.2亿元，增长23.2%；农村投资完成480.2亿元，增长63.5%。

**房地产开发** 全年完成房地产开发投资2 337.7亿元，比上年增长22.5%；其中住宅投资906.6亿元，下降3.6%。政策性住房完成投资298.6亿元，比上年增长83.2%；其中经济适用房投资100.9亿元，限价房投资177.7亿元，廉租房投资14.5亿元，分别比上年增长86.7%、77.1%和68.9%，公共租赁房完成投资5.5亿元。

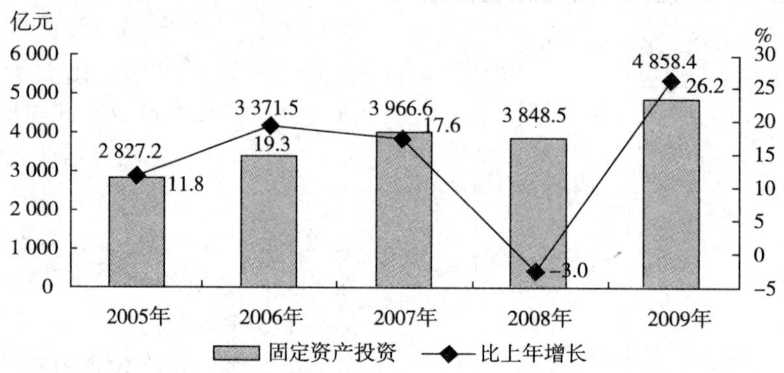


**图7 2005~2009年全社会固定资产投资及增长速度**

**表8 2009年分行业全社会固定资产**

单位：亿元、%

| 行业名称 | 投资额 | 比上年增长 |
|---|---|---|
| 总计 | 4 858.4 | 26.2 |
| 农、林、牧、渔业 | 57.4 | 104.5 |
| 采矿业 | 23.1 | -24.8 |
| 制造业 | 217.5 | 5.8 |
| 电力、燃气及水的生产和供应业 | 165.6 | 14.6 |
| 建筑业 | 5.2 | -0.5 |
| 交通运输、仓储和邮政业 | 730.6 | 14.6 |
| 信息传输、计算机服务和软件业 | 140 | 35.9 |
| 批发和零售业 | 20.2 | 15.1 |
| 住宿和餐饮业 | 40.4 | -26.8 |
| 金融业 | 7.4 | 43.1 |
| 房地产业 | 2 728.1 | 35.7 |
| 租赁和商务服务业 | 26.4 | -45.9 |
| 科学研究、技术服务和地质勘察业 | 60.8 | 93.9 |
| 水利、环境和公共设施管理业 | 360 | 31.5 |
| 居民服务和其他服务业 | 6.6 | 67.9 |
| 教育 | 65.9 | 26.8 |
| 卫生、社会保障和社会福利业 | 41.4 | 2.6 |
| 文化、体育和娱乐业 | 77.4 | -22.7 |
| 公共管理和社会组织 | 84.4 | 53.3 |

**表9 2009年房地产开发和销售主要指标**

| 指标 | 单位 | 绝对数 | 比上年增长(%) |
|---|---|---|---|
| 房地产开发投资 | 亿元 | 2 337.7 | 22.5 |
| 其中：住宅 | 亿元 | 906.6 | -3.6 |
| 商品房施工面积 | 万平方米 | 9 719.1 | -2.9 |
| 其中：住宅 | 万平方米 | 5 551.9 | 0.2 |
| 商品房新开工面积 | 万平方米 | 2 246.6 | -3.9 |
| 其中：住宅 | 万平方米 | 1 380.3 | -11.8 |
| 商品房竣工面积 | 万平方米 | 2 678.6 | 4.7 |
| 其中：住宅 | 万平方米 | 1 613.2 | 15.3 |
| 商品房销售面积 | 万平方米 | 2 362.3 | 76.9 |
| 其中：住宅 | 万平方米 | 1 880.5 | 82.3 |
| 年末商品房空置面积（现房） | 万平方米 | 1 351.4 | -6 |
| 其中：住宅 | 万平方米 | 426.8 | -18.3 |

全市政策性住房施工面积 2 393.3 万平方米，竣工面积 229.5 万平方米，分别比上年增长 51% 和 68.3%；政策性住宅销售面积 187.6 万平方米，比上年下降 15.6%。其中，经济适用房施工面积 795.1 万平方米，增长 9.2%；竣工面积 120.3 万平方米，下降 10.2%；经济适用住宅销售面积 82.2 万平方米，下降 24.1%。限价房施工面积 1 445.5 万平方米，比上年增长 86.9%；竣工面积 100.1 万平方米；限价住宅销售面积 105.4 万平方米，下降 7.5%。廉租房施工面积 100.2 万平方米，增长 19.7%；竣工面积 9.1 万平方米，增长 2.6 倍。公共租赁房施工面积 52.5 万平方米。

## 八、国内贸易、对外经济、旅游和开发区

**国内贸易** 全年实现社会消费品零售额 5 309.9 亿元，比上年增长 15.7%，增幅比上年回落 5.1 个百分点。

限额以上批发和零售企业中，汽车类实现零售额 1 167.6 亿元，比上年增长 27.1%；石油及制品类实现零售额 329.8 亿元，增长 5.9%；中西药品类实现零售额 242.1 亿元，增长 20.5%；金银珠宝类实现零售额 119.8 亿元，增长 11.8%；化妆品类实现零售额 82 亿元，增长 18.8%；书报杂志类实现零售额 63.3 亿元，增长 24.3%；家具类实现零售额 41.8 亿元，增长 37%。

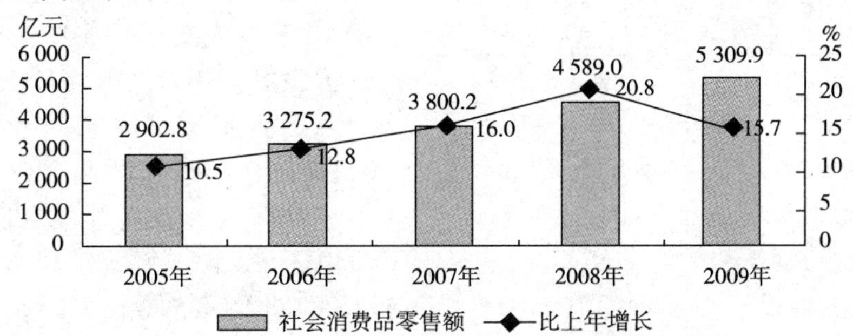


**图 8 2005～2009 年社会消费品零售额及增长速度**

**表 10 2009 年社会消费品零售额**

单位：亿元、%

| 指　　标 | 2009 年 | 比上年增长 |
|---|---|---|
| 社会消费品零售额 | 5 309.9 | 15.7 |
| 按商品用途分 | | |
| 吃的商品 | 1 251.5 | 9.9 |
| 穿的商品 | 496.6 | 15.3 |
| 用的商品 | 3 202.0 | 20.4 |
| 烧的商品 | 359.8 | 0.1 |
| 按行业分 | | |
| 批发、零售贸易业 | 4 686.3 | 15.9 |
| 餐饮业 | 477.7 | 16.2 |
| 住宿业 | 102.8 | 9.6 |
| 其他行业 | 43.1 | 8.4 |

全年销售机动车 114.8 万辆，增长 30.8%，增幅比上年提高 20.8 个百分点。其中，新车 70.2 万辆，增长 42.4%；旧车 44.6 万辆，增长 15.9%。

**对外经济** 全年北京地区进出口总额 2 147.6 亿美元，比上年下降 20.9%。其中，出口 483.6 亿美元，下降 15.9%；进口 1 664 亿美元，下降 22.2%。

全年新设立外商直接投资项目 1 423 个，比上年下降 25%。实际利用外资金额 61.2 亿美元，增长 0.6%，增幅比上年回落 19.5 个百分点。其中，租赁和商

务服务业占36.9%，比上年提高15.1个百分点；信息传输、计算机服务和软件业占15.5%，比上年下降1.8个百分点；房地产业占13%，与上年持平；制造业占12.3%，比上年下降12.4个百分点。

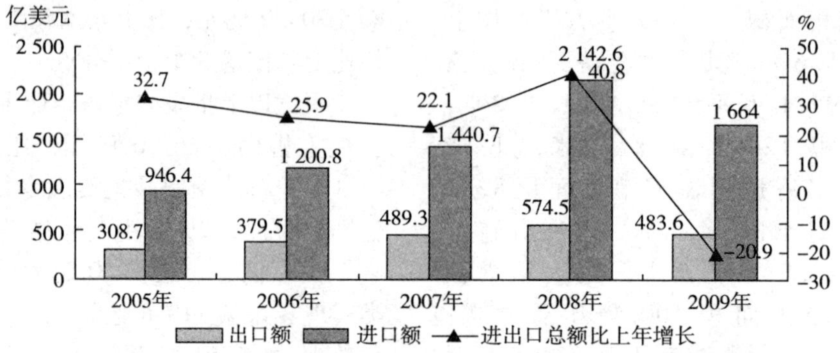


**图9　2005~2009年北京地区海关进出口总额及增长速度**

**表11　2009年北京地区海关进出口总额**

单位：亿美元、%

| 指　　标 | 2009年 | 比上年增长 |
|---|---|---|
| 进出口总额 | 2 147.6 | -20.9 |
| 出口额 | 483.6 | -15.9 |
| 其中：一般贸易 | 202.8 | -32.4 |
| 来料加工装配贸易 | 40.8 | 38.6 |
| 进料加工贸易 | 172.9 | -2.9 |
| 其中：机电产品 | 308.1 | -8.4 |
| 其中：高新技术产品 | 175.2 | -8.1 |
| 进口额 | 1 664 | -22.2 |

全年境外投资中方实际投资额3.1亿美元，比上年增长63.2%；对外承包工程、劳务合作和设计咨询实现营业额22.7亿美元，增长35.1%。

**旅游**　全年接待入境旅游者412.5万人次，比上年增长8.8%。其中，外国人342.9万人次，增长2.1%；港、澳、台同胞69.6万人次，增长60.7%。旅游外汇收入43.6亿美元，下降2.3%。

全年接待国内旅游者1.6亿人次，增长14.6%。国内旅游收入2 144.5亿元，增长12.4%。国内外旅游收入总计达到2 442.1亿元，增长10%。全年出境旅游人数84.9万人次，下降16.8%。

**开发区**　年末全市共有开发区19个，累计入区企业35 364家，比上年末增加3 002家；其中投产开业企业22 582家，减少1 039家。各类开发区实现总收入15 330亿元，比上年增长16.8%；实现利润1 087.8亿元，增长25.3%；应缴税金750.5亿元，增长19.7%。

中关村科技园区投产开业企业17 368家，实现总收入12 602.4亿元，比上年增长23.7%；出口总额204.6亿美元，下降6.5%；实现利润931亿元，增长28.2%；应缴税金570.8亿元，增长17.7%。

北京市经济技术开发区投产开业企业1 592家，实现总收入3 215亿元，比上年增长6.2%；实现利润248.4亿元，下降8.7%；应缴税金173.9亿元，增长10%。

**表12　2009年分行业外商直接投资及增速**

| 行业名称 | 新批外商投资项目（个） | 比上年增长（%） | 实际利用外资（万美元） | 比上年增长（%） |
|---|---|---|---|---|
| 总　　计 | 1 423 | -25 | 612 094 | 0.6 |
| 农、林、牧、渔业 | 3 | -57.1 | 3 833 | 88.6 |
| 制造业 | 85 | -19 | 75 364 | -49.8 |
| 电力、燃气及水的生产和供应业 | 0 | | 10 679 | 0.5 |
| 建筑业 | 3 | -57.1 | 2 493 | 45.4 |
| 交通运输、仓储和邮政业 | 4 | -76.5 | 11 873 | -66.1 |
| 信息传输、计算机服务和软件业 | 200 | -36.9 | 94 752 | -10.1 |
| 批发和零售业 | 398 | -22 | 55 411 | 59.8 |
| 住宿和餐饮业 | 32 | -54.9 | 8 427 | 151 |
| 金融业 | 6 | 50 | 7 816 | -36.7 |
| 房地产业 | 27 | 68.8 | 79 682 | 1.1 |
| 租赁和商务服务业 | 431 | -24.3 | 225 888 | 70.4 |
| 科学研究、技术服务和地质勘察业 | 191 | -1.5 | 29 472 | -19.9 |
| 水利、环境和公共设施管理业 | 1 | -66.7 | 777 | |
| 居民服务和其他服务业 | 9 | -30.8 | 1 512 | -16.6 |
| 教育 | 1 | -50 | 300 | -8.8 |
| 文化、体育和娱乐业 | 32 | -44.8 | 3 815 | 45.9 |

## 九、交通运输和邮电

**交通运输**　全年货物周转量439.1亿吨公里，比上年下降3.3%。其中，铁路229.4亿吨公里，下降9.5%；公路85.8亿吨公里，增长2%；民航35.5亿吨公里，下降0.4%；管道88.4亿吨公里，增长9.3%。铁路、公路、民航、管道各种运输方式货物周转量比重分别为52.3%、19.5%、8.1%和20.1%。

全年旅客周转量1 146.7亿人公里，比上年增长10%。其中，铁路93.6亿人公里，增长3.7%；公路267.7亿人公里，增长11.1%；民航785.4亿人公里，增长10.5%。铁路、公路、民航三种运输方式旅客周转量比重分别为8.2%、23.3%和68.5%。

年末全市机动车拥有量401.9万辆，比上年末增长14.7%。民用汽车372.1万辆，增长17%，其中私人汽车300.3万辆，增长20.9%。私人汽车中轿车拥有量218.1万辆，增长25.1%。

**邮电**　全年实现邮电业务总量917.1亿元，比上年增长14.5%。其中，邮政业务总量50.8亿元，增长7.9%；电信业务总量866.3亿元，增长14.9%。年末固定电话用户累计达到893.2万户，其中城市电话用户693.8万户，农村电话用户199.4万户。固定电话主线普及率达到50.9线/百人，每百人比上年减少1.3线。全年新增移动电话用户201.4万户，年末累计达到1 817.6万户。移动电话普及率达到103.6户/百人，每百人比上年增加8.3户。全年短信业务总量达到364.2亿条，增长8%。互联网用户数504.9万户，增长14.8%。全年发送邮政函件64 261万件，下降5.9%；特快专递3 072万件，增长2.8%。

## 十、金融、证券和保险

**金融**　年末全市金融机构（含外资）本外币存款余额56 960.1亿元，比年初增加12 174.9亿元，增加额比上年多5 240.2亿元。其中，人民币存款余额

54 275.5亿元，比年初增加 12 043 亿元，增加额比上年多5 330.3 亿元。

年末全市金融机构（含外资）本外币贷款余额 31 052.9 亿元，比年初增加 7 883亿元，增加额比上年多4 578 亿元。其中人民币贷款余额 25 421.8 亿元，比年初增加5 277.5 亿元，增加额比上年多 2 954.2 亿元。

**表 13　2009 年末全市金融机构（含外资）本外币存贷款**

单位：亿元

| 指　　标 | 2009 年末 | 比年初增加额 | 增加额比上年增减 |
|---|---|---|---|
| 各项存款余额 | 56 960.1 | 12 174.9 | 5 240.2 |
| 其中：人民币 | 54 275.5 | 12 043 | 5 330.3 |
| 其中：企业存款 | 29 538.8 | 6 393.4 | 3 984.4 |
| 储蓄存款 | 14 672.1 | 2 716.8 | -83 |
| 各项贷款余额 | 31 052.9 | 7 883 | 4 578 |
| 其中：人民币 | 25 421.8 | 5 277.5 | 2 954.2 |
| 其中：短期贷款 | 7 163 | 289.7 | -587.9 |
| 中长期贷款 | 16 479 | 4 163.6 | 2 869 |
| 票据融资 | 1 667.8 | 762.8 | 533.2 |
| 其中：个人消费性贷款 | 3 336.8 | 711.3 | 747.9 |

**证券**　全年证券市场各类证券成交额 92 148 亿元，比上年增长 46.8%。其中股票成交额 78 339.5 亿元，增长 69.5%；基金成交额 2 253.5 亿元，增长 62.2%；债券成交额 1 791.3 亿元，下降 55.8%。年末股票市场累计开户数426.1 万户，比上年末增长 14%。

**保险**　全年实现原保险保费收入 697.6 亿元，比上年增长 19.1%。其中，财产险保费收入 164.4 亿元，增长 22.6%；人身险保费收入 533.2 亿元，增长 18%；健康险和意外伤害险保费收入分别为56.8 亿元和 10.3 亿元，分别增长 10% 和 7.4%。全年各类保险赔付支出 196 亿元，比上年增长 3.8%。其中财产险赔付 85.4 亿元，增长 25.8%；人身险业务赔付 110.6 亿元，下降 8.6%；健康险和意外伤害险赔付分别为 18.9 亿元和 1.6 亿元，分别增长 18.6% 和 3.1%。

## 十一、教育、科学技术、文化、卫生和体育

**教育**　全市共有 52 所普通高校和 117 个科研机构培养研究生，全年研究生教育招生 7.6 万人，在学研究生 20.9 万人，毕业生 5.9 万人。全市 88 所普通高等院校全年招收本专科学生 15.9 万人，在校生 57.7 万人，毕业生 15.2 万人。

全市普通高中招生 6.6 万人，在校生 20.3 万人，毕业生 7 万人；初中招生 10.6 万人，在校生 31.9 万人，毕业生 10.2 万人；普通小学招生 10.2 万人，在校生 64.7 万人，毕业生 11.1 万人；幼儿园在园幼儿 24.8 万人。各类中等职业教育招生 6.9 万人，在校生 21.8 万人，毕业生 8.1 万人。特殊教育招生 861 人，在校生 7 921 人，毕业生 1 734 人。

年末全市共有民办小学 24 所，在校学生 3.1 万人；民办普通中学 85 所，在校学生 3.8 万人；民办普通高校 15 所（含独立学院），在校生 7.5 万人。成人高校 25 所，在校生 28.1 万人（含普通高校成人本专科生）。

**科学技术**　全年研究与试验发展（R&D）经费支出 700.2 亿元，比上年增长 12.9%；相当于地区生产总值的 5.9%，比上年提高 0.3 个百分点。

全市科技活动人员 47.3 万人，比上年增长 5.1%。全市专利申请量与授权量分别为 5 万件和 2.3 万件，分别增长 15.5% 和 29.1%；其中发明专利申请量

与授权量分别为2.9万件和0.9万件，分别增长3.3%和41.3%。全年共签订各类技术合同5万项，下降5.3%；技术合同成交总额1 236.2亿元，增长20.4%。

**文化** 年末全市共有公共图书馆25个，总藏量4 200万册。全市拥有全国重点文物保护单位98处，市级文物保护单位224处。全市拥有注册博物馆151座，比上年增加3座。年末有线电视用户达到407.9万户，比上年末增长6.5%；有线电视入户率为84.8%，比上年末提高3.8个百分点。北京地区9条院线84家影院共放映电影60万场，观众2 139.6万人次，票房收入8.1亿元。北京地区出版报纸259种，出版期刊2 898种，均与上年末持平；出版图书17.1万种，增加3.4万种。全市共有国家综合档案馆19个，已开放档案87.2万卷。

**卫生** 年末全市共有卫生机构6 643个，比上年末增加120个；其中医院527个，卫生院117个。卫生机构共有床位8.7万张，其中医院8万张。每千人口（常住人口）拥有医院床位4.58张。全市卫生技术人员达到14.8万人，比上年末减少2 283人；其中执业（助理）医师5.7万人，注册护士5.6万人。每千人口（常住人口）拥有执业（助理）医师3.2人，注册护士3.2人。全市医疗机构共诊疗12 425.3万人次，健康检查597.9万人次。全年报告传染病发病率356.77/10万，死亡率1.55/10万。

**体育** 年末全市共有体育场馆6 149个。全市共有优秀体育运动员1 075人，获得国际性比赛奖牌63枚，其中金牌15枚，银牌10枚。获得全国性比赛奖牌197枚，其中金牌78枚，银牌53枚。

**公报注释**

1. 本公报中2009年数据均为初步统计数。

2. 地区生产总值及其中各产业、各行业增加值绝对数按现价计算，增长速度均按可比价计算。

3. 恩格尔系数是指居民食品支出占消费支出总额的比重。

4. 根据国家有关规定，全年能耗数据待国家统计局审核评估后另行发布。

5. 万元地区生产总值水耗、能耗按2005年不变价格计算。如按现价计算，2009年万元地区生产总值水耗为30.17立方米；1～3季度万元地区生产总值能耗为0.5917吨标准煤。

6. 规模以上工业企业是指年主营业务收入500万元及以上的全部法人工业企业；限额以上批发零售企业是指年主营业务收入2 000万元及以上批发企业和年主营业务收入500万元及以上零售企业。

7. 新产业增加值绝对数和增长速度均按现价计算。

8. 中关村科技园区与北京经济技术开发区数据均包括中关村科技园区亦庄园。

9. 邮电业务总量按2000年不变价格计算。

10. 公报中部分数据合计数或相对数由于计量单位取舍不同而产生的计算误差，均未作机械调整。

# （一）北京市主要经济社会指标

**表 1.1　主要年份国民经济和社会发展总量与速度指标**

| 项　目 | | 总量指标 | | | | | | | 速度指标（%） | | | | | |
|---|---|---|---|---|---|---|---|---|---|---|---|---|---|---|
| | | | | | | | | | 指数（2009 年为以下各年） | | | | | |
| | | 1990 年 | 1995 年 | 2000 年 | 2005 年 | 2007 年 | 2008 年 | 2009 年 | 1990 年 | 1995 年 | 2000 年 | 2005 年 | 2007 年 | 2008 年 |
| **人口与就业** | | | | | | | | | | | | | | |
| **人　口** | | | | | | | | | | | | | | |
| 年末全市常住人口 | （万人） | 1 086.0 | 1 251.1 | 1 363.6 | 1 538.0 | 1 633.0 | 1 695.0 | 1 755.0 | 161.6 | 140.3 | 128.7 | 114.1 | 107.5 | 103.5 |
| 按性别分 | | | | | | | | | | | | | | |
| 男性人口 | | 545.0 | 627.0 | 710.9 | 778.7 | 829.0 | 861.6 | 896.2 | 164.4 | 142.9 | 126.1 | 115.1 | 108.1 | 104.0 |
| 女性人口 | | 541.0 | 624.1 | 652.7 | 759.3 | 804.0 | 833.4 | 858.8 | 158.7 | 137.6 | 131.6 | 113.1 | 106.8 | 103.0 |
| 按城乡分 | | | | | | | | | | | | | | |
| 城镇人口 | | 798.0 | 946.2 | 1 057.4 | 1 286.1 | 1 379.9 | 1 439.1 | 1 491.8 | 186.9 | 157.7 | 141.1 | 116.0 | 108.1 | 103.7 |
| 乡村人口 | | 288.0 | 304.9 | 306.2 | 251.9 | 253.1 | 255.9 | 263.2 | 91.4 | 86.3 | 86.0 | 104.5 | 104.0 | 102.9 |
| 年末户籍人口 | （万人） | 1 032.2 | 1 070.3 | 1 107.5 | 1 180.7 | 1 213.3 | 1 229.9 | 1 245.8 | 120.7 | 116.4 | 112.5 | 105.5 | 102.7 | 101.3 |
| **就　业** | | | | | | | | | | | | | | |
| 从业人员 | （万人） | 627.1 | 665.3 | 619.3 | 878.0 | 942.7 | 980.9 | 998.3 | 159.2 | 150.1 | 161.2 | 113.7 | 105.9 | 101.8 |
| #在岗职工人数 | | 454.9 | 470.9 | 434.2 | 448.4 | 478.9 | 526.1 | 560.4 | | | | | | 106.5 |
| 年末实有城镇登记失业人员 | （万人） | 1.67 | 2.19 | 3.32 | 10.57 | 10.63 | 10.33 | 8.16 | 488.6 | 372.6 | 245.8 | 77.2 | 76.8 | 79.0 |
| **宏观经济** | | | | | | | | | | | | | | |
| **国民经济核算** | | | | | | | | | | | | | | |
| 地区生产总值 | （亿元） | 500.8 | 1 507.7 | 3 161.7 | 6 969.5 | 9 846.8 | 11 115.0 | 12 153.0 | 784.8 | 448.6 | 275.4 | 155.5 | 120.2 | 110.2 |
| 第一产业 | | 43.9 | 73.5 | 79.3 | 88.7 | 101.3 | 112.8 | 118.3 | 124.9 | 119.7 | 111.7 | 108.7 | 105.8 | 104.6 |
| 第二产业 | | 262.4 | 645.8 | 1 033.3 | 2 026.5 | 2 509.4 | 2 626.4 | 2 855.5 | 624.2 | 372.7 | 237.4 | 138.6 | 111.3 | 110.4 |
| 第三产业 | | 194.5 | 788.4 | 2 049.1 | 4 854.3 | 7 236.1 | 8 375.8 | 9 179.2 | 1 058.7 | 527.2 | 298.8 | 163.5 | 124.0 | 110.2 |
| 人均地区生产总值 | （元） | 4 635 | 12 690 | 24 127 | 45 993 | 61 274 | 66 797 | 70 452 | 490.8 | 308.7 | 209.1 | 136.7 | 112.0 | 106.3 |
| **固定资产投资** | | | | | | | | | | | | | | |
| 全社会固定资产投资 | （亿元） | 179.2 | 841.5 | 1 297.4 | 2 827.2 | 3 966.6 | 3 848.5 | 4 858.4 | 2 711.2 | 577.3 | 374.5 | 171.8 | 122.5 | 126.2 |
| #房地产开发投资 | | 22.5 | 352.8 | 522.1 | 1 525.0 | 1 995.8 | 1 908.7 | 2 337.7 | 10 389.8 | 662.6 | 447.7 | 153.3 | 117.1 | 122.5 |
| #国有单位 | | 154.2 | 514.2 | 765.8 | 897.7 | 1 343.0 | 1 388.6 | 2 316.8 | 1 502.5 | 450.6 | 302.5 | 258.1 | 172.5 | 166.8 |

续表

| 项目 | 总量指标 | | | | | | | 速度指标（%） | | | | | |
|---|---|---|---|---|---|---|---|---|---|---|---|---|---|
| | | | | | | | | 指数（2009 年为以下各年） | | | | | |
| | 1990 年 | 1995 年 | 2000 年 | 2005 年 | 2007 年 | 2008 年 | 2009 年 | 1990 年 | 1995 年 | 2000 年 | 2005 年 | 2007 年 | 2008 年 |
| 商品房施工面积（万平方米） | 774.0 | 2 810.2 | 4 455.0 | 10 748.5 | 10 438.6 | 10 014.3 | 9 719.1 | 1 255.7 | 345.9 | 218.2 | 90.4 | 93.1 | 97.1 |
| 商品房竣工面积（万平方米） | 271.6 | 653.0 | 1 365.6 | 3 770.9 | 2 891.7 | 2 558.0 | 2 678.6 | 986.2 | 410.2 | 196.1 | 71.0 | 92.6 | 104.7 |
| **财　政** | | | | | | | | | | | | | |
| 地方财政收入（亿元） | 74.0 | 115.3 | 398.4 | 1 007.4 | 1 882.0 | 2 282.0 | 2 678.8 | 3 619.5 | 2 324.1 | 672.4 | 265.9 | 142.3 | 117.4 |
| #一般预算 | | | 345.0 | 919.2 | 1 492.6 | 1 837.3 | 2 026.8 | | | 587.5 | 220.5 | 135.8 | 110.3 |
| 地方财政支出（亿元） | 66.5 | 154.4 | 490.3 | 1 137.3 | 2 067.7 | 2 400.9 | 2 820.9 | 4 240.6 | 1 827.0 | 575.3 | 248.0 | 136.4 | 117.5 |
| #一般预算 | | | 443.0 | 1 058.3 | 1 649.5 | 1 959.3 | 2 319.4 | | | 523.6 | 219.2 | 140.6 | 118.4 |
| **价格指数（上年=100）** | | | | | | | | | | | | | |
| 居民消费价格指数（%） | 105.4 | 117.3 | 103.5 | 101.5 | 102.4 | 105.1 | 98.5 | | | | | | |
| 商品零售价格指数（%） | 104.1 | 112.6 | 98.9 | 99.7 | 100.8 | 104.4 | 97.8 | | | | | | |
| 农产品生产价格指数（%） | 101.9 | 130.6 | 95.0 | 102.9 | 114.4 | 112.3 | 98.3 | | | | | | |
| 工业品出厂价格指数（%） | 107.9 | 107.3 | 102.5 | 101.3 | 99.7 | 103.3 | 94.4 | | | | | | |
| 原材料、燃料、动力购进价格指数（%） | 114.8 | 106.7 | 100.0 | 111.4 | 105.0 | 115.8 | 88.6 | | | | | | |
| 固定资产投资价格指数（%） | | 113.9 | 101.0 | 100.7 | 102.8 | 107.8 | 97.1 | | | | | | |
| **能源消费总量（万吨标准煤）** | **2 709.7** | **3 533.3** | **4 144.0** | **5 521.9** | **6 285.0** | **6 327.1** | **6 570.3** | **242.5** | **186.0** | **158.6** | **119.0** | **104.5** | **103.8** |
| **产　业** | | | | | | | | | | | | | |
| **农村经济** | | | | | | | | | | | | | |
| 耕地面积（万公顷） | 41.3 | 39.4 | 32.9 | 23.3 | 23.2 | 23.2 | | | | | | | |
| 农林牧渔业总产值（现价）（亿元） | 70.2 | 164.4 | 188.6 | 239.3 | 272.3 | 303.9 | 315.0 | 448.7 | 191.6 | 167.0 | 131.6 | 115.7 | 103.6 |
| 主要农产品产量（万吨） | | | | | | | | | | | | | |
| 粮　食 | 264.6 | 259.8 | 144.2 | 94.9 | 102.1 | 125.5 | 124.8 | 47.2 | 48.0 | 86.5 | 131.5 | 122.2 | 99.5 |
| 蔬　菜 | 356.1 | 397.3 | 466.3 | 373.1 | 340.1 | 321.3 | 317.1 | 89.0 | 79.8 | 68.0 | 85.0 | 93.2 | 98.7 |
| 鲜　蛋 | 25.8 | 28.5 | 16.0 | 16.0 | 15.6 | 15.2 | 15.4 | 59.7 | 54.0 | 96.3 | 96.3 | 98.7 | 101.0 |
| 牛　奶 | 21.7 | 20.6 | 30.3 | 64.2 | 62.2 | 66.4 | 67.4 | 310.6 | 327.2 | 222.4 | 105.0 | 108.4 | 101.5 |
| 猪牛羊肉 | 20.4 | 28.9 | 30.9 | 31.7 | 27.1 | 25.9 | 27.6 | 135.3 | 95.5 | 89.3 | 87.1 | 101.8 | 106.6 |

注：1. 地区生产总值绝对值按现价计算，发展速度按可比价格计算。

2. 2007 年及以前在岗职工人数包括乡及乡以上独立核算法人单位，不包括乡镇企业、私营单位和个体工商户；2008 年及以后包括乡镇企业。

续表

| 项　　目 | 总量指标 | | | | | | | 速度指标（%） | | | | | |
|---|---|---|---|---|---|---|---|---|---|---|---|---|---|
| | | | | | | | | 指数（2009年为以下各年） | | | | | |
| | 1990年 | 1995年 | 2000年 | 2005年 | 2007年 | 2008年 | 2009年 | 1990年 | 1995年 | 2000年 | 2005年 | 2007年 | 2008年 |
| **工　业** | | | | | | | | | | | | | |
| 工业增加值（现价，规模以上）（亿元） | | 473.1 | 776.0 | 1 627.0 | 2 159.4 | 2 037.6 | 2 282.2 | | | | | | |
| 工业总产值（现价，规模以上）（亿元） | 625.9 | 1 493.3 | 2 842.0 | 6 946.2 | 9 648.4 | 10 413.1 | 11 039.1 | 1 763.7 | 739.2 | 388.4 | 158.9 | 114.4 | 106.0 |
| 轻工业 | 262.2 | 472.2 | 719.3 | 1 164.9 | 1 505.5 | 1 674.3 | 1 766.7 | 673.8 | 374.1 | 245.6 | 151.7 | 117.4 | 105.5 |
| 重工业 | 363.7 | 1 021.1 | 2 122.7 | 5 781.3 | 8 142.9 | 8 738.8 | 9 272.4 | 2 549.5 | 908.1 | 436.8 | 160.4 | 113.9 | 106.1 |
| 工业企业主要经济指标（规模以上） | | | | | | | | | | | | | |
| 资产总计（亿元） | 498.3 | 2 582.6 | 4 612.7 | 12 829.8 | 16 215.5 | 16 802.4 | 19 540.7 | 3 921.5 | 756.6 | 423.6 | 152.3 | 120.5 | 116.3 |
| 负债总额（亿元） | | 1 528.8 | 2 676.4 | 4 706.7 | 6 508.3 | 8 085.0 | 9 874.6 | | 645.9 | 369.0 | 209.8 | 151.7 | 122.1 |
| 主营业务收入（亿元） | 610.5 | 1 590.4 | 2 821.4 | 7 279.1 | 10 440.2 | 11 275.8 | 12 173.1 | 1 994.0 | 765.4 | 431.5 | 167.2 | 116.6 | 108.0 |
| 利润总额（亿元） | 48.9 | 85.3 | 127.1 | 413.5 | 695.6 | 557.0 | 742.9 | 1 519.2 | 870.9 | 584.5 | 179.7 | 106.8 | 133.4 |
| **建　筑** | | | | | | | | | | | | | |
| 建筑业施工企业总产值（亿元） | 94.7 | 426.6 | 812.5 | 1 894.0 | 2 576.8 | 3 066.2 | 4 059.7 | 4 286.9 | 951.6 | 499.7 | 214.3 | 157.5 | 132.4 |
| 年末建筑业施工企业从业人员（万人） | 60.2 | 82.6 | 56.6 | 67.2 | 51.7 | 47.0 | 56.2 | 93.4 | 68.0 | 99.3 | 83.6 | 108.7 | 119.6 |
| **运　输** | | | | | | | | | | | | | |
| 货物周转量（亿吨公里） | 268.8 | 323.1 | 299.6 | 457.7 | 449.0 | 454.2 | 441.2 | 164.1 | 136.6 | 147.3 | 96.4 | 98.3 | 97.1 |
| 铁　路 | 206.7 | 239.3 | 200.2 | 310.8 | 268.5 | 253.5 | 229.4 | 111.0 | 95.9 | 114.6 | 73.8 | 85.4 | 90.5 |
| 公　路 | 57.5 | 76.2 | 82.6 | 85.5 | 79.3 | 84.1 | 87.9 | 152.8 | 115.3 | 106.4 | 102.8 | 110.8 | 104.5 |
| 民　航 | 4.5 | 7.5 | 16.8 | 28.2 | 37.6 | 35.7 | 35.5 | 789.5 | 473.7 | 211.5 | 126.0 | 94.5 | 99.6 |
| 管　道 | 0.15 | 0.07 | 0.04 | 33.3 | 63.7 | 80.9 | 88.4 | | | | 265.5 | 138.9 | 109.3 |
| 旅客周转量（亿人公里） | 119.8 | 207.7 | 314.0 | 838.1 | 960.3 | 1 042.0 | 1 146.5 | 957.0 | 552.0 | 365.1 | 136.8 | 119.4 | 110.0 |

续表

| 项目 | 总量指标 | | | | | | | 速度指标（%） | | | | | |
|---|---|---|---|---|---|---|---|---|---|---|---|---|---|
| | | | | | | | | 指数（2009年为以下各年） | | | | | |
| | 1990年 | 1995年 | 2000年 | 2005年 | 2007年 | 2008年 | 2009年 | 1990年 | 1995年 | 2000年 | 2005年 | 2007年 | 2008年 |
| **邮　电** | | | | | | | | | | | | | |
| 邮电业务总量（亿元） | 11.9 | 56.1 | 214.7 | 413.0 | 672.7 | 800.8 | 917.5 | 7 710.1 | 1 635.5 | 427.3 | 222.2 | 136.4 | 114.6 |
| 年末全市移动电话用户（万户） | 0.3 | 16.9 | 347.2 | 1 459.8 | 1 598.3 | 1 616.2 | 1 825.4 | 608 466.7 | 10 801.2 | 525.7 | 125.0 | 114.2 | 112.9 |
| 百人拥有移动电话（部） | 0.03 | 1.4 | 25.5 | 94.9 | 97.9 | 95.3 | 104.0 | | | | | | |
| **商　业** | | | | | | | | | | | | | |
| 社会消费品零售额（亿元） | 345.1 | 950.4 | 1 658.7 | 2 911.7 | 3 835.2 | 4 645.5 | 5 309.9 | 1 538.7 | 558.7 | 320.1 | 182.4 | 138.5 | 114.3 |
| 批发零售业 | 277.9 | 672.2 | 1 178.6 | 2 537.2 | 3 366.4 | 4 049.5 | 4 662.3 | 1 677.7 | 693.6 | 395.6 | 183.8 | 138.5 | 115.1 |
| 餐饮业 | 21.6 | 72.4 | 99.3 | 268.8 | 346.2 | 454.2 | 503.7 | 2 331.9 | 695.7 | 507.3 | 187.4 | 145.5 | 110.9 |
| 其他行业 | 45.6 | 205.8 | 380.8 | 105.7 | 122.6 | 141.8 | 143.9 | 315.6 | 69.9 | 37.8 | 136.1 | 117.4 | 101.5 |
| **对外经济贸易和旅游** | | | | | | | | | | | | | |
| 北京地区进出口总额（亿美元） | 236.4 | 370.4 | 494.0 | 1 255.1 | 1 930.0 | 2 716.9 | 2 147.9 | | 579.9 | 434.8 | 171.1 | 111.3 | 79.1 |
| 进口额 | 192.3 | 267.9 | 374.3 | 946.4 | 1 440.7 | 2 141.9 | 1 664.3 | | 621.3 | 444.7 | 175.9 | 115.5 | 77.7 |
| 出口额 | 44.1 | 102.5 | 119.7 | 308.7 | 489.3 | 575.0 | 483.6 | | 471.8 | 404.0 | 156.7 | 98.8 | 84.1 |
| 实际利用外商直接投资额（亿美元） | 2.8 | 14.0 | 24.6 | 35.3 | 50.7 | 60.8 | 61.2 | 2 185.7 | 437.1 | 248.8 | 173.4 | 120.7 | 100.6 |
| 接待入境旅游者人数（万人次） | 100.0 | 207.0 | 282.1 | 362.9 | 435.5 | 379.0 | 412.5 | 412.5 | 199.3 | 146.2 | 113.7 | 94.7 | 108.8 |
| 旅游外汇收入（亿美元） | 6.6 | 21.8 | 27.7 | 36.2 | 45.8 | 44.6 | 43.6 | 660.6 | 200.0 | 157.4 | 120.4 | 95.2 | 97.7 |
| **金融保险** | | | | | | | | | | | | | |
| 金融机构（含外资）本外币存款余额（亿元） | | | 11 526.0 | 28 970.0 | 37 700.3 | 43 980.7 | 56 960.1 | | | 494.2 | 196.6 | 151.1 | 129.5 |
| 金融机构（含外资）本外币贷款余额（亿元） | | | 6 407.9 | 15 335.5 | 19 861.5 | 23 010.7 | 31 052.9 | | | 484.6 | 202.5 | 156.3 | 135.0 |
| 保险费收入（亿元） | | | 93.4 | 498.2 | 498.1 | 585.9 | 697.6 | | | 746.9 | 140.0 | 140.1 | 119.1 |

注：1. 工业增加值按生产法计算。

2. 邮电业务总量2000年及以前按1990年不变价格计算，以后按2000年不变价格计算。

续表

| 项目 | 总量指标 | | | | | | | 速度指标（%） | | | | | |
|---|---|---|---|---|---|---|---|---|---|---|---|---|---|
| | | | | | | | | 指数（2009年为以下各年） | | | | | |
| | 1990年 | 1995年 | 2000年 | 2005年 | 2007年 | 2008年 | 2009年 | 1990年 | 1995年 | 2000年 | 2005年 | 2007年 | 2008年 |
| **教育、文化、科技、卫生** | | | | | | | | | | | | | |
| **教　育** | | | | | | | | | | | | | |
| 在校学生数（万人） | | .238.0 | 229.9 | 226.4 | 319.6 | 320.9 | 321.4 | | 135.0 | 139.8 | 142.0 | 100.6 | 100.2 |
| 专任教师数（万人） | | 17.7 | 16.7 | 18.9 | 19.6 | 19.9 | 20.4 | | 115.3 | 122.2 | 107.9 | 104.1 | 102.5 |
| **文　化** | | | | | | | | | | | | | |
| 公共图书馆总藏数（万册、万件） | 2 205.4 | 2 629.0 | 3 020.0 | 3 626.3 | 3 940.0 | 4 100.0 | 4 368.0 | 198.1 | 166.1 | 144.6 | 120.5 | 110.9 | 106.5 |
| 专业艺术剧团国内演出场次（场） | 7 527 | 6 728 | 7 610 | 8 934 | 10 076 | 10 663 | 9 684 | 128.7 | 143.9 | 127.3 | 108.4 | 96.1 | 90.8 |
| **科　技** | | | | | | | | | | | | | |
| 研究与发展经费内部支出（亿元） | | | 155.7 | 379.5 | 527.1 | 620.1 | | | | 0.0 | 0.0 | 0.0 | 0.0 |
| 技术合同成交总额（亿元） | 20.3 | 41.2 | 140.3 | 434.4 | 882.6 | 1 027.2 | 1 236.2 | 6 098.7 | 3 002.7 | 881.2 | 284.6 | 140.1 | 120.3 |
| 专利授权量（件） | 2 268 | 4 025 | 5 905 | 10 100 | 14 954 | 17 747 | 22 921 | 1 010.6 | 569.5 | 388.2 | 226.9 | 153.3 | 129.2 |
| **卫　生** | | | | | | | | | | | | | |
| 卫生机构个数（个） | 4 953 | 4 955 | 6 176 | 4 818 | 6 189 | 6 523 | 6 603 | 133.3 | 133.3 | 106.9 | 137.0 | 106.7 | 101.2 |
| 卫生机构病床数（万张） | 5.9 | 6.7 | 7.1 | 7.9 | 8.4 | 8.6 | 9.0 | 152.7 | 134.5 | 126.9 | 114.1 | 107.3 | 104.8 |
| 卫生技术人员数（万人） | 11.2 | 11.6 | 11.6 | 12.0 | 13.9 | 15.0 | 16.0 | 143.2 | 138.3 | 138.3 | 133.7 | 115.4 | 107.0 |
| #执业医师 | 5.1 | 5.4 | 5.2 | 5.1 | 5.5 | 5.9 | 6.2 | 122.3 | 115.5 | 119.9 | 122.3 | 113.4 | 105.7 |
| 注册护师（士） | 3.5 | 3.7 | 4.0 | 4.3 | 5.1 | 5.5 | 6.2 | 176.0 | 166.5 | 154.0 | 143.3 | 120.8 | 112.0 |
| **生活与环境** | | | | | | | | | | | | | |
| **婚　姻** | | | | | | | | | | | | | |
| 结婚登记对数（万对） | 9.3 | 8.5 | 8.0 | 9.7 | 11.8 | 14.8 | 18.2 | 195.5 | 213.8 | 227.2 | 187.4 | 154.0 | 122.8 |
| 离婚对数（万对） | 1.5 | 2.0 | 2.7 | 3.4 | 3.7 | 3.8 | 4.1 | 280.0 | 204.9 | 155.0 | 120.6 | 112.8 | 109.8 |
| **居　住** | | | | | | | | | | | | | |
| 城镇居民人均住宅使用面积（平方米） | 11.17 | 13.34 | 16.75 | 20.13 | 21.50 | 21.56 | 21.61 | 193.5 | 162.0 | 129.0 | 107.4 | 100.5 | 100.2 |
| 农村居民人均住房面积（平方米） | 20.62 | 24.74 | 28.91 | 36.94 | 39.54 | 39.40 | 39.42 | 191.2 | 159.3 | 136.4 | 106.7 | 99.7 | 100.1 |

续表

| 项目 | 总量指标 | | | | | | | 速度指标（%） | | | | | |
|---|---|---|---|---|---|---|---|---|---|---|---|---|---|
| | | | | | | | | 指数（2009年为以下各年） | | | | | |
| | 1990年 | 1995年 | 2000年 | 2005年 | 2007年 | 2008年 | 2009年 | 1990年 | 1995年 | 2000年 | 2005年 | 2007年 | 2008年 |
| **生　活** | | | | | | | | | | | | | |
| 城镇居民人均可支配收入（元） | 1 787.1 | 5 868.4 | 10 349.7 | 17 653 | 21 989 | 24 725 | 26 738 | 1 496.2 | 455.6 | 258.3 | 151.5 | 121.6 | 108.1 |
| 农村居民人均纯收入（元） | 1 297.1 | 3 208.5 | 4 687 | 7 860 | 9 559 | 10 747 | 11 986 | 924.1 | 373.6 | 255.7 | 152.5 | 125.4 | 111.5 |
| 金融机构（含外资）储蓄 | | | | | | | | | | | | | |
| 存款余额（亿元） | | | | 8 315.8 | 9 743.5 | 12 538.1 | 15 329.2 | | | | 184.3 | 157.3 | 122.3 |
| 定　期 | | | | 5 586.8 | 6 029.4 | 8 440.9 | 9 960.8 | | | | 178.3 | 165.2 | 118.0 |
| 活　期 | | | | 2 729.0 | 3 714.1 | 4 097.3 | 5 368.3 | | | | 196.7 | 144.5 | 131.0 |
| **工　资** | | | | | | | | | | | | | |
| 城镇单位在岗职工工资总额（亿元） | 118.9 | 382.0 | 695.5 | 1 520.1 | 2 194.3 | 2 874.3 | 3 227.2 | | | | | | 112.3 |
| 城镇单位在岗职工平均工资（元） | 2 653 | 8 144 | 15 726 | 34 191 | 46 507 | 54 913 | 58 140 | | | | | | 105.9 |
| **市政建设** | | | | | | | | | | | | | |
| 北京地区用电量（亿千瓦时） | 150.5 | 222.6 | 384.4 | 570.5 | 667.0 | 689.7 | 739.1 | 491.1 | 332.0 | 192.3 | 129.6 | 110.8 | 107.2 |
| 自来水销售总量（亿立方米） | 5.3 | 6.8 | 7.5 | 7.2 | 7.8 | 8.1 | 8.7 | 163.9 | 127.8 | 115.8 | 120.7 | 111.4 | 107.3 |
| 居民燃气用户（万户） | 176.1 | 219.8 | 291.9 | 458.5 | 556.4 | 591.0 | 600.0 | 340.7 | 273.0 | 205.5 | 130.9 | 107.8 | 101.5 |
| 城市公共交通客运量（亿人次） | 33.5 | 37.2 | 40.7 | 51.8 | 48.8 | 59.3 | 65.9 | 196.7 | 177.2 | 161.9 | 127.2 | 135.0 | 111.1 |
| **环　境** | | | | | | | | | | | | | |
| 城市绿化覆盖率（%） | 28.00 | 32.68 | 36.50 | 42.00 | 43.00 | 43.50 | 44.40 | | | | | | |
| 污水处理率（%） | 7.3 | 19.4 | 39.4 | 62.4 | 76.2 | 78.9 | 80.3 | | | | | | |
| 空气质量二级及好于二级的天数（天） | | | 177 | 234 | 246 | 274 | 285 | | | | | | |

注：1. 北京地区用电量来源于北京市电力公司，2000年以前工业用电量不包含输配损失和发电企业自产自用电量。

2. 从2001年开始，有关职工的指标调整为在岗职工的指标。2007年及以前城镇单位在岗职工工资包括乡及乡以上独立核算法人单位，不包括乡镇企业、私营单位和个体工商户；2008年及以后包括乡镇企业。

3. 城镇住户调查的口径范围：2006年及以前年份抽样调查样本覆盖城八区；2007年样本覆盖18个区县，共3 000户；2008年及以后调查样本为5 000户。

4. 2004～2007年的城镇居民人均住宅使用面积根据2007年房屋普查进行了调整。

5. 离婚对数包括在民政部门登记的对数和经法院调离和判离的对数。

**表 1.2　地区生产总值（1978 ~ 2009 年）**

单位：亿元

| 年　份 | 地区生产总值 | 第一产业 | 第二产业 | | | 第三产业 | 人均地区生产总值（元/人） | 人均地区生产总值（美元/人） |
|---|---|---|---|---|---|---|---|---|
| | | | | 工业 | 建筑业 | | | |
| 1978 | 108.8 | 5.6 | 77.4 | 70.2 | 7.2 | 25.8 | 1 257 | 797 |
| 1979 | 120.1 | 5.2 | 85.2 | 77.4 | 7.8 | 29.7 | 1 358 | 908 |
| 1980 | 139.1 | 6.1 | 95.8 | 86.9 | 8.9 | 37.2 | 1 544 | 1 009 |
| **1981 ~ 1985** | **950.9** | **62.3** | **589.4** | **515.5** | **73.9** | **299.2** | | |
| 1981 | 139.2 | 6.6 | 92.5 | 82.7 | 9.8 | 40.1 | 1 526 | 895 |
| 1982 | 154.9 | 10.3 | 99.8 | 89.3 | 10.5 | 44.8 | 1 671 | 883 |
| 1983 | 183.1 | 12.8 | 112.7 | 98.8 | 13.9 | 57.6 | 1 943 | 983 |
| 1984 | 216.6 | 14.8 | 130.7 | 114.0 | 16.7 | 71.1 | 2 262 | 972 |
| 1985 | 257.1 | 17.8 | 153.7 | 130.7 | 23.0 | 85.6 | 2 643 | 900 |
| **1986 ~ 1990** | **1 978.7** | **162.9** | **1 084.3** | **917.3** | **167.0** | **731.5** | | |
| 1986 | 284.9 | 19.1 | 165.8 | 141.2 | 24.6 | 100.0 | 2 836 | 821 |
| 1987 | 326.8 | 24.3 | 182.6 | 154.5 | 28.1 | 119.9 | 3 150 | 846 |
| 1988 | 410.2 | 37.1 | 221.3 | 189.5 | 31.8 | 151.8 | 3 892 | 1 046 |
| 1989 | 456.0 | 38.5 | 252.2 | 212.8 | 39.4 | 165.3 | 4 269 | 1 134 |
| 1990 | 500.8 | 43.9 | 262.4 | 219.3 | 43.1 | 194.5 | 4 635 | 969 |
| **1991 ~ 1995** | **4 847.2** | **289.6** | **2 220.4** | **1 833.5** | **386.9** | **2 337.2** | | |
| 1991 | 598.9 | 45.8 | 291.5 | 255.6 | 35.9 | 261.6 | 5 494 | 1 032 |
| 1992 | 709.1 | 49.1 | 345.9 | 293.0 | 52.9 | 314.1 | 6 458 | 1 171 |
| 1993 | 886.2 | 53.7 | 419.6 | 339.2 | 80.4 | 412.9 | 8 006 | 1 389 |
| 1994 | 1 145.3 | 67.5 | 517.6 | 417.9 | 99.7 | 560.2 | 10 240 | 1 188 |
| 1995 | 1 507.7 | 73.5 | 645.8 | 527.8 | 118.0 | 788.4 | 12 690 | 1 520 |
| **1996 ~ 2000** | **12 084.0** | **387.8** | **4 277.7** | **3 450.5** | **827.2** | **7 418.5** | | |
| 1996 | 1 789.2 | 75.0 | 714.7 | 576.2 | 138.5 | 999.5 | 14 254 | 1 714 |
| 1997 | 2 077.1 | 77.2 | 781.8 | 635.9 | 145.9 | 1 218.1 | 16 621 | 2 005 |
| 1998 | 2 377.2 | 77.9 | 840.6 | 670.4 | 170.2 | 1 458.7 | 19 128 | 2 310 |
| 1999 | 2 678.8 | 78.4 | 907.3 | 724.0 | 183.3 | 1 693.1 | 21 407 | 2 586 |
| 2000 | 3 161.7 | 79.3 | 1 033.3 | 844.0 | 189.3 | 2 049.1 | 24 127 | 2 915 |
| **2001 ~ 2005** | **26 032.9** | **423.4** | **7 759.7** | **6 446.2** | **1 313.5** | **17 849.8** | | |
| 2001 | 3 708.0 | 80.8 | 1 142.4 | 938.8 | 203.6 | 2 484.8 | 26 980 | 3 260 |
| 2002 | 4 315.0 | 82.4 | 1 250.0 | 1 021.2 | 228.8 | 2 982.6 | 30 730 | 3 713 |
| 2003 | 5 007.2 | 84.1 | 1 487.2 | 1 224.5 | 262.7 | 3 435.9 | 34 777 | 4 202 |
| 2004 | 6 033.2 | 87.4 | 1 853.6 | 1 554.7 | 298.9 | 4 092.2 | 40 916 | 4 943 |
| 2005 | 6 969.5 | 88.7 | 2 026.5 | 1 707.0 | 319.5 | 4 854.3 | 45 993 | 5 615 |
| 2006 | 8 117.8 | 88.8 | 2 191.4 | 1 821.8 | 369.6 | 5 837.6 | 52 054 | 6 530 |
| 2007 | 9 846.8 | 101.3 | 2 509.4 | 2 082.8 | 426.6 | 7 236.1 | 61 274 | 8 058 |
| 2008 | 11 115.0 | 112.8 | 2 626.4 | 2 131.7 | 494.7 | 8 375.8 | 66 797 | 9 618 |
| 2009 | 12 153.0 | 118.3 | 2 855.5 | 2 303.1 | 552.4 | 9 179.2 | 70 452 | 10 314 |

注：1. 本表按当年价格计算。人均地区生产总值按常住人口计算。

2. 为了便于比较使用，本表中地区生产总值三次产业数据按国家2002年版国民经济行业分类标准核算。

3. 根据全国第二次农业普查和全国第二次经济普查结果对1997 ~ 2008年数据进行了修订（下同）。

## 表1.3 地区生产总值指数（上年=100）（1978～2009年）

单位:%

| 年份 | 地区生产总值 | 第一产业 | 第二产业 | 工业 | 建筑业 | 第三产业 | 人均地区生产总值 |
|---|---|---|---|---|---|---|---|
| 1978 | 110.5 | 109.0 | 115.1 | 112.4 | 153.0 | 97.7 | 109.1 |
| 1979 | 109.7 | 105.0 | 109.2 | 110.1 | 108.4 | 113.2 | 107.4 |
| 1980 | 111.8 | 109.3 | 110.1 | 110.1 | 110.3 | 118.5 | 109.8 |
| 1981 | 99.5 | 109.1 | 96.3 | 95.3 | 106.4 | 106.0 | 98.3 |
| 1982 | 107.4 | 113.4 | 105.8 | 105.8 | 106.1 | 109.9 | 105.6 |
| 1983 | 116.4 | 107.5 | 113.6 | 111.5 | 132.3 | 124.2 | 114.5 |
| 1984 | 117.4 | 106.8 | 116.1 | 115.7 | 118.8 | 121.8 | 115.6 |
| 1985 | 108.7 | 106.3 | 111.0 | 109.1 | 124.7 | 104.4 | 106.9 |
| 1986 | 108.0 | 100.1 | 104.8 | 105.0 | 103.7 | 115.7 | 104.6 |
| 1987 | 109.6 | 113.4 | 105.6 | 105.5 | 106.3 | 116.7 | 106.1 |
| 1988 | 112.8 | 111.2 | 112.1 | 113.0 | 106.5 | 114.1 | 111.0 |
| 1989 | 104.4 | 101.1 | 108.9 | 108.4 | 112.2 | 97.3 | 103.1 |
| 1990 | 105.2 | 103.3 | 101.1 | 101.9 | 95.6 | 113.3 | 104.0 |
| 1991 | 109.9 | 103.7 | 107.5 | 112.6 | 81.6 | 114.5 | 108.9 |
| 1992 | 111.3 | 103.1 | 112.2 | 110.3 | 125.7 | 111.9 | 110.5 |
| 1993 | 112.3 | 103.2 | 113.0 | 110.5 | 128.5 | 113.1 | 111.4 |
| 1994 | 113.7 | 102.8 | 114.1 | 113.5 | 117.0 | 115.0 | 112.5 |
| 1995 | 112.0 | 92.0 | 107.7 | 107.7 | 107.6 | 120.5 | 105.4 |
| 1996 | 109.0 | 97.2 | 106.2 | 106.1 | 107.0 | 113.4 | 103.1 |
| 1997 | 110.1 | 102.9 | 108.1 | 108.7 | 105.1 | 113.2 | 110.6 |
| 1998 | 109.5 | 101.1 | 109.6 | 108.7 | 114.2 | 110.1 | 110.1 |
| 1999 | 110.9 | 102.8 | 112.0 | 112.8 | 108.0 | 110.6 | 110.1 |
| 2000 | 111.8 | 103.1 | 111.4 | 113.2 | 102.1 | 112.9 | 106.8 |
| 2001 | 111.7 | 103.7 | 109.5 | 110.2 | 106.6 | 113.1 | 106.5 |
| 2002 | 111.5 | 102.7 | 108.4 | 107.8 | 110.9 | 113.3 | 109.1 |
| 2003 | 111.1 | 98.9 | 112.0 | 112.2 | 110.7 | 111.2 | 108.3 |
| 2004 | 114.1 | 99.4 | 117.0 | 119.3 | 106.3 | 113.1 | 111.4 |
| 2005 | 112.1 | 98.1 | 110.1 | 110.9 | 106.3 | 113.4 | 109.1 |
| 2006 | 113.0 | 100.6 | 110.5 | 109.5 | 116.0 | 114.3 | 109.8 |
| 2007 | 114.5 | 102.2 | 112.7 | 113.1 | 110.9 | 115.4 | 111.1 |
| 2008 | 109.1 | 101.1 | 100.8 | 100.2 | 103.7 | 112.5 | 105.4 |
| 2009 | 110.2 | 104.6 | 110.4 | 108.8 | 118.5 | 110.2 | 106.3 |

注：本表按可比价格计算。

**表1.4　地区生产总值指数（1978年=100）（1978~2009年）**

单位:%

| 年　份 | 地区生产总值 | 第一产业 | 第二产业 | | | 第三产业 | 人均地区生产总值 |
|---|---|---|---|---|---|---|---|
| | | | | 工业 | 建筑业 | | |
| 1978 | 100.0 | 100.0 | 100.0 | 100.0 | 100.0 | 100.0 | 100.0 |
| 1979 | 109.7 | 105.0 | 109.2 | 110.1 | 108.4 | 113.2 | 107.4 |
| 1980 | 122.6 | 114.8 | 120.2 | 121.2 | 119.6 | 134.1 | 117.9 |
| 1981 | 122.0 | 125.2 | 115.8 | 115.5 | 127.2 | 142.2 | 115.9 |
| 1982 | 131.1 | 142.0 | 122.5 | 122.2 | 135.0 | 156.3 | 122.4 |
| 1983 | 152.6 | 152.6 | 139.2 | 136.3 | 178.6 | 194.1 | 140.2 |
| 1984 | 179.1 | 163.0 | 161.6 | 157.7 | 212.1 | 236.4 | 162.0 |
| 1985 | 194.7 | 173.3 | 179.3 | 172.0 | 264.5 | 246.8 | 173.2 |
| 1986 | 210.3 | 173.5 | 187.9 | 180.6 | 274.3 | 285.5 | 181.2 |
| 1987 | 230.4 | 196.7 | 198.5 | 190.6 | 291.6 | 333.2 | 192.2 |
| 1988 | 259.9 | 218.7 | 222.5 | 215.3 | 310.6 | 380.2 | 213.4 |
| 1989 | 271.4 | 221.1 | 242.3 | 233.4 | 348.5 | 369.9 | 220.0 |
| 1990 | 285.5 | 228.4 | 244.9 | 237.9 | 333.1 | 419.2 | 228.8 |
| 1991 | 313.8 | 236.9 | 263.3 | 267.8 | 271.8 | 479.9 | 249.1 |
| 1992 | 349.2 | 244.2 | 295.4 | 295.4 | 341.7 | 537.0 | 275.3 |
| 1993 | 392.2 | 252.0 | 333.8 | 326.4 | 439.1 | 607.4 | 306.7 |
| 1994 | 445.9 | 259.1 | 380.9 | 370.5 | 513.7 | 698.5 | 345.0 |
| 1995 | 499.4 | 238.4 | 410.2 | 399.0 | 552.8 | 841.7 | 363.7 |
| 1996 | 544.3 | 231.7 | 435.7 | 423.4 | 591.5 | 954.5 | 374.9 |
| 1997 | 599.3 | 238.4 | 471.0 | 460.2 | 621.7 | 1 080.5 | 414.6 |
| 1998 | 656.2 | 241.0 | 516.2 | 500.2 | 710.0 | 1 189.6 | 456.5 |
| 1999 | 727.7 | 247.7 | 578.1 | 564.2 | 766.8 | 1 315.7 | 502.8 |
| 2000 | 813.6 | 255.4 | 644.0 | 638.7 | 782.9 | 1 485.4 | 536.8 |
| 2001 | 908.8 | 264.8 | 705.2 | 703.8 | 834.6 | 1 680.0 | 571.7 |
| 2002 | 1 013.3 | 271.9 | 764.4 | 758.7 | 925.6 | 1 903.4 | 623.9 |
| 2003 | 1 125.8 | 268.9 | 856.1 | 851.3 | 1 024.6 | 2 115.9 | 676.0 |
| 2004 | 1 284.5 | 267.3 | 1 001.6 | 1 015.6 | 1 089.1 | 2 393.1 | 753.1 |
| 2005 | 1 440.3 | 262.2 | 1 102.8 | 1 126.3 | 1 157.7 | 2 714.9 | 821.5 |
| 2006 | 1 627.5 | 263.8 | 1 218.6 | 1 233.3 | 1 342.9 | 3 102.0 | 902.0 |
| 2007 | 1 863.3 | 269.6 | 1 373.4 | 1 394.9 | 1 489.3 | 3 580.0 | 1 002.3 |
| 2008 | 2 033.0 | 272.6 | 1 384.4 | 1 397.7 | 1 544.4 | 4 027.6 | 1 056.1 |
| 2009 | 2 240.4 | 285.2 | 1 528.7 | 1 520.8 | 1 829.4 | 4 437.6 | 1 122.7 |

注：本表按可比价格计算。

**表 1.5　按行业分地区生产总值（2000～2009 年）**

单位：亿元

| 项　　目 | 2000 年 | 2001 年 | 2002 年 | 2003 年 | 2004 年 | 2005 年 | 2006 年 | 2007 年 | 2008 年 | 2009 年 |
|---|---|---|---|---|---|---|---|---|---|---|
| **地区生产总值** | **3 161.7** | **3 708.0** | **4 315.0** | **5 007.2** | **6 033.2** | **6 969.5** | **8 117.8** | **9 846.8** | **11 115.0** | **12 153.0** |
| **第一产业** | **79.3** | **80.8** | **82.4** | **84.1** | **87.4** | **88.7** | **88.8** | **101.3** | **112.8** | **118.3** |
| **第二产业** | **1 033.3** | **1 142.4** | **1 250** | **1 487.2** | **1 853.6** | **2 026.5** | **2 191.4** | **2 509.4** | **2 626.4** | **2 855.5** |
| 工　业 | 844 | 938.8 | 1 021.2 | 1 224.5 | 1 554.7 | 1 707 | 1 821.8 | 2 082.8 | 2 131.7 | 2 303.1 |
| 建筑业 | 189.3 | 203.6 | 228.8 | 262.7 | 298.9 | 319.5 | 369.6 | 426.6 | 494.7 | 552.4 |
| **第三产业** | **2 049.1** | **2 484.8** | **2 982.6** | **3 435.9** | **4 092.2** | **4 854.3** | **5 837.6** | **7 236.1** | **8 375.8** | **9 179.2** |
| 交通运输、仓储和邮政业 | 220.6 | 254.2 | 281.1 | 309 | 356.8 | 403.3 | 455.2 | 497.5 | 498.9 | 556.6 |
| 信息传输、计算机服务和软件业 | 164.4 | 210.1 | 278.6 | 378 | 449.6 | 586.6 | 696.4 | 870.5 | 999.1 | 1 066.5 |
| 批发与零售业 | 372.5 | 424.1 | 463 | 515.5 | 587.7 | 704.3 | 872 | 1 098.2 | 1 426.7 | 1 525.0 |
| 住宿和餐饮业 | 81.2 | 97.2 | 122 | 112.6 | 163.3 | 182.3 | 218.4 | 245.0 | 274.4 | 262.5 |
| 金融业 | 425.2 | 487.5 | 561.9 | 635.6 | 713.8 | 840.2 | 982.4 | 1 302.8 | 1 519.2 | 1 603.6 |
| 房地产业 | 144 | 203.6 | 298 | 341.9 | 436.1 | 493.7 | 658.3 | 821.5 | 844.6 | 1 062.5 |
| 租赁和商务服务业 | 118.8 | 137 | 214.2 | 231.6 | 276.6 | 360.7 | 447.1 | 623.6 | 765.3 | 809.6 |
| 科学研究、技术服务与地质勘察业 | 123 | 178.7 | 209.2 | 246.2 | 276.5 | 347.4 | 438.6 | 566.2 | 706.7 | 816.9 |
| 水利、环境和公共设施管理业 | 23.4 | 25.2 | 27.3 | 30.5 | 34.6 | 40.5 | 47 | 51.8 | 59.1 | 67.2 |
| 居民服务和其他服务业 | 36.2 | 42.2 | 54.7 | 64.1 | 79.6 | 80.2 | 85.3 | 82.1 | 74.9 | 73.9 |
| 教　育 | 102.3 | 148.8 | 159.6 | 206.2 | 267.4 | 289.4 | 320.6 | 365.2 | 402.1 | 444.1 |
| 卫生、社会保障和社会福利业 | 55.3 | 67.7 | 73.7 | 87.2 | 105.9 | 118.2 | 140.3 | 162.6 | 187.8 | 213.0 |
| 文化、体育与娱乐业 | 84.5 | 96.9 | 111.6 | 125 | 142.7 | 170.2 | 189 | 223.1 | 247.4 | 259.0 |
| 公共管理与社会组织 | 97.7 | 111.6 | 127.7 | 152.5 | 201.6 | 237.3 | 287 | 326.0 | 369.6 | 418.8 |

注：本表按当年价格计算；行业按国家 2002 年版国民经济行业分类标准核算。

**表 1.6 按行业分地区生产总值指数（上年 =100）（2000～2009 年）**

单位:%

| 项 目 | 2000 年 | 2001 年 | 2002 年 | 2003 年 | 2004 年 | 2005 年 | 2006 年 | 2007 年 | 2008 年 | 2009 年 |
|---|---|---|---|---|---|---|---|---|---|---|
| **地区生产总值** | **111.8** | **111.7** | **111.5** | **111.1** | **114.1** | **112.1** | **113.0** | **114.5** | **109.1** | **110.2** |
| **第一产业** | **103.1** | **103.7** | **102.7** | **98.9** | **99.4** | **98.1** | **100.6** | **102.2** | **101.1** | **104.6** |
| **第二产业** | **111.4** | **109.5** | **108.4** | **112.0** | **117.0** | **110.1** | **110.5** | **112.7** | **100.8** | **110.4** |
| 工 业 | 113.2 | 110.2 | 107.8 | 112.2 | 119.3 | 110.9 | 109.5 | 113.1 | 100.2 | 108.8 |
| 建筑业 | 102.1 | 106.6 | 110.9 | 110.7 | 106.3 | 106.3 | 116.0 | 110.9 | 103.7 | 118.5 |
| **第三产业** | **112.9** | **113.1** | **113.3** | **111.2** | **113.1** | **113.4** | **114.3** | **115.4** | **112.5** | **110.2** |
| 交通运输、仓储和邮政业 | | 103.8 | 104.1 | 104.0 | 108.7 | 105.9 | 107.6 | 108.0 | 104.1 | 103.0 |
| 信息传输、计算机服务和软件业 | | 112.3 | 119.2 | 126.3 | 111.2 | 121.2 | 113.1 | 116.8 | 114.9 | 106.8 |
| 批发与零售业 | | 112.4 | 109.1 | 111.2 | 112.0 | 117.7 | 118.3 | 122.3 | 124.9 | 109.3 |
| 住宿和餐饮业 | | 109.0 | 117.2 | 90.7 | 136.6 | 106.9 | 115.5 | 107.6 | 98.0 | 96.7 |
| 金融业 | | 113.1 | 112.4 | 110.6 | 107.1 | 113.2 | 111.4 | 121.4 | 107.8 | 106.4 |
| 房地产业 | | 131.1 | 130.4 | 110.8 | 119.2 | 108.3 | 121.9 | 105.2 | 94.8 | 122.0 |
| 租赁和商务服务业 | | 104.5 | 132.2 | 103.2 | 110.1 | 121.6 | 117.3 | 123.8 | 123.3 | 111.6 |
| 科学研究、技术服务与地质勘察业 | | 130.1 | 111.5 | 112.4 | 108.9 | 117.4 | 119.4 | 121.1 | 125.6 | 121.9 |
| 水利、环境和公共设施管理业 | | 94.8 | 102.0 | 103.8 | 104.7 | 113.0 | 110.3 | 104.3 | 114.5 | 119.9 |
| 居民服务和其他服务业 | | 102.9 | 111.8 | 108.6 | 115.0 | 97.4 | 100.6 | 91.9 | 91.7 | 104.1 |
| 教 育 | | 125.0 | 108.8 | 129.0 | 125.2 | 106.3 | 107.4 | 111.2 | 110.5 | 109.0 |
| 卫生、社会保障和社会福利业 | | 115.6 | 106.4 | 112.1 | 116.7 | 111.2 | 113.1 | 108.7 | 113.9 | 113.6 |
| 文化、体育与娱乐业 | | 104.3 | 107.7 | 106.7 | 108.6 | 115.4 | 107.8 | 109.7 | 113.6 | 107.3 |
| 公共管理与社会组织 | | 105.3 | 108.1 | 112.4 | 125.0 | 113.6 | 116.6 | 109.6 | 108.3 | 110.9 |

注：本表按可比价计算；行业按国家2002 年版国民经济行业分类标准核算。

**表 1.7　部分新兴产业增加值（2004～2009 年）**

单位：亿元

| 项　　目 | 2004 年 | 2005 年 | 2006 年 | 2007 年 | 2008 年 | 2009 年 |
|---|---|---|---|---|---|---|
| **文化创意产业** | **613.7** | **651.0** | **784.4** | **961.6** | **1 346.4** | **1 489.9** |
| 文化艺术 | 22.6 | 32.2 | 35.3 | 38.8 | 42.7 | 48.8 |
| 新闻出版 | 108.1 | 106.8 | 135.3 | 142.2 | 153.7 | 159.8 |
| 广播、电视、电影 | 54.9 | 78.0 | 73.5 | 102.7 | 120.1 | 124.5 |
| 软件、网络及计算机服务 | 229.2 | 261.4 | 336.7 | 436.7 | 703.1 | 710.5 |
| 广告会展 | 47.8 | 51.0 | 52.2 | 64.9 | 112.2 | 98.5 |
| 艺术品交易 | 11.5 | 7.1 | 10.1 | 13.8 | 20.5 | 30.9 |
| 设计服务 | 70.6 | 31.6 | 40.2 | 49.2 | 52.8 | 76.4 |
| 旅游、休闲娱乐 | 27.0 | 37.6 | 48.4 | 50.2 | 58.4 | 60.7 |
| 其他辅助服务 | 42.0 | 45.3 | 52.7 | 63.1 | 82.9 | 179.8 |
| **信息产业** | **867.3** | **1 152.7** | **1 344.5** | **1 668.3** | **1 759.8** | **1 762.9** |
| 电子信息设备制造 | 216.6 | 303.5 | 343.5 | 391.6 | 331.5 | 260.2 |
| 电子信息设备销售和租赁 | 87.7 | 127.7 | 157.2 | 229.7 | 233.1 | 235.1 |
| 电子信息传输服务 | 285.7 | 355.6 | 381.7 | 462.8 | 382.6 | 445.6 |
| 计算机服务和软件业 | 163.9 | 231.0 | 314.7 | 407.8 | 616.5 | 620.8 |
| 其他信息相关服务 | 113.4 | 134.9 | 147.4 | 176.4 | 196.1 | 201.2 |
| **高技术产业** | **370.6** | **504.4** | **606.4** | **729.6** | **852.3** | **778.4** |
| 核燃料加工 | 0.2 | 0.2 |  | -0.4 |  |  |
| 信息化学品制造 | 1.5 | 1.1 | 1.7 | 1.7 | 2.7 | 2.0 |
| 医药制造业 | 46.2 | 49.7 | 56.4 | 78.1 | 114.4 | 127.2 |
| 航空航天器制造 | 16.8 | 17.7 | 23.8 | 25.2 | 27.0 | 28.6 |
| 电子及通信设备制造业 | 144.3 | 214.8 | 248.3 | 265.9 | 234.1 | 189.4 |
| 电子计算机及办公设备制造业 | 48.4 | 65.3 | 63.6 | 88.2 | 64.8 | 33.2 |
| 医疗设备及仪器仪表制造业 | 53.3 | 52.0 | 73.5 | 82.7 | 86.6 | 89.0 |
| 公共软件服务 | 59.9 | 103.6 | 139.1 | 188.2 | 322.7 | 309.0 |

续表

| 项　　目 | 2004 年 | 2005 年 | 2006 年 | 2007 年 | 2008 年 | 2009 年 |
|---|---|---|---|---|---|---|
| **现代制造业** | | **602.7** | **679.7** | **779.3** | **836.2** | **895.2** |
| 电子类 | | 260.5 | 289.1 | 323.0 | 268.8 | 202.9 |
| 机电类 | | 132.6 | 154.2 | 169.6 | 212.0 | 243.5 |
| 交通类 | | 130.0 | 142.7 | 178.3 | 206.5 | 279.0 |
| 医药类 | | 55.0 | 66.1 | 84.6 | 124.1 | 141.6 |
| 其他类 | | 24.6 | 27.6 | 23.8 | 24.8 | 28.2 |
| **现代服务业** | **2 669.6** | **3 206.8** | **3 870.0** | **4 933.1** | **5 660.0** | **6 264.7** |
| 信息传输、计算机服务和软件业 | 449.6 | 586.6 | 696.4 | 870.5 | 999.1 | 1 066.5 |
| 金融业 | 713.8 | 840.2 | 982.4 | 1 302.8 | 1 519.2 | 1 603.6 |
| 科学研究、技术服务和地质勘察业 | 276.5 | 347.4 | 438.6 | 566.2 | 706.7 | 816.9 |
| 卫生和社会保障业 | 100.7 | 112.9 | 133.8 | 155.1 | 171.2 | 192.9 |
| 文化、体育和娱乐业 | 142.7 | 170.2 | 189.0 | 223.1 | 247.4 | 259.0 |
| 房地产业 | 436.1 | 493.7 | 658.3 | 821.5 | 844.6 | 1 062.5 |
| 商务服务业 | 268.7 | 350.4 | 434.1 | 608.8 | 748.7 | 791.7 |
| 环境管理业 | 14.1 | 16.0 | 16.8 | 19.9 | 21.0 | 27.5 |
| 教　育 | 267.4 | 289.4 | 320.6 | 365.2 | 402.1 | 444.1 |
| **生产性服务业** | **2 261.0** | **2 802.1** | **3 409.4** | **4 425.2** | **5 355.3** | **5 676.1** |
| 流通服务 | 544.5 | 667.2 | 844.9 | 1 062.1 | 1 365.0 | 1 379.5 |
| 信息服务 | 449.6 | 586.6 | 696.4 | 870.5 | 999.1 | 1 066.5 |
| 金融服务 | 713.8 | 840.2 | 982.4 | 1 302.8 | 1 519.2 | 1 603.6 |
| 商务服务 | 276.6 | 360.7 | 447.1 | 623.6 | 765.3 | 809.6 |
| 科技服务 | 276.5 | 347.4 | 438.6 | 566.2 | 706.7 | 816.9 |
| **信息服务业** | | **721.5** | **843.8** | **1 047.0** | **1 195.2** | **1 267.6** |
| 信息传输服务 | | 308.4 | 309.4 | 375.6 | 265.7 | 319.6 |
| 信息技术服务 | | 231.0 | 314.7 | 407.8 | 616.5 | 620.8 |
| 信息内容服务 | | 182.1 | 219.7 | 263.6 | 313.0 | 327.2 |
| **物流业** | | | **368.0** | **383.5** | **423.4** | **427.7** |
| 交通运输、邮政、仓储业 | | | 306.2 | 318.1 | 324.2 | 326.1 |
| 流通加工、配送、包装业 | | | 61.8 | 65.4 | 99.2 | 101.6 |

**表 1.8　全社会固定资产投资资金来源情况（1978～2009 年）**

单位：亿元

| 年　份 | 上年末结余资金 | 本年资金来源小计 | 国家预算内资金 | 国内贷款 | 债　券 | 利用外资 | 自筹资金 | 其他资金 |
|---|---|---|---|---|---|---|---|---|
| 1978 | | 22.5 | 16.9 | | | | | |
| 1979 | | 26.5 | 19.2 | | | | | |
| 1980 | | 33.2 | 18.5 | | | | | |
| 1981 | | 31.4 | 15.4 | | | | | |
| 1982 | | 34.5 | 14.1 | | | | | |
| 1983 | | 38.5 | 16.0 | | | | | |
| 1984 | | 52.2 | 22.5 | | | | | |
| 1985 | | 77.8 | 30.4 | | | | | |
| 1986 | | 94.5 | 33.0 | | | | | |
| 1987 | | 126.2 | 43.1 | | | | | |
| 1988 | | 149.4 | 37.4 | | | | | |
| 1989 | | 123.1 | 35.0 | 12.8 | | 18.2 | 44.5 | 12.6 |
| 1990 | | 136.2 | 34.4 | 22.8 | | 15.2 | 52.3 | 11.5 |
| 1991 | | 151.1 | 35.5 | 28.2 | | 13.9 | 65.5 | 8.0 |
| 1992 | | 216.7 | 42.2 | 40.1 | | 14.9 | 109.9 | 9.6 |
| 1993 | 54.3 | 425.2 | 47.1 | 79.2 | 1.6 | 28.0 | 205.2 | 64.1 |
| 1994 | 71.1 | 695.7 | 64.1 | 91.5 | 0.8 | 96.9 | 331.2 | 111.2 |
| 1995 | 200.8 | 915.8 | 70.3 | 122.7 | 1.1 | 187.3 | 339.8 | 194.6 |
| 1996 | 204.9 | 926.1 | 76.7 | 152.8 | 1.0 | 161.2 | 330.5 | 203.9 |
| 1997 | 183.1 | 1 016.7 | 86.3 | 194.3 | | 139.2 | 383.4 | 213.5 |
| 1998 | 207.1 | 1 140.1 | 98.4 | 223.8 | 17.0 | 132.1 | 450.2 | 218.6 |
| 1999 | 212.1 | 1 183.8 | 136.2 | 262.2 | 1.4 | 82.7 | 461.3 | 240.0 |
| 2000 | 293.1 | 1 439.1 | 107.0 | 373.8 | 0.6 | 51.5 | 505.6 | 400.6 |
| 2001 | 325.5 | 1 796.8 | 136.7 | 429.4 | 2.5 | 35.6 | 595.6 | 597.0 |
| 2002 | 433.2 | 2 075.3 | 108.5 | 543.8 | 1.9 | 41.5 | 672.8 | 706.8 |
| 2003 | 542.7 | 2 674.0 | 78.4 | 755.2 | | 52.6 | 887.9 | 899.9 |
| 2004 | 654.6 | 3 712.8 | 118.6 | 804.7 | | 120.5 | 1 245.7 | 1 423.3 |
| 2005 | 924.4 | 4 553.7 | 128.8 | 1 055.8 | | 70.9 | 1 452.8 | 1 845.4 |
| 2006 | 1 043.8 | 4 927.3 | 126.4 | 1 347.5 | 32.7 | 76.2 | 1 532.2 | 1 812.3 |
| 2007 | 1 202.2 | 6 193.0 | 102.2 | 1 513.3 | 22.4 | 82.8 | 2 195.6 | 2 276.7 |
| 2008 | 1 469.5 | 5 184.7 | 104.2 | 1 394.2 | 35.5 | 80.0 | 2 016.4 | 1 554.5 |
| 2009 | 1 321.7 | 8 702.2 | 118.1 | 3 038.5 | 17.5 | 39.3 | 2 441.3 | 3 047.4 |

注：1978～1992 年不含房地产开发和农村投资；1993～2003 年不含农村投资。

**表 1.9　全社会固定资产投资及新增固定资产（按行业分）（2009 年）**

单位：亿元

| 行业 | 投资额 | | | 新增固定资产 | | |
|---|---|---|---|---|---|---|
| | 合计 | 中央 | 地方 | 合计 | 中央 | 地方 |
| **合　计** | **48 584 051.39** | **5 148 028** | **43 436 023.39** | **24 572 371.06** | **4 406 440** | **20 165 931.06** |
| **农、林、牧、渔业** | **545 305** | | **545 305** | **310 338** | | **310 338** |
| 农　业 | 359 656 | | 359 656 | 208 238 | | 208 238 |
| 林　业 | 104 416 | | 104 416 | 45 556 | | 45 556 |
| 畜牧业 | 48 633 | | 48 633 | 31 899 | | 31 899 |
| 渔　业 | 400 | | 400 | 400 | | 400 |
| 农、林、牧、渔服务业 | 32 200 | | 32 200 | 24 245 | | 24 245 |
| **采矿业** | **230 692** | **131 610** | **99 082** | **209 765** | **131 610** | **78 155** |
| 煤炭开采和洗选业 | 23 049 | | 23 049 | 11 120 | | 11 120 |
| 石油和天然气开采业 | 131 610 | 131 610 | | 131 610 | 131 610 | |
| 黑色金属矿采选业 | 70 248 | | 70 248 | 64 350 | | 64 350 |
| 有色金属采选业 | | | | | | |
| 非金属矿采选业 | 5 785 | | 5 785 | 2 685 | | 2 685 |
| **制造业** | **2 175 300** | **383 286** | **1 792 014** | **1 552 749** | **208 484** | **1 344 265** |
| 农副食品加工业 | 63 833 | | 63 833 | 60 029 | | 60 029 |
| 食品制造业 | 42 404 | | 42 404 | 56 216 | | 56 216 |
| 饮料制造业 | 64 979 | | 64 979 | 77 855 | | 77 855 |
| 烟草制品业 | 17 385 | 17 385 | | | | |
| 纺织业 | 8 608 | | 8 608 | 14 154 | | 14 154 |
| 纺织服装、鞋、帽制造业 | 34 014 | | 34 014 | 11 076 | | 11 076 |
| 皮革、毛皮、羽毛（绒）制造业 | 4 661 | | 4 661 | 3 674 | | 3 674 |
| 木材加工及木、竹藤、棕、草制品 | 9 759 | | 9 759 | 15 376 | | 15 376 |
| 家具制造业 | 15 102 | | 15 102 | 16 364 | | 16 364 |
| 造纸及纸制品业 | 46 848 | | 46 848 | 57 131 | | 57 131 |
| 印刷业和记录媒介的复制 | 87 788 | 38 062 | 49 726 | 63 887 | 22 128 | 41 759 |
| 文教体育用品制造业 | 2 156 | | 2 156 | 2 423 | | 2 423 |
| 石油加工、炼焦及核燃料加工业 | 90 725 | 85 725 | 5 000 | 70 417 | 62 917 | 7 500 |
| 化学原料及化学制品制造业 | 147 733 | 120 039 | 27 694 | 78 168 | 50 422 | 27 746 |
| 医药制造业 | 109 537 | 14 663 | 94 874 | 68 070 | 1 408 | 66 662 |
| 化学纤维制造业 | 381 | | 381 | | | |
| 橡胶制品业 | 8 705 | | 8 705 | 13 848 | | 13 848 |
| 塑料制品业 | 40 086 | | 40 086 | 57 601 | | 57 601 |
| 非金属矿物制品业 | 123 879 | 9 544 | 114 335 | 101 586 | 6 117 | 95 469 |
| 黑色金属冶炼及压延加工业 | 25 349 | | 25 349 | 2 276 | | 2 276 |
| 有色金属冶炼及压延加工业 | 6 556 | | 6 556 | 3 662 | | 3 662 |
| 金属制品业 | 57 964 | 1 463 | 56 501 | 59 670 | 5 182 | 54 488 |
| 通用设备制造业 | 219 568 | | 219 568 | 155 402 | | 155 402 |

注：本表分项数据不含农户投资。

续表

| 行业 | 投资额 | | | 新增固定资产 | | |
|---|---|---|---|---|---|---|
| | 合计 | 中央 | 地方 | 合计 | 中央 | 地方 |
| 专用设备制造业 | 134 617 | 26 395 | 108 222 | 82 464 | 11 759 | 70 705 |
| 交通运输设备制造业 | 406 072 | 52 864 | 353 208 | 238 733 | 33 770 | 204 963 |
| 电气机械及器材制造业 | 131 727 | | 131 727 | 93 801 | | 93 801 |
| 通信设备、计算机及其他电子设备制造业 | 219 863 | 11 073 | 208 790 | 110 947 | 10 232 | 100 715 |
| 仪器仪表及文化、办公用机械制造业 | 28 361 | | 28 361 | 23 703 | | 23 703 |
| 工艺品及其他制造业 | 14 906 | 5 143 | 9 763 | 12 822 | 3 559 | 9 263 |
| 废弃资源和废旧材料回收加工业 | 11 734 | 930 | 10 804 | 1 394 | 990 | 404 |
| **电力、燃气及水的生产和供应业** | **1 655 979** | **22 095** | **1 633 884** | **1 481 975** | **14 314** | **1 467 661** |
| 电力、热力的生产和供应业 | 1 292 094 | 18 090 | 1 274 004 | 1 274 657 | 10 309 | 1 264 348 |
| 煤气生产和供应业 | 104 761 | | 104 761 | 57 913 | | 57 913 |
| 水的生产和供应业 | 259 124 | 4 005 | 255 119 | 149 405 | 4 005 | 145 400 |
| **建筑业** | **52 047** | **19 087** | **32 960** | **115 904** | **87 186** | **28 718** |
| 房屋和土木工程建筑业 | 45 224 | 19 087 | 26 137 | 113 555 | 87 186 | 26 369 |
| 建筑安装业 | 1 514 | | 1 514 | 1 485 | | 1 485 |
| 建筑装饰业 | 3 379 | | 3 379 | 814 | | 814 |
| 其他建筑业 | 1 930 | | 1 930 | 50 | | 50 |
| **交通运输、仓储和邮政业** | **7 276 835** | **1 040 009** | **6 236 826** | **2 379 776** | **1 139 458** | **1 240 318** |
| 铁路运输业 | 1 149 277 | 812 280 | 336 997 | 762 897 | 762 897 | |
| 道路运输业 | 1 347 704 | 298 | 1 347 406 | 533 140 | 298 | 532 842 |
| 城市公共交通业 | 4 404 182 | 623 | 4 403 559 | 657 060 | 623 | 656 437 |
| 航空运输业 | 218 866 | 186 389 | 32 477 | 374 659 | 374 659 | |
| 管道运输业 | | | | | | |
| 装卸搬运和其他运输服务业 | 3 233 | 981 | 2 252 | 5 628 | 981 | 4 647 |
| 仓储业 | 119 735 | 6 487 | 113 248 | 45 505 | | 45 505 |
| 邮政业 | 33 838 | 32 951 | 887 | 887 | | 887 |
| **信息传输、计算机服务和软件业** | **1 400 088** | **754 333** | **645 755** | **569 380** | **493 459** | **75 921** |
| 电信和其他信息传输服务业 | 1 215 178 | 743 181 | 471 997 | 552 977 | 487 449 | 65 528 |
| 计算机服务业 | 25 557 | 4 375 | 21 182 | 11 822 | 4 375 | 7 447 |
| 软件业 | 159 353 | 6 777 | 152 576 | 4 581 | 1 635 | 2 946 |
| **批发与零售业** | **202 264** | **16 464** | **185 800** | **162 995** | **357** | **162 638** |
| 批发业 | 104 520 | 14 347 | 90 173 | 85 264 | 357 | 84 907 |
| 零售业 | 97 744 | 2 117 | 95 627 | 77 731 | | 77 731 |
| **住宿和餐饮业** | **402 903** | **136 589** | **266 314** | **382 698** | **76 838** | **305 860** |
| 住宿业 | 355 056 | 136 589 | 218 467 | 366 061 | 76 838 | 289 223 |
| 餐饮业 | 47 847 | | 47 847 | 16 637 | | 16 637 |

续表

| 行　业 | 投资额 | | | 新增固定资产 | | |
|---|---|---|---|---|---|---|
| | 合　计 | 中　央 | 地　方 | 合　计 | 中　央 | 地　方 |
| **金融业** | **73 970** | **43 708** | **30 262** | **125 780** | **103 809** | **21 971** |
| 银行业 | 55 384 | 25 910 | 29 474 | 121 876 | 100 513 | 21 363 |
| 证券业 | 3 296 | 3 296 | | 3 296 | 3 296 | |
| 保险业 | 15 110 | 14 502 | 608 | 608 | | 608 |
| 其他金融活动 | 180 | | 180 | | | |
| **房地产业** | **26 904 643** | **1 057 865** | **25 846 778** | **12 197 079** | **829 963** | **11 367 116** |
| **租赁和商务服务业** | **263 335** | **42 451** | **220 884** | **204 890** | **16 008** | **188 882** |
| 租赁业 | 8 299 | | 8 299 | 3 903 | | 3 903 |
| 商务服务业 | 255 036 | 42 451 | 212 585 | 200 987 | 16 008 | 184 979 |
| **科学研究、技术服务与地质勘察业** | **607 553** | **421 271** | **186 282** | **268 390** | **193 760** | **74 630** |
| 研究与试验发展 | 445 596 | 346 344 | 99 252 | 205 843 | 173 558 | 32 285 |
| 专业技术服务业 | 81 210 | 61 595 | 19 615 | 57 870 | 20 202 | 37 668 |
| 科技交流和推广服务业 | 80 747 | 13 332 | 67 415 | 4 677 | | 4 677 |
| **水利、环境和公共设施管理业** | **3 599 952** | **61 878** | **3 538 074** | **1 864 795** | **5 598** | **1 859 197** |
| 水利管理业 | 266 705 | 56 910 | 209 795 | 137 900 | | 137 900 |
| 环境管理业 | 784 331 | 4 049 | 780 282 | 494 470 | 4 049 | 490 421 |
| 公共设施管理业 | 2 548 916 | 919 | 2 547 997 | 1 232 425 | 1 549 | 1 230 876 |
| **居民服务和其他服务业** | **65 555** | **120** | **65 435** | **46 433** | **200** | **46 233** |
| 居民服务业 | 45 806 | 120 | 45 686 | 26 684 | 200 | 26 484 |
| 其他服务业 | 19 749 | | 19 749 | 19 749 | | 19 749 |
| **教　育** | **659 057** | **301 886** | **357 171** | **600 140** | **241 326** | **358 814** |
| **卫生、社会保障和社会福利业** | **414 227** | **131 292** | **282 935** | **164 013** | **37 787** | **126 226** |
| 卫　生 | 372 444 | 123 458 | 248 986 | 161 344 | 37 787 | 123 557 |
| 社会保障业 | 20 | | 20 | | | |
| 社会福利业 | 41 763 | 7 834 | 33 929 | 2 669 | | 2 669 |
| **文化、体育与娱乐业** | **774 428** | **372 892** | **401 536** | **1 189 243** | **749 950** | **439 293** |
| 新闻出版业 | 35 671 | 1 894 | 33 777 | 16 478 | 16 478 | |
| 广播、电视、电影和音像业 | 154 720 | 123 216 | 31 504 | 491 247 | 154 443 | 336 804 |
| 文化艺术业 | 450 204 | 226 155 | 224 049 | 639 366 | 574 091 | 65 275 |
| 体　育 | 34 375 | 19 624 | 14 751 | 20 345 | 4 938 | 15 407 |
| 娱乐业 | 99 458 | 2 003 | 97 455 | 21 807 | | 21 807 |
| **公共管理与社会组织** | **844 476** | **211 192** | **633 284** | **335 154** | **76 333** | **258 821** |
| 中国共产党机关 | 248 719 | 28 719 | 220 000 | 3 072 | 3 072 | |
| 国家机关 | 499 566 | 177 653 | 321 913 | 257 615 | 71 909 | 185 706 |
| 人民政协和民主党派 | 817 | 817 | | | | |
| 群众团体、社会团体和宗教组织 | 4 003 | 4 003 | | 1 352 | 1 352 | |
| 基层群众自治组织 | 91 371 | | 91 371 | 73 115 | | 73 115 |

**表 1.10 全社会房屋建筑施工及竣工面积（1978～2009 年）**

单位：万平方米

| 年 份 | 施工面积 | | 竣工面积 | | | |
|---|---|---|---|---|---|---|
| | 合 计 | #住 宅 | 合 计 | #住 宅 | 中 央 | 地 方 |
| 1978 | 956.3 | 456.8 | 407.0 | 190.4 | 158.7 | 248.3 |
| 1979 | 1 340.6 | 780.2 | 537.6 | 304.9 | 235.2 | 302.4 |
| 1980 | 1 704.1 | 1 037.0 | 648.4 | 396.9 | 315.8 | 332.6 |
| **1981～1985** | | | **3 941.6** | **2 383.4** | **1 723.2** | **2 218.4** |
| 1981 | 1 875.8 | 1 189.9 | 726.9 | 462.6 | 327.2 | 399.7 |
| 1982 | 1 938.6 | 1 210.1 | 728.3 | 463.8 | 303.7 | 424.6 |
| 1983 | 1 952.1 | 1 163.6 | 775.5 | 514.0 | 312.3 | 463.2 |
| 1984 | 2 351.9 | 1 327.1 | 818.7 | 437.6 | 352.7 | 466.0 |
| 1985 | 2 802.7 | 1 599.2 | 892.2 | 505.4 | 427.3 | 464.9 |
| **1986～1990** | | | **5 142.4** | **2 939.9** | **2 635.1** | **2 507.3** |
| 1986 | 2 760.7 | 1 557.4 | 906.5 | 532.7 | 424.5 | 482.0 |
| 1987 | 2 578.0 | 1 273.2 | 1 042.2 | 608.9 | 507.8 | 534.4 |
| 1988 | 2 642.2 | 1 226.2 | 1 065.6 | 623.5 | 499.6 | 566.0 |
| 1989 | 2 450.8 | 1 167.8 | 1 046.9 | 601.8 | 565.8 | 481.1 |
| 1990 | 2 864.9 | 1 561.9 | 1 081.2 | 573.0 | 637.4 | 443.8 |
| **1991～1995** | | | **6 206.7** | **3 707.2** | **1 869.2** | **4 337.5** |
| 1991 | 2 818.0 | 1 612.0 | 1 036.4 | 601.8 | 396.2 | 640.2 |
| 1992 | 3 126.8 | 1 784.7 | 1 111.4 | 681.2 | 399.3 | 712.1 |
| 1993 | 3 607.5 | 1 866.4 | 1 158.0 | 654.8 | 320.5 | 837.5 |
| 1994 | 4 460.9 | 2 315.1 | 1 370.7 | 832.1 | 366.8 | 1 003.9 |
| 1995 | 5 524.3 | 2 897.6 | 1 530.2 | 937.3 | 386.4 | 1 143.8 |
| **1996～2000** | | | **9 644.3** | **5 979.9** | **2 726.7** | **6 917.6** |
| 1996 | 5 633.2 | 2 696.9 | 1 517.5 | 870.4 | 452.0 | 1 065.5 |
| 1997 | 5 819.4 | 2 881.3 | 1 625.7 | 996.8 | 492.2 | 1 133.5 |
| 1998 | 6 496.1 | 3 473.7 | 1 821.5 | 1 093.1 | 508.4 | 1 313.1 |
| 1999 | 6 556.5 | 3 754.8 | 2 321.4 | 1 519.9 | 655.3 | 1 666.1 |
| 2000 | 6 995.9 | 4 083.3 | 2 358.2 | 1 499.7 | 618.8 | 1 739.4 |
| **2001～2005** | | | **17 781.6** | **11 992.2** | **1 733.0** | **16 048.6** |
| 2001 | 8 203.3 | 5 226.4 | 2 554.6 | 1 804.9 | 490.6 | 2 064.0 |
| 2002 | 9 697.7 | 6 193.3 | 3 121.8 | 2 191.4 | 441.8 | 2 680.0 |
| 2003 | 11 262.2 | 7 011.3 | 3 222.8 | 2 322.3 | 242.1 | 2 980.7 |
| 2004 | 13 121.9 | 7 513.1 | 4 203.2 | 2 649.5 | 301.9 | 3 901.3 |
| 2005 | 14 096.2 | 8 043.2 | 4 679.2 | 3 024.1 | 256.6 | 4 422.6 |
| 2006 | 14 069.2 | 7 113.0 | 4 191.0 | 2 391.6 | 388.6 | 3 802.4 |
| 2007 | 14 146.7 | 6 788.8 | 3 866.4 | 2 098.0 | 399.6 | 3 466.8 |
| 2008 | 14 145.3 | 6 656.3 | 3 840.7 | 1 871.1 | 496.8 | 3 343.9 |
| 2009 | 14 380.6 | 7 058.4 | 4 252.6 | 2 369.6 | 388.4 | 3 864.2 |

注：2007 年及以前，表中数据不包含农村农户投资。

**表1.11　全社会房屋建筑施工及竣工面积**

单位：万平方米

| 项　　目 | 2009年 | 2008年 | 占竣工面积（%） | |
|---|---|---|---|---|
| | | | 2009年 | 2008年 |
| **施工总面积** | **14 380.6** | **14 145.3** | | |
| **竣工总面积** | **4 252.6** | **3 840.7** | **100.0** | **100.0** |
| **按隶属关系分** | | | | |
| 中　央 | 388.4 | 496.8 | 9.1 | 12.9 |
| 地　方 | 3 864.2 | 3 343.9 | 90.9 | 87.1 |
| #国　有 | 832.2 | 275.5 | 19.6 | 7.2 |
| 集　体 | 116.7 | 101.2 | 2.7 | 2.6 |
| **按功能区分** | | | | |
| 首都功能核心区 | 323.0 | 431.5 | 7.6 | 11.2 |
| 城市功能拓展区 | 1 954.3 | 2 267.2 | 46.0 | 59.0 |
| 城市发展新区 | 1 649.4 | 919.9 | 38.8 | 24.0 |
| 生态涵养发展区 | 325.9 | 222.1 | 7.7 | 5.8 |

**表 1.12 房地产开发情况（1990～2009 年）**

| 年份 | 房地产开发企业个数（个） | 本年完成的土地开发面积（万平方米） | 房地产开发投资额（亿元） | 按用途分 | | | | | 按投资构成分 | | 商品房销售额（亿元） | | 商品房销售面积（万平方米） | |
|---|---|---|---|---|---|---|---|---|---|---|---|---|---|---|
| | | | | #土地开发投资 | #土地购置费 | #住宅 | #写字楼（办公楼） | #商业营业用房 | #建筑安装工程 | #设备工器具购置 | | #住宅 | | #住宅 |
| 1990 | | | 22.5 | | | 12.3 | | | 18.4 | | | | 142.2 | |
| **1991～1995** | | **2 169.9** | **568.4** | | | **264.8** | | | **341.9** | | **218.7** | **191.2** | **855.6** | **816.5** |
| 1991 | 40 | 305.9 | 24.0 | | | 14.0 | | | 16.8 | | 22.0 | 21.6 | 154.0 | 152.5 |
| 1992 | 42 | 590.0 | 33.7 | | | 20.0 | | | 20.7 | | 25.5 | 24.7 | 159.1 | 153.0 |
| 1993 | 74 | 182.5 | 58.4 | 4.6 | 2.5 | 38.1 | | | 43.4 | 0.4 | 41.0 | 41.0 | 182.0 | 182.0 |
| 1994 | 81 | 382.5 | 99.5 | 11.6 | 4.0 | 50.3 | | | 69.3 | 0.9 | 60.4 | 40.8 | 168.6 | 149.0 |
| 1995 | 623 | 709.0 | 352.8 | 58.7 | 52.4 | 142.4 | 71.5 | 35.2 | 191.7 | 8.4 | 69.8 | 63.1 | 191.9 | 180.0 |
| **1996～2000** | | **1 501.9** | **1 979.5** | **131.8** | **161.5** | **950.7** | **351.5** | **161.3** | **1 280.6** | **95.5** | **1 251.4** | **1 032.3** | **2 416.7** | **2 199.2** |
| 1996 | 554 | 239.8 | 328.2 | 33.0 | 15.0 | 124.9 | 84.2 | 35.2 | 222.0 | 17.0 | 94.7 | 70.8 | 215.3 | 183.1 |
| 1997 | 601 | 419.8 | 330.3 | 22.2 | 23.9 | 132.9 | 91.1 | 29.2 | 208.0 | 19.8 | 164.1 | 140.4 | 290.9 | 256.2 |
| 1998 | 585 | 195.0 | 377.4 | 22.7 | 28.4 | 168.0 | 78.5 | 36.1 | 250.7 | 20.7 | 214.4 | 179.8 | 409.2 | 377.0 |
| 1999 | 716 | 187.2 | 421.5 | 24.6 | 36.6 | 236.6 | 52.5 | 30.2 | 278.6 | 16.8 | 307.5 | 232.0 | 544.4 | 484.7 |
| 2000 | 893 | 460.1 | 522.1 | 29.3 | 57.6 | 288.3 | 45.2 | 30.6 | 321.3 | 21.2 | 470.7 | 409.3 | 956.9 | 898.2 |
| **2001～2005** | | **4 124.3** | **5 974.0** | **177.6** | **993.6** | **3 239.5** | **696.1** | **368.3** | **3 498.9** | **137.8** | **5 329.6** | **4 624.5** | **10 084.3** | **9 354.8** |
| 2001 | 1 142 | 1 162.7 | 783.8 | 38.1 | 115.6 | 464.2 | 72.0 | 41.7 | 438.0 | 22.3 | 609.9 | 531.7 | 1205.0 | 1127.5 |
| 2002 | 1 508 | 925.0 | 989.4 | 44.0 | 149.2 | 586.7 | 97.3 | 57.6 | 572.7 | 31.5 | 813.8 | 716.7 | 1708.3 | 1604.4 |
| 2003 | 1 546 | 1 088.2 | 1 202.5 | 39.5 | 213.2 | 633.0 | 142.7 | 61.3 | 716.2 | 24.3 | 898.0 | 789.2 | 1 895.8 | 1771.1 |
| 2004 | 2 704 | 634.2 | 1 473.3 | 36.5 | 275.8 | 776.0 | 187.9 | 94.8 | 872.1 | 35.4 | 1 249.1 | 1 085.1 | 2 472.0 | 2 285.8 |
| 2005 | 3 123 | 314.2 | 1 525.0 | 19.4 | 239.8 | 779.5 | 196.2 | 112.9 | 881.8 | 42.3 | 1 758.8 | 1 501.8 | 2 803.2 | 2 566.0 |
| 2006 | 2 882 | 840.5 | 1 719.9 | 35.7 | 477.9 | 863.6 | 216.7 | 226.0 | 953.2 | 55.5 | 2 159.0 | 1 626.3 | 2 607.6 | 2 205.0 |
| 2007 | 2 688 | 248.7 | 1 995.8 | 25.6 | 644.7 | 991.7 | 242.2 | 267.4 | 1 015.3 | 58.9 | 2 514.7 | 1 846.0 | 2 176.6 | 1 731.5 |
| 2008 | 3 433 | 351.5 | 1 908.7 | 24.0 | 639.0 | 940.6 | 170.5 | 240.4 | 829.6 | 48.6 | 1 658.3 | 1 201.4 | 1 335.4 | 1 031.4 |
| 2009 | 3 171 | 364.0 | 2 337.7 | 28.7 | 587.7 | 906.6 | 166.7 | 200.7 | 841.6 | 45.7 | 3 259.7 | 2 486.8 | 2 362.3 | 1 880.5 |

注：2005 年及以前的商品房销售面积为竣工后的全部商品房销售面积，2006 年及以后为期房与现房销售面积之和。

**表 1.13　商品房**

单位：万平方米

| 项　　目 | 2009 年 | 2008 年 |
|---|---|---|
| **施工面积** | **9 719.1** | **10 014.3** |
| #本年新开工面积 | 2 246.6 | 2 337.2 |
| #住　宅 | 5 551.9 | 5 538.2 |
| #本年新开工面积 | 1 380.3 | 1 565.3 |
| **竣工面积** | **2 678.6** | **2 558.0** |
| #住　宅 | 1 613.2 | 1 399.3 |
| **销售面积** | **2 362.3** | **1 335.4** |
| #住　宅 | 1 880.5 | 1 031.4 |
| **空置面积** | **1 351.4** | **1 438.3** |
| #住　宅 | 426.8 | 522.7 |

注：2005 年及以前的商品房销售面积为竣工后的全部商品房销售面积；2006 年及以后为期房和现房销售之和。

**表 1.14　经济适用房**

| 项　　目 | 合　　计 | | #住　　宅 | |
|---|---|---|---|---|
| | 2009 年 | 2008 年 | 2009 年 | 2008 年 |
| 完成投资　（万元） | 1 008 860 | 540 238 | 679 914 | 359 547 |
| 施工面积　（万平方米） | 795.1 | 727.8 | 628.7 | 544.9 |
| 竣工面积　（万平方米） | 120.3 | 133.9 | 98.2 | 101.1 |
| 竣工套数　（套） | 10 646 | 9 966 | 10 646 | 9 966 |
| 本年新开工面积　（万平方米） | 181.8 | 341.5 | 149.1 | 253.8 |
| 住宅销售面积　（万平方米） | 82.2 | 108.3 | 82.2 | 108.3 |
| 住宅销售套数　（套） | 10 777 | 13 461 | 10 777 | 13 461 |

注：2005 年及以前的经济适用房销售面积为竣工后的全部经济适用房销售面积；2006 年及以后为期房和现房销售之和。

**表 1.15　限价商品房**

| 项　　目 | 合　　计 | |
|---|---|---|
| | 2009 年 | 2008 年 |
| 完成投资额　（亿元） | 177.7 | 100.4 |
| 施工面积　（万平方米） | 1 445.5 | 773.4 |
| #住　宅　（万平方米） | 1 212.4 | 609.5 |
| 竣工面积　（万平方米） | 100.1 | 0.0 |
| #住　宅　（万平方米） | 82.8 | |
| 竣工套数　（套） | 9 599 | |
| 本年新开工面积　（万平方米） | 683.5 | 451.5 |
| #住　宅　（万平方米） | 615.3 | 358.3 |
| 住宅销售面积　（万平方米） | 121.2 | 126.9 |
| 住宅销售套数　（套） | 14 432 | 14 885 |

资料来源：北京市住房和城乡建设委员会。

**表 1.16 地方财政收支（1978～2009 年）**

单位：亿元

| 年份 | 地方财政收入 | 地方一般预算收入 | | | | | | | | 基金预算收入 |
|---|---|---|---|---|---|---|---|---|---|---|
| | | | 税收收入 | | | | | | 非税收入 | |
| | | | | #增值税 | #营业税 | #个人所得税 | #企业所得税 | #城市维护建设税 | | |
| 1978 | 50.46 | | 18.25 | | | | | | | |
| 1979 | 47.75 | | 19.41 | | | | | | | |
| 1980 | 51.29 | | 21.22 | | | | | | | |
| **1981～1985** | **234.27** | | **191.96** | **8.34** | **11.46** | **0.61** | **43.77** | **2.16** | | |
| 1981 | 49.12 | | 24.22 | | | 0.02 | 1.76 | | | |
| 1982 | 47.25 | | 25.81 | 0.05 | | 0.05 | 1.43 | | | |
| 1983 | 39.84 | | 38.03 | 1.30 | | 0.07 | 11.70 | | | |
| 1984 | 45.62 | | 43.91 | 2.20 | 1.23 | 0.13 | 12.70 | | | |
| 1985 | 52.44 | | 59.99 | 4.79 | 10.23 | 0.34 | 16.18 | 2.16 | | |
| **1986～1990** | **337.13** | | **397.96** | **65.02** | **103.00** | **7.29** | **116.89** | **16.67** | | |
| 1986 | 60.34 | | 60.83 | 7.61 | 13.19 | 0.97 | 20.46 | 2.51 | | |
| 1987 | 63.62 | | 67.77 | 9.09 | 15.42 | 1.54 | 21.87 | 2.70 | | |
| 1988 | 68.11 | | 84.04 | 15.10 | 21.11 | 1.23 | 27.70 | 3.37 | | |
| 1989 | 71.05 | | 91.09 | 16.75 | 25.33 | 1.53 | 24.31 | 3.74 | | |
| 1990 | 74.01 | | 94.23 | 16.47 | 27.95 | 2.02 | 22.55 | 4.35 | | |
| **1991～1995** | **456.48** | | **643.24** | **136.88** | **228.80** | **35.46** | **105.24** | **34.07** | | |
| 1991 | 77.02 | | 100.58 | 19.53 | 30.78 | 2.56 | 20.59 | 4.77 | | |
| 1992 | 80.25 | | 110.54 | 22.29 | 35.86 | 3.15 | 19.08 | 5.13 | | |
| 1993 | 84.10 | | 148.19 | 42.30 | 52.07 | 4.30 | 14.20 | 6.57 | | |
| 1994 | 99.85 | | 120.53 | 25.54 | 45.63 | 9.24 | 21.70 | 7.18 | | |

续表

| 年份 | 地方财政收入 | 地方一般预算收入 | | | | | | | | 基金预算收入 |
|---|---|---|---|---|---|---|---|---|---|---|
| | | | 税收收入 | | | | | | 非税收入 | |
| | | | | #增值税 | #营业税 | #个人所得税 | #企业所得税 | #城市维护建设税 | | |
| 1995 | 115.26 | | 163.40 | 27.22 | 64.46 | 16.21 | 29.67 | 10.42 | | |
| **1996～2000** | **1 341.65** | | **1 397.26** | **185.46** | **570.06** | **190.18** | **223.71** | **70.84** | | |
| 1996 | 150.90 | | 201.32 | 29.53 | 81.61 | 22.67 | 37.22 | 11.36 | | |
| 1997 | 209.91 | 182.32 | 235.82 | 32.67 | 97.54 | 28.76 | 41.05 | 12.74 | -53.50 | 27.59 |
| 1998 | 262.01 | 229.45 | 272.23 | 37.58 | 113.00 | 36.49 | 41.42 | 14.12 | -42.78 | 32.56 |
| 1999 | 320.44 | 281.37 | 315.10 | 39.72 | 128.86 | 45.88 | 45.99 | 15.27 | -33.74 | 39.07 |
| 2000 | 398.39 | 345.00 | 372.79 | 45.96 | 149.05 | 56.38 | 58.03 | 17.35 | -27.79 | 53.39 |
| **2001～2005** | **3 611.96** | **3 244.40** | **3 216.46** | **367.43** | **1 389.75** | **355.88** | **566.23** | **147.84** | **27.94** | **367.57** |
| 2001 | 507.68 | 454.17 | 475.00 | 59.00 | 181.35 | 79.52 | 86.07 | 20.53 | -20.83 | 53.51 |
| 2002 | 600.96 | 533.99 | 539.87 | 66.69 | 227.79 | 61.29 | 100.00 | 24.91 | -5.88 | 66.97 |
| 2003 | 665.94 | 592.54 | 588.96 | 75.26 | 263.69 | 57.21 | 93.70 | 28.85 | 3.58 | 73.40 |
| 2004 | 830.03 | 744.49 | 726.50 | 68.88 | 333.16 | 73.34 | 121.70 | 34.72 | 17.99 | 85.55 |
| 2005 | 1 007.35 | 919.21 | 886.13 | 97.60 | 383.76 | 84.52 | 164.76 | 38.83 | 33.08 | 88.14 |
| 2006 | 1 235.78 | 1 117.15 | 1 076.82 | 117.80 | 460.99 | 102.28 | 213.86 | 45.17 | 40.33 | 118.63 |
| 2007 | 1 882.04 | 1 492.64 | 1 435.67 | 134.84 | 601.06 | 135.20 | 309.34 | 56.63 | 56.97 | 389.40 |
| 2008 | 2 282.04 | 1 837.32 | 1 775.58 | 158.34 | 651.78 | 171.33 | 497.52 | 63.95 | 61.75 | 444.71 |
| 2009 | 2 678.77 | 2 026.81 | 1 913.97 | 179.73 | 752.60 | 177.84 | 430.42 | 71.28 | 112.84 | 651.96 |

注：1. 地方财政收支数为决算数。

2. 2006 年及以前农业生产和农业事业费为农业支出、林业支出、水利气象支出的合计；文教科卫事业费为文体广播事业费、教育支出、科学支出、医疗卫生支出的合计。自 2007 年开始，财政支出按新科目设置，具体内容见表 1.19。

资料来源：北京市财政局。

续表

| 年份 | 地方财政支出 | #地方一般预算支出 | #基本建设 | #农业生产和农业事业费 | #文教科卫事业费 | #教育事业费 | #科学事业费 |
|---|---|---|---|---|---|---|---|
| 1978 | 20.38 | | 10.89 | 0.84 | 2.43 | 1.46 | 0.04 |
| 1979 | 20.06 | | 10.07 | 0.86 | 2.94 | 1.77 | 0.05 |
| 1980 | 14.87 | | 5.65 | 0.75 | 3.22 | 1.93 | 0.06 |
| **1981～1985** | **111.40** | | **39.75** | **4.69** | **24.82** | **14.04** | **0.57** |
| 1981 | 14.85 | | 5.95 | 0.71 | 3.65 | 2.15 | 0.08 |
| 1982 | 16.80 | | 6.44 | 0.80 | 4.17 | 2.37 | 0.09 |
| 1983 | 19.61 | | 6.47 | 0.83 | 4.63 | 2.65 | 0.10 |
| 1984 | 27.15 | | 10.06 | 1.12 | 5.53 | 3.00 | 0.12 |
| 1985 | 32.99 | | 10.83 | 1.23 | 6.84 | 3.87 | 0.18 |
| **1986～1990** | **272.89** | | **55.78** | **12.81** | **59.36** | **30.48** | **2.68** |
| 1986 | 44.27 | | 11.22 | 1.57 | 8.20 | 4.45 | 0.19 |
| 1987 | 49.67 | | 10.47 | 1.91 | 9.21 | 4.79 | 0.58 |
| 1988 | 52.93 | | 10.53 | 2.88 | 11.46 | 6.04 | 0.58 |
| 1989 | 59.50 | | 11.70 | 3.15 | 13.67 | 7.00 | 0.57 |
| 1990 | 66.52 | | 11.86 | 3.30 | 16.82 | 8.20 | 0.76 |
| **1991～1995** | **473.64** | | **51.07** | **22.74** | **131.96** | **73.30** | **7.37** |
| 1991 | 67.98 | | 9.35 | 3.67 | 17.68 | 9.41 | 1.01 |
| 1992 | 71.74 | | 8.57 | 3.98 | 19.72 | 10.56 | 1.10 |
| 1993 | 80.99 | | 10.35 | 4.33 | 24.08 | 13.10 | 1.30 |

续表

| 年份 | 地方财政支出 | #地方一般预算支出 | #基本建设 | #农业生产和农业事业费 | #文教科卫事业费 | #教育事业费 | #科学事业费 |
|---|---|---|---|---|---|---|---|
| 1994 | 98.53 | | 9.37 | 4.93 | 29.81 | 17.22 | 1.62 |
| 1995 | 154.40 | | 13.43 | 5.83 | 40.67 | 23.01 | 2.34 |
| **1996～2000** | **1 646.07** | | **182.00** | **57.35** | **393.12** | **216.14** | **21.91** |
| 1996 | 187.45 | | 21.66 | 7.42 | 51.66 | 29.57 | 2.94 |
| 1997 | 262.20 | 236.39 | 24.89 | 9.85 | 63.83 | 35.97 | 3.74 |
| 1998 | 307.55 | 280.68 | 32.50 | 10.70 | 72.79 | 41.31 | 4.11 |
| 1999 | 398.53 | 355.19 | 45.46 | 13.13 | 84.52 | 49.22 | 4.91 |
| 2000 | 490.34 | 443.00 | 57.49 | 16.25 | 120.32 | 60.07 | 6.21 |
| **2001～2005** | **4 219.74** | **3 878.85** | **387.63** | **145.23** | **907.72** | **524.16** | **55.81** |
| 2001 | 614.92 | 559.11 | 92.96 | 19.58 | 124.08 | 72.26 | 7.27 |
| 2002 | 683.98 | 628.35 | 64.31 | 23.50 | 146.72 | 85.82 | 8.78 |
| 2003 | 809.39 | 734.80 | 71.99 | 26.18 | 175.64 | 98.82 | 10.76 |
| 2004 | 974.17 | 898.28 | 73.94 | 33.33 | 208.96 | 121.39 | 13.26 |
| 2005 | 1 137.28 | 1 058.31 | 84.43 | 42.64 | 252.32 | 145.87 | 15.74 |
| 2006 | 1 411.58 | 1 296.84 | 99.30 | 60.91 | 312.60 | 175.18 | 19.32 |
| 2007 | 2 067.65 | 1 649.50 | | | | | |
| 2008 | 2 400.93 | 1 959.29 | | | | | |
| 2009 | 2 820.86 | 2 319.37 | | | | | |

**表 1.17 地方财政收支增长速度及相当于地区生产总值比例（1978～2009 年）**

单位:%

| 年份 | 增长速度（上年＝100） | | | | 相当于地区生产总值比例 | |
|---|---|---|---|---|---|---|
| | 地方财政收入 | #一般预算收入 | 地方财政支出 | #一般预算支出 | 地方财政收入 | 地方一般预算收入 |
| 1978 | 18.0 | | 27.6 | | 46.4 | |
| 1979 | -5.4 | | -1.6 | | 39.8 | |
| 1980 | 7.4 | | -25.9 | | 36.9 | |
| **1981～1985** | | | | | **24.6** | |
| 1981 | -4.2 | | -0.1 | | 35.3 | |
| 1982 | -3.8 | | 13.1 | | 30.5 | |
| 1983 | -15.7 | | 16.7 | | 21.8 | |
| 1984 | 14.5 | | 38.4 | | 21.1 | |
| 1985 | 14.9 | | 21.5 | | 20.4 | |
| **1986～1990** | | | | | **17.0** | |
| 1986 | 15.1 | | 34.2 | | 21.2 | |
| 1987 | 5.4 | | 12.2 | | 19.5 | |
| 1988 | 7.1 | | 6.6 | | 16.6 | |
| 1989 | 4.3 | | 12.4 | | 15.6 | |
| 1990 | 4.2 | | 11.8 | | 14.8 | |
| **1991～1995** | | | | | **9.4** | |
| 1991 | 4.1 | | 2.2 | | 12.9 | |
| 1992 | 4.2 | | 5.5 | | 11.3 | |
| 1993 | 4.8 | | 12.9 | | 9.5 | |
| 1994 | 9.9 | | 21.7 | | 8.7 | |
| 1995 | 21.8 | | 56.7 | | 7.6 | |
| **1996～2000** | | | | | **11.1** | |
| 1996 | 30.9 | | 21.4 | | 8.4 | |
| 1997 | 25.5 | | 39.9 | | 10.1 | 8.8 |
| 1998 | 24.8 | 20.0 | 17.4 | 18.7 | 11.0 | 9.7 |
| 1999 | 22.3 | 22.6 | 29.6 | 26.5 | 12.0 | 10.5 |
| 2000 | 24.3 | 22.7 | 23.0 | 24.7 | 12.6 | 10.9 |
| **2001～2005** | | | | | **13.9** | **12.5** |
| 2001 | 27.4 | 31.6 | 25.4 | 26.2 | 13.7 | 12.2 |
| 2002 | 25.8 | 25.9 | 11.2 | 12.4 | 13.9 | 12.4 |
| 2003 | 17.2 | 18.2 | 18.3 | 16.9 | 13.3 | 11.8 |
| 2004 | 28.3 | 29.7 | 20.4 | 22.3 | 13.8 | 12.3 |
| 2005 | 21.4 | 23.5 | 16.7 | 17.8 | 14.5 | 13.2 |
| 2006 | 22.7 | 21.5 | 24.1 | 22.5 | 15.2 | 13.8 |
| 2007 | 52.3 | 33.6 | 46.5 | 27.2 | 19.1 | 15.2 |
| 2008 | 21.3 | 23.1 | 16.1 | 18.8 | 20.5 | 16.5 |
| 2009 | 17.4 | 10.3 | 17.5 | 18.4 | 16.7 | 16.7 |

资料来源：北京市财政局。

**表 1.18　地方财政收入**

| 项　目 | 绝对数（万元） | | 2009 年为 2008 年% | 构　成（%） | |
|---|---|---|---|---|---|
| | 2009 年 | 2008 年 | | 2009 年 | 2008 年 |
| **合　计** | **26 787 737** | **22 820 370** | **117.4** | **100.0** | **100.0** |
| **一般预算收入** | **20 268 089** | **18 373 238** | **110.3** | **75.7** | **80.5** |
| #增值税 | 1 797 320 | 1 583 363 | 113.5 | 6.7 | 6.9 |
| 营业税 | 7 525 977 | 6 517 767 | 115.5 | 28.1 | 28.6 |
| 个人所得税 | 1 778 368 | 1 713 327 | 103.8 | 6.6 | 7.5 |
| 城市维护建设税 | 712 794 | 639 470 | 111.5 | 2.7 | 2.8 |
| 固定资产投资方向调节税 | | 253 | 0.0 | 0.0 | … |
| | | | | 0.0 | 0.0 |
| 耕地占用税 | 114 108 | 13 541 | 842.7 | 0.4 | |
| 企业所得税 | 4 304 220 | 4 975 151 | 86.5 | 16.1 | 21.9 |
| 国有资本经营收入 | -235 242 | -339 853 | | | |
| 企业所得税退税 | -6 054 | -21 655 | | | |
| 罚没收入、行政事业性收费收入 | 561 403 | 470 824 | 119.2 | 2.1 | 2.1 |
| **基金预算收入** | **6 519 648** | **4 447 132** | **146.6** | **24.3** | **19.5** |

资料来源：北京市财政局。

**表 1.19　地方财政支出**

| 项　目 | 绝对数（万元） | | 2009 年为 2008 年% | 构　成（%） | |
|---|---|---|---|---|---|
| | 2009 年 | 2008 年 | | 2009 年 | 2008 年 |
| **合　计** | **28 208 643** | **24 009 260** | **117.5** | **100.0** | **100.0** |
| **一般预算支出** | **23 193 658** | **19 592 857** | **118.4** | **82.2** | **81.6** |
| #一般公共服务 | 2 122 099 | 1 962 664 | 108.1 | 7.5 | 8.2 |
| 教　育 | 3 656 677 | 3 162 957 | 115.6 | 13.0 | 13.2 |
| 科学技术 | 1 263 072 | 1 121 886 | 112.6 | 4.5 | 4.7 |
| 文化体育与传媒 | 747 524 | 611 138 | 122.3 | 2.6 | 2.5 |
| 社会保障和就业 | 2 342 924 | 2 093 285 | 111.9 | 8.3 | 8.7 |
| 医疗卫生 | 1 666 270 | 1 450 513 | 114.9 | 5.9 | 6.0 |
| 环境保护 | 540 459 | 354 688 | 152.4 | 1.9 | 1.5 |
| 交通运输 | 1 470 666 | 803 461 | 183.0 | 5.2 | 3.3 |
| 城乡社区事务 | 3 478 192 | 1 998 383 | 174.1 | 12.3 | 8.3 |
| 农林水事务 | 1 420 063 | 1 217 736 | 116.6 | 5.0 | 5.1 |
| **政府性基金支出合计** | **5 014 985** | **4 416 403** | **113.6** | **17.8** | **18.4** |

资料来源：北京市财政局。

**表 1.20 八大类居民消费价格指数（1978～2009 年）**

（上年 = 100）

| 年份 | 居民消费价格指数 | #服务项目价格指数 | 食品 | #粮食 | #油脂 | #肉禽及其制品 | #水产品 | #鲜类 | #鲜果 | 烟酒及用品 | 衣着 | 家庭设备用品及维修服务 | 医疗保健和个人用品 | 交通和通信 | 娱乐教育文化用品及服务 | 居住 |
|---|---|---|---|---|---|---|---|---|---|---|---|---|---|---|---|---|
| 1978 | 100.6 | 100.0 | 101.2 | 100.0 | 100.0 | | 100.6 | 114.5 | 101.6 | | 100.0 | | 100.4 | | 100.1 | |
| 1979 | 101.8 | 101.2 | 102.2 | 100.0 | 100.0 | | 107.2 | 100.2 | 99.5 | | 99.3 | | 103.7 | | 104.5 | |
| 1980 | 106.0 | 95.5 | 108.2 | 100.0 | 100.0 | | 131.3 | 114.1 | 106.7 | | 99.5 | | 101.5 | | 100.8 | |
| 1981 | 101.3 | 100.4 | 102.9 | 100.0 | 100.0 | | 100.0 | 111.4 | 100.8 | | 99.4 | | 101.4 | | 100.3 | |
| 1982 | 101.8 | 100.1 | 104.2 | 100.0 | 100.0 | | 100.0 | 104.7 | 94.3 | | 96.7 | | 101.4 | | 100.1 | |
| 1983 | 100.5 | 100.3 | 101.5 | 100.0 | 100.0 | | 100.0 | 104.9 | 119.1 | | 97.0 | | 103.0 | | 98.1 | |
| 1984 | 102.2 | 103.1 | 102.8 | 99.3 | 100.6 | | 106.6 | 106.8 | 112.1 | | 101.2 | | 107.4 | | 100.0 | |
| 1985 | 117.6 | 108.1 | 126.6 | 104.6 | 116.3 | | 235.3 | 162.0 | 148.6 | | 103.0 | | 106.5 | | 101.6 | |
| 1986 | 106.8 | 107.9 | 109.6 | 103.6 | 132.4 | | 129.7 | 106.7 | 121.4 | | 101.3 | | 102.2 | | 100.8 | |
| 1987 | 108.6 | 107.6 | 111.3 | 104.6 | 103.5 | | 116.1 | 118.4 | 124.0 | | 104.0 | | 103.1 | | 103.5 | |
| 1988 | 120.4 | 106.0 | 123.9 | 114.4 | 120.7 | | 144.9 | 133.5 | 124.4 | | 125.1 | | 131.5 | | 114.4 | |
| 1989 | 117.2 | 104.6 | 112.5 | 109.5 | 129.2 | | 114.5 | 105.1 | 112.0 | | 126.2 | | 119.5 | | 133.1 | |
| 1990 | 105.4 | 118.2 | 103.7 | 104.5 | 101.9 | | 101.7 | 107.1 | 98.6 | | 110.3 | | 111.0 | | 93.5 | |
| 1991 | 111.9 | 142.9 | 111.2 | 132.2 | 137.4 | | 102.0 | 118.4 | 111.1 | | 105.7 | | 105.0 | | 94.4 | |
| 1992 | 109.9 | 122.8 | 111.5 | 134.3 | 110.9 | | 101.8 | 115.1 | 104.6 | | 103.3 | | 114.8 | | 92.8 | |
| 1993 | 119.0 | 133.8 | 120.7 | 134.6 | 111.8 | | 109.3 | 114.5 | 109.2 | | 109.2 | | 115.1 | | 99.7 | |

续表

| 年份 | 居民消费价格指数 | #服务项目价格指数 | 食品 | #粮食 | #油脂 | #肉禽及其制品 | #水产品 | #鲜类 | #鲜果 | 烟酒及用品 | 衣着 | 家庭设备用品及维修服务 | 医疗保健和个人用品 | 交通和通信 | 娱乐教育文化用品及服务 | 居住 |
|---|---|---|---|---|---|---|---|---|---|---|---|---|---|---|---|---|
| 1994 | 124.9 | 136.1 | 126.7 | 144.0 | 133.8 | 138.2 | 125.6 | 128.5 | 114.9 | | 124.7 | 112.7 | 113.2 | 104.9 | 118.7 | 124.1 |
| 1995 | 117.3 | 128.3 | 121.1 | 135.2 | 109.0 | 123.2 | 111.1 | 124.3 | 129.5 | | 117.5 | 108.3 | 102.6 | 100.3 | 100.8 | 113.2 |
| 1996 | 111.6 | 120.0 | 107.7 | 112.2 | 90.8 | 101.5 | 104.5 | 113.7 | 104.6 | | 119.1 | 104.6 | 110.1 | 102.1 | 110.1 | 129.2 |
| 1997 | 105.3 | 117.5 | 102.2 | 96.8 | 100.7 | 107.0 | 109.7 | 95.0 | 94.0 | | 102.9 | 105.4 | 105.2 | 100.3 | 98.1 | 121.2 |
| 1998 | 102.4 | 121.3 | 97.1 | 96.4 | 103.3 | 93.2 | 94.8 | 93.9 | 89.5 | | 105.9 | 97.5 | 108.6 | 99.0 | 97.8 | 104.7 |
| 1999 | 100.6 | 107.9 | 97.7 | 97.9 | 99.4 | 92.3 | 95.5 | 106.2 | 101.4 | | 99.4 | 96.5 | 115.8 | 98.3 | 98.8 | 101.0 |
| 2000 | 103.5 | 116.2 | 97.9 | 91.4 | 85.8 | 98.4 | 107.3 | 98.4 | 88.4 | | 102.6 | 96.3 | 113.5 | 92.3 | 97.8 | 117.9 |
| 2001 | 103.1 | 115.9 | 101.5 | 95.0 | 87.5 | 102.6 | 96.9 | 100.2 | 101.5 | 101.5 | 100.4 | 97.0 | 98.7 | 100.8 | 114.2 | 104.2 |
| 2002 | 98.2 | 99.4 | 98.0 | 98.5 | 94.7 | 98.9 | 95.7 | 84.7 | 94.5 | 100.6 | 95.9 | 97.0 | 100.2 | 99.5 | 96.6 | 101.9 |
| 2003 | 100.2 | 100.7 | 103.2 | 99.1 | 114.1 | 100.9 | 102.5 | 145.4 | 111.4 | 100.2 | 97.1 | 97.7 | 100.1 | 97.8 | 98.3 | 101.6 |
| 2004 | 101.0 | 101.8 | 104.8 | 120.6 | 117.0 | 110.1 | 107.1 | 95.0 | 104.1 | 101.2 | 98.9 | 96.9 | 99.2 | 95.7 | 101.5 | 101.4 |
| 2005 | 101.5 | 101.3 | 104.9 | 104.6 | 98.0 | 103.8 | 104.7 | 111.9 | 111.0 | 100.0 | 100.1 | 99.7 | 98.0 | 97.5 | 99.7 | 105.9 |
| 2006 | 100.9 | 101.2 | 102.8 | 101.6 | 101.5 | 99.4 | 101.9 | 112.8 | 112.0 | 99.9 | 99.7 | 101.2 | 101.1 | 99.3 | 98.7 | 101.4 |
| 2007 | 102.4 | 101.3 | 109.2 | 107.4 | 117.3 | 128.7 | 108.8 | 109.9 | 100.8 | 101.8 | 100.0 | 100.4 | 100.3 | 95.7 | 99.2 | 103.5 |
| 2008 | 105.1 | 99.9 | 116.1 | 108.9 | 121.3 | 125.1 | 120.1 | 108.1 | 112.9 | 106.0 | 99.1 | 104.4 | 102.0 | 97.6 | 98.0 | 103.0 |
| 2009 | 98.5 | 94.8 | 102.4 | 105.6 | 83.9 | 95.2 | 104.5 | 111.9 | 109.4 | 102.2 | 98.4 | 100.3 | 99.9 | 95.9 | 97.6 | 89.8 |

## 表 1.21　多基期居民消费价格指数（2009 年）

| 项　　目 | 1978 = 100 | 1980 = 100 | 1990 = 100 | 2000 = 100 | 2005 = 100 |
|---|---|---|---|---|---|
| **居民消费价格指数** | **692.8** | **641.9** | **298.7** | **111.1** | **107.0** |
| **#服务项目价格指数** | **2 529.3** | **2 522.9** | **1 086.1** | **116.1** | **97.1** |
| **食　品** | **975.3** | **883.1** | **353.7** | **150.7** | **133.5** |
| #粮食 | 944.4 | 944.4 | 639.9 | 146.9 | 125.5 |
| 油脂 | 669.9 | 669.9 | 263.1 | 131.4 | 121.2 |
| 肉禽及其制品 | 1 114.6 | 902.0 | 387.2 | 178.3 | 152.3 |
| 水产品 | 2 344.6 | 1 665.4 | 261.7 | 148.1 | 139.2 |
| 菜 | 2 149.9 | 1 901.9 | 523.2 | 186.9 | 147.4 |
| 鲜菜 | 2 387.4 | 2 089.6 | 519.3 | 196.6 | 149.9 |
| 干菜及菜制品 | 641.4 | 618.0 | 297.1 | 124.6 | 132.7 |
| 调味品 | 890.7 | 917.0 | 451.7 | 129.0 | 122.5 |
| 干鲜瓜果 | 1 029.5 | 962.1 | 264.0 | 162.7 | 137.1 |
| **烟酒及用品** | **427.2** | **427.2** | **195.1** | **114.1** | **110.2** |
| **衣　着** | **341.3** | **349.0** | **208.8** | **90.0** | **97.2** |
| #服装 | 358.3 | 369.6 | 216.7 | 91.2 | 98.4 |
| 衣着材料 | 251.6 | 252.5 | 177.9 | 96.2 | 102.6 |
| 鞋袜帽 | 355.1 | 360.2 | 210.5 | 85.0 | 93.7 |
| **家庭设备用品及维修服务** | **278.7** | **277.1** | **146.0** | **94.6** | **106.4** |
| **医疗保健和个人用品** | **631.5** | **580.6** | **257.4** | **99.5** | **103.3** |
| **交通和通信** | **104.9** | **104.9** | **88.4** | **81.5** | **88.9** |
| **娱乐教育文化用品及服务** | **215.9** | **210.1** | **111.3** | **102.8** | **93.6** |
| **居　住** | **576.1** | **774.5** | **567.6** | **112.4** | **97.0** |
| #租 房 | 1 483.0 | 2 344.9 | 2 326.3 | 119.0 | 104.0 |
| 水、电、燃料 | 703.8 | 703.8 | 580.4 | 154.4 | 104.3 |

## 表 1.22　居民消费价格分类指数（2009 年）

| 项　　目 | 2008 = 100 | 项　　目 | 2008 = 100 |
|---|---|---|---|
| **居民消费价格指数** | **98.5** | 肉禽及其制品 | 95.2 |
| **#低收入层价格指数** | **99.0** | 蛋 | 102.3 |
| **#非食品价格指数** | **96.6** | 水产品 | 104.5 |
| **#服务项目价格指数** | **94.8** | 菜 | 110.2 |
| **#消费品价格指数** | **99.7** | 调味品 | 106.5 |
| **食　品** | **102.4** | 糖 | 103.8 |
| 粮食 | 105.6 | 茶及饮料 | 102.7 |
| 淀粉 | 104.8 | 干鲜瓜果 | 106.4 |
| 干豆类及豆制品 | 104.7 | | |
| 油脂 | 83.9 | 糕点饼干面包 | 103.8 |

续表

| 项　　目 | 2008=100 | 项　　目 | 2008=100 |
|---|---|---|---|
| 液体乳及乳制品 | 103.5 | 个人用品及服务 | 98.6 |
| 在外用膳食品 | 103.3 | 化妆美容用品 | 103.1 |
| 其他食品 | 100.4 | 清洁化妆用品 | 102.9 |
| **烟酒及用品** | **102.2** | 个人饰品 | 91.4 |
| | | 个人服务 | 101.5 |
| 烟 草 | 100.0 | **交通和通信** | **95.9** |
| 酒 | 105.0 | 交　通 | 96.8 |
| 吸烟、饮酒用品 | 103.0 | 交通工具 | 94.4 |
| **衣　着** | **98.4** | 车用燃料及零配件 | 96.1 |
| 服 装 | 97.7 | 车辆使用及维修 | 100.6 |
| 衣着材料 | 100.3 | 市区公共交通费 | 100.2 |
| 鞋袜帽 | 100.1 | 城市间交通费 | 93.2 |
| 衣着加工服务 | 102.2 | 通　信 | 94.2 |
| **家庭设备用品及维修服务** | **100.3** | 通信工具 | 72.7 |
| 耐用消费品 | 97.1 | 通信服务 | 100.0 |
| 室内装饰品 | 101.6 | **娱乐教育文化用品及服务** | **97.6** |
| 床上用品 | 98.2 | 文娱用耐用消费品及服务 | 85.7 |
| 家庭日用杂品 | 103.3 | 教 育 | 101.3 |
| 家庭服务及加工维修服务 | 110.3 | 文化娱乐 | 103.2 |
| **医疗保健和个人用品** | **99.9** | 旅 游 | 93.5 |
| 医疗保健 | 100.4 | **居　住** | **89.8** |
| 医疗器具及用品 | 100.1 | 建房及装修材料 | 99.6 |
| 中药材及中成药 | 100.5 | | |
| 西 药 | 99.7 | 租　房 | 102.2 |
| 保健器具及用品 | 103.3 | 自有住房 | 73.4 |
| 医疗保健服务 | 100.0 | 水、电、燃料 | 100.4 |

**表 1.23　农产品生产价格指数**

（上年=100）

| 项　　目 | 2009 年 | 2008 年 |
|---|---|---|
| **总指数** | **98.3** | **112.3** |
| 农业产品 | 106.2 | 106.6 |
| #粮食 | 103.1 | 109.0 |
| 蔬菜 | 105.6 | 106.3 |
| 林业产品 | 83.5 | 103.5 |
| 牧业（畜产品） | 92.0 | 117.6 |
| #肉牛 | 100.8 | 124.9 |
| 肉羊 | 102.3 | 130.6 |
| 奶产品 | 89.6 | 138.0 |
| 猪 | 78.3 | 118.0 |
| 肉禽（毛重） | 98.0 | 111.6 |
| 禽蛋 | 101.2 | 104.9 |
| 渔业 | 96.3 | 111.7 |

## 表 1.24　工业品出厂价格指数

（上年 = 100）

| 项　　目 | 2009 年 | 2008 年 |
|---|---|---|
| **总指数** | **94.4** | **103.3** |
| 轻工业 | 96.2 | 101.8 |
| 以农产品为原料 | 98.9 | 109.9 |
| 以非农产品为原料 | 95.3 | 99.1 |
| 重工业 | 93.6 | 104.0 |
| 采掘 | 96.3 | 142.3 |
| 原料 | 97.2 | 108.0 |
| 加工 | 91.5 | 99.9 |
| 生产资料 | 93.3 | 103.8 |
| 采掘 | 96.0 | 142.3 |
| 原料 | 97.3 | 108.0 |
| 加工 | 91.5 | 100.5 |
| 生活资料 | 99.1 | 101.3 |
| 食品 | 99.2 | 110.1 |
| 衣着 | 99.7 | 100.5 |
| 一般日用品 | 100.1 | 101.5 |
| 耐用消费品 | 98.6 | 94.6 |

## 表 1.25　原材料、燃料、动力购进价格指数

（上年 = 100）

| 项　　目 | 2009 年 | 2008 年 |
|---|---|---|
| **总指数** | **88.6** | **115.8** |
| 燃料、动力类 | 85.1 | 132.3 |
| 黑色金属材料类 | 79.8 | 128.5 |
| #钢材 | 82.5 | 121.2 |
| 其他 | 77.6 | 134.6 |
| 有色金属材料和电线类 | 81.1 | 97.9 |
| 化工原料类 | 82.3 | 108.3 |
| 木材及纸浆类 | 97.0 | 108.5 |
| 建筑材料及非金属矿类 | 99.4 | 115.2 |
| 其他工业原材料及半成品类 | 95.3 | 94.9 |
| 农副产品类 | 88.2 | 132.6 |
| 纺织原料类 | 97.6 | 101.5 |

表 1.26　房地产价格指数（1998～2009 年）

| 项　　目 | 1998 年 | 1999 年 | 2000 年 | 2001 年 | 2002 年 | 2003 年 | 2004 年 | 2005 年 | 2006 年 | 2007 年 | 2008 年 | 2009 年 |
|---|---|---|---|---|---|---|---|---|---|---|---|---|
| **土地交易价格指数** | **101.0** | **100.2** | **100.0** | **100.0** | **100.0** | **100.6** | **102.5** | **103.8** | **105.2** | **109.4** | **111.6** | **104.0** |
| 居住用地 | 100.4 | 100.2 | 100.0 | 100.0 | 100.0 | 101.0 | 102.2 | 103.7 | 106.3 | 105.9 | 114.6 | 104.5 |
| 工业用地 | 98.8 | 100.1 | 100.0 | 100.0 | 100.0 | 99.5 | 104.8 | 105.0 | 105.3 | 110.7 | 109.1 | 99.4 |
| 商业营业用地 | 100.3 | 100.3 | 100.0 | 100.0 | 100.0 | 99.3 | 103.5 | 104.4 | 103.8 | 112.7 | 113.3 | 103.8 |
| 其他用地 | 104.7 | 100.3 | 100.0 | 100.0 | 100.0 | 101.7 | 101.3 | 103.2 | 102.2 | 104.1 | 119.4 | 107.9 |
| **房屋租赁价格指数** | **99.8** | **98.5** | **166.6** | **125.5** | **107.6** | **108.5** | **103.4** | **102.4** | **102.9** | **102.7** | **101.8** | **98.9** |
| 住　宅 | 100.0 | 100.4 | 199.4 | 133.2 | 109.3 | 113.4 | 106.4 | 103.1 | 104.4 | 103.4 | 102.4 | 98.8 |
| 办公楼 | 98.8 | 87.3 | 97.0 | 104.5 | 102.8 | 98.1 | 93.8 | 97.8 | 98.6 | 100.4 | 97.4 | 100.3 |
| 商业营业用房 | 98.6 | 95.8 | 96.0 | 101.2 | 99.9 | 96.6 | 100.8 | 102.7 | 100.1 | 101.6 | 98.9 | 97.1 |
| 工业仓储用房 | 100.0 | 100.0 |  | 105.1 | 114.3 | 100.0 | 102.6 | 100.0 | 102.4 | 100.3 |  |  |
| 其　他 | 93.6 | 91.9 | 99.0 |  |  |  |  | 105.5 | 100.1 | 100.1 | 100.4 | 101.4 |
| **物业管理价格指数** |  |  |  |  |  |  |  | **100.5** | **100.8** | **100.1** | **100.2** | **100.0** |
| #住　宅 |  |  |  |  |  |  |  | 100.6 | 101.2 | 100.1 | 100.0 | 99.9 |
| 办公楼 |  |  |  |  |  |  |  | 100.1 | 99.0 | 100.7 | 100.7 | 100.3 |
| 商业营业用房 |  |  |  |  |  |  |  | 100.0 | 100.0 | 100.0 | 100.3 | 100.2 |

**表 1.27　5 000 户城镇居民家庭每人每年现金收入（2009 年）**

单位：元

| 项　　目 | 全市平均 | 低收入户 20% | 中低收入户 20% | 中等收入户 20% | 中高收入户 20% | 高收入户 20% | 2009 年为 2008 年% |
|---|---|---|---|---|---|---|---|
| **家庭总收入** | **30 674** | **14 111** | **21 931** | **27 375** | **34 809** | **57 456** | **110.8** |
| #可支配收入 | 26 738 | 11 729 | 18 501 | 23 475 | 30 476 | 50 816 | 108.1 |
| 工资性收入 | 20 537 | 10 006 | 16 094 | 18 797 | 24 020 | 38 015 | 109.6 |
| 工资及补贴收入 | 19 680 | 9 787 | 15 832 | 18 578 | 23 502 | 36 970 | 108.7 |
| 其他劳动收入 | 857 | 219 | 262 | 219 | 518 | 1 045 | 136.5 |
| 经营净收入 | 1 095 | 520 | 464 | 613 | 544 | 3 531 | 140.7 |
| 财产性收入 | 587 | 101 | 176 | 247 | 433 | 2 098 | 129.6 |
| 利息收入 | 55 | 20 | 23 | 32 | 61 | 148 | 78.6 |
| 股息与红利收入 | 111 | 6 | 17 | 7 | 47 | 507 | 205.6 |
| 保险收益 | 12 | 4 | 10 | 11 | 11 | 24 | 57.1 |
| 其他投资收入 | 49 | 2 | 2 | 4 | 9 | 244 | 119.5 |
| 出租房屋收入 | 300 | 66 | 123 | 188 | 299 | 872 | 114.1 |
| 知识产权收入 | 1 | 2 |  | … |  | 2 |  |
| 其他财产性收入 | 59 | 1 | 1 | 5 | 6 | 301 | 1 475.0 |
| 转移性收入 | 8 455 | 3 484 | 5 197 | 7 718 | 9 812 | 13 812 | 109.7 |
| #养老金或离退休金 | 7 090 | 2 749 | 4 638 | 6 947 | 8 860 | 10 248 | 108.6 |
| 社会救济收入 | 55 | 245 | 17 | 4 | 6 | 4 | 171.9 |
| 辞退金 | 25 | 6 | … | 2 | 10 | 114 | 250.0 |
| 保险收入 | 16 | 5 | 9 | 8 | 9 | 52 | 84.2 |
| #失业保险金 | 2 | 3 | 5 | 1 | 1 | … | 40.0 |
| 赡养收入 | 215 | 85 | 94 | 130 | 177 | 623 | 84.3 |
| 捐赠收入 | 291 | 123 | 142 | 226 | 267 | 921 | 106.6 |
| 提取住房公积金 | 347 | 16 | 16 | 108 | 166 | 1 457 | 111.6 |
| 记账补贴 | 259 | 231 | 242 | 261 | 273 | 293 | 103.6 |
| **出售财物收入** | **450** | **47** | **214** | **18** | **95** | **1 983** | **214.3** |
| **借贷收入** | **17 075** | **7 565** | **12 450** | **14 986** | **18 261** | **33 454** | **241.9** |

注：人均可支配收入实际增长 9.7%。

**表 1.28 5 000 户城镇居民家庭每人每年现金支出（2009 年）**

单位：元

| 项　　目 | 全市平均 | 低收入户 20% | 中低收入户 20% | 中等收入户 20% | 中高收入户 20% | 高收入户 20% | 2009 年为 2008 年% |
|---|---|---|---|---|---|---|---|
| **家庭总支出** | **25 413** | **12 650** | **19 376** | **23 013** | **27 866** | **45 856** | **114.8** |
| 消费性支出 | 17 893 | 10 009 | 14 538 | 16 752 | 20 529 | 28 541 | 108.7 |
| #服务性消费支出 | 4 969 | 2 504 | 3 934 | 4 522 | 5 552 | 8 630 | 109.0 |
| 购房与建房支出 | 1 668 | 16 | 746 | 1 051 | 824 | 6 028 | 190.6 |
| 购　房 | 1 622 | 16 | 539 | 1 049 | 823 | 6 027 | 185.6 |
| 建　房 | 46 | | 207 | 2 | 1 | 1 | 4 600.0 |
| 转移性支出 | 2 543 | 874 | 1 390 | 2 052 | 2 855 | 5 838 | 101.6 |
| 缴纳的个人所得税 | 601 | 77 | 214 | 345 | 626 | 1 846 | 136.3 |
| 捐赠支出 | 1 056 | 448 | 681 | 905 | 1 256 | 2 088 | 99.8 |
| 购买彩票 | 24 | 14 | 14 | 26 | 29 | 40 | 100.0 |
| 赡养支出 | 571 | 210 | 285 | 501 | 593 | 1 335 | 92.4 |
| 各种非储蓄性保险支出 | 222 | 96 | 140 | 191 | 248 | 453 | 85.4 |
| #车辆保险支出 | 121 | 31 | 79 | 95 | 166 | 244 | 96.8 |
| 其他转移性支出 | 69 | 29 | 56 | 84 | 103 | 76 | 68.3 |
| 财产性支出 | 233 | 44 | 90 | 252 | 205 | 611 | 629.7 |
| 社会保障支出 | 3 076 | 1 707 | 2 612 | 2 906 | 3 453 | 4 838 | 136.0 |
| 个人缴纳的养老基金 | 1 066 | 751 | 981 | 1 017 | 1 130 | 1 482 | 133.9 |
| 个人缴纳的住房公积金 | 1 555 | 629 | 1 204 | 1 449 | 1 818 | 2 775 | 143.3 |
| 个人缴纳的医疗基金 | 364 | 272 | 344 | 358 | 404 | 446 | 128.2 |
| 个人缴纳的失业基金 | 83 | 50 | 77 | 77 | 90 | 121 | 109.2 |
| 其他社会保障支出 | 8 | 5 | 6 | 5 | 11 | 14 | 38.1 |
| **借贷支出** | **23 064** | **9 154** | **15 369** | **19 635** | **25 710** | **47 535** | **196.6** |
| #存入储蓄款 | 21 235 | 8 811 | 14 655 | 18 643 | 24 490 | 41 311 | 212.8 |
| 归还借款 | 191 | 60 | 195 | 119 | 153 | 441 | 114.4 |
| 储蓄性保险支出 | 216 | 86 | 127 | 211 | 198 | 482 | 89.3 |
| 购买有价证券 | 445 | 2 | 23 | 28 | 109 | 2 202 | 125.4 |
| 归还住房贷款 | 695 | 148 | 211 | 383 | 544 | 2 326 | 108.6 |
| 归还汽车贷款 | 33 | | 16 | 36 | 26 | 94 | 78.6 |

**表 1.29 5 000 户城镇居民家庭平均每人年消费性支出（2009 年）**

单位：元

| 项　目 | 全市平均 | 低收入户 20% | 中低收入户 20% | 中等收入户 20% | 中高收入户 20% | 高收入户 20% | 2009 年为 2008 年% |
|---|---|---|---|---|---|---|---|
| **消费性支出** | **17 893** | **10 009** | **14 538** | **16 752** | **20 529** | **28 541** | **108.7** |
| 食　品 | 5 936 | 4 048 | 5 244 | 5 892 | 6 680 | 7 995 | 106.7 |
| 衣　着 | 1 796 | 947 | 1 457 | 1 609 | 2 119 | 2 941 | 114.2 |
| 居　住 | 1 290 | 905 | 890 | 1 149 | 1 480 | 2 112 | 100.3 |
| 家庭设备用品及服务 | 1 226 | 599 | 893 | 1 164 | 1 438 | 2 115 | 111.8 |
| 医疗保健 | 1 389 | 853 | 1 125 | 1 495 | 1 523 | 2 012 | 88.9 |
| 交通和通信 | 2 768 | 1 016 | 2 126 | 2 339 | 3 318 | 5 234 | 120.7 |
| #汽　车 | 794 | 120 | 598 | 529 | 987 | 1 809 | 156.0 |
| 教育文化娱乐服务 | 2 655 | 1 299 | 2 191 | 2 375 | 2 993 | 4 564 | 111.4 |
| 其他商品和服务 | 833 | 342 | 612 | 729 | 978 | 1 568 | 118.3 |
| #服　务 | 264 | 94 | 210 | 226 | 283 | 527 | 124.5 |

注：人均消费性支出实际增长 10.4%。

**表 1.30 5 000 户城镇居民家庭消费性支出构成（2009 年）**

单位:%

| 项　目 | 全市平均 | 低收入户 20% | 中低收入户 20% | 中等收入户 20% | 中高收入户 20% | 高收入户 20% | 2009 年比 2008 年增、减百分点 |
|---|---|---|---|---|---|---|---|
| **消费性支出** | **100.0** | **100.0** | **100.0** | **100.0** | **100.0** | **100.0** | |
| 食　品（恩格尔系数） | 33.2 | 40.4 | 36.1 | 35.2 | 32.5 | 28.0 | -0.6 |
| 衣　着 | 10.0 | 9.5 | 10.0 | 9.6 | 10.3 | 10.3 | 0.5 |
| 居　住 | 7.2 | 9.0 | 6.1 | 6.8 | 7.2 | 7.4 | -0.6 |
| 家庭设备用品及服务 | 6.8 | 6.0 | 6.2 | 6.9 | 7.0 | 7.4 | 0.1 |
| 医疗保健 | 7.8 | 8.5 | 7.7 | 8.9 | 7.4 | 7.1 | -1.7 |
| 交通和通信 | 15.5 | 10.2 | 14.6 | 14.0 | 16.2 | 18.3 | 1.6 |
| 教育文化娱乐服务 | 14.8 | 13.0 | 15.1 | 14.2 | 14.6 | 16.0 | 0.3 |
| 其他商品和服务 | 4.7 | 3.4 | 4.2 | 4.4 | 4.8 | 5.5 | 0.4 |

**表 1.31　3 000 户农民家庭平均每人年纯收入（2009 年）**

单位：元

| 项　　目 | 全市平均 | 低收入户 20% | 中低收入户 20% | 中等收入户 20% | 中高收入户 20% | 高收入户 20% | 2009 年为 2008 年% |
|---|---|---|---|---|---|---|---|
| **合　　计** | **11 986** | **4 951** | **8 170** | **10 795** | **14 267** | **23 739** | **111.5** |
| **生产性收入** | **8 994** | **3 887** | **6 476** | **8 407** | **10 868** | **16 692** | **106.7** |
| 工资性收入 | 7 274 | 3 191 | 5 301 | 6 781 | 9 227 | 12 921 | 114.5 |
| 在非企业组织中劳动的报酬 | 829 | 156 | 416 | 531 | 1 275 | 1 969 | 97.5 |
| 在企业劳动得到的报酬 | 2 986 | 1 121 | 1 985 | 2 757 | 4 016 | 5 535 | 108.0 |
| 在其他单位劳动得到的报酬 | 3 459 | 1 914 | 2 900 | 3 493 | 3 936 | 5 417 | 126.2 |
| 家庭经营纯收入 | 1 720 | 696 | 1 175 | 1 626 | 1 641 | 3 771 | 82.9 |
| 从第一产业得到 | 935 | 419 | 689 | 933 | 843 | 1 942 | 86.9 |
| #牧业收入 | 273 | -12 | 54 | 174 | 187 | 1 072 | 74.2 |
| 从第二产业得到 | 101 | 34 | 20 | 44 | 52 | 392 | 134.7 |
| 从第三产业得到 | 684 | 243 | 466 | 649 | 746 | 1 437 | 73.9 |
| #交通运输业收入 | 403 | 144 | 246 | 383 | 446 | 873 | 74.2 |
| **非生产性收入** | **2 992** | **1 064** | **1 694** | **2 388** | **3 399** | **7 047** | **129.1** |
| 转移性收入 | 1 590 | 709 | 1 098 | 1 483 | 1 993 | 2 909 | 142.2 |
| 财产性收入 | 1 402 | 355 | 596 | 905 | 1 406 | 4 138 | 116.9 |

表 1.32　3 000 户农民家庭平均每人年生活消费支出（2009 年）　　单位：元

| 项　　目 | 全市平均 | 低收入户 20% | 中低收入户 20% | 中等收入户 20% | 中高收入户 20% | 高收入户 20% | 2009 年为 2008 年% |
|---|---|---|---|---|---|---|---|
| **合　　计** | **9 141** | **5 705** | **7 013** | **8 027** | **10 620** | **15 383** | **119.4** |
| **食品支出** | **2 961** | **2 027** | **2 500** | **2 839** | **3 473** | **4 207** | **112.6** |
| #谷 物 | 255 | 240 | 249 | 264 | 253 | 270 | 109.4 |
| 蔬菜及制品 | 228 | 165 | 209 | 229 | 254 | 297 | 118.1 |
| 肉、禽、蛋、奶及制品 | 730 | 510 | 632 | 715 | 871 | 972 | 104.7 |
| **衣着支出** | **700** | **352** | **506** | **621** | **898** | **1 219** | **117.3** |
| #服装支出 | 426 | 197 | 290 | 373 | 550 | 784 | 115.4 |
| 居住支出 | 1 774 | 1 145 | 1 243 | 1 384 | 1 849 | 3 495 | 137.4 |
| #住　房 | 885 | 564 | 472 | 496 | 822 | 2 248 | 188.3 |
| 燃　料 | 477 | 336 | 457 | 503 | 536 | 578 | 102.8 |
| 家庭设备用品及服务支出 | 598 | 333 | 434 | 580 | 744 | 970 | 124.1 |
| #耐用消费品 | 358 | 183 | 242 | 339 | 469 | 603 | 118.5 |
| 家庭日用杂品 | 166 | 110 | 138 | 168 | 187 | 241 | 126.7 |
| **医疗保健支出** | **864** | **499** | **665** | **753** | **1 112** | **1 391** | **114.1** |
| **交通和通讯支出** | **1 108** | **784** | **833** | **814** | **1 130** | **2 116** | **124.9** |
| #交通工具 | 388 | 385 | 320 | 134 | 258 | 891 | 184.8 |
| 通讯工具 | 92 | 46 | 71 | 91 | 126 | 137 | 104.5 |
| 通讯费 | 369 | 221 | 294 | 371 | 457 | 536 | 108.5 |
| **文教娱乐用品及服务支出** | **959** | **483** | **721** | **895** | **1 179** | **1 642** | **109.4** |
| #文娱用机电消费品 | 197 | 74 | 120 | 176 | 266 | 385 | 133.1 |
| 书报杂志 | 19 | 15 | 13 | 20 | 24 | 25 | 118.8 |
| 学杂费 | 313 | 219 | 291 | 321 | 324 | 432 | 83.0 |
| 文娱费 | 175 | 49 | 95 | 138 | 215 | 416 | 133.6 |
| **其他商品及服务支出** | **177** | **82** | **111** | **141** | **235** | **343** | **130.1** |
| #服务性支出 | 47 | 20 | 37 | 40 | 65 | 82 | 109.3 |

**表 1.33　规模以上工业总产值（1984～2009 年）**　　单位：亿元

| 年 份 | 合 计 | 轻 工 业 | 重 工 业 | #大中型工业 |
|---|---|---|---|---|
| 1984 | 276.2 | 118.0 | 158.2 | 178.7 |
| 1985 | 324.2 | 135.8 | 188.4 | 213.7 |
| **1986～1990** | **2 448.3** | **1 039.7** | **1 408.6** | **1 691.2** |
| 1986 | 336.5 | 140.8 | 195.7 | 231.6 |
| 1987 | 387.6 | 160.1 | 227.5 | 272.1 |
| 1988 | 495.6 | 212.5 | 283.1 | 345.4 |
| 1989 | 602.7 | 264.1 | 338.6 | 408.3 |
| 1990 | 625.9 | 262.2 | 363.7 | 433.8 |
| **1991～1995** | **5 826.7** | **1 936.6** | **3 890.1** | **3 770.8** |
| 1991 | 730.2 | 298.1 | 432.1 | 507.4 |
| 1992 | 860.0 | 306.5 | 553.5 | 587.4 |
| 1993 | 1 166.6 | 361.9 | 804.7 | 747.6 |
| 1994 | 1 576.6 | 497.9 | 1 078.7 | 990.7 |
| 1995 | 1 493.3 | 472.2 | 1 021.1 | 937.7 |
| **1996～2000** | **10 382.8** | **3 026.2** | **7 356.6** | **5 765.7** |
| 1996 | 1 590.6 | 509.1 | 1 081.5 | 962.3 |
| 1997 | 1 819.7 | 577.8 | 1 241.9 | 999.6 |
| 1998 | 1 947.0 | 598.2 | 1 348.8 | 1 059.8 |
| 1999 | 2 183.5 | 621.8 | 1 561.7 | 1 090.9 |
| 2000 | 2 842.0 | 719.3 | 2 122.7 | 1 653.1 |
| **2001～2005** | **23 980.6** | **4 911.1** | **19 069.5** | **16 858.4** |
| 2001 | 3 270.1 | 842.4 | 2 427.7 | 2 298.4 |
| 2002 | 3 620.2 | 882.4 | 2 737.8 | 2 434.7 |
| 2003 | 4 410.8 | 936.7 | 3 474.1 | 3 183.9 |

续表

| 年份 | 合计 | | | |
|---|---|---|---|---|
| | | 轻工业 | 重工业 | #大中型工业 |
| 2004 | 5 733.3 | 1 084.7 | 4 648.6 | 3 699.3 |
| 2005 | 6 946.2 | 1 164.9 | 5 781.3 | 5 242.1 |
| 2006 | 8 210.0 | 1 258.2 | 6 951.8 | 6 237.9 |
| 2007 | 9 648.4 | 1 505.5 | 8 142.9 | 7 365.9 |
| 2008 | 10 413.1 | 1 674.3 | 8 738.8 | 7 898.9 |
| 2009 | 11 039.1 | 1 766.7 | 9 272.4 | 8 349.3 |

注：1. 工业总产值按现价计算。

2. 规模以上工业：2000 年以前各年为乡及乡以上工业口径；2001 ~ 2006 年调整为全部国有及年主营业务收入在500 万元及以上非国有工业口径；2007 年及以后调整为年主营业务收入 500 万元及以上的全部法人工业企业。

**表 1.34　规模以上高技术制造业总产值（2009 年）**　单位：亿元

| 项目 | 2009 年 |
|---|---|
| **合计** | **2 764.6** |
| **按登记注册类型分** | |
| 国有 | 41.0 |
| 集体 | 2.7 |
| 外资及港澳台 | 2 169.6 |
| 股份制及其他 | 551.3 |
| **按高新技术领域分** | |
| 核燃料加工 | |
| 信息化学品制造 | 7.4 |
| 医药制造业 | 313.1 |
| 航空航天器制造 | 68.5 |
| 电子及通信设备制造业 | 1 771.3 |
| 电子计算机及办公设备制造业 | 350.5 |
| 医疗设备及仪器仪表制造业 | 253.8 |

**表1.35　社会消费品零售额（1978～2009年）**

单位：亿元

| 年　份 | 社会消费品零售额 | 按地区分 | | | 按经济类型分 | | | |
|---|---|---|---|---|---|---|---|---|
| | | 市 | 县 | 县以下 | 国有经济 | 集体经济 | 个体经济 | 其他经济 |
| 1978 | 44.2 | 34.5 | 5.3 | 4.4 | 37.2 | 7.0 | | |
| 1979 | 53.3 | 42.5 | 5.9 | 4.9 | 45.1 | 8.1 | 0.1 | |
| 1980 | 62.8 | 50.5 | 6.7 | 5.6 | 50.2 | 12.1 | 0.4 | 0.1 |
| **1981～1985** | **472.7** | **377.9** | **50.1** | **44.7** | **313.2** | **149.1** | **9.4** | **1.0** |
| 1981 | 70.7 | 57.1 | 7.5 | 6.1 | 50.0 | 19.7 | 0.7 | 0.3 |
| 1982 | 75.4 | 60.3 | 8.3 | 6.8 | 52.6 | 21.8 | 0.9 | 0.1 |
| 1983 | 86.4 | 68.8 | 9.6 | 8.0 | 57.9 | 27.0 | 1.4 | 0.1 |
| 1984 | 105.8 | 84.4 | 10.8 | 10.6 | 70.4 | 33.4 | 1.8 | 0.2 |
| 1985 | 134.4 | 107.3 | 13.9 | 13.2 | 82.3 | 47.2 | 4.6 | 0.3 |
| **1986～1990** | **1 239.8** | **1 033.1** | **113.4** | **93.3** | **676.2** | **439.2** | **117.2** | **7.2** |
| 1986 | 155.0 | 128.8 | 12.8 | 13.4 | 89.4 | 53.9 | 11.2 | 0.5 |
| 1987 | 188.9 | 155.8 | 17.4 | 15.7 | 103.8 | 69.0 | 15.5 | 0.6 |
| 1988 | 256.0 | 213.1 | 23.1 | 19.8 | 141.4 | 92.3 | 21.6 | 0.7 |
| 1989 | 294.8 | 244.8 | 27.7 | 22.3 | 158.9 | 101.9 | 31.1 | 2.9 |
| 1990 | 345.1 | 290.6 | 32.4 | 22.1 | 182.7 | 122.1 | 37.8 | 2.5 |
| **1991～1995** | **3 239.5** | **2 551.7** | **429.8** | **258.0** | **1 534.8** | **912.8** | **610.4** | **181.5** |
| 1991 | 408.3 | 343.7 | 38.1 | 26.5 | 218.9 | 140.2 | 46.2 | 3.0 |
| 1992 | 503.0 | 421.4 | 48.0 | 33.6 | 269.8 | 163.3 | 66.1 | 3.8 |
| 1993 | 611.2 | 495.3 | 69.6 | 46.3 | 313.7 | 186.8 | 101.4 | 9.3 |
| 1994 | 766.6 | 603.5 | 104.1 | 59.0 | 344.0 | 196.8 | 175.1 | 50.7 |
| 1995 | 950.4 | 687.8 | 170.0 | 92.6 | 388.4 | 225.7 | 221.6 | 114.7 |
| **1996～2000** | **6 811.7** | **5 288.4** | **502.7** | **1 020.6** | **2 207.3** | **1 277.5** | **1 453.8** | **1 873.1** |
| 1996 | 1 061.6 | 763.7 | 109.9 | 188.0 | 361.8 | 249.7 | 277.8 | 172.3 |
| 1997 | 1 208.5 | 929.0 | 101.4 | 178.1 | 423.9 | 284.9 | 271.7 | 228.0 |
| 1998 | 1 373.6 | 1 094.7 | 88.5 | 190.4 | 396.2 | 266.0 | 279.3 | 432.1 |
| 1999 | 1 509.3 | 1 192.6 | 96.5 | 220.2 | 501.2 | 230.8 | 296.5 | 480.8 |
| 2000 | 1 658.7 | 1 308.4 | 106.4 | 243.9 | 524.2 | 246.1 | 328.5 | 559.9 |
| **2001～2005** | **11 671.8** | **9 635.6** | **395.2** | **1 641.0** | **2 018.0** | **899.0** | **2 179.6** | **6 575.2** |
| 2001 | 1 831.4 | 1 438.8 | 117.2 | 275.4 | 517.1 | 190.0 | 385.5 | 738.8 |
| 2002 | 2 005.2 | 1 564.7 | 127.6 | 312.9 | 491.4 | 179.7 | 397.3 | 936.8 |
| 2003 | 2 296.9 | 1 840.3 | 106.4 | 350.2 | 538.7 | 242.1 | 408.0 | 1 108.1 |
| 2004 | 2 626.6 | 2 286.8 | 22.2 | 317.6 | 236.6 | 142.8 | 459.4 | 1 787.8 |
| 2005 | 2 911.7 | 2 505.0 | 21.8 | 384.9 | 234.2 | 144.4 | 529.4 | 2 003.7 |
| 2006 | 3 295.3 | 2 848.6 | 26.4 | 420.3 | 245.0 | 137.5 | 665.8 | 2 247.0 |
| 2007 | 3 835.2 | 3 330.7 | 32.0 | 472.5 | 294.6 | 116.4 | 727.4 | 2 696.8 |
| 2008 | 4 645.5 | 4 050.9 | 38.3 | 556.3 | 248.0 | 106.9 | 609.3 | 3 681.3 |
| 2009 | 5 309.9 | 4 634.7 | 41.8 | 633.4 | 257.6 | 100.0 | 790.9 | 4 161.4 |

注：1. 1978～2003年社会消费品零售额按2004年第一次经济普查数据进行了修订，2004年为第一次经济普查数据，2008年数据为第二次经济普查数据。

2. 国有经济包括国有、国有联营、国有独资公司。

3. 集体经济包括集体、集体联营、股份合作公司。

续表

| 年份 | 按行业分 | | | 按类别分 | | | |
|---|---|---|---|---|---|---|---|
| | 批发零售贸易业 | 餐饮业 | 其他行业 | 食品类 | 衣着类 | 日用品类 | 燃料类 |
| 1978 | 40.7 | 1.7 | 1.8 | 18.0 | 8.9 | 16.0 | 1.3 |
| 1979 | 48.3 | 2.2 | 2.8 | 20.8 | 11.3 | 19.7 | 1.5 |
| 1980 | 54.8 | 2.8 | 5.2 | 24.9 | 13.4 | 22.9 | 1.6 |
| **1981～1985** | **396.4** | **22.7** | **53.6** | **180.9** | **85.1** | **196.2** | **10.5** |
| 1981 | 59.4 | 3.6 | 7.7 | 28.0 | 14.5 | 26.5 | 1.7 |
| 1982 | 63.2 | 3.8 | 8.4 | 29.7 | 13.7 | 30.3 | 1.7 |
| 1983 | 72.8 | 4.1 | 9.5 | 34.0 | 15.7 | 34.8 | 1.9 |
| 1984 | 89.1 | 4.9 | 11.8 | 39.6 | 18.7 | 45.2 | 2.3 |
| 1985 | 111.9 | 6.3 | 16.2 | 49.6 | 22.5 | 59.4 | 2.9 |
| **1986～1990** | **993.2** | **77.4** | **169.2** | **494.9** | **166.7** | **551.8** | **26.4** |
| 1986 | 126.2 | 8.6 | 20.2 | 60.7 | 22.8 | 68.0 | 3.5 |
| 1987 | 150.0 | 11.4 | 27.5 | 77.4 | 27.4 | 80.2 | 3.9 |
| 1988 | 203.6 | 17.6 | 34.8 | 100.6 | 36.0 | 114.9 | 4.5 |
| 1989 | 235.5 | 18.2 | 41.1 | 119.4 | 34.9 | 134.1 | 6.4 |
| 1990 | 277.9 | 21.6 | 45.6 | 136.8 | 45.6 | 154.6 | 8.1 |
| **1991～1995** | **2 394.4** | **248.2** | **596.9** | **1 261.4** | **481.3** | **1 422.2** | **74.6** |
| 1991 | 326.7 | 26.1 | 55.5 | 158.2 | 53.7 | 187.6 | 8.8 |
| 1992 | 390.4 | 36.1 | 76.5 | 193.6 | 66.9 | 230.5 | 12.0 |
| 1993 | 451.7 | 51.3 | 108.2 | 220.7 | 96.5 | 277.6 | 16.4 |
| 1994 | 553.4 | 62.3 | 150.9 | 283.2 | 125.3 | 338.6 | 19.5 |
| 1995 | 672.2 | 72.4 | 205.8 | 405.7 | 138.9 | 387.9 | 17.9 |
| **1996～2000** | **4 808.5** | **448.6** | **1 554.6** | **2 177.0** | **858.9** | **3 576.5** | **199.3** |
| 1996 | 755.2 | 78.6 | 227.8 | 427.5 | 152.5 | 461.8 | 19.8 |
| 1997 | 815.3 | 83.3 | 309.9 | 447.9 | 161.6 | 565.6 | 33.4 |
| 1998 | 994.9 | 94.0 | 284.7 | 399.8 | 167.2 | 764.2 | 42.4 |
| 1999 | 1 064.5 | 93.4 | 351.4 | 430.4 | 178.8 | 852.9 | 47.2 |
| 2000 | 1 178.6 | 99.3 | 380.8 | 471.4 | 198.8 | 932.0 | 56.5 |
| **2001～2005** | **9 438.5** | **904.7** | **1 328.6** | **3 061.2** | **1 218.6** | **6 722.7** | **669.3** |
| 2001 | 1 296.7 | 111.0 | 423.7 | 528.7 | 221.9 | 1 016.9 | 63.9 |
| 2002 | 1 446.8 | 129.2 | 429.2 | 540.2 | 219.9 | 1 167.4 | 77.7 |
| 2003 | 1 930.8 | 145.5 | 220.6 | 596.4 | 252.3 | 1 356.4 | 91.8 |
| 2004 | 2 227.0 | 250.2 | 149.4 | 644.9 | 242.1 | 1 538.3 | 201.3 |
| 2005 | 2 537.2 | 268.8 | 105.7 | 751.0 | 282.4 | 1 643.7 | 234.6 |
| 2006 | 2 883.2 | 289.0 | 123.1 | 818.8 | 314.7 | 1 852.6 | 309.2 |
| 2007 | 3 366.4 | 346.2 | 122.6 | 940.4 | 359.3 | 2 205.2 | 330.3 |
| 2008 | 4 049.5 | 454.2 | 141.8 | 1 073.3 | 411.7 | 2 799.4 | 361.1 |
| 2009 | 4 662.3 | 503.7 | 143.9 | 1 180.0 | 473.8 | 3 278.2 | 377.9 |

**表 1.36　北京地区对外经济贸易（1980～2009 年）**

| 年　份 | 进出口总额（万美元） | 出　口 | #高　新技术产品 | #机电产品 | 进　口 | #高　新技术产品 | #机电产品 |
|---|---|---|---|---|---|---|---|
| 1980 | | | | | | | |
| **1981～1985** | | | | | | | |
| 1981 | | | | | | | |
| 1982 | | | | | | | |
| 1983 | 3 059 926 | 1 468 740 | | | 1 591 186 | | |
| 1984 | 3 559 284 | 1 751 704 | | | 1 807 580 | | |
| 1985 | 3 254 341 | 437 398 | | | 2 816 943 | | |
| **1986～1990** | **13 945 243** | **1 865 234** | | | **12 080 009** | | |
| 1986 | 3 060 236 | 371 282 | | | 2 688 954 | | |
| 1987 | 2 670 466 | 354 374 | | | 2 316 092 | | |
| 1988 | 2 988 576 | 395 887 | | | 2 592 689 | | |
| 1989 | 2 861 489 | 302 343 | | | 2 559 146 | | |
| 1990 | 2 364 476 | 441 348 | | | 1 923 128 | | |
| **1991～1995** | **14 305 670** | **3 547 263** | | | **10 758 405** | | |
| 1991 | 2 424 137 | 457 114 | | | 1 967 023 | | |
| 1992 | 2 498 241 | 561 037 | | 157 835 | 1 937 204 | 271 005 | 731 359 |
| 1993 | 2 791 700 | 669 930 | | 151 133 | 2 121 769 | 302 965 | 885 074 |
| 1994 | 2 888 079 | 834 205 | | 194 937 | 2 053 873 | 421 071 | 1 121 082 |
| 1995 | 3 703 513 | 1 024 977 | | 281 810 | 2 678 536 | 407 176 | 1 225 200 |
| **1996～2000** | **17 397 285** | **5 011 639** | | **1 609 152** | **12 385 646** | **2 242 338** | **5 049 210** |
| 1996 | 2 931 833 | 811 975 | | 254 450 | 2 119 858 | 240 903 | 733 641 |
| 1997 | 3 038 852 | 961 103 | | 271 119 | 2 077 749 | 346 166 | 766 288 |
| 1998 | 3 050 608 | 1 051 293 | | 325 390 | 1 999 315 | 347 556 | 909 222 |
| 1999 | 3 435 951 | 990 352 | | 320 852 | 2 445 599 | 567 687 | 1 213 857 |
| 2000 | 4 940 041 | 1 196 916 | 226 549 | 437 341 | 3 743 125 | 740 026 | 1 426 202 |
| **2001～2005** | **39 258 570** | **9 270 820** | **2 525 916** | **4 291 246** | **29 987 748** | **5 318 558** | **10 501 427** |
| 2001 | 5 149 809 | 1 177 236 | 263 382 | 477 568 | 3 972 572 | 992 797 | 1 883 151 |
| 2002 | 5 250 529 | 1 261 386 | 314 174 | 570 971 | 3 989 142 | 916 363 | 1 701 504 |
| 2003 | 6 850 017 | 1 688 682 | 396 489 | 715 359 | 5 161 335 | 990 357 | 1 949 077 |
| 2004 | 9 457 572 | 2 056 926 | 580 929 | 970 117 | 7 400 647 | 1 053 395 | 2 271 805 |
| 2005 | 12 550 643 | 3 086 590 | 970 942 | 1 557 231 | 9 464 052 | 1 365 646 | 2 695 890 |
| | | | | 0 | 0 | 0 | 0 |
| 2006 | 15 803 663 | 3 795 398 | 1 388 925 | 2 170 700 | 12 008 265 | 1 704 997 | 3 786 847 |
| 2007 | 19 299 976 | 4 892 639 | 1 797 751 | 2 862 301 | 14 407 337 | 2 360 093 | 4 477 646 |
| 2008 | 27 169 290 | 5 749 961 | 1 906 381 | 3 354 179 | 21 419 329 | 2 417 936 | 4 987 666 |
| 2009 | 21 479 103 | 4 835 807 | 1 751 571 | 3 080 447 | 16 643 296 | 2 357 239 | 5 194 072 |

注：进出口总额为海关统计的北京地区进出口数据（包括中央单位）。

资料来源：北京市商务委员会、中华人民共和国北京海关。

续表

| 年　份 | 批准外商直接投资企业项目个数（个） | 实际利用外商直接投资额（万美元） | 对外承包工程、劳务合作和设计咨询 | | |
|---|---|---|---|---|---|
| | | | 合同数（份） | 合同金额（万美元） | 完成营业额（万美元） |
| 1980 | 4 | | | | |
| **1981～1985** | **124** | | | | |
| 1981 | 3 | | | | |
| 1982 | 4 | | | | |
| 1983 | 5 | | 9 | 218 | 837 |
| 1984 | 29 | | 9 | 2 801 | 502 |
| 1985 | 83 | | 12 | 852 | 2 083 |
| **1986～1990** | **709** | | **329** | **7 319** | **5 107** |
| 1986 | 63 | | 30 | 446 | 1 535 |
| 1987 | 72 | 9 534 | 37 | 547 | 696 |
| 1988 | 148 | 50 278 | 46 | 885 | 802 |
| 1989 | 185 | 31 846 | 111 | 1 685 | 1 018 |
| 1990 | 241 | 27 696 | 105 | 3 756 | 1 056 |
| **1991～1995** | **10 912** | **410 896** | **617** | **72 816** | **46 357** |
| 1991 | 724 | 24 482 | 114 | 3 202 | 1 897 |
| 1992 | 2 208 | 34 984 | 130 | 8 889 | 3 140 |
| 1993 | 3 753 | 66 693 | 143 | 29 397 | 9 748 |
| 1994 | 2 675 | 144 460 | 114 | 15 715 | 18 783 |
| 1995 | 1 552 | 140 277 | 116 | 15 613 | 12 789 |
| **1996～2000** | **4 100** | **989 794** | **597** | **170 372** | **149 661** |
| 1996 | 868 | 155 290 | 116 | 67 689 | 43 057 |
| 1997 | 790 | 159 286 | 107 | 35 640 | 29 629 |
| 1998 | 651 | 206 415 | 180 | 25 526 | 31 009 |
| 1999 | 644 | 223 004 | 90 | 25 232 | 26 167 |
| 2000 | 1 147 | 245 799 | 104 | 16 285 | 19 799 |
| **2001～2005** | **7 821** | **1 231 631** | **695** | **272 576** | **207 625** |
| 2001 | 1 147 | 177 000 | 105 | 21 439 | 18 628 |
| 2002 | 1 370 | 178 964 | 73 | 27 949 | 23 160 |
| 2003 | 1 362 | 214 675 | 117 | 48 271 | 34 926 |
| 2004 | 1 806 | 308 354 | 128 | 81 185 | 59 630 |
| 2005 | 2 136 | 352 638 | 272 | 93 732 | 71 281 |
| 2006 | 2 106 | 455 191 | 232 | 176 752 | 83 518 |
| 2007 | 2 177 | 506 572 | 317 | 236 881 | 94 077 |
| 2008 | 1 897 | 608 172 | 486 | 558 714 | 168 416 |
| 2009 | 1 423 | 612 094 | 190 | 336 223 | 226 893 |

**表 1.37　北京地区海关进出口贸易总额（按登记注册类型、贸易方式分）**

| 项　　目 | 金额（万美元） | | 2009 年为 2008 年% | 构　成（%） | |
|---|---|---|---|---|---|
| | 2009 年 | 2008 年 | | 2009 年 | 2008 年 |
| **出口** | **4 835 807** | **5 749 961** | **84.1** | **100.00** | **100.00** |
| **按登记注册类型分** | | | | | |
| 内资企业 | 2 826 329 | 3 444 373 | 82.1 | 58.45 | 59.90 |
| 国有企业 | 2 475 046 | 2 967 089 | 83.4 | 51.18 | 51.60 |
| 集体企业 | 37 452 | 63 783 | 58.7 | 0.77 | 1.11 |
| 其　他 | 313 831 | 413 501 | 75.9 | 6.49 | 7.19 |
| 外商投资企业 | 2 009 478 | 2 305 588 | 87.2 | 41.55 | 40.10 |
| 中外合资 | 1 416 706 | 1 591 064 | 89.0 | 29.30 | 27.67 |
| 中外合作 | 1 066 | 3 975 | 26.8 | 0.02 | |
| 外商独资 | 591 706 | 710 549 | 83.3 | 12.24 | 12.36 |
| **按贸易方式分** | | | | | |
| #一般贸易 | 2 026 220 | 2 996 808 | 67.6 | 41.90 | 52.12 |
| 来料加工装配贸易 | 408 926 | 291 569 | 140.3 | 8.46 | 5.07 |
| 进料加工贸易 | 1 728 752 | 1 780 495 | 97.1 | 35.75 | 30.97 |
| 对外承包工程货物 | 488 266 | 481 067 | 101.5 | 10.10 | 8.37 |
| 出料加工贸易 | 379 | 311 | 121.9 | 0.01 | |
| **进口** | **16 643 296** | **21 419 329** | **77.7** | **100.00** | **100.00** |
| **按登记注册类型分** | | | | | |
| 内资企业 | 13 317 632 | 18 044 896 | 73.8 | 80.01 | 84.25 |
| 国有企业 | 12 541 351 | 17 217 527 | 72.8 | 75.35 | 80.38 |
| 集体企业 | 85 536 | 75 219 | 113.7 | 0.51 | 0.35 |
| 其　他 | 690 745 | 752 150 | 91.8 | 4.15 | 3.51 |
| 外商投资企业 | 3 325 664 | 3 374 433 | 98.6 | 19.98 | 15.75 |
| 中外合资 | 929 217 | 1 219 208 | 76.2 | 5.58 | 5.69 |
| 中外合作 | 81 149 | 36 035 | 225.2 | 0.49 | 0.17 |
| 外商独资 | 2 315 298 | 2 119 190 | 109.3 | 13.91 | 9.89 |
| **按贸易方式分** | | | | | |
| #一般贸易 | 14 298 041 | 19 067 656 | 75.0 | 85.91 | 89.02 |
| 来料加工装配贸易 | 639 038 | 449 166 | 142.3 | 3.84 | 2.10 |
| 进料加工贸易 | 668 298 | 765 718 | 87.3 | 4.02 | 3.57 |
| 外商投资企业进口设备、 | 103 867 | 98 123 | 105.9 | 0.62 | 0.46 |
| 物品 | | | | 0.00 | 0.00 |
| 租赁贸易 | 146 041 | 204 842 | 71.3 | 0.88 | 0.96 |

资料来源：中华人民共和国北京海关。

## 表 1.38 北京地区海关进出口贸易总额（按国别、地区分）

| 项　　目 | 金额（万美元） | | 2009 年为2008 年% | 构　成（%） | |
|---|---|---|---|---|---|
| | 2009 年 | 2008 年 | | 2009 年 | 2008 年 |
| **出口按国别（地区）分** | **4 835 807** | **5 749 961** | **84.1** | **100.00** | **100.00** |
| #中国香港 | 311 600 | 386 516 | 80.6 | 6.44 | 6.72 |
| 中国澳门 | 18 498 | 23 106 | 80.1 | 0.38 | 0.40 |
| 日　本 | 277 809 | 408 417 | 68.0 | 5.74 | 7.10 |
| 新加坡 | 197 405 | 178 532 | 110.6 | 4.08 | 3.10 |
| 英　国 | 123 228 | 131 552 | 93.7 | 2.55 | 2.29 |
| 德　国 | 135 076 | 137 981 | 97.9 | 2.79 | 2.40 |
| 法　国 | 68 355 | 75 562 | 90.5 | 1.41 | 1.31 |
| 意大利 | 50 737 | 72 146 | 70.3 | 1.05 | 1.25 |
| 瑞　士 | 9 845 | 19 514 | 50.4 | 0.20 | 0.34 |
| 波　兰 | 16 742 | 23 432 | 71.4 | 0.35 | 0.41 |
| 俄罗斯 | 56 847 | 103 837 | 54.7 | 1.18 | 1.81 |
| 埃　及 | 20 303 | 29 399 | 69.1 | 0.42 | 0.51 |
| 加拿大 | 32 703 | 49 655 | 65.9 | 0.68 | 0.86 |
| 美　国 | 323 157 | 473 437 | 68.3 | 6.68 | 8.23 |
| 澳大利亚 | 80 750 | 88 952 | 90.8 | 1.67 | 1.55 |
| **进口按国别（地区）分** | **16 643 296** | **21 419 329** | **77.7** | **100.00** | **100.00** |
| #中国香港 | 177 130 | 258 291 | 68.6 | 1.06 | 1.21 |
| 日　本 | 1 203 479 | 1 494 853 | 80.5 | 7.23 | 6.98 |
| 新加坡 | 196 180 | 241 769 | 81.1 | 1.18 | 1.13 |
| 英　国 | 139 837 | 164 207 | 85.2 | 0.84 | 0.77 |
| 德　国 | 1 167 582 | 1 091 249 | 107.0 | 7.02 | 5.09 |
| 法　国 | 146 648 | 252 820 | 58.0 | 0.88 | 1.18 |
| 意大利 | 181 679 | 155 556 | 116.8 | 1.09 | 0.73 |
| 瑞　士 | 127 467 | 110 266 | 115.6 | 0.77 | 0.51 |
| 比利时 | 59 941 | 47 231 | 126.9 | 0.36 | 0.22 |
| 俄罗斯 | 719 058 | 1 017 821 | 70.6 | 4.32 | 4.75 |
| 加拿大 | 154 609 | 189 708 | 81.5 | 0.93 | 0.89 |
| 美　国 | 1 234 115 | 1 250 303 | 98.7 | 7.42 | 5.84 |
| 澳大利亚 | 562 455 | 475 896 | 118.2 | 3.38 | 2.22 |

资料来源：中华人民共和国北京海关。

**表1.39　外商投资企业实际利用外资情况**

单位：万美元

| 项　　目 | 2009年 | 2008年 | 项　　目 | 2009年 | 2008年 |
|---|---|---|---|---|---|
| **实际利用外商直接投资额** | **612 094** | **608 172** | 租赁和商务服务业 | 225 888 | 132 541 |
| **按登记注册类型分** | | | 其他行业 | 66 244 | 99 611 |
| 合资经营 | 91 049 | 90 916 | **按外商国别（地区）分** | | |
| 合作经营 | 32 249 | 21 372 | #中国香港 | 270 295 | 173 292 |
| 独资经营 | 448 912 | 490 252 | 英属维尔京群岛 | 123 201 | 125 045 |
| 外商投资股份制 | 39 884 | 5 632 | 开曼群岛 | 41 389 | 75 463 |
| **按产业分** | | | 日本 | 23 905 | 47 174 |
| 第一产业 | 3 833 | 2 032 | 韩国 | 17 601 | 27 841 |
| 第二产业 | 88 536 | 162 515 | 美国 | 18 628 | 17 888 |
| 第三产业 | 519 725 | 443 625 | 新加坡 | 12 600 | 10 520 |
| **按行业分** | | | 巴巴多斯 | 2 384 | 15 803 |
| 农、林、牧、渔业 | 3 833 | 2 032 | 德国 | 14 308 | 26 654 |
| 制造业 | 75 364 | 150 056 | 毛里求斯 | 5 615 | 7 780 |
| 建筑业 | 2 493 | 1 715 | 百慕大 | 4 441 | 1 699 |
| 信息传输、计算机服务和软件业 | 94 752 | 105 396 | 萨摩亚 | 1 310 | 2 468 |
| 批发与零售业 | 55 411 | 34 677 | 荷兰 | 4 906 | 28 520 |
| 住宿和餐饮业 | 8 427 | 3 357 | 法国 | 6 349 | 2 583 |
| 房地产业 | 79 682 | 78 787 | 英国 | 4 242 | 4 897 |

资料来源：北京市商务委员会。

表 1.40 外商投资企业投产开业情况

| 项 目 | 企业单位数（个） | | 从业人员平均人数（人） | |
|---|---|---|---|---|
| | 2009 年 | 2008 年 | 2009 年 | 2008 年 |
| **合 计** | **4 733** | **4 672** | **1 086 723** | **1 084 926** |
| **按登记注册类型分** | | | | |
| 港澳台商投资企业 | 1 563 | 1 485 | 384 234 | 372 078 |
| 与港澳台商合资 | 626 | 629 | 136 474 | 127 547 |
| 与港澳台商合作 | 165 | 176 | 26 019 | 27 585 |
| 港澳台商独资 | 735 | 643 | 171 758 | 161 625 |
| 港澳台商投资股份有限公司 | 37 | 37 | 49 983 | 55 321 |
| 外商投资企业 | 3 170 | 3 187 | 702 489 | 712 848 |
| 中外合资 | 1 067 | 1 121 | 289 459 | 302 955 |
| 中外合作 | 154 | 169 | 21 136 | 25 285 |
| 外商独资 | 1 862 | 1 798 | 359 734 | 351 160 |
| 外商投资股份有限公司 | 87 | 99 | 32 160 | 33 448 |
| **按行业分** | | | | |
| 农、林、牧、渔业 | | | | |
| 制造业 | 1 379 | 1 565 | 352 183 | 383 125 |
| 建筑业 | 114 | 119 | 25 560 | 21 780 |
| 信息传输、计算机服务和软件业 | 678 | 636 | 165 041 | 144 798 |
| 批发与零售业 | 430 | 379 | 114 372 | 113 907 |
| 住宿和餐饮业 | 246 | 252 | 105 537 | 104 546 |
| 房地产业 | 442 | 454 | 51 622 | 51 959 |
| 租赁和商务服务业 | 671 | 542 | 78 680 | 71 664 |
| 其他行业 | 773 | 725 | 193 728 | 193 147 |
| **按三次产业分** | | | | |
| 第一产业 | | | | |
| 第二产业 | 1 511 | 1 699 | 387 059 | 413 662 |
| 第三产业 | 3 222 | 2 973 | 699 664 | 671 264 |

注：本表统计范围为限额以上法人企业。

# （二）金融业务综合统计

**表 2.1　北京市金融机构（含外资）本外币信贷收支统计**

单位：亿元

| 项目名称 | 2009 年 | | 2008 年 | |
|---|---|---|---|---|
| | 余额 | 比年初 | 余额 | 比年初 |
| 一、各项存款 | 56 960.1 | 12 174.9 | 44 785.2 | 6 934.7 |
| 1. 企事业单位存款 | 30 475.4 | 6 459.7 | 24 015.7 | 2 081.3 |
| （1）活期存款 | 14 415.0 | 3 431.3 | 10 983.7 | 45.6 |
| （2）定期存款 | 16 060.4 | 3 028.5 | 13 031.9 | 2 035.7 |
| 2. 储蓄存款 | 15 329.2 | 2 791.0 | 12 538.1 | 2 794.3 |
| （1）活期储蓄 | 5 368.3 | 1 289.9 | 4 078.4 | 382.6 |
| （2）定期储蓄 | 9 960.8 | 1 501.1 | 8 459.7 | 2 411.7 |
| 3. 信托存款 | 0.0 | 0.0 | 0.0 | 0.0 |
| 4. 委托存款 | 461.6 | 73.4 | 388.2 | 170.4 |
| 5. 其他存款 | 10 693.9 | 2 850.7 | 7 843.2 | 1 888.7 |
| 二、所有者权益 | 1 124.9 | 69.3 | 1 055.7 | 147.7 |
| 其中：实收资本 | 289.5 | 8.9 | 280.5 | 5.3 |
| 三、其他 | −25 679.8 | −3 933.7 | −21 746.1 | −3 750.2 |
| 资金来源总计 | 32 405.3 | 8 310.5 | 24 094.8 | 3 332.2 |

| 项目名称 | 2009 年 | | 2008 年 | |
|---|---|---|---|---|
| | 余额 | 比年初 | 余额 | 比年初 |
| 一、各项贷款 | 31 052.9 | 7 883.0 | 23 169.9 | 3 305.0 |
| 1. 短期贷款 | 7 587.0 | 410.9 | 7 176.1 | 840.2 |
| 2. 中长期贷款 | 21 163.8 | 6 382.2 | 14 781.5 | 2 471.4 |
| 3. 信托贷款 | 0.0 | 0.0 | 0.0 | 0.0 |
| 4. 委托贷款 | 99.6 | 54.7 | 44.9 | −82.3 |
| 5. 其他贷款 | 520.0 | 269.4 | 250.6 | −133.3 |
| 6. 票据融资 | 1 669.2 | 759.1 | 910.1 | 204.9 |
| 7. 各项垫款 | 13.4 | 6.7 | 6.7 | 4.2 |
| 二、有价证券及投资 | 1 352.4 | 427.5 | 924.9 | 27.2 |
| 资金运用总计 | 32 405.3 | 8 310.5 | 24 094.8 | 3 332.2 |

## 表 2.2 北京市中资金融机构本外币信贷收支统计

单位：亿元

| 项目名称 | 2009 年 | | 2008 年 | |
|---|---|---|---|---|
| | 余额 | 比年初 | 余额 | 比年初 |
| 一、各项存款 | 55 804.8 | 11 968.9 | 43 836.0 | 6 598.2 |
| 1. 企事业单位存款 | 29 632.0 | 6 236.5 | 23 395.6 | 1 861.2 |
| （1）活期存款 | 14 000.8 | 3 317.9 | 10 683.0 | -61.7 |
| （2）定期存款 | 15 631.2 | 2 918.6 | 12 712.6 | 1 922.9 |
| 2. 储蓄存款 | 15 149.0 | 2 765.4 | 12 383.6 | 2 743.6 |
| （1）活期储蓄 | 5 320.4 | 1 271.7 | 4 048.7 | 387.8 |
| （2）定期储蓄 | 9 828.6 | 1 493.7 | 8 334.9 | 2 355.8 |
| 3. 信托存款 | 0.0 | 0.0 | 0.0 | 0.0 |
| 4. 委托存款 | 461.6 | 73.4 | 388.2 | 170.4 |
| 5. 其他存款 | 10 562.1 | 2 893.6 | 7 668.6 | 1 823.0 |
| 二、所有者权益 | 1 022.3 | 65.2 | 957.1 | 134.1 |
| 其中：实收资本 | 212.4 | 9.0 | 203.4 | 4.5 |
| 三、其他 | -25 353.4 | -3 780.6 | -21 572.7 | -3 442.7 |
| 资金来源总计 | 31 473.8 | 8 253.5 | 23 220.3 | 3 289.6 |

| 项目名称 | 2009 年 | | 2008 年 | |
|---|---|---|---|---|
| | 余额 | 比年初 | 余额 | 比年初 |
| 一、各项贷款 | 30 151.6 | 7 831.9 | 22 319.7 | 3 262.0 |
| 1. 短期贷款 | 7 146.7 | 367.6 | 6 779.0 | 820.1 |
| 2. 中长期贷款 | 20 759.3 | 6 381.3 | 14 378.0 | 2 373.6 |
| 3. 信托贷款 | 0.0 | 0.0 | 0.0 | 0.0 |
| 4. 委托贷款 | 99.6 | 54.7 | 44.9 | -82.3 |
| 5. 其他贷款 | 495.2 | 265.8 | 229.4 | -105.8 |
| 6. 票据融资 | 1 637.5 | 755.8 | 881.7 | 252.4 |
| 7. 各项垫款 | 13.4 | 6.7 | 6.7 | 4.2 |
| 二、有价证券及投资 | 1 322.2 | 421.6 | 900.6 | 27.6 |
| 资金运用总计 | 31 473.8 | 8 253.5 | 23 220.3 | 3 289.6 |

**表 2.3　北京市金融机构（含外资）人民币信贷收支统计**

单位：万元

| 项目名称 | 2009 年 | | 2008 年 | |
|---|---|---|---|---|
| | 余额 | 比年初 | 余额 | 比年初 |
| 一、各项存款 | 542 754 713 | 120 430 038 | 422 324 675 | 67 127 202 |
| 1. 企业存款 | 295 388 497 | 63 933 799 | 231 454 698 | 24 090 029 |
| （1）活期存款 | 138 861 665 | 33 190 575 | 105 671 090 | 852 497 |
| （2）定期存款 | 156 526 832 | 30 743 224 | 125 783 608 | 23 237 532 |
| 2. 财政存款 | 7 252 988 | 1 644 653 | 5 608 335 | 1 346 528 |
| 3. 机关团体存款 | 16 426 430 | 4 544 044 | 11 882 386 | 402 040 |
| 4. 储蓄存款 | 146 720 956 | 27 168 397 | 119 552 559 | 27 997 994 |
| （1）活期储蓄 | 51 282 082 | 12 470 015 | 38 812 067 | 4 061 235 |
| （2）定期储蓄 | 95 438 874 | 14 698 382 | 80 740 491 | 23 936 760 |
| 5. 农业存款 | 11 657 983 | 3 713 681 | 7 944 302 | 206 717 |
| 6. 信托存款 | | | | |
| 7. 委托存款 | 4 544 553 | 678 094 | 3 866 459 | 1 727 955 |
| 8. 其他存款 | 60 763 307 | 18 747 371 | 42 015 936 | 11 355 939 |
| 二、金融债券 | 1 746 146 | 149 968 | 1 596 178 | 1 246 039 |
| 三、应付及暂收款 | 9 282 276 | 112 720 | 9 169 556 | 2 739 690 |
| 其中：应付利息 | 5 522 235 | 619 303 | 4 902 931 | 2 103 207 |
| 四、同业往来（来源方） | 42 616 090 | 13 651 222 | 28 964 868 | -9 181 647 |
| 五、行内资金往来（来源方） | | | | |
| 六、各项准备 | 3 389 666 | 505 693 | 2 883 973 | 690 285 |
| 其中：贷款损失准备 | 3 095 924 | 515 811 | 2 580 113 | 690 018 |
| 七、所有者权益 | 10 304 695 | 763 266 | 9 541 429 | 1 267 237 |
| 其中：实收资本 | 2 528 057 | 123 537 | 2 404 520 | 125 000 |
| 八、其他 | -20 275 290 | -7 140 062 | -13 135 228 | -4 925 163 |
| 资金来源总计 | 589 818 297 | 128 472 845 | 461 345 451 | 58 963 642 |

续表

| 项目名称 | 2009年 | | 2008年 | |
|---|---|---|---|---|
| | 余额 | 比年初 | 余额 | 比年初 |
| 一、各项贷款 | 254 217 908 | 52 775 302 | 201 442 606 | 23 233 487 |
| 1. 短期贷款 | 71 629 509 | 2 897 472 | 68 732 037 | 8 776 689 |
| （1）工业贷款 | 15 688 807 | -2 504 561 | 18 193 368 | 3 571 916 |
| （2）商业贷款 | 10 441 889 | -107 294 | 10 549 183 | 967 129 |
| （3）建筑业贷款 | 3 295 048 | -1 912 931 | 5 207 979 | -530 915 |
| （4）农业贷款 | 2 506 502 | -404 170 | 2 910 672 | 149 532 |
| （5）乡镇企业贷款 | 15 771 | 8 660 | 7 111 | -4 560 |
| （6）三资企业贷款 | 918 501 | 59 302 | 859 198 | 57 613 |
| （7）私营企业及个体贷款 | 2 394 140 | 105 774 | 2 288 366 | 349 208 |
| （8）其他短期贷款 | 36 368 852 | 7 652 692 | 28 716 160 | 4 216 765 |
| 其中：个人短期消费贷款 | 629 659 | 346 214 | 283 445 | -29 867 |
| 2. 中长期贷款 | 164 789 774 | 41 636 238 | 123 153 536 | 12 946 116 |
| （1）基本建设贷款 | 63 648 856 | 14 327 423 | 49 321 432 | 6 815 185 |
| （2）技术改造贷款 | 3 282 899 | 1 052 814 | 2 230 085 | -1 037 |
| （3）其他中长期贷款 | 97 858 019 | 26 256 000 | 71 602 019 | 6 131 968 |
| 其中：个人中长期消费贷款 | 32 738 129 | 6 767 108 | 25 971 021 | -335 522 |
| 3. 信托贷款 | | | | |
| 4. 融资租赁 | | | | |
| 5. 委托贷款 | 995 736 | 546 883 | 448 853 | -823 477 |
| 6. 票据融资 | 16 677 774 | 7 627 644 | 9 050 130 | 2 295 609 |
| 其中：买断式贴现 | 16 677 774 | 7 627 644 | 9 050 130 | 2 295 609 |
| 7. 各项垫款 | 125 115 | 67 066 | 58 049 | 38 549 |
| 二、有价证券及投资 | 36 839 363 | 6 579 030 | 30 260 333 | -794 579 |
| 三、应收及预付款 | 3 549 942 | 158 581 | 3 391 361 | 628 146 |
| 其中：应收利息 | 2 068 474 | 456 933 | 1 611 541 | 548 861 |
| 四、同业往来（运用方） | 5 427 026 | -712 905 | 6 139 931 | 921 489 |
| 五、行内资金往来（运用方） | 284 667 141 | 68 830 475 | 215 836 666 | 34 811 605 |
| 六、金银占款 | | | | |
| 七、外汇占款 | 83 520 | 143 922 | -60 402 | -173 469 |
| 八、固定资产 | 3 500 487 | 537 119 | 2 963 368 | 323 528 |
| 九、库存现金 | 1 532 909 | 161 321 | 1 371 588 | 13 436 |
| 资金运用总计 | 589 818 297 | 128 472 845 | 461 345 451 | 58 963 642 |

**表 2.4　北京市中资金融机构人民币信贷收支统计**

单位：万元

| 项目名称 | 2009 年 | | 2008 年 | |
|---|---|---|---|---|
| | 余额 | 比年初 | 余额 | 比年初 |
| 一、各项存款 | 534 288 253 | 118 038 841 | 416 249 412 | 64 607 748 |
| 1. 企业存款 | 288 443 798 | 61 859 241 | 226 584 557 | 22 134 888 |
| （1）活期存款 | 135 819 131 | 32 232 235 | 103 586 897 | 180 384 |
| （2）定期存款 | 152 624 667 | 29 627 006 | 122 997 660 | 21 954 503 |
| 2. 财政存款 | 7 252 988 | 1 644 653 | 5 608 335 | 1 346 528 |
| 3. 机关团体存款 | 16 426 430 | 4 544 044 | 11 882 386 | 402 040 |
| 4. 储蓄存款 | 145 662 614 | 26 963 432 | 118 699 182 | 27 562 997 |
| （1）活期储蓄 | 50 998 949 | 12 362 266 | 38 636 683 | 4 052 539 |
| （2）定期储蓄 | 94 663 664 | 14 601 165 | 80 062 499 | 23 510 458 |
| 5. 农业存款 | 11 657 983 | 3 713 681 | 7 944 302 | 206 717 |
| 6. 信托存款 | | | | |
| 7. 委托存款 | 4 544 553 | 678 094 | 3 866 459 | 1 727 955 |
| 8. 其他存款 | 60 299 888 | 18 635 697 | 41 664 191 | 11 226 623 |
| 二、金融债券 | 1 746 146 | 149 968 | 1 596 178 | 1 246 039 |
| 三、应付及暂收款 | 8 570 319 | 144 205 | 8 426 114 | 2 278 209 |
| 其中：应付利息 | 5 485 795 | 638 038 | 4 847 758 | 2 072 613 |
| 四、同业往来（来源方） | 44 829 964 | 14 067 089 | 30 762 875 | -8 840 889 |
| 五、行内资金往来（来源方） | | | | |
| 六、各项准备 | 3 321 839 | 489 220 | 2 832 619 | 680 880 |
| 其中：贷款损失准备 | 3 028 111 | 498 917 | 2 529 195 | 680 795 |
| 七、所有者权益 | 9 768 977 | 691 632 | 9 077 345 | 1 121 262 |
| 其中：实收资本 | 2 123 741 | 90 000 | 2 033 741 | 45 000 |
| 八、其他 | -18 269 830 | -5 838 034 | | -3 416 140 |
| 资金来源总计 | 584 255 669 | 127 742 922 | 456 512 747 | 57 677 109 |

续表

| 项目名称 | 2009年 | | 2008年 | |
|---|---|---|---|---|
| | 余额 | 比年初 | 余额 | 比年初 |
| 一、各项贷款 | 248 050 968 | 52 147 986 | 195 902 982 | 22 216 608 |
| 1. 短期贷款 | 68 585 688 | 2 886 277 | 65 699 411 | 8 538 985 |
| （1）工业贷款 | 15 688 807 | −2 504 561 | 18 193 368 | 3 571 916 |
| （2）商业贷款 | 10 441 889 | −107 294 | 10 549 183 | 967 129 |
| （3）建筑业贷款 | 3 295 048 | −1 912 931 | 5 207 979 | −530 915 |
| （4）农业贷款 | 2 506 502 | −404 170 | 2 910 672 | 149 532 |
| （5）乡镇企业贷款 | 15 771 | 8 660 | 7 111 | −4 560 |
| （6）三资企业贷款 | 918 501 | 59 302 | 859 198 | 57 613 |
| （7）私营企业及个体贷款 | 2 394 140 | 105 774 | 2 288 366 | 349 208 |
| （8）其他短期贷款 | 33 325 030 | 7 641 496 | 25 683 534 | 3 979 061 |
| 其中：个人短期消费贷款 | 627 348 | 345 771 | 281 576 | −29 609 |
| 2. 中长期贷款 | 161 970 959 | 41 089 282 | 120 881 678 | 11 893 584 |
| （1）基本建设贷款 | 63 648 856 | 14 327 423 | 49 321 432 | 6 815 185 |
| （2）技术改造贷款 | 3 282 899 | 1 052 814 | 2 230 085 | −1 037 |
| （3）其他中长期贷款 | 95 039 204 | 25 709 044 | 69 330 160 | 5 079 436 |
| 其中：个人中长期消费贷款 | 32 342 637 | 6 556 275 | 25 786 362 | −421 332 |
| 3. 信托贷款 | | | | |
| 4. 融资租赁 | | | | |
| 5. 委托贷款 | 995 736 | 546 883 | 448 853 | −823 477 |
| 6. 票据融资 | 16 373 470 | 7 558 479 | 8 814 991 | 2 568 967 |
| 其中：买断式贴现 | 16 373 470 | 7 558 479 | 8 814 991 | 2 568 967 |
| 7. 各项垫款 | 125 115 | 67 066 | 58 049 | 38 549 |
| 二、有价证券及投资 | 36 828 327 | 6 582 145 | 30 246 182 | −790 824 |
| 三、应收及预付款 | 3 576 233 | 200 195 | 3 376 038 | 649 370 |
| 其中：应收利息 | 2 030 152 | 463 406 | 1 566 746 | 533 631 |
| 四、同业往来（运用方） | 6 043 482 | −858 348 | 6 901 831 | 646 406 |
| 五、行内资金往来（运用方） | 284 667 141 | 68 830 475 | 215 836 666 | 34 811 605 |
| 六、金银占款 | | | | |
| 七、外汇占款 | 83 520 | 143 922 | −60 402 | −173 469 |
| 八、固定资产 | 3 485 477 | 534 659 | 2 950 818 | 311 576 |
| 九、库存现金 | 1 520 521 | 161 888 | 1 358 633 | 5 837 |
| 资金运用总计 | 584 255 669 | 127 742 922 | 456 512 747 | 57 677 109 |

**表2.5　北京市外资银行人民币信贷收支统计**

单位：万元

| 项目名称 | 2009年 | | 2008年 | |
|---|---|---|---|---|
| | 余额 | 比年初 | 余额 | 比年初 |
| 一、各项存款 | 8 466 460 | 2 391 197 | 6 075 263 | 2 519 454 |
| 1. 企业存款 | 6 944 699 | 2 074 558 | 4 910 829 | 1 955 141 |
| （1）活期存款 | 3 042 533 | 958 340 | 2 084 881 | 672 112 |
| （2）定期存款 | 3 902 166 | 1 116 218 | 2 825 948 | 1 283 029 |
| 2. 机关团体存款 | | | | |
| 3. 储蓄存款 | 1 058 342 | 204 965 | 853 377 | 434 997 |
| （1）活期储蓄 | 283 133 | 107 748 | 175 385 | 8 695 |
| （2）定期储蓄 | 775 209 | 97 217 | 677 992 | 426 302 |
| 4. 农业存款 | | | | |
| 5. 其他存款 | 463 419 | 111 674 | 311 057 | 129 316 |
| 二、代理财政性存款 | | | | |
| 三、金融债券 | | | | |
| 其中：政策性金融债券 | | | | |
| 四、应付及暂收款 | 711 957 | -31 485 | 744 763 | 461 481 |
| 其中：应付及预提利息 | 36 439 | -18 734 | 55 174 | 30 594 |
| 五、卖出回购资产 | | -2 051 | 2 051 | 2 051 |
| 六、向中央银行借款 | | | | |
| 七、同业往来 | 1 266 769 | -235 014 | 1 501 784 | -193 818 |
| 1. 同业存放 | 870 760 | -143 623 | 1 014 384 | -3 418 |
| 2. 同业拆借 | 396 009 | -91 391 | 487 400 | -190 400 |
| 八、行内资金往来 | | | | |
| 九、委托存款及委托投资基金（净） | | | | |
| 1. 委托存款及委托投资基金 | | | | |
| 2. 减：委托贷款及委托投资 | | | | |
| 十、代理金融机构委托贷款基金 | | | | |
| 其中：中央银行委托贷款基金 | | | | |
| 十一、各项准备 | 67 827 | 16 474 | 52 259 | 9 405 |
| 其中：贷款损失准备 | 67 812 | 16 894 | 51 823 | 9 223 |
| 十二、所有者权益 | 535 717 | 71 633 | 463 802 | 145 975 |
| 其中：实收资本 | 404 316 | 33 537 | 370 779 | 80 000 |
| 十三、其他 | -3 045 911 | -1 126 801 | -1 921 053 | -1 679 658 |
| 资金来源总计 | 8 002 820 | 1 083 952 | 6 918 867 | 1 264 891 |

续表

| 项目名称 | 2009 年 | | 2008 年 | |
|---|---|---|---|---|
| | 余额 | 比年初 | 余额 | 比年初 |
| 一、各项贷款 | 6 166 940 | 627 316 | 5 539 624 | 1 016 879 |
| 1. 短期贷款 | 3 043 822 | 11 196 | 3 032 626 | 237 704 |
| （1）工业贷款 | | | | |
| （2）商业贷款 | | | | |
| （3）建筑业贷款 | | | | |
| （4）农业贷款 | | | | |
| （5）乡镇企业贷款 | | | | |
| （6）三资企业贷款 | | | | |
| （7）私营企业及个体贷款 | | | | |
| （8）其他短期贷款 | 3 043 822 | 11 196 | 3 032 626 | 237 704 |
| 其中：个人短期消费贷款 | 2 311 | 443 | 1 868 | -258 |
| 2. 中长期贷款 | 2 818 815 | 546 956 | 2 271 859 | 1 052 533 |
| （1）基本建设贷款 | | | | |
| （2）技术改造贷款 | | | | |
| （3）其他中长期贷款 | 2 818 815 | 546 956 | 2 271 859 | 1 052 533 |
| 其中：个人中长期消费贷款 | 395 492 | 210 833 | 184 659 | 85 811 |
| 3. 票据融资 | 304 304 | 69 165 | 235 139 | -273 358 |
| 其中：贴现 | 304 304 | 69 165 | 235 139 | -273 358 |
| 4. 各项垫款 | | | | |
| 二、有价证券及投资 | 11 036 | -3 115 | 14 151 | -3 755 |
| 三、应收及预付款 | -26 291 | -41 614 | 15 323 | -21 224 |
| 其中：应收利息 | 38 322 | -6 473 | 44 795 | 15 230 |
| 四、买入返售资产 | | | | |
| 五、存放中央准备金存款 | 743 589 | -157 393 | 900 982 | 230 109 |
| 六、存放中央银行特种存款 | | | | |
| 七、缴存中央银行财政性存款 | | | | |
| 八、同业往来 | 1 095 157 | 659 325 | 435 831 | 35 283 |
| 1. 存放同业 | 278 308 | 195 476 | 82 831 | 38 883 |
| 2. 拆放同业 | 816 849 | 463 849 | 353 000 | -3 600 |
| 九、行内资金往来 | | | | |
| 十、代理金融机构贷款 | | | | |
| 其中：代理人行专项贷款 | | | | |
| 十一、库存现金 | 12 388 | -567 | 12 956 | 7 599 |
| 十二、外汇占款 | | | | |
| 资金运用总计 | 8 002 820 | 1 083 952 | 6 918 867 | 1 264 891 |

**表2.6 北京市金融机构（含外资）外汇信贷收支统计**

单位：万美元

| 项目名称 | 2009年 | | 2008年 | |
|---|---|---|---|---|
| | 余额 | 比年初 | 余额 | 比年初 |
| 一、各项存款 | 3 931 706 | 196 634 | 3 735 072 | 544 205 |
| 1. 单位活期存款 | 774 497 | 164 936 | 609 561 | -15 034 |
| 其中：中资存款 | 341 849 | 39 845 | 302 003 | 34 800 |
| 外商投资企业存款 | 224 345 | 60 601 | 163 745 | 48 895 |
| 2. 单位定期存款 | 597 115 | -66 547 | 663 662 | -345 029 |
| 其中：中资企业存款 | 307 680 | -48 087 | 355 767 | -280 532 |
| 外商投资企业存款 | 131 160 | 51 360 | 79 799 | -10 279 |
| 3. 储蓄存款 | 962 291 | 109 452 | 852 838 | 47 353 |
| 其中：定期存款 | 610 613 | 46 328 | 564 285 | 60 044 |
| 4. 信托存款 | | | | |
| 5. 委托存款 | 10 454 | 8 189 | 2 264 | -3 139 |
| 6. 其他类存款 | 1 470 980 | -23 150 | 1 494 131 | 1 011 153 |
| 7. 境外存款 | 116 369 | 3 754 | 112 615 | -151 099 |
| 二、境外筹资 | 58 538 | 19 012 | 39 526 | 2 403 |
| 三、同业存放 | 105 253 | -383 984 | 489 237 | 436 393 |
| 其中：境外同业存放 | 549 | 19 | 530 | -1 027 |
| 四、应付及暂收款 | 240 224 | -29 987 | 270 210 | -7 607 |
| 其中：应付及预提利息 | 21 874 | -38 567 | 60 441 | 29 136 |
| 五、同业拆入 | 97 420 | -95 851 | 193 270 | -54 140 |
| 其中：境外同业拆入 | 97 420 | -95 851 | 193 270 | -54 140 |
| 六、外汇买卖 | 7 110 | 19 586 | -12 476 | -13 347 |
| 其中：结售汇 | 12 690 | 28 131 | -15 441 | -17 219 |
| 七、境内联行存放 | 2 124 494 | 2 124 494 | | |
| 八、境外联行存放 | 76 985 | -61 008 | 137 993 | -63 371 |
| 九、证券业务款项 | | | | |
| 十、各项准备 | 26 929 | 7 335 | 19 593 | 2 101 |
| 其中：贷款损失准备 | 26 732 | 7 411 | 19 320 | 2 324 |
| 十一、所有者权益 | 138 368 | -10 182 | 148 550 | 38 332 |
| 其中：实收资本 | 53 686 | -4 931 | 58 617 | -6 041 |
| 十二、其他 | 1 825 343 | 1 941 428 | -116 085 | 76 185 |
| 资金来源总计 | 8 632 368 | 3 727 478 | 4 904 890 | 961 154 |

续表

| 项目名称 | 2009 年 | | 2008 年 | |
|---|---|---|---|---|
| | 余额 | 比年初 | 余额 | 比年初 |
| 一、各项贷款 | 8 246 829 | 3 819 912 | 4 426 917 | 1 629 188 |
| 1. 短期贷款 | 623 041 | 178 716 | 444 325 | -24 824 |
| （1）境内短期贷款 | 600 762 | 206 740 | 394 022 | -41 668 |
| 其中：中资企业贷款 | 390 668 | 166 175 | 224 494 | -33 809 |
| 外商投资企业贷款 | 117 660 | 9 188 | 108 472 | -15 743 |
| （2）境外短期贷款 | 22 280 | -28 023 | 50 303 | 16 844 |
| 2. 中长期贷款 | 6 860 923 | 3 252 571 | 3 608 352 | 1 843 298 |
| （1）境内中长期贷款 | 1 260 350 | 548 791 | 711 559 | -959 739 |
| 其中：中资企业贷款 | 697 795 | 423 872 | 273 923 | -747 626 |
| 外商投资企业贷款 | 61 211 | -35 076 | 96 286 | -14 993 |
| （2）境外中长期贷款 | 5 600 573 | 2 703 779 | 2 896 793 | 2 803 038 |
| 3. 进出口贸易融资 | 648 060 | 385 826 | 262 235 | -157 706 |
| 4. 票据融资 | 2 089 | -5 361 | 7 450 | -33 344 |
| 其中：贴现 | 1 951 | -5 302 | 7 253 | -31 388 |
| 5. 融资租赁 | | | | |
| 6. 信托贷款 | | | | |
| 7. 委托贷款 | | | | |
| 8. 各项垫款 | 1 278 | 3 | 1 275 | 663 |
| 9. 境外筹资转贷款 | 111 437 | 8 158 | 103 280 | 1 102 |
| 二、有价证券及投资 | 63 996 | 26 378 | 37 618 | -6 385 |
| 三、应收及预付款 | 198 322 | -32 248 | 230 570 | 4 468 |
| 其中：应收及预付利息 | 44 000 | -14 661 | 58 660 | 29 823 |
| 四、存放同业 | 26 890 | -27 898 | 54 788 | 6 083 |
| 其中：存放境外同业 | 26 890 | -27 415 | 54 305 | 5 729 |
| 五、拆放同业 | 24 278 | -9 721 | 33 998 | 2 835 |
| 其中：拆放境外同业 | 19 878 | -9 721 | 29 598 | -1 565 |
| 六、存放境内联行 | | -52 952 | 52 952 | -626 088 |
| 七、存放境外联行 | 39 607 | 6 337 | 33 270 | -44 562 |
| 八、证券业务占款 | | | | |
| 九、库存现金 | 32 445 | -2 332 | 34 777 | -4 384 |
| 资金运用总计 | 8 632 368 | 3 727 478 | 4 904 890 | 961 154 |

**表 2.7　北京市中资金融机构外汇信贷收支统计**

单位：万美元

| 项目名称 | 2009 年 | | 2008 年 | |
|---|---|---|---|---|
| | 余额 | 比年初 | 余额 | 比年初 |
| 一、各项存款 | 3 479 679 | 244 631 | 3 235 048 | 396 250 |
| 1. 单位活期存款 | 613 500 | 139 035 | 474 465 | -78 579 |
| 其中：中资存款 | 329 350 | 46 771 | 282 579 | 20 252 |
| 外商投资企业存款 | 75 887 | 27 702 | 48 185 | -36 |
| 2. 单位定期存款 | 540 035 | -63 984 | 604 019 | -327 700 |
| 其中：中资企业存款 | 303 805 | -47 618 | 351 423 | -277 404 |
| 外商投资企业存款 | 77 955 | 53 455 | 24 500 | 3 921 |
| 3. 储蓄存款 | 853 494 | 101 838 | 751 656 | 30 997 |
| 其中：定期存款 | 530 528 | 49 658 | 480 870 | 36 492 |
| 4. 信托存款 | | | | |
| 5. 委托存款 | 10 454 | 8 189 | 2 264 | -3 139 |
| 6. 其他类存款 | 1 460 980 | 58 987 | 1 401 994 | 919 016 |
| 7. 境外存款 | 1 216 | 566 | 650 | -144 343 |
| 二、境外筹资 | 58 538 | 19 012 | 39 526 | 2 403 |
| 三、同业存放 | 130 553 | -381 321 | 511 874 | 397 666 |
| 其中：境外同业存放 | 310 | 42 | 268 | -600 |
| 四、应付及暂收款 | 153 837 | -65 763 | 219 601 | 7 449 |
| 其中：应付及预提利息 | 20 047 | -29 739 | 49 785 | 23 774 |
| 五、同业拆入 | 1 863 | -564 | 2 427 | 842 |
| 其中：境外同业拆入 | 1 863 | -564 | 2 427 | 842 |
| 六、外汇买卖 | 7 110 | 19 586 | -12 476 | -13 347 |
| 其中：结售汇 | 12 690 | 28 131 | -15 441 | -17 219 |
| 七、境内联行存放 | 2 134 924 | 1 943 106 | 191 817 | 191 820 |
| 八、境外联行存放 | 7 257 | 7 257 | | -159 |
| 九、证券业务款项 | | | | |
| 十、各项准备 | 20 516 | 6 748 | 13 768 | 1 810 |
| 其中：贷款损失准备 | 20 319 | 6 770 | 13 549 | 2 077 |
| 十一、所有者权益 | 66 545 | -5 665 | 72 210 | 34 740 |
| 其中：实收资本 | | | | |
| 十二、其他 | 2 022 727 | 1 983 794 | 38 933 | 39 184 |
| 资金来源总计 | 8 083 549 | 3 770 821 | 4 312 728 | 1 058 659 |

续表

| 项目名称 | 2009 年 | | 2008 年 | |
|---|---|---|---|---|
| | 余额 | 比年初 | 余额 | 比年初 |
| 一、各项贷款 | 7 830 064 | 3 836 533 | 3 993 531 | 1 681 590 |
| 1. 短期贷款 | 421 936 | 115 993 | 305 942 | -26 426 |
| （1）境内短期贷款 | 418 356 | 153 863 | 264 492 | -43 266 |
| 其中：中资企业贷款 | 325 532 | 129 555 | 195 976 | -38 677 |
| 外商投资企业贷款 | 10 018 | -11 761 | 21 779 | -9 163 |
| （2）境外短期贷款 | 3 580 | -37 870 | 41 450 | 16 840 |
| 2. 中长期贷款 | 6 681 429 | 3 331 044 | 3 350 385 | 1 836 803 |
| （1）境内中长期贷款 | 1 149 597 | 614 384 | 535 213 | -962 158 |
| 其中：中资企业贷款 | 640 600 | 453 398 | 187 202 | -756 226 |
| 外商投资企业贷款 | 8 850 | 473 | 8 377 | -9 013 |
| （2）境外中长期贷款 | 5 531 832 | 2 716 660 | 2 815 172 | 2 798 961 |
| 3. 进出口贸易融资 | 613 806 | 381 422 | 232 384 | -124 347 |
| 4. 票据融资 | 179 | -87 | 265 | -6 204 |
| 其中：贴现 | 41 | -28 | 69 | -4 248 |
| 5. 融资租赁 | | | | |
| 6. 信托贷款 | | | | |
| 7. 委托贷款 | | | | |
| 8. 各项垫款 | 1 278 | 3 | 1 275 | 663 |
| 9. 境外筹资转贷款 | 111 437 | 8 158 | 103 280 | 1 102 |
| 二、有价证券及投资 | 55 014 | 17 396 | 37 618 | -6 385 |
| 三、应收及预付款 | 112 515 | -91 099 | 203 614 | 26 295 |
| 其中：应收及预付利息 | 42 047 | -2 977 | 45 024 | 23 064 |
| 四、存放同业 | 20 901 | -20 895 | 41 795 | 9 498 |
| 其中：存放境外同业 | 13 901 | -27 412 | 41 312 | 9 144 |
| 五、拆放同业 | 31 734 | 31 382 | 352 | -13 866 |
| 其中：拆放境外同业 | 6 734 | 6 382 | 352 | -11 566 |
| 六、存放境内联行 | | | | -590 092 |
| 七、存放境外联行 | 3 329 | -36 | 3 365 | -43 510 |
| 八、证券业务占款 | | | | |
| 九、库存现金 | 29 993 | -2 461 | 32 453 | -4 872 |
| 资金运用总计 | 8 083 549 | 3 770 821 | 4 312 728 | 1 058 659 |

**表 2.8　北京市外资银行外汇信贷收支统计**

单位：万美元

| 项目名称 | 2009 年 | | 2008 年 | |
|---|---|---|---|---|
| | 余额 | 比年初 | 余额 | 比年初 |
| 一、各项存款 | 452 027 | -47 997 | 500 024 | 147 955 |
| 1. 单位活期存款 | 160 997 | 25 901 | 135 097 | 63 546 |
| 其中：中资存款 | 12 499 | -6 925 | 19 424 | 14 548 |
| 外商投资企业存款 | 148 458 | 32 898 | 115 559 | 48 931 |
| 2. 单位定期存款 | 57 080 | -2 563 | 59 643 | -17 328 |
| 其中：中资企业存款 | 3 875 | -469 | 4 344 | -3 128 |
| 外商投资企业存款 | 53 205 | -2 094 | 55 299 | -14 201 |
| 3. 储蓄存款 | 108 796 | 7 614 | 101 182 | 16 357 |
| 其中：定期存款 | 80 085 | -3 331 | 83 415 | 23 552 |
| 4. 其他存款 | 10 603 | -81 990 | 92 593 | 91 445 |
| 5. 境外存款 | 114 550 | 3 041 | 111 509 | -6 064 |
| 二、境内中长期筹资 | | | | |
| 三、卖出回购资产 | | | | |
| 四、境外筹资 | | | | |
| 五、向中央银行借款 | | | | |
| 六、中央银行存款 | | | | |
| 七、应付及暂收款 | 86 386 | 35 776 | 50 610 | -15 056 |
| 其中：应付及预提利息 | 1 828 | -8 828 | 10 656 | 5 362 |
| 八、同业存放 | 43 414 | 12 186 | 31 228 | -17 085 |
| （1）境内同业存放 | 43 174 | 12 209 | 30 966 | -16 658 |
| （2）境外同业存放 | 240 | -23 | 263 | -427 |
| 九、同业拆入 | 160 557 | -90 641 | 251 198 | -10 640 |
| （1）境内同业拆入 | 65 000 | 4 645 | 60 355 | 44 343 |
| （2）境外同业拆入 | 95 557 | -95 286 | 190 843 | -54 982 |
| 十、委托基金存款（净） | | | | |
| 十一、外汇买卖 | | | | |
| 其中：结售汇 | | | | |
| 十二、境内联行存放 | -38 590 | 230 389 | -268 980 | -187 285 |
| 十三、境外联行存放 | 69 727 | -68 265 | 137 993 | -63 212 |
| 十四、各项准备 | 6 413 | 588 | 5 825 | 290 |
| 其中：贷款损失准备 | 6 413 | 642 | 5 771 | 248 |
| 十五、所有者权益 | 71 822 | -4 517 | 76 339 | 3 592 |
| 其中：实收资本 | 53 686 | -4 931 | 58 617 | -6 041 |
| 十六、其他 | -66 543 | -22 554 | -43 989 | 27 596 |
| 资金来源总计 | 785 214 | 44 966 | 740 248 | -113 843 |

续表

| 项目名称 | 2009年 | | 2008年 | |
|---|---|---|---|---|
| | 余额 | 比年初 | 余额 | 比年初 |
| 一、各项贷款 | 416 765 | -16 621 | 433 386 | -52 402 |
| 1. 短期贷款 | 201 106 | 62 723 | 138 383 | 1 602 |
| （1）境内短期贷款 | 182 406 | 52 876 | 129 530 | 1 598 |
| 其中：中资企业贷款 | 65 136 | 36 619 | 28 517 | 4 868 |
| 外商投资企业贷款 | 107 642 | 20 948 | 86 694 | -6 579 |
| （2）境外短期贷款 | 18 700 | 9 847 | 8 853 | 4 |
| 2. 中长期贷款 | 179 494 | -78 473 | 257 967 | 6 496 |
| （1）境内中长期贷款 | 110 754 | -65 592 | 176 346 | 2 419 |
| 其中：中资企业贷款 | 57 195 | -29 526 | 86 722 | 8 600 |
| 外商投资企业贷款 | 52 361 | -35 549 | 87 909 | -5 980 |
| （2）境外中长期贷款 | 68 741 | -12 881 | 81 622 | 4 077 |
| 3. 进出口贸易融资 | 34 255 | 4 404 | 29 851 | -33 359 |
| 4. 票据融资 | 1 910 | -5 274 | 7 185 | -27 140 |
| 其中：贴现 | 1 910 | -5 274 | 7 185 | -27 140 |
| 5. 各项垫款 | | | | |
| 6. 境外筹资转贷款 | | | | |
| 二、投资 | 42 649 | 9 146 | 33 503 | -286 |
| 1. 购买有价证券 | 39 667 | 6 164 | 33 503 | -286 |
| 其中：购买境外有价证券 | | | | |
| 2. 其他投资 | 2 981 | 2 981 | | |
| 其中：投资境外 | 2 981 | 2 981 | | |
| 三、应收及预付款 | 85 807 | 58 851 | 26 956 | -21 827 |
| 其中：应收及预付利息 | 1 952 | -11 684 | 13 636 | 6 760 |
| 四、买入返售资产 | | | | |
| 五、存放中央银行 | 1 124 | -1 392 | 2 516 | 132 |
| 其中：缴存准备金 | 910 | 87 | 823 | -348 |
| 六、存放同业 | 48 691 | -2 789 | 51 480 | -59 681 |
| （1）存放境内同业 | 35 702 | -2 786 | 38 488 | -56 265 |
| （2）存放境外同业 | 12 989 | -3 | 12 992 | -3 416 |
| 七、拆放同业 | 151 446 | -8 731 | 160 177 | 20 785 |
| （1）拆放境内同业 | 138 302 | 7 372 | 130 930 | 10 785 |
| （2）拆放境外同业 | 13 144 | -16 103 | 29 246 | 10 000 |
| 八、存放境内联行 | | | | |
| 九、存放境外联行 | 36 279 | 6 373 | 29 905 | -1 052 |
| 十、库存现金 | 2 453 | 129 | 2 324 | 488 |
| 资金运用总计 | 785 214 | 44 966 | 740 248 | -113 843 |

**表 2.9　2005～2009 年北京市金融机构存贷款情况**

单位：亿元、%

| 项　目　名　称 | 2009 年 | 2008 年 | 2007 年 | 2006 年 | 2005 年 |
|---|---|---|---|---|---|
| **一、存款总量** | | | | | |
| 金融机构（含外资）本外币 | 56 960 | 43 981 | 37 700 | 33 793 | 28 970 |
| 比上年增长 | 27.54 | 16.66 | 11.56 | 16.65 | 21.82 |
| 中资金融机构本外币 | 55 805 | 43 095 | 37 087 | 33 484 | 28 801 |
| 比上年增长 | 27.67 | 16.20 | 10.76 | 16.26 | 21.63 |
| 中资金融机构本币 | 53 429 | 41 500 | 35 014 | 31 179 | 26 731 |
| 比上年增长 | 28.74 | 18.52 | 12.30 | 16.64 | 23.61 |
| 外资银行本外币 | 1 155 | 886 | 613 | 309 | 169 |
| 比上年增长 | 21.71 | 44.65 | 98.16 | 82.80 | 65.69 |
| 附一：企业存款本外币 | 30 475 | 24 311 | 22 050 | 19 177 | 16 340 |
| 比上年增长 | 26.10 | 10.25 | 14.98 | 17.36 | 23.38 |
| 附二：储蓄存款本外币 | 15 329 | 12 538 | 9 743 | 9 515 | 8 316 |
| 比上年增长 | 22.26 | 28.68 | 2.40 | 14.42 | 16.24 |
| #储蓄存款本币 | 14 672 | 11 955 | 9 113 | 8 705 | 7 478 |
| **二、贷款总量** | | | | | |
| 金融机构（含外资）本外币 | 31 053 | 23 011 | 19 861 | 18 132 | 15 335 |
| 比上年增长 | 34.95 | 16.66 | 13.43 | 18.62 | 14.67 |
| 中资金融机构本外币 | 30 152 | 22 161 | 19 054 | 17 632 | 14 997 |
| 比上年增长 | 36.06 | 17.15 | 12.06 | 17.97 | 14.41 |
| 中资金融机构本币 | 24 805 | 19 431 | 17 360 | 15 487 | 13 792 |
| 比上年增长 | 27.66 | 12.83 | 14.55 | 12.72 | 11.27 |
| 外资银行本外币 | 901 | 850 | 807 | 500 | 339 |
| 比上年增长 | 6.01 | 5.28 | 61.55 | 47.51 | 27.92 |
| 附三：短期贷款本外币 | 7 587 | 7 110 | 6 418 | 5 377 | 5 167 |
| 比上年增长 | 6.72 | 12.65 | 19.52 | 4.28 | 5.89 |
| 短期贷款本币 | 6 859 | 6 807 | 6 077 | 5 096 | 4 806 |
| 比上年增长 | 5.46 | 13.97 | 19.42 | 6.26 | 4.69 |
| 附四：中长期贷款本外币 | 21 164 | 14 688 | 12 218 | 11 143 | 8 632 |
| 比上年增长 | 44.08 | 20.49 | 13.49 | 29.65 | 16.22 |
| 中长期贷款本币 | 16 197 | 12 222 | 10 927 | 9 449 | 7 884 |
| 比上年增长 | 35.03 | 12.16 | 19.57 | 20.46 | 12.34 |

注：本表中各指标增长速度按可比口径计算，项目附一、附二、附三、附四数据口径均为北京市金融机构（含外资）。

## 表 2.10 北京市中资银行人民币存贷款（区县表）

单位：亿元

| 区县名称 | 各项存款 | 企业存款 | 储蓄存款 | 农业存款 | 其他存款 |
|---|---|---|---|---|---|
| **全市合计** | **52 730** | **28 712** | **14 566** | **1 166** | **8 287** |
| 首都功能核心区 | 23 535 | 13 934 | 3 968 | 96 | 5 538 |
| 东城区 | 5 577 | 3 728 | 1 171 | 7 | 671 |
| 西城区 | 13 923 | 8 475 | 1 568 | 80 | 3 800 |
| 崇文区 | 1 623 | 842 | 638 | 3 | 140 |
| 宣武区 | 2 412 | 888 | 590 | 6 | 927 |
| 城市功能拓展区 | 23 661 | 12 863 | 7 848 | 539 | 2 410 |
| 朝阳区 | 8 493 | 4 536 | 3 021 | 184 | 752 |
| 海淀区 | 2 753 | 899 | 1 382 | 143 | 329 |
| 丰台区 | 915 | 512 | 316 | 21 | 66 |
| 石景山区 | 11 500 | 6 917 | 3 129 | 191 | 1 264 |
| 城市发展新区 | 3 533 | 1 253 | 1 764 | 320 | 196 |
| 昌平区 | 196 | 52 | 105 | 20 | 19 |
| 通州区 | 634 | 185 | 348 | 54 | 47 |
| 顺义区 | 855 | 293 | 442 | 71 | 49 |
| 大兴县 | 929 | 428 | 388 | 85 | 29 |
| 房山区 | 919 | 295 | 481 | 90 | 53 |
| 生态涵养发展区 | 2 001 | 661 | 987 | 210 | 142 |
| 门头沟区 | 1 123 | 400 | 518 | 123 | 82 |
| 平谷区 | 258 | 85 | 129 | 31 | 12 |
| 密云县 | 232 | 66 | 119 | 22 | 24 |
| 怀柔区 | 247 | 72 | 138 | 22 | 15 |
| 延庆县 | 142 | 38 | 83 | 12 | 9 |

续表

| 区 县 名 称 | 各项贷款 | | | |
|---|---|---|---|---|
| | | 短期贷款 | 中长期贷款 | 其他贷款 |
| **全市合计** | **24 365** | **6 726** | **15 989** | **1 650** |
| 首都功能核心区 | 13 860 | 3 722 | 8 723 | 1 415 |
| 东城区 | 2 286 | 653 | 1 562 | 71 |
| 西城区 | 9 645 | 2 635 | 5 912 | 1 099 |
| 崇文区 | 771 | 194 | 575 | 2 |
| 宣武区 | 1 158 | 240 | 675 | 243 |
| 城市功能拓展区 | 8 312 | 2 451 | 5 763 | 98 |
| 朝阳区 | 3 735 | 920 | 2 753 | 62 |
| 海淀区 | 1 021 | 228 | 788 | 5 |
| 丰台区 | 252 | 67 | 180 | 5 |
| 石景山区 | 3 305 | 1 236 | 2 043 | 26 |
| 城市发展新区 | 1 295 | 339 | 934 | 22 |
| 昌平区 | 43 | 12 | 30 | 1 |
| 通州区 | 186 | 41 | 143 | 3 |
| 顺义区 | 249 | 43 | 195 | 11 |
| 大兴县 | 551 | 198 | 349 | 4 |
| 房山区 | 266 | 45 | 217 | 3 |
| 生态涵养发展区 | 897 | 214 | 568 | 114 |
| 门头沟区 | 558 | 98 | 354 | 106 |
| 平谷区 | 83 | 27 | 53 | 3 |
| 密云县 | 104 | 31 | 71 | 3 |
| 怀柔区 | 101 | 36 | 63 | 2 |
| 延庆县 | 51 | 22 | 28 | 1 |

注：本表机构包括国家开发银行及其他政策性银行、国有商业银行、股份制商业银行、邮政储蓄银行、城市商业银行、农村商业银行。

**表 2.11　北京市金融机构现金收支情况**

单位：亿元

| 项　目　名　称 | 2009 年 | 2008 年 | 2007 年 | 2006 年 | 2005 年 |
|---|---|---|---|---|---|
| **现金收入合计** | **28 455.552** | **27 248.2** | **28 986.3** | **23 484.4** | **20 634.2** |
| 商品销售收入 | 2 394.5 | 2 292.0 | 2 378.6 | 2 468.4 | 2 569.5 |
| 服务业收入 | 1 059.3 | 1 052.4 | 1 097.3 | 1 020.0 | 955.9 |
| 行政税费收入 | 25.5 | 36.1 | 42.2 | 37.5 | 42.6 |
| 城乡个体经营收入 | 136.6 | 114.1 | 131.9 | 144.0 | 200.3 |
| 储蓄存款收入 | 21 076.5 | 19 285.7 | 21 470.0 | 17 236.7 | 14 582.5 |
| 其他金融机构收入 | 121.2 | 121.3 | 122.6 | 133.2 | 106.5 |
| 汇兑收入 | 106.5 | 197.9 | 267.6 | 203.9 | 237.7 |
| 有价证券及其他投资性收入 | 26.0 | 29.7 | 41.3 | 55.8 | 63.0 |
| 其他收入 | 3 509.5 | 4 118.9 | 3 434.8 | 2 135.4 | 1 876.2 |
| 其中：兑换外币收入 | 3 492.8 | 104.5 | 106.2 | 49.4 | 20.4 |
| **现金支出合计** | **28 490.476** | **27 238.9** | **28 748.0** | **23 301.0** | **20 455.6** |
| 工资性支出 | 1 197.2 | 1 172.6 | 1 170.2 | 1 150.1 | 1 077.2 |
| 农副产品采购支出 | 136.2 | 161.1 | 179.2 | 161.4 | 237.0 |
| 工矿及其他产品采购支出 | 79.1 | 119.6 | 164.6 | 174.7 | 172.7 |
| 行政企事业管理与经营费支出 | 1 807.4 | 1 813.5 | 1 853.2 | 1 830.7 | 1 832.1 |
| 城乡个体经营支出 | 254.1 | 242.2 | 265.6 | 347.7 | 497.4 |
| 储蓄存款支出 | 21 104.1 | 19 112.2 | 21 145.3 | 16 924.1 | 14 388.0 |
| 其他金融机构支出 | 34.4 | 31.9 | 95.5 | 136.1 | 148.5 |
| 汇兑支出 | 49.2 | 60.7 | 82.6 | 59.8 | 65.4 |
| 有价证券及其他投资性支出 | 31.4 | 38.7 | 68.9 | 42.2 | 39.5 |
| 其他支出 | 3 797.4 | 4 486.3 | 3 723.1 | 2 250.7 | 1 997.8 |
| 其中：兑换外币支出 | 79.3 | 182.9 | 287.1 | 223.4 | 217.2 |

以上统计表制表单位：中国人民银行营业管理部调查统计处。

**表2.12 北京辖区直接外债余额**

单位：亿美元

| 年份 | 总计 | 为上年（%） | 中长期债务 | 占总计（%） | 短期债务 | 占总计（%） |
|---|---|---|---|---|---|---|
| 2005 | 936.93 | 99.29 | 845.27 | 90.22 | 91.66 | 9.78 |
| 2006 | 1 047.44 | 111.79 | 791.66 | 75.58 | 255.78 | 24.42 |
| 2007 | 1 272.75 | 121.51 | 960.81 | 75.49 | 311.94 | 24.51 |
| 2008 | 1 332.33 | 104.68 | 889.25 | 66.74 | 443.08 | 33.26 |
| 2009 | 1 407.33 | 105.63 | 1 057.35 | 75.13 | 349.98 | 24.87 |

制表单位：国家外汇管理局北京外汇管理部。

**表2.13 2009年北京市银行系统发行储蓄国债统计（凭证式）**

单位：亿元

| | 金额 |
|---|---|
| 第一期 | 39.5 |
| 第二期 | 63.1 |
| 第三期 | 59.9 |
| 第四期 | 61.5 |
| 第五期 | 44.5 |
| 合计 | 268.5 |

**表2.14 2009年北京市银行系统发行储蓄国债统计（电子式）**

单位：亿元

| | 金额 |
|---|---|
| 第一期 | 11.21 |
| 第二期 | 5.96 |
| 第三期 | 25.46 |
| 第四期 | 4.55 |
| 第五期 | 16.56 |
| 第六期 | 17.83 |
| 第七期 | 6.71 |
| 第八期 | 10.12 |
| 合计 | 98.40 |

制表单位：中国人民银行营业管理部国库处。

**表 2.15　证券市场交易量及保险业务情况（1994～2009 年）**

单位：亿元

| 年　份 | 证券市场交易量 | 股票交易 | 基金交易 | 债券交易 | 权证交易 | 其他交易 | 原保险保费收入 | 保险赔付支出 |
|---|---|---|---|---|---|---|---|---|
| 1994 | 183.26 | 135.51 | | 47.75 | | | | |
| 1995 | 1 619.04 | 520.48 | | 152.31 | | 946.25 | | |
| 1996 | 5 224.77 | 2 900.63 | | 2 324.06 | | 0.07 | | |
| 1997 | 7 934.42 | 3 900.93 | | 3 844.82 | | 188.67 | 102.52 | |
| 1998 | 10 241.50 | 3 426.37 | 187.02 | 6 435.43 | | 192.68 | 88.62 | |
| 1999 | 10 694.46 | 5 268.19 | 341.74 | 5 005.52 | | 79.01 | 91.82 | 29.88 |
| 2000 | 14 456.98 | 9 136.52 | 346.02 | 4 825.91 | | 148.53 | 93.44 | 28.44 |
| 2001 | 12 596.50 | 5 339.61 | 400.61 | 6 729.69 | | 126.60 | 141.32 | 31.98 |
| 2002 | 12 565.91 | 3 788.22 | 485.77 | 8 216.53 | | 75.39 | 234.07 | 46.92 |
| 2003 | 23 369.83 | 5 041.4 | 110.45 | 18 048.37 | | 169.60 | 282.54 | 48.01 |
| 2004 | 18 512.92 | 7 247.72 | 78.94 | 10 928.92 | | 257.33 | 279.30 | 55.31 |
| 2005 | 9 322.49 | 4 343.65 | 91.30 | 4 567.28 | | 320.26 | 498.20 | 75.40 |
| 2006 | 19 557.06 | 14 851.55 | 298.27 | 2 075.20 | | 2 332.04 | 411.60 | 83.99 |
| 2007 | 97 978.66 | 77 487.83 | 1 534.96 | 2 060.09 | 9 756.74 | 7 139.04 | 498.10 | 135.38 |
| 2008 | 62 773.56 | 46 231.27 | 1 389.37 | 4 052.52 | 9 587.51 | 1 512.89 | 585.95 | 188.93 |
| 2009 | 94 549.12 | 80 867.36 | 1 717.02 | 1 754.94 | 9 534.09 | 675.70 | 697.60 | 196.01 |

注：证券数据由北京证监局提供；保险数据由北京保监局提供。

**表 2.16　证券市场交易量（上年 =100）**

单位：亿元

| 项　　目 | 2009 年 | 2008 年 | 2009 年为 2008 年% |
|---|---|---|---|
| **合　　计** | **94 549.12** | **62 773.56** | **150.62** |
| 股票交易 | 80 867.36 | 46 231.27 | 174.92 |
| 基金交易 | 1 717.02 | 1 389.37 | 123.58 |
| 债券交易 | 1 754.94 | 4 052.51 | 43.31 |
| 债券现货交易 | 478.35 | 648.47 | 73.77 |
| 债券回购交易 | 1 276.59 | 3 404.04 | 37.5 |
| 权证交易 | 9 534.09 | 9 587.51 | 99.44 |
| 其他交易 | 675.7 | 1 512.89 | 44.66 |

**表 2.17　北京辖区证券公司客户交易结算资金第三方存管上线情况统计**

| 第三方存管上线情况 | | | |
|---|---|---|---|
| 公司营业部总数（个） | 累计已上线客户数量（户） | 本期上线客户数量（户） | 实施第三方存管的客户交易结算资金金额（亿元） |
| 456 | 6 826 105 | 75 923 | 1 488.74 |

**表 2.18　北京辖区证券公司服务特定机构或产品相关信息统计**

| 类别 | 数量（个） | 租用席位（交易单元）数量（个） | 证券账户数量（个） | 指定或托管的证券市值（亿元） |
|---|---|---|---|---|
| 证券投资基金公司 | | 1 097 | | |
| 信托产品或信托公司 | | | 2 052 | 291.36 |
| 通过公司进行交易的 QFII | 50 | | | |
| 其他 | | | | |

**表 2.19　北京辖区证券营业部产品销售情况**

| 类别 | 产品 | 金额（万元） | 收入（万元） |
|---|---|---|---|
| 销售本公司产品 | 理财产品销售 | 326 209.66 | 1 098.77 |
| | 其他产品销售 | 8 996.98 | 145.80 |
| | 小计 | 335 206.64 | 1 244.57 |
| 代理销售其他公司产品 | 基金产品销售 | 2 670 759.07 | 5 495.85 |
| | 证券公司理财产品销售 | 43 789.04 | 6.91 |
| | 债券销售 | 348 586.44 | 38.52 |
| | 其中：国债销售 | 74 464.65 | 11.42 |
| | 公司债销售 | 95 476.78 | 5.98 |
| | 企业债销售 | 160 017.04 | 20.85 |
| | 信托产品销售 | 2 200.00 | |
| | 其他产品销售 | 300.00 | |
| | 小　　计 | 3 065 634.55 | 5 541.28 |
| | 合　　计 | 3 400 841.19 | 6 785.86 |

**表 2.20　北京辖区基金管理公司业务综合统计**

| 指标 | 2009 年 12 月 | | 2008 年 12 月 | |
|---|---|---|---|---|
| | 绝对值（单位见指标项） | 同比增长（增减）（单位见指标项） | 绝对值（单位见指标项） | 同比增长（增减）（单位见指标项） |
| 总部设在辖内的基金管理公司数（家） | 11 | -8.33 | 12 | |
| 其中：中外合资基金管理公司数（家） | 5 | | 5 | |
| 辖区法人基金管理公司数（家） | 7 | | 7 | |
| 其中：中外合资基金管理费公司数（家） | 3 | | 3 | |
| 辖区基金管理公司管理基金数（只） | 119 | 19.00 | 100 | 15.00 |
| 其中：封闭式基金数（只） | 8 | | 8 | 1.00 |
| 开放式基金数（只） | 111 | 20.65 | 92 | 14.00 |
| 辖区基金管理公司管理基金年末总规模（亿份） | 6 701.86 | -8.01 | 7 285.48 | 1 425.81 |
| 其中：封闭式基金总规模（亿份） | 343.29 | 55.03 | 221.43 | 46.43 |
| 开放式基金总规模（亿份） | 6 358.57 | -9.99 | 7 064.05 | 1 379.38 |
| 辖区基金管理公司管理基金年末资产净值（亿元） | 7 617.02 | 28.39 | 5 932.77 | -2 587.30 |
| 其中：封闭式基金资产净值（亿元） | 381.4 | 128.84 | 166.67 | -376.12 |
| 开放式基金资产净值（亿元） | 7 235.62 | 25.49 | 5 766.1 | -2 211.18 |
| 辖区基金管理公司 QDII 总规模（亿份） | 513.26 | -7.03 | 552.05 | 552.05 |
| 辖区基金管理公司 QDII 总净值（亿元） | 393.5 | 46.64 | 268.35 | 268.35 |
| 辖区基金管理公司当年新发基金数（只） | 19 | -5.00 | 20 | 4.00 |
| 辖区基金管理公司新发基金首次募集规模（亿份） | 1 118.44 | 122.09 | 503.59 | -1 397.61 |
| 辖区基金管理公司新发基金首次募集金额（亿元） | 1 118.44 | 122.09 | 503.59 | -1 397.61 |
| 辖区基金管理公司新发基金年末净值（亿元） | 1 021.89 | 146.33 | 414.85 | 414.85 |

**表 2.21　北京辖区上市公司情况统计（2005～2009 年）**

| 项目 | 2005 年 | 2006 年 | 2007 年 | 2008 年 | 2009 年 |
|---|---|---|---|---|---|
| 股票市值总价（亿元） | 7 610.86 | 50 029.48 | 204 030.16 | 76 855.88 | 128 026.81 |
| 其中：股票流通市值（亿元） | | | 15 891.21 | 8 548.53 | 47 089.22 |
| 境内上市公司数（A 股）（家） | 83 | 92 | 103 | 109 | 126 |
| 境内上市外资股（B 股）（家） | 1 | 1 | 1 | 1 | 1 |
| 境外上市公司数（H 股）（家）注：北京上市公司发行 H 股家数 | 4 | 10 | 16 | 19 | 21 |

以上统计表制表单位：北京证监局。

**表 2.22　北京市保险业务统计**

单位：万元、%

| 指标项目 | 2009 年 | 2008 年 | 增长率 |
|---|---|---|---|
| 一、原保险保费收入 | 6 975 952.11 | 5 859 464.73 | 19.05 |
| 1. 财产险 | 1 644 197.29 | 1 341 396.44 | 22.57 |
| 其中：机动车辆保险 | 1 095 789.70 | 890 797.78 | 23.01 |
| 2. 人身意外伤害险 | 102 890.96 | 95 845.55 | 7.35 |
| 3. 健康险 | 568 334.93 | 516 459.54 | 10.02 |
| 4. 寿险 | 4 660 528.94 | 3 905 763.20 | 19.32 |
| 二、原保险赔付支出 | 1 960 117.24 | 1 889 276.33 | 3.75 |
| 1. 财产保险 | 853 643.96 | 678 777.16 | 25.76 |
| 其中：机动车辆保险 | 655 579.83 | 560 039.29 | 17.06 |
| 2. 人身意外伤害险 | 16 164.62 | 15 685.24 | 3.06 |
| 3. 健康险 | 188 794.64 | 159 190.93 | 18.60 |
| 4. 寿险 | 901 514.01 | 1 035 623.00 | -12.95 |

注：1. “原保险保费收入”为按《企业会计准则（2006）》设置的统计指标，指保险企业确认的原保险合同保费收入。

2. “原保险赔付支出”为按《企业会计准则（2006）》设置的统计指标，指保险企业支付的原保险合同赔付款项。

3. 原保险保费收入、原保险赔付支出为本年累计数。

4. 上述数据来源于各公司报送的保险数据，未经审计。

**表 2.23　北京市各财产保险公司业务统计**

单位：万元、%

| | 公司名称 | 本　年　累　计 | | | |
|---|---|---|---|---|---|
| | | 保费收入 | 同比增长 | 赔款支出 | 同比增长 |
| 中资 | 人保股份北京分公司 | 584 782.28 | 22.60 | 339 300.90 | 18.38 |
| | 大地财产北京分公司 | 19 620.04 | 17.96 | 10 682.97 | 2.35 |
| | 出口信用北京分公司（虚拟） | 102 338.87 | -14.83 | 1 070.33 | -36.49 |
| | 中华联合北京分公司 | 61 489.85 | 2.28 | 42 401.48 | -4.78 |
| | 太保财北京分公司 | 221 210.74 | 22.75 | 108 896.30 | 12.12 |
| | 平安财北京分公司 | 257 179.28 | 31.19 | 184 360.84 | 76.33 |
| | 华泰北京分公司 | 85 504.46 | 1.45 | 33 369.09 | -0.56 |
| | 天安北京分公司 | 7 931.24 | 103.88 | 2 721.55 | -53.93 |
| | 华安北京分公司 | 7 450.43 | 1 161.93 | 673.61 | -41.36 |
| | 永安北京分公司 | 13 873.48 | -20.37 | 10 137.63 | -3.85 |
| | 太平保险北京分公司 | 16 068.67 | 19.09 | 6 085.47 | -12.64 |
| | 民安北京分公司 | 3 967.47 | -12.89 | 2 142.10 | 114.33 |
| | 中银保险北京分公司 | 11 246.16 | 44.12 | 4 787.13 | 47.49 |
| | 永诚北京分公司 | 22 767.42 | 72.83 | 7 679.74 | 35.83 |
| | 安邦北京分公司 | 23 605.06 | 66.66 | 11 913.31 | -20.83 |
| | 信达财险北京分公司（虚拟） | 1 431.39 | | 1.28 | |
| | 安华农业北京分公司 | 7 430.61 | -17.99 | 8 205.91 | 42.42 |
| | 天平车险北京分公司 | 13 570.57 | 25.62 | 6 129.69 | -9.15 |
| | 阳光财产北京分公司 | 22 851.54 | -20.62 | 14 569.42 | 13.26 |
| | 都邦北京分公司（虚拟） | 12 840.96 | -9.28 | 7 711.55 | -4.24 |
| | 渤海北京分公司 | 1 734.49 | -71.51 | 2 674.22 | 3.46 |

续表

| | 公司名称 | 本年累计 | | | |
|---|---|---|---|---|---|
| | | 保费收入 | 同比增长 | 赔款支出 | 同比增长 |
| 中资 | 华农北京分公司 | 3 097.18 | -42.41 | 2 771.88 | 5.51 |
| | 国寿财产北京分公司 | 53 297.79 | 12.06 | 29 098.85 | 87.40 |
| | 安诚北京分公司 | 7 213.92 | -3.07 | 5 327.71 | 147.26 |
| | 长安责任北京分公司 | 14 965.20 | 42.69 | 8 686.27 | 748.01 |
| | 英大财产北京分公司（虚拟） | 63 885.27 | 4 246.97 | 11 956.17 | |
| 小计 | | 1 641 354.37 | 21.51 | 863 355.43 | 25.97 |
| 外资 | 美亚北京分公司 | 984.90 | | 61.82 | |
| | 太阳联合北京分公司 | 21.60 | | | |
| | 三星北京分公司 | 5 961.04 | -27.90 | 2 217.21 | 22.59 |
| | 利宝互助北京分公司 | 4 203.07 | | 496.63 | |
| | 苏黎世北京分公司（虚拟） | 12 198.54 | 24.84 | 405.35 | -81.23 |
| | 现代财产北京分公司（虚拟） | 8 024.66 | 35.61 | 3 510.92 | 35.30 |
| | 中意财产北京分公司（虚拟） | 9 043.40 | 255.22 | 677.04 | 64.55 |
| 小计 | | 40 437.22 | 52.58 | 7 368.97 | 5.66 |
| 合计 | | 1 681 791.59 | 22.11 | 870 724.40 | 25.77 |

注：虚拟是指未设立北京分公司的保险公司在北京开展的业务。

**表 2.24 北京市各人身保险公司业务统计**

单位：万元、%

| 公司 | 原保费收入 | 同比 | 退保金 | 同比 | 赔款支出 | 同比 | 死伤医疗给付 | 同比 | 满期给付 | 同比 | 年金给付 | 同比 |
|---|---|---|---|---|---|---|---|---|---|---|---|---|
| 国寿股份京分 | 126 371.59 | 28.78 | 91 623.33 | -14.57 | 31 930.31 | 18.67 | 17 654.28 | 47.14 | 175 082.20 | -4.60 | 14 891.49 | 23.50 |
| 太保寿京分 | 11 310.65 | -60.62 | 47 725.48 | -0.54 | 2 529.59 | -8.94 | 3 055.76 | -1.74 | 86 205.22 | -16.68 | 5 507.43 | 17.74 |
| 平安寿京分 | 33 365.45 | -12.40 | 124 115.29 | -2.74 | 26 054.67 | 9.40 | 23 719.39 | 13.08 | 130 944.97 | -42.01 | 47 237.33 | 14.68 |
| 新华京分 | 39 995.79 | -53.06 | 115 799.87 | -35.38 | 11 106.11 | 13.68 | 7 155.77 | -18.79 | 68 601.42 | -66.47 | 29 881.49 | 110.06 |
| 泰康京分 | 87 371.55 | 4.25 | 230 298.37 | 51.65 | 8 843.44 | 12.86 | 4 957.53 | 46.63 | 16 003.78 | -66.81 | 5 785.39 | -26.14 |
| 太平人寿京分 | 6 254.73 | -22.58 | 35 580.07 | -24.87 | 3 887.28 | -18.34 | 1 652.40 | 93.01 | 3 729.24 | 334.93 | 2 489.40 | 79.56 |
| 民生人寿京分 | 899.22 | -20.72 | 13 531.28 | 361.67 | 339.10 | -10.64 | 222.76 | -3.53 | 6 143.86 | 245.83 | 339.30 | 190.31 |
| 生命人寿京分 | 1 530.99 | -64.48 | 3 494.46 | -61.20 | 237.99 | 46.65 | 114.56 | 7.12 | 552.72 | 14.47 | 2.24 | 399.00 |
| 国寿存续京分 | 2 526.67 | -8.15 | 1 752.68 | -49.75 | 86.70 | -28.39 | 2 417.96 | -16.14 | 14 054.39 | 85.18 | 15 609.51 | 11.94 |
| 平安养老京分 | 5 565.97 | 238.02 | 53.33 | 88.23 | 1 486.79 | | | | | | 42.19 | 274.20 |
| 合众人寿京分 | 973.76 | -83.82 | 5 450.31 | 47.19 | 3 466.28 | -67.54 | 140.90 | 164.13 | 15.38 | | 71.64 | 110.64 |
| 太平养老京分 | | | | | | | | | | | | |
| 平安健康京分 | 293.03 | | 1.39 | 126.33 | 2 248.09 | 1 713.71 | 67.68 | 259.23 | | | | |
| 人保健康北分 | 7 792.70 | 4.90 | 583.33 | 156.39 | 8 961.09 | 21.89 | 66.85 | 1 485.70 | 8 245.42 | 69.37 | | |
| 华夏人寿京分 | 5 669.86 | -68.00 | 22 601.44 | 13 352.86 | 309.27 | 197.23 | 1.49 | | | | 7.46 | |
| 正德人寿京分 | 123.38 | 107.90 | 1 570.81 | -88.48 | 24.91 | -97.13 | 5.00 | -50.00 | | | | |
| 信泰京分 | 299.84 | -50.83 | 782.01 | 1 578.85 | 771.45 | 612.46 | — | | | | | |
| 嘉禾人寿京分 | 650.09 | -85.11 | 6 500.19 | -55.20 | 143.85 | -86.35 | 102.70 | 127.02 | 28.11 | 688.28 | 33.65 | |
| 长城京分 | 903.26 | -73.50 | 4 416.61 | 94.27 | 1 765.20 | -32.62 | 71.78 | 26.13 | 4.32 | | 217.25 | 272.26 |
| 昆仑健康京分 | 4 266.43 | 173.74 | 1.59 | 6 128.70 | 1 165.02 | 3 183.60 | 6.88 | | 1 582.50 | | | |
| 人保寿险京分 | 42 909.96 | 8.64 | 12 760.78 | -74.36 | 951.89 | 96.26 | 495.77 | 71.46 | 191.60 | 987.36 | 81 226.02 | 2 810.56 |
| 国华人寿京分 | 155.33 | 2 477.59 | 208.20 | 580.14 | 111.67 | 186 016.67 | 3.24 | | | | 1.55 | |
| 国寿养老京分（虚拟） | | | | | | | | | | | | |
| 英大人寿京分 | 17 287.04 | 90.50 | 1 238.08 | 510.69 | 341.46 | 11.01 | 488.84 | 22.42 | | | 144.55 | 171.11 |
| 泰康养老京分（虚拟） | | | | | | | | | | | | |

续表

| 公司 | 原保费收入 | 同比 | 退保金 | 同比 | 赔款支出 | 同比 | 死伤医疗给付 | 同比 | 满期给付 | 同比 | 年金给付 | 同比 |
|---|---|---|---|---|---|---|---|---|---|---|---|---|
| 幸福人寿京分 | 3 744.31 | -82.95 | 2 007.19 | 963.41 | 1 150.67 | 670.86 | 42.09 | 1 258.09 | | | 37.76 | |
| 阳光人寿京分 | 8 630.06 | -79.58 | 40 067.39 | 27 262.99 | 139.87 | 2 366.84 | 85.68 | | 23.82 | | | |
| 中邮人寿京分（虚拟） | | | 0.36 | | | | | | | | | |
| 中宏人寿京分 | | | 253.35 | 26.30 | 50.84 | 18.67 | 23.00 | 162.55 | 9.00 | | 35.72 | -12.15 |
| 中德安联京分 | 55.59 | 79.48 | 634.96 | 12 686.25 | 34.46 | | 0.02 | | | | | |
| 金盛京分 | 3 279.17 | 666.06 | 2 361.23 | -29.05 | 1 585.16 | 841.98 | 63.23 | 59.10 | | | 278.94 | 205.83 |
| 信诚京分 | 10 230.41 | 4 141.00 | 10 131.42 | 51.67 | 734.75 | 24.18 | 822.86 | 17.91 | 382.65 | 68.43 | | |
| 中意京分 | 86 521.21 | 573.90 | 18 349.00 | 20.47 | 8 595.34 | 63.44 | 420.09 | 1 237.61 | 17 633.76 | | 148 458.03 | 6.02 |
| 光大永明京分 | 5 292.98 | 58.37 | 5 308.18 | 16.18 | 3 557.05 | 44.88 | 449.67 | 114.47 | 26.79 | | 100.09 | 2.19 |
| 友邦京分 | 4 935.61 | 50.51 | 31 026.17 | -35.39 | 5 353.05 | 13.81 | 1 942.48 | 49.60 | 281.77 | 157.78 | 1 605.71 | 40.68 |
| 首创安泰京分 | 16.02 | -10.55 | 3 635.33 | 69.76 | 7.41 | -47.89 | 85.41 | 97.30 | | | 18.74 | 45.80 |
| 中英人寿京分 | 2 440.19 | -34.19 | 9 195.26 | -63.73 | 1 127.49 | 35.63 | 335.12 | 65.18 | 876.77 | 1 131.19 | 1 091.86 | 27.95 |
| 海康人寿京分 | 2 026.26 | 44.90 | 8 847.22 | 112.99 | 254.70 | -40.08 | 589.69 | 751.33 | | | 66.46 | 86.51 |
| 招商信诺京分 | | | 3 360.06 | -34.54 | 1 164.62 | 28.04 | 2.00 | | | | 73.76 | |
| 恒安标准京分 | 435.72 | -82.21 | 5 852.06 | 115.60 | 1 779.82 | 122.27 | 102.24 | 743.37 | | | | |
| 瑞泰人寿京分（虚拟） | 498.61 | -34.30 | 19 982.70 | -7.61 | | | 20.00 | 100.00 | | | | |
| 中美大都会京分（虚拟） | 478.10 | -18.08 | 15 232.75 | -51.43 | 159.23 | -51.73 | 1 958.20 | 67.54 | | | 12.49 | -41.75 |
| 中法人寿京分（虚拟） | | | 578.97 | 156.42 | | | 25.65 | 1 264.10 | | | | |
| 华泰人寿北分 | 1 234.60 | -36.74 | 30 150.87 | 984.95 | 892.04 | 94.94 | 116.77 | 129.57 | | | 30.27 | 550.97 |
| 国泰人寿京分 | 484.27 | 12.67 | 27.43 | 589.11 | 209.77 | 409.15 | 2.63 | 100.57 | | | 0.50 | |
| 中航三星京分（虚拟） | 764.71 | -24.78 | 404.14 | 15.08 | 354.05 | 222.69 | 20.00 | -13.04 | 26.20 | | 26.81 | 64.25 |
| 新光海航京分（虚拟） | 127.34 | | 6.89 | | 1.08 | | — | | | | | |
| 合计 | 527 712.45 | -1.67 | 927 501.83 | -0.86 | 133 913.56 | 13.91 | 69 508.37 | 21.87 | 530 645.89 | -32.11 | 355 325.03 | 47.61 |

注：虚拟是指未设立北京分公司的保险公司在北京开展的业务。

**表 2.25　北京市财产保险公司各险种保费收入与赔付支出统计**

单位：万元、%

| 险 种 名 称 | 保费收入 | | 赔款支出 | |
|---|---|---|---|---|
| | 2009 年 | 同比增长 | 2009 年 | 同比增长 |
| 1. 企业财产保险 | 178 533.43 | 70.84 | 110 546.03 | 161.61 |
| 2. 家庭财产保险 | 1 201.08 | 3.61 | 845.61 | -27.45 |
| 3. 机动车辆保险 | 1 095 789.70 | 23.01 | 655 579.83 | 17.06 |
| 4. 工程保险 | 56 958.83 | 115.18 | 10 816.12 | 53.66 |
| 5. 责任保险 | 61 583.16 | 26.23 | 17 420.26 | 26.25 |
| 6. 信用保险 | 103 234.92 | -14.68 | 1 057.75 | -27.84 |
| 7. 保证保险 | -776.77 | -66.43 | 1 419.71 | 8.58 |
| 8. 船舶保险 | 4 736.30 | 62.34 | 748.31 | 9.95 |
| 9. 货物运输保险 | 71 420.56 | -19.49 | 21 534.85 | -15.32 |
| 10. 特殊风险保险 | 35 690.59 | 3.93 | 8 446.66 | 52.78 |
| 11. 农业保险 | 33 844.61 | 35.46 | 25 075.11 | 26.04 |
| 12. 健康险 | 14 024.45 | 0.79 | 11 239.18 | 19.22 |
| 13. 意外伤害保险 | 23 569.85 | 7.38 | 5 841.26 | 41.49 |
| 14. 其他 | 1 980.87 | 5 509.94 | 153.71 | -9.58 |
| 合计 | 1 681 791.59 | 22.11 | 870 724.4 | 25.77 |

**表 2.26　北京市人身保险公司各险种保费收入与赔付支出统计**

单位：万元

| 险种名称 | 原保险保费收入 | 赔款支出 | 死伤医疗给付 | 满期给付 | 年金给付 | 退保金 |
|---|---|---|---|---|---|---|
| 一、寿险小计 | 4 660 528.94 | | 26 768.51 | 519 420.48 | 355 325.03 | 902 157.15 |
| 1. 普通寿险 | 330 437.43 | | 13 164.33 | 28 651.61 | 79 843.91 | 31 993.07 |
| （1）定期寿险 | 14 817.15 | | 2 811.27 | 47.35 | | 201.78 |
| （2）两全寿险 | 168 363.75 | | 3 505.13 | 16 539.52 | 6 861.93 | 9 207.8 |
| （3）终身寿险 | 83 611.77 | | 4 885.62 | 10 915.96 | | 4 606.48 |
| （4）年金保险 | 63 644.76 | | 1 962.31 | 1 148.79 | 72 981.98 | 17 977.01 |
| 2. 分红寿险 | 3 030 729.51 | | 8 202.71 | 482 561.52 | 230 939.20 | 422 046.76 |
| （1）定期寿险 | | | | | | |
| （2）两全寿险 | 2 432 580.97 | | 6 483.04 | 476 609.75 | 16 215.02 | 175 083.86 |
| （3）终身寿险 | 128 782.44 | | 1 007.95 | 39.30 | | 4 038.13 |
| （4）年金保险 | 469 366.08 | | 711.72 | 5 912.47 | 214 724.18 | 242 924.77 |
| 3. 投资连结保险 | 218 260.36 | | 1 815.37 | 7.38 | | 264 625.68 |
| 4. 万能保险 | 1 081 101.64 | | 3 586.10 | 8 199.97 | 44 541.92 | 183 491.64 |
| 二、意外伤害险小计 | 79 321.11 | 10 323.37 | | | | |
| 1. 一年期以内业务 | 8 993.65 | 596.95 | | | | |
| 2. 一年期业务 | 69 215.54 | 9 726.42 | | | | |
| 3. 一年期以上业务 | 1 111.92 | | | | | |
| 三、健康险小计 | 554 310.47 | 123 590.19 | 42 739.86 | 11 225.41 | | 25 344.68 |
| 1. 短期业务 | 170 408.27 | 123 590.19 | | | | |
| 2. 长期业务 | 383 902.2 | | 42 739.86 | 11 225.41 | | 25 344.68 |
| 合计 | 5 294 160.52 | 133 913.56 | 69 508.37 | 530 645.89 | 355 325.03 | 927 501.83 |

以上统计表制表单位：北京保监局。

**表 2.27　中国人民银行对金融机构存款利率表**

单位：年利率%

| | 2002－02－21 | 2003－12－21 | 2005－03－17 | 2006－04－28 | 2006－08－19 | 2007－03－18 | 2007－05－19 |
|---|---|---|---|---|---|---|---|
| 一、金融机构存款 | | | | | | | |
| 准备金存款 | 1.89 | 1.89 | 1.89 | 1.89 | 1.89 | 1.89 | 1.89 |
| 超额准备金 | 1.89 | 1.62 | 0.99 | 0.99 | 0.99 | 0.99 | 0.99 |
| 欠交准备金 | 按日利率万分之六计收利息 | 同前 | | 同前 | | 同前 | |
| 二、保险公司存款 | 1.89 | 1.89 | | 1.89 | 1.89 | 1.89 | 1.89 |
| 三、邮政储蓄转存款① | 4.347 | 4.131 | | | | 同前 | |

| | 2007－07－21 | 2007－08－22 | 2007－09－15 | 2007－12－21 | 2008－11－27 | 2008－12－23 | 2009－12－31 |
|---|---|---|---|---|---|---|---|
| 一、金融机构存款 | | | | | | | |
| 准备金存款 | 1.89 | 1.89 | 1.89 | 1.89 | 1.62 | 1.62 | 1.62 |
| 超额准备金 | 0.99 | 0.99 | 0.99 | 0.99 | 0.72 | 0.72 | 0.72 |
| 欠交准备金 | | | | | | | |
| 二、保险公司存款 | 1.89 | 1.89 | 1.89 | 1.89 | | | |
| 三、邮政储蓄转存款① | | | | | | | |

注：①2002 年 12 月 31 日银发〔2002〕393 号文，规定从 2003 年 1 月 1 日起邮政储蓄转存款利率暂调整为 4.131%。2003 年 9 月 1 日银发〔2003〕177 号文，规定自 2003 年 8 月 1 日起，邮政储蓄新增存款转存人民银行的部分，按照金融机构准备金存款利率（年利率为 1.89%）计息；此前的邮政储蓄在人民银行的转存款暂按现行转存款利率计息（年利率为 4.131%）。

**表 2.28　中国人民银行对金融机构贷款利率表**

单位：年利率%

| | 2002－02－21 | 2004－03－25 | 2005－01－01 | 2006－04－28 | 2006－08－19 | 2007－03－18 | 2007－05－19 | 2007－07－21 |
|---|---|---|---|---|---|---|---|---|
| 一、对金融机构贷款 | | | | | | | | |
| 1. 再贷款（不含农村信用社） | ① | | | | | | | |
| 二十天以内 | 2.70 | 3.33 | | | | | | |
| 三个月以内 | 2.97 | 3.60 | | | | | | |
| 六个月以内 | 3.15 | 3.78 | | | | | | |
| 一年 | 3.24 | 3.87 | | | | | | |
| 2. 再贴现 | 2.97 | 3.24 | | | | | | |
| 3. 逾期贷款 | 按日利率万分之五计收利息 | 同前 | | | | 同前 | | |
| 二、对农村信用社再贷款 | ② | | | | | | | |
| 二十天以内 | 1.71 | 1.71 | 2.7 | 3.015 | 3.015 | | | |
| 三个月以内 | 1.98 | 1.98 | 2.97 | 3.285 | 3.285 | | | |
| 六个月以内 | 2.16 | 2.16 | 3.15 | 3.465 | 3.465 | | | |
| 一年 | 2.25 | 2.25 | 3.24 | 3.555 | 3.555 | | | |

| | 2007－08－22 | 2007－09－15 | 2007－12－21 | 2008－01－01 | 2008－11－27 | 2008－12－23 | 2009－12－31 |
|---|---|---|---|---|---|---|---|
| 一、对金融机构贷款 | | | | | | | |
| 1. 再贷款（不含农村信用社） | | | | | | | |
| 二十天以内 | | | | 4.14 | 3.06 | 2.79 | 2.79 |
| 三个月以内 | | | | 4.41 | 3.33 | 3.06 | 3.06 |
| 六个月以内 | | | | 4.59 | 3.51 | 3.24 | 3.24 |
| 一年 | | | | 4.68 | 3.6 | 3.33 | 3.33 |
| 2. 再贴现 | | | | 4.32 | 2.97 | 1.8 | 1.8 |
| 3. 逾期贷款 | | | | | | | |
| 二、对农村信用社再贷款 | | | | | | | |
| 二十天以内 | | | | 3.42 | 2.88 | 2.34 | 2.34 |
| 三个月以内 | | | | 3.69 | 3.15 | 2.61 | 2.61 |
| 六个月以内 | | | | 3.87 | 3.33 | 2.79 | 2.79 |
| 一年 | | | | 3.96 | 3.42 | 2.88 | 2.88 |

注：①2004 年 3 月 24 日银发〔2004〕59 号文，决定从 2004 年 3 月 25 日起，用于金融机构头寸调节和短期流动性支持的各档次再贷款利率，在现行再贷款基准利率基础上加 0.63 个百分点。其中，20 天以内再贷款利率为 3.33%，3 个月以内为 3.6%，6 个月以内为 3.78%，1 年以内为 3.87%。

②2004 年 3 月 24 日银发〔2004〕59 号文，农村信用社再贷款（不含紧急贷款）浮息采取逐步到位的政策。2004 年，保持现行农村信用社再贷款利率政策不变，即在再贷款基准利率基础上下浮 0.99 个百分点；2005 年 1 月 1 日起，农村信用社再贷款利率执行再贷款基准利率；2006 年 1 月 1 日起，农村信用社再贷款利率在再贷款基准利率基础上加点，加点幅度按同期中国人民银行确定的流动性再贷款利率加点幅度减半执行。农村信用社再贷款按合同利率执行到期，合同期内不分段计息。

**表 2.29 金融机构存**

| 项目 | 2002－02－21 | 2004－10－29 | 2006－04－28 | 2006－08－19 | 2007－03－18 | 2007－05－19 | 2007－07－21 |
|---|---|---|---|---|---|---|---|
| 一、活期存款 | 0.72 | 0.72 | 0.72 | 0.72 | 0.72 | 0.72 | 0.81 |
| 二、定期存款 | | | | | | | |
| 1. 整存整取 | | | | | | | |
| 三个月 | 1.71 | 1.71 | 1.71 | 1.8 | 1.98 | 2.07 | 2.34 |
| 半年 | 1.89 | 2.07 | 2.07 | 2.25 | 2.43 | 2.61 | 2.88 |
| 一年 | 1.98 | 2.25 | 2.25 | 2.52 | 2.79 | 3.06 | 3.33 |
| 二年 | 2.25 | 2.7 | 2.70 | 3.06 | 3.33 | 3.69 | 3.96 |
| 三年 | 2.52 | 3.24 | 3.24 | 3.69 | 3.96 | 4.41 | 4.68 |
| 五年 | 2.79 | 3.60 | 3.60 | 4.14 | 4.41 | 4.95 | 5.22 |
| 2. 零存整取、整存零取、存本取息 | | | | | | | |
| 一年 | 1.71 | 1.71 | 1.71 | 1.8 | 1.98 | 2.07 | 2.34 |
| 三年 | 1.89 | 2.07 | 2.07 | 2.25 | 2.43 | 2.61 | 2.88 |
| 五年 | 1.98 | 2.25 | 2.25 | 2.52 | 2.79 | 3.06 | 3.33 |
| 3. 定活两便 | 按一年以内定期整存整取同档次利率60%执行 | 按一年以内定期整存整取同档次利率60%执行 | 同前 | 同前 | | | |
| 三、协定存款 | 1.44 | 1.44 | 1.44 | 1.44 | 1.44 | 1.44 | 1.53 |
| 四、通知存款 | | | | | | | |
| 一天 | 1.08 | 1.08 | 1.08 | 1.08 | 1.08 | 1.08 | 1.17 |
| 七天 | 1.62 | 1.62 | 1.62 | 1.62 | 1.62 | 1.62 | 1.71 |

款利率表

单位：年利率%

| 2007-08-22 | 2007-09-15 | 2007-12-21 | 2008-10-09 | 2008-10-30 | 2008-11-27 | 2008-12-23 | 2009-12-31 |
|---|---|---|---|---|---|---|---|
| 0.81 | 0.81 | 0.72 | 0.72 | 0.72 | 0.36 | 0.36 | 0.36 |
| | | | | | | | |
| 2.61 | 2.88 | 3.33 | 3.15 | 2.88 | 1.98 | 1.71 | 1.71 |
| 3.15 | 3.42 | 3.78 | 3.51 | 3.24 | 2.25 | 1.98 | 1.98 |
| 3.6 | 3.87 | 4.14 | 3.87 | 3.6 | 2.52 | 2.25 | 2.25 |
| 4.23 | 4.50 | 4.68 | 4.41 | 4.14 | 3.06 | 2.79 | 2.79 |
| 4.95 | 5.22 | 5.40 | 5.13 | 4.77 | 3.60 | 3.33 | 3.33 |
| 5.49 | 5.76 | 5.85 | 5.58 | 5.13 | 3.87 | 3.60 | 3.60 |
| | | | | | | | |
| 2.61 | 2.88 | 3.33 | 3.15 | 2.88 | 1.98 | 1.71 | 1.71 |
| 3.15 | 3.42 | 3.78 | 3.51 | 3.24 | 2.25 | 1.98 | 1.98 |
| 3.60 | 3.87 | 4.14 | 3.87 | 3.6 | 2.52 | 2.25 | 2.25 |
| | | | | | | | |
| 1.53 | 1.53 | 1.53 | 1.53 | 1.53 | 1.17 | 1.17 | 1.17 |
| | | | | | | | |
| 1.17 | 1.17 | 1.17 | 1.17 | 1.17 | 0.81 | 0.81 | 0.81 |
| 1.71 | 1.71 | 1.71 | 1.71 | 1.71 | 1.35 | 1.35 | 1.35 |

**表2.30 金融机构贷**

| 项目 | 2002-02-21 | 2004-10-29 | 2005-03-17 | 2006-04-28 | 2006-08-19 | 2007-03-18 | 2007-05-19 | 2007-07-21 |
|---|---|---|---|---|---|---|---|---|
| 一、短期贷款 | | | | | | | | |
| 六个月以内（含六个月） | 5.04 | 5.22 | 5.22 | 5.40 | 5.58 | 5.67 | 5.85 | 6.03 |
| 六个月至一年（含一年） | 5.31 | 5.58 | 5.58 | 5.85 | 6.12 | 6.39 | 6.57 | 6.84 |
| 二、中长期贷款 | | | | | | | | |
| 一至三年（含三年） | 5.49 | 5.76 | 5.76 | 6.03 | 6.30 | 6.57 | 6.75 | 7.02 |
| 三至五年（含五年） | 5.58 | 5.85 | 5.85 | 6.12 | 6.48 | 6.75 | 6.93 | 7.2 |
| 五年以上 | 5.76 | 6.12 | 6.12 | 6.39 | 6.84 | 7.11 | 7.2 | 7.38 |
| 三、贴现 | 在再贴现利率基础上，按不超过同期贷款利率（含浮动）加点 | 在再贴现利率基础上，按不超过同期贷款利率（含浮动）加点 | | | | 同前 | | |
| 四、个人住房贷款 | | | | | | | | |
| 1. 个人住房公积金贷款 | | | | | | | | |
| 五年以下（含五年） | 3.60 | 3.78 | 3.96 | 4.14 | 4.14 | 4.32 | 4.41 | 4.5 |
| 五年以上 | 4.05 | 4.23 | 4.41 | 4.59 | 4.59 | 4.77 | 4.86 | 4.95 |
| 2. 自营性个人住房贷款①② | | | | | | | | |
| 五年以下（含五年） | 4.77 | 4.95 | 取消优惠利率，改按商业性贷款利率执行 | 同前 | 同前 | 同前 | | |
| 五年以上 | 5.04 | 5.31 | | | | | | |

注：①自2006年8月19日起，商业银行个人住房贷款利率的下限扩大为贷款基准利率的0.85倍，其他商业性贷款利率下限仍保持0.9倍不变。②自2008年10月27日起，商业银行个人住房贷款利率的下限扩大为贷款基准利率的0.7倍，其他商业性贷款利率下限仍保持0.9倍不变。

款利率表

单位：年利率%

| 2007-08-22 | 2007-09-15 | 2007-12-21 | 2008-09-16 | 2008-10-09 | 2008-10-30 | 2008-11-27 | 2008-12-23 | 2009-12-31 |
|---|---|---|---|---|---|---|---|---|
| 6.21 | 6.48 | 6.57 | 6.21 | 6.12 | 6.03 | 5.04 | 4.86 | 4.86 |
| 7.02 | 7.29 | 7.47 | 7.20 | 6.93 | 6.66 | 5.58 | 5.31 | 5.31 |
| 7.20 | 7.47 | 7.56 | 7.29 | 7.02 | 6.75 | 5.67 | 5.40 | 5.40 |
| 7.38 | 7.65 | 7.74 | 7.56 | 7.29 | 7.02 | 5.94 | 5.76 | 5.76 |
| 7.56 | 7.83 | 7.83 | 7.74 | 7.47 | 7.20 | 6.12 | 5.94 | 5.94 |
| 4.59 | 4.77 | 4.77 | 4.59 | 4.32 | 4.05 | 3.51 | 3.33 | 3.33 |
| 5.04 | 5.22 | 5.22 | 5.13 | 4.86 | 4.59 | 4.05 | 3.87 | 3.87 |

以上统计表制表单位：中国人民银行营业管理部货币信贷管理处。

表 2.31　2009 年度北京市银行卡发卡量和机具统计

| 单位名称 | 发卡量 | 借记卡 | 准贷记卡 | 贷记卡 | 其中，银联标识卡 | 其中，银联标准卡6字头 | 银行网点数 | 自助银行数 | 自助缴费终端 | | 自助存款机数 | 自助存取款机 | | |
|---|---|---|---|---|---|---|---|---|---|---|---|---|---|---|
| | | | | | | | | | 总数 | 其中，开通跨行转账 | | 总数 | 其中，开通跨行转账 | 其中，受理外卡 |
| 邮储 | 10 330 145 | 10 330 145 | 0 | 0 | 2 901 768 | 6 485 220 | 519 | 21 | 80 | 0 | 0 | 56 | 0 | 56 |
| 工行 | 20 343 400 | 15 786 200 | 187 200 | 4 370 000 | 20 343 400 | 10 416 321 | 562 | 0 | 0 | 0 | 0 | 712 | 0 | 712 |
| 农行 | 7 685 917 | 7 160 478 | 18 799 | 506 640 | 2 979 393 | 5 567 566 | 274 | 81 | 290 | 0 | 0 | 607 | 0 | 607 |
| 中行 | 5 725 812 | 4 197 326 | 307 445 | 1 221 041 | 0 | 722 814 | 252 | 124 | 232 | 0 | 0 | 334 | 0 | 334 |
| 建行 | 10 811 212 | 9 301 022 | 30 255 | 1 479 935 | 7 804 554 | 3 632 364 | 372 | 271 | 0 | 0 | 0 | 462 | 0 | 462 |
| 交行 | 6 318 600 | 6 318 600 | 49 | 0 | 6 163 080 | 4 485 908 | 101 | 25 | 234 | 234 | 0 | 130 | 130 | 130 |
| 中信 | 2 557 486 | 1 956 547 | 0 | 608 810 | 0 | 1 186 647 | 39 | 15 | 38 | 0 | 10 | 82 | 82 | 82 |
| 光大 | 2 673 785 | 2 673 785 | 0 | 0 | 1 070 552 | 1 246 611 | 45 | 51 | 431 | 0 | 0 | 61 | 61 | 61 |
| 华夏 | 819 661 | 793 161 | 0 | 26 500 | 793 218 | 766 413 | 42 | 54 | 0 | 0 | 30 | 46 | 46 | 46 |
| 民生 | 6 561 103 | 4 758 026 | 0 | 1 803 077 | 6 561 103 | 1 227 432 | 45 | 105 | 0 | 0 | 0 | 99 | 99 | 53 |
| 广发 | 592 616 | 470 185 | 0 | 122 431 | 0 | 248 007 | 122 | 122 | 122 | 122 | 40 | 40 | 40 | 40 |
| 深发展 | 941 803 | 492 769 | 0 | 449 034 | 300 837 | 704 051 | 24 | 25 | 0 | 0 | 0 | 22 | 22 | 22 |
| 招行 | 4 060 309 | 4 060 309 | 0 | 0 | 575 232 | 3 569 803 | 48 | 71 | 123 | 0 | 0 | 303 | 303 | 303 |
| 兴业 | 919 400 | 919 400 | 0 | 0 | 919 400 | 435 577 | 30 | 29 | 0 | 0 | 0 | 32 | 0 | 0 |
| 浦发 | 1 376 696 | 470 889 | 250 643 | 655 164 | 0 | 625 301 | 33 | 41 | 33 | 33 | 0 | 58 | 58 | 58 |
| 北京银行 | 6 072 344 | 6 072 344 | 0 | 0 | 88 515 | 6 167 015 | 149 | 92 | 517 | 517 | 12 | 115 | 115 | 115 |
| 廊坊银行 | 230 189 | 230 189 | 0 | 0 | 0 | 233 145 | 21 | 1 | 0 | 0 | 3 | 0 | 0 | 0 |
| 北京农村商行 | 5 707 932 | 5 707 932 | 0 | 0 | 5 707 932 | 5 108 753 | 694 | 303 | 680 | 0 | 0 | 139 | 139 | 115 |
| 天津银行 | 1 878 | 1 539 | 0 | 339 | 1 435 | 1 907 | 3 | 0 | 0 | 0 | 1 | 0 | 0 | 0 |
| 渤海银行 | 46 604 | 46 604 | 0 | 0 | 46 604 | 45 507 | 6 | 6 | 6 | 0 | 0 | 7 | 7 | 7 |
| 东亚银行 | 6 853 | 6 853 | 0 | 0 | 0 | 5 803 | 4 | 0 | 4 | 4 | 0 | 0 | 0 | 0 |
| 杭州银行 | 880 | 880 | 0 | 0 | 880 | 1 436 | 1 | 3 | 5 | 5 | 2 | 2 | 2 | 2 |
| 大连银行 | 2 778 | 2 778 | 0 | 0 | 2 778 | 5 371 | 1 | 1 | 0 | 0 | 0 | 0 | 0 | 0 |
| 合计 | 93 787 403 | 81 754 303 | 794 391 | 11 242 971 | 56 257 023 | 41 160 652 | 3 385 | 1 437 | 2 795 | 910 | 96 | 3 305 | 1 102 | 3 203 |

续表

| 单位名称 | ATM 情况 | | | | 本行商户情况 | | | | 直联商户情况 | 本行 POS 情况 | | | 直联 POS 数 |
|---|---|---|---|---|---|---|---|---|---|---|---|---|---|
| | 总数 | 其中，入网数 | 其中，开通跨行转账 | 其中，受理外卡 | 总数 | 入网数 | 其中，受理外卡 | 其中，MIS 商户 | 直联结算商户 | 总数 | 其中，入网数 | 其中，受理外卡 | |
| 邮储 | 646 | 646 | 0 | 646 | 0 | 0 | 26 | 2 | 2 959 | 3 418 | 3 418 | 26 | 3 532 |
| 工行 | 1 636 | 1 636 | 0 | 1 636 | 17 316 | 17 316 | 12 172 | 41 | 5 450 | 39 977 | 39 977 | 26 058 | 9 685 |
| 农行 | 679 | 679 | 0 | 679 | 4 187 | 4 187 | 4 187 | 13 | 5 174 | 4 899 | 4 899 | 4 899 | 7 543 |
| 中行 | 559 | 559 | 0 | 559 | 26 957 | 26 957 | 19 164 | 33 | 3 146 | 42 094 | 42 094 | 0 | 6 978 |
| 建行 | 1 061 | 1 061 | 0 | 1 061 | 14 631 | 14 631 | 6 896 | 42 | 185 | 20 904 | 20 904 | 10 321 | 341 |
| 交行 | 828 | | 828 | 826 | 24 863 | 24 863 | 16 487 | 15 | 1 097 | 26 582 | 26 582 | 26 582 | 3 721 |
| 中信 | 94 | 94 | 94 | 94 | 2 493 | 2 493 | 605 | 6 | 1 526 | 633 | 531 | 421 | 2 208 |
| 光大 | 132 | 132 | 132 | 132 | 0 | 0 | 0 | 0 | 2 853 | 0 | 0 | 0 | 4 029 |
| 华夏 | 307 | 307 | 307 | 307 | 1 816 | 1 816 | 0 | 1 | 7 100 | 2 015 | 2 015 | 0 | 10 046 |
| 民生 | 198 | 198 | 198 | 50 | 0 | 0 | 0 | 0 | 2 724 | 0 | 0 | 0 | 4 224 |
| 广发 | 2 | 2 | 0 | 0 | 2 | 2 | 2 | 2 | 3 419 | 2 | 2 | 0 | 4 405 |
| 深发展 | 38 | 38 | 38 | 38 | 0 | 0 | 0 | 0 | 2 055 | 0 | 0 | 0 | 2 475 |
| 招行 | 215 | 215 | 215 | 215 | 3 126 | 3 126 | 1 341 | 0 | 3 048 | 4 061 | 4 061 | 0 | 7 773 |
| 兴业 | 177 | 177 | 177 | 0 | 0 | 0 | 0 | 0 | 2 544 | 0 | 0 | 0 | 3 330 |
| 浦发 | 106 | 106 | 106 | 92 | 0 | 0 | 0 | 0 | 3 701 | 0 | 0 | 0 | 5 796 |
| 北京银行 | 413 | 413 | 413 | 413 | 31 | 31 | 0 | 0 | 5 046 | 86 | 86 | 0 | 8 127 |
| 廊坊银行 | 0 | 38 | 38 | 38 | 0 | 0 | 0 | 0 | 144 | 0 | 0 | 0 | 218 |
| 北京农村商行 | 963 | 963 | 963 | 959 | 0 | 0 | 0 | 0 | 13 114 | 0 | 0 | 0 | 17 870 |
| 天津银行 | 4 | 4 | 0 | 0 | 0 | 0 | 0 | 0 | 16 | 0 | 0 | 0 | 20 |
| 渤海银行 | 10 | 10 | 10 | 10 | 0 | 0 | 0 | 0 | 0 | 0 | 0 | 0 | 0 |
| 东亚银行 | 60 | 60 | 60 | 60 | 35 | 22 | 22 | 0 | 62 | 123 | 91 | 0 | 91 |
| 杭州银行 | 3 | 3 | 3 | 3 | 4 | 4 | 0 | 0 | 46 | 5 | 5 | 0 | 48 |
| 大连银行 | 1 | 1 | 1 | 0 | 7 | 7 | 0 | 7 | 7 | 8 | 8 | 0 | 5 |
| 合计 | 8 128 | 7 338 | 3 579 | 7 815 | 95 457 | 95 444 | 60 902 | 155 | 65 416 | 144 794 | 144 660 | 68 307 | 102 412 |

说明：1. ATM 合计总数、入网数、开通跨行转账数中包括直联 ATM 总数 178 台。

2. 以上数据由各成员机构上报数据汇总而成，发卡量为截至 2009 年 12 月底的累计时点数据。其中只有“银联标准卡”的数据来自北京银联的发卡量累计。

3. 直联商户数和直联 POS 数由北京银联提供。

**表2.32　2009年中国人民银行发行普通纪念币一览表**

| 序号 | 名　称 | 发行日期 | 材　质 | 规　格 | 面值（元） | 图　案 | | 铸造数量（万枚） |
|---|---|---|---|---|---|---|---|---|
| | | | | | | 正　面 | 背　面 | |
| 1 | 2009年贺岁普通纪念币 | 2009－11－26 | 黄铜合金 | 直径25mm | 1 | 主景为“中国人民银行”行名、“1元”和汉语拼音字母“YIYUAN”字样及“2009”年号 | 主景图案为一个穿中国传统服饰的小男孩在吹牧笛，背面为金牛献宝。内缘右下方刊“己丑”字样 | 3 000 |
| 2 | “和”字书法普通纪念币 | 2009－11－26 | 黄铜合金 | 直径25mm | 1 | 主景为国徽和“壹圆”字样，内缘上方刊“中华人民共和国”国名，内缘下方刊“2009”年号 | 主景图案为篆书“和”字，左下方为多种字体书写的“和”字，背景以书法的飞白手法衬托 | 1 000 |

续表

| 序号 | 名称 | 发行日期 | 材质 | 规格 | 面值（元） | 图案 | | 铸造数量（万枚） |
|---|---|---|---|---|---|---|---|---|
| | | | | | | 正面 | 背面 | |
| 3 | 环境保护普通纪念币 | 2009－11－26 | 黄铜合金 | 直径25mm | 1 | 主景为国徽和“壹圆”字样，内缘上方刊“中华人民共和国”国名，内缘下方刊“2009”年号 | 主景图案由抽象表现的眼睛、叶子和地球组成，表达了人类对赖以生存的自然环境的关注，内缘右方刊“环境保护”字样 | 1 000 |

制表单位：北京市钱币学会。

# （三）金融机构业务统计

### 表3.1　国家开发银行北京市分行人民币信贷收支统计

单位：万元

| 项目名称 | 2009年 | | 2008年 | |
|---|---|---|---|---|
| | 余额 | 比年初 | 余额 | 比年初 |
| 一、各项存款 | 2 522 448 | 383 592 | 2 138 856 | 1 126 651 |
| 1. 企业存款 | 1 751 263 | 583 587 | 1 167 676 | 155 940 |
| （1）活期存款 | 796 131 | 25 712 | 770 419 | 550 367 |
| （2）定期存款 | 955 132 | 557 875 | 397 257 | -394 427 |
| 2. 机关团体存款 | | | | |
| 3. 储蓄存款 | | | | |
| （1）活期储蓄 | | | | |
| （2）定期储蓄 | | | | |
| 4. 农业存款 | | | | |
| 5. 其他存款 | 771 185 | -199 996 | 971 180 | 970 711 |
| 二、代理财政性存款 | | | | |
| 三、金融债券 | | | | |
| 其中：政策性金融债券 | | | | |
| 四、应付及暂收款 | 38 915 | -4 854 | 43 770 | 2 790 |
| 其中：应付及预提利息 | 6 343 | 5 034 | 1 309 | 284 |
| 五、卖出回购资产 | | | | |
| 六、向中央银行借款 | | | | |
| 七、同业往来 | 2 018 207 | 2 017 280 | 927 | -6 886 |
| 1. 同业存放 | 2 018 207 | 2 017 280 | 927 | -6 886 |
| 2. 同业拆借 | | | | |
| 八、行内资金往来 | 27 153 228 | 1 495 072 | 25 658 156 | 1 201 793 |
| 九、委托存款及委托投资基金（净） | | | | |
| 1. 委托存款及委托投资基金 | | | | |
| 2. 减：委托贷款及委托投资 | | | | |
| 十、代理金融机构委托贷款基金 | | | | |
| 其中：中央银行委托贷款基金 | | | | |
| 十一、各项准备 | | | | |
| 其中：贷款损失准备 | | | | |
| 十二、所有者权益 | 462 073 | 152 325 | 309 748 | -101 856 |
| 其中：实收资本 | | | | |
| 十三、其他 | -94 330 | -141 363 | 47 033 | -2 871 |
| 资金来源总计 | 32 100 541 | 3 902 051 | 28 198 490 | 2 219 621 |

续表

| 项目名称 | 2009年 | | 2008年 | |
|---|---|---|---|---|
| | 余额 | 比年初 | 余额 | 比年初 |
| 一、各项贷款 | 30 933 878 | 3 077 231 | 27 856 647 | 2 171 246 |
| 1. 短期贷款 | 5 482 456 | 4 293 474 | 1 188 982 | 105 187 |
| （1）工业贷款 | | | | |
| （2）商业贷款 | | | | |
| （3）建筑业贷款 | | | | |
| （4）农业贷款 | | | | |
| （5）乡镇企业贷款 | | | | |
| （6）三资企业贷款 | | | | |
| （7）私营企业及个体贷款 | | | | |
| （8）其他短期贷款 | 5 482 456 | 4 293 474 | 1 188 982 | 105 187 |
| 其中：个人短期消费贷款 | | | | |
| 2. 中长期贷款 | 25 451 423 | －1 216 243 | 26 667 666 | 2 066 060 |
| （1）基本建设贷款 | 17 812 821 | 517 379 | 17 295 442 | 2 039 822 |
| （2）技术改造贷款 | | | | |
| （3）其他中长期贷款 | 7 638 602 | －1 733 622 | 9 372 224 | 26 238 |
| 其中：个人中长期消费贷款 | | | | |
| 3. 票据融资 | | | | |
| 其中：贴现 | | | | |
| 4. 各项垫款 | | | | |
| 二、有价证券及投资 | | －69 084 | 69 084 | |
| 三、应收及预付款 | 52 576 | －1 768 | 54 344 | －6 672 |
| 其中：应收利息 | 51 378 | －1 962 | 53 340 | －6 491 |
| 四、买入返售资产 | | | | |
| 五、存放中央准备金存款 | 1 111 964 | 948 813 | 163 152 | 109 064 |
| 六、存放中央银行特种存款 | | | | |
| 七、缴存中央银行财政性存款 | | | | |
| 八、同业往来 | | | | |
| 1. 存放同业 | | | | |
| 2. 拆放同业 | | | | |
| 九、行内资金往来 | | | | |
| 十、代理金融机构贷款 | | | | |
| 其中：代理人行专项贷款 | | | | |
| 十一、库存现金 | | | | |
| 十二、外汇占款 | 2 122 | －53 141 | 55 263 | －54 018 |
| 资金运用总计 | 32 100 541 | 3 902 051 | 28 198 490 | 2 219 621 |

**表 3.2 中国进出口银行北京分行人民币信贷收支统计**

单位：万元

| 项目名称 | 2009 年 | | 2008 年 | |
|---|---|---|---|---|
| | 余额 | 比年初 | 余额 | 比年初 |
| 一、各项存款 | 280 240 | 216 923 | 63 317 | -151 611 |
| 1. 企业存款 | 220 009 | 167 353 | 52 656 | -128 958 |
| （1）活期存款 | 115 595 | 64 353 | 51 242 | -42 162 |
| （2）定期存款 | 104 414 | 103 000 | 1 414 | -86 796 |
| 2. 机关团体存款 | | | | |
| 3. 储蓄存款 | | | | |
| （1）活期储蓄 | | | | |
| （2）定期储蓄 | | | | |
| 4. 农业存款 | | | | |
| 5. 其他存款 | 60 231 | 49 570 | 10 661 | -22 653 |
| 二、代理财政性存款 | | | | |
| 三、金融债券 | | | | |
| 其中：政策性金融债券 | | | | |
| 四、应付及暂收款 | 20 963 | 5 433 | 15 530 | -178 123 |
| 其中：应付及预提利息 | 14 897 | 12 426 | 2 471 | 777 |
| 五、卖出回购资产 | | | | |
| 六、向中央银行借款 | | | | |
| 七、同业往来 | | | | |
| 1. 同业存放 | | | | |
| 2. 同业拆借 | | | | |
| 八、行内资金往来 | 2 486 701 | 462 864 | 2 023 837 | 1 057 953 |
| 九、委托存款及委托投资基金（净） | | | | |
| 1. 委托存款及委托投资基金 | | | | |
| 2. 减：委托贷款及委托投资 | | | | |
| 十、代理金融机构委托贷款基金 | | | | |
| 其中：中央银行委托贷款基金 | | | | |
| 十一、各项准备 | | | | |
| 其中：贷款损失准备 | | | | |
| 十二、所有者权益 | 69 986 | 23 399 | 46 587 | 14 428 |
| 其中：实收资本 | | | | |
| 十三、其他 | 17 658 | -1 871 | 19 529 | -24 244 |
| 资金来源总计 | 2 875 548 | 706 748 | 2 168 800 | 718 403 |

续表

| 项目名称 | 2009 年 | | 2008 年 | |
|---|---|---|---|---|
| | 余额 | 比年初 | 余额 | 比年初 |
| 一、各项贷款 | 2 817 833 | 675 273 | 2 142 560 | 926 325 |
| 1. 短期贷款 | 661 472 | －784 481 | 1 445 953 | 805 617 |
| （1）工业贷款 | | | | |
| （2）商业贷款 | | | | |
| （3）建筑业贷款 | | | | |
| （4）农业贷款 | | | | |
| （5）乡镇企业贷款 | | | | |
| （6）三资企业贷款 | | | | |
| （7）私营企业及个体贷款 | | | | |
| （8）其他短期贷款 | 661 472 | －784 481 | 1 445 953 | 805 617 |
| 其中：个人短期消费贷款 | | | | |
| 2. 中长期贷款 | 2 156 361 | 1 459 754 | 696 608 | 120 708 |
| （1）基本建设贷款 | | | | |
| （2）技术改造贷款 | | | | |
| （3）其他中长期贷款 | 2 156 361 | 1 459 754 | 696 608 | 120 708 |
| 其中：个人中长期消费贷款 | | | | |
| 3. 票据融资 | | | | |
| 其中：贴现 | | | | |
| 4. 各项垫款 | | | | |
| 二、有价证券及投资 | | | | |
| 三、应收及预付款 | 5 102 | －9 965 | 15 067 | －177 263 |
| 其中：应收利息 | 4 315 | 633 | 3 682 | 1 799 |
| 四、买入返售资产 | | | | |
| 五、存放中央准备金存款 | 52 583 | 41 943 | 10 640 | －30 657 |
| 六、存放中央银行特种存款 | | | | |
| 七、缴存中央银行财政性存款 | | | | |
| 八、同业往来 | 28 | －503 | 532 | |
| 1. 存放同业 | 28 | －503 | 532 | |
| 2. 拆放同业 | | | | |
| 九、行内资金往来 | | | | |
| 十、代理金融机构贷款 | | | | |
| 其中：代理人行专项贷款 | | | | |
| 十一、库存现金 | | | | －2 |
| 十二、外汇占款 | | | | |
| 资金运用总计 | 2 875 548 | 706 748 | 2 168 800 | 718 403 |

**表3.3 中国农业发展银行北京市分行人民币信贷收支统计**

单位：万元

| 项目名称 | 2009年 | | 2008年 | |
|---|---|---|---|---|
| | 余额 | 比年初 | 余额 | 比年初 |
| 一、各项存款 | 201 403 | 22 233 | 179 170 | -5 959 |
| 1. 企业存款 | 195 324 | 20 690 | 174 635 | 416 |
| （1）活期存款 | 116 511 | 7 813 | 108 699 | -6 828 |
| （2）定期存款 | 78 813 | 12 877 | 65 936 | 7 243 |
| 2. 机关团体存款 | | | | |
| 3. 储蓄存款 | | | | |
| （1）活期储蓄 | | | | |
| （2）定期储蓄 | | | | |
| 4. 农业存款 | | | | |
| 5. 其他存款 | 6 078 | 1 543 | 4 535 | -6 374 |
| 二、代理财政性存款 | 96 987 | 36 877 | 60 110 | 9 299 |
| 三、金融债券 | | | | |
| 其中：政策性金融债券 | | | | |
| 四、应付及暂收款 | 3 306 | 28 | 3 278 | 359 |
| 其中：应付及预提利息 | | | | |
| 五、卖出回购资产 | | | | |
| 六、向中央银行借款 | | | | |
| 七、同业往来 | 901 622 | 890 473 | 11 150 | -289 618 |
| 1. 同业存放 | 901 622 | 890 473 | 11 150 | -289 618 |
| 2. 同业拆借 | | | | |
| 八、行内资金往来 | 4 782 802 | 4 004 870 | 777 932 | 240 374 |
| 九、委托存款及委托投资基金（净） | | | | |
| 1. 委托存款及委托投资基金 | | | | |
| 2. 减：委托贷款及委托投资 | | | | |
| 十、代理金融机构委托贷款基金 | | | | |
| 其中：中央银行委托贷款基金 | | | | |
| 十一、各项准备 | | | | |
| 其中：贷款损失准备 | | | | |
| 十二、所有者权益 | 34 761 | -2 472 | 37 233 | 7 675 |
| 其中：实收资本 | | | | |
| 十三、其他 | -3 751 | 399 | -4 150 | -3 609 |
| 资金来源总计 | 6 017 131 | 4 952 407 | 1 064 723 | -41 479 |

续表

| 项目名称 | 2009年 | | 2008年 | |
|---|---|---|---|---|
| | 余额 | 比年初 | 余额 | 比年初 |
| 一、各项贷款 | 3 302 104 | 2 248 318 | 1 053 786 | -20 718 |
| 1. 短期贷款 | 1 213 662 | 293 318 | 920 344 | -117 160 |
| （1）工业贷款 | | | | |
| （2）商业贷款 | 1 072 730 | 235 038 | 837 692 | -141 486 |
| （3）建筑业贷款 | | | | |
| （4）农业贷款 | | | | |
| （5）乡镇企业贷款 | | | | |
| （6）三资企业贷款 | | | | |
| （7）私营企业及个体贷款 | | | | |
| （8）其他短期贷款 | 140 932 | 58 280 | 82 652 | 24 326 |
| 其中：个人短期消费贷款 | | | | |
| 2. 中长期贷款 | 219 053 | 85 611 | 133 442 | 96 442 |
| （1）基本建设贷款 | | | | |
| （2）技术改造贷款 | | | | |
| （3）其他中长期贷款 | 219 053 | 85 611 | 133 442 | 96 442 |
| 其中：个人中长期消费贷款 | | | | |
| 3. 票据融资 | 1 869 389 | 1 869 389 | | |
| 其中：贴现 | 1 869 389 | 1 869 389 | | |
| 4. 各项垫款 | | | | |
| 二、有价证券及投资 | | | | |
| 三、应收及预付款 | 1 743 | 1 515 | 228 | 228 |
| 其中：应收利息 | 1 731 | 1 515 | 216 | 216 |
| 四、买入返售资产 | | | | |
| 五、存放中央准备金存款 | 9 436 | 1 652 | 7 784 | -1 061 |
| 六、存放中央银行特种存款 | | | | |
| 七、缴存中央银行财政性存款 | | | | |
| 八、同业往来 | 2 703 667 | 2 700 778 | 2 889 | -19 935 |
| 1. 存放同业 | 2 703 667 | 2 700 778 | 2 889 | -19 935 |
| 2. 拆放同业 | | | | |
| 九、行内资金往来 | | | | |
| 十、代理金融机构贷款 | | | | |
| 其中：代理人行专项贷款 | | | | |
| 十一、库存现金 | 178 | 142 | 36 | 7 |
| 十二、外汇占款 | 2 | 2 | | |
| 资金运用总计 | 6 017 131 | 4 952 407 | 1 064 723 | -41 479 |

**表3.4　中国工商银行北京市分行人民币信贷收支统计**

单位：万元

| 项目名称 | 2009年 | | 2008年 | |
|---|---|---|---|---|
| | 余额 | 比年初 | 余额 | 比年初 |
| 一、各项存款 | 145 609 637 | 22 312 785 | 123 296 853 | 18 460 995 |
| 1. 企业存款 | 70 842 942 | 10 003 129 | 60 839 849 | 5 419 538 |
| （1）活期存款 | 23 017 579 | 3 288 337 | 19 729 277 | -1 291 542 |
| （2）定期存款 | 47 825 364 | 6 714 792 | 41 110 572 | 6 711 079 |
| 2. 机关团体存款 | 8 662 463 | 1 856 472 | 6 805 991 | 210 211 |
| 3. 储蓄存款 | 48 877 612 | 7 128 567 | 41 749 045 | 9 108 686 |
| （1）活期储蓄 | 15 905 567 | 4 117 397 | 11 788 170 | 1 148 494 |
| （2）定期储蓄 | 32 972 045 | 3 011 170 | 29 960 875 | 7 960 192 |
| 4. 农业存款 | 6 487 | 4 344 | 2 143 | 1 006 |
| 5. 其他存款 | 17 220 133 | 3 320 272 | 13 899 825 | 3 721 555 |
| 二、代理财政性存款 | 2 633 634 | 164 262 | 2 469 371 | 911 917 |
| 三、金融债券 | 86 | | 86 | |
| 其中：政策性金融债券 | 86 | | 86 | 86 |
| 四、应付及暂收款 | 2 274 247 | 113 424 | 2 160 823 | 1 113 517 |
| 其中：应付及预提利息 | 1 312 131 | -39 639 | 1 351 770 | 572 164 |
| 五、卖出回购资产 | | | | -300 000 |
| 六、向中央银行借款 | | | | |
| 七、同业往来 | 25 517 330 | 11 103 589 | 14 413 741 | -5 435 104 |
| 1. 同业存放 | 25 517 330 | 11 103 589 | 14 413 741 | -4 935 104 |
| 2. 同业拆借 | | | | -500 000 |
| 八、行内资金往来 | | | | |
| 九、委托存款及委托投资基金（净） | 32 | | 32 | |
| 1. 委托存款及委托投资基金 | 154 434 | -5 051 | 159 485 | -83 456 |
| 2. 减：委托贷款及委托投资 | 154 402 | -5 051 | 159 453 | -83 456 |
| 十、代理金融机构委托贷款基金 | | | | |
| 其中：中央银行委托贷款基金 | | | | |
| 十一、各项准备 | 204 873 | 6 658 | 198 215 | -54 736 |
| 其中：贷款损失准备 | 190 551 | 10 684 | 179 867 | -46 836 |
| 十二、所有者权益 | 1 377 524 | 150 478 | 1 227 046 | -209 054 |
| 其中：实收资本 | | | | |
| 十三、其他 | 488 004 | 583 428 | -95 424 | -158 424 |
| 资金来源总计 | 178 105 367 | 34 434 625 | 143 670 741 | 14 329 110 |

续表

| 项目名称 | 2009年 | | 2008年 | |
|---|---|---|---|---|
| | 余额 | 比年初 | 余额 | 比年初 |
| 一、各项贷款 | 30 027 510 | 5 671 169 | 24 356 341 | 2 520 464 |
| 1. 短期贷款 | 5 233 533 | 575 947 | 4 657 586 | 326 975 |
| （1）工业贷款 | 1 511 289 | -242 510 | 1 753 799 | -345 540 |
| （2）商业贷款 | 347 789 | -316 357 | 664 146 | 239 551 |
| （3）建筑业贷款 | 62 380 | -171 485 | 233 865 | 60 650 |
| （4）农业贷款 | | | | |
| （5）乡镇企业贷款 | | | | |
| （6）三资企业贷款 | | | | |
| （7）私营企业及个体贷款 | 2 712 | 2 438 | 274 | -689 |
| （8）其他短期贷款 | 3 309 363 | 1 303 861 | 2 005 502 | 373 003 |
| 其中：个人短期消费贷款 | 11 164 | 9 112 | 2 052 | -2 816 |
| 2. 中长期贷款 | 22 952 629 | 4 860 744 | 18 091 885 | 1 983 463 |
| （1）基本建设贷款 | 11 963 108 | 2 953 655 | 9 009 452 | 936 395 |
| （2）技术改造贷款 | | | | |
| （3）其他中长期贷款 | 10 989 521 | 1 907 089 | 9 082 433 | 1 047 068 |
| 其中：个人中长期消费贷款 | 4 798 255 | 688 466 | 4 109 789 | -87 156 |
| 3. 票据融资 | 1 841 348 | 234 478 | 1 606 870 | 210 025 |
| 其中：贴现 | 1 841 348 | 234 478 | 1 606 870 | 210 025 |
| 4. 各项垫款 | | | | |
| 二、有价证券及投资 | 15 830 929 | 3 279 269 | 12 551 661 | 526 080 |
| 三、应收及预付款 | 280 527 | -14 031 | 294 558 | 207 913 |
| 其中：应收利息 | 248 644 | 24 610 | 224 034 | 47 933 |
| 四、买入返售资产 | 516 622 | -504 481 | 1 021 103 | 53 921 |
| 五、存放中央准备金存款 | 1 045 102 | 709 639 | 335 463 | -301 650 |
| 六、存放中央银行特种存款 | | | | |
| 七、缴存中央银行财政性存款 | 3 852 090 | 1 205 886 | 2 646 203 | 598 266 |
| 八、同业往来 | 961 500 | 434 270 | 527 230 | 46 015 |
| 1. 存放同业 | | -6 830 | 6 830 | -30 285 |
| 2. 拆放同业 | 961 500 | 441 100 | 520 400 | 76 300 |
| 九、行内资金往来 | 125 323 137 | 23 704 380 | 101 618 757 | 10 661 597 |
| 十、代理金融机构贷款 | | | | |
| 其中：代理人行专项贷款 | | | | |
| 十一、库存现金 | 267 949 | -51 476 | 319 425 | 16 505 |
| 十二、外汇占款 | | | | |
| 资金运用总计 | 178 105 367 | 34 434 625 | 143 670 741 | 14 329 110 |

**表3.5 中国农业银行北京市分行人民币信贷收支统计**

单位：万元

| 项目名称 | 2009 年 | | 2008 年 | |
|---|---|---|---|---|
| | 余额 | 比年初 | 余额 | 比年初 |
| 一、各项存款 | 33 974 236 | 13 152 828 | 20 821 408 | 513 445 |
| 1. 企业存款 | 16 807 365 | 7 658 143 | 9 149 222 | -2 136 363 |
| （1）活期存款 | 8 430 348 | 2 999 661 | 5 430 687 | -1 636 019 |
| （2）定期存款 | 8 377 017 | 4 658 482 | 3 718 535 | -500 345 |
| 2. 机关团体存款 | 1 614 857 | 811 203 | 803 653 | 394 152 |
| 3. 储蓄存款 | 11 905 096 | 2 685 435 | 9 219 660 | 2 187 481 |
| （1）活期储蓄 | 5 337 345 | 1 445 555 | 3 891 790 | 666 055 |
| （2）定期储蓄 | 6 567 750 | 1 239 880 | 5 327 870 | 1 521 426 |
| 4. 农业存款 | | | | |
| 5. 其他存款 | 3 646 918 | 1 998 046 | 1 648 872 | 68 174 |
| 二、代理财政性存款 | 558 | -99 | 657 | 414 |
| 三、金融债券 | | -16 | 16 | 0 |
| 其中：政策性金融债券 | | -16 | 16 | 0 |
| 四、应付及暂收款 | 398 752 | -125 562 | 524 314 | -3 396 |
| 其中：应付及预提利息 | 264 579 | 26 246 | 238 333 | 74 659 |
| 五、卖出回购资产 | | -154 895 | 154 895 | 154 895 |
| 六、向中央银行借款 | | | | |
| 七、同业往来 | 2 392 420 | 1 475 614 | 916 806 | -1 384 003 |
| 1. 同业存放 | 2 392 420 | 1 475 614 | 916 806 | -1 384 003 |
| 2. 同业拆借 | | | | |
| 八、行内资金往来 | | | | |
| 九、委托存款及委托投资基金（净） | 1 381 | 1 045 | 336 | -606 |
| 1. 委托存款及委托投资基金 | 4 147 900 | 1 549 993 | 2 597 906 | 512 436 |
| 2. 减：委托贷款及委托投资 | 4 146 518 | 1 548 948 | 2 597 570 | 513 042 |
| 十、代理金融机构委托贷款基金 | 267 945 | 203 020 | 64 925 | -36 400 |
| 其中：中央银行委托贷款基金 | | | | |
| 十一、各项准备 | 422 602 | 32 890 | 389 712 | 281 132 |
| 其中：贷款损失准备 | 419 963 | 30 453 | 389 509 | 282 183 |
| 十二、所有者权益 | 320 150 | 138 018 | 182 132 | -125 095 |
| 其中：实收资本 | | | | |
| 十三、其他 | -865 745 | -281 117 | -584 629 | 1 371 657 |
| 资金来源总计 | 36 912 298 | 14 441 725 | 22 470 573 | 772 042 |

续表

| 项目名称 | 2009年 | | 2008年 | |
|---|---|---|---|---|
| | 余额 | 比年初 | 余额 | 比年初 |
| 一、各项贷款 | 12 820 634 | 2 768 980 | 10 051 654 | 921 702 |
| 1. 短期贷款 | 4 539 165 | -232 167 | 4 771 333 | 1 148 182 |
| （1）工业贷款 | 1 595 334 | -594 490 | 2 189 824 | 402 105 |
| （2）商业贷款 | 704 535 | -443 567 | 1 148 102 | 20 194 |
| （3）建筑业贷款 | 67 683 | -2 514 | 70 197 | -68 039 |
| （4）农业贷款 | 114 094 | -27 189 | 141 283 | 9 626 |
| （5）乡镇企业贷款 | | | | |
| （6）三资企业贷款 | | | | |
| （7）私营企业及个体贷款 | 1 216 | 1 216 | | |
| （8）其他短期贷款 | 2 056 304 | 834 378 | 1 221 926 | 784 296 |
| 其中：个人短期消费贷款 | 27 725 | 18 597 | 9 127 | 779 |
| 2. 中长期贷款 | 7 145 087 | 1 883 304 | 5 261 783 | -190 225 |
| （1）基本建设贷款 | 3 699 374 | 1 097 517 | 2 601 856 | -99 315 |
| （2）技术改造贷款 | | | | |
| （3）其他中长期贷款 | 3 445 713 | 785 787 | 2 659 927 | -90 910 |
| 其中：个人中长期消费贷款 | 1 411 138 | 187 898 | 1 223 240 | -212 951 |
| 3. 票据融资 | 1 134 088 | 1 115 550 | 18 538 | -36 243 |
| 其中：贴现 | 1 134 088 | 1 115 550 | 18 538 | -36 243 |
| 4. 各项垫款 | 2 293 | 2 293 | | -12 |
| 二、有价证券及投资 | 304 738 | -85 856 | 390 594 | -46 689 |
| 三、应收及预付款 | 59 103 | -101 647 | 160 750 | -127 069 |
| 其中：应收利息 | 19 199 | 17 983 | 1 216 | 235 |
| 四、买入返售资产 | | -374 169 | 374 169 | 343 285 |
| 五、存放中央准备金存款 | 114 794 | -166 408 | 281 202 | 79 653 |
| 六、存放中央银行特种存款 | | | | |
| 七、缴存中央银行财政性存款 | 13 772 | 13 074 | 698 | -59 930 |
| 八、同业往来 | 220 101 | 147 000 | 73 101 | -23 187 |
| 1. 存放同业 | 220 101 | 147 000 | 73 101 | -23 187 |
| 2. 拆放同业 | | | | |
| 九、行内资金往来 | 22 989 508 | 12 027 301 | 10 962 207 | -273 073 |
| 十、代理金融机构贷款 | 267 945 | 203 020 | 64 925 | -36 400 |
| 其中：代理人行专项贷款 | | | | |
| 十一、库存现金 | 121 012 | 10 430 | 110 583 | -6 325 |
| 十二、外汇占款 | 692 | 1 | 691 | 76 |
| 资金运用总计 | 36 912 298 | 14 441 725 | 22 470 573 | 772 042 |

**表 3.6　中国银行北京市分行人民币信贷收支统计**

单位：万元

| 项目名称 | 2009 年 | | 2008 年 | |
|---|---|---|---|---|
| | 余额 | 比年初 | 余额 | 比年初 |
| 一、各项存款 | 44 887 494 | 12 202 164 | 32 685 330 | 4 906 339 |
| 1. 企业存款 | 28 940 704 | 8 668 801 | 20 271 903 | 2 370 349 |
| （1）活期存款 | 15 702 813 | 6 528 159 | 9 174 654 | 1 163 248 |
| （2）定期存款 | 13 237 891 | 2 140 642 | 11 097 249 | 1 207 101 |
| 2. 机关团体存款 | | | | |
| 3. 储蓄存款 | 12 270 747 | 1 755 602 | 10 515 145 | 2 292 574 |
| （1）活期储蓄 | 3 566 803 | 663 365 | 2 903 438 | 174 730 |
| （2）定期储蓄 | 8 703 943 | 1 092 237 | 7 611 706 | 2 117 844 |
| 4. 农业存款 | 21 774 | 21 760 | 14 | |
| 5. 其他存款 | 3 654 269 | 1 756 001 | 1 898 267 | 243 416 |
| 二、代理财政性存款 | 707 | 619 | 89 | 43 |
| 三、金融债券 | | | | |
| 其中：政策性金融债券 | | | | |
| 四、应付及暂收款 | 1 086 385 | 212 481 | 873 904 | 286 131 |
| 其中：应付及预提利息 | 817 307 | 204 751 | 612 556 | 242 809 |
| 五、卖出回购资产 | | | | |
| 六、向中央银行借款 | | | | |
| 七、同业往来 | 3 114 445 | 2 227 762 | 886 683 | 232 462 |
| 1. 同业存放 | 3 114 445 | 2 227 762 | 886 683 | 232 462 |
| 2. 同业拆借 | | | | |
| 八、行内资金往来 | | | | |
| 九、委托存款及委托投资基金（净） | | | | |
| 1. 委托存款及委托投资基金 | 3 012 638 | 1 337 529 | 1 675 110 | 281 045 |
| 2. 减：委托贷款及委托投资 | 3 012 638 | 1 337 529 | 1 675 110 | 281 045 |
| 十、代理金融机构委托贷款基金 | | | | |
| 其中：中央银行委托贷款基金 | | | | |
| 十一、各项准备 | 313 164 | 68 979 | 244 185 | 28 109 |
| 其中：贷款损失准备 | 266 705 | 68 911 | 197 794 | 24 135 |
| 十二、所有者权益 | 387 145 | 96 760 | 290 385 | 121 997 |
| 其中：实收资本 | | | | |
| 十三、其他 | －13 990 | －48 924 | 34 934 | －35 557 |
| 资金来源总计 | 49 775 350 | 14 759 841 | 35 015 509 | 5 539 524 |

续表

| 项目名称 | 2009 年 | | 2008 年 | |
|---|---|---|---|---|
| | 余额 | 比年初 | 余额 | 比年初 |
| 一、各项贷款 | 16 382 227 | 4 794 564 | 11 587 663 | 2 636 170 |
| 1. 短期贷款 | 3 845 818 | 1 228 245 | 2 617 573 | 1 491 943 |
| （1）工业贷款 | 1 091 337 | -599 555 | 1 690 892 | 742 199 |
| （2）商业贷款 | 252 417 | 173 920 | 78 496 | 539 947 |
| （3）建筑业贷款 | 102 530 | -17 948 | 120 478 | -17 073 |
| （4）农业贷款 | | | | |
| （5）乡镇企业贷款 | | | | |
| （6）三资企业贷款 | 28 910 | -51 773 | 80 683 | -3 787 |
| （7）私营企业及个体贷款 | 798 | 798 | | |
| （8）其他短期贷款 | 2 369 827 | 1 722 803 | 647 023 | 230 657 |
| 其中：个人短期消费贷款 | 44 478 | 38 563 | 5 914 | 2 832 |
| 2. 中长期贷款 | 11 523 806 | 2 968 924 | 8 554 882 | 935 278 |
| （1）基本建设贷款 | 2 571 552 | 1 352 375 | 1 219 177 | -54 789 |
| （2）技术改造贷款 | 1 082 547 | 9 685 | 1 072 862 | 290 991 |
| （3）其他中长期贷款 | 7 869 708 | 1 606 865 | 6 262 843 | 699 076 |
| 其中：个人中长期消费贷款 | 3 731 632 | 572 217 | 3 159 415 | 73 011 |
| 3. 票据融资 | 1 012 602 | 597 394 | 415 208 | 208 949 |
| 其中：贴现 | 1 012 602 | 597 394 | 415 208 | 208 949 |
| 4. 各项垫款 | | | | |
| 二、有价证券及投资 | 212 620 | -53 993 | 266 613 | -32 851 |
| 三、应收及预付款 | 1 044 950 | 356 891 | 688 060 | 263 593 |
| 其中：应收利息 | 988 746 | 351 967 | 636 778 | 287 171 |
| 四、买入返售资产 | | | | |
| 五、存放中央准备金存款 | 495 513 | -24 735 | 520 248 | 116 188 |
| 六、存放中央银行特种存款 | | | | |
| 七、缴存中央银行财政性存款 | 15 053 | 474 | 14 579 | 6 669 |
| 八、同业往来 | 2 090 943 | 1 400 614 | 690 329 | 188 400 |
| 1. 存放同业 | 1 094 130 | 647 501 | 446 629 | 49 200 |
| 2. 拆放同业 | 996 813 | 753 113 | 243 700 | 139 200 |
| 九、行内资金往来 | 29 351 740 | 8 135 684 | 21 216 055 | 2 477 798 |
| 十、代理金融机构贷款 | | | | |
| 其中：代理人行专项贷款 | | | | |
| 十一、库存现金 | 141 476 | 10 210 | 131 266 | 10 639 |
| 十二、外汇占款 | 40 828 | 140 133 | -99 304 | -127 082 |
| 资金运用总计 | 49 775 350 | 14 759 841 | 35 015 509 | 5 539 524 |

**表3.7　中国建设银行北京市分行人民币信贷收支统计**

单位：万元

| 项目名称 | 2009年 | | 2008年 | |
|---|---|---|---|---|
| | 余额 | 比年初 | 余额 | 比年初 |
| 一、各项存款 | 59 856 417 | 7 316 969 | 52 539 448 | 5 974 776 |
| 1. 企业存款 | 28 684 227 | 1 367 267 | 27 316 960 | -1 069 183 |
| （1）活期存款 | 17 108 682 | 2 413 665 | 14 695 017 | -2 546 237 |
| （2）定期存款 | 11 575 545 | -1 046 398 | 12 621 944 | 1 477 054 |
| 2. 机关团体存款 | 2 575 580 | 93 871 | 2 481 709 | 3 584 |
| 3. 储蓄存款 | 20 709 299 | 4 241 547 | 16 467 752 | 3 888 686 |
| （1）活期储蓄 | 7 189 000 | 1 575 341 | 5 613 659 | 790 298 |
| （2）定期储蓄 | 13 520 299 | 2 666 206 | 10 854 093 | 3 098 388 |
| 4. 农业存款 | 56 239 | 54 426 | 1 814 | -8 375 |
| 5. 其他存款 | 7 831 071 | 1 559 858 | 6 271 213 | 3 160 063 |
| 二、代理财政性存款 | 5 610 | 3 598 | 2 012 | 980 |
| 三、金融债券 | | | | |
| 其中：政策性金融债券 | | | | |
| 四、应付及暂收款 | 655 635 | 19 375 | 636 261 | 181 198 |
| 其中：应付及预提利息 | 458 181 | 14 696 | 443 485 | 149 355 |
| 五、卖出回购资产 | | | | |
| 六、向中央银行借款 | | | | |
| 七、同业往来 | 6 914 730 | 257 637 | 6 657 093 | -145 142 |
| 1. 同业存放 | 6 914 730 | 257 637 | 6 657 093 | -145 142 |
| 2. 同业拆借 | | | | |
| 八、行内资金往来 | | | | |
| 九、委托存款及委托投资基金（净） | -3 965 | -4 520 | 555 | 520 |
| 1. 委托存款及委托投资基金 | 6 107 930 | 1 506 381 | 4 601 548 | 1 147 524 |
| 2. 减：委托贷款及委托投资 | 6 111 894 | 1 510 901 | 4 600 993 | 1 147 005 |
| 十、代理金融机构委托贷款基金 | | | | |
| 其中：中央银行委托贷款基金 | | | | |
| 十一、各项准备 | 56 990 | -7 945 | 64 935 | 20 261 |
| 其中：贷款损失准备 | | | | |
| 十二、所有者权益 | 120 439 | 175 979 | -55 540 | -71 156 |
| 其中：实收资本 | | | | |
| 十三、其他 | 2 260 | 69 853 | -67 593 | -107 215 |
| 资金来源总计 | 67 608 118 | 7 830 947 | 59 777 171 | 5 854 221 |

续表

| 项目名称 | 2009 年 | | 2008 年 | |
|---|---|---|---|---|
| | 余额 | 比年初 | 余额 | 比年初 |
| 一、各项贷款 | 25 708 343 | 3 359 531 | 22 348 812 | 1 973 402 |
| 1. 短期贷款 | 6 375 321 | -1 230 875 | 7 606 195 | 604 535 |
| （1）工业贷款 | 1 517 644 | -687 608 | 2 205 252 | -134 491 |
| （2）商业贷款 | 843 247 | -660 615 | 1 503 862 | 61 030 |
| （3）建筑业贷款 | 791 337 | -295 003 | 1 086 340 | -86 060 |
| （4）农业贷款 | | | | |
| （5）乡镇企业贷款 | | | | |
| （6）三资企业贷款 | | | | |
| （7）私营企业及个体贷款 | 9 094 | 6 899 | 2 195 | 1 000 |
| （8）其他短期贷款 | 3 213 999 | 405 452 | 2 808 546 | 763 056 |
| 其中：个人短期消费贷款 | 30 935 | 18 684 | 12 251 | -32 310 |
| 2. 中长期贷款 | 17 133 183 | 3 343 087 | 13 790 096 | 1 081 223 |
| （1）基本建设贷款 | 7 746 847 | 1 391 505 | 6 355 342 | 1 237 542 |
| （2）技术改造贷款 | 1 046 209 | 192 936 | 853 273 | -87 939 |
| （3）其他中长期贷款 | 8 340 127 | 1 758 646 | 6 581 481 | -68 380 |
| 其中：个人中长期消费贷款 | 4 282 845 | 479 180 | 3 803 664 | -514 078 |
| 3. 票据融资 | 2 199 839 | 1 247 318 | 952 521 | 287 645 |
| 其中：贴现 | 2 199 839 | 1 247 318 | 952 521 | 287 645 |
| 4. 各项垫款 | | | | |
| 二、有价证券及投资 | 232 139 | -87 372 | 319 511 | -37 848 |
| 三、应收及预付款 | 150 694 | -8 498 | 159 191 | 17 067 |
| 其中：应收利息 | 130 443 | -1 437 | 131 880 | 176 |
| 四、买入返售资产 | 404 000 | -149 756 | 553 756 | 523 756 |
| 五、存放中央准备金存款 | 215 331 | -873 | 216 203 | 10 825 |
| 六、存放中央银行特种存款 | | | | |
| 七、缴存中央银行财政性存款 | 25 818 | -288 784 | 314 601 | 165 229 |
| 八、同业往来 | 652 | -71 303 | 71 955 | 793 |
| 1. 存放同业 | 152 | -3 | 155 | 93 |
| 2. 拆放同业 | 500 | -71 300 | 71 800 | 700 |
| 九、行内资金往来 | 40 673 089 | 5 038 931 | 35 634 158 | 3 232 374 |
| 十、代理金融机构贷款 | | | | |
| 其中：代理人行专项贷款 | | | | |
| 十一、库存现金 | 198 052 | 39 070 | 158 982 | -31 376 |
| 十二、外汇占款 | | | | |
| 资金运用总计 | 67 608 118 | 7 830 947 | 59 777 171 | 5 854 221 |

**表3.8　交通银行北京市分行人民币信贷收支统计**

单位：万元

| 项目名称 | 2009年 | | 2008年 | |
|---|---|---|---|---|
| | 余额 | 比年初 | 余额 | 比年初 |
| 一、各项存款 | 34 941 942 | 9 842 305 | 25 099 637 | 6 370 554 |
| 1. 企业存款 | 21 927 632 | 4 010 897 | 17 916 735 | 4 332 231 |
| （1）活期存款 | 8 567 045 | 2 412 556 | 6 154 489 | 656 126 |
| （2）定期存款 | 13 360 587 | 1 598 341 | 11 762 246 | 3 676 105 |
| 2. 机关团体存款 | 45 358 | 6 022 | 39 336 | 8 203 |
| 3. 储蓄存款 | 5 854 780 | 1 592 075 | 4 262 705 | 795 096 |
| （1）活期储蓄 | 2 456 357 | 766 727 | 1 781 387 | −15 633 |
| （2）定期储蓄 | 3 398 423 | 825 349 | 2 481 318 | 810 729 |
| 4. 农业存款 | 8 505 | 8 475 | 31 | −79 |
| 5. 其他存款 | 7 105 666 | 4 224 836 | 2 880 830 | 1 235 103 |
| 二、代理财政性存款 | 301 | 301 | | |
| 三、金融债券 | | | | |
| 其中：政策性金融债券 | | | | |
| 四、应付及暂收款 | 974 808 | −138 360 | 1 113 168 | 330 199 |
| 其中：应付及预提利息 | 624 759 | 256 086 | 368 673 | 200 331 |
| 五、卖出回购资产 | | | | |
| 六、向中央银行借款 | | | | |
| 七、同业往来 | 8 786 037 | −1 145 668 | 9 931 706 | 4 536 041 |
| 1. 同业存放 | 8 786 037 | −1 145 668 | 9 931 706 | 4 536 041 |
| 2. 同业拆借 | | | | |
| 八、行内资金往来 | | | | |
| 九、委托存款及委托投资基金（净） | 1 409 899 | −766 517 | 2 176 416 | 2 036 676 |
| 1. 委托存款及委托投资基金 | 6 725 643 | −3 639 451 | 10 365 095 | 3 388 894 |
| 2. 减：委托贷款及委托投资 | 5 315 744 | −2 872 934 | 8 188 678 | 1 352 218 |
| 十、代理金融机构委托贷款基金 | | | | |
| 其中：中央银行委托贷款基金 | | | | |
| 十一、各项准备 | 192 296 | 26 013 | 166 283 | 51 855 |
| 其中：贷款损失准备 | 192 296 | 26 013 | 166 283 | 51 855 |
| 十二、所有者权益 | 357 691 | −162 541 | 520 232 | 277 116 |
| 其中：实收资本 | | | | |
| 十三、其他 | −376 364 | 74 049 | −450 413 | −101 952 |
| 资金来源总计 | 46 286 610 | 7 729 581 | 38 557 029 | 13 500 490 |

续表

| 项目名称 | 2009年 | | 2008年 | |
|---|---|---|---|---|
| | 余额 | 比年初 | 余额 | 比年初 |
| 一、各项贷款 | 19 082 804 | 4 983 459 | 14 099 345 | 3 268 909 |
| 1. 短期贷款 | 6 036 674 | 8 248 | 6 028 426 | 923 635 |
| （1）工业贷款 | 1 982 550 | 244 782 | 1 737 768 | 690 988 |
| （2）商业贷款 | 1 328 751 | -27 333 | 1 356 084 | 547 813 |
| （3）建筑业贷款 | 418 022 | -478 563 | 896 586 | -269 682 |
| （4）农业贷款 | 33 400 | 29 400 | 4 000 | 2 000 |
| （5）乡镇企业贷款 | | | | |
| （6）三资企业贷款 | | | | |
| （7）私营企业及个体贷款 | 140 | | 140 | -37 |
| （8）其他短期贷款 | 2 273 811 | 239 962 | 2 033 849 | -47 448 |
| 其中：个人短期消费贷款 | 12 947 | 6 481 | 6 466 | 1 370 |
| 2. 中长期贷款 | 11 409 739 | 4 216 401 | 7 193 339 | 1 606 843 |
| （1）基本建设贷款 | 3 815 141 | 669 656 | 3 145 486 | 1 216 456 |
| （2）技术改造贷款 | 459 272 | 429 757 | 29 515 | -7 622 |
| （3）其他中长期贷款 | 7 135 326 | 3 116 988 | 4 018 338 | 398 008 |
| 其中：个人中长期消费贷款 | 2 058 251 | 870 052 | 1 188 199 | 101 194 |
| 3. 票据融资 | 1 636 391 | 758 811 | 877 580 | 738 432 |
| 其中：贴现 | 1 636 391 | 758 811 | 877 580 | 738 432 |
| 4. 各项垫款 | | | | |
| 二、有价证券及投资 | 350 | -1 446 890 | 1 447 240 | -1 285 172 |
| 三、应收及预付款 | 664 132 | -71 904 | 736 036 | 313 226 |
| 其中：应收利息 | 85 061 | 82 201 | 2 861 | 345 |
| 四、买入返售资产 | 626 400 | -2 665 500 | 3 291 900 | 1 008 695 |
| 五、存放中央准备金存款 | 287 304 | -274 624 | 561 928 | -281 576 |
| 六、存放中央银行特种存款 | | | | |
| 七、缴存中央银行财政性存款 | 209 | 209 | | |
| 八、同业往来 | 1 154 935 | -3 066 818 | 4 221 753 | 3 175 883 |
| 1. 存放同业 | 676 935 | -3 334 818 | 4 011 753 | 2 965 883 |
| 2. 拆放同业 | 478 000 | 268 000 | 210 000 | 210 000 |
| 九、行内资金往来 | 24 376 006 | 10 250 972 | 14 125 034 | 7 303 250 |
| 十、代理金融机构贷款 | | | | |
| 其中：代理人行专项贷款 | | | | |
| 十一、库存现金 | 94 472 | 20 678 | 73 794 | -1 002 |
| 十二、外汇占款 | -1 | -1 | -1 | -1 722 |
| 资金运用总计 | 46 286 610 | 7 729 581 | 38 557 029 | 13 500 490 |

**表 3.9　招商银行北京分行人民币信贷收支统计**

单位：万元

| 项目名称 | 2009 年 | | 2008 年 | |
|---|---|---|---|---|
| | 余额 | 比年初 | 余额 | 比年初 |
| 一、各项存款 | 19 489 878 | 4 718 465 | 14 771 413 | 3 808 524 |
| 1. 企业存款 | 8 193 690 | 2 397 300 | 6 037 026 | 433 772 |
| （1）活期存款 | 4 398 045 | 1 093 235 | 3 402 066 | 15 068 |
| （2）定期存款 | 3 795 645 | 1 304 065 | 2 634 960 | 418 704 |
| 2. 机关团体存款 | 149 721 | 30 354 | 119 367 | －15 302 |
| 3. 储蓄存款 | 8 726 400 | 1 394 347 | 7 332 053 | 2 736 271 |
| （1）活期储蓄 | 4 396 134 | 805 071 | 3 591 063 | 652 119 |
| （2）定期储蓄 | 4 330 266 | 589 276 | 3 740 990 | 2 084 152 |
| 4. 农业存款 | | | | |
| 5. 其他存款 | 2 420 067 | 896 464 | 1 282 967 | 653 783 |
| 二、代理财政性存款 | 23 | 23 | | |
| 三、金融债券 | | | | |
| 其中：政策性金融债券 | | | | |
| 四、应付及暂收款 | 218 287 | 43 163 | 175 124 | 77 959 |
| 其中：应付及预提利息 | 173 366 | 81 338 | 92 028 | 41 536 |
| 五、卖出回购资产 | | | | |
| 六、向中央银行借款 | | | | |
| 七、同业往来 | 3 289 306 | 1 329 935 | 1 959 371 | －1 777 698 |
| 1. 同业存放 | 3 289 306 | 1 329 935 | 1 959 371 | －1 777 698 |
| 2. 同业拆借 | | | | |
| 八、行内资金往来 | | | | |
| 九、委托存款及委托投资基金（净） | | | | |
| 1. 委托存款及委托投资基金 | 2 043 932 | －533 506 | 2 577 438 | 1 237 655 |
| 2. 减：委托贷款及委托投资 | 2 043 932 | －533 506 | 2 577 438 | 1 237 655 |
| 十、代理金融机构委托贷款基金 | | | | |
| 其中：中央银行委托贷款基金 | | | | |
| 十一、各项准备 | 132 266 | 13 863 | 118 403 | 16 962 |
| 其中：贷款损失准备 | 131 924 | 13 865 | 118 059 | 16 969 |
| 十二、所有者权益 | 72 411 | －72 530 | 144 941 | 44 859 |
| 其中：实收资本 | | | | |
| 十三、其他 | 47 607 | 19 415 | 28 192 | －24 898 |
| 资金来源总计 | 23 249 778 | 6 052 334 | 17 197 444 | 2 145 708 |

续表

| 项目名称 | 2009年 | | 2008年 | |
|---|---|---|---|---|
| | 余额 | 比年初 | 余额 | 比年初 |
| 一、各项贷款 | 8 549 271 | 1 348 170 | 7 201 101 | 1 262 025 |
| 1. 短期贷款 | 3 300 385 | -166 972 | 3 467 357 | 272 331 |
| （1）工业贷款 | 610 869 | -88 870 | 699 739 | 303 660 |
| （2）商业贷款 | 639 883 | 5 355 | 634 528 | 92 700 |
| （3）建筑业贷款 | 147 321 | -161 299 | 308 620 | -17 795 |
| （4）农业贷款 | | -10 000 | 10 000 | |
| （5）乡镇企业贷款 | | | | |
| （6）三资企业贷款 | 398 340 | 166 620 | 231 720 | 175 850 |
| （7）私营企业及个体贷款 | 26 264 | -6 991 | 33 255 | -34 249 |
| （8）其他短期贷款 | 1 477 708 | -71 787 | 1 549 495 | -247 835 |
| 其中：个人短期消费贷款 | 99 454 | 10 253 | 89 201 | -3 568 |
| 2. 中长期贷款 | 5 019 534 | 1 553 857 | 3 465 677 | 780 774 |
| （1）基本建设贷款 | 1 407 864 | 798 789 | 609 075 | 144 329 |
| （2）技术改造贷款 | 74 518 | 33 518 | 41 000 | 15 000 |
| （3）其他中长期贷款 | 3 537 152 | 721 550 | 2 815 602 | 621 445 |
| 其中：个人中长期消费贷款 | 2 287 410 | 883 919 | 1 403 491 | 153 629 |
| 3. 票据融资 | 229 352 | -38 715 | 268 067 | 208 920 |
| 其中：贴现 | 229 352 | -38 715 | 268 067 | 208 920 |
| 4. 各项垫款 | | | | |
| 二、有价证券及投资 | | | | -100 188 |
| 三、应收及预付款 | 17 863 | -9 040 | 26 903 | 2 220 |
| 其中：应收利息 | 15 405 | -9 234 | 24 639 | 2 091 |
| 四、买入返售资产 | 1 020 000 | 200 000 | 820 000 | -814 200 |
| 五、存放中央准备金存款 | 123 180 | -57 448 | 180 628 | 13 818 |
| 六、存放中央银行特种存款 | | | | |
| 七、缴存中央银行财政性存款 | 1 543 | 1 534 | 9 | -946 |
| 八、同业往来 | 814 207 | 434 307 | 379 900 | 179 380 |
| 1. 存放同业 | 708 207 | 368 307 | 339 900 | 139 380 |
| 2. 拆放同业 | 106 000 | 66 000 | 40 000 | 40 000 |
| 九、行内资金往来 | 12 647 764 | 4 123 184 | 8 524 580 | 1 603 170 |
| 十、代理金融机构贷款 | | | | |
| 其中：代理人行专项贷款 | | | | |
| 十一、库存现金 | 75 950 | 11 627 | 64 323 | 429 |
| 十二、外汇占款 | | | | |
| 资金运用总计 | 23 249 778 | 6 052 334 | 17 197 444 | 2 145 708 |

**表 3.10　上海浦东发展银行北京分行人民币信贷收支统计**

单位：万元

| 项目名称 | 2009 年 | | 2008 年 | |
|---|---|---|---|---|
| | 余额 | 比年初 | 余额 | 比年初 |
| 一、各项存款 | 9 092 566 | 764 802 | 8 327 763 | 1 415 713 |
| 1. 企业存款 | 6 271 078 | 597 356 | 5 673 722 | 571 138 |
| （1）活期存款 | 2 415 727 | 581 004 | 1 834 723 | -246 053 |
| （2）定期存款 | 3 855 351 | 16 352 | 3 838 999 | 817 191 |
| 2. 机关团体存款 | 264 772 | -25 424 | 290 196 | -14 268 |
| 3. 储蓄存款 | 1 182 875 | 270 768 | 912 106 | 254 092 |
| （1）活期储蓄 | 368 238 | 58 238 | 310 000 | 3 958 |
| （2）定期储蓄 | 814 637 | 212 530 | 602 106 | 250 134 |
| 4. 农业存款 | | | | |
| 5. 其他存款 | 1 373 841 | -77 898 | 1 451 739 | 604 751 |
| 二、代理财政性存款 | 1 | -6 | 7 | -98 |
| 三、金融债券 | | | | |
| 其中：政策性金融债券 | | | | |
| 四、应付及暂收款 | 366 807 | 25 960 | 340 847 | 156 744 |
| 其中：应付及预提利息 | 254 997 | 44 863 | 210 134 | 153 424 |
| 五、卖出回购资产 | | | | |
| 六、向中央银行借款 | | | | |
| 七、同业往来 | 2 321 203 | -594 604 | 2 915 807 | 929 661 |
| 1. 同业存放 | 2 321 203 | -594 604 | 2 915 807 | 929 661 |
| 2. 同业拆借 | | | | |
| 八、行内资金往来 | | | | |
| 九、委托存款及委托投资基金（净） | 137 754 | -196 803 | 334 557 | 329 694 |
| 1. 委托存款及委托投资基金 | 305 961 | -167 528 | 473 489 | -180 758 |
| 2. 减：委托贷款及委托投资 | 168 207 | 29 275 | 138 932 | -510 452 |
| 十、代理金融机构委托贷款基金 | | | | |
| 其中：中央银行委托贷款基金 | | | | |
| 十一、各项准备 | 91 830 | 11 486 | 80 344 | -1 530 |
| 其中：贷款损失准备 | 78 638 | 10 159 | 68 479 | -1 376 |
| 十二、所有者权益 | 80 920 | -37 138 | 118 056 | 2 741 |
| 其中：实收资本 | | | | |
| 十三、其他 | 24 666 | 100 622 | -75 953 | -100 739 |
| 资金来源总计 | 12 115 747 | 74 319 | 12 041 428 | 2 732 186 |

续表

| 项目名称 | 2009年 | | 2008年 | |
|---|---|---|---|---|
| | 余额 | 比年初 | 余额 | 比年初 |
| 一、各项贷款 | 4 538 485 | 617 042 | 3 921 443 | 145 947 |
| 1. 短期贷款 | 1 703 428 | -301 194 | 2 004 622 | -201 277 |
| （1）工业贷款 | 556 352 | -179 893 | 736 245 | 173 292 |
| （2）商业贷款 | 175 014 | 84 050 | 90 964 | -48 848 |
| （3）建筑业贷款 | 23 655 | 7 097 | 16 558 | -48 025 |
| （4）农业贷款 | | | | |
| （5）乡镇企业贷款 | | | | |
| （6）三资企业贷款 | 799 | | 799 | |
| （7）私营企业及个体贷款 | | | | |
| （8）其他短期贷款 | 947 608 | -212 448 | 1 160 056 | -277 696 |
| 其中：个人短期消费贷款 | 51 338 | 27 639 | 23 699 | 8 522 |
| 2. 中长期贷款 | 2 831 068 | 927 092 | 1 903 976 | 394 491 |
| （1）基本建设贷款 | 1 125 519 | 384 983 | 740 536 | 224 136 |
| （2）技术改造贷款 | 14 000 | -2 700 | 16 700 | |
| （3）其他中长期贷款 | 1 691 549 | 544 809 | 1 146 740 | 170 355 |
| 其中：个人中长期消费贷款 | 655 678 | 206 699 | 448 979 | -26 666 |
| 3. 票据融资 | 3 989 | -8 856 | 12 845 | -47 267 |
| 其中：贴现 | 3 989 | -8 856 | 12 845 | -47 267 |
| 4. 各项垫款 | | | | |
| 二、有价证券及投资 | 21 057 | -8 567 | 29 624 | -72 039 |
| 三、应收及预付款 | 281 339 | 519 | 280 820 | 112 785 |
| 其中：应收利息 | 162 569 | 25 302 | 137 267 | 114 270 |
| 四、买入返售资产 | | -526 563 | 526 563 | 24 963 |
| 五、存放中央准备金存款 | 319 250 | 211 418 | 107 832 | -450 161 |
| 六、存放中央银行特种存款 | | | | |
| 七、缴存中央银行财政性存款 | 188 | 178 | 10 | -30 |
| 八、同业往来 | 794 808 | 569 465 | 225 343 | 221 545 |
| 1. 存放同业 | 744 808 | 540 965 | 203 843 | 200 045 |
| 2. 拆放同业 | 50 000 | 28 500 | 21 500 | 21 500 |
| 九、行内资金往来 | 6 134 216 | -790 476 | 6 924 692 | 2 748 568 |
| 十、代理金融机构贷款 | | | | |
| 其中：代理人行专项贷款 | | | | |
| 十一、库存现金 | 26 076 | 1 872 | 24 204 | 511 |
| 十二、外汇占款 | 328 | -569 | 897 | 97 |
| 资金运用总计 | 12 115 747 | 74 319 | 12 041 428 | 2 732 186 |

**表3.11　广东发展银行北京分行人民币信贷收支统计**

单位：万元

| 项目名称 | 2009年 | | 2008年 | |
|---|---|---|---|---|
| | 余额 | 比年初 | 余额 | 比年初 |
| 一、各项存款 | 7 373 294 | 2 784 121 | 4 589 173 | 889 764 |
| 1. 企业存款 | 5 846 070 | 2 078 204 | 3 767 866 | 757 153 |
| （1）活期存款 | 2 737 364 | 1 193 151 | 1 544 213 | -22 051 |
| （2）定期存款 | 3 108 706 | 885 053 | 2 223 653 | 779 204 |
| 2. 机关团体存款 | 67 478 | 67 478 | | |
| 3. 储蓄存款 | 616 623 | 223 168 | 393 455 | 101 736 |
| （1）活期储蓄 | 210 172 | 64 770 | 145 402 | -17 131 |
| （2）定期储蓄 | 406 451 | 158 398 | 248 053 | 118 867 |
| 4. 农业存款 | | | | |
| 5. 其他存款 | 843 123 | 415 271 | 427 852 | 30 875 |
| 二、代理财政性存款 | | | | |
| 三、金融债券 | | | | |
| 其中：政策性金融债券 | | | | |
| 四、应付及暂收款 | 71 655 | 5 253 | 66 402 | 39 035 |
| 其中：应付及预提利息 | 58 950 | 7 778 | 51 172 | 31 632 |
| 五、卖出回购资产 | | -30 000 | 30 000 | 30 000 |
| 六、向中央银行借款 | | | | |
| 七、同业往来 | 327 291 | -971 554 | 1 298 845 | 1 014 977 |
| 1. 同业存放 | 327 291 | -971 554 | 1 298 845 | 1 014 977 |
| 2. 同业拆借 | | | | |
| 八、行内资金往来 | | | | |
| 九、委托存款及委托投资基金（净） | | -122 | 122 | -24 |
| 1. 委托存款及委托投资基金 | 822 505 | 121 576 | 700 929 | 246 512 |
| 2. 减：委托贷款及委托投资 | 822 505 | 121 698 | 700 807 | 246 536 |
| 十、代理金融机构委托贷款基金 | | | | |
| 其中：中央银行委托贷款基金 | | | | |
| 十一、各项准备 | 12 847 | -10 634 | 23 481 | 2 966 |
| 其中：贷款损失准备 | 12 847 | -10 535 | 23 382 | 2 867 |
| 十二、所有者权益 | 62 834 | -19 543 | 82 377 | 14 086 |
| 其中：实收资本 | | | | |
| 十三、其他 | -49 538 | -31 599 | -17 939 | 99 698 |
| 资金来源总计 | 7 798 383 | 1 725 922 | 6 072 461 | 2 090 502 |

续表

| 项目名称 | 2009 年 | | 2008 年 | |
|---|---|---|---|---|
| | 余额 | 比年初 | 余额 | 比年初 |
| 一、各项贷款 | 4 807 881 | 1 742 403 | 3 065 478 | 523 235 |
| 1. 短期贷款 | 1 639 004 | －195 841 | 1 834 845 | 472 693 |
| （1）工业贷款 | 37 500 | －6 500 | 44 000 | 12 000 |
| （2）商业贷款 | 410 140 | 38 166 | 371 974 | 45 298 |
| （3）建筑业贷款 | 44 100 | －38 900 | 83 000 | 49 300 |
| （4）农业贷款 | | | | |
| （5）乡镇企业贷款 | | | | |
| （6）三资企业贷款 | | | | |
| （7）私营企业及个体贷款 | 4 810 | 2 480 | 2 330 | －710 |
| （8）其他短期贷款 | 1 142 454 | －191 087 | 1 333 541 | 366 805 |
| 其中：个人短期消费贷款 | 5 058 | 4 273 | 785 | 402 |
| 2. 中长期贷款 | 3 073 445 | 1 884 970 | 1 188 475 | 126 952 |
| （1）基本建设贷款 | 144 271 | －199 426 | 343 697 | －87 858 |
| （2）技术改造贷款 | | | | |
| （3）其他中长期贷款 | 2 929 174 | 2 084 396 | 844 778 | 214 810 |
| 其中：个人中长期消费贷款 | 418 160 | 174 202 | 243 958 | 1 796 |
| 3. 票据融资 | 95 432 | 53 394 | 42 038 | －76 530 |
| 其中：贴现 | 95 432 | 53 394 | 42 038 | －76 530 |
| 4. 各项垫款 | | －120 | 120 | 120 |
| 二、有价证券及投资 | 27 645 | －17 606 | 45 251 | 45 251 |
| 三、应收及预付款 | 30 605 | －7 747 | 38 352 | 20 415 |
| 其中：应收利息 | 28 637 | 2 509 | 26 128 | 14 297 |
| 四、买入返售资产 | 75 000 | 75 000 | | －6 918 |
| 五、存放中央准备金存款 | 138 715 | －160 150 | 298 865 | －7 526 |
| 六、存放中央银行特种存款 | | | | |
| 七、缴存中央银行财政性存款 | 1 105 | －908 | 2 013 | 1 954 |
| 八、同业往来 | 12 496 | 8 927 | 3 569 | －46 258 |
| 1. 存放同业 | 12 496 | 8 927 | 3 569 | －46 258 |
| 2. 拆放同业 | | | | |
| 九、行内资金往来 | 2 686 675 | 78 725 | 2 607 950 | 1 562 926 |
| 十、代理金融机构贷款 | | | | |
| 其中：代理人行专项贷款 | | | | |
| 十一、库存现金 | 17 834 | 6 509 | 11 325 | －1 819 |
| 十二、外汇占款 | 427 | 769 | －342 | －758 |
| 资金运用总计 | 7 798 383 | 1 725 922 | 6 072 461 | 2 090 502 |

**表 3.12　兴业银行北京分行人民币信贷收支统计**

单位：万元

| 项目名称 | 2009 年 | | 2008 年 | |
|---|---|---|---|---|
| | 余额 | 比年初 | 余额 | 比年初 |
| 一、各项存款 | 9 727 893 | 3 137 421 | 6 590 472 | 885 175 |
| 1. 企业存款 | 7 880 622 | 2 577 675 | 5 302 947 | 487 950 |
| （1）活期存款 | 3 898 880 | 1 206 896 | 2 691 985 | 36 845 |
| （2）定期存款 | 3 981 741 | 1 370 780 | 2 610 962 | 451 105 |
| 2. 机关团体存款 | | | | |
| 3. 储蓄存款 | 1 179 225 | 405 440 | 773 785 | 314 828 |
| （1）活期储蓄 | 467 204 | 117 426 | 349 778 | 86 927 |
| （2）定期储蓄 | 712 022 | 288 014 | 424 007 | 227 901 |
| 4. 农业存款 | 45 060 | 23 532 | 21 528 | -5 140 |
| 5. 其他存款 | 622 986 | 130 774 | 492 212 | 87 537 |
| 二、代理财政性存款 | | | | -68 |
| 三、金融债券 | | | | |
| 其中：政策性金融债券 | | | | |
| 四、应付及暂收款 | 90 687 | -5 292 | 95 980 | 55 203 |
| 其中：应付及预提利息 | 56 101 | -9 331 | 65 432 | 42 215 |
| 五、卖出回购资产 | | | | |
| 六、向中央银行借款 | | | | |
| 七、同业往来 | 2 932 877 | 62 132 | 2 870 745 | 822 682 |
| 1. 同业存放 | 2 932 877 | 62 132 | 2 870 745 | 822 682 |
| 2. 同业拆借 | | | | |
| 八、行内资金往来 | | | | |
| 九、委托存款及委托投资基金（净） | 1 196 | -55 775 | 56 971 | 53 782 |
| 1. 委托存款及委托投资基金 | 2 419 219 | 1 492 117 | 927 102 | 410 617 |
| 2. 减：委托贷款及委托投资 | 2 418 023 | 1 547 892 | 870 131 | 356 835 |
| 十、代理金融机构委托贷款基金 | | | | |
| 其中：中央银行委托贷款基金 | | | | |
| 十一、各项准备 | 51 031 | 14 039 | 36 993 | -2 779 |
| 其中：贷款损失准备 | 50 967 | 14 043 | 36 924 | -2 827 |
| 十二、所有者权益 | 180 074 | 25 553 | 154 521 | 34 260 |
| 其中：实收资本 | | | | |
| 十三、其他 | -70 810 | -9 235 | -61 575 | -1 111 |
| 资金来源总计 | 12 912 949 | 3 168 842 | 9 744 106 | 1 847 145 |

续表

| 项目名称 | 2009 年 | | 2008 年 | |
|---|---|---|---|---|
| | 余额 | 比年初 | 余额 | 比年初 |
| 一、各项贷款 | 4 876 033 | 1 641 323 | 3 234 710 | 58 440 |
| 1. 短期贷款 | 1 055 131 | -202 180 | 1 257 310 | -18 757 |
| (1) 工业贷款 | 704 636 | -270 184 | 974 820 | 410 764 |
| (2) 商业贷款 | 90 000 | 27 400 | 62 600 | -82 600 |
| (3) 建筑业贷款 | 136 600 | -15 600 | 152 200 | -134 235 |
| (4) 农业贷款 | 27 000 | 19 000 | 8 000 | 6 000 |
| (5) 乡镇企业贷款 | | | | |
| (6) 三资企业贷款 | | | | |
| (7) 私营企业及个体贷款 | 6 096 | 4 593 | 1 503 | 1 113 |
| (8) 其他短期贷款 | 90 799 | 32 611 | 58 188 | -219 798 |
| 其中：个人短期消费贷款 | 13 999 | 4 311 | 9 688 | -5 642 |
| 2. 中长期贷款 | 3 775 028 | 1 881 018 | 1 894 010 | -33 |
| (1) 基本建设贷款 | 1 140 539 | 281 837 | 858 702 | 34 646 |
| (2) 技术改造贷款 | 334 | -195 | 530 | -35 178 |
| (3) 其他中长期贷款 | 2 634 155 | 1 599 376 | 1 034 779 | 500 |
| 其中：个人中长期消费贷款 | 745 287 | 151 105 | 594 182 | -9 899 |
| 3. 票据融资 | 45 875 | -37 515 | 83 390 | 77 229 |
| 其中：贴现 | 45 875 | -37 515 | 83 390 | 77 229 |
| 4. 各项垫款 | | | | |
| 二、有价证券及投资 | 151 507 | -89 513 | 241 021 | -121 056 |
| 三、应收及预付款 | 12 018 | 3 459 | 8 558 | -2 330 |
| 其中：应收利息 | 10 635 | 2 888 | 7 747 | -2 750 |
| 四、买入返售资产 | 45 000 | -125 000 | 170 000 | 109 500 |
| 五、存放中央准备金存款 | 82 491 | -15 083 | 97 574 | 15 028 |
| 六、存放中央银行特种存款 | | | | |
| 七、缴存中央银行财政性存款 | 1 319 | 1 319 | | |
| 八、同业往来 | 318 606 | 219 563 | 99 043 | 95 582 |
| 1. 存放同业 | 9 606 | 563 | 9 043 | 5 582 |
| 2. 拆放同业 | 309 000 | 219 000 | 90 000 | 90 000 |
| 九、行内资金往来 | 7 405 747 | 1 532 732 | 5 873 015 | 1 693 176 |
| 十、代理金融机构贷款 | | | | |
| 其中：代理人行专项贷款 | | | | |
| 十一、库存现金 | 20 228 | 43 | 20 186 | -1 195 |
| 十二、外汇占款 | | | | |
| 资金运用总计 | 12 912 949 | 3 168 842 | 9 744 106 | 1 847 145 |

表 3.13 深圳发展银行北京分行人民币信贷收支统计

单位：万元

| 项目名称 | 2009 年 | | 2008 年 | |
|---|---|---|---|---|
| | 余额 | 比年初 | 余额 | 比年初 |
| 一、各项存款 | 5 715 805 | 1 406 136 | 4 309 669 | 636 552 |
| 1. 企业存款 | 3 439 936 | 1 028 178 | 2 411 758 | 408 091 |
| （1）活期存款 | 1 711 319 | 386 050 | 1 325 269 | 234 768 |
| （2）定期存款 | 1 728 617 | 642 128 | 1 086 489 | 173 323 |
| 2. 机关团体存款 | 68 974 | 56 363 | 12 611 | 727 |
| 3. 储蓄存款 | 407 685 | 125 197 | 282 488 | 79 031 |
| （1）活期储蓄 | 155 831 | 25 195 | 130 636 | 16 988 |
| （2）定期储蓄 | 251 854 | 100 002 | 151 852 | 62 043 |
| 4. 农业存款 | 2 253 | 1 788 | 465 | -797 |
| 5. 其他存款 | 1 796 957 | 194 610 | 1 602 347 | 149 500 |
| 二、代理财政性存款 | | | | |
| 三、金融债券 | | | | |
| 其中：政策性金融债券 | | | | |
| 四、应付及暂收款 | 46 601 | -18 508 | 65 109 | 16 698 |
| 其中：应付及预提利息 | 31 603 | -8 170 | 39 773 | -450 |
| 五、卖出回购资产 | | -146 442 | 146 442 | 16 939 |
| 六、向中央银行借款 | | | | |
| 七、同业往来 | 772 858 | -351 619 | 1 124 477 | 289 531 |
| 1. 同业存放 | 772 858 | -351 619 | 1 124 477 | 289 531 |
| 2. 同业拆借 | | | | |
| 八、行内资金往来 | | | | |
| 九、委托存款及委托投资基金（净） | | | | |
| 1. 委托存款及委托投资基金 | 438 214 | -164 810 | 603 024 | 577 993 |
| 2. 减：委托贷款及委托投资 | 438 214 | -164 810 | 603 024 | 577 993 |
| 十、代理金融机构委托贷款基金 | | | | |
| 其中：中央银行委托贷款基金 | | | | |
| 十一、各项准备 | 26 863 | 24 339 | 2 524 | 1 975 |
| 其中：贷款损失准备 | 26 740 | 24 217 | 2 523 | 1 979 |
| 十二、所有者权益 | 21 006 | -13 184 | 34 190 | 13 698 |
| 其中：实收资本 | | | | |
| 十三、其他 | 19 943 | -5 493 | 25 436 | 6 273 |
| 资金来源总计 | 6 603 076 | 895 229 | 5 707 847 | 981 666 |

续表

| 项目名称 | 2009 年 | | 2008 年 | |
|---|---|---|---|---|
| | 余额 | 比年初 | 余额 | 比年初 |
| 一、各项贷款 | 4 332 152 | 624 034 | 3 708 118 | 1 378 014 |
| 1. 短期贷款 | 1 632 282 | -93 306 | 1 725 588 | 409 582 |
| （1）工业贷款 | 337 330 | 175 830 | 161 500 | -10 998 |
| （2）商业贷款 | 356 189 | 167 339 | 188 850 | -79 315 |
| （3）建筑业贷款 | 167 961 | 32 755 | 135 206 | 29 876 |
| （4）农业贷款 | 3 500 | 3 500 | | |
| （5）乡镇企业贷款 | | | | |
| （6）三资企业贷款 | 39 636 | 66 | 39 570 | 31 570 |
| （7）私营企业及个体贷款 | 1 285 | -1 800 | 3 085 | -215 |
| （8）其他短期贷款 | 726 381 | -470 996 | 1 197 377 | 438 664 |
| 其中：个人短期消费贷款 | 2 643 | 1 791 | 852 | -1 348 |
| 2. 中长期贷款 | 1 911 002 | 781 542 | 1 129 460 | 148 713 |
| （1）基本建设贷款 | 117 630 | 23 353 | 94 277 | 48 477 |
| （2）技术改造贷款 | | | | |
| （3）其他中长期贷款 | 1 793 372 | 758 189 | 1 035 183 | 100 236 |
| 其中：个人中长期消费贷款 | 1 030 628 | 149 859 | 880 769 | 67 289 |
| 3. 票据融资 | 762 681 | -63 883 | 826 564 | 793 213 |
| 其中：贴现 | 762 681 | -63 883 | 826 564 | 793 213 |
| 4. 各项垫款 | 26 187 | -319 | 26 506 | 26 506 |
| 二、有价证券及投资 | 38 944 | 38 944 | | -11 672 |
| 三、应收及预付款 | 8 306 | -14 343 | 22 649 | 4 274 |
| 其中：应收利息 | 6 487 | 233 | 6 254 | 1 214 |
| 四、买入返售资产 | 332 660 | -4 022 | 336 682 | -698 306 |
| 五、存放中央准备金存款 | 50 173 | -9 590 | 59 763 | -46 112 |
| 六、存放中央银行特种存款 | | | | |
| 七、缴存中央银行财政性存款 | 784 | 784 | | -1 |
| 八、同业往来 | 56 | 13 | 43 | -1 531 |
| 1. 存放同业 | 56 | 13 | 43 | -1 531 |
| 2. 拆放同业 | | | | |
| 九、行内资金往来 | 1 833 574 | 260 567 | 1 573 007 | 355 898 |
| 十、代理金融机构贷款 | | | | |
| 其中：代理人行专项贷款 | | | | |
| 十一、库存现金 | 6 427 | -1 158 | 7 585 | 1 102 |
| 十二、外汇占款 | | | | |
| 资金运用总计 | 6 603 076 | 895 229 | 5 707 847 | 981 666 |

**表 3.14　中信银行总行营业部人民币信贷收支统计**

单位：万元

| 项目名称 | 2009 年 | | 2008 年 | |
|---|---|---|---|---|
| | 余额 | 比年初 | 余额 | 比年初 |
| 一、各项存款 | 21 619 736 | 4 360 579 | 17 259 157 | 3 655 439 |
| 1. 企业存款 | 14 340 271 | 2 128 692 | 12 211 579 | 2 054 649 |
| （1）活期存款 | 6 573 267 | 1 017 523 | 5 555 744 | 664 821 |
| （2）定期存款 | 7 767 004 | 1 111 169 | 6 655 835 | 1 389 827 |
| 2. 机关团体存款 | 111 218 | 45 379 | 65 840 | -35 081 |
| 3. 储蓄存款 | 2 633 389 | 765 833 | 1 867 556 | 327 493 |
| （1）活期储蓄 | 644 967 | 167 710 | 477 257 | -247 034 |
| （2）定期储蓄 | 1 988 422 | 598 123 | 1 390 299 | 574 528 |
| 4. 农业存款 | | | | |
| 5. 其他存款 | 4 534 858 | 1 420 676 | 3 114 182 | 1 308 378 |
| 二、代理财政性存款 | | | | |
| 三、金融债券 | | | | |
| 其中：政策性金融债券 | | | | |
| 四、应付及暂收款 | 246 149 | -22 627 | 268 776 | 47 307 |
| 其中：应付及预提利息 | 143 518 | 12 943 | 130 575 | 72 876 |
| 五、卖出回购资产 | | | | |
| 六、向中央银行借款 | | | | |
| 七、同业往来 | 4 509 531 | 2 308 216 | 2 201 314 | -1 781 397 |
| 1. 同业存放 | 4 509 531 | 2 308 216 | 2 201 314 | -1 781 397 |
| 2. 同业拆借 | | | | |
| 八、行内资金往来 | | | | |
| 九、委托存款及委托投资基金（净） | 1 056 604 | 1 053 520 | 3 084 | -388 109 |
| 1. 委托存款及委托投资基金 | 3 365 475 | -20 879 | 3 386 353 | 2 280 418 |
| 2. 减：委托贷款及委托投资 | 2 308 871 | -1 074 399 | 3 383 269 | 2 668 528 |
| 十、代理金融机构委托贷款基金 | | | | |
| 其中：中央银行委托贷款基金 | | | | |
| 十一、各项准备 | 116 107 | 10 914 | 105 192 | 24 806 |
| 其中：贷款损失准备 | 114 846 | 10 914 | 103 932 | 27 082 |
| 十二、所有者权益 | 182 681 | -88 826 | 271 507 | 139 794 |
| 其中：实收资本 | | | | |
| 十三、其他 | 29 429 | -448 209 | 477 639 | 458 268 |
| 资金来源总计 | 27 760 236 | 7 173 567 | 20 586 669 | 2 156 108 |

续表

| 项目名称 | 2009 年 | | 2008 年 | |
|---|---|---|---|---|
| | 余额 | 比年初 | 余额 | 比年初 |
| 一、各项贷款 | 14 025 701 | 5 313 979 | 8 711 722 | 815 120 |
| 1. 短期贷款 | 3 883 678 | 309 914 | 3 573 764 | 265 344 |
| （1）工业贷款 | 2 133 632 | 428 702 | 1 704 930 | 342 469 |
| （2）商业贷款 | 377 233 | －125 770 | 503 003 | －115 358 |
| （3）建筑业贷款 | 232 735 | －203 734 | 436 469 | －62 027 |
| （4）农业贷款 | | | | |
| （5）乡镇企业贷款 | | | | |
| （6）三资企业贷款 | 536 | －88 083 | 88 619 | －40 582 |
| （7）私营企业及个体贷款 | | | | |
| （8）其他短期贷款 | 1 139 542 | 298 798 | 840 744 | 140 842 |
| 其中：个人短期消费贷款 | 6 944 | 4 604 | 2 340 | －1 437 |
| 2. 中长期贷款 | 8 549 744 | 3 571 329 | 4 978 415 | 683 240 |
| （1）基本建设贷款 | 2 163 707 | 546 963 | 1 616 743 | 563 355 |
| （2）技术改造贷款 | 342 500 | 272 500 | 70 000 | －232 000 |
| （3）其他中长期贷款 | 6 043 537 | 2 751 865 | 3 291 672 | 351 885 |
| 其中：个人中长期消费贷款 | 2 446 503 | 1 061 285 | 1 385 218 | －50 856 |
| 3. 票据融资 | 1 587 879 | 1 432 737 | 155 143 | －135 315 |
| 其中：贴现 | 1 587 879 | 1 432 737 | 155 143 | －135 315 |
| 4. 各项垫款 | 4 400 | | 4 400 | 1 851 |
| 二、有价证券及投资 | 185 162 | 26 446 | 158 716 | －39 328 |
| 三、应收及预付款 | 46 617 | －39 739 | 86 356 | 49 289 |
| 其中：应收利息 | 23 971 | －38 372 | 62 343 | 37 580 |
| 四、买入返售资产 | 1 781 927 | 210 904 | 1 571 022 | 1 070 852 |
| 五、存放中央准备金存款 | 443 928 | －225 036 | 668 964 | 405 434 |
| 六、存放中央银行特种存款 | | | | |
| 七、缴存中央银行财政性存款 | 2 416 | 1 019 | 1 398 | 1 281 |
| 八、同业往来 | 802 026 | 598 886 | 203 140 | 2 026 |
| 1. 存放同业 | 315 180 | 112 039 | 203 140 | 2 026 |
| 2. 拆放同业 | 486 846 | 486 846 | | |
| 九、行内资金往来 | 10 497 872 | 1 325 745 | 9 172 127 | －125 455 |
| 十、代理金融机构贷款 | | | | |
| 其中：代理人行专项贷款 | | | | |
| 十一、库存现金 | 30 679 | －6 381 | 37 060 | －3 823 |
| 十二、外汇占款 | －56 091 | －32 255 | －23 836 | －19 288 |
| 资金运用总计 | 27 760 236 | 7 173 567 | 20 586 669 | 2 156 108 |

**表 3.15　中国光大银行北京分行人民币信贷收支统计**

单位：万元

| 项目名称 | 2009 年 | | 2008 年 | |
|---|---|---|---|---|
| | 余额 | 比年初 | 余额 | 比年初 |
| 一、各项存款 | 15 725 066 | 3 106 036 | 12 619 030 | 1 902 762 |
| 1. 企业存款 | 10 274 622 | 1 215 263 | 9 059 359 | 1 761 877 |
| （1）活期存款 | 4 041 667 | 395 244 | 3 646 423 | 724 607 |
| （2）定期存款 | 6 232 955 | 820 019 | 5 412 936 | 1 037 270 |
| 2. 机关团体存款 | 283 354 | 64 694 | 218 660 | -203 028 |
| 3. 储蓄存款 | 1 440 989 | 361 243 | 1 079 746 | 206 480 |
| （1）活期储蓄 | 520 278 | 195 580 | 324 698 | 44 644 |
| （2）定期储蓄 | 920 711 | 165 663 | 755 048 | 161 836 |
| 4. 农业存款 | | | | |
| 5. 其他存款 | 3 726 101 | 1 464 836 | 2 261 265 | 137 433 |
| 二、代理财政性存款 | | | | |
| 三、金融债券 | | | | |
| 其中：政策性金融债券 | | | | |
| 四、应付及暂收款 | 237 842 | -25 176 | 263 018 | -39 016 |
| 其中：应付及预提利息 | 197 471 | 12 679 | 184 792 | 48 717 |
| 五、卖出回购资产 | | | | |
| 六、向中央银行借款 | | | | |
| 七、同业往来 | 2 153 976 | 835 191 | 1 318 785 | -536 733 |
| 1. 同业存放 | 2 153 976 | 835 191 | 1 318 785 | -536 733 |
| 2. 同业拆借 | | | | |
| 八、行内资金往来 | | | | |
| 九、委托存款及委托投资基金（净） | 931 974 | 102 318 | 829 656 | 527 615 |
| 1. 委托存款及委托投资基金 | 1 208 081 | 142 735 | 1 065 346 | 571 267 |
| 2. 减：委托贷款及委托投资 | 276 107 | 40 417 | 235 690 | 43 652 |
| 十、代理金融机构委托贷款基金 | | | | |
| 其中：中央银行委托贷款基金 | | | | |
| 十一、各项准备 | 93 826 | 14 309 | 79 517 | 79 517 |
| 其中：贷款损失准备 | 93 365 | 14 355 | 79 010 | 79 010 |
| 十二、所有者权益 | 64 257 | -53 135 | 117 392 | 46 062 |
| 其中：实收资本 | | | | |
| 十三、其他 | 37 117 | -57 887 | 95 004 | 65 431 |
| 资金来源总计 | 19 244 058 | 3 921 656 | 15 322 402 | 2 045 638 |

续表

| 项目名称 | 2009 年 | | 2008 年 | |
|---|---|---|---|---|
| | 余额 | 比年初 | 余额 | 比年初 |
| 一、各项贷款 | 6 433 046 | 1 216 061 | 5 216 985 | -166 222 |
| 1. 短期贷款 | 2 273 649 | 44 876 | 2 228 773 | 506 035 |
| （1）工业贷款 | 486 756 | -352 244 | 839 000 | 211 700 |
| （2）商业贷款 | 986 714 | 503 137 | 483 577 | 26 068 |
| （3）建筑业贷款 | 156 450 | -206 600 | 363 050 | 126 550 |
| （4）农业贷款 | | | | |
| （5）乡镇企业贷款 | | | | |
| （6）三资企业贷款 | 4 500 | -11 200 | 15 700 | -36 500 |
| （7）私营企业及个体贷款 | 7 400 | 6 980 | 420 | -2 607 |
| （8）其他短期贷款 | 631 829 | 104 803 | 527 026 | 180 824 |
| 其中：个人短期消费贷款 | 1 992 | 713 | 1 279 | -2 080 |
| 2. 中长期贷款 | 3 979 228 | 1 106 717 | 2 872 511 | -640 230 |
| （1）基本建设贷款 | 262 699 | 138 502 | 124 197 | -86 359 |
| （2）技术改造贷款 | | | | |
| （3）其他中长期贷款 | 3 716 529 | 968 215 | 2 748 314 | -553 871 |
| 其中：个人中长期消费贷款 | 1 162 198 | 91 067 | 1 071 131 | -4 621 |
| 3. 票据融资 | 180 169 | 64 468 | 115 701 | -32 027 |
| 其中：贴现 | 180 169 | 64 468 | 115 701 | -32 027 |
| 4. 各项垫款 | | | | |
| 二、有价证券及投资 | 35 422 | -20 302 | 55 724 | -18 274 |
| 三、应收及预付款 | 14 662 | -8 140 | 22 802 | -125 559 |
| 其中：应收利息 | 12 115 | -5 022 | 17 137 | 1 389 |
| 四、买入返售资产 | 349 867 | 349 867 | | -174 |
| 五、存放中央准备金存款 | 353 261 | 19 298 | 333 963 | -106 797 |
| 六、存放中央银行特种存款 | | | | |
| 七、缴存中央银行财政性存款 | 310 | 163 | 147 | -614 |
| 八、同业往来 | 984 076 | 668 525 | 315 551 | -47 864 |
| 1. 存放同业 | 884 076 | 638 525 | 245 551 | -107 048 |
| 2. 拆放同业 | 100 000 | 30 000 | 70 000 | 59 184 |
| 九、行内资金往来 | 11 046 431 | 1 695 441 | 9 350 990 | 2 505 601 |
| 十、代理金融机构贷款 | | | | |
| 其中：代理人行专项贷款 | | | | |
| 十一、库存现金 | 26 983 | 743 | 26 240 | 5 541 |
| 十二、外汇占款 | | | | |
| 资金运用总计 | 19 244 058 | 3 921 656 | 15 322 402 | 2 045 638 |

**表3.16 华夏银行北京分行人民币信贷收支统计**

单位：万元

| 项目名称 | 2009年 | | 2008年 | |
|---|---|---|---|---|
| | 余额 | 比年初 | 余额 | 比年初 |
| 一、各项存款 | 10 631 548 | 1 391 210 | 9 240 339 | -559 519 |
| 1. 企业存款 | 7 443 665 | 1 598 711 | 5 844 955 | -571 695 |
| （1）活期存款 | 4 235 763 | 626 013 | 3 609 749 | -1 058 860 |
| （2）定期存款 | 3 207 903 | 972 697 | 2 235 205 | 487 166 |
| 2. 机关团体存款 | 3 261 | 127 | 3 135 | 174 |
| 3. 储蓄存款 | 1 167 171 | 313 185 | 853 986 | 209 130 |
| （1）活期储蓄 | 501 148 | 143 138 | 358 010 | 32 503 |
| （2）定期储蓄 | 666 023 | 170 047 | 495 976 | 176 627 |
| 4. 农业存款 | | | | |
| 5. 其他存款 | 2 017 451 | -520 813 | 2 538 264 | -197 129 |
| 二、代理财政性存款 | 9 | -43 | 52 | -124 |
| 三、金融债券 | | | | |
| 其中：政策性金融债券 | | | | |
| 四、应付及暂收款 | 229 161 | 17 741 | 211 420 | 35 839 |
| 其中：应付及预提利息 | 48 630 | -4 120 | 52 750 | 12 709 |
| 五、卖出回购资产 | | -51 376 | 51 376 | 51 376 |
| 六、向中央银行借款 | | | | |
| 七、同业往来 | 1 799 823 | -657 587 | 2 457 409 | 173 739 |
| 1. 同业存放 | 1 799 823 | -657 587 | 2 457 409 | 173 739 |
| 2. 同业拆借 | | | | |
| 八、行内资金往来 | | | | |
| 九、委托存款及委托投资基金（净） | | | | |
| 1. 委托存款及委托投资基金 | 135 335 | 135 335 | | |
| 2. 减：委托贷款及委托投资 | 135 335 | 135 335 | | |
| 十、代理金融机构委托贷款基金 | | | | |
| 其中：中央银行委托贷款基金 | | | | |
| 十一、各项准备 | 127 489 | 19 787 | 107 702 | -24 582 |
| 其中：贷款损失准备 | 123 971 | 18 543 | 105 428 | -24 582 |
| 十二、所有者权益 | 100 279 | -38 628 | 138 907 | 84 438 |
| 其中：实收资本 | | | | |
| 十三、其他 | 17 686 | 5 291 | 12 395 | 10 545 |
| 资金来源总计 | 12 905 995 | 686 394 | 12 219 601 | -228 288 |

续表

| 项目名称 | 2009 年 | | 2008 年 | |
|---|---|---|---|---|
| | 余额 | 比年初 | 余额 | 比年初 |
| 一、各项贷款 | 5 779 694 | 356 508 | 5 423 186 | 364 957 |
| 1. 短期贷款 | 2 361 199 | -623 802 | 2 985 000 | 140 079 |
| （1）工业贷款 | 871 364 | -476 107 | 1 347 471 | 435 091 |
| （2）商业贷款 | 221 247 | -38 474 | 259 721 | -3 708 |
| （3）建筑业贷款 | 210 273 | -139 133 | 349 406 | -55 131 |
| （4）农业贷款 | | | | |
| （5）乡镇企业贷款 | | | | |
| （6）三资企业贷款 | 113 594 | -3 599 | 117 193 | -26 870 |
| （7）私营企业及个体贷款 | 12 101 | 10 575 | 1 526 | -2 212 |
| （8）其他短期贷款 | 932 618 | 22 935 | 909 683 | -207 091 |
| 其中：个人短期消费贷款 | 59 329 | 33 281 | 26 048 | 3 319 |
| 2. 中长期贷款 | 3 405 425 | 1 239 693 | 2 165 732 | -3 366 |
| （1）基本建设贷款 | 589 470 | 462 989 | 126 481 | 31 912 |
| （2）技术改造贷款 | | | | |
| （3）其他中长期贷款 | 2 815 955 | 776 704 | 2 039 251 | -35 278 |
| 其中：个人中长期消费贷款 | 965 042 | 123 946 | 841 096 | -117 742 |
| 3. 票据融资 | 6 186 | -263 125 | 269 312 | 236 413 |
| 其中：贴现 | 6 186 | -263 125 | 269 312 | 236 413 |
| 4. 各项垫款 | 6 885 | 3 742 | 3 143 | -8 169 |
| 二、有价证券及投资 | 53 965 | -129 | 54 094 | -127 789 |
| 三、应收及预付款 | 129 089 | 1 629 | 127 460 | 26 176 |
| 其中：应收利息 | 21 | -494 | 514 | -247 |
| 四、买入返售资产 | | -27 865 | 27 865 | -150 928 |
| 五、存放中央准备金存款 | 153 617 | -177 954 | 331 571 | -143 425 |
| 六、存放中央银行特种存款 | | | | |
| 七、缴存中央银行财政性存款 | 20 | -11 | 32 | -49 |
| 八、同业往来 | 6 279 | -11 234 | 17 513 | -9 112 |
| 1. 存放同业 | 6 279 | -11 234 | 17 513 | -9 112 |
| 2. 拆放同业 | | | | |
| 九、行内资金往来 | 6 751 334 | 539 069 | 6 212 265 | -185 864 |
| 十、代理金融机构贷款 | | | | |
| 其中：代理人行专项贷款 | | | | |
| 十一、库存现金 | 31 988 | 6 455 | 25 533 | -2 272 |
| 十二、外汇占款 | 8 | -74 | 81 | 17 |
| 资金运用总计 | 12 905 995 | 686 394 | 12 219 601 | -228 288 |

**表3.17　中国民生银行总行营业部人民币信贷收支统计**

单位：万元

| 项目名称 | 2009年 | | 2008年 | |
|---|---|---|---|---|
| | 余额 | 比年初 | 余额 | 比年初 |
| 一、各项存款 | 25 140 444 | 6 025 473 | 19 114 971 | 3 190 537 |
| 1. 企业存款 | 16 206 387 | 4 246 788 | 11 959 600 | 1 255 916 |
| （1）活期存款 | 7 887 691 | 1 982 324 | 5 905 367 | -61 233 |
| （2）定期存款 | 8 318 696 | 2 264 464 | 6 054 232 | 1 317 149 |
| 2. 机关团体存款 | 1 487 220 | 1 058 727 | 428 493 | 8 243 |
| 3. 储蓄存款 | 3 361 931 | 780 038 | 2 581 893 | 509 083 |
| （1）活期储蓄 | 824 730 | 189 548 | 635 181 | 21 689 |
| （2）定期储蓄 | 2 537 201 | 590 489 | 1 946 712 | 487 394 |
| 4. 农业存款 | | | | |
| 5. 其他存款 | 4 084 906 | -60 080 | 4 144 985 | 1 417 295 |
| 二、代理财政性存款 | 1 | -25 | 27 | 9 |
| 三、金融债券 | | | | |
| 其中：政策性金融债券 | | | | |
| 四、应付及暂收款 | 570 344 | 42 093 | 528 251 | 236 686 |
| 其中：应付及预提利息 | 527 121 | 56 125 | 470 995 | 218 065 |
| 五、卖出回购资产 | | | | |
| 六、向中央银行借款 | | | | |
| 七、同业往来 | 1 515 535 | -147 273 | 1 662 808 | 183 984 |
| 1. 同业存放 | 1 515 535 | -147 273 | 1 662 808 | 183 984 |
| 2. 同业拆借 | | | | |
| 八、行内资金往来 | | | | |
| 九、委托存款及委托投资基金（净） | | | | -12 743 |
| 1. 委托存款及委托投资基金 | 633 088 | -74 360 | 707 448 | 373 777 |
| 2. 减：委托贷款及委托投资 | 633 088 | -74 360 | 707 448 | 386 521 |
| 十、代理金融机构委托贷款基金 | | | | |
| 其中：中央银行委托贷款基金 | | | | |
| 十一、各项准备 | 155 337 | 24 005 | 131 333 | -54 |
| 其中：贷款损失准备 | 154 158 | 24 175 | 129 983 | -1 027 |
| 十二、所有者权益 | 142 276 | -118 706 | 260 982 | 21 736 |
| 其中：实收资本 | | | | |
| 十三、其他 | 92 418 | 44 275 | 48 142 | -3 949 |
| 资金来源总计 | 27 616 355 | 5 869 841 | 21 746 514 | 3 616 205 |

续表

| 项目名称 | 2009年 | | 2008年 | |
|---|---|---|---|---|
| | 余额 | 比年初 | 余额 | 比年初 |
| 一、各项贷款 | 12 535 161 | 2 452 381 | 10 082 780 | -733 783 |
| 1. 短期贷款 | 4 005 553 | -355 593 | 4 361 146 | -561 489 |
| （1）工业贷款 | 267 410 | -51 190 | 318 600 | -236 250 |
| （2）商业贷款 | 651 480 | -186 339 | 837 819 | -495 314 |
| （3）建筑业贷款 | 453 | -108 000 | 108 453 | -198 234 |
| （4）农业贷款 | | | | |
| （5）乡镇企业贷款 | | | | |
| （6）三资企业贷款 | 295 263 | 42 709 | 252 554 | -37 256 |
| （7）私营企业及个体贷款 | 2 241 527 | 34 016 | 2 207 510 | 370 717 |
| （8）其他短期贷款 | 549 419 | -86 789 | 636 208 | 34 848 |
| 其中：个人短期消费贷款 | 14 467 | 3 532 | 10 935 | -10 724 |
| 2. 中长期贷款 | 8 482 831 | 3 322 984 | 5 159 847 | -242 395 |
| （1）基本建设贷款 | 1 657 303 | 523 128 | 1 134 175 | 199 349 |
| （2）技术改造贷款 | 45 000 | 25 000 | 20 000 | 20 000 |
| （3）其他中长期贷款 | 6 780 529 | 2 774 856 | 4 005 673 | -461 743 |
| 其中：个人中长期消费贷款 | 1 983 420 | 34 841 | 1 948 579 | -154 371 |
| 3. 票据融资 | 46 777 | -515 010 | 561 787 | 70 101 |
| 其中：贴现 | 46 777 | -515 010 | 561 787 | 70 101 |
| 4. 各项垫款 | | | | |
| 二、有价证券及投资 | | -98 325 | 98 325 | -282 881 |
| 三、应收及预付款 | 388 567 | 57 958 | 330 610 | 121 502 |
| 其中：应收利息 | 33 010 | 3 350 | 29 660 | -1 304 |
| 四、买入返售资产 | 28 000 | -72 000 | 100 000 | 100 000 |
| 五、存放中央准备金存款 | 561 098 | 258 029 | 303 069 | -110 257 |
| 六、存放中央银行特种存款 | | | | |
| 七、缴存中央银行财政性存款 | 33 | 16 | 18 | -1 096 |
| 八、同业往来 | 10 296 | -649 806 | 660 102 | 306 992 |
| 1. 存放同业 | 296 | -299 806 | 300 102 | 263 992 |
| 2. 拆放同业 | 10 000 | -350 000 | 360 000 | 43 000 |
| 九、行内资金往来 | 14 050 224 | 3 921 195 | 10 129 029 | 4 212 155 |
| 十、代理金融机构贷款 | | | | |
| 其中：代理人行专项贷款 | | | | |
| 十一、库存现金 | 42 975 | 409 | 42 566 | 3 684 |
| 十二、外汇占款 | 0 | -16 | 16 | -109 |
| 资金运用总计 | 27 616 355 | 5 869 841 | 21 746 514 | 3 616 205 |

**表 3.18　渤海银行北京分行人民币信贷收支统计**

单位：万元

| 项目名称 | 2009 年 | | 2008 年 | |
|---|---|---|---|---|
| | 余额 | 比年初 | 余额 | 比年初 |
| 一、各项存款 | 1 801 164 | 944 659 | 856 505 | 588 429 |
| 1. 企业存款 | 1 327 533 | 764 910 | 562 623 | 317 601 |
| （1）活期存款 | 512 843 | 230 425 | 282 418 | 106 096 |
| （2）定期存款 | 814 690 | 534 485 | 280 205 | 211 505 |
| 2. 机关团体存款 | 41 519 | 41 519 | | |
| 3. 储蓄存款 | 180 000 | 128 926 | 51 074 | 29 620 |
| （1）活期储蓄 | 85 166 | 57 469 | 27 697 | 10 708 |
| （2）定期储蓄 | 94 834 | 71 457 | 23 377 | 18 912 |
| 4. 农业存款 | 603 | 102 | 501 | 501 |
| 5. 其他存款 | 251 509 | 9 202 | 242 307 | 240 707 |
| 二、代理财政性存款 | | | | |
| 三、金融债券 | | | | |
| 其中：政策性金融债券 | | | | |
| 四、应付及暂收款 | 9 458 | 2 558 | 6 900 | 6 444 |
| 其中：应付及预提利息 | 6 908 | 1 852 | 5 056 | 4 778 |
| 五、卖出回购资产 | | | | |
| 六、向中央银行借款 | | | | |
| 七、同业往来 | 17 608 | -50 333 | 67 941 | 861 |
| 1. 同业存放 | 17 608 | -50 333 | 67 941 | 861 |
| 2. 同业拆借 | | | | |
| 八、行内资金往来 | | | | |
| 九、委托存款及委托投资基金（净） | | | | |
| 1. 委托存款及委托投资基金 | | | | |
| 2. 减：委托贷款及委托投资 | | | | |
| 十、代理金融机构委托贷款基金 | | | | |
| 其中：中央银行委托贷款基金 | | | | |
| 十一、各项准备 | | | | |
| 其中：贷款损失准备 | | | | |
| 十二、所有者权益 | 18 373 | 13 595 | 4 778 | 5 803 |
| 其中：实收资本 | | | | |
| 十三、其他 | -15 498 | -842 | -14 656 | -24 764 |
| 资金来源总计 | 1 831 105 | 909 637 | 921 468 | 576 773 |

续表

| 项目名称 | 2009年 | | 2008年 | |
|---|---|---|---|---|
| | 余额 | 比年初 | 余额 | 比年初 |
| 一、各项贷款 | 1 105 136 | 551 340 | 553 796 | 460 091 |
| 1. 短期贷款 | 452 231 | 26 725 | 425 506 | 338 006 |
| （1）工业贷款 | 98 000 | -87 089 | 185 089 | 117 589 |
| （2）商业贷款 | 244 554 | 59 083 | 185 471 | 165 471 |
| （3）建筑业贷款 | 9 000 | -6 180 | 15 180 | 15 180 |
| （4）农业贷款 | | | | |
| （5）乡镇企业贷款 | | | | |
| （6）三资企业贷款 | | | | |
| （7）私营企业及个体贷款 | | | | |
| （8）其他短期贷款 | 100 677 | 60 911 | 39 766 | 39 766 |
| 其中：个人短期消费贷款 | 1 635 | 1 635 | | |
| 2. 中长期贷款 | 652 742 | 530 620 | 122 122 | 122 017 |
| （1）基本建设贷款 | 6 000 | 6 000 | | |
| （2）技术改造贷款 | | | | |
| （3）其他中长期贷款 | 646 742 | 524 620 | 122 122 | 122 017 |
| 其中：个人中长期消费贷款 | 132 162 | 108 212 | 23 950 | 23 845 |
| 3. 票据融资 | 163 | -6 005 | 6 168 | 68 |
| 其中：贴现 | 163 | -6 005 | 6 168 | 68 |
| 4. 各项垫款 | | | | |
| 二、有价证券及投资 | | | | |
| 三、应收及预付款 | 2 127 | 789 | 1 338 | 1 208 |
| 其中：应收利息 | 1 827 | 859 | 968 | 838 |
| 四、买入返售资产 | | | | |
| 五、存放中央准备金存款 | 37 366 | -77 222 | 114 588 | 61 010 |
| 六、存放中央银行特种存款 | | | | |
| 七、缴存中央银行财政性存款 | | | | |
| 八、同业往来 | 150 | -495 | 645 | -1 285 |
| 1. 存放同业 | 150 | -495 | 645 | -1 285 |
| 2. 拆放同业 | | | | |
| 九、行内资金往来 | 684 164 | 434 317 | 249 847 | 54 906 |
| 十、代理金融机构贷款 | | | | |
| 其中：代理人行专项贷款 | | | | |
| 十一、库存现金 | 2 162 | 908 | 1 254 | 843 |
| 十二、外汇占款 | | | | |
| 资金运用总计 | 1 831 105 | 909 637 | 921 468 | 576 773 |

**表 3.19　浙商银行北京分行人民币信贷收支统计**

单位：万元

| 项目名称 | 2009 年 | | 2008 年 | |
|---|---|---|---|---|
| | 余额 | 比年初 | 余额 | 比年初 |
| 一、各项存款 | 861 401 | 861 401 | | |
| 1. 企业存款 | 752 229 | 752 229 | | |
| （1）活期存款 | 388 996 | 388 996 | | |
| （2）定期存款 | 363 233 | 363 233 | | |
| 2. 机关团体存款 | 29 901 | 29 901 | | |
| 3. 储蓄存款 | 29 521 | 29 521 | | |
| （1）活期储蓄 | 11 267 | 11 267 | | |
| （2）定期储蓄 | 18 253 | 18 253 | | |
| 4. 农业存款 | 17 801 | 17 801 | | |
| 5. 其他存款 | 31 949 | 31 949 | | |
| 二、代理财政性存款 | | | | |
| 三、金融债券 | | | | |
| 其中：政策性金融债券 | | | | |
| 四、应付及暂收款 | 1 989 | 1 989 | | |
| 其中：应付及预提利息 | 26 | 26 | | |
| 五、卖出回购资产 | | | | |
| 六、向中央银行借款 | | | | |
| 七、同业往来 | 65 094 | 65 094 | | |
| 1. 同业存放 | 65 094 | 65 094 | | |
| 2. 同业拆借 | | | | |
| 八、行内资金往来 | | | | |
| 九、委托存款及委托投资基金（净） | | | | |
| 1. 委托存款及委托投资基金 | | | | |
| 2. 减：委托贷款及委托投资 | | | | |
| 十、代理金融机构委托贷款基金 | | | | |
| 其中：中央银行委托贷款基金 | | | | |
| 十一、各项准备 | | | | |
| 其中：贷款损失准备 | | | | |
| 十二、所有者权益 | 1 533 | 1 533 | | |
| 其中：实收资本 | | | | |
| 十三、其他 | 7 812 | 7 812 | | |
| 资金来源总计 | 937 828 | 937 828 | | |

续表

| 项目名称 | 2009 年 | | 2008 年 | |
|---|---|---|---|---|
| | 余额 | 比年初 | 余额 | 比年初 |
| 一、各项贷款 | 541 797 | 541 797 | | |
| 1. 短期贷款 | 353 903 | 353 903 | | |
| （1）工业贷款 | 86 500 | 86 500 | | |
| （2）商业贷款 | 21 500 | 21 500 | | |
| （3）建筑业贷款 | 111 970 | 111 970 | | |
| （4）农业贷款 | | | | |
| （5）乡镇企业贷款 | | | | |
| （6）三资企业贷款 | | | | |
| （7）私营企业及个体贷款 | | | | |
| （8）其他短期贷款 | 133 933 | 133 933 | | |
| 其中：个人短期消费贷款 | 625 | 625 | | |
| 2. 中长期贷款 | 187 900 | 187 900 | | |
| （1）基本建设贷款 | 35 900 | 35 900 | | |
| （2）技术改造贷款 | | | | |
| （3）其他中长期贷款 | 152 000 | 152 000 | | |
| 其中：个人中长期消费贷款 | | | | |
| 3. 票据融资 | -6 | -6 | | |
| 其中：贴现 | -6 | -6 | | |
| 4. 各项垫款 | | | | |
| 二、有价证券及投资 | | | | |
| 三、应收及预付款 | 1 852 | 1 852 | | |
| 其中：应收利息 | 1 048 | 1 048 | | |
| 四、买入返售资产 | 20 000 | 20 000 | | |
| 五、存放中央准备金存款 | 40 142 | 40 142 | | |
| 六、存放中央银行特种存款 | | | | |
| 七、缴存中央银行财政性存款 | | | | |
| 八、同业往来 | 20 320 | 20 320 | | |
| 1. 存放同业 | 20 320 | 20 320 | | |
| 2. 拆放同业 | | | | |
| 九、行内资金往来 | 313 382 | 313 382 | | |
| 十、代理金融机构贷款 | | | | |
| 其中：代理人行专项贷款 | | | | |
| 十一、库存现金 | 335 | 335 | | |
| 十二、外汇占款 | | | | |
| 资金运用总计 | 937 828 | 937 828 | | |

表 3.20　北京银行人民币信贷收支统计（全国）

单位：万元

| 项目名称 | 2009 年 | | 2008 年 | |
|---|---|---|---|---|
| | 余额 | 比年初 | 余额 | 比年初 |
| 一、各项存款 | 44 982 791 | 12 764 076 | 32 218 715 | 6 306 658 |
| 1. 企业存款 | 32 299 294 | 8 774 808 | 23 524 486 | 4 978 086 |
| （1）活期存款 | 21 766 609 | 4 984 803 | 16 781 806 | 2 444 663 |
| （2）定期存款 | 10 532 685 | 3 790 005 | 6 742 680 | 2 533 423 |
| 2. 机关团体存款 | 1 025 121 | 398 457 | 626 664 | 57 680 |
| 3. 储蓄存款 | 7 309 010 | 2 003 292 | 5 305 718 | 1 161 327 |
| （1）活期储蓄 | 2 279 255 | 630 891 | 1 648 364 | -100 570 |
| （2）定期储蓄 | 5 029 755 | 1 372 401 | 3 657 354 | 1 261 897 |
| 4. 农业存款 | 222 | 219 | 3 | -101 |
| 5. 其他存款 | 4 349 144 | 1 587 300 | 2 761 844 | 109 666 |
| 二、代理财政性存款 | | -2 | 2 | -31 |
| 三、金融债券 | 1 346 882 | 843 | 1 346 039 | 996 039 |
| 其中：政策性金融债券 | | | | |
| 四、应付及暂收款 | 426 241 | 60 571 | 365 670 | -272 018 |
| 其中：应付及预提利息 | 231 560 | 27 620 | 203 940 | 63 283 |
| 五、卖出回购资产 | 350 000 | -742 624 | 1 092 624 | -2 175 826 |
| 六、向中央银行借款 | | | | |
| 七、同业往来 | 1 465 109 | -793 164 | 2 258 273 | 943 581 |
| 1. 同业存放 | 1 365 109 | -739 164 | 2 104 273 | 789 581 |
| 2. 同业拆借 | 100 000 | -54 000 | 154 000 | 154 000 |
| 八、行内资金往来 | 2 815 | 2 815 | | -15 426 |
| 九、委托存款及委托投资基金（净） | 15 300 | 663 | 14 637 | 798 |
| 1. 委托存款及委托投资基金 | 3 794 442 | 216 100 | 3 578 342 | 885 531 |
| 2. 减：委托贷款及委托投资 | 3 779 142 | 215 437 | 3 563 705 | 884 733 |
| 十、代理金融机构委托贷款基金 | 113 | 113 | | |
| 其中：中央银行委托贷款基金 | | | | |
| 十一、各项准备 | 728 922 | 60 904 | 668 018 | 171 053 |
| 其中：贷款损失准备 | 586 156 | 62 234 | 523 922 | 192 545 |
| 十二、所有者权益 | 3 756 833 | 375 966 | 3 380 867 | 634 585 |
| 其中：实收资本 | 622 756 | | 622 756 | |
| 十三、其他 | -547 440 | -123 567 | -423 873 | 503 351 |
| 资金来源总计 | 52 527 566 | 11 606 594 | 40 920 972 | 7 092 764 |

续表

| 项目名称 | 2009 年 | | 2008 年 | |
|---|---|---|---|---|
| | 余额 | 比年初 | 余额 | 比年初 |
| 一、各项贷款 | 26 758 947 | 7 880 745 | 18 878 202 | 3 686 344 |
| 1. 短期贷款 | 8 452 543 | 177 252 | 8 275 291 | 1 910 987 |
| （1）工业贷款 | 1 687 988 | 46 979 | 1 641 009 | 760 158 |
| （2）商业贷款 | 1 243 611 | 359 753 | 883 858 | 134 023 |
| （3）建筑业贷款 | 696 154 | -255 592 | 951 746 | 218 205 |
| （4）农业贷款 | 146 749 | 12 449 | 134 300 | 82 990 |
| （5）乡镇企业贷款 | 15 771 | 8 660 | 7 111 | -4 560 |
| （6）三资企业贷款 | 38 422 | 6 062 | 32 360 | -4 812 |
| （7）私营企业及个体贷款 | 65 403 | 13 751 | 51 652 | 32 831 |
| （8）其他短期贷款 | 4 558 445 | -14 810 | 4 573 255 | 692 152 |
| 其中：个人短期消费贷款 | 81 739 | 25 936 | 55 803 | 17 145 |
| 2. 中长期贷款 | 17 413 363 | 7 506 662 | 9 906 701 | 1 459 925 |
| （1）基本建设贷款 | 8 489 749 | 4 291 940 | 4 197 809 | 666 688 |
| （2）技术改造贷款 | 238 519 | 112 314 | 126 205 | 41 711 |
| （3）其他中长期贷款 | 8 685 095 | 3 102 408 | 5 582 687 | 751 526 |
| 其中：个人中长期消费贷款 | 2 344 851 | 731 231 | 1 613 620 | 225 127 |
| 3. 票据融资 | 838 575 | 156 075 | 682 500 | 303 382 |
| 其中：贴现 | 838 575 | 156 075 | 682 500 | 303 382 |
| 4. 各项垫款 | 54 466 | 40 756 | 13 710 | 12 050 |
| 二、有价证券及投资 | 12 088 761 | 2 089 605 | 9 999 156 | 939 947 |
| 三、应收及预付款 | 250 228 | 39 540 | 210 688 | -11 143 |
| 其中：应收利息 | 198 126 | 26 038 | 172 088 | 32 377 |
| 四、买入返售资产 | 4 283 220 | -61 211 | 4 344 431 | 1 546 316 |
| 五、存放中央准备金存款 | 6 545 532 | 1 795 571 | 4 749 961 | 369 638 |
| 六、存放中央银行特种存款 | | | | |
| 七、缴存中央银行财政性存款 | 13 082 | 4 169 | 8 913 | 8 623 |
| 八、同业往来 | 2 284 972 | -293 660 | 2 578 632 | 498 799 |
| 1. 存放同业 | 1 306 770 | 109 100 | 1 197 670 | -84 681 |
| 2. 拆放同业 | 978 202 | -402 760 | 1 380 962 | 583 480 |
| 九、行内资金往来 | | -4 301 | 4 301 | 4 301 |
| 十、代理金融机构贷款 | 113 | 113 | | |
| 其中：代理人行专项贷款 | | | | |
| 十一、库存现金 | 206 709 | 67 064 | 139 645 | 20 014 |
| 十二、外汇占款 | 96 002 | 88 959 | 7 043 | 29 925 |
| 资金运用总计 | 52 527 566 | 11 606 594 | 40 920 972 | 7 092 764 |

**表3.21 北京银行人民币信贷收支统计（北京）**

单位：万元

| 项目名称 | 2009年 | | 2008年 | |
|---|---|---|---|---|
| | 余额 | 比年初 | 余额 | 比年初 |
| 一、各项存款 | 39 845 386 | 9 601 736 | 29 343 650 | 4 788 276 |
| 1. 企业存款 | 28 415 406 | 6 438 480 | 21 976 926 | 3 780 982 |
| （1）活期存款 | 19 453 608 | 3 524 330 | 15 929 278 | 1 844 024 |
| （2）定期存款 | 8 961 798 | 2 914 150 | 6 047 648 | 1 936 958 |
| 2. 机关团体存款 | 949 675 | 353 904 | 595 771 | 26 802 |
| 3. 储蓄存款 | 6 961 571 | 1 780 684 | 5 180 887 | 1 062 218 |
| （1）活期储蓄 | 2 162 888 | 556 964 | 1 605 924 | -128 114 |
| （2）定期储蓄 | 4 798 683 | 1 223 720 | 3 574 963 | 1 190 332 |
| 4. 农业存款 | 128 | 125 | 3 | -101 |
| 5. 其他存款 | 3 518 606 | 1 028 543 | 1 590 063 | -81 625 |
| 二、代理财政性存款 | | -2 | 2 | -31 |
| 三、金融债券 | 1 346 882 | 843 | 1 346 039 | 996 039 |
| 其中：政策性金融债券 | | | | |
| 四、应付及暂收款 | 397 511 | 47 518 | 349 993 | -284 905 |
| 其中：应付及预提利息 | 208 793 | 17 472 | 191 321 | 52 666 |
| 五、卖出回购资产 | 350 000 | -638 100 | 988 100 | -2 280 350 |
| 六、向中央银行借款 | | | | |
| 七、同业往来 | 743 338 | -66 391 | 1 709 729 | -247 907 |
| 1. 同业存放 | 643 338 | -12 391 | 1 555 729 | -401 907 |
| 2. 同业拆借 | 100 000 | -54 000 | 154 000 | 154 000 |
| 八、行内资金往来 | | -539 436 | 539 436 | 539 436 |
| 九、委托存款及委托投资基金（净） | 15 300 | 663 | 14 637 | 2 753 |
| 1. 委托存款及委托投资基金 | 3 524 745 | -10 297 | 3 535 042 | 849 186 |
| 2. 减：委托贷款及委托投资 | 3 509 445 | -10 960 | 3 520 405 | 846 433 |
| 十、代理金融机构委托贷款基金 | | | | |
| 其中：中央银行委托贷款基金 | | | | |
| 十一、各项准备 | 659 581 | 21 907 | 637 674 | 146 810 |
| 其中：贷款损失准备 | 516 815 | 23 237 | 493 578 | 168 302 |
| 十二、所有者权益 | 3 719 049 | 350 141 | 3 368 908 | 630 173 |
| 其中：实收资本 | 622 756 | | 622 756 | |
| 十三、其他 | -589 033 | -27 935 | -561 098 | 380 037 |
| 资金来源总计 | 46 488 014 | 8 750 944 | 37 737 070 | 4 670 331 |

续表

| 项目名称 | 2009年 | | 2008年 | |
|---|---|---|---|---|
| | 余额 | 比年初 | 余额 | 比年初 |
| 一、各项贷款 | 20 538 570 | 4 665 334 | 15 873 236 | 1 893 295 |
| 1. 短期贷款 | 5 924 281 | -611 962 | 6 536 243 | 904 690 |
| （1）工业贷款 | 1 084 106 | -166 333 | 1 250 439 | 508 138 |
| （2）商业贷款 | 740 293 | 94 805 | 645 488 | 13 153 |
| （3）建筑业贷款 | 519 961 | -297 410 | 817 371 | 128 830 |
| （4）农业贷款 | 121 249 | 11 949 | 109 300 | 71 990 |
| （5）乡镇企业贷款 | 15 771 | 8 660 | 7 111 | -4 560 |
| （6）三资企业贷款 | 36 922 | 4 562 | 32 360 | -4 812 |
| （7）私营企业及个体贷款 | 34 283 | 12 631 | 21 652 | 2 831 |
| （8）其他短期贷款 | 3 371 696 | -280 826 | 3 652 522 | 189 120 |
| 其中：个人短期消费贷款 | 66 649 | 14 970 | 51 679 | 13 404 |
| 2. 中长期贷款 | 14 132 673 | 5 235 995 | 8 896 678 | 884 360 |
| （1）基本建设贷款 | 6 586 955 | 3 120 621 | 3 466 334 | 260 113 |
| （2）技术改造贷款 | 218 519 | 92 314 | 126 205 | 41 711 |
| （3）其他中长期贷款 | 7 327 199 | 2 023 060 | 5 304 139 | 582 536 |
| 其中：个人中长期消费贷款 | 2 140 179 | 564 812 | 1 575 367 | 192 119 |
| 3. 票据融资 | 427 150 | 545 | 426 605 | 92 195 |
| 其中：贴现 | 427 150 | 545 | 426 605 | 92 195 |
| 4. 各项垫款 | 54 466 | 40 756 | 13 710 | 12 050 |
| 二、有价证券及投资 | 12 088 761 | 2 089 605 | 9 999 156 | 939 947 |
| 三、应收及预付款 | 240 748 | 34 941 | 205 807 | -13 484 |
| 其中：应收利息 | 188 685 | 21 474 | 167 211 | 29 840 |
| 四、买入返售资产 | 4 283 220 | -61 211 | 4 344 431 | 1 546 316 |
| 五、存放中央准备金存款 | 6 298 204 | 1 667 831 | 4 630 373 | 266 339 |
| 六、存放中央银行特种存款 | | | | |
| 七、缴存中央银行财政性存款 | 13 082 | 4 169 | 8 913 | 8 623 |
| 八、同业往来 | 2 268 014 | -266 075 | 2 534 089 | 458 063 |
| 1. 存放同业 | 1 289 812 | 136 685 | 1 153 127 | -125 417 |
| 2. 拆放同业 | 978 202 | -402 760 | 1 380 962 | 583 480 |
| 九、行内资金往来 | 465 690 | 465 690 | | -475 818 |
| 十、代理金融机构贷款 | | | | |
| 其中：代理人行专项贷款 | | | | |
| 十一、库存现金 | 196 520 | 61 578 | 134 942 | 17 741 |
| 十二、外汇占款 | 95 205 | 89 082 | 6 123 | 29 309 |
| 资金运用总计 | 46 488 014 | 8 750 944 | 37 737 070 | 4 670 331 |

**表 3.22　天津银行北京分行人民币信贷收支统计**

单位：万元

| 项目名称 | 2009 年 | | 2008 年 | |
|---|---|---|---|---|
| | 余额 | 比年初 | 余额 | 比年初 |
| 一、各项存款 | 1 304 826 | 736 700 | 568 126 | 353 691 |
| 1. 企业存款 | 1 113 463 | 657 257 | 456 206 | 247 931 |
| （1）活期存款 | 814 811 | 624 710 | 190 101 | 111 826 |
| （2）定期存款 | 298 652 | 32 547 | 266 105 | 136 105 |
| 2. 机关团体存款 | | | | |
| 3. 储蓄存款 | 18 644 | 10 270 | 8 374 | 7 214 |
| （1）活期储蓄 | 9 956 | 5 429 | 4 527 | 3 630 |
| （2）定期储蓄 | 8 688 | 4 841 | 3 847 | 3 584 |
| 4. 农业存款 | | | | |
| 5. 其他存款 | 172 719 | 69 173 | 103 546 | 98 546 |
| 二、代理财政性存款 | | | | |
| 三、金融债券 | | | | |
| 其中：政策性金融债券 | | | | |
| 四、应付及暂收款 | 1 122 | 64 | 1 058 | 839 |
| 其中：应付及预提利息 | 838 | -6 | 844 | 684 |
| 五、卖出回购资产 | | | | |
| 六、向中央银行借款 | | | | |
| 七、同业往来 | 1 705 | 1 113 | 592 | -7 419 |
| 1. 同业存放 | 1 705 | 1 113 | 592 | -7 419 |
| 2. 同业拆借 | | | | |
| 八、行内资金往来 | | | | |
| 九、委托存款及委托投资基金（净） | 1 | 1 | | |
| 1. 委托存款及委托投资基金 | 1 | 1 | | |
| 2. 减：委托贷款及委托投资 | | | | |
| 十、代理金融机构委托贷款基金 | | | | |
| 其中：中央银行委托贷款基金 | | | | |
| 十一、各项准备 | | | | |
| 其中：贷款损失准备 | | | | |
| 十二、所有者权益 | 5 895 | 2 044 | 3 851 | 4 020 |
| 其中：实收资本 | | | | |
| 十三、其他 | 8 650 | -325 | 8 975 | -499 |
| 资金来源总计 | 1 322 199 | 739 597 | 582 602 | 350 632 |

续表

| 项目名称 | 2009年 | | 2008年 | |
|---|---|---|---|---|
| | 余额 | 比年初 | 余额 | 比年初 |
| 一、各项贷款 | 355 516 | 94 300 | 261 216 | 212 216 |
| 1. 短期贷款 | 224 575 | 9 937 | 214 638 | 165 638 |
| （1）工业贷款 | 20 700 | 20 700 | | |
| （2）商业贷款 | 59 150 | 17 650 | 41 500 | 16 500 |
| （3）建筑业贷款 | 13 900 | 13 900 | | |
| （4）农业贷款 | | | | |
| （5）乡镇企业贷款 | | | | |
| （6）三资企业贷款 | | | | |
| （7）私营企业及个体贷款 | | | | |
| （8）其他短期贷款 | 130 825 | -42 313 | 173 138 | 149 138 |
| 其中：个人短期消费贷款 | | -38 | 38 | 38 |
| 2. 中长期贷款 | 130 570 | 83 992 | 46 578 | 46 578 |
| （1）基本建设贷款 | | | | |
| （2）技术改造贷款 | | | | |
| （3）其他中长期贷款 | 130 570 | 83 992 | 46 578 | 46 578 |
| 其中：个人中长期消费贷款 | 4 392 | 4 392 | | |
| 3. 票据融资 | 371 | 371 | | |
| 其中：贴现 | 371 | 371 | | |
| 4. 各项垫款 | | | | |
| 二、有价证券及投资 | | | | |
| 三、应收及预付款 | 509 | 501 | 8 | 7 |
| 其中：应收利息 | | | | |
| 四、买入返售资产 | | | | |
| 五、存放中央准备金存款 | 116 009 | 88 421 | 27 588 | 6 895 |
| 六、存放中央银行特种存款 | | | | |
| 七、缴存中央银行财政性存款 | | | | |
| 八、同业往来 | 1 578 | 1 071 | 507 | -26 |
| 1. 存放同业 | 1 578 | 1 071 | 507 | -26 |
| 2. 拆放同业 | | | | |
| 九、行内资金往来 | 847 941 | 554 986 | 292 955 | 131 522 |
| 十、代理金融机构贷款 | | | | |
| 其中：代理人行专项贷款 | | | | |
| 十一、库存现金 | 646 | 327 | 319 | 9 |
| 十二、外汇占款 | | -9 | 9 | 9 |
| 资金运用总计 | 1 322 199 | 739 597 | 582 602 | 350 632 |

**表 3.23　大连银行北京分行人民币信贷收支统计**

单位：万元

| 项目名称 | 2009 年 | | 2008 年 | |
|---|---|---|---|---|
| | 余额 | 比年初 | 余额 | 比年初 |
| 一、各项存款 | 718 111 | 396 076 | 322 035 | 322 035 |
| 1. 企业存款 | 589 377 | 345 767 | 243 610 | 243 610 |
| （1）活期存款 | 440 886 | 277 578 | 163 308 | 163 308 |
| （2）定期存款 | 148 491 | 68 189 | 80 302 | 80 302 |
| 2. 机关团体存款 | 11 600 | 11 597 | 3 | 3 |
| 3. 储蓄存款 | 23 703 | 14 300 | 9 403 | 9 403 |
| （1）活期储蓄 | 15 468 | 9 170 | 6 298 | 6 298 |
| （2）定期储蓄 | 8 235 | 5 130 | 3 105 | 3 105 |
| 4. 农业存款 | 12 196 | 12 196 | | |
| 5. 其他存款 | 81 235 | 12 216 | 69 019 | 69 019 |
| 二、代理财政性存款 | | | | |
| 三、金融债券 | | | | |
| 其中：政策性金融债券 | | | | |
| 四、应付及暂收款 | 2 408 | 900 | 1 508 | 1 508 |
| 其中：应付及预提利息 | 2 063 | 1 106 | 957 | 957 |
| 五、卖出回购资产 | | | | |
| 六、向中央银行借款 | | | | |
| 七、同业往来 | 80 000 | 19 981 | 60 019 | 60 019 |
| 1. 同业存放 | 80 000 | 19 981 | 60 019 | 60 019 |
| 2. 同业拆借 | | | | |
| 八、行内资金往来 | | | | |
| 九、委托存款及委托投资基金（净） | | | | |
| 1. 委托存款及委托投资基金 | 3 889 | 3 889 | | |
| 2. 减：委托贷款及委托投资 | 3 889 | 3 889 | | |
| 十、代理金融机构委托贷款基金 | | | | |
| 其中：中央银行委托贷款基金 | | | | |
| 十一、各项准备 | 1 686 | 1 110 | 576 | 576 |
| 其中：贷款损失准备 | 1 686 | 1 110 | 576 | 576 |
| 十二、所有者权益 | 2 689 | 1 880 | 809 | 809 |
| 其中：实收资本 | | | | |
| 十三、其他 | 13 761 | 133 | 13 628 | 13 628 |
| 资金来源总计 | 818 655 | 420 080 | 398 575 | 398 575 |

续表

| 项目名称 | 2009年 | | 2008年 | |
|---|---|---|---|---|
| | 余额 | 比年初 | 余额 | 比年初 |
| 一、各项贷款 | 178 026 | 120 200 | 57 826 | 57 826 |
| 1. 短期贷款 | 139 755 | 92 041 | 47 714 | 47 714 |
| （1）工业贷款 | 1 000 | 1 000 | | |
| （2）商业贷款 | 96 319 | 63 819 | 32 500 | 32 500 |
| （3）建筑业贷款 | 11 000 | 11 000 | | |
| （4）农业贷款 | 10 436 | 5 436 | 5 000 | 5 000 |
| （5）乡镇企业贷款 | | | | |
| （6）三资企业贷款 | | | | |
| （7）私营企业及个体贷款 | | | | |
| （8）其他短期贷款 | 21 000 | 10 786 | 10 214 | 10 214 |
| 其中：个人短期消费贷款 | | -214 | 214 | 214 |
| 2. 中长期贷款 | 38 171 | 28 473 | 9 698 | 9 698 |
| （1）基本建设贷款 | | -9 169 | 9 169 | 9 169 |
| （2）技术改造贷款 | | | | |
| （3）其他中长期贷款 | 38 171 | 37 642 | 529 | 529 |
| 其中：个人中长期消费贷款 | 11 144 | 10 615 | 529 | 529 |
| 3. 票据融资 | 100 | -314 | 414 | 414 |
| 其中：贴现 | 100 | -314 | 414 | 414 |
| 4. 各项垫款 | | | | |
| 二、有价证券及投资 | 574 | 574 | | |
| 三、应收及预付款 | 444 | 324 | 120 | 120 |
| 其中：应收利息 | 339 | 220 | 119 | 119 |
| 四、买入返售资产 | | | | |
| 五、存放中央准备金存款 | 20 975 | -34 | 21 009 | 21 009 |
| 六、存放中央银行特种存款 | | | | |
| 七、缴存中央银行财政性存款 | | | | |
| 八、同业往来 | 154 | 63 | 91 | 91 |
| 1. 存放同业 | 154 | 63 | 91 | 91 |
| 2. 拆放同业 | | | | |
| 九、行内资金往来 | 617 643 | 298 549 | 319 094 | 319 094 |
| 十、代理金融机构贷款 | | | | |
| 其中：代理人行专项贷款 | | | | |
| 十一、库存现金 | 839 | 404 | 435 | 435 |
| 十二、外汇占款 | | | | |
| 资金运用总计 | 818 655 | 420 080 | 398 575 | 398 575 |

**表 3.24　杭州银行北京分行人民币信贷收支统计**

单位：万元

| 项目名称 | 2009 年 | | 2008 年 | |
|---|---|---|---|---|
| | 余额 | 比年初 | 余额 | 比年初 |
| 一、各项存款 | 1 061 920 | 769 213 | 292 707 | 292 707 |
| 1. 企业存款 | 715 895 | 540 154 | 175 741 | 175 741 |
| （1）活期存款 | 434 203 | 331 932 | 102 271 | 102 271 |
| （2）定期存款 | 281 692 | 208 222 | 73 470 | 73 470 |
| 2. 机关团体存款 | 3 058 | 3 000 | 58 | 58 |
| 3. 储蓄存款 | 52 397 | 46 062 | 6 335 | 6 335 |
| （1）活期储蓄 | 25 117 | 22 536 | 2 581 | 2 581 |
| （2）定期储蓄 | 27 280 | 23 526 | 3 754 | 3 754 |
| 4. 农业存款 | 6 202 | 4 983 | 1 219 | 1 219 |
| 5. 其他存款 | 284 368 | 175 014 | 109 354 | 109 354 |
| 二、代理财政性存款 | | | | |
| 三、金融债券 | | | | |
| 其中：政策性金融债券 | | | | |
| 四、应付及暂收款 | 5 106 | 3 244 | 1 862 | 1 862 |
| 其中：应付及预提利息 | 3 755 | 3 266 | 489 | 489 |
| 五、卖出回购资产 | | | | |
| 六、向中央银行借款 | | | | |
| 七、同业往来 | | | | |
| 1. 同业存放 | | | | |
| 2. 同业拆借 | | | | |
| 八、行内资金往来 | | | | |
| 九、委托存款及委托投资基金（净） | | | | |
| 1. 委托存款及委托投资基金 | | | | |
| 2. 减：委托贷款及委托投资 | | | | |
| 十、代理金融机构委托贷款基金 | | | | |
| 其中：中央银行委托贷款基金 | | | | |
| 十一、各项准备 | 5 252 | 2 637 | 2 615 | 2 615 |
| 其中：贷款损失准备 | 5 252 | 2 637 | 2 615 | 2 615 |
| 十二、所有者权益 | 8 325 | 11 356 | -3 031 | -3 031 |
| 其中：实收资本 | | | | |
| 十三、其他 | 8 434 | -1 294 | 9 728 | 9 728 |
| 资金来源总计 | 1 089 037 | 785 156 | 303 881 | 303 881 |

续表

| 项目名称 | 2009年 | | 2008年 | |
|---|---|---|---|---|
| | 余额 | 比年初 | 余额 | 比年初 |
| 一、各项贷款 | 474 929 | 277 443 | 197 486 | 197 486 |
| 1. 短期贷款 | 315 832 | 129 474 | 186 358 | 186 358 |
| （1）工业贷款 | 23 308 | −26 692 | 50 000 | 50 000 |
| （2）商业贷款 | 267 795 | 167 742 | 100 053 | 100 053 |
| （3）建筑业贷款 | 16 450 | 1 450 | 15 000 | 15 000 |
| （4）农业贷款 | | | | |
| （5）乡镇企业贷款 | | | | |
| （6）三资企业贷款 | | | | |
| （7）私营企业及个体贷款 | 4 447 | 3 467 | 980 | 980 |
| （8）其他短期贷款 | 3 832 | −16 493 | 20 325 | 20 325 |
| 其中：个人短期消费贷款 | 2 832 | 2 507 | 325 | 325 |
| 2. 中长期贷款 | 154 594 | 148 137 | 6 457 | 6 457 |
| （1）基本建设贷款 | 95 100 | 95 100 | | |
| （2）技术改造贷款 | | | | |
| （3）其他中长期贷款 | 59 494 | 53 037 | 6 457 | 6 457 |
| 其中：个人中长期消费贷款 | 1 087 | 840 | 247 | 247 |
| 3. 票据融资 | 4 503 | −168 | 4 671 | 4 671 |
| 其中：贴现 | 4 503 | −168 | 4 671 | 4 671 |
| 4. 各项垫款 | | | | |
| 二、有价证券及投资 | | | | |
| 三、应收及预付款 | 120 | 120 | | |
| 其中：应收利息 | | | | |
| 四、买入返售资产 | | −30 000 | 30 000 | 30 000 |
| 五、存放中央准备金存款 | 110 323 | 79 869 | 30 454 | 30 454 |
| 六、存放中央银行特种存款 | | | | |
| 七、缴存中央银行财政性存款 | | | | |
| 八、同业往来 | 543 | 151 | 392 | 392 |
| 1. 存放同业 | 543 | 151 | 392 | 392 |
| 2. 拆放同业 | | | | |
| 九、行内资金往来 | 502 624 | 457 252 | 45 372 | 45 372 |
| 十、代理金融机构贷款 | | | | |
| 其中：代理人行专项贷款 | | | | |
| 十一、库存现金 | 498 | 321 | 177 | 177 |
| 十二、外汇占款 | | | | |
| 资金运用总计 | 1 089 037 | 785 156 | 303 881 | 303 881 |

**表 3.25　南京银行北京分行人民币信贷收支统计**

单位：万元

| 项目名称 | 2009 年 | | 2008 年 | |
|---|---|---|---|---|
| | 余额 | 比年初 | 余额 | 比年初 |
| 一、各项存款 | 520 420 | 520 420 | | |
| 1. 企业存款 | 450 654 | 450 654 | | |
| （1）活期存款 | 238 694 | 238 694 | | |
| （2）定期存款 | 211 960 | 211 960 | | |
| 2. 机关团体存款 | 1 882 | 1 882 | | |
| 3. 储蓄存款 | 14 013 | 14 013 | | |
| （1）活期储蓄 | 5 612 | 5 612 | | |
| （2）定期储蓄 | 8 401 | 8 401 | | |
| 4. 农业存款 | 767 | 767 | | |
| 5. 其他存款 | 53 104 | 53 104 | | |
| 二、代理财政性存款 | | | | |
| 三、金融债券 | | | | |
| 其中：政策性金融债券 | | | | |
| 四、应付及暂收款 | 1 505 | 1 505 | | |
| 其中：应付及预提利息 | 537 | 537 | | |
| 五、卖出回购资产 | | | | |
| 六、向中央银行借款 | | | | |
| 七、同业往来 | | | | |
| 1. 同业存放 | | | | |
| 2. 同业拆借 | | | | |
| 八、行内资金往来 | 80 781 | 80 781 | | |
| 九、委托存款及委托投资基金（净） | | | | |
| 1. 委托存款及委托投资基金 | 50 000 | 50 000 | | |
| 2. 减：委托贷款及委托投资 | 50 000 | 50 000 | | |
| 十、代理金融机构委托贷款基金 | | | | |
| 其中：中央银行委托贷款基金 | | | | |
| 十一、各项准备 | | | | |
| 其中：贷款损失准备 | | | | |
| 十二、所有者权益 | 3 058 | 3 058 | | |
| 其中：实收资本 | | | | |
| 十三、其他 | 9 307 | 9 307 | | |
| 资金来源总计 | 615 071 | 615 071 | | |

续表

| 项目名称 | 2009 年 | | 2008 年 | |
|---|---|---|---|---|
| | 余额 | 比年初 | 余额 | 比年初 |
| 一、各项贷款 | 600 733 | 600 733 | | |
| 1. 短期贷款 | 464 770 | 464 770 | | |
| (1) 工业贷款 | 100 480 | 100 480 | | |
| (2) 商业贷款 | 82 400 | 82 400 | | |
| (3) 建筑业贷款 | 51 000 | 51 000 | | |
| (4) 农业贷款 | | | | |
| (5) 乡镇企业贷款 | | | | |
| (6) 三资企业贷款 | | | | |
| (7) 私营企业及个体贷款 | | | | |
| (8) 其他短期贷款 | 230 890 | 230 890 | | |
| 其中：个人短期消费贷款 | 1 765 | 1 765 | | |
| 2. 中长期贷款 | 135 613 | 135 613 | | |
| (1) 基本建设贷款 | | | | |
| (2) 技术改造贷款 | | | | |
| (3) 其他中长期贷款 | 135 613 | 135 613 | | |
| 其中：个人中长期消费贷款 | 1 394 | 1 394 | | |
| 3. 票据融资 | 350 | 350 | | |
| 其中：贴现 | 350 | 350 | | |
| 4. 各项垫款 | | | | |
| 二、有价证券及投资 | | | | |
| 三、应收及预付款 | 911 | 911 | | |
| 其中：应收利息 | 841 | 841 | | |
| 四、买入返售资产 | | | | |
| 五、存放中央准备金存款 | 13 165 | 13 165 | | |
| 六、存放中央银行特种存款 | | | | |
| 七、缴存中央银行财政性存款 | | | | |
| 八、同业往来 | 3 | 3 | | |
| 1. 存放同业 | 3 | 3 | | |
| 2. 拆放同业 | | | | |
| 九、行内资金往来 | | | | |
| 十、代理金融机构贷款 | | | | |
| 其中：代理人行专项贷款 | | | | |
| 十一、库存现金 | 259 | 259 | | |
| 十二、外汇占款 | | | | |
| 资金运用总计 | 615 071 | 615 071 | | |

**表 3.26　盛京银行北京分行人民币信贷收支统计**

单位：万元

| 项目名称 | 2009 年 | | 2008 年 | |
|---|---|---|---|---|
| | 余额 | 比年初 | 余额 | 比年初 |
| 一、各项存款 | 257 072 | 257 072 | | |
| 1. 企业存款 | 241 303 | 241 303 | | |
| （1）活期存款 | 173 303 | 173 303 | | |
| （2）定期存款 | 68 000 | 68 000 | | |
| 2. 机关团体存款 | | | | |
| 3. 储蓄存款 | 10 267 | 10 267 | | |
| （1）活期储蓄 | 6 695 | 6 695 | | |
| （2）定期储蓄 | 3 572 | 3 572 | | |
| 4. 农业存款 | | | | |
| 5. 其他存款 | 5 502 | 5 502 | | |
| 二、代理财政性存款 | | | | |
| 三、金融债券 | | | | |
| 其中：政策性金融债券 | | | | |
| 四、应付及暂收款 | 866 | 866 | | |
| 其中：应付及预提利息 | 208 | 208 | | |
| 五、卖出回购资产 | 202 581 | 202 581 | | |
| 六、向中央银行借款 | | | | |
| 七、同业往来 | 5 | 5 | | |
| 1. 同业存放 | 5 | 5 | | |
| 2. 同业拆借 | | | | |
| 八、行内资金往来 | 30 305 | 30 305 | | |
| 九、委托存款及委托投资基金（净） | | | | |
| 1. 委托存款及委托投资基金 | | | | |
| 2. 减：委托贷款及委托投资 | | | | |
| 十、代理金融机构委托贷款基金 | | | | |
| 其中：中央银行委托贷款基金 | | | | |
| 十一、各项准备 | | | | |
| 其中：贷款损失准备 | | | | |
| 十二、所有者权益 | 32 | 32 | | |
| 其中：实收资本 | | | | |
| 十三、其他 | -25 452 | -25 452 | | |
| 资金来源总计 | 465 409 | 465 409 | | |

续表

| 项目名称 | 2009年 | | 2008年 | |
|---|---|---|---|---|
| | 余额 | 比年初 | 余额 | 比年初 |
| 一、各项贷款 | 249 258 | 249 258 | | |
| 1. 短期贷款 | 68 200 | 68 200 | | |
| （1）工业贷款 | 2 000 | 2 000 | | |
| （2）商业贷款 | 50 000 | 50 000 | | |
| （3）建筑业贷款 | | | | |
| （4）农业贷款 | 10 000 | 10 000 | | |
| （5）乡镇企业贷款 | | | | |
| （6）三资企业贷款 | | | | |
| （7）私营企业及个体贷款 | | | | |
| （8）其他短期贷款 | 6 200 | 6 200 | | |
| 其中：个人短期消费贷款 | | | | |
| 2. 中长期贷款 | 111 000 | 111 000 | | |
| （1）基本建设贷款 | 16 000 | 16 000 | | |
| （2）技术改造贷款 | | | | |
| （3）其他中长期贷款 | 95 000 | 95 000 | | |
| 其中：个人中长期消费贷款 | | | | |
| 3. 票据融资 | 70 058 | 70 058 | | |
| 其中：贴现 | 70 058 | 70 058 | | |
| 4. 各项垫款 | | | | |
| 二、有价证券及投资 | | | | |
| 三、应收及预付款 | | | | |
| 其中：应收利息 | | | | |
| 四、买入返售资产 | 202 581 | 202 581 | | |
| 五、存放中央准备金存款 | 12 973 | 12 973 | | |
| 六、存放中央银行特种存款 | | | | |
| 七、缴存中央银行财政性存款 | | | | |
| 八、同业往来 | 331 | 331 | | |
| 1. 存放同业 | 331 | 331 | | |
| 2. 拆放同业 | | | | |
| 九、行内资金往来 | | | | |
| 十、代理金融机构贷款 | | | | |
| 其中：代理人行专项贷款 | | | | |
| 十一、库存现金 | 266 | 266 | | |
| 十二、外汇占款 | | | | |
| 资金运用总计 | 465 409 | 465 409 | | |

**表3.27　北京农村商业银行人民币信贷收支统计**

单位：万元

| 项目名称 | 2009年 | | 2008年 | |
|---|---|---|---|---|
| | 余额 | 比年初 | 余额 | 比年初 |
| 一、各项存款 | 26 166 222 | 5 524 940 | 20 641 283 | 3 661 132 |
| 1. 企业存款 | 3 443 503 | 808 186 | 2 635 316 | 589 520 |
| （1）活期存款 | | | | |
| （2）定期存款 | 3 443 503 | 808 186 | 2 635 316 | 589 520 |
| 2. 机关团体存款 | 25 231 | 7 744 | 17 487 | 17 487 |
| 3. 储蓄存款 | 10 890 799 | 1 766 737 | 9 124 062 | 2 246 357 |
| （1）活期储蓄 | 3 085 777 | 767 797 | 2 317 980 | 491 798 |
| （2）定期储蓄 | 7 805 022 | 998 940 | 6 806 081 | 1 754 560 |
| 4. 农业存款 | 11 476 060 | 3 561 543 | 7 914 517 | 216 417 |
| 5. 其他存款 | 330 630 | -619 271 | 949 900 | 591 352 |
| 二、代理财政性存款 | | | | -22 311 |
| 三、金融债券 | 250 000 | | 250 000 | 250 000 |
| 其中：政策性金融债券 | | | | |
| 四、应付及暂收款 | 446 997 | -38 296 | 485 293 | 134 344 |
| 其中：应付及预提利息 | 257 150 | -61 480 | 318 631 | 117 857 |
| 五、卖出回购资产 | 492 000 | 226 450 | 265 550 | 265 550 |
| 六、向中央银行借款 | | | | |
| 七、同业往来 | 242 497 | -5 016 | 247 513 | 90 274 |
| 1. 同业存放 | 242 497 | -5 016 | 247 513 | 90 274 |
| 2. 同业拆借 | | | | |
| 八、行内资金往来 | | | | |
| 九、委托存款及委托投资基金（净） | | -1 570 | 1 570 | 1 567 |
| 1. 委托存款及委托投资基金 | 108 108 | -44 917 | 153 026 | 52 703 |
| 2. 减：委托贷款及委托投资 | 108 108 | -43 347 | 151 455 | 51 136 |
| 十、代理金融机构委托贷款基金 | | | | |
| 其中：中央银行委托贷款基金 | | | | |
| 十一、各项准备 | 602 594 | 196 246 | 406 348 | 103 708 |
| 其中：贷款损失准备 | 592 486 | 196 297 | 396 189 | 93 549 |
| 十二、所有者权益 | 780 252 | 24 167 | 756 085 | 34 795 |
| 其中：实收资本 | 507 505 | | 507 505 | |
| 十三、其他 | -782 927 | 137 875 | -920 802 | -93 547 |
| 资金来源总计 | 28 197 635 | 6 064 795 | 22 132 840 | 4 425 513 |

续表

| 项目名称 | 2009年 | | 2008年 | |
|---|---|---|---|---|
| | 余额 | 比年初 | 余额 | 比年初 |
| 一、各项贷款 | 12 208 186 | 429 205 | 11 778 981 | 2 036 732 |
| 1. 短期贷款 | 4 021 902 | -563 957 | 4 585 858 | 385 097 |
| （1）工业贷款 | | | | |
| （2）商业贷款 | | | | |
| （3）建筑业贷款 | | | | |
| （4）农业贷款 | 2 173 504 | -455 848 | 2 629 351 | 51 266 |
| （5）乡镇企业贷款 | | | | |
| （6）三资企业贷款 | | | | |
| （7）私营企业及个体贷款 | | | | |
| （8）其他短期贷款 | 1 848 398 | -108 109 | 1 956 507 | 333 831 |
| 其中：个人短期消费贷款 | 1 | 1 | | |
| 2. 中长期贷款 | 5 162 979 | 151 598 | 5 011 382 | 1 677 359 |
| （1）基本建设贷款 | | | | |
| （2）技术改造贷款 | | | | |
| （3）其他中长期贷款 | 5 162 979 | 151 598 | 5 011 382 | 1 677 359 |
| 其中：个人中长期消费贷款 | 719 365 | -247 604 | 966 968 | 139 000 |
| 3. 票据融资 | 2 992 421 | 820 851 | 2 171 570 | -31 926 |
| 其中：贴现 | 2 992 421 | 820 851 | 2 171 570 | -31 926 |
| 4. 各项垫款 | 30 884 | 20 713 | 10 171 | 6 203 |
| 二、有价证券及投资 | 7 312 876 | 2 990 962 | 4 321 914 | -152 663 |
| 三、应收及预付款 | 78 851 | 49 874 | 28 977 | -29 685 |
| 其中：应收利息 | 2 600 | -10 422 | 13 021 | 4 493 |
| 四、买入返售资产 | 1 771 947 | 1 213 200 | 558 747 | 358 747 |
| 五、存放中央准备金存款 | 4 494 382 | 778 616 | 3 715 766 | 726 583 |
| 六、存放中央银行特种存款 | | | | |
| 七、缴存中央银行财政性存款 | | | | |
| 八、同业往来 | 2 181 749 | 579 714 | 1 602 035 | 1 473 950 |
| 1. 存放同业 | 2 181 749 | 579 714 | 1 602 035 | 1 473 950 |
| 2. 拆放同业 | | | | |
| 九、行内资金往来 | 2 196 | -2 696 | 4 892 | 3 964 |
| 十、代理金融机构贷款 | | | | |
| 其中：代理人行专项贷款 | | | | |
| 十一、库存现金 | 147 447 | 25 920 | 121 527 | 7 884 |
| 十二、外汇占款 | | | | |
| 资金运用总计 | 28 197 635 | 6 064 795 | 22 132 840 | 4 425 513 |

**表 3.28　中国邮政储蓄银行北京分行人民币信贷收支统计**

单位：万元

| 项目名称 | 2009 年 | | 2008 年 | |
|---|---|---|---|---|
| | 余额 | 比年初 | 余额 | 比年初 |
| 一、各项存款 | 7 976 001 | 1 282 111 | 6 693 890 | 1 857 513 |
| 1. 企业存款 | 802 594 | 139 716 | 662 879 | 662 879 |
| （1）活期存款 | 707 948 | 86 139 | 621 809 | 621 809 |
| （2）定期存款 | 94 646 | 53 577 | 41 070 | 41 070 |
| 2. 机关团体存款 | 24 262 | 24 186 | 76 | 76 |
| 3. 储蓄存款 | 7 144 106 | 1 116 547 | 6 027 559 | 1 191 183 |
| （1）活期储蓄 | 3 044 757 | 581 840 | 2 462 918 | 307 032 |
| （2）定期储蓄 | 4 099 349 | 534 707 | 3 564 641 | 884 151 |
| 4. 农业存款 | 3 884 | 1 817 | 2 067 | 2 067 |
| 5. 其他存款 | 1 154 | -155 | 1 308 | 1 308 |
| 二、代理财政性存款 | | -112 | 112 | 112 |
| 三、金融债券 | | | | |
| 其中：政策性金融债券 | | | | |
| 四、应付及暂收款 | -62 308 | -85 728 | 23 421 | 53 101 |
| 其中：应付及预提利息 | -5 529 | -2 612 | -2 917 | 30 502 |
| 五、卖出回购资产 | 561 618 | 561 618 | | |
| 六、向中央银行借款 | | | | |
| 七、同业往来 | 179 440 | 179 131 | 309 | 309 |
| 1. 同业存放 | 179 440 | 179 131 | 309 | 309 |
| 2. 同业拆借 | | | | |
| 八、行内资金往来 | | | | |
| 九、委托存款及委托投资基金（净） | | | | |
| 1. 委托存款及委托投资基金 | 142 404 | 119 290 | 23 114 | 23 114 |
| 2. 减：委托贷款及委托投资 | 142 404 | 119 290 | 23 114 | 23 114 |
| 十、代理金融机构委托贷款基金 | | | | |
| 其中：中央银行委托贷款基金 | | | | |
| 十一、各项准备 | | | | |
| 其中：贷款损失准备 | | | | |
| 十二、所有者权益 | | | | |
| 其中：实收资本 | | | | |
| 十三、其他 | -7 617 280 | -991 072 | -6 626 207 | -3 521 978 |
| 资金来源总计 | 1 037 471 | 945 948 | 91 524 | -1 610 943 |

续表

| 项目名称 | 2009 年 | | 2008 年 | |
|---|---|---|---|---|
| | 余额 | 比年初 | 余额 | 比年初 |
| 一、各项贷款 | 444 752 | 418 626 | 26 125 | 23 419 |
| 1. 短期贷款 | 54 263 | 35 508 | 18 754 | 16 048 |
| （1）工业贷款 | | | | |
| （2）商业贷款 | | | | |
| （3）建筑业贷款 | | | | |
| （4）农业贷款 | 11 147 | 7 409 | 3 738 | 3 651 |
| （5）乡镇企业贷款 | | | | |
| （6）三资企业贷款 | | | | |
| （7）私营企业及个体贷款 | 41 828 | 28 332 | 13 496 | 13 287 |
| （8）其他短期贷款 | 1 288 | －233 | 1 521 | －889 |
| 其中：个人短期消费贷款 | 1 288 | －233 | 1 521 | －889 |
| 2. 中长期贷款 | 164 127 | 156 756 | 7 371 | 7 371 |
| （1）基本建设贷款 | | | | |
| （2）技术改造贷款 | | | | |
| （3）其他中长期贷款 | 164 127 | 156 756 | 7 371 | 7 371 |
| 其中：个人中长期消费贷款 | 126 834 | 122 486 | 4 349 | 4 349 |
| 3. 票据融资 | 226 362 | 226 362 | | |
| 其中：贴现 | 226 362 | 226 362 | | |
| 4. 各项垫款 | | | | |
| 二、有价证券及投资 | 16 000 | 16 000 | | |
| 三、应收及预付款 | 725 | 288 | 437 | －2 582 |
| 其中：应收利息 | 127 | 101 | 26 | 12 |
| 四、买入返售资产 | 504 957 | 504 957 | | |
| 五、存放中央准备金存款 | 100 | －7 627 | 7 727 | 7 727 |
| 六、存放中央银行特种存款 | | | | －1 613 476 |
| 七、缴存中央银行财政性存款 | 1 | 1 | | |
| 八、同业往来 | 1 849 | －8 564 | 10 413 | －14 173 |
| 1. 存放同业 | 1 849 | －8 564 | 10 413 | －14 173 |
| 2. 拆放同业 | | | | |
| 九、行内资金往来 | | | | |
| 十、代理金融机构贷款 | | | | |
| 其中：代理人行专项贷款 | | | | |
| 十一、库存现金 | 69 088 | 22 267 | 46 822 | －11 858 |
| 十二、外汇占款 | | | | |
| 资金运用总计 | 1 037 471 | 945 948 | 91 524 | －1 610 943 |

**表 3. 29　北京市信托投资公司人民币信贷收支统计**

单位：万元

| 项目名称 | 2009 年 | | 2008 年 | |
|---|---|---|---|---|
| | 余额 | 比年初 | 余额 | 比年初 |
| 一、各项存款 | 171 | -4 | 175 | -1 |
| 1. 信托存款 | | | | |
| 2. 委托存款 | | | | |
| （1）委托存款 | | | | |
| （2）委托投资基金 | | | | |
| 3. 保证金存款 | | | | |
| 4. 其他存款 | 171 | -4 | 175 | -1 |
| 二、金融债券 | 37 | | 37 | |
| 三、应付及暂收款 | 56 301 | 20 911 | 35 473 | 892 |
| 其中：应付及预提利息 | | | 80 | |
| 四、长期借款 | | | | |
| 五、证券业务款项 | 3 | | 3 | |
| 六、卖出回购资产 | | | | |
| 七、向中央银行借款 | | | | |
| 八、同业往来 | | | | |
| 1. 同业存放 | | | | |
| 2. 同业拆借 | | | | |
| 九、代理金融机构贷款基金 | | | | |
| 其中：人行委托专项贷款基金 | | | | |
| 十、各项准备 | 872 | -1 187 | 2 059 | -2 985 |
| 其中：贷款损失准备 | 571 | 36 | 535 | 67 |
| 十一、所有者权益 | 515 407 | 13 143 | 502 181 | 122 800 |
| 其中：实收资本 | 360 480 | | 360 480 | 45 000 |
| 十二、其他 | -142 632 | 11 352 | -153 984 | -24 111 |
| 资金来源合计 | 430 159 | 44 215 | 385 944 | 96 595 |

续表

| 项目名称 | 2009 年 | | 2008 年 | |
|---|---|---|---|---|
| | 余额 | 比年初 | 余额 | 比年初 |
| 一、各项贷款 | 57 065 | 3 545 | 53 520 | 32 780 |
| 1. 信托贷款 | | | | |
| 其中：中长期信托贷款 | | | | |
| 2. 委托贷款 | | | | |
| 3. 抵押贷款 | | | | |
| 4. 票据融资 | | | | |
| 其中：贴现 | | | | |
| 5. 融资租赁 | | | | |
| 6. 各项垫款 | | | | |
| 7. 其他贷款 | 57 065 | 3 545 | 53 520 | 32 780 |
| 二、委托投资 | | | | |
| 三、投资 | 292 778 | 97 673 | 195 105 | 26 350 |
| 1. 短期投资 | 140 069 | 28 576 | 111 493 | -4 934 |
| 2. 长期投资 | 152 709 | 69 097 | 83 612 | 31 284 |
| 四、应收及预付款 | 19 332 | -16 717 | 36 049 | -5 884 |
| 其中：应收利息 | | | | -217 |
| 五、证券业务占款 | | | | |
| 六、经营租赁 | | | | |
| 七、买入返售资产 | | | | |
| 八、缴存中央银行准备金存款 | | | | |
| 九、存放中央银行特种存款 | | | | |
| 十、同业往来 | 60 979 | -40 284 | 101 263 | 43 349 |
| 1. 存放同业 | 60 979 | -40 284 | 101 263 | 43 349 |
| 2. 拆放同业 | | | | |
| 十一、代理金融机构贷款 | | | | |
| 其中：代理人行专项贷款 | | | | |
| 十二、库存现金 | 5 | -2 | 7 | |
| 十三、外币占款 | | | | |
| 资金运用合计 | 430 159 | 44 215 | 385 944 | 96 595 |

**表 3.30　北京市财务公司人民币信贷收支统计**

单位：万元

| 项目名称 | 2009 年 | | 2008 年 | |
|---|---|---|---|---|
| | 余额 | 比年初 | 余额 | 比年初 |
| 一、各项存款 | 2 291 137 | 888 934 | 1 402 203 | －809 673 |
| 1. 企业存款 | 1 295 401 | 342 051 | 953 350 | 13 804 |
| （1）活期存款 | 883 001 | 118 151 | 764 850 | 96 184 |
| （2）定期存款 | 412 400 | 223 900 | 188 500 | －82 380 |
| 2. 机关团体存款 | | | | |
| 3. 委托存款及投资基金 | 995 736 | 546 883 | 448 853 | －823 477 |
| （1）委托存款 | 995 736 | 546 883 | 448 853 | －823 477 |
| （2）委托投资基金 | | | | |
| 4. 信托存款 | | | | |
| 5. 保证金存款 | | | | |
| 6. 其他存款 | | | | |
| 二、金融债券 | 149 141 | 149 141 | | |
| 三、应付及暂收款 | 38 523 | 10 680 | 27 842 | 4 994 |
| 其中：应付及预提利息 | 10 991 | 3 966 | 7 025 | 3 577 |
| 四、长期借款 | | | | |
| 五、证券业务占款 | | | | |
| 六、卖出回购资产 | 1 | | 1 | －104 500 |
| 七、向中央银行借款 | | －810 | 810 | |
| 八、同业往来 | 13 540 | －1 712 | 15 252 | |
| 1. 同业存放 | 2 450 | | 2 450 | |
| 2. 同业拆借 | 11 090 | －1 712 | 12 802 | |
| 九、代理金融机构贷款基金 | | | | |
| 其中：中央银行委托贷款基金 | | | | |
| 十、各项准备 | 10 997 | 330 | 10 667 | 6 254 |
| 其中：贷款损失准备 | 10 997 | 330 | 10 667 | 6 254 |
| 十一、所有者权益 | 285 317 | 84 529 | 200 788 | 10 164 |
| 其中：实收资本 | 235 000 | 70 000 | 165 000 | |
| 十二、其他 | －5 330 | －3 309 | －2 022 | －532 |
| 资金来源总计 | 2 783 325 | 1 127 783 | 1 655 542 | －893 293 |

续表

| 项目名称 | 2009年 | | 2008年 | |
|---|---|---|---|---|
| | 余额 | 比年初 | 余额 | 比年初 |
| 一、各项贷款 | 2 265 159 | 936 949 | 1 328 211 | -742 472 |
| 1. 短期贷款 | 576 366 | 270 300 | 306 066 | -110 800 |
| （1）工业贷款 | 563 500 | 269 500 | 294 000 | -110 800 |
| （2）商业贷款 | 800 | 800 | | |
| （3）其他短期贷款 | 12 066 | | 12 066 | |
| 2. 中长期贷款 | 693 057 | 119 766 | 573 292 | 191 806 |
| 3. 委托贷款 | 995 736 | 546 883 | 448 853 | -823 477 |
| 4. 信托贷款 | | | | |
| 其中：中长期信托贷款 | | | | |
| 5. 抵押贷款 | | | | |
| 6. 票据融资 | | | | |
| 其中：贴现 | | | | |
| 7. 融资租赁 | | | | |
| 8. 各项垫款 | | | | |
| 二、委托投资 | | | | |
| 三、投资 | 22 860 | 20 310 | 2 550 | |
| 1. 短期投资 | 20 310 | 20 310 | | |
| 2. 长期投资 | 2 550 | | 2 550 | |
| 四、应收及预付款 | 32 305 | 259 | 32 046 | -126 |
| 其中：应收利息 | 9 799 | -2 | 9 801 | 622 |
| 五、证券业务占款 | | | | |
| 六、经营租赁 | | | | |
| 七、买入返售资产 | | | | |
| 八、存放中央银行准备金存款 | 145 668 | 50 878 | 94 791 | -240 158 |
| 九、存放中央银行特种存款 | | | | |
| 十、同业往来 | 317 330 | 119 389 | 197 941 | 89 459 |
| 1. 存放同业 | 317 330 | 119 389 | 197 941 | 89 459 |
| 2. 拆放同业 | | | | |
| 十一、代理金融机构贷款 | | | | |
| 其中：代理人行专项贷款 | | | | |
| 十二、现金 | 3 | -1 | 4 | 2 |
| 十三、外汇占款 | | | | |
| 资金运用总计 | 2 783 325 | 1 127 783 | 1 655 542 | -893 293 |

**表 3.31 国家开发银行北京市分行外汇信贷收支统计**

单位：万美元

| 项目名称 | 2009 年 | | 2008 年 | |
|---|---|---|---|---|
| | 余额 | 比年初 | 余额 | 比年初 |
| 一、各项存款 | 96 792 | 10 150 | 86 642 | -16 187 |
| 1. 单位活期存款 | 42 138 | -44 505 | 86 642 | -16 187 |
| 其中：中资存款 | 42 138 | -44 505 | 86 642 | -16 187 |
| 外商投资企业存款 | | | | |
| 2. 单位定期存款 | 52 227 | 52 227 | | |
| 其中：中资企业存款 | 52 227 | 52 227 | | |
| 外商投资企业存款 | | | | |
| 3. 储蓄存款 | | | | |
| 其中：定期存款 | | | | |
| 4. 其他存款 | 2 428 | 2 428 | | |
| 5. 境外存款 | | | | |
| 二、境内中长期筹资 | | | | |
| 三、卖出回购资产 | | | | |
| 四、境外筹资 | | | | |
| 五、向中央银行借款 | | | | |
| 六、中央银行存款 | | | | |
| 七、应付及暂收款 | 58 | 16 | 42 | -146 |
| 其中：应付及预提利息 | 44 | 16 | 28 | -161 |
| 八、同业存放 | 1 | 0 | 1 | -16 |
| （1）境内同业存放 | | | | |
| （2）境外同业存放 | 1 | 0 | 1 | -16 |
| 九、同业拆入 | | | | |
| （1）境内同业拆入 | | | | |
| （2）境外同业拆入 | | | | |
| 十、委托基金存款（净） | | | | |
| 十一、外汇买卖 | 311 | -7 775 | 8 086 | -6 875 |
| 其中：结售汇 | | | | |
| 十二、境内联行存放 | 5 481 762 | 2 588 762 | 2 893 000 | 1 816 091 |
| 十三、境外联行存放 | | | | |
| 十四、各项准备 | | | | |
| 其中：贷款损失准备 | | | | |
| 十五、所有者权益 | 45 039 | 13 127 | 31 912 | 31 940 |
| 其中：实收资本 | | | | |
| 十六、其他 | -8 | 5 | -13 | -13 |
| 资金来源总计 | 5 623 955 | 2 604 284 | 3 019 670 | 1 824 795 |

续表

| 项目名称 | 2009年 | | 2008年 | |
|---|---|---|---|---|
| | 余额 | 比年初 | 余额 | 比年初 |
| 一、各项贷款 | 5 609 517 | 2 616 211 | 2 993 306 | 1 804 896 |
| 1. 短期贷款 | 15 580 | －77 870 | 93 450 | 23 142 |
| （1）境内短期贷款 | 12 000 | －40 000 | 52 000 | 6 302 |
| 其中：中资企业贷款 | 10 000 | －40 000 | 50 000 | 9 002 |
| 外商投资企业贷款 | 2 000 | | 2 000 | －2 700 |
| （2）境外短期贷款 | 3 580 | －37 870 | 41 450 | 16 840 |
| 2. 中长期贷款 | 5 543 752 | 2 699 621 | 2 844 131 | 1 784 224 |
| （1）境内中长期贷款 | 65 884 | 17 497 | 48 387 | －1 011 520 |
| 其中：中资企业贷款 | 3 500 | －1 450 | 4 950 | －773 215 |
| 外商投资企业贷款 | | | | |
| （2）境外中长期贷款 | 5 477 868 | 2 682 124 | 2 795 744 | 2 795 744 |
| 3. 进出口贸易融资 | | | | |
| 4. 票据融资 | | | | |
| 其中：贴现 | | | | |
| 5. 各项垫款 | | | | |
| 6. 境外筹资转贷款 | 50 185 | －5 540 | 55 725 | －2 470 |
| 二、投资 | | | | |
| 1. 购买有价证券 | | | | |
| 其中：购买境外有价证券 | | | | |
| 2. 其他投资 | | | | |
| 其中：投资境外 | | | | |
| 三、应收及预付款 | 14 437 | －11 927 | 26 365 | 19 899 |
| 其中：应收及预付利息 | 26 995 | 633 | 26 361 | 19 901 |
| 四、买入返售资产 | | | | |
| 五、存放中央银行 | | | | |
| 其中：缴存准备金 | | | | |
| 六、存放同业 | | | | |
| （1）存放境内同业 | | | | |
| （2）存放境外同业 | | | | |
| 七、拆放同业 | | | | |
| （1）拆放境内同业 | | | | |
| （2）拆放境外同业 | | | | |
| 八、存放境内联行 | | | | |
| 九、存放境外联行 | | | | |
| 十、库存现金 | 1 | 1 | | |
| 资金运用总计 | 5 623 955 | 2 604 284 | 3 019 670 | 1 824 795 |

## 表3.32 中国进出口银行北京分行外汇信贷收支统计

单位：万美元

| 项目名称 | 2009年 | | 2008年 | |
|---|---|---|---|---|
| | 余额 | 比年初 | 余额 | 比年初 |
| 一、各项存款 | 3 677 | 1 646 | 2 031 | -257 801 |
| 1. 单位活期存款 | 2 875 | 848 | 2 028 | -101 202 |
| 其中：中资存款 | | | | |
| 外商投资企业存款 | | | | |
| 2. 单位定期存款 | | | | -9 345 |
| 其中：中资企业存款 | | | | |
| 外商投资企业存款 | | | | |
| 3. 储蓄存款 | | | | |
| 其中：定期存款 | | | | |
| 4. 其他存款 | 802 | 798 | 4 | -2 986 |
| 5. 境外存款 | 0 | 0 | | -144 268 |
| 二、境内中长期筹资 | | | | |
| 三、卖出回购资产 | | | | |
| 四、境外筹资 | | | | |
| 五、向中央银行借款 | | | | |
| 六、中央银行存款 | | | | |
| 七、应付及暂收款 | 139 | -1 544 | 1 683 | -25 316 |
| 其中：应付及预提利息 | 137 | -26 | 163 | 52 |
| 八、同业存放 | | | | -748 |
| （1）境内同业存放 | | | | |
| （2）境外同业存放 | | | | -748 |
| 九、同业拆入 | | -2 427 | 2 427 | 1 942 |
| （1）境内同业拆入 | | | | |
| （2）境外同业拆入 | | -2 427 | 2 427 | 1 942 |
| 十、委托基金存款（净） | | | | |
| 十一、外汇买卖 | | 0 | 0 | 0 |
| 其中：结售汇 | | 0 | 0 | 0 |
| 十二、境内联行存放 | 116 532 | 73 526 | 43 006 | 43 006 |
| 十三、境外联行存放 | | | | |
| 十四、各项准备 | | | | |
| 其中：贷款损失准备 | | | | |
| 十五、所有者权益 | 2 268 | -3 158 | 5 426 | 1 428 |
| 其中：实收资本 | | | | |
| 十六、其他 | -6 612 | -7 107 | 495 | -579 |
| 资金来源总计 | 116 005 | 60 936 | 55 069 | -238 068 |

续表

| 项目名称 | 2009 年 | | 2008 年 | |
|---|---|---|---|---|
| | 余额 | 比年初 | 余额 | 比年初 |
| 一、各项贷款 | 115 721 | 62 813 | 52 908 | 20 942 |
| 1. 短期贷款 | 800 | –5 143 | 5 943 | –3 642 |
| （1）境内短期贷款 | 800 | –5 143 | 5 943 | –3 642 |
| 其中：中资企业贷款 | | | | |
| 外商投资企业贷款 | | | | |
| （2）境外短期贷款 | | | | |
| 2. 中长期贷款 | 74 565 | 62 120 | 12 446 | 9 732 |
| （1）境内中长期贷款 | 74 565 | 62 120 | 12 446 | 97 32 |
| 其中：中资企业贷款 | | | | |
| 外商投资企业贷款 | | | | |
| （2）境外中长期贷款 | | | | |
| 3. 进出口贸易融资 | 39 778 | 5 259 | 34 519 | 14 852 |
| 4. 票据融资 | | | | |
| 其中：贴现 | | | | |
| 5. 各项垫款 | | | | |
| 6. 境外筹资转贷款 | 577 | 577 | | |
| 二、投资 | | | | |
| 1. 购买有价证券 | | | | |
| 其中：购买境外有价证券 | | | | |
| 2. 其他投资 | | | | |
| 其中：投资境外 | | | | |
| 三、应收及预付款 | 244 | –1 686 | 1 931 | –25 349 |
| 其中：应收及预付利息 | 163 | –250 | 413 | 11 |
| 四、买入返售资产 | | | | |
| 五、存放中央银行 | | | | –6 |
| 其中：缴存准备金 | | | | |
| 六、存放同业 | 40 | –190 | 230 | –2 114 |
| （1）存放境内同业 | 40 | –190 | 230 | –2 114 |
| （2）存放境外同业 | | | | |
| 七、拆放同业 | | | | |
| （1）拆放境内同业 | | | | |
| （2）拆放境外同业 | | | | |
| 八、存放境内联行 | | | | –231 542 |
| 九、存放境外联行 | | | | |
| 十、库存现金 | 0 | 0 | 0 | 0 |
| 资金运用总计 | 116 005 | 60 936 | 55 069 | –238 068 |

**表 3.33　中国农业发展银行北京市分行外汇信贷收支统计**

单位：万美元

| 项目名称 | 2009 年 | | 2008 年 | |
|---|---|---|---|---|
| | 余额 | 比年初 | 余额 | 比年初 |
| 一、各项存款 | 17 | 9 | 8 | 8 |
| 1. 单位活期存款 | 17 | 9 | 8 | 8 |
| 其中：中资存款 | 17 | 9 | 8 | 8 |
| 外商投资企业存款 | | | | |
| 2. 单位定期存款 | | | | |
| 其中：中资企业存款 | | | | |
| 外商投资企业存款 | | | | |
| 3. 储蓄存款 | | | | |
| 其中：定期存款 | | | | |
| 4. 其他存款 | | | | |
| 5. 境外存款 | | | | |
| 二、境内中长期筹资 | | | | |
| 三、卖出回购资产 | | | | |
| 四、境外筹资 | | | | |
| 五、向中央银行借款 | | | | |
| 六、中央银行存款 | | | | |
| 七、应付及暂收款 | | | | |
| 其中：应付及预提利息 | | | | |
| 八、同业存放 | | | | |
| （1）境内同业存放 | | | | |
| （2）境外同业存放 | | | | |
| 九、同业拆入 | | | | |
| （1）境内同业拆入 | | | | |
| （2）境外同业拆入 | | | | |
| 十、委托基金存款（净） | | | | |
| 十一、外汇买卖 | 0 | 0 | | |
| 其中：结售汇 | 0 | 0 | | |
| 十二、境内联行存放 | | | | |
| 十三、境外联行存放 | | | | |
| 十四、各项准备 | | | | |
| 其中：贷款损失准备 | | | | |
| 十五、所有者权益 | 1 | 0 | 1 | 1 |
| 其中：实收资本 | | | | |
| 十六、其他 | | | | |
| 资金来源总计 | 18 | 9 | 9 | 9 |

续表

| 项目名称 | 2009 年 | | 2008 年 | |
|---|---|---|---|---|
| | 余额 | 比年初 | 余额 | 比年初 |
| 一、各项贷款 | 14 | 14 | | |
| 1. 短期贷款 | 14 | 14 | | |
| （1）境内短期贷款 | 14 | 14 | | |
| 其中：中资企业贷款 | 14 | 14 | | |
| 外商投资企业贷款 | | | | |
| （2）境外短期贷款 | | | | |
| 2. 中长期贷款 | | | | |
| （1）境内中长期贷款 | | | | |
| 其中：中资企业贷款 | | | | |
| 外商投资企业贷款 | | | | |
| （2）境外中长期贷款 | | | | |
| 3. 进出口贸易融资 | | | | |
| 4. 票据融资 | | | | |
| 其中：贴现 | | | | |
| 5. 各项垫款 | | | | |
| 6. 境外筹资转贷款 | | | | |
| 二、投资 | | | | |
| 1. 购买有价证券 | | | | |
| 其中：购买境外有价证券 | | | | |
| 2. 其他投资 | | | | |
| 其中：投资境外 | | | | |
| 三、应收及预付款 | | | | |
| 其中：应收及预付利息 | | | | |
| 四、买入返售资产 | | | | |
| 五、存放中央银行 | | | | |
| 其中：缴存准备金 | | | | |
| 六、存放同业 | | | | |
| （1）存放境内同业 | | | | |
| （2）存放境外同业 | | | | |
| 七、拆放同业 | | | | |
| （1）拆放境内同业 | | | | |
| （2）拆放境外同业 | | | | |
| 八、存放境内联行 | 5 | -4 | 9 | 9 |
| 九、存放境外联行 | | | | |
| 资金运用总计 | 18 | 9 | 9 | 9 |

**表 3.34　中国工商银行北京市分行外汇信贷收支统计**

单位：万美元

| 项目名称 | 2009 年 | | 2008 年 | |
|---|---|---|---|---|
| | 余额 | 比年初 | 余额 | 比年初 |
| 一、各项存款 | 398 632 | 45 344 | 353 288 | -108 980 |
| 1. 单位活期存款 | 53 708 | 11 207 | 42 501 | -3 431 |
| 其中：中资存款 | 46 584 | 13 273 | 33 310 | 1 093 |
| 外商投资企业存款 | 5 055 | -3 352 | 8 407 | -982 |
| 2. 单位定期存款 | 83 321 | 6 247 | 77 074 | 3 438 |
| 其中：中资企业存款 | 58 169 | 5 770 | 52 399 | 2 268 |
| 外商投资企业存款 | | | | |
| 3. 储蓄存款 | 163 551 | 15 595 | 147 956 | 7 344 |
| 其中：定期存款 | 111 782 | 9 085 | 102 696 | 7 164 |
| 4. 其他存款 | 98 052 | 12 294 | 85 757 | -116 331 |
| 5. 境外存款 | | | | |
| 二、境内中长期筹资 | | | | |
| 三、卖出回购资产 | | | | |
| 四、境外筹资 | 34 165 | 9 301 | 24 865 | -1 165 |
| 五、向中央银行借款 | | | | |
| 六、中央银行存款 | | | | |
| 七、应付及暂收款 | 10 784 | -213 | 10 997 | -270 |
| 其中：应付及预提利息 | 1 746 | -2 366 | 4 113 | 145 |
| 八、同业存放 | 98 990 | -161 221 | 260 211 | 204 523 |
| （1）境内同业存放 | 98 990 | -161 221 | 260 211 | 204 523 |
| （2）境外同业存放 | | | | 0 |
| 九、同业拆入 | | | | |
| （1）境内同业拆入 | | | | |
| （2）境外同业拆入 | | | | |
| 十、委托基金存款（净） | | | | |
| 十一、外汇买卖 | -5 005 | -1 099 | -3 906 | 11 212 |
| 其中：结售汇 | | | | |
| 十二、境内联行存放 | | | | |
| 十三、境外联行存放 | | | | |
| 十四、各项准备 | 337 | 146 | 191 | 0 |
| 其中：贷款损失准备 | 337 | 146 | 191 | 0 |
| 十五、所有者权益 | 8 294 | -352 | 8 645 | 2 244 |
| 其中：实收资本 | | | | |
| 十六、其他 | 14 163 | -2 496 | 16 658 | 6 892 |
| 资金来源总计 | 560 359 | -110 590 | 670 949 | 114 454 |

续表

| 项目名称 | 2009年 | | 2008年 | |
|---|---|---|---|---|
| | 余额 | 比年初 | 余额 | 比年初 |
| 一、各项贷款 | 284 978 | 154 312 | 130 666 | -57 687 |
| 1. 短期贷款 | 5 716 | -23 697 | 29 413 | -7 066 |
| （1）境内短期贷款 | 5 716 | -23 697 | 29 413 | -7 066 |
| 其中：中资企业贷款 | 5 716 | -23 697 | 29 413 | -7 066 |
| 外商投资企业贷款 | | | | |
| （2）境外短期贷款 | | | | |
| 2. 中长期贷款 | 170 447 | 118 742 | 51 705 | -7 523 |
| （1）境内中长期贷款 | 170 447 | 118 742 | 51 705 | -7 523 |
| 其中：中资企业贷款 | 58 235 | 19 751 | 38 485 | -5 036 |
| 外商投资企业贷款 | | | | |
| （2）境外中长期贷款 | | | | |
| 3. 进出口贸易融资 | 74 647 | 52 020 | 22 627 | -43 892 |
| 4. 票据融资 | 55 | 7 | 47 | -113 |
| 其中：贴现 | | | | |
| 5. 各项垫款 | | | | |
| 6. 境外筹资转贷款 | 34 113 | 7 239 | 26 874 | 906 |
| 二、投资 | 2 147 | -921 | 3 068 | -1 978 |
| 1. 购买有价证券 | 2 147 | -921 | 3 068 | -1 978 |
| 其中：购买境外有价证券 | 2 147 | -921 | 3 068 | -1 978 |
| 2. 其他投资 | | | | |
| 其中：投资境外 | | | | |
| 三、应收及预付款 | 1 032 | -142 | 1 174 | 837 |
| 其中：应收及预付利息 | 81 | -12 | 93 | -25 |
| 四、买入返售资产 | | | | |
| 五、存放中央银行 | | -2 484 | 2 484 | 639 |
| 其中：缴存准备金 | | | | |
| 六、存放同业 | 3 747 | -7 620 | 11 366 | 1 418 |
| （1）存放境内同业 | 2 495 | -7 926 | 10 421 | 5 274 |
| （2）存放境外同业 | 1 251 | 306 | 945 | -3 856 |
| 七、拆放同业 | | | | -1 667 |
| （1）拆放境内同业 | | | | |
| （2）拆放境外同业 | | | | -1 667 |
| 八、存放境内联行 | 260 252 | -253 845 | 514 097 | 172 899 |
| 九、存放境外联行 | 2 713 | -97 | 2 810 | 627 |
| 十、库存现金 | 5 492 | 207 | 5 285 | -635 |
| 资金运用总计 | 560 359 | -110 590 | 670 949 | 114 454 |

## 表 3.35 中国农业银行北京市分行外汇信贷收支统计

单位：万美元

| 项目名称 | 2009 年 | | 2008 年 | |
|---|---|---|---|---|
| | 余额 | 比年初 | 余额 | 比年初 |
| 一、各项存款 | 148 325 | 48 989 | 99 336 | 16 061 |
| 1. 单位活期存款 | 18 613 | 7 973 | 10 640 | -7 410 |
| 其中：中资存款 | | | | |
| 外商投资企业存款 | | | | |
| 2. 单位定期存款 | 54 949 | -11 024 | 65 973 | 14 747 |
| 其中：中资企业存款 | | | | |
| 外商投资企业存款 | | | | |
| 3. 储蓄存款 | 9 439 | 1 647 | 7 791 | -358 |
| 其中：定期存款 | 6 357 | 1 069 | 5 288 | -290 |
| 4. 其他存款 | 65 324 | 50 393 | 14 931 | 9 083 |
| 5. 境外存款 | | | | |
| 二、境内中长期筹资 | | | | |
| 三、卖出回购资产 | | | | |
| 四、境外筹资 | | | | |
| 五、向中央银行借款 | | | | |
| 六、中央银行存款 | | | | |
| 七、应付及暂收款 | 3 815 | -16 566 | 20 381 | -27 384 |
| 其中：应付及预提利息 | 498 | -968 | 1 465 | 901 |
| 八、同业存放 | 6 735 | -5 014 | 11 748 | -7 261 |
| （1）境内同业存放 | 6 735 | -5 014 | 11 748 | -7 261 |
| （2）境外同业存放 | | | | |
| 九、同业拆入 | | | | |
| （1）境内同业拆入 | | | | |
| （2）境外同业拆入 | | | | |
| 十、委托基金存款（净） | -335 | 55 | -390 | 75 |
| 十一、外汇买卖 | 101 | 0 | 101 | 17 |
| 其中：结售汇 | 101 | 0 | 101 | 17 |
| 十二、境内联行存放 | 39 244 | 39 244 | | |
| 十三、境外联行存放 | | | | |
| 十四、各项准备 | 0 | 0 | 0 | -389 |
| 其中：贷款损失准备 | | | | -381 |
| 十五、所有者权益 | 2 248 | 700 | 1 548 | 422 |
| 其中：实收资本 | | | | |
| 十六、其他 | 6 841 | 13 | 6 828 | 21 639 |
| 资金来源总计 | 206 974 | 67 421 | 139 553 | 3 180 |

续表

| 项目名称 | 2009 年 | | 2008 年 | |
|---|---|---|---|---|
| | 余额 | 比年初 | 余额 | 比年初 |
| 一、各项贷款 | 199 296 | 185 604 | 13 692 | －13 860 |
| 1. 短期贷款 | 27 732 | 27 356 | 376 | －4 684 |
| （1）境内短期贷款 | 27 732 | 27 356 | 376 | －4 684 |
| 其中：中资企业贷款 | 27 705 | 27 341 | 364 | －3 144 |
| 外商投资企业贷款 | | | | －292 |
| （2）境外短期贷款 | | | | |
| 2. 中长期贷款 | 121 043 | 113 383 | 7 660 | 1 718 |
| （1）境内中长期贷款 | 121 043 | 113 383 | 7 660 | 1 718 |
| 其中：中资企业贷款 | 120 693 | 113 383 | 7 310 | 1 623 |
| 外商投资企业贷款 | 350 | | 350 | 24 |
| （2）境外中长期贷款 | | | | |
| 3. 进出口贸易融资 | 50 514 | 44 868 | 5 646 | －10 797 |
| 4. 票据融资 | 6 | －3 | 9 | 3 |
| 其中：贴现 | | | | |
| 5. 各项垫款 | | | | －99 |
| 6. 境外筹资转贷款 | | | | |
| 二、投资 | | | | |
| 1. 购买有价证券 | | | | |
| 其中：购买境外有价证券 | | | | |
| 2. 其他投资 | | | | |
| 其中：投资境外 | | | | |
| 三、应收及预付款 | 4 032 | －13 951 | 17 983 | －15 921 |
| 其中：应收及预付利息 | 743 | 701 | 42 | 42 |
| 四、买入返售资产 | | | | |
| 五、存放中央银行 | | －226 | 226 | －151 |
| 其中：缴存准备金 | | | | |
| 六、存放同业 | 2 042 | 1 727 | 315 | －316 |
| （1）存放境内同业 | 2 042 | 1 727 | 315 | －316 |
| （2）存放境外同业 | | | | |
| 七、拆放同业 | | | | 3 |
| （1）拆放境内同业 | | | | 3 |
| （2）拆放境外同业 | | | | |
| 八、存放境内联行 | | －105 405 | 105 405 | 33 615 |
| 九、存放境外联行 | | | | |
| 十、库存现金 | 1 604 | －329 | 1 933 | －192 |
| 资金运用总计 | 206 974 | 67 421 | 139 553 | 3 180 |

**表3.36　中国银行北京市分行外汇信贷收支统计**

单位：万美元

| 项目名称 | 2009年 | | 2008年 | |
|---|---|---|---|---|
| | 余额 | 比年初 | 余额 | 比年初 |
| 一、各项存款 | 1 245 462 | 502 737 | 742 725 | 286 307 |
| 1. 单位活期存款 | 124 488 | 25 768 | 98 720 | 27 278 |
| 其中：中资存款 | 122 924 | 24 538 | 98 385 | 23 396 |
| 外商投资企业存款 | 1 564 | 1 230 | 334 | 3 791 |
| 2. 单位定期存款 | 52 158 | 4 909 | 47 250 | -7 345 |
| 其中：中资企业存款 | 16 527 | 16 009 | 518 | -11 260 |
| 外商投资企业存款 | 28 148 | 26 879 | 1 268 | |
| 3. 储蓄存款 | 398 098 | 64 049 | 334 049 | 8 918 |
| 其中：定期存款 | 238 201 | 30 839 | 207 361 | -376 |
| 4. 其他存款 | 670 244 | 407 549 | 262 695 | 257 456 |
| 5. 境外存款 | 474 | 463 | 12 | |
| 二、境内中长期筹资 | | | | |
| 三、卖出回购资产 | | | | |
| 四、境外筹资 | | | | |
| 五、向中央银行借款 | | | | |
| 六、中央银行存款 | | | | |
| 七、应付及暂收款 | 9 869 | -1 711 | 11 580 | 2 037 |
| 其中：应付及预提利息 | 7 619 | -1 002 | 8 620 | 1 145 |
| 八、同业存放 | 1 472 351 | 1 403 247 | 69 103 | 19 178 |
| （1）境内同业存放 | 1 472 273 | 1 403 259 | 69 013 | 19 189 |
| （2）境外同业存放 | 78 | -12 | 90 | -11 |
| 九、同业拆入 | | | | |
| （1）境内同业拆入 | | | | |
| （2）境外同业拆入 | | | | |
| 十、委托基金存款（净） | | | | |
| 十一、外汇买卖 | 5 938 | 20 854 | -14 916 | -19 170 |
| 其中：结售汇 | 5 978 | 20 511 | -14 533 | -18 333 |
| 十二、境内联行存放 | | | | |
| 十三、境外联行存放 | 7 257 | 7 257 | | -159 |
| 十四、各项准备 | 9 698 | 3 774 | 5 924 | 303 |
| 其中：贷款损失准备 | 9 605 | 3 773 | 5 832 | 306 |
| 十五、所有者权益 | 6 473 | -11 282 | 17 755 | 728 |
| 其中：实收资本 | | | | |
| 十六、其他 | 11 632 | 1 299 | 10 333 | -1 055 |
| 资金来源总计 | 2 768 679 | 1 926 175 | 842 504 | 288 169 |

续表

| 项目名称 | 2009 年 | | 2008 年 | |
|---|---|---|---|---|
| | 余额 | 比年初 | 余额 | 比年初 |
| 一、各项贷款 | 653 989 | 490 141 | 163 848 | -37 690 |
| 1. 短期贷款 | 172 509 | 108 229 | 64 280 | -33 858 |
| （1）境内短期贷款 | 172 509 | 108 229 | 64 280 | -33 858 |
| 其中：中资企业贷款 | 142 542 | 96 012 | 46 530 | -32 558 |
| 外商投资企业贷款 | 1 750 | -16 000 | 17 750 | -1 300 |
| （2）境外短期贷款 | | | | |
| 2. 中长期贷款 | 302 058 | 217 963 | 84 096 | -5 512 |
| （1）境内中长期贷款 | 302 058 | 217 963 | 84 096 | -5 512 |
| 其中：中资企业贷款 | 263 635 | 188 520 | 75 115 | 10 035 |
| 外商投资企业贷款 | 3 174 | | 3 174 | -3 530 |
| （2）境外中长期贷款 | | | | |
| 3. 进出口贸易融资 | 174 091 | 164 284 | 9 808 | 2 498 |
| 4. 票据融资 | | | | |
| 其中：贴现 | | | | |
| 5. 各项垫款 | | | | |
| 6. 境外筹资转贷款 | 5 331 | -334 | 5 665 | -818 |
| 二、投资 | 203 | | 203 | |
| 1. 购买有价证券 | | | | |
| 其中：购买境外有价证券 | | | | |
| 2. 其他投资 | 203 | | 203 | |
| 其中：投资境外 | | | | |
| 三、应收及预付款 | 7 572 | -1 831 | 9 403 | -1 116 |
| 其中：应收及预付利息 | 7 346 | -1 569 | 8 915 | 399 |
| 四、买入返售资产 | | | | |
| 五、存放中央银行 | | -569 | 569 | -1 656 |
| 其中：缴存准备金 | | | | |
| 六、存放同业 | 75 908 | -68 104 | 144 011 | 95 511 |
| （1）存放境内同业 | 75 400 | -68 451 | 143 850 | 95 350 |
| （2）存放境外同业 | 508 | 347 | 161 | 161 |
| 七、拆放同业 | 25 734 | 5 734 | 20 000 | -24 000 |
| （1）拆放境内同业 | 25 000 | 5 000 | 20 000 | -24 000 |
| （2）拆放境外同业 | 734 | 734 | | |
| 八、存放境内联行 | 1 993 419 | 1 502 551 | 490 868 | 256 435 |
| 九、存放境外联行 | 200 | -155 | 355 | 355 |
| 十、库存现金 | 11 653 | -1 592 | 13 246 | 330 |
| 资金运用总计 | 2 768 679 | 1 926 175 | 842 504 | 288 169 |

**表 3.37　中国建设银行北京市分行外汇信贷收支统计**

单位：万美元

| 项目名称 | 2009 年 | | 2008 年 | |
|---|---|---|---|---|
| | 余额 | 比年初 | 余额 | 比年初 |
| 一、各项存款 | 121 570 | -105 461 | 227 031 | 51 355 |
| 1. 单位活期存款 | 42 717 | 23 545 | 19 172 | -15 504 |
| 其中：中资存款 | | | | |
| 外商投资企业存款 | | | | |
| 2. 单位定期存款 | 11 532 | -3 347 | 14 879 | -33 993 |
| 其中：中资企业存款 | | | | |
| 外商投资企业存款 | | | | |
| 3. 储蓄存款 | 47 704 | 1 088 | 46 616 | 4 797 |
| 其中：定期存款 | 33 166 | 2 651 | 30 515 | 7 487 |
| 4. 其他存款 | 19 617 | -126 746 | 146 363 | 96 055 |
| 5. 境外存款 | | | | |
| 二、境内中长期筹资 | | | | |
| 三、卖出回购资产 | | | | |
| 四、境外筹资 | 19 561 | 6 883 | 12 678 | 3 752 |
| 五、向中央银行借款 | | | | |
| 六、中央银行存款 | | | | |
| 七、应付及暂收款 | 2 423 | -1 146 | 3 569 | 1 360 |
| 其中：应付及预提利息 | 661 | -2 598 | 3 259 | 1 656 |
| 八、同业存放 | 68 806 | 45 943 | 22 864 | 11 861 |
| （1）境内同业存放 | 68 576 | 45 736 | 22 840 | 11 838 |
| （2）境外同业存放 | 231 | 207 | 24 | 22 |
| 九、同业拆入 | | | | |
| （1）境内同业拆入 | | | | |
| （2）境外同业拆入 | | | | |
| 十、委托基金存款（净） | | | | |
| 十一、外汇买卖 | 0 | 0 | 0 | 0 |
| 其中：结售汇 | | | | |
| 十二、境内联行存放 | 13 735 | 13 735 | | |
| 十三、境外联行存放 | | | | |
| 十四、各项准备 | 12 | 0 | 12 | 2 |
| 其中：贷款损失准备 | | | | |
| 十五、所有者权益 | 389 | -1 688 | 2 077 | 696 |
| 其中：实收资本 | | | | |
| 十六、其他 | 62 | -89 | 150 | -171 |
| 资金来源总计 | 226 557 | -41 823 | 268 381 | 68 855 |

续表

| 项目名称 | 2009 年 | | 2008 年 | |
|---|---|---|---|---|
| | 余额 | 比年初 | 余额 | 比年初 |
| 一、各项贷款 | 223 324 | -27 067 | 250 392 | 74 113 |
| 1. 短期贷款 | 28 622 | 14 522 | 14 100 | 2 338 |
| （1）境内短期贷款 | 28 622 | 14 522 | 14 100 | 2 338 |
| 其中：中资企业贷款 | | | | |
| 外商投资企业贷款 | | | | |
| （2）境外短期贷款 | | | | |
| 2. 中长期贷款 | 157 346 | -59 062 | 216 408 | 70 273 |
| （1）境内中长期贷款 | 157 346 | -59 062 | 216 408 | 70 273 |
| 其中：中资企业贷款 | | | | |
| 外商投资企业贷款 | | | | |
| （2）境外中长期贷款 | | | | |
| 3. 进出口贸易融资 | 17 909 | 10 598 | 7 311 | -2 177 |
| 4. 票据融资 | 0 | -22 | 22 | 6 |
| 其中：贴现 | | | | |
| 5. 各项垫款 | | | | -101 |
| 6. 境外筹资转贷款 | 19 447 | 6 896 | 12 550 | 3 774 |
| 二、投资 | | | | |
| 1. 购买有价证券 | | | | |
| 其中：购买境外有价证券 | | | | |
| 2. 其他投资 | | | | |
| 其中：投资境外 | | | | |
| 三、应收及预付款 | 557 | -9 456 | 10 013 | 5 598 |
| 其中：应收及预付利息 | 486 | -652 | 1 137 | -244 |
| 四、买入返售资产 | | | | |
| 五、存放中央银行 | | -1 080 | 1 080 | 207 |
| 其中：缴存准备金 | | -1 080 | 1 080 | 207 |
| 六、存放同业 | 461 | -207 | 669 | 202 |
| （1）存放境内同业 | 461 | -207 | 669 | 202 |
| （2）存放境外同业 | | | | |
| 七、拆放同业 | | | | |
| （1）拆放境内同业 | | | | |
| （2）拆放境外同业 | | | | |
| 八、存放境内联行 | | -3 848 | 3 848 | -10 027 |
| 九、存放境外联行 | | | | |
| 十、库存现金 | 2 215 | -165 | 2 380 | -1 238 |
| 资金运用总计 | 226 557 | -41 823 | 268 381 | 68 855 |

**表 3.38　交通银行北京市分行外汇信贷收支统计**

单位：万美元

| 项目名称 | 2009 年 | | 2008 年 | |
|---|---|---|---|---|
| | 余额 | 比年初 | 余额 | 比年初 |
| 一、各项存款 | 461 421 | 112 207 | 349 215 | 110 695 |
| 1. 单位活期存款 | 59 701 | 28 567 | 31 134 | -1 464 |
| 其中：中资存款 | 4 183 | -4 058 | 8 241 | -2 645 |
| 外商投资企业存款 | 214 | -31 | 245 | 134 |
| 2. 单位定期存款 | 21 438 | -18 725 | 40 163 | -3 796 |
| 其中：中资企业存款 | 8 123 | -31 029 | 39 152 | -3 587 |
| 外商投资企业存款 | 13 315 | 12 304 | 1 011 | -208 |
| 3. 储蓄存款 | 46 001 | 1 757 | 44 245 | -4 408 |
| 其中：定期存款 | 30 979 | -452 | 31 431 | 1 848 |
| 4. 其他存款 | 334 228 | 100 605 | 233 623 | 120 323 |
| 5. 境外存款 | 52 | 3 | 49 | 38 |
| 二、境内中长期筹资 | | | | |
| 三、卖出回购资产 | | | | |
| 四、境外筹资 | | | | |
| 五、向中央银行借款 | | | | |
| 六、中央银行存款 | | | | |
| 七、应付及暂收款 | 79 160 | -35 178 | 114 338 | 50 521 |
| 其中：应付及预提利息 | 5 021 | -1 662 | 6 683 | 5 505 |
| 八、同业存放 | 26 361 | -233 378 | 259 739 | 234 013 |
| （1）境内同业存放 | 26 361 | -233 225 | 259 586 | 233 860 |
| （2）境外同业存放 | | -153 | 153 | 153 |
| 九、同业拆入 | | | | |
| （1）境内同业拆入 | | | | |
| （2）境外同业拆入 | | | | |
| 十、委托基金存款（净） | 1 567 | 318 | 1 249 | -39 |
| 十一、外汇买卖 | 0 | 0 | 0 | -236 |
| 其中：结售汇 | 0 | 0 | 0 | -236 |
| 十二、境内联行存放 | | | | |
| 十三、境外联行存放 | | | | |
| 十四、各项准备 | 1 178 | -123 | 1 301 | 661 |
| 其中：贷款损失准备 | 1 178 | -123 | 1 301 | 661 |
| 十五、所有者权益 | 6 022 | 4 431 | 1 591 | -2 716 |
| 其中：实收资本 | | | | |
| 十六、其他 | 27 626 | 21 685 | 5 941 | 289 |
| 资金来源总计 | 603 335 | -130 038 | 733 373 | 393 188 |

续表

| 项目名称 | 2009年 | | 2008年 | |
|---|---|---|---|---|
| | 余额 | 比年初 | 余额 | 比年初 |
| 一、各项贷款 | 135 056 | 17 213 | 117 843 | -11 070 |
| 1. 短期贷款 | 17 431 | 10 731 | 6 700 | -1 155 |
| （1）境内短期贷款 | 17 431 | 10 731 | 6 700 | -1 155 |
| 其中：中资企业贷款 | 17 431 | 10 731 | 6 700 | -1 155 |
| 外商投资企业贷款 | | | | |
| （2）境外短期贷款 | | | | |
| 2. 中长期贷款 | 85 947 | 28 325 | 57 623 | 411 |
| （1）境内中长期贷款 | 85 947 | 28 325 | 57 623 | 411 |
| 其中：中资企业贷款 | 77 707 | 29 405 | 48 301 | 2 171 |
| 外商投资企业贷款 | | | | |
| （2）境外中长期贷款 | | | | |
| 3. 进出口贸易融资 | 29 808 | -21 191 | 50 999 | -7 815 |
| 4. 票据融资 | 84 | 28 | 56 | -2 244 |
| 其中：贴现 | 41 | 28 | 13 | -2 247 |
| 5. 各项垫款 | | | | |
| 6. 境外筹资转贷款 | 1 785 | -680 | 2 466 | -267 |
| 二、投资 | | | | |
| 1. 购买有价证券 | | | | |
| 其中：购买境外有价证券 | | | | |
| 2. 其他投资 | | | | |
| 其中：投资境外 | | | | |
| 三、应收及预付款 | 45 873 | -54 717 | 100 590 | 41 609 |
| 其中：应收及预付利息 | 3 835 | 3 829 | 6 | 6 |
| 四、买入返售资产 | | | | |
| 五、存放中央银行 | | -10 538 | 10 538 | 9 835 |
| 其中：缴存准备金 | | | | |
| 六、存放同业 | 3 291 | -2 113 | 5 404 | -5 230 |
| （1）存放境内同业 | 2 856 | 569 | 2 287 | -305 |
| （2）存放境外同业 | 435 | -2 682 | 3 117 | -4 925 |
| 七、拆放同业 | | | | |
| （1）拆放境内同业 | | | | |
| （2）拆放境外同业 | | | | |
| 八、存放境内联行 | 417 550 | -80 345 | 497 895 | 402 825 |
| 九、存放境外联行 | 416 | 216 | 200 | -44 492 |
| 十、库存现金 | 1 149 | 246 | 903 | -289 |
| 资金运用总计 | 603 335 | -130 038 | 733 373 | 393 188 |

**表3.39　招商银行北京分行外汇信贷收支统计**

单位：万美元

| 项目名称 | 2009年 | | 2008年 | |
|---|---|---|---|---|
| | 余额 | 比年初 | 余额 | 比年初 |
| 一、各项存款 | 265 972 | -85 400 | 351 372 | 171 591 |
| 1. 单位活期存款 | 20 552 | -9 348 | 29 900 | 15 389 |
| 其中：中资存款 | 13 491 | -11 703 | 25 194 | 10 913 |
| 外商投资企业存款 | 6 573 | 2 146 | 4 427 | 4 197 |
| 2. 单位定期存款 | 9 361 | 5 418 | 3 943 | -70 730 |
| 其中：中资企业存款 | 8 934 | 5 269 | 3 665 | -70 931 |
| 外商投资企业存款 | 427 | 149 | 278 | 201 |
| 3. 储蓄存款 | 90 789 | 16 462 | 74 327 | 14 235 |
| 其中：定期存款 | 40 295 | 8 458 | 31 837 | 9 892 |
| 4. 其他存款 | 145 270 | -97 932 | 243 202 | 212 697 |
| 5. 境外存款 | | | | |
| 二、境内中长期筹资 | | | | |
| 三、卖出回购资产 | | | | |
| 四、境外筹资 | | | | |
| 五、向中央银行借款 | | | | |
| 六、中央银行存款 | | | | |
| 七、应付及暂收款 | 1 470 | -5 063 | 6 533 | 2 477 |
| 其中：应付及预提利息 | 1 394 | -4 990 | 6 384 | 5 288 |
| 八、同业存放 | 21 274 | 5 696 | 15 578 | -6 323 |
| （1）境内同业存放 | 21 274 | 5 696 | 15 578 | -6 323 |
| （2）境外同业存放 | | | | |
| 九、同业拆入 | | | | |
| （1）境内同业拆入 | | | | |
| （2）境外同业拆入 | | | | |
| 十、委托基金存款（净） | | | | |
| 十一、外汇买卖 | 2 | 2 | | 7 |
| 其中：结售汇 | | | | |
| 十二、境内联行存放 | | | | |
| 十三、境外联行存放 | | | | |
| 十四、各项准备 | 1 909 | 1 130 | 779 | -349 |
| 其中：贷款损失准备 | 1 909 | 1 130 | 779 | -349 |
| 十五、所有者权益 | -4 785 | -5 739 | 954 | -1 327 |
| 其中：实收资本 | | | | |
| 十六、其他 | 42 | -35 | 77 | 76 |
| 资金来源总计 | 285 884 | -89 409 | 375 293 | 166 152 |

续表

| 项目名称 | 2009 年 | | 2008 年 | |
|---|---|---|---|---|
| | 余额 | 比年初 | 余额 | 比年初 |
| 一、各项贷款 | 109 068 | 64 593 | 44 475 | -28 284 |
| 1. 短期贷款 | 12 320 | 6 570 | 5 750 | 1 105 |
| （1）境内短期贷款 | 12 320 | 6 570 | 5 750 | 1 105 |
| 其中：中资企业贷款 | 12 170 | 6 420 | 5 750 | 1 105 |
| 外商投资企业贷款 | 150 | 150 | | |
| （2）境外短期贷款 | | | | |
| 2. 中长期贷款 | 54 933 | 39 110 | 15 823 | 60 |
| （1）境内中长期贷款 | 54 933 | 39 110 | 15 823 | 60 |
| 其中：中资企业贷款 | 40 000 | 40 000 | | |
| 外商投资企业贷款 | | -250 | 250 | -250 |
| （2）境外中长期贷款 | | | | |
| 3. 进出口贸易融资 | 41 815 | 18 913 | 22 902 | -29 449 |
| 4. 票据融资 | | | | |
| 其中：贴现 | | | | |
| 5. 各项垫款 | | | | |
| 6. 境外筹资转贷款 | | | | |
| 二、投资 | | | | |
| 1. 购买有价证券 | | | | |
| 其中：购买境外有价证券 | | | | |
| 2. 其他投资 | | | | |
| 其中：投资境外 | | | | |
| 三、应收及预付款 | 301 | -157 | 458 | 344 |
| 其中：应收及预付利息 | 301 | -157 | 458 | 344 |
| 四、买入返售资产 | | | | |
| 五、存放中央银行 | | -3 491 | 3 491 | 30 |
| 其中：缴存准备金 | | | | |
| 六、存放同业 | 6 448 | -30 077 | 36 525 | 27 639 |
| （1）存放境内同业 | 6 448 | -30 077 | 36 525 | 28 525 |
| （2）存放境外同业 | | | | -886 |
| 七、拆放同业 | | | | -6 000 |
| （1）拆放境内同业 | | | | -6 000 |
| （2）拆放境外同业 | | | | |
| 八、存放境内联行 | 168 998 | -120 296 | 289 294 | 172 648 |
| 九、存放境外联行 | | | | |
| 十、库存现金 | 1 069 | 19 | 1 050 | -225 |
| 资金运用总计 | 285 884 | -89 409 | 375 293 | 166 152 |

**表 3.40　上海浦东发展银行北京分行外汇信贷收支统计**

单位：万美元

| 项目名称 | 2009 年 | | 2008 年 | |
|---|---|---|---|---|
| | 余额 | 比年初 | 余额 | 比年初 |
| 一、各项存款 | 18 080 | -520 | 18 600 | -5 765 |
| 1. 单位活期存款 | 3 119 | 940 | 2 179 | 389 |
| 其中：中资存款 | 612 | 125 | 487 | -255 |
| 外商投资企业存款 | 2 250 | 810 | 1 440 | 506 |
| 2. 单位定期存款 | 2 861 | 317 | 2 544 | -9 359 |
| 其中：中资企业存款 | | | | |
| 外商投资企业存款 | | | | |
| 3. 储蓄存款 | 9 472 | 1 554 | 7 918 | -80 |
| 其中：定期存款 | 5 444 | 1 028 | 4 416 | 176 |
| 4. 其他存款 | 2 628 | -3 311 | 5 939 | 3 274 |
| 5. 境外存款 | | -20 | 20 | 11 |
| 二、境内中长期筹资 | | | | |
| 三、卖出回购资产 | | | | |
| 四、境外筹资 | | | | |
| 五、向中央银行借款 | | | | |
| 六、中央银行存款 | | | | |
| 七、应付及暂收款 | 16 264 | -2 524 | 18 788 | 48 |
| 其中：应付及预提利息 | 156 | -1 053 | 1 209 | 643 |
| 八、同业存放 | 166 | -15 563 | 15 729 | 15 166 |
| （1）境内同业存放 | 166 | -15 563 | 15 729 | 15 166 |
| （2）境外同业存放 | | | | |
| 九、同业拆入 | | | | |
| （1）境内同业拆入 | | | | |
| （2）境外同业拆入 | | | | |
| 十、委托基金存款（净） | | | | |
| 十一、外汇买卖 | -79 | -83 | 4 | 5 |
| 其中：结售汇 | 48 | -83 | 131 | 22 |
| 十二、境内联行存放 | 3 363 | 3 363 | | |
| 十三、境外联行存放 | | | | |
| 十四、各项准备 | | | | |
| 其中：贷款损失准备 | | | | |
| 十五、所有者权益 | 531 | 62 | 469 | -147 |
| 其中：实收资本 | | | | |
| 十六、其他 | 502 | 2 | 500 | -11 |
| 资金来源总计 | 38 827 | -15 263 | 54 090 | 9 296 |

续表

| 项目名称 | 2009 年 | | 2008 年 | |
|---|---|---|---|---|
| | 余额 | 比年初 | 余额 | 比年初 |
| 一、各项贷款 | 22 987 | 19 730 | 3 257 | -6 957 |
| 1. 短期贷款 | 6 792 | 5 752 | 1 040 | -2 660 |
| （1）境内短期贷款 | 6 792 | 5 752 | 1 040 | -2 660 |
| 其中：中资企业贷款 | 3 392 | 2 352 | 1 040 | -2 010 |
| 外商投资企业贷款 | | | | |
| （2）境外短期贷款 | | | | |
| 2. 中长期贷款 | 2 542 | 787 | 1 755 | -950 |
| （1）境内中长期贷款 | 2 542 | 787 | 1 755 | -950 |
| 其中：中资企业贷款 | 2 542 | 787 | 1 755 | -950 |
| 外商投资企业贷款 | | | | |
| （2）境外中长期贷款 | | | | |
| 3. 进出口贸易融资 | 13 653 | 13 192 | 461 | -3 348 |
| 4. 票据融资 | | -1 | 1 | 1 |
| 其中：贴现 | | | | |
| 5. 各项垫款 | | | | |
| 6. 境外筹资转贷款 | | | | |
| 二、投资 | | | | |
| 1. 购买有价证券 | | | | |
| 其中：购买境外有价证券 | | | | |
| 2. 其他投资 | | | | |
| 其中：投资境外 | | | | |
| 三、应收及预付款 | 15 029 | -3 808 | 18 837 | 682 |
| 其中：应收及预付利息 | 130 | -1 145 | 1 275 | 1 123 |
| 四、买入返售资产 | | | | |
| 五、存放中央银行 | | -203 | 203 | 57 |
| 其中：缴存准备金 | | -203 | 203 | 57 |
| 六、存放同业 | 276 | -51 | 327 | -201 |
| （1）存放境内同业 | 276 | -51 | 327 | -201 |
| （2）存放境外同业 | | | | |
| 七、拆放同业 | | | | |
| （1）拆放境内同业 | | | | |
| （2）拆放境外同业 | | | | |
| 八、存放境内联行 | | -30 891 | 30 891 | 16 059 |
| 九、存放境外联行 | | | | |
| 十、库存现金 | 535 | -40 | 575 | -344 |
| 资金运用总计 | 38 827 | -15 263 | 54 090 | 9 296 |

**表 3. 41　广东发展银行北京分行外汇信贷收支统计**

单位：万美元

| 项目名称 | 2009 年 | | 2008 年 | |
|---|---|---|---|---|
| | 余额 | 比年初 | 余额 | 比年初 |
| 一、各项存款 | 35 452 | 16 735 | 18 717 | 1 567 |
| 1. 单位活期存款 | 6 760 | 4 816 | 1 944 | 58 |
| 其中：中资存款 | 2 605 | 2 580 | 25 | -129 |
| 外商投资企业存款 | 2 742 | 1 916 | 826 | -84 |
| 2. 单位定期存款 | 21 346 | 11 081 | 10 265 | 2 634 |
| 其中：中资企业存款 | | -2 303 | 2 303 | 1 105 |
| 外商投资企业存款 | 14 624 | 6 662 | 7 962 | 1 829 |
| 3. 储蓄存款 | 1 879 | 456 | 1 423 | -776 |
| 其中：定期存款 | 1 399 | 422 | 977 | -765 |
| 4. 其他存款 | 5 467 | 382 | 5 085 | -349 |
| 5. 境外存款 | | | | |
| 二、境内中长期筹资 | | | | |
| 三、卖出回购资产 | | | | |
| 四、境外筹资 | | | | |
| 五、向中央银行借款 | | | | |
| 六、中央银行存款 | | | | |
| 七、应付及暂收款 | 2 196 | 1 215 | 981 | 737 |
| 其中：应付及预提利息 | 199 | 13 | 186 | -55 |
| 八、同业存放 | 38 | -12 | 50 | -109 |
| （1）境内同业存放 | 38 | -12 | 50 | -109 |
| （2）境外同业存放 | | | | |
| 九、同业拆入 | | | | |
| （1）境内同业拆入 | | | | |
| （2）境外同业拆入 | | | | |
| 十、委托基金存款（净） | | | | |
| 十一、外汇买卖 | 62 | 112 | -50 | -107 |
| 其中：结售汇 | 77 | 127 | -50 | -107 |
| 十二、境内联行存放 | | | | |
| 十三、境外联行存放 | | | | |
| 十四、各项准备 | 473 | | 473 | 473 |
| 其中：贷款损失准备 | 473 | | 473 | 473 |
| 十五、所有者权益 | 565 | 736 | -171 | -525 |
| 其中：实收资本 | | | | |
| 十六、其他 | -20 | -22 | 2 | -21 |
| 资金来源总计 | 38 766 | 18 764 | 20 002 | 2 015 |

续表

| 项目名称 | 2009 年 | | 2008 年 | |
|---|---|---|---|---|
| | 余额 | 比年初 | 余额 | 比年初 |
| 一、各项贷款 | 31 035 | 22 349 | 8 686 | -3 142 |
| 1. 短期贷款 | 4 160 | 4 140 | 20 | -723 |
| （1）境内短期贷款 | 4 160 | 4 140 | 20 | -723 |
| 其中：中资企业贷款 | 525 | 525 | | |
| 外商投资企业贷款 | | | | |
| （2）境外短期贷款 | | | | |
| 2. 中长期贷款 | | | | |
| （1）境内中长期贷款 | | | | |
| 其中：中资企业贷款 | | | | |
| 外商投资企业贷款 | | | | |
| （2）境外中长期贷款 | | | | |
| 3. 进出口贸易融资 | 26 015 | 18 209 | 7 806 | -3 279 |
| 4. 票据融资 | | | | |
| 其中：贴现 | | | | |
| 5. 各项垫款 | 860 | | 860 | 860 |
| 6. 境外筹资转贷款 | | | | |
| 二、投资 | | | | |
| 1. 购买有价证券 | | | | |
| 其中：购买境外有价证券 | | | | |
| 2. 其他投资 | | | | |
| 其中：投资境外 | | | | |
| 三、应收及预付款 | 673 | -207 | 880 | 620 |
| 其中：应收及预付利息 | 210 | 137 | 73 | -187 |
| 四、买入返售资产 | | | | |
| 五、存放中央银行 | | | | |
| 其中：缴存准备金 | | | | |
| 六、存放同业 | 131 | -514 | 645 | 310 |
| （1）存放境内同业 | 131 | -514 | 645 | 330 |
| （2）存放境外同业 | | | | -20 |
| 七、拆放同业 | | | | |
| （1）拆放境内同业 | | | | |
| （2）拆放境外同业 | | | | |
| 八、存放境内联行 | 6 544 | -2 878 | 9 422 | 4 295 |
| 九、存放境外联行 | | | | |
| 十、库存现金 | 383 | 14 | 369 | -68 |
| 资金运用总计 | 38 766 | 18 764 | 20 002 | 2 015 |

**表 3.42　兴业银行北京分行外汇信贷收支统计**

单位：万美元

| 项目名称 | 2009 年 | | 2008 年 | |
|---|---|---|---|---|
| | 余额 | 比年初 | 余额 | 比年初 |
| 一、各项存款 | 11 487 | 2 084 | 9 403 | -2 372 |
| 1. 单位活期存款 | 3 832 | 2 211 | 1 622 | 139 |
| 其中：中资存款 | 2 868 | 1 850 | 1 018 | 258 |
| 外商投资企业存款 | 963 | 659 | 304 | -120 |
| 2. 单位定期存款 | 2 592 | 478 | 2 114 | -1 593 |
| 其中：中资企业存款 | 2 092 | 478 | 1 614 | -243 |
| 外商投资企业存款 | 500 | | 500 | -1 350 |
| 3. 储蓄存款 | 4 691 | 941 | 3 750 | 327 |
| 其中：定期存款 | 2 878 | 654 | 2 225 | 1 126 |
| 4. 其他存款 | 371 | -1 546 | 1 917 | -1 244 |
| 5. 境外存款 | | | | |
| 二、境内中长期筹资 | | | | |
| 三、卖出回购资产 | | | | |
| 四、境外筹资 | | | | |
| 五、向中央银行借款 | | | | |
| 六、中央银行存款 | | | | |
| 七、应付及暂收款 | 92 | -45 | 137 | 29 |
| 其中：应付及预提利息 | 34 | -104 | 137 | 30 |
| 八、同业存放 | 5 821 | -4 019 | 9 840 | 6 561 |
| （1）境内同业存放 | 5 821 | -4 019 | 9 840 | 6 561 |
| （2）境外同业存放 | | | | |
| 九、同业拆入 | | | | |
| （1）境内同业拆入 | | | | |
| （2）境外同业拆入 | | | | |
| 十、委托基金存款（净） | | | | |
| 十一、外汇买卖 | | | | |
| 其中：结售汇 | | | | |
| 十二、境内联行存放 | | | | |
| 十三、境外联行存放 | | | | |
| 十四、各项准备 | 83 | 57 | 26 | -4 |
| 其中：贷款损失准备 | 83 | 57 | 26 | -4 |
| 十五、所有者权益 | 167 | -182 | 349 | 250 |
| 其中：实收资本 | | | | |
| 十六、其他 | 0 | 0 | 0 | 0 |
| 资金来源总计 | 17 651 | -2 105 | 19 756 | 4 465 |

续表

| 项目名称 | 2009年 | | 2008年 | |
|---|---|---|---|---|
| | 余额 | 比年初 | 余额 | 比年初 |
| 一、各项贷款 | 6 532 | 6 532 | | -1 005 |
| 1. 短期贷款 | 6 086 | 6 086 | | |
| （1）境内短期贷款 | 6 086 | 6 086 | | |
| 其中：中资企业贷款 | 86 | 86 | | |
| 外商投资企业贷款 | 6 000 | 6 000 | | |
| （2）境外短期贷款 | | | | |
| 2. 中长期贷款 | | | | |
| （1）境内中长期贷款 | | | | |
| 其中：中资企业贷款 | | | | |
| 外商投资企业贷款 | | | | |
| （2）境外中长期贷款 | | | | |
| 3. 进出口贸易融资 | 446 | 446 | | -1 005 |
| 4. 票据融资 | | | | |
| 其中：贴现 | | | | |
| 5. 各项垫款 | | | | |
| 6. 境外筹资转贷款 | | | | |
| 二、投资 | | | | |
| 1. 购买有价证券 | | | | |
| 其中：购买境外有价证券 | | | | |
| 2. 其他投资 | | | | |
| 其中：投资境外 | | | | |
| 三、应收及预付款 | 4 | 4 | | -8 |
| 其中：应收及预付利息 | 4 | 4 | | -8 |
| 四、买入返售资产 | | | | |
| 五、存放中央银行 | | -16 | 16 | -84 |
| 其中：缴存准备金 | | | | |
| 六、存放同业 | 209 | 175 | 33 | -60 |
| （1）存放境内同业 | 209 | 175 | 33 | -60 |
| （2）存放境外同业 | | | | |
| 七、拆放同业 | | | | |
| （1）拆放境内同业 | | | | |
| （2）拆放境外同业 | | | | |
| 八、存放境内联行 | 10 683 | -8 665 | 19 348 | 5 772 |
| 九、存放境外联行 | | | | |
| 十、库存现金 | 223 | -137 | 360 | -149 |
| 资金运用总计 | 17 651 | -2 105 | 19 756 | 4 465 |

**表3.43 深圳发展银行北京分行外汇信贷收支统计**

单位：万美元

| 项目名称 | 2009年 | | 2008年 | |
|---|---|---|---|---|
| | 余额 | 比年初 | 余额 | 比年初 |
| 一、各项存款 | 35 686 | 5 320 | 30 366 | 1 486 |
| 1. 单位活期存款 | 10 344 | 6 364 | 3 980 | -167 |
| 其中：中资存款 | 6 848 | 4 897 | 1 951 | 131 |
| 外商投资企业存款 | 3 496 | 1 467 | 2 029 | -298 |
| 2. 单位定期存款 | 23 959 | -1 649 | 25 608 | 1 778 |
| 其中：中资企业存款 | 23 959 | -1 649 | 25 608 | 1 778 |
| 外商投资企业存款 | | | | |
| 3. 储蓄存款 | 938 | 288 | 650 | -23 |
| 其中：定期存款 | 480 | 152 | 328 | 38 |
| 4. 其他存款 | 445 | 317 | 128 | -102 |
| 5. 境外存款 | | | | |
| 二、境内中长期筹资 | | | | |
| 三、卖出回购资产 | | | | |
| 四、境外筹资 | | | | |
| 五、向中央银行借款 | | | | |
| 六、中央银行存款 | | | | |
| 七、应付及暂收款 | 20 166 | 10 837 | 9 329 | 8 322 |
| 其中：应付及预提利息 | 120 | -471 | 591 | 28 |
| 八、同业存放 | 10 012 | 10 001 | 11 | -5 550 |
| （1）境内同业存放 | 10 012 | 10 001 | 11 | -5 550 |
| （2）境外同业存放 | | | | |
| 九、同业拆入 | | | | |
| （1）境内同业拆入 | | | | |
| （2）境外同业拆入 | | | | |
| 十、委托基金存款（净） | | | | |
| 十一、外汇买卖 | | | | |
| 其中：结售汇 | | | | |
| 十二、境内联行存放 | | | | |
| 十三、境外联行存放 | | | | |
| 十四、各项准备 | | | | |
| 其中：贷款损失准备 | | | | |
| 十五、所有者权益 | 12 | 916 | -904 | -1 009 |
| 其中：实收资本 | | | | |
| 十六、其他 | | | | |
| 资金来源总计 | 65 876 | 27 074 | 38 802 | 3 249 |

续表

| 项目名称 | 2009 年 | | 2008 年 | |
|---|---|---|---|---|
| | 余额 | 比年初 | 余额 | 比年初 |
| 一、各项贷款 | 36 614 | 26 273 | 10 341 | -3 896 |
| 1. 短期贷款 | 26 600 | 16 259 | 10 341 | -914 |
| （1）境内短期贷款 | 26 600 | 16 259 | 10 341 | -914 |
| 其中：中资企业贷款 | 26 600 | 16 259 | 10 341 | -914 |
| 外商投资企业贷款 | | | | |
| （2）境外短期贷款 | | | | |
| 2. 中长期贷款 | 10 000 | 10 000 | | |
| （1）境内中长期贷款 | 10 000 | 10 000 | | |
| 其中：中资企业贷款 | 10 000 | 10 000 | | |
| 外商投资企业贷款 | | | | |
| （2）境外中长期贷款 | | | | |
| 3. 进出口贸易融资 | 14 | 14 | | -2 982 |
| 4. 票据融资 | | | | |
| 其中：贴现 | | | | |
| 5. 各项垫款 | | | | |
| 6. 境外筹资转贷款 | | | | |
| 二、投资 | | | | -2 600 |
| 1. 购买有价证券 | | | | -2 600 |
| 其中：购买境外有价证券 | | | | -2 600 |
| 2. 其他投资 | | | | |
| 其中：投资境外 | | | | |
| 三、应收及预付款 | 20 163 | 10 475 | 9 688 | 8 389 |
| 其中：应收及预付利息 | 119 | -831 | 950 | 411 |
| 四、买入返售资产 | | | | |
| 五、存放中央银行 | | -153 | 153 | -21 |
| 其中：缴存准备金 | | -153 | 153 | -21 |
| 六、存放同业 | 3 | -5 026 | 5 029 | 1 920 |
| （1）存放境内同业 | 3 | -5 026 | 5 029 | 1 992 |
| （2）存放境外同业 | | | | -72 |
| 七、拆放同业 | | | | |
| （1）拆放境内同业 | | | | |
| （2）拆放境外同业 | | | | |
| 八、存放境内联行 | 8 979 | -4 448 | 13 427 | -586 |
| 九、存放境外联行 | | | | |
| 十、库存现金 | 117 | -47 | 164 | 43 |
| 资金运用总计 | 65 876 | 27 074 | 38 802 | 3 249 |

**表 3.44　中信银行总行营业部外汇信贷收支统计**

单位：万美元

| 项目名称 | 2009 年 | | 2008 年 | |
|---|---|---|---|---|
| | 余额 | 比年初 | 余额 | 比年初 |
| 一、各项存款 | 353 273 | -108 947 | 462 220 | 21 446 |
| 1. 单位活期存款 | 162 670 | 65 385 | 97 285 | 24 234 |
| 其中：中资存款 | 56 714 | 46 778 | 9 935 | -346 |
| 外商投资企业存款 | 31 355 | 15 185 | 16 170 | -4 019 |
| 2. 单位定期存款 | 95 499 | 4 432 | 91 067 | -222 651 |
| 其中：中资企业存款 | 63 781 | 11 488 | 52 293 | -202 579 |
| 外商投资企业存款 | 1 061 | -6 034 | 7 095 | 914 |
| 3. 储蓄存款 | 18 693 | 2 134 | 16 559 | -376 |
| 其中：定期存款 | 11 092 | 324 | 10 768 | 846 |
| 4. 其他存款 | 75 729 | -181 037 | 256 766 | 220 353 |
| 5. 境外存款 | 681 | 139 | 543 | -115 |
| 二、境内中长期筹资 | | | | |
| 三、卖出回购资产 | | | | |
| 四、境外筹资 | | | | |
| 五、向中央银行借款 | | | | |
| 六、中央银行存款 | | | | |
| 七、应付及暂收款 | 2 844 | -5 164 | 8 008 | 1 925 |
| 其中：应付及预提利息 | 311 | -5 879 | 6 190 | 2 175 |
| 八、同业存放 | 83 381 | 36 981 | 46 400 | 33 876 |
| （1）境内同业存放 | 83 381 | 36 981 | 46 400 | 33 876 |
| （2）境外同业存放 | | | | |
| 九、同业拆入 | | | | |
| （1）境内同业拆入 | | | | |
| （2）境外同业拆入 | | | | |
| 十、委托基金存款（净） | 1 281 | -15 | 1 296 | 1 564 |
| 十一、外汇买卖 | -8 207 | -5 392 | -2 815 | -2 270 |
| 其中：结售汇 | -7 378 | -5 377 | -2 001 | -2 644 |
| 十二、境内联行存放 | | | | |
| 十三、境外联行存放 | | | | |
| 十四、各项准备 | 1 587 | 480 | 1 107 | -468 |
| 其中：贷款损失准备 | 1 495 | 502 | 993 | -210 |
| 十五、所有者权益 | 2 695 | -513 | 3 208 | 6 815 |
| 其中：实收资本 | | | | |
| 十六、其他 | 1 975 | -4 002 | 5 977 | 3 233 |
| 资金来源总计 | 438 829 | -86 573 | 525 402 | 66 121 |

续表

| 项目名称 | 2009年 | | 2008年 | |
|---|---|---|---|---|
| | 余额 | 比年初 | 余额 | 比年初 |
| 一、各项贷款 | 145 615 | 51 553 | 94 062 | -35 047 |
| 1. 短期贷款 | 56 122 | 9 247 | 46 876 | 11 191 |
| （1）境内短期贷款 | 56 122 | 9 247 | 46 876 | 11 191 |
| 其中：中资企业贷款 | 39 418 | 14 104 | 25 314 | 7 464 |
| 外商投资企业贷款 | | -2 029 | 2 029 | 2 029 |
| （2）境外短期贷款 | | | | |
| 2. 中长期贷款 | 72 446 | 46 997 | 25 449 | -6 768 |
| （1）境内中长期贷款 | 18 482 | 12 461 | 6 021 | -9 985 |
| 其中：中资企业贷款 | 3 883 | 3 883 | | -175 |
| 外商投资企业贷款 | | | | |
| （2）境外中长期贷款 | 53 964 | 34 536 | 19 428 | 3 217 |
| 3. 进出口贸易融资 | 17 037 | -4 587 | 21 624 | -37 494 |
| 4. 票据融资 | 10 | -103 | 113 | -1 954 |
| 其中：贴现 | | -56 | 56 | -2 001 |
| 5. 各项垫款 | | | | |
| 6. 境外筹资转贷款 | | | | -23 |
| 二、投资 | | | | |
| 1. 购买有价证券 | | | | |
| 其中：购买境外有价证券 | | | | |
| 2. 其他投资 | | | | |
| 其中：投资境外 | | | | |
| 三、应收及预付款 | 504 | -605 | 1 109 | -295 |
| 其中：应收及预付利息 | 494 | -569 | 1 062 | -88 |
| 四、买入返售资产 | 8 502 | 8 502 | | -2 309 |
| 五、存放中央银行 | | -1 019 | 1 019 | -1 665 |
| 其中：缴存准备金 | | | | |
| 六、存放同业 | 35 058 | 23 824 | 11 234 | -8 888 |
| （1）存放境内同业 | 30 885 | 28 874 | 2 011 | -3 970 |
| （2）存放境外同业 | 4 173 | -5 050 | 9 223 | -4 918 |
| 七、拆放同业 | 1 920 | 1 920 | | |
| （1）拆放境内同业 | 1 920 | 1 920 | | |
| （2）拆放境外同业 | | | | |
| 八、存放境内联行 | 246 153 | -170 245 | 416 398 | 114 274 |
| 九、存放境外联行 | | | | |
| 十、库存现金 | 1 075 | -505 | 1 580 | 51 |
| 资金运用总计 | 438 829 | -86 573 | 525 402 | 66 121 |

**表 3.45 中国光大银行北京分行外汇信贷收支统计**

单位：万美元

| 项目名称 | 2009 年 | | 2008 年 | |
|---|---|---|---|---|
| | 余额 | 比年初 | 余额 | 比年初 |
| 一、各项存款 | 78 573 | -139 929 | 218 502 | 145 909 |
| 1. 单位活期存款 | 9 026 | -4 023 | 13 049 | 5 016 |
| 其中：中资存款 | 5 287 | -543 | 5 830 | 1 803 |
| 外商投资企业存款 | | | | |
| 2. 单位定期存款 | 21 312 | -27 021 | 48 333 | 23 025 |
| 其中：中资企业存款 | 6 835 | -9 899 | 16 734 | 15 684 |
| 外商投资企业存款 | | | | |
| 3. 储蓄存款 | 23 027 | -8 503 | 31 530 | 10 742 |
| 其中：定期存款 | 18 362 | -10 001 | 28 363 | 10 251 |
| 4. 其他存款 | 25 208 | -100 382 | 125 590 | 107 126 |
| 5. 境外存款 | | | | |
| 二、境内中长期筹资 | | | | |
| 三、卖出回购资产 | | | | |
| 四、境外筹资 | | | | |
| 五、向中央银行借款 | | | | |
| 六、中央银行存款 | | | | |
| 七、应付及暂收款 | 641 | -6 272 | 6 913 | -4 496 |
| 其中：应付及预提利息 | 640 | -6 271 | 6 911 | 5 917 |
| 八、同业存放 | 41 424 | 12 861 | 28 563 | 27 088 |
| （1）境内同业存放 | 41 424 | 12 861 | 28 563 | 27 088 |
| （2）境外同业存放 | | | | |
| 九、同业拆入 | 1 863 | 1 863 | | |
| （1）境内同业拆入 | | | | |
| （2）境外同业拆入 | 1 863 | 1 863 | | |
| 十、委托基金存款（净） | 7 884 | 7 871 | 13 | -3 |
| 十一、外汇买卖 | | | | |
| 其中：结售汇 | | | | |
| 十二、境内联行存放 | 45 708 | 45 708 | | |
| 十三、境外联行存放 | | | | |
| 十四、各项准备 | 2 444 | 1 524 | 920 | 920 |
| 其中：贷款损失准备 | 2 444 | 1 524 | 920 | 920 |
| 十五、所有者权益 | -3 713 | -4 744 | 1 031 | 144 |
| 其中：实收资本 | | | | |
| 十六、其他 | 1 786 | 431 | 1 355 | 541 |
| 资金来源总计 | 176 610 | -80 687 | 257 297 | 170 103 |

续表

| 项目名称 | 2009年 | | 2008年 | |
|---|---|---|---|---|
| | 余额 | 比年初 | 余额 | 比年初 |
| 一、各项贷款 | 168 656 | 117 426 | 51 230 | 1 750 |
| 1. 短期贷款 | 1 700 | -6 237 | 7 937 | -8 771 |
| （1）境内短期贷款 | 1 700 | -6 237 | 7 937 | -8 771 |
| 其中：中资企业贷款 | 1 700 | -6 237 | 7 937 | -8 771 |
| 外商投资企业贷款 | | | | |
| （2）境外短期贷款 | | | | |
| 2. 中长期贷款 | 50 435 | 48 698 | 1 737 | -1 489 |
| （1）境内中长期贷款 | 50 435 | 48 698 | 1 737 | -1 489 |
| 其中：中资企业贷款 | 50 000 | 50 000 | | |
| 外商投资企业贷款 | | | | |
| （2）境外中长期贷款 | | | | |
| 3. 进出口贸易融资 | 116 521 | 74 965 | 41 556 | 13 311 |
| 4. 票据融资 | | | | -1 300 |
| 其中：贴现 | | | | |
| 5. 各项垫款 | | | | -1 |
| 6. 境外筹资转贷款 | | | | |
| 二、投资 | | | | -121 |
| 1. 购买有价证券 | | | | |
| 其中：购买境外有价证券 | | | | |
| 2. 其他投资 | | | | -121 |
| 其中：投资境外 | | | | |
| 三、应收及预付款 | 518 | -2 591 | 3 109 | -7 671 |
| 其中：应收及预付利息 | 518 | -2 581 | 3 099 | 2 696 |
| 四、买入返售资产 | | | | |
| 五、存放中央银行 | | -1 111 | 1 111 | 558 |
| 其中：缴存准备金 | | | | |
| 六、存放同业 | 6 608 | -53 322 | 59 930 | 56 893 |
| （1）存放境内同业 | 6 608 | -53 322 | 59 930 | 56 893 |
| （2）存放境外同业 | | | | |
| 七、拆放同业 | | | | -600 |
| （1）拆放境内同业 | | | | -600 |
| （2）拆放境外同业 | | | | |
| 八、存放境内联行 | | -141 214 | 141 214 | 119 287 |
| 九、存放境外联行 | | | | |
| 十、库存现金 | 828 | 125 | 703 | 7 |
| 资金运用总计 | 176 610 | -80 687 | 257 297 | 170 103 |

**表3.46　华夏银行北京分行外汇信贷收支统计**

单位：万美元

| 项目名称 | 2009年 | | 2008年 | |
|---|---|---|---|---|
| | 余额 | 比年初 | 余额 | 比年初 |
| 一、各项存款 | 27 123 | -60 166 | 87 289 | 25 696 |
| 1. 单位活期存款 | 9 300 | 1 648 | 7 653 | -3 947 |
| 其中：中资存款 | 1 699 | -391 | 2 090 | 969 |
| 外商投资企业存款 | 5 747 | 2 460 | 3 287 | -1 781 |
| 2. 单位定期存款 | 8 808 | -55 644 | 64 452 | 21 882 |
| 其中：中资企业存款 | 7 656 | -50 167 | 57 823 | 18 437 |
| 外商投资企业存款 | 27 | -636 | 663 | -540 |
| 3. 储蓄存款 | 2 765 | -434 | 3 200 | -336 |
| 其中：定期存款 | 1 899 | -125 | 2 024 | -434 |
| 4. 其他存款 | 6 242 | -5 717 | 11 959 | 8 075 |
| 5. 境外存款 | 7 | -19 | 26 | 22 |
| 二、境内中长期筹资 | | | | |
| 三、卖出回购资产 | | | | |
| 四、境外筹资 | 4 812 | 2 828 | 1 983 | -184 |
| 五、向中央银行借款 | | | | |
| 六、中央银行存款 | | | | |
| 七、应付及暂收款 | 473 | -688 | 1 161 | 842 |
| 其中：应付及预提利息 | 294 | -197 | 491 | 300 |
| 八、同业存放 | 10 004 | 8 670 | 1 334 | -1 404 |
| （1）境内同业存放 | 10 004 | 8 670 | 1 334 | -1 404 |
| （2）境外同业存放 | | | | |
| 九、同业拆入 | | | | |
| （1）境内同业拆入 | | | | |
| （2）境外同业拆入 | | | | |
| 十、委托基金存款（净） | | | | |
| 十一、外汇买卖 | 67 | -5 | 72 | -10 |
| 其中：结售汇 | 1 | -11 | 12 | 3 |
| 十二、境内联行存放 | | | | |
| 十三、境外联行存放 | | | | |
| 十四、各项准备 | 655 | -361 | 1 016 | 176 |
| 其中：贷款损失准备 | 655 | -361 | 1 016 | 176 |
| 十五、所有者权益 | 242 | -632 | 874 | -585 |
| 其中：实收资本 | | | | |
| 十六、其他 | 0 | -5 | 5 | -57 |
| 资金来源总计 | 43 376 | -50 359 | 93 735 | 24 475 |

续表

| 项目名称 | 2009年 | | 2008年 | |
|---|---|---|---|---|
| | 余额 | 比年初 | 余额 | 比年初 |
| 一、各项贷款 | 29 292 | 10 065 | 19 227 | 3 318 |
| 1. 短期贷款 | 23 605 | 11 172 | 12 433 | 11 349 |
| （1）境内短期贷款 | 23 605 | 11 172 | 12 433 | 11 349 |
| 其中：中资企业贷款 | 22 205 | 16 171 | 6 034 | 5 279 |
| 外商投资企业贷款 | | | | |
| （2）境外短期贷款 | | | | |
| 2. 中长期贷款 | 5 188 | －1 401 | 6 589 | －5 067 |
| （1）境内中长期贷款 | 5 188 | －1 401 | 6 589 | －5 067 |
| 其中：中资企业贷款 | | | | |
| 外商投资企业贷款 | | | | |
| （2）境外中长期贷款 | | | | |
| 3. 进出口贸易融资 | 499 | 294 | 205 | －2 964 |
| 4. 票据融资 | | | | |
| 其中：贴现 | | | | |
| 5. 各项垫款 | | | | |
| 6. 境外筹资转贷款 | | | | |
| 二、投资 | | | | |
| 1. 购买有价证券 | | | | |
| 其中：购买境外有价证券 | | | | |
| 2. 其他投资 | | | | |
| 其中：投资境外 | | | | |
| 三、应收及预付款 | 430 | －69 | 500 | 9 |
| 其中：应收及预付利息 | 2 | －82 | 85 | 9 |
| 四、买入返售资产 | | | | |
| 五、存放中央银行 | | －151 | 151 | －304 |
| 其中：缴存准备金 | | | | |
| 六、存放同业 | 5 265 | 5 022 | 243 | －1 146 |
| （1）存放境内同业 | 5 265 | 5 022 | 243 | －1 146 |
| （2）存放境外同业 | | | | |
| 七、拆放同业 | | | | |
| （1）拆放境内同业 | | | | |
| （2）拆放境外同业 | | | | |
| 八、存放境内联行 | 7 553 | －65 408 | 72 961 | 22 735 |
| 九、存放境外联行 | | | | |
| 十、库存现金 | 836 | 183 | 653 | －138 |
| 资金运用总计 | 43 376 | －50 359 | 93 735 | 24 475 |

**表3.47　中国民生银行总行营业部外汇信贷收支统计**

单位：万美元

| 项目名称 | 2009年 | | 2008年 | |
|---|---|---|---|---|
| | 余额 | 比年初 | 余额 | 比年初 |
| 一、各项存款 | 94 028 | -42 081 | 136 109 | -10 668 |
| 1. 单位活期存款 | 23 721 | 12 220 | 11 502 | -2 733 |
| 其中：中资存款 | 15 318 | 12 201 | 3 116 | -533 |
| 外商投资企业存款 | 5 928 | 1 707 | 4 222 | -498 |
| 2. 单位定期存款 | 47 212 | -57 115 | 104 327 | -2 193 |
| 其中：中资企业存款 | 43 895 | -55 115 | 99 010 | -2 193 |
| 外商投资企业存款 | | | | |
| 3. 储蓄存款 | 17 370 | 1 873 | 15 496 | -9 226 |
| 其中：定期存款 | 13 301 | 1 987 | 11 314 | -6 169 |
| 4. 其他存款 | 5 726 | 941 | 4 784 | 3 484 |
| 5. 境外存款 | | | | |
| 二、境内中长期筹资 | | | | |
| 三、卖出回购资产 | | | | |
| 四、境外筹资 | | | | |
| 五、向中央银行借款 | | | | |
| 六、中央银行存款 | | | | |
| 七、应付及暂收款 | 700 | -1 248 | 1 948 | -223 |
| 其中：应付及预提利息 | 493 | -1 441 | 1 934 | -204 |
| 八、同业存放 | 399 109 | 383 708 | 15 401 | 5 340 |
| （1）境内同业存放 | 399 109 | 383 708 | 15 401 | 5 340 |
| （2）境外同业存放 | | | | |
| 九、同业拆入 | | | | |
| （1）境内同业拆入 | | | | |
| （2）境外同业拆入 | | | | |
| 十、委托基金存款（净） | | | | |
| 十一、外汇买卖 | 0 | -3 | 3 | -15 |
| 其中：结售汇 | 0 | -2 | 2 | -15 |
| 十二、境内联行存放 | | | | |
| 十三、境外联行存放 | | | | |
| 十四、各项准备 | | | | |
| 其中：贷款损失准备 | | | | |
| 十五、所有者权益 | -169 | 2 683 | -2 852 | -3 424 |
| 其中：实收资本 | | | | |
| 十六、其他 | 54 | 51 | 2 | -278 |
| 资金来源总计 | 493 722 | 343 111 | 150 611 | -9 266 |

续表

| 项目名称 | 2009 年 | | 2008 年 | |
|---|---|---|---|---|
| | 余额 | 比年初 | 余额 | 比年初 |
| 一、各项贷款 | | | | |
| 1. 短期贷款 | | | | |
| （1）境内短期贷款 | | | | |
| 其中：中资企业贷款 | | | | |
| 外商投资企业贷款 | | | | |
| （2）境外短期贷款 | | | | |
| 2. 中长期贷款 | | | | |
| （1）境内中长期贷款 | | | | |
| 其中：中资企业贷款 | | | | |
| 外商投资企业贷款 | | | | |
| （2）境外中长期贷款 | | | | |
| 3. 进出口贸易融资 | | | | |
| 4. 票据融资 | | | | |
| 其中：贴现 | | | | |
| 5. 各项垫款 | | | | |
| 6. 境外筹资转贷款 | | | | |
| 二、投资 | | | | |
| 1. 购买有价证券 | | | | |
| 其中：购买境外有价证券 | | | | |
| 2. 其他投资 | | | | |
| 其中：投资境外 | | | | |
| 三、应收及预付款 | 372 | -57 | 429 | -773 |
| 其中：应收及预付利息 | 367 | -59 | 426 | -767 |
| 四、买入返售资产 | | | | |
| 五、存放中央银行 | | | | |
| 其中：缴存准备金 | | | | |
| 六、存放同业 | 62 951 | 59 297 | 3 654 | -8 537 |
| （1）存放境内同业 | 62 951 | 59 297 | 3 654 | -8 537 |
| （2）存放境外同业 | | | | |
| 七、拆放同业 | | | | |
| （1）拆放境内同业 | | | | |
| （2）拆放境外同业 | | | | |
| 八、存放境内联行 | 429 473 | 284 072 | 145 401 | 344 |
| 九、存放境外联行 | | | | |
| 十、库存现金 | 926 | -201 | 1 127 | -300 |
| 资金运用总计 | 493 722 | 343 111 | 150 611 | -9 266 |

**表 3.48　渤海银行北京分行外汇信贷收支统计**

单位：万美元

| 项目名称 | 2009 年 | | 2008 年 | |
|---|---|---|---|---|
| | 余额 | 比年初 | 余额 | 比年初 |
| 一、各项存款 | 141 | 104 | 37 | 29 |
| 1. 单位活期存款 | 4 | -2 | 6 | 6 |
| 其中：中资存款 | 4 | -2 | 6 | 6 |
| 外商投资企业存款 | | | | |
| 2. 单位定期存款 | 10 | 10 | | |
| 其中：中资企业存款 | 10 | 10 | | |
| 外商投资企业存款 | | | | |
| 3. 储蓄存款 | 48 | 17 | 31 | 23 |
| 其中：定期存款 | 33 | 19 | 14 | 13 |
| 4. 其他存款 | 79 | 79 | | |
| 5. 境外存款 | | | | |
| 二、境内中长期筹资 | | | | |
| 三、卖出回购资产 | | | | |
| 四、境外筹资 | | | | |
| 五、向中央银行借款 | | | | |
| 六、中央银行存款 | | | | |
| 七、应付及暂收款 | 28 | 28 | | |
| 其中：应付及预提利息 | 28 | 28 | | |
| 八、同业存放 | 10 000 | 10 000 | | |
| （1）境内同业存放 | 10 000 | 10 000 | | |
| （2）境外同业存放 | | | | |
| 九、同业拆入 | | | | |
| （1）境内同业拆入 | | | | |
| （2）境外同业拆入 | | | | |
| 十、委托基金存款（净） | | | | |
| 十一、外汇买卖 | | | | |
| 其中：结售汇 | | | | |
| 十二、境内联行存放 | | -203 | 203 | 201 |
| 十三、境外联行存放 | | | | |
| 十四、各项准备 | | | | |
| 其中：贷款损失准备 | | | | |
| 十五、所有者权益 | 2 | 205 | -203 | -203 |
| 其中：实收资本 | | | | |
| 十六、其他 | | | | |
| 资金来源总计 | 10 171 | 10 134 | 37 | 27 |

续表

| 项目名称 | 2009年 | | 2008年 | |
|---|---|---|---|---|
| | 余额 | 比年初 | 余额 | 比年初 |
| 一、各项贷款 | | | | |
| 1. 短期贷款 | | | | |
| （1）境内短期贷款 | | | | |
| 其中：中资企业贷款 | | | | |
| 外商投资企业贷款 | | | | |
| （2）境外短期贷款 | | | | |
| 2. 中长期贷款 | | | | |
| （1）境内中长期贷款 | | | | |
| 其中：中资企业贷款 | | | | |
| 外商投资企业贷款 | | | | |
| （2）境外中长期贷款 | | | | |
| 3. 进出口贸易融资 | | | | |
| 4. 票据融资 | | | | |
| 其中：贴现 | | | | |
| 5. 各项垫款 | | | | |
| 6. 境外筹资转贷款 | | | | |
| 二、投资 | | | | |
| 1. 购买有价证券 | | | | |
| 其中：购买境外有价证券 | | | | |
| 2. 其他投资 | | | | |
| 其中：投资境外 | | | | |
| 三、应收及预付款 | | | | |
| 其中：应收及预付利息 | | | | |
| 四、买入返售资产 | | | | |
| 五、存放中央银行 | | -16 | 16 | 11 |
| 其中：缴存准备金 | | | | |
| 六、存放同业 | 29 | 16 | 13 | 13 |
| （1）存放境内同业 | 29 | 16 | 13 | 13 |
| （2）存放境外同业 | | | | |
| 七、拆放同业 | | | | |
| （1）拆放境内同业 | | | | |
| （2）拆放境外同业 | | | | |
| 八、存放境内联行 | 10 120 | 10 120 | | |
| 九、存放境外联行 | | | | |
| 十、库存现金 | 22 | 14 | 8 | 3 |
| 资金运用总计 | 10 171 | 10 134 | 37 | 27 |

**表 3.49　北京银行外汇信贷收支统计（全国）**

单位：万美元

| 项目名称 | 2009 年 | | 2008 年 | |
|---|---|---|---|---|
| | 余额 | 比年初 | 余额 | 比年初 |
| 一、各项存款 | 89 274 | 42 754 | 46 520 | -27 158 |
| 1. 单位活期存款 | 22 573 | 7 206 | 15 367 | -1 236 |
| 其中：中资存款 | 10 803 | 3 564 | 7 239 | 2 950 |
| 外商投资企业存款 | 10 023 | 3 563 | 6 460 | -841 |
| 2. 单位定期存款 | 45 050 | 32 759 | 12 291 | -27 937 |
| 其中：中资企业存款 | 25 197 | 24 893 | 304 | -25 883 |
| 外商投资企业存款 | 19 853 | 14 130 | 5 723 | 3 075 |
| 3. 储蓄存款 | 19 039 | 3 464 | 15 575 | -94 |
| 其中：定期存款 | 14 847 | 3 839 | 11 008 | 5 635 |
| 4. 其他存款 | 2 612 | -675 | 3 287 | 2 141 |
| 5. 境外存款 | | | | -32 |
| 二、境内中长期筹资 | | | | |
| 三、卖出回购资产 | | | | |
| 四、境外筹资 | | | | |
| 五、向中央银行借款 | | | | |
| 六、中央银行存款 | | | | |
| 七、应付及暂收款 | 2 423 | -164 | 2 587 | -3 320 |
| 其中：应付及预提利息 | 769 | -699 | 1 468 | 433 |
| 八、同业存放 | 42 147 | -26 776 | 68 923 | 20 008 |
| （1）境内同业存放 | 42 147 | -26 776 | 68 923 | 20 008 |
| （2）境外同业存放 | | | | |
| 九、同业拆入 | 9 042 | 6 072 | 2 970 | -31 632 |
| （1）境内同业拆入 | 9 042 | 6 072 | 2 970 | -30 532 |
| （2）境外同业拆入 | | | | -1 100 |
| 十、委托基金存款（净） | 57 | -39 | 96 | -4 743 |
| 十一、外汇买卖 | 14 036 | 12 957 | 1 079 | 4 187 |
| 其中：结售汇 | 13 980 | 12 948 | 1 032 | 4 167 |
| 十二、境内联行存放 | | -863 | 863 | 863 |
| 十三、境外联行存放 | | | | |
| 十四、各项准备 | 2 537 | 428 | 2 109 | 574 |
| 其中：贷款损失准备 | 2 537 | 428 | 2 109 | 574 |
| 十五、所有者权益 | 51 | -113 | 164 | -20 |
| 其中：实收资本 | | | | |
| 十六、其他 | 14 748 | 2 466 | 12 282 | 5 000 |
| 资金来源总计 | 174 315 | 36 722 | 137 593 | -36 241 |

续表

| 项目名称 | 2009年 | | 2008年 | |
|---|---|---|---|---|
| | 余额 | 比年初 | 余额 | 比年初 |
| 一、各项贷款 | 85 236 | 41 751 | 43 485 | -20 987 |
| 1. 短期贷款 | 41 599 | 32 880 | 8 719 | -10 724 |
| （1）境内短期贷款 | 41 599 | 32 880 | 8 719 | -10 724 |
| 其中：中资企业贷款 | 37 183 | 28 464 | 8 719 | -3 742 |
| 外商投资企业贷款 | 4 416 | 4 416 | | -6 982 |
| （2）境外短期贷款 | | | | |
| 2. 中长期贷款 | 30 725 | 5 761 | 24 964 | -2 307 |
| （1）境内中长期贷款 | 30 725 | 5 761 | 24 964 | -2 307 |
| 其中：中资企业贷款 | 10 404 | -881 | 11 285 | 9 321 |
| 外商投资企业贷款 | 5 326 | 723 | 4 603 | -5 257 |
| （2）境外中长期贷款 | | | | |
| 3. 进出口贸易融资 | 12 470 | 3 100 | 9 370 | -7 356 |
| 4. 票据融资 | 24 | 7 | 17 | -604 |
| 其中：贴现 | | | | |
| 5. 各项垫款 | 418 | 3 | 415 | 4 |
| 6. 境外筹资转贷款 | | | | |
| 二、投资 | 52 664 | 18 317 | 34 347 | -1 686 |
| 1. 购买有价证券 | 52 649 | 18 302 | 34 347 | -1 686 |
| 其中：购买境外有价证券 | 4 149 | -698 | 4 847 | 1 514 |
| 2. 其他投资 | 15 | 15 | | |
| 其中：投资境外 | | | | |
| 三、应收及预付款 | 230 | -334 | 564 | -570 |
| 其中：应收及预付利息 | 230 | -334 | 564 | -570 |
| 四、买入返售资产 | | | | |
| 五、存放中央银行 | 4 943 | 2 561 | 2 382 | -2 118 |
| 其中：缴存准备金 | 4 943 | 2 561 | 2 382 | -2 118 |
| 六、存放同业 | 10 227 | -41 941 | 52 168 | 44 051 |
| （1）存放境内同业 | 3 816 | -21 082 | 24 898 | 20 911 |
| （2）存放境外同业 | 6 411 | -20 859 | 27 270 | 23 140 |
| 七、拆放同业 | 17 363 | 14 711 | 2 652 | -51 287 |
| （1）拆放境内同业 | 11 363 | 9 063 | 2 300 | -41 388 |
| （2）拆放境外同业 | 6 000 | 5 648 | 352 | -9 899 |
| 八、存放境内联行 | 1 885 | 1 885 | | -1 843 |
| 九、存放境外联行 | | | | |
| 十、库存现金 | 1 767 | -228 | 1 995 | -1 801 |
| 资金运用总计 | 174 315 | 36 722 | 137 593 | -36 241 |

**表 3.50 北京银行外汇信贷收支统计（北京）**

单位：万美元

| 项目名称 | 2009 年 | | 2008 年 | |
|---|---|---|---|---|
| | 余额 | 比年初 | 余额 | 比年初 |
| 一、各项存款 | 71 386 | 32 484 | 38 902 | -31 339 |
| 1. 单位活期存款 | 19 403 | 5 201 | 14 202 | 1 008 |
| 其中：中资存款 | 7 879 | 1 759 | 6 120 | 1 831 |
| 外商投资企业存款 | 9 777 | 3 360 | 6 417 | -882 |
| 2. 单位定期存款 | 31 450 | 25 423 | 6 027 | -34 201 |
| 其中：中资企业存款 | 11 597 | 11 293 | 304 | -25 883 |
| 外商投资企业存款 | 19 853 | 14 130 | 5 723 | 3 075 |
| 3. 储蓄存款 | 18 092 | 2 668 | 15 424 | -217 |
| 其中：定期存款 | 14 207 | 3 326 | 10 881 | 5 510 |
| 4. 其他存款 | 2 441 | -808 | 3 249 | 2 103 |
| 5. 境外存款 | | | | -32 |
| 二、境内中长期筹资 | | | | |
| 三、卖出回购资产 | | | | |
| 四、境外筹资 | | | | |
| 五、向中央银行借款 | | | | |
| 六、中央银行存款 | | | | |
| 七、应付及暂收款 | 2 302 | -232 | 2 534 | -3 348 |
| 其中：应付及预提利息 | 648 | -767 | 1 415 | 405 |
| 八、同业存放 | 36 642 | -32 281 | 68 923 | 22 672 |
| （1）境内同业存放 | 36 642 | -32 281 | 68 923 | 22 672 |
| （2）境外同业存放 | | | | |
| 九、同业拆入 | 9 042 | 6 072 | 2 970 | -31 632 |
| （1）境内同业拆入 | 9 042 | 6 072 | 2 970 | -30 532 |
| （2）境外同业拆入 | | | | -1 100 |
| 十、委托基金存款（净） | 57 | -39 | 96 | -4 736 |
| 十一、外汇买卖 | 13 919 | 12 975 | 944 | 4 094 |
| 其中：结售汇 | 13 863 | 12 966 | 897 | 4 074 |
| 十二、境内联行存放 | | -5 634 | 5 634 | 1 108 |
| 十三、境外联行存放 | | | | |
| 十四、各项准备 | 2 140 | 121 | 2 019 | 484 |
| 其中：贷款损失准备 | 2 140 | 121 | 2 019 | 484 |
| 十五、所有者权益 | 51 | -113 | 164 | -20 |
| 其中：实收资本 | | | | |
| 十六、其他 | 12 248 | 2 466 | 9 782 | 3 000 |
| 资金来源总计 | 147 787 | 15 819 | 131 968 | -39 717 |

续表

| 项目名称 | 2009 年 | | 2008 年 | |
|---|---|---|---|---|
| | 余额 | 比年初 | 余额 | 比年初 |
| 一、各项贷款 | 57 561 | 18 692 | 38 869 | -25 521 |
| 1. 短期贷款 | 16 147 | 9 594 | 6 553 | -12 808 |
| （1）境内短期贷款 | 16 147 | 9 594 | 6 553 | -12 808 |
| 其中：中资企业贷款 | 16 029 | 9 476 | 6 553 | -5 908 |
| 外商投资企业贷款 | 118 | 118 | | -6 900 |
| （2）境外短期贷款 | | | | |
| 2. 中长期贷款 | 30 725 | 5 761 | 24 964 | -2 307 |
| （1）境内中长期贷款 | 30 725 | 5 761 | 24 964 | -2 307 |
| 其中：中资企业贷款 | 10 404 | -881 | 11 285 | 9 321 |
| 外商投资企业贷款 | 5 326 | 723 | 4 603 | -5 257 |
| （2）境外中长期贷款 | | | | |
| 3. 进出口贸易融资 | 10 247 | 3 327 | 6 920 | -9 806 |
| 4. 票据融资 | 24 | 7 | 17 | -604 |
| 其中：贴现 | | | | |
| 5. 各项垫款 | 418 | 3 | 415 | 4 |
| 6. 境外筹资转贷款 | | | | |
| 二、投资 | 52 664 | 18 317 | 34 347 | -1 686 |
| 1. 购买有价证券 | 52 649 | 18 302 | 34 347 | -1 686 |
| 其中：购买境外有价证券 | 4 149 | -698 | 4 847 | 1 514 |
| 2. 其他投资 | 15 | 15 | | |
| 其中：投资境外 | | | | |
| 三、应收及预付款 | 173 | -375 | 548 | -561 |
| 其中：应收及预付利息 | 173 | -375 | 548 | -561 |
| 四、买入返售资产 | | | | |
| 五、存放中央银行 | 4 597 | 2 515 | 2 082 | -2 337 |
| 其中：缴存准备金 | 4 597 | 2 515 | 2 082 | -2 337 |
| 六、存放同业 | 8 942 | -42 581 | 51 523 | 43 506 |
| （1）存放境内同业 | 2 531 | -21 722 | 24 253 | 20 366 |
| （2）存放境外同业 | 6 411 | -20 859 | 27 270 | 23 140 |
| 七、拆放同业 | 17 363 | 14 711 | 2 652 | -51 287 |
| （1）拆放境内同业 | 11 363 | 9 063 | 2 300 | -41 388 |
| （2）拆放境外同业 | 6 000 | 5 648 | 352 | -9 899 |
| 八、存放境内联行 | 4 856 | 4 856 | | |
| 九、存放境外联行 | | | | |
| 十、库存现金 | 1 631 | -316 | 1 947 | -1 831 |
| 资金运用总计 | 147 787 | 15 819 | 131 968 | -39 717 |

**表 3.51　天津银行北京分行外汇信贷收支统计**

单位：万美元

| 项目名称 | 2009 年 | | 2008 年 | |
|---|---|---|---|---|
| | 余额 | 比年初 | 余额 | 比年初 |
| 一、各项存款 | 15 | 14 | 1 | 1 |
| 1. 单位活期存款 | 7 | 6 | 1 | 1 |
| 其中：中资存款 | | | | |
| 外商投资企业存款 | | | | |
| 2. 单位定期存款 | | | | |
| 其中：中资企业存款 | | | | |
| 外商投资企业存款 | | | | |
| 3. 储蓄存款 | 8 | 8 | | |
| 其中：定期存款 | 8 | 8 | | |
| 4. 其他存款 | | | | |
| 5. 境外存款 | | | | |
| 二、境内中长期筹资 | | | | |
| 三、卖出回购资产 | | | | |
| 四、境外筹资 | | | | |
| 五、向中央银行借款 | | | | |
| 六、中央银行存款 | | | | |
| 七、应付及暂收款 | | | | |
| 其中：应付及预提利息 | | | | |
| 八、同业存放 | | | | |
| （1）境内同业存放 | | | | |
| （2）境外同业存放 | | | | |
| 九、同业拆入 | | | | |
| （1）境内同业拆入 | | | | |
| （2）境外同业拆入 | | | | |
| 十、委托基金存款（净） | | | | |
| 十一、外汇买卖 | | | | |
| 其中：结售汇 | | | | |
| 十二、境内联行存放 | | -730 | 730 | 730 |
| 十三、境外联行存放 | | | | |
| 十四、各项准备 | | | | |
| 其中：贷款损失准备 | | | | |
| 十五、所有者权益 | -2 | -12 | 10 | 10 |
| 其中：实收资本 | | | | |
| 十六、其他 | 52 | 2 | 50 | 50 |
| 资金来源总计 | 65 | -726 | 791 | 791 |

续表

| 项目名称 | 2009 年 | | 2008 年 | |
|---|---|---|---|---|
| | 余额 | 比年初 | 余额 | 比年初 |
| 一、各项贷款 | | -730 | 730 | 730 |
| 1. 短期贷款 | | -730 | 730 | 730 |
| （1）境内短期贷款 | | -730 | 730 | 730 |
| 其中：中资企业贷款 | | | | |
| 外商投资企业贷款 | | | | |
| （2）境外短期贷款 | | | | |
| 2. 中长期贷款 | | | | |
| （1）境内中长期贷款 | | | | |
| 其中：中资企业贷款 | | | | |
| 外商投资企业贷款 | | | | |
| （2）境外中长期贷款 | | | | |
| 3. 进出口贸易融资 | | | | |
| 4. 票据融资 | | | | |
| 其中：贴现 | | | | |
| 5. 各项垫款 | | | | |
| 6. 境外筹资转贷款 | | | | |
| 二、投资 | | | | |
| 1. 购买有价证券 | | | | |
| 其中：购买境外有价证券 | | | | |
| 2. 其他投资 | | | | |
| 其中：投资境外 | | | | |
| 三、应收及预付款 | | | | |
| 其中：应收及预付利息 | | | | |
| 四、买入返售资产 | | | | |
| 五、存放中央银行 | | -10 | 10 | 10 |
| 其中：缴存准备金 | | | | |
| 六、存放同业 | 23 | -20 | 43 | 43 |
| （1）存放境内同业 | 23 | -20 | 43 | 43 |
| （2）存放境外同业 | | | | |
| 七、拆放同业 | | | | |
| （1）拆放境内同业 | | | | |
| （2）拆放境外同业 | | | | |
| 八、存放境内联行 | 34 | 34 | | |
| 九、存放境外联行 | | | | |
| 十、库存现金 | 8 | | 8 | 8 |
| 资金运用总计 | 65 | -726 | 791 | 791 |

**表 3.52　大连银行北京分行外汇信贷收支统计**

单位：万美元

| 项目名称 | 2009 年 | | 2008 年 | |
|---|---|---|---|---|
| | 余额 | 比年初 | 余额 | 比年初 |
| 一、各项存款 | 42 | 34 | 8 | 8 |
| 1. 单位活期存款 | | | | |
| 其中：中资存款 | | | | |
| 外商投资企业存款 | | | | |
| 2. 单位定期存款 | | | | |
| 其中：中资企业存款 | | | | |
| 外商投资企业存款 | | | | |
| 3. 储蓄存款 | 38 | 30 | 8 | 8 |
| 其中：定期存款 | 9 | 4 | 5 | 5 |
| 4. 其他存款 | 4 | 4 | | |
| 5. 境外存款 | | | | |
| 二、境内中长期筹资 | | | | |
| 三、卖出回购资产 | | | | |
| 四、境外筹资 | | | | |
| 五、向中央银行借款 | | | | |
| 六、中央银行存款 | | | | |
| 七、应付及暂收款 | | | | |
| 其中：应付及预提利息 | | | | |
| 八、同业存放 | | | | |
| （1）境内同业存放 | | | | |
| （2）境外同业存放 | | | | |
| 九、同业拆入 | | | | |
| （1）境内同业拆入 | | | | |
| （2）境外同业拆入 | | | | |
| 十、委托基金存款（净） | | | | |
| 十一、外汇买卖 | | | | |
| 其中：结售汇 | | | | |
| 十二、境内联行存放 | | | | |
| 十三、境外联行存放 | | | | |
| 十四、各项准备 | | | | |
| 其中：贷款损失准备 | | | | |
| 十五、所有者权益 | | | | |
| 其中：实收资本 | | | | |
| 十六、其他 | 4 | -38 | 42 | 42 |
| 资金来源总计 | 46 | -4 | 50 | 50 |

续表

| 项目名称 | 2009 年 | | 2008 年 | |
|---|---|---|---|---|
| | 余额 | 比年初 | 余额 | 比年初 |
| 一、各项贷款 | | | | |
| 1. 短期贷款 | | | | |
| （1）境内短期贷款 | | | | |
| 其中：中资企业贷款 | | | | |
| 外商投资企业贷款 | | | | |
| （2）境外短期贷款 | | | | |
| 2. 中长期贷款 | | | | |
| （1）境内中长期贷款 | | | | |
| 其中：中资企业贷款 | | | | |
| 外商投资企业贷款 | | | | |
| （2）境外中长期贷款 | | | | |
| 3. 进出口贸易融资 | | | | |
| 4. 票据融资 | | | | |
| 其中：贴现 | | | | |
| 5. 各项垫款 | | | | |
| 6. 境外筹资转贷款 | | | | |
| 二、投资 | | | | |
| 1. 购买有价证券 | | | | |
| 其中：购买境外有价证券 | | | | |
| 2. 其他投资 | | | | |
| 其中：投资境外 | | | | |
| 三、应收及预付款 | | | | |
| 其中：应收及预付利息 | | | | |
| 四、买入返售资产 | | | | |
| 五、存放中央银行 | | -43 | 43 | 43 |
| 其中：缴存准备金 | | -43 | 43 | 43 |
| 六、存放同业 | 12 | 9 | 3 | 3 |
| （1）存放境内同业 | 12 | 9 | 3 | 3 |
| （2）存放境外同业 | | | | |
| 七、拆放同业 | | | | |
| （1）拆放境内同业 | | | | |
| （2）拆放境外同业 | | | | |
| 八、存放境内联行 | | | | |
| 九、存放境外联行 | | | | |
| 十、库存现金 | 34 | 30 | 4 | 4 |
| 资金运用总计 | 46 | -4 | 50 | 50 |

**表 3.53　杭州银行北京分行外汇信贷收支统计**

单位：万美元

| 项目名称 | 2009 年 | | 2008 年 | |
|---|---|---|---|---|
| | 余额 | 比年初 | 余额 | 比年初 |
| 一、各项存款 | 127 | 109 | 18 | 18 |
| 1. 单位活期存款 | 80 | 80 | | |
| 其中：中资存款 | 80 | 80 | | |
| 外商投资企业存款 | | | | |
| 2. 单位定期存款 | | | | |
| 其中：中资企业存款 | | | | |
| 外商投资企业存款 | | | | |
| 3. 储蓄存款 | 47 | 29 | 18 | 18 |
| 其中：定期存款 | 47 | 47 | | |
| 4. 其他存款 | | | | |
| 5. 境外存款 | | | | |
| 二、境内中长期筹资 | | | | |
| 三、卖出回购资产 | | | | |
| 四、境外筹资 | | | | |
| 五、向中央银行借款 | | | | |
| 六、中央银行存款 | | | | |
| 七、应付及暂收款 | 1 | 1 | | |
| 其中：应付及预提利息 | 1 | 1 | | |
| 八、同业存放 | | | | |
| （1）境内同业存放 | | | | |
| （2）境外同业存放 | | | | |
| 九、同业拆入 | | | | |
| （1）境内同业拆入 | | | | |
| （2）境外同业拆入 | | | | |
| 十、委托基金存款（净） | | | | |
| 十一、外汇买卖 | | | | |
| 其中：结售汇 | | | | |
| 十二、境内联行存放 | 429 | 429 | | |
| 十三、境外联行存放 | | | | |
| 十四、各项准备 | | | | |
| 其中：贷款损失准备 | | | | |
| 十五、所有者权益 | | | | |
| 其中：实收资本 | | | | |
| 十六、其他 | | | | |
| 资金来源总计 | 557 | 539 | 18 | 18 |

续表

| 项目名称 | 2009年 | | 2008年 | |
|---|---|---|---|---|
| | 余额 | 比年初 | 余额 | 比年初 |
| 一、各项贷款 | 544 | 544 | | |
| 1. 短期贷款 | | | | |
| （1）境内短期贷款 | | | | |
| 其中：中资企业贷款 | | | | |
| 外商投资企业贷款 | | | | |
| （2）境外短期贷款 | | | | |
| 2. 中长期贷款 | | | | |
| （1）境内中长期贷款 | | | | |
| 其中：中资企业贷款 | | | | |
| 外商投资企业贷款 | | | | |
| （2）境外中长期贷款 | | | | |
| 3. 进出口贸易融资 | 544 | 544 | | |
| 4. 票据融资 | | | | |
| 其中：贴现 | | | | |
| 5. 各项垫款 | | | | |
| 6. 境外筹资转贷款 | | | | |
| 二、投资 | | | | |
| 1. 购买有价证券 | | | | |
| 其中：购买境外有价证券 | | | | |
| 2. 其他投资 | | | | |
| 其中：投资境外 | | | | |
| 三、应收及预付款 | | | | |
| 其中：应收及预付利息 | | | | |
| 四、买入返售资产 | | | | |
| 五、存放中央银行 | | | | |
| 其中：缴存准备金 | | | | |
| 六、存放同业 | 12 | -6 | 18 | 18 |
| （1）存放境内同业 | 12 | -6 | 18 | 18 |
| （2）存放境外同业 | | | | |
| 七、拆放同业 | | | | |
| （1）拆放境内同业 | | | | |
| （2）拆放境外同业 | | | | |
| 八、存放境内联行 | | | | |
| 九、存放境外联行 | | | | |
| 十、库存现金 | 1 | 1 | | |
| 资金运用总计 | 557 | 539 | 18 | 18 |

**表3.54　北京农村商业银行外汇信贷收支统计**

单位：万美元

| 项目名称 | 2009年 | | 2008年 | |
|---|---|---|---|---|
| | 余额 | 比年初 | 余额 | 比年初 |
| 一、各项存款 | 418 | 85 | 333 | 52 |
| 1. 单位活期存款 | 247 | 26 | 220 | -61 |
| 其中：中资存款 | 100 | -121 | 220 | -61 |
| 外商投资企业存款 | 147 | 147 | | |
| 2. 单位定期存款 | | -1 | 1 | 1 |
| 其中：中资企业存款 | | | | |
| 外商投资企业存款 | | | | |
| 3. 储蓄存款 | 76 | -37 | 112 | 112 |
| 其中：定期存款 | 19 | 5 | 14 | 14 |
| 4. 其他存款 | 96 | 96 | | |
| 5. 境外存款 | 0 | 0 | 0 | 0 |
| 二、境内中长期筹资 | | | | |
| 三、卖出回购资产 | | | | |
| 四、境外筹资 | | | | |
| 五、向中央银行借款 | | | | |
| 六、中央银行存款 | | | | |
| 七、应付及暂收款 | 81 | -263 | 343 | 332 |
| 其中：应付及预提利息 | 0 | 0 | | |
| 八、同业存放 | | | | |
| （1）境内同业存放 | | | | |
| （2）境外同业存放 | | | | |
| 九、同业拆入 | | | | |
| （1）境内同业拆入 | | | | |
| （2）境外同业拆入 | | | | |
| 十、委托基金存款（净） | | | | |
| 十一、外汇买卖 | | | | |
| 其中：结售汇 | | | | |
| 十二、境内联行存放 | 149 | 149 | 0 | 0 |
| 十三、境外联行存放 | | | | |
| 十四、各项准备 | | | | |
| 其中：贷款损失准备 | | | | |
| 十五、所有者权益 | 24 | -109 | 133 | 17 |
| 其中：实收资本 | | | | |
| 十六、其他 | 3 000 | | 3 000 | |
| 资金来源总计 | 3 671 | -138 | 3 809 | 401 |

续表

| 项目名称 | 2009年 | | 2008年 | |
|---|---|---|---|---|
| | 余额 | 比年初 | 余额 | 比年初 |
| 一、各项贷款 | 266 | 266 | | |
| 1. 短期贷款 | | | | |
| （1）境内短期贷款 | | | | |
| 其中：中资企业贷款 | | | | |
| 外商投资企业贷款 | | | | |
| （2）境外短期贷款 | | | | |
| 2. 中长期贷款 | | | | |
| （1）境内中长期贷款 | | | | |
| 其中：中资企业贷款 | | | | |
| 外商投资企业贷款 | | | | |
| （2）境外中长期贷款 | | | | |
| 3. 进出口贸易融资 | 266 | 266 | | |
| 4. 票据融资 | | | | |
| 其中：贴现 | | | | |
| 5. 各项垫款 | | | | |
| 6. 境外筹资转贷款 | | | | |
| 二、投资 | | | | |
| 1. 购买有价证券 | | | | |
| 其中：购买境外有价证券 | | | | |
| 2. 其他投资 | | | | |
| 其中：投资境外 | | | | |
| 三、应收及预付款 | | | | |
| 其中：应收及预付利息 | | | | |
| 四、买入返售资产 | | | | |
| 五、存放中央银行 | 13 | -694 | 706 | 693 |
| 其中：缴存准备金 | | -8 | 8 | 8 |
| 六、存放同业 | 1 977 | -1 112 | 3 090 | 2 995 |
| （1）存放境内同业 | 855 | -1 638 | 2 493 | 2 475 |
| （2）存放境外同业 | 1 122 | 526 | 597 | 520 |
| 七、拆放同业 | 1 400 | 1 400 | | -3 300 |
| （1）拆放境内同业 | 1 400 | 1 400 | | -3 300 |
| （2）拆放境外同业 | | | | |
| 八、存放境内联行 | | | | |
| 九、存放境外联行 | | | | |
| 十、库存现金 | 15 | 2 | 13 | 13 |
| 资金运用总计 | 3 671 | -138 | 3 809 | 401 |

表 3.55　中国邮政储蓄银行北京分行外汇信贷收支统计

单位：万美元

| 项目名称 | 2009 年 | | 2008 年 | |
|---|---|---|---|---|
| | 余额 | 比年初 | 余额 | 比年初 |
| 一、各项存款 | 757 | 204 | 553 | 272 |
| 1. 单位活期存款 | | | | |
| 其中：中资存款 | | | | |
| 外商投资企业存款 | | | | |
| 2. 单位定期存款 | | | | |
| 其中：中资企业存款 | | | | |
| 外商投资企业存款 | | | | |
| 3. 储蓄存款 | 757 | 204 | 553 | 272 |
| 其中：定期存款 | 562 | 150 | 412 | 156 |
| 4. 其他存款 | | | | |
| 5. 境外存款 | | | | |
| 二、境内中长期筹资 | | | | |
| 三、卖出回购资产 | | | | |
| 四、境外筹资 | | | | |
| 五、向中央银行借款 | | | | |
| 六、中央银行存款 | | | | |
| 七、应付及暂收款 | 4 | -3 | 7 | 3 |
| 其中：应付及预提利息 | 4 | -3 | 7 | 3 |
| 八、同业存放 | | | | |
| （1）境内同业存放 | | | | |
| （2）境外同业存放 | | | | |
| 九、同业拆入 | | | | |
| （1）境内同业拆入 | | | | |
| （2）境外同业拆入 | | | | |
| 十、委托基金存款（净） | | | | |
| 十一、外汇买卖 | | | | |
| 其中：结售汇 | | | | |
| 十二、境内联行存放 | | | | |
| 十三、境外联行存放 | | | | |
| 十四、各项准备 | | | | |
| 其中：贷款损失准备 | | | | |
| 十五、所有者权益 | | | | |
| 其中：实收资本 | | | | |
| 十六、其他 | 199 | 172 | 27 | -4 |
| 资金来源总计 | 960 | 373 | 587 | 271 |

续表

| 项目名称 | 2009年 | | 2008年 | |
|---|---|---|---|---|
| | 余额 | 比年初 | 余额 | 比年初 |
| 一、各项贷款 | | | | |
| 1. 短期贷款 | | | | |
| （1）境内短期贷款 | | | | |
| 其中：中资企业贷款 | | | | |
| 外商投资企业贷款 | | | | |
| （2）境外短期贷款 | | | | |
| 2. 中长期贷款 | | | | |
| （1）境内中长期贷款 | | | | |
| 其中：中资企业贷款 | | | | |
| 外商投资企业贷款 | | | | |
| （2）境外中长期贷款 | | | | |
| 3. 进出口贸易融资 | | | | |
| 4. 票据融资 | | | | |
| 其中：贴现 | | | | |
| 5. 各项垫款 | | | | |
| 6. 境外筹资转贷款 | | | | |
| 二、投资 | | | | |
| 1. 购买有价证券 | | | | |
| 其中：购买境外有价证券 | | | | |
| 2. 其他投资 | | | | |
| 其中：投资境外 | | | | |
| 三、应收及预付款 | | | 0 | 0 |
| 其中：应收及预付利息 | | | 0 | 0 |
| 四、买入返售资产 | | | | |
| 五、存放中央银行 | | | | |
| 其中：缴存准备金 | | | | |
| 六、存放同业 | 162 | -27 | 11 | 11 |
| （1）存放境内同业 | 162 | -27 | 11 | 11 |
| （2）存放境外同业 | | | | |
| 七、拆放同业 | | | | |
| （1）拆放境内同业 | | | | |
| （2）拆放境外同业 | | | | |
| 八、存放境内联行 | 279 | 373 | 184 | 184 |
| 九、存放境外联行 | | | | |
| 十、库存现金 | 145 | 27 | 77 | 77 |
| 资金运用总计 | 587 | 373 | 271 | 271 |

以上统计表制表单位：中国人民银行营业管理部调查统计处。

# （四）机构、人员统计

**表4.1　北京辖区内金融管理机构数量与从业人员数量统计**

2009年12月31日

单位：人/机构（个）

| 机构名称 | 机构数量 | 职工人数 |
|---|---|---|
| 中国人民银行营业管理部 | 1 | 579 |
| 北京银监局 | 1 | 205 |
| 北京证监局 | 1 | 88 |
| 北京保监局 | 1 | 59 |
| 北京市金融工作局 | 1 | 39 |
| 合计 | 5 | 970 |

注：表中数据由相关部门提供。制表单位：中国人民银行营业管理部。

**表4.2　北京辖区内银行及其他金融机构数量与从业人员数量统计**

2009年12月31日

单位：人/机构（个）

| 机构名称 | 机构数 | | | 从业人员数 | 营业员工数 |
|---|---|---|---|---|---|
| | 法人机构 | 分行级（含总行营业部、办事处、代表处） | 支行及支行以下营业网点 | | |
| 政策性银行合计 | | 5 | 12 | 749 | 470 |
| 国家开发银行 | | 2 | | 280 | 175 |
| 中国进出口银行 | | 1 | | 72 | 12 |
| 中国农业发展银行 | | 2 | 12 | 397 | 283 |
| 国有商业银行合计 | | 5 | 1 621 | 48 931 | 31 233 |
| 工商银行 | | 1 | 563 | 17 630 | 11 430 |
| 农业银行 | | 1 | 324 | 7 787 | 4 278 |
| 中国银行 | | 1 | 251 | 8 293 | 6 162 |
| 建设银行 | | 1 | 379 | 11 098 | 6 394 |
| 交通银行 | | 1 | 104 | 4 123 | 2 969 |
| 股份制商业银行合计 | | 11 | 340 | 14 474 | 9 876 |
| 中信银行 | | 1 | 39 | 1 644 | 959 |

续表

| 机构名称 | 机构数 | | | 从业人员数 | 营业员工数 |
|---|---|---|---|---|---|
| | 法人机构 | 分行级（含总行营业部、办事处、代表处） | 支行及支行以下营业网点 | | |
| 中国光大银行 | | 1 | 45 | 1 928 | 1 344 |
| 华夏银行 | | 1 | 42 | 1 660 | 1 276 |
| 广东发展银行 | | 1 | 28 | 1 046 | 396 |
| 深圳发展银行 | | 1 | 23 | 1 066 | 806 |
| 招商银行 | | 1 | 47 | 2 619 | 2 095 |
| 上海浦东发展银行 | | 1 | 33 | 1 203 | 920 |
| 兴业银行 | | 1 | 32 | 1 215 | 975 |
| 中国民生银行 | | 1 | 46 | 1 685 | 932 |
| 浙商银行 | | 1 | | 147 | 156 |
| 渤海银行 | | 1 | 5 | 261 | 17 |
| 城市商业银行 | 1 | 6 | 151 | 6 263 | 4 339 |
| 农村金融机构合计 | 4 | | 693 | 8 025 | 7 332 |
| 农村商业银行 | 1 | | 693 | 7 974 | 7 295 |
| 村镇银行 | 3 | | | 51 | 37 |
| 邮政储蓄银行 | | 1 | 519 | 2 730 | 1 610 |
| 外资银行 | 6 | 36 | 39 | 4 649 | 2 504 |
| 外资银行代表处 | | 79 | | 173 | |
| 外资非银行代表处 | | 19 | | 70 | |
| 资产管理公司 | | 4 | | 272 | |
| 非银行金融机构合计 | 32 | | | 2 201 | |
| 企业集团财务公司 | 23 | | | 1 015 | |
| 信托公司 | 3 | | | 221 | |
| 金融租赁公司 | 1 | | | 52 | |
| 汽车金融公司 | 5 | | | 913 | |
| 合　计 | 43 | 166 | 3 375 | 88 537 | 57 364 |

制表单位：北京银监局。

**表4.3　北京辖区内证券机构数量与从业人员数量统计**

2009年12月31日

单位：人/机构（个）

| 机构类别 | 机构数量 | 从业人员 | 投资者开户数（户） |
|---|---|---|---|
| 证券公司 | 17 | | |
| 证券分公司 | 17 | | |
| 证券公司营业部 | 206 | 7 229 | 4 300 000 |
| 基金管理公司 | 11 | | |
| 基金管理分公司 | 40 | | |
| 期货经纪公司 | 19 | 4 000 | |
| 期货公司营业部 | 57 | 2 500 | 94 451 |
| 投资咨询机构 | 18 | | |
| 上市公司 | 126 | | |
| 外资代表处 | 58 | | |
| 合计 | 569 | 13 729 | 4 394 451 |

制表单位：北京证监局。

**表4.4　北京辖区内保险机构数量与从业人员数量统计**

2009年12月31日

单位：人/机构（个）

| | 总公司 | 分公司 | 支公司 | 营业部 | 营销服务部 | 公司职工 | 保险营销员 |
|---|---|---|---|---|---|---|---|
| 中资产险公司 | 1 | 26 | 106 | 35 | 87 | | |
| 中资寿险公司 | 3 | 24 | 60 | 7 | 255 | | |
| 外资产险公司 | 2 | 5 | | | | | |
| 外资寿险公司 | 5 | 14 | | | 39 | | |
| 外资再保险公司 | | 3 | | | | | |
| 政策性保险公司 | | | | 1 | | | |
| 合　计 | 11 | 72 | 166 | 43 | 381 | | |
| 中介法人机构 | | | | | | | |
| 其中：代理公司 | 144 | 77 | | | | 6 867 | |
| 经纪公司 | 138 | 32 | | | | 4 252 | |
| 公估公司 | 34 | 6 | | | | 827 | |
| 总　计 | 316 | 115 | | | | 11 946 | 66 698 |

制表单位：北京保监局。

# 九、大 事 记

## 1月

**1月1日**　北京地区保险机构开始全面代收代缴个人机动车车船税。北京地区在全国首次采用保险机构代收系统通过车险信息平台与地税部门征收系统完全对接的三方数据实时交互模式，使投保信息与车辆纳免税信息得以实时交互，保证了税款计算的准确唯一，并实现了“见费见税出单”，保证了税款的安全。

邮政储蓄银行北京分行全面启动“金融服务年”活动，全力提升服务水平。95580电话银行正式运行，客户可通过电话银行缴纳北京移动、联通、北京电信电话费和自来水公司水费。

**1月10日**　北京银行郊区管理部在顺义成立，这是北京银行业中首家设置的郊区管理部。郊区管理部将对北京银行在北京各远郊区县的支行实施综合管理，推出支持北京新农村建设，支持京郊农业产业发展的更多具体举措。

**1月19日**　北京市金融办、财政局、国税局、地税局、工商局联合发布《关于促进股权投资基金业发展的意见》。该意见共19条，主要可概括为税收政策、财政支持政策、综合配套服务及行业自律建设四方面的内容。

**1月21日**　北京农村商业银行与西城区工商业联合会什刹海商会签订《什刹海商圈金融服务全面合作协议》，并启动首批2亿元贷款授信全力支持什刹海商圈中小企业的发展，并向商会捐赠了该行自主研发的电子机具金凤凰自助商务银行。

**1月22日**　利保保险有限公司北京分公司获准开业。向北京市场提供包括汽车险在内的个人险产品以及侧重于中小型企业的商业险产品。

**2月5日**　建设银行北京市分行与北京市国土资源局土地整理储备中心签署战略合作协议。未来两年内，建设银行北京市分行将给予北京市国土资源局土地管理储备中心50亿元意向性授信额度，用于北京市土地储备开发，支持房地产市场平稳健康发展。

**2月10日**　友利银行（中国）有限公司北京顺义支行开业，这是在京外资法人银行首个落户农村的营业网点。

**2月17日**　北京保监局和北京保险行业协会首次公布了在京经营交强险和商业车险业务的23家保险公司2008年平均结案周期和结案率。大地财产保险北京分公司在此次测评公布中，结案率为87.61%，居全行业第一名；结案周期为31.3天，在行业内名列前茅。

**2月26日**　中国邮政储蓄银行开通汇往台湾的邮政电子汇款业务，实现两岸双向邮电通汇。两岸邮政电子汇款业务以美元结算，有邮政汇款、西联汇款、银邮国际汇款三种汇款方式；汇出限额为现钞日累计（或单笔）10 000美元（含），现汇日累计（或单笔）50 000美元（含）。邮政储蓄银行北京分行现有100多个网点受理向台湾邮政汇出款业务，300多个网点受理台湾邮政汇入汇款业务；汇款达到时限一般为1至2个工作日。

**2月27日**　北京市金融工作会议召开。会议由市委常委、常务副市长吉林主持。市政府秘书长黎晓宏作北京市金融工作报告。2009年北京市金融工作的主要任务是：进一步加大金融促进投资和贸易增长力度；进一步提高金融促进消费和服务社会民生的水平；进一步加大金融强农惠农力度，发展农村金融；进一步发展科技金融，推进科技和金融结合发展；进一步发展产业金融，以金融手段支持重点产业发展，发展绿色金融；加快股权投资基金业发展；进一步构建和发展要素市场体系；进一步加快金融功能区规划建设；进一步发挥投融资平台作用，加大直接融资力度；进一步优化金融发展环境，进一步加强政府金融服务工作。

中国银行北京市分行中小企业业务部及朝阳、海淀、丰台、经济技术开发区、顺义五个区域营销分中心开业，成为北京地区第一批拥有小企业信贷专业部门的金融机构。同时，中国银行北京市分行还推出中小企业服务专属品牌——中银通达，并建立标准化的中小企业“信贷工厂”机制。

**2 月**　经中国证监会核准，中期期货有限公司由大连迁至北京。中期期货是全国四大期货交易所的会员，已取得金融期货经纪业务资格和金融期货交易结算业务资格。

## 3月

**3 月 4 日**　据《金融时报》报道，截至2月末，工商银行北京市分行总资产规模和存款总额双双突破 15 000 亿元人民币，北京地区同业市场占比近 30%，继续保持在工商银行系统与北京市同业的“领军者”地位。

**3 月 17 日**　北京市人民政府发布《关于加快推进北京丽泽金融商务区开发建设实施工作的意见》，从规划调整编制、配套政策支持、市政基础设施建设等八个方面提出 18 项保证措施，标志着北京丽泽金融商务区建设全面启动。

**3 月 18 日**　北京市农业担保有限责任公司成立。该公司由北京市农业投资公司、大兴、密云、顺义、延庆、平谷、门头沟等区县和北京首都创业集团共同出资组建，首期注册资本 5 亿元。

北京第一家小额贷款公司——北京兴宏小额贷款有限公司成立。该公司由大兴区城建开发公司和几家民营企业以及数名当地企业家共同出资组建，注册资本 5 000万元。北京兴宏小额贷款有限公司将利用自有资金，按照小额、分散、市场化的原则，面要向大兴区内的农户、中小企业主和个体创业者提供贷款服务，且贷款将至少有 70% 投放在“三农”领域。

**3 月 20 日**　中国民生银行“商贷通”业务在北京全面启动。“商贷通”业务是中国民生银行专为中小商户提供快速融通资金、安全管理资金、提高资金效率等全方位的金融服务产品，有效解决中小商户融资难问题。

**3 月 23 日**　北京市政府发布《北京市人民政府关于金融促进首都金融经济发展的意见》。该意见共 31 项，从保持货币信贷稳定增长、构建要素市场体系、金融创新、加强和改善金融服务、建设和完善首都农村金融体系、强化风险管理等方面采取积极措施，加大金融支持经济发展的力度。

**3 月 27 ~ 29 日**　“深圳发展银行—中美大都会人寿保险业务合作启动培训”在京成功举行，标志着深圳发展银行北京分行与中美大都会人寿保险有限公司的业务合作正式启动。

**3 月 28 日**　北京中关村科技创业金

融服务集团有限公司、北京银行中关村海淀园支行、交通银行北京中关村园区支行、北京市中关村小额贷款股份有限责任公司4家金融机构落户海淀中关村西区并举行揭牌仪式。标志着中关村国家自主创新示范区科技金融改革创新试点工作开局。

**3月30日** 北京市金融工作局成立，原北京市金融服务领导小组办公室职责划入金融工作局，这是全国第一个省市级金融工作局。北京市金融工作局的主要职责是统筹北京市金融产业建设发展，服务在京金融机构管理部门和金融机构，推动国家金融政策和方针在北京市的贯彻落实，引导金融产业服务首都经济社会发展，做好金融风险处置工作，维护首都金融稳定。

**3月31日** 北京农村商业银行开通“银政惠民账户”。“银政惠民账户”整合了北京农村商业银行代收代付城乡居民养老保险业务、代发无保障福利养老金业务等31项政策性代理业务，首都农村地区客户只要拥有一个“银政惠民账户”，就可以办理各级政府资金补贴及社会保障等专属业务，以及存取款、投资理财等普通业务。

## 4月

**4月7日** 北京银行对首次申请个体工商户类小额担保贷款的额度从5万元提高到8万元，再次申请贷款额度提高到10万元。同时还将对促进北京地区就业安置工作有突出贡献的劳动密集型企业提供贴息贷款。截至3月末，北京银行已累计发放小额担保贷款近6 000万元，共700多笔，并累计为企业及个人申请贴息资金近120万元。

**4月9日** 人民银行营业管理部与北京市高级人民法院、北京市人民检察院、北京市公安局、北京市国家安全局、北京海关举行反洗钱合作备忘录签字仪式。

**4月10日** 北京银行向北京市慈善协会的“春雨行动”应急救助专项基金捐款220万元。

**4月22日** 中国人民银行营业管理部召开荣获人民银行总行级精神文明单位揭牌仪式暨2009～2010年度创建工作动员大会。

**4月28日** 中信建投证券有限责任公司主承销的大连中小企业集合债券成功发行。作为中国银监会叫停商业银行为企业债券提供担保后第一只获批发行的中小企业集合债券，该项目是拓宽中小企业融资渠道的有益尝试。

**4月29日** 中国银行与速汇金国际有限公司共同宣布，双方计划从近日开始在中国银行北京市分行的200多个营业网点推出“速汇金”汇款服务，并计划将该服务推广至中国银行全国的网络。5月26日，中国银行北京市分行在北京地区正式推出“速汇金”汇入汇款收款业务。

**4月30日** 建设银行北京市分行洋桥支行成功处置挟持人质抢劫银行案件。北京市公安局为前门支行纪委书记鞠自洛记一等功，洋桥支行韩涛、桑金维记二等功。

**5月1日** 北京保监局组织实施北京地区启动首轮交通限行措施交强险保费减免工作。凡遵守规定自2008年10月11日至2009年4月10日每周按车牌尾号停

驶一天的机动车，在办理交强险续保手续时，保险公司将根据该车辆在交通限行期间实际停驶天数，减免部分交强险保费。

**5月1~31日** 中国人民银行营业管理部组织北京市商业银行开展了北京市反假货币宣传月活动。

**5月6日** 北京银行与北京市知识产权局签署知识产权质押融资战略合作协议。计划在未来3年由北京银行拿出50亿元，作为知识产权质押贷款专项资金，以扩大北京知识产权质押贷款规模。

**5月12日** 中国人民银行发布《中国人民银行关于授予总行营业管理部“维护金融安全先进集体”称号的决定》，表彰中国人民银行营业管理部在协助查获“2·27”特大贷款诈骗案中的突出表现，授予中国人民银行营业管理部“维护金融安全先进集体”荣誉称号。

邮政储蓄银行北京分行举行“寄一份包裹，送一份关爱”主题捐赠活动，向四川地震灾区寄出爱心包裹1 600多个，捐赠金额超过16万元。

**5月13日** 北京银行与北京市投资促进局签订战略合作框架协议。根据协议，北京银行将提供意向性授信50亿元，满足北京市投资促进局通过“北京市外商投资企业融资服务平台”推荐的项目及企业的融资需求，帮助在京外商投资企业克服资金困难。

**5月16日** 南京银行股份有限公司北京分行开业，成为南京银行继泰州、上海、无锡之后的第四家异地分行，也是南京银行将跨区域发展第一次延伸到长三角以外的经济区。

**5月19日** 北京银监局发布《关于促进辖内银行业金融机构支持首都经济发展的指导意见》、《关于促进辖内银行业金融机构大力支持首都农村经济发展的指导意见》、《关于促进辖内银行业金融机构大力支持中关村国家自主创新示范区建设的指导意见》，引导金融资源投入到北京市经济发展的重点领域和薄弱环节，引导银行业针对北京市重点项目、现代服务业、中关村示范区、总部经济和本地企业集团、中小企业、本地就业工程和民生工程、城乡居民合理消费需求、“三农”8个重点领域加大金融支持力度，进一步引导经济结构调整。

**5月25日** 中国民生银行总部基地在北京顺义新城奠基。中国民生银行总部基地，总占地面积约200亩，规划建筑面积13.3万平方米，总投资8.2亿元，计划于2010年底竣工。建成后，将成为中国民生银行的总部办公中心、结算中心、数据中心、信用卡中心、研发中心和客服中心。

民生人寿保险北京分公司正式启动“第四届客户服务嘉年华”，开展以“关爱民生送健康”为主题的系列增值服务活动。

**5月26日** 建设银行北京市分行与北京市30家中小企业签署银企合作协议，签约总额达4亿元人民币。这是迄今为止该行举办的规模最大的中小企业贷款集中发放活动。截至目前，建设银行北京市分行中小企业客户数已达近1 000户，信贷余额近400亿元。

深圳发展银行北京分行与石景山区人民政府举行CRD旅游卡合作签约仪式。CRD旅游卡借助银行覆盖全国的网络平台，以信用卡的形式呈现，具备信用卡的信贷消费、分期付款、网上支付等功能，持卡人在持卡消费时还可在特定商户和指定旅游景点享受一定幅度的优惠和折扣。

**5月27日** 北京市文化创意产业领导小组办公室举行文化创意产业担保合作签约仪式，北京首创投资担保有限责任公司、北京中关村科技担保有限公司与北京市文化创意产业促进中心分别签署担保合作协议，成为北京市文化创意产业首批合作担保机构；9家文化创意企业与担保公司和银行分别签署担保协议和贷款协议，融资担保金额达1.02亿元。北京市文化创意产业融资担保工作机制正式启动。

友利银行（中国）有限公司正式发行借记卡，成为韩资银行和在北京设立法人银行的外资银行中首家在中国开办借记卡业务的银行。

**5月31日** 北京市首家主要面向科技型中小企业和“三农”发放小额贷款的专业性贷款公司——北京市中关村小额贷款股份有限公司开业。该公司由北京中关村科技创业金融服务集团有限公司作为主发起人，联合北京市国有资产经营有限责任公司、北京超市发国有资产经营公司、北京世纪天泰投资有限公司、开联信息技术有限公司、启迪控股股份有限公司、北京数码视讯科技股份有限公司、时代集团公司共同发起设立的，注册资本为3亿元人民币。

**5月** 中国太平洋人寿保险北京分公司启动“关爱生命 放飞希望”大型公益活动，向参与活动的首都市民赠送保额为2万元的意外险保障。

## 6月

**6月1日** 国都证券有限责任公司迁入北京市，地址为北京市东城区东直门南大街3号国华投资大厦。

**6月1日至12月31日** 由中国人民银行营业管理部、北京市商务委员会指导，北京市银行卡市场协调委员会、北京市商业联合会主办，银联北京分公司以及在京23家中资商业银行承办的“激情刷卡消费 享受时尚生活——2009年北京市银行卡联合宣传营销活动”在北京举行。活动期间，凡持有北京地区各商业银行发行的带有“银联”标识的银行卡，在全市所有银行卡联网商户刷卡消费，且单笔金额在100元以上（含），或使用北京地区各商业银行所发行的带有“银联”标识的信用卡进行信用分期消费，均有机会参与抽奖活动。

**6月2日** 光大银行北京分行与海淀区政府签署全面合作协议。根据协议，光大银行将加大对海淀区基础设施、城市改造等重大项目的支持力度，加大网点布设力度，积极参与科技金融综合改革试验区建设，支持科技型中小企业发展。

**6月9日至9月18日** 中国人民银行营业管理部对工商银行北京市分行、华夏银行北京分行、友利银行（中国）有限公司开展综合执法检查。

**6月12日** 中国人民银行营业管理部、北京银监局、北京保监局、北京市金融工作局、中关村管委会联合召开中关村信用贷款和信保融资政策发布会及签约仪式，推出扩大信用贷款，开展信用保险和贸易融资以及“百家担保授信”试点工作。

**6月16日** 北京银行与北京市总工会举行“职工京卡·互助服务卡”签约仪式，并签署《全面战略合作协议》和《业务合作协议》，标志着北京市总工会“职工互助服务温暖工程”正式启动。今后，包括入会农民工在内的首都400万工会会员将获得实名制会员“互助服务卡”，可以享受到免费非工伤意外及家财损失保险，以及应急时救助、法律咨询等多项免费服务、特惠服务。

建设银行北京市分行与国投信托有限公司签署《“国投信托·盛世宝藏1号”保利艺术品投资集合资金信托计划资金保管协议》，这是国内首只以艺术品收益权质押融资的信托计划资金保管业务。

**6月17日** 中国太平洋人寿保险北京分公司与北京市禁毒志愿者总队签署《北京禁毒志愿者心愿服务管理系统战略合作协议》。北京禁毒志愿者心愿服务管理系统是北京市禁毒委员会办公室、北京禁毒志愿者总队联合中国电信北京公司、中国太平洋人寿保险北京分公司共同开发的一款以手机为载体，集宣传教育、信息采集、毒情举报、通讯传输为一体的禁毒志愿者服务管理系统。该系统将在全市禁毒志愿者、社区戒毒帮教工作者、大学生村官等范围内免费发放。此外，在北京禁毒在线网站上成功注册成为北京禁毒志愿者总队会员的禁毒志愿者将免费获得一份太平洋人寿保险公司提供的人身意外保险，为志愿者在参加禁毒活动时的人身安全提供保障。

**6月18日** 中国人民银行营业管理部与北京市发展改革委、北京银监局、北京市科委、北京市文促中心联合召开了“北京科技型、文化创意型中小企业信贷推进工作会”，辖内各银行类金融机构、部分担保机构的主要负责人，部分文化创意产业集聚区的代表以及北京市广播电影电视局、中关村科技园区管委会的代表等100余人参加了会议，北京银行、交通银行北京市分行作为辖内科技型、文化创意型中小企业信贷业务的先进典型分别作了经验介绍。

农业银行北京市分行成立农行系统首家出国留学金融服务中心。该中心以金钥匙“留学宝”为服务品牌，将预约开立境外银行账户、出国留学贷款、留学贷款证明、西联汇款、因私购汇等产品有机组合，根据客户不同留学阶段的金融服务需求，为客户提供资讯强大、针对性强、服务贴心的“一站式”金融服务。

**6月22日** 中关村代办股份报价转让试点挂牌企业金融服务联盟成立。该联盟由券商、银行、深圳证券信息公司、评级机构、会计师事务所、律师事务所等专业中介服务机构组成，旨在对中关村代办挂牌企业实现增值金融服务。截至目前，共有85家企业参与股份报价转让试点，其中已挂牌和通过备案企业57家，正在备案企业10家。

**6月25日** 北京银行与北京市文化创意产业领导小组办公室签署文化创意产业集聚区建设战略合作框架协议，建立文化创意产业集聚区融资服务平台。据统计，北京市文化创意产业领导小组办公室推出投融资服务体系以来，全市文化创意企业仅从北京银行就获得贷款84笔，贷款金额达16亿元。

在中国银行业协会举办的中国银行业银团贷款评优活动中，中信银行总行营业部牵头安排的中国黄金集团20亿元人民币银团贷款项目以创新的结构设计获评“最佳银团贷款项目奖”。

**6月26日** 工商银行北京市分行牵头国家开发银行、中国银行、交通银行、北京银行与北京市丰台综合投资公司共同签署“丽泽金融商务区B6B7地块项目”银团贷款协议。协议的签订为丰台区加快区内经济发展开辟了一个更加有效的融资渠道。

**6月29日** 北京银行向北京科兴生物制品有限公司发放1亿元信用贷款，支持其甲型H1N1流感疫苗的生产，为北京市流感防疫工作提供有力的保证。

**6月30日** 华夏银行中小企业信贷部北京分部及中关村信贷中心、通州信贷中心正式挂牌开业。开业当日即审批贷款两笔，贷款金额共计700万元。

**6月至12月** 北京银监局结合中国银监会“送金融知识下乡”活动要求，根据辖区特点，组织开展了“促监管政策进基层行”宣传教育活动。累计对辖内60家银行业金融机构的3 000家基层网点、5万多名基层从业人员进行了监管政策法规的宣讲培训。

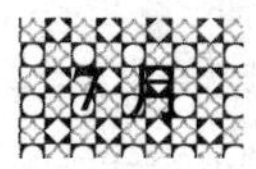

**7月1日** 邮政储蓄银行北京分行及房山支行与房山区政府签订1亿元“五项基础设施建设”专项融资合同，支持房山区政府完成垃圾处理、厕所改造、街坊路建设、安全饮水、污水处理五项基础设施的建设和改造。

**7月2日** 中国人保财险北京市分公司与上海浦东发展银行北京分行举行“商业账款融资及服务方案”启动暨与中国人保业务合作签约仪式。针对商业企业国内赊销贸易中的应收账款难题，推出国内首单由银行买断购入企业应收账款，并整体投保的银保合作服务方案。

**7月3日** 中国人民银行营业管理部联合北京银监局印发了《关于金融支持首都文化产业发展的指导意见》，大力推进文化产业发展，促进首都产业结构升级和经济发展方式转变。

中国人民银行营业管理部举办2009年首都金融论坛。论坛的主题为“北京优势：文化创意与金融支持”。

**7月8日** 华夏银行首家财富管理中心开业。该财富中心将为北京地区高端客户提供全方位的金融产品、专业理财顾问服务和综合理财服务。

浙商银行股份有限公司北京分行开业。标志着这家定位于服务中小企业的全国性股份制商业银行在国内重点城市的战略布局基本达成。

**7月10日** 宣武公安分局通报，警方近日破获新中国成立以来北京市最大一起贩卖假币案，共抓获涉案嫌疑人6名，收缴人民币假币10万余张，面值合计663万余元。

**7月14日** 北京市首批80名卸任大学生“村官”到邮政储蓄银行北京分行“上岗”，他们将被安置在该行的15家一级支行，从事包括对公业务、信贷业务、客户经理等工作。同时，邮政储蓄银行北京分行启动了帮扶大学生“村官”自主创业的信贷工程。

工商银行北京市分行与中国华融资产管理公司签署全面业务合作协议，双方将在银行存款业务、现金管理业务、不良资产处理、证券业务、信托业务、融资租赁业务、融资业务、投资银行业务、理财业务、资产托管业务、企业年金业务及银行卡业务12项业务范围内开展全面合作。

**7月15日** 北京市银行业协会与北京市高级人民法院共同举办了金融法律座谈会。会议就个人住房贷款业务及其他贷款业务保证金冻结、扣划问题，利用ATM等自助设备盗取客户信息后的责任认定问题、应收账款质押等业务进行了研讨。

**7月16日** 新华人寿保险北京分公

司近40名干部员工前往四川省什邡市，向20名贫困大学生捐赠了四年大学学习和生活费用及保额为500万元的意外伤害保险；并向什邡市方亭二小的学生们捐赠了书籍和学习用品。

**7月20日** 中信银行总行营业部在北京地区首发黄金联系型结构性理财产品，市场反应热烈，销售金额达4.2亿元人民币。

**7月24日** 北京农村商业银行与北京大学签署战略合作协议，意向性承诺给予北京大学及其下属企业50亿元人民币的授信额度，全面推进教育产、学、研一体化，促进高新技术产业持续健康发展。

**7月28日** 北京丽泽金融商务区开发建设指挥部办公室与12家银行签署了总额600亿元人民币的政银战略合作协议。根据协议，北京丽泽金融商务区与各银行将在信贷投放、金融产品创新、风险防控、建设项目共享等方面展开合作。

**7月30日** 北京市农委与瑞士再保险股份有限公司北京分公司和中国再保险（集团）股份有限公司签署再保险合作协议，通过再保险方式转移由政府承担的北京市政策性农业保险超赔风险，在全国率先探索建立了政府主导、市场运作的政策性农业再保险新模式，初步形成“多方参与、风险共担、多层分散”的农业保险巨灾风险分散机制。北京市政策性农业保险风险分散制度设计为：当年农业保险赔付率为160%以下的风险由直接承保业务的保险公司承担，赔付率超过160%的风险，由市政府承担，并以两种方式进行分散。其中赔付率为160%～300%的风险，由政府购买再保险的方式转移；赔付率为300%以上的风险，由政府每年按照农业增加值的1‰提取的农业巨灾风险准备金保障。

北京银行启动“5+5行动计划”。“5+5行动计划”是北京银行为京郊农户办理50万张“京卡富民卡”、发放50亿元支农小额贷款，由北京市妇联做好贷款农户的筛选和推荐工作，北京市农业担保公司通过创新担保业务模式，为农户贷款降低门槛。该行动计划将先在顺义、平谷、密云三个区县的乡镇试点。

**7月31日** 中信建投证券有限责任公司出资1.5亿元成立从事直接股权投资业务的专业子公司——中信建投资本管理有限公司。

**7月** 北京保监局向辖内保险机构下发了“三假”案件的排查通知，组织开展保险业打击“三假”的排查工作，杜绝假保单、假保险公司和假赔案的发生，要求各保险机构对其经营网点认真进行排查，并进一步完善内控制度，堵塞漏洞。

新疆爆发“七五”事件，宏源期货有限公司快速反应，及时启动安全应急预案，对乌鲁木齐营业部信息系统进行升级改造，搭建疆内期货行情和交易服务器，保障新疆地区投资者的交易需求。

深圳发展银行与石景山区政府合作发行北京CRD卡，这是银行针对特定行政区域发行的首张信用卡，也是全国目前第一张银政合作信用卡。

## 8月

**8月6日至9月25日** 银联北京分公司联合新京报、北京市商业联合会共同发起了“show出你的卡　2009年银行卡星级评选活动”，21家发卡银行的56张银行卡参与了评选。此次评选主要通过活动现场、选票回寄及网络投票三种方式投票，并由媒体、卡组织等权威单位组成的评审组对各银行卡进行评级，共回收有效选票1 000多张；最终，10家银行的14张银行卡获得最佳用户体验、最佳创意、最佳便民消费等11个银行卡奖项。

**8月12日** 北京市文化创意产业领导小组办公室发布《北京市文化创意产业创业投资引导基金管理暂行办法》。北京市将安排3亿元作为“种子基金”，引导创业投资机构投资于符合文化创意产业重点支持方向的处于创业早期的文化创意企业，支持北京市文化创意产业的发展。

**8月18日** 北京市银行业协会召开第七次会员大会，选举产生了新一届理事会和监事会，审议通过了《北京市银行业自律公约》和《北京市银行业自律公约实施细则》。

信达财产保险股份有限公司获准开业，总部设在北京。

**8月21日** 北京市金融工作局召开“北京市金融工作座谈会”，市委常委、常务副市长吉林、市政府秘书长黎晓宏、副秘书长刘志等市领导出席会议，市属委办局、区县相关主管部门及市属银行、证券、保险等金融机构代表约150人参加了会议。

北京市工商局与北京银行、交通银行北京市分行共同打造的商标质押融资平台正式启动，开创了以商标专用权抵押贷款、帮助企业融资的新途径。在未来5年内，两家银行将为北京市中小企业提供300亿元的商标权质押融资意向额度。

国家开发银行、北京银行、交通银行与丰台人民政府签订政银合作协议，3家银行给予丰台科技园300亿元的贷款授信额度，全面支持丰台科技园为企业建设金融服务平台。与此同时，正在进入全面建设阶段的丰台科技园东区三期，获得了3家银行共计105亿元的开发建设贷款授信。

**8月27日** 中信银行总行营业部举办“中信银行二手房买卖直通车”提速新闻发布会，正式宣布与北京能通房地产经纪有限公司合作，并推出业务专属网站无忧购房，开启了商业银行二手房按揭的全新业务模式。

**8月28日** 北京奔驰——戴姆勒·克莱斯勒汽车有限公司36亿元银团贷款项目举行签约仪式。本次银团贷款项目由交通银行北京市分行牵头、民生银行、农业银行、北京银行、中国银行、上海浦东发展银行、广东发展银行、兴业银行、中信银行和招商银行9家商业银行参加，是目前北京金融市场上认购银团和参加银行最多的银团贷款之一。

**9月2日至5日** 2009年中国国际金融（银行）技术暨设备展览会在北京举行。本次展览会的主题为“成就、挑战、机遇、信心”。

**9月9日** 根据中国证监会的统一安排和部署，北京证监局组织辖区9家证券公司、4家证券营业部开展了信息安全应急演练，督导证券经营机构防范、排查、化解风险，维护交易稳定。

中邮人寿保险股份有限公司正式开业。该公司是由中国邮政集团公司与20个省（区、市）邮政公司共同发起设立的国有全国性寿险公司。

**9月10日** 北京银行长沙分行开业。这是北京银行继天津、上海、西安、深圳、杭州之后设立的第六家分行。

**9月15日** 中国信达资产管理公司北京办事处举办2009年资产处置推介会，共有36家投资机构，50余人参加。本次推介会共推出29个项目，其中资产包8个，单个项目21个，涉及债权总额37亿元。

**9月16日** 太平保险有限公司北京分公司正式更名为太平财产保险有限公司北京分公司。

**9月23日** 北京银监局与北京市银行业协会联合举办的“奋进六十年 崭新银行业——北京市银行业建设成就巡礼”大型图片展在北京金融街国际会议中心隆重举行。

**9月24日** 北京经济技术开发区管委会分别与农业银行、兴业银行、中国银行、建设银行、交通银行、光大银行、上海浦东发展银行、北京农村商业银行八家银行签署战略合作协议。根据协议八大银行合计向开发区提供意向性授信额度1 150亿元，重点支持区内高科技、医药制造等产业建设。

**9月28日** 北京股权投资发展基金管理有限公司成立。

渤海银行北京分行正式推出“渤乐车管家卡”。“渤乐车管家卡”是渤海银行零售业务“渤乐”品牌下第一个新卡种，是集银行金融服务与汽车增值服务于一身的借记卡。

邮政储蓄银行北京分行46台ATM正式亮相北京地铁四号线，遍布全部26个站点，为地铁乘客提供取款、转账、缴费、查询“一站式”金融服务。

## 10月

**10月14~20日** 北京保监局指导北京保险行业协会宣传专业委员会开展北京保险行业新《保险法》宣传周活动。通过召开新闻发布会和在电台、电视台、门户网站开展系列访谈等形式，向社会公众告知北京保险业规范产险公司车险代理合同及行业相应自律规范的内容和保险消费者应重点关注的新《保险法》中规定的保险公司向投保人提供的投保单应当附格式条款、保险公司对保险合同中免责条款有提示和明确说明的义务、保险公司理赔的程序和时限有明确要求等问题。

**10月16日** 北京市金融学会与北京师范大学金融系联合举办了主题为“后危机时期金融服务与产业振兴”论坛。

**10月17日** 由宏源期货有限公司主办，北京工商业联合会金属材料行业商会和上海期货交易所协办的“2009年北京钢材流通企业金融论坛”在京举行，数十位北京地区钢材流通企业代表参加了论坛。

**10月23日** 中关村管委会、北京市金融工作局、人民银行营业管理部、北京银监局、海淀区人民政府联合发布《关于促进银行业金融机构在核心区设立为科技企业服务专营机构的指导意见》，鼓励银行业金融机构在示范区核心区内设立专门为科技型中小企业服务的信贷服务机构，通过贷款风险补偿等多种方式支持各专营机构在示范区核心区开展科技金融创新试点。中国银行、工商银行、光大银行、华夏银行四家银行在中关村设立的中小企业服务专营机构举行了揭牌仪式。

**10月24日** 中国人民银行营业管理部在望京大西洋新城小区举办“征信知识宣传周”开幕活动。宣传周期间，北京市各银行营业网点将以丰富多彩的形式宣传征信知识，宣传信用报告。

**10月28日** 全国电子商业汇票系统在北京、上海、山东、深圳四省市上线试运行。北京银行、五矿集团财务公司、农信银资金清算中心等9家单位作为北京辖区的第一批参与者通过北京城市处理中心接入电子商业汇票系统。

**10月30日** 北京市金融工作局与深圳证券交易所在深圳签订《北京市中小企业上市培育工作合作协议》，内容涉及信息交流、合作、培训与研讨、调研、人员交流与互访、联络人制度六个方面。双方将通过合作共同加强中小企业后备上市资源培育，共同推动上市公司再融资和并购重组等工作，共同加强证券市场知识宣传和投资者教育工作。

创业板在深圳证券交易所挂牌交易，28家创业板公司股票当日平均涨幅达106.23%，成交219亿元。首批登陆创业板的六家北京企业中，有五家来自中关村国家自主创新示范区。

**10月30日至11月1日** 2009年北京国际钱币博览会在北京中国国际展览中心举行。本次博览会的主题是“方泉世界，辉煌历程”。

**10月31日** 中国人民银行营业管理部、北京市公安局主办，由24家发卡银行、银联北京分公司以及2家专业化服务公司参与的“放心用卡、安全支付”社区宣传活动在京举行。

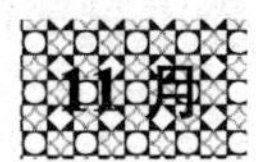

**11月5~8日** 第五届北京国际金融博览会在北京展览馆举办。此次博览会以“金融服务经济、金融服务企业、金融服务百姓”为宗旨，开设“中小企业金融专场”和“百姓金融专场”，同时设立“金融中心城市展区”，希望为金融机构与工商企业、市民百姓和各区域经济间搭建起一个高效的金融服务平台。此次博览会展览规模再创新高，参展机构总数超过130家，其中包括了30余家银行、40家基金管理公司、20余家证券期货公司以及30余家综合金融服务机构。

**11月9日** 北京市利源小额贷款股份有限公司开业。该公司由北京市农业投资有限公司主发起，有5家法人公司和3位民营企业家联合发起，以“三农”经济和中小企业融资服务为主要市场，每年为怀柔区内300家以上的贷款户提供融资服务。

**11月11日** 北京市金融工作局主办了诺贝尔奖北京论坛——金融产业论坛。在“人类的和谐与发展”的永久性主题之下，以“金融重建与经济振兴”为年度主题，由1996年诺贝尔经济学奖获得者詹姆斯·莫里斯等四位经济与金融专家进行了主题演讲。一行三会、一部三局、金融机构代表及高等院校师生等280多人参加。

**11月12日** 北京市东投东方小额贷款公司成立。这是东城区首家经北京市金融工作局批准的专业贷款机构。该公司由北京市农业投资有限公司与北京大公一维投资管理有限公司等四家企业和企业家共同出资成立，注册资本5 000万元人民币。每年为东城区200家以上的中小企业、个体工商户、自然人提供小额流动资金贷款。

**11月20日** 中国银行北京市分行与中关村科技园区管理委员会签订《全面战略合作框架协议》，同时还启动了“认购股权贷款”业务，整合投资银行资源，为科技型中小企业提供最便捷的技术与资本对接的创新服务。认购股权贷款是指针对企业发展的不同阶段，商业银行可以为企业提供普通贷款，需要时投资银行又可为同一企业提供股权投资，有效满足企业的资金需求。

**11月23日** 全国首只中小企业集合票据——“北京市顺义区中小企业集合票据”在银行间市场发行。该产品采取集合顺义7家中小企业，发行规模为2.65亿元，发行利率为4.08%。

**11月24日** 邮政储蓄银行北京分行与北京市工商局、北京市私营个体协会签署《个体私营企业金融服务合作协议》。今后两年内，该行将提供300亿元的额度，用于向北京市个体私营企业提供贷款，解决融资难问题，支持私营企业和个体工商户的发展。

**11月26日** 邮政储蓄银行北京分行与北京市农委、北京市妇联、北京市农村商业银行联合开展的“走千村、进万户——送贷下乡”主题活动在北京市昌平区拉开序幕。

**11月27日** 中国人民银行营业管理部与海淀区人民政府签署推进首都科技金融综合改革试验区建设合作协议，双方将在科技金融宣传、开展科技金融培训、组织科技金融调研、健全科技金融信用机制、制定科技金融相关政策等方面开展广泛深入的合作，共同推进自主创新的科技金融服务体系建设。

中国进出银行北京分行与中国对外文化集团公司签署战略合作协议，标志着国家政策性银行助力国内大型文化企业集团及重点文化产业项目的序幕正式开启。

**11月28日** 北京市首个由农村集体经济筹资的小额贷款公司——丰花小额贷款有限公司成立。该公司注册资本1亿元人民币，由花乡黄土岗村、六圈村和白盆窑村等7个村级集体组织各投资1 000万元人民币，并联合华凯投资集团有限公司共同筹建。将为丰台区的乡镇企业、农村经营户、中小企业和个体经营业主提供单笔不超过300万元的贷款。

**12月1～31日** 北京证监局组织开展了北京辖区“防范非法证券活动风险投资者教育宣传月”活动。

**12月3日** 北京市银行业协会组织各成员单位召开“创造价值，公益社会——2009年北京银行业文明规范服务交流座谈会”，并发布《2009年北京银行业服务质量测评报告》。

**12月4日** 中国银行北京市分行与北京汽车工业控股有限责任公司签署全面战略合作框架协议。根据协议，中国银行北京市分行将为北京汽车工业控股有限责任公司提供200亿元，全方位的金融服务，全力协助北京汽车工业控股有限责任公司构建中国一流大型汽车企业集团。

北京银行与丰台区政府签署全面战略合作协议。在未来三年，北京银行将向丰台区提供意向性授信额度200亿元，支持丰台区在北京市“南城行动”计划中提出的“两带四区”建设。同时，北京银行还与总部基地签订购买金融港总部楼合同，正式入住金融港中区。

**12月8日** 中国人民银行营业管理部发布《关于加强首都科技金融服务工作 支持中关村国家自主创新示范区建设的指导意见》，引导中外资银行积极支持国家自主创新示范区、国家自主创新示范区核心区建设，切实改善和加强科技金融服务工作，大力推进组织、机制和产品创新。

**12月11日** 中国人民银行营业管理部与中关村科技园区管委会签署合作协议，双方将合作推动建立人民银行企业和个人征信系统与中关村企业信用信息公共服务平台的数据交换和信息共享机制，引导园区企业参与信用评级，强化信用评级机构及其从业人员的市场准入，推动中关村信用体系建设；双方还将继续推动中关村信用贷款、信用保险和贸易融资等工作，拓宽科技型中小企业融资渠道。

北京银行上海分行成功办理了首笔跨境贸易人民币结算交易。标志着北京银行成为上海中资银行中第7家有能力进行跨境贸易人民币结算的银行。

**12月12日** 中发君盛（北京）投资管理有限公司成立。标志着中国中小企业创业投资基金的募集工作正式启动。

**12月16日** 中关村创业金融服务平台正式启动。该平台由北京中关村科技创业金融服务集团有限公司统筹负责，设立统一的中关村企业融资服务申请通道，收集中关村企业融资需求，为企业量身打造融资方案和有效融资需求培育方案。

上海银行股份有限公司北京分行开业，这是继宁波、南京、杭州、天津、成都、深圳6地后，上海银行开设的第7家异地分行。

**12月17日** 北京市公安部门联合国家外汇管理局北京外汇管理部破获了“7·13”盈富汇网络炒汇案，这是北京地区首次破获的网络炒汇案件。

**12月19日** 北京市举行新型农村金融机构集体授（揭）牌仪式。仪式包括小额贷款公司集体授牌、村镇银行集体批筹、延庆村镇银行增资批复、邮政储蓄银行大兴“三农”信贷专营机构揭牌和北京农业产业投资基金揭牌五项内容。

**12月20日** 银联北京分公司与石景山区政府共同主办的首届“北京CRD刷卡节”开幕仪式在石景山万达广场隆重举行。本届刷卡节活动自2009年12月20日至2010年1月10日，持卡人只需持“银联标准卡”在石景山区辖区内万达广场等6家著名商户内刷卡消费满99元即可参加抽奖，奖品总价值100多万元，最高奖项为轿车一辆。

**12月21日** 北京农村商业银行与北京粮食集团有限公司签署战略合作协议，未来三年内将向京粮集团及其参股、控股企业累计提供50亿元授信额度，支持首都粮食加工与粮食专业物流产业链建设。

**12月22日** “2009年中国金融论坛”在北京召开。论坛主题为“后金融危机时代中国金融业改革和发展”。

**12月25~29日** 北京保监局、北京保险行业协会组成验收工作组，对北京地区29家经营商业车险的财产险公司进行了商业车险费率浮动系统的验收工作。

**12月26日** “三通”工程燃气费便民缴费业务正式上线运行。截至年末，包含电费、燃气费、供暖费、移动话费、电信话费、铁通话费、网通话费、联通话费、歌华宽带费等30项便民缴费业务已上线运行，完成了“三通”工程中期目标。公共事业缴费“三通”工程是指实现公共事业缴费一卡通、一网通和一费通。一卡通是指市民只需一张银联卡，就可对自来水费、电费、燃气费、通信费等公共事业服务费用进行缴纳；一网通是指打造一个业务全面、联网通用的缴费网络；一费通是指执行透明统一的标准费率。

**12月31日** 光大银行北京分行向中国交通建设股份有限公司发放光大银行系统内第一笔工程类保理业务，涉及金额4 700万元。

**12月** 北京国际信托有限公司与北京中小企业信用再担保有限公司联合推出了京城首个中小企业系列化信托产品。该信托产品采取滚动发行的方式，旨在为中小企业发展提供信托融资支持，拓宽中小企业融资渠道。首批主要面向怀柔区内三个重点中小企业，信托规模为4 100万元人民币。

# 十、附　　录

## （一）北京市金融机构名录

（截至 2009 年 12 月 31 日）

1. 金融管理机构

| 机构名称 | 地　址 | 电　话 |
|---|---|---|
| 中国人民银行营业管理部<br>（国家外汇管理局北京外汇管理部） | 西城区月坛南街 79 号<br>（海淀区莲花池东路 39 号西金大厦） | 68559027<br>（63988081） |
| 中国银行业监督管理委员会北京监管局 | 西城区金融大街 26 号金阳大厦 | 58391816 |
| 中国证券监督管理委员会北京监管局 | 西城区金融大街 33 号 B 座 10 层 | 88088060 |
| 中国保险监督管理委员会北京监管局 | 西城区金融大街 15 号鑫茂大厦北楼 9 层 | 66060530 |
| 北京市金融工作局 | 宣武区槐柏树街 2 号院 2 号楼 | 63020601 |

2. 银行业机构

### （1）中资银行

| 机构名称 | 地　址 | 电　话 |
|---|---|---|
| 国家开发银行股份有限公司北京市分行 | 西城区复兴门内大街 158 号 | 66493057 |
| 中国进出口银行北京分行 | 东城区北河沿大街 77 号 | 64099688 |
| 中国农业发展银行北京市分行 | 西城区月坛北街甲 2 号 | 68081842 |
| 中国工商银行股份有限公司北京市分行 | 西城区复兴门南大街 2 号天银大厦 B 座 | 66410055 |
| 中国农业银行股份有限公司北京市分行 | 西城区展览馆路 5 号 | 68358622 |
| 中国银行股份有限公司北京市分行 | 东城区朝阳门内大街 2 号凯恒中心大厦 | 85122288 |
| 中国建设银行股份有限公司北京市分行 | 宣武区宣武门西大街 28 号楼 4 门 | 63603664 |

| | | |
|---|---|---|
| 交通银行股份有限公司北京市分行 | 西城区金融大街33号通泰大厦A座 | 66101616 |
| 招商银行股份有限公司北京分行 | 西城区复兴门内大街156号A座 | 66426889 |
| 上海浦东发展银行股份有限公司北京分行 | 东城区东四十条68号 | 84085556 |
| 广东发展银行股份有限公司北京分行 | 东城区东单大华路2号 | 65269966 |
| 兴业银行股份有限公司北京分行 | 朝阳区安贞西里三区11号福建大厦 | 64429988 |
| 深圳发展银行股份有限公司北京分行 | 西城区复兴门内大街158号远洋大厦 | 66292288 |
| 中信银行股份有限公司总行营业部 | 西城区金融大街甲27号投资广场A座 | 66293513 |
| 中国光大银行股份有限公司北京分行 | 西城区宣武门内大街1号 | 66567699 |
| 中国民生银行股份有限公司总行营业部 | 西城区复兴门内大街2号 | 58560088 |
| 华夏银行股份有限公司北京分行 | 西城区金融大街11号 | 58598600 |
| 大连银行股份有限公司北京分行 | 海淀区知春路13号 | 62308122 |
| 渤海银行股份有限公司北京分行 | 西城区复兴门内大街28号凯晨世贸中心 | 66270000 |
| 浙商银行股份有限公司北京分行 | 西城区金融大街甲1号－1 | 88006007 |
| 北京银行股份有限公司 | 西城区金融大街17号北京银行大厦 | 66426500 |
| 天津银行股份有限公司北京分行 | 宣武区东河沿胡同73号宣武门大厦 | 83175716 |
| 杭州银行股份有限公司北京分行 | 东城区朝阳门北大街3号第五广场A座 | 64088100 |
| 南京银行股份有限公司北京分行 | 海淀区万泉庄路28号万柳新贵大厦A座 | 58720551 |
| 盛京银行股份有限公司北京分行 | 朝阳区光华路4号东方梅地亚中心D座 | 85570017 |
| 上海银行股份有限公司北京分行 | 西城区金融大街甲9号 | 66528701 |
| 北京农村商业银行股份有限公司 | 西城区金融大街9号 | 66051715 |
| 北京延庆村镇银行股份有限公司 | 延庆县高塔街73号 | 69178735 |
| 北京密云汇丰村镇银行有限责任公司 | 密云县新东路环岛南侧新华书店一层 | 58120700 |
| 中国邮政储蓄银行有限责任公司北京分行 | 朝阳区建国门北大街光华路50号 | 65217190 |

## （2）中资银行分支机构

### 中国农业发展银行北京市分行

| 机构名称 | 地址 | 电话 |
|---|---|---|
| 中国农业发展银行北京市分行 | 西城区月坛北街甲2号 | 68081842 |
| 分行营业部 | 西城区月坛北街甲2号 | 68081050 |
| 天坛支行 | 崇文区光明路13号 | 67125462 |
| 西三环支行 | 海淀区西三环北路乙25号 | 88568455 |
| 门头沟支行 | 门头沟区石龙南路14号 | 69828640 |
| 房山区支行 | 房山区良乡西路28号 | 69373003 |
| 通州区支行 | 通州区新华北街33号 | 69521324 |
| 昌平区支行 | 昌平区北环路4号 | 89784518 |
| 顺义区支行 | 顺义区五里仓小区38号楼 | 69449488 |
| 大兴区支行 | 大兴区兴华中里14号楼 | 69209352 |
| 平谷区支行 | 平谷区太和园甲7号 | 89980049 |
| 怀柔区支行 | 怀柔区后横街15号 | 69684840 |
| 密云县支行 | 密云县新南路70号 | 69040079 |
| 延庆县支行 | 延庆县东外大街109号 | 69188337 |

### 中国工商银行股份有限公司北京市分行

| 机构名称 | 地址 | 电话 |
|---|---|---|
| 中国工商银行股份有限公司北京市分行 | 西城区复兴门南大街2号天银大厦B座 | 66410055 |
| 分行营业部 | 西城区复兴门南大街2号天银大厦B座 | 66411138 |
| 东城支行 | 东城区东四十条24号 | 84020331 |
| 王府井支行 | 东城区王府井大街237号 | 65270660 |
| 和平里支行 | 东城区和平里北街14号 | 64216766 |
| 长安支行 | 西城区宣内大街乙6号 | 66031114 |
| 新街口支行 | 西城区西直门内大街143号 | 62218008 |
| 南礼士路支行 | 西城区阜外大街8号 | 68025558 |
| 金融街支行 | 西城区太平桥大街丰汇园11号 | 58362270 |
| 地安门支行 | 朝阳区裕民路12号 | 82251116 |
| 崇文支行 | 崇文区永定门外大街86号 | 87205518 |
| 宣武支行 | 宣武区广外南滨河路3号楼 | 63480658 |
| 珠市口支行 | 崇文区珠市口东大街15号 | 67050807 |

| | | |
|---|---|---|
| 朝阳支行 | 朝阳区朝外大街1号 | 65591018 |
| 九龙山支行 | 朝阳区广渠路甲40号 | 67710822 |
| 亚运村支行 | 朝阳区慧忠北里407号 | 64863545 |
| 望京支行 | 朝阳区酒仙桥路10号 | 64379963 |
| 商务中心区支行 | 朝阳区建国路108号 | 65669958 |
| 海淀支行 | 海淀区中关村东路100号 | 62551286 |
| 海淀西区支行 | 海淀区北四环西路65号 | 82886358 |
| 中关村支行 | 海淀区上地信息路2号 | 82896655 |
| 翠微路支行 | 海淀区阜成路79号 | 88127226 |
| 西客站支行 | 海淀区什坊院3号 | 63955387 |
| 丰台支行 | 丰台区文体路19号 | 63815971 |
| 方庄支行 | 丰台区芳城园三区18号楼 | 67690160 |
| 经济技术开发区支行 | 北京经济技术开发区荣昌东街甲5号隆盛大厦A座2层 | 67863557 |
| 石景山支行 | 石景山区石景山路63号 | 68874128 |
| 门头沟支行 | 门头沟区新桥大街12号 | 69844598 |
| 房山支行 | 房山良乡西潞北大街32号 | 89350799 |
| 通州支行 | 通州区新华大街155号 | 69546362 |
| 大兴支行 | 大兴区兴政街24号 | 69243119 |
| 顺义支行 | 顺义区石园西路 | 69443932 |
| 昌平支行 | 昌平区科技园区综合办公楼 | 69746269 |
| 怀柔支行 | 怀柔区商业街23号 | 69642388 |
| 密云支行 | 密云县鼓楼南大街 | 69042424 |
| 平谷支行 | 平谷区府前西街14号 | 69961425 |
| 延庆支行 | 延庆县延庆镇东大街37号 | 69143392 |

## 中国农业银行股份有限公司北京市分行

| 机构名称 | 地址 | 电话 |
|---|---|---|
| 中国农业银行股份有限公司北京市分行 | 西城区展览馆路5号 | 68358266 |
| 分行营业部 | 西城区展览馆路5号 | 68353756 |
| 东城支行 | 东城区金宝街58号华丽大厦 | 65281871 |
| 西城支行 | 西城区西直门内大街118-3号 | 66001260 |
| 崇文支行 | 崇文区珠市口东大街1号新阳商务楼A座 | 67092480 |
| 宣武支行 | 宣武区宣武门西大街28号 | 63602266 |
| 朝阳支行 | 朝阳区朝外工体路东2号 | 65522915 |

| | | |
|---|---|---|
| 海淀支行 | 海淀区海淀大街37号 | 62533660 |
| 丰台支行 | 丰台区东大街9号 | 63811911 |
| 石景山支行 | 石景山区八角南路18号 | 68885947 |
| 万寿路支行 | 海淀区万寿路西街6号 | 68276732 |
| 亚运村支行 | 朝阳区安定路33号化信大厦 | 64411376 |
| 开发区支行 | 经济技术开发区中和街3号 | 67882470 |
| 海淀东区支行 | 海淀区学院路丁11号 | 82377410 |
| 通州支行 | 通州区八里桥南街1号 | 69542656 |
| 顺义支行 | 顺义区府前西街2号 | 69444435 |
| 昌平支行 | 昌平区南大街石坊沿胡同西口12号 | 69741458 |
| 大兴支行 | 大兴区兴丰南大街128号 | 69243488 |
| 房山支行 | 房山区良乡拱辰北大街19号 | 81389559 |
| 怀柔支行 | 怀柔区青春路39号 | 69644982 |
| 平谷支行 | 平谷区府前街23号 | 69961393 |
| 密云支行 | 密云县滨河路24号 | 69041923 |
| 延庆支行 | 延庆县东外大街73号 | 69144474 |

## 中国银行股份有限公司北京市分行（管辖/直属支行）

| 机构名称 | 地　址 | 电　话 |
|---|---|---|
| 中国银行股份有限公司北京市分行 | 东城区朝阳门内大街2号凯恒中心大厦 | 85122288 |
| 东城支行 | 东城区交道口东大街81号 | 64063207 |
| 西城支行 | 西城区阜成门外大街5号 | 68001383 |
| 崇文支行 | 崇文区天坛路55号 | 67031368 |
| 宣武支行 | 宣武区南新华街1号 | 63175970 |
| 朝阳支行 | 朝阳区东三环北路霞光里18号佳程广场A座 | 59207001 |
| 商务区支行 | 朝阳区北三环东路8号 | 64689535 |
| 海淀支行 | 海淀区北四环西路58号 | 82607378 |
| 丰台支行 | 丰台区右安门外大街2号 | 83516569 |
| 昌平支行 | 昌平区南环路57号 | 69742986 |
| 顺义支行 | 顺义区府前西街4号 | 69420847 |
| 通州支行 | 通州区车站路44号 | 80506044 |
| 经济技术开发区支行 | 北京经济技术开发区荣京东街3号1层、2层2-201号 | 67825900 |

| | | |
|---|---|---|
| 大兴支行 | 大兴区兴丰南大街21号 | 69246990 |
| 平谷支行 | 平谷区林荫北街11号 | 69965648 |
| 怀柔支行 | 怀柔区开放路33号 | 69644815 |
| 密云支行 | 密云县鼓楼南大街 | 69043818 |
| 延庆支行 | 延庆县延庆镇庆园街12号 | 69144079 |
| 首都机场支行 | 首都机场公安路 | 64563988-136 |
| 王府井支行 | 东城区东长安街1号 | 85186112 |
| 奥运村支行 | 朝阳区北辰东路8号院1号楼 | 64818126 |
| 使馆区支行 | 朝阳区三里屯西六街6号院乾坤大厦1层 | 64665307 |
| 雅宝路支行 | 朝阳区雅宝路12号 | 52321515 |
| 世纪财富中心支行 | 朝阳区光华路5号院世纪财富中心2号楼 | 85875200 |
| 国际贸易中心支行 | 朝阳区建国门外大街1号 | 65052293 |
| 佳程广场支行 | 朝阳区东三环北路霞光里18号佳程广场A座 | 59231688 |
| 中银大厦支行 | 西城区复兴门内大街1号 | 66591141 |
| 金融中心支行 | 西城区金融大街15号北楼1层101单元、104单元 | 66505033 |
| 石景山支行 | 石景山区八角西街57号 | 68864969 |
| 知春路支行 | 海淀区知春路100号 | 62543822 |
| 上地支行 | 海淀区上地十街1号院 | 62420888 |
| 方庄中心支行 | 丰台区南三环东路23号 | 59763767 |

## 中国建设银行股份有限公司北京市分行

| 机构名称 | 地址 | 电话 |
|---|---|---|
| 中国建设银行股份有限公司北京市分行 | 宣武区宣武门西大街28号楼4门 | 63603664 |
| 东四支行 | 东城区美术馆后街8号 | 64070221 |
| 西四支行 | 西城区阜外大街甲26号 | 51999931 |
| 前门支行 | 崇文区西打磨厂1号 | 67083921 |
| 城建支行 | 丰台区方庄蒲芳路28号 | 51999158 |
| 宣武支行 | 宣武区广安门内大街314号 | 63209653 |
| 铁道支行 | 丰台区莲花池东路114-1 | 63989566 |
| 朝阳支行 | 朝阳区朝外大街乙10号楼 | 65994806 |
| 海淀支行 | 海淀区知春路96号 | 51998306 |
| 丰台支行 | 丰台区西四环南路54号 | 63811316 |

| | | |
|---|---|---|
| 石景山支行 | 石景山区石景山路22号 | 51993506 |
| 长安支行 | 海淀区复兴路33号西配楼 | 68279271 |
| 开发区支行 | 经济技术开发区隆庆街18号 | 67881039 |
| 安华支行 | 朝阳区安定路35号 | 64442573 |
| 西单支行 | 西城区西单北大街34号 | 66011802 |
| 建国支行 | 东城区建内大街8号中粮广场B座8层801室 | 65263454 |
| 安慧支行 | 朝阳区北辰东路8号汇欣大厦 | 84970049 |
| 上地支行 | 海淀区上地信息路28号信息大厦 | 82784690 |
| 光华支行 | 朝阳区光华路7号汉威大厦西区 | 65614023 |
| 月坛支行 | 西城区金融大街19号富凯大厦B座102室 | 66573141 |
| 金安支行 | 海淀区复兴路戊12号恩菲科技大厦 | 63936102 |
| 鼎昆支行 | 西城区黄寺大街23号 | 82235679 |
| 保利支行 | 东城区朝阳门北大街1号新保利大厦1层 | 64082280 |
| 苏州桥支行 | 海淀区西三环北路5号 | 68431720 |
| 中关村支行 | 海淀区中关村大街27号中关村大厦 | 82856684 |
| 金源支行 | 海淀区远大路1号金源时代购物中心1层 | 88874552 |
| 首都机场支行 | 朝阳区首都机场航安路 | 64590925 |
| 和平里支行 | 东城区和平里7区36号楼 | 64282590 |
| 华贸支行 | 朝阳区建国路89号18号楼北楼1层 | 51996572 |
| 金融街支行 | 西城区金融大街35号国际企业大厦A座1层 | 88091908 |
| 天坛支行 | 崇文区崇外大街114号京文大厦 | 67148171 |
| 望京支行 | 朝阳区花家地北里1号 | 64745586 |
| 永安里支行 | 朝阳区永安东里16号CBD国际大厦 | 65679169 |
| 复兴支行 | 西城区复兴门内大街160号 | 66411466 |
| 电子城科技园区支行 | 朝阳区酒仙桥路2号 | 64343061 |
| 清华园支行 | 海淀区清华大学东门外华业大厦 | 62770616 |
| 东大街支行 | 丰台区东大街25号 | 63818305 |
| 恩济支行 | 海淀区阜成路101号永兴花园饭店 | 88129885 |
| 东四十条支行 | 东城区东中街29号东环广场B座1层 | 64163832 |
| 中轴路支行 | 朝阳区安华西里二区18号楼 | 51996166 |
| 科技馆支行 | 西城区北三环中路3号双全大厦 | 62016569 |
| 地坛支行 | 东城区安定门外大街192号 | 64268442 |
| 三元支行 | 朝阳区左家庄路1号国门大厦B座 | 64680687 |

| | | |
|---|---|---|
| 东方广场支行 | 东城区东长安街1号东方广场E1座609室 | 85188044 |
| 华威支行 | 朝阳区潘家园东里18号楼 | 67798607 |
| 平安大街支行 | 西城区地安门西大街甲99号 | 83288404 |
| 德胜支行 | 西城区德胜门东大街8号东联大厦1层 | 84080441 |
| 西长安街支行 | 西城区西长安街15号民航大厦 | 66569610 |
| 北环支行 | 海淀区北太平庄路18号城建大厦A座 | 82255208 |
| 洋桥支行 | 丰台区马家堡东路57－2 | 67537943 |
| 远洋支行 | 朝阳区八里庄西里远洋天地61号楼1层 | 85864901 |
| 王府井支行 | 东城区王府井大街99号世纪大厦1层 | 65273630 |
| 奥体支行 | 朝阳区小关北里45号世纪嘉园5号楼1层 | 84898097 |
| 白纸坊支行 | 宣武区广安门南街24号 | 63209589 |
| 六里桥支行 | 丰台区莲花池南里21号爱华大厦1层 | 63459645 |
| 雅宝路支行 | 朝阳区朝外头条甲93号东方圣元大厦1层 | 85610204 |
| 新源支行 | 朝阳区亮马桥路32－1号 | 64613250 |
| 航华科贸支行 | 朝阳区建国路118号招商局大厦1层及19层 | 65660517 |
| 中关村南大街支行 | 海淀区中关村南大街17号院1号楼1层 | 58759282 |
| 甘家口支行 | 海淀区三里河路23号 | 88392556 |
| 北三环支行 | 海淀区北三环中路40号 | 62386329 |
| 西四环支行 | 海淀区复兴路28号 | 68218717 |
| 广安门支行 | 宣武区南滨河路7号 | 63479066 |
| 车公庄支行 | 西城区车公庄大街9号院五栋大楼B3座1层 | 88312213 |
| 紫竹桥支行 | 海淀区紫竹院路88号A座1层 | 51905011 |
| 房山支行 | 房山区良乡拱辰北大街1号 | 81389590 |
| 门头沟支行 | 门头沟区双峪路22号 | 69843278 |
| 通州支行 | 通州区玉带河西街25号 | 69546509 |
| 顺义支行 | 顺义区府前中街7号 | 69443295 |
| 昌平支行 | 昌平区东环路95号 | 69742953 |
| 延庆支行 | 延庆县东外大街97号 | 69101571 |
| 怀柔支行 | 怀柔区南大街22号 | 69644594 |
| 密云支行 | 密云县新南路71号 | 69062241 |
| 平谷支行 | 平谷区文化南街19号 | 69961565 |
| 大兴支行 | 大兴区兴政街25号 | 69244497 |

## 交通银行股份有限公司北京市分行

| 机构名称 | 地　址 | 电　话 |
| --- | --- | --- |
| 交通银行股份有限公司北京市分行 | 西城区金融街33号通泰大厦A座 | 66101616 |
| 分行营业部 | 西城区金融街33号通泰大厦A座 | 66102323 |
| 东单支行 | 东城区大雅宝胡同8号 | 65125867 |
| 东单北大街支行 | 东城区东单北大街乙112号 | 65136079 |
| 光华路支行 | 朝阳区光华路甲8号 | 65274814 |
| 王府井支行 | 东城区王府井大街200号 | 65289470 |
| 春秀路支行 | 朝阳区春秀路甲1号 | 64152925 |
| 建国门支行 | 朝阳区雅宝路8号南华声国际大厦首层 | 51201605 |
| 朝外支行 | 朝阳区朝阳门外大街16号 | 85251075 |
| 亚运村支行 | 朝阳区北四环路安慧里二区4号楼 | 64912548 |
| 马甸支行 | 西城区德胜门外大街5号 | 62381989 |
| 慧忠里支行 | 朝阳区慧忠里228号 | 64924239 |
| 惠新支行 | 朝阳区惠新东街5号 | 64980664 |
| 慧忠北里支行 | 朝阳区慧忠北里111号 | 64800897 |
| 育惠东路支行 | 朝阳区小营路12号亚运花园1层 | 84624402 |
| 天通苑支行 | 昌平区天通苑小区203B－4单元 | 84826489 |
| 科技会展中心支行 | 朝阳区裕民路12号中国国际科技会展中心 | 82251033 |
| 亚北支行 | 朝阳区安立路60号院润丰花园六号楼X座西段 | 64820724 |
| 北苑支行 | 朝阳区北苑6号院一区102号楼公建04号房天怡家园底商首层 | 84945332 |
| 媒体村支行 | 北辰绿色家园天朗园C座1层西侧 | 84932021 |
| 和平里支行 | 朝阳区外馆东街51号柳清居裙房 | 64408057 |
| 北太平庄支行 | 海淀区花园路7号 | 62352649 |
| 惠新西街支行 | 朝阳区惠新西街33号 | 64979662 |
| 胜古园支行 | 朝阳区胜古西庄胜古家园3号楼 | 64426223 |
| 和平里东街支行 | 东城区和平里东街民旺园31号楼1层南侧 | 84252419 |
| 兴化路支行 | 东城区和平里兴化路11号 | 64283098 |
| 中轴路支行 | 西城区德外六铺炕中街3号 | 84134598 |
| 西坝河支行 | 朝阳区西坝河西里28号英特公寓首层及3层南侧 | 64476075 |
| 国土房管局大厦支行 | 东城区和平里北街6号 | 64409448 |

| | | |
|---|---|---|
| 德胜门支行 | 西城区德外关厢地区中交大厦1、2层东侧11－14轴房 | 82012821 |
| 阜外支行 | 西城区车公庄大街9号院1号楼 | 88395765 |
| 西直门支行 | 西城区西直门内玉桃园3区13号 | 62239949 |
| 百万庄支行 | 西城区百万庄大街11号 | 68342237 |
| 平安大街支行 | 西城区平安大街6号 | 66139447 |
| 社会路支行 | 西城区二七剧场路南里商业楼首层北侧 | 68028553 |
| 车公庄西路支行 | 海淀区车公庄西路20号 | 68415660 |
| 阜成门支行 | 西城区阜外大街7号国投大厦首层 | 68095528 |
| 海淀支行 | 海淀区苏州街16号神州数码大厦 | 82608176 |
| 双榆树支行 | 海淀区双榆树都市网景E座1层 | 62142620 |
| 中关村支行 | 海淀区成府路蓝旗营高校住宅楼 | 62768691 |
| 万寿寺支行 | 海淀区西三环北路25号 | 68433504 |
| 上地支行 | 海淀区上地科技路甲2号 | 62964300 |
| 北航科技园支行 | 海淀区北四环中路238号柏彦大厦 | 82319630 |
| 万柳支行 | 海淀区长春桥路11号万柳亿城大厦B座北侧1、2层 | 58816701 |
| 农科院支行 | 海淀区学院南路97号 | 62174430 |
| 公主坟支行 | 海淀区复兴路甲14号 | 63969655 |
| 丰台东路支行 | 丰台区万芳园一区1号楼1层2号 | 83683722 |
| 永定路支行 | 海淀区永定路66号 | 68230979 |
| 翠微路支行 | 海淀区翠微路翠微东里甲2号 | 68250872 |
| 石景山支行 | 石景山区石景山路29号京燕饭店西配楼 | 68872697 |
| 定慧寺支行 | 海淀区恩济庄二区北三号楼新洲商务大厦1层 | 88117661 |
| 马连道支行 | 宣武区广外大街248号（机械大厦） | 63327912 |
| 三元支行 | 朝阳区东三环北路甲2号 | 84493137 |
| 团结湖支行 | 朝阳区农展馆南路13号瑞晨国际中心首层1号铺（FI－1号房屋） | 85986507 |
| 红庙支行 | 朝阳区红庙柴家湾1号 | 65075182 |
| 麦子店支行 | 朝阳区枣营路甲4号（永安宾馆） | 65935314 |
| 工体北路支行 | 东城区新中街68号 | 65521157 |
| 东大桥支行 | 朝阳区工体东路20号 | 65863830 |
| 大望路支行 | 朝阳区西大望路3号蓝堡北区写字楼101、102、103号 | 85997420 |
| 水碓子支行 | 朝阳区水碓子北里19号楼 | 85960974 |
| 酒仙桥支行 | 朝阳区酒仙桥路10号星城国际大厦C座 | 64354445 |

| | | |
|---|---|---|
| 东润支行 | 朝阳区南十里居28号东润枫景底商 | 64360718 |
| 顺源街支行 | 朝阳区顺源里2号楼 | 64667167 |
| 天坛支行 | 崇文区天坛东里北区12号 | 67016662 |
| 华威路支行 | 朝阳区华威北里20号 | 67784962 |
| 崇文门支行 | 崇文区东兴隆街56号 | 67029080 |
| 右安门支行 | 宣武区白纸坊东街10号 | 63513259 |
| 芳群园支行 | 丰台区方庄芳群园4区23号 | 67672634 |
| 木樨园支行 | 丰台区东木樨园9号 | 87206594 |
| 松榆里支行 | 朝阳区松榆东里23号 | 67357136 |
| 东方庄支行 | 丰台区芳城东里9号楼1层 | 87621981 |
| 南滨河路支行 | 宣武区南滨河路乙25号 | 51891206 |
| 望京支行 | 朝阳区望京街9号 | 59203677 |
| 望京中环路支行 | 朝阳区望京西园304号楼 | 64751171 |
| 望京南湖中园支行 | 朝阳区望京南湖中园K3－301号楼 | 84713883 |
| 望京西园支行 | 朝阳区望京西园4区416号楼 | 84719673 |
| 经济技术开发区支行 | 北京经济技术开发区隆庆街3号 | 67862746 |
| 东高地支行 | 丰台区南苑路警备东路6号方仕国际酒店1、2层北端 | 67063672 |
| 大兴支行 | 大兴区龙河街127号 | 69206687 |
| 顺义支行 | 顺义区仓上街AMB大厦B区1层 | 89442193 |
| 通州支行 | 通州区九棵树街187号、191号、195号（1层），185号、189号、193号（2层） | 81511870 |
| 东区支行 | 朝阳区广渠路21号 | 58202953 |
| 赛特支行 | 朝阳区建国门外大街22号 | 65120446 |
| 广渠路支行 | 朝阳区双井1号优仕阁大厦B座和C座首层 | 58614205 |
| 永安里支行 | 朝阳区建外永安东里甲3号通用时代国际中心首层 | 65699303 |
| 建国路支行 | 朝阳区建国路90号 | 85891257 |
| 工大桥支行 | 朝阳区东四环南路9号一层1105号商铺 | 67302009 |
| 东三环中路支行 | 朝阳区东三环中路61号商用物业1、2、3层110、110（跃）号商铺 | 59037427 |
| 林萃路支行 | 朝阳区林萃路倚林家园24号楼108－1 | 82722968 |
| 安翔里支行 | 朝阳区安翔路1号 | 64853142 |
| 北清路支行 | 昌平区北清路1号永旺国际商城购物中心1层104号房 | 80700791 |
| 清河支行 | 海淀区龙岗路清景园4号楼1层 | 52718580 |

| | | |
|---|---|---|
| 丰台支行 | 丰台区南四环西路 188 号 5 区 24 号楼 | 63705559 |
| 玉泉营支行 | 丰台区草桥欣园一区 6 号楼 1 层 102 号 | 87584458 |
| 长辛店支行 | 丰台区张郭庄 16 号 | 83880276 |
| 西单支行 | 西城区西长安街甲 17 号 | 66078429 |
| 西便门支行 | 西城区宣武门西大街甲 129 号 | 66412659 |
| 北蜂窝路支行 | 海淀区北蜂窝路乙 15 号 | 63985369 |
| 西三环支行 | 海淀区西三环北路 89 号 | 88825870 |
| 紫竹桥支行 | 海淀区紫竹院路 1 号人济山庄 D 座裙房 103、203 号 | 88555386 |
| 阜成路支行 | 海淀区阜成路 14 号 1 号楼 1 层 | 68768148 |
| 世纪城支行 | 海淀区蓝靛厂世纪城小区金夕园甲 1 号楼 4 段 | 88463257 |
| 东直门支行 | 东城区东直门外大街 48 号东方银座大厦 | 84476267 |
| 中关村园区支行 | 海淀区中关村新科祥园甲 6 号楼 1、2 层东南侧 | 82523708 |
| 五棵松支行 | 海淀区复兴路 69 号 A1－02 号房 | 88213227 |

## 招商银行股份有限公司北京分行

| 机构名称 | 地址 | 电话 |
|---|---|---|
| 招商银行股份有限公司北京分行 | 西城区复兴门内大街 156 号北京招商国际金融中心 A 座 | 66426889 |
| 分行营业部 | 西城区复兴门内大街 156 号北京招商国际金融中心 A 座 | 66427121 |
| 长安街支行 | 东城区建国门内大街 11 号 | 65292026 |
| 中关村支行 | 海淀区中关村大街 42 号 | 62544815 |
| 东三环支行 | 朝阳区东三环北路 1 号 | 84510583 |
| 展览路支行 | 西城区展览路乙 3 号 | 68365433 |
| 亚运村支行 | 朝阳区北辰东路 8 号北京国际会议中心地下 1 层 | 84977506 |
| 万寿路支行 | 海淀区复兴路乙 20 号 | 68286580 |
| 双榆树支行 | 海淀区中关村南大街 9 号理工科技大厦 1 层 | 68467183 |
| 王府井支行 | 东城区灯市口大街 75 号 | 65272073 |
| 小关支行 | 朝阳区北四环东路 115 号 | 64822450 |
| 宣武门支行 | 宣武区宣外大街 30 号 | 63164380 |
| 西三环支行 | 海淀区阜石路 67 号 | 68718147 |

| | | |
|---|---|---|
| 北三环支行 | 东城区北三环东路36号环球贸易中心D座1层 | 59575059 |
| 朝阳门支行 | 东城区朝阳门北大街6号首创大厦1层 | 85282352 |
| 光华路支行 | 朝阳区光华路1号嘉里中心内 | 85296379 |
| 东方广场支行 | 东城区东方广场E3楼2层 | 85150201 |
| 建国路支行 | 朝阳区建国路116号 | 65660168 |
| 崇文门支行 | 崇文区崇外大街5号北京新世界商场二期1层 | 67089468 |
| 北四环支行 | 朝阳区大屯路南沙滩66号华源冠军城1－4－1 | 82884290 |
| 首体支行 | 西城区西直门外大街143号凯旋大厦A座1层 | 88016694 |
| 大运村支行 | 海淀区知春路27号 | 82357648 |
| 万泉河支行 | 海淀区万柳阳春光华家园甲5号 | 82571483 |
| 方庄支行 | 丰台区方庄芳古园一区29号通润商务会馆B区1层 | 67611702 |
| 金融街支行 | 西城区金融大街35号国际企业大厦C座1层 | 88091258 |
| 清华园支行 | 海淀区双清路清华紫光大厦1层 | 62793655 |
| 静安里支行 | 东三环北路8号静安中心1层 | 64666006 |
| 安定门支行 | 东城区安定门外大街208号 | 64217769 |
| 海淀支行 | 海淀区北四环西路56号辉煌时代大厦1层 | 62695363 |
| 世纪城支行 | 海淀区蓝靛厂垂虹园甲1号 | 88876703 |
| 望京支行 | 朝阳区南湖南路15号院甲1号金隅丽港1层 | 64799886 |
| 朝外大街支行 | 朝阳区朝外大街26号 | 85653362 |
| 东直门支行 | 东城区东直门外大街46号天恒大厦1层 | 84608093 |
| 万达广场支行 | 朝阳区建国路93号万达广场7号楼 | 58206783 |
| 慧忠北里支行 | 朝阳区慧忠北里305号楼 | 64880995 |
| 北苑路支行 | 朝阳区北苑路168号中安盛业大厦1层 | 58246878 |
| 建外大街支行 | 朝阳区东三环中路39号建外SOHO小区6号楼 | 59000518 |
| 万通中心支行 | 朝阳区朝外大街甲6号万通中心1层 | 59070215 |
| 望京西园支行 | 朝阳区东湖南里望京西园134号楼1层 | 64789637 |
| 大望路支行 | 朝阳区西大望路15号3号楼1层 | 87723112 |
| 上地支行 | 海淀区农大南路1号硅谷亮城2号楼1层 | 62667353 |

| | | |
|---|---|---|
| 清华科技园支行 | 海淀区中关村东路1号院8号楼1层 | 62602929 |
| 东四环支行 | 朝阳区东四环中路56号远洋国际中心1层 | 59080170 |
| 中关村西区支行 | 海淀区海淀北二街6号普天大厦1层 | 62695362 |
| 京广桥支行 | 朝阳区东三环北路18号泰康金融大厦1层 | 85879737 |
| 玉泉路支行 | 海淀区复兴路83号景藏健康大厦1层 | 68171838 |
| 朝阳公园支行 | 朝阳区朝阳公园路佳隆国际大厦1层 | 65397739 |
| 北辰大厦支行 | 朝阳区北辰东路8号北辰时代大厦30层 | 84981966 |
| 建国门支行 | 朝阳区建国门外大街24号京华公寓1、2层 | 65150931 |

## 上海浦东发展银行股份有限公司北京分行

| 机构名称 | 地址 | 电话 |
|---|---|---|
| 上海浦东发展银行股份有限公司北京分行 | 东城区东四十条68号 | 84085556 |
| 分行营业部 | 东城区东四十条68号 | 84086436 |
| 金融街支行 | 西城区金融大街35号国企大厦A座 | 88091843 |
| 宣武支行 | 宣武区广安门内大街316号 | 63585776 |
| 黄寺支行 | 东城区安德里北街21号 | 84138684 |
| 中关村支行 | 海淀区海淀南路15号 | 62550741 |
| 朝阳支行 | 朝阳区朝阳门外大街19号 | 65802601 |
| 建国路支行 | 朝阳区建外大街99号（中服大厦） | 65812275 |
| 万寿路支行 | 海淀区万寿路西街2号 | 68286966 |
| 安外支行 | 东城区安外大街甲88号 | 64264903 |
| 阜成支行 | 西城区车公庄大街3号 | 88388390 |
| 雅宝路支行 | 东城区建国门北大街8号 | 85192337 |
| 海淀园支行 | 海淀区中关村大街1号 | 82660900 |
| 首体支行 | 海淀区中关村南大街乙56号 | 88026239 |
| 东三环支行 | 朝阳区曙光西里甲6号时间国际中心 | 84584729 |
| 亚运村支行 | 朝阳区慧忠路5号远大中心 | 84891011 |
| 知春路支行 | 海淀区知春路9号蓟门坤讯大厦 | 82320666 |
| 安华桥支行 | 朝阳区安贞西里3区15号 | 64417341 |
| 灯市口支行 | 东城区灯市口大街50号好润大厦 | 85115757 |
| 电子城支行 | 朝阳区酒仙桥路10号 | 64350556 |

| | | |
|---|---|---|
| 经济技术开发区支行 | 经济技术开发区天华园二里二区19号楼 | 67890773-3108 |
| 永定路支行 | 海淀区永定路甲51号 | 68152005 |
| 西客站支行 | 海淀区北蜂窝中路15号 | 63978050 |
| 花园路支行 | 海淀区花园东路10号高德大厦C座1层南侧 | 82030630 |
| 丰盛支行 | 西城区金城坊街1号C106 | 66220077 |
| 紫竹院支行 | 海淀区紫竹院路116号嘉豪国际中心C座 | 51709797 |
| 马连道支行 | 宣武区红莲南路55-2 | 59321959 |
| 和平里支行 | 朝阳区和平西苑20号楼B座101-1、101-2 | 52181558 |
| 马家堡支行 | 丰台区马家堡路15号时代风帆大厦1层 | 67562966 |
| 世纪城支行 | 海淀区蓝靛厂晨月园甲1号楼 | 88895800 |
| 清华园支行 | 海淀区中关村东路1号院清华科技园科技大厦D座G01号 | 82158077 |
| 富丰路支行 | 丰台区西四环南路1号 | 83208200 |
| 三里屯支行 | 朝阳区工体北路甲6号中宇大厦1层、22层 | 59752555 |
| 望京支行 | 朝阳区广顺北大街19-7 | 84780661 |
| 北沙滩支行 | 朝阳区北沙滩1号院31号楼B座1层 | 64866883 |

## 广东发展银行股份有限公司北京分行

| 机构名称 | 地　址 | 电　话 |
|---|---|---|
| 广东发展银行股份有限公司北京分行 | 东城区东单大街大华路2号 | 65269966 |
| 月坛支行 | 西城区月坛北街2号 | 68083556 |
| 中关村支行 | 海淀区中关村大街45号 | 62510783 |
| 亚运村支行 | 朝阳区安定门外安立路8号 | 64993863 |
| 建国路支行 | 朝阳区建国路112号 | 65667647 |
| 国展支行 | 朝阳区西坝河东里18号 | 84603165 |
| 朝阳门支行 | 东城区朝阳门内大街168号 | 65255322 |
| 航天桥支行 | 海淀区西三环北路105号 | 88415097 |
| 新外支行 | 海淀区新街口外大街19号 | 62202585 |
| 西客站支行 | 宣武区广莲路1号 | 63954853 |
| 甘家口支行 | 西城区阜外大街34号 | 68510355 |
| 东直门支行 | 东城区东中街9号 | 64182989 |

| | | |
|---|---|---|
| 翠微路支行 | 海淀区复兴路乙20号 | 66803719 |
| 车公庄支行 | 海淀区车公庄西路乙19号 | 88018701 |
| 方庄支行 | 丰台区方庄路5号 | 87681090 |
| 安贞支行 | 朝阳区安定路39号 | 64445660 |
| 蒋宅口支行 | 东城区安外大街蒋宅口3号 | 64253052 |
| 金融街支行 | 西城区金融大街33号B座1层、4层 | 88088175 |
| 京广支行 | 朝阳区朝外大街甲6号 | 59070890 |
| 知春路支行 | 海淀区知春路49号 | 88099482 |
| 王府井支行 | 东城区王府井大街218－2号 | 65271175 |
| 奥运村支行 | 朝阳区北沙滩甲1号 | 64836760 |
| 黄寺支行 | 西城区德外大街12号 | 62039133 |
| 天通苑支行 | 昌平区天通北苑一区甲6号楼 | 81758219 |
| 莲花支行 | 海淀区莲花池东路39号2层 | 63970761 |
| 大望路支行 | 朝阳区西大望路15号4号楼外企大厦B座 | 87723795 |
| 望京支行 | 朝阳区望京悠乐汇中心E座 | 84787933 |
| 潘家园支行 | 朝阳区华威里10号 | 87785266 |
| 上地支行 | 海淀区农大南路1号院4号楼 | 82349379 |

## 兴业银行股份有限公司北京分行

| 机构名称 | 地址 | 电话 |
|---|---|---|
| 兴业银行股份有限公司北京分行 | 朝阳区安贞西里三区11号福建大厦 | 64429988 |
| 甘家口支行 | 海淀区三里河路19号甘家口大厦 | 88392548 |
| 中轴路支行 | 东城区鼓楼外大街26号荣宝大厦 | 84131495 |
| 朝外支行 | 朝阳区朝外大街77号曼哈顿大厦 | 65522234 |
| 广安门支行 | 宣武区广安门内大街315号信息大厦 | 63691584 |
| 亚运村支行 | 朝阳区亚运村安慧里四区16楼 | 84885210 |
| 西单支行 | 西城区宣内大街甲6号西单东南大厦 | 66033101 |
| 中关村支行 | 海淀区中关村南大街32号中关村科技发展大厦 | 62140576 |
| 东外支行 | 朝阳区东直门外大街23号 | 64688194 |
| 上地支行 | 海淀区农大南路1号院2号楼B座 | 62960275 |
| 西客站支行 | 海淀区复兴路12号恩菲科技大厦 | 63959953 |
| 东单支行 | 东城区东单三条8－2号国话大厦 | 65212364 |
| 长安支行 | 海淀区复兴路65号 | 68134894 |

| | | |
|---|---|---|
| 国贸支行 | 朝阳区东三环中路甲10号赢嘉中心 | 65661615 |
| 安华支行 | 朝阳区安贞西里三区11号 | 64450943 |
| 月坛支行 | 西城区车公庄大街9号五栋大楼 | 88395826 |
| 三元桥支行 | 朝阳区东三环霄云路21号大通大厦 | 84540826 |
| 西直门支行 | 海淀区西直门北大街42号节能大厦1层 | 62272378 |
| 知春路支行 | 海淀区知春路59号中关村海关大厦 | 62615405 |
| 大钟寺支行 | 海淀区北三环西路23号 | 82113671 |
| 顺义支行 | 顺义区府前东街甲2号大龙城乡建设开发公司首层 | 64583310 |
| 世纪坛支行 | 海淀区复兴路甲1号 | 68525271 |
| 海淀支行 | 海淀区中关村西区丹棱街3号 | 82607710 |
| 金源支行 | 海淀区蓝靛厂东路2号院2号楼 | 88891401 |
| 永定门支行 | 崇文区永定门外大街101号 | 87865764 |
| 积水潭支行 | 西城区新街口外大街冰窖口胡同8号院8号楼 | 82808410 |
| 崇文门支行 | 崇文区珠市口东大街5号 | 67018300 |
| 首体支行 | 海淀区首体南路9号主语商务中心2号楼 | 68790757 |
| 魏公村支行 | 海淀区中关村南大街韦伯时代大厦C座首层 | 88579570 |
| 方庄支行 | 丰台区方庄紫芳园三区5号 | 87660014 |
| 光华路支行 | 朝阳区东三环中路25号住总大厦 | 65083386 |
| 通州支行 | 通州区车站路39号 | 60563230 |
| 亦庄支行 | 经济技术开发区荣京东街3号荣京丽都大厦1层 | 67879787 |

## 深圳发展银行股份有限公司北京分行

| 机构名称 | 地　　址 | 电　话 |
|---|---|---|
| 深圳发展银行股份有限公司北京分行 | 西城区复兴门内大街158号远洋大厦F5 | 66292288 |
| 分行营业部 | 西城区复兴门内大街158号远洋大厦G层 | 66292375 |
| 北京神华支行 | 东城区安德路16号洲际大厦 | 64485667 |
| 北京安华支行 | 朝阳区安贞西里三区10号楼1层 | 51961920 |
| 北京西三环支行 | 海淀区西三环中路甲21号 | 63941929 |
| 北京中关村支行 | 海淀区苏州街1号 | 82569902 |
| 北京三元桥支行 | 朝阳区新源南路9号 | 84538668 |
| 北京朝阳门支行 | 朝阳区关东店北街国安宾馆1层 | 65061188 |

| | | |
|---|---|---|
| 北京官园支行 | 西城区车公庄大街乙1号富通大厦 | 88370055 |
| 北京建国门支行 | 东城区建国门内大街18号 | 65188100 |
| 北京知春路支行 | 海淀区知春路113号银网中心 | 62637497 |
| 北京海淀支行 | 海淀区中关村南大街甲32号 | 62187508 |
| 北京东直门支行 | 东城区东直门外大街48号东方银座首层 | 84476880 |
| 北京东城支行 | 东城区金宝街58号 | 65127997 |
| 北京和平支行 | 东城区和平里9区甲4号安信大厦 | 64464976 |
| 北京宣武支行 | 宣武区南新华街甲1号瑞驰大酒店1层 | 63153329 |
| 北京亚运村支行 | 朝阳区安立路66号安立花园1号楼101室 | 64907572 |
| 北京万柳支行 | 海淀区万柳中路35号万柳蜂鸟家园2号楼首层 | 82871700 |
| 北京德胜门支行 | 西城区安德路81号 | 82063887 |
| 北京光华路支行 | 朝阳区光华路4号东方梅地亚中心A座1层 | 65832833 |
| 北京望京支行 | 朝阳区望京新城南湖西园125号 | 84721880 |
| 北京花园桥支行 | 海淀区西三环北路87号国际财经中心 | 88820014 |
| 北京东四环支行 | 朝阳区八里庄西里100号1号楼 | 85866189 |
| 北京开阳桥支行 | 丰台区开阳路1号瀚海花园大厦 | 83973602 |
| 北京亚奥支行 | 朝阳区北辰东路8号5号楼2层 | 84970866 |

## 中信银行股份有限公司总行营业部

| 机构名称 | 地　址 | 电　话 |
|---|---|---|
| 中信银行股份有限公司总行营业部 | 西城区金融大街甲27号投资广场A座 | 66293513 |
| 营业结算部 | 西城区金融大街甲27号投资广场A座 | 66293012 |
| 国际大厦支行 | 朝阳区建国门外大街19号 | 65122233 –225 |
| 京城大厦支行 | 朝阳区新源里南路6号 | 84865386 |
| 富华大厦支行 | 东城区朝阳门北大街8号富华大厦E座1层 | 65558365 |
| 朝阳支行 | 朝阳区农展馆南里12号 | 65389575 |
| 中关村支行 | 海淀区中关村南大街6号 | 62187401 |
| 招商大厦支行 | 朝阳区建国路118号 | 65687667 |
| 广安门支行 | 宣武区广安门外南滨河路1号 | 63288394 |

| | | |
|---|---|---|
| 海淀支行 | 海淀区海淀北一街2号首创拓展大厦1层至3层 | 62613870 |
| 东大桥支行 | 朝阳区工体东路18号 | 65944950 |
| 知春路支行 | 海淀区知春路14号 | 62369830 |
| 新兴支行 | 海淀区西三环中路17号新兴宾馆写字楼首层 | 68212510 |
| 奥运村支行 | 朝阳区大屯路慧忠北里309号楼D首层 | 64802827 |
| 阜成门支行 | 西城区太平桥大街17号恒奥中心A座1层 | 66579713 |
| 酒仙桥支行 | 朝阳区酒仙桥路14号兆维大厦1层 | 64319780 |
| 崇文支行 | 崇文区东花市南里富贵园三区底商裙房 | 67151791 |
| 西单支行 | 西城区复兴门内大街45号 | 66035493 |
| 万达广场支行 | 朝阳区建国路93号北京万达广场东区商业B座 | 58208406 |
| 首体南路支行 | 海淀区首体南路22号国兴大厦首层 | 88354581 |
| 中粮广场支行 | 东城区建国门内大街8号 | 65228710 |
| 金运大厦支行 | 海淀区西直门北大街甲43号1号楼101室 | 62294402 |
| 上地支行 | 海淀区上地东里1区4号楼科贸大厦1层 | 62969970 |
| 经济技术开发区支行 | 经济技术开发区天华园一里三区14号楼1层 | 67874552 |
| 安贞支行 | 朝阳区安贞西里三区26号浙江大厦1层、5层 | 64417162 |
| 广渠路支行 | 朝阳区东三环外广渠路九龙商厦1层 | 87768422 |
| 望京支行 | 朝阳区望京利泽中园2区208号院内B座1层 | 64391220 |
| 清华科技园支行 | 海淀区中关村东路1号清华科技园9号楼威新国际大厦1层 | 58722191 |
| 三元桥支行 | 朝阳区曙光西里甲1号首层 | 58221129 |
| 世纪城支行 | 海淀区蓝靛厂居住区（世纪城三期）垂虹园甲2号 | 88862208 |
| 尚都国际中心支行 | 朝阳区东大桥路8号尚都国际中心 | 58700920 |
| 紫竹桥支行 | 海淀区北洼路9号世纪新景园7号楼 | 88583990 |
| 凯晨广场支行 | 西城区复兴门内大街28号凯晨世贸中心中座第F3层 | 66271586 |
| 万柳支行 | 海淀区万柳星标家园5－32、5－31、5－217号 | 82567560 |

| | | |
|---|---|---|
| 财富中心支行 | 朝阳区东三环中路7号北京财富中心一期商铺E101、E205 | 65309351 |
| 长安支行 | 朝阳区东三环中路39号建外SOHO小区17号楼 | 59002847 |
| 北辰支行 | 朝阳区慧忠里320号住总大厦 | 84837995 |
| 秀水支行 | 朝阳区东大桥路59号北侧 | 65938595 |
| 出国中心支行 | 朝阳区天泽路40号 | 84551178 |
| 福码大厦支行 | 朝阳区广顺路北大街33号院1号楼福码大厦B座1层102室 | 84279727 |
| 观湖国际支行 | 朝阳区姚家园路105号3号楼万企控股大厦1层102室 | |

## 中国光大银行股份有限公司北京分行

| 机构名称 | 地址 | 电话 |
|---|---|---|
| 中国光大银行股份有限公司北京分行 | 西城区宣武门内大街1号 | 66567699 |
| 分行营业部 | 西城区宣武门内大街1号 | 66567688 |
| 东高地支行 | 丰台区东高地万源西里36栋—甲44栋航天万源广场1层 | 68759667 |
| 顺义支行 | 顺义区站前西街3号顺鑫国际中心 | 61409500 |
| 西城支行 | 西城区车公庄大街甲4号物华大厦1、2层 | 68002203 |
| 富力城支行 | 朝阳区双井富力城A2楼 | 58764958 |
| 安定门支行 | 东城区安定门外大街208号三利大厦 | 64280003 |
| 工体路支行 | 东城区东中街46号鸿基大厦1、2层 | 64171771 |
| 远大路支行 | 海淀区长椿桥路5号新起点嘉园3号楼 | 82564234 |
| 世纪城支行 | 海淀区板井路59号 | 88508844 |
| 天宁寺支行 | 西城区莲花池东路1号 | 63489773 |
| 安贞支行 | 朝阳区安定路39号 | 64417446 |
| 亚运村支行 | 朝阳区慧忠东路5号远大中心C座1、2层 | 84891164 |
| 宣武支行 | 宣武区广安门外大街1号深圳大厦 | 83271188-8697 |
| 首体支行 | 海淀区西外大街168号腾达大厦首层 | 88576209 |
| 西单支行 | 西城区华远北街2号通港大厦1层（赛特商城后面） | 66138310 |

| | | |
|---|---|---|
| 朝阳支行 | 朝阳区朝外大街16号中国人寿大厦1、2层 | 85252009 |
| 光华路支行 | 朝阳区光华路2号阳光100G座 | 65063528 |
| 北太平庄支行 | 海淀区北太平庄路18号城建大厦B座1层 | 62091421 |
| 东城支行 | 东城区东四北大街337号 | 64079747 |
| 金源支行 | 海淀区蓝靛厂垂虹园甲5号 | 88878901 |
| 学院路支行 | 海淀区西直门北大街56号生命人寿大厦 | 63018827 |
| 石景山支行 | 石景山区阜石路166号泽洋大厦北座首层和南座6层 | 52638610 |
| 长安支行 | 西城区复兴门外大街6号光大大厦 | 68561246 |
| 西直门支行 | 西城区德宝新园22楼德宝饭店1、2层 | 68332338 |
| 建国门支行 | 朝阳区建国门外大街甲6号中环世贸中心D座1层 | 65630255 |
| 新源支行 | 朝阳区新源西里中街12号 | 64648252 |
| 劲松桥支行 | 朝阳区东三环南路甲52号-1 | 67727118 |
| 金融街支行 | 西城区金融大街28号院2号楼1层 | 66578055 |
| 长虹桥支行 | 朝阳区东三环北路15号全和恒安大厦1、2层 | 65958221 |
| 方庄支行 | 丰台区方庄芳古园一区29-5 | 87673414 |
| 朝内支行 | 东城区朝阳门北大街17号人保大厦 | 65279078 |
| 花园路支行 | 海淀区花园东路10号高德大厦B段1、2层 | 82038443 |
| 德胜门支行 | 北京市西城区黄寺大街23号北广大厦1层 | 82236900 |
| 苏州街支行 | 海淀区苏州街18号院长远天地大厦D座1层 | 82609760 |
| 经济技术开发区支行 | 经济技术开发区天宝园五里二区1-C2号 | 67820492 |
| 礼士路支行 | 西城区礼士路66号建威大厦 | 68042468 |
| 三里河支行 | 西城区月坛南街71号一层配楼1-3层 | 68519372 |
| 阜成路支行 | 海淀区西三环北路100号金玉大厦首层（部分）及配楼 | 68727490 |
| 海淀支行 | 海淀区中关村大街18号 | 82538021 |
| 望京支行 | 朝阳区中环南路花家地街花家地商业1号楼 | 84723281 |
| 京广桥支行 | 朝阳区东三环中路7号北京财富中心A座商业1层E108 | 65309889 |

| | | |
|---|---|---|
| 崇文支行 | 崇文区广渠门内大街27号 | 87103728 |
| 丰台支行 | 丰台区科学城恒富街2号院5号阳光四季1层 | 63712533 |
| 清华园支行 | 海淀区双清路88号华源世纪商务楼 | 82527673 |
| 复兴路支行 | 海淀区复兴路47号天行建商务大厦 | 51921098 |
| 中关村支行 | 海淀区知春路63号 | 62563410 |
| 上地支行 | 海淀区上地三街9号嘉华大厦B座1层 | 62978318 |

## 华夏银行股份有限公司北京分行

| 机构名称 | 地　址 | 电　话 |
|---|---|---|
| 华夏银行股份有限公司北京分行 | 西城区金融大街11号 | 58598600 |
| 业务部 | 西城区金融大街11号 | 58598428 |
| 石景山支行 | 石景山区石景山路66号 | 88294148 |
| 和平门支行 | 宣武区前门西大街14号 | 63163286 |
| 紫竹桥支行 | 海淀区广源闸5号 | 68484497 |
| 东四支行 | 东城区东四十条21号 | 84035177 |
| 长安支行 | 西城区三里河东路5号 | 68535115 |
| 中关村支行 | 海淀区北四环56号 | 62695719 |
| 知春支行 | 海淀区知春路111号理想大厦1层 | 82665348 |
| 灯市口支行 | 东城区灯市口大街33号 | 65260219 |
| 平安支行 | 西城区平安里西大街16号 | 66150176 |
| 安定门支行 | 东城区安定门外大街甲68号 | 84287878 |
| 建国门支行 | 东城区建国门内大街5号 | 65225305 |
| 朝阳门支行 | 朝阳区工人体育场西路18号国际公寓 | 65527595 |
| 京广支行 | 朝阳区东三环中路7号北京财富中心 | 65309198－198 |
| 首体支行 | 海淀区西直门外大街168号 | 88576280 |
| 公主坟支行 | 海淀区复兴路甲11号 | 63984520 |
| 亮马河支行 | 朝阳区东三环北路3号幸福大厦B座 | 64688007 |
| 东直门支行 | 朝阳区东土城路14号 | 85271101 |
| 中轴路支行 | 东城区鼓楼外大街45号 | 82086134 |
| 亚运村支行 | 朝阳区慧忠北里410号楼 | 64858093 |
| 万柳支行 | 海淀区万柳中路31号 | 82579070 |
| 两广支行 | 崇文区东珠市口1号 | 67081582 |
| 国贸支行 | 朝阳区东三环中路甲10号嘉赢中心 | 65669746 |

| | | |
|---|---|---|
| 光华支行 | 朝阳区光华路 8 号 | 65832024 |
| 魏公村支行 | 海淀区中关村南大街甲 12 号 | 62109308 |
| 阜外支行 | 西城区阜外大街甲 34 号 | 68530639 |
| 东单支行 | 东城区建外大街 22 号 | 85237078 |
| 北沙滩支行 | 朝阳区德胜门外北沙滩 1 号 | 64848676 |
| 德外支行 | 西城区德外大街 3 号 | 62009388 |
| 西直门支行 | 海淀区西直门北大街 60 号 | 82295260 |
| 望京支行 | 朝阳区望京广顺大街 222 号 | 84725982 |
| 世纪城支行 | 海淀区蓝靛厂 2 号楼 A 座 | 88861808 |
| 车公庄支行 | 西城区车公庄大街 12 号 | 88306385 |
| 秀水支行 | 朝阳区秀水东街 8 号 | 65930582 |
| 东外支行 | 东城区东外大街 35 号东湖别墅 | 64678087 |
| 上地支行 | 海淀区信息路甲 28 号科实大厦 | 82772158 |
| 丰台科技园支行 | 丰台区航丰路 1 号时代财富天地大厦 | 58090551 |
| 广外支行 | 宣武区广安门外大街 397 号及甲 397 号 | 63325130 |
| 青年路支行 | 朝阳区青年路雅成一里 14 号世丰国际大厦 | 8552153 |
| 通州支行 | 通州区梨园北杨洼 25 号商务楼 | 81528713 |
| 北三环支行 | 西城区北三环中路丙 6 号 | 58572874 |
| 亦庄支行 | 丰台区经济技术开发区荣昌东街甲 5 号隆盛大厦 | 67806910 |
| 顺义支行 | 北京市顺义区石园南区 33 号楼首层 | 89441239 |

## 中国民生银行股份有限公司总行营业部

| 机构名称 | 地　址 | 电　话 |
|---|---|---|
| 中国民生银行股份有限公司总行营业部 | 西城区复兴门内大街 2 号 | 58560088 |
| 木樨地支行 | 海淀区复兴路甲 3 号 | 68579345 |
| 阜成门支行 | 西城区阜外大街 2 号万通新世界广场 B 座首层 | 68588449 |
| 建国门支行 | 朝阳区建国门外大街 21 号国际俱乐部首层 | 65325937 |
| 中关村支行 | 海淀区知春路 113 号银网中心首层 | 62619096 |
| 西坝河支行 | 朝阳区西坝河西里甲 18 号 | 64295659 |
| 工体北路支行 | 朝阳区工体北路 9 号 | 64155280 |
| 安定门支行 | 朝阳区安外大街 1 号信义大厦 | 58295809 |

| | | |
|---|---|---|
| 万寿路支行 | 海淀区复兴路甲65号-A | 68169091 |
| 西客站支行 | 丰台区西客站南广场中色大厦首层 | 63485530 |
| 正义路支行 | 东城区正义路3号共青团中央综合楼 | 65262023 |
| 上地支行 | 海淀区上地东里一区4号楼科贸大厦首层 | 62971290 |
| 国贸支行 | 朝阳区建国路128号一航大厦 | 65676300 |
| 首体支行 | 西城区西直门外大街甲143号凯旋大厦 | 68310386 |
| 金融街支行 | 西城区金融街33号通泰大厦B座首层 | 88087334 |
| 平安里支行 | 西城区地安门西大街141号 | 66519577 |
| 北太平庄支行 | 西城区新街口外大街2号金辉科技楼 | 62382766 |
| 广安门支行 | 宣武区广内大街338号港中旅大厦 | 83512515 |
| 方庄支行 | 丰台区芳古园一区28-3号通润会馆首层 | 67670385 |
| 朝阳门支行 | 朝阳区朝外大街22号泛利大厦首层 | 65884529 |
| 紫竹支行 | 海淀区紫竹院路31号华澳中心嘉慧苑首层 | 88510821 |
| 魏公村支行 | 海淀区中关村南大街27号中扬大厦首层 | 68937483 |
| 东单支行 | 东城区东单大街甘雨胡同甲2号大万商务中心 | 85110682 |
| 亚运村支行 | 朝阳区惠新西街3号 | 64916864 |
| 苏州街支行 | 海淀区海淀南路32号中信国安数码港首层 | 62526249 |
| 西直门支行 | 海淀区西直门大街43号时代之光名苑首层 | 62266015 |
| 和平里支行 | 东城区青龙胡同一号歌华大厦B座首层 | 84186208 |
| 崇文门支行 | 崇文区崇外大街9号正仁大厦首层 | 67089851 |
| 奥运村支行 | 朝阳区安立路66号安立花园首层 | 64906563 |
| 三元支行 | 朝阳区东三环北路甲2号京信大厦西南配楼首层 | 84489520 |
| 西单支行 | 西城区西单北大街107号北京电信首层 | 58503909 |
| 劲松支行 | 朝阳区劲松三区甲302号华腾大厦1层 | 87730408 |
| 成府路支行 | 海淀区成府路298号中关村方正大厦首层南侧 | 82529408 |
| 德胜门支行 | 西城区德外大街新风街2号天成科技大厦首层 | 82271439 |
| 电子城支行 | 朝阳区酒仙桥路14号兆维大厦首层 | 58671027 |
| 首都机场支行 | 朝阳区航安路首都机场“职工之家”综合楼 | 64595916 |

| | | |
|---|---|---|
| 西二环支行 | 西城区阜成门北大街6号国际投资大厦C座首层 | 66579958 |
| 空港支行 | 顺义区天竺空港工业区经纬四街9号院办公楼 | 64595916 |
| 西长安街支行 | 西城区复兴门内大街2号民生银行大厦首层 | 58560383 |
| 南二环支行 | 崇文区永定门外大街101号百荣世贸商城A区1层 | 87804382 |
| 建国门外支行 | 朝阳区建国门外大街甲12号新华保险大厦 | 65693081 |
| 京广支行 | 朝阳区呼家楼京广商务楼首层 | 65974216 |
| 航天桥支行 | 海淀区西三环航天桥核二院核电科技大楼首层 | 59821800 |
| 中关村西区支行 | 海淀区海淀大街8号中钢国际广场A座3层 | 62684314 |
| 望京支行 | 朝阳区南湖东园122号博泰国际B座 | 64755278 |
| 环保园支行 | 海淀区地锦路5号 | 59738716 |
| 首体南路支行 | 海淀区首体南路9号中国电工大厦首层 | 68790947 |

## 渤海银行股份有限公司北京分行

| 机构名称 | 地　址 | 电　话 |
|---|---|---|
| 渤海银行股份有限公司北京分行 | 西城区复兴内大街28号凯晨世贸中心 | 66270000 |
| 魏公村支行 | 海淀区中关村南大街31号神舟大厦 | 68729028 |
| 商务中心区支行 | 朝阳区光华路15号院泰达时代中心1号楼 | 85885416 |
| 亚运村支行 | 朝阳区慧忠路318号 | 64953778 |
| 朝阳门支行 | 朝阳区吉庆里小区9、10号楼蓝筹名座E座 | 65538038 |
| 万柳支行 | 海淀区长椿桥路11号亿城中心C1座大厦 | 62416917 |

## 北京银行股份有限公司

| 机构名称 | 地　址 | 电　话 |
|---|---|---|
| 北京银行股份有限公司 | 西城区金融大街甲17号首层 | 66226060 |
| 燕京支行 | 西城区复外大街19号燕京饭店西配楼 | 68513355-113 |
| 月坛支行 | 西城区阜外大街27号 | 68366373 |

| | | |
|---|---|---|
| 阜成支行 | 西城区阜外大街 2 号 | 68028500–166 |
| 华安支行 | 西城区西皇城根北街甲 2 号 | 66112971 |
| 三里河支行 | 西城区月坛南街 85 号 | 68577116–116 |
| 官园支行 | 西城区育教胡同 33 号 | 66155034 |
| 复兴支行 | 西城区月坛南街 14 号 | 68529977 |
| 德外支行 | 西城区德胜门外大街 8 号（德胜园区） | 62373099 |
| 展览路支行 | 西城区西直门外南路 8 号 | 68336498 |
| 金融街支行 | 西城区金融大街丁 26 号 | 88087435 |
| 西四支行 | 西城区西单北大街 30 号 | 66065097 |
| 车公庄支行 | 西城区车公庄大街乙 8 号 | 68341546 |
| 西直门支行 | 西城区冠英园西区 31 号楼 | 66111790 |
| 慧园支行 | 西城区校场口街 9 号院 7 号楼及巳 9 号楼 1 层 | 82061216 |
| 西单支行 | 西城区复兴门内大街 156 号（招商国际金融中心 B 座） | 66426677 |
| 长安街支行 | 西城区真武庙一号中国职工之家 C 座首层 | 65683696 |
| 商务中心区支行 | 朝阳区光华路丙 12 号首层 | 65083156 |
| 东大桥支行 | 朝阳区东直门外大街 22 号楼东侧 | 64150965 |
| 关东店支行 | 朝阳区东大桥三角地 | 65083196 |
| 朝外支行 | 朝阳区朝外大街 12 号海蓝云天商城 1 层西门 | 65993342 |
| 红星支行 | 朝阳区朝外大街 20 号 | 65885739 |
| 雅宝路支行 | 朝阳区雅宝路二号天雅大厦 1 层 | 51362666 |
| 安华路支行 | 朝阳区外馆东街 51 号商业楼首层 0102 室 | 64419057 |
| 樱花支行 | 朝阳区北三环东路 15 号（北京化工大学校门旁） | 64419057 |
| 东长安街支行 | 朝阳区建国门外大街乙 12 号 | 65683696 |
| 新源支行 | 朝阳区北三环东路 6 号 | 64622976 |
| 孙河支行 | 朝阳区孙河顺白路 6 号 | 84591236 |
| 酒仙桥支行 | 朝阳区酒仙桥路 3 号 | 64376762 |
| 望京支行 | 朝阳区望京广顺南大街嘉润花园 19 号会所 | 64775721 |
| 亚运村支行 | 朝阳区慧忠北里天创世缘 309 楼 A 座首层 | 64801058 |

| | | |
|---|---|---|
| 芳草地支行 | 朝阳区东大桥路10号 | 85952968 |
| 八里庄支行 | 朝阳区朝外红庙延静西里2号 | 51362666 |
| 北辰路支行 | 朝阳区北辰东路8号汇珍楼1层 | 84977983 |
| 九龙山支行 | 朝阳区农光里117号 | 67342095 |
| 现代城支行 | 朝阳区建国路88号现代城A区S座0101室 | 85803048 |
| 金台路支行 | 朝阳区团结湖路52号 | 85985900 |
| 北苑路支行 | 朝阳区北苑路172号万兴苑11号楼1层04室 | 84854738 |
| 健翔支行 | 朝阳区安翔北里甲11号 | 64889925 |
| 惠新支行 | 朝阳区惠新东街4号 | 84663958 |
| 双桥支行 | 朝阳区双柳北街39号商业2层203号 | 67342095 |
| 大望路支行 | 朝阳区西大望路15号1号楼512室 | 67342095 |
| 燕莎支行 | 朝阳区亮马桥路42号光明饭店1层、3层 | 84602522 |
| 望京科技园支行 | 朝阳区望京西园一区134号楼101号 | 64789994 |
| 远洋国际中心支行 | 朝阳区东四环中路56号远洋国际中心A座106、107、207室 | 85865167 |
| 奥北支行 | 朝阳区天乐园1号楼1层1－6 | 84929775 |
| 奥东支行 | 朝阳区惠新西街19号 | 51300089 |
| 日坛支行 | 朝阳区日坛北路19号 | 85625126 |
| 建国支行 | 东城区建国门内大街乙18号 | 65245132 |
| 东单支行 | 东城区建内大街19号中纺大厦1层 | 65262728 |
| 和平里支行 | 东城区和平里东街1号 | 84232274 |
| 中轴路支行 | 东城区安德路16号洲际大厦首层 | 84882667 |
| 灯市口支行 | 东城区灯市口大街50号 | 65230530 |
| 沙滩支行 | 东城区北河沿大街97号 | 65253520 |
| 东四支行 | 东城区东四北大街303－8号 | 64071885 |
| 景山支行 | 东城区美术馆东街20号 | 64018151 |
| 安定门支行 | 东城区交道口南大街16号 | 64074851 |
| 长城支行 | 东城区金鱼胡同18号万富大厦首层 | 65258088 |
| 工体北路支行 | 东城区新中西里13号巨石大厦首层 | 51909859 |
| 东直门支行 | 东城区东直门南大街9号4号楼1层 | 84098610 |
| 海运支行 | 东城区东直门南大街5号 | 58156080 |
| 雍和支行 | 东城区东直门北小街青龙胡同1号歌华大厦首层 | 84186329 |
| 中关村科技园区支行 | 海淀区中关村大街甲28号海淀文化艺术大厦B座1层 | 82533036 |
| 友谊支行 | 海淀区中关村南大街3号海淀科技大厦1层 | 68945818 |

| | | |
|---|---|---|
| 双榆树支行 | 海淀区双榆树东里甲22号 | 82120149 |
| 北京大学支行 | 海淀区成府路298号方正大厦1层北侧 | 82529701 |
| 清华大学支行 | 海淀区清华大学照澜院商业楼1层 | 62780101 |
| 清华园支行 | 海淀区双清路西王庄同方大厦 | 62770466 |
| 学院路支行 | 海淀区学院路30号 | 62345994 |
| 燕园支行 | 海淀区西草场1号 | 82851770 |
| 金运支行 | 海淀区西直门北大街甲43号金运大厦A座 | 62295220 |
| 四道口支行 | 海淀区学院南路54号 | 62232026 |
| 学知支行 | 海淀区北土城西路197号 | 62313296 |
| 北航支行 | 海淀区学院路35号世宁大厦首层102室 | 62626289 |
| 万寿路支行 | 海淀区万寿路17号院综合楼B座 | 68162761 |
| 阜裕支行 | 海淀区阜成路28号 | 84663958 |
| 北洼路支行 | 海淀区北洼路28号 | 68489951 |
| 双秀支行 | 海淀区北三环中路31号 | 82005320 |
| 上地支行 | 海淀区上地信息路1号院3号楼首层东部 | 82895597 |
| 翠微路支行 | 海淀区复兴路33号 | 68219488 |
| 海淀路支行 | 海淀区中关村大街22号中科大厦B座中段 | 62628330 |
| 中关村支行 | 海淀区中关村科学院南路12号住宅 | 62699135 |
| 魏公村支行 | 海淀区中关村南大街25号中扬大厦 | 68937791 |
| 大钟寺支行 | 海淀区白石桥路30号东门五区 | 62169408 |
| 世纪城支行 | 海淀区板井路69号世纪金源国际公寓东区首层商业 | 88462512 |
| 西客站支行 | 海淀区羊坊店路3号 | 68172288 |
| 永定路支行 | 海淀区复兴路83号景藏健康大厦西侧1层、2层 | 68281039 |
| 白石桥支行 | 海淀区中关村南大街48号 | 68937791 |
| 北太平庄支行 | 海淀区北三环中路戊40号 | 62062407 |
| 航天支行 | 海淀区海淀南路30号 | 82619803 |
| 国兴家园支行 | 海淀区首体南路20号 | 88355439 |
| 甘家口支行 | 海淀区三里河路39号 | 68338856 |
| 紫竹支行 | 海淀区车道沟10号院中国兵器大厦首层 | 88462512 |
| 新街口北大街支行 | 海淀区德胜门西大街15号远洋风景8号楼1单元102号 | 82293543 |
| 新华支行 | 海淀区万柳中路15号1层底商 | 82565336 |
| 中关村广场支行 | 海淀区海淀北一街2号 | 62699135 |
| 四季青支行 | 海淀区蓝靛厂世纪城三期时雨园甲1-1 | 88462512 |

| | | |
|---|---|---|
| 永丰支行 | 海淀区西北旺德政路南茉莉园甲19号楼Ⅱ段0101、0102、0201、0202号 | 82403379 |
| 万泉路支行 | 海淀区新建宫门路1号 | 62881816 |
| 中关村海淀园支行 | 海淀区海淀北一街2号首创拓展大厦1－2层 | 62699135 |
| 清河支行 | 海淀区清河清景园5号商业楼地上1层A区 | 84977983 |
| 琉璃厂支行 | 宣武区南新华街48号 | 63184615 |
| 右安门支行 | 宣武区右安门内大街65号 | 63520014 |
| 前门支行 | 宣武区前门西大街正阳市场1号楼 | 63019067 |
| 陶然支行 | 宣武区永定门内西街5号 | 83162553 |
| 广安支行 | 宣武区广安门外白莱湾5号楼1层 | 63486028 |
| 滨河路支行 | 宣武区枣林前街119号 | 63041901 |
| 报国寺支行 | 宣武区广安门内大街甲306－3号 | 63563991 |
| 天宁支行 | 宣武区核桃园西街36号 | 63041901 |
| 白云支行 | 宣武区广安门外小马厂西里2号 | 63486028 |
| 宣武门支行 | 宣武区广安门内大街6号 | 83529199 |
| 广源支行 | 宣武区广安门外大街305号院7号楼1层 | 63458690 |
| 天坛支行 | 崇文区天坛东路76号 | 67169118 |
| 光明支行 | 崇文区光明路11号 | 67129144 |
| 天桥支行 | 崇文区珠市口东大街20号 | 67075134 |
| 花市支行 | 崇文区东花市北里中区甲27号楼 | 67150079 |
| 永外支行 | 崇文区东革新里5号 | 67271891 |
| 广渠门支行 | 崇文区夕照寺街2号北京市电信工程局办公大楼1层 | 67184883 |
| 丰台支行 | 丰台区丰台镇东安街1号 | 63836246 |
| 两桥支行 | 丰台区西四环南路31号 | 63825046 |
| 西罗园支行 | 丰台区海户西里甲30号 | 67253444 |
| 成寿寺支行 | 丰台区南三环四方景园二区配套商业1－5号 | 87647377－6617 |
| 方庄支行 | 丰台区方庄芳星园二区甲3号院6号 | 67666233 |
| 总部基地支行 | 丰台区南四环西路188号三区5号101、102室 | 63702466 |
| 三环新城支行 | 丰台区丰桥路7号院8号楼28号 | 83293320 |
| 花乡支行 | 丰台区南四环西路123号北京市旧机动车交易市场西大厅1层东侧 | 83638405 |
| 东高地支行 | 丰台区东高地万源西里41栋 | 68759199 |

| | | |
|---|---|---|
| 玉泉营支行 | 丰台区南三环西路16号3号楼1层101室 | 87576165 |
| 石景山支行 | 石景山区石景山路42号 | 88706585 |
| 京源路支行 | 石景山区石景山路23号中础大厦1层 | 88706621 |
| 昌平支行 | 昌平区政府街2号 | 80103925 |
| 天通苑支行 | 昌平区东小口镇立汤路188号北方明珠大厦商业首层06B | 58608628 |
| 回龙观支行 | 昌平区回龙观镇北店时代广场商业综合楼B段地上1层 | 80750319 |
| 龙水路支行 | 昌平区龙水路28－12号底商 | 80103925 |
| 北七家支行 | 昌平区北七家镇立汤路58号王子大厦瑰宝商业中心 | 80103925 |
| 顺义支行 | 顺义区站前街粮食局商办楼 | 81482660 |
| 天竺支行 | 顺义区天竺地区天竺花园天韵阁1层 | 64575033 |
| 石园支行 | 顺义区仁和镇石园南区33号楼102号 | 89452366 |
| 首都国际机场支行 | 顺义区首都机场三号航站楼A2E3－1 | 84169620 |
| 新国展支行 | 顺义区天竺空港工业区B区空港融慧园4号楼 | 80470176 |
| 绿港国际中心支行 | 顺义区首都机场四纬路99号绿港国际商务中心 | 84169611 |
| 通州支行 | 通州区新华西街59号4号楼1层 | 60553323 |
| 瑞都支行 | 通州区九棵树街165号、167号、171号、175号 | 60553323 |
| 燕山支行 | 房山区燕山迎风街17号 | 89342083 |
| 房山支行 | 房山区良乡月华大街3号龙建大厦首层 | 81388210 |
| 加州水郡支行 | 房山区长阳镇昊天北大街48号加州水郡东区商业中心A座106室 | 80393723 |
| 大兴支行 | 大兴区黄村镇兴政街29号 | 69232166 |
| 经济技术开发区支行 | 北京经济技术开发区宏达北路12号 | 67873396 |
| 黄村支行 | 大兴区黄村镇兴华路212号 | 69238897 |
| 怀柔支行 | 怀柔区府前街3号楼3－3、3－4号 | 69697038 |
| 门头沟支行 | 门头沟区双峪路5号 | 69862658 |
| 平谷支行 | 平谷区迎宾环岛东南角金谷园21号楼1层商铺 | 89999950 |
| 密云支行 | 密云县鼓楼东大街19－5 | 69087741 |
| 季庄支行 | 密云县果园新里北区综合楼1层 | 69026927 |

| | | |
|---|---|---|
| 天津分行 | 天津市和平区承德道21号 | 022-58186863 |
| 天津滨海支行 | 天津开发区第二大街27号国信大厦B座104、202、203、305室 | 022-66216119 |
| 天津河西支行 | 天津市河西区九龙路80号泰达园底商1、2层 | 022-23270199 |
| 天津开发区支行 | 天津经济技术开发区滨海金融街E8101、E8102号 | 022-58186813 |
| 天津南开支行 | 天津市南开区西市大街23、25号 | 022-27490089 |
| 天津空港支行 | 天津空港物流加工区西三道158号4幢101 | 022-84908788 |
| 天津梅江支行 | 天津市河西区友谊南路龙水园1号楼A1-3、A32 | 022-88384266 |
| 天津津南支行 | 天津市南区咸水沽镇津沽路东北侧惠安花园17-底商43-46 | 022-88919030 |
| 天津河北支行 | 天津市河北区金纬路68号 | 022-26350777 |
| 上海分行 | 上海市黄浦区河南南路16号 | 021-63362003 |
| 上海宝山支行 | 上海市宝山区双城路803弄9号1层南侧、2层南侧 | 021-61809588 |
| 上海浦东支行 | 上海市浦东新区世纪大道1588号104A、1568号1101-1102室 | 021-61065269 |
| 上海闵行支行 | 上海市闵行区闵城路179、185号、199弄16号102、201、202室 | 021-64606996 |
| 上海嘉定支行 | 上海市嘉定区博乐路100号 | 021-39517888 |
| 上海长宁支行 | 上海市长宁区华山路1568号1楼01-02单元、10楼01单元 | 021-62832819 |
| 上海松江支行 | 上海市松江区新松江路1188弄101号 | 021-67663388 |
| 上海普陀支行 | 上海市普陀区金沙江路1628弄10号底层101，18层01、02、08、09 | 021-32512915 |
| 上海南汇支行 | 浦东新区惠南镇城南路403-409号（单）1-3层 | 021-68008763 |

| | | |
|---|---|---|
| 西安分行 | 西安市碑林区和平路116号 | 029－85766888 |
| 西安高新开发区支行 | 西安市高新区科技路39号 | 029－88356629 |
| 西安电子城支行 | 西安市雁塔区电子正街87号怡兴大厦1号楼一层 | 029－68663939 |
| 深圳分行 | 深圳市福田区深南大道7006号富春东方大厦1、2、11、17层 | 0755－23957006 |
| 深圳龙岗支行 | 深圳市龙岗区黄阁北路龙岗天安数码创新园一号厂房A103、B102、A501、B101－2 | 0755－89312265 |
| 杭州分行 | 杭州市江干区庆春东路78号 | 0571－86996502 |
| 杭州余杭支行 | 杭州市余杭区临平街道西大街61号 | 0571－89287200 |
| 杭州萧山支行 | 杭州市萧山区市心北路48号 | 0571－83892726 |
| 长沙分行 | 长沙市开福区芙蓉中路一段163号新时代广场 | 0731－85308574 |
| 南京分行 | 南京市建邺区江东中路289号 | 025－66779627 |
| 济南分行 | 济南市市中区经十路21398号 | 0531－82036666 |
| 香港代表办事处 | 香港皇后大道中99号中环中心56楼5601 | 0755－23957071 |

## 天津银行股份有限公司北京分行

| 机构名称 | 地址 | 电话 |
|---|---|---|
| 天津银行股份有限公司北京分行 | 宣武区东河沿胡同73号宣武门大厦 | 83175716 |
| 朝外支行 | 朝阳区朝外大街乙6号朝外SOHO D座 | 59004356 |
| 三元桥支行 | 朝阳区东三环北路乙2号大新华航空大厦A座101号 | 84471301 |
| 新兴桥支行 | 海淀区复兴路27号海育大厦首层 | 68575036 |
| 中关村支行 | 海淀区海淀中街15号远中悦来大厦 | 66227903 |

## 杭州银行股份有限公司北京分行

| 机构名称 | 地址 | 电话 |
| --- | --- | --- |
| 杭州银行股份有限公司北京分行 | 朝阳区北大街3号第五广场A座 | 64088100 |
| 安贞支行 | 朝阳区安定路10号 | 64423711 |

## 北京农村商业银行股份有限公司

| 机构名称 | 地址 | 电话 |
| --- | --- | --- |
| 北京农村商业银行股份有限公司 | 西城区金融大街9号 | 66051715 |
| 朝阳支行 | 朝阳区北苑路90号 | 64945311 |
| 将台支行 | 朝阳区酒仙桥路14号51号楼兆维华灯大厦1层A108 | 84798962 |
| 金盏支行 | 朝阳区金盏乡金盏大街中路 | 84333206 |
| 来广营支行 | 朝阳区望京北路18号 | 64390751 |
| 高碑店支行 | 朝阳区建国路29号兴隆家园9号楼101、201室 | 85775890 |
| 和平支行 | 朝阳区来广营东路5号东郊农场综合服务楼 | 84701595 |
| 光华路支行 | 朝阳区光华路甲14号诺安大厦1层 | 51309981 |
| 双井支行 | 朝阳区天力街1号楼B1－1号 | 59060190 |
| 新源支行 | 朝阳区新源里16号琨莎中心1座101、102、107室 | 84682518 |
| 商务中心区支行 | 朝阳区广渠路南侧44号 | 52081629 |
| 十八里店支行 | 朝阳区十八里店乡十八里店村19号 | 67473623 |
| 小红门支行 | 朝阳区小红门乡宋家楼4号 | 67632186 |
| 南磨房支行 | 朝阳区大望路平乐园路口南300米 | 67311917 |
| 王四营支行 | 朝阳区王四营乡官庄大队陶庄个体公园南侧 | 67382042 |
| 双桥支行 | 朝阳区朝阳路管庄路口西20米 | 65764454 |
| 大郊亭支行 | 朝阳区大郊亭中街2号院华腾国际甲3－20底商 | 87951492 |
| 石佛营支行 | 朝阳区十里堡1号炫特嘉园3C号第1、2层 | 85856002 |

| | | |
|---|---|---|
| 大望路支行 | 朝阳区西大望路15号3号楼1层 | 87723906 |
| 亚运村支行 | 朝阳区安外安立路甲56号 | 84802802 |
| 太阳宫支行 | 朝阳区西坝河北里15号楼 | 64270971 |
| 丰台支行 | 丰台区丰台北路45号 | 63812153 |
| 成寿寺支行 | 丰台区四方景园二区配套商业2-11 | 67625112 |
| 花乡支行 | 丰台区看丹路甲15号 | 63736453 |
| 太居寺支行 | 丰台区西三环南路16号 | 63334778 |
| 两广路支行 | 宣武区广安门内大街311号院2号楼1层 | 83130671 |
| 世界公园支行 | 丰台区丰葆路富锦嘉园综合服务楼1层北段 | 83623501 |
| 新发地支行 | 丰台区新发地十字路口东北侧 | 83729008 |
| 卢沟桥支行 | 丰台区丰台体育中心北路1号 | 63814573 |
| 小屯支行 | 丰台区小屯双林苑8号楼西侧 | 83697993 |
| 王佐支行 | 丰台区云岗南宫路3号 | 83318645 |
| 长辛店支行 | 丰台区长辛店杜家坎南路甲6号 | 83871301 |
| 马连道支行 | 宣武区马连道南街1号依莲轩小区D座 | 63326122 |
| 丽泽支行 | 丰台区三路居村骆驼湾65号 | 63257280 |
| 宛平支行 | 丰台区晓月中路5号楼B座B1、B2号 | 83200199 |
| 南苑支行 | 丰台区方庄路3号 | 67686260 |
| 石景山支行 | 石景山区杨庄东路78号 | 68841937 |
| 八角支行 | 石景山区八角南路7号 | 68872063 |
| 西山支行 | 石景山区西黄新村东里2号楼01、02、03号 | 88701303 |
| 京原支行 | 石景山区石景山路3号玉泉大厦1楼西侧 | 88258998 |
| 海淀支行 | 海淀区苏州街77号 | 82518245 |
| 西苑支行 | 海淀区西苑草场2号乙 | 62881232 |
| 玉渊潭支行 | 海淀区万寿路17号A座 | 68157924 |
| 东升支行 | 海淀区清华东路甲1号 | 62313172 |
| 志新路支行 | 海淀区志新路二里庄35号 | 59862776 |
| 紫竹桥支行 | 海淀区西三环北路71号 | 68459807 |
| 清河支行 | 海淀区西三旗花园三里76号1层 | 62944199 |
| 阜石路支行 | 海淀区阜石路69号锦绣大地物流港1层 | 88207238 |
| 长河湾支行 | 海淀区高粱斜街59号2号楼1层 | 63954566 |
| 八里庄支行 | 海淀区阜成路81号 | 88130053 |
| 莲花路支行 | 丰台区莲花池西里6号院综合楼 | 63436904 |
| 科技园支行 | 海淀区中关村北大街127-1号北大科技园创新中心大厦 | 63983659 |

| | | |
|---|---|---|
| 大钟寺支行 | 海淀区北三环西路甲18号中鼎大厦B座 | 62372447 |
| 海淀新区支行 | 海淀区中关村永丰高新技术产业基地IV区4号永丰商业中心2号楼B座 | 62477599 |
| 上地支行 | 海淀区上地信息路7号 | 82782008 |
| 西北旺支行 | 海淀区西北旺镇百旺新城A4地块6号综合办公楼 | 62472310 |
| 上庄支行 | 海淀区上庄镇上庄路72号 | 82472813 |
| 温泉支行 | 海淀区温泉镇温泉路59号 | 62456151 |
| 苏家坨支行 | 海淀区苏家坨镇温阳路18号 | 62454903 |
| 北安河支行 | 海淀区苏家坨镇北安河路5号 | 62459721 |
| 四季青支行 | 海淀区板井路81号 | 88432571 |
| 中关村支行 | 海淀区彩和坊路10号中关村瀚海国际大厦101－106、303室 | 62555748 |
| 门头沟支行 | 门头沟区滨河路115号滨河大厦1层、12层 | 69835548 |
| 潭柘寺支行 | 门头沟区潭柘寺镇鲁家滩大街46号 | 60862863 |
| 斋堂支行 | 门头沟区斋堂镇斋堂大街43号 | 69816834 |
| 永定支行 | 门头沟区石龙北路52号 | 69809828 |
| 城龙支行 | 门头沟区城子大街22－1号 | 69828228 |
| 龙泉支行 | 门头沟区增产路22－1号 | 69844518 |
| 昌平支行 | 昌平区东环路中医院路口往西20米少年宫对面 | 89700425 |
| 兴昌支行 | 昌平区昌平镇东环路中医院对面 | 69744890 |
| 南口支行 | 昌平区南口镇东大街保温瓶厂南侧 | 69771873 |
| 小汤山支行 | 昌平区小汤山镇地税所西院 | 61786800 |
| 兴寿支行 | 昌平区兴寿镇兴寿村709号 | 61726064 |
| 阳坊支行 | 昌平区阳坊镇南阳路大都饭店北侧 | 69760458 |
| 长陵支行 | 昌平区长陵镇政府南侧 | 60761042 |
| 沙河支行 | 昌平区沙河镇展思门路29号 | 69731328 |
| 马池口支行 | 昌平区马池口镇马池口村新街347号 | 60772425 |
| 崔村支行 | 昌平区崔村镇西崔村11号 | 60721355 |
| 南邵支行 | 昌平区南邵镇南邵村镇政府对面 | 60732142 |
| 十三陵支行 | 昌平区十三陵镇胡庄 | 89761489 |
| 北环支行 | 昌平区昌平镇北环路2号金兰大厦三单元地下1层C1、C2 | 89700425 |
| 天通苑支行 | 昌平区东小口镇中滩村东镇政府后面 | 84811956 |
| 回龙观支行 | 昌平区回龙观镇政府北100米 | 62713142 |

| | | |
|---|---|---|
| 北七家支行 | 昌平区北七家镇政府街八仙别墅北 | 69757469 |
| 天通苑东区支行 | 昌平区东小口镇天通苑东苑东三区2号楼 | 61765510 |
| 通州支行 | 通州区新华大街59号 | 69548788 |
| 永顺支行 | 通州区新华北街31号 | 69544516 |
| 宋庄支行 | 通州区宋庄镇102国道北侧 | 69595718 |
| 潞城支行 | 通州区潞城镇政府东侧 | 89581155 |
| 西集支行 | 通州区西集镇国防路39号 | 61576221 |
| 漷县支行 | 通州区漷县镇漷兴一街北侧 | 80586191 |
| 永乐店支行 | 通州区永乐店镇永乐大街54号 | 69568495 |
| 张家湾支行 | 通州区张家湾镇光华路西侧 | 69572793 |
| 台湖支行 | 通州区台湖镇政府西200米 | 61532735 |
| 晶城支行 | 通州区通胡大街11号-2 | 69526485 |
| 梨园支行 | 通州区梨园镇九棵树大街17号 | 81514458 |
| 翠屏北里支行 | 通州区翠屏北里（西区）商11-12号 | 81510142 |
| 顺义支行 | 顺义区新顺南大街15号 | 69443744 |
| 仁和支行 | 顺义区石园南区33号楼 | 69425648 |
| 建新东街支行 | 顺义区建南东街2号 | 69443034 |
| 平各庄支行 | 顺义区顺通路20号 | 89492041 |
| 马坡支行 | 顺义区马坡地区西马坡村西 | 69402009 |
| 牛栏山支行 | 顺义区牛栏山镇牛板路牛山段邮局东侧 | 69411241 |
| 赵全营支行 | 顺义区赵全营镇政府西300米 | 60432619 |
| 杨镇支行 | 顺义区杨镇顺平路杨镇段53号 | 61451286 |
| 南彩支行 | 顺义区南彩镇顺平路南彩段45号 | 89469253 |
| 北小营支行 | 顺义区北小营府前街11号 | 60483974 |
| 张各庄支行 | 顺义区张各庄镇大街7号 | 61480761 |
| 高丽营支行 | 顺义区高丽营镇顺沙路高丽营段7号 | 69455929 |
| 光明街支行 | 顺义区光明北街9号 | 69429097 |
| 空港支行 | 顺义区天竺镇府前街37号 | 64589798 |
| 南法信支行 | 顺义区南法信镇京顺路南法信段7号 | 69472328 |
| 李家桥支行 | 顺义区李桥中心街53号 | 81473831 |
| 后沙峪支行 | 顺义区后沙峪镇双裕街15号 | 80481018 |
| 机场南路支行 | 朝阳区首都机场南路3号 | 64579929 |
| 大兴支行 | 大兴区黄村东大街9号 | 69242482 |
| 旧宫支行 | 大兴区旧宫镇旧宫东路90号 | 87961885 |
| 西红门支行 | 大兴区西红门镇政府西侧1米 | 60253041 |
| 北臧村支行 | 大兴区北京生物工程与医药产业基地天富大街9号 | 60276034 |

| | | |
|---|---|---|
| 庞各庄支行 | 大兴区庞各庄镇农行分理处南1米 | 89287416 |
| 榆垡支行 | 大兴区榆垡镇卫生院东侧5米 | 89213218 |
| 安定支行 | 大兴区安定镇农行分理处西侧1米 | 80231263 |
| 魏善庄支行 | 大兴区魏善庄镇车站村东20米 | 89201995 |
| 青云店支行 | 大兴区青云店镇国税所北侧5米 | 80281208 |
| 清澄支行 | 大兴区黄村镇清澄名苑南区31号楼政府综合服务大厅内 | 81296801 |
| 采育支行 | 大兴区采育镇电管站西侧2米 | 80271556 |
| 金星支行 | 大兴区西红门镇金荣园小区南侧 | 61285905 |
| 经济技术开发区支行 | 北京经济技术开发区荣京东街3号A座103号、511－524号 | 67860398 |
| 亦庄支行 | 大兴区亦庄镇政府内 | 67882943 |
| 瀛海支行 | 大兴区瀛海镇政府北侧20米 | 69271925 |
| 马驹桥支行 | 通州区马驹桥镇兴华大街1号 | 60509616 |
| 光机电支行 | 通州区中关村科技园区通州园区光机电一体化产业基地政府路8号 | 60509181 |
| 黄村支行 | 大兴区黄村镇兴华路216号 | 69242720 |
| 房山支行 | 房山区良乡长虹东路1号 | 69374710 |
| 燕房支行 | 房山区城关镇南大街16号 | 89335566 |
| 阎村支行 | 房山区阎村镇紫园路115号 | 89319361 |
| 大石窝支行 | 房山区大石窝镇石窝大队东侧 | 61323076 |
| 青龙湖支行 | 房山区青龙湖镇豆各庄村下四区43号 | 60320723 |
| 琉璃河支行 | 房山区琉璃河镇东街28号 | 89383378 |
| 韩村河支行 | 房山区韩村河镇西东村岳李路29号 | 80389646 |
| 河北镇支行 | 房山区河北镇李各庄村 | 60377286 |
| 长阳支行 | 房山区长阳镇北广阳城村西5号 | 80352894 |
| 窦店支行 | 房山区窦店镇窦店村 | 69396668 |
| 张坊支行 | 房山区张坊镇张坊村中二区61号 | 61339993 |
| 长沟支行 | 房山区长沟镇长沟大街48号 | 61362828 |
| 西潞支行 | 房山区良乡西路东里甲1号西潞商业大厦1层 | 89345260 |
| 良乡支行 | 房山区良乡中路26号 | 69366220 |
| 平谷支行 | 平谷区平谷镇新平北路平乐街8号 | 69972390 |
| 东高村支行 | 平谷区东高村镇兴业路6号 | 69900792 |
| 王辛庄支行 | 平谷区王辛庄镇齐各庄前街75号 | 89990798 |
| 马坊支行 | 平谷区马坊镇西大街17号 | 60995562 |
| 金海湖支行 | 平谷区金海湖镇韩庄北街160号 | 69992097 |

| | | |
|---|---|---|
| 南独乐河支行 | 平谷区南独乐河镇同乐路128号 | 60920737 |
| 大华山支行 | 平谷区大华山镇大华山大街136号 | 61948597 |
| 峪口支行 | 平谷区峪口镇峪口村西大街2号 | 61906024 |
| 大兴庄支行 | 平谷区大兴庄镇大兴庄村东 | 89931040 |
| 新开街支行 | 平谷区平谷镇林荫北街13号第1、2层东侧 | 63366246 |
| 绿谷支行 | 平谷区光明西小区5号 | 69961812 |
| 密云支行 | 密云县鼓楼南大街25号 | 69049131 |
| 穆家峪支行 | 密云县穆家峪镇南穆家峪村南侧 | 61051835 |
| 河南寨支行 | 密云县河南寨镇河南寨村北路西 | 61086583 |
| 十里堡支行 | 密云县十里堡镇政府东侧 | 69054735 |
| 溪翁庄支行 | 密云县溪翁庄镇溪翁庄村委会北楼 | 69012347 |
| 巨各庄支行 | 密云县巨各庄镇巨各庄村南侧 | 61031467 |
| 高岭支行 | 密云县高岭镇高岭村政府路东侧 | 81081281 |
| 季庄支行 | 密云县果园西路21号 | 89099372 |
| 檀州支行 | 密云县鼓楼东大街世豪大酒店对面 | 69063475 |
| 怀柔支行 | 怀柔区迎宾北路18号 | 69626174 |
| 泉河支行 | 怀柔区迎宾北路32号 | 69646145 |
| 北房支行 | 怀柔区雁栖工业开发区888号 | 61681807 |
| 杨宋支行 | 怀柔区杨宋镇凤翔科技开发区四园1号 | 61679451 |
| 雁栖支行 | 怀柔区雁栖镇下庄村435号 | 61641348 |
| 怀北支行 | 怀柔区怀北镇西庄村317号 | 69661182 |
| 渤海支行 | 怀柔区渤海镇沙峪村350号 | 61631741 |
| 庙城支行 | 怀柔区庙城镇庙城村派出所对面 | 60693356 |
| 桥梓支行 | 怀柔区桥梓镇桥梓村村北 | 69675148 |
| 汤河口支行 | 怀柔区汤河口镇汤河口村16号 | 89671173 |
| 富乐支行 | 怀柔区富乐大街乐红园小区1号楼 | 69626841 |
| 青春路支行 | 怀柔区青春路8号 | 69623042 |
| 延庆支行 | 延庆县东外大街109号 | 69186502 |
| 夏都支行 | 延庆县高塔路62号 | 69141623 |
| 张山营支行 | 延庆县张山营镇张山营村南 | 69111994 |
| 永宁支行 | 延庆县永宁镇北门口 | 60171284 |
| 八达岭支行 | 延庆县八达岭镇政府院内 | 69129421 |
| 旧县支行 | 延庆县旧县镇村北侧 | 61152932 |
| 南菜园支行 | 延庆县延庆镇南菜园开发区17号 | 69181198 |
| 军博支行 | 海淀区会城门北口路东 | 63442069 |

| | | |
|---|---|---|
| 新街口支行 | 西城区新街口北大街57号万特购物中心1层1052号 | 63366246 |
| 阜外支行 | 西城区车公庄大街9号五栋大楼B3座商业2 | 63442069 |
| 西城支行 | 西城区复兴门外大街4号 | 68562967 |
| 北三环支行 | 朝阳区北三环东路28号 | 68562964 |
| 保福寺支行 | 海淀区中关村东路66号 | 68562978 |
| 首体支行 | 西城区西直门外大街甲143号凯旋大厦C座首层 | 88016445 |
| 车公庄支行 | 海淀区首体南路9号主语家园17号楼 | 68562977 |
| 西外支行 | 海淀区西直门北大街32号枫蓝国际中心商场C座1层 | 68562977 |
| 德胜门支行 | 西城区德外德胜国际中心东配楼101 | 82076725 |
| 东城支行 | 东城区东直门南大街3号国华投资大厦首层、13层 | 58199561 |
| 东长安支行 | 东城区东长安街12号 | 85229651 |
| 王府井支行 | 东城区东单北大街3号 | 65288641 |
| 北京站支行 | 东城区北京站西街1号自西向东1号商铺 | 65284591 |
| 西单支行 | 西城区华远街11－1号 | 66506342 |
| 崇文支行 | 崇文区崇文门外大街9号正仁大厦1层、7号崇文区文化馆主楼 | 67092092 |
| 建国门支行 | 朝阳区东三环中路39号建外SOHO 12号楼1200商铺 | 58696372 |
| 尚都支行 | 朝阳区东大桥路8号 | 59000215 |
| 广渠门支行 | 崇文区东花市南里东区15号楼2－101号 | 67092637 |
| 宣武支行 | 宣武区广安门南街6号广安大厦1层、4层 | 83532926 |
| 宣外大街支行 | 宣武区前青厂胡同66号、68号 | 83153138 |

## 中国邮政储蓄银行有限责任公司北京分行

| 机构名称 | 地　址 | 电　话 |
|---|---|---|
| 中国邮政储蓄银行有限责任公司北京分行 | 朝阳区建国门北大街光华路50号 | 65217190 |
| 直属支行 | 朝阳区建国门北大街东侧 | 65217055 |
| 东区支行 | 朝阳区望京西园一区120楼 | 87719721 |
| 建内大街支行 | 东城区站西路2号 | 65196657 |

| | | |
|---|---|---|
| 工体北路支行 | 朝阳区工人体育场北路3号 | 64168192 |
| 北苑支行 | 朝阳区北苑村 | 84921295 |
| 大山子支行 | 朝阳区大山子北里35号楼 | 64330251 |
| 双井支行 | 朝阳区广渠东路48号楼 | 67716753 |
| 垡头支行 | 朝阳区垡头一区4号楼东 | 67371400 |
| 三间房支行 | 朝阳区三间房223号 | 65762454 |
| 北花园支行 | 朝阳区定福庄西街甲1号 | 65751642 |
| 水碓子支行 | 朝阳区金台北街6号楼 | 65005146 |
| 香河园支行 | 朝阳区西坝河中里35号楼 | 64624407 |
| 亚运村支行 | 朝阳区安慧里2区11号楼 | 64938202 |
| 花家地支行 | 朝阳区花家地北里1号楼 | 64737340 |
| 双龙南里支行 | 朝阳区双龙南里204号楼 | 87321621 |
| 万科星园支行 | 朝阳区仰山路万科星园甲7号 | 84921227 |
| 农光里支行 | 朝阳区农光里102号楼 | 67341867 |
| 吉庆里支行 | 朝阳区吉庆里6号楼102号A部分 | 65520455 |
| 交道口东大街支行 | 东城区交道口东大街10号楼底商B | 64005107 |
| 姚家园路支行 | 朝阳区姚家园路甲一号活力东方奥特莱斯购物广场首层 | 51193713 |
| 西大望路支行 | 朝阳区西大望路59号甲3号楼 | 67753891 |
| 北京站支行 | 东城区北京站西街1号 | 65264690 |
| 东单支行 | 东城区东单三条8号楼18号东方广场回迁楼西侧 | 65256440 |
| 王府井支行 | 东城区王府井大街88号 | 65250547 |
| 北新桥支行 | 东城区东四北大街12号 | 64047099 |
| 地安门支行 | 西城区地安门外大街81号 | 64028670 |
| 东四支行 | 东城区东四北大街549号 | 64033293 |
| 安外支行 | 东城区安外大街181号 | 84134616 |
| 和平里支行 | 东城区和平里中街六区6号楼 | 84216242 |
| 酒仙桥支行 | 朝阳区酒仙桥路43号 | 64363004 |
| 呼家楼支行 | 朝阳区关东店大街9号 | 65073991 |
| 垂杨柳支行 | 朝阳区垂杨柳西区8号楼 | 67714347 |
| 劲松一区支行 | 朝阳区劲松一区131楼 | 67738422 |
| 眼镜城支行 | 朝阳区农光南里5号院 | 67323107 |
| 松榆东里支行 | 朝阳区松榆东里40号楼 | 67318190 |
| 十里河建材城支行 | 朝阳区十里河村大羊坊路19号 | 67303514 |
| 横街子支行 | 朝阳区横街子村委会 | 87302349 |
| 管庄支行 | 朝阳区建筑材料研究院 | 65726705 |

| | | |
|---|---|---|
| 双桥支行 | 朝阳区双桥街 10 号 | 85364101 |
| 慈云寺支行 | 朝阳区八里庄东里 3 号 | 65565319 |
| 甘露园支行 | 朝阳区甘露园南里二区 5 号 | 85762613 |
| 团结湖支行 | 朝阳区团结湖路甲 7 号楼 | 65001799 |
| 金台里支行 | 朝阳区金台里 25 号楼 | 85993781 |
| 三源里支行 | 朝阳区三源里 27 楼 | 84214415 |
| 左家庄支行 | 朝阳区左家庄北里 35 号楼 | 64674594 |
| 安贞支行 | 朝阳区安贞西里 5 区 1 号楼 | 64422353 |
| 樱花东街支行 | 朝阳区樱花东街 1 号 | 64420798 |
| 育慧北里支行 | 朝阳区育慧北里 8 号 | 84633944 |
| 南湖东园支行 | 朝阳区南湖东园 201 楼 | 64755011 |
| 科学园支行 | 朝阳区科学园南里甲 2 号 | 64855484 |
| 大市口支行 | 西城区安德路 79 号 | 62018035 |
| 慧忠北里支行 | 朝阳区慧忠北里 307 号楼 1 层 | 64844757 |
| 双桥东路支行 | 朝阳区双桥东路 318 号 | 85391063 |
| 五方桥支行 | 朝阳区王四营乡 F 型市场西 A 区 01－02 号 | 67293206 |
| 正义路支行 | 东城区前门东大街 7 号 | 65120596 |
| 首都机场宿舍支行 | 朝阳区民航宿舍区燕翔西里 14 号楼 | 64582287 |
| 国际邮件收寄中心支行 | 朝阳区望京阜通东大街 18 号 | 84724272 |
| 西区支行 | 西城区阜成门北大街 19 号 | 68334197 |
| 西四支行 | 西城区西四南大街 16 号 | 66176773 |
| 新街口支行 | 西城区西内大街 32 号 | 66131033 |
| 万寿路支行 | 海淀区万寿路 7 号 | 68276269 |
| 会城门支行 | 海淀区北蜂窝 1 号 | 63952700 |
| 永定路支行 | 海淀区永定路甲 88 号 | 68285870 |
| 西外大街支行 | 西城区西外大街德宝新园甲 22 号 | 68352749 |
| 区鲁谷支行 | 石景山区鲁谷路 39 号 | 88685282 |
| 区新古城支行 | 石景山区古城南里 2－3 号楼 | 68876096 |
| 三里河支行 | 西城区月坛南街 65 号 | 68539131 |
| 重兴园支行 | 石景山区重兴园甲 1 号 | 68632939 |
| 新华里支行 | 西城区新华里 16 号院 2 号楼商业 02 号 | 88359069 |
| 杨庄支行 | 石景山区琅山苗圃南园子金辉苑小区 C3 配套服务楼底商 | 52651257 |
| 金顶街支行 | 石景山区金顶街二区甲 2 栋 | 88713199 |
| 首体南路支行 | 海淀区首体南路 9 号主语家园 17 号楼底商 9－12 号 | 68790664 |

| | | |
|---|---|---|
| 晋元庄支行 | 海淀区建西苑晋元庄小区33号楼商业9号 | 58971476 |
| 府右街支行 | 西城区府右街乙27号 | 66037166 |
| 复外大街支行 | 西城区复外南礼士路头条5号 | 68023586 |
| 国家邮政局支行 | 西城区宣武门西大街131号 | 66415385 |
| 西单支行 | 西城区西单北大街109号 | 66154068 |
| 平安里支行 | 西城区地安门西大街乙28号 | 66184074 |
| 恩济庄支行 | 海淀区恩济庄96号 | 88119020 |
| 百万庄支行 | 西城区百万庄大街18号 | 68326059 |
| 甘家口支行 | 海淀区三里河路21号 | 88392823 |
| 天意支行 | 西城区阜成门外北大街259号 | 68309526 |
| 木樨地支行 | 西城区复外大街25号楼 | 68572927 |
| 西永乐支行 | 石景山区永乐小区 | 68688481 |
| 五芳园支行 | 石景山区永乐西小区12号楼 | 68644831 |
| 玉泉支行 | 海淀区国防大学院内 | 68245217 |
| 锦绣大地物流港支行 | 海淀区阜石路69号锦绣大地物流港内东侧配楼3层大厅 | 88207624 |
| 西下庄支行 | 石景山区西下庄 | 88961371 |
| 老山西里支行 | 石景山区老山西里甲7号 | 88973664 |
| 模式口西里支行 | 石景山区模式口西里 | 88722439 |
| 古城大街支行 | 石景山区古城大街局所 | 68872521 |
| 老山东里支行 | 石景山区老山东里 | 88976722 |
| 京鼎大厦支行 | 西城区西外大街132号 | 68349645 |
| 世纪天乐支行 | 西城区西外南路28号世纪天乐市场B座6层 | 88351548 |
| 金开利德支行 | 西城区西外大街136号 | 68334178 |
| 紫竹院支行 | 海淀区西三环路东 | 68415625 |
| 车公庄支行 | 西城区西直门南大街18号 | 66180906 |
| 京铁家园支行 | 丰台区岳家楼京铁家园二区3号楼A段首层 | 51800599 |
| 大成路支行 | 丰台区大成路23号一层 | 68694457 |
| 南区支行 | 丰台区西罗园1区15号楼 | 87255517 |
| 永安路支行 | 宣武区永安路173号 | 63032551 |
| 牛街支行 | 宣武区牛街4号 | 63572267 |
| 嘉园支行 | 丰台区马家堡西路嘉园一里26号楼 | 67560035 |
| 科学城支行 | 丰台区帝京路5号 | 63714433 |
| 丰台大街支行 | 丰台区西四环南路94号 | 63823385 |

| | | |
|---|---|---|
| 长辛店支行 | 丰台区长辛店大街1号 | 83876260 |
| 云岗支行 | 丰台区云岗南里2号 | 83317124 |
| 东高地支行 | 丰台区东高地斜街13号 | 67978618 |
| 大红门服装城支行 | 丰台区南苑路15号大红门服装商贸城4层 | 87255518 |
| 京温服装市场支行 | 丰台区高庄60号京温服装市场大厦地下1层 | 67267908 |
| 方庄支行 | 丰台区蒲方路22号 | 67628474 |
| 经济技术开发区支行 | 大兴区经济技术开发区隆庆街4号 | 67889408 |
| 开阳里支行 | 丰台区开阳里五区3号楼 | 83559580 |
| 角门支行 | 丰台区马家堡路120号 | 67526803 |
| 百荣支行 | 崇文区永外大街101号 | 87802003 |
| 彩虹城支行 | 光彩路66号院5号楼103号 | 87866180 |
| 南滨河路支行 | 宣武区南滨河路27号 | 63364462 |
| 宣武门东支行 | 宣武区宣武门东2号 | 63186067 |
| 和平门支行 | 宣武区前门西大街12号 | 63175392 |
| 骡马市大街支行 | 宣武区骡马市大街100号 | 63531223 |
| 宣武门外大街支行 | 宣武区宣武门外大街临99号 | 63030493 |
| 里仁街支行 | 宣武区里仁街14号 | 63550335 |
| 马连道支行 | 宣武区广外大街411号 | 63465289 |
| 北京西站主楼东支行 | 丰台区北京西站主楼东侧1层 | 63963152 |
| 光明楼支行 | 崇文区光明路1号 | 67192937 |
| 东花市南里支行 | 崇文区东花市南里三区7号楼 | 67121468 |
| 大都市街支行 | 崇文区珠市口东大街4号 | 67075670 |
| 新发地支行 | 丰台区新开路新发地农产品批发市场办公楼1层 | 83722425 |
| 玉泉营支行 | 丰台区玉泉营建材市场 | 83687014 |
| 富丰园支行 | 丰台区富丰园小区32号 | 63729632 |
| 正阳大街支行 | 丰台区丰台镇同盛里2号 | 63818790 |
| 晓月苑支行 | 丰台区卢沟桥晓月苑三里13号楼1层 | 83212391 |
| 太平桥支行 | 丰台区西客站南路10号 | 63262534 |
| 望园支行 | 丰台区望园东里6号楼旁 | 63816976 |
| 木樨园支行 | 丰台区西木樨园8号 | 67222689 |
| 石榴庄支行 | 丰台区石榴庄北里45号 | 67257650 |
| 海慧寺支行 | 丰台区海慧寺1号 | 67243255 |
| 轻工市场支行 | 丰台区大红门路轻工市场内 | 67218383 |
| 西红门支行 | 大兴区西红门镇宏旭路223号 | 60251478 |

| | | |
|---|---|---|
| 旧宫支行 | 大兴区旧宫镇庑店路2号-7 | 87965943 |
| 天雅支行 | 丰台区永定门外南苑路天雅服装市场内 | 87816996 |
| 福成支行 | 丰台区南苑路7号 | 67240031 |
| 宋家庄支行 | 丰台区宋家庄顺五条 | 67645564 |
| 海淀区支行 | 海淀区圆明园西路骚子营小区内 | 62875156 |
| 中关村支行 | 海淀区海淀路87号 | 62610262 |
| 魏公村支行 | 海淀区中关村南大街17号 | 88572717 |
| 学院路支行 | 海淀区成府路17号 | 62311309 |
| 清河镇支行 | 海淀区清河三街 | 62953378 |
| 北太平庄支行 | 海淀区马甸村1号 | 62029544 |
| 苏州街支行 | 海淀区厂洼2号楼 | 68423230 |
| 太阳园支行 | 海淀区大钟寺居民区168号 | 82128331 |
| 上地信息产业开发区支行 | 海淀区上地信息产业开发区综合楼 | 62976834 |
| 育新花园支行 | 海淀区西三旗东路育新花园小区 | 82908575 |
| 文慧园西路支行 | 海淀区文慧园小区15、16号楼底商A段1层 | 62235092 |
| 世纪城支行 | 海淀区世纪城小区烟树园1号楼 | 88874804 |
| 香山支行 | 海淀区北辛村5号 | 82592744 |
| 紫竹院路支行 | 海淀区紫竹院路116号嘉豪国际中心B、E座首层 | 51709930 |
| 海淀南路支行 | 海淀区海淀南路34号艾瑟顿大厦1层 | 82652567 |
| 昌平路支行 | 昌平区昌平路380号院1号楼底商 | 62965228 |
| 上地东二路支行 | 海淀区信息产业基地内上地东二路上地佳园45号底商 | 62981789 |
| 德政路支行 | 海淀区西北旺德政路南百旺茉莉园底商 | 82403968 |
| 北京大学支行 | 海淀区北京大学院内 | 62757445 |
| 北极寺支行 | 海淀区花园东路甲8号 | 82030377 |
| 二里庄支行 | 海淀区二里庄53号 | 62390404 |
| 北沙滩支行 | 朝阳区农机研究学院内 | 64842117 |
| 清华大学支行 | 海淀区清华大学院内 | 62780422 |
| 永泰支行 | 海淀区永泰西里2号楼 | 62903483 |
| 双榆树支行 | 海淀区双榆树东里37号 | 82113805 |
| 人民大学支行 | 海淀区人民大学院内 | 82503302 |
| 科东南支行 | 海淀区保福寺 | 82614842 |
| 中关村东路支行 | 海淀区中关村东路118号 | 82131303 |
| 金五星商城支行 | 海淀区金五星四道口百货商城内 | 62263141 |
| 车道沟支行 | 海淀区车道沟 | 68728485 |
| 厢红旗支行 | 海淀区遗光寺1号 | 62881387 |

| | | |
|---|---|---|
| 清上园支行 | 海淀区清河三街126号清上园小区商业楼 | 82728663 |
| 西北旺支行 | 海淀区付家窑36号 | 62899077 |
| 农业大学支行 | 海淀区农业大学对面 | 62816132 |
| 温泉支行 | 海淀区温泉村96号 | 62493606 |
| 皂君庙支行 | 海淀区皂君庙14号 | 62132447 |
| 建材城西路支行 | 海淀区建材城西路12号 | 82916470 |
| 颐和山庄支行 | 海淀区亮甲店永丰中路99号 | 62481351 |
| 金雅园支行 | 海淀区云惠里远流清园0号金雅园小区6号楼104号 | 51506002 |
| 宝盛里支行 | 海淀区宝盛里3号楼1层 | 62902924 |
| 门头沟区支行 | 门头沟区河滩路2号 | 69842927 |
| 石龙支行 | 门头沟区石龙北路62号 | 69804026 |
| 军庄支行 | 门头沟区军庄镇 | 60811504 |
| 双峪支行 | 门头沟区大峪南路2号 | 69842523 |
| 王平村支行 | 门头沟区东王平村 | 61859647 |
| 斋堂支行 | 门头沟区东斋堂 | 69816804 |
| 大兴区支行 | 大兴区兴丰大街22号 | 69252961 |
| 兴华路支行 | 大兴区黄村镇兴华路二段6号院 | 60243749 |
| 埝坛支行 | 大兴区天河西路19号 | 61252695 |
| 庞各庄支行 | 大兴区庞各庄镇南口 | 89288272 |
| 天堂河支行 | 大兴区天堂河农场 | 60277571 |
| 榆垡支行 | 大兴区榆垡镇 | 89214490 |
| 广茂大街支行 | 大兴区黄村镇广茂大街西侧 | 61274264 |
| 团河支行 | 大兴区团河农场 | 61296974 |
| 狼垡支行 | 大兴区黄村镇狼垡村 | 61222376 |
| 房山区支行 | 房山区良乡镇良乡西路11号 | 89357755-6002 |
| 城关支行 | 房山区兴房大街19号 | 69314309 |
| 良乡支行 | 房山区良乡昊天大街47号 | 69351297 |
| 迎风街支行 | 房山区燕山迎风街43号 | 69347148 |
| 韩村河支行 | 房山区韩村河村 | 80380147 |
| 长沟支行 | 房山区长沟镇 | 61365548 |
| 新镇支行 | 房山区新镇 | 60386914 |
| 琉璃河支行 | 房山区琉璃河车站南街4号 | 89381489 |
| 顺义区支行 | 顺义区新顺南大街 | 69424651 |
| 杨各庄支行 | 顺义区杨镇地区办事处政府街8号 | 61459196 |
| 后沙峪支行 | 顺义区后沙峪地区办事处 | 80190822 |

| | | |
|---|---|---|
| 石园支行 | 顺义区石园小区 | 89440898 |
| 东兴路支行 | 顺义区绿港家园1区9号楼120、125、126号 | 89403552 |
| 半壁店支行 | 顺义区李桥镇南半壁店村樱花园小区路 | 89400063 |
| 牛栏山支行 | 顺义区牛栏山地区办事处牛板路牛山段6号 | 81463489 |
| 北小营支行 | 顺义区北小营镇 | 69411084 |
| 天竺支行 | 顺义区天竺地区办事处府前一街8号 | 60482274 |
| 南法信支行 | 顺义区南法信地区府前路刘家河段6号 | 80461008 |
| 裕龙支行 | 顺义区裕龙四区25号楼 | 69478710 |
| 平谷区支行 | 平谷区旧城街16号 | 13501971955 |
| 金海湖支行 | 平谷区金海湖镇 | 69991084 |
| 峪口支行 | 平谷区峪口镇 | 61906054 |
| 后北宫支行 | 平谷区华山镇后北宫村 | 61932314 |
| 兴谷支行 | 平谷区兴谷开发区乐园西小区内 | 89994149 |
| 通州区支行 | 通州区运河东大街64号 | 81587584 |
| 新华支行 | 通州区新华大街169号 | 69554110 |
| 马驹桥支行 | 通州区马驹桥镇兴华西大街南侧潼关三区底商（22－23） | 60509535 |
| 中仓支行 | 通州区中仓小区 | 80882381 |
| 宋庄支行 | 通州区宋庄镇 | 69591629 |
| 次渠支行 | 通州区台湖镇次渠村 | 69503545 |
| 张家湾支行 | 通州区张家湾镇开发区 | 69573001 |
| 运河支行 | 通州区运河大街 | 81579536 |
| 北机支行 | 通州区梨园镇李老新村商住楼东2号 | 81563980 |
| 八里桥支行 | 通州区八里桥农贸市场 | 89531235 |
| 梨园支行 | 通州区梨园镇政府大街西侧 | 81579706 |
| 富河园支行 | 北京通州区富河园甲3－2号 | 69556323 |
| 延庆县支行 | 延庆县城关东门外大街42号 | 69185122 |
| 庆园街支行 | 延庆县庆园街16号 | 69147910 |
| 永宁支行 | 延庆县永宁镇南街 | 60171207 |
| 康庄支行 | 延庆县康庄镇站南 | 61163242 |
| 旧县支行 | 延庆县旧县镇旧县村 | 61151071 |
| 怀柔区支行 | 怀柔区青春路18号 | 69626806 |
| 北大街支行 | 怀柔区怀柔镇北大街16号 | 69643849 |
| 桥梓支行 | 怀柔区桥梓镇桥梓村 | 69675841 |

| | | |
|---|---|---|
| 庙城支行 | 怀柔区庙城镇庙城村 | 60693163 |
| 汤河口支行 | 怀柔区汤河口镇汤河口村 | 89672210 |
| 范各庄支行 | 怀柔区雁栖镇范各庄村 | 61641339 |
| 杨宋庄支行 | 怀柔区杨宋庄镇杨宋庄村 | 61675495 |
| 密云县支行 | 密云县鼓楼东大街 | 69042963 |
| 果园西路支行 | 密云县果园西路42、44号 | 69099490 |
| 新西路支行 | 密云县新西路77号 | 69025585 |
| 车站路支行 | 密云县城关车站路 | 69024735 |
| 太师屯支行 | 密云县太师屯镇 | 69032534 |
| 不老屯支行 | 密云县不老屯镇 | 81091774 |
| 塘子支行 | 密云县巨各庄镇 | 61031564 |
| 昌平区支行 | 昌平区政府街 | 69746413 |
| 龙水路支行 | 昌平区畅春阁小区龙水路22号院1号楼101室 | 60741046 |
| 沙河支行 | 昌平区沙河镇 | 69732648 |
| 天通北苑支行 | 昌平区天通北苑二区甲11号楼1门 | 81771247 |
| 龙锦苑支行 | 昌平区回龙观龙锦苑五区 | 81749886 |
| 昌崔路支行 | 昌平区昌崔路201号大厦1层 | 80107660 |
| 阳坊支行 | 昌平区阳坊镇阳坊村 | 84840197 |
| 小汤山支行 | 昌平区小汤山镇小汤山村 | 69760536 |
| 南口支行 | 昌平区南口镇 | 61781285 |
| 东三旗支行 | 昌平区北七家镇东三旗村 | 69771335 |
| 府学路支行 | 昌平区府学路3号楼1层西侧 | 61758457 |
| 回龙观支行 | 昌平区回龙观镇 | 69709343 |
| 天通东苑支行 | 昌平区天通东苑一区21B楼 | 81799120 |
| 风雅园支行 | 昌平区回龙观风雅园一区19号楼 | 61749658 |
| 天通西苑支行 | 昌平区天通西苑25号楼8门 | 81710513 |

### (3) 外资银行

| 机构名称 | 地　址 | 电　话 |
|---|---|---|
| 摩根大通银行（中国）有限公司 | 西城区金融大街7号英蓝国际金融中心19层 | 59318000 |
| 友利银行（中国）有限公司 | 朝阳区东三环北路丙二号天元港中心A座26层 | 84123000 |
| 韩亚银行（中国）有限公司 | 西城区金融街17号中国人寿中心办公楼1层 | 66581133 |

| | | |
|---|---|---|
| 德意志银行（中国）有限公司 | 朝阳区建国路 81 号华贸中心 1 号写字楼 26 层 | 59698888 |
| 新韩银行（中国）有限公司 | 朝阳区工体北路甲 6 号中宇大厦 12 层 | 85290090 |
| 法国兴业银行（中国）有限公司 | 西城区武定侯街 2 号泰康国际大厦 16 层 | 58513038 |
| 奥地利中央合作银行股份有限公司北京分行 | 朝阳区建国门外大街 21 号北京国际俱乐部 200 室 | 65323388 |
| 德国商业银行股份公司北京分行 | 朝阳区建国门外大街乙 12 号双子座大厦东塔 25 层 | 85676888 |
| 德意志银行（中国）有限公司北京分行 | 朝阳区建国路 81 号华贸中心 1 号写字楼 26 层 | 59698899 |
| 法国巴黎银行（中国）有限公司北京分行 | 朝阳区建国门外大街 1 号国贸大厦 19 层 | 65350851 |
| 东方汇理银行（中国）有限公司北京分行 | 朝阳区建国路 79 号华贸中心 2 号写字楼 22 层 | 65004562 |
| 法国兴业银行（中国）有限公司北京分行 | 西城区武定侯大街 2 号泰康国际大厦 16 层 | 58513888 |
| 瑞士银行有限公司北京分行 | 西城区金融大街 7 号英蓝国际金融中心 12 层 | 58327126 |
| 荷兰银行（中国）有限公司北京分行 | 朝阳区光华路 1 号北京嘉里中心北楼28 层 | 59279000 |
| 渣打银行（中国）有限公司北京分行 | 朝阳区东三环中路 1 号环球金融中心渣打大厦 12 层 | 59188838 |
| 蒙特利尔银行（中国）有限公司北京分行 | 朝阳区建国路 77 号华贸中心 3 号写字楼 27 层 | 85881688 |
| 加拿大皇家银行有限公司北京分行 | 西城区金融大街 7 号英蓝国际金融中心9 层 | 58399231 |
| 美国摩根大通银行有限公司北京分行（保留） | 西城区金融大街 7 号英蓝国际金融中心 19 层 | 59318876 |
| 摩根大通银行（中国）有限公司北京分行 | 西城区金融大街 7 号英蓝国际金融中心 20 层 | 59318800 |
| 花旗银行（中国）有限公司北京分行 | 西城区武定侯大街 6 号卓著中心 1 层 | 59376000 |
| 美国银行有限公司北京分行 | 朝阳区建国门外大街 1 号中国国际贸易中心国贸写字楼 1 座 26 层 | 65053508 |
| 三菱东京日联银行（中国）有限公司北京分行 | 朝阳区东三环北路 5 号北京发展大厦200 室 | 65908888 |

| | | |
|---|---|---|
| 瑞穗实业银行（中国）有限公司北京分行 | 朝阳区建国门外大街甲26号长富宫办公楼8层 | 65251888 |
| 三井住友银行（中国）有限公司北京分行 | 朝阳区光华路1号北京嘉里中心北楼16层 | 59204610 |
| 韩国外换银行股份有限公司北京分行 | 东城区建国门内大街18号恒基中心办公楼2座5层 | 65183105 |
| 友利银行（中国）有限公司北京分行 | 朝阳区东三环北路丙2号天元港中心A座1层 | 84538880 |
| 新韩银行（中国）有限公司北京分行 | 朝阳区工体北路甲6号中宇大厦首层 | 85235555 |
| 韩亚银行（中国）有限公司北京分行 | 朝阳区霄云路26号鹏润大厦B1层 | 84580854 |
| 韩国产业银行北京分行 | 朝阳区建国门外大街乙12号双子座大厦西塔27层 | 65688858 |
| 南洋商业银行（中国）有限公司北京分行 | 西城区丰汇园11号楼丰汇时代大厦首层 | 65684728 |
| 汇丰银行（中国）有限公司北京分行 | 东城区建国门内大街8号中粮广场A座101－109室 | 59998888 |
| 东亚银行（中国）有限公司北京分行 | 东城区朝阳门北大街8号富华大厦A座首层 | 65543110 |
| 恒生银行（中国）有限公司北京分行 | 朝阳区光华路1号嘉里中心首层 | 85299882 |
| 中信嘉华银行（中国）有限公司北京分行 | 朝阳区东三环中路9号富尔大厦3201－3205室 | 85911161 |
| 星展银行（中国）有限公司北京分行 | 西城区金融大街7号英蓝国际金融中心5层 | 58397500 |
| 大华银行（中国）有限公司北京分行 | 朝阳区建国门外大街1号国贸大厦2座2513室 | 65051863 |
| 盘谷银行（中国）有限公司北京分行 | 朝阳区建国门外大街甲12号新华保险大厦1层东区 | 65690059 |
| 澳大利亚和新西兰银行集团有限公司北京分行 | 朝阳区建国路77号华贸中心3号写字楼32层 | 65998188 |
| 英国苏格兰皇家银行公众有限公司北京分行 | 西城区金融大街7号英蓝国际金融中心7层 | 58396000 |
| 厦门国际银行北京分行 | 西城区三里河东路5号中商大厦首层 | 68533333 |
| 华侨银行（中国）有限公司北京分行 | 西城区武定侯街6号卓著中心11层1107室 | 59315188 |

| | | |
|---|---|---|
| 摩根士丹利国际银行（中国）有限公司北京分行 | 西城区太平桥大街18号丰融国际大厦11层 | 83563019 |

## （4）外资银行分支机构

### 大华银行（中国）有限公司北京分行

| 机构名称 | 地　　址 | 电　话 |
|---|---|---|
| 东城支行 | 东城区朝阳门北大街7号第五广场C座1层108单元 | 64088699 |

### 东亚银行（中国）有限公司北京分行

| 机构名称 | 地　　址 | 电　话 |
|---|---|---|
| 雅宝路支行 | 朝阳区朝外雅宝路12号G02 | 85636566 |
| 望京支行 | 朝阳区望京中环南路甲2号金业大厦1层4号 | 84720036 |
| 中关村支行 | 海淀区彩和坊路8号楼1层109号、2层209号 | 62682151 |

### 德意志银行（中国）有限公司北京分行

| 机构名称 | 地　　址 | 电　话 |
|---|---|---|
| 中关村支行 | 海淀区中关村东路1号清华科技园科技大厦C座1层 | 62506666 |
| 华贸支行 | 朝阳区建国路81号华贸购物中心1－2层 | 59698300 |

### 法国兴业银行（中国）有限公司北京分行

| 机构名称 | 地　　址 | 电　话 |
|---|---|---|
| 光华支行 | 朝阳区金桐西路10号远洋光华中心AB座1层 | 58573701 |

### 荷兰银行（中国）有限公司北京分行

| 机构名称 | 地　　址 | 电　话 |
|---|---|---|
| 东方广场支行 | 东城区东长安街1号北京东方广场中一办公楼1层 | 58167300 |

| | | |
|---|---|---|
| 中关村支行 | 海淀区海淀大街8号中钢国际广场A座1层 | 59829888 |

## 花旗银行（中国）有限公司北京分行

| 机构名称 | 地　址 | 电　话 |
|---|---|---|
| 中关村支行 | 海淀区北四环西路58号理想国际大厦首层 | 82607250 |
| 嘉里中心支行 | 朝阳区光华路1号嘉里中心商场首层 | 65618800 |
| 阳光上东支行 | 朝阳区东四环北路6号阳光上东中环商业广场A09－A15单元 | 51307100 |
| 昆仑支行 | 朝阳区新源南路甲2号昆仑公寓1层 | 65009988 |
| 盈科中心支行 | 朝阳区工体北路甲2号盈科中心商场1层 | 59272300 |
| 长安支行 | 东城区建国门内大街7号光华长安大厦101室 | 65102458 |

## 汇丰银行（中国）有限公司北京分行

| 机构名称 | 地　址 | 电　话 |
|---|---|---|
| 国贸支行 | 建国门外大街1号中国国际贸易中心国贸商城L129号 | 58669866 |
| 中关村支行 | 海淀区中关村南大街2号北京科技会展中心数码大厦A座1层 | 62159288 |
| 燕莎中心支行 | 朝阳区亮马桥路50号北京燕莎中心西楼W102号 | 84519500 |
| 英蓝国际金融中心支行 | 西城区金融大街7号英蓝国际金融中心首层 | 66555288 |
| 丽都广场支行 | 朝阳区将台路6号丽都A2商业楼首层商场208室 | 64338800 |
| 中关村西区支行 | 海淀区丹棱街3号中国电子大厦B座1层 | 59997288 |
| 北辰支行 | 朝阳区北辰东路8号北辰时代大厦首层0101单元 | 59997711 |
| 远大路支行 | 海淀区远大路1号金源燕莎商厦首层1002单元 | 59997888 |

## 韩国外换银行股份有限公司北京分行

| 机构名称 | 地址 | 电话 |
| --- | --- | --- |
| 望京支行 | 朝阳区望京街9号望京国际商业中心A座212－213室 | 59203780 |
| 五道口支行 | 海淀区成府路28号优盛大厦1层C101室 | 62666710 |

## 恒生银行（中国）有限公司北京分行

| 机构名称 | 地址 | 电话 |
| --- | --- | --- |
| 中关村支行 | 海淀区丹棱街3号中国电子大厦A座103室 | 62500000 |
| 东单支行 | 东城区东单北大街69－12号首层 | 85293507 |
| 工体北路支行 | 东城区工体北路66号1号楼L105、L205单元 | 85293726 |

## 南洋商业银行（中国）有限公司北京分行

| 机构名称 | 地址 | 电话 |
| --- | --- | --- |
| 建国门支行 | 朝阳区建国门外大街乙8号丽晶苑1层 | 65684728 |

## 厦门国际银行北京分行

| 机构名称 | 地址 | 电话 |
| --- | --- | --- |
| 北京朝阳支行 | 朝阳区光华路15号院2号楼铜牛国际大厦首层 | 52932008 |

## 星展银行（中国）有限公司北京分行

| 机构名称 | 地址 | 电话 |
| --- | --- | --- |
| 金地中心支行 | 朝阳区建国路91号金地中心A座一层101单元 | 85713303 |

## 友利银行（中国）有限公司北京分行

| 机构名称 | 地址 | 电话 |
|---|---|---|
| 望京支行 | 朝阳区阜荣街10号1层 | 84718866 |
| 顺义支行 | 顺义区仓上街2号AMB大厦A区1层 | 89452220 |

## 渣打银行（中国）有限公司北京分行

| 机构名称 | 地址 | 电话 |
|---|---|---|
| 燕莎中心支行 | 朝阳区亮马桥路50号北京燕莎中心写字楼S102B室 | 64668803 |
| 中关村支行 | 海淀区海淀中街6号中关村金融中心B座首层 | 62569990 |
| 华贸支行 | 朝阳区建国路77－81号华贸中心L1－L2层 | 59627888 |
| 东方广场支行 | 东城区东长安街1号东方广场东方经贸城中一办公楼 | 58172888 |
| 亚运村支行 | 朝阳区慧忠里103楼洛克时代中心1层 | 59113728 |
| 紫竹支行 | 海淀区首体南路9号主语商务中心4号楼101室 | 58737017 |

## （5）资产管理公司

| 机构名称 | 地址 | 电话 |
|---|---|---|
| 中国华融资产管理公司北京办事处 | 西城区阜成门内大街293号 | 65511186 |
| 中国长城资产管理公司北京办事处 | 朝阳区朝外工体路东2号 | 65530318 |
| 中国东方资产管理公司北京办事处 | 崇文区崇文门外大街44号大康大厦 | 87559998 |
| 中国信达资产管理公司北京办事处 | 朝阳区安华西里二区18号楼 | 84241513 |

## (6) 信托公司

| 机构名称 | 地 址 | 电 话 |
|---|---|---|
| 北京国际信托有限公司 | 朝阳区安定路5号北京金融信托大厦C座 | 64436553 |
| 国投信托有限公司 | 西城区西直门南小街147号 | 88006630 |
| 国民信托有限公司 | 东城区西滨河路18号国民信托中心 | 84268088 |

## (7) 金融租赁公司

| 机构名称 | 地 址 | 电 话 |
|---|---|---|
| 建信金融租赁股份有限公司 | 西城区闹市口大街1号长安兴融中心4号楼6层 | 67594579 |

## (8) 汽车金融公司

| 机构名称 | 地 址 | 电 话 |
|---|---|---|
| 丰田汽车金融(中国)有限公司 | 建国门外大街1号国贸大厦1座8层818单元 | 59653105 |
| 梅赛德斯——奔驰汽车金融有限公司 | 朝阳区望京街8号院戴姆勒大厦19层 | 84173290 |
| 沃尔沃汽车金融(中国)有限公司 | 朝阳区东三环北路甲19号嘉盛中心16层 | 65829304 |
| 大众汽车金融(中国)有限公司 | 朝阳区东三环北路甲19号嘉盛中心9层 | 65897710 |
| 东风标致雪铁龙汽车金融有限公司 | 朝阳区光华路7号汉威大厦东区9A6 | 65628288 |

## (9) 财务公司

| 机构名称 | 地 址 | 电 话 |
|---|---|---|
| 保利财务有限公司 | 东城区朝阳门北大街1号新保利大厦28层 | 84192376 |
| 兵器财务有限责任公司 | 东城区安定门外青年湖南街19号 | 84122859 |
| 兵器装备集团财务有限责任公司 | 海淀区紫竹院路69号中国兵器大厦17层 | 68966562 |

| | | |
|---|---|---|
| 国电财务有限公司 | 西城区阜成门北大街6－9号11层 | 58682610 |
| 国机财务有限责任公司 | 海淀区丹棱街3号A座8层 | 82606816 |
| 海航集团财务有限公司 | 朝阳区霄云路甲26号海航大厦19层 | 59571778 |
| 航天科工财务有限责任公司 | 海淀区紫竹院路116号嘉豪国际中心B座12层 | 58930260 |
| 航天科技财务有限责任公司 | 西城区平安里西大街31号 | 68371114 |
| 华联财务有限责任公司 | 西城区金融大街33号通泰大厦B座4层 | 88086592 |
| 京能集团财务有限公司 | 朝阳区永安东里16号国际大厦23层 | 85218523 |
| 神华财务有限公司 | 东城区安德路16号洲际大厦1层和4层 | 58131196 |
| 首都机场集团财务有限公司 | 首都机场集团公司综合楼5层4271室 | 64564265 |
| 西门子财务服务有限责任公司 | 朝阳区望京中环南路7号 | 64762305 |
| 中电投财务有限公司 | 西城区金融大街28号3号楼6层 | 66298628 |
| 中国大唐集团财务有限公司 | 西城区广宁伯街1号14层 | 66586819 |
| 中国电子财务有限责任公司 | 海淀区中关村东路62号科贸大厦23层和25层 | 62671196 |
| 中国航空集团财务有限责任公司 | 朝阳区霄云路36号国航大厦19层 | 84475749 |
| 中国华电集团财务有限公司 | 西城区宣武门内大街2号中国华电大厦B座10层 | 83568078 |
| 中国化工财务有限公司 | 海淀区北四环西路62号 | 82677968 |
| 中核财务有限责任公司 | 西城区三里河南四巷一号 | 68555930 |
| 中粮财务有限责任公司 | 朝阳门南大街8号中粮福临门大厦19层 | 85006688 |
| 中冶集团财务有限公司 | 朝阳区曙光西里28号中冶大厦 | 59869863 |
| 中远财务有限责任公司 | 西城区月坛北街2号月坛大厦A座19层 | 68083165 |

## （10）外国银行北京代表处

| 机构名称 | 地　　址 | 电　话 |
|---|---|---|
| 德国北德意志州银行北京代表处 | 朝阳区亮马桥路50号燕莎中心办公楼C406 | 64651046 |
| 德国巴登—符腾堡州银行北京代表处 | 朝阳区东三环北路8号亮马大厦2座1130室 | 65900166 |
| 德国施威比豪尔住房储蓄银行股份有限公司北京代表处 | 朝阳区建国门外大街19号国际大厦23－D | 65006530 |
| 德国中央合作银行股份有限公司北京代表处 | 朝阳区建国门外大街19号国际大厦22－1B室 | 85261162 |

| | | |
|---|---|---|
| 德国迈世勒银行股份公司北京代表处 | 朝阳区亮马桥路50号燕莎中心C502室 | 64600458 |
| 意大利联合圣保罗银行股份有限公司北京代表处 | 朝阳区新源南路6号京城大厦2108室 | 84862108 |
| 意大利西雅那银行股份有限公司北京代表处 | 朝阳区建国门外大街1号国贸大厦1座1602–1605室 | 65053136 |
| 意大利裕信银行股份有限公司北京代表处 | 朝阳区建国门外大街19号国际大厦2604室 | 65003716 |
| 意大利人民银行有限责任合作公司北京代表处 | 朝阳区建国门外大街乙12号双子座大厦西塔15层07单元 | 65664351 |
| 法国外贸银行股份有限公司北京代表处 | 东城区东长安街1号东方广场东方经贸城东一办公楼12层2A室 | 85185115 |
| 法国工商银行有限公司北京代表处 | 朝阳区建国门内大街7号光华长安大厦1座310室 | 65102167 |
| 法国标致雪铁龙融资银行有限公司北京代表处 | 朝阳区光华路7号汉威大厦西区19层5号 | 59275981 |
| 法国德夏银行股份有限公司北京代表处 | 西城区金融大街甲九号南楼503室 | 66575858 |
| 俄罗斯工业通讯银行（股份有限公司）北京代表处 | 朝阳区建国门外大街22号赛特大厦1308室 | 85120068 |
| 俄罗斯外贸银行公开股份公司北京代表处 | 朝阳区建国门外大街19号国际大厦18BC室 | 85262800 |
| 俄罗斯信贷商业银行北京代表处 | 朝阳区建国门外大街24号京泰大厦1703室 | 65159517 |
| 俄罗斯开发与对外经济银行国有公司北京代表处 | 朝阳区建国门外大街19号国际大厦20A室 | 65928905 |
| 俄罗斯天然气工业银行股份公司北京代表处 | 朝阳区建国门外大街甲6号中环世贸中心D座1801室 | 65630516 |
| 俄罗斯兴盛银行开放式股份公司北京代表处 | 朝阳区建国门外大街乙12号双子座大厦东塔10层9号 | 51235136 |
| 白俄罗斯银行储蓄银行公开股份公司北京代表处 | 朝阳区建国路93号万达广场4号楼3103室 | 59604292 |
| 乌克兰普理瓦特商业银行股份有限公司北京代表处 | 东城区建国门内大街8号中粮广场B座609室 | 65270792 |
| 欧洲金融集团银行瑞士有限责任公司北京代表处 | 朝阳区建国门外大街1号国贸大厦2座813–815室 | 65056908 |
| 瑞士苏黎世州银行北京代表处 | 朝阳区麦子店西路新恒基国际大厦718室 | 64672539 |

| | | |
|---|---|---|
| 瑞士信贷银行有限公司北京代表处 | 朝阳区东三环北路2号南银大厦31层 | 64106866－405 |
| 北欧银行瑞典有限公司北京代表处 | 朝阳区东三环北路5号发展大厦818室 | 65909070 |
| 瑞典商业银行公共有限公司北京代表处 | 朝阳区建国门外大街19号国际大厦22D室 | 65004310 |
| 瑞典北欧斯安银行有限公司北京代表处 | 朝阳区东三环北路8号亮马大厦1座603室 | 65900120 |
| 荷兰安智银行股份有限公司北京代表处 | 朝阳区东三环北路8号亮马大厦1座1510室 | 65906606 |
| 荷兰合作银行有限公司北京代表处 | 西城区金融大街7号英蓝国际金融中心F928室 | 66555252 |
| 西班牙对外银行有限公司北京代表处 | 东城区建国门内大街7号光华长安大厦2座618室 | 65170937 |
| 西班牙桑坦德银行有限公司北京代表处 | 朝阳区建国门外大街甲6号凯德大厦A座、B座第22层2205室 | 85679788 |
| 西班牙萨瓦德尔银行股份有限公司北京代表处 | 东城区东直门外大街46号天恒大厦8层805室 | 84608366 |
| 西班牙巴塞罗那储蓄银行北京代表处 | 东城区建国门内大街7号光华长安大厦1座610室 | 59111199 |
| 比利时富通银行有限公司北京代表处 | 朝阳区新源南路6号京城大厦2302室 | 84862701 |
| 英国巴克莱银行有限公司北京代表处 | 东城区建国门北大街8号华润大厦2108室 | 58165023 |
| 英国高盛国际银行无限责任公司北京代表处 | 西城区金融大街7号英蓝国际金融中心17层1731房间 | 66273138 |
| 丹麦盛宝银行有限公司北京代表处 | 朝阳区亮马桥路50号燕莎中心S116室 | 64662908 |
| 澳大利亚国民银行有限公司北京代表处 | 朝阳区建国门外大街1号国贸大厦1座2326室 | 65052255 |
| 澳大利亚西太平洋银行有限公司北京代表处 | 朝阳区建国门外大街1号中国国际贸易中心国贸大厦1座12层26－28单元 | 66574380 |
| 澳大利亚澳洲联邦银行公众股份有限公司北京代表处 | 朝阳区建国门外大街1号国贸大厦1座2909室 | 65055350 |
| 巴基斯坦国民银行股份有限公司北京代表处 | 朝阳区新源南路2号昆仑饭店435室 | 65903388－435 |

| | | |
|---|---|---|
| 巴基斯坦哈比银行有限责任公司北京代表处 | 东城区东长安街1号东方广场中1楼10层1003室 | 85151500-103 |
| 巴基斯坦联合银行股份有限公司北京代表处 | 朝阳区建国路乙118号京汇大厦21F-10 | 65675560 |
| 菲律宾首都银行及信托有限公司北京代表处 | 东城区建国门内大街18号恒基中心办公一楼1座1410室 | 65183359 |
| 哈萨克斯坦人民储蓄银行股份公司北京代表处 | 朝阳区光华路8号和乔大厦B座521室 | 65818787 |
| 韩国输出入银行北京代表处 | 朝阳区亮马桥路50号燕莎中心办公楼C716室 | 64653371 |
| 马来西亚马来亚银行有限公司北京代表处 | 朝阳区建国门外大街1号国贸大厦1座16层1606-1608室 | 65054982 |
| 日本三菱日联信托银行股份有限公司北京代表处 | 朝阳区建国门外大街甲26号长富宫办公楼304室 | 65139016 |
| 日本住友信托银行股份有限公司北京代表处 | 朝阳区建国门外大街甲26号长富宫办公楼7009室 | 65139020 |
| 日本农林中央金库有限公司北京代表处 | 朝阳区建国门外大街甲26号长富宫办公楼601室 | 65130858 |
| 泰国泰华农民银行(大众)有限公司北京代表处 | 朝阳区建国门外大街19号国际大厦22层C室 | 65008333 |
| 永亨银行有限公司北京代表处 | 东城区东直门外大街48号东方银座写字楼15A室 | 84476328 |
| 朝鲜华丽银行有限公司北京代表处 | 朝阳区东大桥路8号尚都国际中心205号 | 67081380 |
| 合作金库商业银行股份有限公司北京代表处 | 东城区建国门内大街18号恒基中心办公室1座1805室 | 65188175 |
| 中国信托商业银行股份有限公司北京代表处 | 朝阳区光华路甲8号和乔大厦B座111室 | 65813700 |
| 印度银行北京代表处 | 朝阳区光华路12A号科伦大厦B座302室 | 65813962 |
| 宁波国际银行北京代表处 | 西城区阜外大街2号万通新世界广场B座1710室 | 68573148 |
| 伊朗德佳拉特银行北京代表处 | 朝阳区亮马桥路50号燕莎中心写字楼C208室 | 84551116 |
| 蒙古国郭勒穆特银行有限公司北京代表处 | 朝阳区建国门外大街19号中信国际大厦A座10E室 | 65033876 |

| | | |
|---|---|---|
| 蒙古阿诺德银行有限责任公司北京代表处 | 朝阳区东三环北路向军南里二巷甲5号北京雨霖大厦206室 | 65087610 |
| 联合银行（中国）有限公司北京代表处 | 朝阳区建国路118号招商局大厦29层H2室 | 65660057 |
| 古巴国民银行北京代表处 | 朝阳区建国门外大街24号京泰大厦710室 | 65156586 |
| 加拿大帝国商业银行有限公司北京代表处 | 朝阳区建国门外大街乙12号双子座大厦西塔11层1106－1107室 | 65667071 |
| 加拿大丰业银行有限公司北京代表处 | 东城区建国门北大街8号华润大厦503室 | 85192050 |
| 美国美联银行有限公司北京代表处 | 东城区建国门北大街8号华润大厦2302室 | 65179022 |
| 美国汇丰银行有限公司北京代表处 | 东城区建国门内大街8号北京中粮广场B座304室 | 65225214 |
| 美国远东国民银行有限公司北京代表处 | 朝阳区建国门外大街22号赛特大厦9层911房间 | 65159115 |
| 美国华美银行股份有限公司北京代表处 | 东城区建国门内大街7号光华长安大厦6楼609室 | 65101551 |
| 美国纽约梅隆银行有限公司北京代表处 | 西城区金融大街7号英蓝国际金融中心7层727－730室 | 88007500 |
| 美国北美信托银行有限公司北京代表处 | 朝阳区建国门外大街2号银泰中心C座21层2106室 | 85135311 |
| 美国道富银行有限公司北京代表处 | 西城区金融大街7号英蓝国际金融中心809B－810单元 | 66574500 |
| 智利银行股份有限公司北京代表处 | 朝阳区建国门外大街乙12号双子座大厦西塔606室 | 58794301 |
| 摩洛哥外贸银行股份有限公司北京代表处 | 东城区建国门内大街18号恒基中心1座1203室 | 65182363 |
| 喀麦隆非洲第一银行有限公司北京代表处 | 朝阳区左家庄1号国门大厦4K室 | 64640029 |
| 印度联合银行北京代表处 | 朝阳区建国门外大街乙12号双子座大厦东塔1006室 | 51235186 |
| 德国邮政银行股份公司北京代表处 | 朝阳区东三环北路8号亮马河大厦1座1303室 | 65900870 |
| 尼日利亚海洋银行国际股份有限公司北京代表处 | 西城区通泰大厦B座6层B620单元 | |

| | | |
|---|---|---|
| 尼日利亚第一银行股份有限公司北京代表处 | 东城区建国门内大街8号中粮广场B座1431室 | 65286820 |
| 俄罗斯欧洲金融莫斯科人民银行公开股份有限公司 | 东城区东直门外大街35号东湖别墅C802 | 64674091 |

## （11）外国非银行机构北京代表处

| 机构名称 | 地址 | 电话 |
|---|---|---|
| 万事达卡国际组织北京代表处 | 东城区建国门北大街8号华润大厦7层701－702室 | 85199300 |
| 威士国际组织（亚太）有限公司北京代表处 | 朝阳区光华路5号北京世纪财富中心2号楼1804室 | 85873000 |
| 日本国际信用卡公司北京代表处 | 东城区东长安街1号东方广场中一办公楼11层8B－9A室 | 85185659 |
| 大来信用证国际（香港）有限公司北京代表处 | 西城区武定侯大街6号卓著中心1602室 | 59376888 |
| 中银信用卡（国际）有限公司北京代表处 | 朝阳区永安东里8号华彬国际大厦901B | 85288101 |
| 宝捷思资本市场（香港）有限公司北京代表处 | 东城区东长安街1号东方广场西2办公楼6层601单元3室 | 85200175 |
| 瑞士利顺金融公司北京代表处 | 东城区建国门内大街18号恒基中心1座1907室 | 65187959 |
| 毅联汇业有限公司北京代表处 | 朝阳区朝阳门外大街甲6号万通中心C座1502室 | 65381903 |
| 昆仑国际（新西兰）有限公司北京代表处 | 朝阳区东三环北路霞光里18号佳程广场A座16C | 59222088 |
| 英国路透集团交易服务有限公司北京代表处 | 西城区复兴门内大街28号凯晨世贸中心中座2层 | 66271288－1236 |
| 韩国现代金融株式会社北京代表处 | 朝阳区霄云路38号现代汽车大厦407室 | 84538866 |
| 日本爱可梦株式会社北京代表处 | 朝阳区东三环中路9号富尔大厦17层1703室 | 85911740 |
| 日本邦民株式会社北京代表处 | 朝阳区东三环北路5号北京发展大厦1019室 | 65909757 |
| 西联金融服务公司北京代表处 | 朝阳区建国门外大街乙12号双子座大厦东塔办公楼22层06、07和08A单元 | 85165900 |

| | | |
|---|---|---|
| 英国银星速汇有限公司北京代表处 | 朝阳区永安东里16号CBD国际大厦5层C536办公室 | 65637683 |
| CMC Markets英国公共有限公司北京代表处 | 东城区东长安街1号东方广场C1座1206室 | 58163627 |
| 正大国际财务有限公司北京代表处 | 建国门内大街7号光华长安大厦1座12层 | 65101209 |
| 比利时欧洲清算银行有限公司北京代表处 | 西城区武定侯街6号卓著中心505室 | 58543206 |

3. 证券业机构

## （1）证券公司

| 机构名称 | 地　址 | 电　话 |
|---|---|---|
| 北京高华证券有限责任公司 | 西城区金融大街7号北京英蓝国际金融中心18层 | 66273000 |
| 东兴证券股份有限公司 | 西城区金融大街5号新盛大厦B座12－15层 | 66555383 |
| 高盛高华证券有限责任公司 | 西城区金融大街7号北京英蓝国际金融中心18层 | 66273333 |
| 航空证券有限责任公司 | 朝阳区安华里外馆斜街甲1号泰利明苑A座2区4层 | 85285217 |
| 华融证券股份有限公司 | 西城区月坛北街26号恒华国际商务中心A座9层 | 58568162 |
| 民生证券有限责任公司 | 朝阳区朝外大街16号中国人寿大厦1901室 | 85252633 |
| 民族证券有限责任公司 | 西城区金融大街5号新盛大厦A座6－9层 | 59355588 |
| 瑞银证券有限责任公司 | 西城区金融大街7号北京英蓝国际金融中心12层、15层 | 58328888 |
| 瑞信方正有限责任公司 | 西城区阜成门外大街甲34号泰阳大厦9层 | 88657899 |
| 首创证券有限责任公司 | 西城区德胜门外大街115号德胜尚城E座 | 59366000 |
| 新时代证券有限责任公司 | 西城区金融大街1号A座8层 | 68003103 |
| 信达证券股份有限公司 | 西城区闹市口大街9号院1楼信达金融中心 | 88656100 |
| 银河证券股份有限公司 | 西城区金融大街35号国际企业大厦C座 | 66568888 |

| | | |
|---|---|---|
| 中国国际金融有限责任公司 | 朝阳区建国门外大街1号国贸大厦2座28层 | 65051166 |
| 中信建投证券有限责任公司 | 东城区朝内大街188号 | 85130588 |
| 中德证券有限责任公司 | 朝阳区建国路81号华贸中心1号写字楼20层 | 59026662 |
| 国都证券有限责任公司 | 东城区东直门南大街3号国华投资大厦9－10层 | 84183333 |

## (2) 证券公司分公司

| 机构名称 | 地址 | 电话 |
|---|---|---|
| 东北证券北京分公司 | 西城区三里河东路 | 68585698 |
| 长城证券北京分公司 | 西城区西直门外大街 | 88366060 |
| 国信证券北京分公司 | 西城区平安里西大街 | 88000970 |
| 海通证券北京分公司 | 海淀区中关村南大街甲56号方圆大厦 | 88027068 |
| 申银万国北京分公司 | 朝阳区劲松9区909楼 | 87770337 |
| 德邦证券北京分公司 | 朝阳北路237号复星国际中心 | 59152053 |
| 西南证券北京分公司 | 西城区金融大街35号国际企业大厦A座4层 | 88092035 |
| 日信证券北京分公司 | 西城区闹市口大街1号长安兴融中心西楼11层 | 88086830 |
| 国泰君安北京分公司 | 海淀区知春路17号 | 82318576 |
| 国海证券北京分公司 | 海淀区西直门外大街168号腾达大厦1509室 | 88576900 |
| 宏源资产管理分公司 | 西城区太平桥大街19号恒奥中心 | 88085858 |
| 宏源承销保荐分公司 | 西城区太平桥大街19号恒奥中心 | 88085893 |
| 中投证券北京分公司 | 西城区闹市口大街1号长安兴融中心2号楼7－8层 | 66276983 |
| 中银国际北京分公司 | 西城区金融大街28号通泰中心2号楼12层 | 66229279 |
| 广发证券北京分公司 | 西城区月坛北街2号月坛大厦18层 | 68082446 |
| 东吴证券北京分公司 | 西城区金融大街19号富凯大厦1003室 | 66573700 |
| 安信证券北京分公司 | 西城区金融大街5号新盛大厦B座 | 66581637 |
| 恒泰证券北京分公司 | 西城区华远街7号鄂尔多斯大厦6层 | 66297235 |
| 华龙证券北京分公司 | 西城区金融街通泰大厦B座603室 | 88086668 |
| 江南证券北京分公司 | 朝阳区安立路甲56号商业楼南楼4层 | 84802410 |
| 招商证券北京分公司 | 西城区金融大街1号金融街中心6层 | 65684912 |

| | | |
|---|---|---|
| 齐鲁证券北京分公司 | 西城区复兴门外大街A2号中化大厦11层 | 68565319 |
| 国盛证券北京分公司 | 西城区德胜门大街83号德胜国际中心B座3层 | 62610066 |
| 华泰证券北京分公司 | 西城区金融大街17号中国人寿中心1705 | 59315222 |

## （3）证券公司营业部

| 机构名称 | 地　址 | 电　话 |
|---|---|---|
| 爱建证券北京营业部 | 东城区朝阳门内大街298号6层 | 85115800 |
| 安信证券北三环东路证券营业部 | 东城区北三环东路36号环球贸易中心A座26层 | 59113468 |
| 安信证券阜成路证券营业部 | 海淀区阜成路101号永兴花园饭店群楼3－4层 | 88136500 |
| 安信证券远大路证券营业部 | 海淀区远大路1号金源时代购物中心二期B区写字楼1008号 | 88893661 |
| 安信证券中关村南大街证券营业部 | 海淀区中关村南大街甲32号中关村科技发展大厦B座2层 | 62140212 |
| 渤海证券北京大兴黄村证券营业部 | 大兴区黄村镇兴政东里17号楼 | 69224995 |
| 渤海证券北京慧忠里证券营业部 | 朝阳区慧忠里417号 | 64892168 |
| 渤海证券北京望京广顺北大街证券营业部 | 朝阳区广顺北大街33号福码大厦1单元 | 64776858 |
| 渤海证券北京西外大街证券营业部 | 西城区西直门外大街甲143号凯旋大厦C座2层 | 88016458 |
| 财达证券花园路证券营业部 | 海淀区花园路2号 | 62356660 |
| 财达证券首体南路证券营业部 | 海淀区首体南路20号国兴家园D座 | 88354677 |
| 财富证券北京阜外大街证券营业部 | 西城区阜外大街甲7号国投大厦1、2层 | 68003001 |
| 财富证券北京中关村东路证券营业部 | 海淀区中关村东路18号财智国际大厦A座2楼 | 62616989 |
| 财通证券北京五道口证券营业部 | 海淀区五道口优盛大厦 | |
| 长财证券北京东三环北京中路证券营业部 | 朝阳区东三环中路18号东环国际大厦3层 | 87751481 |

| | | |
|---|---|---|
| 长城证券北京阜成门北大街证券营业部 | 西城区阜成门北大街 17 号中国大百科裙楼 2－3 层 | 68339069 |
| 长城证券北京望京西路证券营业部 | 朝阳区望京西路 50 号卷石天地大厦 A 座 7 层 | 64562003 |
| 长城证券北京中关村大街证券营业部 | 海淀区中关村大街甲 28 号海淀文化艺术大厦 B 座 11 层 | 82533226 |
| 长江证券北京广渠门内大街证券营业部 | 崇文区广渠门内大街 80 号通正国际大厦 11 层 | 51696619 |
| 长江证券北京万柳东路证券营业部 | 海淀区长椿桥路 11 号亿城中心 A 座 901 室 | 58818698 |
| 长江证券北京新源西里证券营业部 | 朝阳区新源里 16 号琨莎中心 B 座 3A 层 | 64679391 |
| 长江证券北京展览路证券营业部 | 西城区展览路 3 号（招商银行 4 层） | 68364388－118 |
| 大通证券北京建国路证券营业部 | 朝阳区建国路 93 号万达广场 9 号楼 2 层 | 58207417 |
| 大同证券西四环中路证券营业部 | 海淀区西四环中路 39－7 号万地名苑大厦 1 层 | 68155388 |
| 德邦证券北京光华路证券营业部 | 朝阳区光华路 14 号嘉都大厦 A 座 409 号 | 65089558 |
| 第一创业证券北京平安大街证券营业部 | 西城区平安大街新时代大厦 | 68059090 |
| 东北证券北京朝外大街证券营业部 | 朝阳区朝外大街乙 6 号朝外 SOHO A 座 23 层 2101－05 号 | 59000715 |
| 东北证券北京三里河东路证券营业部 | 西城区三里河东路 5 号中商大厦 3 层 | 68573836 |
| 东方证券北京安苑路营业部 | 朝阳区小关北里 45 号世纪嘉园 5 号楼 5 层 | 84896422 |
| 东方证券北京霄云路营业部 | 朝阳区东三环北路霄云路 21 号大通大厦南楼 3 层 | 64661627 |
| 东海证券北京安立路证券营业部 | 朝阳区安立路 8 号汇园公寓 B 座 4 层 | 64993238 |
| 东海证券北京西三环北路证券营业部 | 海淀区西三环北路 89 号国际财经中信 D 座 9 层 | 84892358 |
| 东莞证券北京中关村大街证券营业部 | 海淀区海淀北一街 2 号首创拓展大厦 3 层 | |

| | | |
|---|---|---|
| 东吴证券安德里北街证券营业部 | 东城区鼓楼外大街27号万网大厦1层 | 84117711-232 |
| 东兴证券北京大望路营业部 | 朝阳区西大望路15号院4号楼外企大厦B座4层 | |
| 东兴证券北四环中路证券营业部 | 海淀区北四环中路229号海泰大厦2层 | 82884280 |
| 东兴证券翠微路证券营业部 | 海淀区复兴路20号翠微商业楼2段 | 88218659 |
| 方正证券阜外大街证券营业部 | 西城区阜外大街甲34号 | 68583728 |
| 方正证券和平里东街证券营业部 | 东城区和平里东街6区8号 | 84215535 |
| 高华证券北京金融大街证券营业部 | 西城区金融大街7号英蓝国际金融中心18层 | 66273000 |
| 光大证券北京东中街证券营业部 | 东城区东中街29号东环广场B座写字楼2层 | 64182858 |
| 光大证券北京小营路证券营业部 | 朝阳区小营路25号房地置业大厦1、7层 | 59046206 |
| 光大证券北京月坛北街证券营业部 | 西城区月坛北街2号月坛大厦东配楼5层 | 68081286 |
| 光大证券北京中关村大街证券营业部 | 海淀区中关村大街19号新中关大厦A座8层 | 59851080 |
| 广发证券朝阳门北大街证券营业部 | 东城区朝阳门北大街6号首创大厦3层 | 85282289 |
| 广发证券东三环北路证券营业部 | 朝阳区东三环北路3号中远幸福大厦A座1608号 | 64669809 |
| 广发证券阜成门南大街证券营业部 | 西城区阜成门南大街甲3号 | 68022088 |
| 广发证券广安门南街证券营业部 | 宣武区广内大街316号京粮大厦6层 | 63547162 |
| 广发证券建外大街证券营业部 | 朝阳区建外大街24号京泰大厦5层 | 65150933 |
| 广发证券中关村东路证券营业部 | 海淀区中关村东路8号东升大厦A座6层 | 82526215 |
| 广州证券北京三里河东路证券营业部 | 西城区三里河东路39号燕京大厦2层 | 68521889 |
| 国都证券北京阜外大街证券营业部 | 西城区阜外大街22号外经贸大厦3层西侧 | 68329055 |
| 国都证券北京复兴路证券营业部 | 海淀区复兴路32号六建大院内 | 68176007 |

| | | |
|---|---|---|
| 国都证券北京工体北路证券营业部 | 东城区工体北路北京工人体育馆南区2层(工体馆北门) | 65533232 |
| 国都证券北京九棵树街证券营业部 | 通州区九棵树街109号 | 59392161 |
| 国都证券北京亮马桥路证券营业部 | 朝阳区亮马桥路98号光明饭店写字楼5层 | 84418739 |
| 国都证券北京三环中路证券营业部 | 西城区北三环中路23号燕莎盛世大厦 | 64890703 |
| 国都证券北京中关村南大街证券营业部 | 海淀区中关村南大街9号理工科技大厦303室 | 68949680 |
| 国海证券北京和平街证券营业部 | 朝阳区和平街11区38号楼 | 64283164 |
| 国金证券金融街证券营业部 | 西城区金融街27号投资广场B座4层 | 66212187 |
| 国联证券北京首体南路证券营业部 | 海淀区首体南路9号主语国际4号楼1202室 | 63170199 |
| 国盛证券北京德胜门外大街证券营业部 | 西城区德胜门大街83号德胜门国际中心B座3层 | 62631969 |
| 国泰君安证券北京德外大街证券营业部 | 西城区德外大街新风街2号天成科技大厦A座 | 62034788 |
| 国泰君安证券北京方庄路证券营业部 | 丰台区方庄路1号 | 67638335 |
| 国泰君安证券北京怀柔府前街证券营业部 | 怀柔区府前街3号 | 69680303 |
| 国泰君安证券北京金融街证券营业部 | 西城区金融街28号盈泰中心2号楼10层 | 59312793 |
| 国泰君安证券北京鲁谷路营业部 | 石景山区鲁谷路35号电科大厦裙楼1层 | |
| 国泰君安证券北京知春路证券营业部 | 海淀区知春路17号 | 82311880 |
| 国泰君安证券通州新华西街证券营业部 | 通州区新华西街甲59号 | 69542299 |
| 国信证券北京呼家楼证券营业部 | 朝阳区呼家楼北街7号楼 | 65065203 |
| 国信证券北京平安大街证券营业部 | 西城区平安西大街28号光大国际中心1号楼5层 | 88000988 |
| 国信证券北京亚运村证券营业部 | 朝阳区大屯路风林西奥中心A座5层 | 64838595 |

| | | |
|---|---|---|
| 国元证券东直门外大街证券营业部 | 东城区东直门外大街46号天恒大厦9层 | 84608839 |
| 国元证券西坝河南路证券营业部 | 朝阳区西坝河南路1号金泰大厦409室 | 64402348 |
| 海通证券北京平谷金乡路营业部 | 平谷区金乡路1号1、3层 | 89999236 |
| 海通证券北京知春路证券营业部 | 海淀区知春路甲63号卫星大厦7层 | 82625096 |
| 海通证券北京中关村南大街证券营业部 | 海淀区中关村南大街甲56号方圆大厦5层 | 88027676 |
| 海通证券光华路证券营业部 | 朝阳区光华路甲8号合乔大厦C座3层 | 65831381 |
| 海通证券柳芳北里证券营业部 | 东城区工体北路66号瑞士公寓A3层 | 64620913 |
| 航空证券中关村南大街证券营业部 | 海淀区中关村南大街6号中电信息大厦5层 | 82168390 |
| 航天证券北京万柳中路证券营业部 | 海淀区万柳中路35号蜂鸟社区商业楼2楼CD区 | 82872296 |
| 和兴证券百万庄证券营业部 | 西城区百万庄大街19号 | 68331829 |
| 恒泰证券安德路证券营业部 | 东城区安德路大街16号洲际大厦B座 | 84128825 |
| 恒泰证券南滨河路证券营业部 | 宣武区广安门外南滨河路1号高新大厦2、5层 | 63429711 |
| 红塔证券板井路证券营业部 | 海淀区板井路69号世纪金源酒店1层西侧 | 88464659-1013 |
| 宏源证券北京北洼路证券营业部 | 海淀区北洼路26号 | 88511326 |
| 宏源证券北京东四环中路证券营业部 | 朝阳区东四环中路56号远洋国际中心A座25层 | 65505151 |
| 宏源证券北京金融大街证券营业部 | 西城区太平桥大街19号 | 88085208 |
| 华安证券北京东三环中路营业部 | 朝阳区东三环中路24号乐成中心B座10层 | 67769016 |
| 华安证券北京慧忠北里证券营业部 | 朝阳区慧忠北里305号 | 64878858 |
| 华宝证券崇文门外大街证券营业部 | 崇文区崇外大街9号正仁大厦3段4层 | 67082997-8058 |
| 华创证券新兴桥证券营业部 | 海淀区复兴路21号海育大厦6-8层 | 68051831 |
| 华林证券北京北三环东路证券营业部 | 朝阳区北三环东路28号易亨大厦2层 | 64405981 |

| | | |
|---|---|---|
| 华龙证券北京安外大街证券营业部 | 东城区安外大街191号天鸿宝景大厦西配楼3层 | 64401206 |
| 华融证券文慧园证券营业部 | 海淀区文慧园北路9号蒙太奇大厦A座2层 | 62217448 |
| 华泰证券北三环东路证券营业部 | 朝阳区北三环东路8号静安中心6072室 | 51085109 |
| 华泰证券和平里证券营业部 | 东城区和平里小黄庄二区1号楼 | 84273969 |
| 华泰证券莲花池证券营业部 | 崇文区广渠门内大街43号A座1-2层 | 63433789 |
| 华泰证券苏州街证券营业部 | 海淀区苏州街29号18号楼维亚大厦207-509、518-520室 | 62526229 |
| 华泰证券西三环北路证券营业部 | 海淀区西三环北路72号中经大厦A座501室 | 68733706 |
| 华泰证券月坛南街证券营业部 | 西城区月坛南街甲12号万丰怡和商务会馆3层 | 68010996 |
| 华泰证券中关村南大街证券营业部 | 海淀区中关村南大街11号光大国信大厦3层 | 68733973 |
| 华西证券紫竹院路证券营业部 | 海淀区紫竹院路31号华澳中心2层 | 68716366-201 |
| 华鑫证券车公庄大街证券营业部 | 西城区车公庄大街12号核工业建设集团大厦2层 | 88306678 |
| 江海证券东三环南路证券营业部 | 朝阳区东三环南路58号富顿中心A座2层 | 58674977 |
| 江南证券安立路证券营业部 | 朝阳区安立路甲56号九台2000家园南楼 | 84801300 |
| 金元证券方庄方古园证券营业部 | 丰台区方庄方古园一区29-43层 | 67646920 |
| 金元证券新外大街证券营业部 | 海淀区新外大街19号京师大厦6层 | 62200137 |
| 联讯证券外馆东街证券营业部 | 朝阳区外馆东街51号凯景铭座大厦2层 | 64408900 |
| 联讯证券西直门北大街证券营业部 | 海淀区西直门北大街42号节能大厦2层 | 62279238 |
| 民生证券北京顺义府前东街证券营业部 | 顺义区府前东街2号1号楼顺建大厦8楼 | |
| 民生证券北京西三环北路证券营业部 | 海淀区西三环北路91号国图文化大厦南门3楼 | 51520106 |
| 民生证券工体北路证券营业部 | 朝阳区工人体育场甲6号中宇大厦501、502、503、509、510室 | |
| 民族证券北京北沙滩证券营业部 | 海淀区沙窝小区太平路甲34号亚泰饭店7层 | 68188538 |

| | | |
|---|---|---|
| 民族证券北京丰台东大街证券营业部 | 丰台区东大街东里7号楼南 | 51129702 |
| 民族证券北京佟麟阁路证券营业部 | 西城区佟麟阁路95号尚信大厦6层 | 66413223 |
| 民族证券北京西坝河南路证券营业部 | 朝阳区西坝河南路22号 | 64222168 |
| 民族证券北京中关村南大街证券营业部 | 海淀区中关村南大街2号数码大厦A座3层 | 51727044 |
| 南京证券惠新西街证券营业部 | 朝阳区惠新西街9号 | 64913500 |
| 平安证券东花市证券营业部 | 崇文区东花市北里西区B座23号楼 | 67172171 |
| 平安证券金融大街营业部 | 西城区金融大街23号平安大厦10层 | 59734968 |
| 齐鲁证券北京金融大街营业部 | 西城区金融大街5号新盛大厦南塔A座1层02、03单元 | 6655550 |
| 齐鲁证券北京北四环西路证券营业部 | 海淀区北四环西路67号 | 82887888 |
| 齐鲁证券北京朝外大街证券营业部 | 朝阳区朝外大街20号联合大厦2层 | 65882620 |
| 日信证券北京新街口北大街证券营业部 | 西城区新街口北大街3号星街坊购物中心6层 | 82200210 |
| 瑞银证券北京建外大街证券营业部 | 朝阳区建外大街乙12号双子座大厦东塔17层 | 59226999 |
| 瑞银证券北京金融大街证券营业部 | 西城区金融大街7号英蓝国际金融中心15层 | 58328388 |
| 山西证券太平庄证券营业部 | 海淀区高粱桥斜街13号 | 62235588－6812 |
| 上海证券东直门南大街证券营业部 | 东城区东直门南大街3号国华投资大厦3层 | 84085505 |
| 上海证券万寿路证券营业部 | 海淀区万寿路翠微中里14号楼 | 68254012－102 |
| 申银万国证券北京安定路证券营业部 | 朝阳区安定路39号长新大厦3层 | 64448218 |
| 申银万国证券北京劲松九区证券营业部 | 朝阳区劲松九区909楼 | 67736860 |
| 世纪证券北京光华路证券营业部 | 朝阳区光华路丙12号数码01大厦6层 | 65868567 |
| 首创证券北辰东路证券营业部 | 朝阳区北辰东路8号汇园公寓Q座1、2层 | 84976731 |

| | | |
|---|---|---|
| 首创证券和平街证券营业部 | 朝阳区和平街 13 区 35 号煤炭大厦 6 层 | 84292611 |
| 首创证券五道口证券营业部 | 海淀区成府路 59－2 | 62793481 |
| 太平洋证券海淀大街证券营业部 | 海淀区海淀大街 38 号银科大厦 6 楼 616 号 | 82602867 |
| 万联证券西单证券营业部 | 西城区西单横二条 3 号 | 66062626 |
| 西部证券新街口外大街证券营业部 | 西城区德胜门外大街乙 10 号太福大厦 4 层 | 62013151 |
| 西部证券学院南路证券营业部 | 海淀区学院南路 49 号 | 62120091 |
| 西藏证券陶然亭路证券营业部 | 宣武区陶然亭路 16 号 | 83537678 |
| 西南证券北京北三环中路证券营业部 | 西城区北三环中路商房大厦 | 62384285 |
| 西南证券北京昌平政府街证券营业部 | 昌平区政府街 22 号 | 69725243 |
| 厦门证券远大路证券营业部 | 海淀区远大路 22 号 B 区 11 号楼 101 号 | 88596635 |
| 湘财证券朝外大街证券营业部 | 朝阳区朝外大街 12 号昆泰商城 5 层 | 85638510 |
| 湘财证券朝阳路证券营业部 | 朝阳区朝阳路住邦 2000 | 65586162 |
| 湘财证券惠新东街证券营业部 | 朝阳区惠新东街 12 号珠宝大厦 4 层 | 84646666 |
| 湘财证券顺义府前西街证券营业部 | 顺义区府前西街 10 号 3 层 | 81496902 |
| 湘财证券苏州街证券营业部 | 海淀区苏州街 79 号金洲大厦 3 层 | 82518108 |
| 新时代证券北京东三环北路证券营业部 | 朝阳区东三环北路 17 号恒安大厦 12 层 | 65081815 |
| 新时代证券北京南礼士路证券营业部 | 西城区南礼士路 3 号海通大厦 3－4 层 | 68025299 |
| 新时代证券北京中关村东路证券营业部 | 海淀区中关村东路 66 号世纪科贸大厦 B 座 25 层 | 62672766 |
| 信达证券北京北辰东路证券营业部 | 朝阳区北辰东路 8 号北辰时代大厦 12 层 | 85983698 |
| 信达证券北京翠微路证券营业部 | 海淀区翠微路甲 10 号建筑大厦内 | 68252099 |
| 信达证券北京古城路证券营业部 | 石景山区八角西街 68 号 | 68843741 |
| 信达证券北京前门证券营业部 | 东城区东交民巷 28 号红都商务会馆 B 座 1、2 层 | 65285638 |
| 信达证券北京西单北大街证券营业部 | 西城区华远北街 2 号通港大厦 1、4 层 | 66127193 |

| | | |
|---|---|---|
| 信达证券北京裕民路证券营业部 | 朝阳区裕民路12号中国国际科技会展中心C座4层 | 82253889 |
| 兴业证券马甸南路证券营业部 | 海淀区马甸南路冠海大厦12层 | 82000172 |
| 银河证券北京朝阳门北大街证券营业部 | 东城区朝阳门北大街5号第五广场1、6层 | 68362033 |
| 银河证券北京东环南路证券营业部 | 朝阳区建国路126号瑞赛大厦1、3层 | 65662092 |
| 银河证券北京阜成路证券营业部 | 海淀区阜成路67号银都大厦3层 | 68436999 |
| 银河证券北京广渠门内大街证券营业部 | 崇文区广渠门内大街27号鼎新大厦7层 | 87103750 |
| 银河证券北京和平里证券营业部 | 东城区和平里9区甲4号安信大厦A座1层 | 64464762 |
| 银河证券北京黄寺大街证券营业部 | 西城区黄寺大街21号中银利华大厦1、2层 | 82083264 |
| 银河证券北京马家堡东路证券营业部 | 丰台区马家堡东路71号丽华饭店B座附楼2层南区 | 67220677 |
| 银河证券北京望京西园证券营业部 | 朝阳区望京西园四区乙410楼 | 64748888 |
| 银河证券北京学清路证券营业部 | 海淀区学清路甲38号（农大）金码大酒店A座7层 | 82838908 |
| 银河证券北京学院南路证券营业部 | 海淀区学院南路34号 | 62276491 |
| 银河证券北京月坛证券营业部 | 西城区丰汇园21号楼 | 58872889 |
| 银河证券北京中关村大街证券营业部 | 海淀区中关村大街甲59号文化大厦1－3层 | 62512156 |
| 银泰证券东单证券营业部 | 东城区王府井大街138号T3写字楼 | 65287668 |
| 英大证券东直门证券营业部 | 东城区东直门海运仓胡同1号海运仓国际大厦1层和10层 | 84002095 |
| 招商证券北三环东路证券营业部 | 朝阳区北三环东路西坝河东里18号三元大厦2层 | 84603492 |
| 招商证券北太平庄路证券营业部 | 海淀区北太平庄路2号 | 62073496 |
| 招商证券车公庄西路证券营业部 | 海淀区车公庄西路甲19号华通大厦A座3层 | 68488335 |
| 招商证券德胜门东滨河路证券营业部 | 东城区北三环安贞大厦 | 62057993 |

| | | |
|---|---|---|
| 招商证券东四十条证券营业部 | 东城区东四十条甲22号南新仓国际大厦B座3层 | 65951620 |
| 招商证券光明路证券营业部 | 崇文区光明路天玉大厦5层 | 51902506 |
| 招商证券建国路证券营业部 | 朝阳区建国路118号招商局大厦8层 | 65684890 |
| 招商证券金融街证券营业部 | 西城区金融大街33号通泰大厦C座605室 | 88086655 |
| 招商证券西直门北大街证券营业部 | 海淀区西直门北大街60号首钢国际大厦6层 | 82291816 |
| 招商证券新街口外大街证券营业部 | 西城区新街口外大街12号 | 82014201 |
| 招商证券颐和园路证券营业部 | 海淀区颐和园路1号 | 62583818 |
| 招商证券知春东里证券营业部 | 海淀区知春东里15号楼 | 82127088 |
| 浙商证券朝阳门北大街证券营业部 | 东城区朝阳门北大街8号富华大厦E座4层 | 65546317 |
| 中国建银投资证券安立路证券营业部 | 朝阳区安外安立路8号 | 84976155 |
| 中国建银投资证券朝阳路营业部 | 朝阳区朝阳路延静里中街3号长信大厦3层 | 65082922 |
| 中国建银投资证券方庄芳群园证券营业部 | 丰台区方庄芳群园4区21楼南方证券大厦 | 67642201 |
| 中国建银投资证券复兴路证券营业部 | 海淀区复兴路乙20号 | 68282309 |
| 中金公司建国门外大街证券营业部 | 朝阳区建国门外大街甲6号A、B座凯德大厦1层 | 85679888 |
| 中山证券车公庄大街证券营业部 | 西城区车公庄大街乙1号富通大厦2层 | 68348878 |
| 中信建投证券北京安立路证券营业部 | 朝阳区安立路66号4号楼 | 64906210 |
| 中信建投证券北京东三环营业部 | 朝阳区东三环中路9号1层0102，2层0205，地下1层0102A | 85911109 |
| 中信建投证券北京东直门南大街证券营业部 | 东城区东直门南大街6号 | 64172888 |
| 中信建投证券北京海淀南路证券营业部 | 海淀区海淀南路19号时代网络大厦3层 | 82666918 |
| 中信建投证券北京马家堡西路证券营业部 | 丰台区马家堡西路15号时代风帆大厦1层 | 67578532 |

| | | |
|---|---|---|
| 中信建投证券北京南大红门路证券营业部 | 丰台区南大红门路15号梅园市场 | 68759942 |
| 中信建投证券北京农大南路证券营业部 | 海淀区农大南路1号2号楼A座101及102室 | 82349798 |
| 中信建投证券北京三里河路证券营业部 | 海淀区三里河39号 | 88381572 |
| 中信建投证券北京望京中环南路营业部 | 朝阳区望京中环南路9号3号楼7层及2号楼1层 | 64723010 |
| 中信建投证券燕山向阳路营业部 | 房山区燕山向阳路38号 | 81337701 |
| 中信证券安外大街证券营业部 | 东城区安外大街甲57号 | 84123344 |
| 中信证券白家庄东里证券营业部 | 朝阳区白家庄东里23号建宏大厦 | 63261166 |
| 中信证券北京南三环东路证券营业部 | 丰台区四方景园二区配套商业底商 | 87645767 |
| 中信证券北京天通苑证券营业部 | 昌平区天通北苑1区甲4号楼102室 | 84842496 |
| 中信证券北三环中路证券营业部 | 海淀区北三环中路43－3号院 | 82070508 |
| 中信证券复外大街证券营业部 | 西城区白云路1号白云大厦3层 | 63261166 |
| 中信证券花园东路证券营业部 | 海淀区花园东路10号高德大厦7层 | 82038886 |
| 中信证券张自忠路证券营业部 | 东城区张自忠路7号 | 84046797 |
| 中信证券紫竹院路证券营业部 | 海淀区紫竹院路69号中国兵器大厦9层 | 68965201 |
| 中银国际证券（新设） | 海淀区北四环西路9号银谷大厦6层 | |
| 中银证券宣外大街证券营业部 | 宣武区宣外大街甲1号环球财讯中心E座3层 | 63109989－850 |
| 中邮证券西直门北大街证券营业部 | 海淀区西直门北大街56号生命人寿大厦 | 82291798 |
| 中原证券（筹建中） | 宣武区广安门外大街168号朗琴国际大厦 | |
| 中原证券北京酒仙桥路证券营业部 | 朝阳区酒仙桥路14号兆维大厦3层 | 58671108 |

## （4）基金管理公司

| 机构名称 | 地　址 | 电　话 |
|---|---|---|
| 嘉实基金管理有限公司 | 建国门北大街8号华润大厦8层 | 65188866 |
| 华夏基金管理有限公司 | 西城区金融大街33号通泰大厦B座8层 | 88066688 |

| | | |
|---|---|---|
| 长盛基金管理有限公司 | 海淀区北太平庄路18号北京城建大厦A座20－22层 | 82255818 |
| 泰达宏利基金管理有限公司 | 西城区金融大街8号英蓝国际金融中心2－3层 | 66577777 |
| 工银瑞信基金管理有限公司 | 西城区金融大街丙17号北京银行大厦8层 | 66583333 |
| 建信基金管理有限责任公司 | 西城区金融大街7号英蓝国际金融中心16层 | 66228888 |
| 东方基金管理有限责任公司 | 西城区金融大街28号盈泰商务中心2号楼16层 | 66295888 |
| 益民基金管理有限公司 | 宣武区宣外大街6号庄胜广场中央办公楼南翼13A | 63105556 |
| 中邮创业基金管理有限公司 | 海淀区西直门北大街60号首钢国际大厦10层 | 82295160 |
| 华商基金管理有限公司 | 西城区阜成门北大街6号国际投资大厦C座15层 | 58553099 |
| 银华基金管理有限公司 | 东城区方广场东方经贸城中2办公楼15层 | 58163000 |

## （5）基金管理分公司

| 机构名称 | 地址 | 电话 |
|---|---|---|
| 嘉实基金管理有限公司北京分公司 | 东城区建国门北大街8号华润大厦8层 | 65188866 |
| 华夏基金管理有限公司北京分公司 | 西城区金融大街33号通泰大厦B座8层 | 88066855 |
| 金鹰基金管理有限公司北京分公司 | 西城区复兴门外大街国家海洋局东配楼4层 | 68525795 |
| 易方达基金管理有限公司北京分公司 | 西城区金融大街19号富凯大厦B1703室 | 66574368 |
| 广发基金管理有限公司北京分公司 | 西城区月坛北街2号月坛大厦17楼 | 68083726 |
| 富国基金管理有限公司北京分公司 | 海淀区西直门北大街60号首钢国际大厦9009室 | 58810028 |
| 华宝兴业基金管理有限公司北京分公司 | 朝阳区建国门外大街乙12号双子座大厦西塔602室 | 65661580 |
| 上投摩根基金管理有限公司北京分公司 | 西城区金融大街7号英蓝国际金融中心19层1925室 | 58369199 |

| | | |
|---|---|---|
| 华安基金管理有限公司北京分公司 | 西城区金融大街23号平安大厦106室 | 66219999 |
| 天治基金管理有限公司北京分公司 | 西城区金融大街19号富凯大厦B703A室 | 66578008 |
| 国泰基金管理有限公司北京分公司 | 西城区金融大街7号英蓝国际金融中心第6层627、628单元 | 66553055 |
| 银河基金管理有限公司北京分公司 | 西城区月坛西街6号A-F座3楼 | 68012633 |
| 新世纪基金管理有限公司北京分公司 | 西三环北路11号海通时代商务中心C座 | 68726666 |
| 南方基金管理有限公司北京分公司 | 西城区金融大街19号富凯大厦B-1702室 | 66573399-3356 |
| 博时基金管理有限公司北京分公司 | 建国门内大街18号恒基中心1座23层 | 65171166 |
| 鹏华基金管理有限公司北京分公司 | 海淀区三里河路13号中国建筑文化中心北塔楼10层 | 51292260 |
| 银华基金管理有限公司北京分公司 | 东方广场东方经贸城C2办公楼10层2-8室 | 58163000 |
| 大成基金管理有限公司北京分公司 | 朝阳区朝阳门外大街16号中国人寿大厦1201室 | 85633388 |
| 融通基金管理有限公司北京分公司 | 西城区金融大街35号国企大厦C座1241-1243室 | 66190999 |
| 摩根士丹利华鑫基金管理有限公司北京分公司 | 海淀区中关村南大街1号友谊宾馆雅园64841房间 | 68719599 |
| 天弘基金管理有限公司北京分公司 | 海淀区中关村南大街2号数码大厦A座23层2301-2306室 | 82515252 |
| 长信基金管理有限公司北京分公司 | 西城区月坛南街甲一号东方亿通大厦4层 | 68042292 |
| 景顺长城基金管理有限公司北京分公司 | 西城区金融大街7号英蓝国际金融中心9层916-917室 | 66555001 |
| 益民基金管理有限公司北京分公司 | 宣武区宣武门外大街6号庄胜广场中央办公楼南翼13A | 63105556-519 |
| 长盛基金管理有限公司北京分公司 | 海淀区北三环中路18号城建大厦A座9层 | 82255818-213 |
| 友邦华泰基金管理有限公司北京分公司 | 西城区金融大街中国人寿大厦17层1704室 | 66220358 |

| | | |
|---|---|---|
| 国投瑞银基金管理有限公司北京分公司 | 西城区金融大街7号英蓝国际金融中心915室 | 68095805 |
| 汇添富基金管理有限公司北京分公司 | 西城区金融大街19号富凯大厦B座709室 | 66575118 |
| 信达澳银基金管理有限公司北京分公司 | 西城区月坛北街26号恒华国际大厦写字楼606室 | 58569988 |
| 海富通基金管理有限公司北京分公司 | 西城区金融大街7号北京英蓝国际金融中心六层F621、622单元 | 58569192 |
| 申万巴黎基金管理有限公司北京分公司 | 西城区金融大街19号富凯大厦B座1006室 | 66574332 |
| 中海基金管理有限公司北京分公司 | 西城区复兴门内大街158号远洋大厦F211B | 66425032 |
| 长城基金管理有限公司北京管理总部 | 西城区金融大街35号国际企业大厦C1738 | 88091157 |
| 光大保德信基金管理有限公司北京分公司 | 东城区建国门外大街7号光华大厦1座802室 | 59111287 |
| 交银施罗德基金管理有限公司北京分公司 | 西城区金融大街35号国际企业大厦B座1120室 | 88091355 |
| 泰达宏利基金管理有限公司北京分公司 | 西城区金融大街7号英蓝国际金融中心南楼3层 | 66577777 |
| 诺安基金管理有限公司北京分公司 | 朝阳区光华路甲14号901室 | 65863688 |
| 中银基金管理有限公司北京分公司 | 西城区武定侯街2号泰康国际大厦1901-1902、1907-1911室 | 88000688 |
| 招商基金管理有限公司北京分公司 | 西城区武定侯街2号泰康国际大厦1507室 | 66290597 |
| 建信基金管理有限公司北京分公司 | 西城区金融大街7号英蓝国际金融中心16层 | 66228016 |

## (6) 基金管理公司理财中心

| 机构名称 | 地址 | 电话 |
|---|---|---|
| 华夏基金管理有限公司北京海淀投资理财中心 | 海淀区中关村南大街11号光大国信大厦1层 | 68458998 |
| 华夏基金管理有限公司北京朝阳投资理财中心 | 朝阳区东三环中路39号建外SOHO B座0104室 | 58693528 |

| | | |
|---|---|---|
| 华夏基金管理有限公司北京东中街投资理财中心 | 东城区东中街29号东环广场B座1层 | 64185181 |
| 华夏基金管理有限公司北京科学院南路投资理财中心 | 海淀区中关村科学院南路新科祥园甲3号 | 82523197 |
| 华夏基金管理有限公司北京崇文投资理财中心 | 崇文区安化寺幸福家园1层 | 67146300 |
| 华夏基金管理有限公司北京西三环投资理财中心 | 海淀区西三环北路甲35号 | 68463773 |
| 华夏基金管理有限公司北京世纪城投资理财中心 | 海淀区蓝靛厂时雨园甲2-4号 | 88892832 |
| 华夏基金管理有限公司北京望京投资理财中心 | 朝阳区望京南湖东园122楼博泰国际商业广场1层F-36号 | 64743055 |
| 华夏基金管理有限公司北京亚运村投资理财中心 | 朝阳区惠忠里103号洛克时代中心1层 | 84871039 |
| 大成基金管理有限公司投资理财中心 | 东城区东直门南大街5号中青旅大厦105-106室 | 85633388 |
| 诺安基金管理有限公司投资理财中心 | 朝阳区光华路甲14号901室 | 65863688 |

## （7）证券投资咨询公司

| 机构名称 | 地　　址 | 电　话 |
|---|---|---|
| 北京清华紫光投资顾问有限责任公司 | 朝阳区西坝河南路芳馨园东2203室 | 84497361 |
| 北京君之创证券投资咨询有限责任公司 | 华严北里甲1号健翔山庄C8座 | 62078002-814 |
| 北京京放投资管理顾问有限责任公司 | 西城区西直门外大街135号60号楼301室（德胜园区） | 64920429 |
| 和讯信息科技有限公司 | 朝阳门大街22号泛利大厦10层 | 85650803 |
| 北京首证投资顾问有限公司 | 东城区东四十条甲22号南新仓商务大厦B座1021室 | 51690109 |
| 北京新兰德证券投资咨询有限公司 | 西城区月坛南街银岛商务楼410号 | 68575862 |
| 北京东方高圣投资顾问有限公司 | 朝阳公园南路19号郡王府饭店四宜书屋 | 65842004 |
| 北京中方信富投资管理咨询有限公司 | 朝阳区安立路60号润枫德尚大厦B座1702室 | 64820553 |

| | | |
|---|---|---|
| 北京海问咨询有限公司 | 尚都国际中心A座1101室 | 58700055 |
| 北京中资北方投资顾问有限公司 | 朝阳区北四环中路华严北里8号院1号楼1204房间 | 82846645 |
| 北京和众汇富咨询有限公司 | 朝阳区慧忠路5号远大中心B座10层 | 84891053 |
| 天相投资顾问有限公司 | 西城区金融大街新盛大厦4-5层 | 66045429 |
| 北京中和应泰管理顾问有限公司 | 海淀区大柳树北路17号富海国际港608室 | 88354297 |
| 北京金美林投资顾问有限公司 | 海淀区苏州街12号西屋国际D座16层 | 82871151 |
| 北京金昌投资咨询有限公司 | 东城区朝阳门北大街8号富华大厦F座18层 | 65541326-511 |
| 北京禧达丰证券投资咨询有限公司 | 朝阳区朝外大街乙12号昆泰国际大厦写字楼1002室 | 59051107 |
| 北京盛世华商投资顾问有限公司 | 海淀区北四环西路58号理想国际大厦1610室 | 82193527-823 |
| 北京博星投资顾问有限公司 | 西城区西直门内南小街国英1号大厦1012室 | 58561100-137 |
| 黑龙江荣维投资顾问有限责任公司北京分公司 | 朝阳区东三环东路9号建外SOHO 9号楼12层 | 59001599 |
| 大连恒基投资顾问有限公司北京分公司 | 中关村南大街12号天作国际中心1号楼A座2508室 | 52968898 |

## （8）外国证券机构北京代表处

| 机构名称 | 地址 | 电话 |
|---|---|---|
| 台湾宝来证券股份有限公司北京代表处 | 西城区闹市口大街1号长安兴融中心3座13层1318室 | 13264314934 |
| 兆丰资本（亚洲）有限公司北京代表处 | 西城区复兴门内大街158号远洋大厦F409室 | 66421618 |
| 日本大和证券资本市场株式会社北京代表处 | 朝阳区建国门外大街甲6号凯德大厦3503-3504室 | 65006688 |
| 德意志银行股份有限公司（证券业务）北京代表处 | 朝阳区建国路81号华贸中心1座写字楼28层2801、2808-2809室 | 59698088 |
| 香港第一上海融资有限公司北京代表处 | 东城区建国门内大街7号光华长安大厦2座1025号 | 65102588 |
| 法国巴黎资本（亚洲）有限公司北京代表处 | 朝阳区光华路1号北京嘉里中心南楼1618室 | 65611118 |

| | | |
|---|---|---|
| 高盛（中国）有限责任公司北京代表处 | 西城区金融大街7号北京英蓝国际金融中心1701－1703，1730－1732单元 | 66273030 |
| 花旗环球金融（中国）有限公司北京代表处 | 西城区武定侯大街6号卓著中心18层1801－1803室 | 59376666 |
| 汇富金融服务有限公司北京代表处 | 朝阳区东三环中路7号财富中心写字楼A座801室 | 65308792 |
| 苏皇融资亚洲有限公司北京代表处 | 朝阳区光华路1号嘉里中心北楼28层 | 59279155 |
| 金鼎综合证券（香港）有限公司北京代表处 | 海淀区善缘街一号立方庭1－915室 | 84580303 |
| 京华山一国际（香港）有限公司北京代表处 | 东城区建国门内大街18号恒基中心一座1101室 | 65182871－76 |
| 布朗兄弟哈里曼（香港）有限公司北京代表处 | 东城区建国门北大街8号华润大厦1251室 | 58111919 |
| 瑞士信贷（香港）有限公司北京代表处 | 朝阳区东三环北路2号南银大厦31层 | 64106611 |
| 日本瑞穗证券股份有限公司北京代表处 | 朝阳区建国门外大街甲26号长富宫办公楼8层 | 65234779 |
| 瑞银证券亚洲有限公司北京代表处 | 西城区金融大街7号英蓝国际金融中心1121－1123室 | 58327619 |
| 三菱日联证券股份有限公司北京代表处 | 朝阳区光华路5号院世纪财富中心2座1705室 | 65908770－160 |
| 香港国浩资本有限公司北京代表处 | 西城区金融大街35号国际企业大厦B座422室 | 88092244 |
| 香港上海汇丰银行有限公司（证券业务）北京代表处 | 朝阳区建国门外大街1号国贸大厦1座23层2318、26层2631－2632室 | 65260901 |
| 日本野村证券株式会社北京代表处 | 东三环北路5号北京发展大厦1708室 | 65908181－1304 |
| 元大证券股份有限公司北京代表处 | 东城区建国门内大街7号光华长安大厦二座1722室 | 65101266 |
| 中银国际控股有限公司北京代表处 | 西城区金融大街28号盈泰中心2号楼15层 | 66229027 |
| 法国外贸银行（证券业务）北京代表处 | 东城区东长安街1号北京东方广场办公楼E1座1202室 | 85189160 |
| 香港加皇投资理财有限公司北京代表处 | 西城区金融大街7号英蓝国际金融中心9层925室 | 58399393 |

| | | |
|---|---|---|
| 城市信贷投资银行有限公司北京代表处 | 西城区金融大街15号鑫茂大厦北楼601A单元 | 66555590 |
| 渣打证券（香港）有限公司北京代表处 | 朝阳区东三环中路1号环球金融中心渣打大厦12层04单元 | 59186317 |
| 里昂证券有限公司北京代表处 | 朝阳区建外大街1号国贸大厦2座25层10C－12单元 | 59652188 |
| 洛希尔中国控股有限公司北京代表处 | 西城区金融大街7号英蓝国际金融中心9层912A | 66555660 |
| 美林国际有限公司北京代表处 | 朝阳区建国门外大街1号国贸大厦2座3616室和3712－3715室 | 65050290 |
| 蒙特利尔银行利时证券公司北京代表处 | 东城区东长安街1号东方广场东1座1503室 | 85185821 |
| 香港摩根大通证券（亚太）有限公司北京代表处 | 西城区金融大街7号英蓝国际金融中心2001－2006、2021－2028单元 | 59318939 |
| 摩根士丹利亚洲有限公司北京代表处 | 西城区太平桥大街18号丰融国际中心1座12层6B及7A单元 | 83563825 |
| 韩国未来资产证券株式会社北京代表处 | 西城区金融大街7号英蓝国际金融中心9层918室 | 58369114 |
| 香港星展亚洲融资有限公司北京代表处 | 西城区金融大街7号英蓝国际金融中心5层531室 | 58397609 |
| 交银国际控股有限公司北京代表处 | 西城区金融大街33号A座907室 | 58150448 |
| 韩国友利投资证券股份有限公司北京代表处 | 西城区金融大街17号中国人寿中心办公楼7层704室 | 59353500 |
| 韩国大宇证券股份有限公司北京代表处 | 朝阳区建国门外大街乙12号双子座大厦东塔26层2602室 | 65679699－806 |
| 加拿大帝国商业银行世界市场公司（证券业务）北京代表处 | 朝阳区建国门外大街乙12号双子座大厦西塔1107、1106室 | 65667071 |
| 韩国现汽投资证券股份有限公司北京代表处 | 朝阳区霄云路38号现代汽车大厦802室 | 84538720 |

## （9）期货公司

| 机构名称 | 地址 | 电话 |
|---|---|---|
| 北京中期期货经纪有限公司 | 朝阳区东三环北路38号院1号楼泰康金融大厦22层 | 64636608 |

| | | |
|---|---|---|
| 金鹏期货经纪有限公司 | 西城区复兴门内金融街投资广场9层 | 66211418 |
| 国都期货有限公司 | 东城区东直门南大街3号国华投资大厦10层 | 68948940 |
| 中粮期货经纪有限公司 | 朝阳区朝阳门南大街8号福临门大厦 | 85018775 |
| 北京首创期货有限责任公司 | 西城区闹市口大街1号长安兴融中心4号楼11层 | 58379527 |
| 宏源期货有限公司 | 西城区太平桥大街19号4层 | 88085209 |
| 第一创业期货有限责任公司 | 西城区平安里西大街26号新时代大厦3层东侧、4层南侧 | 63197050 |
| 冠通期货经纪有限公司 | 北三环中路2号北京医疗器械研究所2层 | 62361470 |
| 银河期货经纪有限公司 | 西城区复兴门外大街A2号中化大厦8层 | 58363212 |
| 五矿期货经纪有限公司 | 海淀区西三环北路89号中国外文大厦A座909室 | 88820508 |
| 经易期货经纪有限公司 | 西城区百万庄北街6号 | 68331566 |
| 中晟期货经纪有限公司 | 海淀区花园路2号 | 62382166 |
| 中钢期货有限公司 | 海淀区海淀大街8号A座19层 | 62688588 |
| 安信期货经纪有限公司 | 东城区北三环东路36号环球贸易中心A座26层 | 59113606 |
| 格林期货有限公司 | 西城区金融街投资广场B座20层 | 66214406 |
| 银建期货经纪有限公司 | 丰台区芳古园一区29号楼 | 87611499 |
| 中国国际期货有限公司 | 朝阳区光华路14号嘉都大厦A座9层 | 65082296 |

## （10）期货公司营业部

| 机构名称 | 地　址 | 电　话 |
|---|---|---|
| 中谷期货经纪有限公司北京营业部 | 东城区建国门大街8号华润大厦2503B | 85192018 |
| 科信期货经纪有限公司北京营业部 | 朝阳区马甸裕民路12号元辰鑫大厦8层 | 82253918 |
| 上海良茂期货经纪有限公司北京营业部 | 亚运村汇园公寓K座1216－1217室 | 84976985 |
| 浙江永安期货经纪有限公司北京营业部 | 东城区金宝街58号华丽大厦6层 | 65120600 |
| 广发期货有限公司北京营业部 | 朝阳区安慧里4区15号楼中国五矿大厦9层 | 64923660 |
| 长城伟业期货经纪有限公司北京营业部 | 朝阳区北三环东路28号易亨大厦12层1209号 | 64405199 |

| | | |
|---|---|---|
| 华闻期货期货经纪有限公司北京营业部 | 朝阳区东三环北路丙2号天元港中心B座808室 | 84464120 |
| 上海大陆期货经纪有限公司北京营业部 | 朝阳区朝外吉祥里103号中国工艺大厦7层 | 65528153 |
| 辽宁汇鑫期货经纪有限公司北京营业部 | 朝阳区北苑路108号A08号 | 64973550 |
| 浙江中大期货经纪有限公司北京营业部 | 朝阳区工体东路215号展华商务楼3楼 | 65088218 |
| 渤海期货经纪有限公司北京营业部 | 朝阳区朝阳门外大街乙6号朝外SOHO－23层2306室 | 59002542 |
| 神华期货经纪有限公司北京营业部 | 海淀区苏州街18号院D4座3A－01 | 82610292 |
| 天琪期货经纪有限公司北京营业部 | 朝阳区朝阳门外大街18号丰联广场B座12层1217室 | 65880636 |
| 大通期货经纪有限公司北京营业部 | 朝阳区光华路14号嘉都大厦A座605室 | 63356269 |
| 招金期货有限公司北京营业部 | 朝阳区东三环南路甲52楼8A | 65069233 |
| 浙江南华期货经纪有限公司北京营业部 | 宣武区宣武门外大街28号B座8楼 | 63153363 |
| 北方期货经纪有限公司北京营业部 | 朝阳区安贞西里三区26号浙江大厦503、504、505室 | 64426088 |
| 光大期货有限公司北京营业部 | 西城区月坛北街2号月坛大厦东配楼3层 | 68084651 |
| 江苏弘业期货经纪有限公司北京营业部 | 西城区月坛南街甲12号北京万丰怡和商务会馆3层 | 68014881 |
| 江苏新纪元期货经纪有限公司北京营业部 | 东城区东直门外大街48号东方银座5层 | 84263892 |
| 浙江新世纪期货经纪有限公司北京营业部 | 西城区黄寺大街23号北广大厦1111号 | 82232518 |
| 道通期货经纪有限公司北京营业部 | 海淀区板井路79号3层北区 | 88599975 |
| 海航东银期货有限公司北京营业部 | 朝阳区东三环京广中心商务楼1001室 | 65974689 |
| 银河期货经纪有限公司北京营业部 | 朝阳区东三环北路38号北京国际中心4号楼405室 | 85879509－618 |
| 华海期货经纪有限公司北京营业部 | 海淀区西直门北大街甲43号金运大厦B座1416室 | 82211170 |

| | | |
|---|---|---|
| 中信建投期货经纪有限公司北京营业部 | 东城区朝阳门北大街6号首创大厦207室 | 85282788 |
| 天富期货经纪有限公司北京营业部 | 东城区东中街40号元嘉国际A座301室 | 64165215 |
| 万达期货经纪有限公司北京营业部 | 西城区德外大街123号德胜尚城G座2层 | 59323366 |
| 鲁证期货经纪有限公司北京营业部 | 朝阳区西坝河南路1号金泰大厦28层01单元 | 64402919 |
| 一德期货经纪有限公司北京营业部 | 西城区车公庄大街9号院1号楼2单元1层1001－1004室 | 88312828－8818 |
| 国信期货经纪有限公司北京营业部 | 朝阳区北辰东路8号汇欣大厦B0801室 | 84981046 |
| 成都倍特期货经纪有限公司北京营业部 | 东城区北三环东路36号环球贸易中心D座705－706室 | 58257599 |
| 迈科期货经纪有限公司北京朝阳门北大街营业部 | 东城区朝阳门北大街1号新保利大厦11层C | 64082007 |
| 中钢期货有限公司北京安外大街营业部 | 东城区安外大街蒋宅口中联大厦7层701室 | 64252298 |
| 北京中期期货有限公司北京金融街营业部 | 西城区金融大街7号百盛写字楼7019号 | 66058401 |
| 长江期货经纪有限公司北京新源里营业部 | 朝阳区新源里16号琨莎中心11层2号2510、2511房 | 84682178 |
| 中国国际期货经纪有限公司北京霄云路营业部 | 朝阳区麦子店西路3号新恒基国际大厦1314－1329室 | 59071283 |
| 经易期货经纪有限公司北京安立路营业部 | 朝阳区安立路80号马哥孛罗大厦1005室 | 64451485 |
| 乾坤期货经纪有限公司月坛北街营业部 | 西城区月坛北街2号月坛大厦A座7层A706－A707号 | 68083230 |
| 北京首创期货经纪有限责任公司北京北辰东路营业部 | 朝阳区北辰东路8号亚运村1号门 | 84973079 |
| 金瑞期货经纪有限公司北京金融街营业部 | 西城区金融大街5号新盛大厦1102室 | 66555677 |
| 宏源期货有限公司北京海淀北一街营业部 | 海淀区北一街2号首创拓展大厦406室 | 62699689 |
| 国泰君安期货有限公司北京建国门外大街营业部 | 朝阳区建国门外大街乙12号双子座大厦东塔29层2901－2902室 | 58795766 |

| | | |
|---|---|---|
| 冠通期货经纪有限公司北京知春路营业部 | 海淀区知春路118号知春大厦A座1001室 | 62576919 |
| 中粮期货经纪有限公司北京北辰东路营业部 | 朝阳区北辰东路8号汇欣大厦A401 | 84986951 |
| 海通期货有限公司南礼士路营业部 | 西城区南礼士路66号1号楼建威大厦812－815室 | 68086819 |
| 申银万国期货有限公司北京劲松九区营业部 | 朝阳区劲松九区909号楼4楼 | 81523251 |
| 广永期货经纪有限公司北京中关村大街营业部 | 海淀区中关村大街11号A1108室 | 62684827 |
| 中证期货有限公司北京张自忠路营业部 | 东城区张自忠路7号院和敬公主府院内东侧 | 64067176 |
| 金鹏期货经纪有限公司北京海鹰路营业部 | 丰台区丰台科学城海鹰路1号院7号楼503房 | 83681815 |
| 财富期货有限公司北京建外大街营业部 | 朝阳区建国门外大街甲6号爱思开大厦204室 | 85679699 |
| 上海东证期货有限公司北京安苑路营业部 | 朝阳区小关北里45号世纪嘉园5号楼6层 | |
| 民生期货有限公司北京北三环中路营业部 | 西城区北三环中路23号燕莎盛世大厦4层409、410室 | |
| 浙商期货有限公司北京光华路营业部 | 朝阳区光华路甲14号诺安大厦12层1202室 | |

## （11）外国资产管理类机构北京代表处

| 机构名称 | 地　　址 |
|---|---|
| 标准人寿投资公司北京代表处 | 朝阳区东三环北路8号亮马河大厦1座909A室 |
| 法国巴黎资产管理有限公司北京代表处 | 朝阳区建国门外大街1号国贸中心写字楼1座19层 |
| 宏富投资管理有限公司北京代表处 | 朝阳区建国门外大街19号国际大厦18－2室 |
| 景顺投资管理有限公司北京代表处（港资） | 西城区金融大街7号英蓝国际金融中心F1102室 |
| 纽约银行梅隆资产管理国际有限公司北京代表处 | 西城区金融大街7号英蓝国际金融中心 |

| | |
|---|---|
| 美国先锋投资管理公司北京代表处 | 朝阳区建国门外大街22号赛特大厦810室 |
| 美国信安环球投资有限公司北京代表处 | 朝阳区亮马桥路50号燕莎中心写字楼C614室 |
| 邓普顿国际股份有限公司北京代表处 | 西城区金融大街17号中国人寿中心606室 |
| 英国施罗德集团北京代表处 | 西城区金融大街7号英蓝国际金融中心926室 |
| 瑞银环球资产管理（香港）有限公司北京代表处 | 西城区金融大街7号英蓝国际金融中心3层306A单元 |
| 东方汇理基金管理公司（CAAM）北京代表处 | 朝阳区建国门外大街乙12号LG双子座大厦西塔办公楼1101B单元 |
| 摩根富林明资产管理有限公司北京代表处 | 西城区金融大街7号英蓝国际金融中心1926室 |
| 威灵顿环球投资管理有限公司北京代表处 | 西城区金融大街17号中国人寿中心办公楼705－706室 |
| 贝莱德投资管理（英国）有限公司北京代表处 | 西城区武定侯街6号卓著中心19楼7室 |
| 安智投资管理亚太（香港）有限公司北京代表处 | 西城区金融大街7号英蓝国际金融中心208－5 |
| 新加坡富敦资金管理公司北京代表处 | 朝阳区东三环北路霞光里18号佳程广场A座11层1199室 |
| 富达基金（香港）有限公司北京代表处 | 西城区金融大街7号英蓝国际金融中心208－7 |
| 香港巴克莱国际投资管理北亚有限公司北京代表处 | 西城区金融大街7号英蓝国际金融中心208－1 |

### 4. 保险业机构

## （1）中资保险公司

| 机构名称 | 地　址 | 电　话 |
|---|---|---|
| 中国人民财产保险股份有限公司北京市分公司 | 朝阳区朝阳门北大街17号 | 95518 |
| 中国太平洋财产保险股份有限公司北京分公司 | 西城区复兴门内大街158号远洋大厦F6层 | 95500 |
| 中国平安财产保险股份有限公司北京分公司 | 西城区金融大街23号平安大厦15层 | 95512 |

| | | |
|---|---|---|
| 华泰财产保险股份有限公司北京分公司 | 西城区德胜门外大街125号德胜尚城B座南区1、3、4、5、6层 | 95509 |
| 太平财产保险有限公司北京分公司 | 西城区太平桥大街丰汇园11号楼丰汇时代大厦东翼9层、10层 | 95529 |
| 中华联合财产保险股份有限公司北京分公司 | 东城区安外西滨河路18号首府大厦3号楼 | 95585 |
| 永安财产保险股份有限公司北京分公司 | 朝阳区建国路甲92号世茂大厦C座9层901－903，912－917室 | 95502 |
| 天安保险股份有限公司北京分公司 | 海淀区复兴路甲23号城乡华懋15层 | 88574520 |
| 中国大地财产保险股份有限公司北京分公司 | 海淀区中关村南大街2号数码大厦B座16层 | 51665789 |
| 华安财产保险股份有限公司北京分公司 | 海淀区紫竹院路81号楼北方地产大厦12A | 95556 |
| 安邦财产保险股份有限公司北京分公司 | 朝阳区东三环中路55号富力城双子座B座8层 | 95569 |
| 永诚财产保险股份有限公司北京分公司 | 东城区鼓楼外大街26号荣宝大厦六层 | 95552 |
| 阳光财产保险股份有限公司北京分公司 | 通州区通朝大街323号顺华集团商务楼三层 | 95510 |
| 都邦财产保险股份有限公司北京分公司 | 海淀区玉渊潭南路晾果厂6号都邦大厦8层 | 95586 |
| 天平汽车保险股份有限公司北京分公司 | 东城区东直门外大街46号天恒大厦701室 | 95550 |
| 渤海财产保险股份有限公司北京分公司 | 西城区南礼士路36号华远大厦6层 | 4006116666 |
| 安华农业保险股份有限公司北京分公司 | 朝阳区望京西路50号卷石天地大厦1号楼A座11层 | 95105667 |
| 民安保险（中国）有限公司北京分公司 | 海淀区西直门北大街52号太平金融大厦11层 | 95506 |
| 中国人寿财产保险股份有限公司北京市分公司 | 朝阳区朝外大街16号15层 | 95519 |
| 中银保险有限公司北京分公司 | 西城区西单民丰胡同31号中水大厦2层 | 4006995566 |
| 安诚财产保险股份有限公司北京分公司 | 西城区北三环中路乙6号伦洋大厦11层 | 62379910 |

| | | |
|---|---|---|
| 华农财产保险股份有限公司北京市分公司 | 海淀区万泉庄路28号万柳新贵B座6层东侧 | 95105535 |
| 长安责任保险股份有限公司北京市分公司 | 崇文区广渠门内大街安化北里1号主楼2层、3层部分房屋 | 51336611 |
| 英大泰和财产保险股份有限公司营业部 | 朝阳区东三环中路24号乐城中心B座20层 | 51967588 |
| 紫金财产保险股份有限公司北京分公司 | 海淀区复兴路65号电信实业大厦2楼 | 68189331 |
| 中国人寿保险股份有限公司北京市分公司 | 朝阳区朝外市场街20号 | 95519 |
| 中国太平洋人寿保险股份有限公司北京分公司 | 西城区复兴门内大街158号远洋大厦F6层B区 | 95500 |
| 中国平安人寿保险股份有限公司北京分公司 | 西城区金融大街23号平安大厦14层 | 95511 |
| 新华人寿保险股份有限公司北京分公司 | 丰台区莲花池西里8号新华保险大厦17层 | 95567 |
| 泰康人寿保险股份有限公司北京分公司 | 西城区复兴门外大街156号泰康人寿大厦A座11层 | 66428866 |
| 太平人寿保险有限公司北京分公司 | 海淀区西直门北大街52号 | 95589 |
| 民生人寿保险股份有限公司北京分公司 | 朝阳区霞光里9号院中电发展大厦4层 | 95596 |
| 生命人寿保险股份有限公司北京分公司 | 海淀区西直门北大街56号生命人寿大厦3－4层 | 82290099 |
| 合众人寿保险股份有限公司北京分公司 | 朝阳区朝外大街乙12号昆泰国际大厦20层 | 58797755 |
| 中国人民健康保险股份有限公司北京分公司 | 西城区阜外大街7号国投大厦10层 | 95591 |
| 长城人寿保险股份有限公司北京分公司 | 西城区西直门外大街112号阳光大厦8层 | 88362266 |
| 嘉禾人寿保险股份有限公司北京分公司 | 海淀区苏州街3号大恒科技大厦5层 | 82827588 |
| 中国人民人寿保险股份有限公司北京市分公司 | 海淀区首体南路38号创景大厦5层 | 4008895518 |
| 昆仑健康保险股份有限公司北京分公司 | 西城区宣武门西大街甲127号大成大厦5层501－505房间 | 4008118899 |

| | | |
|---|---|---|
| 平安养老保险股份有限公司北京分公司 | 西城区金融大街23号平安大厦9层 | 95511 |
| 华夏人寿保险股份有限公司北京分公司 | 朝阳区北辰东路8号北京国际会议中心东配楼1层 | 4007000777 |
| 平安健康保险股份有限公司北京分公司 | 西城区金融大街23号平安大厦5层512单元 | 95512 |
| 英大泰和人寿保险股份有限公司北京分公司 | 宣武区宣外大街28号富卓大厦A座9层06－09室、10层01－09室 | 4008895598 |
| 信泰人寿保险股份有限公司北京分公司 | 西城区宣武门西大街甲127号大成大厦12A层 | 52612008 |
| 正德人寿保险股份有限公司北京分公司 | 海淀区复兴路甲23号华懋商厦11层 | 68179696 |
| 阳光人寿保险股份有限公司北京分公司 | 通州区通胡大街78号京贸中心2层 | 65133168 |
| 幸福人寿保险股份有限公司北京分公司 | 东城区建国门内大街22号华夏大厦5层 | 95560 |
| 国华人寿保险股份有限公司北京分公司 | 朝阳区朝阳北路237号复星国际中心5层501、502、509、510室 | 59272266 |
| 太平养老保险股份有限公司北京分公司 | 海淀区西直门北大街52号太平金融大厦8层 | 62248078 |
| 中国出口信用保险公司总公司营业部 | 西城区丰汇园11号丰汇时代大厦 | 66517828 |
| 中国太平再保险有限公司北京分公司 | 海淀区西直门北大街52号太平金融大厦10层 | 82292895 |
| 信达财产保险股份有限公司 | 海淀区西直门北大街60号首钢国际大厦11层 | 58810360 |
| 中国人寿养老保险股份有限公司 | 朝阳区建国路118号招商局大厦15层 | 63635888 |
| 泰康养老保险股份有限公司 | 闹市口大街1号长安兴融中心4号楼5层 | 59311899 |
| 中邮人寿保险股份有限公司 | 西城区宣武门西大街127号大成大厦22层 | 66410066 |

## （2）中资保险公司分支机构

### 中国人民财产保险股份有限公司北京市分公司

| 机构名称 | 地址 | 电话 |
|---|---|---|
| 中国人民财产保险股份有限公司北京市分公司 | 东城区朝阳门北大街17号 | 58195001 |

| | | |
|---|---|---|
| 东城支公司 | 东城区王家园胡同16号阳光国际大厦主楼2－5层 | 84254315 |
| 西城支公司 | 西城区德外大街73号 | 62375048 |
| 崇文支公司 | 崇文区左安门内大街5号 | 67133784 |
| 宣武支公司 | 宣武区菜市口南大街平原里小区20号楼 | 63559270 |
| 朝阳支公司 | 朝阳区霄云里4号 | 84485276 |
| 海淀支公司 | 海淀区阜成路81号 | 88130258 |
| 丰台支公司 | 丰台区东大街11号 | 63812311 |
| 石景山支公司 | 石景山区杨庄东路80号 | 68834344 |
| 门头沟支公司 | 门头沟区新桥大街18号楼 | 68943284 |
| 房山支公司 | 房山区良乡政通路6号 | 89366688 |
| 通州支公司 | 通州区玉带河大街4号 | 60560602 |
| 大兴支公司 | 大兴区黄村兴政路26号 | 69244765 |
| 昌平支公司 | 昌平区城区镇北环路21号 | 69723366 |
| 顺义支公司 | 顺义区新顺南大街 | 69441191 |
| 怀柔支公司 | 怀柔区青春路21号 | 69655445 |
| 密云支公司 | 密云县密云镇鼓楼南大街41号 | 69051830 |
| 平谷支公司 | 平谷区城关镇府前西街16号 | 69962161 |
| 延庆支公司 | 延庆县延庆镇妫水南街路东漂流总站北侧（妫河酒店北侧楼） | 69144641 |
| 直属支公司 | 西直门南大街2号 | 66124746 |
| 燕山支公司 | 燕山迎风街三里金融综合楼 | 69342767 |
| 经济技术开发区支公司 | 经济技术开发区隆庆街3号，亦庄营业楼东侧地上1－4层 | 67785012 |
| 责任险营业部 | 西城区校场口街9号院2－2号 | 82067568 |
| 奥运村营业部 | 朝阳区北辰东路8号汇宾大厦B座0720/721室 | 84981988 |
| 商务中心区营业部 | 朝阳区东三环中路39号建外SOHO B座2205室 | 58691436 |
| 中关村营业部 | 海淀区学院南路乙68号 | 62166899 |
| 营业部 | 东城区朝阳门北大街17号1至3层 | 58195689 |
| 金融街营业部 | 西城区宣武门西大街甲129号金隅大厦901室 | 66410024 |
| 大型商业风险营业部 | 东城区朝阳门北大街17号4层 | 58195151 |
| 重点客户营业部 | 东城区朝阳门北大街17号7层0703室 | 58195334 |
| 第二营业部 | 东城区朝阳门北大街17号9层 | 58195581 |

| | | |
|---|---|---|
| 电子商务/九五五一八营销服务部 | 海淀区学院南路乙68号5－6层 | 62133025 |

## 中国太平洋财产保险股份有限公司北京分公司

| 机构名称 | 地址 | 电话 |
|---|---|---|
| 中国太平洋财产保险股份有限公司北京分公司 | 西城区复兴门内大街158号远洋大厦F6层 | 66428888 |
| 东城支公司 | 朝阳区东土城路13号 | 64229788 |
| 西城支公司 | 西城区展览馆路3号 | 68361774 |
| 海淀支公司 | 西城区新外大街2号 | 62034108 |
| 丰台支公司 | 宣武区广安门外大街87号 | 63465943 |
| 朝阳支公司 | 朝阳区霄云路霄云里6号楼翼龙宾馆 | 64619254 |
| 昌平支公司 | 昌平区科技园区创新路6号 | 69743292 |
| 通州支公司 | 通州区通惠北路25号 | 60511695 |
| 顺义支公司 | 顺义区顺通路27号 | 89495092 |

## 中国平安财产保险股份有限公司北京分公司

| 机构名称 | 地址 | 电话 |
|---|---|---|
| 中国平安财产保险股份有限公司北京分公司 | 西城区金融大街23号平安大厦15层 | 59700010 |
| 丰台支公司 | 丰台区西四环南路46号国润商务大厦B座2层 | 63821942 |
| 房山支公司 | 良乡政通路8号 | 89363579 |
| 东城支公司 | 东城区安定门外大街2号安贞大厦4层 | 59700519 |
| 崇文支公司 | 崇文区广渠门白桥大街22号北京工商联大厦4层408 | 67168919 |
| 第一营业部 | 西城区金融大街23号平安大厦12层西侧 | 59700340 |
| 第二营业部 | 朝阳区光华路5号院2号楼15、16层 | 59710006 |

## 华泰财产保险股份有限公司北京分公司

| 机构名称 | 地址 | 电话 |
|---|---|---|
| 华泰财产保险股份有限公司北京分公司 | 西城区德胜门外大街125号 | 59375588 |
| 西城支公司 | 西城区德胜门外大街125号301B | 59375588 |

| | | |
|---|---|---|
| 宣武支公司 | 宣武区南滨河路31号华亨大厦509室 | 63370088 |
| 海淀支公司 | 海淀区四季青镇常润路11号院北1号 | 88435542 |
| 朝阳支公司 | 朝阳区霞光里8号鑫泰大厦230室 | 64624466 |
| 崇文支公司 | 崇文区龙潭路甲3号翔龙大厦5层E19 | 67758680 |
| 通州支公司 | 通州区梨园路23号 | 81573879 |
| 顺义支公司 | 顺义区石园南大街37号 | 89441566 |
| 房山支公司 | 房山区良乡拱辰北大街38号楼 | 89362879 |
| 大兴支公司 | 大兴区黄村镇龙河街25号 | 69246690 |

## 太平财产保险有限公司北京分公司（原太平保险有限公司北京分公司）

| 机构名称 | 地　址 | 电　话 |
|---|---|---|
| 太平财产保险有限公司北京分公司 | 西城区太平桥大街丰汇时代大厦东翼9、10层 | 66532288 |
| 宣武支公司 | 宣武区南滨河路31号华亨大厦9层 | 63322225 |
| 丰台支公司 | 丰台区花乡马家楼4号众义达商贸集团3层 | 83606273 |
| 西城支公司 | 西城区太平桥大街丰汇时代大厦东翼9层 | 66532288 |
| 海淀学院路营销服务部 | 海淀区北四环中路238号柏彦大厦6层 | 82326060 |

## 中华联合财产保险股份有限公司北京分公司

| 机构名称 | 地　址 | 电　话 |
|---|---|---|
| 中华联合财产保险股份有限公司北京分公司 | 东城区安外西滨河路18号首府大厦3号楼 | 64519988 |
| 崇文支公司 | 崇文区夕照寺中街4号A座1层 | 67100878 |
| 西城支公司 | 西城区冠英园西区22号楼101室 | 66530068 |
| 宣武支公司 | 宣武区广安门外马连道11号1001号 | 63342601 |
| 朝阳支公司 | 朝阳区安外胜古庄2号企发大厦5层 | 64450025 |
| 海淀支公司 | 海淀区西郊板井村北京市农林科学院9号 | 88471116 |
| 丰台支公司 | 丰台区东大街53号 | 63899121 |
| 怀柔支公司 | 怀柔区富乐小区北里25号 | 69632325 |
| 通州支公司 | 通州区运河东大街3号2号楼1－1 | 60549180 |
| 顺义支公司 | 顺义区怡馨家园29号楼101室 | 69466176 |
| 昌平支公司 | 昌平区东环路142号 | 69749500 |
| 房山支公司 | 房山区良乡月华北大街34号 | 89354988 |
| 石景山支公司 | 石景山区古城北路5号 | 68888002 |

| | | |
|---|---|---|
| 大兴黄村营销部 | 北京经济技术开发区宏达北路12号B座1420室 | 67868305 |
| 经济技术开发区营销部 | 北京经济技术开发区宏达北路12号 | 67868370 |

## 永安财产保险股份有限公司北京分公司

| 机构名称 | 地址 | 电话 |
|---|---|---|
| 西城营销服务部 | 西城区裕民东路1号1层 | 82031566 |
| 崇文营销服务部 | 崇文区幸福大街甲39号北京德惠俱乐部A楼206房间 | 67131449 |
| 宣武广安门营销服务部 | 宣武区广安门太丰惠中大厦1201－1209室 | 63186828 |
| 朝阳营销服务部 | 朝阳区太阳宫路甲12号 | 64278589 |
| 丰台营销服务部 | 丰台区椰子井18号 | 63330864 |
| 海淀营销服务部 | 海淀区西郊板井曙光花园中路11号北京农科大厦A座6层620－621号 | 51501970 |
| 大兴营销服务部 | 大兴区黄村镇饮马井南里 | 61216628 |

## 天安保险股份有限公司北京分公司

| 机构名称 | 地址 | 电话 |
|---|---|---|
| 宣武营销服务部 | 宣武区广内广义街5号广益大厦6层A607 | 88574538 |
| 朝阳营销服务部 | 朝阳区和平西桥樱花西街18号北京贵州大厦1201、1203室 | 88574726 |
| 丰台营销服务部 | 丰台区丰北路6号 | 88574713 |
| 海淀营销服务部 | 海淀区知春路108号3号楼1605室 | 88574592 |
| 房山营销服务部 | 房山区苏庄三里16号楼3号底商 | |
| 通州营销服务部 | 通州区玉带河东街111号、113号 | 88574858 |
| 顺义营销服务部 | 顺义区仁和镇顺通路27号2号楼1层、3层301室 | 88574867 |
| 大兴营销服务部 | 大兴工业开发区金辅路甲2号（凯弛大厦）602、603室 | 88574867 |

## 中国大地财产保险股份有限公司北京分公司

| 机构名称 | 地址 | 电话 |
| --- | --- | --- |
| 中国大地财产保险股份有限公司北京分公司 | 海淀区中关村南大街2号数码大厦B座16层 | 82515533 |
| 第一营销服务部 | 崇文区天坛东路74号鑫企望大厦106B室 | 62127575 |

## 华安财产保险股份有限公司北京分公司

| 机构名称 | 地址 | 电话 |
| --- | --- | --- |
| 华安财产保险股份有限公司北京分公司 | 海淀区紫竹院路81号院北方地产大厦12A | 88829888 |
| 海淀支公司 | 海淀区紫竹院路81号院北方地产大厦6层604室 | 88829888 |
| 朝阳支公司 | 朝阳区幺家店路2号院8号楼1层商业3 | 65481130 |
| 昌平支公司 | 昌平区回龙观镇科协家园住宅小区29号楼B座1层2单元0102室 | 82945885 |
| 丰台支公司 | 丰台区青塔西路58号珠江峰景24号02号商铺 | 63878976 |
| 通州支公司 | 通州区通惠南路4－3号 | 65481131 |
| 南十里居营销服务部 | 朝阳区南十里居48号院6号楼1层22商铺 | 84502827 |
| 望京西路营销服务部 | 朝阳区望京西路48号院8号楼1层3号商铺 | 84775781 |
| 平谷平翔路营销服务部 | 平谷区平翔路东侧7号商住楼1层9号商铺 | 69959937 |
| 海淀上地三街营销服务部 | 海淀区上地三街9号E座1层103号商铺 | 62965832 |
| 南磨房营销服务部 | 朝阳区世纪东方嘉园104楼15号商铺 | 52097103 |
| 丰台丰桥路营销服务部 | 丰台区丰桥路1号院2号楼底商 | 83671242 |
| 海淀清河毛纺路营销服务部 | 海淀区清河毛纺路36号院2号楼10号商铺 | |
| 平谷北环东路营销服务部 | 平谷区北环东路26号楼3号商铺 | 69959935 |
| 顺义金汉绿港家园营销服务部 | 顺义区绿港家园一区9号楼第1层124号 | 89402474 |
| 通州玉桥西里营销服务部 | 通州区玉桥西里46号商铺 | 65481130 |
| 顺义望泉家园营销服务部 | 顺义区望泉家园12号楼1层2单元商业23号 | 89402473 |

| | | |
|---|---|---|
| 丰台马家堡东路营销服务部 | 丰台区马家堡东路108号院10号楼1层102室 | 58031290 |
| 昌平百嘉城营销服务部 | 昌平区回龙观回南路9号院11号楼1层01商业H | 82945886 |
| 宣武富力信然营销服务部 | 宣武区太平街6号1层107室 | 59361314 |
| 朝阳东柏街营销服务部 | 朝阳区东柏街10号院4号楼1层01室 | 52005961 |
| 宏大南园营销服务部 | 大兴区宏盛路205号1层商业 | 83671243 |
| 昌平东环路营销服务部 | 昌平区东环路47－1至47－9号1层，47－9号 | 80119297 |

## 安邦财产保险股份有限公司北京分公司

| 机构名称 | 地址 | 电话 |
|---|---|---|
| 东城支公司 | 东城区安外大街185号京宝大厦512B、513、514室 | 64400919 |
| 西城支公司 | 西城区德胜门外大街11号44号楼4层417号 | 82080344 |
| 崇文支公司 | 崇文区珠市口东大街5号1层 | 67071228 |
| 宣武支公司 | 朝阳区东三环中路55号富力城双子座B座8层 | 59229229 |
| 朝阳支公司 | 朝阳区东三环中路55号富力城双子座B座8层 | 59229119 |
| 丰台支公司 | 丰台区航丰路科技城9号航丰园科技大厦A座1303号 | 87397686 |
| 石景山支公司 | 石景山区古城大街北京国际汽车贸易服务园F区5号 | 88915588 |
| 海淀支公司 | 海淀区苏州街泵站市政三所二段 | 59229198 |
| 房山支公司 | 房山区良乡政通路8号 | 81380612 |
| 通州支公司 | 通州区梨园镇大稿村村委会办公楼南侧 | 81555595 |
| 顺义支公司 | 顺义区后沙峪镇双裕东区23号楼215室 | 80416061 |
| 昌平支公司 | 昌平区邓庄村南北京京昌新兴汽车修理厂院内 | 80118515 |
| 大兴支公司 | 大兴区清源西里西门甲1号 | 69262862 |
| 经济技术开发区支公司 | 北京经济技术开发区宏达北麓10号万源商务中心2层 | 59229226 |
| 怀柔支公司 | 怀柔区兴怀大街18号西三门店 | 59229113 |
| 平谷支公司 | 平谷区平谷镇新平北路65号 | 89983807 |

| | | |
|---|---|---|
| 密云支公司 | 密云县新城南路47号 | 69021288 |
| 天通苑营销服务部 | 昌平区东小口镇天通苑一区9号楼4单元2层 | 80118590 |

## 阳光财产保险股份有限公司北京分公司

| 机构名称 | 地　址 | 电　话 |
|---|---|---|
| 北京经济技术开发区营销服务部 | 北京经济技术开发区宏达北路10号万源商务中心101、401室 | 67881920 |
| 东城营销服务部 | 东城区灯市口大街50号好润大厦5层B2－02房间 | 65590666 |
| 崇文营销服务部 | 崇文区天坛东路74号北玻大厦2层北侧213、215单元 | 67127768 |
| 中关村营销服务部 | 海淀区东冉村597号 | 88452327 |
| 房山营销服务部 | 房山区良乡嘉瑞通小区3号楼3－4号、3－5号 | 69351831 |
| 通州营销服务部 | 通州区梨园镇大马庄村口南27号 | 81571169 |
| 顺义营销服务部 | 顺义区双兴北区33号楼 | 69440345 |
| 大兴营销服务部 | 大兴区黄村富强路7号、9号 | 69243205 |
| 平谷营销服务部 | 平谷区新平北路27号楼3单元 | 69976001 |
| 延庆营销服务部 | 延庆县延庆镇石河营建材城综合楼南大2号 | 69187890 |

## 永诚财产保险股份有限公司北京分公司

| 机构名称 | 地　址 | 电　话 |
|---|---|---|
| 朝阳支公司 | 朝阳区北三环东路28号易亨大厦801、803、805室 | 64405468 |
| 丰台支公司 | 丰台区方庄芳群园四区22号楼901、908室 | 67656098 |
| 海淀营销服务部 | 海淀区阜成路28号 | 88511899 |
| 昌平营销服务部 | 昌平区西环路16号豪恒大厦4层 | 89783620 |

## 都邦财产保险股份有限公司北京分公司

| 机构名称 | 地　址 | 电　话 |
|---|---|---|
| 朝阳支公司 | 朝阳区北环中心13层1303、1304室 | 59290555 |

## 渤海财产保险股份有限公司北京分公司

| 机构名称 | 地址 | 电话 |
| --- | --- | --- |
| 顺义支公司 | 顺义区仁和镇平各庄村顺通路27号 | 81492122 |
| 朝阳营销服务部 | 朝阳区松榆南路54号三层旌凯写字楼B区18号、C区22、26号 | 87325700 |
| 丰台营销服务部 | 丰台区丰管路26号 | 63820208 |
| 天通苑营销服务部 | 亚运村北立水桥东小口中宇汽车服务中心内 | 84825793 |

## 安华农业保险股份有限公司北京分公司

| 机构名称 | 地址 | 电话 |
| --- | --- | --- |
| 分公司营业部 | 海淀区中关村南大街甲12号19层 | 67623987 |
| 朝阳支公司 | 朝阳区北土城西路11号写字楼5层 | 64911291 |
| 海淀支公司 | 海淀区中关村南大街甲12号寰太大厦19层 | 88829596 |
| 顺义支公司 | 顺义区府前冻街2号 | 69440128 |
| 密云支公司 | 密云县新南路21号楼1层 | 69446920 |
| 房山营销服务部 | 房山区良乡镇政通路8号 | 89318925 |
| 通州营销服务部 | 通州区云景南大街185号龙鼎园小区底商 | 81547256 |
| 昌平营销服务部 | 昌平区振兴路18号 | 89706490 |
| 平谷营销服务部 | 平谷区平谷镇光明居民西小区甲268排1号 | 69976822 |
| 延庆营销服务部 | 延庆县康安小区30#－03商业楼 | 69148706 |

## 安诚财产保险股份有限公司北京分公司

| 机构名称 | 地址 | 电话 |
| --- | --- | --- |
| 丰台营销服务部 | 丰台区星火路1号昌宁大厦10层 | 13911830052 |
| 房山营销服务部 | 房山区长阳镇昊天北大街加州水郡西区商业1号楼3层317－318房 | 80393325 |
| 顺义营销服务部 | 顺义区怡馨家园29号楼 | 69449442 |

## 民安保险（中国）有限公司北京分公司

| 机构名称 | 地　址 | 电　话 |
|---|---|---|
| 海淀支公司 | 海淀区西直门北大街52号太平金融大厦11层 | 1082299999 |
| 平谷支公司 | 平谷区平谷镇西环南路1号楼3单元2号 | 1089988225 |

## 中国人寿财产保险股份有限公司北京分公司

| 机构名称 | 地　址 | 电　话 |
|---|---|---|
| 东城支公司 | 东城区鼓楼外大街27号万网大厦4层 | 84130362 |
| 西城支公司 | 西城区黄寺大街26号院德胜置业大厦4号楼5层507－510号 | 82960123 |
| 崇文支公司 | 崇文区天坛东路74号北玻大厦4层南侧402、403单元 | 67162996 |
| 宣武支公司 | 宣武区广安门内大街248号机械大厦5层01－02、13－18号 | 63360670 |
| 朝阳支公司 | 朝阳区惠新东街11号紫光发展大厦A座A－3－1 | 64823368 |
| 丰台支公司 | 丰台区方庄芳群园四区21号楼1层118－120号 | 67680198 |
| 海淀支公司 | 海淀区北四环中路229号海泰大厦3层302、304、306、311、313室 | 82885253 |
| 通州支公司 | 通州区云景东路417号 | 81573960 |

## 华农财产保险股份有限公司北京分公司

| 机构名称 | 地　址 | 电　话 |
|---|---|---|
| 房山支公司 | 房山区良乡地区佳世苑30号楼1－16、17号 | 60342185 |
| 昌平营销服务部 | 昌平科技园区永安路26号孵化器大楼105、211号 | 13911287878 |
| 平谷营销服务部 | 平谷区贾各庄村东南街甲6号四层楼中一层 | 89987796 |
| 密云营销服务部 | 密云县密云镇新南路87号 | 69071786 |

## 长安责任保险股份有限公司北京分公司

| 机构名称 | 地址 | 电话 |
|---|---|---|
| 丰台支公司 | 丰台区方庄芳群园四区21号楼549号 | 87675691 |
| 海淀支公司 | 海淀区远大路39号1号楼5层528、531室 | 51336775 |

## 天平汽车保险股份有限公司北京分公司

| 机构名称 | 地址 | 电话 |
|---|---|---|
| 崇文营销服务部 | 崇文区白桥大街22号 | 67159006 |

## 中国人寿保险股份有限公司北京市分公司

| 机构名称 | 地址 | 电话 |
|---|---|---|
| 中国人寿保险股份有限公司北京市分公司 | 朝阳区朝外市场街20号 | 85615141 |
| 大兴支公司 | 大兴区黄村镇兴政街34号 | 69295431 |
| 昌平支公司 | 昌平区昌平镇创新路5号 | 69746402 |
| 顺义支公司 | 顺义区府前东街2号 | 81481249 |
| 怀柔支公司 | 怀柔区商业街2号 | 69641944 |
| 延庆支公司 | 延庆县东外大街九州宾馆 | 69180493 |
| 房山支公司 | 房山区良乡西潞北大街26号 | 89350159 |
| 门头沟支公司 | 门头沟滨河路64号 | 69844538 |
| 密云支公司 | 密云县滨河路22号 | 69042811 |
| 平谷支公司 | 平谷新开街25号 | 69961276 |
| 通州支公司 | 通州区玉带河大街22号 | 80883969 |
| 海淀支公司 | 海淀区知春路20号 | 62056709 |
| 营业一部 | 朝阳区金台北街7号 | 65948860 |
| 营业二部 | 东城区东中街32号 | 64175723 |
| 营业三部 | 广渠门内大街80号通正国际大厦502室 | 51696736 |
| 营业四部 | 西城区北纬路1号 | 63181007 |
| 营业五部 | 西城区背阴胡同35号 | 66082571 |
| 营业六部 | 海淀区中关村大街40号（当代商城9010） | 82616758 |
| 营业七部 | 西交民巷22号南楼4层 | 66038500 |

| | | |
|---|---|---|
| 营业八部 | 海淀区知春路20号 | 62001041 |
| 西城支公司 | 西城区后广平胡同36号 | 66133774 |
| 大客户业务部 | 朝外市场街20号中保大厦营业大厅 | 85622596 |
| 开发区支公司 | 北京经济技术开发区宏达北路10号万源商务中心609号 | 67871299 |
| 国际业务部 | 朝外市场街20号中保大厦809室 | 85630898 |
| 团险项目部 | 朝外市场街20号中保大厦718室 | 85613501 |
| 直属销售部 | 朝外大街22号泛利大厦312室 | 65805097 |
| 电话营销中心 | 东三环南路58号富顿中心A楼2706室 | 58674518－602 |
| 直属项目部 | 朝外市场街20号中保大厦14层1403房间 | 85625168 |
| 第一营销区部 | 东城区东中街32号8层朝阳金台北街7号2、5层 | 64175705 |
| 第二营销区部 | 西城区后广平胡同36号 | 66168576 |
| 第三营销区部 | 宣武区北纬路1号 | 63188904 |
| 第四营销区部 | 西城南大安胡同六号中宏大厦 | 66117760 |
| 第五营销区部 | 海淀区知春路20号 | 82027470 |
| 第六营销区部 | 阜外大街3号东润时代大厦308 | 68001517 |
| 第七营销区部 | 石景山区石景山路3号玉泉大厦4层 | 88255987 |
| 云岗营销服务部 | 丰台区云岗福宫路8号 | 83315147 |
| 第十营销区部 | 海淀区世纪经贸大厦B座29层 | 88820495 |
| 第二十营销区部 | 海淀区花园路7号新时代大厦1层 | 82803599 |
| 第二十一营销区部 | 丰台区西四环南路72号 | 63849603 |
| 第二十二营销区部 | 中关村南大街40号当代商城9层 | 62573189 |
| 第一收展区部 | 海淀区知春路6号锦秋国际大厦B座503B/504 | 82800104 |
| 第二收展区部 | 朝阳区金台北街7号 | 85990969 |
| 第三收展区部 | 石景山区石景山路40号信安大厦4层 | 68867453 |
| 第四收展区部 | 崇文区广渠门内大街80号通正国际大厦5层506室 | 51696710 |
| 第五收展区部 | 朝阳区八里庄西里99号住邦2000商务中心2号楼 | 85869952 |
| 第六收展区部 | 朝阳区东三环北路辛2号迪阳大厦3层 | 84536263 |
| 东城支公司东四营业部 | 东直门外中街32号 | 65005998 |
| 西城支公司西单营业部 | 西城区后广平36号 | 66168779 |
| 海淀支公司图书城营业部 | 海淀区知春路20号 | 62056697 |

| | | |
|---|---|---|
| 房山支公司房山营业部 | 房山区良乡西潞北大街26号 | 89350159 |
| 房山支公司燕山营业部 | 房山区迎风三里金融综合楼 | |
| 东城东中街营销服务部 | 东城区东中街32号 | 64175705 |
| 朝阳金台北街营销服务部 | 朝阳区金台北街7号 | |
| 西城后广平营销服务部 | 西城区后广平胡同36号 | 66168576 |
| 海淀学院路营销服务部 | 海淀区学院路甲9号 | 62356705 |
| 宣武北纬路营销服务部 | 宣武区北纬路1号 | 63188904 |
| 丰台方庄营销服务部 | 丰台区方庄芳星园3区乙10号 | |
| 丰台西四环南路营销服务部 | 丰台区西四环南路72号 | 63849603 |
| 崇文沙子口营销服务部 | 崇文区沙子口斜街富莱茵花园7号 | |
| 西城南大安营销服务部 | 西城区南大安胡同六号中宏大厦 | 66117760 |
| 朝阳裕民路营销服务部 | 朝阳区东三环北路辛2号迪阳大厦301 | 84536263 |
| 石景山营销服务部 | 石景山区石景山路22A座 | 88255987 |
| 丰台云岗营销服务部 | 丰台区王佐镇福官路8号 | 83315147 |
| 门头沟斋堂营销服务部 | 门头沟区斋堂镇 | 69852034 |
| 门头沟滨河营销服务部 | 门头沟区滨河路64号 | |
| 海淀中关村南大街营销服务部 | 中关村大街40号当代商城第7层 | 62573185 |
| 昌平鼓楼营销服务部 | 昌平区昌平镇创新路5号 | 69746402 |
| 海淀西三旗营销服务部 | 海淀区西三旗风机二厂办公楼3层 | 89702143 |
| 昌平政府街营销服务部 | 昌平区政府街18号保险招待所1楼 | 69723494 |
| 朝阳安贞营销服务部 | 朝阳区安华西里一区13号楼 | |
| 顺义站前街营销服务部 | 顺义区站前街商用楼 | 81481249 |
| 通州次渠营销服务部 | 光机电一体化产业基地2号 | 69516371 |
| 通州漷县营销服务部 | 通州区漷县镇 | |
| 通州马驹桥营销服务部 | 通州区马桥镇 | |
| 通州西集营销服务部 | 通州区西集镇中心街 | |
| 通州永乐店营销服务部 | 通州区永乐店镇 | |
| 通州徐辛庄营销服务部 | 通州区宋庄镇草寺村413号 | |
| 通州大杜社营销服务部 | 通州区马驹桥镇大杜社 | |
| 通州台湖营销服务部 | 通州区台湖镇台湖街 | |
| 大兴红星营销服务部 | 大兴区旧宫镇旧宫东路49号 | 69295431 |
| 大兴黄村营销服务部 | 大兴区黄村镇兴政西街34号B楼 | |
| 房山良乡营销服务部 | 房山区良乡西潞北大街26号 | 89366242 |
| 房山新镇营销服务部 | 房山区阎村镇南坊村丁字路口西二号楼 | |
| 房山兴房营销服务部 | 房山区房山兴房大街2号院 | |
| 房山燕山营销服务部 | 房山区燕山迎风大街2号 | |
| 平谷府前大街营销服务部 | 平谷区新开街25号 | 89980552 |

| | | |
|---|---|---|
| 怀柔商业街营销服务部 | 怀柔区商业街2号 | 69647443 |
| 密云行宫街营销服务部 | 密云县行宫街普特福商贸有限公司三层 | 69041890 |
| 密云滨河路营销服务部 | 密云滨河路22号 | |
| 延庆东外大街营销服务部 | 延庆县东外大街53号 | 69180493 |
| 西城阜成门营销服务部 | 西城区阜外大街3号东润时代大厦 | 68001517 |
| 海淀花园路营销服务部 | 海淀区花园路B3号南楼 | 62356705 |
| 海淀西大街营销服务部 | 海淀区海淀大街38号 | |
| 顺义后沙峪营销服务部 | 顺义区后沙峪镇双裕东区23号楼209室 | 81481249 |
| 密云古北口营销服务部 | 密云县古北口南菜园村 | 69041890 |
| 昌平南口营销服务部 | 昌平区南口镇道北小红楼208房间 | 69746402 |
| 密云太师屯营销服务部 | 密云县太师屯镇太师屯村工业开发区商饮楼一层 | 69041890 |
| 平谷金海湖营销服务部 | 北京市平谷区金海湖镇韩庄村金海湖小学对面 | 89980552 |
| 怀柔汤河口营销服务部 | 怀柔区汤河口镇汤河口街十字路口子南角 | 69648447 |
| 平谷峪口营销服务部 | 平谷峪口镇峪阳路21－27号商业楼二层 | |
| 通州于家务营销服务部 | 通州于家务乡政府街 | 69516371 |
| 平谷华山镇营销服务部 | 平谷区大华山镇大华山村 | 89980552 |
| 通州潞城镇营销服务部 | 通州潞城水务一所院内营销服务部 | |
| 昌平小汤山营销服务部 | 昌平小汤山村委会1号楼底 | 69746402 |
| 昌平十三陵营销服务部 | 昌平区十三陵镇涧头村 | 89702143 |
| 怀柔雁栖营销服务部 | 怀柔区雁栖镇环岛西侧 | 69641944 |
| 怀柔杨宋营销服务部 | 怀柔区杨宋和平路42号 | |
| 门头沟潭柘寺营销服务部 | 门头沟区潭柘寺镇鲁甲滩村供销社大楼南 | 69852034 |
| 昌平天通苑营销服务部 | 昌平区天通苑北二区甲35号－1 | 69723494 |
| 大兴安定营销服务部 | 大兴区安定镇兴安大街路南 | 69295431 |
| 大兴西红门营销服务部 | 大兴区西红门镇欣旺北大街127号 | |
| 大兴瀛海营销服务部 | 大兴区瀛海镇东一村东一路3号 | |
| 昌平东小口营销服务部 | 昌平区东小口镇天通苑10号楼 | 62356705 |
| 广渠门内大街营销服务部 | 崇文区广渠门内大街80号通正国际大厦5层 | 51696710 |
| 朝阳朝外营销服务部 | 朝阳区朝外大街22号泛利大厦3层 | 65880185 |
| 房山长沟营销服务部 | 房山区长沟镇西长沟村74号 | 89366242 |
| 房山琉璃河南召营销服务部 | 房山区琉璃河南召村 | |
| 房山窦店营销服务部 | 房山区窦店镇京南家园五号商业楼2单元3层 | |
| 房山河北营销服务部 | 房山区河北镇辛庄村 | |

| | | |
|---|---|---|
| 房山琉璃河二街营销服务部 | 房山区琉璃河镇二街村百分百商厦2层 | |
| 怀柔宝山寺营销服务部 | 怀柔区怀柔宝山寺镇宝山寺村102号 | 69641944 |
| 朝阳区小红门营销服务部 | 朝阳区小红门后街169号 | 63188904 |
| 丰台洋桥营销服务部 | 丰台区马家堡东路71号 | 51187577 |
| 怀柔琉璃庙营销服务部 | 怀柔区琉璃庙镇主街58号 | |
| 怀柔九渡河营销服务部 | 怀柔区九渡河镇黄坎镇主街 | 69647443 |
| 门头沟清水营销服务部 | 门头沟清水镇下清水村东街105号 | 69852034 |
| 朝阳区东大桥营销服务部 | 朝阳区东大桥路8号1楼813室 | 85615092 |
| 朝阳劲松营销服务部 | 朝阳区东三环南路58号富顿中心A座2706－2709室 | 58674632 |
| 花园桥营销服务部 | 海淀区西三环北路72号29层1－10号 | 88820495 |
| 顺义杨镇营销服务部 | 顺义区杨镇双阳南区14－11 | 81481249 |
| 平谷马昌营镇马昌营营销服务部 | 平谷区马昌营镇定福庄村 | 89980552 |
| 顺义高丽营营销服务部 | 顺义区高丽营镇五村商业街 | 81481249 |
| 平谷马坊镇马坊营销服务部 | 平谷区马坊镇西大街村21号 | |
| 通州张家湾营销服务部 | 通州区张家湾镇太玉园B区028店铺 | 69516371 |
| 怀柔喇叭门营销服务部 | 怀柔区喇叭门满族乡西政府对面 | 69641944 |
| 平谷东高村镇门楼营销服务部 | 平谷区东高村镇侯家庄子村1号 | |
| 昌平昭陵村营销服务部 | 昌平区长陵镇昭陵村村中93号 | 69723494 |
| 房山燕化星城营销服务部 | 房山区燕山燕化星城健德四里甲25号 | 89350159 |

## 中国太平洋人寿保险股份有限公司北京分公司

| 机构名称 | 地　址 | 电　话 |
|---|---|---|
| 中国太平洋人寿保险股份有限公司北京分公司 | 西城区复兴门内大街158号远洋大厦F6层 | 66418855 |
| 东城支公司 | 东城区东四十条113号 | 84021767 |
| 西城支公司 | 西城区西直门外大街新兴东巷甲15号 | 68332051 |
| 海淀支公司 | 海淀区复兴路甲23号城乡华懋13层 | 68298258 |
| 昌平支公司 | 昌平区鼓楼东街33号 | 89784826 |
| 通州支公司 | 通州区翠屏北里35号楼 | 69555302 |
| 朝阳支公司 | 朝阳区安贞里二区1号楼金瓯大厦2层 | 64450228 |
| 顺义支公司 | 顺义区石幢综合商业楼 | 69431572 |
| 海淀中关村营销服务部 | 海淀区中关村南大街甲10号银海大厦5层 | 68910665 |
| 大兴黄村营销服务部 | 大兴区黄村镇兴丰大街9号 | 69233196 |

| | | |
|---|---|---|
| 密云鼓楼营销服务部 | 密云县新中街42号外贸大厦F4层 | 69089016 |

## 中国平安人寿保险股份有限公司北京分公司

| 机构名称 | 地　址 | 电　话 |
|---|---|---|
| 中国平安人寿保险股份有限公司北京分公司 | 西城区金融大街23号平安大厦14层 | 95511 |
| 海淀北太平庄营销服务部 | 海淀区北太平庄路2号德恒商务会馆3－5层 | 82022755 |
| 宣武区宣武门营销服务部 | 宣武区宣武门东大街24号宣武门商务酒店4－6层 | 63156604 |
| 东城东方广场营销服务部 | 东城区东单三条8号东方广场东配楼6、7、8、9层 | 65596534 |
| 朝阳亮马桥营销服务部 | 朝阳区新源南路1－3号B座5－6层 | 59761266 |
| 西城鼓楼营销服务部 | 东城区安德路16号洲际大厦4层 | 84882281 |
| 海淀西三环中路营销服务部 | 海淀区西三环中路18号万发大厦2－4层 | 63963996 |
| 东城东便门营销服务部 | 东城区建国门南大街5号金龙大厦4号楼1、3、4层 | 65599979 |
| 海淀甘家口营销服务部 | 海淀区三里河路17号甘家口大厦13层 | 88392195 |
| 东城雍和宫营销服务部 | 东城区藏经馆路11号 | 64078251 |
| 西城阜成门营销服务部 | 西城区阜成门外大街22号外经贸大厦4－5层 | 59730818 |
| 东城安定门营销服务部 | 东城区安外大街208号三利大厦2、3层 | 64218583 |
| 海淀区寰太营销服务部 | 海淀区中关村南大街甲12号寰太大厦10层、11层 | 59731366 |
| 大兴区兴政营销服务部 | 大兴区黄村镇兴政大街16号1－3层 | 69200452 |
| 房山良乡营销服务部 | 房山区良乡拱辰北大街3号 | 89361546 |
| 房山城关营销服务部 | 房山区城关镇燕房路20号楼 | 89332799 |
| 昌平永安营销服务部 | 昌平区西环路16号3层及1层06号房间 | 89747087 |
| 怀柔梅苑营销服务部 | 怀柔县青春路梅苑小区8号楼3门北间 | 69686296 |
| 密云鑫盛营销服务部 | 密云县鼓楼北大街10号1、3层 | 69029644 |
| 延庆板泉路营销服务部 | 延庆板泉路26号鑫妫川购物中心4层 | 69173765 |
| 平谷金乡路营销服务部 | 平谷区金乡路1号雅美奇商厦2层 | 89991511 |
| 顺义龙府营销服务部 | 顺义区站前北街78号1号 | 69439079 |
| 通州西海子营销服务部 | 通州区翠景北里1号瑞都景园北区北1A 17－18层 | 60541424 |

| | | |
|---|---|---|
| 西城新街口北大街营销服务部 | 西城区新街口北大街3号星街坊大厦5层01/03/04A/05－08 | 82200372 |
| 崇文陶然亭营销服务部 | 崇文区南二环陶然桥马家堡路1号501－503、508、509 | 67217770 |
| 东城东四营销服务部 | 东城区东直门南大街甲10号中航大厦1、3、8层 | 64182262 |
| 石景山玉泉路营销服务部 | 石景山区石景山路3号玉泉大厦8层及3层西侧 | 88255946 |
| 宣武长椿街营销服务部 | 宣武区宣武门西大街28号大成广场7门9层 | 63600166 |
| 昌平政府街营销服务部 | 昌平区政府街15号芙蓉大厦四层401－403室 | 80119335 |
| 顺义府前街营销服务部 | 顺义区府前东街2号顺建大厦201、203室 | 69460470 |
| 房山良乡月华营销服务部 | 房山区西潞街月华大街1号 | 89354490 |
| 昌平天通苑营销服务部 | 昌平区东小口镇天通苑北苑北一区甲5号 | 61750818 |
| 大兴区红星营销服务部 | 大兴区旧宫镇商业街迎宾路2号三层 | 69200452 |
| 丰台星火营销服务部 | 丰台区富丰路2号星火科技大厦12层 | 63716634 |

## 新华人寿保险股份有限公司北京分公司

| 机构名称 | 地址 | 电话 |
|---|---|---|
| 新华人寿保险股份有限公司北京分公司 | 丰台区莲花池西里8号新华保险大厦 | 63903190 |
| 西城支公司 | 西城区西直门南大街2号成铭大厦5层 | 66513028 |
| 崇文支公司 | 崇文区崇外大街新怡家园甲3号楼7层 | 67087388 |
| 海淀支公司 | 海淀区花园路2号牡丹科技大厦2层 | 62079903 |
| 朝阳支公司 | 朝阳区团结湖南里15号恒祥大厦写字楼6层 | 51399522 |
| 丰台支公司 | 丰台区金家村288号院6号楼华信大厦5层 | 88253509 |
| 通州支公司 | 通州区车站路四号商业楼3层 | 69544778 |
| 石景山支公司 | 石景山路22号A座长城大厦 | 68684604 |
| 大兴支公司 | 大兴区市场路京南大厦 | 69299932 |
| 房山支公司 | 房山区城关街道办事处东大街北侧福胜家园1号楼 | 89369406 |
| 顺义支公司 | 顺义区仓上街2号智能大厦B区9层 | 69424945 |

| | | |
|---|---|---|
| 西城新外大街营销服务部 | 西城区新街口外大街12号 | 62079912 |
| 丰台南苑营销服务部 | 丰台区南苑北里二区6号楼 | 67942803 |
| 昌平北环营销服务部 | 昌平区西环路78号利阳大厦 | 80107796 |
| 怀柔营销服务部 | 怀柔区迎宾北路1号4层 | 69643122 |
| 平谷旧城街营销服务部 | 平谷区府前西街2号渔阳大厦 | 89991882 |
| 密云鼓楼营销服务部 | 密云县果园新里北区综合楼东侧1层 | 69068746 |
| 延庆营销服务部 | 延庆县延庆镇妫水北街19号3层 | 69148752 |
| 门头沟营销服务部 | 门头沟区滨河路115号滨河大厦10层 | 88683972 |
| 房山良乡营销服务部 | 房山区拱辰街道西潞南大街5号3层 | 69381192 |
| 西城中京畿道营销服务部 | 海淀区复兴路21号海育大厦11－13层 | 68561822 |

## 泰康人寿保险股份有限公司北京分公司

| 机构名称 | 地　址 | 电　话 |
|---|---|---|
| 泰康人寿保险股份有限公司北京分公司 | 西城区复兴门内大街156号泰康人寿大厦 | 66428866 |
| 西城支公司 | 西城区西外大街6号中仪大厦8层 | 68330452 |
| 东城支公司 | 东城区朝阳门内大街298号 | 85118986 |
| 海淀支公司 | 海淀区中关村南大街2号数码大厦B座805室 | 51626886 |
| 长安支公司 | 西城区白云路1号白云大厦4层 | 63287695 |
| 朝阳支公司 | 朝阳区建外SOHO 9号楼33层 | 85113006 |
| 宣武支公司 | 宣武区广内大街广义街7号乐凯大厦10层 | 63039639 |
| 石景山支公司 | 石景山区石景山路22号万商大厦20层 | 68651789 |
| 通州支公司 | 通州区西门通惠南路怡佳商务楼4层 | 89501672 |
| 昌平支公司 | 昌平区西环路24号 | 80110720 |
| 顺义支公司 | 顺义区战前东街商业楼2号楼东侧4层 | 69465520 |
| 怀柔支公司 | 怀柔区青春路26号工会3层 | 69650143 |
| 密云支公司 | 密云鼓楼东大街山水大厦 | 69087811 |
| 延庆支公司 | 延庆县延庆镇高塔街66号3层 | 69181004 |
| 平谷支公司 | 平谷区新开街31楼 | 69980771 |
| 房山支公司 | 房山区良乡北关圣通广场东侧5层 | 89360165 |
| 大兴支公司 | 大兴区黄村镇兴政西口永华南里1号2层 | 69236920 |
| 门头沟支公司 | 门头沟区滨河路滨河西区底商153－16 | 69852175 |
| 房山燕山营业部 | 房山区燕山迎风街9号百合之夜A座529 | 69334996 |
| 房山区窦店营销服务部 | 房山区窦店镇窦店村京南嘉园4号商务楼 | 69390235 |

| | | |
|---|---|---|
| 四季青营销服务部 | 海淀区永定路乙一号乐府家园1号楼603 | 85118009 |
| 上地营销服务部 | 海淀区安宁庄西路上地怡美家园20号楼101号 | 84120571 |
| 富丰路营销服务部 | 丰台区丰台镇富丰路2号星火科技大厦14层 | 69222045 |
| 溪翁庄营销服务部 | 密云县溪翁庄镇碧水花园1号楼104 | 69087811 |
| 西集营销服务部 | 通州区西集镇西集村南门市场 | 89501672 |
| 怀柔渤海镇营销服务部 | 怀柔区渤海镇渤海所村1061号 | 69650141 |
| 密云高岭营销服务部 | 密云县高岭镇高岭村政府路南口 | 69087833 |
| 十里堡营销服务部 | 密云县明珠花园3号楼4单元102 | 69087922 |
| 西田各庄营销服务部 | 密云县西田各庄镇董各庄村西南区71号 | 69087833 |
| 河南寨营销服务部 | 密云县河南寨镇政府北侧50米 | 69086522 |
| 房山城关营销服务部 | 房山区城关街道兴房大街55号 | 89362945 |
| 琉璃河营销服务部 | 房山区琉璃河镇琉璃河大街东大街48号 | 89360165 |
| 燕化星城营销服务部 | 房山区燕山星城健德西里甲25号 | 81342438 |
| 张家湾营销服务部 | 通州区张家湾镇太玉园三期B区 | 89501673 |
| 潘家园营销服务部 | 朝阳区潘家园法宝超市520室 | 67324580 |
| 管庄营销服务部 | 朝阳区东坝红松园7幢 | 89501479 |
| 八达岭营销服务部 | 延庆县八达岭镇西拔子村商业街 | 69120868 |

## 太平人寿保险有限公司北京分公司

| 机构名称 | 地址 | 电话 |
|---|---|---|
| 太平人寿保险有限公司北京分公司 | 海淀区西直门北大街52号 | 95589 |
| 海淀营销服务部 | 海淀区西直门北大街52号太平金融大厦 | 82299500 |
| 东城营销服务部 | 东城区朝阳门北大街6号首创大厦5层B室 | 85283017 |
| 房山营销服务部 | 房山区兴房大街2号兴房苑小区2号综合楼 | 89325737 |
| 昌平营销服务部 | 昌平区东关环岛昌崔路201号天运通大厦4层 | 69721296 |
| 平谷营销服务部 | 平谷区平谷镇新开街30号楼30－6 | 69985817 |
| 顺义营销服务部 | 顺义区石园西路南侧（圣元公司） | 81490702 |
| 密云营销服务部 | 密云区鼓楼东区1号楼 | 69040149 |
| 大兴营销服务部 | 大兴区工业开发区金苑路3号3层C01号 | 60212006 |
| 良乡营销服务部 | 房山区良乡拱辰南大街2号商业楼5层 | 69367035 |

| | | |
|---|---|---|
| 通州营销服务部 | 通州区通惠南路六号8号楼3层1－2号室 | 52338222 |

## 民生人寿保险股份有限公司北京分公司

| 机构名称 | 地　址 | 电　话 |
|---|---|---|
| 西城营销服务部 | 朝阳区八里庄西里61号楼1102－1101室 | 59206428 |
| 崇文营销服务部 | 顺义区怡馨家园13号楼213 | 59206421 |
| 朝阳安贞营销服务部 | 朝阳区霞光里9号3层 | 84681334 |
| 房山良乡拱辰大街营销服务部 | 房山区良乡拱辰大街拱辰家园1号楼 | 69363879 |
| 通州新华大街营销服务部 | 通州区新华大街157号 | 80886735 |
| 昌平创新路营销服务部 | 昌平区西环路24号楼 | 80117027 |
| 怀柔迎兵中路营销服务部 | 怀柔区金台园甲56号五楼 | 69698459 |
| 平谷新平北路营销服务部 | 平谷区新平北路51号 | 69986013 |
| 密云东大街营销服务部 | 密云县季庄小区53号三段1号门面房 | 69080173 |

## 中国人民健康保险股份有限公司北京分公司

| 机构名称 | 地　址 | 电　话 |
|---|---|---|
| 第一营销服务部 | 海淀区知春路甲48号3号楼（盈都大厦C座）4单元3A | 58696688 |
| 第二营销服务部 | 平谷区建设西街17号1幢 | 89999305 |
| 第三营销服务部 | 通州区新华大街157号 | 80882833 |
| 第五营销服务部 | 顺义区仁和地区顺通路6号D座1层北侧 | 89496687 |
| 崇文营业部 | 崇文区天坛东路74号北玻大厦306室 | 67111012 |
| 房山营销服务部 | 房山区良乡地区拱辰大街90号楼2层 | 89352953 |
| 怀柔营销服务部 | 怀柔区迎宾中路36号楼4层楼梯北侧 | 69687796 |

## 中国人民人寿保险股份有限公司北京分公司

| 机构名称 | 地　址 | 电　话 |
|---|---|---|
| 经济技术开发区支公司 | 北京经济技术开发区东环北路甲1号海顺德大厦3层 | 67879877 |
| 东城支公司 | 东城区东四北大街343号瑞城亿兴大厦第9层 | 13601131937 |
| 海淀支公司 | 海淀区中关村大街甲28号13层 | 82533883 |
| 房山区营销服务部 | 房山区良乡拱辰北大街1号西侧6层 | 89354801 |

| | | |
|---|---|---|
| 通州区营销服务部 | 通州区通惠南路6号院10号楼3层 | 52338005 |
| 顺义区营销服务部 | 顺义区府前东街北侧5层 | 52136201 |
| 昌平区营销服务部 | 昌平区永安路18－1－2号2层、3层 | 69719483 |
| 大兴区营销服务部 | 大兴区康庄路28号10D01房间 | 81282933 |
| 怀柔区营销服务部 | 怀柔区迎宾中路36号楼 | 69688580 |
| 平谷区营销服务部 | 平谷区保安街61号 | 69963051 |
| 密云县营销服务部 | 密云县鼓楼东大街27号信远大厦写字楼4层 | 89086316 |
| 延庆县营销服务部 | 延庆县高塔街58号绿韵广场办公楼5层 | 51056555 |

## 华夏人寿保险股份有限公司北京分公司

| 机构名称 | 地址 | 电话 |
|---|---|---|
| 宣武营销服务部 | 宣武区宣武门外大街6号庄胜广场北楼东翼14层 | 63106600 |
| 大兴营销服务部 | 大兴区兴政界街东口恒昌大厦412－419房间 | 52389003 |
| 怀柔区迎宾中路营销服务部 | 怀柔区富乐小区27号 | 69693222 |
| 密云营销服务部 | 密云县新中路107号第一幢华星大厦3层1－6号 | 89088345 |

## 长城人寿保险股份有限公司北京分公司

| 机构名称 | 地址 | 电话 |
|---|---|---|
| 良乡营销服务部 | 房山区良乡拱振大街47号拱振大厦6层 | 69375838 |
| 顺义营销服务部 | 顺义区府前东街2号顺建大厦6层 | 69423118 |

## 阳光人寿保险股份有限公司北京分公司

| 机构名称 | 地址 | 电话 |
|---|---|---|
| 东城支公司 | 东城区灯市口大街50号好润大厦5层A1、B2及9层B单元 | 65268111 |
| 石景山支公司 | 石景山区石景山路22号万商大厦1210－1212房间 | 68651225 |
| 通州支公司 | 通州区通胡大街78号京贸中心2层 | 84888060 |
| 顺义支公司 | 顺义区双兴北区33号 | 65268111 |

| | | |
|---|---|---|
| 崇文门营销服务部 | 崇文区崇文门外大街3号新世界中心北办公楼12层 | 59053766 |
| 朝阳营销服务部 | 朝阳区惠新东街甲2号北奥大厦13层01－08、19及11层02－05 | 84888062 |

## 幸福人寿保险股份有限公司北京分公司

| 机构名称 | 地　　址 | 电　话 |
|---|---|---|
| 东直门营销服务部 | 东城区东中街29号东环广场B座3层 | 64183588 |

## 国华人寿保险股份有限公司北京分公司

| 机构名称 | 地　　址 | 电　话 |
|---|---|---|
| 宣武营销服务部 | 朝阳区朝阳北路237号复星国际中心5层501－502室、509－510室 | 59272200 |

## （3）外资保险公司

| 机构名称 | 地　　址 | 电　话 |
|---|---|---|
| 现代财产保险（中国）有限公司 | 朝阳区霄云路38号现代汽车大厦508室 | 4006080808 |
| 中意财产保险有限公司 | 朝阳区建外大街乙12号双子座大厦西塔9层 | 65677168 |
| 苏黎世保险公司北京分公司 | 朝阳区东三环北路霞光里18号佳程广场A座21层 | 84398158 |
| 三星火灾海上保险（中国）有限公司北京分公司 | 朝阳区建国路118号招商局大厦25层2506－2507A室 | 65668100 |
| 利宝保险有限公司北京分公司 | 朝阳区建国路77号华贸中心3号写字楼9层01A、02、03和05号 | 59100788 |
| 美亚财产保险有限公司北京分公司 | 朝阳区光华路7号汉威大厦A座9A15－16 | 59692888 |
| 太阳联合财产保险有限公司北京分公司 | 西城区平安里西大街28号光大国际中心1号楼12层03、05单元 | 66529677 |
| 瑞士再保险公司北京分公司 | 朝阳区建国门外大街乙12号双子座大厦东塔23层 | 65638615 |
| 慕尼黑再保险公司北京分公司 | 朝阳区建国门内大街1号国贸大厦1座701室 | 85919883 |

| | | |
|---|---|---|
| 法国再保险公司北京分公司 | 建国门外大街1号国贸大厦1座1217室 | 65055238 |
| 瑞泰人寿保险有限公司 | 朝阳区建国路81号华贸中心1号楼10层 | 4008109339 |
| 中美大都会人寿保险有限公司 | 东长安街1号东方广场东方经贸城E2座12层 | 4008188168 |
| 中航三星人寿保险有限公司 | 朝阳区建国路118号招商局大厦15层 | 4008101888 |
| 中法人寿保险有限责任公司 | 建国门外大街永安东里8号华彬大厦1202B－1207 | 85288588 |
| 新光海航人寿保险有限责任公司 | 朝阳区建国路93号万达广场B座写字楼15层 | 59216666 |
| 美国友邦保险有限公司北京分公司 | 朝阳区东环南路2号京汇大厦3楼 | 8008203588 |
| 信诚人寿保险有限公司北京分公司 | 东城区王府井大街138号北京新东安广场第3座10层第1001－1027号 | 4008838838 |
| 中意人寿保险有限公司北京分公司 | 西城区复兴门内大街28号凯晨世贸中心F6 | 4008889888 |
| 中宏人寿保险有限公司北京分公司 | 西城区复兴门外大街A2号中化大厦4层 | 4008188888 |
| 光大永明人寿保险有限公司北京分公司 | 东城区建国门内大街22号华夏银行大厦7层 | 95105698 |
| 中英人寿保险有限公司北京分公司 | 朝阳区永安东里16号CBD国际大厦8层 | 4008800900 |
| 金盛人寿保险有限公司北京分公司 | 朝阳区建国路116号招商局大厦R2楼2层 | 4006705566 |
| 首创安泰人寿保险有限公司北京分公司 | 东城区东长安街1号东方广场E1座5层 | 4008161688 |
| 招商信诺人寿保险有限公司北京分公司 | 朝阳区建国路甲92号世茂大厦8层812号 | 4008888288 |
| 海康人寿保险有限公司北京分公司 | 朝阳区东三环北路38号院3号楼安联大厦6层602－608室 | 95105768 |
| 华泰人寿保险股份有限公司北京分公司 | 西城区德胜门外大街125号 | 4008895509 |
| 恒安标准人寿保险有限公司北京分公司 | 朝阳区东三环北路霞光里18号佳程广场A座22层 | 59235528 |
| 国泰人寿保险有限公司北京分公司 | 西城区西单北大街甲131号大悦城8层 | 59716818 |

| | | |
|---|---|---|
| 中德安联人寿保险有限公司北京分公司 | 朝阳区建国路81号华贸中心1号写字楼5层01、07、08、09单元 | 8009886688 |

## (4) 外资保险公司分支机构

### 光大永明人寿保险有限公司北京分公司

| 机构名称 | 地　址 | 电　话 |
|---|---|---|
| 东城营销服务部 | 东城区东中街29号东环广场B座 | 64152828 |
| 宣武营销服务部 | 宣武区宣外大街28号富卓大厦A座4层01－09房间、B座3层08、09、101房间 | 63137101 |
| 海淀营销服务部 | 海淀区中关村南大街甲27号中扬大厦3层 | 68938558 |
| 通州营销服务部 | 通州区定瑞都景园北区1A楼第6层0703号 | 80888195 |
| 顺义营销服务部 | 顺义区府前西街10号湘财证券3层 | 69443674 |
| 昌平营销服务部 | 昌平区西环路25号蓝郡嘉苑沿街商业4层3A07 | 80119273 |
| 良乡营销服务部 | 房山区良乡西潞南大街5号410室 | 69351728 |

### 恒安标准人寿保险有限公司北京分公司

| 机构名称 | 地　址 | 电　话 |
|---|---|---|
| 朝阳营销服务部 | 朝阳区东三环北路霞光里18号佳程广场A座22层 | 59235582 |

### 海康人寿保险有限公司北京分公司

| 机构名称 | 地　址 | 电　话 |
|---|---|---|
| 朝外大街营销服务部 | 朝阳区东三环北路38号院3号楼安联大厦6层603－608室 | 59204868 |

### 合众人寿保险股份有限公司北京分公司

| 机构名称 | 地　址 | 电　话 |
|---|---|---|
| 东城营销服务部 | 东城区东中街40号1号楼3层03号 | 64154090 |
| 阜成门营销服务部 | 西城区阜外大街7号国投大厦916－923 | 68096446 |

| | | |
|---|---|---|
| 西北营销服务部 | 西城区高梁桥路6号西环广场A座办公楼8A2单元 | 58301398 |
| 朝阳门营销服务部 | 朝阳区朝外大街乙12号昆泰国际大厦21层 | 58797755 |
| 雅宝路营销服务部 | 朝阳区东环南路2号 | 58797755 |
| 海淀营销服务部 | 海淀区高粱斜街59号中坤大厦1301-1303、1218H房间 | 82191434 |
| 房山营销服务部 | 房山区良乡地区月华大街8-B号楼107 | 89369947 |
| 通州营销服务部 | 通州区新华北街65号 | 52102563 |
| 顺义营销服务部 | 顺义区府前东街9号 | 69428063 |
| 昌平营销服务部 | 昌平科技园区白浮泉路10号2号楼 | 80101839 |
| 大兴营销服务部 | 大兴区黄村镇黄村西大街107号 | 69261468 |
| 平谷营销服务部 | 平谷区平谷镇新平东路7号 | 89981078 |
| 密云营销服务部 | 密云县京承路长城环岛西南侧新南路46号华冠大厦417、422、424、426、428号房间 | 69082298 |

## 金盛人寿保险有限公司北京分公司

| 机构名称 | 地址 | 电话 |
|---|---|---|
| 东城区营销服务部 | 东城区安定门东大街28号雍和大厦C座9层 | 64097900 |

## 嘉禾人寿保险股份有限公司北京分公司

| 机构名称 | 地址 | 电话 |
|---|---|---|
| 东城营销服务部 | 东城区胜古中路1号蓝宝商务大厦203室 | 82828899 |
| 西城区马甸营销服务部 | 西城区黄寺大街23号北广大厦15层 | 82235606 |
| 通州营销服务部 | 通州区玉带河大街119号4层 | 52118609 |
| 昌平营销服务部 | 昌平区科技园区白浮泉路10号 | 89760352 |
| 大兴营销服务部 | 大兴区康庄路28号写字楼11-03A、05、06房间 | 82828899 |
| 密云营销服务部 | 密云县鼓楼西大街1号2层 | 89086806 |

## 美国友邦保险有限公司北京分公司

| 机构名称 | 地　　址 | 电　话 |
|---|---|---|
| 东城长安营销服务部 | 东城区东直门南大街甲3号居然大厦8层801 | 85117775 |
| 亚运村营销服务部 | 朝阳区安定路35号安华发展大厦 | 64416662 |
| 建国路营销服务部 | 朝阳区建国路108号丰树大厦五层01－05单元 | 65661338 |
| 永安里营销服务部 | 朝阳区建国门外大街永安东里8号华彬国际大厦六层611－615号 | 85288199 |
| 大望路营销服务部 | 朝阳区建国路71号惠通时代广场C区1号楼203房间 | 58693311 |
| 劲松营销服务部 | 朝阳区东三环南路甲52号顺迈金钻写字楼21－A | 67718399 |
| 三元桥营销服务部 | 朝阳区东三环北路3号幸福大厦B座301 | 64619828 |
| 长虹桥营销服务部 | 朝阳区东三环北路17号11层1104 | 65301269 |
| 和平西桥营销服务部 | 朝阳区北三环东路28号易亨大厦1509 | 64405903 |
| 光华路营销服务部 | 朝阳区光华路7号汉威大厦9层B2 | 65683338 |
| 海淀营销服务部 | 海淀区紫竹院路69号兵器大厦 | 68966966 |
| 通州营销服务部 | 通州区云景北里45号楼－1至2层45－2商业用房 | 81511557 |
| 昌平营销服务部 | 昌平区回龙观镇龙泽苑小区东门商业楼北楼3层 | 58907888 |

## 首创安泰人寿保险有限公司北京分公司

| 机构名称 | 地　　址 | 电　话 |
|---|---|---|
| 东方广场营销服务部 | 东城区东长安街1号东方广场中二办公楼7层1、2室 | 65216685 |
| 第二营销服务部 | 朝阳区建外大街永安东里甲3号通用时代国际中心1号楼2层 | 58793777 |

## 生命人寿保险股份有限公司北京分公司

| 机构名称 | 地　　址 | 电　话 |
|---|---|---|
| 崇文营销服务部 | 崇文区光明路13号崇光大厦2层 | 82290099 |

| | | |
|---|---|---|
| 门头沟营销服务部 | 门头沟区滨河霁月园8号楼 | 69850953 |
| 通州区通胡大街营销服务部 | 通州区通胡大街 | 82290099 |
| 顺义营销服务部 | 顺义区仓上街南侧智能大厦A区2层 | 82290099 |
| 昌平营销服务部 | 昌平区昌平镇西环路24号楼 | 82290099 |
| 大兴营销服务部 | 大兴工业开发区金苑路3号 | 61273570 |
| 平谷向阳北街营销服务部 | 平谷区府前西街7号楼 | 69986311 |

## 信诚人寿保险有限公司北京分公司

| 机构名称 | 地址 | 电话 |
|---|---|---|
| 新东安营销服务部 | 东城区王府井大街138号新东安写字楼3座8层 | 65888885 |
| 王府井营销服务部 | 东城区王府井大街138号新东安广场写字楼1座7层733号，第2座7层701－707室 | 85117988 |
| 西环广场营销服务部 | 西城区西直门外大街1号院1号楼16B2、B3、B4室 | 58301717 |
| 昌平营销服务部 | 昌平区政府街23号院社区服务中心大楼2层西南区域 | 69742288 |
| 平谷营销服务部 | 平谷区平谷镇新开街33号楼18－3号 | 89999578 |

## 信泰人寿保险股份有限公司北京分公司

| 机构名称 | 地址 | 电话 |
|---|---|---|
| 西城营销服务部 | 西城区南礼士路36号华远大厦8层 | 52612058 |
| 顺义营销服务部 | 顺义区府前东街2号顺建大厦607室、612室 | 69445663 |
| 密云营销服务部 | 密云县鼓楼北大街东侧10号3层 | 69072473 |

## 中宏人寿保险有限公司北京分公司

| 机构名称 | 地址 | 电话 |
|---|---|---|
| 朝阳区营销服务部 | 朝阳区建国路90号红星大厦12层第5－10室 | 85803180 |

## 中意人寿保险有限公司北京分公司

| 机构名称 | 地址 | 电话 |
|---|---|---|
| 东恒营销服务部 | 东城区东直门外大街46号天恒大厦25层 | 58190088 |
| 大成营销服务部 | 西城区宣武门西大街127号大成大厦 | 66422900 |
| 国贸营销服务部 | 朝阳区永安东里甲3号通用国际中心A座21层 | 59257000 |

## 中英人寿保险有限公司北京分公司

| 机构名称 | 地址 | 电话 |
|---|---|---|
| 西城区营销服务部 | 西城区宣武门西大街127号大成大厦8层 | 66423099 |
| 西城区德胜门营销服务部 | 西城区黄寺大街甲23号院1号楼615室、712室及16层 | 58540000 |

## 中航三星人寿保险有限公司

| 机构名称 | 地址 | 电话 |
|---|---|---|
| 复兴门营销服务部 | 西城区复兴门外大街A2号中化厦办公楼5层及配楼5层北侧 | 58334001 |
| 朝阳区大北窑营销服务部 | 朝阳区建国路93号万达广场9号楼大厦3、7、8层 | 58201780 |

## 中美大都会人寿保险有限公司

| 机构名称 | 地址 | 电话 |
|---|---|---|
| 第二营销服务部 | 朝阳区东三环中路20号乐成中心A座16层 | 85180966 |
| 第三营销服务部 | 朝阳区东三环中路20号乐成中心A座17层 | 85180966 |
| 宣武营销服务部 | 宣武区宣武大街6号庄胜广场中央楼8层 | 58320818 |

## （5）保险代理公司

| 机构名称 | 地址 | 电话 |
|---|---|---|
| 北京安邦保险代理有限责任公司 | 西城区六铺炕街1号1层119室 | 82032385 |
| 北京国民保险代理有限公司 | 海淀区苏州街31号 | 62538000-155 |
| 北京国泰保险代理有限公司 | 朝阳区工体北路幸福一村甲55号 | 64162696 |
| 北京恒信保险代理有限公司 | 朝阳区芍药居北里305楼203-204 | 84927531-148 |
| 北京安平保险代理有限公司 | 西城区德胜门内西顺城街46号东101A | 66166388 |
| 北京信安保险代理有限公司 | 朝阳区北辰西路69号峻峰华亭C座5层516 | 58772280 |
| 北京达富保险代理有限公司 | 东城区东直门外大街46号天恒大厦6层606室 | 51667889-821 |
| 北京银华同邦保险代理有限公司 | 宣武区宣武门西大街28号大成广场9门19层 | 83139918 |
| 北京泛联保险代理有限公司 | 朝阳区呼家楼向军南里二巷甲5号（雨霖大厦7层） | 51311678 |
| 北京嘉信保险代理有限公司 | 东城区东四北大街107号天海商务大厦A座2层212-219室 | 84012449 |
| 北京开诚保险代理有限公司 | 丰台区东大街66号309室 | 63861768 |
| 北京诚信保险代理有限公司 | 朝阳区东三环南路甲52楼5层6C | 59711663 |
| 北京诚成保险代理有限公司 | 朝阳区东大桥路8号1楼3012室 | 58701778 |
| 北京国人保险代理有限公司 | 朝阳区建国门外大街丙24号楼18层2103 | 65666679 |
| 北京宏安信保险代理有限公司 | 海淀区中关村东路18号财智国际大厦A座1201室 | 82600499-815 |
| 北京京安保险代理有限公司 | 西城区西直门南小街国英1号427 | 58561057 |
| 北京阳光保险代理有限公司 | 朝阳区八里庄西里97号住邦2000四号楼205室 | 83258627 |
| 北京格林保险代理有限公司 | 西城区北礼士路甲98号阜成大厦4层431室 | 88370068 |
| 北京富邦保险代理有限公司 | 朝阳区农展南路5号京朝大厦635室 | 65865050 |
| 北京国恒保险代理有限公司 | 西城区德外大街73号北楼2层 | 62351912 |

| | | |
|---|---|---|
| 北京恒泰保险代理有限公司 | 朝阳区秀水街1号建国门外外交公寓8－2－43 | 85322952 |
| 北京平和保险代理有限公司 | 西城区阜外大街7号国投大厦529室 | 68096220 |
| 北京泰洋保险代理有限公司 | 朝阳区吉庆里6号楼佳汇中心B座407号 | 65531761－1006 |
| 北京信泰保险代理有限公司 | 海淀区昌运宫4号豪柏公寓B1－701室 | 88420460 |
| 北京东方华安保险代理有限公司 | 西城区百万庄大街8号凌奇宾馆204A | 68366080 |
| 北京康泰保险代理有限公司 | 东城区鼓楼外大街52楼212房 | 65495880 |
| 北京国济保险代理有限公司 | 西城区北三环中路甲29号院2号楼华尊大厦B座1501（德胜园区） | 62356665 |
| 北京华诚保险代理有限公司 | 海淀区北三环西路32号恒润国际大厦809室 | 62162488 |
| 北京世纪隆盛保险代理有限公司 | 海淀区板井路69号世纪金源国际公寓东区10H | 88461845 |
| 北京德信保险代理有限公司 | 朝阳区安慧里四区16号化工大厦916室 | 84885211 |
| 北京国诚国际保险代理有限公司 | 丰台区西罗园四区25号楼2单元501号 | 87609879 |
| 北京京恒福保险代理有限公司 | 海淀区北下关街道85号交大附小南校区西配楼2层3间 | 62186351 |
| 北京一和保险代理有限责任公司 | 东城区五道营胡同68号 | 87716662 |
| 北京桂隆保险代理有限公司 | 朝阳区东三环南路54号院7－301 | 86527310 |
| 北京中逸保险代理有限公司 | 海淀区北三环西路48号科技会展中心1号楼A座8B | 51627409－81 |
| 北京广安保险代理有限责任公司 | 平谷区平谷镇古丰东路8号 | 69968049 |
| 北京天地保险代理有限公司 | 海淀区中关村北二条13号中科科仪5－309 | 82671691 |
| 北京开元保险代理有限公司 | 海淀区巴沟南路35号京江阳光A座310号 | 82551322 |
| 北京万家保险代理有限公司 | 海淀区阜成路115号北京印象1号楼205房间 | 88138501 |
| 北京泛华保险代理有限公司 | 朝阳区向军南里2巷甲5号雨霖厦7层 | 51311666 |
| 北京迪卡保险代理有限公司 | 海淀区清华东路甲35号半导体宿舍4号楼302号 | 82375133 |

| | | |
|---|---|---|
| 北京恒信伟业保险代理有限公司 | 丰台区西三环南路乙6号 | 52218518 |
| 北京华晨保险代理有限公司 | 海淀区中关村南大街5号683号楼理工科技大厦1805室 | 68464085 |
| 北京双诚保险代理有限公司 | 崇文区忠实里南街6号楼3单元603室 | 87758893 |
| 北京市金诚华夏保险代理有限公司 | 丰台区科技园区3A地块工商联科技大厦09B04－06室 | 63743368 |
| 北京泛华富民保险代理有限公司 | 朝阳区酒仙桥南路4号院3号楼305室 | 51311668 |
| 北京致用保险代理有限公司 | 宣武区广安门南滨河路25号403室 | 63393205 |
| 北京万里安保险代理有限公司 | 朝阳区小红门乡小红门村南四环东路69号 | 87634088 |
| 北京利信保险代理有限公司 | 东城区安定门东大街28号雍和大厦1号楼A单元1011室 | 84035234 |
| 北京新月保险代理有限责任公司 | 昌平区昌平科技园区永安路26号孵化器大楼主楼6层 | 69721683 |
| 北京普顺保险代理有限公司 | 崇文区法华南里17号2层205室 | 51691119 |
| 北京申根保险代理有限公司 | 朝阳区工体东路18号天照饭店首层西玻璃屋01号 | 64174035 |
| 北京安惠保险代理有限公司 | 朝阳区建华南路11号1号楼7层710室 | 65578968－628 |
| 北京润昌保险代理有限公司 | 海淀区塔院志新村2号金唐5098室 | 62021595 |
| 北京中佳保险代理有限公司 | 宣武区南滨河路27号院7号楼307室 | 63453588 |
| 北京阳光干线保险代理有限公司 | 海淀区祁家豁子甲2号建德商务楼117室 | 62369090 |
| 北京汇龙森保险代理有限公司 | 北京经济技术开发区西环南路18号 | 63718681 |
| 北京瑞丰民安保险代理有限公司 | 海淀区大钟寺13号院1号华杰大厦10B21房间 | 62152078－808 |
| 北京市神舟保险代理有限公司 | 西城区新街口外大街甲18号万方商厦3层307室（德胜园区） | 82358474 |
| 中际保险代理（北京）有限公司 | 朝阳区管庄杨闸环岛西侧北角京通新城13号楼12－E室 | 51397938 |
| 北京汇泽保险代理有限公司 | 朝阳区深沟村46号楼536室（无线电元件九厂） | 58694022 |
| 北京丞泰保险代理有限公司 | 东城区藏经馆胡同11号115A－117室 | 64064485 |
| 北京瑞安鸿泰保险代理有限公司 | 怀柔区青春路26号四层407、409室 | 58613322－809 |

| | | |
|---|---|---|
| 北京众恒保险代理有限责任公司 | 昌平区鼓楼东街33号金宇大厦1层105室 | 69727232 |
| 北京红枫鑫保险代理有限公司 | 朝阳区东三环南路21号北侧翌景嘉园1号楼15G室 | 51670666 |
| 北京泰登兴业保险代理有限公司 | 朝阳区金汇路10号楼9层1008号 | 87565219 |
| 中企民生保险代理有限公司 | 东城区安定门东大街28号雍和大厦东楼C座6层608 | 59206884 |
| 北京利亚保险代理有限公司 | 宣武区白广路4、6号8幢501室 | 51726516 |
| 北京碧升保险代理有限公司 | 丰台区北京西站东附楼A310、303A、A513、A515室 | 58301616－109 |
| 北京义邦保险代理有限公司 | 密云县百世城商业街7幢109号 | 89021861 |
| 北京市玉林保险代理有限责任公司 | 房山区拱辰街道拱辰北大街33号 | 89358634 |
| 北京友富保险代理有限公司 | 东城区东交民巷28号C205室 | 65265373 |
| 北京佰盈保险代理有限公司 | 海淀区西直门北大街32号枫蓝国际中心B座409－410号 | 82211122 |
| 北京安信捷保险代理有限公司 | 东城区和平里七区16号楼529室 | 64200866 |
| 太阳联创保险代理（北京）有限公司 | 朝阳区和平街东土城路12号院3号楼704室 | 64489960 |
| 北京金隅民生保险代理有限公司 | 崇文区永外大街64号 | 66411199－8825 |
| 保通时空（北京）保险代理有限公司 | 海淀区紫竹院路116号嘉豪国际中心D座606室 | 87790032 |
| 北京鼎世力德保险代理有限公司 | 宣武区广安门外168号中座715号 | 63381827 |
| 北京金圣保险代理有限公司 | 崇文区东花市南里东区8号楼1－617 | 87750506 |
| 葆和（北京）保险代理有限公司 | 东城区安定门外大街183号京宝花园S802室 | 65513378 |
| 北京天岳保险代理有限公司 | 怀柔区青春路21号404室 | 58773999 |
| 北京鼎信恒保险代理有限责任公司 | 顺义区裕龙花园六区37－3－101 | 69471569 |
| 北京汇祥保险代理有限公司 | 海淀区复兴路20号44号楼319室 | 68211692 |
| 北京德润保险代理有限公司 | 丰台区西三环南路西局168号 | 82960209 |
| 北京华康睿泰保险代理有限公司 | 朝阳区朝阳门北大街乙12号1号楼天辰大厦10层1002A室 | 65530699 |

| | | |
|---|---|---|
| 北京佳盛保险代理有限公司 | 海淀区建材城东二里硅谷先锋15楼206室 | 82934662 |
| 盛源兴保险代理（北京）有限责任公司 | 平谷区平谷镇文化南街8号楼8－7号 | 51321292 |
| 北京金汉保险代理有限公司 | 海淀区远大路39号1号楼603室 | 52778211 |
| 北京睿峰都保险代理有限责任公司 | 房山区良乡拱辰北大街1号昊天假日酒店A602房间 | 89358985 |
| 北京三合保业保险代理有限公司 | 丰台区方庄芳城园一区17号楼日月天地大厦A305－307室 | 58076944 |
| 北京众合四海保险代理有限公司 | 朝阳区安华里二区13号楼101室 | 59221501 |
| 北京创富保险代理有限公司 | 朝阳区东三环中路39号建外SOHO 16号楼23单元2701、2703、2705 | 51299166－8866 |
| 北京环宇康泰保险代理有限公司 | 丰台区丰管路甲28号1楼101室 | 63338990 |
| 北京胜易保险代理有限公司 | 崇文区永内东街2号406室 | 67018888 |
| 北京通盈保险代理有限公司 | 宣武区菜市口南大街平原里小区20号楼309房间 | 83560085 |
| 北京金石保险代理有限公司 | 朝阳区亚运村北小营欧陆经典北区C座8层0902室 | 84850879 |
| 北京东方之家保险代理有限公司 | 丰台区南四环西路123号北京旧机动车交易市场过桥5号 | 63723224 |
| 北京诚服斯文思保险代理有限公司 | 朝阳区黑庄户乡大鲁店三队 | 86528230 |
| 北京远安保险代理有限公司 | 西城区黄寺大街23号院1号楼1603室 | 82231018 |
| 北京福安天润保险代理有限责任公司 | 平谷区兴谷工业开发区兴谷路20号 | 51323072 |
| 北京佰阳保险代理有限公司 | 海淀区北太平庄路甲1号6号楼106室 | 52010774 |
| 北京交广保险代理有限公司 | 朝阳区幸福三村北街1号 | 84515731 |
| 北京瑞宝寿康保险代理有限公司 | 朝阳区小关北里45号1号楼17A | 84897891 |
| 北京长顺永安保险代理有限公司 | 东城区古观象台 | 65256637 |
| 北京明生天佑保险代理有限公司 | 朝阳区朝外大街22号12A层12A09室 | 85658799 |
| 北京瑞懋保险代理有限责任公司 | 海淀区复兴路2号C座503房间 | 51916310 |

| | | |
|---|---|---|
| 北京五丰保险代理有限公司 | 朝阳区朝外大街甲6号万通中心20层B-2002室 | 59071428 |
| 北京大童保险代理有限公司 | 海淀区紫竹院路116号嘉豪国际中心B座806-808 | 58931855 |
| 北京乐百家保险代理有限公司 | 宣武区广外车站西街5号D层007室 | 83514389 |
| 北京金鼎涛保险代理有限公司 | 海淀区万丰路18号院1-401 | 58872198 |
| 北京润康保险代理有限公司 | 西城区新街口外大街金丰和写字楼A座415座 | 62020080 |
| 中天信合保险代理（北京）有限公司 | 宣武区白纸坊西街20号圣都大厦1806室 | 63585718 |
| 中物信和（北京）保险代理有限公司 | 西城区月坛北街26号恒华国际商务中心第3座10层1007室 | 58565598 |
| 北京诚联保险代理有限公司 | 海淀区学院路40号研八楼 | 62304911 |
| 北京金翔智诚保险代理有限公司 | 崇文区永定门外大街64号院内小楼3层 | 67265928 |
| 北京康硕保险代理有限公司 | 丰台区分中寺关家坑4号院大汉国际中心大厦A座2620室 | 51661836 |
| 北京宝力诚保险代理有限责任公司 | 朝阳区安慧北里安园10号楼H座202室 | 51667471 |
| 英硕伦斯保险代理（北京）有限责任公司 | 朝阳区劲松南路1号516室 | 87702185 |
| 北京宏利保险代理有限公司 | 朝阳区建国路93号院1号楼3101号 | 59603169 |
| 北京华康宏业保险代理有限公司 | 朝阳区呼家楼北里甲11号楼内113号 | 65013202 |
| 北京三角洲保险代理有限公司 | 海淀区青云里满庭芳园小区9号楼青云当代大厦1811号 | 62124086 |
| 北京惠博鑫诚保险代理有限公司 | 头沟区滨河路115号滨河大厦11层1106-02号 | 69846277 |
| 北京盈和宝业保险代理有限公司 | 石景山区京原路3号3号楼2层 | 88601039 |
| 纳捷奥保险代理（北京）有限公司 | 海淀区车公庄西路乙19号华通大厦B座北塔10层1027房 | 51666898 |
| 北京丽华保险代理有限公司 | 丰台区西四环南路88号1幢121室 | 63789691 |
| 北京元泰宏瑞保险代理有限公司 | 宣武区马连道11号一商大厦1307室 | 63455379 |
| 北京京安恒信保险代理有限公司 | 宣武区平原里小区20号楼311室 | 83554701 |

| | | |
|---|---|---|
| 北京永通保险代理有限公司 | 平谷区平谷镇兴谷园小区18楼12号 | 89982282 |
| 北京财富之舟保险代理有限公司 | 朝阳区建国路93号万达广场3号楼1508室 | 87220020 |
| 北京海商保险代理有限公司 | 朝阳区东四环中路60号楼远洋国际C座304室 | 59648632 |
| 北京泰瑞保险代理有限责任公司 | 朝阳区东直门外大街28号港湾国际501室 | 64159749 |
| 北京智瀚保险代理有限公司 | 朝阳区东直门外大街28号港湾国际中心718室 | 64157780 |
| 北京欧尼斯特保险代理有限公司 | 海淀区蓝靛厂东路2号院金源时代商务中心2号楼C座5D | 88877794 |
| 北京金宇四越保险代理有限公司 | 昌平区鼓楼东街33号金宇大厦2层206室 | 60741812 |
| 北京赛保通保险代理有限公司 | 崇文区幸福大街甲39号A－207 | 62247533 |
| 北京美日保险代理有限公司 | 密云县经济开发区康宝路10－3号 | 85919777 |
| 洋坤（北京）保险代理有限公司 | 海淀区紫竹院路广源闸5号广源大厦418室 | 62166258 |
| 中铁保险代理（北京）有限责任公司 | 海淀区学清路8号B座303室 | 59799917－8007 |
| 北京佳保保险代理有限公司 | 朝阳区京奥家园132号楼4层1门401号 | 51079873 |
| 北京吉顺佳保险代理有限公司 | 丰台区华源一里10号楼2103室 | 58052402 |
| 北京华盛京港保险代理有限公司 | 海淀区北四环中路229号海泰大厦557室 | 82885815 |
| 北京立康保险代理有限公司 | 东城区东直门外大街48号C座7A | 51396395 |
| 北京诚信通保险代理有限公司 | 平谷区平谷镇光明居民西小区甲268排13号 | 69969211 |
| 北京华夏经纬保险代理有限公司 | 朝阳区东三环中路59号楼601室 | 58613348 |

## (6) 保险经纪公司

| 机构名称 | 地址 | 电话 |
|---|---|---|
| 华泰保险经纪有限公司 | 西城区金融大街11号中国再保险大厦14层 | 66576588 |
| 达信（北京）保险经纪有限公司 | 朝阳区光华路1号北京嘉里中心北楼15层1506室 | 65334000 |

| | | |
|---|---|---|
| 江泰保险经纪股份有限公司 | 海淀区新街口外大街19号北京师范大学国际学术交流中心京师大厦7层 | 62202788-9217 |
| 长安保险经纪有限公司 | 宣武区广安门内大街338港中旅大厦5层南部 | 58384800 |
| 北京联合保险经纪有限公司 | 朝阳区东土城路12号怡和阳光大厦C座19层1906室 | 64489595 |
| 民生保险经纪有限公司 | 朝阳区工体西路18号光彩国际公寓1号楼3A | 65512240 |
| 新时代保险经纪有限公司 | 海淀区三里河路1号西苑饭店5号楼5518室 | 88386915 |
| 北京天和保险经纪有限公司 | 朝阳区北土城西路7号国恒基业大厦F座802室 | 82275811 |
| 北京同安保险经纪有限公司 | 西城区金融街27号投资广场B座2006室 | 66214406 |
| 北京世纪保险经纪有限公司 | 西城区复兴门内大街156号A-1001室 | 88086846 |
| 北京中鼎保险经纪有限公司 | 宣武区大安澜营胡同31号4号楼218室 | 63163589 |
| 康桥保险经纪有限公司 | 朝阳区华威里3号楼2E | 87731845 |
| 北京康信保险经纪有限公司 | 朝阳区八里庄西里远洋天地61号楼2501室 | 85861166 |
| 北京晨曦保险经纪有限公司 | 朝阳区太阳宫金星园18号2202 | 84414473 |
| 北京环球保险经纪有限公司 | 西城区西直门内南小街国英1号516、518室 | 58561188 |
| 五洲（北京）保险经纪有限公司 | 东城区东长安街1号东方广场东2座1704-5A | 85188766-207 |
| 北京新世界保险经纪有限公司 | 崇文区崇文门外大街11号新成文化大厦B座915室 | 67092376 |
| 北京德圣保险经纪有限公司 | 朝阳区南磨房路37号华腾北搪商务大厦2301室 | 51908196 |
| 北京天道保险经纪有限责任公司 | 海淀区车道沟1号青东商务区C座10层 | 68700038 |
| 华信保险经纪有限公司 | 西城区宣武门内大街2号中国华电大厦B座11层 | 88027701 |
| 金安保险经纪有限公司 | 海淀区板井路69号世纪金源大饭店写字楼7层 | 88430676 |
| 竞盛保险经纪股份有限公司 | 丰台区角门18号未来假日花园综合楼1101室 | 87571701 |
| 北京汇丰保险经纪有限公司 | 东城区东长安街1号东方广场C2楼202室 | 51660028-201 |

| | | |
|---|---|---|
| 华旅（北京）保险经纪有限公司 | 海淀区西四环北路158号慧科大厦东区8A | 88592081 |
| 扬子江保险经纪有限公司 | 朝阳区霄云路甲26号海航大厦16层 | 64859277 |
| 北京信德保险经纪有限公司 | 海淀区西三环北路50号豪柏国际公寓A1座2402、2403房 | 68431661－807 |
| 北京长润保险经纪有限公司 | 朝阳区安立路56号九台2000家园1号楼802室 | 84803338－803 |
| 北京华融保险经纪有限公司 | 西城区阜外大街国宾大厦808室 | 68002927－1012 |
| 北京中体保险经纪有限公司 | 崇文区天坛东路50号国家体育总局训练局院内 | 67185366 |
| 方胜保险经纪有限公司 | 朝阳区西大望路15号4号楼7层701室 | 67771270 |
| 宏达通泰保险经纪（北京）有限公司 | 海淀区车公庄西路甲19号华通大厦8层828房间 | 51662261－15 |
| 北京华夏保险经纪有限公司 | 东城区安德里北街甲20号212室 | 62028188 |
| 北京东方华信保险经纪有限公司 | 西城区百万庄大街8号世通大厦A203室 | 68366080 |
| 北京安华保险经纪有限公司 | 门头沟区城子大街73号－3 | 58790697 |
| 天勤保险经纪（北京）有限公司 | 朝阳区东三环南路17号京瑞大厦B座公寓9层E、F单元 | 87665678 |
| 北京金永泰保险经纪有限公司 | 海淀区西八里庄北里56号院西钓鱼台庄园3号楼4门401室 | 88124962 |
| 希尔曼（北京）国际保险经纪有限公司 | 朝阳区京顺路四元桥1号 | 84729364 |
| 苏黎世保险经纪（北京）有限公司 | 朝阳区酒仙桥路10号2层202室 | 84398000 |
| 北京国中保险经纪有限公司 | 朝阳区建外大街16号东方瑞景1号楼1601室 | 65691170 |
| 北京华育保险经纪有限公司 | 西城区华远北街2号通港大厦817室 | 85763106 |
| 北京亚泰胜达保险经纪有限公司 | 丰台区成寿寺158号 | 88086928－77 |
| 北京永诚保险经纪有限公司 | 海淀区中关村南大街2号北京科技会展中心银座803、903室 | 62149999 |
| 北京中金保险经纪有限公司 | 海淀区蓝靛厂南路25号牛顿办公区北区1124号 | 88400422 |
| 华富（北京）保险经纪有限公司 | 西城区金融大街35号国际企业大厦B座1122号 | 88092087 |

| | | |
|---|---|---|
| 银河保险经纪（北京）有限责任公司 | 西城区金融大街35号国际企业大厦C座12层 | 66568300 |
| 北京富诚保险经纪有限公司 | 崇文区广渠门内南小街3号楼一单元1002室 | 67169106 |
| 北京润得保险经纪有限公司 | 朝阳区北苑路172号（公寓楼）11楼4层A室 | 84851002-602 |
| 北京东方保险经纪有限公司 | 宣武区南横西街甲一号京源大厦7层 | 13911416382 |
| 北京盛邦保险经纪有限公司 | 海淀区清河小营安宁庄东路18号16号楼 | 68160219-821 |
| 航联保险经纪有限公司 | 东城区东直门南大街5号中青旅大厦9层 | 58157000 |
| 中铁保险经纪有限责任公司 | 海淀区北小马厂6号华天大厦1217室 | 63377908 |
| 北京鑫恒保险经纪有限公司 | 西城区复兴门外大街A2号中化大厦6层610室 | 68563212-128 |
| 国联（北京）保险经纪有限公司 | 朝阳区北苑路170号凯旋城D座1203室 | 63203496 |
| 宜安（北京）保险经纪有限公司 | 东城区东直门大街48号东方银座A座8E | 84476603-606 |
| 中青（北京）保险经纪有限公司 | 丰台区科学城帝京路1号帝京花园1-21 | 64097575 |
| 北京润盛保险经纪有限公司 | 朝阳区霄云路18号京润水上花园别墅E51号 | 64681372 |
| 北京中旭保险经纪有限公司 | 朝阳区大屯路科学园南里枫林绿洲06-21B | 64844363 |
| 北京明亚保险经纪有限公司 | 朝阳区朝外大街22号泛利大厦12A层12A01室 | 85658565 |
| 北京天易保险经纪有限公司 | 海淀区阜外亮甲店1号恩济西园10号楼西3门3305 | 68177335 |
| 北京中天保险经纪有限公司 | 西城区闹市口大街1号院2号楼长安兴融中心6C | 59799818 |
| 远通（北京）保险经纪有限公司 | 海淀区学院南路38号智慧大厦2605B | 62276830 |
| 北京大润保险经纪有限责任公司 | 宣武区右安门内大街65号右安门商务大厦4层 | 63813881 |
| 北京金甲保险经纪有限公司 | 西城区西直门内南小街国英园1号楼707室 | 58561769 |

| | | |
|---|---|---|
| 领航国际保险经纪（北京）有限公司 | 西城区太平桥大街丰汇园11号楼丰汇时代大厦东翼607A | 58362067 |
| 北京中泰鑫海保险经纪有限公司 | 宣武区香炉营头条33号院2号楼305房间 | 83172500－810 |
| 金联安保险经纪（北京）有限公司 | 昌平区立汤路188号北方明珠大厦1号楼2310室 | 58608292 |
| 宏孚保险经纪（北京）有限公司 | 朝阳区拂林路9号D单元1003 | 64466560 |
| 北京新城保险经纪有限公司 | 朝阳区北土城西路7号国恒基业大厦D座804室 | 51663231 |
| 北京远安保险经纪有限公司 | 西城区黄寺大街甲23号院1号楼1601号 | 82231008 |
| 北京安康保险经纪有限公司 | 朝阳区西坝河西里28号英特公寓B座2层 | 64476149 |
| 中盛国际保险经纪有限责任公司 | 东城区安定门东大街28号雍和大厦A座11层 | 51239700 |
| 北京天时国际保险经纪有限公司 | 海淀区西三环北路72号世纪经贸大厦A座1707室 | 51799526 |
| 北京盛安国际保险经纪有限公司 | 海淀区中关村东路18号财智国际大厦A座1105室 | 82601338 |
| 北京金诚国际保险经纪有限公司 | 海淀区紫竹院路69号中国兵器大厦18层1805、1806、1807室 | 58830800－635 |
| 北京木易保险经纪有限责任公司 | 海淀区厂洼街5号博越写字楼5层 | 68920720－105 |
| 北京中汇国际保险经纪有限公司 | 东三环中路39号建外SOHO 15号楼808室 | 58691896 |
| 金丰（北京）保险经纪有限公司 | 西城区佟麟阁路95号尚信大厦401室 | 66410748 |
| 北京美邦保险经纪有限公司 | 东城区新中街18号4号楼2205室 | 84473181 |
| 北京嘉信保险经纪有限公司 | 东城区东四北大街107号天海商务大厦A座211室 | 84012449 |
| 北京富达保险经纪有限公司 | 朝阳区吉庆里9号10号楼蓝筹名座B座1单元502室 | 65539301 |
| 九州联合（北京）保险经纪有限公司 | 海淀区车道沟1号鑫正大厦办公楼9层西侧1－7号 | 68473708 |
| 北京光华保险经纪有限公司 | 劲松三区甲302号503室 | 87216060 |
| 标准（北京）保险经纪有限公司 | 朝阳区朝外大街乙12号1号昆泰国际大厦29层 | 58289999 |

| | | |
|---|---|---|
| 北京恒丰保险经纪有限公司 | 西城区砖塔胡同56号11号楼1221室 | 88893401 |
| 华安（北京）国际保险经纪有限公司 | 西城区富国街2号富国饭店写字楼1601室 | 66123935 |
| 北京百川保险经纪有限公司 | 东城区安定门西大街24－25号 | 64052860 |
| 正丰国际保险经纪（北京）有限公司 | 西城区闹市口大街1号院长安兴融中心3号楼1204室 | 58529167 |
| 北京物融保险经纪有限公司 | 西城区阜成门外大街甲9号国宾酒店9层 | 68005737－806 |
| 北京秦华保险经纪有限公司 | 宣武区广莲路甲5号建设大厦902室 | 63985525－2009 |
| 海盟国际保险经纪（北京）有限公司 | 朝阳区西坝河西里23号红都阳光商务会馆398室 | 64200617 |
| 海峡联合保险经纪（北京）有限责任公司 | 海淀区蓝靛厂东路2号院2号楼2单元B座5E | 88878991 |
| 全景保险经纪（北京）有限责任公司 | 朝阳区芳园西路5号丽园中心510室 | 64373510 |
| 北京乾泰保险经纪有限公司 | 海淀区大柳树路17号富海大厦2号1207室 | 68985750－607 |
| 北京和政保险经纪有限公司 | 昌平区东小口镇立汤路188号北方明珠1号楼4层402室 | 58607700 |
| 北京瑞信保险经纪有限公司 | 朝阳区北四环东路108号（千鹤家园）3号楼504室 | 84832950 |
| 五矿保险经纪（北京）有限责任公司 | 海淀区三里河路5号五矿大厦B座410室 | 68494428 |
| 财富亿家（北京）保险经纪有限公司 | 朝阳区建国路93号万达广场9号楼大厦第4层 | 58208558－210 |
| 北京华汇保险经纪有限公司 | 朝阳区劲松南路1号602室 | 67355397 |
| 中盛融安国际保险经纪（北京）有限公司 | 海淀区大柳树路福海中心3号楼（富海国际港）1501 | 62152906 |
| 国电保险经纪（北京）有限公司 | 西城区阜成门北大街6－8号国际投资大厦B栋316房间 | 58682591 |
| 北京信成和盛保险经纪有限责任公司 | 宣武区宣外大街88号长城大厦602室 | 63183593 |
| 北京宏源保险经纪有限公司 | 朝阳区延静里中街3号2号楼209室 | 58235111－203 |
| 海亚（北京）国际保险经纪有限公司 | 朝阳区安慧北里小区秀园15号楼海亚大厦4层 | 64912569 |

| | | |
|---|---|---|
| 北京众合保险经纪有限公司 | 西城区金融大街15号鑫茂大厦北楼608室 | 66553355 |
| 新保（北京）保险经纪有限公司 | 朝阳区和平街东土城路12号院3号楼1803室 | 51651222 |
| 文津国际保险经纪（北京）有限公司 | 西城区黄寺大街26号院德胜置业大厦4号楼1209室 | 82809166 |
| 中泰国际保险经纪（北京）有限公司 | 海淀区海淀大街8号中钢大厦7层716、717室 | 62688519 |
| 中电投保险经纪有限公司 | 西城区金融大街28号院3号楼 | 66298621 |
| 道可特保险经纪（北京）有限公司 | 朝阳区八里庄西里100号住邦2000一号楼西区1601室 | 85862886 |
| 英硕（北京）保险经纪有限公司 | 通州区新华北街75号 | 52336051 |
| 长富保险经纪（北京）有限公司 | 西城区武定侯街6号卓著中心12层1221室 | 83169666 |
| 鼎力（北京）保险经纪有限公司 | 朝阳区新源里16号琨莎中心2座312室 | 84682678 |
| 国寿安全保险经纪股份有限公司 | 朝阳区朝外市场街20号第6层 | 85615108 |
| 北京中联恒信保险经纪有限公司 | 宣武区太平街6号6层E－711室 | 59361219 |
| 海盟联合保险经纪（北京）有限公司 | 西城区金融大街5号新盛大厦A座409 | 66553313－888 |
| 北京银河时空保险经纪有限责任公司 | 北四环西路9号银谷大厦812室 | 62800518－537 |
| 安行保险经纪（北京）有限公司 | 朝阳区大郊亭中街2号院2号楼2－12A | 65387011 |
| 北京中卫保险经纪有限公司 | 朝阳区安外外馆斜街甲1号泰利明苑A座212 | 85285599 |
| 北京众望保险经纪有限公司 | 丰台区南三环中路70号南曦大厦D座2108室 | 87874277 |
| 北京盛唐保险经纪有限公司 | 朝阳区光华路15号院4号楼802号 | 85885644 |
| 邦富（北京）保险经纪有限公司 | 宣武区菜市口南大街平原里20号中保302、305、307室 | 65265373 |
| 北京安平中鼎保险经纪有限公司 | 丰台区科技园富丰路4号工商联科技大厦B座2004室 | 63754057 |
| 北京中瑞惠银国际保险经纪股份有限公司 | 东三环南路甲52号顺迈金钻大厦15层18C | 87729758 |

| | | |
|---|---|---|
| 北京赛福哈博保险经纪有限公司 | 海淀区北小马厂6号华天大厦514－516室 | 68017646 |
| 金兰（北京）国际保险经纪有限公司 | 朝阳区亚运村北小营欧陆经典北区G座4单元201 | 59273681 |
| 北京全泰保险经纪有限公司 | 丰台区四台庄416号A506室 | 63659156 |
| 北京邦恒保险经纪有限公司 | 丰台区南四环西路188号15区15号楼6层－01 | 51298395 |
| 北京麦特保险经纪有限公司 | 朝阳区曙光西里甲1号第三置业大厦B座2102室 | 58220295 |
| 诚合保险经纪（北京）有限责任公司 | 海淀区复兴路40号中国铁建大厦9层东侧 | 52689659 |
| 北京国采保险经纪有限公司 | 朝阳区金桐西路10号远洋光华中心A座6层A01－A06 | 84477399 |
| 赛诺保险经纪（北京）有限公司 | 昌平区振兴路9号力兴大厦310、319室 | 80119057 |
| 北京阳光三泰保险经纪有限公司 | 海淀区复兴路乙24号豪轩商务会馆209室 | 68220686 |
| 北京鼎盛保险经纪有限责任公司 | 朝阳区东三环北路16号 | 65064796 |
| 正隆（北京）保险经纪股份有限公司 | 西城区金融大街15号鑫茂大厦办公楼601B、405室 | 66290533 |
| 北京金海川保险经纪有限公司 | 顺义区仁和镇沙陀村北侧门牌20号 | 69472620 |
| 北京中融信通保险经纪有限公司 | 海淀区中关村南大街甲6号铸诚大厦B座1806室 | 51582188 |
| 北京广丰保险经纪有限公司 | 丰台区鹅凤营147号华胜写字楼202－206室 | 63659156 |
| 北京同泰保险经纪有限责任公司 | 朝阳区曙光西里甲1号B－2703号 | 58221917 |

## （7）保险公估公司

| 机构名称 | 地　址 | 电　话 |
|---|---|---|
| 北京大陆保险公估有限公司 | 西城区车公庄大街6号3号楼469室 | 68003256 |
| 北京合信保险公估有限公司 | 海淀区复兴路83号九州大厦612室 | 68133686 |
| 北京正和保险公估有限公司 | 北京经济技术开发区东区科创三街富士普拉斯卡有限公司208室 | 67892179 |

| | | |
|---|---|---|
| 北京格林保险公估有限公司 | 朝阳区光华路15号院泰达时代中心4号楼1104、1105房间 | 85885405 |
| 北京天诺嘉福保险公估有限公司 | 朝阳区东三环中路39号建外SOHO 16号楼2008室 | 58693424 |
| 北京华大保险公估有限公司 | 西城区莲花池东路5号白云时代大厦B座1503室 | 63260378 |
| 北京华信保险公估有限公司 | 西城区宣武门大街2号中国华电大厦B座11层 | 83568356 |
| 竞胜保险公估有限公司 | 宣武区庄胜广场写字楼西翼9层919-920号 | 63109926-833 |
| 北京首证保险公估有限公司 | 西城区德胜门内西顺城街46号东101A | 66126609 |
| 北京安诚保险公估有限公司 | 朝阳区芍药居北里305号楼204室 | 84931314 |
| 北京中达信保险公估有限公司 | 海淀区车公庄西路45号花园写字楼3层C02室 | 68428636-818 |
| 北京君恒保险公估有限公司 | 崇文区东花市北里东区1号楼3段7层 | 67164581 |
| 仁祥保险公估（北京）有限公司 | 海淀区车公庄西路甲19号华通大厦7层716室 | 68482580 |
| 北京天恒保险公估有限公司 | 海淀区北小马厂6号华天大厦2216室 | 58891216-606 |
| 北京仁济和保险公估有限公司 | 西城区富国街2号富国饭店1305室 | 66130459 |
| 北京永昌保险公估有限公司 | 丰台区东铁匠营顺一条8号A-208室 | |
| 北京国信行保险公估有限公司 | 丰台区丰管路16号永同昌集团科技孵化广场9号楼4033室 | 87565219 |
| 金联安保险公估（北京）有限公司 | 昌平区立汤路188号北方明珠大厦1号楼2310室 | 58608292 |
| 北京中咨保险公估有限公司 | 海淀区东北旺西路8号中关村软件园5号汉王大厦1E精友时代A1A2 | 82825889 |
| 北京安恒信保险公估有限公司 | 宣武区广安门内大街338号港中旅维景国际大酒店706室 | 58384784 |
| 北京康信恒润保险公估有限公司 | 朝阳区八里庄西里远洋天地61号楼2502室 | 85861425 |
| 北京一清行保险公估有限公司 | 海淀区北土城西路147号201 | 62019818 |
| 北京华泰保险公估有限公司 | 西城区金融大街11号中国再保险大厦14层1407室 | 66576511 |
| 北京邦业保险公估有限公司 | 朝阳区来广营西路甲8号3层 | 59229416 |
| 北京通宝行保险公估有限公司 | 海淀区复兴路乙24号豪轩商务会馆110室 | 66700809 |
| 北京全天候保险公估有限公司 | 顺义区新顺东大街路南 | 81491251 |

| | | |
|---|---|---|
| 中瑞国际保险公估（北京）有限公司 | 朝阳区立汤路218号明天生活馆B座1522室 | 84673803 |
| 北京正汇保险公估有限公司 | 朝阳区东三环中路39号建外SOHO 15号楼802室 | 58691896 |
| 北京中铁保险公估有限责任公司 | 宣武区珠市口西大街120号太丰惠中大厦606－609室 | 83163508 |
| 北京北极星保险公估有限公司 | 平谷区平谷镇光明居民西小区甲268排13号 | 69963333 |
| 北京金兆保险公估有限公司 | 朝阳区石佛营西里12号院丰苑大厦B座319 | 51393967 |
| 北京金诚国际保险公估有限公司 | 海淀区紫竹院路69号中国兵器大厦18层1802室 | 58830800 |
| 北京鑫恒保险公估有限公司 | 西城区复兴门外大街A2号中化大厦610A | 68563212 |
| 北京古辕行保险公估有限公司 | 海淀区苏州街33号1305室 | 62538000－58088 |

## （8）外国保险公司北京代表处

| 机构名称 | 地　　址 | 电　话 |
|---|---|---|
| 安保集团北京代表处 | 东城区建国门内大街7号光华长安大厦2座1726室 | 65102125 |
| 澳大利亚康联保险集团北京代表处 | 朝阳区建国门外大街1号国贸大厦1座2908室 | 65055350 |
| 澳大利亚万城保险有限公司北京代表处 | 朝阳区国贸大厦1座2327－2328 | 65052255－307 |
| 百慕大博纳再保险有限责任公司北京代表处 | 东城区东方广场写字楼C1座1211室 | 85185780 |
| 加拿大永明人寿保险公司北京代表处 | 东城区建国门北大街8号华润大厦1207 | 85192510 |
| 加拿大人寿保险公司北京代表处 | 东城区建国门内大街8号中粮广场B123室 | 65264005 |
| 加拿大皇家银行人寿保险公司北京代表处 | 西城区金融大街7号英蓝国际金融中心9层927室 | 58399388 |
| 枫信金融控股责任有限公司北京代表处 | 东城区东长安街1号东方广场东2座19层1901室 | 85200552 |
| 法国安盛公司北京代表处 | 西城区金融大街7号英蓝国际金融中心F907室 | 66555983 |

| | | |
|---|---|---|
| 法国安盟保险公司北京代表处 | 东城区建国门内大街7号光华长安大厦2座1022 | 65102170 |
| 法国国家人寿保险公司北京代表处 | 朝阳区建外大街永安里8号华彬大厦2101室 | 85288185 |
| 法国再保险公司北京代表处 | 建国门外大街1号国贸大厦1座1217室 | 65055238-15 |
| 法国科法斯信用保险公司北京代表处 | 建国门内大街1号国贸中心写字楼1座2925室 | 65057092 |
| 法国巴黎财产保险有限公司北京代表处 | 东三环中路9号富尔大厦3003室 | 85910182 |
| 法国兴业保险股份有限公司北京代表处 | 西城区武定侯街2号泰康国际大厦1601A | 58513984 |
| 法国安盟寿险公司北京代表处 | 建国门内大街8号中粮广场B座1016 | 65261055 |
| 法国再保险全球人寿公司北京代表处 | 建国门外大街1号国贸大厦1座1220室 | 65055238-19 |
| 德国安联保险集团北京代表处 | 朝阳区亮马桥路50号燕莎中心办公楼C211室 | 64638052 |
| 德国科隆再保险公司北京代表处 | 东城区建国门内大街7号光华长安大厦1座808室 | 65171255-15 |
| 德国安顾保险集团股份公司北京代表处 | 朝阳区亮马桥路50号燕莎写字楼C810/C11A | 64627675-1032 |
| 德国欧洲旅行保险公司北京代表处 | 朝阳区建外大街2号银泰中心C座1549室 | 65637808 |
| 新世界保险服务有限公司北京代表处 | 崇文门外大街11号新城文化大厦B座913A室 | 67080503 |
| 其士保险有限公司北京代表处 | 西城区南礼士路丙3号楼海通大厦705室 | 68000970 |
| 中银集团人寿保险有限公司北京代表处 | 西城区复兴门内大街1号中银大厦8号楼 | 66533316 |
| 汇丰人寿保险（国际）有限公司北京代表处 | 东城区建国门内大街8号中粮广场A座508室 | 85118593 |
| 汇丰保险（亚洲）有限公司北京代表处 | 东城区建国门内大街8号中粮广场A座509室 | 85118592 |
| 中国太平保险集团（香港）有限公司北京代表处 | 西城区广成街4号院2-3-905 | 63600604 |
| 香港领航海上保险顾问有限公司北京代表处 | 朝阳区光华路1号嘉里中心北楼11层28室 | 65997942 |

| | | |
|---|---|---|
| 荷兰保险有限公司北京代表处 | 朝阳区东三环北路8号亮马大厦1座1508室 | 65907568－201 |
| 全球人寿保险国际公司北京代表处 | 朝阳区东三环北路38号安联大厦2606单元 | 85151248 |
| 金光集团保险私人有限公司北京代表处 | 西城区阜外大街2号万通新世纪广场B座1710室 | 68573147 |
| 忠利保险有限公司北京代表处 | 朝阳区建外大街乙12号双子座大厦西塔9层06室 | 59601817 |
| 日本财产保险公司驻中国总代表处 | 朝阳区东三环北路5号北京发展大厦1009室 | 65908970－105 |
| 第一生命保险公司北京代表处 | 朝阳区建国门外大街26号长富宫中心办公楼3005 | 65139031 |
| 日本东京海上日动火灾保险株式会社驻中国总代表处 | 朝阳区建国门外大街甲6号爱思开大厦1105室 | 65630180 |
| 日本明治安田生命保险公司北京代表处 | 朝阳区建外大街26号长富宫办公楼6003室 | 65139815 |
| 爱和谊保险公司驻中国总代表处 | 朝阳区建外大街1号国贸大厦1座4层410室 | 65058960 |
| 日本生命保险公司北京代表处 | 朝阳区建国门外大街26号长富宫办公楼4007室 | 65139240 |
| 三井住友海上火灾保险公司驻中国总代表处 | 朝阳区东三环北路五号北京发展大厦1608室 | 5908500 |
| 日本住友生命保险公司北京代表处 | 东城区建国门北大街8号华润大厦1205室 | 85192501 |
| 日本兴亚损害保险公司驻中国总代表处 | 朝阳区东三环北路5号发展大厦1001A | 65909500 |
| 日本索尼人寿保险股份有限公司北京代表处 | 朝阳区东三环北路霞光里18号佳程广场A座23层F1单元 | 84586772 |
| 韩国乐爱金财产保险有限公司北京代表处 | 朝阳区建国门外大街乙12号双子座大厦西塔EF层03号 | 65632390 |
| 三星火灾海上保险公司北京代表处 | 朝阳区建国路118号招商局大厦25层 | 65668100－6213 |
| 三星生命保险公司北京代表处 | 朝阳区建国路118号招商局大厦2801A室 | 65668100－6101 |
| 韩国输出保险公社北京代表处 | 朝阳区东三环北路2号南银大厦915室 | 64106439 |
| 现代海上火灾保险有限公司北京代表处 | 朝阳区霄云路38号现代汽车大厦518室 | 83600610 |

| | | |
|---|---|---|
| 大韩再保险公司北京代表处 | 朝阳区东三环北路8号亮马河大厦1607 | 65906276 |
| 韩国大韩生命保险有限公司北京代表处 | 建国门外大街甲6号SK大厦1805室 | 65059764 |
| 教保生命保险株式会社北京代表处 | 朝阳区东三环北路2号北京南银大厦3210室 | 65058658 |
| 韩国东部火灾海上保险公司北京代表处 | 朝阳区霄云路36号国航大厦1011室 | 84475427 |
| 韩国首尔保证保险株式会社北京代表处 | 朝阳区东三环北路8号亮马河大厦1座1208 | 65900288 |
| 韩国兴国生命保险株式会社北京代表处 | 朝阳区霄云路36号1号楼611室 | 84475411 |
| 俄罗斯赢国斯达保险有限公司北京代表处 | 朝阳区亮马桥路42号光明饭店0405室 | 64685852 |
| 职总英康保险合作社北京代表处 | 西城区金融大街27号投资广场B座1008室 | 66211880 |
| 新加坡大东方人寿保险有限公司北京代表处 | 西城区月坛北街26号恒华国际商务中心写字楼710A | 58565501 |
| 西班牙曼福保险集团北京代表处 | 朝阳区麦子店街37号北京盛福大厦1750 | 85275198-202 |
| 南非和德保险有限公司北京代表处 | 朝阳区东三环北路丙2号天元港中心B座1708A | 84464164 |
| 瑞士苏黎世保险公司北京代表处 | 朝阳区东三环北路霞光里18号佳程广场A座21层 | 84398125 |
| 富邦产物保险股份有限公司北京代表处 | 朝阳区光华路甲8号和乔大厦C座502室 | 65814163 |
| (台湾) 国泰人寿保险股份有限公司北京代表处 | 西城区西长安街88号首都时代广场1008室 | 83913425 |
| 新光人寿保险股份有限公司北京代表处 | 东城区建国门内大街7号1822室 | 65102115 |
| 旺旺友联产物保险股份有限公司北京代表处 | 海淀区西三环北路72号世纪经贸大厦A座1707室 | 51798919 |
| 富邦人寿保险股份有限公司北京代表处 | 朝阳区光华路8号和乔厦B座502A | 65815667 |
| 台湾人寿保险股份有限公司北京代表处 | 东城区建国门北大街8号华润大厦T03室 | 85191568-200 |
| 中国人寿保险股份有限公司(台湾) 北京代表处 | 朝阳区光华路甲8号和乔大厦C座908室 | 65832585 |

| | | |
|---|---|---|
| 突尼斯伊盛再保险公司北京代表处 | 朝阳区麦子店街 37 号北京盛福大厦 1860A 室 | 85275788 |
| 美国大都会人寿保险公司北京代表处 | 东城区长安街 1 号东方广场东方经贸城东二办公楼 12 层 1211A | 85189790 |
| 美国大陆保险公司北京代表处 | 朝阳区亮马桥路 50 号燕莎中心 C609B | 64637972 |
| 美国国际集团北京代表处 | 朝阳区建国路乙 118 号京汇大厦 2 层 302 单元 | 65681909 |
| 美国联邦保险股份有限公司北京代表处 | 朝阳区建国门外大街一号国贸 2 座 1002 室 | 65057766 |
| 美国纽约人寿国际公司北京代表处 | 东城区建内大街 7 号光华长安大厦 2 座 821 室 | 65171016 |
| 美国信安人寿保险公司北京代表处 | 朝阳区亮马桥路 50 号燕莎中心写字楼 C614B 室 | 64629266 |
| 美国信诺保险公司北京代表处 | 朝阳区建国路甲 92 号世茂大厦 B－813 | 85809055－819 |
| 美国怡安保险（集团）公司北京代表处 | 朝阳区建外大街甲 6 号 SV 大厦 1205 室 | 65630671 |
| 美国保德信保险公司北京代表处 | 朝阳区建国路 118 号招商局大厦 29 层 290B | 65669800 |
| 美国北美洲保险公司北京代表处 | 西城区金融街 35 号国际企业大厦 A1713 | 59371859 |
| 第一美国产权保险公司北京代表处 | 朝阳区建国路 79 号华贸中心写字楼 2 座 807 | 59085000 |
| RGA 美国再保险公司北京代表处 | 东城区东长安街 1 号东方广场东方经贸城西一办公楼 11 层 3 室 | 85182528－166 |
| 美国展维住房抵押贷款保险公司北京代表处 | 朝阳区光华路 1 号嘉里中心北座 11 层 | 65999159 |
| 美国佳达再保险经纪有限公司北京代表处 | 东长安街 1 号广场东方经贸城东三办公楼 1109 室 | 65334111 |
| 美国联合保险公司北京代表处 | 朝阳区东三环北路 3 号幸福大厦 B 座 1712 室 | 64603170 |
| 美国柏柯莱保险集团公司北京代表处 | 东城区东长安街 1 号东方广场东三座 1905 室 | 85189168 |
| 美国史带公司北京代表处 | 朝阳区建国路 77 号华贸中心 3 号写字楼 2905D 室 | 59047904 |
| 美国法特瑞互助保险公司北京代表处 | 朝阳区建国路 77 号华贸中心三座 24 层 | 85880198 |

| | | |
|---|---|---|
| 美国国际金融保险公司北京代表处 | 朝阳区安立路80号马可波罗大厦606A | 59636798 |
| 美国联合健康保险公司北京代表处 | 朝阳区霄云路38号现代汽车大厦1701－1725室 | 64108568 |
| 苏立文·克迪斯保险经纪人公司北京代表处 | 海淀区知春路76号翠宫饭店1101室 | 82621280 |
| 美国安森保险有限公司北京代表处 | 朝阳区建国门外大街乙12号双子座大厦东塔10层13号 | 51235060 |
| 英国保诚保险有限公司北京代表处 | 东城区长安街1号东方广场W1座610室 | 85183098 |
| 英国皇家太阳联合保险集团北京代表处 | 西城区平安里西大街28号光大国际中心1203室 | 66529677－5603 |
| 汇丰保险顾问集团有限公司北京代表处 | 东城区建国门内大街8号中粮广场A座403室 | 65260906 |
| 劳合社北京代表处 | 朝阳区建国门外大街1号国贸大厦1座1229室 | 65058391 |
| 英国麦理伦国际集团有限公司北京代表处 | 朝阳区朝阳门外大街1号京广新世纪酒店54层405室 | 65974571 |
| 英国耆卫公共有限公司北京代表处 | 朝阳区建国路81号华贸中心1座写字楼10层1006室 | 59695626 |
| 英国保柏金融公众有限公司北京代表处 | 东城区建国门北大街8号华润大厦504A室 | 85191656 |
| 英国诺德保险经纪有限公司北京代表处 | 西城区南礼士路66号建威大厦715室 | 68052035 |
| 英国亚瑟J. 盖勒格英国有限公司北京代表处 | 朝阳区建外19号国际大厦A座23B | 65125954 |
| 开曼群岛信利金融公司北京代表处 | 西城区武定侯街6号卓著中心12层1206 | 88003706 |

## 5. 其他

### （1）小额贷款公司

| 机构名称 | 地址 | 电话 |
|---|---|---|
| 北京兴宏小额贷款公司 | 大兴区黄村镇兴华大街210号枣园东里小区40号楼底商 | 69229131 |

| | | |
|---|---|---|
| 北京市中关村小额贷款股份有限公司 | 海淀区海淀北二街10号泰鹏大厦9层 | 82483630 |
| 北京恒源小额贷款有限公司 | 朝阳区望京北路9号叶青大厦A座7层 | 64391236 |
| 北京金典小额贷款股份有限公司 | 昌平区龙水路22号院28－6号底商 | 69714409 |
| 北京市兴融小额贷款股份有限公司 | 大兴区大兴经济开发区金苑路2号奥宇大厦1楼 | 69248008 |
| 北京石金小额贷款股份有限公司 | 石景山区杨庄东街59号 | 52656198 |
| 北京大方小额贷款有限公司 | 房山区良乡长虹西路翠柳东街1号 | 69382163 |
| 北京农投首诚小额贷款股份有限公司 | 通州区梨园路120号 | 80818188 |
| 北京市利源小额贷款股份有限公司 | 怀柔区富乐大街乐红园小区1号楼 | 89688893 |
| 北京农投东方小额贷款有限公司 | 东城区交道口南大街140号博泰酒店1112、1116、1118房间 | 84028311 |
| 北京农投谷成小额贷款股份有限公司 | 平谷区新平北路30号院9楼2单元7号 | 69973045 |
| 北京丰花小额贷款有限公司 | 丰台区花乡黄土岗甲一号 | 83677826 |
| 北京兴瑞小额贷款有限公司 | 大兴区黄村镇兴丰大街三段118号 | 69290999 |
| 北京中金福小额贷款有限责任公司 | 房山区良乡长虹西路73号 | 89360870 |
| 北京龙盛源小额贷款有限公司 | 房山区良乡长虹东路2号 | 69378911 |
| 北京农投丰融小额贷款股份有限公司 | 丰台区西四环南路101号2035室 | 63719141 |
| 北京农投诚兴小额贷款股份有限公司 | 海淀区北四环西路58号理想国际大厦503室 | 82607838 |
| 北京光谷小额贷款有限公司 | 通州区中关村科技园通州园光机电一体化产业基地环科东路2号光联工业园2期2号3层 | |
| 北京鑫福海小额贷款有限公司 | 丰台区南苑路15号大红门服装城写字楼 | 87299651 |
| 北京鑫泰小额贷款股份有限公司 | 海淀区西四环北路9号鑫泰大厦3层 | 88488367 |
| 北京京融小额贷款股份有限公司 | 崇文区光明路11号8层807房间 | 51902257 |

## (2) 信用评级机构

| 机构名称 | 地址 | 电话 |
|---|---|---|
| 大公国际资信评估有限公司 | 朝阳区霄云路26号鹏润大厦A座29层 | 51087768 |
| 中国诚信信用管理有限公司 | 西城区金融大街26号金阳大厦4层 | 57602288 |
| 中诚信国际信用评级有限责任公司 | 西城区复兴门内大街156号北京招商国际金融中心D座12层 | 66428877 |
| 联合资信评估有限公司 | 朝阳区建国门外大街2号PICC大厦17层 | 85679696 |
| 联合信用管理有限公司北京分公司 | 朝阳区安慧里四区15号楼五矿大厦1801室 | 64912118 |
| 东方金诚国际信用评估有限公司 | 海淀区西直门北大街54号伊泰大厦5层 | 62299800 |
| 长城资信评估有限公司 | 海淀区板井路69号世纪金源国际公寓6－16C | 88433431 |
| 北京资信评估有限公司 | 西城区西直门外德宝新园11号楼精美商务楼3层 | 88366252 |
| 北京银建资信评估事务所 | 宣武区广安门南滨河路7号 | 63401197 |
| 北京国融工发投资咨询有限公司 | 朝阳区工体北路6号凯富大厦801室 | 85235016 |
| 北京君维诚信用评估有限公司 | 海淀区苏州街49号盈智大厦301室 | 82622979 |

## (3) 协会、学会、商会

| 机构名称 | 地址 | 电话 |
|---|---|---|
| 北京市银行业协会 | 海淀区车公庄西路乙19号华通大厦B座北塔826室 | 88018095 |
| 北京证券业协会 | 西城区金融大街35号国企大厦C座10层 | 66568614 |
| 北京保险行业协会 | 朝阳区东大桥路8号尚都国际中心1916室 | 58703366 |
| 北京保险中介行业协会 | 西城区成铭大厦B2座18H | 66008027 |
| 北京典当行业协会 | 崇文区永内大街东里13号崇文商务大厦后院 | 84544366 |
| 北京市金融业文化建设协会 | 西城区月坛南街79号 | 68559070 |
| 北京市金融学会 | 西城区月坛南街79号 | 68559176 |
| 北京市城市金融学会 | 西城区复兴门南大街2号天银大厦B座1610室 | 66410543 |

| | | |
|---|---|---|
| 北京市投资学会 | 宣武门西大街28号楼4门1913室建行北京市分行 | 63603696 |
| 北京市钱币学会 | 北京市西城区月坛南街79号 | 68559317 |
| 北京市总工会金融工作委员会 | 东城区台基厂三条3号6号楼110房间 | 65592609 |
| 北京金融街商会 | 西城区金融大街丙17号北京银行大厦11层 | 66573099 |
| 北京中关村海淀金融创新商会 | 海淀区中关村南大街3号海淀科技大厦307室 | 82504182 |
| 北京期货商会 | 海淀区紫竹院路1号人济山庄A506室 | 88556593 |
| 北京CBD金融商会 | 朝阳区京广中心商务楼10层1009室 | 65978750 |

# （二）机构简介

## 北京怀柔融兴村镇银行有限责任公司

北京怀柔融兴村镇银行有限责任公司（以下简称怀柔融兴村镇银行）于2009年12月29日正式成立。

怀柔融兴村镇银行是以发起方式设立的股份有限公司，由哈尔滨银行股份有限公司、北京运通博世汽车销售服务有限公司共同发起设立，注册资本10 000万元，法人代表张士益。

经营范围：吸收公众存款，发放短期、中期和长期贷款，办理国内结算，办理票据承兑与贴现，从事同业拆借，从事银行卡业务，代理发行、代理兑付、承销政府债券，代理收付款项及代理保险业务，经中国银行业监督管理委员会（以下简称银监会）批准的其他业务。

怀柔融兴村镇银行设有机构1家，在册人数22人，行长张永立。

地址：北京市怀柔区南华大街南华园二区41号楼

邮编：101413

电话：010－61620100

传真：010－61620102

## 南京银行股份有限公司北京分行

南京银行股份有限公司北京分行（以下简称南京银行北京分行）于2009年3月23日经中国银行业监督管理委员会北京监管局（以下简称北京银监局）批准正式成立。

经营范围：办理存款、贷款、国内外结算业务，办理票据承兑与贴现，代理发行、代理兑付、销售政府债券，从事同业拆借，提供担保，代理收付款项及代理保险业务，提供保管箱业务，买卖、代理买卖外汇业务以及在银监会批准的业务范围内授权的业务。

南京银行北京分行设有5个管理部门、8个业务部门及1个营业部，在册员工76人，行长张进。

地址：北京市海淀区万泉庄路28号

万柳新贵大厦A座

邮编：100089

电话：010－58720551

传真：010－58720510

## 盛京银行股份有限公司北京分行

盛京银行股份有限公司北京分行（以下简称盛京银行北京分行）于2009年6月18日经北京银监局批准正式成立。

经营范围：办理人民币存款、贷款、结算业务，办理票据承兑与贴现，代理发行、代理兑付、销售政府债券，从事同业拆借，代理收付款项，办理外汇存款、外汇汇款、外汇贷款、结售汇、国际结算、外汇票据的承兑和贴现，办理资信调查、咨询和见证业务以及其总行在银监会批准的业务范围内授权的业务。

盛京银行北京分行设有7个管理部门和1个营业部，在册员工63人，行长吴刚。

地址：北京市朝阳区光华路4号东方梅地亚中心D座

邮编：100026

电话：010－85570017（日）/010－85570018（夜）

传真：010－85570017

## 上海银行股份有限公司北京分行

上海银行股份有限公司北京分行（以下简称上海银行北京分行）于2009年11月26日经北京银监局批准正式成立。

经营范围：办理人民币存款、贷款、结算业务，办理票据贴现，代理发行、代理兑付、销售政府债券，提供担保，代理收付款项，提供保管箱业务，办理外汇存款、外汇贷款、外汇汇款、国际结算、外汇票据的承兑和贴现、总行授权的外汇担保，办理资信调查、咨询和见证业务以及其总行在银监会批准的业务范围内授权的业务。

上海银行北京分行设有7个管理部门和1个营业部，在册员工60人，行长殷绪文。

地址：北京市西城区金融大街甲9号

邮编：100033

电话：010－66528701（日）/010－66528762（夜）

传真：010－66528710

## 摩根士丹利国际银行（中国）有限公司北京分行

摩根士丹利国际银行（中国）有限公司是摩根士丹利集团的子公司摩根士丹利国际银行有限公司的全资附属机构。摩根士丹利国际银行（中国）有限公司的前身是珠海南通银行，成立于1984年10月，是首家在中国注册及总部设在内地的外资法人银行，也是唯一一家总部设在珠海市的外资法人银行。2006年9月8日，经银监会批准，澳门南通信托投资有限公司将其所持有珠海南通银行的100%股权转让给摩根士丹利国际银行有限公司。2007年5月，经银监会批准，珠海南通银行中文名称变更为摩根士丹利国际银行（中国）有限公司，英文名称变更为Morgan Stanley Bank International (China) Limited。

摩根士丹利国际银行（中国）有限公司北京分行于2007年9月申请筹建，2009年6月10日获得成立的批复，并于同年 8 月 3 日开业，注册资本 1 亿元人民币。

经营范围：在下列范围内经营对各类客户的外汇业务以及对除中国境内公民以外客户的人民币业务。吸收公众存款，发放短期、中期和长期贷款，办理票据承兑与贴现，买卖政府债券、金融债券，买卖股票以外的其他外币有价证券，提供信用证服务及担保，办理国内外结算，买卖、代理买卖外汇，代理保险，从事同业拆借，从事银行卡业务，提供保管箱服务，提供资信调查和咨询服务，经银监会批准的其他业务。

摩根士丹利国际银行（中国）有限公司北京分行下设风险管理部、销售部、合规部、业务操作部、财会部。全行共有员工 19 人，行长史季。

地址：北京市西城区太平桥大街 18 号丰融国际大厦 11 层 6B，7、8、10 单元

邮编：100032

电话：010 －83563188

传真：010 －83563168

## 中国化工财务有限公司

中国化工财务有限公司经银监会批准，于 2009 年 6 月 29 日正式成立，是为中国化工集团公司及其成员单位提供财务管理服务的非银行金融机构。注册资本金 63 250 万元人民币，为独立核算、自主经营、自负盈亏的企业法人。现有员工 28 名。

中国化工财务有限公司有六家股东单位。其中，中国化工集团公司出资 26 250 万元人民币，比例为 41. 5020%；中国昊华化工（集团）总公司出资 10 000 万元人民币，比例为 15. 8103%；中国蓝星（集团）股份有限公司出资 10 000 万元人民币，比例为 15. 8103%；蓝星化工新材料股份有限公司出资 7 000 万元人民币，比例为 11. 0672%；中国化工农化总公司出资5 000万元人民币，比例为 7. 9051%；中国化工橡胶总公司出资 5 000 万元人民币，比例为 7. 9051%。

地址：北京海淀区北四环西路 62 号

邮编：100080

电话：010 －82677220

传真：010 －82677453

## 安信证券股份有限公司北京分公司

安信证券股份有限公司是经中国证券监督管理委员会（以下简称证监会）批准，由中国证券投资者保护基金有限责任公司联合深圳市投资控股有限公司设立的股份制企业，2006 年 8 月在深圳注册成立，注册资本 23. 8975 亿元人民币。经营范围包括：证券经纪，证券投资咨询，与证券交易、证券投资活动有关的财务顾问，证券承销与保荐，证券自营，证券资产管理及证监会批准的其他证券业务。

安信证券股份有限公司北京分公司成立于 2009 年 6 月。

经营范围：负责经营东北地区、华北地区的证券承销与保荐业务。

机构设置：投资银行部、研究中心和办公室，现有员工 128 人。

负责人：王连志

地址：北京市西城区金融大街 5 号新盛大厦 B 座 18、19 层

邮编：100033

电话：010 －66581637

传真：010 －66581611

## 长城证券有限责任公司北京分公司

长城证券有限责任公司于1995年11月经中国人民银行总行批准、在原深圳长城证券部和海南汇通国际信托投资公司所属证券机构合并基础上，设立的一家全国性专业证券公司。

长城证券有限责任公司北京分公司经证监会批准，国家工商行政管理局注册登记，于2009年6月19日成立；营运资本金5 000万元人民币。

经营范围：经营北京地区证券承销与保荐业务，管理北京地区证券营业部。

机构设置：综合管理部、经纪业务部、企业融资部、研究部，共有员工103人。

负责人：朱　军

地址：北京市西城区西直门外大街112号阳光大厦9－10层（德胜园区）

邮编：100044

电话：010－88366060

传真：010－88366650/010－88366686

## 德邦证券有限责任公司北京分公司

德邦证券有限责任公司是经证监会批准设立的具有股票主承销资格的全国性综合类证券公司，注册资本10.08亿元人民币，注册地为上海。

德邦证券有限责任公司北京分公司于2009年6月19日正式成立。

经营范围：经营北京、天津、河北、山西、黑龙江、吉林、辽宁、内蒙古、甘肃、青海、新疆、宁夏和西藏的证券承销与保荐业务。

负责人：黎友强

员工人数：3人

地址：北京市朝阳区阳北路237号楼27层3108室

邮编：100123

电话：010－59152053

传真：010－59152056

## 东吴证券有限责任公司北京分公司

东吴证券有限责任公司前身为组建于1992年的苏州证券，历经三次增资扩股，注册资本金为15亿元人民币，总部及注册地在苏州。

东吴证券有限责任公司北京分公司成立于2009年7月3日，注册资本金2 500万元人民币。

经营范围：管理江苏、浙江、上海以外地区的本公司证券营业部。

机构设置：总经理室、综合管理部、财务管理部、业务管理部、信息技术部，现有员工10人。

负责人：刘　辉

地址：北京市西城区金融大街19号富凯大厦B座1003室

邮编：100033

电话：010－66573700

传真：010－66573626

## 广发证券股份有限公司北京分公司

广发证券股份有限公司的前身是1991年9月8日成立的广东发展银行证券部，1993年末公司成立，1996年改制为广发证券有限责任公司，2001年整体变更为股份有限公司，注册地在广东省广州市，注册资本20亿元人民币。

广发证券股份有限公司北京分公司成

立于2009年8月，注册资本500万元人民币。

经营范围：负责管理北京、天津和山西地区的证券营业部。即北京建外大街营业部、朝阳门营业部、阜成门营业部、广安门营业部、东三环北路营业部、中关村东路营业部、天津湖北路营业部、天津环湖中路营业部以及太原新建北路营业部。

机构设置：营运管理部、客户服务部、市场营销部、对外联络部，拥有员工23名。

负责人：张少华

地址：北京市西城区月坛北街2号月坛大厦18层

邮编：100045

电话：95575／010－68082446

传真：010－68082438

## 国信证券股份有限公司北京分公司

国信证券股份有限公司总部位于深圳市，缘起于中国证券市场最早的三家营业部之一的深圳国投证券业务部。该营业部成立于1989年，90年代初期其股票交易量占整个市场的30%以上。1994年，正式成立深圳国投证券有限公司，注册资本1亿元；1996年深圳市政府为振兴深圳证券市场，在深圳国投证券的基础上战略性改组成立国信证券，历经1997年和1999年两次增资扩股，注册资本增至20亿元人民币。2008年国信证券改制为股份有限公司，注册资本增至70亿元人民币。

国信证券股份有限公司北京分公司成立于2009年8月，注册资本1 000万元人民币。

经营范围：管理国信证券在北京的证券营业部。即平安大街证券营业部、呼家楼证券营业部、亚运村证券营业部。

机构设置：综合管理部、信息技术部、合规管理部、交易行为管理部、人力资源部、渠道管理部、销售团队管理部、机构销售团队管理部、培训部、市场调研部、财富管理中心、客户服务管理中心。现有员工732人（2010年3月17日辅助系统上数据）。

总经理：万　玲

地址：北京市西城区平安里西大街28号光大国际中心1号楼5层

邮编：100034

电话：010－88000970

传真：010－88000971

## 海通证券股份有限公司北京分公司

海通证券股份有限公司的前身是上海海通证券公司，成立于1988年。1994年改制为有限责任公司，并发展成全国性的证券公司。2001年底，改制为股份有限公司。2002年，经证监会批准，注册资本金增至87.34亿元人民币。2007年6月7日，借壳都市股份上市。2007年6月28日，在香港设立海通（香港）金融控股有限公司。2008年1月，海通（香港）经纪有限公司获准开业。

海通证券股份有限公司北京分公司于2009年6月16日正式成立。

经营范围：管理北京、天津两地营业部及证券承销与保荐业务。营业部的5家分别是北京中关村营业部、光华路营业部、工体北路营业部，知春路营业部和平谷营业部，以及天津长江道营业部。

机构设置：管理部、业务部，现有员工35人。

负责人：李建生

地址：北京市海淀区中关村南大街甲56号6层

邮编：100044

电话：010－88027068

传真：010－88027689

## 华龙证券有限责任公司北京分公司

华龙证券有限责任公司是由甘肃省人民政府组织筹建，于2001年5月18日成立，注册资本155 339万元人民币，是甘肃省政府国资委控股的大型国有重点金融企业。

华龙证券有限责任公司北京分公司于2009年7月30日设立。

经营范围：证券承销与保荐。

机构设置：6个保荐业务事业部、并购部、债券部以及内核、研发、营销、财务人事综合管理、办公室等。现有投行业务人员60余名，80%以上具有硕士研究生以上学历。

负责人：全　泽

地址：北京市西城区金融大街33号通泰大厦B座603室

邮编：100140

电话：010－88086668

传真：010－88087880

## 宏源证券股份有限公司北京承销保荐分公司

宏源证券股份有限公司是中国第一家上市的证券公司，中国建银投资有限责任公司为控股股东，在全国各地拥有70余家证券营业网点，全资拥有宏源期货有限公司。2009年末，宏源证券股份有限公司净资产65亿元人民币，已经形成了以证券经纪、承销与保荐、证券自营、资产管理为基本架构的业务体系，同时建立了研究咨询、信息技术、资产存管、合规风控等强有力的业务支持与控制体系。

宏源证券股份有限公司北京承销保荐分公司于2009年6月1日经证监会批复同意并于11月30日完成筹建、开业验收工作。

经营范围：经营全国范围内的证券承销与保荐业务。

机构设置：质控部、资本市场部、股权融资部、债券业务部（含结构融资部）、并购部。现共有员工180余名。其中，保荐代表人30余人，准保荐人30人。具有注册会计师、律师资格人员50余人。共有博士7人、硕士85人。

负责人：赵玉华。

地址：西城区太平桥大街19号宏源证券5层

邮编：100033

电话：010－88085893

传真：010－88085256

## 宏源证券股份有限公司北京资产管理分公司

宏源证券股份有限公司北京资产管理分公司于2009年12月成立。

经营范围：资产管理业务。

机构设置：投资部、营销管理部、运行保障部和客户服务部。现有员工21名，其中，具有三年以上证券自营、资产管理或者证券投资基金管理从业经历的人员8人。

地址：北京市西城区太平桥大街19号6层

邮编：100033

电话：010－88085858

## 日信证券有限责任公司北京分公司

日信证券有限责任公司总部设在内蒙古呼和浩特市，成立于2002年4月，2004年9月完成增资扩股后更名为日信证券。经营业务主要包括：证券经纪，证券投资咨询，与证券交易、证券投资活动有关的财务顾问，证券承销与保荐，证券自营，证券投资基金代销等综合业务。

日信证券有限责任公司北京分公司成立于2009年6月。

经营范围：经营北京市、天津市、河北省和辽宁省的证券承销与保荐业务及管理北京市的证券营业部。

机构设置：投资银行部、经纪业务部、财务部、综合管理部、电脑部，员工人数26人。

负责人：洪　明

地址：北京市西城区闹市口大街1号长安兴融中心4号楼11层

邮编：100031

电话：010－88086830

传真：010－88086637

## 申银万国证券股份有限公司北京分公司

申银万国证券股份有限公司位于上海，由原上海申银证券公司和原上海万国证券公司于1996年7月16日合并设立。经营范围包括：证券经纪，证券投资咨询，与证券交易、证券投资活动有关的财务顾问，证券自营，证券承销与保荐，证券资产管理，证券投资基金代销，为期货公司提供中间介绍业务。

申银万国证券股份有限公司北京分公司于2009年7月17日成立，注册资本500万元人民币。

经营范围：管理北京、天津、山东、内蒙古、山西、河北、河南的证券营业部，经营上述区域的证券承销与保荐业务。

机构设置及人员：下设总经理室、业务开发部、业务管理部、财务管理部、合规综合部、对外联络部，现有员工16人。

负责人：刘　跃

地址：北京市朝阳区劲松九区909楼

邮编：100021

电话：010－87770337

传真：010－67717840

## 中国建银投资证券有限责任公司北京分公司

中国建银投资证券有限责任公司是在重组原南方证券股份有限公司的基础上，于2005年9月28日在深圳正式成立，为全国性的综合类券商，注册资本25亿元人民币，由中国建银投资有限责任公司全资控股。

中国建银投资证券有限责任公司北京分公司于2009年7月17日成立。

机构设置：投资银行部、金融衍生品部、营销管理部、客户服务部、信息技术部、财务部、综合部，现有员工144人。

经营范围：经营北京、辽宁、吉林、黑龙江、河北、陕西、新疆、青海、甘肃、宁夏、内蒙古的证券承销与保荐业务，管理北京的证券营业部。

负责人：徐　浩

地址：北京市西城区闹市口大街1号长安兴融中心2号楼7－8层

邮编：100031
电话：010－66276983
传真：010－66276989

## 中银国际证券有限责任公司北京分公司

中银国际证券有限责任公司于2002年2月28日在上海注册成立，注册资本15亿元人民币。经营范围为：证券（含境内上市外资股、短期融资券）发行上市的保荐与承销（含主承销），证券经纪，证券投资咨询，与证券交易、证券投资活动有关的财务顾问，债券自营交易，证券资产管理，证券投资基金代销，直接投资业务，为期货公司提供中间介绍业务及证监会批准的其他证券业务。

中银国际证券有限责任公司北京分公司于2009年8月6日正式成立。

经营范围：经营全国范围内的证券承销与保荐业务。

机构设置：管理业务、投资银行业务和综合业务，现有员工30人。

负责人：任　劲

地址：北京市西城区金融大街28号盈泰中心2号楼12层

邮编：100140

电话：010－66229279/010－66229287

传真：010－66578962

邮箱：boci_bj_branch@boci-group.com

## 信达财产保险股份有限公司

信达财产保险股份有限公司是经中国保险监督管理委员会（以下简称保监会）批准成立的一家全国性财产保险公司，于2009年8月18日获准开业，总部设在北京。

信达财产保险股份有限公司由中国信达资产管理公司作为主发起人，股东单位包括航天科技财务有限责任公司、国机财务有限责任公司、北京汽车工业控股有限责任公司、北京东方信达资产经营总公司、义马煤业集团股份有限公司等13家大中型国有企业及部分优秀民营企业。注册资本10亿元人民币。

经营范围：财产损失保险、责任保险、信用保险、保证保险、短期健康保险和意外伤害保险，及上述业务的再保险业务；以及国家法律、法规允许的保险资金运用业务和经保监会批准的其他业务。

机构设置：财产险管理部、车辆险管理部、综合险管理部、再保险管理部、客户服务部、市场开发部、法律合规部、投资管理部、审计部等。现有各类管理人员及技术人员100余人。

负责人：陈方清

地址：北京市东城区东中街29号东环广场B座3层

邮编：100027

电话：010－64185000

传真：010－64185300

网址：http：//www.cindapcic.com

## 紫金财产保险股份有限公司北京分公司

紫金财产保险股份有限公司于2009年4月28日成立，注册资本10亿元人民币，总部设在南京。

紫金财产保险股份有限公司股东包括江苏省国信资产管理集团有限公司、江苏舜天股份有限公司、江苏高科技投资集团有限公司、南京紫金控股投资有限责任公司，江苏汇鸿国际集团有限公司、南京河西新城区国资集团、江苏省农垦集团有限公司、江苏新华日报报业集团有限公司、江苏舜天国际集团有限公司、江苏国泰国际集团国贸股份有限公司、江苏苏豪国际集团股份有限公司、金陵饭店股份有限公司等。

紫金财产保险股份有限公司北京分公司于2009年12月7日成立。

经营范围：财产损失保险、责任保险、信用保险和保证保险、短期健康保险和意外伤害保险，经保险监管机关批准的其他业务。

机构设置：总经理室、人事行政部、财务部、业务管理部、客户服务部、营业一部、营业二部、重点客户部，现有正式员工29人。

负责人：常盛钧

地址：北京市海淀区复兴路65号电信实业大厦2层

邮编：100036

电话：010－68189331

传真：010－68189089

## 利宝保险有限公司北京分公司

利宝保险有限公司于2007年7月成立，是利宝互助保险集团的全资子公司。注册资本3.55亿元人民币，总部设在南京。

利宝保险有限公司北京分公司于2009年1月22日成立。

经营范围：车险、人身意外险、财产险、货运险、责任险等财产保险。

机构设置：总经理室、人力资源及行政部、财务部、合规部、信息技术部、市场部、理赔部、个险核保部、商险核保部、银保业务部、业务发展部、代理业务部、机构业务部、经纪业务部、货运险部。有正式员工67人。

负责人：张明建

地址：北京市朝阳区建国路77号华贸中心3座9层

邮编：100025

电话：010－59100788

传真：010－58100722/010－59100755

## 美亚财产保险有限公司北京分公司

美亚财产保险有限公司于2007年7月成立，是Chartis保险集团旗下在中国经营财产责任保险的独资子公司。注册资本6.01亿元人民币，资本规模为18.26亿元。总部设在上海。

美亚财产保险有限公司北京分公司于2009年3月成立。

业务范围：财产保险、责任保险、货运保险、工程保险，为企业和个人提供旅行保险、意外健康保险等。

机构设置：商业保险部、意外健康险部、理赔部、经纪业务部、代理业务部、直销部、运营管理部、合规部，共有员工46人。

负责人：于璐巍

地址：北京市朝阳区光华路7号汉威大厦9A15－16

邮编：100004

电话：010－59692888

传真：010－59692999

## 太阳联合保险（中国）有限公司北京分公司

太阳联合保险（中国）有限公司于

2008年3月成立，总部设在上海，是英国RSA保险集团在华全资子公司，注册资本5亿元人民币。

太阳联合保险（中国）有限公司北京分公司于2009年11月成立。

经营范围：在北京市行政辖区内经营财产保险、责任保险、海运险、建安工险、短期健康保险和意外保险等业务。

机构设置：总经理室、业务发展部、核保核赔部、财务部、合规部、IT部，共有员工17人。

负责人：王小兵

地址：北京市西城区平安里西大街28号光大国际中心1号楼12层05单元

邮编：100034

电话：010－66529677

传真：010－66256052

### 中邮人寿保险股份有限公司

中邮人寿保险股份有限公司是经保监会批准于2008年4月30日筹建，于2009年8月4日获批开业，8月18日在国家工商行政管理总局注册成立。

中邮人寿保险股份有限公司由中国邮政集团公司与河北、黑龙江、上海等20个省（区、市）邮政公司共同发起设立。

经营范围：人寿保险、健康保险、意外伤害保险等各类人身保险业务，上述业务的再保险业务；国家法律、法规允许的保险资金运用业务；经保监会批准的其他业务。

机构设置：办公室、市场部、业务管理部、精算部、资金运用部、客户服务部、计划财务部、人力资源部、合规与风险管理部、信息技术部、审计部、党群工作部，现有正式员工100人。

负责人：冯新生

地址：北京市西城区宣武门西大街127号大成大厦22层

邮编：100031

电话：010－66410066

传真：010－66413838

## （三）协会、商会、学会活动简介

### 北京市银行业协会

**组织机构与负责人**

会　长：孙德顺（交通银行北京市分行行长）

副会长：梅非奇（中国银行北京市分行副行长）

王敬东（国家开发银行北京市分行行长）

幸公杰（加拿大蒙特利尔银行有限公司北京分行行长）

专职副会长：李　阳

监事长：陈进忠（中国民生银行总行营业部总经理）

秘书长：于　光

**会员单位**

截至年末，正式会员单位81家，准会员单位67家。其中，内资商业银行25家，政策性银行2家，非银行金融机构5

家，资产管理公司3家，外资银行30家，外资非银行金融机构2家，14家准会员单位均为外资银行和外资非银行金融机构的北京代表处。

**联系方式**

地址：北京市海淀区车公庄西路乙19号华通大厦B座北塔8层

邮编：100048

电话：010－88018095

传真：010－88018015

电子邮箱：office@ bbanet. org

**重要活动**

3月23日，北京市银行业协会（以下简称协会）召开第四届监事会第二次会议。渣打银行北京分行、中信银行总行营业部、民生银行总行营业部三家监事单位的代表参加了会议。会议审议并原则通过了《北京市银行业协会2008年度财务收支决算及2009年度财务收支预算》、《第四届监事会监事长向第八次会员大会提交的监事报告》。

4月16日，北京市银行业运行情况座谈会在中国工商银行北京市分行金融会馆举行。参加会议的各行行长分别对2009年第一季度经营发展情况作了通报，对业务发展中的主要问题提出建议，并就如何进一步贯彻落实国家宏观调控政策，落实银监会监管要求，提出了各自的意见和建议；同时，就如何进一步发挥主要商业银行作用，把北京的银行打造成全国标杆机构提出了工作建议。

4月17日，协会法律工作委员会举办金融衍生品交易讲座，18家协会成员单位及北京银监局的相关人士参加了讲座。

4月21～25日，李阳副会长、池跃君副秘书长等人参加北京银监局组织的赴杭州、上海考察组，考察、学习信息宣传、舆情检测和信访工作，并与当地银行业协会相关人士座谈，交流工作经验。

5月起，协会与《参考消息》合作开展投资者理财知识普及系列活动。在《参考消息》——“北京参考”设立理财知识专栏，每周一次介绍投资者应知应懂的知识，包括理财产品的种类、投资方向、收益率情况以及投资者容易混淆的概念等。

5月8日，协会行业自律部组织部分会员召开个人住房贷款业务座谈会，商讨应对“中介返点”问题。

5月12日，协会综合部参照中国银行业协会第八次会员大会确定的新办法，开始修改协会章程及费用收取办法。

5月14日，协会法律工作委员会召开2009年第二次领导小组会议。各成员单位针对“法院冻结、扣划客户在银行开立的保证金账户问题”、“ATM被盗装读卡器等设备后，如何保护客户资金的问题”等进行了讨论并提出相关建议；会议确定了举办有关并购贷款业务的法律培训。

5月28～29日，池跃君副秘书长做客北京广播，向广大消费者普及正确使用银行卡消费知识。

6月4～5日，协会接待上海市银行业同业公会文明服务工作考察团，向上海同业介绍奥运期间的各项工作和安排。包括奥运前的各项准备工作、应急预案的制定、投诉体系的框架，奥运期间遇到的问题及解决办法和与政府部门的衔接方式等。组织上海同业参观了中国银行北京市分行营业部和中信银行北京京城大厦支行。

6月8～9日，协会承办“法律风险防范培训班”，来自全市22家会员单位主管法律合规工作的副行长、法律合规部门的总经理及北京银监局的工作人员等共120人参加了培训。

7月15日，协会与北京市高级人民法院民二庭共同举办了金融法律座谈会。会议就个人住房贷款业务及其他贷款业务保证金冻结、扣划问题，利用ATM等自助设备盗取客户信息后的责任认定问题、应收账款质押等业务进行了研讨。

10月15~26日，根据中国银行业协会关于开展银团贷款业务调研的要求，协会以调查问卷及调查表的方式收集了28家会员单位银团贷款业务开展情况。

10月20日，协会陪同中国银行业协会检查组对京属“中国银行业文明规范服务百佳示范单位评选活动”的备选单位进行检查。

10月23日，受北京市律师协会商业银行委员会委托，协会牵头组织33家会员单位对“从商业银行公职律师中吸收一批委员的项目”进行了意见征询。截至10月底，共收到会员单位反馈的意见建议数十条。针对各会员单位提出的问题，及时与北京律师协会商业银行委员会进行沟通、咨询，并给予各个会员单位回复。

10月27~29日，参加2009年中国银行业协会银团贷款业务中部地区座谈会。会上，李阳副会长就北京地区金融机构银团贷款的基本情况、主要工作措施、地区特点、主要问题及工作建议等作了重点介绍，并与各地区银行业协会的代表就推动地区银团贷款业务的发展、培育良性竞争和互利共赢的银团贷款市场等问题进行了交流与探讨。

10月，配合中国银行业协会完成2009年下半年北京地区中国银行业从业资格认证考试工作。19日，对北京地区新增考场的考务工作进行了检查。截至23日，完成考试辅导教材发售工作，共发售教材2 101本。31日，配合中国银行业协会对北京地区部分考场进行巡考。

11月12日，协会法律与合规工作委员会召开本年度第四次主任会议，出席会议的有民生、光大、建行、交行、东亚银行北京分行。各主任行就涉外担保的操作手续、固定资产贷款管理办法的范围、定义等六项议题进行交流探讨，提出了多种解决问题的思路。

11月13日，协会完成第五届北京国际金融博览会中小企业金融服务专项展的数据统计、汇总、总结等相关工作。据统计，参展的19家银行共接待中小企业1 563家。其中，意向授信企业228家，意向授信金额28 550万元，向1 222家高科技、文化创意、商贸（批发和零售）、供应链、制造业以及具有知识产权的各类中小企业提供了咨询服务。

11月16日，协会外资银行协调委员会召开换届选举会议。会议根据《北京市银行业协会外资银行协调委员会主任委员会选举办法》选举产生新一届委员会。加拿大蒙特利尔银行有限公司北京分行当选委员会主任行，渣打银行（中国）有限公司北京分行、德意志银行（中国）有限公司北京分行、汇丰银行（中国）有限公司北京分行当选副主任行。大会通过投票推选出另外3家副主任行，分别是法国巴黎银行（中国）有限公司北京分行、三菱东京日联银行（中国）有限公司北京分行、澳大利亚和新西兰银行集团有限公司北京分行。

11月17~19日，协会组织21家会员单位召开北京地区银团贷款座谈会。会议围绕银团贷款开展情况、数据公开性、人员培训、银团贷款专业委员会主任行换届、成立专家库等几个方面展开讨论，并达成共识。

11月19～21日，参加西南六省（区、市）银行业协会2009年度联席会议。

11月25日，协会培训部举办“加强票据业务风险防控，提升票据业务管理水平”培训，全市24家中资银行、18家外资银行票据业务部门的负责人、业务主管及北京银监局的工作人员等117人参加了培训。

11月27～29日，李阳副会长、吴毅宏副秘书长参加华南片区银行业协会联席会议，对协会在2009年的宣传工作作了《抓住时点与热点　加强正面宣传　提升北京银行业整体形象》的发言，同时针对协会为会员单位服务的现状、经验和教训，以及进一步完善服务、创新业务和制度、促进发展等方面与参会代表进行了交流和研讨。

12月3日，协会个人业务自律部组织召开了“创造价值　公益社会——2009年北京银行业文明规范服务交流座谈会”，25家会员单位主管服务工作的负责人、服务主管以及部分网点代表参加了会议。

12月3～4日，王钢副秘书长参加中国银行业协会举办的全国银行业维权工作会议，围绕协会“自律、维权、协调、服务”四项职能，就当前银行业维权工作的热点和难点进行了交流。

12月10日，吴毅宏副秘书长参加中国银行业协会在上海举办的中国银行业迎世博文明规范服务系列活动动员大会。

## 北京证券业协会

### 组织机构与负责人

理事长：朱　利

秘书长：陈　勇

常务副秘书长：李民雯

副秘书长：丛小路

### 会员单位

会员单位共计218家。其中，在京注册的证券公司、分公司16家，基金管理公司11家，证券营业部189家，投资咨询公司2家。

### 联系方式

地址：北京市西城区金融大街35号国际企业大厦C座10层

邮编：100033

电话：010－66568614

传真：010－66568583/010－66568841

网址：http：//www. sabbj. org

电子邮箱：bjzq@163. com

### 重要活动

1月，北京证券业协会（以下简称协会）受北京证监局委托，对辖区16家证券公司及189家证券营业部的《落实分公司监管规定工情况调查表》进行汇总。

2月9～20日，中央电视台新址工地发生火灾事故后，协会根据内保局金融处关于确保“两会”期间绝对安全的要求，及时通知在京各证券公司、基金管理公司对本单位内部区域特别是重点部位进行全面细致自查，排查隐患，及时发现各类不安全因素，保证安防、消防设施正常使用并灵敏有效，疏散通道安全无阻，并将自查结果及整改方案上报内保局金融处。

3月，为打击仿冒证券网站的违法行为，协会根据北京证监局机构处对辖区内证券公司的调查结果，将北京辖区证券经营机构相关信息公示在协会网站上。内容包括各证券经营机构的公司全称、注册地址、办公地址、公司网站网址、投诉联系电话、经证监会批准可以经营的业务等。

3月8日，协会举办营业部女总经理庆“三八”联谊会。会上40多位女总经理与北京证监局和协会的领导共聚一堂，畅叙感情、展望未来。

4月，协会向各会员单位下发了《关于落实中国证券业协会证券交易佣金管理工作要求的通知》，要求各会员单位在经纪业务工作中，要共同抵制恶性竞争行为，维护健康有序的市场环境。

4月21日，为加强对证券经纪人的管理，协会根据《证券经纪人管理暂行规定》，开始向通过《关于申请经纪人制度核查验收的相关要求》的会员单位颁发经纪人证书。同时，协会在全行业发放《北京辖区营业部的反洗钱调查问卷》，并将整理后的结果上报主管机关。

5月，为保证证券从业人员资格考试顺利进行，协会向所有会员单位下发了《关于维护证券从业资格考场秩序的紧急通知》，要求各会员单位积极维护考场内、外秩序，自觉维护行业形象，不得派人在考场内、外或堵门摆摊设点、散发小广告、招聘经纪人和营销人员，为广大考生创造一个良好的考试环境。

6月，创业板推出在即，协会督促各会员单位务必按照《创业板市场投资者适当性管理暂行规定》的要求，做好投资者开户的各项准备工作，维护好秩序，耐心解答投资者的问题，确保开户环节合规、顺畅。另外，为落实证监会和北京证监局关于加强投资者教育的工作精神，协会与《大众证券报》社合作出版了一期《投资者教育——创业板投资者入市指南》特刊，首印30万册，并在刊中开展了“投资创业板有奖知识竞赛”活动。

8月，协会受北京证监局委托，向180多家会员单位征询北京辖区证券网点布局意见，并将意见收集、汇总后，反馈给北京证监局机构处，为其指导辖区营业部选址提供参考。

9月，国庆60年到来之际，协会努力协助会员单位提高对维稳工作的认识，落实各项维稳措施，并配合北京证监局、首都文明办开展了首都证券期货业“迎国庆讲文明树新风”活动。

10月，受中国证券业协会委托，协会开始对北京地区证券从业人员进行2009年度后续执业培训，年检工作也随之展开。为了更好地服务于会员单位，使广大证券从业人员能够自主安排培训时间，协会采用网上培训形式，共有800多人参加了培训，通过了年检。

11月，协会公布了《北京地区证券营业部饱和地区名单》，并在网上公示了《证券营业部同城迁址办事指南》和《证券营业部异地迁址办事指南》，以规范营业部的迁址和新设行为，抑制网点的过度集中，为营业部有序迁址和选址提供了便利。

协会协助举办了第五届北京国际金融博览会。动员和组织了30家券商及基金管理公司参展，发放参观券20余万张。

12月，协会与大众证券报社共同主办“创业板知识竞赛”。知识竞赛共吸引了北京地区130多家证券营业部的186 000多名投资者参与，经过对有效答题卡的阅卷评分，最终，130多家营业部的100位投资者获得了此次活动的优秀竞赛奖。另外，经主办单位评议，民族证券北京丰台证券营业部、中信建投证券北京三里河路营业部等10家单位获得了本次活动的优秀组织奖。

2009年，协会共受理股民和社会各界来电、来人查询、咨询约234件。由北京证监局立案交协会调查、调解的纠纷和客户向协会投诉由协会非立案调解的纠纷共计近50例。查勘、验收撤销驻京证券机构非法经营网点和违规营销的5例。

2009年，协会协助中国证券业协会圆满完成了注册国际投资分析师考试、证券投资基金销售人员考试、证券经纪业务营销人员考试的考务工作。在证券从业资格考试的考务工作中，截至年末，北京地区共报考30多万科次。

2009年，协会网站继续完善业内监管和经营所需的信息发布与查询功能，增设了为社会各界和广大股民了解、查询首都证券市场发展与变化的栏目。协会网站已经成为业内、外监管政策与经营情况重要的公示工具，社会各界与股民查询的主要途径之一。2009年末，网站点击率已突破40万人次。

（王永刚）

## 北京保险行业协会

**组织机构与负责人**

会　长：王景琛（中国人民财产保险股份有限公司北京市分公司总经理）

副会长：李宝利（中国太平洋财产保险股份有限公司北京分公司总经理）

刘显龙（中华联合财产保险股份有限公司北京分公司总经理）

徐海峰（中国人寿保险股份有限公司北京市分公司总经理）

廖　刚（中国平安人寿保险股份有限公司北京分公司总经理）

提建设（新华人寿保险股份有限公司北京分公司总经理）

监事长：李艳华（泰康人寿保险股份有限公司北京分公司总经理）

秘书长：方 萍（女，专职）

**会员单位**

会员公司71家。其中，财产保险公司31家，人身保险公司40家。

**联系方式**

地址：北京市朝阳区东大桥路8号尚都国际中心1916室

邮编：100020

电话：010－58703366

传真：010－58701353

网址：http：//www. biabii. org. cn

**重要活动**

1月1日，北京地区保险机构代收代缴车船税系统正式启用。《北京保险行业机动车辆保险自律公约》和《北京保险行业机动车辆保险自律公约实施细则》在财产险公司正式实施。

1月20日，北京保险行业协会（以下简称协会）举办媒体发布会宣布：即日起，北京地区的车险客户可以登录北京车险理赔记录查询网站了解机动车辆险的历史理赔信息。

2月17日，协会召开新闻发布会，公布2008年北京保险业车险理赔质量测评结果。

2月27日，《北京银邮代理保险业务自律公约》签署，38家寿险公司参加签约仪式。

2月，协会获得北京市民政局、北京市人事局颁发的“北京市社团系统先进集体”称号。

3月19～20日，协会举办2009年第一期保险公益大讲堂，近220人参加活动。

3月24日，北京机动车理赔信息查询系统（专线用户）进入正式运行阶段。

4月1日，协会发布《北京保险营销员展业证管理暂行办法》，实施保险营销员挂牌展业制度。同时，协会制定的《北京保险行业寿险营销员警示信息管理规定》在寿险会员公司实施。

4月7日，协会第六届监事会第二次工作会议召开。

4月27日，组织举办主题为“公众安全与责任保障”的媒体沙龙活动。

4月30日，北京地区保险中介从业人员资格考试网上报名开通。

5月1日，北京地区机动车辆尾号限行期间交强险保费的减免工作正式在车险信息平台运行。

6月26日，协会第六届理事会第三次常务理事会议召开。

9月11日，北京保险行业举办迎国庆爱国歌曲大家唱文艺会演，以迎接新中国成立六十周年华诞。

9月25日，组织召开协会法律专业委员会成立大会暨第一次工作会议。

10月9~11日，组织编印20万份新《保险法》宣传折页送会员公司，并由各公司向社会发送。

10月10日，为贯彻落实新《保险法》，协会组织制定的《代理合同补充协议范本》发至各财产险公司执行。

10月14日，举办新《保险法》宣传新闻发布会，在京30余家媒体记者参加，并进行了报道。

10月20日，北京地区商业车险费率浮动工作启动会召开。

10月21日，协会召开新闻发布会，就《北京地区机动车商业保险费率浮动方案（征求意见稿）》正式向社会公众征集意见，在京30余家媒体参加。

12月6~8日，协会调解委员会组织财产险公司部分调解员赴福州和厦门，与同业进行交流座谈。

12月11~13日，为配合即将实施的商业车险费率浮动系统的上线工作，协会秘书处相关人员与车险信息库平台有关供应商共同完成平台数据库服务器硬件升级。

12月30日，协会组织召开商业车险费率浮动工作上线前准备会议，对商业车险费率浮动方案业务规程及相关系统流程再次作了通报与介绍。

## 北京保险中介行业协会

### 组织机构与负责人

会　长：陈建国（北京国民保险代理有限公司董事长）

副会长：吕　阳（长安保险经纪有限公司副总经理）

汤金才（竞胜保险公估有限公司总经理）

姚祥利（华泰保险经纪有限公司副总裁）

监事长：张志安（江泰保险经纪有限公司副总裁）

秘书处负责人：张永庄（专职）

### 会员单位

共有会员公司117家。其中，保险代理公司37家，保险经纪公司62家，保险公估公司18家。

### 联系方式

地址：北京市西城区西直门成铭大厦B2座18H

邮编：100035

电话：010－66008027/010－66008028
网址：http：//www. bjbxzjxh. org. cn
E－mail：bjbiia@126. com

**重要活动**

1 月 15 日，北京保险中介行业协会（以下简称协会）召开 2008 年度年会。

5 月 12 日，参加“中国信心、中国力量”纪念“5·12”汶川大地震一周年大型慈善义讲会。

6 月 10 日，协会召开常务理事工作会议。会议总结了协会 2009 年上半年工作，布置了下半年工作任务，公布了 2009 年财务预算安排，增补了纳捷奥保险代理有限公司为常务理事。

7 月 15 日，协会举办“发展创新、合作共赢”培训讲座。

9 月 16 日，协会召开会常务理事工作会议。会议通报了关于保险中介从业人员继续教育工作的筹备情况和关于参与组织保险经纪人、保险公估人资格考试并设报名网点的情况；增补了中电投保险经纪有限公司为常务理事。

12 月 10 日，协会举办“诚信服务、规范经营”讲座。

（张永庄）

## 北京典当行业协会

**组织机构与负责人**

会长：郭金山（北京金禧典当有限责任公司）

秘书长：郝凤琴（女）

**会员单位**

会员单位共计 110 家

**联系方式**

地址：北京市崇文区永内大街东街中里 13 号院内
邮编：100050
电话：010－84544366
传真：010－84544368
网址：http：//www. beijingpawn. org
电子信箱：beijingpawn@sina. com

**重要活动**

1 月 16 日，北京典当行业协会（以下简称协会）召开第二届二次会员大会，并举行“托起废墟上的太阳”——北京典当行业协会会员向四川省青川县姚渡镇九年制学校公益捐赠仪式。

2 月 24 日～4 月 23 日，协会举办二期典当财务培训班。

3 月 6 日，协会召开北京典当行业女企业家座谈会。

3 月 11 日，协会成立法律事务服务部。

3 月 27 日，郝凤琴秘书长参加市社会工委、市社会建设工作办公室召开的“行业协会应对金融危机座谈会”。

3 月 31 日，郝凤琴秘书长陪同市商务委员会王卫平副主任深入金保、华夏典当公司就金融危机对典当行业的影响进行调研。

4 月 2 日，协会向北京房地产业协会、北京市银行业协会、北京金属流通协会、北京商业服装行业协会、北京照明电器协会、北京市商业联合会及北京健康保障行业协会的负责人宣传典当知识。

4 月 30 日，协会召开 2008 年度典当企业核查工作动员大会。

5 月 6 日，商务部、财政部《典当企业执行〈企业会计准则〉若干会计问题的规定》课题组来协会召开征求意见座谈会。

5 月 26 日，协会举办 2009 年金融基础知识培训班。

6月24日，协会组织部分企业房产业务经理召开《关于金融机构办理房屋抵押登记有关问题的通知》征求意见座谈会。

6月25日，协会举办崔师傅名表系列座谈。

7月1日，郝凤琴秘书长被评为北京市社会领域优秀共产党员。

7月22日，协会邀请海淀区人民检察院主诉检察官王小乐讲授诈骗罪的手段及防范。

7月24~26日，协会举办2009年北京典当企业高管研讨会。

9月10日，2008年度典当企业核查工作总结大会暨2009年典当工作会议在北京温都水城召开。

9月26日，协会举办“迎国庆　唱祖国”歌咏比赛暨“我与典当”征文活动、“爱在典当”摄影征集活动颁奖晚会。

10月15日，协会举办二手车鉴定评估师职业资格培训班。

10月28日，中共北京典当行业协会党支部委员会正式成立。

11月5~8日，协会首次以独立设展的形式参加第五届北京国际金融博览会。

11月9~10日，北京市典当行业会计制度和信息报送培训会在北京温都水城举办。

11月14日，2009年度“华夏杯”羽毛球比赛在北京市光彩体育馆举行。

（马欢）

## 北京市金融业文化建设协会

### 组织机构与负责人

会　长：单　强（中国人民银行营业管理部党委委员、副主任）

副会长：张中奇（北京银监局纪委书记、副局长）

副会长：孙才仁（北京证监局党委委员、副局长）

副会长：刘跃林（北京保监局局长助理）

秘书长：欧阳芳（女，中国人民银行营业管理部宣传群工部部长）

监事长：张友芬（女，工商银行北京市分行纪委书记、工委主任）

### 会员单位

共有会员单位29家，其中包括人民银行营业管理部、北京银监局、北京证监局、北京保监局及18家银行、6家保险公司的在京机构及北京国际信托投资有限公司。协会共有常务理事29人、理事31人。

### 联系方式

办公地点：中国人民银行营业管理部

地址：北京市西城区月坛南街79号

邮编：100045

电话：010－68559070

传真：010－68559084

### 重要活动

一、加强组织建设，规范工作程序，为协会工作开展提供有效保障

2009年5月22日，北京市金融业文化建设协会（以下简称协会）选举了1名副会长，对6名常务理事、1名监事长、7名理事进行了调整。

按时完成组织机构代码证年检工作及西城统计局的经济情况报表等工作。

二、组织学习考察活动，深入探讨和交流文化建设工作

协会于8月组织各会员单位常务理事、理事或文化建设骨干代表等25人，

赴山东开展学习考察活动。通过座谈、交流和实地考察，学习了人民银行济南分行在文明单位创建及机关文化建设方面的做法；海尔集团、张裕葡萄酒公司在品牌建设与企业文化方面的成功经验。通过学习考察，参训人员既提高了对金融业文化建设的认识，又增进了会员单位间的相互交流。考察组成员们结合自己的工作实际，撰写了考察报告或学习心得，反映各自在学习考察过程中的体会和对今后做好金融业文化建设工作的启示。在《中外企业文化杂志》2009 年第 12 期予以刊发，受到会员单位的一致好评。

三、开展学术交流，推选优秀稿件参加北京市“丹柯杯”优秀研究成果的评选活动

3 月，协会组织推荐了 16 篇优秀论文参加北京市“丹柯杯”优秀研究成果的评选活动。其中工商银行北京市分行刘桂香撰写的《以党的思想作风带动机关作风建设》、建设银行北京市分行冯聪撰写的《论坚持以人为本理念的“三个结合》、宾玉洁撰写的《如何建设银行企业文化》3 篇论文获得二等奖；建设银行北京市分行成冬梅撰写的《建设上善若水的金融企业文化》、工商银行北京市分行吴志新撰写的《企业文化建设的调研与构想》两篇文章获得三等奖。

四、组织专题培训，提高文化建设骨干专业知识与技能

组织参加“学习型社会”系列培训，先后选派了 100 余人次参加“国际大阅兵与军事热点问题的舆论导向”、“十七届四中全会政策解读”、“发现北京之美”等有关讲座，使参训人员开阔了视野，提高了会员单位文化建设骨干的业务素质。

五、紧扣时代脉搏，突出行业特点，开展专题及热点难点问题调研

为了解掌握北京地区各金融机构应对金融危险机所采取的措施及其成效情况，协会组织会员单位共同开展“金融危机下的应对机制与管理文化”专题调研。通过调研，反映出国际金融危机发生后，北京地区主要金融机构积极应对，转化经营理念，调整经营思路，从内部管理、目标考核、文化建设等方面采取了合理、有力的措施，有效地降低了金融危机的冲击，与此同时，金融机构应对危机的机制和文化建设得到了明显改善或加强。此篇调研报告获得中国人民银行营业管理部 2009 年度优秀调研报告二等奖。

根据北京市委关于开展热点、难点及舆情调研的要求，协会选定工商银行北京市分行、农业银行北京市分行为调查样本，开展企业员工关注的热点难点问题调查，发出问卷 200 份，全部收回，完成了问卷调查工作；组织参加专题座谈会，及时向有关部门反映了基层企业员工的不同诉求，并对当前复杂经济形势下如何做好企业职工思想工作提出了好的建议，为有关部门掌握员工思想动态提供了决策依据。

六、开展丰富多彩的文化活动，展示金融行业风采

根据北京市思想政治工作研究会的有关要求，为做好开展迎接新中国成立 60 周年“发现北京之美”爱国主义教育活动，积极做好会员有关作品的推荐参选工作。经过会员单位的共同努力，共收到摄影作品 370 余件，其中工商银行北京市分行王贺的《北京之绿》获得二等奖；北京国际信托有限公司张红的《妫河岸边》、工商银行北京市分行袁均的《雨中前门》获得三等奖；建设银行北京市分

行李爽的《艳色天下重》获得优秀奖；北京市金融业企业文化建设协会获得优秀组织奖。

（赵秋玲）

## 北京期货商会

### 组织机构与负责人

会　长：王仲会（经易期货经纪有限公司董事长）

执行会长：王化栋（宏源期货有限公司总经理）

副会长：赵广钰（格林期货有限公司总经理）

黄　辉（中粮期货经纪有限公司总经理）

申仕伏（中钢期货有限公司总经理）

姚　广（银河期货经纪有限公司董事、总经理）

席　立（长城伟业期货有限公司北京营业部总经理）

秘书长：苏　英

监事长：母润昌（北京中期期货经纪有限公司董事、总经理）

### 联系方式

地址：北京市海淀区紫竹院路1号人济山庄A0506

邮编：100044

电话：010－88556593

传真：010－88556593

网址：http//www. bjqh. org

### 重要活动

2月6日，北京期货商会（以下简称商会）召开第三届会员大会圆满完成换届工作。北京地区期货经纪公司、营业部以及特邀会员单位的63名会员代表出席会议。与会代表听取并表决通过了第二届北京期货商会工作报告、第二届北京期货商会财务报告，选举产生了第三届北京期货商会理事会、监事会和领导班子成员。

2月20～21日，商会协助举办大商所期货学院新闻记者期货研讨班。来自全国各地48家媒体的近70名新闻从业人员就如何正确认识期货市场套期保值功能、市场主体如何科学合理参与期货市场套期保值交易、相关商品期货市场运行规律及市场信息获取渠道、新闻媒体如何报道期货市场等问题展开了研讨交流。

2月28日，商会组团赴台湾进行考察交流活动。

3月18日～12月10日，商会举办了六期期货文化大讲堂活动在翠宫饭店首次开讲。国家信息中心预测部主任祝宝良研究员应邀作了题为《我国宏观经济形势分析与展望》的精彩演讲。

3月31日，由商会主办，中钢期货公司承办的“2009年第一期期货沙龙暨钢材投资报告会”在中钢大厦举行。中国冶金研究中心石洪卫主任、北京麦迪钢铁电子商务网徐向春总监和中国联合钢铁网首席分析师周国成等嘉宾就我国钢铁行业的相关政策、钢铁产品的供求状况以及影响钢材价格的主要因素等热点问题作了精彩的发言。

4月14日，中国期货业协会与北京期货商会组织期货从业人员资格检查培训工作会议。来自北京地区17家期货公司的人力资源负责人和期货从业人员资格管理员等近50人参加了会议。

4月23日，由商会与郑州商品交易所联合主办、北京中期期货有限公司承办的“2009第二期北京期货沙龙——早籼稻期货投资报告会”在北京泰康金融大厦举行。郑州商品交易所市场部总监姚祥、国家粮油信息中心稻米分析师佟远明两位嘉宾分别就早籼稻期货合约设计以及国内早籼稻市场供需情况等市场关注的热点问题进行了深入细致的分析。

4月24~25日，商会举办营业部经理培训班，来自北京辖区的期货营业部经理及期货公司分管机构管理的负责人共80多人参加了本期培训。

5月16日，商会与亚洲期货商会联合举办第四届中国（北京）期货暨衍生品市场论坛”。论坛以“后金融危机时代期货市场的发展机遇和挑战”为主题。来自政府部门、研究机构、国内期货交易所和期货行业协会的领导以及证券、基金、银行等金融机构的代表、与期货有关的现货企业代表等近四百人参加了论坛。

商会举办第三期期货文化大讲堂暨信息技术推进期货市场发展报告会。

5月21日，由商会与大连商品交易所联合举办、银河期货有限公司承办的“2009第三期北京期货沙龙——PVC期货投资报告会”在北京国际企业大厦举行。中化国际农化事业部国际业务部经理董苹、中国氯碱网副总经理张培超两位嘉宾分别就中国PVC行业特点及市场运行影响因素等市场关注的热点问题进行了深入细致的分析。

6月9日，商会主办的第四期“期货文化大讲堂”在翠宫饭店举行。资深国际问题研究专家贾寿禄教授应邀作了题为《当前的国际形势和对大宗商品交易影响》的精彩演讲。

6月22日~7月14日，北京辖区期货从业人员资格检查工作期间，北京期货商会主要完成了从业人员状况摸底调查、辖区管理员培训、下发年检通知、制订年检方案及实施计划、确定年检工作人员及组织学习培训5项工作。

6月25日，由商会与郑州商品交易所联合举办的2009第四期北京期货沙龙成功举办。本次沙龙就菜子油市场的特点以及国内外的影响因素等市场关注的热点问题进行了深入细致的探讨和交流。

7月9日，商会在翠宫饭店举办第五次期货文化大讲堂，首都师范大学博士生导师邓球柏教授应邀作了题为“《易经》与人生修养”的精彩演讲。北京辖区期货机构的从业人员近200人参加了此次活动。

7月23~24日，商会与郑州商品交易所联合组织北京地区会员单位赴浙江进行PTA市场考察活动，参观了PTA生产工厂和聚酯工厂，并与PTA产业链企业进行了座谈。

8月3日，由商会与郑州商品交易所联合主办的“白糖期货行情（北京）高级研讨沙龙”在翠宫饭店成功举办。北京辖区会员100多人参加了会议。

9月10日，新中国成立60周年之际，商会与金融界网站联合主办2009期货高管系列专场访谈，全方位展示国内期货市场二十余年发展硕果，为新中国成立60周年庆典献上一份期货行业的厚礼。

9月14日，商会召开北京辖区各期货机构投资者教育工作检查汇报会。

9月15~18日，商会对期货机构2009年开展投资者教育工作进行检查。分别对北京的17家期货公司和4家营业部进行了现场检查，对17家期货公司进行了非现场检查。

11月14日，由商会、期货日报共同主办的“衍生品市场：创新与发展的时代——2009第三届期货高管年会”在北京举行。

11 月 30 日，召开关于期货公司技术指引座谈会。

12 月 10 日，商会在中钢广场报告厅举办了第六期“期货文化大讲堂”，邀请国务院发展研究中心宏观经济研究部余斌部长解读政府经济工作会议，展望 2010 年中国经济发展。北京辖区期货公司高层管理人员、部门经理和营业部经理近 200 人参加了会议。

12 月 20 日，参加部分地区期货协会工作座谈会，就地方自律组织的作用与功能、工作方法与经验，与深圳、浙江、江苏、湖南、广州的地方期货自律组织的代表进行了广泛深入的交流。

（豆明冲）

## 北京金融街商会

### 组织机构与负责人

理事长：陈耀先（中国证券登记结算公司董事长）

常务副理事长：王功伟（金融街控股股份有限公司董事长）

副理事长：略

秘书长：鞠 瑾（金融街控股股份有限公司副董事长）

监事长：范勇宏（华夏基金管理公司总经理）

### 会员单位

北京金融街商会共有会员 130 余家，其中理事会会员单位 70 余家。目前商会的百余家会员单位分别来自金融监管机构、金融机构、电信、电力、服务等不同行业。

### 职能和目标

商会以“沟通创造价值”为己任，积极发挥桥梁和纽带作用，不断为区域机构提供优质服务，扩大区域机构对外联系与交往。

主要职能：一是落实市区两级政府金融产业优惠政策。二是充分整合区域资源，为会员单位提供务实服务。三是策划组织系列交流活动，扩大金融街国内外影响力。四是搭建驻区机构与政府、驻区机构之间的沟通交流平台，发挥商会桥梁和纽带作用，促进各会员间的交流合作、打造区域良好的产业发展软环境。

### 联系方式

地址：北京市西城区金融大街丙 17 号北京银行大厦 11 层

邮编：100033

电话：010－66573099

传真：010－66574389

网址：http：//www. bfscc. com

电子邮箱：bfsccBJ@ 163. com

### 重要活动

一、认真落实市区两级政府的金融产业优惠政策，为金融街区域机构提供优质政策服务

北京金融街商会（以下简称商会）作为首都金融业优惠政策兑现的受理窗口部门，2009 年认真落实市区两级政府的金融产业优惠政策，全年共受理 120 余家单位总计 400 多份各项申报材料，落实 3.65 亿元资金补助。

二、有效整合区域资源，健全服务体系，策划组织了 40 余次各类交流活动，增进区域机构之间、区域机构与政府之间的沟通与了解，树立商会良好的品牌形象，扩大金融街的影响力

1. 以教育、单身联谊服务为重点，发挥商会整合资源的优势，为会员单位提供务实服务。

5～6 月，商会和西城区教育委员会

联合举办西城区金融街2009年初中入学工作咨询会；邀请知名教育专家、北京八中党委书记、副校长张凤兰女士以“如何帮助您的孩子顺利进入理想的中学”为题，对驻区金融机构学生家长关心的子女教育问题进行演讲；邀请全国政协常委、西城区政协副主席、知名教育专家、北京四中校长刘长铭和中国古代思想学博士、校长助理朱翔非走进金融街，举办了“金融街教育大讲堂——国学与家庭教育”专题讲座。

6月、10月，组织了两次单身青年联谊会，来自各金融监管机构、内外资金融机构，以及区卫生系统、邮政系统、市政府有关部门的两百余名单身青年男女参加了联谊活动。

2009年，商会与西城区公安分局密切沟通，在金融街富凯大厦设立了金融街警务工作站；在金融街商会会员交流中心设立了全市首家出入境证件受理站。

2. 举办业务型论坛，促进区域机构之间、区域机构与区域外机构之间的业务交流与合作。

4月16日，由商会牵头，中国银行业协会、中国证券业协会、中国保险行业协会等中国八大金融行业协会以及北京市金融工作局、天津市人民政府金融服务办公室11家机构共同举办了2009年京津金融家论坛。

6月1日，商会与英国贸易投资总署、伦敦金融城共同举办了金融交易风险管理培训课程。

10月15日，商会与北京市金融工作局、通州区人民政府共同举办了“2009北京新城·通州国际商务年会——金融·保险·后台建设论坛”。

10月28日，商会举办了“2009金融街北京分行行长沙龙”。

11月12日，商会举办了2009金融街论坛——“欧盟竞争法与中国反垄断法对中国公司的适用指南”。

12月16日，商会举办了以“2010中国金融业形势分析与展望”为主题的金融街论坛。此次论坛特别邀请“一行三会”研究部门以及外资金融机构的负责人、专家对2010年的经济金融形势及走向，进行深层次的解读和分析。

3. 搭建丰富多彩的文体联谊平台，活跃区域从业人员文化生活。

1月15日，由中共北京市西城区委员会、西城区人民政府主办，金融街商会与西城区金融办共同策划组织了“2009年金融街新春团拜会”。

3月25日，商会与西城区体育局在月坛体育馆共同主办了金融街乒乓球邀请赛。

7～10月，商会共举办了两场2009年金融街高尔夫邀请赛。近60名会员单位负责人参加了活动。

9月4日，商会举办了“魅力紫砂·人文西城——西城区庆祝新中国成立60周年紫砂文化展”系列活动。活动持续7天，吸引了众多金融街区域各机构员工前来参观。

9月，在教师节来临之际，商会与西城区教委组织了2009年金融街教师节联谊会。

11月20日，商会举办了大型公益活动“世界儿童与儿童世界”摄影展。

4. 发挥内引外联职能，为会员、驻区机构业务拓展提供服务。

邀请工商银行、交通银行、民生银行、银河证券、北交所等23家会员单位的25位行长及信贷部经理参加河北省张北县人民政府举办的“张北投资环境说明暨重点招商引资项目发布”。

三、区域社会公益平台日趋完善，“一本书”爱心活动圆满成功，树立了金融街良好的社会责任形象

9月，商会联合“一行三会”、建设银行机关工会向金融街从业人员发起了“金融街一本书”爱心行动的倡议，活动得到驻区机构职工的积极响应，在短短半个月内便募集到12 000余册各类图书，164台电脑。

11月22日，商会到内蒙古自治区赤峰市敖汉旗新惠中学和牛古吐乡小学进行探访，把带着金融街区域广大机构员工浓浓爱心的图书与电脑送到孩子们手中。

四、完善区域信息交流平台，不断加强自身建设，推进金融街品牌建设

2009年，商会会刊《金融街》杂志紧跟金融街发展步伐，以更加贴近金融街贴近会员单位为目标，适时调整内容、形式，为促进金融街各大金融机构、企业以及政府之间的信息交流做出不懈努力。此外，商会不断完善“金融街在线”网站的内容建设，网站现有信息24 000余条。

## 北京CBD金融商会

**组织机构与负责人**

名誉会长：龙永图（博鳌亚洲论坛秘书长）

会　长：吴桂英（朝阳区委常委、常务副区长）

副会长：幸公杰（加拿大蒙特利尔银行北京分行行长）

丁国良［汇丰银行（中国）有限公司北京分行会长］

赖祥麟（美国友邦保险有限公司北京分公司总经理）

许宁跃（北京银行股份有限公司副行长）

秘书长：常树奇（北京市朝阳区金融服务办公室主任、北京CBD管理委员会副主任）

副秘书长：李　蘅（北京恒言投资有限公司总经理）

**会员单位**

北京CBD金融商会会员单位共有81家，涵盖银行、证券、保险、财务公司等多种企业类型。

**联系方式**

地址：北京市朝阳区京广中心商务楼10层1007室

电话：010－65978750

传真：010－65978236

**重要活动**

1月16日，京城首家金融企业家俱乐部——北京CBD金融企业家俱乐部正式成立。

3月6日，“巾帼璀璨聚朝阳　共庆国际妇女节”活动在北京银泰中心柏悦酒店举办，为首都金融机构的女士精英搭建多渠道交流平台。朝阳区委常委、副区长吴桂英及驻区金融企业的二十余位女士精英参加了此次活动。

3月12日，金融企业HR经理俱乐部正式成立。

4月10日，北京CBD金融商会（以下简称商会）召开第五届理事和会员代表大会，商会理事单位及会员单位代表70余人参会。会上推出了《2008朝阳区金融业发展报告》，并为国贸中心、华贸中心、环球金融中心三大北京CBD国际金融聚集区颁发证书，对三大国际金融聚集区的发展予以肯定。

4 月 17 ~ 19 日，参加博鳌亚洲论坛 2009 年年会，展示北京 CBD 金融商会的形象，推介朝阳区的金融业。

4 月 28 日，北京市金融工作局和全国工商联并购公会联合主办，北京产权交易所、全球并购研究中心、北京 CBD 金融商会承办的“并购贷款与融资（北京）高层论坛”成功召开。与会嘉宾对中国并购市场的融资机会进行了深入研究，就并购贷款在我国资本市场的实际运用进行了广泛探讨。

5 月，商会组织会员单位向北京市对口支援城市——四川省什邡市进行爱心捐助，多家金融企业积极响应，共有 22 家会员单位捐款 60 万元。9 月 14 日，承载着北京 CBD 金融商会会员单位的关怀与惦念的善款送抵灾区。

5 月 22 日，“安邦保险——2009 北京 CBD 金融杯高尔夫球赛”成功举办，共有 100 多位首都金融企业家参加。

6 月 18 ~ 19 日，商会在朝阳区体育馆举办了“民生人寿——2009 北京 CBD 金融杯”羽毛球赛。有 50 余家会员单位及驻区金融企业共 90 对选手参加比赛。

6 月 23 日，参与举办 2009 中国并购年会。本次年会的主题为“国际经济新秩序——并购创造价值”，与会嘉宾围绕如何满足中国企业越来越迫切的并购融资需求，提升中国企业应对危机的能力发表了精彩演讲，并展开分组讨论。

7 月，北京 CBD 金融商会金融街办公室正式对外办公，并于 27 日举办了商务沙龙，汇丰银行北京分行、光大银行北京分行、澳新银行北京分行、德国德意志交易所北京代表处、安邦财产保险股份有限公司等 10 余家会员单位的高管人员出席了此次活动。

8 月 26 日，朝阳区副区长张春秀、新韩银行（中国）有限公司、韩国产业银行北京分行等驻区金融机构代表出席了什邡市朝阳小学的开学典礼，并为该校开学剪彩。此次捐建活动由北京 CBD 金融商会提供捐赠和联系渠道，商会会员积极参与，及时将金融企业的爱心传递给灾区，支持灾区人民重建家园。

8 月 28 日，举办“朝阳区帮扶企业银企对接会”，100 多家内外资金融企业及朝阳区内国资、文化创意、高新技术、“三农”及中小企业代表参会，并与北京银行、建设银行、民生银行等签订了多项贷款及意向协议，协议总金额超过 8 亿元，拓宽企业了融资渠道，帮扶企业应对金融危机，树立了银政企结合的典范。

10 月 13 日，北京 CBD 国际金融论坛在北京电视台新址举行。论坛主题为“金融危机视角下国际金融结构重组——加快推进首都具有国际影响力金融中心城市建设”。北京市人民政府副市长丁向阳，中国金融教育发展基金会会长刘鸿儒出席论坛并致辞。中国银行业监督管理委员会副主席王兆星，博鳌亚洲论坛秘书长、北京 CBD 国际论坛秘书长龙永图、日本三井住友海上火灾保险株式会社常务 CEO 市原进、巴塞尔Ⅱ委员会委员、英国中央银行特别顾问威廉·帕罗丁以及多家金融机构高层和专家发表了精彩演讲。中国社会科学院学部委员、副院长、北京 CBD 国际论坛理事李扬主持论坛，300 余名嘉宾参会。

北京 CBD 国际金融研究院、北京海外学人中心 CBD 分中心分别举行成立揭牌仪式。

10 月 24 ~ 27 日，第二届中国国际版权博览会在国家会议中心隆重举行。作为本届博览会的主题活动，中国文化产业项目投融资洽谈会于26日下午举行，朝阳区委常务、常务副区长吴桂英，朝阳区金融服务办公室主任常树奇分别主持了洽谈会。100多家文化创意产业机构、金融机构参会，20余个文化产业项目进行了推介。

10月29日，参加十三届北京·香港经济合作研讨洽谈会。

10月30日~1月7日，受北京市金融工作局委托，商会组织“北京2009金融交流团”赴台湾参加第十二届京台科技论坛暨第一届京台金融交流合作论坛，并走访了十四家台湾金融机构。

11月5~8日，第五届北京国际金融博览会举办，商会作为协办单位举办了反映朝阳区金融业发展的主题展览，并参加了第五届北京金博会联谊晚会暨年度金融榜评选活动颁奖典礼、2009年中国国际资本市场论坛、企业金融服务专场、百姓金融服务专场 、金融理财大讲堂、国际金融展示专项活动、中小企业金融服务论坛等活动。

12月4~6日，参加由中国贸促会、中国国际商会、深圳市政府、中国银行和招商银行联合主办的第三届2009年中国（深圳）国际金融博览会，集中宣传展示朝阳区金融业发展环境及成果。

12月18日，商会首次联手北京市银行业协会、北京证券业协会、北京保险行业协会、北京期货商会共同举办了“2009圣诞之夜——首都金融企业家联谊会”。近300名来自首都金融界的朋友相聚一堂，共庆圣诞，研讨金融界最关心的话题。本次活动上还举行了中德证券有限责任公司等八家新会员单位的授牌仪式。

## 北京中关村海淀金融创新商会

### 组织机构与负责人

会　长：徐天岭（中国工商银行股份有限公司北京海淀西区支行行长）

副会长：王　喆（女，北京银行股份有限公司中关村科技园区管理部总经理）

姜建国（嘉禾人寿保险股份有限公司副总经理）

秘书长：李晓玲（女，原北京市海淀区财政局党组书记）

### 会员单位

北京中关村海淀金融创新商会共有会员34家，其中理事会员7家，普通会员27家，会员以银行、保险、证券等金融机构为主，其中也包括部分企业单位。

### 联系方式

地址：北京市海淀区中关村南大街3号海淀科技大厦307室

邮编：100081

电话：010－82504182

传真：010－82504282

电子信箱：bjzfic@163.com

网址：http：//www.bjzfic.com

### 重要活动

3月，北京中关村海淀金融创新商会（以下简称商会）协办《海淀区促进中小企业融资临时性补贴措施》政策宣讲会，就措施的出台背景、政策条文及一些共性问题进行了详细的说明，并回答了参会企业的现场提问。商会会员10余家银行、担保公司等金融机及驻区100余家中小企业参会。

4月，为建立完善的企业信用体系，提高市场效率，促进企业融资，商会在对区内700余家企业问卷调查的基础上，综合现有研究，撰写了《海淀区企业信用体系建设研究报告》。

5月，商会随同海淀区金融服务办公室赴天津调研，考察资本体系建设的经验与成果，参观了天津滨海新区创业风险投资引导基金有限公司、滨海国际股权交易所和天津股权交易所，进一步了解风险投资和股权投资运作方式。

7月，商会协办了海淀区“扩内需保增长促发展”政策发布会暨中小企业融资洽谈会。北京市发改委、北京市金融工作局及海淀区发改委、金融办等部门的领导出席了会议。来自银行、小额贷款公司、创业投资机构、中小企业以及新闻媒体400余人参加了会议。此次政策发布会向第一批19家“海淀区重点拟上市企业”进行了授牌，同时向5家企业发放了融资临时性补贴90余万元。商会会员单位北京银行中关村科技园区支行、建设银行海淀支行、工商银行海淀西区支行、中国银行北京分行等在内的30余家金融机构和企业进行融资对接洽谈沟通。

商会举办2009年海淀“融新”杯投融资理财竞赛，商会会员单位中共有8家银行参加了此次竞赛。竞赛设置了中小企业融资和个人理财两个奖项，邀请中央财经大学教授、交通银行中关村园区支行、上海浦发银行中关村支行的相关专家担任评委，经过各银行精彩的展示，最终角逐出优胜者。各参赛银行通过对理财方案的设计、讲解与演示，增进了交流。

10月，商会承办了“中关村国家自主创新示范区核心区科技型中小企业金融服务专营机构政策发布会暨揭牌仪式”。此次活动由中国人民银行营业管理部、北京银监局、北京市金融工作局、中关村科技园区管委会、海淀区人民政府五家单位联合主办，中共北京市委常委赵凤桐等领导，以及有关政府部门、银行、担保、信用中介、企业、媒体等单位共约200人出席。会上，北京银监局发布了《关于促进银行业金融机构在中关村国家自主创新示范区核心区设立为科技企业服务的专营机构的指导意见》。北京市委常委赵凤桐代表北京市为工商银行、中国银行、光大银行和华夏银行四家银行设立的中小企业金融服务专营机构揭牌。海淀区还与农业银行、中信银行、招商银行、厦门国际银行、杭州银行、浙商银行六家银行签署了入驻意向书。

11月，商会主办了促进企业融资专题讲座，海淀区近50余家中小企业的代表参加了讲座。会上，华汇通投资有限公司负责人就风险投资的基础知识，以及企业如何选择风险投资机构等对与会企业开展了培训。区金融办介绍了海淀区近期出台的促进企业融资的相关政策。商会就《海淀区促进中小企业融资临时性补贴措施》及其配套实施细则进行了宣讲，同时现场回答了参会企业的提问。

商会作为协办单位参与了第五届北京国际金融博览会的组织筹备工作。

（薛明君）

## 北京市金融学会

**组织机构与负责人**

会长：杨国中（中国人民银行营业管理部主任）

监事长：汪　萍（中国工商银行北京市分行副行级巡视员）

秘书长：严宝玉（女，中国人民银行营业管理部金融研究处处长）

**会员单位**

2009年学会共有团体会员57个。

**联系方式**

办公地点：中国人民银行营业管理部

地址：西城区月坛南街79号

邮编：100045

电话：010－68559176/010－68559557

**重要活动**

3月13日，北京市金融学会（以下简称学会）邀请中国人民大学财政金融学院副院长赵锡军就“当前国际金融危机及中国的对策”作专题报告。赵锡军教授介绍了危机的起因与风险传导，阐述了危机的救助、影响及演变，归纳了危机的责任与应反思的问题，着重分析了金融危机对国内货币经济环境的影响，并对中国采取的国内国际对策提出了自己的见解。

3月，学会组织会员单位参加中国金融学会第九届全国优秀金融论文及调研报告评选活动，共有16篇文章参评。

7月3日，学会大型年度学术活动“2009首都金融论坛”在北京西苑饭店举行，来自首都政府部门、金融业界以及高等院校的百余名专家学者参加了论坛。本次论坛以“北京优势：文化创意与金融支持”为主题，围绕提高金融与文化创意产业发展契合度、发挥政府推动作用、创建“中国文化产业银行”和开展文化创意企业信贷产品创新等角度讨论了金融支持首都文化创意产业发展的措施和成功经验。

9月，参加中国金融学会与俄罗斯银行业协会共同主办的第四次中俄金融合作论坛。

10月16日，学会与北京师范大学金融系在西苑饭店联合举办论坛，论坛主题为“后危机时期金融服务与产业振兴”。目的是为更好地把握后危机时期国内经济金融形势，共同探讨如何提升金融服务水平，支持我国产业振兴。

10月，参加北京市社科联在贵州举办的先进学会经验交流会。

（方悦萍）

## 北京市城市金融学会

**组织机构与负责人**

会长：王珍军（中国工商银行股份有限公司北京市分行行长）

副会长：龚　萍（女）（中国工商银行股份有限公司北京市分行副行长，2009年8月31日起任）

副会长：冀光恒（中国工商银行股份有限公司北京市分行原副行长，2009年5月12日调离）

副会长：王金山（中国工商银行股份有限公司北京市分行原副行长，2009年5月5日起任，2009年9月2日调离）

监事长：于云丽（女）（中国工商银行股份有限公司北京市分行内控合规部总经理）

秘书长：董咸松（中国工商银行股份有限公司北京市分行管理信息总经理，2009年11月23日起任）

宋福增（2009年11月23日起不再担任）

**下设机构情况**

北京市城市金融学会青年经济理论研究分会

**联系方式**

地址：北京市西城区复兴门南大街2号（天银大厦B座1610室）

邮编：100031

电话：010－66410543

传真：010－66410543

**重要活动**

1. 组织开展评选表彰学会2008年度优秀调研课题（论文）活动。共收集各类调研课题（论文）136篇，其中，工商银行北京市分行机关部室57篇，支行79篇。聘请理事单位有关专家和专业人士组成评委会，共评选出特等奖1篇、一等奖3篇、二等奖6篇、三等奖15篇、优秀奖21篇；同时，评选出5个理事单位获优秀组织奖。在此基础上，组织编印了《北京市城市金融学会优秀论文集（2007～2008年度)》。

2. 6月4日，北京市金融学会（以下简称学会）增选李金花为学会副秘书长。

3. 10月16日，学会举办“后危机时期金融服务与产业振兴论坛”，龚萍副会长发表题为“后危机时期金融服务与产业振兴”的演讲。

4. 11月23日，学会秘书长由宋福增变更为董咸松。

5. 组织开展学会2009年度调研课题活动。根据中国城市金融学会2009年的工作安排和学会年度工作计划，发布《关于北京市城市金融学会组织开展2009年度调研课题活动的通知》，发动各会员单位积极认领课题，为实现“建设一流的金融机构、创造一流的经营业绩”的发展目标献计献策。此次活动共收到各类调研成果150篇。同时，将认领的工商银行总行2009年课题纳入了学会2009年调研课题题目，提交各理事单位开展相应的研究与思考。年底向总行提交相关重点课题成果10余篇。

6. 参加中国城市金融学会组织的“工行系统内2007～2008年度学会评优活动”并获得“最佳团体会员”称号。

7. 参加中国城市金融学会布置由银行业协会组织的“我心目中最受信赖的友好型银行”征文活动并提交成果5篇。

8. 编发《金融时讯每周摘报》50期，如期完成中国城市金融学会布置搜集报送北京地区《银行业竞争动态》数据资料4套近8万字。

## 北京市投资学会

**组织机构与负责人**

会长：王　军（中国建设银行股份有限公司北京市分行行长）

常务副会长：李　凡（中国建设银行股份有限公司北京市分行副行长）

监事长：徐洪升（中国建设银行股份有限公司北京市分行计划财务部总经理）

秘书长：王光明（中国建设银行股份有限公司北京市分行办公室主任）

**联系方式**

地址：北京市宣武门西大街28号楼4门建设银行北京市分行

邮编：100053

电话：010－63603696

电子邮箱：bjstzxh@sina.com

**重要活动**

4月13日，北京市投资学会（以下简称学会）召开了第四次会员代表大会，共有98名代表到会。会议审议通过了第三届理事会工作报告和监事会报告，修改通过了新的学会章程，进一步完善了学会科研课题管理和奖励办法，选举产生了第四届理事会和监事会，并确定了新一届理事会期间学会的工作任务，圆满完成了学会换届工作。第四届理事会理事109名，常务理事25名，监事会监事3名。建设银行北京市分行行长王军当选为北京市投资学会第四届理事会会长，副行长李凡当选为常务副会长，国务院发展研究中心金融研究所副所长张承惠等9人当选为副会长，建设银行北京市分行办公室主任王光明当选为秘书长，计划财务部总经理徐洪升当选为监事长。

4~5月，学会参加了北京市社科联组织的北京自然科学界和社会科学界相关学会交流考察活动；还参加了北京市社科联五届四次全委（扩大）会议。

6月29日，学会组织向中国投资学会推荐11篇科研课题，参加第九届全国优秀金融论文及调研报告评选活动。

7月7日，学会在昌平明苑会议中心举办了2008~2009年度科研课题中间成果交流会，中国投资学会有关领导和专家参加了会议，并对会议交流的科研课题进行了指导和点评。在学会立项的38个课题组参加了交流，来自建设银行北京市分行各支行和各部室的课题组长或主要执笔人共计40余人参加了会议。

7~10月，学会有关领导参加了北京市金融学会举办的“2009首都金融论坛”；学会组织部分科研人员参加了“后危机时期金融服务与产业振兴”论坛以及“第五届中国房地产业分析和预测高峰论坛”；学会还参与了市社科联《北京市社科类组织发展现状及激发活力、发挥作用对策研究》课题调研活动。

9月4~6日，学会在昌平明苑会议中心承办了中国投资学会2009年度重点课题中间成果交流会。

10~12月，学会参加了北京市社科联举办的社会组织建设与发展研修班和主管学会工作会及赴贵州省社科联交流考察活动和社科类社会组织信息工作会。

12月8日，学会召开了2008~2009年度科研课题评审会，学会有关领导及8位课题评委参加了会议。北京市投资学会年度共立项科研课题49项，此次评选共收到课题41项，共有16项科研课题获奖，其中一等奖3项，二等奖5项，三等奖8项。

（王小梅）

## 北京市钱币学会

**组织机构与负责人**

会长：杨伟中（中国人民银行营业管理部副主任）

监事长：李　辉（女，中国人民银行营业管理部机关事务处调研员）

秘书长：焦春莲（女，中国人民银行营业管理部货币金银处处长）

**会员单位**

个人会员1 000人，团体会员13个。

**联系方式**

办公地点：中国人民银行营业管理部办公楼2017室

地址：北京市西城区月坛南街79号

邮编：100045

电话：010－68559317

传真：010－68559309

电子邮箱：zhidongli@ sina. com

**重要活动**

一、组织开展钱币学术研究和交流活动

1. 组织举办了“中日钱币铭文书法篆刻展”。8月，北京市钱币学会（以下简称学会）与中国人民对外友好协会在北京、济南联合举办了第二届“中日钱币铭文书法篆刻展”。学会承担了在北京的展览筹备任务，并为展览提供钱币展品100余件（套）。展览期间还与日本钱币界、书法界的专家进行了座谈和交流。

2. 组织举办了“2009中国历代纸币展”。11月10～20日，由北京市收藏家协会主办的“中国历代纸币展”在首都博物馆举行。本次展览共展出海内外80多位纸币收藏家收藏的中国历代纸币2 398种和各种材质的印钞钞版100余块，接待海内外参观者数万人。学会受邀担任此次展览的学术支持，李志东副秘书长出任展览组委会副主任，常务理事、纸币收藏家程纪中、刘文和、石长有等出任评委会，为展览提供鉴定、评比和参与布展等工作。

3. 召开精制币研讨会。10月，北京举办国际钱币博览会期间，学会召开研讨会，就机制币特别是精制机制币的评级、市场前景等问题进行探讨，并组织部分会员到展览现场为钱币爱好者鉴定钱币。

4. 学会组织外币专题小组成员出席中国钱币学会学术报告会，听取黎巴嫩钱币学家作学术报告。

二、积极宣传钱币知识，宣讲钱币学与钱币文化

1. 4月和8月，学会委派专家和会员先后为中国社科院研究生院、中国人民银行营业管理部宣讲了钱币学与钱币文化。

2. 参加北京市社科联现场咨询活动。10月17日，由北京市社科联组织的“人文之光——2009年北京市社会科学界咨询活动”在地坛公园举行，学会连续十余年参加咨询活动。为宣传钱币学的发展和钱币文化知识，学会办公室整理了两套介绍钱币文化、奥运纪念币的文章和图片，印制成宣传材料，在咨询现场发放，受到群众欢迎。活动当天共接待咨询群众上百人次，发放宣传材料200余份。

三、完成中国钱币学会、北京市社科联、北京市社团办及中国人民银行营业管理部布置的有关工作

1. 筹备钱币陈列室，起草展陈大纲。学会受人民银行营业管理部的指派，负责筹备钱币展室。学会办公室工作人员先后走访了中国妇女儿童博物馆、北京古钱币展览馆、北京艺术博物馆、晋商博物馆等，并参阅了山西、新疆、湖北等省区钱币博物馆的展陈大纲，拜访了我国著名钱币收藏家徐枫、刘文和、程纪中、刘建民等，虚心听取意见和建议，并结合北京地区历史发展和钱币流通的特点，起草了“北京钱币陈列室展陈大纲”，于4月初完成初稿。

2. 组织开展人民币反假工作调研，撰写调研报告。7月，学会组织撰写了《近年来北京假币收缴趋势分析》，上报人民银行总行，并参加了全国反假货币研讨会。报告被收入研讨会论文集。

3. 加强信息报送和交流工作。坚持每季度向北京市社科联报送学会重大活动动态；受邀参加了北京市书标收藏协会、北京市奥运经济研究会、北京市考古学会和北京市群众文化协会的活动。

4月，北京市钱币学会荣获第三届中国钱币学会先进团体会员。

（李志东）

## 北京市总工会金融工作委员会

**组织机构与负责人**

主任：王天柱

**联系方式**

地址：北京市东城区台基厂大街3条3号6号楼110室

邮编：100005

电话：010－65592609

**主要活动**

3月6日，经北京市总工会党组研究决定，原北京市总工会法律工作部部长王天柱同志就任北京市总工会金融工作委员会主任。

4月13日，北京市总工会金融工作委员会召开重点工作推进会，传达北京市工会十二次代表大会精神，就首都职工素质教育工程、职工互助保障等工作进行重点推介，并对全市金融系统加强作风建设，广泛开展“进农村，进社区，进企业，促发展，促和谐”活动进行了具体部署。

4月20日，北京市总工会金融工作委员会与北京市金融相关部门、行业协会召开工作通报会。会议通报了市总工会的工作思路和北京市金融系统工作重点。

7～9月，北京市总工会金融工委组织开展了“迎国庆作贡献、满意服务在金融”劳动竞赛活动，以经济技术创新、合理化建议为主要内容，把劳动竞赛与进一步建立健全金融企业内部选拔培养人才队伍的工作机制相结合，掀起了立足岗位，比、学、赶、帮、超的新热潮。

8～9月，北京市总工会金融工委组织开展了“祖国在我心中”征文活动。21家金融机构的314名职工参加了活动。

10月，北京市总工会金融工委会商有关单位举办了首都金融职工乒乓球比赛活动，有41支代表队，240名职工参加了比赛。

（朱海波）

## （四）2009年度北京市金融系统先进单位、先进个人名录

### 北京市“全国模范职工之家”获得单位

（中华全国总工会　总工发〔2010〕30号　2010年5月28日）

中信银行股份有限公司总行营业部工会委员会

交通银行股份有限公司北京市分行工会委员会

中国人民保险股份有限公司北京市分公司工会委员会

### 北京市“全国模范职工小家”获得单位

（中华全国总工会　总工发〔2010〕30号　2010年5月28日）

招商银行股份有限公司北京建国路支行工会

## 北京市“全国金融五一劳动奖状”获得单位

（中国金融工会全国委员会　金工发〔2010〕22 号　2010 年 8 月 3 日）

中信证券股份有限公司北京阜外大街营业部

## 北京市“全国金融五一劳动奖章”获得者

（中国金融工会全国委员会　金工发〔2010〕22 号　2010 年 8 月 3 日）

邱火发　中国光大银行股份有限公司北京分行

## 北京市“全国金融系统职工职业道德建设先进单位”获得单位

（中国金融工会全国委员会　金工发〔2010〕27 号　2010 年 8 月 11 日）

中国银行股份有限公司北京市分行奥运村支行

## 北京市“全国金融系统职工职业道德建设先进班组”获得单位

（中国金融工会全国委员会　金工发〔2010〕27 号　2010 年 8 月 11 日）

交通银行股份有限公司北京市分行阜外支行营业室中国民族证券有限责公司人力资源部

## 北京市“三八”红旗获得单位

北京银行股份有限公司顺义支行

华夏银行股份有限公司北京分行平安支行

汇丰银行（中国）有限公司北京分行运营部

中国银行股份有限公司北京市分行大兴支行

北京农村商业银行股份有限公司西城支行营业部

北京银行股份有限公司燕京支行

## 北京市“三八”红旗奖章获得者

席　明　北京银行股份有限公司天坛支行行长

冯美娟　中国建设银行股份有限公司北京市分行前门支行综合部经理

田淑华　中国人民财产保险股份有限公司北京市分公司大兴支公司总经理

付月英　北京银行股份有限公司月坛支行公司业务部经理

于　辉　北京农村商业银行股份有限公司副行长

高　莹　北京银行股份有限公司昌平支行行长